L'UNIVERS.

HISTOIRE ET DESCRIPTION
DE TOUS LES PEUPLES.

ANGLETERRE.

PARIS.
TYPOGRAPHIE DE FIRMIN DIDOT FRÈRES,
RUE JACOB, N° 56.

ANGLETERRE,

ÉCOSSE

ET IRLANDE,

PAR

MM. LÉON GALIBERT ET CLÉMENT PELLÉ,
RÉDACTEURS DE LA REVUE BRITANNIQUE.

TOME QUATRIÈME.

PARIS,
FIRMIN DIDOT FRÈRES, ÉDITEURS,
IMPRIMEURS-LIBRAIRES DE L'INSTITUT DE FRANCE,
RUE JACOB, N° 56.

M DCCC XLIV.

L'UNIVERS,

ou

HISTOIRE ET DESCRIPTION

DE TOUS LES PEUPLES,

DE LEURS RELIGIONS, MOEURS, COUTUMES, etc.

ANGLETERRE,

PAR MM. LÉON GALIBERT ET CLÉMENT PELLÉ,

RÉDACTEURS DE LA REVUE BRITANNIQUE.

FAMILLE DE HANOVRE.

CHAPITRE PREMIER.

Avénement de Georges III au trône. — Ses premiers actes. — Défiance qu'ils inspirent.—Portrait de lord Bute.—Caractère de Georges III. — Le pacte de famille. — Retraite de Pitt. — Guerre avec la France et l'Espagne. — Résultats de cette guerre. — Paix de Fontainebleau. — Changement de ministère.—Lord Granville.—Wilkes.

Le règne de Georges III est l'un des règnes les plus remarquables qu'ait vus la Grande-Bretagne. Il commence en 1760 et finit en 1820. Dans l'espace de ces soixante années, l'Angleterre, attaquant et attaquée tour à tour, perd d'un côté ses riches possessions de l'Amérique du Nord, gagne de l'autre un territoire immense dans les Indes orientales, et triomphe dans les plaines encore fumantes de Waterloo. Le sang humain coule à flots sur tous les points du globe, et le glaive ainsi que l'or de l'Angleterre sont mêlés à toutes les querelles. Les résultats de ces grandes luttes coûtent à la nation anglaise des sacrifices dont l'énormité est telle qu'il semble qu'elle doive crouler sous leur poids, surtout quand on voit la situation du pays se compliquer par les troubles de l'intérieur. En effet, la vieille haine qui sépare les torys des whigs, au lieu de se taire devant les dangers de la patrie, redouble d'intensité, et, comme par le passé, l'homme d'État a fréquemment recours à la fraude et à la corruption pour satisfaire son ambition et ses vues personnelles. De plus, le chef de l'État, atteint d'une maladie mentale, est obligé de se démettre de ses hautes fonctions, que le parlement confie à un prince dissipé, d'une conduite privée peu rassurante; des milliers d'ouvriers affamés par le manque de travail forment des coalitions imposantes; des mouvements insurrectionnels éclatent. Cependant, spectacle remarquable! l'Angleterre triomphe non-seulement de ces difficultés, mais elle en sort plus grande, plus florissante. Ainsi, la rupture violente de l'Amérique qui paraît, aux yeux de quelques-uns de ses publicistes les plus éminents, comme une perte irréparable, ne fait qu'activer le génie de ses enfants; puis, nous la voyons s'ouvrir d'immenses débouchés par ses conquêtes dans les Indes orientales, et affermir sa prépondérance mercantile après avoir abattu le plus puissant de ses ennemis. La bonne foi qu'elle montre à reconnaître et à acquitter ses dettes donne une assiette solide à son crédit, et, malgré une situation financière pour ainsi dire désespérée, son papier est recherché sur toutes les places des deux hémisphères. Le secret de cette grande fortune est dans une politique savante, poursuivie avec une persévérance infatigable. Le trait distinctif de cette politique est essentiellement exclusif, et, à ce titre, elle doit être réprouvée par le philosophe, mais tout homme impartial est forcé de reconnaître qu'elle n'a pas été sans profit pour la civilisation et l'humanité. N'est-ce pas, en effet, du sein de cette arène parlementaire, où s'agite le plus généralement l'ambition personnelle, que part l'étincelle électrique qui éclaire les peuples, et leur apprend à connaître leurs droits et leurs devoirs? N'est-ce pas dans ces débats passionnés, où sont discutées les affaires de la Grande-Bretagne et celles des autres nations, que l'esprit religieux puise ses plus saintes inspirations? Noble conquête! le voilà devenu plus calme après avoir coûté au monde tant de larmes et de sang, le voilà qui enseigne la tolérance aux hommes et les invite à se regarder comme des membres de la même famille! L'Angleterre elle-même doit à cette politique l'affermissement de ses libertés les plus précieuses et les plus chères. Ainsi, le cercle des conquêtes de la presse s'élargit chaque jour par la discussion, tandis qu'une foule de champions fougueux de la cause populaire, en attaquant la royauté en face, rendent impossible dans le royaume le retour des idées absolutistes.

(1760.) La mort de Georges II surprit le prince Georges au moment où il se promenait dans le voisinage de Kew Palace, en société de lord Bute, son compagnon inséparable. Pitt, qui était le chef réel du cabinet, vint confirmer la nouvelle, et Georges se rendit au palais de Kew, où il resta encore vingt-quatre heures. Quand Pitt se représenta pour donner le projet de l'adresse qui devait être prononcée à la première réunion du conseil privé, Georges lui répondit qu'il avait songé à cette affaire. Déjà, l'opinion publique désignait Bute pour être l'âme du prince, et Pitt comprit, par les paroles qu'il venait d'entendre, que ce seigneur ne se satisferait point d'une place secondaire. Le 26 octobre, Georges fut proclamé roi avec le cérémonial ordinaire. Deux jours après, le comte de Bute prêta serment comme membre du conseil privé; le prince Édouard, duc d'York, frère puîné de Georges, suivit cet exemple.

Le premier acte du roi fut de rendre une ordonnance pour encourager la piété et la vertu, et pour prévenir ou punir le vice, la profanation et l'immoralité (31 octobre). Cet acte fut regardé comme le témoignage d'une grande dévotion de la part de Sa Majesté; et les gens religieux remarquèrent avec beaucoup de plaisir que le roi montrait les plus grands égards envers les dignitaires de l'Église, et que l'archevêque de Cantorbéry était toujours bien accueilli à la cour. Toutefois, le nom du duc de Cumberland, oncle de Georges, ayant été rayé de la liturgie par l'ordre du conseil, les whigs, qui regardaient le duc comme un des leurs, montrèrent un vif mécontentement. Ce mécontentement s'accrut encore quand Émilie, la fille favorite du feu roi, qui avait témoigné un grand chagrin à la mort de son père, reçut l'ordre de quitter Richmond-Park, et que cette résidence eut été donnée à lord Bute. Le bruit se répandit aussi que, malgré toutes ses dépenses dans les guerres du continent, le feu roi avait laissé dans ses coffres un dépôt de 300 à 400,000 liv. sterl.

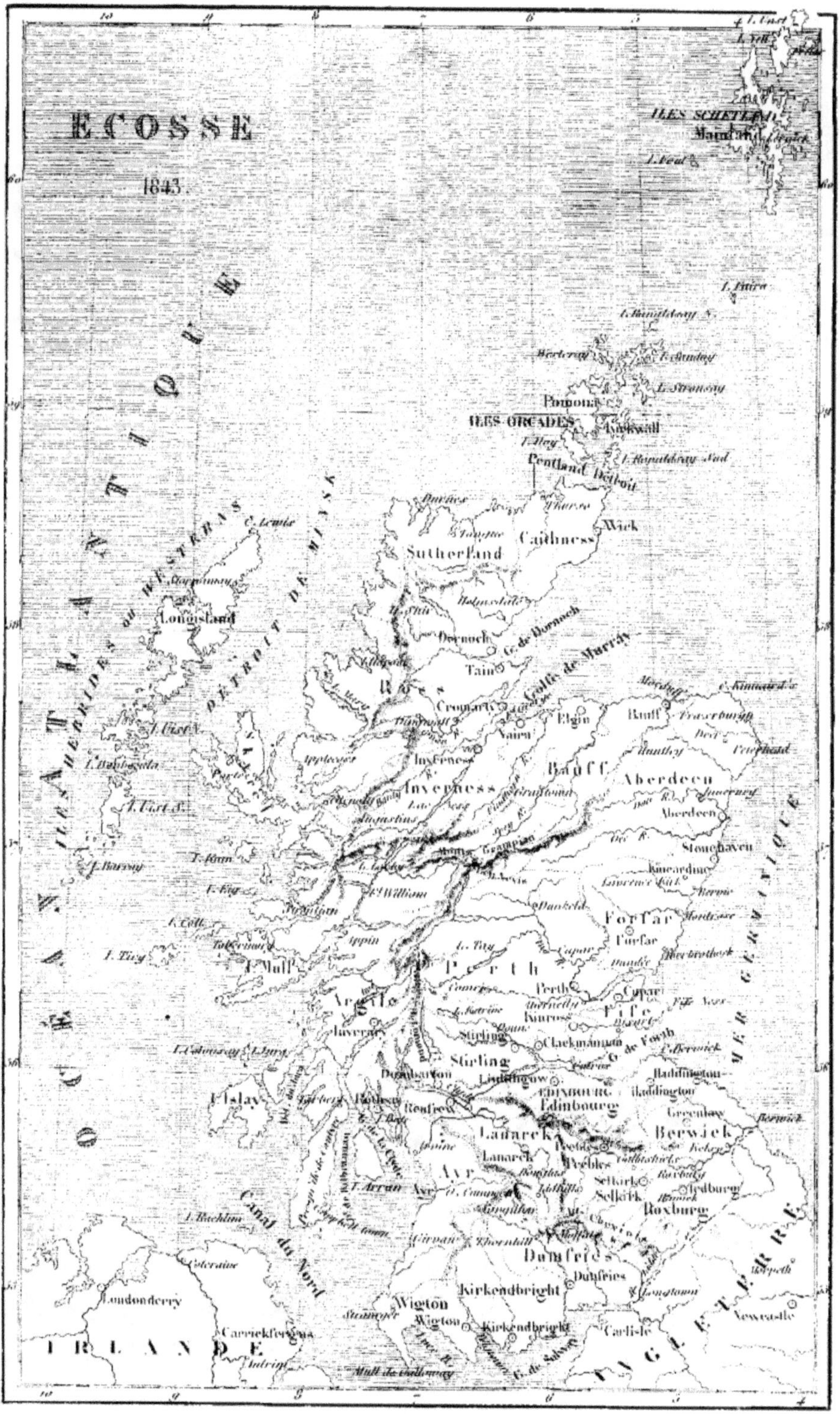

(7,500,000 à 10,000,000 de fr.), et qu'après avoir prélevé sur cette somme 90,000 l. st. (2,225,000 fr.) pour legs faits aux princesses Émilie et Marie, au duc de Cumberland, à lady Yarmouth, maîtresse de Georges, le jeune roi s'était adjugé le reste. L'amour de l'or, qui fut le trait distinctif du caractère privé de Georges III, se trahissait déjà. Mais l'opinion publique n'eut aucun doute à l'égard de ce penchant du roi, lorsque les créanciers de Frédéric, prince de Galles, père de Georges, ayant demandé le payement de leurs créances, reçurent une réponse décourageante; on pensa, comme de raison, qu'il n'y avait pas plus à espérer du fils que du père pour le payement de ces dettes.

A ces bruits s'en joignaient d'autres. On disait que les jacobites, qui n'avaient point paru à la cour depuis longtemps, y venaient en foule et y recevaient un gracieux accueil; que le jeune roi obéissait servilement à sa mère et à lord Bute, l'amant prétendu de celle-ci. Aussitôt un placard fut affiché à la Bourse : il portait ces mots : « Point de gouvernement en jupons ! point de ministre écossais! » Le caractère de ces bruits parut d'une nature alarmante au gouvernement, et il résolut de ramener la confiance dans les esprits. A cet effet (le 18 novembre), le nouveau roi se présenta au parlement et prononça dans son discours une phrase ainsi conçue : « Je suis né et j'ai été élevé dans ce pays, et je suis glorieux de porter le nom d'Anglais. » Georges déclara qu'il serait heureux de faire le bonheur d'un peuple loyal et affectionné; il dit que les droits civils et religieux de ses sujets lui étaient chers, et ajouta qu'il était satisfait de trouver, à son avénement au trône de ses ancêtres, le royaume dans un état florissant et glorieux. Il ne parla point de paix, ni de négociations en vue d'amener la paix; il demanda, au contraire, le concours de son parlement pour poursuivre la guerre avec une grande vigueur, et termina en se félicitant de la concorde qui régnait dans le pays et dans le cabinet.

Mais les actes du roi ne répondaient pas à ses paroles. Ainsi, lord Bute, qui désirait les fonctions de secrétaire d'État, s'était déjà concerté avec Georges Bubb d'Addington, homme de cour et d'intrigues, pour expulser du cabinet Pitt et ses collègues, et l'on savait que les plans de ces deux seigneurs étaient favorisés secrètement par le roi. Bientôt le roi ne dissimula plus. Aussi, ceux qui briguaient des fonctions publiques commençaient-ils à s'adresser à lord Bute et à lui faire une cour assidue. Cependant les ministres en fonction faisaient encore bonne contenance ; ils demandèrent au parlement l'adoption de plusieurs mesures populaires. L'une de ces mesures touchait à l'organisation judiciaire. Sous le règne de Guillaume III (1701), une loi avait été adoptée, en vertu de laquelle les juges étaient continués dans leurs fonctions, *quamdiu benè se gererent*, c'est-à-dire qu'ils étaient révocables par la couronne. La loi portait en outre, qu'à la mort du roi, ces juges cesseraient de droit leurs fonctions. Le nouveau bill infirmait ces dispositions. Il portait que le roi, dans son désir de rendre les cours judiciaires plus indépendantes et l'administration de la justice plus impartiale, voulait que les fonctions judiciaires fussent conservées à leurs titulaires, même après la mort du roi. Le bill, objet de cette mesure, fut adopté avec beaucoup de satisfaction par les deux chambres. Le parlement fut ensuite dissous (le 21 mars). Cette assemblée avait voté 800,000 liv. sterl. (20,000,000 de fr.) pour la liste civile; 19,000,000 de liv. st. (475,000,000 de f.) pour poursuivre la guerre; 200,000 l. st. (50,000,000 de fr.) pour les colonies d'Amérique, en dédommagement des dépenses qu'elles avaient supportées pendant la présente guerre.

Tous les yeux se portaient en ce moment sur le nouveau favori. John Stuart, troisième comte de Bute, n'était dans l'origine qu'un seigneur écossais d'une fortune fort médiocre. Il avait été élevé au collége d'Eton, et il était entré en 1737, à l'âge de 24 ans, dans la vie publique comme l'un des seize pairs d'Écosse. Dans le cours de la même année, il avait été nommé l'un des lords commissaires de police du royaume d'Écosse. Quelque temps après, il avait été présenté à Frédéric, prince de Galles, père de Georges III, qui, charmé de sa bonne mine, l'avait invité à venir fréquemment à Leicester-House, où ce prince habitait. La princesse de Galles avait bientôt elle-même partagé l'engouement de son mari pour le jeune homme ; elle avait coutume de dire que Bute serait un excellent ambassadeur dans une cour où il n'y aurait rien à faire. Bute fut installé à Leicester-House, et il y continua de charmer la cour du prince de Galles jusqu'à sa mort. Bute se retira alors en province pendant quelque temps. Mais il revint bientôt à Leicester-House, et prit une part active dans les intrigues qui s'organisaient contre le feu roi. En 1755, l'intimité de Bute avec la princesse de Galles devint de notoriété publique ; cependant cette princesse ne lui en continua pas moins ses bonnes grâces ; elle s'arrangea même d'une manière telle que son fils, qui n'avait d'autre volonté que la sienne, agréa les services de son favori. Or, à cette époque, chacun était déjà convaincu que, lorsque le prince monterait sur le trône, lord Bute serait son premier ministre.

Tel était lord Bute, et de pareils précédents causaient aux whigs de vives appréhensions pour l'avenir. Le caractère personnel de Georges, bien que digne d'éloges à beaucoup de titres, ne leur paraissait pas d'une nature plus rassurante. Âgé seulement de vingt-trois ans, Georges était exempt de toutes ces irrégularités de conduite qui appartiennent généralement à la jeunesse. Ses manières étaient pleines de décorum. Il donnait une grande attention aux affaires religieuses, et, bien qu'il apportât une certaine réserve dans tous ses actes, on le croyait généralement plein d'honneur et fidèle à sa parole. Mais on l'accusait d'aimer l'argent et de ne point oublier une offense. On disait de plus que, par suite de son éducation et du caractère jacobite de quelques-uns de ses tuteurs, il avait un penchant prononcé pour le pouvoir absolu, et bien qu'on le supposât incapable d'empiéter sur la constitution qu'il avait juré de défendre, on le savait disposé à donner toute l'extension possible aux prérogatives royales dont les limites n'étaient pas bien définies. Il venait de se marier à la princesse Charlotte-Sophie de Mecklembourg Strélitz, dont le caractère ressemblait beaucoup au sien.

Tout semblait donc, au début du règne de Georges III, présager le retour prochain des tendances absolutistes qui avaient signalé quelques-uns des règnes précédents. Les dispositions du nouveau roi, ses actes, son caractère personnel, les faveurs qu'il accordait à lord Bute, les intrigues de celui-ci, en étaient la preuve. Mais il était évident par les craintes jalouses que manifestait la nation, et par les soins que prenait le pouvoir à faire adopter des mesures populaires pour écarter la défiance, que l'Angleterre ne s'accommoderait pas de ce changement, et que si ce changement était tenté, il ne s'exécuterait pas sans danger.

Pitt s'occupait en ce moment de la France, et malgré les négociations qui existaient entre la cour de Saint-James et la cour de Versailles, il venait de former un projet d'attaque contre la côte française. Au mois de mars, une expédition secrète, sous le commandement du commodore Keppel, quitta l'Angleterre avec des troupes de débarquement. Le lieu désigné était Belle-Isle, sur la côte de la Bretagne. Une tentative de débarquement eut lieu le 8 avril, mais elle échoua et coûta un grand nombre d'hommes. Une seconde tentative fut plus heureuse : après un siège prolongé de la forteresse, l'île resta au pouvoir des Anglais. Ce succès était peu important au fond, et avait occasionné des pertes considérables en hommes et en argent. Mais, sur un autre point, des résultats décisifs avaient été obtenus. Pondichéry, l'établissement principal des Français dans les Indes orientales, s'était rendu à

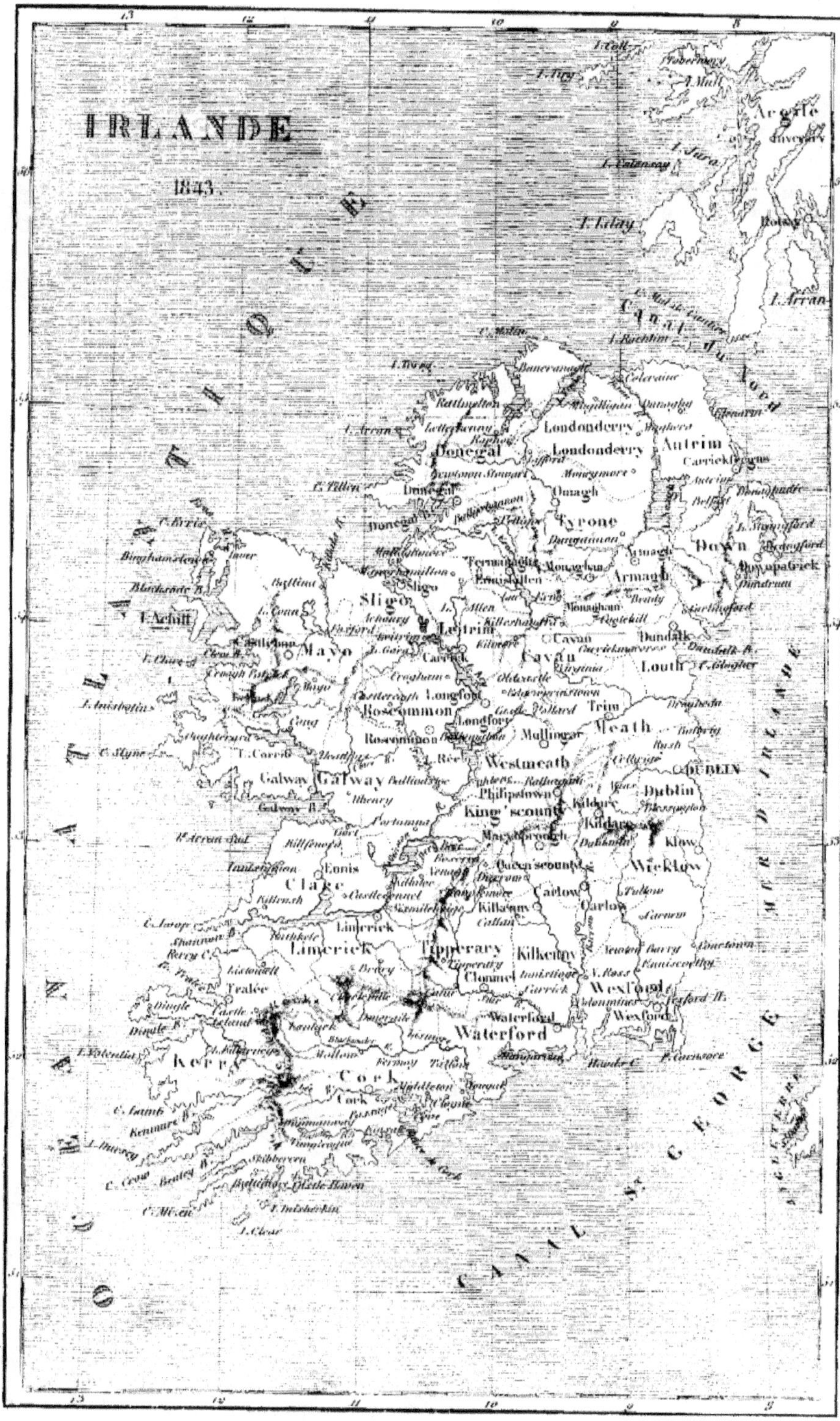
IRLANDE
1843.
Londonderry
Antrim
Donegal
Tyrone
Omagh
Down
Armagh
Sligo
Leitrim
Mayo
Cavan
Louth
Roscommon
Longford
Meath
Trim
Westmeath
Mullingar
DUBLIN
Dublin
Galway
Kildare
Wicklow
Clare
Ennis
Carlow
Limerick
Tipperary
Kilkenny
Clonmel
Wexford
Tralée
Waterford
Kerry
Cork

discrétion après un long siége, et la prise de cette place avait laissé les Anglais maîtres de la riche côte de Coromandel et de tout le commerce de la péninsule de l'Inde, depuis le Gange jusqu'à l'Indus. Dans les Indes occidentales, l'île de la Dominique s'était rendue aux Anglais.

La cour de France, par suite de ces revers, pressa les négociations, et comme lord Bute, qui était l'organe de la pensée du roi, penchait fortement pour la paix, elle s'adressa de préférence à lui. La France demandait à traiter sur le principe de *Uti possidetis*, c'est-à-dire qu'elle voulait, à quelques exceptions près, laisser chacune des parties belligérantes dans la possession de ce qu'elle avait acquis pendant la guerre. Elle offrait de céder le Canada, de rendre Minorque en échange de la Guadeloupe et de Marie-Galande, d'abandonner le Sénégal et Gorée, pourvu que Anamaboo et Acra lui fussent garantis; de renoncer à toutes ses prétentions sur le cap Breton, et de consentir encore une fois à la démolition de Dunkerque; mais elle demandait la restitution de toutes les prises faites en mer par les Anglais avant la déclaration de guerre, et maintenait que ces prises étaient contraires à tous les principes du droit des gens.

Ces conditions parurent exagérées à Pitt. Les négociations furent rompues; les deux partis se préparèrent à reprendre les hostilités. La France avait en ce moment des avantages qui manquaient à l'Angleterre, car elle venait de conclure une alliance qui promettait d'être d'un grand poids dans ses démêlés avec sa rivale. Le trône d'Espagne, par suite de la mort de Ferdinand VI, était échu à Charles, roi de Naples, qui avait pris le nom de Charles III. Bien que naturellement disposé à la paix, Charles nourrissait contre les Anglais une animosité extrême depuis l'insulte qui lui avait été faite dans sa capitale, en 1742, époque à laquelle le commodore Martin était venu en rade prendre une attitude menaçante envers la ville. Charles résolut de seconder les Français; puis ceux-ci lui faisaient entrevoir la restitution de Gibraltar. Charles consentit alors à prendre une part décidée dans la querelle de la France avec l'Angleterre. Des préparatifs furent donc faits dans les ports d'Espagne, des recrues furent levées pour renforcer l'armée. A cette nouvelle, Pitt, en sa qualité de ministre des affaires étrangères, ordonna à lord Bristol, ambassadeur d'Angleterre à Madrid, de demander des explications: mais l'ambassadeur reçut une réponse hautaine et évasive. Le ministre apprit alors que l'Espagne venait de conclure un traité avec la France. Par ce traité, qui reçut le nom de *pacte de famille*, la cour de France et celle d'Espagne s'engageaient à regarder comme leur ennemi personnel toutes les puissances qui pourraient devenir ennemies de l'une des deux parties contractantes; à défendre leurs possessions respectives dans toutes les parties du monde, et celles qu'elles pourraient avoir à la conclusion de la paix, et à se donner un mutuel secours. Les guerres dans lesquelles la France pouvait être engagée par suite de ses alliances en Allemagne étaient exceptées du traité, c'est-à-dire, que l'Espagne ne devait point donner secours à la France dans ces guerres; toutefois, par une clause restrictive, il était dit que si quelque puissance maritime se jetait dans la mêlée (et par là les deux cours avaient voulu désigner l'Angleterre), ou si la France était envahie par terre, la cour d'Espagne lui viendrait en aide. Le traité portait, en outre, qu'aucune proposition de paix ne serait faite aux ennemis communs qu'avec le consentement des deux cours; que les deux monarchies de France et d'Espagne agiraient comme si elles ne formaient qu'une seule et même puissance, et que nul autre prince, à moins qu'il ne fût de la famille des Bourbons, ne serait admis dans le pacte de famille.

La condition dans laquelle se trouvait la France avant la lutte paraissait donc très-avantageuse. De son côté, l'Angleterre venait, par une conduite équivoque, de s'aliéner un allié puissant : c'était Frédéric le Grand. Malgré ses succès sur les Russes et les Autrichiens, ce prince n'avait pu parvenir à rejeter leurs armées hors de son territoire. Les Français le pressaient du côté du Rhin, et les Suédois le menaçaient d'une invasion. Au milieu de ces embarras, Frédéric tourna ses regards vers l'Angleterre; mais il apprit que Georges III désirait faire la paix, et que les subsides accordés à la Prusse pour continuer la guerre allaient cesser. Le monarque prussien fit des représentations à la cour de Saint-James, qui furent sans effet. Ce fut alors qu'il livra la grande bataille de Torgau (1760), où la victoire lui resta ; mais il perdit, en tués et en blessés, près de 10,000 hommes, et ses coffres étaient entièrement vides.

Ainsi la situation de l'Angleterre, comparée à celle de la France, n'était rien moins que favorable. Cependant, à la nouvelle du pacte de famille, Pitt demanda, en plein conseil, que l'Angleterre prît les devants, c'est-à-dire, qu'elle déclarât la guerre elle-même à l'Espagne. Pitt aurait voulu, en outre, qu'une attaque immédiate fût faite sur les colonies espagnoles, notamment sur la Havane et sur l'isthme de Panama, et qu'une expédition fût envoyée contre Manille et les îles Philippines. Cette mesure était le fait d'une politique hardie, mais rationnelle ; car il était évident que la France et l'Espagne ne tarderaient pas elles-mêmes à prendre l'offensive. Mais lord Bute et le roi penchaient encore pour la paix. Lord Bute répondit que les mesures commandées par son collègue étaient trop précipitées, et le roi lui-même présenta de fortes objections au plan proposé. Alors Pitt se retira du cabinet, et lord Temple, son beau-frère, suivit son exemple. Le roi témoigna à Pitt les plus vifs regrets de cette séparation. Il lui fit offrir par lord Bute le gouvernement des Canadas, avec un traitement de 5,000 liv. sterl. (125,000 francs) par an, ou la chancellerie du duché de Lancastre, à laquelle était affecté un traitement de même nature. Pitt refusa ces places ; mais, dans la lettre qu'il écrivit en réponse à lord Bute, il demanda le titre de pairesse pour sa femme. Sa demande fut accueillie ; on y ajouta une pension de 3,000 liv. sterl. (75,000 fr.) avec réversibilité.

Le couronnement de Georges III et de son épouse eut lieu à Westminster-Abbey, à quelque temps de là. On prétend qu'au nombre des assistants était Charles-Édouard, le jeune prétendant, qui, à la faveur d'un déguisement, aurait obtenu accès dans l'abbaye de Westminster. Georges eut connaissance du séjour d'Édouard dans la capitale, mais il ne songea pas à inquiéter son rival. Charles-Édouard n'était plus à craindre en ce moment ; sa conduite privée l'avait déconsidéré dans son parti, et ce fut sans doute une des causes qui firent tolérer son séjour à Londres par le gouvernement.

Pitt ne s'était pas trompé dans ses prévisions. Après avoir pris une attitude menaçante, la cour d'Espagne songeait à recourir à la force des armes. Lord Bristol, ambassadeur à Madrid, ayant reçu l'ordre de demander la communication des intentions réelles de Charles III, la cour d'Espagne répondit avec beaucoup de hauteur, et mit le séquestre sur tous les bâtiments qui se trouvaient dans les ports d'Espagne. La guerre fut aussitôt déclarée (1762). Déjà le gouvernement avait su reconquérir l'amitié de Frédéric. Au commencement de l'année, une flotte partit de Portsmouth et se dirigea sur la Havane ; elle arriva en vue de cette île le 4 juin ; un débarquement fut bientôt effectué, et le siège fut mis devant la forteresse qui défendait le havre et était regardée comme imprenable. Pendant ce temps-là, une partie de la flotte bombardait la place. Le fort se rendit après quarante-quatre jours de siége. La défense des Espagnols fut héroïque. Don Louis de Velasco, le gouverneur, et son second moururent sur la brèche ; quinze jours après, la ville de la Havane capitula. Neuf vaisseaux de guerre espagnols, trois frégates tombèrent au pouvoir des Anglais, qui avaient déjà coulé trois vaisseaux de ligne et un galion; deux navires furent détruits sur les chantiers; le butin qui échut aux vainqueurs fut évalué à 3,000,000 de liv. st. (75,000,000 de fr.). Mais la prise de la Havane était importante sous un autre rapport. En effet, par cette possession, la flotte anglaise était pour ainsi dire maîtresse de la route que suivaient les galions espagnols pour se rendre en Europe. Dans la mer des Indes, la flotte opérait avec le même succès; les Philippines furent attaquées, et l'amiral Cornich, après avoir pris à Madras des troupes de débarquement, parut tout à coup devant Manille et s'en empara. Cette île importante, et les îles qui en dépendaient, avaient pour gouverneur un archevêque. Cet ecclésiastique fit une vigoureuse défense, et quand la ville fut prise, il se jeta dans la citadelle. Mais voyant que là, comme ailleurs, il lui était impossible de tenir, il demanda à capituler, et offrit de se rendre, à la condition que la vie, les libertés et les propriétés des sujets espagnols seraient respectées. La proposition fut acceptée, moyennant une rançon de deux millions de dollars que les vaincus s'engagèrent à payer. Toutes les îles adjacentes qui appartenaient à l'Espagne se soumirent aussitôt à l'Angleterre. Dans les Antilles françaises, la Martinique tomba au pouvoir de l'Angleterre au mois de février, et cette conquête fut suivie de la reddition de Grenade, de Sainte-Lucie, de Saint-Vincent et de Tabago. Dans toutes ces actions, les Français n'opposèrent qu'une faible résistance; car ayant perdu l'espoir d'être secourus à temps par la mère patrie, ils préférèrent se rendre que de soutenir un siège dont le résultat n'était pas douteux.

Sur le continent, la fortune des armes était d'abord restée indécise entre les parties belligérantes. La guerre avait même commencé par des revers signalés pour la Grande-Bretagne. Ainsi le Portugal, l'allié de l'Angleterre, avait été envahi pour s'être refusé à donner son adhésion à l'alliance des Bourbons contre la Grande-Bretagne. Charles III avait donné l'ordre à une armée de 22,000 hommes, commandés par le marquis de Saria, d'entrer sur le territoire portugais. Saria s'était emparé de Bragance, de Miranda et de Torre de Moncorvo; mais s'étant trop approché de Porto, il avait été assailli par la milice et les paysans, qui lui avaient fait essuyer une défaite. Dans cette situation, un corps de 8,000 Espagnols était venu le rejoindre; il avait pénétré au sud de Douro, dans Beira, et avait pris position près d'Almeida.

Mais aussitôt, et sur la demande de la cour de Lisbonne que les succès des Espagnols avaient plongée dans la consternation, la chambre des communes avait voté 1,000,000 de livres sterling (25,000,000 de fr.). Bientôt 8,000 hommes de troupes, commandées par lord Tyrawley, et les brigadiers Crawford et Burgoyne, débarquèrent en Portugal, et ces secours ne tardèrent pas à rétablir les affaires de l'Angleterre et de ses alliés dans cette contrée. Burgoyne s'étant avancé sur la frontière d'Espagne, s'empara par surprise de Valencia d'Alcantara, place importante qui renfermait une grande quantité d'armes et de munitions de guerre. Bientôt d'autres succès furent obtenus par les armes anglaises, de concert avec les armes portugaises; en sorte qu'au bout de deux mois les forces espagnoles furent obligées de battre en retraite et de gagner leur territoire. Dans le même temps, l'Hermione, navire espagnol qui revenait de Lima à Cadix, chargé de 1,000,000 de liv. st. (25,000,000 de fr.), fut prise par deux frégates anglaises. Le seul endroit où les Anglais essuyèrent un revers dans leurs querelles contre l'Espagne, fut à Buenos-Ayres, dans la rivière Argentine.

Un autre événement que l'on crut, dans le principe, devoir exercer une influence favorable à l'Angleterre, et qui, en définitive, ne changea rien dans la position respective des puissances belligérantes, venait de s'accomplir: la czarine Élisabeth, l'ennemie de Frédéric, parce que celui-ci avait plus d'une fois lancé des sarcasmes contre les intrigues amoureuses de l'impératrice, venait de mourir, et cette princesse laissait le trône impérial à son neveu Pierre III, grand admirateur du génie guerrier du roi de Prusse. Aussitôt son avénement au trône, Pierre III conclut un traité avec Sa Majesté Prussienne. En vertu de ce traité, les 20,000 Russes qui servaient dans l'armée autrichienne furent mis à la disposition du roi de Prusse. Mais Pierre III avait de nombreux ennemis parmi ses sujets, et bientôt il tomba renversé du trône par une faction puissante qui comptait parmi ses membres l'épouse même du czar. Catherine, princesse d'Anhalt-Zerbst, entretenait des relations criminelles avec le comte Grégoire Orloff; ayant su que Pierre III avait découvert son infidélité et qu'il avait l'intention de mettre sur le trône, à sa place, Élisabeth, comtesse de Woronzow, elle voulut prévenir cet événement, et entra dans une conspiration qui avait pour chefs le chancelier Bestuchef, le comte Panin, le comte Razamofski, le prince Wolkonski, le prince Baratinski et Grégoire Orloff. Pierre III fut arrêté, et il fut contraint de signer un acte de renonciation et d'abdication. A quelques jours de là, il fut trouvé mort dans le lieu où il avait été relégué; on suppose généralement qu'il fut assassiné par Grégoire Orloff et le prince Baratinski. Par suite de cet événement, il était à craindre que Catherine ne retirât les 20,000 Russes qui servaient dans l'armée de Frédéric. C'est ce qui eut lieu. Toutefois, Catherine ne donna au roi de Prusse aucune autre marque d'hostilité; elle lui rendit même le territoire prussien qui était occupé par les Russes, et promit une stricte neutralité. Frédéric gagna, vers cette époque, la fameuse bataille de Freyberg, et refoula les Autrichiens en Bohême. Dans le même temps, les armées alliées, commandées par le prince Ferdinand et le marquis de Granby, s'emparaient de Cassel et chassaient les Français de la Hesse.

Les résultats de la guerre étaient sans contredit à l'avantage de l'Angleterre. Toutefois, lord Bute engagea le roi de Sardaigne à proposer officieusement à la cour de Versailles de reprendre les négociations, et ces propositions ayant été acceptées, des plénipotentiaires furent nommés. Le 3 novembre, les préliminaires de la paix furent signés à Fontainebleau. La France cédait formellement à l'Angleterre le Canada avec toutes ses dépendances, ainsi que le cap Breton et toutes les îles du golfe de St-Laurent; elle renonçait à toutes ses prétentions sur la Nouvelle-Écosse, abandonnait la partie de la Louisiane que lui disputait l'Angleterre, et reconnaissait les limites de démarcation qui avaient été faites par les négociateurs anglais. Dans les Indes occidentales, elle renonçait aux îles de Tabago, de la Dominique, de Saint-Vincent et des Grenades, à la condition qu'on lui rendrait la Martinique, la Guadeloupe, Marie-Galande, la Désirade, Sainte-Lucie; sur la côte d'Afrique, elle cédait le Sénégal et ses dépendances pour ravoir Gorée; dans les Indes orientales, elle s'engageait à reconnaître les gouvernements indigènes établis par les Anglais, et à n'élever aucune fortification au Bengale. A ces conditions, ses comptoirs devaient lui être rendus pour lui servir de dépôts et de places de commerce. Dans la Méditerranée, elle rendait Minorque à l'Angleterre, à la condition de rentrer en possession de Belle-Isle; elle consentait à la démolition des fortifications de Dunkerque; la France avait la liberté de pêcher sur une partie du banc de Terre-Neuve, dans le golfe de Saint-Laurent, mais à la condition de ne point approcher la côte de trois lieues, et ses bâtiments devaient se tenir à quinze lieues du cap Breton. Les petites îles de Saint-Pierre et de Miquelon lui étaient cédées pour servir d'asile à ses pêcheurs; mais elle s'engageait à ne point élever de fortifications dans cet endroit, et la garnison ne devait pas se composer de plus de cinquante hommes. De son côté, l'Espagne rentrait en possession de la Havane et des Philippines ; elle s'engageait à ne point inquiéter les sujets anglais qui allaient couper du bois dans la baie d'Honduras ; elle abandonnait ses anciennes prétentions au droit de pêche sur le banc de Terre-Neuve, et cédait en totalité les Florides et toutes ses possessions au sud et à l'est du Mississipi ; l'Espagne consentait, en outre, à retirer ses troupes du territoire et des frontières du Portugal, et à rendre à cette contrée la colonie de Sacramiento sur Rio de la Plata, qu'elle avait prise aux Portugais.

Par ce traité, l'Angleterre allait atteindre le plus haut point de puissance. Elle qui, à la paix de Westphalie, en 1648, ne possédait que les îles de Jersey et de Guernesey, était maintenant maîtresse de Minorque et de Gibraltar en Europe; de Sainte-Hélène, du Sénégal, d'une partie de la Guinée en Afrique ; en Asie, elle possédait Bombay, l'île de Salsette, le fort Saint-David, Gondelour, Madras, tout le Bengale, et plusieurs autres villes ; en Amérique, Saint-Vincent, la Barbade, Antigoa, Saint-Christophe, Montferrat, la Dominique, la Grenade et les Grenadins, la Jamaïque, les Bermudes, Bahama, le Canada, la Nouvelle-Écosse, et toutes les côtes du continent septentrional, déjà garnies de villes opulentes.

Aussi les articles du traité ayant été soumis au parlement, qui s'était assemblé le 25 novembre, Bute déclara qu'il ne désirait point d'autre épitaphe sur sa tombe que celle d'avoir été le conseiller d'une paix aussi glorieuse. Mais l'opposition ne l'entendait pas ainsi. Pitt dénonça le traité comme portant atteinte à l'honneur de l'Angleterre ; il dit que bien qu'il fût sous le poids d'une cruelle maladie (il souffrait alors beaucoup de la goutte), il était venu, au risque de sa vie, dans la chambre des communes pour élever la voix, et protester de toutes ses forces contre les articles préliminaires d'un traité qui obscurcissait toutes les gloires de la guerre, nuisait aux intérêts les plus chers de la nation, et dans lequel la foi publique était sacrifiée par l'abandon des alliés du royaume. Fox et Georges Granville, pour le parti ministériel, soutinrent le traité, qui définitivement fut adopté. Pitt, dans son discours, avait déclaré que l'abandon du roi de Prusse par l'Angleterre était une odieuse trahison ; ce qui était vrai, car l'Angleterre s'était bornée à stipuler, dans les articles préliminaires de Fontainebleau, que les Français évacueraient le territoire prussien. On lui répondit que Frédéric n'ayant plus d'autre ennemi que la France et la Saxe, il y avait lieu d'espérer qu'il ferait tête, avantageusement pour lui, à ces deux puissances. Ces prévisions se réalisèrent en effet. Un armistice fut bientôt proposé et accepté par les parties belligérantes, et la trêve fut suivie d'un traité définitif entre l'Autriche, la Prusse, la Saxe et la Pologne. Ce traité, qui reçut le nom de Hubertsburg, fut signé le 15 février 1763. Frédéric resta possesseur de la Silésie, et de tous les autres territoires qui lui appartenaient avant la guerre. Mais les autres États ne reçurent aucun dédommagement pour les pertes qu'ils avaient essuyées et les sommes énormes qu'ils avaient dépensées. C'est ainsi que se termina la fameuse guerre de sept ans. Elle avait coûté la vie à plusieurs millions d'hommes. Une partie de l'Europe avait été mise à feu et à sang, et le carnage s'était étendu en même temps sur une grande partie du globe.

Il n'est malheureusement que trop vrai ; dans les luttes parlementaires, l'esprit de parti et l'ambition personnelle rendent les hommes fréquemment injustes. L'opposition venait de donner une nouvelle preuve de cette triste vérité, en attaquant le traité de Fontainebleau. Ce traité était honorable en tous points ; et, à moins d'écraser complétement un ennemi qu'il eût été dangereux de réduire à la dernière extrémité, l'opposition elle-même n'aurait pu obtenir des conditions plus avantageuses pour le pays. Mais ce n'était point le traité, c'était l'homme d'État qui en était l'auteur que l'opposition avait voulu abattre. Or, cet homme d'État était encore debout

(1763). Dans le but de le renverser, le vieux duc de Newcastle et tous les chefs du parti tory, Pitt et tous les membres du parti whig, se coalisèrent. On oublia les anciennes divergences, les querelles, les insultes échangées dans les luttes précédentes; puis l'on convint de s'unir, et de ne traiter avec l'ennemi que lorsqu'il serait abattu. Cet ennemi, c'était toujours lord Bute; il fut mis en caricature; ses relations intimes avec la princesse douairière furent exploitées par ses adversaires politiques. Bute avait été obligé, pour payer des dettes contractées pendant la guerre, de demander un emprunt de 3,500,000 liv. s. (87,500,000 fr.). Pour payement de cet emprunt, le ministre proposa de frapper d'un droit de 10 p. 100 chaque muid de cidre ou de poiré. Ce fut sur ce terrain qu'on l'attaqua. Pitt, comme chef de la coalition, tonna de toute la force de son éloquence contre la taxe du cidre, et déclara que l'introduction des officiers de l'accise dans l'intérieur des maisons anglaises était une violation flagrante du droit des citoyens. Dans sa harangue, il cita cette vieille maxime nationale : « que la maison de chaque Anglais était son château fort, et qu'à ce titre elle devait être inviolable. »

Les jours du ministère Bute étaient comptés. A la voix puissante de Pitt, toute la nation s'émut. La Cité de Londres adressa contre le bill une pétition aux communes, une autre à la chambre des lords, une troisième à la couronne; et, à son exemple, les cités d'Exeter et de Worcester, les comtés de Devon et d'Herfort, invitèrent leurs représentants à repousser la taxe. Aucune question fiscale n'avait soulevé une pareille tempête depuis le fameux bill de l'accise de sir Robert Walpole, en 1733. Mais Walpole, bien qu'il fût dans la plénitude de sa puissance, et qu'il eût de grandes ressources à sa disposition, avait retiré le bill par déférence pour le sentiment populaire. Bute, qui n'était qu'un homme d'État médiocre, et qui de plus chancelait au pouvoir, persista à faire adopter son bill : ce qui eut lieu. Toutefois, Bute comprit qu'il était temps de céder à l'orage; il sentit lui-même que le terrain lui manquait. « Seul dans le cabinet que j'ai formé, disait-il à un ami, n'ayant point d'aide dans la chambre des lords pour me soutenir, à l'exception de deux pairs; les deux secrétaires d'État restant muets, et le lord chef de justice, que j'ai élevé à ses fonctions, parlant toujours contre moi, bien que me donnant sa voix; j'ai vu que le terrain sur lequel je marchais était si glissant, que j'ai craint non-seulement de tomber moi-même, mais encore d'entraîner dans ma chute mon royal maître : il est temps que je me retire. » Bute résigna ses fonctions, et sa retraite fut suivie de celle de plusieurs autres membres du cabinet. Fox fut élevé à la pairie avec le titre de baron Holland. Georges Granville devint alors premier ministre.

Aucun événement de cette nature ne donna lieu à plus de commentaires. Les admirateurs de Pitt déclarèrent que lord Bute avait été terrassé par son adversaire, et qu'il était mort politiquement sous ses coups; d'autres, que le roi et la reine avaient enfin pris ombrage de l'intimité de Bute avec la princesse douairière; d'autres, que Bute n'avait abandonné son poste que par la crainte d'être mis en accusation. Les amis de lord Bute déclarèrent de leur côté, que le ministre n'avait quitté les affaires que parce qu'il n'aimait pas les travaux, les luttes et les intrigues de la vie publique; que son penchant naturel le portait à la retraite, à la vie des champs, à la lecture, à la botanique; qu'il avait trop de fierté pour subir les humiliations et l'ennui d'une vie officielle; qu'il n'était entré en fonction que dans le but de servir son roi et son pays par la conclusion de la paix, et qu'ayant accompli cette tâche difficile, il s'était retiré pour se conformer à la détermination qu'il avait prise, et qu'il avait avouée à ses amis dès le commencement.

Lord Bute nous a expliqué lui-même la cause de sa retraite, en l'attribuant au défaut de soutien de ses collègues contre les attaques auxquelles il était exposé, et nous n'en chercherons pas d'autre. Aucun ministre ne rencontra, en effet, des adversaires plus ardents et plus animés. Parmi ces adversaires figurait un nommé Wilkes, propriétaire et rédacteur d'un journal intitulé *le Breton du Nord*. Ce journal avait été créé dans les circonstances suivantes. En entrant aux affaires, lord Bute, adoptant les conseils de Bubb Dodington, avait fondé un journal appelé *le Breton*, pour combattre l'ascendant que Pitt et son parti avaient, disait-on, sur la place publique, et justifier en même temps les mesures de son administration. Pour faire opposition au *Breton*, un journal appelé *le Breton du Nord* fut institué par John Wilkes. Ce Wilkes était membre du parlement et colonel dans la milice du Buckinghamshire. On le connaissait pour un homme de plaisir; il avait de l'esprit et la repartie prompte. Ses mœurs laissaient beaucoup à désirer, mais il était actif, entreprenant, audacieux. Dans son journal, il attaqua lord Bute avec une violence extrême. Nous avons dit que ce ministre était Écossais. Or, d'après la manière de voir de Wilkes, la rivière Tweed était la ligne de démarcation entre tout ce qui était noble et tout ce qui était vil. Au sud de cette rivière, c'est-à-dire en Angleterre, tout était noblesse, vertu, patriotisme; au nord de la Tweed, c'est-à-dire en Écosse, tout était mensonge, infamie, servitude.

Le changement de ministère n'était au fond qu'un changement de personnes et non un changement d'idées. La cour, qui persistait dans ses tendances, avait choisi les membres de la nouvelle administration parmi les membres du parti qui avait soutenu l'administration précédente. Les résistances devaient donc être les mêmes. Mais l'opposition se trouvait placée sur un terrain meilleur. En effet, la retraite de lord Bute était un hommage rendu à sa force. Ce triomphe enhardit jusqu'à l'audace quelques-uns des chefs du parti populaire. Nous avons dit que Wilkes avait eu une grande part dans la défaite de lord Bute. Non content de ce succès, Wilkes attaqua directement la famille royale et le roi lui-même. Dans un des numéros du *Breton du Nord*, publié quelques jours après la résignation de Bute, Wilkes accusa le roi d'avoir proféré un mensonge dans le discours de prorogation. Cette attaque était grave, car non-seulement elle portait atteinte à la dignité royale, mais elle soulevait une question importante de droit constitutionnel : à savoir, si la conduite politique du roi, comme celle des autres habitants du royaume, était susceptible d'examen. Aussi l'attaque fut relevée par le nouveau ministère. Georges Granville, premier ministre, lança un warrant pour arrêter le coupable. Wilkes reçut les porteurs du warrant la menace à la bouche; il leur dit que l'ordre d'arrestation était illégal, et ceux-ci n'osèrent point l'arrêter. Le lendemain, l'arrestation eut lieu; mais cette arrestation se fit sans que les porteurs du warrant laissassent une copie du writ, bien que Wilkes l'eût demandée, et qu'ils fussent tenus de le produire conformément à la loi.

Tous les partis se ressemblent; sévères et souvent inexorables à l'égard des faiblesses de leurs adversaires, ils sont pleins d'indulgence pour les fautes mêmes les plus graves de leurs amis politiques. Wilkes n'était rien moins qu'honorable, et sa conduite, dans cette circonstance, était répréhensible au dernier point. Peut-être eût-il été sage à l'opposition de s'éloigner d'un pareil homme. Cependant elle résolut de le soutenir, et de se faire une arme des mesures arbitraires commises contre sa personne pour attaquer le nouveau ministère, qui lui déplaisait déjà autant que celui de lord Bute. Lord Temple, beau-frère de Pitt, se présenta à la cour des plaids communs pour obtenir un writ d'*habeas corpus* en faveur du prisonnier; ce writ lui fut refusé, et Wilkes resta en prison. Toutefois, l'emprisonnement fut de courte durée. Sur une seconde application, un writ d'*habeas corpus* fut obtenu, et le constable de la Tour ouvrit à Wilkes les portes de cette prison d'État.

Mais s'il y a peu de générosité à une opposition parlementaire à donner son appui à un homme qui n'en est point digne, c'est une faute de la part d'un gouvernement de poursuivre avec acharnement ce même homme, car il l'aide ainsi à sortir de l'état infime où il devrait rester, et en fait souvent un martyr ou un héros. Le gouvernement allait faire la triste expérience de cette vérité. Des poursuites furent immédiatement ordonnées par les ministres contre la personne de Wilkes, et en attendant l'issue du procès, le roi le priva de son grade de colonel dans la milice du Buckinghamshire; puis il enleva à lord Temple, qui avait servi de caution, les fonctions de lord-lieutenant du Buckinghamshire, et effaça le nom de ce seigneur de la liste des conseillers privés. C'était commettre une faute grave. Wilkes, qui ne cherchait que les honneurs de la persécution, reprit aussitôt la plume, et se plaignit du traitement qu'on lui avait fait subir; il accusa même les secrétaires d'État de garder chez eux des objets qui, disait-il, avaient été volés chez lui à l'époque de son arrestation. Alors les ministres firent accuser hautement Wilkes d'avoir dissipé sa fortune dans des orgies, et ils ajoutèrent que son hostilité envers Bute et tout le ministère avait son origine dans le refus qu'il avait essuyé d'un emploi et d'une pension. Ces accusations étaient fondées; mais le traitement dont Wilkes venait d'être l'objet fit taire ces bruits, et, comme par enchantement, Wilkes devint le plus grand, le plus brave, le plus pur patriote que le royaume eût jamais eu dans son sein. Les Algernon Sydney, les Hampden de glorieuse mémoire, n'étaient point à comparer à Wilkes.

Nous ne parlerons point des modifications qui survinrent sur ces entrefaites dans le ministère, par suite de la mort de lord Égremont, et qui passèrent inaperçues au milieu de ce débordement de louanges et d'invectives.

La grande affaire du jour était celle de Wilkes. Nous nous bornerons à dire que la présidence du conseil fut donnée au duc de Bedford, dont l'impopularité était aussi grande que celle de lord Bute, et que lord Sandwich fut élevé aux fonctions de secrétaire d'État à la place de lord Égremont. Le parlement s'étant réuni, Georges Granville rapporta ce qui s'était passé au sujet de l'arrestation et de la mise en liberté de Wilkes, et déposa le numéro du journal accusé sur la table de la chambre des communes. La chambre déclara, à une majorité de 237 voix contre 111, que le numéro 45 de la publication intitulée le *Breton du Nord* était un libelle séditieux et scandaleux, et que ce libelle serait brûlé par la main du bourreau. Wilkes, se levant aussitôt, dit que les droits des communes d'Angleterre et les priviléges du parlement avaient été violés dans sa personne, et il fit une motion pour que la chambre prît immédiatement en considération la question relative à la violation de ces priviléges. La chambre ajourna cette question à une semaine.

Ce jour-là, lord Sandwich, le nouveau secrétaire d'État, présenta à la chambre des lords un exemplaire d'un poëme burlesque intitulé : *Essai sur la femme*, poëme qui était attribué au publicateur du *Breton du Nord*. C'était commettre une seconde faute, car la réputation de lord Sandwich, sous le rapport de la moralité, n'était pas meilleure que celle de Wilkes. On savait en effet que ce seigneur, et d'autres personnages de ses amis, avaient été les compagnons de débauche de Wilkes; qu'ils l'avaient aidé à dépenser sa fortune; qu'ils l'avaient introduit dans plusieurs clubs où la débauche était érigée en principe, et notamment dans un club où la religion était un objet de raillerie. A l'entrée de ce club on lisait ces mots : « Fais ce que tu voudras! » et le principal amusement des membres consistait à se déguiser en moines et à s'enivrer. Aussi la métamorphose extraordinaire qui s'était opérée dans lord Sandwich, depuis sa rentrée aux affaires, devint-elle l'objet des railleries les plus mordantes. Lord Sandwich eut beau parler comme un saint, déclamer avec une violence extrême contre l'obscénité de l'*Essai sur la femme*, ses discours ne trompèrent personne. Ce livre avait été publié sous le nom du docteur Warburton, qui siégeait dans la chambre des lords comme évêque de Glocester. Le noble lord se montra furieux pour l'usage qu'on avait fait de son nom, ajoutant que les démons les plus méchants de l'enfer fuiraient la société de Wilkes quand il arriverait dans ce lieu. Lord Sandwich demanda ensuite que la chambre reconnût Wilkes pour l'auteur de l'*Essai sur la femme*; mais lord Mansfield ayant fait entendre qu'il fallait préalablement entendre Wilkes, ce parti fut adopté, et l'on mit à un jour prochain l'audience où Wilkes serait traduit à la barre.

Mais une circonstance rendit pour le moment la comparution de Wilkes impossible. Dans une discussion vive qui s'était élevée à la chambre des communes, un membre du nom de Samuel Martin, qui avait été secrétaire de la trésorerie sous l'administration de lord Bute, et qui avait été fréquemment exposé à la satire du *Breton du Nord*, avait prononcé ces paroles : « Quiconque attaque dans l'ombre la réputation d'un homme, est un lâche et un misérable »; Samuel Martin, regardant Wilkes en face, avait répété deux fois la phrase. Wilkes avait paru d'abord recevoir cette apostrophe violente avec la plus grande impassibilité; mais, en quittant la chambre, il avait envoyé un cartel à Martin. La rencontre avait eu lieu le lendemain au matin dans Hyde-Park, et, au second coup de feu, Wilkes était tombé dangereusement blessé. Wilkes avait invité Martin à prendre la fuite, en promettant de ne rien dire qui fût de nature à lui nuire. Wilkes avait été rapporté mourant chez lui.

Nous avons dit qu'à l'occasion de la dénonciation faite dans la chambre des communes par Granville, du numéro 45 du *Breton du Nord*, Wilkes s'était levé pour déclarer que les priviléges du parlement avaient été violés dans sa personne, et que la chambre avait ajourné à une semaine la discussion de la motion qu'il avait faite à cet égard. La question des priviléges fut débattue sur ces entrefaites; elle occupa la chambre des communes pendant deux jours. Pitt, qui souffrait de la fièvre et de la goutte, parut dans la chambre appuyé sur des béquilles et enveloppé de flanelle. Il y venait décidé à prendre la défense de Wilkes, mais décidé aussi à repousser toute intimité personnelle et à désapprouver ses écrits. Il se plaignit avec amertume de la facilité avec laquelle la chambre abandonnait ses priviléges; bien qu'il regardât l'auteur comme injustifiable pour avoir écrit un libelle aussi détestable. « J'abhorre, s'écria-t-il, toutes « les réflexions sur des matières de la « nature de celles qui ont été traitées « par Wilkes. Les sujets du roi ne for- « ment qu'un seul peuple; quiconque « cherche à les diviser est coupable de « sédition ; l'auteur ne mérite point « d'être rangé parmi les êtres humains; « il est blasphémateur de son Dieu, li- « belliste contre son roi. » Pitt, après avoir flétri Wilkes de la sorte, soutint la motion avec une grande vigueur, et ne s'arrêta que lorsque la fatigue eut épuisé ses forces. La discussion continua pendant quatre heures après lui, et la chambre résolut, à une majorité de 258 voix contre 133, que le privilége du parlement en matière de libelles et d'écrits séditieux était nul, et qu'il ne pouvait pas empêcher le cours de la justice; puis elle vota que le *Breton du Nord* serait brûlé par la main du bourreau. La résolution précédente fut ensuite présentée à la chambre des lords, où elle devint l'objet de violents débats. Le duc de Cumberland ainsi que lord Shelburne votèrent pour. Mais la plus grande partie des évêques vota contre. La résolution fut adoptée à une majorité de 114 voix contre 35. Wilkes reçut ensuite l'ordre de comparaître à la barre des communes dans le délai d'une semaine, si sa santé le lui permettait.

La victoire était restée au ministère, mais il ne triomphait que dans les deux chambres du parlement. Au dehors régnait une irritation violente contre lui. Bientôt il put juger par lui-même combien cette irritation était vive. L'exécution de la sentence en ce qui concernait la destruction du libelle par le bourreau avait été confiée à l'alderman Harley, shérif de Londres, et l'un des membres de la Cité à la chambre des communes ; elle avait été fixée au 3 décembre, et devait avoir lieu dans Cheapside. Ce jour-là une foule immense, animée de dispositions hostiles, s'assembla à Cheapside et dans les rues adjacentes, et quand, accompagné des officiers municipaux et de l'exécuteur des hautes œuvres, le shérif parut, il fut assailli par des huées et par des sifflets, et sa voiture fut couverte de boue. Un homme du peuple, prenant dans le bûcher un morceau de bois enflammé, le jeta dans les panneaux de la voiture. Le coup rompit la glace et le tison alla frapper le shérif au front. Le magistrat, alarmé, battit en retraite; le bourreau lui-même fut obligé d'abandonner la place sans avoir pu exécuter son œuvre. Le peuple, qu'excitaient les admirateurs et les amis de Wilkes et un grand nombre de gentilshommes que l'on voyait aux fenêtres, se livrait alors à des violences ; il parvint à sauver quelques morceaux du libelle qu'il porta en triomphe à Temple-Bar, et, dans cet endroit, il fit un feu de joie et jeta dans les flammes l'effigie du comte de Bute.

(1764.) Dans le même temps, la popularité de Wilkes grandissait d'une manière extraordinaire. Nous l'avons vu rapporté mourant chez lui. A cette nouvelle, une foule immense se dirigea vers sa demeure en faisant retentir l'air d'imprécations contre le ministère, qu'elle accusait d'assassinat. Une tentative de meurtre exécutée sur ces entrefaites contre Wilkes, par un maniaque du nom de Dun, éleva sa gloire jusqu'aux nues. A ces dispositions se joignaient celles de la justice du pays qui se prononçait elle-même contre les ministres. Une action en dommages et intérêts avait été intentée par Wilkes contre les agents du pouvoir, pour cause d'emprisonnement en vertu d'un warrant général, c'est-à-dire en vertu d'un ordre émané d'un ministre et non du juge ordinaire, et cet exemple avait été suivi par les imprimeurs du *Breton du Nord*, qui avaient été emprisonnés en vertu de pareils warrants. Dans la cour des plaids communs, toutes ces personnes obtinrent des verdicts qui leur allouaient des indemnités. Wilkes intenta pour le même motif des actions contre lord Égremont et contre lord Halifax, et Robert Wood, l'un des employés de lord Égremont. Celui-ci échappa à l'action par sa mort ; Halifax se prévalut du privilège attribué à ses fonctions ; mais Wood, qui ne pouvait invoquer le même moyen, fut condamné à payer 1,000 liv. st. (25.000 fr.) à Wilkes. Le lord chef de justice, Pratt, devant qui la cause avait été portée, déclara d'une manière péremptoire que les warrants généraux étaient illégaux et de toute nullité. « Aucune autorité, s'écria-t-il, dans nos codes ne parle de cette espèce de warrant ; au contraire, ils y sont condamnés d'une manière expresse. »

Cependant le jour fixé pour la comparution de Wilkes à la chambre des communes approchait. Ce jour-là le docteur Brocklesby, l'un des médecins les plus distingués de Londres, se présenta à la barre des communes et déclara que la santé de Wilkes ne lui permettait pas de répondre à la sommation. La chambre accorda un délai d'une semaine, et le docteur Brocklesby étant venu pour la seconde fois à l'expiration du délai, déclarer que la santé de Wilkes était toujours dans le même état, les communes remirent après les fêtes de Noël la comparution du prévenu, ordonnant toutefois qu'un médecin et un chirurgien nommés par elles visiteraient Wilkes et leur feraient un rapport sur son état. Wilkes ne voulut point recevoir les deux docteurs. Au terme fixé, la chambre des communes reprit l'affaire ; mais alors elle apprit que Wilkes était à Paris. Le *speaker* donna lecture d'une lettre

ANGLETERRE

Place de Charing-Cross.

de Wilkes, dans laquelle celui-ci avait renfermé un certificat signé par deux docteurs français, lesquels attestaient que la blessure du prévenu ne permettait point qu'il quittât Paris. Les communes déclarèrent aussitôt qu'on procéderait à l'égard de Wilkes comme s'il était présent, et après une longue discussion, elles votèrent son expulsion de la chambre, et ordonnèrent qu'un nouveau writ serait lancé pour convoquer le collége du bourg d'Aylesbury.

Le gouvernement se réjouit de l'exclusion de Wilkes comme d'un triomphe, car il crut que la tâche qu'il avait à remplir lui serait désormais facile; mais il se trompait. Wilkes absent, le sentiment de défiance qu'inspiraient les tendances de la cour, le froissement des libertés nationales, qui était la conséquence naturelle de l'application de ces tendances, les jalousies rivales des hommes d'État en expectative d'un ministère existaient encore. Déjà même la chute du ministère était prévue. Ainsi, dans l'anticipation de cet événement, la Cité de Londres avait allumé des feux de joie et fait des illuminations. A ces manifestations, la Cité de Londres avait ajouté une sorte de défi. En effet, elle venait de donner le droit de cité au chef de justice, Pratt, qui avait rendu l'arrêt contre le pouvoir dans l'affaire des warrants généraux. Le portrait de ce magistrat avait été placé à Guild-Hall; les membres du conseil commun lui avaient voté une adresse de remercîment, et la cité de Dublin, ainsi que différentes autres villes, avaient suivi cet exemple.

D'un autre côté, la question relative aux warrants généraux ayant été reprise dans la chambre des communes, le ministère n'obtint qu'une majorité de quelques voix; et, à cette occasion, il y eut des récriminations violentes de la part de l'opposition; elle reprocha aux ministres d'avoir menacé d'un renvoi tous les fonctionnaires qui voteraient contre. Les ministres déclarèrent tenir pour fausses les récriminations qui étaient faites à ce sujet. Mais en ce moment même le général A'Court, qui venait d'être déchargé de son commandement, quitta son siége et se présenta devant le banc des ministres, comme pour leur dire qu'ils mentaient à la chambre. Ce grave incident produisit une vive sensation, qui s'accrut encore lorsque le *speaker*, s'adressant à un membre du nom de Barré, lui donna le titre de colonel. « Vous me donnez un titre auquel je n'ai plus de droits, répondit Barré : je ne suis plus colonel. Ils m'ont ôté mon régiment et mon emploi d'adjudant général. »

Telle était la situation de l'Angleterre lorsque fut agitée pour la première fois la question qui devait amener la guerre d'Amérique.

Premières causes de la guerre d'Amérique. — Bill du timbre. — Impression qu'il produit en Amérique. — Parallèle entre la situation de l'Amérique et celle de l'Angleterre. — Désordres à New-York. — Retrait de la loi du timbre. — Ministère Granville. — Ministère Buckingham. — Ministère Pitt.

La dette nationale s'était continuellement accrue depuis la fin du règne de Charles II, et elle avait fini par atteindre des proportions gigantesques. De 1,328,000 livres sterling (32,200,000 fr.), qu'elle se trouvait être au commencement de la révolution, elle s'était successivement élevée au chiffre de 16,394,000 livres sterl. (429,850,000 fr.) sous Guillaume III; à 52,145,000 l. st. (1,313,325,000 fr.) sous la reine Anne; à 79,293,000 l. st. (1,982,325,000 fr.) sous Georges I et Georges II. Georges III, à son avénement au trône, avait trouvé le chiffre de la dette portée à 100,000,000 de l. st. (2,500,000,000 de fr.). A cette époque l'intérêt de la dette coûtait à la nation une somme annuelle de 3,500,000 liv. sterl. (87,500,000 fr.). Cet accroissement de la dette effrayait les hommes éclairés et les amis sincères du pays, car, dans les intervalles de repos dont avait joui l'Angleterre depuis la révolution, aucune réduction importante n'avait eu lieu, et comme l'impôt devenait plus lourd de jour en jour, ils en concluaient qu'il y avait malversation dans les deniers publics.

Ce fut pour calmer ces alarmes, et aussi pour donner un peu de popularité à son ministère, que Georges Granville mit en avant sa proposition de faire contribuer aux charges publiques de l'Angleterre les colonies de l'Amérique. Le 10 mars 1764, une série de résolutions dans laquelle étaient déterminés les droits dont allaient être frappées les marchandises importées par les Américains, fut donc présentée à la chambre des communes. Ces résolutions, qui devaient allumer dans quelques années un vaste incendie, furent adoptées à la presque unanimité, car il n'y eut qu'un seul membre, le général Conway, qui protesta. Le bill reçut la sanction royale le 5 avril. Le ministre proposa ensuite de prélever sur les colonies un revenu direct sous la forme de l'impôt du timbre. Mais la proposition fut repoussée pour le moment. Dans le même temps, certaines restrictions furent faites pour détruire le commerce de contrebande que faisaient les Américains avec les colonies espagnoles. Ces mesures furent bien accueillies par toutes les classes de l'Angleterre, qui entrevirent dans un avenir prochain une diminution considérable de l'impôt. De son côté, le roi, en prorogeant le parlement, déclara qu'il approuvait, parce que c'étaient de sages mesures, destinées à augmenter le revenu public, et à encourager le commerce des possessions anglaises avec la Grande-Bretagne ; il ajouta que les intérêts de l'Amérique et de l'Angleterre s'en trouveraient bien.

Mais l'Amérique ne le pensait pas de même, et tandis que l'Angleterre se livrait à la joie, elle jetait, de son côté, le premier cri d'alarme. Les mesures récentes adoptées par la législature, et notamment les restrictions qui avaient pour objet de détruire le commerce de contrebande, paraissaient vexatoires aux yeux de tous les colons, et quelques-uns plus hardis avançaient qu'elles étaient un empiétement fait sur les libertés de leur nouvelle patrie. Les esprits s'irritèrent davantage encore quand quelques contrebandiers arrêtés en vertu des lois récentes furent soumis à des jugements sommaires par leurs capteurs, car le ministère Granville avait eu la maladresse de confier l'exécution des dispositions qui devaient empêcher le commerce de contrebande à des officiers de terre et de mer, hommes généralement disposés à traiter ces sortes d'affaires avec la justice expéditive du sabre.

De plus, le moment était mal choisi. En effet, des malheurs inattendus venaient d'assaillir les Américains. En quittant le Canada, le gouvernement français n'avait point rompu toutes ses relations avec les Indiens indigènes ; ceux-ci, encouragés par des agents français, et de plus, ayant à reprocher aux colons américains des empiétements sur leur territoire, avaient pris les armes dans l'intention de faire une attaque simultanée sur tous les établissements anglais au moment des moissons. Dans quelques endroits, leur secret ayant été connu, on était parvenu à arrêter leurs excursions ; mais ils étaient venus sur les frontières de la Pensylvanie, du Maryland et de la Virginie, pillant ou brûlant tout ce qui était tombé sous leurs mains. Ils avaient surpris aussi plusieurs forts anglais du Canada, et en avaient massacré tous les habitants. Des détachements qui se rendaient d'un lieu sur un autre avaient été taillés en pièces, ainsi qu'une foule d'hommes isolés.

Les colons commencèrent par des remontrances et des plaintes. Ils déclarèrent hautement que l'interruption de leur commerce avec les colonies espagnoles et le continent américain appartenant à la couronne d'Espagne, les privait de leur meilleure ressource, ajoutant que c'était une injustice monstrueuse commise à leur égard d'imposer des taxes sur eux, vu qu'ils n'étaient pas et qu'ils ne pouvaient être représentés dans le parlement. Aux amis du ministère, qui cherchaient à excuser la mesure en disant que l'impôt était de peu d'importance, ils répondaient que la modération de l'impôt était due à l'essai qu'on avait voulu en faire, mais que bientôt sans doute on songerait à l'élever si l'essai était favorablement accueilli. Les provinces de la Nouvelle-Angleterre adoptèrent, de leur côté, de fortes résolutions, qu'elles transmirent à leurs agents à Londres, avec ordre de les mettre sous les yeux du gouvernement. Elles envoyèrent ensuite des circulaires dans toutes les autres provinces américaines, engageant les colons, leurs concitoyens, à ne point faire usage des articles de luxe sur lesquels des droits étaient imposés. La Pensylvanie changea son agent à Londres, et nomma pour remplir ces fonctions importantes Franklin, homme d'une persévérance, d'une énergie et d'une capacité peu communes.

Les représentations des Américains relativement à l'injustice de la mère patrie, qui les taxait lorsqu'ils n'étaient pas admis dans le sein du parlement, ne manquaient pas de justesse; et assurément, il eût été sage et libéral de la part du gouvernement britannique de donner aux Américains satisfaction complète à cet égard, c'est-à-dire, de leur ouvrir les portes du parlement comme aux nationaux eux-mêmes. Mais inférer d'une pareille concession qu'il y aurait eu une longue continuité de bons rapports entre les deux pays, ce serait mal connaître le caractère et l'esprit des peuples. Les peuples comme les individus, en arrivant à un certain âge, éprouvent un besoin naturel de briser les entraves qui les gênent, surtout quand leurs mœurs s'éloignent de celles de la nation qui les tient en tutelle. Or, sous le rapport des coutumes et des besoins, les Américains ne ressemblaient déjà plus à leurs pères, ou du moins, par suite de la différence du climat, de la distance qui les séparait de l'Angleterre, leur caractère avait subi des modifications notables à cet égard. D'ailleurs une concession de cette nature n'aurait été reçue qu'avec une extrême méfiance par les Américains; car l'union de l'Angleterre et de l'Écosse devait être comme un exemple pour eux que, dans une occurrence semblable, la Grande-Bretagne ne traitait jamais sur le pied de l'égalité. Toutefois, cette concession aurait ennobli le débat; car, si après qu'elle eût été faite, la séparation fût devenue nécessaire, le fond de la querelle n'eût point roulé uniquement sur une misérable question d'impôt ou d'intérêt privé, comme cela allait avoir lieu; les saints noms de patrie et de liberté n'eussent point été invoqués pour déguiser des vues toutes mercantiles. Non! les deux peuples se fussent montrés à découvert, chacun avec ses mœurs, ses coutumes, ses besoins, ses intérêts. Il y aurait eu lutte sans doute; mais la raison humaine se serait éclairée en examinant les causes qui auraient provoqué la querelle, et, Dieu lui venant en aide, peut-être aurait-elle découvert un secret qui lui échappe encore : à savoir si la fusion des peuples est possible, et au prix de quels sacrifices personnels le repos du monde peut être obtenu.

Mais les plaintes et les représentations des colons auraient été cent fois plus fondées, qu'elles n'auraient point été écoutées. L'impuissance prétendue de l'Amérique, la force relative de l'Angleterre n'étaient-elles pas de la dernière évidence pour tout le monde? En effet, les colonies anglaises étaient loin d'avoir alors la force que présentent aujourd'hui les États-Unis qu'elles ont constitués. L'une des principales causes de leur faiblesse était la dissémination des habitants, dont le nombre s'élevait à peine à trois millions, sur un territoire d'une vaste étendue. Par le traité d'Utrecht, la France avait cédé à l'Angleterre la baie d'Hudson ainsi que les contrées limitrophes. Toutefois, les frontières, dans cette partie de l'Amérique, restaient à déterminer, comme elles le sont encore aujourd'hui. Cependant, en prenant pour limites l'extrémité septentrionale de la Nouvelle-Angleterre ou de la terre de Labrador, et en descendant vers le sud, le pays appartenant à la couronne d'Angleterre s'étendait depuis le 61e degré jusqu'au

31° de latitude septentrionale, c'est-à-dire, qu'il embrassait en ligne droite un parcours de plus de 1,700 milles. La plupart des établissements américains étaient florissants. Telles étaient notamment la colonie de la Nouvelle-Angleterre, qui déjà avait servi de souche aux établissements du Connecticut; de l'île de Rhode, du Maine, du Nouvel-Hampsire, et la colonie de la Virginie, qui avait formé le Maryland, la Géorgie et les deux Carolines. La Pensylvanie, la Nouvelle-Écosse, la Nouvelle-Jersey, la Nouvelle-York, promettaient d'être ce qu'elles sont de nos jours. Mais ces établissements, qui étaient encore sous le coup de longues et violentes discussions religieuses, semblaient manquer de cette cohésion qui fait la force réelle des États. Quelques-uns, comme la Virginie, qui comptait à cette époque 100,000 noirs esclaves, et en recevait chaque année 4,000, nourrissaient dans leur sein des ennemis naturels, tandis que d'autres, comme la Nouvelle-Écosse, avaient à souffrir cruellement des Indiens, dont les incursions étaient si fréquentes, et accompagnées de tant de désastres, que les habitants pouvaient à peine s'éloigner d'une portée de canon de leurs villes. De plus, les colons d'une province jalousaient ceux d'une autre, et de là naissaient des dissensions, des querelles et des tumultes qui offraient des chances favorables à l'ennemi.

Au contraire, le royaume d'Angleterre était en ce moment à l'apogée de la puissance et de la grandeur. La paix de Fontainebleau avait été glorieuse pour la nation, car elle avait ajouté de nouvelles contrées aux domaines que possédait déjà la couronne. La flotte n'avait rien perdu de cette énergie par laquelle elle s'était distinguée dans les batailles mémorables où elle avait eu pour adversaires les braves Ruyter et Van Tromp, et dans toutes ses rencontres avec l'ennemi, elle avait dignement soutenu l'honneur du pavillon national. Les troupes de terre s'étaient aguerries en se battant en Amérique contre les Canadiens français; en Europe, contre les meilleurs soldats de France et d'Espagne. Les arsenaux de l'Angleterre étaient pleins; et si l'état des finances publiques laissait beaucoup à désirer, l'industrie nationale à laquelle le génie de Clive venait d'ouvrir des débouchés immenses dans les Indes orientales, procurait déjà au pays des richesses incalculables. L'Angleterre avait en outre une organisation régulière; ses troupes occupaient les villes et les lieux les plus importants de l'Amérique, et les gouverneurs étaient des hommes dévoués à ses intérêts.

(1765.) Le parlement s'étant assemblé le 10 janvier, le roi, dans son discours d'ouverture, prononça ces paroles : « L'expérience que j'ai de votre conduite passée, me fait compter sur votre sagesse et votre fermeté en cette occasion. Vous exigerez cette obéissance aux lois et ce respect à l'autorité législative du royaume qui sont essentiellement nécessaires à la sûreté de tous, et vous établirez tels règlements qui paraîtront les meilleurs pour lier chaque partie de mes possessions dans l'intérêt commun. » Le roi ne semblait nullement s'inquiéter du mécontentement des Américains. Pour toute concession, le ministère parla d'abandonner la taxe proposée sur le timbre, mais à la condition que les Américains donneraient une somme équivalente; il leur laissait le choix des moyens. Franklin répondit à cette proposition, que ses instructions portaient obligation pour lui de s'opposer à toutes les mesures qui auraient pour principe le droit de taxer les colonies. Il déclara que, dans le cours de la dernière guerre, de fortes sommes avaient été, à différentes reprises, votées par le parlement comme indemnités aux colonies pour les efforts qu'elles avaient faits, efforts qui avaient été reconnus bien au-dessous de leurs ressources; il ajouta que la seule compensation que l'Angleterre devait attendre pour ses dépenses et la protection qu'elle donnait à ses colonies était le monopole du commerce desdites colonies.

Accueillir ces représentations et y faire droit, c'eût été méconnaître les instincts mercantiles d'une politique qui avait été presque toujours couronnée de succès, dans des circonstances analogues; le gouvernement les repoussa. La loi sur l'impôt colonial fut présentée à la chambre des communes, et fut votée à la presque unanimité. La loi du timbre, relative aux colonies américaines, fut également adoptée. Pitt ne vint point à la chambre des communes dans cette circonstance; il était retenu chez lui par la goutte et la fièvre.

Déjà pourtant des esprits plus clairvoyants commençaient à considérer la question américaine sous un autre point de vue. Un membre de la chambre des communes ayant dit, dans le cours des débats au sujet de la loi du timbre, que les Américains étaient des ingrats, que l'Angleterre les avait transportés en Amérique comme des enfants de sa prédilection, et qu'elle les avait nourris par ses bontés, ces paroles furent relevées par le colonel Barré, qui avait servi en Amérique. « Ce n'est pas, s'écria-t-il, votre bienveillance qui les a conduits en Amérique; c'est votre tyrannie qui les a jetés sur cette terre, qui était alors une terre inculte et inhospitalière, et ils y ont été exposés à toutes les souffrances auxquelles la nature humaine peut être en butte. Ce ne sont pas les bontés de l'Angleterre qui les ont nourris; ils n'ont au contraire que de l'indifférence à vous reprocher à cet égard; votre sollicitude ne s'est montrée que lorsqu'ils ont commencé à se suffire, et alors vous leur avez envoyé pour les gouverner des hommes qui étaient les députés des ministres; des hommes dont la conduite, en plusieurs circonstances, a fait couler le sang de ces fils de la liberté; des hommes qui ont été élevés aux plus hautes fonctions judiciaires en Amérique, afin qu'ils pussent échapper au glaive de la justice dans leur propre pays. J'ai eu de fréquentes relations avec les Américains, et je connais leur loyauté; mais je sais aussi qu'ils sont jaloux de leurs libertés, et qu'ils sauront les défendre si jamais on prétendait les violer. Que ma prédiction de ce jour soit prise en considération : je déclare que le même esprit de liberté qui a animé ce peuple dès le principe est inhérent à sa nature, et qu'il ne l'abandonnera pas. »

La prédiction du colonel Barré ne devait pas tarder à se vérifier. Dès que la connaissance du bill de taxation arriva en Amérique, des signes évidents d'une commotion violente et prochaine se manifestèrent dans toutes les provinces. A New-York, la loi fut réimprimée ayant en tête des ossements humains en croix, tandis que, dans les rues, les crieurs publics annonçaient la vente de la loi, en lui donnant le titre de *Folie de l'Angleterre*. A Boston, tous les navires qui se trouvaient dans le port mirent leur pavillon à mi-mât en signe de deuil, et les cloches des églises, enveloppées de sourdines, sonnèrent le glas funèbre. A Philadelphie, les habitants enclouèrent les canons qui étaient sur les remparts; partout on voyait une résolution énergique de tout risquer plutôt que de se soumettre. On crut, dans le principe, que l'opposition se bornerait aux provinces qui étaient reconnues pour leurs principes presbytériens et démocratiques; mais on apprit bientôt que la colonie épiscopale et aristocratique de la Virginie n'était pas dans de meilleures dispositions : ce fut même de cette colonie que partit le premier défi à l'autorité de l'Angleterre. Un débat ayant eu lieu au sujet du bill de taxation dans l'assemblée de cette province, un membre du nom de Patrick Henry, prononça les paroles suivantes : « Cé« sar a trouvé son Brutus, Charles Ier « son Olivier Cromwell, et Georges « III..... » (avant qu'il eût achevé, une voix l'interrompit et cria ce mot : Trahison!) « et Georges III, reprit l'ora« teur, profitera sans doute de leur « exemple. » Tandis que la Virginie prenait cette attitude menaçante à l'égard de la mère patrie, la chambre des représentants à Boston proposait de convoquer une assemblée générale à New-York, où chaque province enverrait des délégués pour se concerter sur les mesures nécessaires à adopter dans la présente occurrence. L'assemblée générale eut lieu effectivement à New-York, et neuf colonies sur treize y envoyèrent des délégués. Ces délégués adoptèrent quatorze résolutions ; elles étaient énergiques et roulaient sur ce principe, que le droit de taxer appartenait exclusivement aux assemblées respectives de chaque colonie. L'assemblée générale fit ensuite trois pétitions : l'une destinée au roi, la seconde à la chambre des lords, la troisième à celle des communes. Les membres de l'assemblée se retirèrent alors dans leurs provinces respectives, pour y provoquer des associations destinées à empêcher l'importation des marchandises anglaises ; cet empêchement devait durer jusqu'au retrait du bill de taxation.

En général les gouvernements adoptent de préférence les moyens énergiques dans de pareilles circonstances, et ce fut aussi à ces moyens que s'arrêta le gouvernement. Trompé sur l'état réel de l'Amérique, il regardait encore ce qui s'y passait comme une simple émeute facile à réprimer. D'ailleurs, ce parti lui paraissait bon, parce qu'il promettait une solution prompte, chose importante pour lui, afin qu'il pût se mettre en garde contre d'autres dangers qui s'annonçaient du dehors. En effet, la France et l'Espagne se montraient menaçantes. Un vaisseau de guerre français et trois corvettes venaient de surprendre l'île de Tortuga dans les Indes occidentales, et en avaient fait prisonniers les habitants. De leur côté, les Espagnols inquiétaient les coupeurs de bois de la baie d'Honduras, et venaient de s'emparer d'un navire anglais qui naviguait dans les eaux de la Méditerranée.

Mais l'opposition avait d'autres idées sur la question américaine ; elle aurait voulu qu'on employât la voie des concessions. Le parlement s'étant ouvert (15 janvier 1766), elle résolut de présenter une motion dans la chambre des communes à l'effet d'obtenir le retrait de la loi du timbre et des autres lois qui avaient été promulguées dans la session précédente relativement à l'Amérique. Pitt prit la parole. Après avoir accusé les ministres d'être simplement les instruments de lord Bute, et avoir dit que ce seigneur était l'âme du cabinet, bien qu'il n'y figurât pas en nom, il déclara qu'il désapprouvait la lenteur qu'on avait apportée à instruire le parlement des troubles de l'Amérique. Il rappela à la chambre que lorsque la résolution relative aux colonies avait été adoptée, il se trouvait retenu au lit par la maladie, ajoutant que s'il avait pu s'y transporter, il aurait protesté contre le bill de taxation. Pitt déclara qu'il était encore très-souffrant, mais que, pouvant se trouver dans un état de santé plus mauvais encore, il allait profiter de sa position, toute mauvaise qu'elle était, pour dire quelques mots sur l'importante question que soulevait le bill ; il espérait qu'on n'en ferait pas un point d'honneur, et que les ministres ne se considéreraient point comme engagés à persister, parce qu'ils étaient entrés dans une voie fatale ; il dit que, dans son opinion, la Grande-Bretagne n'avait aucun droit de taxer ses colonies américaines ; toutefois, il fit ressortir cette assertion qui paraissait contradictoire, que l'autorité de l'Angleterre sur ses colonies était souveraine et suprême. « Les colons, dit-il, sont des sujets de ce royaume, ayant comme vous-mêmes des titres aux droits et aux priviléges particuliers des Anglais ; ils sont liés par les lois anglaises et participent au même titre dans la constitution de ce pays ; les Américains sont les fils et non les bâtards de l'Angleterre. Mais lorsque dans cette chambre nous donnons ou nous accordons, nous disposons de ce qui nous appartient en propre, tandis que dans la taxe américaine, qu'avons-nous fait ? Nous, les communes d'Angleterre, avons-nous donné notre propriété personnelle ? Non ! Nous avons donné la propriété des communes américaines. Il y a absurdité dans les termes. » Après avoir insisté sur cette distinction un peu subtile, Pitt attaqua une idée émise alors par un grand nombre de personnes, laquelle était que les colonies, comme la plupart des villes de la Grande-Bretagne qui n'envoyaient pas de membres au parlement, étaient néanmoins représentées par le corps agrégé des communes. « Il existe, s'écria-t-il, une idée que les colonies sont virtuellement représentées dans cette chambre. Je voudrais bien savoir par qui est ici représenté un Américain ? Est-il représenté par quelque chevalier d'un des comtés ou shires de ce royaume ? Plût à Dieu que cette respectable assemblée fût composée d'un nombre plus considérable de membres ! Me dira-t-on qu'il est représenté par quelques-uns des membres qu'envoyent dans notre chambre ces bourgs qui fréquemment ne connaissent pas même leurs représentants ? Non ! Un pareil état de choses ne pourrait continuer. »

Le ministère Granville avait été renversé au milieu de ces luttes, ainsi que nous l'indiquerons plus tard, et le général Conway, l'un des nouveaux ministres, se leva pour répondre à Pitt ; Conway déclara que ses sentiments sur la question générale étaient conformes à ceux du préopinant, ce qui indiquait qu'il n'y avait point unanimité de sentiment dans le sein du nouveau ministère ; mais il repoussa avec force cette partie du discours de Pitt, dans laquelle celui-ci faisait entendre que le cabinet obéissait à l'influence secrète de lord Bute. Après le ministre, Georges Granville, premier auteur du projet, prit la parole et essaya de démontrer qu'il n'y avait rien de mal dans la loi considérée en elle-même ; mais que toutes les difficultés provenaient de la négligence de ceux qui lui avaient succédé au pouvoir. A l'exemple de Pitt, il se plaignit du retard qu'avaient apporté les ministres à instruire le parlement des troubles de l'Amérique. Il ajouta qu'il ne pouvait adopter la savante distinction qui avait été faite par Pitt, et que, dans son opinion, l'application des taxes faisait partie intégrante du pouvoir législatif de l'Angleterre sur ses colonies. « Lorsque j'ai proposé de taxer l'Amérique, dit-il, j'ai demandé différentes fois à cette chambre si quelque objection pouvait être faite au droit que nous allions assumer ; personne ne niait alors que nous n'eussions ce droit. La protection, l'obéissance sont réciproques ; la Grande-Bretagne protége l'Amérique ; l'Amérique, de son côté, est engagée à l'obéissance. Si cela n'est pas le cas, dites-moi quand les Américains se sont émancipés ? Les Américains ont-ils besoin de la protection de ce royaume, ils sont toujours prêts à la demander, et cette protection leur a toujours été donnée de la manière la plus complète et la plus large ; de plus, la nation a contracté des dettes considérables pour leur assurer cette protection ! Pourquoi donc aujourd'hui qu'on leur demande de contribuer dans une faible portion à la dépense publique, dépense qui n'a été faite qu'à cause d'eux, pourquoi renoncent-ils à votre autorité, insultent-ils vos officiers et se déclarent-ils en pleine rébellion. » Granville termina par une allusion à l'esprit de lutte et à l'ambition des partis qui existaient dans les communes. « L'esprit séditieux des colonies, dit-il, doit sa naissance aux *factions qui se manifestent dans cette chambre*; les orateurs s'embarrassent généralement peu des conséquences de ce qu'ils disent, pourvu que leurs discours répondent aux vœux de l'opposition. »

Granville se rassit, et tous les regards se tournèrent à la fois vers Pitt ; alors ce cri : Pitt, Pitt, partit de tous les bancs. Pitt se leva plus inspiré que jamais, et commença sa réplique. Ici, il s'éleva une question de règlement ; il s'agissait de savoir si Pitt, ayant déjà parlé, pouvait le faire encore sur la même question. On passa outre ; car les règles ordinaires de la chambre étaient rarement observées quand il s'agissait pour Pitt de prendre la parole, tant on attachait de prix à ses discours. Les cris de : Continuez ! continuez ! se firent entendre de toutes parts. Pitt se levant de nouveau, attaqua Granville avec amertume pour s'être plaint de la liberté du discours dans le sein de la chambre. « Le préopinant, dit-il, nous apprend que l'Amérique est opiniâtre, qu'elle est pour ainsi dire en état de rébellion ouverte. Je me réjouis de la résistance de l'Amérique; car si trois millions d'individus eussent été assez sourds au sentiment de liberté pour se soumettre volontairement à devenir esclaves, bientôt on s'en serait servi comme instrument par asservir tous les autres.» Il ajouta que, dans tous les besoins d'argent de l'Angleterre, aucun ministre, depuis la révolution, n'avait songé à taxer les colonies américaines; qu'étant en fonction, on l'avait engagé lui-même à adopter cette mesure, mais qu'il n'avait pas été assez fou pour se rendre à de pareils avis. Il parla de nouveau de la distinction qu'il avait faite, et dit à ce sujet que la législature pouvait bien régler le commerce des colonies, mais non les taxer. D'après son estimation, les profits annuels que la Grande-Bretagne retirait de son commerce avec les colonies américaines s'élevait à 2,000,000 sterl. (50,000,000 de fr.). « C'est cet argent, s'écria-t-il, qui nous a fait triompher dans la dernière guerre! c'est ce que l'Amérique donne en échange de sa protection.» Il fit ensuite allusion aux entraves que le ministère avait mises sur le commerce de contrebande que faisaient les Américains avec les colonies espagnoles du nouveau monde, et dit que dans cette circonstance le cabinet n'avait cédé qu'aux exigences de la cour de Madrid. « Que les actes rendus par le parlement, s'écria-t-il, en confirmation des traités, reçoivent leur pleine exécution; mais que l'Angleterre ne fasse pas la police du commerce pour l'Espagne ou pour toute autre puissance.» Il se plaignit, comme il l'avait fait déjà, de la lenteur que les ministres avaient mise à communiquer au parlement les documents relatifs à l'Amérique, et attribua leur silence à la déférence de la chambre pour les volontés de la cour. « Je ne sais, dit-il, comment cela se fait; mais il y a dans cette chambre un sentiment de modestie qui la retient quand il s'agit de contredire un ministre. Votre fauteuil même, monsieur, s'écria-t-il, en s'inclinant vers le *speaker*, est trop souvent tourné du côté de Saint-James. Je voudrais que ce sentiment de réserve fût moins prononcé; car si le trône a droit à nos respects, ces respects sont également dus au corps que nous représentons.» Faisant ensuite allusion aux arguments qui avaient été avancés au sujet de la force de l'Angleterre et de la faiblesse de l'Amérique, « Il est vrai, s'écria-t-il, que, dans une bonne cause et sur un bon terrain, la force de ce pays triompherait de l'Amérique et la réduirait en atomes; mais le terrain sur lequel nous sommes aujourd'hui est mauvais. Beaucoup, et moi le premier, pensons que la loi du timbre est une injustice criante. Dans une pareille cause, le succès serait douteux, car alors même que vous seriez victorieux, l'Amérique, en tombant, pourrait vous écraser.» Pitt, après avoir recommandé la modération à l'égard de l'Amérique, demanda que la loi du timbre fût immédiatement rapportée, et que ce rapport fût accompagné d'une déclaration énergique établissant l'autorité souveraine de la Grande-Bretagne sur ses colonies.

Pitt pouvait attaquer le ministère sur la question américaine, et nul n'était en droit d'incriminer ses paroles. Absent de la chambre des communes (et il avait soin de le dire) lors de la première discussion et du vote sur la loi de l'impôt colonial, et se trouvant par cela même à l'abri des effets de cette loi, il avait toute sa liberté d'action. Mais en était-il de même pour l'opposition, qui, un an auparavant, avait voté à la presque unanimité l'impôt colonial et la loi du timbre, et qui maintenant demandait avec Pitt le rapport de l'une de ces lois? Un revirement semblable s'était opéré en dehors du parlement. L'Angleterre, après avoir accueilli avec satisfaction dans le principe les mesures du ministère Granville, se prononçait maintenant avec énergie contre les mêmes mesures, et de toutes parts des pétitions étaient adressées à la chambre des communes pour qu'elle votât le retrait de la loi du timbre, comme l'avait demandé Pitt. Ce revirement dans l'opinion des adversaires du gouvernement provenait-il de ce que la question américaine, ayant été mieux étudiée, un retour sur eux-mêmes s'était effectué dans l'intérêt de l'amour du bien général et de l'ordre? ou bien était-il un des effets de cet esprit de parti qui agit si puissamment sur les hommes politiques dans les gouvernements parlementaires? Les manifestations de la nation dans cette circonstance étaient-elles le fait d'une conviction personnelle, ou d'un mouvement spontané, ou bien provenaient-elles de l'influence d'un parti qui lui imposait ses opinions et cherchait à faire tourner cet état de choses à son profit? Il est pénible pour l'historien de prononcer sur de pareilles questions, car, de quelque manière qu'il les résolve, il faut qu'il convienne de l'impuissance du jugement de l'homme, ou qu'il fasse le procès à son patriotisme.

Déjà le ministère avait envoyé des ordres aux gouverneurs des provinces américaines et aux commandants des forces de terre et de mer en Amérique pour qu'ils supprimassent les émeutes par la force, et qu'ils donnassent un concours efficace à l'autorité légitime. Mais le discours de Pitt, et l'impression qu'il produisit sur l'opinion publique, l'obligea à modifier ses plans. Le ministère présenta donc un bill pour rapporter la loi du timbre, et ce bill fut adopté à une grande majorité. Une déclaration de la nature de celle que Pitt avait demandée accompagnait le nouveau bill. Cette déclaration portait que l'Angleterre se réservait le droit absolu de diriger le commerce, la navigation et les manufactures de l'Amérique.

Le ministère, en alliant à l'égard de l'Amérique les mesures énergiques aux voies de conciliation, avait fini par espérer les meilleurs effets de cette combinaison. Dans son idée, c'était se montrer généreux sans être faible. Mais dans les affaires publiques comme dans les affaires privées, il n'est rien de tel que l'opportunité. Or, dans l'état où étaient les esprits en Amérique, l'application de ces mesures était tardive, et il y avait à craindre que l'une n'irritât les esprits, et que l'autre ne fût regardée comme une marque de faiblesse. C'est ce qui eut lieu. Le retrait de la loi sur le timbre fut considéré par les Américains comme une concession arrachée à la faiblesse et non comme une rétractation volontaire. La déclaration dont la nouvelle loi était accompagnée donna lieu, d'un autre côté, à des résolutions énergiques; les assemblées décidèrent qu'elles se passeraient des marchandises anglaises; et tandis que des adresses de remerciement étaient votées à la couronne pour les concessions que la législature venait de faire, elles montraient la plus vive répugnance pour punir les auteurs des troubles ou pour payer les pertes qu'avait essuyées le gouvernement par suite de ces troubles. Dans le même temps, l'assemblée de New-York eut une querelle avec le gouvernement au sujet du casernement des troupes. Il en résulta des animosités violentes entre les colons et les militaires, et ces animosités amenèrent une effusion de sang. Les Américains déclarèrent que les soldats anglais avaient commencé la querelle : les soldats, de leur côté, rétorquèrent l'argument contre les Américains. Ces scènes de sang se répétèrent dans un grand nombre de localités.

Les graves événements que nous venons de décrire embrassent un espace de trois années (1763-1766), et les difficultés nombreuses qu'ils soulèvent à l'intérieur, jointes à d'autres causes de perturbation dont nous allons parler, obligent deux ministères à se retirer. Le ministère Granville, entré aux affaires après la retraite de lord Bute (1763), est remplacé par le ministère Rockingham (1765). Le ministère Rockingham cède la place au ministère Chatham (1766).

L'administration de lord Bute avait été accusée de servilité à la couronne, et c'est le terrain que ses adversaires avaient choisi pour diriger contre elle leurs attaques. Lorsque Bute était tombé, l'opinion générale avait été que Georges III ferait le sacrifice de quelques-unes de ses idées personnelles, et qu'il composerait son nouveau ministère d'hommes reconnus pour leurs principes libéraux. Mais Georges III avait choisi ses nouveaux ministres parmi les hommes qui avaient soutenu l'administration précédente. Granville avait apporté au pouvoir les mêmes idées politiques. Cela eût suffi pour discréditer tout d'abord le nouveau ministère, alors même que ce ministère eût été à la hauteur des difficultés du moment ; mais, dans tous ses actes, le ministère semblait disposé à prendre le contre-pied de ce que la situation exigeait. Sa conduite à l'égard des chefs du parti whig, auxquels il avait repris les fonctions qu'ils occupaient dans l'administration, indiquait de l'âcreté et de la mauvaise humeur; elle était impolitique au dernier point. Il y avait eu aussi un manque d'habileté extraordinaire lorsqu'il avait déféré *l'Essai sur la femme* au jugement de la chambre des lords par l'organe de lord Sandwich, homme aussi immoral que l'était celui qu'il voulait frapper. En poursuivant Wilkes, que sa vie privée aurait dû condamner à l'oubli, par une rigueur excessive et des mesures inopportunes et illégales, le ministre n'avait-il pas contribué en outre à élever cet homme sur le pavois, et provoqué en sa faveur l'arrêt du chef de justice Pratt? Enfin, en se servant de la majorité qu'il avait à sa disposition dans les communes pour faire déclarer que les priviléges parlementaires ne couvraient pas les représentants de la nation, dans les cas de libelle, il s'était fait autant d'ennemis qu'il y avait d'hommes qui respectaient la presse, et s'était mis en hostilité avec la presse elle-même.

L'opposition se montra menaçante dès le début du nouveau ministère. Ainsi que nous l'avons vu, le bill de la taxe américaine, sur lequel le ministère avait compté dans le principe pour établir sa popularité, n'avait point réalisé ses espérances. Le parlement s'étant ouvert (10 janvier 1765), un membre fit la lecture d'une lettre écrite par sir William Draper, dans laquelle celui-ci se plaignait de la cour d'Espagne, qui n'avait pas payé la rançon de Manille. On se rappelle que, dans le cours de la dernière guerre, une flotte anglaise, commandée par l'amiral Cornich, s'était présentée devant Manille, dont elle s'était emparée, et qu'elle avait imposé aux vaincus une rançon de 2,000,000 de dollars. Georges Granville défendit en cette circonstance les Espagnols ; mais il fut combattu par le général Conway, qui le flétrit de l'épithète d'avocat espagnol. Sir William Meredith annonça ensuite l'intention où il était de reprendre l'affaire des warrants généraux.

Au dehors du parlement, il régnait une irritation extraordinaire. On sait que Wilkes se trouvait en ce moment à Paris. Son absence n'empêcha point que des poursuites ne fussent intentées contre William, l'imprimeur du *Breton du Nord*; il fut condamné au pilori. William se rendit au lieu de l'exécution dans une voiture de place qui portait le numéro 45, et cela avec l'intention de rappeler le numéro saisi du journal. Pendant qu'il subissait sa peine, le peuple éleva un poteau en face de lui, et y pendit un mannequin qui représentait un des ministres; puis il fit, au profit de l'imprimeur, une collecte qui s'éleva à 200 livres sterl. (5,000 fr.)

Les esprits étaient ainsi agités, lorsqu'à la fin de mars, une semaine après la signature royale de la taxe américaine, le bruit se répandit que S. M. était sérieusement malade. Un secret profond régnait à l'égard de la maladie dont le roi venait d'être affligé; précautions imprudentes, car elles ne firent qu'irriter la curiosité du peuple et agrandir le cercle des conjectures. On disait que le roi avait contracté un mauvais rhume; d'autres affirmaient qu'il avait été saisi de vertige. Bientôt la réalité se fit jour à travers tous ces bruits. On sut enfin que Georges III avait eu une légère attaque de la terrible maladie qui l'atteignit trois fois dans le cours de son règne, et qui plus tard le rendit incapable de remplir les devoirs du gouvernement. Toutefois, cette première attaque ne fut que passagère; le roi se rétablit bientôt, et il tint un grand lever à Saint-James. A quelques jours de là, il invita ses ministres à préparer un bill de régence. Fox, devenu lord Holland, fut chargé de rédiger le projet de bill. Par ce projet Georges demandait à son parlement la faculté de nommer de temps à autre, sous son simple sceau privé, soit la reine, soit toute autre personne de la famille royale, résidant en ce moment en Angleterre, pour être le tuteur de son successeur et le régent du royaume. Le projet de loi établissait que les dispositions de la loi resteraient en vigueur jusqu'au moment où l'héritier du trône aurait atteint l'âge de 18 ans.

Ce projet de loi laissait beaucoup à désirer. L'auteur y avait omis les noms du duc de Cumberland, oncle du roi, et des ducs d'York et de Glocester, ses frères, celui du prince Frédéric-Guillaume, et même celui de la reine. Toutefois, le nom de la reine fut immédiatement inséré dans le projet; elle fut déclarée apte à devenir régente. Une autre omission avait été faite; les ministres, craignant sans doute de soulever contre eux de nouvelles inimitiés, par suite de l'intimité qui régnait entre la princesse de Galles et lord Bute, n'avaient fait aucune mention de la princesse. Cette omission donna lieu à de longs débats, quand le bill fut présenté à la chambre des communes. Alors l'opposition, et une partie de la majorité, prirent chaudement la défense de la princesse, et déclarèrent qu'elle avait été injustement flétrie dans la chambre des lords. Le premier ministre répondit que, bien qu'il reconnût l'injustice des soupçons qui planaient sur la princesse, il regardait l'omission de son nom dans le bill de régence comme étant agréable à la majorité de la nation. Mais un amendement au projet de loi fut proposé; il réparait l'omission, et le projet ainsi modifié fut adopté.

Le ministère ne devait pas tarder à essuyer un autre échec. La science économique, malgré les progrès que lui avait fait faire Dudley North, et quelques autres auteurs de l'époque précédente, n'avait point, à cette époque de même qu'aujourd'hui, résolu le problème économique qui consiste à établir d'une manière proportionnelle et équitable, les produits du travail entre les divers membres de la classe travailleuse. Il en résultait que l'ouvrier imprudent restait sans pain, les jours de chômage. Cela s'appliquait principalement alors aux ouvriers en soie de Spitalfield. La plupart des États, dans le but de s'enrichir, cherchent à ravir aux autres contrées des industries pour lesquelles ils ne sont pas faits eux-mêmes, car ils espèrent qu'avec de la persévérance ils triompheront des obstacles. Mais il arrive que ces difficultés résistent à la persistance la plus opiniâtre, lorsque l'industrie que l'on veut ainsi s'approprier doit sa perfection moins à l'habileté de l'ouvrier qu'à la nature du climat. La fabrication des soieries en Angleterre se trouvait placée dans cette situation fâcheuse, et par suite de ces causes, l'ouvrier en soie de Spitalfield était obligé au chômage et manquait de pain.

Le 15 mai, le roi s'étant rendu à la chambre des lords pour donner sa sanction au bill de régence, une foule d'ouvriers en soie de Spitalfield vint en procession au palais de Saint-James, et présenta une pétition dans laquelle elle déclarait que l'importation des soies françaises les avait réduits à mourir de faim. Ces ouvriers se portèrent ensuite à des violences; et comme ils ne voulaient point se dissiper, lecture leur fut faite du *riot act*. Beaucoup d'entre eux furent tués ou blessés.

L'irritation du peuple à la suite de cette émeute, jointe aux différents échecs que la présente administration avait essuyés et aux fautes qu'elle avait commises, obligea les ministres à la retraite. Le roi envoya chercher le duc de Cumberland, à qui il donna l'ordre de former un cabinet, en l'invitant à s'entendre à ce sujet avec Pitt ; mais celui-ci, qui connaissait sa puissance et qui voulait un cabinet entièrement composé de ses créatures, se montra exigeant, ce qui fit échouer les négociations. Le duc de Cumberland s'adressa alors au duc de Newcastle, et, de concert avec lui, il forma un ministère de fusion. Une partie des membres du nouveau cabinet fut choisie parmi les torys ; l'autre fut prise dans la partie la plus modérée de l'opposition. Le marquis de Rockingham fut nommé à la trésorerie ; le général Conway fut appelé aux fonctions de secrétaire d'État ; le duc de Grafton fut nommé autre secrétaire d'État ; M. Dowdeswell devint chancelier de l'Échiquier ; le comte d'Hertford fut appelé aux fonctions de lord lieutenant d'Irlande, et le duc de Newcastle eut les sceaux privés (1766).

Ce ministère était composé d'hommes généralement estimés. Le marquis de Rockingham passait pour un homme honorable et animé des meilleures intentions ; il avait pris pour secrétaire particulier le célèbre Édouard Burke, qui venait d'être nommé membre du parlement ; le général Conway jouissait, de son côté, d'une grande considération. Mais il y avait alors une idée répandue dans le public, c'était qu'aucune administration ne pouvait exister si Pitt n'en était point membre. Le cabinet Rockingham, par la nature des éléments hétérogènes dont il était composé, ne présentait point, d'un autre côté, la condition nécessaire d'une longue existence ; de cette réunion d'hommes d'État d'opinions si différentes, il ne pouvait, en effet, manquer de naître des rivalités et des jalousies sans fin. L'opinion publique reprochait, en outre, à cette administration, comme aux précédentes, une obéissance passive aux volontés de la cour.

L'une des premières mesures du ministère Rockingham fut de donner satisfaction aux tisserands de Spitalfield. Les communes adoptèrent à cette occasion (1766) une loi qui restreignait l'importation des soies étrangères ; puis des recommandations furent faites pour empêcher l'exportation du blé, ce qui tranquillisa pour un moment le peuple qu'agitait l'appréhension d'une famine. L'administration nouvelle chercha ensuite à se mettre dans les bonnes grâces de l'opposition, et, de concert avec elle, elle adopta à cet effet une résolution portant que les warrants généraux pour appréhender les sujets du royaume, excepté dans les cas particuliers prévus par la loi, étaient illégaux, et que leur exécution sur un membre de la chambre des communes était une violation de priviléges.

Mais ces concessions ne suffisaient pas à l'impatience de l'opposition ; nous avons dit qu'aux yeux du public l'administration Rockingham était entachée d'un penchant trop prononcé pour les volontés de la cour. Dans un discours prononcée au sein des communes (session de 1766), au sujet de la question américaine, Pitt attaqua le ministère sur ce point. Il dit qu'il n'avait personnellement aucune objection à faire contre les membres de la présente administration ; qu'ils étaient des hommes de bonne réputation et tels qu'il aimait à en voir au service de Sa Majesté ; mais qu'il ne pouvait leur accorder sa confiance. « Pardonnez-moi, Messieurs, s'écria-t-il en s'inclinant avec dignité vers le banc des ministres, la confiance est une plante qui croît lentement dans le cœur d'un homme mûri par l'expérience ; la jeunesse est le temps de la crédulité. En comparant les événements les uns avec les autres, en remontant des effets aux causes, il me semble reconnaître dans tous les actes du ministère une influence dominante (Pitt faisait allusion à lord Bute). Il y a une clause dans l'acte de succession qui oblige chaque membre du cabinet à signer l'avis qu'il a donné à son souverain. Cela a-t-il été observé ? J'ai eu l'honneur de servir la couronne, et si j'avais voulu me soumettre à l'influence dont je parle, je serais peut-être encore en place ; je n'ai pas voulu être responsable pour les autres. » Le but de ces insinuations était manifeste; Pitt voulait attirer sur le cabinet actuel les antipathies qui avaient obligé lord Bute à se retirer de l'administration. Cependant, pour se justifier de toute idée malveillante, Pitt ajouta : « Je n'ai point d'attachement de localité. Il est indifférent pour moi qu'un homme soit né en Angleterre ou de l'autre côté de la Tweed. Je recherche le mérite partout où il se trouve. C'est une des gloires dont je me félicite, que j'ai été le premier ministre qui ait recherché le vrai mérite et qui l'ait trouvé dans les montagnes du nord. C'est ainsi que je suis parvenu à introduire dans le service du pays une race d'hommes intrépides, hommes que vous devez ménager, car, lorsqu'ils sont écartés par votre jalousie, ils deviennent une proie facile aux artifices de vos ennemis, et pourraient alors compromettre la sûreté de l'État. J'ajouterai que ces hommes, dans la dernière guerre, ont combattu de votre côté ; qu'ils ont servi avec fidélité de même qu'ils se sont battus avec valeur ; qu'ils ont contribué à notre gloire dans toutes les parties du monde. Honni soit qui fait des réflexions tendant à jeter du discrédit sur eux. Ces réflexions seraient injustes, sans fondement, antilibérales. Je déclare donc que lorsque j'ai cessé d'être ministre avec lord Bute, ce n'est pas par esprit de haine pour le pays de mon collègue, c'est parce que l'homme de cette contrée manquait de sagesse et qu'il avait des principes incompatibles avec la liberté. » A quelques moments de là, Pitt, s'inclinant vers le fauteuil du *speaker*, se plaignait de la complaisance obséquieuse du président des communes envers la cour.

En outre, des jalousies, des rivalités, éclataient au sein de l'administration, qui fut bientôt en désarroi. Au mois de mai, le duc de Grafton abandonna tout à coup les sceaux de secrétaire d'État, en accusant ses collègues de faiblesse, et en disant qu'ils manquaient de cette force que Pitt seul était capable de donner à un cabinet. Le roi lui-même ne paraissait plus aussi bien disposé à l'égard du marquis de Rockingham, à cause des lenteurs que celui-ci apportait à obtenir du parlement une dotation pour les frères de Sa Majesté. Alors un changement de ministère fut résolu (1766). Le marquis de Rockingham fit une retraite pleine de dignité. Contrairement à l'usage des ministres, qui, en se retirant, demandaient des places et des sinécures, Rockingham ne voulut rien accepter pour lui ni pour ses partisans.

Ministère Chatham. — Défiance qu'il inspire.—Sur quoi est fondée cette défiance. — Wilkes. — Retraite de Chatham. — Ministère Grafton. — Influence du pamphlet. — Junius.

Le 12 juillet, Pitt reçut du roi l'ordre de former un nouveau cabinet; le roi lui donnait carte blanche. Pitt parla de ses infirmités, de son âge avancé (il avait alors 58 ans), et demanda pour lui, non la place de premier ministre avec la direction de la chambre des communes où il était tout-puissant, mais les fonctions de lord du sceau privé, qui impliquaient sa présence à la chambre des lords. Le roi fut étonné de cette demande, et la nation crut, comme Sa Majesté, que Pitt était devenu fou. Mais Pitt insista, et, le 29 juillet, le roi lui annonça son élévation à la pairie, avec le titre de comte de Chatham. Quelques jours après, Pitt déclara au roi que le cabinet était formé. Pitt remplissait les fonctions de lord du sceau privé ; Georges Pratt, ce chef de justice que nous avons vu rendre un arrêt favorable à Wilkes, fut élevé à la pairie, avec le titre de lord Camden, et fut créé chancelier ; le comte de Northington eut la présidence du conseil ; le comte de Shelburne et le général Conway furent nommés secrétaires d'État; la place de premier lord de la trésorerie fut donnée au duc de Grafton; celle de chancelier de l'Échiquier à Charles Townshend ; sir Charles Saunders succéda à lord Egmont à l'amirauté, et le comte d'Hillsborough devint premier lord du bureau de commerce.

Le chef de la nouvelle administration arrivait au pouvoir précédé d'une grande réputation de capacité. Cette réputation, il la devait à la politique belliqueuse qu'il avait suivie pendant son administration, et aux succès brillants qui en avaient été la conséquence, c'est-à-dire à l'immense agrandissement territorial que venait de consacrer le traité de Fontainebleau. William Pitt n'avait toujours vu et ne voyait encore dans la France qu'une rivale redoutable qu'il fallait abattre pour le repos et la prospérité de l'Angleterre; et cette idée politique l'avait fait surnommer le sauveur du pays à une époque antérieure, parce que, dans le but d'assurer la réussite de ses plans, il s'était refusé de coopérer, avec les ministres ses collègues, qui auraient voulu défendre le Hanovre menacé d'une invasion. Mais cette politique, si heureuse dans ses résultats immédiats, était fausse dans son principe, et il était facile de prévoir que tôt ou tard il en naîtrait de grandes difficultés. La popularité de Pitt venait elle-même de subir de rudes atteintes. Dans toute sa carrière politique, Pitt s'était montré l'un des adversaires les plus ardents de l'aristocratie, et la nation n'avait point encore oublié que dans la question des warrants généraux, le grand orateur, comme on l'appelait quelquefois, avait déclaré contraires à tout principe de liberté la recherche et la saisie des papiers appartenant à des citoyens sans une allégation préalable des charges portées contre ces citoyens, et la désignation de leurs noms. Mais il avait paru évident dans toutes ces occasions, et malgré la violence des attaques faites par William Pitt contre le gouvernement, que cet homme d'État ne voulait point se fermer la porte de la faveur, et que ses actes ne répondaient pas toujours à ses paroles. Ainsi, les whigs avaient vu avec peine qu'à l'époque de sa séparation du ministère Bute, il eût accepté une pension réversible sur la tête de son fils aîné, et qu'il eût demandé le titre de pairesse pour sa femme.

Mais William Pitt tomba tout à coup du piédestal que lui avait élevé l'opinion publique, lorsqu'il eut été nommé pair avec le titre de comte de Chatham ; une foule de pamphlets furent dirigés contre lui; ils étaient pleins de violence; la presse pamphlétaire le qualifiait « de pensionnaire de la cour, de déserteur, d'apostat. » La formation du nouveau ministère devint un autre motif d'irritation contre Chatham. En effet, une partie des membres dont se composait le ministère appartenait à l'administration précédente, hommes que Chatham, dans une occasion récente, avait traînés sur la claie en les dénonçant à l'opinion publique comme obéissant d'une manière servile à lord Bute et à la couronne.

Déjà un champion de la cause populaire se présentait sur la scène politique : c'était John Wilkes. Wilkes, pour n'avoir pas répondu à la sommation qui lui avait été faite de comparaître à la barre de la chambre des lords au sujet de l'*Essai sur la femme*, avait été condamné à l'exil. Mais sous l'administration Rockingham, après avoir épuisé toutes ses ressources pécuniaires à Paris, il était revenu à Londres, décidé à amener le ministre à composition. Wilkes s'était adressé à cette occasion au marquis de Rockingham, par l'intermédiaire de Burke. Il avait demandé un pardon complet et une pension de 1,500 liv. st. (37,500 francs) par an, avec un peu d'argent pour payer ses créanciers. Ces prétentions ayant paru trop élevées, Wilkes avait pris un ton menaçant. Cependant, après réflexion, il s'était contenté de 300 à 400 l. st. (7,500 à 10,000 fr.), produit d'une cotisation qu'avaient faite entre eux les ministres. Wilkes était retourné à Paris. Mais quelques mois après, et alors que fonctionnait déjà le ministère Chatham, il revint à Londres incognito, et envoya une lettre au duc de Grafton, premier lord de la trésorerie, dans laquelle il demandait à ce lord qu'on lui fît remise de la peine de l'exil. Le duc répondit à Wilkes qu'il ne pouvait rien sans le concours de lord Chatham; que c'était à lui qu'il fallait s'adresser. Wilkes, ne présageant rien de bon de cette réponse, revint aussitôt à Paris, d'où il écrivit une lettre irritante contre Chatham et Grafton. Wilkes, dans sa lettre, ne ménageait pas les termes; il appelait Pitt un ambitieux, un orgueilleux, un homme plein de l'idée de sa propre importance, et le représentait comme étant à la fois insensible à l'amitié et au patriotisme. « L'amitié, disait-il, est un plaisir trop pur pour un esprit rongé d'ambition et dévoré de l'amour du pouvoir et des grandeurs. Lord Chatham a déclaré en plein parlement qu'il portait le plus vif attachement à lord Temple, l'un des hommes les plus honorables dont puisse se glorifier notre pays. Il a répété plusieurs fois qu'il voulait vivre et mourir avec son noble frère, et chacun sait qu'il lui a des obligations de la plus grande importance. Cependant, quelles preuves de gratitude ou d'amitié a-t-il données dans sa conduite à l'égard de son beau-frère? Cette conduite n'a-t-elle pas été toujours oscillante et souvent hostile? J'ai moi-même reçu de cet ami au cœur de marbre des déclarations d'estime aussi pleines de chaleur et aussi positives qu'on peut les désirer. Quelle a été ma récompense? Pour complaire à ses vues, n'a-t-on pas vu aussi M. Pitt prodiguer la flatterie? Il y a quelques années, n'était-il pas le tribun séditieux du peuple? n'insultait-il pas son souverain même dans sa capitale? Qu'est-il donc aujourd'hui? Ce qu'il est, le député abject de l'orgueilleux Écossais qu'il a représenté, dans le sein du parlement, comme manquant de sagesse et comme professant des principes incompatibles avec la liberté? »

Ces manifestations auraient suffi pour ébranler un ministère mieux établi que celui de lord Chatham. Mais la persistance du gouvernement à suivre la politique adoptée par l'administration précédente allait rendre la situation plus difficile encore. Ainsi Charles Townshend, chancelier de l'Échiquier, venait de présenter aux communes un bill qui frappait d'un droit d'importation le verre, le papier, les couleurs et le thé expédiés en Amérique (1767); et ce bill, après avoir été adopté à l'unanimité par les deux chambres, avait reçu la sanction royale.

Chatham comprit alors la nécessité de refondre le cabinet mal assorti qu'il avait formé. Au mois de novembre, il eut quelques conférences à cet égard avec le comte de Northumberland, qui, par sa femme, représentait l'ancienne maison des Percy; Northumberland promit son concours, à la condition qu'il serait fait duc. Ce titre lui fut accordé, après quelques difficultés de la part du roi. Chatham essaya alors de se concilier le duc de Bedford, qui promit pour lui et son parti de garder une stricte neutralité. Le ministre ouvrit ensuite des négociations avec le duc de Newcastle, bien que Chatham eût dit dans plusieurs circonstances qu'il n'aurait jamais aucune relation avec le duc. Il y avait toutefois une difficulté, c'était celle de trouver une place pour y caser sir John Shelley, proche parent du duc, car Newcastle ne promettait son concours qu'à cette condition. Chatham, pour tourner la difficulté, chercha à persuader à lord Edgecumb, qui occupait les fonctions de trésorier de la maison du roi, de faire l'abandon de ces fonctions. Edgecumb ayant fait quelques observations sur ce qu'avait d'impolitique le renvoi d'une personne de son rang qui, disait-il, avait de grands intérêts parlementaires, Chatham lui répondit avec hauteur : « Je méprise vos intérêts parlementaires; je n'ai pas besoin de votre assistance; j'ai confiance que la justesse de mes mesures m'obtiendra le soutien et la confiance du roi, et la faveur et l'attachement du peuple. En agissant sur ces principes, je puis regarder en face les plus hautes familles du royaume. »

Au milieu de ces difficultés, une disette, telle qu'on n'en avait vu de pareille, vint affliger toutes les parties du royaume; les marchés n'étaient plus visités par les fermiers, et le peu de blé qui y était mis en vente était payé à un prix exorbitant. Cette disette produisit une grande irritation dans les classes pauvres, des insurrections d'une nature alarmante éclatèrent dans plusieurs comtés. Le gouvernement fut obligé de recourir à la force pour rétablir l'ordre. La punition des coupables fut exemplaire; on s'accorde toutefois à dire que la conduite du ministère, dans cette circonstance difficile, fut pleine de modération. Mais une faute que commit le gouvernement, ce fut de mettre l'embargo sur le blé et la farine qui étaient destinés à l'exportation.

Ce dernier acte était une violation formelle des lois fondamentales du royaume; ces lois portant qu'aucune mesure de ce genre ne peut être mise à exécution sans avoir reçu la sanction préalable du parlement. Aussi l'opposition résolut-elle de tirer profit d'une circonstance aussi avantageuse, et d'attaquer le ministère sur ce terrain (session 1766, mois de novembre). En réponse aux attaques de l'opposition, le comte de Chatham, après avoir dit qu'il avait besoin de toute sa force pour parler en présence des législateurs héréditaires du royaume, hommes versés dans les lois, avoua qu'il eût été possible de convoquer le parlement deux ou trois semaines plus tôt, mais qu'alors l'alarme étant à son comble, cette mesure aurait fait plus de mal que de bien, attendu qu'une foule de personnes dont l'autorité était nécessaire pour la suppression des émeutes, eussent été obligées de quitter la province pour venir siéger dans le parlement. Il ajouta que l'embargo en vertu d'une ordonnance, pendant l'absence du parlement, était justifié par la nécessité, et il lut à cette occasion un paragraphe de Locke sur le gouvernement, dans lequel ce grand écrivain dit que ce qui n'est pas strictement légal devient quelquefois légal par la nécessité. Lord Camden, le nouveau chancelier, parla dans le même sens.

Mais ces arguments furent repoussés par l'opposition, et un cri d'improbation s'éleva aussitôt contre le ministère : les ministres, disait-on, s'étaient vendus à la cour; ils s'étaient ligués pour étendre les limites des prérogatives de la couronne bien au delà de ce que ces limites avaient été dans les plus mauvais jours de la monarchie. La fermentation s'accrut encore lorsqu'un membre de la chambre des communes, nommé Beckford, qui était connu pour son dévouement au ministère Chatham, déclara que, dans tous les cas de nécessité, la couronne avait le droit de se passer des lois. Ces paroles furent relevées. Beckford fut obligé de se rétracter, et sa rétractation fut consignée sur le journal de la chambre. Les ministres demandèrent alors qu'un bill d'amnistie fût voté en faveur des officiers qui, sur les ordres du conseil, avaient exécuté l'embargo. Mais Georges Granville soutint que les conseillers de la mesure, aussi bien que ceux qui l'avaient exécutée, devaient être compris dans le bill d'indemnité. C'était une censure directe de la conduite des ministres; toutefois ceux-ci parvinrent à triompher des efforts de l'opposition sur ce point.

Nous avons dit que la politique extérieure suivie précédemment par William Pitt avait été essentiellement belliqueuse, et que cette politique avait procuré à l'Angleterre d'immenses territoires. Mais ces résultats magnifiques n'avaient pas été obtenus sans des déboursements considérables. Ainsi nous avons vu, à l'issue de la guerre, lord Bute demander un impôt sur le cidre aux communes, qui le lui avaient accordé. Le gouffre était toujours béant, et il menaçait de s'élargir encore par la disette qui régnait alors et les éventualités que présentait l'attitude inquiétante de l'Amérique vis-à-vis de la mère patrie. Or Chatham, après avoir si vivement attaqué lord Bute au sujet de l'impôt sur le cidre, allait lui-même recourir à une mesure pour ainsi dire analogue.

(1767.) Le gouvernement demanda à la chambre des communes, par l'organe de son chancelier de l'Échiquier, que le revenu de la terre fût élevé à 4 shellings par livre sterling (5 fr. par 25) pour un an. Le ministre promettait que si l'impôt demandé lui était accordé, il s'opérerait une révolution extraordinaire dans les finances du pays, et qu'à la fin de l'année elles seraient dans un état florissant. Mais les propriétaires dont se composait la chambre repoussèrent cette proposition, et l'impôt foncier fut réduit à 3 shell. à une majorité de 18 voix contre les ministres. Battu de ce côté, le chancelier de l'Échiquier s'adressa au directeur de la compagnie des Indes orientales. Le chancelier, trouvant que l'État n'avait pas participé d'une manière convenable aux avantages qui avaient été accordés à la compagnie, aurait voulu retirer de ses mains la conduite des affaires territoriales du royaume de l'Inde, pour les approprier au gouvernement anglais lui-même, ou bien forcer cette compagnie à verser dans les coffres de l'Échiquier de larges sommes.

Le principe du monopole est faux en lui-même. Mais une fois qu'un gouvernement accorde un privilége de cette nature, est-il fondé, en droit ou en équité, à le retirer avant l'expiration du délai fixé? Dans le cas de l'affirmative, quelle confiance peuvent inspirer les engagements futurs de ce gouvernement, lorsqu'il rompt si facilement ceux qui le gênent? Là était la difficulté. Le ministère la comprenait; mais les communes, par un vote récent, lui avaient refusé l'argent dont il avait besoin. Chatham, auquel le chancelier de l'Échiquier Townshend en référa dans cette circonstance, dit à Beckford de faire une motion dans la chambre des communes pour examiner la situation de la compagnie des Indes orientales. Cette motion fut faite, et la chambre, après s'être formée en comité d'enquête, demanda qu'on lui produisît les documents de la compagnie. Celle-ci plaça sous les yeux du parlement les chartes qu'elle avait obtenues des souverains indigènes, les traités qu'elle avait faits avec eux, sa correspondance avec ses agents dans l'Inde, ainsi que l'état de ses revenus. La discussion s'engagea : elle fut vive, opiniâtre. Le parti de l'opposition soutenait que le gouvernement n'avait aucun droit d'intervenir dans les affaires de la compagnie, et il avait raison. Le parti ministériel maintenait, de son côté, que les droits de la compagnie sur les vastes territoires qu'elle avait acquis étaient fort douteux. Ce que voulait le ministère, nous l'avons dit, était des fonds; et le mot d'accommodement ayant été prononcé, la compagnie fut autorisée à présenter ses demandes, ce qui eut lieu. La compagnie demandait que le gouvernement consentît à prolonger sa charte jusqu'en 1800 ou au delà, et à confirmer à son profit le privilége de commercer exclusivement dans les Indes orientales, pendant trois ans au moins après l'expiration de la charte, ainsi qu'il avait été pourvu par une loi rendue sous le règne de Georges II; que le gouvernement consentît à diminuer les droits de douane sur le thé, afin d'arrêter la contrebande et d'augmenter ainsi la consommation légale; que le gouvernement diminuât les droits d'exportation sur le thé, et qu'il altérât les droits sur les calicots et les mousselines; qu'il consentît à adopter quelques mesures convenables pour le recrutement des forces militaires de la compagnie, à l'effet de rendre plus efficace le gouvernement civil et militaire de ses agents; qu'il défendît aux capitaines des navires de la compagnie et autres d'apporter dans les Indes orientales des munitions de guerre sans une permission spéciale de la compagnie; que le gouvernement employât toute son influence près la cour de France pour obtenir le payement des sommes considérables que la compagnie avait dépensées pour l'entretien et le transport des prisonniers français en Europe, lesquelles dépenses s'élevaient, d'après compte arrêté par le secrétaire d'État Conway, à 260,687 liv. sterl. (6,517,175 fr.); que le gouvernement s'interposât entre la compagnie et la cour d'Espagne au sujet de la *rançon de Manille*, qui n'était point encore payée par cette cour; la rançon, d'après évaluation, était de 166,230 liv. sterl. (4,155,750 fr.).

Ces demandes étaient exagérées, et en y acquiesçant, le ministère allait causer non-seulement un grave préjudice à une foule de marchands qui auraient pu faire avec avantage le commerce avec l'Inde, mais il méconnaissait encore des intérêts plus importants et plus saints : c'étaient ceux de l'humanité. En effet, en rançonnant la compagnie comme il voulait le faire, le gouvernement la mettait implicitement dans l'obligation de pressurer la population indienne pour se récupérer. Toutefois le ministère ne tint aucun compte de ces considérations puissantes, et, après de longues discussions, un bill fut voté. Il accordait tout ce qui était demandé par la compagnie, à la condition par elle de payer au gouvernement une somme de 400,000 livres sterling (100,000,000 de francs) par an, comme aussi de combler le vide de l'Échiquier, s'il venait à s'en former par suite de la diminution des droits d'exportation sur le thé. Le terme de cette concession était limité à deux années, et commençait au 1er février 1767.

D'autres embarras survinrent au ministère au sujet de la même question. La compagnie des Indes orientales comptait parmi ses actionnaires les notabilités financières du pays ainsi qu'un grand nombre de membres de la chambre haute. Ces actionnaires se fondant, d'un côté, sur ce que la compagnie avait acquis de nouveaux territoires, et sur ce qu'elle avait fait en même temps des avantages considérables, et concevant, d'un autre côté, de grandes espérances par suite des prétentions du gouvernement sur le fonds social, demandèrent qu'une répartition plus forte fût faite du dividende. Les directeurs répondirent à cette demande que, bien que de grands avantages eussent été obtenus, de vastes dépenses avaient été faites par suite de l'extension du territoire et de la durée des opérations militaires dans l'Inde. Ils ajoutaient que la plupart des profits de la compagnie étaient éloignés et précaires, tandis que les dettes étaient certaines et urgentes; en conséquence, ils auraient voulu que l'on payât les dettes avant de songer à lever les dividendes. Mais les actionnaires, réunis en cour générale, ne furent point de cet avis. Ils adoptèrent une résolution qui portait à 12 et demi pour cent le dividende afférent à chaque action. Le gouvernement fut alarmé de cette résolution, et dans la crainte prétendue que la répartition proposée ne donnât lieu à l'agiotage qui avait été si fatal à la nation lors des affaires de la mémorable compagnie du Sud, mais en réalité pour s'assurer le payement des sommes que la compagnie s'était engagée à lui verser, il présenta deux projets de loi aux chambres : l'un régularisait les qualités des votants dans toutes les occasions où les actionnaires étaient appelés à voter; l'autre restreignait les dividendes à faire par la compagnie des Indes orientales, et scindait la résolution prise par la compagnie des Indes, en fixant à 10 pour cent, au maximum, les dividendes de la compagnie jusqu'à la prochaine réunion du parlement. Ces projets de loi rencontrèrent une vive opposition dans les deux chambres et notamment dans celle des lords.

Indépendamment de ces échecs et des difficultés que le ministère rencontrait à chaque pas, la désunion régnait parmi ses membres. Charles Townshend, qui aspirait à devenir le chef du cabinet, venait d'ouvrir des négociations avec le parti de Rockingham, qui exerçait encore une grande influence. Lord Northington et le général Conway parlaient de résigner leurs fonctions; et le duc de Grafton songeait à ses plaisirs et à sa maîtresse beaucoup plus qu'aux affaires publiques, tandis que Chatham était retenu par la goutte aux eaux de Bath.

Un changement de ministère, ou du moins de grandes modifications dans le personnel de l'administration devenaient donc indispensables. Des propositions furent faites en conséquence au parti de Newcastle, à celui de Bedford et à celui de Rockingham; plusieurs entrevues eurent lieu; mais aucune d'elles n'amena une issue favorable, par suite des exigences de chaque parti. Cependant Charles Townshend, le chancelier de l'Échiquier, étant mort sur ces entrefaites, sa place fut donnée à lord Mansfield, chef de justice de la cour du banc du roi, et plus tard à lord North. A quelques jours de là, le comte d'Hillsborough fut nommé troisième secrétaire d'État, fonction récemment créée et qui était exclusivement consacrée aux affaires d'Amérique. Plus tard, le général Conway et lord Northington résignèrent leurs portefeuilles ; le premier fut remplacé dans ses fonctions de secrétaire d'État par le vicomte Weymouth, allié du duc de Bedford; lord Northington fut remplacé dans la présidence du conseil par lord Gower.

(1768.) Le ministère, après sa réorganisation, et dans le but d'obtenir une majorité compacte et de se rendre ainsi plus facile la conduite des affaires, arrêta en conseil que le parlement serait dissous. Les writs ordinaires furent lancés, et aussitôt Wilkes s'offrit comme candidat aux électeurs de la Cité. Wilkes avait de nouveau quitté Paris ; il était couvert de dettes, et se trouvait encore sous le poids d'une sentence d'exil. Dans l'espoir de se soustraire aux effets de cette sentence, Wilkes écrivit au roi une lettre suppliante dans laquelle il se posait comme un martyr innocent de la vengeance des ministres. « J'ai été jeté en exil, disait-il, par leur injustice et leur violence, et pendant plusieurs années je n'ai cessé de considérer cet exil comme l'oppression la plus cruelle qui pût m'atteindre, parce que je ne pouvais pas vivre plus longtemps sous la protection bienveillante de V. M. dans la terre de la liberté. Je viens, Sire, implorer votre clémence, le cœur plein de zèle pour le service de V. M. et de mon pays. Mes seules espérances de pardon résident dans l'excessive bonté et l'extrême bienveillance de V. M., et chaque jour de liberté dont il lui plaira de m'accorder la jouissance dans mon cher pays natal, je lui donnerai des preuves de mon zèle et de mon attachement à son service. » La sentence ne fut point rapportée; le ministère ne jugea point prudent de la révoquer. Alors Wilkes, jetant un défi audacieux à l'autorité, se montra publiquement dans les rues de Londres, et se présenta même sur les hustings aux électeurs de la Cité. Il ne fut pas nommé ; mais cet échec ne le découragea pas, et il s'offrit immédiatement aux électeurs de Middlesex. Ceux-ci l'élurent à une immense majorité, et le peuple, transporté de joie, fit retentir l'air des cris de : Vivent Wilkes et la liberté! La foule se porta ensuite vers la demeure de lord Bute, ainsi que vers Mansion-House, et elle en brisa les vitres.

En ce moment les classes pauvres étaient affamées et mécontentes ; la grande majorité de la nation regardait avec méfiance les hommes publics, et ne leur accordait ni honneur ni intégrité. Il fallait user de prudence et de modération ; cependant il importait que les lois ne fussent pas bravées d'une manière aussi audacieuse. Les élections furent faites à l'avantage du ministère, et le parlement s'étant réuni le 10 mai, la chambre des communes demanda un rapport indiquant pourquoi les lois n'avaient pas été mises en vigueur contre John Wilkes, qui fut aussitôt arrêté par un writ de *capias ut legatum*. Ce fut en vain que le sergent ès lois Glynn, fit ressortir dans les communes plusieurs erreurs importantes de la sentence d'exil, et qu'il offrit de cautionner Wilkes ; la caution fut refusée, et celui-ci fut confié à la garde du maréchal de la prison. A cette nouvelle, toute la classe ouvrière de Londres s'émut : les cris de Wilkes et la liberté ! retentirent de toutes parts ; la foule se porta ensuite à la rencontre du prisonnier, que l'on avait placé dans une voiture : elle dételat les chevaux, le porta en triomphe dans la Cité, et le conduisit dans une taverne de Spitalfield, où elle le garda jusqu'à minuit.

La foule s'étant dispersée, Wilkes alla se livrer de lui-même au maréchal de la cour du banc du roi, où il fut écroué. Aussitôt le peuple, s'amassant de nouveau, vint en face de la prison, et prit une attitude menaçante qui obligea l'autorité à envoyer des soldats stationner près de la prison. Quelques jours se passèrent ainsi ; des flots de peuple se pressaient aux abords de la prison ; les soldats restaient sous les armes. Sur ces entrefaites arriva le 10 mai, jour fixé pour l'ouverture du parlement. Alors une résolution hardie fut formée par le peuple : c'était d'arracher Wilkes de la prison et de le conduire en triomphe à la chambre des communes, pour qu'il y siégeât en sa qualité d'élu de Middlesex. Une attaque en règle commença contre les portes. La lecture du *riot-act* fut faite, mais elle se perdit au milieu du tumulte. Les soldats furent assaillis à coups de pierres et couverts de boue. Ces soldats étaient des Écossais, et l'on se rappelle que Wilkes avait attaqué avec une violence extrême le peuple écossais. On ne sait si les soldats cédèrent au souvenir des insultes dont leur pays avait été l'objet, ou s'ils crurent le moment venu de repousser la force par la force. Plusieurs officiers, quittant les rangs, se précipitèrent sur le peuple l'épée au poing, et l'un d'eux tua un jeune homme du nom d'Allen. En même temps, les officiers donnaient à leurs soldats l'ordre de faire feu sur le peuple, et, de la première décharge, ceux-ci tuèrent six hommes et en blessèrent seize autres.

Cette lutte entre la population de Londres et le gouvernement reçut le surnom de massacre des champs de Saint-Georges, et causa une irritation profonde. Le peuple apposa, à cette occasion, des placards incendiaires sur tous les murs de la métropole, ainsi que sur ceux du palais de Saint-James. Le coroner ayant convoqué un jury d'enquête, celui-ci rendit un verdict de culpabilité contre Mac Lean, l'officier coupable du meurtre d'Allen. Ce verdict portait une atteinte grave à la considération du gouvernement.

Mais Mac Lean, ainsi que Gillam, magistrat de Surrey, qui avait commandé le feu, ayant comparu aux assises, furent acquittés; l'officier Mac Lean reçut même du gouvernement une récompense de 30 guinées. De son côté, le parlement ne fit pas défaut aux ministres ; des adresses au roi furent votées ; elles promettaient le concours du parlement dans toutes les mesures adoptées pour maintenir l'autorité des lois. Les deux chambres votèrent ensuite des récompenses à lord Barrington, secrétaire d'État au département de la guerre, ainsi qu'aux officiers et aux soldats employés dans cette occasion.

Le conflit d'idées qui avait amené cette lutte fatale n'existait point seulement à Londres. L'Angleterre présentait en ce moment le spectacle remarquable, et pourtant fort ordinaire dans les pays soumis au régime parlementaire, d'une chambre des communes en opposition manifeste avec la grande majorité de la nation, que cette chambre était censée représenter : la nation se trouvant pour ainsi dire en état d'hostilité ouverte avec le gouvernement, les communes obéissant à ce gouvernement d'une manière presque servile. Il est évident que dans les élections qui venaient d'avoir lieu les ministres avaient eu recours à la corruption et à la fraude, moyen de gouvernement qui ne devrait être pratiqué qu'avec la plus grande réserve et qu'autant qu'il est recommandé par une impérieuse nécessité, et qui semble être passé en principe en Angleterre. Mais en remontant ici des effets aux causes, on est obligé de reconnaître que le vrai coupable n'était point le gouvernement, mais bien l'opposition elle-même. Ainsi le pouvoir venait de faire une sorte d'amende honorable; il avait donné satisfaction à l'opinion publique pour avoir favorisé le développement des idées absolutistes, et s'être mis en état de suspicion vis-à-vis de la nation dès le commencement du règne. D'abord la question des warrants généraux avait été décidée en faveur du

FAMILLE DE HANOVRE.

peuple; en second lieu, la couronne avait appelé au sein du conseil un homme qui, pendant longtemps, avait joui de la faveur des whigs. Cependant l'opposition semblait se complaire à susciter des embarras à l'administration, et à donner une fausse direction à l'opinion par des discussions presque toujours tracassières, souvent inopportunes, dont le fond était quelquefois injuste. Enfin, il y a lieu de croire, d'après ce que nous voyons de nos jours, que c'était moins à leur loyauté qu'à l'insuffisance de leurs moyens de séduction, et à l'avantage des ministres à cet égard, que les adversaires du gouvernement devaient leur défaite électorale.

Hommes d'État, chefs de parti, hommes publics de toutes les opinions et de toutes les nuances, nous vous soumettons ces *réflexions*, qui appartiennent à notre époque comme à l'époque dont nous parlons, et qui touchent aux intérêts les plus réels des États. Descendez en vous-mêmes, et, après les avoir examinées avec le soin que leur importance exige, vous mettrez peut-être un terme à vos débats passionnés; vos luttes seront moins personnelles, et vous songerez davantage aux devoirs que vous avez à remplir vis-à-vis des hommes (*).

L'affaire de Wilkes fut appelée sur ces entrefaites; elle fut plaidée à la cour du banc du roi, et fut décidée en faveur du gouvernement. La cour usa d'indulgence; comme le prévenu était revenu librement et qu'il s'était livré à la justice, la sentence de proscription fut rapportée. Toutefois, Wilkes fut condamné pour avoir fait une seconde édition du numéro 45 du *North Briton*, à payer une amende de 500 liv. sterl. (12.500 fr.), et à rester en prison douze mois. La sentence portait qu'après son élargissement il serait tenu de fournir une caution personnelle de 1,000 liv. sterling (25,000 fr.), et deux cautions de 500 liv. sterl. (12,500 fr.) chacune.

Ce fut un moment d'une nature aussi critique que choisit Chatam pour retirer son concours à l'administration. La résignation de ce ministre n'était, par le fait, que l'abandon officiel d'une place qu'il avait cessé de remplir depuis longtemps, car la goutte l'avait retenu constamment éloigné des affaires. Toutefois, la réputation d'habileté dont jouissait cet homme d'État était d'un si grand poids pour l'administration qu'elle fit tous ses efforts pour le retenir. Le roi, sur l'avis de ses ministres, écrivit au comte la lettre suivante : « Comme vous êtes entré au mois d'août 1766

(*) Je dis que la corruption et la fraude sont passées en principe dans le gouvernement anglais; cela est incontestable. Mais on aurait tort de se faire une arme de ce fait contre les gouvernements parlementaires. J'affirme d'abord que ce moyen de gouverner est pratiqué dans tous les gouvernements, sans en excepter les républiques, bien que les républiques aient de grandes prétentions à une haute moralisation. J'ajouterai, en faveur du système parlementaire (cela paraîtra sans doute paradoxal, et surtout contradictoire avec ce qui se passe aujourd'hui sous nos yeux), qu'un état moral aussi parfait qu'on peut le désirer pour une nation est susceptible de découler de ce système par le moyen de la publicité; que cette nation peut même atteindre au degré de vertu et de moralité qu'un gouvernement démocratique exige.

Sans entrer dans une question qui se rattache au domaine de la philosophie politique et sociale, qu'on veuille réfléchir un moment aux heureux effets d'une publicité mettant, d'un côté, un frein aux mauvais penchants par la crainte du grand jour, et stimulant, d'un autre côté, les esprits à créer des perfectionnements. Me dira-t-on que cette publicité est un rêve creux, qu'elle est impossible ? nullement! Que nos hommes publics, au lieu de se quereller comme ils le font, pour des questions souvent absurdes, appellent l'attention des publicistes sur les moyens de moraliser les peuples; qu'ils s'occupent sérieusement eux-mêmes de ces questions; que le gouvernement encourage avec éclat les esprits qui se portent dans cette direction, et il y aura progrès, comme pour toutes les institutions humaines qui ont été encouragées de la même manière.   Cl. Pel.

aux affaires, à ma demande personnelle, je pense que j'ai le droit d'insister pour que vous restiez à mon service, et c'est avec plaisir que je songe au moment où vous recouvrerez la santé et où je pourrai avoir votre assistance pour résister aux factions qui déchirent ce pays. Cette pensée est également celle du lord chancelier et du duc de Grafton, vos collègues, qui désirent vivement voir arriver le moment de votre rétablissement. En conséquence, je vous répète que vous devez songer, non point à vous retirer, mais bien à rétablir votre santé, afin que je vous voie prendre une part dans mes affaires. » Cette lettre resta sans effet : Chatam, qui avait besoin de reconquérir sa popularité, fut inébranlable dans sa résolution, et les sceaux privés furent donnés à lord Bristol.

Le ministère avait un ennemi de plus, ennemi redoutable, car c'était lord Chatam; et dans les communes, la majorité parlementaire, formée au prix des plus grands sacrifices, présentait déjà des symptômes de défection. Ainsi le parti Rockingham s'était rapproché du parti Granville et parlait de coopérer avec l'opposition; des pourparlers avaient eu lieu. De plus, la population marchande, dont les intérêts se trouvaient gravement compromis par ce qui se passait en Amérique, se déchaînait avec une violence extrême contre les ministres.

Au dehors, la situation n'était pas rassurante. En Europe, la vieille république de Gênes, après avoir fait la guerre pendant plusieurs années pour soumettre les Corses, avait, de désespoir, abandonné la lutte et cédé ses droits prétendus de souveraineté sur l'île de Corse à Louis XV, qui, en retour, lui avait fait quelques concessions pécuniaires. Dans les Indes orientales, les populations indigènes supportaient avec peine le joug de l'Angleterre, et ne cherchaient que l'occasion d'anéantir la puissance que Clive avait fondée. En Amérique, les colonies anglaises devenaient plus entreprenantes de jour en jour.

La retraite de Chatam donna plus de vivacité à la lutte. Cook, l'un des représentants de Middlesex, étant venu à mourir, il fallut procéder à une nouvelle élection, et le sergent ès lois Glynn, pour l'opposition, sir William Beauchamp pour le ministère, se présentèrent aux suffrages des électeurs; Glynn fut élu. Dans le cours de la lutte électorale, un nommé Clarke fut tué par un des membres du comité chargé de suivre l'élection de William Beauchamp. Des accidents de cette nature n'étaient point rares dans ces occasions; mais comme sir William Beauchamp était le candidat de l'administration, tous les ennemis du ministère résolurent de se venger des ministres sur sa personne. Le baronnet fut en conséquence représenté comme un homme qui avait à sa solde des assassins, et deux de ses agents électoraux furent traduits pour meurtre aux assises de Old-Bayley. Le jury aurait pu user d'indulgence en raison de la circonstance, mais l'esprit de parti avait pénétré jusque dans le sanctuaire de la justice : l'un des agents de William Beauchamp, nommé Mac-Quirk, fut déclaré coupable de meurtre. Le peuple reçut ce verdict avec acclamation, et montra la plus vive irritation contre le gouvernement, qui gracia le condamné.

Ces coups portés à l'administration réjouissaient le vieux parti républicain, qui n'était point éteint, et qui, malgré les revers de plusieurs règnes, espérait encore. Mais, comme les gens dans la détresse, ce parti s'attachait au premier venu, et, au lieu d'avoir pour chefs des hommes de considération, comme ceux de la *commonwealth*, il n'avait que des intrigants dont le caractère moral était sans valeur. L'organe de ce parti, John Wilkes, était un homme taré pour ses mœurs, et on savait qu'il avait, à différentes fois, offert ses services aux ministres, qui les avaient refusés. Toutefois, sous le point de vue de la tactique, la cause du parti républicain ne pouvait être placée dans de meilleures mains. Wilkes subissait en ce moment sa peine dans la prison du banc du roi. Le parlement s'étant assemblé, il adressa du fond de sa prison, au *speaker* de la chambre des communes, une pétition dans laquelle il exposait tous les actes du gouvernement à son égard, et en demandait le redressement en sa qualité de membre du parlement. Sur cette question de principes, Wilkes voulait rattacher la cause des whigs à celle du parti républicain. La question était neuve : « Wilkes, détenu dans la prison du banc du roi pour cause de libelle, avait-il droit aux priviléges dont jouissaient les membres des communes? » L'opposition le pensait ainsi, et l'un de ses membres ayant fait une motion à cet égard, elle fut appuyée par lord North, pour le ministère qui ne partageait point ce sentiment. Mais le ministre y ajouta l'amendement suivant : « Résolu que John Wilkes, bien qu'étant convaincu d'avoir imprimé et publié un libelle calomniateur, séditieux et scandaleux, et d'avoir imprimé et publié trois libelles impies et obscènes, aujourd'hui prisonnier dans la cour du banc du roi, en vertu de deux jugements séparés qui l'ont condamné pour lesdites offenses, soit déclaré, par le privilége du parlement, déchargé de l'emprisonnement qu'il a encouru. » Cet amendement fait par le ministre avait pour objet de faire ressortir l'inconséquence de la mesure. Après des débats animés, la chambre arrêta que le pétitionnaire aurait la liberté de se présenter dans la chambre pour soutenir les allégations de sa pétition, et qu'il pourrait se faire assister d'un conseil. Lord North demanda alors que l'avocat du pétitionnaire portât la discussion sur deux points principaux. Le but du ministre, dans cette circonstance, était de diviser l'opposition et ceux qui soutenaient la pétition. La motion fut adoptée. Les deux points sur lesquels devait rouler le débat étaient : 1° que lord Mansfield avait altéré le texte de l'accusation le jour qui avait précédé le procès de Wilkes; 2° qu'un des membres de la trésorerie avait corrompu un des secrétaires de Wilkes pour avoir une copie de l'*Essai sur la femme*, ouvrage qui n'avait jamais été publié et dont seulement douze exemplaires avaient été imprimés. Wilkes, s'étant présenté à la barre, demanda à prêter serment comme membre de la chambre des communes, disant que sans cette formalité il ne pouvait paraître légalement dans la chambre; cette objection fut écartée. Wilkes ne put parvenir à établir suffisamment ses griefs aux yeux de la chambre; elle déclara à l'unanimité que les deux allégations avancées étaient mal fondées, et que la pétition était frivole.

Comme on le voit, le ministère déployait la plus grande habileté pour faire tête à ses adversaires. Mais ceux-ci étaient infatigables; sous le rapport de l'habileté, ils ne le cédaient point non plus à ceux qui occupaient le pouvoir. Dans une séance précédente, l'opposition avait demandé qu'une enquête fût faite sur ce qui s'était passé dans les plaines de Saint-Georges, et elle avait, à cette occasion, attaqué avec beaucoup de violence le secrétaire de la guerre, qui avait écrit une lettre de remerciment aux troupes. Une motion à ce sujet ayant été faite, son auteur demanda au ministre à quel service public il appliquerait les sommes données en récompense aux soldats. Lord Barrington, secrétaire au département de la guerre, sans se déconcerter, répondit qu'il était parfaitement tranquille à l'égard de sa conduite dans cette circonstance; que sa conscience était en repos, et que son sommeil ne serait pas troublé.

Sorti victorieux de sa lutte avec Wilkes, le ministère résolut de poursuivre l'avantage; l'occasion lui paraissait favorable d'anéantir cet ennemi redoutable d'un seul coup. Wilkes était devenu possesseur d'une lettre adressée par lord Weymouth, l'un des secrétaires d'État, au magistrat de Surrey, antérieurement à l'émeute des plaines de Saint-Georges. Différentes versions ont été faites à l'égard de cette lettre. Plusieurs écrivains ont prétendu qu'elle était vraie, d'autres ont affirmé qu'elle était supposée. Dans cette lettre, le ministre invitait les magistrats à déployer de la vigueur et de l'activité. Wilkes, qui craignait qu'on ne l'oubliât dans sa prison, publia la lettre, avec commentaires ; il accusait lord Weymouth et les ministres d'être la cause du sang répandu dans les champs de Saint-Georges, ajoutant qu'ils nourrissaient le projet de détruire les libertés de la nation. Le ministère, par l'organe de lord Weymouth, dénonça à la chambre des lords cette inculpation. L'imprimeur fut appelé, et ayant déclaré avoir reçu la lettre et les commentaires de Wilkes, celui-ci fut traduit à la barre de la chambre des communes après une conférence entre les deux chambres. Wilkes s'étant présenté, ne se contenta pas de déclarer qu'il était l'auteur des commentaires, il prétendit avoir des titres à la reconnaissance de son pays, pour avoir exposé les projets abominables de Weymouth. Mais les communes ne furent point de son avis ; elles le déclarèrent coupable d'avoir publié un libelle scandaleux et séditieux, tendant à exciter les sujets de Sa Majesté à la révolte et à renverser l'ordre établi et le gouvernement légal ; et le lendemain, lord Barrington, l'un des ministres, ayant présenté une motion pour l'expulsion de Wilkes, la motion fut adoptée à la majorité de 219 voix contre 137.

Les débats auxquels donna lieu cette question se prolongèrent jusqu'à deux heures du matin. Burke, Georges Granville, Beckford, Thomas Pitt, votèrent contre la proposition du ministère ; le général Conway se retira sans voter ; le marquis de Granby vota avec les ministres. Burke, dans son discours, l'un des plus éloquents qu'il ait prononcés, dit que les ministres du roi jouaient au profit de Wilkes et aux dépens de la constitution : ce qui était vrai à l'égard de Wilkes. En effet, Wilkes déclara qu'il se porterait de nouveau candidat à Middlesex, ajoutant qu'il était sûr qu'aucun candidat ministériel ne pourrait lutter avantageusement contre lui. L'événement justifia la prédiction : un candidat du ministère s'étant présenté, se retira saisi d'une frayeur panique en voyant l'enthousiasme qu'excitait son compétiteur. Wilkes, treize jours après son expulsion, fut réélu sans opposition. Mais le gouvernement était décidé à maintenir son expulsion de la chambre des communes. Lord Strange, membre ministériel, fit une motion pour que John Wilkes fût déclaré incapable d'être membre de la chambre dans le parlement actuel. La motion fut adoptée. Mais Wilkes annonça aussitôt qu'il se porterait encore candidat à Middlesex, et, comme dans l'élection précédente, il fut nommé.

L'irritation dans les deux camps était grande ; des faits d'une nature grave avaient accompagné l'élection. L'or de la trésorerie n'avait point été épargné pour corrompre les électeurs. De son côté, le comité d'élection qui soutenait Wilkes redoublant de vigilance, avait déployé la plus grande activité. Le candidat ministériel était un riche marchand du nom de Dingley. Celui-ci, dans un moment de vivacité, frappa l'avocat de Wilkes, et l'avocat le frappa à son tour, en lui disant d'aller chercher d'autre argent à la trésorerie pour assurer son élection. Les partisans du candidat ministériel étant allés ensuite présenter une adresse au roi, les partisans de Wilkes se formèrent en procession et, après s'être procuré un cercueil et l'avoir revêtu de peintures qui représentaient la mort de John Allen dans les plaines de Saint-Georges, ils promenèrent ce lugubre appareil dans les quartiers les plus populeux de la ville, et se dirigèrent ensuite vers Saint-James. Les partisans de Dingley s'y trouvaient déjà. Alors, il s'engagea une lutte acharnée, dans laquelle les hommes du parti ministériel furent couverts de pierres et de boue. La troupe fut appelée et elle fit un certain nombre de prisonniers ; mais le grand jury de Middlesex refusa de délivrer contre eux des bills de mise en accusation, et ils furent relâchés.

L'expulsion de Wilkes, la persistance des électeurs de Middlesex à conserver ce citoyen pour leur représentant, étaient deux faits nouveaux dans les fastes parlementaires. Ne nous étonnons point que la nation tout entière se soit émue de ce conflit, car il touchait à la partie la plus essentielle et la plus délicate de la constitution. L'influence de la couronne était manifeste dans le vote des communes ; l'équilibre qui doit régner entre les trois pouvoirs était évidemment rompu en faveur du trône ; l'esprit de la loi fondamentale était faussé. Indépendamment de ce juste sujet d'alarmes, il ressortait de l'infirmation de l'élection de Middlesex un dédain profond pour le corps électoral. Que les électeurs de Middlesex ayant fait un mauvais choix, la chambre des communes eût renvoyé une première fois l'élu à ses mandataires, elle eût usé du droit que se réserve toute société d'exclure de son sein l'homme qui manque à ses devoirs. Mais du moment que les électeurs de Middlesex persistaient dans leur choix, les communes manquaient elles-mêmes à leur devoir en infirmant de nouveau, car c'était non-seulement priver de son représentant une agrégation de citoyens, mais encore méconnaître l'autorité du corps électoral tout entier, juge suprême et souverain en matière d'élection.

Ces considérations n'arrêtèrent point le gouvernement. Le jour qui suivit la nomination de Wilkes, la majorité ministérielle déclara nulle l'élection, et ordonna qu'un nouveau writ serait lancé. Il s'agissait, toutefois, de trouver un candidat qui voulût courir les chances de l'élection de Middlesex. Un officier irlandais du nom de Henri Lawes Luttrell, qui était membre de la chambre des communes, se présenta. Luttrell abandonna son siége dans le parlement pour s'offrir comme candidat aux électeurs. La chambre ordonna aussitôt au shérif de porter tout son soin à la conservation de la paix publique. Les élections eurent lieu ; Wilkes, comme on devait s'y attendre, obtint une imposante majorité ; il eut 1,143 voix, et son adversaire 296 seulement. Cependant le shérif proclama Luttrell pour l'élu de Middlesex, et les communes confirmèrent l'élection (1769).

Une rumeur violente éclata dans toutes les parties de la ville aussitôt que la décision des communes fut connue. Les électeurs de Middlesex jetaient les hauts cris, et déclaraient qu'il y avait iniquité flagrante à substituer Luttrell à Wilkes. Ils rédigèrent ensuite deux pétitions, l'une au roi, dans laquelle ils le suppliaient de dissoudre le parlement, et la seconde aux communes, pour les inviter à admettre Wilkes au nombre de leurs membres. Ces pétitions ne changèrent point les dispositions du ministère. Luttrell fut confirmé dans son siége à une majorité de 221 contre 152. Toutefois la minorité était l'une des plus imposantes que l'opposition eût obtenues dans le cours de la session.

Le dernier vote des communes fut regardé comme portant atteinte aux libertés du pays, et la question brûlante qui l'avait soulevé fut reproduite par les adversaires des ministres dans la plupart des questions qui furent agitées pendant le cours de la session. Celles-ci furent également décidées en faveur du gouvernement : l'une d'elles était relative à l'Amérique ; l'autre avait pour objet une demande de fonds pour couvrir les dépenses royales, et constatait un déficit considérable dans la liste civile ; la troisième se rapportait à la Compagnie des Indes, qui demandait la prolongation, pour le terme de cinq ans, de ses priviléges aux conditions arrêtées dans la dernière charte. Le gouvernement, fatigué des attaques auxquelles il était en butte, résolut alors de proroger le parlement. Georges III se rendit en personne à la chambre des lords à cette occasion ; l'irritation était à son comble. Le roi, en quittant son palais, et dans toutes les rues qu'il traversa, fut assailli par les huées et les sifflets de la foule (mai 1769).

Le gouvernement avait compté sur la prorogation pour donner aux esprits le temps de se calmer. Mais il se trompait. Le comte de Chatam se déclarait en ce moment d'une manière ouverte, tandis que Temple, son beau-frère, proclamait partout John Wilkes pour le modèle des patriotes. Des souscriptions furent faites pour payer les amendes auxquelles Wilkes avait été condamné : pour entretenir avec plus d'effet l'ardeur du peuple pendant l'absence du parlement, des dîners parlementaires, auxquels assistaient Burke, Thomas Pitt, l'alderman Beckford, lord John Cavendish, le colonel Barré, l'amiral Keppel, Byng et d'autres personnages de distinction renommés parmi les whigs, furent donnés. Des toasts étaient portés dans ces dîners à la chute de l'administration, qui était accusée d'une incapacité notoire. Tandis que ces choses se passaient dans les hautes sphères politiques, Allen, le père du malheureux jeune homme qui avait été tué dans Saint-Georges-Field's, était envoyé au palais de Saint-James avec une pétition dans laquelle il demandait que justice fût faite des meurtriers de son enfant, et une tombe ornée d'inscriptions menaçantes était élevée à l'endroit où avaient été déposés les restes du jeune homme. Depuis un siècle, l'Angleterre n'avait pas été témoin d'autant de violences et de mécontentements.

Le pamphlet venait augmenter la confusion. Un auteur moderne (*) a dit du pamphlet qu'il doit être riche en couleur, simple d'allure, étincelant de clarté, exact de calcul, varié de ton; que lorsqu'il est impétueux, cette impétuosité doit être mêlée d'ombre et d'éclat, d'art et de négligence, de raison et de passion, de sérieux et de narquois, de verve et de dégoût, de logique et de figures, de vifs abords et de conclusions brusques, d'apostrophes et de résumés lucides; qu'il doit être tour à tour sérieux, badin, positif, allégorique, simple, figuré, agressif ou défensif, et en tous points accommodé au génie de la nation à laquelle il s'adresse. Tel est aussi le caractère des lettres publiées sous le pseudonyme de Junius, célè-

(*) Timon, Livre des orateurs.

bre auteur resté inconnu (**). Force de style, connaissance parfaite des hommes et des choses ainsi que des secrets de la cour et du cabinet, vigueur dans la satire, audace dans l'attaque, tels sont les traits auxquels on reconnaît ces fameuses lettres. Les coups de Junius étaient d'autant plus terribles qu'il frappait dans l'ombre. L'auteur ne ménageait personne : le souverain et sa mère, le premier ministre et le plus simple courtisan, les hauts fonctionnaires de l'Église et les membres du bas clergé, tous étaient flagellés par sa main vigoureuse et invisible.

(1770.) Le parlement s'assembla le 9 janvier. Le roi, dans son discours, parla d'abord d'une épidémie qui s'était déclarée parmi les bêtes à cornes, et dit aux lords et aux communes que, sur l'avis de son conseil privé, il avait avisé au moyen d'arrêter les progrès de la contagion. Ce discours fut reçu avec dérision. Le moment n'était pas opportun, en effet, de parler d'un pareil sujet. La session fut surnommée la session des *bêtes à cornes*. Les journaux, les pamphlets, les revues, ne parlèrent plus que de laiteries, de vaches, de fermes d'une manière dérisoire, et se plurent à mettre en parallèle la vie des champs avec le bouleversement qui existait dans le royaume. Lord Chatam, avec sa vigueur ordi-

(**) Tout porte à croire que l'auteur de ces lettres était sir Philipp Francis. Sir Philipp Francis avait été dans les bureaux de l'administration dès l'âge de vingt ans, et avait ainsi une connaissance certaine des hommes et des choses. A cette circonstance on peut en ajouter d'autres plus décisives encore et notamment l'écriture de Junius et certaines particularités d'orthographe qui offrent une analogie frappante avec les manuscrits de Junius et le talent même de sir Philipp Francis. Sir Philipp était un homme de beaucoup d'éloquence et de vigueur comme écrivain, et ses discours parlementaires se rapprochent de la manière de Junius. Sir Francis Philipp est mort en 1818, peu de temps après la publication d'un livre qui le premier introduisit son nom dans une controverse à cet égard.
CL. PEL.

naire, fit ressortir le contraste. Quand l'adresse fut proposée dans la chambre haute, il se leva, et dit que, à aucune époque de l'histoire d'Angleterre, il n'y avait eu une période qui réclamât davantage la sérieuse attention de la chambre; que le mécontentement et la misère étaient universels, et qu'il était du devoir des lords d'exposer au souverain l'état véritable du pays. Chatham railla alors avec amertume le ministère pour sa sollicitude envers les bêtes à cornes; puis il critiqua le dernier traité fait avec la France et l'Espagne, et dit à cet égard que l'Angleterre n'avait pas obtenu ce qu'elle était en droit d'espérer, par suite des succès de la guerre et de l'état désespéré dans lequel se trouvaient ses ennemis; que l'Angleterre ayant abandonné son allié le roi de Prusse, elle était restée sans alliance sur le continent, et que la paix actuelle était si peu sûre, que, depuis sept ans qu'elle était conclue, l'Angleterre avait été à chaque instant à la veille de reprendre les hostilités; il dit que la guerre était inévitable, et ne devait point être favorable au royaume, parce que, tandis que l'Angleterre était restée inactive, tous les princes de la famille des Bourbons s'étaient unis étroitement entre eux, et qu'ils avaient formé des alliances avec les principales puissances de l'Europe. « Je déclare avec chagrin, ajouta-t-il, qu'il y a des affaires encore plus importantes et plus urgentes que celles que je viens d'énumérer : je veux parler de l'état dans lequel est l'Amérique. » Alors Chatam, comme s'il eût oublié que les mesures adoptées par les ministres contre les Américains avaient été prises en partie par le ministère dont il avait fait partie lui-même, attaqua l'administration avec violence, et déclara qu'elle avait poussé les Américains aux actes qu'on leur reprochait. « Il avait, dit-il, une prédilection naturelle pour l'Amérique, et était disposé à lui pardonner ses écarts. » Il avouait en même temps qu'il était entièrement ignorant de l'état actuel de l'Amérique; « mais il craignait, ajouta-t-il, que le ministère ne fût aussi ignorant que lui-même de ce qui se passait dans cette contrée, et qu'il n'eût pris des mesures dangereuses en marchant au hasard. » « Un faux pas en amène un autre, dit-il, et à la fin on s'égare dans un labyrinthe dont il n'est plus possible de sortir. »

Toutefois, l'affaire de Wilkes dominait en ce moment toutes les autres. « Je l'ai examinée, s'écria Chatam, avec l'attention la plus sérieuse, et comme je suis au fond de mon cœur intimement convaincu que le mécontentement universel qui existe dans la nation provient de l'expulsion de M. Wilkes et de la conduite des communes dans cette occasion, je pense que nous devons, dans notre adresse, exposer cette affaire au roi. » Chatam proposa ensuite un amendement pour désapprouver la conduite des communes dans cette circonstance. « Leur conduite, dit-il, est une violation flagrante de la constitution, car les communes ont privé un sujet anglais de ses droits, et les électeurs du représentant de leur choix. »

Lord Camden, qui appartenait à l'administration, appuya l'amendement de Chatam. Camden dit qu'il partageait les sentiments du noble comte, et qu'il désapprouvait la conduite des communes à l'égard de Wilkes. Lord Mansfield, pour le gouvernement, déclara s'opposer à l'amendement de Chatam, et dit à ce sujet que la question de l'élection de Middlesex concernait la chambre des communes seule; que la chambre des lords n'avait rien à y voir; que l'amendement proposé était une attaque faite aux priviléges des communes, et que cette attaque amènerait infailliblement entre les deux chambres des dissidences qu'il fallait éviter.

Chatam répliqua : « Milords, dit-il, je suis accusé d'avoir donné une fausse interprétation à ce qui s'est passé dans les communes; cela ne saurait être, car j'ai consulté les procès-verbaux de cette chambre, et j'y ai pris littéralement la résolution qui a été adoptée par elle. Cette résolution ne nous dit-elle pas que M. Wilkes ayant été expulsé est par cela même devenu incapable de siéger dans le parlement qui l'a exclu ; et n'est-ce pas cette résolution seule qui refuse au sujet la jouissance du droit qui lui appartient comme à tous les sujets du royaume? L'amendement que je propose porte que les électeurs de Middlesex ont été privés du représentant de leur choix ; est-ce un mensonge, milords, que j'avance? Suis-je coupable d'avoir donné une fausse interprétation à la résolution des communes? Quelqu'un osera-t-il affirmer que le colonel Luttrell est le véritable élu de Middlesex? Non, milords, nous savons tous le contraire : nous savons tous que M. Wilkes, que je cite ici, sans vouloir le louer ni le blâmer, a été l'élu réel du comté, qu'il a été nommé à une grande et imposante majorité. Milords, le caractère de M. Wilkes et sa position personnelle ont été mal à propos introduits dans le débat, non-seulement dans cette chambre, mais aussi dans la cour de justice où sa cause a été évoquée : je veux parler de la chambre des communes. Aux yeux d'un parti, M. Wilkes est considéré comme un patriote du plus grand mérite ; aux yeux de l'autre parti, il passe pour le plus vil des hommes. Pour ma part, je ne veux voir en M. Wilkes ni un grand patriote, ni un vil incendiaire ; je veux le considérer simplement comme un sujet anglais, possesseur de certains droits que les lois lui ont donnés, et que les lois seules ne pourraient lui ôter ; je ne me laisse toucher ni par ses vices privés, ni par son mérite public. Fût-il le plus méchant des hommes, je ne cherche dans sa personne qu'à garantir la sécurité et les droits des gens de bien. Dieu veuille que l'usage ne s'introduise pas de juger les droits civils du sujet sur son caractère moral ou sur toute autre règle que les lois établies dans ce royaume. J'espère, milords, que je ne serai point accusé d'aucune partialité personnelle à l'égard de ce citoyen. » L'amendement de Chatam fut repoussé.

On ne pouvait supposer que le lord chancelier Camden restât en fonctions après avoir appuyé ouvertement Chatam. Le grand sceau fut donné à Charles York, second fils du lord Hardwick, qui ne l'accepta qu'avec répugnance, et qui se suicida quelques jours après. Le ministère fut obligé de se mettre en quête d'un nouveau chancelier. Mais le peu de confiance que l'administration inspirait fit qu'elle rencontra partout des refus. Il fut décidé que le grand sceau serait mis en commission. Les commissaires nommés étaient sir Sydney Staffords Smyth, l'un des barons de l'Échiquier ; l'honorable Henri Bathurst, l'un des juges de la cour des plaids communs, et sir Richard Aston, l'un des juges de la cour du banc du roi. La retraite de lord Camden fut immédiatement suivie de la résignation de quelques autres personnages influents, et notamment de celle de lord Granby.

Ces modifications ne donnèrent pas plus de consistance au cabinet. Au contraire, elles attestaient sa faiblesse ; aussi l'ardeur de l'opposition s'en accrut-elle. Quelques jours à peine s'étaient écoulés, que le marquis de Rockingham, dans la chambre des lords, fit une motion à l'effet d'appeler l'attention de la noble chambre sur l'état du pays. Le duc de Grafton répondit qu'il ne s'opposait point à l'enquête. Le comte de Chatam se levant alors, déclara que la constitution avait été violée, et qu'elle l'était encore, ajoutant qu'aussi longtemps que cette blessure ne serait point guérie, et que les griefs de la nation ne seraient point redressés, on recommanderait en vain l'union au parlement ; on chercherait inutilement à établir la concorde parmi le peuple. « Si nous voulons sérieusement arriver à ce but, s'écria-t-il, il est nécessaire de convaincre la nation que ses griefs sont écoutés, et que les maux sous lesquels le peuple gémit seront soulagés. A ces conditions, je m'engage à recommander aux citoyens la paix et l'harmonie. Mais, milords, si la brèche qui a été faite à notre constitution est réparée d'une manière efficace, le peuple reviendra de lui-même à la tranquillité. Milords, je suis imbu des principes que tout bon Anglais doit avoir, et je le déclare sans réserve et sans crainte, que la crise est des plus alarmantes. » Après avoir parlé de l'élection de Middlesex, Chatam attaqua la politique du cabinet au sujet de la Corse, et dit que, par l'acquisition de cette île, la France avait fait une conquête plus importante et plus utile dans une campagne pacifique qu'elle n'en avait fait dans aucune de ses entreprises guerrières. Chatam, passant ensuite en revue l'Irlande, qu'il montra agitée et menaçante pour le repos de l'Angleterre, et revenant à la police intérieure du royaume, critiqua chaque chose et fit retomber sur les ministres la cause de désordre de la situation. « Depuis quelques années, s'écria-t-il, il y a eu un afflux de richesses dans cette contrée qui a été accompagné de fatales conséquences. D'où viennent ces conséquences? c'est que cet afflux de richesses, milords, n'a pas été le produit naturel et régulier du travail et de l'industrie. Non, ces richesses sont le fait d'actes inouïs. J'ajouterai que les richesses de l'Asie ont introduit dans notre pays des principes asiatiques en fait de gouvernement. Milords, la corruption du pays est la cause première de tous nos maux, du mécontentement du peuple, de la lutte que la couronne est obligée de soutenir, et de l'affaiblissement remarquable dans lequel est tombée notre constitution. » Chatam déclara ensuite qu'une réforme parlementaire était d'une absolue nécessité. Cette réforme consistait en ce que chaque comté devait élire trois membres au lieu de deux; les bourgs pourris, les grandes villes, qui n'étaient pas représentés, devaient rester dans l'état actuel. L'intérêt foncier était le seul intérêt envisagé par le comte de Chatam. La réforme devait s'étendre aux comtés de l'Écosse. Chatam, après s'être étendu sur les avantages de ces réformes, termina par des paroles de louange données au marquis de Rockingham, que quelques années auparavant, il avait dénoncé au pays comme un homme incapable, indigne de la confiance du pays. Chatam, par une contradiction étrange, mais qui est fréquente parmi les hommes publics, portait maintenant aux nues le marquis de Rockingham, et le proclamait à la face de ses concitoyens comme l'un des hommes politiques les plus éminents du royaume, sous le double rapport du mérite et de la probité. « Milords, s'écria-t-il, indépendamment de ce que j'approuve la motion faite par le noble lord Rockingham, je ressens une satisfaction personnelle à appuyer cette motion ; car je désire que ceux qui m'entendent regardent mon appui comme une démonstration publique de l'union cordiale qui, je suis heureux de l'affirmer, existe entre le noble lord et moi, et comme une preuve de mon attachement aux principes qu'il a si bien défendus, et du respect que j'ai pour sa personne. Il y a eu un temps, milords, où ceux qui désiraient nous voir séparés pour toujours trouvaient du plaisir à exercer leur malignité contre nous deux; mais ce temps est heureusement passé; les amis de ce pays apprendront avec plaisir, je n'en doute pas, que le noble lord et ses amis sont unis aux miens et à moi-même sur un principe qui, je l'espère, rendra notre union indissoluble. Ce principe n'est point de posséder entre nous ou de partager les émoluments du gouvernement. Il consiste à sauver l'État s'il est possible. Nous nous rencontrerons sur ce terrain, et nous y resterons fermes et inséparables. Aucun artifice ministériel, aucune offre privée, aucune séduction secrète ne pourra nous séparer. Unis comme nous le sommes, nous pouvons défier le politique le plus habile du ministère actuel, et mépriser le grand et unique arcane du gouvernement, qui est celui-ci : *Divide et impera.* »

Le ministère, ne pouvant résister à la violence des attaques dirigées contre lui, demanda l'ajournement de la chambre, et chacun comprit qu'il y allait avoir une nouvelle dislocation. En effet, le duc de Grafton résigna sa place de premier ministre ; lord

North restait en fonction. Le comte de Bristol eut les fonctions de premier gentilhomme de la chambre; le comte d'Halifax, celles de lord du sceau privé; le comte de Pembroke, celles de chambellan; Charles-James Fox fut placé à l'amirauté. Plusieurs autres changements eurent lieu dans les fonctions secondaires : en résumé, les principes politiques du nouveau ministère étaient la reproduction de ceux du ministère Grafton, qui venait d'expirer. Le seul nom nouveau qui figurât dans l'administration récemment formée, était celui d'Halifax. On comprit que le roi voulait, par ce changement, tourner la difficulté.

État de l'Amérique. — Mesures adoptées par le ministère anglais; effet qu'elles produisent. — Association américaine. — Émeute à Boston. — État de l'Europe.

Reprenons la question américaine au point où nous l'avons quittée (1766). Nous avons dit quelle fut l'origine de la querelle, et quel accueil les Américains firent aux bills de lord Granville. Mais l'Angleterre, habituée de voir dans l'Amérique de vastes territoires destinés un jour à agrandir sa richesse, ne pouvait songer à faire l'abandon des droits qu'elle s'était réservés sur des colonies aussi importantes. C'eût été aux yeux de l'Europe et à ses propres yeux commettre un suicide, agir contre le vœu de la constitution. En effet, la constitution ayant pour principe la propriété, et faisant de la richesse la première vertu politique du citoyen, doit naturellement imposer aux hommes publics l'obligation d'accroître la richesse nationale et de fournir aux sujets le moyen d'en acquérir. Or, pour atteindre ce but, on cherchait, le plus généralement à cette époque, à écraser un ennemi abattu ou à s'élargir à ses dépens. Les Américains comprenaient bien les instincts de cette politique mercantile, quand, aux représentations qui leur étaient faites sur la modération de l'impôt, ils répondaient que les restrictions auxquelles on voulait soumettre leur commerce avec les colonies espagnoles, la taxe du timbre, et les droits dont l'Angleterre prétendait frapper les marchandises exportées et importées, n'étaient que l'avant-coureur des mesures fiscales que leur préparait la mère patrie. Ces données fausses sont de nos jours flétries dans les discours de nos hommes d'État. Ce qui n'empêche pas qu'elles ne soient encore le grand moteur de leur politique.

Mais des mesures qui consistaient tantôt à frapper avec énergie, tantôt à adopter les voies de la douceur, c'est-à-dire à rétrograder après avoir avancé, étaient mauvaises pour accomplir la soumission de l'Amérique. Les Américains, comme le supposait alors l'Angleterre, n'étaient pas des rebelles faciles à réduire. Ils représentaient déjà un grand peuple, et pour les combattre avec avantage, il fallait agir contre eux avec des armées puissantes, des flottes considérables, employer toutes les ressources de la politique. Leur dissémination sur un vaste territoire, que l'on regardait comme une des causes de leur faiblesse, faisait la cause principale de leur force, car cette dissémination ne les empêchait pas de se réunir, et leur permettait de fuir devant l'ennemi, quand il avait la supériorité du nombre, de le harceler sans cesse, de l'atteindre dans vingt endroits à la fois. De plus, les Américains avaient un moyen puissant de résistance, qui, dans leurs âmes énergiquement trempées, ne pouvait manquer de leur inspirer de grandes choses.

Ces hommes hardis qui refusaient d'une manière si ferme de se soumettre aux prétentions de la métropole, qui la bravaient dans ses agents et dans ses ordres formels de la manière la plus audacieuse, quelle était leur origine? Ils étaient les descendants de ces familles presbytériennes qui s'étaient refusées de se soumettre à la doctrine de l'Église épiscopale, et qui avaient quitté l'Angleterre où elles seraient mortes en martyrs, plutôt que d'abandonner leurs convictions. Dans leur malheur, ces familles avaient arrêté leurs regards sur un pays où le despotisme n'avait point encore étendu son empire, où des sauvages heureux vivaient sans prévoyance et sans crainte, où la nature jeune et vigoureuse n'attendait que des cultivateurs paisibles et instruits, pour leur donner tous les biens, toutes les jouissances de la vie. Alors elles avaient dit un dernier adieu à leur patrie, et s'étaient embarquées par troupes, emmenant les femmes et les enfants.

Leurs commencements furent pénibles; le froid et le scorbut détruisit la moitié de leur nombre; elles eurent à combattre contre différentes tribus sauvages. Mais toutes ces difficultés ne les avaient point rebutées; elles avaient contracté des alliances avec les tribus sauvages les plus paisibles, leur avaient appris à cultiver le maïs et à pêcher sur les côtes; et pendant longtemps, des mœurs austères, une subordination naturelle, leur avaient tenu lieu de lois. De pareils hommes devaient avoir transmis à leurs descendants de leur persévérance et de leur héroïsme; les fils ne pouvaient avoir entièrement dégénéré des pères.

Une des causes qui fournit à l'Angleterre tant d'hommes publics supérieurs, c'est la participation des classes moyennes aux affaires du pays. Or, cette cause agissait également en Amérique, où les assemblés législatives s'ouvraient pour recevoir dans leur sein les hommes les plus remarquables du pays. Déjà même les colonies américaines étaient riches à cet égard. Ainsi, parmi les hommes publics, elles comptaient Samuel et John Adams, Peyton Randolph, John Ruttledge, Henri Dreyton, Henri Lee, Thomas Jefferson, Benjamin Franklin, Hancock, hommes d'une intelligence supérieure et la plupart habitués aux affaires publiques; parmi les hommes d'épée, Charles Lee et Georges Washington. Le premier avait fait la guerre au Canada, en Allemagne, et dans la moitié de l'Europe, pour le compte de l'Angleterre, sa patrie; mais, doué d'un esprit ardent et ambitieux, il accusait son pays d'avoir méconnu des services signalés, et était prêt à abandonner sa cause pour se dévouer corps et âme à celle des colonies américaines. Le second, le plus illustre des défenseurs de l'Amérique, avait commandé au Canada avec distinction un corps de *Riflemen* (*), et à des talents guerriers du premier ordre il joignait de grandes richesses, une magnanimité remarquable dans la figure, l'éloquence dans la parole, de hautes vues politiques.

Il est encore une sorte de puissance qui jette de la considération sur les États. C'est celle que donne à un pays les œuvres de la pensée et du génie. Or, cette puissance, l'Amérique l'avait encore: déjà Benjamin Franklin avait doté sa patrie de travaux importants et de nobles découvertes; nous ne citerons ici que *l'Almanach du bonhomme Richard*, où les conseils les plus sages et les vérités les plus graves sont présentées avec une originalité d'expression et une tournure proverbiale qui les rendent faciles à saisir et impossibles à oublier; *the Way to wealth* (le chemin de la fortune), traité parfait d'économie publique et privée; et enfin l'invention des paratonnerres, dont il est inutile de faire l'éloge (**).

(*) On appelait ainsi des troupes légères d'une adresse admirable au tir du fusil.
(**) La Société de lecture de Philadelphie avait reçu d'Angleterre le détail des nouvelles expériences sur l'électricité, qui faisaient alors l'étonnement des physiciens de l'Europe. On avait envoyé en Amérique des tubes de verre et les autres instruments nécessaires, avec la manière de s'en servir. La Société chargea Franklin de répéter ces observations, et non-seulement il les répéta, mais il fit un grand nombre d'autres découvertes. Il reconnut par une discussion très-ingénieuse, et démontra par des expériences certaines, la distribution de l'électricité sur les deux surfaces intérieure et extérieure des bouteilles de Leyde. Il reconnut aussi le premier le pouvoir que les pointes possèdent de déterminer lentement et à distance l'écoulement de l'électricité; et tout de suite, comme son génie se portait aux applications, il conçut le projet de faire ainsi descendre sur la terre l'électricité des nuages, si toutefois les éclairs et la foudre étaient des effets de l'électricité. Un simple jeu d'enfant servit à résoudre ce problème. Il éleva un cerf-volant par un temps d'orage, suspendit une clef au bas de

Ce généreux citoyen venait en outre d'enrichir les colonies américaines du collége national de Philadelphie, de divers établissements d'utilité publique, et notamment d'une poste aux lettres bien organisée.

Ces considérations ne frappèrent point le gouvernement de la métropole, et, infatué de ses succès passés, il continua à voir dans les Américains des rebelles qu'il lui serait facile de réduire à l'obéissance.

Les deux chambres ayant nommé des commissions pour examiner les documents relatifs aux affaires d'Amérique, le ministère demanda, sur leur rapport, que les criminels américains fussent amenés en Angleterre pour y être jugés par une commission spéciale, conformément à un statut du règne de Henri VIII. Cette mesure était motivée, disait le gouvernement, sur ce qu'il était improbable que les cours et les jurys de l'Amérique se montrassent aussi sévères qu'il était nécessaire de l'être à l'égard des personnes mises en accusation. Ces dispositions furent votées. Le ministère Rockingham fut changé sur ces entrefaites et remplacé par le ministère Chatam. Les nouveaux ministres présentèrent alors un bill à la chambre des communes pour imposer certains droits sur le thé, le verre, le papier et les couleurs, qui seraient introduits dans les colonies d'Amérique. A cette occasion, Charles Townshend, chancelier de l'Échiquier, déclara hautement que le bill en question était un moyen de tirer un revenu des colonies, sans blesser leurs opinions et porter atteinte à leurs droits. Aux termes de ce bill, le produit de l'impôt devait être appliqué aux frais du gouvernement et de l'administration des colonies. Il devait être dressé une liste civile générale dans chaque province de l'Amérique, et le gouvernement de la métropole disposait jusqu'au dernier schilling de cette liste pour les salaires, traitements et pensions à payer en Amérique. En sorte que dans l'opinion du gouvernement les colons devaient voir avec plaisir que les fonds prélevés sur eux fussent dépensés en Amérique, tandis que les gouverneurs, les juges, obtenant directement des ministres leurs traitements et les gratifications qu'ils avaient à en espérer, il en résultait qu'ils devenaient indépendants des colonies et de leurs assemblées. Ce bill fut voté à une grande majorité, ainsi qu'un autre bill qui créait une administration des douanes permanente en Amérique, et indiquait Boston pour être le siége de cette administration.

Mais de toutes les villes de l'Amérique du Nord, Boston était sans contredit la moins propre à recevoir cet établissement; nulle part, en effet, les colons ne montraient plus de sollicitude pour leurs priviléges, et ne suivaient les entreprises commerciales avec autant de subtilité. La population de Boston s'élevait à cette époque à 36,000 âmes, et elle comptait parmi ses habitants les hommes les plus aventureux de l'Amérique et plusieurs négociants fort riches, John Hancock entre autres, dont la fortune s'élevait à quatre ou cinq millions de dollars. L'établissement d'une douane à Boston devenait en outre incommode pour le commerce de cette ville qui était fort étendu. Ainsi Boston fournissait aux Antilles françaises et anglaises, à Honduras, à Surinam, des chevaux, des bœufs, des viandes salées, des farines, du maïs et des grains, du lin, du chanvre, des bois de construction, et des ferrements de toute espèce; elle faisait la pêche de la morue sur les côtes, aux environs du cap Cod, et

---

la corde, et essaya d'en tirer des étincelles. D'abord ses tentatives furent inutiles. Ensuite une petite pluie étant survenue, mouilla la corde, lui donna ainsi un faible degré de conductibilité; et à la grande joie de Franklin, le phénomène eut lieu comme il avait espéré. Si la corde eût été plus humide ou le nuage eût été plus intense, Franklin aurait été tué, et sa découverte périssait avec lui. Tout autre aurait pu s'arrêter là; mais l'utile Franklin saisit le parti qu'on pouvait tirer de cette découverte, pour préserver les édifices de la foudre. (*Biographie de Michaud.*)

expédiait des navires en Italie, en Portugal, en Espagne ; procurait à l'Angleterre des vergues, des mâtures, des planches, de la poix, du goudron, des fourrures, et revendait aux autres nations les denrées des Antilles qu'elle s'appropriait par ses échanges.

Aussitôt que les mesures adoptées par la législature anglaise furent connues à Boston, un grand nombre de personnes influentes signèrent un engagement par lequel elles déclaraient vouloir cesser d'acheter ou de vendre à la Grande-Bretagne des marchandises autres que quelques articles indispensables qui étaient spécifiés dans l'engagement. Puis, pour assurer le succès de leur résistance, les habitants de Boston se concertèrent avec les autres colonies. Dans ce but, le 15 février 1768, l'assemblée du Massachuset adressa une lettre circulaire à toutes les assemblées de l'Amérique. Bernard, gouverneur de la colonie, qui passait pour un homme expérimenté, mais qui au fond était regardé comme un ennemi secret des Américains, se montra vivement irrité de cet acte hardi ; il fit des représentations, et demanda que l'assemblée rapportât la déclaration précédente en y ajoutant l'expression d'un blâme. L'assemblée lui envoya la réponse suivante : « Si les votes de l'assemblée sont susceptibles d'être contrôlés par les ordres d'un ministre, on ne nous a laissé qu'un vrai semblant de liberté. Nous avons à vous informer aujourd'hui que l'assemblée a décidé qu'elle ne scinderait point sa déclaration, et que cette question mise au vote a été adoptée par 92 voix contre 17. » L'assemblée écrivit ensuite à Denis de Berdt, son agent à Londres, pour qu'il fît des représentations aux ministres. Elle s'adressa dans le même but au comte de Shelburn, au général Conway, au comte de Chatam et aux commissaires de la trésorerie. Dans ces lettres, l'assemblée retraçait comme à l'ordinaire les droits des colons et leurs plaintes, et donnait les noms séduisants de patrons des colonies, d'amis de la constitution britannique, de défenseurs des droits du genre humain aux personnes auxquelles elle les envoyait. Bernard ayant prononcé la dissolution de l'assemblée du Massachuset, des comités se formèrent sur-le-champ dans toute la province.

Sur ces entrefaites, un navire soupçonné de contrebande s'arrêta dans le port avec une cargaison de vin de Madère ; les officiers de la douane ayant envoyé à bord un de leurs agents, le capitaine de navire enferma l'agent dans la cale et débarqua son vin en contrebande. L'officier fut ensuite relâché ; le capitaine allant alors se placer dans le port, déclara à la douane que les cinq ou six pièces qui lui restaient étaient tout ce qui formait sa cargaison. Le navire fut saisi. Mais aussitôt le peuple se porta en foule sur le port pour l'enlever ; telle était la violence du tumulte, qu'un vaisseau de guerre anglais qui était dans le port, fut obligé de placer le navire contrebandier sous la garde du feu de ses batteries. Cet événement s'était passé le vendredi ; et, les deux jours suivants, le peuple n'ayant fait que des démonstrations insignifiantes, on croyait que les esprits s'étaient calmés. Mais le lundi une foule immense s'amassa de nouveau dans les rues. Dans l'après-midi de cette journée, on vit des placards apposés dans les lieux les plus fréquentés ; ils portaient cette inscription : « Fils de la liberté, rassemblez-vous demain à dix heures. » Ce jour-là une commission fut nommée par les habitants de Boston pour aller chez le gouverneur et lui demander pourquoi le navire avait été saisi d'une manière aussi arbitraire. La réponse fut pleine de fermeté. Alors les Bostoniens, profondément indignés de ce qu'ils regardaient comme un affront, envoyèrent à toutes les colonies des adresses qui se terminaient ainsi : « Unis, nous vaincrons ; séparés, nous mourrons ! » Les Bostoniens représentaient aux colonies sœurs qu'elles devaient, comme eux-mêmes s'étaient engagés à le faire, résister aux dispositions de la loi sur les séditions. Ils disaient aux colons que s'ils s'unissaient pour ne point acheter des marchandises importées de la Grande-Bretagne en Amérique, une foule de travailleurs anglais seraient réduits au désespoir par cette mesure, et qu'ils obligeraient le parlement à retirer les bills vexatoires qui avaient été rendus contre l'Amérique.

L'irritation des esprits était à son comble dans la province du Massachuset, et l'ordre expédié par le gouvernement de la métropole au général Gage, cantonné à New-York, d'envoyer un régiment pour former la garnison de Boston, l'accrut encore. Le gouvernement avait décidé en outre qu'une frégate, deux bricks et deux sloops de guerre seraient stationnés dans la rade pour assister les autorités dans leurs fonctions. A cette nouvelle les habitants de Boston convoquèrent un *meeting*, et une commission fut ensuite nommée pour aller auprès du gouverneur lui demander des explications sur l'envoi des troupes. Cette commission était chargée en même temps d'inviter le gouverneur à réunir les membres de l'assemblée générale. Le gouverneur répondit qu'il avait reçu l'avis que des troupes arrivaient, mais que cet avis n'était point officiel ; qu'à l'égard de la convocation qu'on lui demandait, c'était une mesure à laquelle il ne pouvait consentir tant qu'il n'aurait pas reçu les ordres du roi. Comme la réponse était évasive, le meeting adopta la résolution suivante : « Résolu que les francs tenanciers et les autres habitants de la ville de Boston prendront, au péril de leur fortune et même de leur vie, toutes les mesures légales qui seront dans leur pouvoir pour défendre les droits, les libertés, les priviléges et les autres immunités qui leur ont été accordées par une charte royale. » « Résolu qu'en raison des probabilités d'une *guerre prochaine avec la France*, tous les habitants se pourvoiront d'un équipement militaire conformément à la loi. » Le meeting nomma ensuite un comité permanent qu'il chargea de correspondre avec les autres villes de la province, et déclara qu'une convention se réunirait à Faneuil-Hall, à Boston, le 22 septembre. Les habitants de Boston se constituaient ainsi d'eux-mêmes en assemblée législative, au mépris des lois qui conféraient le droit de convocation au gouverneur. Le 22 septembre, la convention s'assembla à Boston. Sur quatre-vingt-dix-sept villes ou bourgs que comptait la province du Massachuset, quatre-vingt-seize y envoyèrent des députés. La convention, après avoir mandé ce qui se passait à son agent à Londres, se sépara d'elle-même.

Cependant les corps de troupes qui devaient former la garnison de Boston étaient arrivés dans la baie de Nantucket ; cette baie est située à une courte distance de Boston. Le gouverneur requit alors le conseil de la ville de fournir les logements, mais le conseil s'y refusa, en déclarant que les troupes, en vertu d'une loi du parlement, devaient être logées dans les casernes, et que c'était violer la loi de les loger dans la ville. Le colonel Dalrymple, commandant des troupes, pour en imposer aux habitants, débarqua avec environ sept cents hommes et un train d'artillerie, et entra dans Boston tambour battant et enseigne déployée. Mais cet appareil militaire n'effraya point les habitants, et ils assaillirent de huées les troupes sur leur passage. Le soir, le conseil commun ayant été requis une seconde fois de loger les deux régiments dans la ville, il s'y refusa de nouveau ; alors, par ordre du gouverneur, un des régiments alla occuper Faneuil-Hall, tandis que l'autre resta campé sur la place publique. Le lendemain, ce régiment prit possession de la maison de ville, dont le gouverneur lui fit ouvrir les portes, et deux pièces de campagne furent placées à l'intérieur pour en protéger les abords. Le gouverneur et le colonel Dalrymple demandèrent ensuite au conseil de fournir à la troupe les provisions stipulées dans la loi contre les séditions ; mais les Bostoniens répondirent qu'ils ne fourniraient point de vivres et qu'ils ne se soumettraient pas à la loi.

Tandis que cette irritation régnait à Boston, le mouvement se communiqua a toutes les provinces. Nous avons dit que les Bostoniens avaient envoyé aux colonies sœurs des adresses et des circulaires ; elles répondirent en déclarant qu'elles adhéraient en tout point aux sentiments exprimés par l'assemblée du Massachusets. Philadelphie, qui jusqu'alors avait montré de la modération, prit un ton élevé (1769), et la chambre des bourgeois de la Virginie vota une série de résolutions énergiques qu'elle accompagna d'une adresse au roi : elle suppliait Sa Majesté de ne point faire usage de l'acte de Henri VIII, en transportant en Angleterre les personnes mises en accusation, pour y être jugées par des cours spéciales. Le gouverneur s'empressa de dissoudre la chambre des bourgeois ; mais ceux-ci se réunirent dans la taverne de Raleigh, et arrêtèrent, par un engagement d'honneur, de ne point importer en Amérique les marchandises anglaises, aussi longtemps que les actes du parlement relatifs aux colonies ne seraient pas rapportés. Ce meeting prit le nom d'association de la Virginie. Parmi les signataires de l'engagement, figuraient les noms déjà fameux de Washington, de Randolph, de Patrick Henri, de Henri Lee, de Thomas Jefferson, et de plusieurs autres qui plus tard furent les principaux chefs de la lutte. Les habitants du Maryland et de la Caroline du Sud suivirent l'exemple de la Virginie. L'île de Rhode et la Georgie, qui d'abord avaient montré des dispositions peu rassurantes pour la cause américaine, s'empressèrent d'adhérer à l'acte d'association pour se mettre à l'abri de l'exclusion dont ils étaient menacés ; car, pour obliger les opposants à suivre l'opinion commune, on les menaçait alors de la vengeance de leurs concitoyens. Le mouvement devint bientôt général. Les dames américaines elles-mêmes formèrent une association entre elles, sous le nom de *filles de la liberté* ; elles s'engageaient à ne point faire usage de thé.

(1769). La même agitation continua de régner pendant tout le cours de l'année suivante ; Boston fut, comme dans les années précédentes, le foyer où s'entretint l'incendie. L'assemblée générale ayant été convoquée à la fin du mois de mai, une commission se transporta auprès du gouverneur pour l'inviter à ordonner l'éloignement des troupes et celui des vaisseaux de guerre ; et le gouverneur ayant déclaré qu'il n'avait aucune autorité sur les vaisseaux du roi, l'assemblée lui répondit que la présence d'une force militaire était incompatible avec l'esprit d'une constitution libre ; en ce sens, que la présence de cette force menaçait les priviléges et la sécurité personnelle des membres de la chambre ; qu'en conséquence elle ne ferait aucuns travaux. Le gouverneur, pour écarter l'objection, ajourna l'assemblée à Cambridge, ville qui est séparée de Boston par un bras de mer, et dans laquelle il n'y avait pas de troupes. L'assemblée se réunit dans cette ville ; mais elle était dans les mêmes dispositions qu'à Boston, et les résolutions qu'elle vota respiraient le même esprit d'insoumission.

Ces résolutions, comme les précédentes, portaient que le séjour d'une armée permanente dans la colonie, en temps de paix, était un empiétement fait au droit des habitants, et que l'envoi d'une force armée, sous le prétexte d'assister l'autorité civile, était une mesure dangereuse pour le peuple ; que cette mesure n'avait pas de précédent, qu'elle était inconstitutionnelle. Le gouverneur ayant, sur ces entrefaites, adressé à l'assemblée une demande d'argent pour les troupes, elle lui fit une réponse pleine de hauteur, en lui disant que pour son honneur et pour l'intérêt de la province, elle ne pouvait consentir à la demande. La Virginie, la Caroline du Sud, le Maryland, la Delaware, la Nouvelle-York, à l'exemple de la province du Massachuset, refusèrent des fonds pour l'entretien des troupes.

Après avoir essayé des moyens d'intimidation, le gouvernement anglais résolut une autre fois de donner à ses colonies quelques signes d'un meilleur esprit. Dans ce but, il rappela Bernard, le gouverneur de Boston, qui était détesté par les Bostoniens; puis il adressa une lettre circulaire aux colonies. Lord Hillsborough, son auteur et l'un des secrétaires d'État, déclarait aux Américains que dans la session prochaine les droits sur le papier et les couleurs seraient abolis. Cette mesure du gouvernement provenait du besoin d'un arrangement qui se faisait déjà vivement sentir (1770). En effet, les exportations de l'Angleterre dans ses colonies américaines avaient subi un abaissement considérable par suite des résolutions prises par les colons, et le revenu public, qui pour le commerce d'Amérique s'élevait annuellement à 110,000 l. st. (2,750,000 fr.), était tombé tout à coup à 30,000 l. st. (750,000 fr.)

(1770-72). Ce fut au milieu de ces difficultés que lord North prit la direction des affaires. Le parlement s'étant assemblé, le colonel Barré, dans un discours prononcé à la chambre des communes, compara l'État à un vaisseau battu par la tempête, qui aurait perdu son grand mât (le duc de Grafton), et qui naviguerait avec un mât de rechange (lord North) pour gagner le port. North reconnut que la tempête soufflait avec violence; mais il dit que le vaisseau n'était pas encore arrivé au point de tirer le canon d'alarme ni d'allumer des fanaux pour appeler des pilotes; que son équipage suffirait pour le conduire dans le port. Le ministre présenta ensuite aux communes le bill pour la révocation des taxes; puis, comme ce projet de loi maintenait la taxe sur le thé, plusieurs membres de l'opposition demandèrent que toutes les taxes sans exception fussent abolies. Mais lord North dit à cette occasion que le droit sur le thé était conservé simplement pour sauver l'honneur national et maintenir l'autorité du parlement. Il ajouta que le droit sur le thé était d'un produit si faible, que les Américains ne pouvaient le repousser qu'autant qu'ils auraient l'intention bien arrêtée de se séparer de la mère patrie.

C'était en effet le but auquel tendaient les Américains, bien que dans leurs adresses et leurs remontrances ils protestassent encore de leur amour envers la Grande-Bretagne, et se glorifiassent du nom d'Anglais, ainsi que de leur participation à la constitution britannique. Leur résistance aux volontés du gouvernement, celle qu'ils méditaient encore, avait son principe dans le désir de former un État indépendant et de traiter d'égal à égal avec l'Angleterre. La douceur inusitée du gouvernement de la métropole ne pouvait donc les satisfaire. « Ils craignaient, disaient-ils, comme toujours, que l'affaire ne fût remise sur le tapis, lorsque les esprits une fois refroidis, le gouvernement croirait le moment opportun de renouveler ses tentatives pour établir les impôts sur une base immuable. »

Dans cette disposition d'esprit, les Américains nommèrent des commissaires dans tous les principaux ports de l'Amérique, pour examiner les cargaisons arrivant de la Grande-Bretagne, et faire un rapport établissant jusqu'à quel point l'acte d'association pour repousser les marchandises anglaises était observé, et dans quelles circonstances cet acte était enfreint. En même temps, des meetings réguliers, dont les membres étaient tous souscripteurs de l'acte, s'assemblaient à Faneuil-Hall, et prononçaient des votes énergiques de censure contre tous ceux qui introduisaient ou vendaient des marchandises prohibées. Pour accroître l'odieux que l'on voulait attacher à ces infractions, le nom des délinquants fut publié dans les journaux avec des commentaires qui les représentaient comme des esclaves et des traîtres, tandis que d'autres étaient menacés publiquement. Un marchand de Boston, du nom de Théophile Lillie, ayant contrevenu aux dispositions de l'acte d'association, le peuple, pour indiquer que sa boutique ne devait être fréquentée par personne, plaça, en face de sa porte, un mannequin qui représentait une figure humaine. Un des amis de Lillie, nommé Richardson, ayant voulu enlever le mannequin, la foule l'assaillit à coups de pierres et le poursuivit dans sa maison. Richardson s'armant alors d'un fusil, fit feu sur les assaillants, et tua un jeune garçon du nom de Sneider. Ce nom retentit aussitôt dans les journaux comme celui d'un martyr de la liberté. Ses obsèques se firent avec une grande pompe ; l'on rapporte que la procession qui le suivit jusqu'à sa dernière demeure, occupait un espace d'un quart de mille.

Sur ces entrefaites, Hutchinson, le nouveau lieutenant gouverneur de la province du Massachusset, organisa une contre-association pour agir en opposition avec ceux qui avaient frappé d'interdit les marchandises anglaises. Le but du gouverneur était de se former un parti pour combattre avec plus de succès les membres de l'association. Mais quand il s'adressa aux marchands, ceux-ci lui répondirent qu'en souscrivant à une pareille mesure, ils s'exposaient à la fureur du peuple. En effet, les Américains se faisaient déjà justice eux-mêmes. Ainsi, ceux qui étaient dénoncés comme ayant fait des révélations au gouvernement, étaient dépouillés de leurs vêtements, plongés dans du goudron, roulés ensuite dans de la peluche, et pourchassés dans les rues comme des bêtes fauves. Le projet de contre-association de Hutchinson eut un effet tout contraire à celui qu'il en avait espéré. Bientôt les marchands qui avaient dans leurs magasins des marchandises anglaises, reçurent l'ordre de les réexpédier de la colonie, ordre qui s'appliquait à toutes les marchandises, même à celles qui étaient dans les colonies avant la signature de l'acte d'association. Un marchand s'étant refusé d'accéder à cette mesure, une commission, dans laquelle on voyait un homme armé d'une hache et un charpentier, se présenta à sa demeure, et lui dit qu'il y avait un millier d'hommes qui se tenaient à quelques pas de là pour attendre sa réponse, et que, si cette réponse n'était pas satisfaisante, il pouvait prévoir lui-même ce qui lui arriverait. Force fut au marchand de céder et de réexpédier ses marchandises.

Il ne fallait plus qu'une étincelle pour faire éclater la mine. Les Bostoniens apprirent, vers cette époque, que les habitants de New-York, dans une rencontre qu'ils avaient eue avec un corps de soldats, les avaient mis en déroute. Cette nouvelle était fausse ; elle avait été répandue pour exciter le peuple contre les troupes. Toutefois l'effet en fut terrible. Le 2 mars, jour où la nouvelle était arrivée à Boston, un soldat du 29e régiment fut battu par plusieurs bourgeois. Ses camarades vinrent à son secours, et battirent à leur tour les habitants. Aussitôt une foule immense s'assembla, et parcourut les rues, armée de bâtons. Un meeting se réunit, et il fut arrêté que, le jour suivant étant un jour de paye, et le lendemain un dimanche, la bataille serait remise au lundi 5 mars. Au jour indiqué, la foule s'assembla, en proférant des cris de menace : « Il faut attaquer les habits rouges, et les expulser de Boston, » disaient-ils. Toute la journée se passa en préparatifs. Vers huit heures du soir, le peuple commença à s'ébranler. Boston présentait en ce moment un aspect lugubre et solennel ; la nuit l'enveloppait d'ombres épaisses, et, au milieu des ténèbres, s'agitaient des flots d'hommes armés, dont les figures hâves et pleines de colère ressortaient à la lueur des torches ; les cloches sonnaient à grandes volées ; on eût dit que la ville était dévorée par un immense incendie. Quelques habitants, prévoyant le désordre, voulurent calmer l'irritation, et ils haranguèrent le peuple. Mais en ce moment, un homme d'une haute stature, aux traits fortement dessinés, le corps vêtu d'un manteau rouge, s'avance pour le haranguer à son tour ; son discours se termine par ces mots : « A la caserne, à la caserne ! allons combattre les soldats ! » A la caserne, à la caserne ! répondirent les assistants.

La troupe se divisa en trois colonnes, et prit trois chemins différents. Une d'elles, passant près de la douane, un enfant d'une douzaine d'années indique au chef la sentinelle, et dit avoir été frappé par elle. Aussitôt ces cris : « Tuez-la, tuez-la, » se firent entendre. La sentinelle, qui venait de charger son fusil, fut alors assaillie avec des boules de neige et des morceaux de glace. Un officier du port, le capitaine Preston, envoya un caporal et six soldats à son secours, et ceux-ci chargèrent leurs armes en présence de la foule. Mais à cette démonstration, un mulâtre, du nom de Crispus Attucks, accompagné de plusieurs matelots, se plaça au premier rang, et s'adressant au peuple : « Venez, s'écria-t-il, n'ayez pas peur ; ils n'osent point faire feu : tuez-les. » En disant ces mots, le mulâtre frappa le capitaine Preston au bras, renversa un soldat, et se saisit de sa baïonnette ; mais un coup de feu l'abattit. Quelques secondes après, un autre coup de feu se fit entendre; les soldats firent ainsi feu les uns après les autres. Chaque coup avait porté. Trois passants furent tués, et cinq autres furent dangereusement blessés.

La foule s'était repliée dans les rues adjacentes, et faisait entendre des cris terribles de vengeance. Le roulement des tambours qui battaient le rappel, et le bruit des cloches, augmentaient le tumulte ; on eût dit qu'une bataille terrible ensanglantait la ville. Hutchinson, le lieutenant-gouverneur, parut en ce moment sur les lieux, et sa présence, jointe à celle de quelques hommes influents, parvint à ramener le calme dans les esprits. Le lieutenant-gouverneur assembla aussitôt le conseil, et, de leur côté, les citoyens et les magistrats de la ville se réunirent en assemblée. Une commission se transporta ensuite près du gouverneur et du conseil, et déclara que la seule mesure qui pouvait empêcher l'effusion du sang et rétablir le calme dans la ville, serait la retraite des troupes. Après beaucoup d'hésitations, les troupes reçurent l'ordre de quitter la ville. Dans ce même temps, les victimes de ce tragique événement étaient portées processionnellement dans toutes les rues de la ville, et enterrées avec une grande pompe au milieu d'un immense concours de citoyens. Puis les Bostoniens demandèrent à grands cris la mise en jugement de l'officier et des soldats, ce qui leur fut accordé. Bientôt le capitaine Preston et ses soldats parurent devant un jury. Toutefois un verdict de non culpabilité fut rendu à à la décharge du capitaine Preston. A l'égard des soldats, le jury en déclara six non coupables ; et les deux autres furent convaincus d'homicide involontaire. Ces deux derniers invoquèrent le bénéfice du clergé, qui leur fut alloué. Chacun d'eux fut brûlé à la main, et aussitôt relaxés.

Cette affaire eut un grand retentissement dans toutes les colonies américaines. Dans la Virginie, les patriotes, qui avaient pour chefs Patrick Henry, que les Américains appelaient déjà le Chatam de l'Amérique, et Thomas Jefferson, jeune légiste, qui se distinguait alors par ses antipathies contre l'Angleterre, firent de Boston une nouvelle Sparte. La chambre des bourgeois de la Virginie adressa ensuite une remontrance au roi, dans laquelle elle exprimait la profonde affliction qu'elle ressentait, en voyant que les prétentions de la mère patrie n'étaient point abandonnées., et que les droits sur le thé étaient conservés. Elle censurait la conduite de lord Bottecourt, son gouverneur, et disait qu'aucune confiance ne pouvait être placée dans le bon vouloir et la modération de ceux qui s'occupaient de la conduite des affaires publiques. Dans toutes les provinces régnait le même esprit. Sur plusieurs points s'élevaient déjà des arbres de la liberté, qui devaient servir de prototypes aux arbres de la liberté qu'on a vus, depuis, adoptés comme symbole par la révolution française.

Telle était la situation respective de l'Angleterre et de l'Amérique en 1770-72. Toutes les mesures adoptées par le gouvernement, pour rétablir son autorité en Amérique, avaient échoué. Au bill qui scindait la justice ordinaire des tribunaux américains, et déférait la connaissance et le jugement des crimes commis dans les colonies américaines aux jurys anglais; au bill qui

ANGLETERRE

Hôtel de l'Amirauté, à Londres

établissait une douane à Boston, ainsi qu'au bill des listes civiles, qui avait inspiré tant de confiance au chancelier de l'Échiquier Townshend, les colons avaient répondu par l'engagement de ne point acheter ni vendre des marchandises anglaises, et ils avaient pris une attitude pleine de hauteur vis-à-vis de l'autorité anglaise. Les mesures de conciliation de lord North et le projet de contre-association n'avaient pas eu plus de succès. Mais tandis que les Américains préparent les voies qui doivent les conduire à l'indépendance, tandis que l'Angleterre flotte au milieu de ses perplexités, la vieille Europe s'agite. La France, après s'être emparée de l'île de Corse, prend un ton menaçant; l'Espagne vient de faire main-basse sur les îles Falkland; le Danemark insulte George III dans la personne de Mathilde, sœur de ce souverain et reine de Danemark; la Suède est en proie à des tourmentes politiques, et le feu de la discorde est alimenté par les intrigues de la Russie. Enfin l'Autriche, la Prusse, la Russie, accomplissent le premier partage de la Pologne. La gravité de ces événements réclame notre attention, et nous oblige à quitter pour un moment les affaires de l'Amérique.

Nous avons dit que la république de Gênes, par un traité fait avec Louis XV, avait cédé l'île de Corse à la France (15 juin 1768). Dans l'édit rendu à Compiègne, le 15 août de la même année, et signifié aux Corses, le roi de France se déclarait souverain de l'île sans retour; il appelait les insulaires ses sujets, leur prescrivait obéissance et soumission entière aux lois françaises; et, à cette condition, il leur promettait défense contre les étrangers, justice, maintien de quelques priviléges, et protection entière comme à un peuple qu'il adoptait avec complaisance au nombre de ses sujets. Tous les Corses, et le fameux Paoli entre autres, n'acceptèrent point le joug de la domination française; l'île devint le théâtre de luttes sanglantes. Mais les mécontents durent céder à la supériorité du nombre : ils s'embarquèrent pour l'Angleterre (juin 1769), et celle-ci leur donna un asile, comme elle leur avait fourni des secours. L'île fut entièrement soumise dès que les chefs des mécontents l'eurent quittée. L'Angleterre était en proie à de violentes agitations intérieures pendant que se consommait cette prise de possession, et elle s'était bornée à des représentations diplomatiques, se réservant, sans doute, de revenir à cette affaire dans un temps plus opportun. Mais cette indifférence apparente enhardit la cour de Versailles, et des bruits circulaient déjà en Angleterre, que cette cour encourageait les Américains dans leur résistance, par la promesse d'un secours.

L'Espagne, comme la France, tirait parti de la situation embarrassée dans laquelle se trouvait l'Angleterre. Les îles de Falkland, dites aussi îles Malouines, forment un groupe d'îles, qui est situé dans l'hémisphère sud, à l'extrémité du continent américain. Elles se composent de deux îles principales et d'un nombre d'îlots, qui s'élève, dit-on, à quatre-vingt-dix. Ces îles avaient été visitées pour la première fois par Hawkins (1594), marin fameux du temps d'Élisabeth; il les avait appelées les Iles vierges d'Hawkins. Environ cent ans après (1689), Strong, autre navigateur anglais, les avait visitées de nouveau, et leur avait donné le nom de Falkland. Plusieurs navigateurs français y avaient touché en 1710, et comme leurs navires appartenaient à Saint-Malo, ils leur avaient donné le nom d'Iles Malouines. En 1764, les Français y avaient formé un établissement, et, l'année suivante, les Anglais s'y étaient également établis. Les Espagnols, qui jusqu'alors avaient négligé ces îles, prirent l'alarme, et demandèrent à la France et à l'Angleterre d'évacuer immédiatement les lieux. Les Français consentirent sans difficulté à cette demande; mais les Anglais, qui se croyaient des droits à la possession de ces îles, parce que leurs navigateurs les avaient les premiers découvertes, refusèrent d'y accéder Le commandant espagnol de l'île abandonnée par les Français envoya aussitôt un schooner de guerre, pour forcer les colons anglais à quitter les lieux; mais il se trouvait en ce moment aux îles Falkland un navire de guerre anglais, qui obligea le schooner à se retirer.

Dans cet état des choses, les discussions qui venaient d'éclater entre l'Angleterre et ses possessions américaines, parurent une occasion favorable à l'Espagne pour s'emparer des îles Falkland; et à cet effet, don Francisco Bucarelli, gouverneur de Buénos-Ayres, prépara une expédition qui parut bientôt devant les îles Falkland. Les Anglais se rendirent, et l'affaire fut ensuite portée à la connaissance du cabinet anglais. L'ambassadeur espagnol à la cour d'Angleterre chercha à justifier cette mesure en déclarant que le gouverneur de Buénos-Ayres avait pris sur lui-même d'agir comme il l'avait fait, mais qu'en réalité les îles Falkland appartenaient à l'Espagne. Lord North, pressé par l'opposition qui jetait les hauts cris, déclara que l'honneur de l'Angleterre était engagé dans cette question, et il fit des préparatifs qu'il poussa avec une grande vigueur.

Vers la même époque, Caroline-Mathilde, reine de Danemark, était renversée du trône et jetée en prison. Cette princesse, la plus jeune des sœurs de George III, avait été mariée, en 1766, à Christian VII, roi de Danemark. Ce prince, qui était adonné à la débauche, avait choisi pour son favori et son premier ministre, le jeune comte Struensée qui, avant d'exercer la profession de courtisan, avait étudié la médecine et le droit, et était doué de qualités brillantes. Struensée était beau de sa personne, et ses manières étaient pleines de distinction. On prétend que la reine, en voyant une si grande différence entre le favori et son royal époux, entretint des relations criminelles avec Struensée. Mais la reine avait une ennemie implacable dans Héléna-Maria, reine douairière, qui voyait avec douleur que Mathilde et Struensée exerçassent une autorité complète sur l'esprit du roi. Elle propagea des bruits qui ne reposaient encore que sur des soupçons; et un matin (16 janvier 1772), que la jeune reine, au sortir d'un bal masqué, s'était retirée dans ses appartements, une de ses femmes entra et lui présenta un ordre, écrit de la main du roi, qui lui ordonnait de quitter Copenhague. Mathilde voulut aller trouver le roi, mais elle en fut empêchée par le comte de Rantzo et par trois officiers du palais, qui la traînèrent, malgré ses cris, dans une voiture. Conduite au château de Crombord, à vingt-quatre milles de la capitale, elle fut enfermée dans cette forteresse avec une dame anglaise de sa suite, et sa fille, la princesse Louise, qui était alors au berceau. Dans le même temps, Struensée et un jeune seigneur nommé Brandt étaient conduits dans la forteresse de Copenhague, jetés dans une prison et chargés de fers. Le pouvoir rentra dans les mains de la reine et de son parti. Les traitements exercés à l'égard de Brandt et de Struensée furent des plus terribles; Struensée fut enchaîné à la muraille de sa prison. On lui refusa les choses les plus nécessaires à la vie, et fréquemment il fut menacé de la torture pour le forcer à faire des aveux. Brandt et lui furent traduits devant une commission spéciale, composée entièrement de leurs ennemis. Les débats furent secrets. Struensée fut déclaré coupable d'avoir entretenu des relations adultères avec la jeune reine; Brandt fut convaincu de l'avoir aidé dans la perpétration de ce crime et de plusieurs autres. Tous deux furent condamnés à subir la mort des traîtres, peine qui consiste à avoir la main droite coupée et à être décapité ensuite. Le 28 avril 1772, Brandt et Struensée furent conduits à l'échafaud, au milieu d'une foule immense. Brandt, qui fut exécuté le premier, subit sa peine avec beaucoup de courage et de dignité. Struensée, effrayé peut-être par le spectacle terrible qu'il avait eu devant les yeux, retira sa main à différentes reprises du billot fatal ; quand elle fut coupée, il montra une telle résistance que les aides du bourreau furent obligés de lui tenir la tête sous l'instrument de mort. Après l'exécution de Struensée et de Brandt, le roi plaida en divorce contre la jeune reine qui, n'ayant personne pour la défendre, déclara qu'elle avait été coupable de différentes indiscrétions, sans avouer qu'elle eût commis l'adultère. Les juges la reconnurent coupable et prononcèrent la sentence de divorce.

L'Angleterre a toujours témoigné, et elle témoigne encore une jalousie profonde pour les agrandissements de territoire que font les autres États. Le sentiment national voit dans ces agrandissements, quelque peu importants qu'ils soient, une atteinte grave portée à la prépondérance du pays; il lui semble que les avantages personnels que peuvent retirer de pareilles acquisitions les autres États sont compromettants pour ses intérêts commerciaux. L'occupation de l'île de Corse par la France, la prise de possession des îles Falkland par l'Espagne, durent donc causer une sensation profonde sur les esprits. D'un autre côté, l'insulte faite à Mathilde, bien que ne touchant point directement l'Angleterre, atteignait le souverain, et à ce titre l'insulte ne pouvait manquer d'être profondément sentie par une nation fière et forte qui sait punir l'outrage. La difficulté de la situation augmentait encore par l'attitude menaçante de la Russie, nation pour ainsi dire ignorée avant le règne de Pierre le Grand, et qui remuait en ce moment la Suède, agitée depuis près d'un demi-siècle par les jalousies qui existaient entre la noblesse et la couronne, et étendait ses vastes bras sur la Pologne et la Turquie, alors qu'elle-même était le théâtre de grandes perturbations intérieures.

L'impératrice Catherine occupait à cette époque le trône de Russie. Cette souveraine, qui à de grandes fautes savait allier toutes les qualités du trône, venait de voir se succéder différentes tentatives contre sa couronne. Trente ans avant l'époque où nous sommes, le czar Ivan, qui avait succédé à sa tante Anne, au trône de Russie, avait été déposé par l'impératrice Élisabeth et conduit secrètement dans une forteresse. Comme les droits d'Ivan au trône étaient incontestables, Élisabeth avait fait répandre le bruit de sa mort. Mais un moine russe ayant découvert que le jeune czar était vivant, était parvenu par ses efforts à le faire échapper du château d'Oranienbourg où il avait été enfermé. Les deux fugitifs s'étaient dirigés vers la Pologne. L'intention du moine était de proclamer Ivan souverain légitime de toutes les Russies. Les fugitifs furent arrêtés à Smolensk. On ne sait ce qu'il advint du moine. Ivan fut conduit de ville en ville, de manière à cacher sa demeure. En 1756, il fut transporté à Saint-Pétersbourg, et fut logé dans la maison d'un seigneur, où l'impératrice Élisabeth le vit et lui parla sans se faire connaître. Ivan avait alors seize ans. Il était grand, bien fait; mais son éducation ayant été négligée, il était comme idiot. Ivan fut conduit dans la forteresse de Schlusselberg, qui est bâtie sur une petite île de la Neva. Tel était le profond mystère qui entourait le prisonnier, que les gardiens du prince ne se doutaient même pas de la qualité de celui qu'ils étaient chargés de surveiller. Cependant, en dépit de ces précautions, de vagues rumeurs se répandirent que Ivan était renfermé dans le château de Schlusselberg. Ce bruit acquit bientôt de la consistance, et environ un an après le meurtre de Pierre III, alors que Catherine occupait le trône impérial, un officier nommé Vassili Mirovitch, sous-lieutenant au régiment de Smolensk, tenta l'entreprise hardie de délivrer le prince. Vassili était dénué d'argent, sans influence, mais il avait de l'audace et de la résolution. Un jour, qu'il montait la garde dans l'intérieur de la forteresse, il découvrit la cellule d'Ivan, et fit une marque particulière sur la porte. Il s'adressa ensuite à un nommé Piskof, simple soldat, et obtint de lui d'être secondé dans son projet. Trois caporaux et deux soldats furent également initiés à l'entreprise, et consentirent à en poursuivre les risques. Vassili fit venir devant lui environ 40 soldats, et leur dit qu'il avait reçu des ordres secrets de la czarine. Il leur fit charger leurs armes et les invita à le suivre (4 juillet 1764).

Il entra ensuite dans la forteresse, et ayant trouvé en route le gouverneur que le bruit avait attiré, il le frappa sur la tête avec la crosse d'un fusil, le fit prisonnier et le remit à la garde des caporaux qui étaient dans le complot. Toute la troupe se porta aussitôt vers la porte du corridor dans lequel était située la cellule d'Ivan. Vassili demanda à être admis au nom de la czarine, et les sentinelles n'obéissant pas, il ordonna à ses soldats de faire feu, ce qui fut exécuté. Les sentinelles ayant répondu au feu, cette résistance surprit les assaillants qui n'étaient pas du complot, et ceux-ci demandèrent à voir l'ordre de la czarine. Vassili leur lut un papier au bas duquel il avait contrefait la signature impériale. Ce papier portait que Vassili était chargé d'enlever Ivan à la garde de Vlasief et Tchekin, deux officiers spécialement attachés à la surveillance du royal prisonnier. Les soldats se préparaient à renouveler l'attaque; déjà quelques-uns d'entre eux s'étaient emparés d'un des canons du bastion et l'avaient tourné contre la porte du corridor, lorsque cette porte s'ouvre tout à coup et sans effort. Vassili, à la tête de ses hommes, se présente devant la cellule d'Ivan; la porte en était également ouverte, et à quelques pas du seuil se tenaient deux officiers : c'étaient Vlasief et Tchekin. Plus loin, sur le parquet, était un cadavre, c'était celui d'Ivan. « Voici votre empereur, » s'écria l'un des officiers. Vassili, saisi d'horreur, s'arrête quelques instants ; puis, revenant à lui, il va avec beaucoup de calme vers le lieu où il avait laissé le gouverneur de la forteresse, et lui dit : « Je suis maintenant votre prisonnier, la fortune m'a trahi ; » et, à ces paroles, il lui remit son épée. A l'époque de sa mort, Ivan avait vingt-quatre ans, et il en avait passé vingt-trois en prison. Vassili fut décapité à Saint-Pétersbourg, et son corps, ainsi que l'échafaud sur lequel il subit sa peine, furent brûlés sur le lieu de l'exécution.

Délivrée d'Ivan, Catherine n'était pas encore en sûreté sur le trône; bientôt un faux prétendant se présenta. Ce prétendant était un cordonnier de Veronetz, du régiment d'Orloff. Il appartenait à la famille Woronzof, à titre de serf. Il se fit passer pour Pierre III, et trouva un grand nombre de gens crédules qui le prirent réellement pour ce monarque. Car, malgré le soin que Catherine avait eu d'exposer le cadavre de son mari assassiné, la majorité de la nation croyait que ce prince existait encore. Le cordonnier de Veronetz fut arrêté, et bientôt il fut mis à mort. Mais tout n'était point fini. Un prétendant parut encore, il s'appelait Yemelka Pugatchef; celui-ci était Cosaque du Don, et avait servi dans la campagne de 1769, contre les Turcs. Pugatchef se présenta aux Cosaques, sur le Volga; et comme ceux-ci étaient déjà en état d'insurrection, il parvint aisément à s'en faire reconnaître pour le légitime souverain. Le prétendu Pierre III permettait à ses troupes le pillage et le massacre de tous les nobles russes qui tombaient en leur pouvoir. Il prit plusieurs villes et défit des généraux de Catherine. Pugatchef s'avança vers Moscou à la tête d'une armée de 70,000 combattants. Le trône de Catherine fut un moment ébranlé; mais Pugatchef fut trahi (1774), livré à Souvarow, et conduit à Moscou dans une cage de fer. Il fut ensuite exécuté publiquement, après avoir préalablement fait la confession de son imposture.

L'exclusion d'Ivan du trône, son emprisonnement, sa mort, celle de Pierre III, et les perturbations extérieures dont ces événements graves avaient été la conséquence, les troubles qu'ils pouvaient produire encore, n'avaient point modifié les vues politiques du cabinet de Saint-Pétersbourg à l'égard de la Pologne, et ce cabinet poursuivait ses plans sur cette contrée avec un esprit de suite et une ardeur extrêmes. Le moment était favorable. La Pologne était à cette époque en proie à des agitations intérieures. La couronne de Pologne était élective, chaque noble pouvait aspirer à la porter. Des dissensions sans nombre résultaient de ce système de gouvernement, à l'époque de la mort du roi titulaire. Durant la vie du souverain, l'État n'était pas plus tranquille, car, par suite d'un article de la constitution, l'unanimité de la diète devait être donnée à une mesure quelconque avant que cette mesure eût force de loi. Des différences religieuses aggravaient la situation. Au milieu de tant de difficultés, la Pologne, si faible par elle-même, ne pouvait manquer d'exciter la convoitise de voisins ambitieux. La Russie, la Prusse et l'Autriche résolurent de démembrer ce pays. En 1772, dernière année de l'intégrité du territoire de la Pologne, les Polonais s'assemblèrent au nombre de 6,000 hommes, pour résister au projet d'envahissement des souverains étrangers. Mais cette force fut mise en déroute, et au mois d'août de la même année, un traité de partage fut signé à Saint-Pétersbourg entre la Russie, la Prusse et l'Autriche. La Prusse eut pour sa part la totalité de la Poméranie, une partie de la grande Pologne, l'évêché de Warmia et les palatinats de Marienbourg, de Culm, avec une partie des provinces polonaises baignées par la Vistule; la Russie eut pour la sienne une grande partie de la Lithuanie, avec toutes les contrées qui sont situées entre la Dwina et le Dniester; l'Autriche eut la contrée qui est située le long de la rive gauche de la Vistule depuis Vielicza jusqu'au confluent de la Vistule et de la rivière Viroz, ainsi que toute la contrée appelée la Russie rouge, aujourd'hui la Gallicie, le palatinat de Belz et une partie de la province de la Volhynie.

Dans le même temps, la Russie faisait une guerre acharnée aux Turcs, et elle remportait sur eux des succès tellement décisifs, que la Prusse et l'Autriche en furent effrayées pour elles-mêmes, et qu'elles intervinrent en faveur du sultan. Les négociations s'ouvrirent à Foczani, à quelques milles de Bucharest, le 30 mai 1772; mais telles étaient les exigences de la cour de Saint-Pétersbourg, que les Turcs, malgré des défaites successives, ne voulurent point accepter les conditions proposées. Un nouveau congrès se réunit à Bucharest, et le résultat en fut également négatif. Au mois de mai 1773, les Russes se remirent en campagne. Les succès de l'entreprise furent d'abord en faveur des Turcs; mais les Russes reprirent l'avantage, et le sultan fut obligé de demander une autre fois la paix. Le 21 juillet 1773, le grand vizir et le prince Repnin signèrent le traité de Kainarji. Aux termes de ce traité, la Crimée fut séparée de la Turquie. La Russie obtint la session de Kibburn, de Kerche et de Jenickala, et de tout le district qui est situé entre le Bug et le Niéper. La navigation des mers de Turquie pour ses navires marchands, y compris le passage des Dardanelles, lui fut accordée avec tous les priviléges et immunités dont jouissaient les nations les plus favorisées. La Russie, de son côté, rendit à la Turquie tout ce qu'elle lui avait pris dans la Walachie et la Moldavie; mais elle garda Azof et Taganrok, ports importants sur la mer Noire.

Ainsi donc, au milieu des troubles intérieurs qui l'agitaient comme les autres États de l'Europe, la Russie se partageait avec la Prusse et l'Autriche les plus belles provinces de la Pologne, et signait avec les Turcs le traité de Kainarji, qui lui donnait d'immenses territoires. C'était déjà une puissance formidable. Ces événements étaient de la plus haute importance pour l'Angleterre, et ils étaient de nature à exciter sa jalousie ombrageuse; car cet agrandissement considérable menaçait non-seulement l'équilibre européen, mais il attaquait le commerce de la Grande-Bretagne dans la Baltique et dans le Levant.

Cependant la politique de lord North ne parut point s'en préoccuper. Dans le discours de la couronne qui ouvrit la session de 1772, il n'en est pas fait mention. George III félicite au contraire le pays de ce que la paix est assurée sur le continent; il dit qu'il n'y a point de probabilité pour une rupture entre les États européens. L'occupation de la Corse, comme la question précédente, est également regardée par le ministère comme une question du second ordre ; il ne s'en préoccupe pas davantage, bien que cet événement provoque la retraite d'un ministre, et qu'elle donne lieu à des commentaires et à des attaques de la part de la presse opposante et de l'opposition elle-même. Il n'en fut pas de même pour l'appui et les encouragements que la cour de Versailles donnait secrètement aux Américains. Les ministres s'en alarmèrent, et l'or de la trésorerie distribué avec libéralité aux ministres et aux courtisans de Louis XV détourna pour un moment l'orage par sa magique influence.

Une protestation énergique et solennelle de la part du cabinet anglais aurait pu éveiller les soupçons de l'Europe, et peut-être aurait-elle prévenu cet immense développement de territoire qui est devenu aujourd'hui si menaçant pour l'équilibre des États européens. La Russie, cette fille du Bas-Empire, n'avait pris rang dans le monde que depuis le règne de Pierre le Grand, et déjà *la tache d'huile*, comme l'appelait Canning, commençait à s'étendre d'une manière prodigieuse. On s'étonne que ces considérations aient échappé à la sagacité ordinaire du cabinet anglais. Nous venons de voir combien ces acquisitions étaient importantes; les avantages du traité de Kainardji seul étaient immenses. Ainsi, les Tartares de la Crimée étaient déclarés indépendants ; et dix ans plus tard, leur pays devait devenir une province moscovite. Le traité accordait en outre à la Russie le droit de naviguer dans toutes les mers de la domination turque, comme était reconnue à ses ambassadeurs la prérogative d'intercéder selon les circonstances en faveur de la Valachie et de la Moldavie, à la charge par la Turquie d'écouter ces remontrances avec l'attention et les égards qui sont dus à une puissance amie et respectée. C'était un début magnifique.

L'affaire des îles Falkland, qui n'avait aucune importance en elle-même, excita au contraire très-vivement l'attention du gouvernement. Il est vrai que l'opinion publique s'était profondément émue de cette question, et qu'elle servait de texte à l'opposition pour diriger contre l'administration de vives attaques. Nous avons dit qu'après la communication officielle de cette affaire à la cour de Saint-James, par l'ambassadeur espagnol, lord North avait fait d'immenses préparatifs. Il se passa à cette occasion un fait caractéristique. Comme la flotte avait besoin de matelots, lord North, à l'exemple de ses prédécesseurs, recourut à la *presse* (*). Mais comme cette pratique ne pouvait s'effectuer dans la Cité qu'autant que les warrants étaient signés par le lord maire, ces documents ayant été présentés à ce magistrat, celui-ci refusa d'y apposer sa signature. John Wilkes et son parti déclarèrent alors que les warrants pour la *presse* étaient plus illégaux que les warrants généraux. Chatam prit feu à cette décision, et engagea le lord maire et les magistrats de la Cité à abandonner leurs prétentions ; il parla même de traduire les aldermen à la chambre des lords pour les punir de leur désobéissance. Les magistrats municipaux se soumirent immédiatement.

Le roi, à l'ouverture du parlement, avait dit dans son discours que, par l'agression du gouverneur de Buénos-Ayres, l'honneur de la couronne et la dignité du pays se trouvaient engagés, et il avait demandé le concours des deux chambres. L'adresse, dans la chambre des lords, fut adoptée sans de grands débats, en raison de l'absence de lord Chatam. Mais dans la chambre des

(*) Ce mot, me semble, n'a pas besoin d'explication; il sera compris dans le sens que je veux lui donner. On sait que je parle de la *presse* des matelots. CL. PEL.

ANGLETERRE.

Watchmen.

communes, l'opposition blâma le ministère d'avoir attribué, dans le discours du trône, l'agression contre les îles Falkland au gouverneur de Buénos-Ayres, et de ne l'avoir pas fait remonter au roi d'Espagne lui-même; « car, disait-elle, le roi d'Espagne doit certainement avoir ordonné l'expédition. » Lord North répondit que cette distinction avait été observée avec intention, afin de ménager les voies pour une réparation pacifique; il ajouta que l'ambassadeur d'Espagne ayant rejeté toute la responsabilité de l'agression sur le gouverneur, il était à propos de permettre à Sa Majesté espagnole de désavouer les actes de son gouverneur. North essaya également de démontrer que les îles de Falkland étaient peu importantes par elles-mêmes, et qu'en raison de cette circonstance, il ne fallait pas se jeter avec trop de précipitation dans une guerre.

Mais l'opposition ne l'entendait pas ainsi, et, dans la chambre des lords, le duc de Richmond ayant fait une motion à ce sujet, lord Chatam se leva pour l'appuyer, et dit : « Milords, quelque chose est à faire, et cela immédiatement, pour sauver de sa perte un pays injurié, insulté partout. Si ce n'est point pour sauver l'État, que ce soit du moins pour dénoncer à la justice publique ces serviteurs de la couronne dont l'ignorance, l'incurie ou la trahison ont réduit à une condition si misérable au dedans et si méprisable au dehors ce peuple autrefois si grand, si florissant. Des exemples sont nécessaires, Milords, il faut en donner au monde pour l'instruction des temps futurs. » Chatam, prenant ensuite à partie lord Hillsborough qui avait parlé d'une manière presque romantique du caractère d'honneur et de sincérité des Espagnols : « Le noble lord, dit-il, nous parle du caractère pointilleux des Espagnols comme s'il était Espagnol lui-même. D'après lui, nous devrions être soucieux du point d'honneur espagnol, comme si l'injure fût venue de nous et non pas d'eux; je pense qu'il aurait mieux fait de nous dire le souci qu'il a pris de l'honneur de l'Angleterre. Je connais très-bien le caractère de la nation espagnole pour n'être pas tel qu'il nous est représenté par la cour et le ministère de ce pays, et je regarderais comme une disgrâce, pour le moins, d'établir une comparaison entre la bonne foi de l'Angleterre et l'esprit délié d'un Espagnol. Milords, les Anglais sont des hommes candides, ingénus; les Espagnols sont aussi mesquins, aussi bas que hautains et insolents. La probité des marchands anglais, l'esprit généreux de nos officiers de mer et de terre seraient dégradés par une comparaison avec les qualités des marchands et officiers espagnols. J'ai souvent été obligé de négocier avec les ministres de cette nation, et je n'ai jamais rencontré un exemple de loyauté et de dignité dans leurs actes. Je n'ai rien trouvé que vile ruse, que supercherie, qu'artifice. » Après ce portrait peu flatté du caractère espagnol, Chatam déclara que les ministres, en faisant peser le blâme de l'agression sur don Francisco Bucarelli, gouverneur de Buénos-Ayres, avaient agi d'une manière odieuse et infâme, et qu'un pareil moyen était dégradant pour l'honneur du roi et une insulte faite au parlement. « Je ne puis abandonner ce sujet, s'écria-t-il, sans comparer la conduite du ministère actuel avec celle d'un ministre qui n'est plus. Je veux parler du ministère de George Granville. Les Français nous avaient pris une petite île dans les Indes occidentales. M. George Granville, qui était alors à la tête de la trésorerie, voulut se charger lui-même de l'affaire. Il ne négocia point; il envoya chercher l'ambassadeur français et lui fit une demande péremptoire. Un courrier fut immédiatement envoyé à Paris, et à quelques jours de là, la cour de France donnait l'ordre à ses agents d'une restitution immédiate, non-seulement de l'île qu'ils avaient prise, mais de tout ce que les sujets anglais avaient perdu. Ce n'est point assurément la conduite des ministres actuels. Vous voulez, continua-t-il, entrer actuellement en arrangement : dans six mois vous aurez la guerre avec l'Espagne. »

Le discours de Chatam produisit une puissante impression, mais le gouvernement était disposé à entrer en accommodement avec la cour d'Espagne ; la motion du duc de Richmond fut repoussée ; une motion de la même nature éprouva le même sort dans la chambre des communes. Néanmoins, dans la prévision d'hostilités immédiates, les gouverneurs de Gibraltar et de Minorque, et tous les officiers absents par congé, reçurent l'ordre de venir à leur poste. Lord Howe fut nommé au commandement de la flotte qui devait agir dans la Méditerranée, et les ministres s'occupèrent d'augmenter l'effectif de l'armée. Ces préparatifs étaient inutiles. A quelque temps de là, le ministère parvint à décider Louis XV à écrire à Charles III pour l'engager à terminer à l'amiable sa querelle avec l'Angleterre, et ce souverain ayant envoyé à cet effet des instructions à son ambassadeur à Londres, bientôt le ministère annonça aux deux chambres l'heureuse issue des négociations, et l'intention du gouvernement de mettre sous les yeux du parlement la convention qui venait d'être signée.

(1772.) Ce fut ainsi que le gouverneur se dégagea des difficultés extérieures qui résultaient des démêlés qu'il avait avec les États européens. Quant à l'injure faite à Mathilde, lord Murray, ambassadeur d'Angleterre près la cour de Copenhague, prit un ton menaçant qui effraya le gouvernement danois, et il fut arrêté que la reine quitterait le Danemark et qu'elle vivrait sous la protection de son frère. Une escadre anglaise se présenta aussitôt devant Cromborg, lieu où était enfermée la reine. Mathilde fut séparée de la princesse sa fille ; elle fut conduite dans le Hanovre et transportée dans le château de Zell, qui pendant quelque temps avait servi de demeure à sa bisaïeule, Sophie-Dorothée, mère de George Ier. Une petite cour fut formée pour elle. Mathilde ne survécut point longtemps à ses malheurs. Au mois d'avril 1775, trois ans après son départ de Cromborg, elle fut atteinte d'une dangereuse maladie qui dégénéra en fièvre putride et la conduisit au tombeau. Les funérailles se firent avec pompe, et la noblesse et les états de Hanovre votèrent à l'unanimité une adresse à George III, pour obtenir de ce prince l'autorisation d'élever à Zell un monument en l'honneur de la princesse.

(1772.) L'Angleterre ayant ainsi vidé tous ses démêlés avec les nations étrangères, il ne lui resta plus que sa querelle avec l'Amérique.

Ministère North. — Portrait du premier ministre. — État des partis. — Remontrance au roi. — Publicité des débats parlementaires.

(1770.) Le chef du nouveau cabinet, Frédéric lord North, était le fils aîné du comte de Guilford et avait trente-sept ans lorsqu'il fut nommé ministre. Comme homme privé, lord North jouissait d'une grande considération, ce qu'il devait à ses qualités sociales. North brillait surtout par ce genre d'esprit fin et plaisant sans amertume que les Anglais distinguent sous le nom de *wit humour*. Comme homme d'État, North avait, pour se recommander à l'estime de ses concitoyens, une instruction profonde et variée, un goût tout à fait classique et une grande connaissance de l'histoire. Son éloquence était persuasive ; il savait à fond l'esprit de la chambre des communes, et pouvait parler longtemps et tenir en haleine les auditeurs sans découvrir aucune de ces choses qu'il est du devoir de l'homme public de tenir cachées. On le citait pour son égalité d'humeur qui était à l'épreuve de toutes les provocations ; aussi disait-on que les sarcasmes, les accusations, les dénonciations de ses adversaires, ne produisaient pas plus d'impression sur lui que ne font les boulets de canon sur les sacs de laine. Comme chancelier de l'Échiquier, North avait rendu des services importants à l'administration du duc de Grafton ; personne

ANGLETERRE

Rives de Tamise.

autant que lui n'avait le talent de grouper les chiffres et d'en tirer des raisonnements.

Mais ces qualités, quelque recommandables qu'elles puissent être, ne sauraient à elles seules constituer l'homme d'État. L'énergie dans une décision prise, l'esprit de suite, l'esprit de synthèse qui embrasse à la fois dans ses détails et dans son ensemble une question politique, enfin un certain don de prévision, telles sont les qualités qu'il faut rechercher de préférence dans l'homme public. Or, celles-ci manquaient totalement à lord North. On lui reprochait de ne point heurter de front une difficulté, c'est-à dire de la tourner par des palliatifs temporaires, et surtout, tort irrémissible aux yeux des whigs et de la partie de la nation qui professait les doctrines du libéralisme modéré et du radicalisme pur, de montrer comme une espèce de culte pour la royauté de George III. L'attachement de lord North pour le souverain était en effet si profond, et il fut porté si loin, que dans différentes circonstances ce ministre adopta une marche opposée à ses vues personnelles. Sa ressemblance avec le roi était frappante ; son visage était pour ainsi dire la copie vivante de celui du roi ; ce qui n'étonnait personne, car le public n'avait point oublié qu'il avait existé des liaisons intimes et d'une nature équivoque entre le père de George III et la comtesse de Guilford ; mais ce qui mécontentait beaucoup de gens, c'est que cette ressemblance paraissait être d'un mauvais augure, et peu rassurante surtout quand on songeait à la situation peu aisée du nouveau ministre, et aux charges d'une nombreuse famille auxquelles il avait à pourvoir (*).

(*) North avait aussi une prononciation vicieuse, qui provenait d'une défectuosité dans la bouche, et une vue tellement courte, qu'il ne pouvait pas distinguer un membre d'un banc à l'autre. Un jour qu'il se rendait à son banc, il accrocha avec la pointe du fourreau de son épée, la perruque du trésorier de la marine, et traversa ainsi la chambre sans pouvoir se rendre compte

Un homme d'État doué de grands talents était d'autant plus nécessaire en ce moment pour gouverner l'Angleterre, que l'horizon politique s'assombrissait chaque jour, au grand effroi de ceux qui aimaient sincèrement leur pays. Nous venons de dire quelle était la situation de l'Angleterre à l'extérieur. A l'intérieur, l'état des choses présentait également un caractère de gravité peu ordinaire. En effet, il semblait aux yeux du plus grand nombre qu'il y avait une conspiration permanente ourdie dans le sein du conseil du roi contre les libertés nationales. Ces alarmes semblaient justifiées par la malheureuse affaire de George Fields ; et l'expulsion réitérée de Wilkes de la chambre des communes, son remplacement dans la représentation de Middlesex par l'Irlandais Luttrell, les accroissaient encore. La lutte entre le principe représenté par North et le principe opposé ne pouvait manquer d'être ardente et passionnée.

Lord North, en arrivant au pouvoir, était parvenu à se former une majorité imposante dans la chambre des lords et dans celle des communes. Aussi, malgré les défectuosités naturelles dont il était entaché, le ministère paraissait-il solidement constitué. Ses armes étaient puissantes. Indépendamment des ressources de tous genres que fournit le pouvoir, il avait pour lui l'affection du monarque, ainsi que le concours de la haute aristocratie, et celui de cette partie du public qui, facile à se laisser aller à l'entraînement, revient aussi promptement de l'exagération, aussitôt qu'il s'aperçoit qu'il est emporté au delà des limites du raisonnable, qu'il est conduit dans les régions inconnues de l'utopie politique. Mais si le ministère présentait de grandes garanties de solidité, ses adversaires, la plupart hommes de talent, aguerris aux luttes parlementaires,

des rires causés par cet incident. Lord North était en outre sujet à une somnolence opiniâtre qui le surprenait au milieu des débats les plus animés.

opiniâtres et résistant toujours ; les uns travaillés par l'ambition, les autres par l'amour de la popularité ; ceux-ci par l'amour des places, ceux-là par l'esprit de parti ; d'autres, mais en petit nombre, par l'amour sincère du pays ; ses adversaires, disons-nous, étaient naturellement redoutables. Les armes que l'opposition avait à opposer au ministère, et qu'elle savait manier avec une adresse admirable, étaient également puissantes. C'étaient les fautes des administrations précédentes ; les modifications réitérées survenues dans ces administrations, modifications qui attestaient une faiblesse radicale ; c'étaient les avantages obtenus dans les luttes antérieures, la profonde irritation qu'avaient soulevée dans les masses les scènes sanglantes de St-George-Fields, et la réaction bien prononcée en faveur des doctrines libérales qui s'opérait depuis le commencement du règne dans la nation ; c'était surtout cette tactique savante qui appartient à toutes les oppositions parlementaires, tactique que l'on pourrait comparer à la goutte d'eau qui tombe sur le rocher et le ruine à la longue, parce que, comme la goutte d'eau, elle consiste à reprendre chaque année la même question corps à corps, à combattre avec elle jusqu'à ce que de guerre lasse le gouvernement abandonne le terrain qu'il voulait conserver.

Une attaque en règle commença contre la nouvelle administration. Dans la chambre des lords, le marquis de Rockingham ayant présenté une motion pour exposer l'état d'irritation qui existait dans le pays, lord Sandwich, l'un des ministres, en réponse, déclara que la nation n'était point arrivée au degré de mécontentement et d'alarme que représentait Rockingham, et il ajouta que ces alarmes n'étaient que les faibles échos d'ambitions aux abois. Dans son discours, lord Sandwich, faisant allusion à l'expulsion de la chambre des lords du lord Bacon, dit que les lords actuels n'avaient pas plus à s'enquérir de l'expulsion de Wilkes, que les communes du temps de Jacques Ier n'avaient eu à s'enquérir de l'expulsion du grand chancelier. Le comte de Chatam répliqua : « Le cas cité par le noble lord, dit-il, ne supporte point l'analogie avec le cas actuel ; la décision des lords du temps de Jacques Ier ne portait que sur eux-mêmes ; les droits d'aucun corps constituant ne s'en trouvaient atteints. L'expulsion de M. Wilkes est toute différente. Ce n'est point M. Wilkes que nous venons défendre ici. Comme individu, il est personnellement en dehors de la question. Notre sujet de plainte est que les droits et les franchises du peuple, dans l'affaire de M. Wilkes, ont été méconnus et annihilés. Lord Bacon ne représentait point un comté ni une cité : les droits d'aucun franc tenancier, les franchises d'aucun électeur n'ont été détruits par son expulsion. » Suivant lord Chatam, le vote de la chambre des communes, qui avait fait le colonel Luttrell représentant des électeurs de Middlesex, était un empiétement à la loi et au droit d'élection ; et il ajouta que cette mesure faisait partie d'un système régulier, qui avait été formé sous le règne actuel pour altérer la constitution ; que ce système ne s'était point formé à la connaissance de Sa Majesté, mais qu'on l'avait préparé dans son conseil ; que les communes, en obéissant secrètement au gouvernement, avaient montré et prouvé, d'une manière à convaincre tout le monde, que les ministres exerçaient une influence corruptrice sur le parlement ; qu'il était, en conséquence, nécessaire, dans ce moment critique et alarmant, que les lords fissent acte d'énergie, et arrêtassent d'une main la juste fureur du peuple, et de l'autre les projets criminels des conseillers du roi.

Au dehors de la chambre des lords et des communes, tous ceux que n'atteignait pas l'or des ministres, faisaient cause commune avec l'opposition parlementaire. Dans un débat récent à la chambre des lords, Chatam avait dit, en parlant de lord Bute, que cet ancien ministre avait vendu la cour d'Angleterre à la cour de France; que George III avait manqué de sincérité à son égard lorsqu'il était ministre; qu'en acceptant des fonctions dans le cabinet du roi, il avait reçu des promesses qui avaient été brisées par une influence occulte (celle de lord Bute); enfin, qu'il avait reconnu que, derrière le trône, il y avait un personnage plus puissant que le roi lui-même. Ces accusations formelles circulèrent bientôt dans toutes les bouches. Sur ces entrefaites, les magistrats de la cité de Londres décidèrent qu'une remontrance serait adressée au roi. A cet effet, le 4 mars, Beckford, le lord maire, suivi d'un nombreux cortége, se présenta à Saint-James pour y faire lecture de la remontrance. Ce document portait que de mauvais conseillers et une majorité corrompue dans la chambre des communes avaient privé le peuple de ses droits les plus chers et que les conseillers de la couronne avaient commis un acte plus préjudiciable dans ses conséquences que la levée de l'impôt du ship-money, ordonné par Charles II. Il y était dit que la chambre des communes ne représentait pas le peuple, et que si le parlement de Jacques II eût montré une soumission aussi servile au commandement de ce tyran que le parlement actuel en montrait aux ordres des ministres, la nation aurait demandé à grands cris la dissolution, comme elle le faisait en ce moment. La remontrance prenait Dieu et les hommes à témoin que les citoyens étaient décidés à ne point souffrir plus longtemps un tel état de choses. « Les Anglais, disait-elle, ne doivent point leur liberté aux distinctions subtiles que les places, les pensions et les emplois lucratifs ont inventées ; c'est à la vertu de leurs ancêtres qu'ils la doivent, et ils sauront la conserver eux-mêmes. » Le document se terminait par une prière au roi, pour qu'il prononçât immédiatement la dissolution de son parlement, et qu'il éloignât pour toujours, de sa personne, les mauvais ministres et les mauvais conseillers.

Un langage aussi hardi indigna le roi. Il déclara la remontrance irrespectueuse pour lui, injurieuse pour son parlement, incompatible avec les principes de la constitution. Il dit qu'il avait toujours fait, des lois du royaume, la règle de sa conduite, qu'il regardait comme sa plus grande gloire de régner sur un peuple libre, et qu'il avait le droit d'espérer de son peuple un concours empressé et affectueux. Le ministère partageait l'indignation du roi; toutefois il ne voulut point sortir de la légalité; en conséquence, il résolut de déférer la remontrance à la connaissance des communes. Les ministres, pleins de confiance dans la majorité ministérielle, espéraient que les communes prononceraient un blâme sévère sur la conduite du lord maire, et des shérifs. Beckford. le lord maire Townshend et Sawbridge, les deux shérifs, étaient membres de la chambre des communes. L'un des ministres ayant présenté une motion, pour demander à la chambre un vote de censure, les trois inculpés déclarèrent qu'ils se faisaient gloire de la part qu'ils avaient prise dans la remontrance, et ils ajoutèrent qu'ils étaient prêts à répondre à toutes les charges portées contre eux. A la tournure que prenaient les débats, les ministres comprirent qu'ils avaient fait une faute, et que la popularité du lord maire et des shérifs allait s'accroître. Les ministres voulurent retirer la motion; mais, dans l'impossibilité de le faire, ils demandèrent, par l'organe de leurs amis, qu'une adresse au roi, qui condamnait la remontrance de la Cité, fût votée.

C'était une mesure douce, par comparaison au vote de censure demandé en premier lieu; personne ne se méprit sur sa portée et son caractère. Aussi l'opposition, enflammée de ce succès, était bien décidée à ne pas s'en tenir là. Comme il lui paraissait avéré que, dans la situation présente, le ministère ne pouvait se soutenir que par la corruption, elle demanda qu'on lui rendît compte de l'emploi des fonds qui formaient la liste civile. La motion qui fut faite à cette occasion dans la chambre des communes ne donna lieu à aucun incident remarquable ; mais dans la chambre des lords, elle fut de la part du comte de Chatam le texte d'accusations violentes. Il déclara que les ministres dépensaient l'argent de la nation avant qu'on le leur eût accordé, et qu'alors même que cet argent n'eût pas été destiné à corrompre les représentants du peuple, les ministres méritaient la mort. Il fit ensuite le panégyrique de George II, évidemment pour établir un contraste entre le roi défunt et son successeur. « Feu George II, ce bon vieux roi, s'écriat-il, était doué d'une grande humanité, et, entre autres vertus, il possédait au dernier degré celle de la franchise et de la sincérité. Quand on le voyait, on savait s'il vous aimait ou non. » Un lord du banc des ministres lui ayant dit que lorsqu'il était en place, il avait accordé des pensions à une foule de personnes, comme le faisaient les ministres eux-mêmes, il répondit avec animation : « Cela est vrai, et voici la liste de ceux auxquels j'ai donné des pensions. Vous y trouverez les noms du général Amherst, de sir Edward Hawke, et de plusieurs autres du même mérite. Les pensions que ces personnes ont reçues leur ont été données en récompense d'actions d'éclat réelles, et pour servir d'encouragement à ceux qui voudront marcher sur leurs traces ; ces personnes les ont gagnées dans des campagnes d'une nature différente de celles que l'on fait aujourd'hui à Westminster. Les services secrets ne sont point portés sur ma liste ; le guerrier a été récompensé, mais le membre du parlement est resté libre. Vous y verrez figurer une pension de 1,500 liv. sterl. (32,500 fr.), accordée à lord Camden, car je désirais alors que sa seigneurie acceptât les fonctions de lord chancelier. Les vertus publiques et privées du noble lord étaient reconnues de tout le monde, et je lui ai fait cette pension, parce que je ne pouvais raisonnablement espérer qu'il quittât les fonctions inamovibles de chef de justice de la cour des plaids communs, pour accepter une place d'où il pouvait être renvoyé le lendemain même du jour où il l'avait reçue. Le public n'a point été trompé dans son attente à l'égard des services du noble lord, et nos craintes se sont justifiées sur un autre point. L'intégrité a fait rentrer lord Camden à la vie privée et l'a rendu à son état de pauvreté ; il a été renvoyé de ses fonctions pour l'opinion qu'il a émise dans l'intérêt du peuple, au sujet du droit d'élection. » « Je n'aurai aucune confiance dans un souverain, quel qu'il soit, continua Chatam, lorsque ce souverain aura le moyen d'acheter les libertés de son peuple. Quand j'avais l'honneur de servir le roi, Sa Majesté m'a assuré qu'elle ne voudrait jamais dépasser les allocations qui lui avaient été fixées par le parlement. Ainsi, milords, lorsque nous voyons qu'il n'y a dans le roi aucune tendance personnelle de dissipation, lorsqu'il n'existe aucune trace de sommes considérables dépensées pour nous procurer les secrets de nos ennemis, nous refuser une demande d'enquête qui a pour but de connaître la dépense de la liste civile, est une chose des plus extraordinaires. Le roi d'Angleterre veut-il bâtir un palais qui soit égal à son rang et à sa dignité ? a-t-il l'intention d'encourager l'industrie et les beaux-arts ? désire-t-il récompenser quelques vieux débris de nos armées qui auront défendu sa cause dans des campagnes difficiles, et dont les émoluments seraient au-dessus de ceux de quelques-uns de ses serviteurs ? ou bien veut-il, en puisant dans la bourse de ses sujets, semer la corruption dans la nation, et se procurer un parlement semblable à un jury de commande qui soit prêt à acquitter ses ministres à tout hasard ? Toutes ces questions importantes sont bonnes à connaître et méritent d'être approfondies. »

La motion fut rejetée. Mais jamais l'opposition ne s'était montrée aussi menaçante, ni plus infatigable dans ses poursuites. Le comte de Chatam, qui en était le chef dans la chambre des lords, ne laissait échapper aucune occasion d'attaquer les ministres ; au milieu des luttes dont il était l'âme, il semblait oublier ses infirmités

Au dehors du parlement régnait le même esprit. Beckford, le lord maire, en sa qualité de lord maire, venait de donner un magnifique banquet aux principaux membres du parti whig, et des *toasts* d'une violence extraordinaire contre le gouvernement y avaient été portés. La presse opposante se distinguait de son côté; ses attaques étaient plus vives, plus passionnées; la vérité se confondait avec le mensonge, l'injure avec le sarcasme, d'une manière plus incisive. Les électeurs de Westminster et ceux de Middlesex adoptèrent une remontrance sur le même principe que celle de la Cité. Les habitants du comté de Kent suivirent cet exemple.

L'emprisonnement de Wilkes finissait en ce moment; les portes de la prison venaient de s'ouvrir pour lui; et déjà le tribun faisait retentir la presse des souffrances qu'il avait endurées pendant son incarcération. Il déclarait en outre aux électeurs de Middlesex qu'il était prêt à mourir pour la cause de la liberté. Rockingham, Shelburne, lord Temple, Chatam, se firent les organes de ces plaintes, et ils présentèrent dans la chambre des lords un bill pour annuler les résolutions de la chambre des communes au sujet de l'incapacité parlementaire prononcée par ladite chambre à l'égard de Wilkes. Les ministres répondirent par les arguments dont ils s'étaient servis déjà; ils déclaraient que les lords n'avaient aucun droit pour intervenir dans les décisions de la chambre des communes; que les décisions de cette chambre, en pareille matière, étaient souveraines. Le projet de bill fut rejeté. Aussitôt Chatam annonça à la chambre que dans la prochaine séance il aurait à faire une motion d'une grande importance relative au roi. Cette motion était ainsi conçue: «Résolu que l'avis donné à Sa Majesté pour répondre comme il l'a fait à la remontrance et à la pétition du lord maire, des aldermen et des autres membres municipaux de la cité de Londres, a une tendance dangereuse, en ce sens que l'exercice des droits du sujet pour

ANGLETERRE. — t. IV.

adresser une pétition au souverain, à l'effet de lui demander le redressement de ses griefs, de se plaindre de la violation des élections, a été entravé par une réprimande. » La motion portait en outre qu'une réponse aussi dure dépassait tout ce qui s'était fait dans le pays; que l'essence de la constitution exigeait le droit de pétition; que les Stuarts eux-mêmes n'auraient jamais osé aller aussi loin. La motion fut rejetée comme la précédente; mais à quelques jours de là, Chatam en présenta une nouvelle. Celle-ci avait pour objet d'obtenir de la chambre des lords une adresse au roi, pour qu'il prononçât la dissolution du parlement, et qu'il en convoquât un nouveau dans un délai rapproché. Chatam déclarait que le peuple n'avait aucune confiance dans les membres de la chambre des communes, et il revint à son plan de réforme, qui consistait à augmenter la représentation des comtés.

Le ministère avait prorogé le parlement dans le but de calmer les esprits, lorsque à quelques jours de là, Beckford, le lord maire de la Cité, suivi de ses aldermen, se présenta à Saint-James, pour se plaindre au roi de la réponse qu'il avait faite à la remontrance. George III déclara que ses sentiments à ce sujet n'avaient pas changé. Beckford demanda alors la permission d'ajouter quelques mots aux paroles qu'il venait de prononcer, ce qui était contraire à l'usage. Cette faveur lui ayant été accordée, il dit que « la déclaration précédente du roi avait plongé la Cité dans une affliction profonde; que Sa Majesté n'avait point de sujets plus fidèles, plus affectionnés que les citoyens de Londres; qu'ils étaient prêts à sacrifier leur fortune et leur vie pour l'honneur et la dignité de la couronne. » Il demanda ensuite au roi de ne point renvoyer la députation sans lui donner quelques paroles encourageantes. Mais le roi congédia la députation d'une manière assez dure, et donna l'ordre à son chambellan pour que les pétitionnaires se bornassent à l'avenir à présenter leurs pétitions et à ne point y ajouter de discours.

5

Cette conduite du roi fut regardée comme une insulte par la municipalité de Londres, et le conseil hésita un instant à voter à Sa Majesté une adresse de félicitations au sujet de la naissance d'une princesse dont la reine venait d'accoucher; sur les représentations de Chatam, l'adresse fut votée. Mais Wilkes qui, lorsqu'il était en prison, était parvenu à se faire nommer alderman, fit tous ses efforts pour rendre l'adresse la plus froide possible. Il déclara dans le conseil que le temps était passé de faire des compliments; que les citoyens de Londres avaient été traités d'une manière inconvenante; que tout ce que savait faire l'administration se bornait à injurier la Cité et à provoquer le peuple, ou bien à combler de faveurs des hommes indignes; qu'il n'était pas allé à Saint-James avec le lord maire, dans sa dernière visite, parce qu'il connaissait les dispositions des ministres à faire une boucherie du peuple; qu'il était convaincu que s'il avait été au palais, et que si quelques enfants eussent crié sur son passage: Vivent Wilkes et la liberté! il y aurait eu une répétition de la scène sanglante de Saint-George-Fields. La mort de Beckford, le lord maire, arriva sur ces entrefaites. Beckford était regardé comme une des colonnes du parti whig. Le conseil commun voulant donner une marque de son estime à ce citoyen, et braver en même temps la couronne, vota une statue au magistrat défunt; puis il ordonna que cette statue serait placée dans Guild-Hall, et que le discours prononcé par Beckford, en présence du roi, serait gravé sur le piédestal.

Ne nous arrêtons point davantage aux querelles parlementaires qui signalèrent les premiers mois de l'existence du ministère North; car dans les motifs qui les déterminèrent et la violence qui les caractérisa, nous chercherions vainement autre chose que de l'esprit de parti, ou des motifs d'ambition. La fameuse remontrance présentée au roi par Beckford, le lord maire, n'avait été dictée que par un sentiment de défiance. Telle était également la demande d'une enquête, pour connaître la manière dont avaient été dépensés les fonds de la liste civile. Les luttes que nous venons de décrire ne reposent sur aucun but d'utilité publique; aucune grande question intéressant les libertés nationales ne s'agite dans le sein du parlement d'Angleterre. Les forces intellectuelles du pays se consument inutilement en des rancunes tracassières, ou des manœuvres qui manquent de générosité. Il était temps que le débat s'élargît et qu'il reprît son caractère de dignité.

Dans le cours de la session, les communes adoptèrent un bill destiné à régulariser les élections contestées. Ce bill, qui est connu sous le nom de bill de George Granville, du nom de son auteur, portait que la connaissance de ces élections, au lieu d'être, comme auparavant, déférée à la chambre entière, serait remise à une commission de quinze membres jurés. Sur quarante-cinq membres tirés au sort par la chambre des communes, treize devaient être choisis par les concurrents écartés et les deux autres membres devaient être pris au choix des élus intéressés. La commission, dont la décision était définitive, avait plein pouvoir pour appeler des témoins, les interroger, pour examiner les pièces relatives aux élections contestées. Ce bill, après avoir rencontré une forte opposition de la part des ministres, fut adopté. Préalablement à son adoption, une motion avait été faite par un membre, pour ôter aux officiers de l'accise et de la douane la faculté de voter aux élections; mais cette motion avait été repoussée.

(1771.) L'application de la loi nouvelle fut faite dans le cours de l'année suivante, de sorte que les effets purent en être appréciés. Les électeurs du bourg pourri de New-Shoreham s'étaient formés en une association à laquelle ils avaient donné le nom de club Chrétien. Ce club, qui avait pour but avoué de propager la charité évangélique, vendait au plus offrant la nomination du bourg; les membres s'étaient engagés par serment de garder le secret sur leurs négociations, qui s'effectuaient au moyen d'un comité choisi parmi eux. Le comité était chargé de s'entendre avec le candidat, et recevait la somme, qu'il partageait ensuite avec les autres associés. Ce plan avait réussi plusieurs fois ; mais une vacance étant survenue dans la chambre des communes par le décès de l'un de ses membres, cinq candidats se présentèrent à la fois pour briguer les suffrages des électeurs du bourg. Le club Chrétien ordonna aussitôt à son comité de traiter avec les candidats. Le général Smith et un gentilhomme du nom de Rumbold étaient les plus offrants. Smith voulait donner 3,000 livres sterling (75,000 fr.) en argent, et indépendamment de cette somme, il accordait des matériaux considérables pour élever une bâtisse à Shoreham. Rumbold offrait 35 liv. sterl. (875 fr.) à chaque électeur. Les membres du comité du club Chrétien étaient partagés ; les uns penchaient pour Smith, les autres pour Rumbold. Une querelle éclata entre eux. Les hommes de loi intervinrent, et toute l'affaire fut rendue publique. Elle fut aussitôt portée à la connaissance de la chambre des communes. L'opposition déclara avec raison que le bourg pourri de New-Shoreham dépassait en fait d'élection tout ce qu'on avait jusque-là vu de corruption ; elle demanda que la franchise accordée à ce bourg lui fût retirée. Mais la majorité repoussa cette proposition, et se borna à déclarer que sur les électeurs de Shoreham, quatre-vingt-un seraient privés du droit d'élire, que la franchise du bourg serait étendue aux districts voisins, et que tous les francs tenanciers du district, ayant un revenu foncier de 40 schellings (50 fr.), seraient électeurs.

La division éclatait dans le sein du ministère. La guerre étant probable, lord North aurait désiré que l'impôt foncier restât fixé à quatre schellings. Ce ministre maintenait que la flotte avait besoin d'une augmentation de 9,000 matelots, ajoutant que, bien qu'il eût l'espoir d'un arrangement à l'amiable avec l'Espagne ; au sujet des îles Falkland, il était imprudent de désarmer en ce moment. Ce sentiment n'étant point partagé par quelques ministres, il y eut une modification dans le personnel du cabinet. Lord Weymouth résigna les sceaux de secrétaire d'État, qui furent donnés à lord Sandwich, et à quelque temps de là, les fonctions de lord chancelier qui avaient été mises en commission, furent données à Henri Batturst, qui prit le titre de baron Apsley. Lord Sandwich, qui désirait les fonctions de l'amirauté, échangea contre ces fonctions celles de secrétaire d'État. Lord Halifax lui succéda, et le comte de Suffolk remplaça Halifax au sceau privé.

La presse anglaise n'avait pas encore ses coudées franches comme aujourd'hui, et souvent elle avait maille à partir avec le gouvernement. Or, des temps meilleurs étaient arrivés pour elle, la force naturelle des choses les avait amenés. L'année précédente, le gouvernement avait déféré à la connaissance des tribunaux une lettre de Junius publiée dans le *Public Advertiser*, et l'éditeur de ce journal, condamné dans la première épreuve, avait été renvoyé pour vice de forme devant un second jury qui l'avait acquitté. Ce n'était là qu'un succès ordinaire. Un triomphe plus éclatant était réservé à la presse. A cette époque, il n'était point encore permis aux journaux de reproduire les discours des membres du parlement ; tout ce qui se faisait à cet égard n'était que par tolérance. La question relative aux affaires des îles Falkland ayant été mise en délibération (1771), lord Gower, dans la chambre des lords, demanda que la chambre fût évacuée par toutes les personnes qui n'avaient pas le droit d'y siéger. Lord Gower, à l'appui de sa motion, disait qu'il pouvait y avoir dans la chambre des émissaires de la cour d'Espagne, et il ajouta qu'un discours prononcé récemment par lord Chatam avait été livré à la publicité. Le banc des ministres appuyait fortement la motion, et lord Chatam s'étant levé pour répliquer, les membres du parti ministériel, et les ministres eux-mêmes, l'empêchèrent de se faire entendre en faisant du bruit. Alors Chatam quitta la chambre avec indignation, en déclarant qu'il était inutile pour lui de parler dans la chambre, puisqu'il ne pouvait y jouir du privilége de s'y faire entendre librement; dix-huit pairs sortirent avec Chatam. Les pairs restants insistèrent pour que la chambre fût évacuée, ce qui eut lieu. Une motion fut ensuite faite et adoptée; elle portait qu'aucune personne étrangère à la chambre ne pourrait y rester, à l'exception de celles qui avaient le droit d'y être en vertu du règlement.

La chambre des communes se montra vivement irritée de cette exclusion qui la concernait également, et un membre de cette chambre, du nom de George Onslow, présenta une motion pour que les pairs fussent exclus à leur tour de la chambre des communes. Le colonel Barré, qui soutint la motion, fit à ce sujet un tableau piquant de l'espèce d'émeute qui avait régné dans la chambre des lords, lorsque l'évacuation en avait été faite. Mais les communes étaient disposées elles-même à adopter des mesures d'exclusion, car les membres de cette chambre, ainsi que ceux de la chambre des lords, se plaignaient de voir leurs discours tronqués dans les feuilles quotidiennes, au point, disaient-ils, que les versions données par ces feuilles étaient parfois entièrement d'invention. En conséquence, le 5 février 1771, le colonel George Onslow présenta la motion suivante : « Résolu que quiconque publiera dans les journaux partie ou totalité des débats qui auront lieu dans la chambre des communes, sera poursuivi avec la plus grande sévérité par cette chambre. » Onslow développant sa motion, dit, au sujet des éditeurs : « Ils m'appellent George le petit coq, mais je ne suis pas un coq qui se laisse plumer aisément. » Burke, en réponse à Onslow, déclara que tant qu'au dehors il y aurait des gens intéressés à connaître ce qui se passait dans le sein du parlement, on trouverait des hommes disposés à suivre l'exemple des imprimeurs. La motion d'Onslow fut adoptée.

La publicité, bien qu'il soit nécessaire pour la sûreté du pays de l'arrêter dans ses écarts (et là est le grand problème à résoudre), est de droit dans les gouvernements parlementaires; ce gouvernement l'implique tacitement. Refuser aux citoyens d'un pays où chaque homme est censé prendre part aux affaires publiques, la connaissance de ces affaires, c'est commettre un anachronisme politique; la publicité éclaire les peuples. L'exclusion que demandaient les deux chambres était inique, en ce moment surtout qu'une foule de questions importantes tenaient le pays en suspens. L'intérêt du gouvernement lui-même réclamait la publicité des débats, car, faute de connaître ce qui se passait dans le sein des deux chambres, les esprits se livraient à mille conjectures. Ainsi, au sujet de la querelle probable de l'Angleterre avec l'Espagne, les adversaires du gouvernement soutenaient que l'honneur du pays avait été sacrifié, et que dans la convention soumise au parlement il y avait eu un article secret qui impliquait que dans un temps donné les îles Falkland seraient restituées à l'Espagne. Junius se jeta dans la mêlée, et sa plume puissante s'efforça d'établir que le point occupé par les Anglais dans les îles Falkland était de la plus haute importance sous le point de vue commercial et le point de vue militaire. Le docteur Johnson répondit à Junius. Johnson, en faveur du gouvernement, déclara que les îles Falkland n'avaient aucune importance, ce qui était vrai, et qu'il serait absurde de faire la guerre pour la possession d'une contrée aussi stérile. Mais la majorité de la nation fut de l'avis de Junius, et elle l'aurait partagé, les îles Falkland eussent-elles été dans sa conviction, sous le rapport géographique et sous le point de vue de la fertilité, aussi peu avantageuses que le disait Johnson.

Sur ces entrefaites, deux imprimeurs, Thompson et Wheble, qui étaient prévenus du délit de publicité, furent appelés à la barre de la chambre des communes. Les deux imprimeurs se cachèrent, et le sergent d'armes s'étant présenté pour les arrêter, il fut assailli par les huées du peuple. Le roi rendit aussitôt une proclamation, offrant une récompense de 50 l. st. (1,250 fr.) à qui arrêterait les contumaces. Onslow dénonça ensuite à la chambre six autres imprimeurs coupables du même délit. Wheble, l'un des deux imprimeurs, fut arrêté; mais ayant été traduit devant Wilkes qui était alderman, celui-ci le déchargea; il lui délivra en outre une reconnaissance de son arrestation, l'autorisant à poursuivre l'auteur de cette arrestation, à titre d'illégalité. La conduite du ministère dans cette circonstance accrut l'irritation. Celui qui avait arrêté Wheble étant allé demander les 50 l. st. (1,250 fr.) promises par la proclamation, le secrétaire d'État refusa de payer la somme, parce que celui qui la réclamait avait traduit son prisonnier devant Wilkes. Le même jour Thompson, l'autre imprimeur, fut arrêté et traduit devant l'alderman Olivier qui, à l'exemple de Wilkes, mit le prisonnier en liberté. Quatre autres imprimeurs se présentèrent et furent déchargés de la même manière.

Tel était l'état de cette question intéressante, lorsqu'un incident la porta sur un autre terrain. Un imprimeur, nommé Millar, ayant refusé d'obéir à la sommation des communes, la chambre envoya aussitôt le sergent d'armes pour l'arrêter. Mais au lieu de saisir Millar, ce messager fut saisi lui-même par un constable de la Cité. Le messager des communes fut aussitôt traduit devant le lord maire, qui était assisté de Wilkes et d'Olivier, et la demande lui fut faite à l'effet de savoir en vertu de quel ordre il avait agi pour procéder à une arrestation dans le ressort de la Cité. Le messager présenta son warrant. Mais le lord maire répliqua qu'en vertu des chartes qui avaient été accordées à la Cité, aucune arrestation ne pouvait s'y effectuer. Il déchargea Millar, et n'accorda la liberté au messager des communes qu'après qu'il eût fourni caution.

Cette arrestation irrita profondément les communes; elles donnèrent l'ordre au lord maire de se présenter à leur barre, et au greffier du lord maire de produire le journal de Mansion-House. Brass-Crosby (c'était le nom du lord maire) se rendit à la sommation, et arriva à la chambre, accompagné d'une foule immense qui le saluait de bruyants huzzas (19 mars 1771). Interpellé sur les motifs de sa conduite, Crosby déclara qu'il s'était engagé par serment à garder les franchises de la ville et à agir comme il l'avait fait. Charles Fox se levant alors, dit qu'il y avait d'autres coupables que Crosby, et il nomma Olivier, sans désigner Wilkes; il ajouta que tout délai était dangereux dans une pareille affaire, et qu'il fallait immédiatement la terminer. Il parla aussi d'assassins, et le colonel Barré lui dit, à ce sujet, que le pire des assassins était celui qui frappait un homme par derrière.

La majorité de la chambre n'aurait point voulu s'attaquer à Wilkes, bien que Wilkes eût pris part à l'arrestation du messager; car elle le connaissait pour un ennemi dangereux. Toutefois, un membre de la chambre ayant fait une motion pour que Wilkes fût mis en cause, comme l'étaient le lord maire et l'alderman Olivier eux-mêmes, Wilkes reçut l'ordre de comparaître à la barre. Wilkes n'obtempéra point à la sommation et il déclara qu'il ne le ferait que lorsqu'il aurait recouvré sa place de représentant de Middlesex. La sommation fut trois fois répétée et toujours sans effet. Wilkes écrivit alors une lettre au speaker : « Je remarque, disait-il dans sa lettre, que dans l'ordre que vous avez donné, et qui me concerne, on ne me considère pas comme membre de la chambre, et que ce n'est pas à la place qui m'appartient que l'on veut me faire comparaître. Ces deux circonstances auraient dû être mentionnées dans mon affaire; je les regarde comme absolument indispensables. Au nom des électeurs de Middlesex, je demande encore une fois ma place, ayant eu l'honneur d'être élu, à une très-grande majorité, l'un des représentants de ce comté. » Cette réponse jeta les communes dans l'incertitude. Il n'y avait plus d'autre moyen à employer, à l'égard de Wilkes, que la force; et ce moyen répugnait aux ministres, qui en étaient effrayés. Le roi, auquel il fut proposé, répondit : « Je ne veux plus rien avoir à faire avec ce démon incarné de Wilkes. » Wilkes fut dès lors laissé en paix.

La fermeté était hors de saison après un pareil acte de faiblesse ; cependant le ministère persista dans cette voie. Le greffier du lord maire, ayant comparu à la barre avec son journal, ordre lui fut donné d'effacer tout ce qui était relatif à la libération de l'imprimeur Millar. Le lord maire et l'alderman Olivier furent ensuite appelés. On permit au lord maire de se faire assister d'un avocat ; mais il ne voulut point user de cette faculté. Toutefois, en raison du mauvais état de sa santé, il eut la liberté de se retirer. La chambre procéda ensuite contre l'alderman Olivier. L'alderman, interrogé sur ce qu'il avait à dire pour sa défense, déclara qu'il avouait le fait que l'on mettait à sa charge, et qu'il s'en glorifiait. Il ajouta qu'il savait être condamné d'avance, et que tout ce qu'il pourrait dire ne modifierait point l'esprit de ses juges ; mais qu'attendant peu de leur justice, il bravait leur pouvoir. Sa réplique choqua les bancs ministériels, et un membre de ce parti demanda que l'alderman fût envoyé à la Tour. Mais à cette motion, le colonel Barré quitta la chambre, en compagnie de plusieurs autres membres, déclarant qu'il aurait agi comme les magistrats de la Cité, s'il eût été à leur place.

La question principale, celle qui avait provoqué le conflit entre les communes et la municipalité de Londres, n'était point oubliée au milieu de ces débats orageux. Townshend, ayant parlé contre l'abus que les deux chambres faisaient de leurs privilèges, se plaignit ensuite de leur insistance à laisser le public dans l'ignorance de leurs actes. Il parla du mécontentement général qui régnait à cet égard au dehors, et dit que la cause réelle de ce mécontentement provenait de la mère du roi. « Beaucoup de membres, s'écria-t-il, qui appuient à présent la motion en délibération, visent plus à plaire aux caprices d'une femme qu'à répondre aux espérances de leurs constituants. Au lieu de chercher à gagner l'estime de leur pays, ils ne tendent qu'à satisfaire les vices personnels de cette femme ambitieuse, qui, à la honte de l'Angleterre, est bien connue pour diriger les opérations de nos indignes ministres. Quelqu'un désire-t-il savoir de quelle femme je veux parler? je vais le lui dire : c'est de la princesse douairière de Galles. Je déclare que nous avons été gouvernés par une femme depuis dix ans. Ce n'est point le sexe que j'accuse, c'est la manière dont le pays est administré. Songez-y bien, et voyez si le rang élevé du criminel doit vous empêcher de punir le crime. »

L'aldermann Olivier fut condamné à la prison, et conduit à la Tour. A quelques jours de là, le lord maire fut appelé à la barre, pour y entendre le prononcé de la sentence. Ce magistrat arriva à la chambre, accompagné d'une foule immense qui se tenait aux portes. Les membres du parti ministériel et les ministres eux-mêmes furent insultés à leur passage. Ceux-ci auraient voulu qu'en raison de la santé délicate du lord maire, il n'allât point à la Tour, et qu'il fût simplement confié à la garde du sergent d'armes. Mais Crosby repoussa cette indulgence, et déclara qu'ayant fait son devoir de citoyen et de magistrat, il désirait être réuni à son ami, qui était dans la Tour. Le bruit se répandit en ce moment que lord North allait résigner ses fonctions. Le ministre prit la parole, pour déclarer que, malgré son amour pour la retraite et le repos, il ne quitterait pas ses fonctions ; et que le roi seul, ou le peuple qui, dans la journée, avait été sur le point de le tuer, pourrait le faire renoncer à son portefeuille ; qu'il était résolu à faire tête à l'orage. Se livrant ensuite à un accès de mauvaise humeur, qui ne lui était pas habituel, il attaqua directement la minorité, et l'accusa d'avoir soudoyé le peuple pour le tuer. Cette sortie provoqua une réponse énergique de la part du frère de Burke : « C'est une fausseté indigne, s'écria-t-il. La minorité est composée d'hommes d'honneur, qui dédaignent de recourir à de pareils moyens. Une telle accusation ne peut provenir que d'un homme engagé dans une fausse voie. »

En ce moment un tumulte effroyable éclatait à la porte ; la chambre fut obligée de suspendre sa séance pendant quelques heures. Les juges de Westminster ayant été appelés, ces magistrats déclarèrent qu'il leur avait été impossible de faire la lecture du *riot act* ; ils ajoutaient que les constables n'étaient plus maîtres du peuple. Plusieurs membres de l'opposition quittèrent alors la chambre avec les shérifs et parvinrent à rétablir la tranquillité. Mais quand le lord maire sortit de la chambre, la foule détela les chevaux de la voiture, comme elle l'avait fait déjà, et elle le conduisit en triomphe à Mansion-House. De là le lord maire se rendit de lui-même à la Tour.

Les deux prisonniers de la Tour devinrent alors l'objet d'une sollicitude universelle. Les plus hauts personnages, et notamment les ducs de Manchester et de Portland, les comtes Fitz William et de Tankerwille, lord King, l'amiral Keppel, sir Charles Saunders, Burke, et une foule d'autres, vinrent les visiter et leur exprimer leur désapprobation sur la manière dont ils avaient été traités. Dans un meeting convoqué exprès, les membres du conseil commun votèrent à l'unanimité des remercîments aux membres de la chambre des communes qui avaient soutenu le lord maire et ses collègues. Ils s'engagèrent en outre à défrayer les prisonniers de toutes les dépenses de table et de procédure qu'ils pourraient encourir. De son côté, le peuple se porta à Tower-Hill, où il pendit et coupa en morceaux l'effigie de lord Bute, celle de lord North et de plusieurs autres ministres. Toutefois le gouvernement était décidé à être ferme. Les deux prisonniers ayant réclamé le bénéfice de l'*habeas corpus*, le magistrat, qui était lord Mansfield, opposa un refus à leur demande. Le lord maire et l'alderman Olivier furent alors reconduits à la Tour, où ils restèrent jusqu'au 8 mai, époque à laquelle le parlement fut prorogé.

Telles furent les différentes péripéties de ce mémorable débat. La liberté de la presse venait d'être conquise pour l'Angleterre, non pas de droit ; la défense de publier les débats parlementaires existe encore. La victoire avait été gagnée par le besoin de connaître les affaires du pays, devenu un besoin impérieux, et par la force de l'opinion publique. A partir de cette époque, le gouvernement n'ose plus sévir contre la violation de la loi ; les éditeurs de journaux commencent à donner régulièrement à leurs lecteurs les discours qui sont prononcés dans les deux chambres. Aucune tentative n'a été faite depuis pour restreindre la liberté de la presse à cet égard.

A ce moment les dépenses auxquelles il fallait pourvoir s'accroissaient de jour en jour, et les coffres de l'État étant vides, lord North eut recours à une loterie. L'opposition déclara aussitôt que le ministre n'employait ce moyen que pour mieux corrompre les agents du gouvernement et les membres des communes. Dans la chambre des lords, Chatam saisit cette occasion pour revenir à l'affaire des champs de Saint-George, et pour se plaindre des dettes contractées par la couronne, et de la facilité avec laquelle les communes acceptaient les comptes de la cour. « Milords, dit-il, les communes étant devenues à la fois méprisables et odieuses aux gens du pays, il ne reste qu'un moyen possible de sauver l'institution du parlement de sa ruine : il faut que les communes soient dissoutes. La majorité des électeurs réclame cette mesure : la nation tout entière la désire. La dissolution des communes rétablira l'harmonie et la tranquillité d'une part, et d'une autre part elle nous donnera un bon gouvernement. Non pas que j'imagine que cet acte seul puisse suffire : non ! je n'entretiens point de pareilles espérances : je crois que le remède ne sera que temporaire et partiel. L'influence de la couronne est devenue si puissante, qu'une barrière forte doit être élevée pour la défense de la constitution. La loi qui constitue la septennalité des parlements doit être rapportée. Autrefois les inconvénients qui accompagnent les courts parlements avaient un grand poids sur moi. Mais aujourd'hui, que notre pays est en danger, que toute notre constitution s'écroule, je déclare, dans le plus profond de mon cœur, que je suis converti aux parlements triennaux. »

La mort du comte d'Halifax, l'un des secrétaires d'État, ayant eu lieu sur ces entrefaites, le comte de Suffolk, qui faisait déjà partie du ministère, reçut les fonctions de secrétaire d'État, et le duc de Grafton eut le sceau privé. La rentrée de Grafton au ministère fut reçue avec la plus grande défaveur; Junius, qui s'était vanté dans ses lettres d'avoir forcé le duc à la retraite pour toujours, recommença ses attaques avec une force inaccoutumée. Une lettre, dans laquelle le roi n'était pas plus épargné que Grafton, parut dans les colonnes du *Public Advertiser*, et causa, dit-on, de cruelles insomnies au nouveau ministre et à George III. Le gouvernement s'occupa ensuite de pourvoir à la nomination du gouverneur et des précepteurs du fils aîné du roi, le prince George. Dans cette circonstance, les ministres, qui conseillèrent le roi, montrèrent une grande sagesse, car ils prirent les personnes qu'ils chargèrent de ces fonctions délicates, parmi des hommes qui étaient reconnus pour professer des principes modérés. Lord Holderness fut nommé gouverneur du prince; le docteur Markham, ami du lord Mansfield, qui était alors évêque de Chester, fut nommé précepteur, et le révérend Cyrill Jackson le sous-précepteur. Toutefois, aux yeux du pays, les mutations ministérielles que nous venons d'indiquer, ainsi que le choix des personnes que le gouvernement chargeait de l'éducation du futur héritier du trône, n'avaient point pour le moment l'importance de l'incarcération des deux magistrats qui étaient dans la Tour.

Le parlement avait été prorogé au 8 mai; et les deux prisonniers de la Tour furent mis en liberté. Aussitôt, la cité convoqua un meeting pour rédiger une nouvelle remontrance et l'adresser au roi. Mais le lord chambellan écrivit au lord maire pour l'inviter à se rendre sans suite à Saint-James, en lui disant que son cortége ne serait point admis. Cette restriction fut regardée comme une insulte, et les whigs les plus ardents de la Cité n'hésitèrent point à affirmer que Sa Majesté avait honte de voir en face le visage de ses sujets. La remontrance fut présentée par le lord maire seul; les pétitionnaires se plaignaient des mesures *arbitraires*, *illégales* et *iniques* adoptées par la chambre des communes au sujet de l'emprisonnement des magistrats de la Cité. Ils demandaient au roi de rétablir la paix dans la nation, en dissolvant le parlement et en éloignant de sa présence et de son conseil des ministres *indignes* et *despotes*. Le roi répondit qu'il était prêt à écouter les plaintes de ses sujets quand elles étaient fondées; mais que celles qui lui étaient adressées ne l'étaient pas, et qu'il éprouvait une vive affliction en voyant une partie de la nation suivre les instigations de quelques personnes malintentionnées, et renouveler en termes répréhensibles une requête à laquelle il avait déclaré à plusieurs reprises ne pas vouloir complaire.

Wilkes, non content de sa robe d'alderman, aspirait en ce moment même aux fonctions de shérif. La cour prit l'alarme et résolut d'user de toutes son influence pour empêcher l'élection. Mais, malgré ses efforts, Wilkes fut élu conjointement avec l'alderman Bull. Une polémique violente s'engagea au sujet de cette élection, entre Junius et le révérend docteur Horn. Celui-ci, dont la moralité était aussi contestable que celle de Wilkes, avait soutenu l'élection du candidat de la cour; il divulgua tout ce qu'il connaissait de la vie privée de Wilkes; déclarant qu'il avait fait la connaissance de Wilkes en France, par l'intermédiaire du célèbre Sterne. Horn accusait Wilkes d'avoir accepté une pension secrète de l'administration de Rockingham, d'avoir voulu vendre des fonctions municipales à quelques-uns de ses amis, de n'avoir commencé à être patriote que lorsqu'il avait eu les poches vides, après avoir dissipé sa propre fortune et celle de sa femme, et avoir contracté environ 20,000 livres sterl. (500,000 fr.) de dettes; de s'être approprié l'argent fourni par souscription pour le payement de ses créanciers, et d'avoir traîné sur la claie les souscripteurs lorsqu'ils avaient cessé de payer; d'avoir, dans un moment de gêne, en France, mis au mont-de-piété ses vêtements, qui appartenaient à lui Horn, et qu'il avait laissés à Paris, dans les mains du patriote; d'avoir volé un poney welche, appartenant à un nommé Wildeman; de s'être enivré avec du claret lorsqu'il était dans la prison du banc du roi, et de retenir à son service six domestiques, dont trois étaient Français. La plupart de ces accusations étaient vraies; mais Wilkes, comme on s'y était attendu, les nia toutes, ou du moins il les expliqua à sa manière. De son côté, Junius tourna Horn en ridicule, et Wilkes fut nommé shérif. Wilkes aussitôt déclara que la force armée n'assisterait pas à l'exécution des criminels, tant qu'il serait en fonctions. Puis il fit ouvrir au commencement de la session des assises, les portes de Old Bailey (lieu où se tiennent les assises), et il défendit aux gardiens de recevoir l'argent qu'on leur offrirait pour être admis dans ce lieu. Wilkes invita de plus le lord maire à donner dans ses banquets la préférence au vin de Portugal sur les vins de France, et cette mesure, parce qu'elle était nuisible au commerce français, fut l'une de celles qui fut le plus goûtée du public.

(1772.) Le parlement s'étant assemblé le 20 janvier, les ministres demandèrent aux communes à augmenter la flotte. Lord North présenta ensuite un bill, pour que l'impôt foncier fût fixé pour l'année à 3 shellings, ce qui fut accordé. La session fut signalée, comme les années précédentes, par de grands débats parlementaires, et notamment par une pétition que les dissidents adressèrent, comme à l'ordinaire, à la législature. Ils demandaient à être relevés de l'obligation de reconnaître le statut des 39 articles. On sait que l'inobservance de cette obligation excluait les dissidents des bénéfices ecclésiastiques et des grades conférés dans les universités d'Oxford et de Cambridge. Les pétitionnaires représentaient que l'obligation du serment était absurde et contraire à la tolérance de la liberté religieuse, prescrite par la loi; ils déclaraient que cette obligation, dans plusieurs circonstances, conduisait au parjure. Cette pétition fut repoussée; mais d'autres questions relatives au clergé furent agitées dans le sein des communes. Le 30 janvier, jour anniversaire de l'exécution de Charles Ier, le docteur Nowell, chapelain de la chambre des communes, ayant prêché un sermon en présence de la chambre, qui, à l'exception du speaker et de quelques membres, se trouvait entièrement vide, l'impression du sermon fut ordonnée sans difficulté. Mais le lendemain, Townshend trouva à redire sur ce sermon, en ce sens qu'il était laudatif de Charles Ier, et demanda qu'il fût brûlé; la chambre se contenta d'en ordonner la radiation du journal des communes. La seconde question religieuse était relative à une nouvelle pétition que les ministres dissidents protestants adressèrent à la chambre des communes. Les pétitionnaires demandaient de plus amples sécurités contre les peines dont étaient passibles ceux d'entre eux que leur conscience empêchait d'accepter l'acte de tolérance dans toutes ses clauses ; et en même temps ils suppliaient la chambre de relever les maîtres d'école et les instituteurs des lois oppressives qui pesaient sur eux ; en d'autres termes, la pétition avait pour objet d'annuler l'acte du *test* ou d'épreuve, et elle fut repoussée.

Une question importante aux yeux des deux partis attirait en ce moment l'attention du parlement. D'après la loi anglaise, c'est au roi d'Angleterre qu'appartient le droit de défendre ou de permettre le mariage des membres de sa famille. Or, le 20 février, la chambre des communes fut saisie, par un message royal, d'une proposition qui tendait à donner à cette prérogative une plus grande force. Les causes qui avaient déterminé ce message furent bientôt connues. Le duc de Cumberland, frère du roi, après avoir séduit la femme du comte de Grosvenor, et avoir figuré à cette occasion dans un procès de *criminal conversation* (1770), avait épousé (1771), par un mariage secret, mistriss Horton, sœur de ce Luttrell que nous avons vu se présenter aux élections de Middlesex, et prendre dans la chambre des communes la place qui appartenait à Wilkes. Ce mariage irrita vivement le roi, qui défendit à son frère de paraître à la cour. La défense était formelle ; et bientôt on apprit que le duc de Glocester, autre frère du roi, venait de rendre public le mariage qu'il avait contracté secrètement cinq ou six ans auparavant avec la veuve du comte de Walgrave. Cette dame était fille naturelle de sir Édouard Walpole, frère du grand ministre, dont le père était un simple gentilhomme de la province de Norfolk. Le duc de Glocester reçut l'ordre de ne point paraître à la cour, comme on l'avait fait pour le duc de Cumberland, et à cette occasion, un bill fut présenté dans la chambre des lords. Aux termes de ce bill, aucun membre de la famille royale au-dessous de 25 ans ne pouvait se marier sans le consentement du roi. Le bill accordait aux membres de la famille royale qui avaient atteint cet âge la faculté de s'adresser au conseil privé dans le cas de refus de la part du roi. Mais le postulant devait annoncer au conseil le nom de la personne qu'il voulait épouser, et le mariage n'était valable qu'à la fin de l'année où la déclaration avait été faite, si aucune adresse de l'une des deux chambres n'était pas présentée au roi pour s'y opposer. L'infraction à ces clauses rendait le délinquant passible des peines du *premunire*.

Ce bill souleva des débats orageux. Le marquis de Rockingham déclara, à cette occasion, qu'avec le temps la famille royale pouvait s'agrandir au point de compter mille individus, et que c'était une mesure barbare de vouloir obliger un aussi grand nombre de personnes à se soumettre aux conditions du bill. Lord Camden parla dans le même sens ; il dit qu'il y avait injustice à annuler un mariage entre des personnes d'un âge mur. Tous les amendements proposés contre le bill furent rejetés, et le bill fut adopté dans sa forme originale. Dans la chambre des communes, l'opposition se montra plus violente encore. Burke dénonça le projet de loi comme un bill cruel et oppressif, destiné à étendre les pouvoirs des ministres et ceux du roi. Un membre du nom de Dowdeswell observa qu'un homme qui, par la loi, était, même à l'âge de 18 ans, reconnu capable de gouverner un peuple, était sensément capable de choisir sa femme. En dehors de la chambre du parlement, les avis étaient également partagés. Gibbon, l'historien, pensait que c'était une bonne mesure. «Grâce à la soumission de notre parlement, dit-il, il y a lieu d'espérer que les princes de la prochaine génération ne trouveront point aussi facile que leurs oncles l'ont fait, de charger le trésor public.»

L'un des grands événements de cette année fut la mort de la princesse douairière de Galles. Cette princesse que les whigs avaient toujours traitée avec beaucoup de dureté, et souvent avec une grande injustice, mourut le 8 février; elle était âgée de 54 ans. De son côté le ministère fit une perte importante par la conversion de Charles Fox aux principes whigs. « Charles Fox, dit Gibbon à ce sujet, vient de commencer à se faire patriote. Il cessait déjà de prononcer les mots de pays, liberté, corruption. Le temps nous apprendra s'il aura du succès dans cette voie. Hier, il a résigné les fonctions qu'il avait à l'université. » La cause de cette conversion fut, dit-on, le bill relatif au mariage des princes, que lord Holland, père de Charles Fox, avait repoussé dans la chambre des lords, et que son fils n'avait pas jugé à propos de soutenir dans la chambre des communes.

(1773.) Ainsi que nous l'avons dit, en ce moment la Prusse, l'Autriche et la Russie se partageaient la Pologne, et les affaires de l'Amérique prenaient de jour en jour un caractère plus menaçant. Cependant le gouvernement, soit qu'il voulût cacher au pays l'état réel des choses, soit que lui-même ne trouvât point le danger aussi imminent qu'il l'était en effet, ouvrit la session par le discours le plus insignifiant que le roi eût prononcé depuis longtemps. George III ne fit même pas allusion au démembrement de la Pologne; il parla principalement des affaires de la compagnie des Indes orientales, de la cherté des blés et de la situation des pauvres. Les adresses des deux chambres furent la paraphrase du discours du roi. Le premier jour de la session, des attaques ayant été dirigées contre la compagnie des Indes orientales, lord North fit lui-même une motion pour que la chambre des communes nommât un comité secret de treize membres, destiné à examiner les affaires de cette compagnie. Sept jours après sa nomination, ce comité recommanda dans son rapport un bill destiné à empêcher la compagnie d'envoyer, sans le consentement des communes, des agents dans l'Inde. Mais les membres de la compagnie qui étaient dans la chambre des communes, et notamment Burke, s'opposèrent à ce bill, en déclarant que la chambre allait, par le fait, devenir la compagnie elle-même. Le bill fut toutefois adopté.

L'attention du parti whig se porta ensuite sur l'armée, et il fit de la manière dont elle était conduite l'objet de ses attaques. Dans les colonies des Indes occidentales, les Français ayant excité les Indiens caraïbes à se soulever contre l'Angleterre, les Anglais avaient commis des cruautés atroces contre ces Indiens, pour les réduire à l'obéissance. Cette circonstance donna lieu de la part des communes à une enquête contre les officiers des régiments qui s'étaient rendus coupables de ces excès. Un autre fait relatif à l'armée donna lieu à des débats très-animés. Le colonel Barré, l'un des chefs les plus distingués de l'opposition, s'était attiré la haine de la cour par ses votes toujours hostiles. Dans une promotion à laquelle, par rang d'ancienneté, cet officier aurait dû prendre part, il fut écarté; la préférence fut donnée à un officier plus jeune. Barré s'en plaignit à Chatam, qui l'engagea à écrire au roi pour lui rappeler ses services. Barré, ayant suivi ce conseil, reçut une réponse du secrétaire de la guerre qui lui apprenait que sa retraite avait été décidée. Cette mesure, qui ne pouvait être attribuée qu'à la conduite politique de Barré, excita un mécontentement général, car l'opposition représenta que la cour regardait les officiers comme des hommes qui ne devaient agir et ne penser que pour elle.

Le clergé toujours remuant repoussait de son côté un bill qui venait d'être présenté dans les communes, pour étendre les libertés des dissidents protestants. Dans cette occasion, les méthodistes, qui commençaient à devenir très-nombreux, firent cause commune avec les membres du culte établi. Ceux-ci dénoncèrent donc comme dangereuse toute mesure qui aurait pour objet d'innover dans l'acte de tolérance. Burke soutint dans les communes la cause des dissidents, et s'éleva avec force contre les prétentions des méthodistes et contre celles des membres du culte établi. Son éloquence, jointe au concours de lord North et des autres ministres, donna une grande majorité au bill. Mais dans la chambre des lords, où le banc des évêques a toujours exercé une grande influence, le bill fut repoussé. Chatam parla en faveur du bill et attaqua notamment l'achevêque d'York qui, en parlant des dissidents, dit qu'ils étaient des ambitieux.

La session approchait de son terme et l'opposition avait été généralement faible dans ses attaques. Wilkes seul avait montré la même ardeur dans ses hostilités contre le gouvernement. La femme du duc de Glocester, qui avait été exclue de la cour, ainsi que nous l'avons dit, étant devenue mère d'une fille, Wilkes, dans le conseil de la Cité, proposa de faire une humble adresse de félicitations au roi, au sujet de l'heureuse délivrance de la duchesse. Wilkes espérait obliger le roi, qui n'avait jamais voulu reconnaître la duchesse pour sa sœur, à recevoir cette dame à la cour. Wilkes et ses partisans soutenaient qu'en vertu des lois divines et humaines le roi était tenu de reconnaître ce mariage. La motion fut repoussée. Wilkes réussit toutefois à obtenir de la cour des aldermen une résolution portant qu'un appel fréquent aux électeurs, en vertu des parlements de peu de durée, était un droit imprescriptible des sujets anglais.

Le calme commençant à renaître à l'intérieur, le moment parut favorable au gouvernement pour dissoudre le parlement (1774). Cette assemblée fut en effet dissoute. La question qui préoccupait en ce moment les esprits concernait l'Amérique; et comme la majorité de la nation pensait que les colonies avaient insulté le roi, le parlement et le pays, et qu'elles méritaient un châtiment exemplaire, les ministres, par suite de cette disposition des esprits, remportèrent une victoire électorale complète. Dans quelques lieux cependant, les électeurs exigèrent de leurs mandataires la promesse d'arrêter les hostilités avec l'Amérique, et à Middlesex, John Wilkes, qui s'é- tait présenté encore une fois comme candidat, fut élu. Les électeurs obtinrent de lui un engagement par lequel il s'obligeait à proposer dans la chambre des communes des bills pour rendre plus courte la durée des parlements, pour obtenir de la chambre des communes l'exclusion de tous les hommes en place, pour avoir une représentation plus juste et plus réelle de la nation, pour obtenir le redressement des griefs de Middlesex, pour demander le rapport absolu des bills rendus dans la session précédente contre l'Amérique. Dans le même temps, Wilkes était élevé aux fonctions de lord maire par les suffrages de ses concitoyens.

Préparatifs de défense en Amérique. — Le premier congrès. — Mesures adoptées par le gouvernement anglais. — Le Canada. — Plan de conciliation.

(1772.) Indécision et faiblesse, telle avait été la ligne politique suivie par l'Angleterre à l'égard de l'Amérique. Opiniâtreté poussée jusqu'à l'audace, énergie mêlée de prudence, telle avait été la conduite des colonies américaines, depuis le commencement de leur querelle avec la mère patrie. L'Angleterre avait méconnu la force réelle des colonies américaines; elle avait voulu arracher les Américains à leurs tribunaux ordinaires, et les punir en attaquant leur commerce; elle avait ensuite recouru aux voies conciliatrices; l'une de ces mesures était le rappel de Bernard, le gouverneur de Boston. Mais en réponse à ces avances les Américains s'étaient engagés à ne point acheter ni vendre des marchandises anglaises. Déjà des symptômes d'indépendance se manifestaient d'une manière ouverte. Des arbres de la liberté étaient plantés sur plusieurs points de l'Amérique. La politique du gouvernement à l'égard de la Russie annonçait une grande impéritie, ou des préoccupations extraordinaires. Les mauvaises dispositions des États européens pour l'Angleterre, et notamment de la France et de l'Espagne, étaient une sécurité d'un bon augure pour les colonies américaines. Dans chacune de ces différentes phases l'avantage était resté aux Américains, et ils étaient décidés à le poursuivre avec la même énergie, avec le même esprit de suite.

Le sol de l'Amérique est arrosé par des rivières larges et profondes dont quelques-unes, comme la Potamawke, sont navigables à plus de deux cents milles, et ont neuf lieues à leur embouchure. Des lacs, semblables à de petites mers, le couvrent, et dans toute sa longueur il est coupé par une chaîne de montagnes qui prennent leur cours vers le nord et le nord-ouest. Sur ce sol sillonné aujourd'hui par un vaste réseau de chemins de fer, on trouvait à l'époque dont nous parlons, de vastes solitudes, des forêts vierges, où le chêne, le bouleau, le châtaignier, le cyprès, le sassafras, le pin, le noyer, le frêne élevaient leurs têtes séculaires. Dans les lieux où retentit aujourd'hui la forge et le mouvement des usines, les rameaux des arbres enlacés à la vigne sauvage formaient des retraites sombres et mystérieuses, où l'homme osait rarement s'aventurer. Les habitants ordinaires de ces solitudes étaient le tigre, la panthère, l'ours, le cerf, le daim, l'opossum, le chat sauvage, le renard, le serpent boa, la couleuvre; et parmi les oiseaux, le hibou au plumage argenté, le rossignol aux couleurs bleues et cramoisies, l'oiseau roc et l'oiseau singe, l'oiseau-mouche, le plus petit et le plus beau de tous les oiseaux par les couleurs chatoyantes de sa robe. Les maisons étaient rares. Dans quelques endroits, comme dans les deux Carolines, qui ne formaient, pour ainsi dire, qu'une forêt immense et de vastes *swamps* ou marais, le voyageur pouvait marcher tout un jour sans rencontrer une seule habitation.

(1773.) Il était nécessaire de rapprocher les distances, c'est-à-dire d'établir entre les différents points de ce vaste territoire des communications faciles et promptes. Un comité fut institué à Boston dans cette intention. Ce comité, dont l'invention est attribuée à Franklin, prit le nom de comité de correspondance, et il eut bientôt des branches dans toutes les villes et villages de l'Amérique. Le comité de correspondance et ses différentes branches étaient destinés à rendre de grands services à la cause américaine. On s'accorde en effet à dire que ces comités furent le grand levier de la révolution américaine; car dès ce moment on vit régner une grande unanimité dans les mesures adoptées par les Américains. Les premières opérations des comités furent de signaler aux provinces les ennemis de la cause américaine; ceux-ci reçurent le nom de torys ou loyalistes. Toutes les personnes qui étaient reconnues pour porter de l'attachement à la mère patrie furent également signalées dans chaque province; de façon que lorsqu'elles voyageaient, les patriotes se tenaient sur leurs gardes. La publication d'un manifeste dans lequel l'autorité du parlement anglais était traitée avec peu de respect, suivit de près l'installation du comité de correspondance. Le manifeste refusait au parlement anglais le droit de connaître en quoi que ce fût des mesures législatives à prendre ou à adopter pour le gouvernement de l'Amérique. Il dénonçait le bill de déclaration recommandé par Chatam, et adopté en 1766, comme un acte arbitraire et injuste. Six cents exemplaires de ce document furent répandus dans la province du Massachusets.

Dans cet état d'irritation, des communications arrivèrent de Benjamin Franklin, l'agent de l'Amérique en Angleterre, annonçant que le gouvernement était décidé à prendre des mesures coercitives à l'égard des principaux chefs de la résistance; et à cette nouvelle le continent américain, depuis le Saint-Laurent jusqu'au Mississipi, depuis les bords de l'Atlantique jusqu'aux régions les plus reculées de l'ouest, retentit des cris: « Aux armes! aux armes! Mort aux tyrans! »

Un an avant que les esprits fussent arrivés à ce degré d'exaltation, les habitants de Rhode Island avaient fait une insulte grave au pavillon anglais.

Un schooner de guerre de la marine anglaise, commandé par le lieutenant Dudingston, faisait depuis quelque temps une chasse active aux contrebandiers. Se trouvant sur la côte de l'île de Rhode au moment du passage du paquebot qui faisait la traversée de la Providence à Newport, il en avait exigé le salut ordinaire, que celui-ci lui avait refusé. Le lieutenant Dudingston fit alors un signal au paquebot pour lui demander compte de son refus ; et le navire signalé n'ayant point répondu à l'invitation, il lui tira un coup de canon. Cette seconde sommation resta sans réponse comme la première. Alors le schooner se couvrit de voiles et voulut faire chasse au paquebot. Mais celui-ci, qui savait avoir un tirant d'eau moins fort que celui du navire chasseur, tint la côte le plus près possible ; de façon que le schooner en s'acharnant à sa poursuite toucha sur un bas-fond d'où il ne put se dégager. Cette chasse et l'acharnement qui s'en était suivi avaient eu pour témoin une partie de la population de l'île de Rhode. Cependant le schooner aurait pu, avec le retour de la marée, se tirer de la position dans laquelle il s'était engagé, car la mer était calme. Mais quelques habitants de la Providence se jetèrent dans des chaloupes, firent voile sur le schooner qu'ils atteignirent pendant la nuit ; ils s'emparèrent de l'équipage, qu'ils maltraitèrent, et mirent le feu au navire. Cette insulte fut vivement ressentie, et à la nouvelle qu'il en reçut, le gouvernement offrit une récompense de 500 liv. sterl. (12,500 fr.) à quiconque désignerait les coupables ; il promit même une récompense aux coupables eux-mêmes s'ils livraient leurs complices. Une commission fut nommée pour faire une enquête sur cette affaire. Mais les promesses du gouvernement furent repoussées, et malgré leur activité, les commissaires ne parvinrent à arrêter aucun des coupables. Il est vrai que les habitants de l'île de Rhode avaient fait une affaire commune de cet acte d'agression, et avaient menacé de destruction quiconque trahirait ou livrerait à la justice les auteurs de l'incendie du schooner. Cependant les principaux meneurs étaient connus de tous les habitants ; l'un d'eux se nommait John Brown, et était un riche marchand de la Providence ; le second était un capitaine du nom de Whipple.

Un acte non moins audacieux venait de se passer à Boston. La compagnie des Indes, se voyant exposée à des pertes considérables, par suite du refus des Américains d'accepter ses cargaisons de thé, avait supplié le gouvernement de rétablir l'ancien ordre de choses, c'est-à-dire, de supprimer la taxe sur le thé importé en Amérique, et de porter cette taxe sur cette marchandise à la sortie des ports d'Angleterre. Mais le gouvernement, dans la conviction qu'une pareille mesure serait considérée comme un acte de faiblesse, avait refusé de souscrire à cette demande, et le droit sur le thé importé en Amérique avait été maintenu. A quelque temps de là, la compagnie expédia à Boston deux navires chargés de thé. A leur arrivée, les habitants de Boston, après avoir tenu un meeting, dans lequel ils avaient appelé tous les habitants des villes adjacentes, adoptèrent la résolution suivante : « Résolu que les deux cargaisons de thé, arrivées à Boston, ont été envoyées dans le but de river les fers des Américains libres et de les emprisonner ; que le thé desdites cargaisons, dont le droit doit être payé en Amérique, ne sera pas débarqué, mais qu'il sera renvoyé dans les mêmes navires. » Ces résolutions ayant été mises à la connaissance du public, les consignataires demandèrent à emmagasiner le thé, et à le garder en dépôt jusqu'à ce que de nouvelles instructions fussent reçues ; mais cette proposition fut repoussée avec dédain, et une forte garde de Bostoniens, armés de fusils et d'épées, fut placée sur le quai, pour empêcher qu'une seule feuille de thé fût débarquée. Le meeting se réunit de nouveau (14 décembre 1773), et l'assemblée, qui était plus nombreuse que la dernière, adopta plusieurs autres résolutions. L'une d'elles ordonnait aux capitaines des deux navires de retourner en Angleterre sans délai. Les capitaines répondirent que la douane ne voulait pas leur donner leurs passeports, s'ils n'avaient préalablement déchargé leurs cargaisons; que le gouverneur avait de plus déclaré qu'il ne leur serait pas permis de passer devant les forts sans un billet de passe signé par lui, et que l'amiral Montague avait envoyé deux navires de guerre, pour garder toutes les issues au dehors du havre. Alors le meeting envoya une députation au gouverneur, pour l'inviter à donner le permis. Le gouverneur ayant répondu que les devoirs de sa charge lui défendaient d'accorder une passe, à moins que les bâtiments n'eussent reçu leur congé de la douane, à peine cette réponse fut-elle transmise au meeting qu'une vive sensation se communiqua dans l'assemblée. Au même moment, un personnage, déguisé en Indien Mohawk, s'avança au milieu des assistants, et poussa le cri de guerre, qui est particulier à cette tribu. Ce cri fut électrique. La plupart des personnes présentes quittèrent le lieu de la réunion, et se portèrent sur le quai, où elles furent rejointes par une foule d'hommes armés, déguisés en Indiens Mohawk, de matelots, et d'hommes de couleur. Les deux navires furent abordés; les caisses de thé furent retirées de la cale, et elles furent jetées à la mer, au milieu d'une joie presque frénétique et de cris de fureur contre l'Angleterre. C'est ainsi que les colonies américaines répondaient aux avances et aux menaces que lui faisait l'Angleterre.

(1774.) En Angleterre, la session venait de s'ouvrir, lorsque les événements de l'Amérique, et particulièrement de ce qui avait eu lieu dans le port et la ville de Boston, parvinrent à la connaissance du public. Le roi, par un message, invita les deux chambres à prendre des mesures nécessaires pour arrêter ces désordres, pour assurer l'exécution des lois, et rétablir d'une manière plus certaine les colonies dans la dépendance de la couronne et du parlement de la Grande-Bretagne. Ce message était accompagné de lettres écrites par le gouverneur Hutchinson, l'amiral Montague et les consignataires du thé; de dépêches des autres gouverneurs de l'Amérique; de manifestes des habitants de Boston, etc.

On s'imaginerait difficilement l'agitation que la lecture de ces documents souleva dans les communes. Une adresse à la couronne fut rédigée et adoptée. Les communes remerciaient le roi pour son message et la communication qu'il avait faite des documents relatifs à l'Amérique. Elles lui donnaient l'assurance qu'elles feraient tous leurs efforts pour assurer l'exécution des lois, et maintenir l'Amérique sous la dépendance de la couronne et du parlement de la Grande-Bretagne. De son côté l'opposition, bien qu'elle déclarât que la conduite des habitants de Boston et de l'île de Rhode demandait un châtiment exemplaire, aurait voulu qu'on agît avec plus de lenteur. Elle repoussa donc l'adresse, parce que les mesures que préméditait le ministère lui paraissaient trop précipitées. En réponse à ces arguments, les ministres déclarèrent qu'il était temps d'agir; que la question était mûre; ils demandèrent si l'Amérique devait ou non rester plus longtemps dans la dépendance de l'Angleterre; jusqu'à quel point cette dépendance devait s'étendre, de quelle manière elle devait exister. « Les colonies doivent-elles être abandonnées? telle est la question, s'écria lord North. Si cette question est résolue négativement, il sera nécessaire d'examiner de quelle manière la sujétion des colonies sera exercée désormais, et comment la volonté du roi de la grande Bretagne sera maintenue. »

Une complication nouvelle vint embarrasser les ministres. Le docteur Franklin, agent à Londres de la chambre des représentants du Massachusets, ayant trouvé le moyen de soustraire de la secrétairerie d'État des lettres d'Hutchinson, gouverneur de Boston, et du vice-gouverneur Olivier, dans lesquelles ces fonctionnaires s'exprimaient très-librement sur le compte des Américains, Franklin fit passer ces lettres au Massachusets, où elles excitèrent une grande irritation. Le gouvernement voulut savoir de qui Franklin tenait ces pièces; car il était démontré par lui qu'il avait, dans le sein même des bureaux, des agents infidèles. Cette affaire donna lieu à un duel entre deux membres, MM. Thomas Whately et sir John Temple; le premier fut dangereusement blessé. Franklin prit aussitôt la plume pour justifier les deux membres du parlement, de la part qu'on leur attribuait dans la soustraction des lettres. « Je crois convenable, disait-il, de déclarer, pour empêcher qu'un pareil malheur ne se renouvelle, que je suis la seule personne qui ait transmis à Boston les lettres en question. M. Whately ne pouvait point me communiquer ces lettres, parce qu'elles n'étaient point en sa possession, et, pour la même raison, elles n'ont pu lui être prises par M. Temple. » Comme dans cette lettre, Franklin n'indiquait pas l'auteur de la soustraction, il fut appelé devant le conseil, et un des membres fit, à cette occasion, une sortie violente contre lui : « Au milieu des « événements terribles qui se passent « en Amérique, s'écria-t-il, voici un « homme qui s'avoue l'auteur de tout, « et qui paraît insensible au remords. « Je vous demande, milords, si le « caractère de vengeance, que l'on attribue aux sanguinaires Africains, « n'est pas surpassé par l'apathie et le « sang-froid de ce vil Américain? » Franklin, à ces insultes, ne montra aucune émotion; mais on rapporte qu'étant rentré chez lui, il déclara à un ami qu'il ferait tous ses efforts pour assurer l'indépendance de l'Amérique et la détacher de l'Angleterre. Il ne voulut point divulguer le nom de ceux qui lui avaient remis les lettres. A quelques jours de là, il reçut sa destitution de la place d'administrateur des postes pour l'Amérique.

Le message du roi annonçait que les ministres étaient décidés à adopter des mesures promptes et énergiques. Le 14 mars, lord North présenta en effet à la chambre des communes un bill, qui reçut le nom de Boston Port Bill. Ce bill avait pour objet de transporter la douane, les cours de justice, et toutes les fonctions du gouvernement, de Boston à New-Salem, ville peu éloignée de Boston. Le gouvernement voulait punir Boston, dans l'espoir que les autres colonies seraient effrayées par ce châtiment. Dans le cours de la discussion les communes furent saisies d'une pétition du lord maire de Londres, qui, au nom d'un certain nombre d'habitants de l'Amérique du Nord, déclarait qu'il était injuste de priver Boston de son commerce pour des actes illégaux commis par un petit nombre d'individus. D'un autre côté, les adversaires du ministère demandèrent que le droit sur le thé fût rapporté. Toutefois l'opposition était divisée sur cette question; ainsi, tandis que Chatam et ses amis politiques maintenaient que l'Angleterre n'avait pas le droit de taxer l'Amérique, Gibbon, Burke, Hume soutenaient l'opinion contraire.

Le Boston Port Bill fut suivi d'un bill destiné à régulariser l'administration dans la province du Massachusets. Aux termes de ce bill, la constitution de la province du Massachusets, telle qu'elle avait été établie par une charte de Guillaume III, subissait de grandes altérations. Ainsi les élections populaires, qui décidaient de toutes choses dans cette colonie, étaient abolies. Le pouvoir exécutif était retiré des mains du parti démocratique, et la nomination des membres du conseil, des juges et des magistrats, y compris les shérifs, était donnée à la couronne. Lord North, à l'appui du bill, déclara que la province du Massachusets avait été turbulente au delà de ce qu'on pouvait exprimer, et qu'elle avait donné un fort mauvais exemple à toutes les autres colonies; en conséquence, qu'un pouvoir exécutif était nécessaire dans cette province où le pouvoir civil résidait dans le pays.

L'opposition dénonça le bill comme arbitraire et injuste; et entre autres arguments, elle avança que les Bostoniens et leurs voisins avaient prospéré pendant près de 80 ans sous la charte démocratique de Guillaume III ; elle demandait donc qu'on attendît encore avant d'adopter des mesures d'une si grande importance. Lord North repoussa la motion, et dit que le temps des délais était passé, que si l'on attendait encore, tout était perdu. Alors un membre, du nom de Pownall, s'écria que les Américains résisteraient aux mesures proposées. « Les comités de correspondance, dit-il, ont entre eux des communications constantes. Ils ne confient pas leurs messages ordinaires à la poste aux lettres. Ils ont établi des courriers constitutionnels pour suppléer à votre établissement des postes aux lettres. Aussitôt que la nouvelle de ce qui se passe dans le sein de cette chambre leur parviendra, les colonies se concerteront entre elles, et Dieu seul peut dire quelles mesures elles adopteront. » Un autre membre déclara que le but des Américains était de se rendre tout à fait indépendants, et qu'ils ne se soumettraient jamais aux lois anglaises ni aux règlements du commerce de la mère patrie. « Si vous demandez à un Américain, s'écria-t-il, quel est son maître, il vous dira qu'il n'en a pas, et qu'il ne reconnaît d'autre gouverneur que Jésus-Christ. C'est ainsi que parlent du moins tous les habitants de la Nouvelle-Angleterre. »

Les bills succédaient aux bills ; la détermination de réduire les Américains était bien prise cette fois. Après le Boston Port Bill, et le dernier que nous venons d'indiquer, le gouvernement en proposa un nouveau, qui avait pour objet de régler le logement des troupes dans les colonies. Dans la chambre des lords, la lecture de ce dernier bill fut ajournée plusieurs fois, en raison de la maladie de Chatam, à qui on voulait donner le temps de se rétablir pour assister aux débats. C'était un hommage rendu par la chambre des lords au talent du grand orateur. Au jour fixé, Chatam se rendit à la chambre ; le comte, bien qu'atteint en ce moment d'une goutte intense qui le faisait cruellement souffrir, fit un long discours. Il dit que toute l'histoire du peuple américain, sa généalogie et les dispositions dont il avait hérité de ses ancêtres ; tout donnait lieu de supposer qu'il ne se soumettrait jamais à des principes tyranniques. « Telle était la mère, tels sont les enfants, s'écria-t-il. Si les colonies anglaises eussent été fondées par tout autre royaume que par le nôtre, leurs habitants auraient sans doute emporté avec eux les chaînes de l'esclavage et l'esprit du despotisme ; mais il n'en est point ainsi. Les Américains doivent être donnés comme de grands exemples au monde, pour lui montrer ce que l'espèce humaine peut faire lorsqu'elle a le libre exercice de ses propres facultés. » Chatam déclara qu'il ne pouvait s'empêcher de condamner la conduite récente des Américains, et principalement celle des habitants de Boston. Mais il ajouta que les moyens proposés pour les ramener au sentiment de leur devoir n'étaient ni justes ni raisonnables. Le ministère voulait punir tout le corps des habitants de Boston d'un crime qui, selon lui, n'était que le crime de quelques individus isolés. « Agissez, s'écria-t-il, comme une mère affectionnée agirait envers un enfant qu'elle aime tendrement. Au lieu de ces mesures de rigueur, couvrez les erreurs de leur jeunesse par un bill d'amnistie. Ouvrez-leur de nouveau vos bras, et je me fais fort d'affirmer que vous trouverez en eux des enfants dignes des sentiments paternels que vous leur aurez montrés. Mais si leur turbulence existe encore après qu'ils auront reçu votre pardon, milords, je me placerai au premier rang pour adopter telles mesures énergiques qui seraient de nature à empêcher une rechute, et à leur faire comprendre que l'on ne provoque pas avec impunité des parents bons et indulgents. »

Pendant que ce bill soulevait de graves discussions dans la chambre des lords, les communes s'occupaient d'un bill pour l'administration de la justice, et la suppression des tumultes dans la province du Massachusets. Aux termes de ce bill, toute personne accusée de meurtre ou de toute autre offense capitale, commis dans un tumulte ou une émeute, devait être envoyée dans une autre colonie de la Grande-Bretagne pour y être jugée. Lord North déclara que ce bill était d'une nécessité absolue pour donner de la force aux autres bills; qu'il était inutile de nommer des magistrats pour agir, si ces magistrats n'étaient point sûrs de trouver des hommes assez forts pour leur prêter leur concours dans l'exécution de leurs ordres. En réponse au discours du ministre, le colonel Barré, après avoir dénoncé le bill comme inique et sans précédent, cita l'acquittement du capitaine et des soldats qui avaient fait feu sur le peuple dans l'affaire du mulâtre Attuck, et il déclara comme conséquence de ces prémisses, que les cours de justice de Boston et les jurés de cette ville pouvaient rendre la justice d'une manière impartiale. Il demanda en même temps aux ministres quelle confiance pouvaient avoir les Américains dans l'impartialité des jurés anglais ou des jurés choisis par la couronne dans d'autres lieux, et fit ressortir avec force le danger de donner une trop grande protection à la force armée. « J'ai été soldat depuis mon enfance, s'écria-t-il; j'ai de longs services; je respecte la profession, et je vis encore dans les liens d'une étroite amitié avec un grand nombre d'officiers. Cependant personne dans cette chambre ne résistera plus fortement que moi à placer la force armée au-dessus du contrôle du pouvoir civil; aucun militaire dans une situation pareille ne saurait inspirer la confiance nécessaire. Ce n'est pas la faute du soldat, mais un vice de la nature humaine. Oui, Messieurs, armé d'un tel pouvoir, le soldat devient insolent et licencieux, il viole la tranquillité publique, et foule aux pieds les droits de l'espèce humaine. »

Tous ces bills, malgré l'opposition qu'ils rencontrèrent, furent successivement adoptés. Ainsi que nous l'avons dit, le premier, ou le Boston Port Bill, enlevait à Boston la douane, les cours de justice et toutes les fonctions du gouvernement, qu'il transportait à New-Salem; le second retirait aux habitants de la province du Massachusets le droit d'élire les membres du conseil, les juges, y compris les shérifs, et remettait ces nominations à la couronne; le troisième obligeait les habitants de ladite province à pourvoir au logement des troupes; le quatrième enlevait aux jurés américains la connaissance des crimes commis en Amérique, et la déférait à des jurés étrangers. C'était de la politique d'intimidation; le gouvernement bouleversait de fond en comble la constitution américaine, et plaçait en dehors du droit commun la province du Massachusets. Mais en même temps il s'attachait, en adoptant d'autres mesures, et dans la prévision d'une collision prochaine, à se faire des amis sur le territoire même de l'Amérique.

Le Canada, en passant sous la domination anglaise, n'avait point perdu son caractère; il était encore français par ses habitants. Comme les Canadiens français nourrissaient des antipathies profondes contre les Anglais, il était à craindre qu'ils n'augmentassent les embarras de l'Angleterre, en faisant cause commune avec les Américains. Pour prévenir une pareille alliance, le ministère présenta aux deux chambres un bill qui avait pour objet de déterminer les limites de la province de Québec, et de former un conseil législatif destiné à régler toutes les affaires de la province, à l'exception de la taxe. Le conseil était nommé et dissous par la couronne; le roi avait la faculté d'y faire entrer les Canadiens appartenant à la religion catholique romaine. Le bill rétablissait les anciennes lois françaises, y compris les procès sans jury, dans toutes les affaires civiles, le jury ayant rencontré la répulsion parmi les Français. Le bill ne conservait les lois anglaises avec cette forme que pour les affaires criminelles. Il assurait au clergé catholique romain, sauf pourtant aux moines, la jouissance légale de leurs terres et de la dîme.

Ce bill fut adopté à la presque unanimité dans la chambre des lords, mais il n'en fut pas ainsi dans la chambre des communes. A la seconde lecture, M. Thomas Townshend junior, s'étant levé, demanda pourquoi le ministère avait tardé aussi longtemps à soumettre les affaires du Canada aux délibérations des communes, et pourquoi cette contrée, depuis l'époque de la conquête, était restée dans un état d'anarchie et de confusion. Il se plaignit de l'extension donnée au Canada, et ajouta qu'une opinion prévalait dans le pays, c'était que le ministère avait l'intention de faire de ce pays une colonie essentiellement française. Townshend demanda aux ministres si les Anglais qui avaient acheté des terres dans le Canada, devaient être soumis à la loi française; et à l'égard de la religion catholique, si la discipline de cette religion devait être appliquée aux Anglais et aux Indiens aussi bien qu'aux catholiques.

Le discours de Townshend était étrange en ce sens que, faisant profession de libéralisme avec le parti whig, dont il était l'un des principaux membres, Townshend aurait dû soutenir une mesure qui tendait à relever un peuple d'un état d'oppression cruelle; mais les anachronismes politiques de ce genre se rencontrent fréquemment parmi les hommes publics. Lord North répliqua; le ministre déclara qu'il ne prétendait pas dire que le bill fût parfait, mais qu'après avoir pesé tous les obstacles qui se présentaient dans cette question, il le regardait comme étant le meilleur que l'on pût donner au Canada, dans l'intérêt même de l'Angleterre. Il se justifia du retard qui lui était reproché, en disant que ce retard provenait de son désir d'agir en pleine connaissance de cause. Il soutint la convenance d'avoir changé les limites de la colonie, et montra le danger qu'il y aurait eu à laisser la côte du Labrador comme faisant partie du gouvernement de New-York. Il dit que la prédominance de la religion catholique ne pourrait être considérée comme étant oppressive pour les protestants, dans cette partie du monde, vu que les protestants y étaient peu nombreux, et il ajouta qu'un si petit nombre de protestants mêlés à un aussi grand nombre de catholiques ne pouvait former une assemblée législative de la nature de celle qui était demandée par le préopinant; qu'il valait mieux conserver un gouvernement et un conseil; que cette forme existait depuis la conquête; qu'elle n'avait donné lieu à aucune objection, mais que seulement aujourd'hui elle était soumise à quelques règlements. A l'égard de la législation, North exposa à la chambre que la partie la plus essentielle, qui était la loi criminelle, devait rester conforme à la loi anglaise, et que, lorsque les lois civiles françaises seraient reconnues incompatibles avec la condition et les vœux de la colonie, le gouvernement et le conseil auraient le pouvoir de les altérer : « La loi française, dit-il, peut « être plus mauvaise que la loi an- « glaise; mais différentes parties de « la loi française, et ce sont celles que « nous estimons le plus, sont com- « prises dans nos lois politiques et « dans nos lois criminelles. » Au sujet des juges anglais, lord North déclara qu'aucun d'eux ne serait retiré.

Ce bill, qui touchait à une foule de questions intéressantes, et notamment à la question religieuse, à celle de la propriété, aux antipathies et aux préjugés que nourrissaient les Anglais contre les Français, produisit sensation au dehors du parlement. Thomas et John Penn, descendants de l'illustre fondateur de la Pensylvanie et seuls propriétaires de la province de la Pensylvanie et des comtés de Kent, de New-Castle et de Sussex, dans la Delaware, en Amérique, adressèrent une pétition aux communes à ce sujet; les pétitionnaires demandaient que le territoire accordé par Charles II à leur père et grand-père, William Penn, ne fût point morcelé par l'extension que donnait le projet aux frontières du Canada. Une autre pétition, qui émanait des marchands de la Cité de Londres, faisant le commerce avec la province de Québec, sollicitait la chambre d'établir la loi anglaise dans les affaires civiles et toutes les autres affaires relatives à la propriété. M. Mansfield, qui devint plus tard solliciteur général et chef de justice de la cour des plaids communs, au nom des pétitionnaires, représenta aux communes que « ses clients allaient être exposés à des pertes considérables si la loi française du Canada était établie pour les affaires civiles, c'est-à-dire, si on supprimait le jury; que la proposition d'un conseil législatif pouvait entraîner des mesures arbitraires, ce qui rendrait les Canadiens esclaves, tandis que toutes les autres colonies de l'Amérique seraient libres; que depuis la conquête, un grand nombre de causes avaient été jugées par des jurys, non seulement à la satisfaction des Anglais, mais encore à celle des Canadiens eux-mêmes; que l'état général de la province était beaucoup plus florissant sous le rapport du commerce et de l'agriculture, qu'il ne l'avait été sous la domination française. » Le général Carleton, gouverneur du Canada, interrogé après M. Mansfield, fit une déposition toute contraire : il dit que « les Canadiens n'aimaient pas la loi anglaise, d'abord parce qu'elle coûtait excessivement cher, et en second lieu parce que la procédure se faisait dans un langage qui était pour ainsi dire inintelligible pour la plupart d'entre eux; qu'ils n'aimaient point non plus les jurés, les usages français étant contraires à cette institution, et qu'ils préféraient les juges. » Interrogé si la partie intelligente des Canadiens avait quelque idée de l'acte d'*Habeas corpus*, il répondit que le nombre de ceux qui avaient étudié cette loi était très-restreint. Il ajouta que des contrats avaient été passés par des Canadiens pour résister à l'application des lois civiles anglaises, et pour établir dans les actes de mariage, que tous les biens seraient administrés conformément à la loi française. Carleton évaluait à 360 habitants, sans y comprendre les femmes et les enfants, le nombre des protestants qui habitaient la province de Québec, et à 150,000 catholiques romains le nombre de ceux qui habitaient la même province. A l'égard des assemblées proposées par Townshend, il dit qu'ayant soumis la question à un grand nombre de Canadiens, ceux-ci lui avaient déclaré que les assemblées ayant occasionné des émeutes dans les autres colonies, ils ne désiraient avoir aucune assemblée de ce genre (*). Le bill relatif au Canada fut adopté comme l'avaient été les précédents.

Alors le gouvernement se montra plein de confiance, car les moyens de répression que la législature venait de mettre à sa disposition lui semblaient suffisants pour faire rentrer l'Amérique dans le devoir.

Mais l'Amérique avait le sentiment de sa force, peut-être celui des hautes destinées auxquelles elle était appelée. Pendant que ces différentes questions s'agitaient dans le parlement anglais, les Bostoniens et les habitants de la baie du Massachusets mettaient en demeure les juges afin qu'ils se décidassent à recevoir leurs émoluments de l'assemblée générale ou de la couronne. Quatre des juges annoncèrent à l'assemblée qu'ils ne recevraient plus à l'avenir leurs émoluments de la couronne. Le chef de justice, Pierre Olivier, s'opposa seul à cette résolution ; mais l'assemblée déclara par un vote que Pierre Olivier par sa conduite était un ennemi de la constitution de la province, qu'il devait être renvoyé de ses fonctions, et qu'une remontrance serait faite au gouverneur et au conseil pour que ce renvoi fût immédiat. L'assemblée ajouta qu'elle était résolue de

(*) Cette déposition, en admettant que les faits sur lesquels elle repose fussent vrais, nous offre un exemple remarquable des modifications que subissent, avec les temps, les opinions des hommes en matière politique. Enlevez aujourd'hui aux Français le jury, et ils s'imagineront avec raison qu'on leur enlève la plus précieuse de leurs libertés. (CLEM. PEL.)

mettre en accusation le chef de justice en son nom et au nom des habitants de la province. Le gouverneur taxa d'inconstitutionnalité la résolution précédente ; mais son opposition n'empêcha point l'assemblée de préparer l'acte d'accusation. En ce moment l'irritation était à son comble à Boston, et les chefs du parti patriote proclamaient partout que l'Amérique devait être rendue indépendante. Le gouverneur ayant voulu prononcer la dissolution de l'assemblée, l'assemblée, avant de se séparer, maintint Franklin dans ses fonctions en Angleterre. Le gouverneur Hutchinson refusa de ratifier cette nomination et de sanctionner l'acte par lequel l'assemblée déclarait vouloir payer les émoluments de Franklin.

Ces événements se passaient avant l'arrivée du Boston Port Bill. Sur ces entrefaites, le nouveau gouverneur, le général Gage, débarqua à Boston avec sa famille et son état-major. Gage avait épousé une dame américaine, et une longue résidence à Boston lui avait fait de nombreux amis dans la colonie. Les membres du conseil, les magistrats vinrent le complimenter, et la nuit suivante Hutchinson fut brûlé en effigie. Mais la nouvelle du Boston Port Bill ayant été connue, un meeting nombreux s'assembla aussitôt, et adopta une résolution pour inviter les autres colonies à cesser toute relation de commerce avec la Grande-Bretagne, jusqu'à ce que le bill fût rapporté. Le bill fut ensuite imprimé et répandu à profusion dans toutes les colonies, par les soins du comité de correspondance, qui l'accompagna de commentaires. En quelques lieux, il fut brûlé avec une grande solennité. A la Virginie, les chefs du parti patriote montrèrent une grande résolution. La session était ouverte lorsque arriva la nouvelle de l'adoption du Boston Port Bill. Aussitôt Jefferson, Patrick Henry et d'autres jeunes membres s'étant assemblés dans la chambre du conseil, et après avoir délibéré entre eux, adoptèrent une résolution qui rappelait l'époque où le puritanisme était triomphant sous Charles Ier. Cette résolution portait que le premier jour de juin, jour où la loi votée par le parlement anglais devait être mise à exécution, serait consacré au jeûne et à la prière. Mais comme une motion semblable venant de leur part pouvait donner lieu à des objections, ils allèrent chez Nicolas Carter, homme vénérable par l'âge et la probité, et ils l'engagèrent à faire la motion dans l'assemblée en son nom personnel. Carter accepta, et la motion fut adoptée sans opposition. Cette mesure irrita vivement lord Dunmore, gouverneur de la colonie, et le jour même il prononça la dissolution de l'assemblée. Alors les membres se rendirent à la taverne de Raleigh, et après s'être formés en convention, ils rédigèrent un acte d'association dans lequel ils déclaraient que le Boston Port Bill était le résultat d'un système formé pour réduire les habitants de l'Amérique à la servitude. Aux termes de cette déclaration, le thé ne devait être employé par aucune personne animée de bonnes intentions pour la liberté constitutionnelle. La déclaration portait en outre qu'en raison de l'adhésion donnée par la compagnie des Indes orientales à la taxe arbitraire, les Américains ne lui achèteraient aucun article, à l'exception du salpêtre et des épices ; que la taxe faite sur une des colonies sœurs était une attaque à toutes les autres colonies.

Ce fut la Virginie qui la première proclama l'indépendance américaine. En effet, la précédente résolution recommandait au comité de correspondance de faire comprendre aux autres comités la nécessité de nommer des députés dans chaque colonie de l'Amérique anglaise, afin que ces députés pussent se réunir dans un *congrès général*, chaque année et en tel lieu qui serait jugé convenable, pour délibérer sur les mesures à prendre dans l'intérêt commun. Les membres de la convention arrêtèrent en outre qu'ils se réuniraient à Williamsburg le 1er août, pour y nommer les délégués qui siègeraient dans le congrès.

L'effet de cette résolution fut électrique. A Philadelphie, à Boston et dans d'autres lieux, le jour de jeûne et de prières fut observé comme un jour de deuil. Les boutiques furent fermées et toutes les cloches des églises sonnèrent le glas funèbre. La nécessité d'un congrès général fut reconnue par toutes les colonies. L'assemblée de Boston s'occupa bientôt de nommer les députés qui en feraient partie. Mais comme une pareille résolution ne pouvait être tolérée par le gouverneur, il fut décidé qu'on pourvoirait en secret à ces nominations. Au jour fixé, les membres de l'assemblée se réunirent, les portes furent fermées, et il ne fut permis à personne d'entrer ou de sortir. Cependant au moment où l'affaire était mise en délibération, un membre qui était favorable au gouvernement parvint à quitter la salle et alla donner avis de ce qui se passait au gouverneur. Celui-ci envoya aussitôt son secrétaire pour dissoudre l'assemblée; mais en arrivant le secrétaire trouva la porte close. Il frappa; on lui répondit de dedans que la chambre se livrait à une affaire de la plus haute importance et qu'elle ne pouvait pas l'admettre pour le moment. Le secrétaire, debout sur les escaliers qui conduisaient à la chambre, lut la proclamation de dissolution, de manière à être entendu au dedans. Mais déjà l'assemblée avait nommé ses députés; c'étaient Samuel Adams, John Adams et trois autres. L'assemblée leur avait voté 500 l. st. (12,500 fr.) pour les défrayer de leurs dépenses; ensuite elle avait nommé un trésorier; et comme elle n'avait pas d'argent, elle avait voté que lesdites sommes seraient tirées sur les villes de la province, et que son vote à cet égard aurait *force de loi*.

Toutes les colonies suivirent cet exemple, et il fut arrêté que le congrès général se réunirait le 1er septembre à Philadelphie, ville populeuse et riche.

Cependant le 1er juin, jour fixé pour la mise à exécution du bill de Boston, était arrivé. Ce jour-là, à midi sonnant, la douane de Boston fut fermée et toutes les affaires cessèrent dans le port et dans la ville. De leur côté, les habitants de Salem, au profit desquels le Port Bill avait été rendu, déclarèrent qu'ils ne pouvaient consentir à profiter des pertes de leurs frères de Boston et des avantages que leur conférait le bill. Ils se réunirent ensuite en association, et formèrent, à l'imitation du fameux pacte écossais du siècle précédent, une ligue solennelle par laquelle ils s'engageaient « à suspendre toutes relations commerciales avec la Grande-Bretagne, jusqu'à ce que le Port Bill fût rapporté; à ne point acheter et à ne point consommer des marchandises de la Grande-Bretagne, passé le dernier jour d'août; à ne point commercer avec des personnes capables de rompre cet engagement sacré, et à publier leurs noms comme des ennemis de leur pays. » Un meeting des délégués de toutes les villes voisines s'étant assemblé, les résolutions suivantes furent votées : « Résolu qu'aucune obéissance n'est due aux dernières lois adoptées par le parlement anglais; que ces lois doivent être rejetées comme provenant d'une administration corrompue; que tous les percepteurs de l'impôt et les autres fonctionnaires qui ont dans leurs mains des deniers publics seront tenus de conserver cet argent et de ne faire aucun payement jusqu'à ce que le gouvernement civil de la province soit placé sur son ancienne base, ou jusqu'à décision à cet égard du congrès général; que les personnes qui ont accepté des sièges dans le conseil en vertu d'un *mandamus* du roi ont violé leur devoir envers leur pays; que tous ceux d'entre eux qui ne résigneront pas ces fonctions avant le 20 septembre seront considérés comme des ennemis du pays; que la dernière loi qui établit la religion catholique romaine à Québec est dangereuse au dernier point pour la religion protestante, et pour les droits et pour les libertés de l'Amérique; qu'il est temps de prendre l'offensive. »

La Virginie se distinguait encore des autres colonies par l'impulsion qu'elle donnait au mouvement. Ainsi qu'ils en étaient convenus, Jefferson et les autres membres de la convention virginienne s'étaient réunis. Le but de cette réunion était d'établir les instructions destinées aux délégués qui devaient être envoyés au congrès général. Ce document avait été préparé par Jefferson ; mais son auteur étant tombé malade, il l'avait remis à Peyton Randolph, qui devait le présenter au congrès. Il portait ce titre : *Vue sommaire des droits de l'Amérique anglaise*. Dans cet écrit, Jefferson demandait si 160,000 électeurs anglais pouvaient donner des lois à quatre millions d'Américains ; « chacun de ceux-ci étant égal en vertu, en intelligence et en force corporelle aux meilleurs de ceux-là. » Jefferson énumérait parmi les oppressions de la mère patrie, son intervention avec les lois locales qui interdisaient l'importation des esclaves ; il déclarait que le roi et le parlement n'avaient aucun droit de taxer l'Amérique ni de régler leurs manufactures et leur commerce. Toutefois les instructions de Jefferson ayant paru exagérées, la convention en produisit de nouvelles. D'après ce nouveau document, les Virginiens reconnaissaient encore George III comme leur souverain légitime ; ils déclaraient désirer que les relations qui unissaient l'Angleterre et l'Amérique fussent reprises; que les exportations pour la Grande-Bretagne ne fussent arrêtées que le 10 août de l'année suivante (1775), afin que les planteurs et les habitants de la Virginie, dont la plupart se trouvaient débiteurs de l'Angleterre, pussent payer leurs dettes. Sous tous les autres rapports, les Virginiens enjoignaient à leurs délégués de coopérer cordialement avec les délégués de la baie du Massachusets et des autres colonies qui viendraient au congrès. La convention virginienne arrêta en outre qu'elle contribuerait libéralement à l'assistance des habitants de Boston; qu'elle encouragerait les manufactures, qu'elle améliorerait ses bestiaux, et qu'elle ne traiterait avec aucun marchand qui tirerait avantage de la rareté des marchandises pour élever les prix. Elle termina la session en élisant pour ses délégués au congrès général, Peyton Randolph, George Washington, Richard Henri Lee, Patrick Henry, Richard Bland, Edmund Pendleton et Benjamin Harrison.

Cette manifestation politique d'un peuple naguère encore si divisé par ses sectes religieuses eut un profond retentissement en Europe. Les nations européennes qui avaient des colonies dans les Indes occidentales redoutaient pour elles-mêmes que l'exemple des Américains ne fût contagieux ; mais leurs craintes étaient atténuées par l'espoir de voir bientôt la grandeur de l'Angleterre subir un échec. Les efforts des Américains rencontraient surtout des sympathies en France, où les idées de liberté commençaient à fermenter. Louis XV venait de mourir, usé par la débauche (10 mai 1774), et l'infortuné Louis XVI lui avait succédé au trône. Ce souverain, doué d'un caractère irrésolu, ne partageait pas l'enthousiasme de son peuple. Mais on lui disait que l'occasion était favorable de réparer les pertes des règnes précédents; qu'il était temps de laver la honte du traité de 1763, d'humilier l'Angleterre à son tour, et d'enlever à cette rivale ses prétentions à la souveraineté des mers; que la France avait toujours été l'asile des opprimés; que Henri IV avait protégé de ses armes le berceau de la liberté hollandaise, et qu'il ne serait pas moins glorieux pour lui de lui servir de bouclier dans le nouveau monde. La France ne devait pas tarder à épouser la cause de l'Amérique.

Cependant le congrès général s'était réuni à Philadelphie (4 septembre 1774); et toutes les provinces, à la seule exception de la Caroline du Nord, s'y étaient trouvées représentées. Les délégués s'assemblèrent à Carpenter's Hall, et choisirent Peyton Randolph pour leur président. Les délégués retardataires de la Caroline du Nord arrivèrent le 14, et complétèrent ainsi l'assemblée, qui se composait en tout de cinquante-cinq membres. L'assemblée, après avoir donné son entière approbation à la sagesse des mesures adoptées par l'assemblée du Massachusets, convint des termes dans lesquels devait être rédigée une *déclaration des droits*. Ce manifeste déterminait quelles étaient les prétentions de l'Amérique, et les conditions auxquelles elle consentirait à reprendre ses anciennes relations avec la mère patrie. Le congrès général vota ensuite une résolution qui défendait la consommation et l'importation des marchandises anglaises, et prépara plusieurs adresses solennelles, l'une destinée au roi George, pour lui exprimer l'affection loyale des Américains à sa personne; une autre au peuple de la Grande-Bretagne, pour lui montrer que les Américains avaient été traités d'une manière tyrannique par l'administration qui tenait les rênes du gouvernement anglais; une autre aux Français de Québec, pour les inviter à faire cause commune avec les Américains. Le congrès général envoya, au même effet, des lettres aux colons de la Georgie, des deux Florides, de la Nouvelle-Écosse et de Terre-Neuve; il déclarait aussi, que si des tentatives étaient faites pour saisir des Américains et les transporter en Angleterre ou autre part, dans l'intention de les juger sur des faits commis en Amérique, des représailles seraient exercées; qu'un autre congrès général s'ouvrirait le 10 mai de l'année suivante. Le congrès général se sépara ensuite, et se forma en congrès provincial. Cette assemblée élut pour son président M. Hanckok, négociant de Boston, et elle nomma différentes commissions, dont l'une était chargée de se transporter près du gouverneur de la province du Massachusets, et de lui faire des remontrances, et de préparer un plan de défense propre à cette province.

Ces résolutions hardies furent reçues dans toutes les provinces avec un enthousiasme et une joie inexprimables. Des hommes furent enrôlés; des munitions de guerre furent achetées. Des chefs militaires qui avaient servi dans la dernière guerre du Canada furent appelés au commandement de l'armée. Le fait suivant pourra nous donner une idée de l'esprit de résistance qui animait les Américains. Le congrès provincial ayant provoqué une réunion, pour fixer l'époque à laquelle on attaquerait les troupes du roi, les timides et les modérés crurent que c'était aller trop loin, et la plupart d'entre eux, feignant d'être malades, se préparaient à quitter leur poste, lorsque Samuel Adams, voulant arrêter cette maladie épidémique, fit une motion pour que les membres qui, sous prétexte de maladie, demanderaient à se retirer, fussent obligés, en arrivant chez eux, de déclarer à leur ville qu'elle n'était plus représentée, afin que d'autres membres fussent mis immédiatement à leur place. Cette motion guérit l'épidémie comme par enchantement, et il fut décidé que les troupes du gouverneur seraient attaquées lorsqu'elles se mettraient en marche avec leurs armes et leurs bagages; que 12,000 hommes seraient levés aussitôt que possible dans la province, que les *rifflemen* recevraient une solde régulière, et qu'il leur serait permis de choisir leurs propres officiers. L'assemblée envoya ensuite des émissaires à Rhode-Island, dans le Nouvel-Hampshire et dans le Connecticut pour inviter ces provinces à fournir leur contingent respectif, de manière à produire une armée de 20,000 hommes. Elle adressa aussi une lettre circulaire à tous les ministres dissidents de la Nouvelle-Angleterre, dans laquelle elle les exhortait à concourir par leurs prédications à la destruction de la servitude dont l'Amérique était menacée.

Dans le même temps, des ordres étaient donnés dans toutes les provinces pour acheter des armes et des munitions de guerre; des établissements étaient construits pour la fabrication de la poudre et celle des armes. D'un autre côté, les habitants de l'île de Rhode s'emparaient de 40 pièces de canon, appartenant à la couronne, et les transportaient dans l'intérieur du pays, pour les soustraire aux troupes royales, tandis que, dans le Nouvel-Hampshire, une troupe d'hommes armés surprenait un petit fort, appelé Guillaume et Marie, dans lequel étaient un officier et cinq hommes, et saisissait la poudre et les autres munitions de guerre qu'il renfermait.

C'est par de pareilles manifestations et par de tels préparatifs de guerre que les colonies anglaises de l'Amérique répondaient au Boston Port Bill et autres bills adoptés par la législature anglaise. Revenons en Angleterre.

En ce moment même, tous les districts du royaume, effrayés pour leur commerce, s'empressaient de signer des pétitions, et de les adresser au trône, pour que le gouvernement entrât en arrangement avec l'Amérique. L'instigateur de ces pétitions était Benjamin Franklin. Bientôt s'ouvrit le nouveau parlement (29 novembre 1774). Les élections, ainsi que nous l'avons dit, avaient donné une forte majorité au ministère. George III, dans son discours d'ouverture, se plaignit avec amertume de l'insoumission des Américains. « C'est avec un profond re-
« gret, dit-il, que je suis obligé de
« vous informer qu'un esprit auda-
« cieux de résistance et de désobéis-
« sance existe malheureusement en-
« core dans la baie du Massachusets, et
« que des violences de la nature la plus
« criminelle ont été commises dans
« les diverses parties de cette province.
« Ces actes ont été encouragés dans
« quelques autres de nos colonies, et
« il y a eu des tentatives inqualifiables
« pour arrêter le commerce du royau-
« me. J'ai adopté les mesures que j'ai
« jugées les plus propres et les plus effi-
« caces pour amener l'exécution des
« bills qui ont été adoptés dans la
« dernière session du parlement, pour
« la protection et la sécurité du com-
« merce de nos sujets, et pour le réta-
« blissement du bon ordre et de la
« paix dans la province du Massachu-
« sets. Vous pouvez compter sur
« ma ferme résolution de résister à
« tout acte qui aurait pour objet d'af-
« faiblir l'autorité suprême de cette
« législature sur toutes les possessions
« de la couronne. Convaincu que je
« suis que le maintien de cette autorité
« suprême est essentiel à la dignité, à
« la sûreté et au bien-être de l'empire
« britannique, j'ai l'espérance que tant
« que j'agirai d'après ces principes,
« votre concours ne peut me man-
« quer. » George terminait en recommandant, d'une manière particulière, aux deux chambres, de procéder avec noblesse et dignité dans leurs délibérations, afin que ses sujets dans toutes les parties de ses possessions apprissent à avoir un parfait respect pour les lois, et un sentiment juste de l'excellence de la constitution du pays.

Toutefois, le gouvernement n'avait pas encore la conscience de la gravité de la situation. Ainsi, il demanda une réduction de 4,000 matelots dans la flotte. Sandwich, membre de l'amirauté, déclara, dans la chambre des lords, que les forces navales de l'Angleterre, réduites comme on le proposait, suffisaient pour faire rentrer les colonies dans le devoir. Puis, il parla avec mépris de la puissance et du courage des Américains, en disant qu'ils n'étaient ni disciplinés, ni capables de discipline; que leur nombre, dont on faisait un si grand fracas, ne ferait que rendre leur défaite plus facile, lorsqu'on en viendrait aux mains.

(1775.) Les pétitions qui avaient été obtenues par Franklin et ses agents dans les districts manufacturiers du Nord, avaient été confiées à une commission; et chaque jour, par suite de l'activité de l'agent américain, en voyait naître de nouvelles. Toutefois, tandis qu'une partie de la nation demandait un arrangement avec l'Amérique, l'autre signait des pétitions dans le sens contraire. Le ministère était l'agent de ces contre-pétitions; il applaudissait à leur présentation, comme si elles fussent émanées d'un autre que de lui-même. Sur ces entrefaites arrivèrent les nouvelles dépêches de l'Amérique. Ces dépêches étaient relatives à la prise du fort Guillaume et Marie. La nation tout entière s'émut à cet événement. Chatam, malgré une goutte intense, vint à la chambre des lords.

Après avoir, dans un court préambule, condamné les ministres sur tout ce qu'ils avaient fait, et leur avoir reproché leur retard à communiquer les documents américains, il fit la motion d'une adresse au roi : « Milords, dit-il, « n'ayant point l'honneur d'être ministre du roi, je vais m'efforcer de « lui transmettre, par les voies constitutionnelles de cette chambre, mes « idées sur l'Amérique, afin de le « soustraire aux mauvais conseils de « ses ministres actuels. Je félicite vos « seigneuries de ce que cette affaire « importante leur ait enfin été soumise. Milords, comme je suppose « que vous connaissez le contenu des « documents qui vous ont été communiqués, j'espère que la motion « suivante arrivera en temps opportun. « Je demande qu'une humble adresse « soit présentée à S. M., à l'effet de « la supplier de mettre fin aux troubles de l'Amérique, en écartant les « ferments de discorde et les animosités qui règnent dans cette contrée, « et en empêchant surtout qu'une « crise éclate à Boston, par un séjour « plus prolongé de l'armée dans cette « ville. Dans cette adresse, nous supplierions également S. M. d'envoyer « immédiatement des ordres au général Gage, pour inviter ce général à « retirer ses troupes de la ville de Boston, aussitôt que les circonstances « le permettront. Milords, continua « Chatam, je désire que nous ne perdions pas un jour dans une crise « aussi pressante et aussi critique. « Une heure de perdue aujourd'hui « peut causer des années de calamités. « Pour ma part, je n'abandonnerai « pas un seul moment la conduite de « cette importante affaire, et, à moins « que je ne sois cloué sur mon lit par « des souffrances inouïes, je lui donnerai toute mon attention ; je frapperai à la porte de ce ministère insouciant et coupable, et je l'éveillerai « au danger qui menace notre patrie. « Lorsque j'insiste sur l'importance « des colonies pour cette contrée, et « sur la grandeur du danger qui nous « menace, je n'ai pas l'intention de « demander de l'indulgence pour l'Amérique : non ! je demande seulement que justice lui soit rendue ; « car je soutiendrai toujours que les « Américains ne nous doivent obéissance que dans certaines limites. « Je dis qu'ils doivent obéissance à nos « règlements de commerce et de navigation ; mais il faut que la ligne de « démarcation soit bien tracée entre « le but de ces règlements et leur « propriété privée ; que cette propriété « reste inviolable ; que si elle doit être « taxée, elle ne le soit qu'avec leur « consentement personnel, c'est-à-dire « avec le consentement de leurs assemblées provinciales. Quant aux raisonnements métaphysiques, à l'aide « desquels on s'efforce de montrer que « les Américains sont affranchis de « l'obéissance et des restrictions commerciales, de la même manière qu'ils « doivent l'être pour la taxation du « revenu, je déclare ces arguments « futiles, frivoles, sans fondement. » Chatam, après avoir établi de cette manière la suprématie de l'Angleterre : « La résistance à vos mesures, continua-t-il, était nécessaire autant « qu'elle était juste; et vos vaines déclarations d'omnipotence, vos doctrines impérieuses, dans lesquelles « vous voulez déterminer la nécessité « de la soumission, ont paru trop « lourdes aux Américains, comme elles « auraient été trouvées intolérables en « Angleterre, soit qu'elles provinssent « d'une fraction du parlement, ou du « parlement tout entier. Les moyens « que vous avez à votre disposition, « pour soumettre les Américains, sont « aussi ridicules, considérés sous le « point de vue de la politique, qu'ils « sont injustes en principe. Je ne puis « même me défendre d'une vive anxiété pour la situation du général « Gage et des troupes qui sont sous « ses ordres. Si, comme je me plais à « le croire, le général est un homme « de sens et plein d'humanité, et s'il « porte une affection réelle aux troupes « anglaises, la situation de ces troupes « est réellement indigne d'elles. Les « voici placées dans un état d'activité

« qui ne peut leur procurer aucune
« gloire ; les voici formant une armée
« d'hommes impuissants. Vous pouvez
« nommer cette armée, une armée de
« sûreté et de sauvegarde ; mais en réa-
« lité c'est un corps impotent, et décon-
« sidéré en ce sens qu'il est employé à
« une mauvaise cause. Ajoutez, pour
« que la folie soit égale à la honte,
« que les devoirs de cette armée sont
« d'une nature irritante et vexatoire. »
Chatam ajouta que le premier sang
versé dans cette guerre produirait
une blessure incurable. Il fit ensuite
l'éloge du congrès général de Philadelphie et cita cette assemblée pour la noblesse qui avait caractérisé toutes ses
délibérations. « Je dois faire l'aveu,
« s'écria-t-il, que dans aucune nation
« ou dans aucune assemblée, ayant à
« lutter contre des difficultés aussi
« grandes, je n'ai trouvé plus de so-
« lidité, plus de raisonnement, plus
« de force et de sagacité, plus de sa-
« gesse dans les conclusions, que dans
« le congrès de Philadelphie. J'ai con-
« fiance que vos Seigneuries resteront
« convaincues que tous les efforts
« qui pourraient être faits pour impo-
« ser la servitude à de pareils hommes,
« pour établir le despotisme sur une
« nation continentale aussi puissante,
« seraient vains et funestes, et que
« nous serons forcés en dernier ressort
« de nous rétracter. Rétractons-nous
« donc, tandis que nous le pouvons,
« et non quand nous y serons obligés. »
Chatam termina ainsi : « La guerre
« étrangère est suspendue sur vos
« têtes, comme l'épée de Damoclès ;
« la France et l'Espagne épient vos
« démarches, elles attendent que vos
« erreurs aient produit leur fruit ;
« leurs yeux sont tendus vers l'Amé-
« rique, elles scrutent l'esprit de vos co-
« lonies ; leurs propres affaires, quelles
« qu'elles soient, ont une moindre im-
« portance à leurs yeux que les nôtres.
« Pour conclure, Milords, si les mi-
« nistres persistent dans la voie où ils
« sont entrés ; s'ils continuent à mal
« conseiller le roi, je ne dirai pas
« qu'ils peuvent détacher de la cou-
« ronne l'affection du peuple ; mais
« ce que j'affirme, c'est qu'ils aviliront
« tellement le pouvoir royal, qu'ils
« rendront la couronne indigne d'être
« portée. Je ne dirai pas que le roi est
« trahi ; mais j'affirmerai que le royau-
« me est perdu. »

Le ministère combattit la motion et
insista principalement sur ce que toutes les mesures conciliatrices adoptées
jusqu'à ce jour n'avaient été suivies
d'aucun effet, et qu'il était temps ou
jamais d'adopter des mesures coercitives. L'adresse demandée par Chatam fut repoussée. Mais une foule
d'Américains qui se trouvaient en ce
moment à Londres avaient recueilli
avec avidité les paroles du grand orateur. Le docteur Franklin s'empressa
d'exprimer son admiration pour le
comte de Chatam, en déclarant qu'il
avait vu quelquefois dans le cours de
sa vie l'éloquence sans sagesse et souvent la sagesse sans éloquence ; mais
que dans la présente circonstance, il
avait vu la sagesse et l'éloquence unies
ensemble au plus haut degré. Chatam
ayant parlé d'un plan qu'il préparait
pour faire disparaître toutes les différences qui existaient entre les deux
pays, une entrevue eut lieu entre lui
et le philosophe. Celui-ci rend compte
de cette entrevue de la manière suivante : « La visite d'un homme aussi
célèbre pour une affaire aussi importante ne flatta pas peu ma vanité ; j'en
éprouvai d'autant plus de plaisir que
le même jour, un an auparavant, le
ministère s'était efforcé de déverser
sur moi la honte devant le conseil
privé. » Le plan de Chatam, qu'il
nommait un bill provisoire pour dissiper les troubles de l'Amérique et pour
établir la suprématie de l'autorité législative de la Grande-Bretagne sur
ses colonies, était conçu sur les
bases suivantes. Il portait : 1° que le
parlement de la Grande-Bretagne avait
plein pouvoir sur l'Amérique dans toutes choses concernant le bien-être général des possessions de la couronne
d'Angleterre ; que le parlement avait
le droit absolu de faire des lois pour
régler la navigation et le commerce ;
que les colonies de l'Amérique avaient

toujours été, qu'elles étaient encore, qu'elles devaient toujours être dépendantes de cette couronne et subordonnées au parlement anglais; que tous les sujets des colonies étaient tenus par devoir et par leur serment d'allégeance à reconnaître l'autorité législative du parlement et à lui obéir ; 2° qu'aucune force militaire ne devait être employée pour violer et détruire les meilleures lois du peuple ; mais en même temps qu'il devait être déclaré que le droit d'envoyer des troupes dans les colonies ou dans quelque part que ce fût des possessions anglaises, appartenait au parlement et au roi, et non aux assemblées provinciales des colonies; que la prérogative de la couronne à cet égard ne pouvait dépendre en aucune façon de la volonté des colons ou de celle de leurs assemblées ; 3° qu'aucune taxe, taille ou autre impôt ne pourrait être levé sur les colons américains sans leur consentement préalable et un acte de leurs assemblées provinciales à cet effet ; 4° que le roi et le parlement assemblés en ce moment déclareraient légal le congrès réuni à Philadelphie, et qu'ils le convoqueraient dans ladite cité de Philadelphie pour le 9 mai suivant, à l'effet de prendre en considération la reconnaissance de l'autorité suprême de la législature sur les colonies, comme aussi de délibérer sur une concession à faire à la couronne d'un revenu perpétuel déterminé, dont l'application serait soumise à l'examen du parlement anglais, pour être approprié à l'allégement de la dette nationale; que cette libre concession ne serait pas comprise comme une condition de redressement, mais seulement comme un témoignage d'affection ; 5° que la prière contenue dans la pétition du congrès serait alors accordée; que les pouvoirs des cours de l'amirauté et de la vice-amirauté seraient restreints en Amérique à leurs anciennes limites, et que les procès par jury dans toutes les affaires civiles, qui avaient été abolis, seraient rétablis ; qu'aucun sujet américain accusé d'un crime capital ne pourrait être jugé hors de la province où le crime dont il serait accusé aurait été commis, et qu'il ne pourrait être privé de ses juges naturels ; 6° que toutes les lois rendues dans la dernière session contre l'Amérique seraient annulées à partir du jour où la reconnaissance de la suprématie de l'autorité législative du parlement anglais aurait été faite de la part des colonies ; 7° que dans l'intérêt de la bonne administration de la justice dans les colonies, les juges recevraient leurs émoluments de la couronne, et qu'ils seraient révocables comme les juges anglais.

Le plan de Chatam ayant été présenté à la chambre des lords, lord Sandwich déclara que faire des concessions dans un pareil moment serait abandonner la cause du gouvernement; que les Américains s'étaient rendus coupables de rébellion, en s'emparant d'un fort qui appartenait au roi ; que leur but était de conquérir leur indépendance; qu'ils recherchaient le commerce des autres nations ; qu'il avait des lettres dans sa poche attestant que des navires prenaient charge à Lorient, au Havre et à Amsterdam, de cargaisons de marchandises des Indes orientales pour les colonies américaines. D'autres membres s'arrêtèrent principalement sur ce que le plan proposé donnait trop aux Américains, et qu'il n'offrait aucune sécurité pour les concessions qu'ils pourraient faire ; ils disaient que les Américains accepteraient simplement les clauses qui conviendraient le mieux à leurs vues, mais qu'ils repousseraient les parties qui auraient pour résultat leur soumission ; que le plan sanctionnait non-seulement les actes illégaux du dernier congrès tenu à Philadelphie, mais qu'il légalisait une autre assemblée du même genre par un acte du parlement; que si les lois établissant les cours de l'amirauté étaient rapportées, les lois nationales sur la navigation deviendraient une lettre morte en ce qui concernait du moins les Américains.

Dans la chambre des communes, John Wilkes, qui avait été admis à siéger sans difficulté, fit à cette occasion un discours remarquable. Il dit qu'une résistance comme celle des Américains n'était point une rébellion, mais une révolution, et que si le succès couronnait leurs efforts, les Américains pourraient célébrer la glorieuse ère de la révolution de 1775, comme les Anglais eux-mêmes célébraient leur révolution de 1688. Son discours et celui de Chatam ne changèrent point les dispositions des ministres ; lord North présenta un bill qui avait pour objet d'empêcher que les États d'Amérique ne commerçassent avec les autres possessions anglaises et dit, à l'appui de ce bill, que les Américains s'étant engagés à ne point faire le commerce avec la mère patrie, il était juste d'user de représailles envers eux. Ce bill s'appliquait principalement aux pêcheries de Terre-Neuve ; et comme il intéressait un grand nombre de marchands, et principalement les quakers, ceux-ci adressèrent une pétition au parlement en faveur de leurs frères américains, et représentèrent que par leurs lois religieuses, ils étaient purs de toute offense et n'avaient aucunement contribué aux griefs qui leur étaient reprochés. Cette pétition fut prise en considération ; un membre de l'administration proposa un amendement qui donnait quelques priviléges aux quakers.

Après avoir obtenu la sanction de la législature pour cette mesure de répression, le ministère en présenta une autre dont les dispositions tendaient à jeter la division parmi les Américains. Le nouveau projet de loi avait pour objet de faire des exceptions favorables à l'égard des colonies qui voudraient se séparer de la cause des autres. « Ce bill, dit lord North, fournira les moyens d'entrer en accommodement. Si les colonies le repoussent, nous serons justifiés dans les mesures coercitives que nous pourrons prendre, et les Américains répondront des conséquences devant Dieu et devant les hommes. » Le colonel Barré répondit au ministre, après avoir raillé avec amertume l'objet prétendu du bill ; il dit que la proposition était fondée sur cette maxime : *Divisez pour régner*. « Quel est le but de la mesure ? s'écria-t-il. C'est de diviser les Américains, c'est de rompre leur association et de dissoudre cette généreuse union dans laquelle nous les avons vus se lever comme un seul homme pour la défense de leurs droits et de leurs libertés. Mais les Américains ne se laisseront pas prendre à un pareil piége. »

Dans la même session, Burke, à l'exemple de Chatam, présenta un plan de conciliation. « La proposition, dit-il, que j'ai l'honneur de vous faire est la paix. Ce n'est point une paix obtenue par le moyen de la guerre, ou par des négociations embrouillées et interminables ; ce n'est point une paix qui doit naître d'une conflagration générale, ni dépendre de la détermination prise suivant les circonstances sur certaines questions embarrassantes, ou de la délimitation des droits que veut s'arroger un gouvernement compliqué. C'est une paix sainte, une paix obtenue par l'esprit de paix, et qui repose sur des principes pacifiques. Je propose d'écarter le sujet de la querelle et de rétablir la confiance sincère que les colonies avaient autrefois dans la mère patrie, de manière à donner une satisfaction durable à l'Amérique et à l'Angleterre, à réconcilier l'une avec l'autre par leurs liens et leurs intérêts. » Le plan proposé par Burke portait en substance que les colonies n'étant pas représentées dans la législature ne pouvaient être taxées par elle ; qu'il fallait laisser aux assemblées provinciales le soin de décider elles-mêmes dans cette matière ; que le Boston Port Bill devait être rapporté ; que le bill qui changeait le cours des procès dans la province du Massachusets devait être également rapporté ; que les nouveaux règlements pour le payement et la nomination des juges devaient être modifiés de manière à satisfaire les intérêts des colonies. Le plan de Burke rétablissait les choses sur l'ancien pied, et il fut repoussé.

Bataille de Leixington. — **Préparatifs de guerre faits par les Américains.** — Succès remportés par eux au Canada — Leurs revers. — Énergie du congrès. — Washington. — Déclaration de l'indépendance américaine. — La France et l'Espagne se déclarent contre l'Angleterre.

(1775.) Mais le sang coulait déjà en Amérique; il fallait recourir à la voie des armes. Déjà les seuls moyens dans lesquels l'Angleterre pouvait espérer de conserver l'Amérique étaient la supériorité de ses armées de terre et de mer, et cette politique ténébreuse, qui fait du cabinet de ses ministres comme un vaste champ d'intrigues, où la bonne foi sans aucun profit est souvent méconnue; où l'on négocie avec l'ennemi pour tromper sa vigilance au moment où l'on se dispose à le frapper avec le plus de vigueur. La corruption, qui fut de tout temps maniée avec une rare habileté par le gouvernement anglais dans ses démêlés avec les autres peuples, n'était plus une arme trop forte dans une circonstance aussi importante; il s'agissait de la perte ou de la conservation de l'Amérique.

La première lutte à main armée eut lieu à Leixington; le 26 février, le général Gage ayant ordonné à un petit détachement de se rendre à Salem, pour prendre possession d'un parc d'artillerie qui avait été réuni dans ce lieu, l'officier apprit en route que les canons avaient été conduits dans la campagne. Il partit aussitôt à la tête de son détachement vers le lieu qui lui avait été indiqué; mais il trouva sur son passage un corps de troupes américaines, dont l'aspect lui parut si menaçant qu'il battit en retraite. Le général Gage détacha ensuite de son armée un corps de grenadiers et de troupes légères pour se rendre à Concorde, ville située à environ vingt milles de Boston. Ces troupes avaient l'ordre de s'emparer des munitions de guerre qui étaient en dépôt dans cette ville. De grandes précautions furent prises par les chefs pour soustraire les mouvements de cette petite expédition à la connaissance des Américains. Ainsi les soldats partirent par eau, et débarquèrent pendant la nuit près de Concorde. Ils se portèrent alors en toute hâte vers la ville, et s'emparèrent en route de toutes les personnes qu'ils rencontrèrent. Mais les Américains avaient partout des vedettes qui surveillaient les Anglais. En approchant de Concorde, ceux-ci entendirent le son des cloches et virent les signaux d'alarme; puis à quelques milles de la ville, ils rencontrèrent une troupe d'hommes armés, rangés en bataille sur la route. L'officier qui commandait le détachement anglais s'adressant à ces hommes, leur intima l'ordre de se retirer, ordre qui fut exécuté. Les Américains s'étant mis à l'abri dans un fourré, tirèrent sur les Anglais, leur blessèrent un homme et tuèrent le cheval du major. Les troupes anglaises poursuivirent leur route, et déjà elles s'approchaient de Concorde, lorsqu'elles virent sur une éminence un corps considérable de la milice américaine. L'infanterie légère fut détachée pour disperser cette troupe; en même temps les grenadiers gagnaient Concorde pour y remplir l'objet de leur mission. Ce double but fut atteint, non pas toutefois sans qu'il fût tué des hommes de part et d'autre. Alors les chefs du détachement anglais, craignant une surprise, ordonnèrent le mouvement de retraite. A cette vue les Américains prenant courage, firent retentir l'air des cris : *Les lâches, ils ont peur! ils ont peur!* Les Américains venaient de recevoir un renfort de *rifflemen*, et de toutes parts accouraient des volontaires qui se rangèrent derrière les arbres et les maisons de la route. Un feu meurtrier commença. Les Anglais se débandèrent et, suivant un officier des leurs qui était présent à cette action, ils s'enfuirent comme un troupeau de moutons. Les fuyards gagnèrent ainsi Leixington, lieu distant de cinq milles de Concorde et de quinze milles de Boston, et ils attendirent en ce lieu qu'un second détachement, composé de seize compagnies d'infanterie et de deux pièces d'artillerie, vînt les dégager. Ce premier combat coûta aux Anglais 136 hommes blessés, indépendamment de 49 hommes qui ne répondirent pas à l'appel; de leur côté, les Américains eurent 60 hommes hors de combat, dont les deux tiers furent tués.

La victoire de Leixington fut regardée par les Américains comme un fait d'armes des plus éclatants ; elle leur causa une joie inexprimable, et ils l'appelèrent la glorieuse victoire de Leixington. Dans l'exaltation que produisit ce succès, ils parlaient déjà de chasser de Boston les troupes du roi. 20,000 hommes se réunirent en peu de jours, et formèrent une ligne de blocus autour de Boston. Le quartier général ayant été établi à Cambridge, le général Putnam, homme de guerre plein d'expérience, après avoir réuni un fort détachement de troupes du Connecticut, prit le commandement supérieur de l'armée, et s'établit dans une position qui lui permettait de soutenir telle partie de la ligne qui pouvait être attaquée par les troupes royales.

Le congrès provincial du Massachusets siégeait en ce moment à Water-Town, ville éloignée de dix milles de Boston, et il déployait une grande activité. Il venait d'ordonner une levée de 30,000 hommes, et envoyait des délégués dans les colonies du Hapmshire, du Connecticut et de Rhode-Island, pour demander la coopération de ces provinces. Il envoya ensuite en Angleterre le capitaine John Derby, de Salem, avec des dépêches pour Franklin, et une adresse au peuple de la Grande-Bretagne, dans laquelle il déclarait que l'Amérique ne se soumettrait jamais à la tyrannie d'un ministère cruel, et qu'elle était résolue à mourir ou à vivre libre. Toutefois cette assemblée renouvelait dans son adresse sa profession de loyauté pour le roi, et sa profession d'estime pour le peuple d'Angleterre. Comme les fonds manquaient, le congrès provincial s'occupa de lancer dans la circulation du papier-monnaie pour s'en procurer; puis il fixa la solde des officiers et des soldats, et fit des règlements pour l'administration de l'armée. La province entière engageait sa parole de réaliser un jour à venir le papier-monnaie, et prononçait des peines contre quiconque refuserait à le recevoir en payement. Le congrès provincial déclara ensuite que le général Gage, par sa conduite récente, s'était rendu indigne de remplir les fonctions de gouverneur; qu'aucune obéissance ne lui était due; qu'au contraire il devait être regardé comme un ennemi invétéré du pays, et il donna des ordres pour procurer à l'armée des munitions de guerre et de l'artillerie. Bientôt l'armée reçut seize pièces de campagne, quatre canons en cuivre, plusieurs canons en fer de gros calibre, et deux ou trois mortiers et obusiers.

Ce fut dans ce moment d'exaltation qu'arrivèrent d'Angleterre les derniers bills de lord North. Nous avons dit quels étaient la nature et l'objet de ces bills. Les colonies, à l'exception de l'État de New-York, où le congrès provincial demanda que les bills en question fussent soumis au congrès général, reçurent avec raillerie cette nouvelle manifestation du ministère anglais. Dans la Virginie, le congrès provincial, après avoir ordonné qu'une réponse serait faite aux bills, en laissa la rédaction à la plume énergique de Jefferson, et celui-ci mit tant de chaleur dans ce travail, que l'on fut obligé d'en tempérer les termes. La réponse ainsi modifiée portait que les bourgeois de la Virginie, bien que désirant une réconciliation avec la mère patrie, ne pouvaient accepter les conditions proposées par le gouvernement anglais, parce que la fixation de leurs dépenses publiques leur appartenait exclusivement; parce que toutes les colonies, à l'exemple du parlement lui-même, n'avaient aucun ordre à recevoir de personne à l'égard de la disposition de leur argent; parce que tous les griefs des colonies américaines n'avaient pas été redressés; parce qu'en ce moment même le gouvernement anglais se préparait à envahir l'Amérique par terre et par mer;

parce que la Grande-Bretagne insistait pour imposer aux Américains le monopole de son commerce, tandis qu'ils voulaient conserver une indépendance complète à cet égard.

La guerre étant résolue, le gouvernement anglais dans le but de la pousser avec vigueur avait envoyé en Amérique Howe, frère de l'amiral Howe, Burgoyne et Clinton, hommes de guerre expérimentés. Le chiffre des troupes anglaises s'éleva bientôt en Amérique à 10,000 hommes. En même temps, le gouverneur de Boston lançait une proclamation, dans laquelle il offrait un entier pardon à tous ceux qui déposeraient les armes et reprendraient leurs occupations habituelles. Etaient exceptés Samuel Adams et John Hancock, dont les actes, disait la proclamation, étaient d'une nature trop grave pour être pardonnés. Ce document portait en outre que tous ceux qui n'accepteraient point les termes proposés seraient traités comme des rebelles et des traîtres; que les tribunaux ordinaires cesseraient de rendre la justice, et que la loi martiale serait appliquée aux citoyens jusqu'au rétablissement de la paix.

Mais ces démonstrations d'un pouvoir aux abois n'intimidèrent point les Américains, et ce furent eux qui prirent l'offensive. Un engagement ayant eu lieu à Bunker's Hill, éminence qui domine Boston, ils eurent 450 hommes tués, tandis que leurs adversaires en comptèrent 1050. Sur la frontière du Canada ils remportèrent également de brillants avantages. Ainsi un volontaire presbytérien du nom d'Ethan Allen s'empara par surprise de Ticonderoga, fort situé à l'extrémité septentrionale du lac George, qui était considéré, avec Crown-Point, autre fort situé à l'extrémité méridionale du lac Champlain, comme la clef du Canada. Le fort de Ticonderoga était une prise de la plus haute importance, car il contenait cent canons en fer, cinquante pierriers, deux mortiers, dix tonneaux de balles à fusil, et une immense quantité de petites armes. Transporté de ce succès, le congrès général adopta un plan régulier d'occupation pour le Canada; et il chargea de cette expédition Benedic Arnold, homme hardi qui avait un esprit fait pour les stratagèmes de guerre. Arnold devait être secondé par les généraux Schuyler et Montgomery.

Ces dispositions furent d'abord couronnées d'un plein succès; mais les généraux américains s'étant présentés devant Québec pour en faire le siége, ils essuyèrent une défaite signalée. Comme ils n'avaient pas de canons d'assez gros calibre pour battre en brèche les murailles d'enceinte, ils se décidèrent à tenter l'escalade. Dans ce but, l'armée américaine fut divisée en quatre colonnes; deux de ces colonnes devaient faire des attaques simulées sur la ville haute, tandis que les deux autres, conduites par Montgomery et Arnold, étaient chargées d'attaquer la ville basse. Dans cette dernière attaque Montgomery fut tué sur place, ainsi que son aide de camp et un capitaine du nom de Chuseman. Arnold, de son côté, en entrant dans le faubourg de la ville, reçut une blessure qui lui fracassa l'os de la jambe et l'obligea à la retraite. Alors les Américains, s'abandonnant au découragement, s'enfuirent en désordre. 320 d'entre eux se rendirent prisonniers; 70 furent trouvés morts sur le champ de bataille. Le reste de l'armée se retira à trois ou quatre milles de Québec et campa derrière les hauteurs d'Abraham, avec l'intention d'intercepter les convois et de rallier les Canadiens à la cause américaine.

Cette défaite et principalement la mort de Montgomery furent vivement senties par les Américains. Montgomery, brave militaire, s'était distingué dans l'armée anglaise; mais, dégoûté du service par suite de l'ordre donné à son régiment de faire feu contre le peuple de Londres dans l'affaire de Wilkes, il s'était retiré en Amérique. Le congrès, autant pour honorer la mémoire du guerrier malheureux que pour exciter une noble émulation dans l'armée, vota un monument, et ordonna qu'il serait placé dans l'assemblée générale à Philadelphie. Le mérite de

Montgomery trouva également des admirateurs parmi ses ennemis. Le général Carleton, qui commandait à Québec, fit enlever son corps du champ de bataille, et il fut enterré avec tous les honneurs dus à un grand homme de guerre. En Angleterre, les orateurs les plus fameux du parlement, Edmond Burke, Charles Fox et le colonel Barré, jetèrent des fleurs sur sa tombe, et l'un d'eux ayant parlé avec une certaine chaleur à cette occasion, lord North lui répondit par ces paroles : « Je conviens que c'était un guerrier brave, généreux, humain, mais, avec toutes ses belles qualités, ce n'était jamais qu'un rebelle. »

Tandis que ces choses se passaient au Canada, la Virginie secondait le mouvement en se déclarant en état d'hostilité ouverte contre lord Dunmore, son gouverneur. Celui-ci venait de saisir la poudre qui était dans les magasins de Williamsburgh, et l'avait mise à bord d'un schooner à l'ancre dans James River. La corporation de Williamsbourg demanda aussitôt qu'on lui rendît la poudre ; et le gouverneur ayant répondu à cette demande par un refus, Patrick Henry appela aux armes les jeunes Virginiens ; lui-même se mit à leur tête, et déjà il se disposait à recouvrer la poudre par la force, lorsque quelques-uns des délégués du congrès général intervinrent et l'invitèrent à se contenter d'une somme d'argent que le gouverneur offrit en compensation. Patrick Henry adhéra à cette proposition. Toutefois les jeunes gens qui le suivaient n'étant point satisfaits de cet arrangement, se dirigèrent vers un magasin qui renfermait des munitions de guerre et ils en brisèrent les portes.

A quelques jours de là, lord Dunmore fut obligé de se réfugier avec sa famille, pendant la nuit, à bord du vaisseau de guerre *le Fowey*. Les Virginiens nourrissaient des antipathies profondes contre leur gouverneur ; car Dunmore, dans des lettres aux ministres anglais, avait représenté les planteurs de la Virginie comme des hommes avides, tout prêts à faire le sacrifice de leur honneur, pourvu que leurs intérêts privés fussent satisfaits. Il avait ajouté que puisque les Virginiens paraissaient si désireux d'abolir la prétendue servitude que faisait peser sur eux la Grande-Bretagne, il essayerait, de son côté, d'abolir la servitude réelle qui régnait dans la Virginie, en mettant tous les noirs en liberté. Dunmore n'était point homme à menacer en vain ; à l'époque de la bataille de Bunker's Hill, et lorsque les forts du lac Champlain étaient tombés au pouvoir de l'armée américaine, il avait établi son quartier général à Norfolk, et avait déclaré que tous les esclaves qui viendraient se placer sous son étendard obtiendraient la liberté. En même temps, une proclamation était lancée par lui pour annoncer que la loi martiale serait appliquée à la colonie de la Virginie. Ces dispositions avaient irrité les Virginiens, et ils se portèrent en masse sur Norfolk. La ville était abandonnée, mais, en la quittant, lord Dunmore y avait mis le feu ; en quelques heures Norfolk, l'une des villes les plus florissantes de la province, avait été réduite en cendres.

Ces premiers désastres, et la perspective des maux plus grands que réservait aux colonies la prolongation de la lutte, exaltèrent le courage des Américains au lieu de l'ébranler. Le congrès siégeait en ce moment, sous la présidence de John Hancock. Bientôt parut le plan d'une confédération perpétuelle entre les États. Dans ce manifeste, qui portait le cachet d'une énergie extraordinaire, il était dit : 1° que les États de la confédération prendraient le nom de *Colonies unies de l'Amérique du Nord*; 2° que les États s'engageraient, pour eux et leur postérité, à la défense commune ; 3° que chaque colonie conserverait, autant qu'il serait jugé convenable, ses propres lois, coutumes, droits, priviléges et juridiction particulière adhérents à sa circonscription, et qu'elle pourrait les amender comme le déciderait sa propre assemblée, réunion ou convention ;

4° que pour la conduite des intérêts généraux, des délégués seraient élus annuellement dans chaque colonie; que ces délégués se réuniraient dans un congrès général, et, à moins de circonstances particulières qui en rendraient la nécessité obligatoire, qu'il serait établi comme une règle, que les congrès seraient tenus à tour de rôle dans une colonie différente, jusqu'à ce que le nombre des États eût été épuisé; en conséquence de cette clause, que le congrès prochain serait tenu à Annapolis, dans le Maryland; 5° que le congrès aurait plein pouvoir pour faire la guerre et la paix, contracter des alliances, se réconcilier avec la Grande-Bretagne, connaître des disputes de colonie à colonie et arranger les différends, former de nouvelles colonies quand il le jugerait convenable, faire des ordonnances nécessaires au bien-être commun et relatives au commerce général, à l'établissement des douanes, aux levées des troupes, à la nomination des fonctionnaires civils et militaires; 6° que toutes les charges de la guerre seraient défrayées par le trésor commun, qui devait être alimenté par chaque colonie, en proportion de sa population; 7° que le nombre des délégués envoyés au congrès serait d'un membre par 5,000 individus mâles; 8° qu'à chaque réunion du congrès, une moitié des membres ou des délégués serait nécessaire pour constituer une majorité, à l'exclusion des délégués proxis (*); 9° qu'un conseil exécutif serait pris dans le corps du congrès; que le conseil exécutif serait composé de douze personnes, dont quatre resteraient en fonction pendant un an, quatre pendant deux ans, quatre pendant trois ans; à l'expiration de ces termes, que les vacances seraient remplies par des nominations qui dureraient trois ans, qu'en conséquence un tiers des membres du conseil serait élu annuellement, et que chaque personne ayant servi le terme de trois ans resterait trois ans sans pouvoir être réélue; que les deux tiers du conseil formeraient la majorité; que, dans l'intervalle des sessions du congrès, le conseil exécuterait les ordres qui lui auraient été donnés pour la conduite des affaires générales de la confédération, et qu'il recevrait les communications qui lui seraient faites par les puissances étrangères; qu'il préparerait les matières destinées à être soumises à la délibération du congrès, qu'il pourvoirait temporairement aux emplois vacants, qu'il tirerait sur le trésor général les sommes nécessaires au service des États; 10° qu'aucune colonie ne pourrait s'engager avec une nation quelconque ou avec une tribu d'Indiens sans le consentement du congrès; 11° qu'une alliance perpétuelle, offensive et défensive, serait, aussitôt que possible, contractée avec les six nations; que les limites des territoires des nations indiennes seraient déterminées et leur seraient assurées; que leur territoire ne pourrait être empiété; qu'aucun individu ni aucune colonie ne pourrait acheter les terres de ces Indiens, attendu que les ventes et achats ne devaient être faits que par le grand conseil des Indiens établi à Onondaya et le congrès général; que les limites des autres tribus indiennes seraient déterminées de la même manière; 12° que les nouvelles institutions étant susceptibles d'imperfections, que le temps et l'expérience seuls pouvaient faire découvrir, le congrès général aurait la faculté de proposer de temps à autre tels amendements qu'il jugerait nécessaires, et que ces amendements, après avoir été approuvés par les assemblées coloniales, lieraient toutes les autres; 13° que chaque colonie de la Grande-Bretagne en Amérique, ne faisant point encore partie de l'association, pourrait, sur sa demande, être reçue dans la confédération : tels étaient, par exemple, Québec, Saint-Jean, la Nouvelle-Écosse, les Bermudes et les deux Florides; que chacune de ces colonies aurait les mêmes droits aux avantages de l'union.

(*) On appelle ainsi le député qui est chargé de représenter un député absent.
Cl. Prl.

Ces différents articles devaient être soumis aux assemblées provinciales, et, dans le cas d'approbation, ils devaient avoir force de loi, jusqu'à ce que les actes qui restreignaient le commerce et les pêcheries de l'Amérique fussent rapportés; que réparation fût faite aux colonies pour l'outrage commis à l'égard de la ville de Boston, par la fermeture de son port, pour l'incendie de Norfolk, pour les frais de la guerre, et que les troupes anglaises fussent retirées de l'Amérique. Le congrès général, après avoir préparé ce plan de confédération, créa un papier-monnaie qui devait avoir cours dans toutes les colonies de l'Union; puis il nomma le colonel George Washington commandant en chef, et établit un comité de sûreté pour s'occuper de la défense de la province de New-York. D'autres comités de sûreté furent nommés sur différents points, et le congrès ordonna au général Wooster, qui commandait dans le Connecticut, de se diriger sur la province de New-York, dans le but de tenir en respect les loyalistes (*). L'installation d'une armée navale occupa ensuite l'attention du congrès, car les colonies étaient entièrement dépourvues à cet égard. Le capitaine Mowat, commandant un navire de guerre de la marine anglaise, ayant été détaché sur Falmouth, petite ville florissante de la côte du Massachusets, Mowat demanda aux habitants leurs armes, leurs munitions de guerre et quatre de leurs principaux citoyens comme otages, pour répondre de leurs actes ultérieurs. Sur le refus des habitants, il bombarda la place, et fit en quelques heures de la ville de Falmouth un monceau de ruines fumantes. Cette destruction sauvage porta l'effroi dans toutes les villes côtières; et les habitants de Newport, dans l'île de Rhode, pour se soustraire à un pareil désastre, s'empressèrent de signer un compromis avec le capitaine Walace, par lequel ils s'engageaient à rester en repos, et à lui fournir des provisions s'il voulait épargner la ville.

Mais le congrès et les chefs de l'armée américaine ne pouvaient adhérer à une pareille transaction. C'eût été méconnaître le principe qu'ils avaient juré de faire triompher. En conséquence, le congrès donna l'ordre au gouverneur de Rhode-Island de briser le compromis, et de faire cause commune avec les autres États contre les troupes anglaises. Puis, pour se créer une marine, il vota une résolution portant que le nombre des corsaires serait augmenté; que cinq navires de trente-deux canons, cinq de vingt-huit et trois de vingt-quatre, seraient construits et lancés le plus tôt possible. Des ordres furent envoyés aux États limitrophes du golfe de Mexique, pour qu'ils missent en mer des navires fins voiliers, à l'effet de courir sur les navires anglais qui visitaient le golfe et qui faisaient la navigation des Indes occidentales. Ces ordres furent ponctuellement exécutés. Bientôt une foule de corsaires couvrirent les eaux du golfe, et parcoururent les Antilles dans toutes les directions.

(1775.) L'un des principaux actes du congrès fut la nomination de Washington au commandement en chef de l'armée américaine. La considération générale dont jouissait Washington était faite en effet pour donner de la dignité à la querelle qui allait s'ouvrir et en imposer à l'Angleterre. Exempt de toute ambition personnelle, et supérieur aux susceptibilités de l'amour-propre, Washington mettait avant tout l'accomplissement de ses devoirs et l'intérêt de son pays. Nommé commandant en chef, il refusa les émoluments attachés à son titre, et promit simplement de tenir un compte exact de ses dépenses pendant qu'il serait au service; ce qu'il fit avec une ponctualité remarquable. « Le caractère de ce grand homme, dit M. de Fontanes, est digne des plus beaux jours de l'antiquité; dans son histoire on croit retrouver une vie perdue de quelques-

---

(*) On appelait ainsi les Américains qui soutenaient la cause de l'Angleterre.

Cl. Pel.

uns de ces hommes illustres dont Plutarque a si bien tracé le portrait. »
A cette époque, Washington était dans toute la force de l'âge ; sa constitution robuste semblait faite pour supporter toutes les fatigues du rude métier de la guerre ; sa personne commandait le respect, sa figure était pleine de franchise et de noblesse, sa contenance pleine de dignité, et comme homme d'épée il n'y en avait point de plus brave, point de plus résolu dans une action.

Le premier soin de Washington, après avoir pris congé du congrès, fut de se rendre à New-York. Il était escorté par quelques compagnies de la milice de New-York et par un corps de cavalerie légère, et il fut accueilli par les patriotes avec enthousiasme. A Springfield, sur les frontières de la colonie, Washington vit venir à sa rencontre un comité de la législation du Massachusets, qui l'accompagna jusqu'à l'armée réunie autour de Boston. Washington trouva les soldats découragés ; il n'y avait point de discipline ; la poudre manquait, et la plupart des fusils étaient privés de leurs baïonnettes ; les soldats couchaient en plein champ, ils n'avaient pas de tentes et point de vêtements, et marchaient pieds nus. Mais le général, par son énergie, sut pourvoir à tous les besoins. Un état-major respectable fut composé ; des ingénieurs y furent attachés ; les troupes eurent des tentes et des vêtements ; bientôt la discipline et la subordination militaire furent établies.

En allant faire une reconnaissance, Washington découvrit que le principal corps de l'armée anglaise, sous le commandement du général Howe, s'était retranché à Bunker's Hill, et que trois batteries flottantes avaient été placées dans Mystik-river près du camp, où un navire de guerre était mouillé. Les travaux des Américains n'étaient éloignés que d'un demi-mille des fortifications anglaises situées sur Bunker's Hill, et leurs canons avaient fait cesser le feu de plusieurs batteries flottantes anglaises. Un conseil de guerre s'étant assemblé dans le camp américain, il fut décidé qu'une attaque vigoureuse serait dirigée contre les troupes anglaises. Plusieurs mois se passèrent en préparatifs (1776). On était au 2 mars, et le 4 était le jour anniversaire de la mort de Crispus Attucks, et des autres martyrs de la liberté qui avaient été tués dans les émeutes de Boston, en 1770. Dans la nuit, et tandis que l'artillerie américaine faisait feu sur la ville avec un bruit effroyable, Washington envoya le général Thomas avec 2,000 hommes prendre possession des hauteurs de Dorchester. Thomas s'empara sans difficulté de cette position, et au point du jour, il commença à faire jouer ses batteries sur la ville et les vaisseaux de guerre qui étaient à l'ancre dans le port. Le général Howe voulut déloger les Américains de cette position, et il envoya dans cette intention lord Percy avec 3,000 hommes contre eux. Mais les Américains, qui s'encourageaient les uns les autres au cri de : *Souvenez-vous du 4 mars !* tinrent bon. A deux jours de là, un parlementaire se présenta à Washington au nom des habitants de Boston. Il annonçait que le général Howe était disposé à évacuer la place, pourvu qu'il lui fût permis de se retirer sans être inquiété. Comme le message n'était point officiel, Washington répondit qu'il ne voulait point en tenir compte ; cependant il donna à entendre à l'envoyé que les termes proposés seraient acceptés, s'ils étaient présentés dans la forme usitée en pareil cas. Howe fut obligé de se conformer à cette demande, et dans la journée du 15 au 17 il fit embarquer ses hommes et une partie de son bagage, avec 200 royalistes environ, ceux-ci préférant s'attacher à sa fortune que de rester dans une ville où leurs concitoyens allaient être les maîtres. Howe laissait derrière lui, faute de place dans les navires, deux cent cinquante pièces de canon, quatre grands mortiers, cent cinquante chevaux, et une grande quantité de munitions de guerre. Ses forces, au moment de l'évacuation, s'élevaient à environ 7,000 hommes. C'était un grand succès pour les Américains. Mais il ne se borna point là. Aucun croiseur anglais n'étant resté devant Boston, plusieurs navires chargés de munitions de guerre entrèrent dans le port, et tombèrent ainsi sans s'en douter en leur pouvoir. L'un de ces navires, appelé *l'Espérance*, avait à bord quinze cents barils de poudre, des trains d'artillerie et d'autres objets non moins précieux. La victoire était complète, et les Américains dans leur joie déclarèrent que la main de la Providence s'était montrée dans cette occasion pour soutenir leur cause.

En ce moment l'Angleterre déployait toutes ses ressources, et faisait un immense effort; car le gouvernement comprenait enfin que les Américains étaient des adversaires redoutables. Il venait d'appeler au commandement de l'armée de terre, destinée à agir en Amérique, Cornwallis et Clinton, généraux expérimentés; et tandis que les flottes anglaises traversaient l'Atlantique, et transportaient en mer ces généraux avec des renforts de troupes aguerries, la presse des matelots se poursuivait au dedans avec vigueur, une activité extraordinaire régnait dans les arsenaux et dans les ports : des navires étaient mis à l'eau; le maillet du constructeur retentissait avec fracas dans les chantiers de Portsmouth et de Plymouth.

Lord Cornwallis et Clinton débarquèrent dans la Caroline du Nord, et ces deux généraux s'empressèrent de lancer une proclamation, aux termes de laquelle ils engageaient les deux Carolines à rentrer dans leur allégeance à la couronne d'Angleterre. La présence de Cornwallis et de Clinton dans les Carolines quatre mois plus tôt aurait pu changer la face des affaires, mais elle ne fut d'aucun effet; ces généraux virent tout d'abord qu'il leur serait impossible d'atteindre le but qu'ils s'étaient proposé, et n'ayant aucun espoir de coopération de la part des habitants, ils partirent et se dirigèrent sur Charlestown, capitale de la Caroline du Sud, avec l'intention de détruire cette ville, qui fournissait aux colonies les moyens de faire la guerre. Le 4 juin, Clinton arriva devant Charlestown et prit possession de Long-Island, où il construisit deux batteries. Puis il s'occupa de déloger les Américains de l'île de Sullivan, qui défend le havre de Charlestown par de fortes batteries. Le général anglais, aidé de sir Peter Parker, amiral de la flotte, commença l'attaque contre les Américains, qui répondirent aux feux anglais avec une grande vigueur. Le résultat de cette lutte tourna à l'avantage des Américains. La mer n'ayant pas été bien sondée dans ces parages, plusieurs navires de la flotte anglaise s'engagèrent sur les bas-fonds de manière à ne pouvoir se retirer. La frégate *l'Actéon* se trouvant prise, le commodore ordonna à son capitaine de l'abandonner avec tout l'équipage et d'y mettre le feu pour qu'elle ne tombât point dans les mains de l'ennemi. L'attaque des Anglais fut infructueuse sur d'autres points, et notamment dans la Virginie, où lord Dunmore fit quelques tentatives. La fortune des armes secondait partout les Américains.

Il y avait à cette époque en Amérique un homme dont la plume, puissante comme celle de Junius en Angleterre, remuait profondément les Américains : c'était celle de Thomas Payne. Payne était Anglais. Franklin, pendant son séjour en Angleterre, ayant reconnu qu'il pouvait être utile aux colonies, lui avait conseillé de leur vouer ses talents. Payne se rendit alors à Philadelphie et y débuta à peu près comme Franklin par des articles de journaux ayant pour but l'utilité publique. Le *Magasin* de Pensylvanie dut bientôt à sa coopération un succès rapide. Uni de principes et de sentiments avec les compatriotes de Franklin, Payne prit un vif intérêt à la question de l'indépendance américaine. En ce moment même il publiait un pamphlet intitulé le *Sens commun*. Dans cet écrit, l'auteur ramenait la question de la suprématie de l'Angleterre à l'origine des gouvernements, et émettait des principes entièrement républicains, en prétendant que la royauté était un papisme politique et réprouvé par la Bible même ; l'auteur insistait principalement sur la nécessité de l'émancipation des colonies, et dissuadait les Américains de toute espèce de sujétion (*).

On prétend que ce pamphlet, qui répondait à beaucoup d'arguments avancés par le gouvernement anglais, décida l'abolition définitive du pouvoir de l'Angleterre sur l'Amérique du Nord. Déjà la convention de la Virginie, réunie à Williamsburg, avait donné des instructions à ses délégués au congrès continental, pour proposer à ce corps législatif une déclaration immédiate d'indépendance. En conséquence de ces instructions, Richard Henri Lee, un des délégués virginiens, fit une motion (7 juin) portant que toute relation politique entre les États américains et la Grande-Bretagne serait entièrement rompue ; que des mesures seraient immédiatement prises pour que l'Amérique s'abouchât avec les puissances continentales de l'Europe, et demandât leur assistance, et pour qu'une confédération fût formée à l'effet de lier les colonies d'une manière plus étroite. La motion fut adoptée, et aussitôt un comité, composé de Thomas Jefferson, de la Virginie ; John Adams, du Massachusets ; Roger Sherman, du Connecticut ; Robert Livingston, de New-York, et du docteur Franklin, de la Pensylvanie, fut nommé pour préparer l'acte d'indépendance. Jefferson fut nommé rapporteur. Le jeune légiste virginien ayant terminé sa tâche, il la montra à Franklin et à Adams qui y apportèrent quelques changements. Le 28 juin, le rapport fut présenté au congrès en assemblée générale, et le congrès ordonna que le rapport serait déposé et que la discussion aurait lieu le 1er juillet. Ce jour-là, neuf États votèrent pour l'indépendance. La Pensylvanie et la Colonie du Sud votèrent contre. Les délégués de la province de Delaware étaient partagés ; les délégués de New-York demandèrent à se retirer sans voter. Mais le jour suivant les délégués de la Caroline du Sud se réunirent à la majorité. Un troisième délégué arriva de Delaware et vota pour la résolution ; les délégués de la Pensylvanie suivirent cet exemple. Douze États sur treize venaient de voter en faveur de la résolution. New-York seul refusait encore son vote. Mais à quelque jours de là les délégués de cette province donnèrent leur adhésion.

(*) Thomas Payne était fils d'un quaker, fabricant de corsets, établi à Thetford, dans le comté de Norfolk. Il suivit d'abord la profession de son père, et s'engagea ensuite comme matelot dans la marine anglaise. Nommé quelque temps après employé de l'accise, il renonça bientôt à sa nouvelle profession pour se rendre en Amérique, où il coopéra à la rédaction de deux journaux publiés à Philadelphie. Il écrivit aussi plusieurs brochures pour faire sentir la nécessité de l'émancipation. Lors de la création du gouvernement fédéral, il fut nommé secrétaire du comité des affaires étrangères. Après la paix entre l'Amérique et l'Angleterre, Payne rentra dans la vie privée, et reçut du congrès, pour prix de ses services, trois mille dollars et trois cents acres de terre. De retour dans sa patrie, il devint un des antagonistes les plus acharnés de Pitt. En 1791, ayant publié ses fameux *Droits de l'homme*, il fut cité à la cour du banc du roi, comme prévenu d'avoir excité le peuple anglais à la révolte contre son gouvernement. Malgré le talent d'Erskine, l'avocat le plus distingué du barreau anglais, Payne fut condamné au bannissement. Toutefois, tandis qu'on brûlait en Angleterre son effigie et ses écrits, l'assemblée nationale en France lui conférait le titre de citoyen français, pour avoir soutenu les droits de l'homme. Touché de ce témoignage honorable, Payne se rendit en France, et dès qu'il eut mis le pied sur le sol français, il fut salué par acclamation représentant du Pas-de-Calais. En butte à la haine de Robespierre, il fut incarcéré en 1794, et ne dut sa liberté qu'aux vives réclamations de Monroe, ministre américain. C'est pendant sa captivité qu'il écrivit son ouvrage sur la religion naturelle (l'âge de la raison), qui souleva tout le clergé anglican. Il resta en France jusqu'à la paix d'Amiens, et, pendant tout ce temps, il publia à différents intervalles plusieurs brochures politiques et administratives.

Cl. Pel.

La déclaration portait dans son préambule, que tous les hommes sont nés égaux ; que tous ont des droits inaliénables pour constituer leur propre gouvernement ; que le règne du roi George III avait été un règne d'usurpation et d'injustice pour l'Amérique. Suivait une longue liste des actes d'oppression, de cruauté et de perfidie dont les Américains accusaient le roi de la Grande-Bretagne. Dans ce manifeste les Américains faisaient un appel au monde entier ; ils demandaient si de pareilles injures pouvaient être tolérées, et dénonçaient ensuite George III comme un prince indigne de gouverner un peuple libre. Le manifeste ajoutait que les Américains s'étaient adressés à la justice de leurs frères d'Angleterre, mais que ceux-ci avaient été sourds à leur voix ; « en conséquence, portait ce document, nous, les représentants d'Amérique réunis en congrès général, en ayant appelé au suprême juge du monde pour la rectitude de nos intentions, déclarons solennellement, au nom et par l'autorité du bon peuple de ces colonies, que les colonies américaines sont et doivent être des États libres et indépendants ; qu'elles sont affranchies de toute allégeance à la couronne britannique, que tous les liens qui les attachaient à la Grande-Bretagne sont et doivent être entièrement rompus ; qu'en leur qualité d'États libres et indépendants, ils ont plein pouvoir pour faire la guerre, conclure la paix, contracter des alliances, établir le commerce. » Des agents partirent ensuite pour Paris, pour la Haye, pour Naples et pour Saint-Pétersbourg.

Voilà donc un nouveau peuple constitué. Les Américains, sans autre secours que le saint amour de l'indépendance qui les embrase, rompent pour toujours avec l'Angleterre, et se déclarent à la face du monde État indépendant. Quelle énergie ! combien ils ont grandi depuis le jour où commencèrent leurs premiers différends avec la mère patrie ! Au milieu de difficultés innombrables, ces colonies américaines si dédaignées trouvent des hommes d'État et des généraux ; elles organisent une armée de terre et une flotte ; pourvoyent à la subsistance des troupes, et luttent souvent avec avantage dans les rencontres à main armée contre ceux dont elles veulent secouer le joug. A de pareils commencements, surtout quand on songe aux grandes choses que ce peuple né d'hier a déjà faites, qui pourrait dire ses destinées ?

Cependant la fortune des armes leur préparait un échec important. Après sa retraite de Boston, le général Howe était allé à Halifax ; de là il avait fait voile pour New-York et avait mouillé à Sandy-Hook. Washington se trouvait en ce moment sur la côte, où il construisait des forts pour défendre New-York. Son armée s'élevait à près de 30,000 hommes. Il avait un train considérable d'artillerie et des munitions de guerre en abondance. L'armée de Howe ne comptait que 9,000 hommes ; mais bientôt elle fut renforcée par l'amiral lord Howe, qui arrivait d'Angleterre avec des troupes. Le chiffre de l'armée anglaise fut alors porté à 30,000 hommes. Comme le gouvernement anglais hésitait encore avant de commettre aucun acte direct d'hostilité, lord Howe adressa des lettres circulaires aux Américains. Howe les informait qu'il était muni de pleins pouvoirs ; qu'il avait mission d'accorder grâce à tous ceux qui seraient disposés à retourner à leur devoir ; il promettait que toutes les colonies, villes, ports ou places qui se soumettraient, seraient immédiatement exceptés des provisions contenues dans les actes du parlement qui défendait le commerce de l'Angleterre avec l'Amérique, et il assurait aux Américains que les services méritoires de toutes les personnes qui l'aideraient à rétablir la tranquillité, seraient récompensés.

Washington transmit ces documents au congrès, et cette assemblée les publia dans toutes les gazettes, afin, disait-elle, que le bon peuple des États-Unis pût connaître de quelle nature étaient les concessions de l'Angleterre et à l'aide de quels moyens la cour perfide de la Grande-Bretagne cherchait à les désarmer. Lord Howe, à qui il répugnait encore d'en venir aux extrémités, essaya d'ouvrir des communications avec le général Washington ; mais ayant omis de mettre sur la suscription de la lettre les titres du général, celui-ci lui renvoya la missive. Le congrès approuva la conduite de Washington, et il déclara qu'à l'avenir aucune lettre ou message ne serait reçu de l'ennemi, si le caractère, le rang et les dignités de celui auquel il était adressé, n'y étaient pas mentionnés. Sur l'ordre du général anglais, le colonel Patterson se rendit aussitôt auprès de Washington ; cet officier était chargé de déclarer que le général de l'armée anglaise n'avait eu aucune intention irrespectueuse à l'égard du général américain, mais que seulement il avait des ordres positifs pour agir comme il l'avait fait dans cette circonstance. La conversation roula sur le traitement des prisonniers de guerre, sur les moyens d'arriver à un arrangement pacifique ; mais on se sépara sans s'être entendu. Washington communiqua la substance de cette conversation au congrès, qui la fit publier dans les journaux. Ceux-ci, traduisant à leur manière ce qui avait été dit, déclarèrent que les Anglais n'en seraient point venus à de pareilles concessions, s'ils n'avaient peur de combattre avec les héros de Boston.

Tout espoir d'un arrangement à l'amiable étant devenu impossible, le 22 du mois d'août, Howe se mit en marche avec son armée ; il débarqua une division de 4,000 hommes, sous le commandement de Clinton, à Long-Island, dans la baie de Gravesend, où le reste de l'armée et de l'artillerie le suivit. Le général Sullivan défendait l'île pour les Américains. La bataille commença le 26. Un corps de Hessois, à la solde de l'Angleterre, prit possession du village de Flatbash, tandis que Howe attaquait Sullivan sur trois points différents. Cette manœuvre eut un plein succès. Les Américains abandonnèrent leurs positions, et s'enfuirent dans toutes les directions. Trois généraux américains furent faits prisonniers ; parmi eux se trouvaient lord Sterling et le général Sullivan. La perte de l'armée américaine fut de 1,080 prisonniers, et de 12 à 1,500 tués ou blessés ; de leur côté, les Anglais n'eurent que 400 hommes hors de combat. Cette défaite fut suivie de l'évacuation de New-York ; les habitants de Long-Island et de Staten-Island ayant prêté le serment d'allégeance à la couronne d'Angleterre et offert de servir comme volontaires, Washington comprit qu'il était impossible de défendre cette ville. Le 12 septembre, il évacua New-York.

Une immense conflagration se déclara dans New-York aussitôt que les Anglais y entrèrent. Les chefs de l'armée anglaise avaient distribué leurs soldats dans tous les quartiers, pour éteindre l'incendie ; mais pendant que les soldats arrêtaient les flammes sur un point, le feu se déclarait sur un autre. Cet incendie avait été allumé par les Américains eux-mêmes. On vit des propriétaires brûler leurs propres maisons, tandis que d'autres parcouraient les rues, agitant des torches ardentes. Les soldats anglais massacrèrent sur place dix-sept hommes qu'ils surprirent à ranimer le feu dans différents endroits, et ils en précipitèrent deux dans les flammes. Les femmes se distinguaient surtout parmi les incendiaires ; elles couraient égarées et les cheveux épars. On raconte qu'une d'elles, les yeux hagards et le couteau levé, accusait les hommes de lâcheté et remplissait l'air de ses cris. Un officier anglais la suivit, et la désarma à l'instant où elle allait se poignarder. Une autre fut arrêtée un flambeau à la main. Les soldats lui ayant demandé avec colère ce qu'elle faisait : « Je mets le feu à la ville, s'écria-t-elle avec fermeté ; mort aux tyrans ! » Un tiers de New-York devint la proie des flammes.

Cependant, malgré l'importance de ce succès, lord Howe cherchait à entamer de nouvelles négociations. A cet effet, il renvoya sur parole le général américain Sullivan, avec un message verbal. Lord Howe disait en substance dans ce message, que quoiqu'il ne pût traiter avec le congrès pris en masse, il était disposé à avoir des conférences avec quelques-uns de ses membres, comme hommes privés; il ajoutait qu'il se présenterait dans quelque endroit qu'ils fixeraient eux-mêmes; que conjointement avec l'amiral Howe, son frère, il avait plein pouvoir pour terminer les différends qui existaient entre la Grande-Bretagne et l'Amérique, à des conditions avantageuses et honorables pour les deux pays; qu'il était important d'en venir à un arrangement dans ce moment même, parce qu'aucun coup décisif n'avait été porté, et qu'aucun des deux partis ne serait censé avoir été poussé à accepter le compromis par la force; que dans le cas où le congrès serait disposé à traiter, on pourrait lui accorder bien des choses, qui n'avaient point encore été demandées.

Mais à cette communication le congrès répondit par la résolution suivante: « Résolu qu'en leur qualité de représentants des États libres d'Amérique, lesdits représentants ne peuvent envoyer avec convenance aucun de leurs membres conférer avec sa Seigneurie lord Howe, à titre d'hommes privés; mais que, désireux d'établir la paix à des conditions raisonnables, lesdits représentants adresseront au général un comité pris dans leur sein, pour connaître s'il a autorité de traiter avec les personnes autorisées par le congrès, et pour entendre telle proposition qui sera faite. » Aussitôt le président du congrès informa Washington qu'aucune proposition de paix ne pourrait être reçue, à moins qu'elle ne fût faite par écrit, et qu'elle ne fût adressée aux représentants des États-Unis réunis en congrès, ou bien aux personnes autorisées par lui. Puis une commission chargée de recevoir les communications de lord Howe, et composée du docteur Franklin, de John Adams et de Rutledge, tous trois ennemis déclarés de l'Angleterre, se rendit à l'île de Staten. Lord Howe déclara que bien qu'il lui fût impossible de traiter avec les membres du congrès, à titre de commissaires, cependant, comme ses pouvoirs l'autorisaient à conférer avec des gentilshommes ayant de l'influence dans les colonies, il était prêt à s'entretenir avec eux, s'ils jugeaient à propos eux-mêmes de se considérer, dans l'entretien qui allait avoir lieu, comme n'étant pas chargés d'un caractère public. Franklin répondit que la mission que lui et ses collègues avaient à remplir, se bornant à entendre les propositions que le général anglais avait à faire, il pouvait donner aux membres de la commission le caractère qui lui plairait; mais qu'eux ne pouvaient se considérer sous un autre caractère que celui qui leur avait été donné par le congrès. Lord Howe ouvrit la conférence. Il dit que lui et son frère avaient reçu du parlement des pleins pouvoirs pour accorder un pardon complet pour le passé; que leur autorité se bornait à cela; mais que les Américains étaient en droit d'attendre les plus grandes faveurs, en consentant à revenir à leur serment d'allégeance envers la couronne anglaise. Il ajouta que le roi, les ministres et le parlement étaient dans de bonnes dispositions à l'égard des Américains, et que pour mettre un terme à leurs griefs, les actes du parlement relatifs à l'Amérique seraient revisés. Franklin et ses collègues répondirent que dans leur opinion tout retour à l'allégeance était désormais impossible, et ils déclarèrent que les Américains avaient été obligés, contre leur gré, de faire la guerre. Cette réponse termina la conférence. Howe témoigna le regret qu'il éprouvait pour les horreurs qui allaient ensanglanter l'Amérique, et les membres de la commission se retirèrent.

Les opérations de la guerre redoublèrent alors d'activité. Lord Howe quitta New-York, et se mit à la poursuite de Washington. Le 21 octobre, il rencontra le général américain dans une position située près de la Nouvelle-Rochelle, et à quelques jours de là il s'empara du fort Washington, lieu important pour les Américains, parce que, maîtres de cet endroit, ils pouvaient gêner la navigation des bâtiments anglais qui fréquentaient North-River. Lord Cornwallis prit le commandement de l'armée anglaise, et après avoir traversé la rivière et chassé les Américains du fort Lee, qui est presque opposé au fort Washington, il s'empara de toutes les tentes de l'armée américaine, de ses provisions et de ses bagages, pénétra fort avant dans l'est et l'ouest de la province de Jersey, forçant ainsi Washington à se replier sur la rivière Delaware. Lord Cornwallis s'avança ensuite sur Brunswick. Mais en cet endroit, il reçut l'ordre de s'arrêter, circonstance qui sauva l'armée de Washington, dont la retraite se faisait en désordre. Ce n'était pas le seul revers que les Américains eussent essuyé, car dans le même temps l'amiral Parker s'emparait de Rhode et y laissait une garnison.

L'armée américaine du Canada avait également éprouvé des échecs signalés. Les postes que les Américains occupaient sur le lac Champlain et Saint-George venaient d'être enlevés ; une flottille, composée de quinze petits bâtiments et portant quatre-vingt-seize canons, était tombée en leur pouvoir. Les Anglais, qui n'avaient point de vaisseaux à opposer à cette flottille, construisirent à Québec un grand nombre de bateaux plats qu'ils firent voyager avec beaucoup d'efforts par terre et qu'ils lancèrent sur le lac Champlain. Le capitaine Pringle, qui les commandait, avait sous ses ordres un jeune midshipman, Edouard Pellew, qui plus tard devint l'amiral lord Exmouth. La flottille américaine fut attaquée à travers la passe qui sépare l'île Wallicour de la rive occidentale du lac, et plusieurs des vaisseaux qui la composaient furent désemparés. Dans la nuit, les Américains quittèrent leurs positions et firent voile pour le port Ticonderoga. Les Anglais ayant serré de près dans leur fuite les Américains, ceux-ci laissèrent deux de leurs navires en la possession de l'ennemi ; les autres firent côte et furent incendiés par leurs équipages.

Dans le même temps lord Cornwallis continuait à poursuivre Washington. Ses progrès devinrent si menaçants, que le congrès quitta Philadelphie, où il siégeait alors, pour se réunir à Baltimore. Mais, plein de confiance dans l'expérience de Washington, le congrès étendit le pouvoir militaire de ce général, l'autorisant à lever seize régiments supplémentaires, et lui conférant pendant l'espace de six mois une sorte de dictature. Le congrès vota ensuite un emprunt de huit millions de dollars, lança dans la circulation une plus grande quantité de papier-monnaie, et adopta les mesures les plus propres à faire entrer de l'argent dans le trésor.

(1777.) Cependant les défaites successives essuyées par l'armée américaine produisaient une funeste influence sur le soldat. Bientôt un abattement extraordinaire se communiqua dans l'armée américaine. Cette transition presque subite de l'enthousiasme à l'abattement se rencontre en général dans les classes inférieures, faciles à impressionner ; elles se jettent volontiers dans les entreprises les plus audacieuses, mais elles se fatiguent avec les obstacles, tandis que les esprits d'élite, plus lents à se décider, parce qu'ils apprécient dès le principe la grandeur de la tâche qu'ils entreprennent, résistent plus longtemps aux difficultés. Les choses se passaient ainsi en Amérique ; la tête conservait toute sa vigueur, mais le reste du corps s'affaiblissait visiblement de jour en jour.

De nombreuses désertions s'étant opérées dans l'armée américaine, et le bruit en étant venu à la connnaissance de l'armée anglaise, la plupart des officiers demandèrent des congés, et se rendirent à New-York pour s'y délasser des fatigues de la guerre. Washington, qui avait des espions partout, résolut de profiter de cette circonstance pour attaquer l'ennemi. A la tête de 2,500 hommes, il surprit les Hessois à Trenton et leur fit mille prisonniers. Washington reprit ensuite sur les Anglais les deux provinces de Jersey, et se rendit maître de la côte qui est opposée à Staten-Island ; il s'empara de Newark, d'Elisabeth-Town, de Wood-Bridge et de Morris-Town, où il fixa son quartier général.

Toutefois ces succès furent de courte durée. Howe ayant envoyé 2,000 hommes, sous le commandement du gouverneur Tryon et de sir William Erskine, pour s'emparer de Danburg dans le Connecticut, ville qui renfermait une grande quantité de munitions de guerre destinées à l'armée de Washington, la ville fut surprise, et les Américains n'eurent pas le temps de mettre le feu à leurs magasins. Ce furent les Anglais qui se chargèrent de ce soin. Six cents barils de farine, seize cents barils de viande salée, deux mille barils de blé, deux mille tentes, et une quantité considérable de vêtements militaires furent ainsi consumés par les flammes. Les Américains essayèrent inutilement de se rallier et de reprendre l'offensive; ils essuyèrent une complète défaite et perdirent un grand nombre des leurs, et notamment le général Wooster. Les Anglais de leur côté n'eurent que 200 hommes hors de combat.

Tandis que ces choses se passaient, le congrès montrait par un nouvel acte d'énergie que rien ne pouvait le détourner de la voie dans laquelle il était entré. Lee, officier qui avait déserté le service de l'Angleterre et qui occupait dans l'armée américaine le rang de major général, venait d'être fait prisonnier par les Anglais. Suivant les lois de la guerre, Lee aurait dû être fusillé ; mais le général Howe, dans un but politique, se contenta de le retenir prisonnier à New-York, et de faire exercer à son égard la plus stricte surveillance. Washington, qui appréciait beaucoup les talents militaires de Lee, proposa un échange au général Howe. Il offrait de donner six officiers supérieurs hessois pour la personne de Lee. Mais il fut répondu au général américain qu'il était de toute impossibilité de faire cet échange, parce que Lee devait être considéré comme un déserteur à l'ennemi et non comme un **prisonnnier de guerre**. Washington déféra la réponse de Howe au congrès, et cette assemblée adopta la résolution suivante : « Résolu que le major général Lee ayant été confié à la garde du prévôt maréchal au lieu d'être élargi sur parole, conformément à la pratique adoptée par les troupes américaines à l'égard des officiers ennemis tombés dans leurs mains, le général Washington informera le général Howe que cinq officiers supérieurs hessois et le lieutenant colonel Archibald Campbell seront jetés en prison et soumis aux mêmes traitements que ceux qui seront exercés à l'égard de Lee. » En conséquence de cette résolution, le colonel Campbell fut séparé de ses campagnons d'armes ; on lui enleva les objets qui lui appartenaient, et il fut jeté dans la prison ordinaire de Boston. Toutefois, Washington jugeant que les choses allaient trop loin, écrivit à ce sujet aux autorités de Boston. « Vous remarquerez, disait-il, que la volonté du congrès est que le colonel Campbell et les officiers hessois soient traités exactement de la même manière que le major Lee. Or, cet officier étant retenu prisonnier dans une maison commode, nous n'avons aucun motif à être plus sévères à l'égard du colonel Campbell. Je demande que le colonel soit immédiatement retiré de la prison dans laquelle il a été placé, et qu'il soit logé dans une maison où il puisse vivre confortablement. »

Ces observations furent écoutées ; et le bruit s'étant répandu que les Anglais ne céderaient le major Lee qu'autant qu'on l'échangerait contre un major général, les Américains, dont l'émulation était excitée, tentèrent un coup de main hardi pour surprendre le général Prescot à Rhode-Island, où il était avec son armée. Cette entreprise réussit complètement. Prescot fut arrêté dans son lit, et fut conduit sur la terre ferme avant qu'on se fût aperçu de son absence dans l'armée dont il était le général. Les Américains déclarèrent alors qu'ils le pendraient si le général Howe fusillait Lee.

Cependant a mesure que la lutte armée se prolongeait et qu'elle était plus sanglante, les chances devenaient plus favorables à l'Angleterre. Le gouvernement déployait la plus grande activité; il venait de donner l'ordre à ses agents en Amérique de s'adresser aux Peaux rouges et aux autres nations indiennes, afin d'engager ces nations à épouser sa querelle, et ces négociations avaient réussi. Un Anglais, nommé Ratcliff, étant entré à la tête de plusieurs partis de Chéroquois et de Criques dans la Caroline méridionale, pilla les villages, et emmena des prisonniers, dont la plupart furent massacrés. Les tribus du Séneur, armées par l'Écossais Caméron, vinrent de leur côté fondre sur les frontières des deux Carolines, et mirent tout à feu et à sang. La barbarie de ces sauvages était extrême; ils tuaient froidement leurs prisonniers, dépouillaient avec le scalpel leur crâne de sa chevelure, et portaient en triomphe ces trophées sanglants au camp anglais. Leurs incursions devinrent si nombreuses, qu'une foule d'Américains quittèrent leurs domaines pour se réfugier dans les villes. L'apparition de ce nouvel ennemi, au moment où le moral de l'armée américaine était si gravement affaibli, était d'une nature menaçante pour les États révoltés, et semblait devoir causer leur perte. Une diversion puissante vint sauver l'Amérique et faire trembler l'Angleterre à son tour.

L'Angleterre, malgré des services immenses rendus à l'humanité et à la civilisation, n'a jamais rencontré de grandes sympathies parmi les nations. Il existe, au contraire, dans l'âme des peuples, je ne sais quelle âcreté profonde contre l'esprit dominateur de ses hommes d'État, ses prétentions à la souveraineté des mers, le monopole avide de toutes les industries qu'elle s'est efforcée pendant longtemps d'établir à son profit, contre son ambition immodérée, et plus que tout cela, contre ses succès inouïs. Ce sentiment, qui ne saurait s'effacer qu'autant que les hommes d'État de l'Angleterre s'appliqueront à suivre les doctrines d'une politique humaine et libérale, avait alors toute sa force. La Russie, où régnait Catherine, jalousait la grandeur de l'Angleterre, et en songeant aux riches domaines de l'Inde, elle trouvait dans elle une voisine incommode. L'Espagne ne pouvait lui pardonner ses désastres maritimes, ni ses empiétements continuels dans la baie d'Honduras et d'autres lieux de l'Amérique espagnole. La Hollande, contrée maritime, la rencontrait sur tous les points du globe, faisant concurrence à son commerce, lui disputant pied à pied d'immenses bénéfices, lorsqu'elle ne pouvait pas les lui enlever de force. Les griefs de la France n'étaient pas moins fondés. L'Angleterre, dans l'espace de cent ans, ne lui avait-elle pas donné tous les maux de la guerre! d'abord en 1692, puis en 1704, puis en 1740, puis en 1751, puis en 1760. Tous ces États, après avoir vu dans le principe avec une sorte de satisfaction les embarras dans lesquels les efforts des Américains avaient jeté l'Angleterre, commençaient à surveiller avec une anxiété profonde chaque phase de la lutte; tout sommeillait encore, mais le bruit le plus léger pouvait rompre ce sommeil.

Silas Deane, riche planteur de la Virginie et du Connecticut, était en ce moment l'agent des États-Unis à Paris. Il fit des ouvertures à la cour de Versailles. La cour, qui ne partageait point les sympathies de la nation, ayant accueilli froidement ces propositions, l'agent américain parlait déjà de passer en Hollande, lorsque des rapports d'amitié s'établirent entre lui et l'auteur du *Barbier de Séville*. Caron de Beaumarchais s'intéressait avec tous les esprits éclairés de la France à la cause américaine. Il retint Silas Deane : « Qu'allez-vous faire ? lui dit-il : je connais mon pays. Armons pour les Américains ce qu'on nomme ici le grand monde. Il n'ose prononcer encore les noms peu familiers pour lui d'Hancock, de Washington et de Bunker's Hill; mais il ne faut qu'un moment pour mettre tous ces noms en crédit. » Silas Deane resta comme le lui conseillait Beaumarchais, et l'arrivée du docteur Franklin seconda puissamment ses efforts. Franklin était associé étranger de l'Académie des sciences ; circonstance qui le mettait en rapport avec les savants de la capitale. Ses talents et ses découvertes l'avaient déjà rendu populaire en Europe. Le représentant de l'Amérique du Nord fut reçu à Paris avec enthousiasme. Dans les rues le peuple le saluait avec respect; aux séances publiques de l'Académie des sciences, de l'Académie française, aux audiences du parlement, et dans ces lieux d'élite que fréquentaient Helvétius et Voltaire, partout enfin où il se présentait, il était couvert d'applaudissements. Son portrait figurait chez tous les marchands d'estampes, avec cette inscription :

Eripuit cœlo fulmen, sceptrumque tyrannis!

Une foule de jeunes gens qui brûlaient du désir de soutenir la cause de l'Amérique, et le jeune marquis de la Fayette, entre autres, partirent pour l'Amérique. Le marquis de la Fayette alla voir Franklin, qui l'accueillit avec joie. Comme le gouvernement français hésitait encore, et qu'il cherchait à s'opposer au départ de cette jeunesse ardente, M. de la Fayette arma à ses frais une frégate et s'embarqua pour l'Amérique. Il y arriva au mois d'avril 1777 et le congrès lui donna immédiatement le brevet de major général.

Les hostilités furent poursuivies avec une nouvelle activité, et après différents mouvements stratégiques, les deux armées se rencontrèrent sur les bords de la Brandywine. Ce fut dans la bataille de ce nom que le marquis de la Fayette combattit pour la première fois sur le sol américain. La bataille fut perdue pour ceux dont il avait épousé la cause ; ils eurent 900 hommes hors de combat, et laissèrent 400 des leurs dans les mains de l'ennemi ; M. de la Fayette lui-même, blessé à la jambe, fut sur le point d'être pris. Cette défaite fut suivie de la prise de Philadelphie par l'armée anglaise.

Toutefois, un succès signalé remporté par les Américains un mois après la bataille de la Brandywine, rétablit leurs affaires. Le gouvernement anglais avait retiré le commandement de ses troupes, dans le Canada, au général Carleton, pour le donner au général Burgoyne, officier plein de bravoure, mais connaissant peu le pays dans lequel il allait combattre. L'armée de Burgoyne se montait à 2,200 hommes, dont la moitié étaient des Allemands. Indépendamment de ces troupes, Burgoyne, par l'ordre exprès du ministre, avait mis sous les armes différentes tribus des Peaux rouges qui habitaient les bords des lacs de l'ouest. Ce général avait avec lui des officiers de mérite, et notamment le major général Philips, le brigadier général Frazer, les brigadiers Powels et Hamilton. Il devait s'emparer de Ticonderoga. L'armée anglaise débarqua sans difficulté à Crown-Point, et de là elle se porta sur Ticonderoga. Les Américains avaient élevé dans cet endroit des travaux, et ils avaient fortifié la montagne de l'Indépendance, haute montagne qui est située sur le bord oriental opposé à Ticonderoga. Ce fort fut enlevé. Deux autres montagnes, appelées, l'une la montagne du Sucre, et l'autre la montagne de l'Espérance, qui dominaient Ticonderoga, furent occupées par Burgoyne. Les Américains transportèrent alors leurs bagages et leurs provisions à bord de leurs bateaux, et s'enfuirent dans la direction de Skenisborough, et des chaloupes canonnières furent dirigées à leur poursuite. Ce moment était critique pour l'armée américaine, mais elle reçut un renfort que lui amenait le général Schuyler. Schuyler rallia les troupes au fort Édouard, détruisit les ponts qui devaient servir de passage à l'armée anglaise, et enleva toutes les provisions qui se trouvaient dans le pays. Il appela ensuite dans les rangs de son armée la milice et les *riflemen* de New-York et de la Nouvelle-Angleterre ; il écrivit dans toutes les directions des lettres pressantes, et parvint, par ses efforts, à réunir autour de lui une force imposante. Burgoyne s'avançait en ce moment vers le fort Édouard. Le voyage par terre avait été fort difficile ; le général anglais avait été obligé de traverser des morasses, de nombreuses criques, des ravins sur lesquels il avait été nécessaire de jeter des ponts ; il lui avait fallu en outre déblayer les routes des arbres que les Américains y avaient jetés, travaux qui lui avaient pris beaucoup de temps. A son approche, Schuyler battit en retraite du côté du lac Sataroga. Burgoyne l'y ayant suivi, une bataille s'engagea, et les deux armées eurent chacune environ 600 hommes hors de combat. Le général anglais qui entrevoyait de grands dangers à se porter plus en avant, résolut alors de se tenir sur la défensive et d'attendre ainsi les secours qu'il venait de faire demander au général Howe. Celui-ci avait trop à faire avec Washington ; il ne put détacher les forces de son armée qui lui étaient demandées. Burgoyne était pressé d'un côté par les troupes américaines et manquait de provisions de bouche ; d'un autre côté, les tribus indiennes, ne voyant pas se réaliser, dans ce genre de guerre, le butin qu'elles avaient espéré, s'empressèrent de l'abandonner. Burgoyne se décida à capituler. Ce général envoya une lettre au commandant de l'armée américaine, le major Green, dans laquelle il demandait à cet officier de fixer une heure à sa convenance pour recevoir un parlementaire. Le général américain, sur le ton d'un conquérant, répondit qu'il recevrait le lendemain le parlementaire aux avant-postes. Les pourparlers commencèrent, et, après d'assez longs débats, il fut convenu que les troupes anglaises quitteraient leur camp avec tous les honneurs de la guerre ; que leur artillerie serait conduite au bord de l'Hudson et qu'elle serait, ainsi que les armes des soldats, déposée en cet endroit ; que ce serait sous le commandement des officiers anglais que s'exécuteraient ces dispositions ; qu'un libre passage serait accordé aux troupes de la Grande-Bretagne ; que tous les soins seraient pris pour assurer la subsistance des troupes ; que les officiers conserveraient leurs voitures et leurs chevaux ; que les bagages ne seraient point visités ; que, dans leur marche et pendant la durée du séjour de l'armée anglaise à Boston, lieu qui avait été choisi pour l'embarquement des troupes, les officiers ne seraient point séparés de leurs hommes ; que tous les corps appartenant à ladite armée, quelle que fût leur composition et à quelque pays qu'ils appartinssent, jouiraient du bénéfice de la capitulation, dans le sens le plus libéral, et qu'ils seraient à tous égards traités comme les sujets anglais eux-mêmes(*) ; que tous les Canadiens et les personnes appartenant aux établissements canadiens auraient la faculté de retourner au Canada ; qu'ils seraient conduits aux ports anglais du lac George, par la route la plus courte ; qu'ils seraient traités, sous tous les rapports, comme le reste de l'armée ; que des passe-ports seraient immédiatement accordés à trois officiers anglais pour porter les dépêches du général Burgoyne à Philadelphie, à sir Guy Carleton, au Canada, et au gouvernement de la Grande-Bretagne, par la voie de New-York ; que tous les officiers, pendant leur séjour à Boston, seraient prisonniers sur parole, et que depuis le premier jusqu'au dernier, ils auraient la faculté de porter leur épée ; que si l'armée anglaise jugeait nécessaire d'envoyer au Canada, pour des habillements ou d'autres bagages, cette faculté lui serait accordée, et que des passe-ports lui seraient donnés à cet effet ; finalement, que les articles de la capitulation seraient signés et échangés le lendemain matin, à neuf heures, et que les troupes sortiraient de leur camp à trois heures de l'après-midi.

(*) Cet article était important, en ce sens qu'il y avait dans l'armée de Burgoyne un grand nombre de royalistes américains.

Cl. Pel.

A l'heure dite, la capitulation ayant été signée, les troupes anglaises quittèrent leur camp et se rendirent au bord de l'Hudson, à un endroit appelé le Vieux gué, et sur l'ordre de leurs officiers elles déposèrent leurs armes. On prétend que dans ce moment solennel pour un soldat, les officiers ne purent prononcer le commandement par suite de leur émotion. Le général américain ne voulut point assister à ce triste spectacle, et il défendit même à ses troupes de se présenter en ce moment devant les troupes anglaises. Quarante pièces d'artillerie, 4,600 mousquets restèrent dans les mains des Américains.

Cette capitulation humiliante pour les Anglais eut d'abord pour effet l'évacuation des forts George et Ticonderoga. Le congrès approuva tout ce qui avait été fait par ses généraux, et ordonna ensuite au général Heath de dresser une liste de toutes les personnes, officiers, soldats ou autres, comprises dans la convention, pour que ces personnes fussent punies de mort dans le cas où elles viendraient à servir en Amérique pendant la lutte qui était engagée. Burgoyne et ses officiers ressentirent avec amertume ces soupçons faits à leur honneur militaire ; mais le congrès ayant insisté, toute l'armée, homme par homme, fut enregistrée, ainsi qu'il avait été indiqué. Burgoyne demanda alors à revenir en Angleterre sur parole, ce qui lui fut accordé ; et il partit en laissant derrière lui son armée.

Cependant l'armée anglaise pressait vivement Washington sur un autre point ; ce général se trouvait en ce moment avec son armée dans un endroit appelé Valley-forge. Les soldats manquaient de vivres et de vêtements ; car les habitants de la contrée préféraient vendre leurs provisions à l'armée royale qui les payait comptant, au lieu de les livrer aux Américains qui ne leur donnaient en payement que du papier. Washington s'adressa au congrès, qui lui ordonna de saisir les provisions partout où il en trouverait et de les payer en papier-monnaie.

Ces saisies étaient d'une exécution difficile, car le papier du congrès avait déjà éprouvé une dépréciation considérable, en ce sens que quand le détenteur voulait le convertir en argent, il était obligé de subir un escompte onéreux. Les fermiers commençaient aussi à cacher leur blé et leur bétail, et dans quelques circonstances ils repoussaient les fourrageurs à coups de fusil. Washington écrivit de nouveau au congrès ; mais cette lettre ayant déplu à quelques-uns des membres de cette assemblée, composée de Gates, Conway, Starke, ennemis personnels du général américain, le congrès, à l'instigation du département de la guerre, résolut de faire une nouvelle irruption dans le Canada. M. de la Fayette eut le commandement en chef de l'expédition, car on pensait qu'un jeune Français du rang élevé de marquis ne pouvait manquer d'exercer une grande influence sur les Français canadiens. M. de la Fayette partit pour se rendre à Albany, lieu fixé pour la réunion des troupes qu'il devait commander ; mais en arrivant dans cette ville il ne trouva que 1,200 hommes au lieu de 2,500 hommes que le congrès lui avait promis. L'entreprise échoua. M. de la Fayette rejoignit l'armée de Washington. A cet échec s'en joignit un autre. Le général Howe ayant envoyé 5,000 hommes de troupes d'élite contre les Américains qui étaient campés dans Valley-forge, les troupes américaines furent mises en déroute.

(1778.) La nouvelle de la capitulation de Burgoyne causa une émotion profonde et l'Angleterre résolut de recourir de nouveau aux voies conciliatrices. A cet effet, lord Carlisle, MM. Johnson et Eden furent envoyés en Amérique avec le titre de commissaires du roi. Les commissaires à leur arrivée s'abouchèrent avec le congrès ; mais cette assemblée, après avoir délibéré pendant quelques jours sur les communications qui lui étaient faites, déclara qu'elles étaient inacceptables, en ce sens que l'idée fondamentale impliquait la dépendance de l'Amérique. Le congrès ajouta qu'il était prêt à entrer en négociation pour un traité de paix et de commerce, pourvu que le traité ne fût point en opposition avec les traités qui avaient été faits à Paris, et que le roi de la Grande-Bretagne se montrât réellement disposé à traiter, chose dont il pouvait donner la preuve en reconnaissant d'une manière explicite l'indépendance de l'Amérique et en retirant ses troupes du territoire.

Cette réponse péremptoire et significative avait sa cause dans la nouvelle de l'arrivée prochaine du comte d'Estaing. Le gouvernement français renonçait enfin à ses hésitations, et consentait à donner un appui efficace à la cause américaine. Le 6 février, un traité d'union, d'amitié et de commerce avait été conclu à Paris entre les Américains et les Français. 50,000 hommes furent réunis sur les côtes de la Normandie et de la Bretagne; des armes, de l'argent et des troupes furent envoyés en Amérique, et la marine française se prépara à se mesurer avec la marine de la Grande-Bretagne. Le 18 mars, Louis XVI lança un édit pour saisir tous les navires anglais qui se trouvaient dans les ports de France, et, par représailles, l'Angleterre mit l'embargo sur les navires français qui étaient dans ses ports.

Tandis que la France signait un traité avec les États-Unis, les agents américains sollicitaient toutes les cours d'Europe en faveur de la cause américaine. Arthur, l'un d'eux, était allé à Vienne, et, sous les auspices de l'ambassadeur français près de cette cour, il avait obtenu accès auprès des ministres autrichiens. A son passage à Berlin, Lee fit également des ouvertures au grand Frédéric qui n'avait jamais pardonné au roi George d'avoir arrêté ses subsides. Le prince Kaunitz, ministre autrichien, ne voulut voir dans Lee qu'un simple aventurier, et malgré les instances de l'ambassadeur français, il ne consentit point à le recevoir. Les agents américains se rendirent à la cour d'Espagne. Toutefois cette puissance hésita quelque temps encore, car elle voyait un grand danger à soutenir l'Amérique, en ce sens que les Américains donnaient à ses sujets de l'Amérique du Sud un exemple qu'ils pouvaient imiter.

Ainsi donc la France se jetait définitivement dans la mêlée, et l'Amérique repoussait toute mesure de conciliation. L'Angleterre ne vit point sans alarmes cette nouvelle complication, mais son courage ne lui faillit point. Le 27 juin 1778, Keppel, qui commandait une flotte de vingt-deux vaisseaux, découvrit dans le détroit deux frégates françaises, *la Licorne* et *la Belle-Poule*, et sans qu'il y eût eu encore de déclaration de guerre, il prescrivit de leur donner la chasse. Cette manœuvre dura une partie du jour et toute la nuit. Le lendemain matin, les deux frégates se trouvèrent en présence de l'ennemi. La frégate anglaise *l'Aréthuse* ayant fait signal à *la Belle-Poule* de se rendre, celle-ci lui lâcha une bordée qui causa des avaries considérables à son gréement et à sa mâture. Un combat terrible s'engagea, il dura deux heures, et la victoire resta à *la Belle-Poule*. *L'Aréthuse* avait été si maltraitée qu'elle ne pouvait plus manœuvrer, et que deux vaisseaux de ligne, *le Monarque* et *le Vaillant*, furent détachés de la flotte pour remorquer la frégate désemparée. Le lendemain de cet engagement, une frégate française de 32 canons fut prise, et l'amiral Keppel, en visitant les papiers qui étaient à bord, apprit que la flotte de Brest, commandée par d'Orvilliers et composée de trente-deux vaisseaux et de dix ou douze frégates, se préparait à prendre la mer. Keppel revint aussitôt à Portsmouth pour y chercher du renfort, et au bout de quelques semaines, il se remit en mer, avec trente vaisseaux de ligne. Les deux flottes se trouvèrent en présence le 23 juillet. Les Français avaient l'avantage du vent, et dans l'engagement qui eut lieu les Anglais souffrirent considérablement, ce qui les obligea à revenir en Angleterre pour se réparer. De son côté, d'Orvilliers, qui avait aussi beaucoup souffert, rentra à Brest.

Mais pendant que ces combats se livraient sur les côtes d'Angleterre et de France, la flotte française, commandée par d'Estaing, arrivait en Amérique; elle mit à terre l'ambassadeur de Louis XVI près du congrès. La coopération définitive de la France donna une nouvelle face à la lutte. Clinton qui, par le départ du général Howe pour l'Angleterre, avait obtenu le commandement en chef de l'armée anglaise, se décida à évacuer Philadelphie, et cette ville fut occupée par les Américains, qui se mirent à la poursuite de leurs ennemis et remportèrent sur eux une victoire éclatante. Dans toutes ces rencontres, on vit régner un acharnement inouï. Le sang coulait à flots sur l'Atlantique et sur le continent américain. L'un des combats les plus acharnés eut lieu entre l'*Isis*, commandée par le capitaine Rayner, et *le César*, commandé par le célèbre Bougainville, ces deux navires combattirent bord à bord pendant une heure et demie. *Le César* eut 70 hommes tués ou blessés, et Bougainville perdit un bras et un œil. L'*Isis*, qui avait beaucoup souffert dans son gréement, perdit également beaucoup de monde. En Amérique, Savannah, capitale de la Géorgie, tomba au pouvoir des Anglais, qui firent 415 prisonniers. Dans leur nombre étaient 35 officiers. Cette victoire fut suivie de la reddition de toute la province. Dans les Antilles, le marquis de Bouillé, gouverneur général de la Martinique, débarqua avec 2,000 hommes à l'île de la Dominique, et s'en empara. De leur côté, les Anglais se rendirent maîtres de Sainte-Lucie, malgré les efforts du comte d'Estaing.

(1779.) L'Espagne s'était enfin décidée à prendre une part active à la querelle, et sa flotte se réunit à celle de Brest. Les flottes combinées présentèrent alors un effectif de soixante-huit vaisseaux de ligne et d'autant de frégates. Elles parurent sur les côtes d'Angleterre et jetèrent la terreur dans tout le pays. Le 15 d'août, d'Orvilliers se montra devant Plymouth, et quelques frégates françaises ayant mouillé dans la baie de Cawsand, elles capturèrent un nombre considérable de navires côtiers, ainsi que le vaisseau *l'Ardent*, de soixante-quatre canons. Un vent violent, qui obligea la flotte française à gagner le large, permit aux Anglais de faire des préparatifs de défense. La côte se couvrit aussitôt de troupes, de miliciens et de volontaires; on mit à la mer les navires qui se trouvaient sur les chantiers, et les croiseurs qui étaient en mer rentrèrent dans les ports. Une terrible épidémie, qui éclata à bord de la flotte franco-espagnole, sauva l'Angleterre. 3,000 Espagnols et autant de Français moururent en quelques jours. d'Orvilliers donna le signal de la retraite et rentra à Brest. De leur côté, les vaisseaux croiseurs de l'Angleterre s'emparèrent de deux frégates et de deux vaisseaux richement chargés.

Tels furent les principaux faits militaires de cette grande lutte jusqu'au moment où la France jeta son épée dans la querelle, et où son exemple fut suivi par l'Espagne. En examinant cette première phase des événements qui la signalèrent, il semble qu'il y ait eu de la part de l'Angleterre inertie, par rapport au déploiement de force qu'elle allait déployer dans la seconde. En effet, nous allons voir l'Angleterre, ayant contre elle l'Europe et l'Amérique, lutter souvent avec avantage dans ce terrible conflit. Mais avant de parler de ces événements, voyons ce qui se passait à l'intérieur.

État de l'opinion publique en Angleterre au sujet de l'Amérique. — Mesures adoptées par le gouvernement. — Situation de l'Irlande. — Procès de la duchesse de Kingston. — Tentative d'incendie contre les arsenaux.

Nous avons laissé cette partie de notre histoire au moment où divers plans de conciliation étaient proposés pour rétablir la bonne harmonie entre l'Angleterre et ses colonies.

(1775.) Jamais, depuis l'établissement du parlement anglais, l'opposition n'avait été plus remarquable par le talent. Barré, Burke et Charles

Fox, dans les communes, Chatam, dans la chambre des lords, s'inspirant de la gravité des circonstances, étaient conrtamment sur la brèche. L'opposition, d'accord avec le ministère, repoussait avec indignation l'idée d'une séparation avec les colonies américaines, mais elle ne s'entendait pas sur les moyens. Il parut à cette époque un pamphlet remarquable sur cette importante question. Tucker, doyen de Glocester, qui en était l'auteur, l'envisageant sous son véritable point de vue, démontrait que dans les circonstances actuelles une séparation à l'amiable était nécessaire; qu'il est dans la nature des colonies de tendre à l'indépendance, et lorsqu'elles sont arrivées à l'état de se soutenir par elles-mêmes, que le meilleur parti que la mère patrie puisse adopter, c'est de les traiter sur le pied de l'égalité. Mais les bonnes raisons ne sont pas toujours écoutées, et le doyen de Glocester ne convainquit personne. Le ministère et l'opposition persistaient dans l'idée que les colonies américaines devaient rester sous la tutelle de l'Angleterre. Une seule différence existait entre le gouvernement et ses adversaires sur cette question; le ministère employait tour à tour les voies de la rigueur et les voies de conciliation; l'opposition était persuadée qu'un désistement complet du point qui avait donné lieu à la querelle rétablirait les choses dans leur premier état, et produirait, comme auparavant, une amitié parfaite entre les deux pays.

La majorité de la nation pensait comme l'opposition, et de nombreuses pétitions étaient rédigées dans ce sens. Wilkes, qui était lord maire, présenta une adresse au roi, au nom de la Cité de Londres, à cette occasion. La Cité se plaignait par son organe de ce que les ministres avaient le projet d'établir un pouvoir arbitraire en Amérique, et de renverser la constitution en Angleterre, et elle demandait leur renvoi immédiat. Le roi, en réponse à cette adresse, marqua son étonnement de ce que parmi ses sujets il y eût des hommes qui encourageaient les Américains à la révolte. Il ajouta qu'il était fermement décidé à se reposer sur la sagesse du parlement, et à poursuivre les mesures qui lui avaient été recommandées. Wilkes, à l'exemple de Beckford, aurait voulu haranguer le roi; mais il en fut empêché, et à quelques jours de là le comte de Hertford, lord chambellan, lui écrivit pour l'informer que le roi ne recevrait une adresse ou une remontrance qu'autant qu'elle émanerait de la corporation. Wilkes contesta cette prétention, et il publia à cette occasion une longue lettre, dans laquelle il déclarait que la Cité avait le droit d'adresser des pétitions au trône comme elle l'entendait, ajoutant que ce droit avait été respecté même par la race maudite des Stuarts. Une autre adresse, plus violente que la précédente, fut adoptée par la Cité, et les shérifs reçurent l'ordre de demander aux chambellans si le roi recevrait l'adresse avec la solennité ordinaire. Le roi répondit qu'il recevrait l'adresse à son prochain lever, mais non sur son trône. Cette réponse mit en émoi tout le corps des aldermen; ils déclarèrent que leurs droits étaient méconnus, que la remontrance serait imprimée dans les journaux, que les représentants de la Cité dans les communes seraient autorisés à demander la mise en accusation des mauvais conseillers qui avaient porté le papisme et le pouvoir arbitraire dans l'Amérique, et engagé Sa Majesté à refuser d'entendre les pétitions de ses sujets.

Le gouvernement, alarmé par ces manifestations, lança une proclamation pour la suppression des correspondances et des adresses envoyées d'Amérique en Angleterre, et Wilkes en sa qualité de lord maire reçut l'ordre de faire lire sa proclamation dans le *Royal exchange*. Dans ces circonstances, il est d'usage que des hérauts, précédés du massier de la Cité portant sa masse, se transportent avec une certaine pompe au Royal exchange; mais Wilkes se borna à faire faire la lecture de la proclamation par un officier subalterne qui n'était accompagné que par un simple crieur public. A quelques jours de là, une pétition du congrès américain fut placée sous les yeux du roi par Richard Penn qui était venu de l'Amérique pour cet objet, et par Arthur Lee, l'un des agents des colonies à Londres. La pétition était rédigée avec mesure, et contenait force assurances de loyauté. Mais comme on savait alors que les Américains s'étaient mesurés avec les troupes du roi à Leixington et à Bunker's Hill, la présentation de la pétition fut regardée comme une insultante moquerie ; et le comte de Darmouth dit à Penn et à Lee qu'aucune réponse n'y serait faite.

Le ministère usa dans cette occasion d'un de ces stratagèmes qui étaient fréquemment employés sous les Stuarts, et dont l'invention paraît devoir être attribuée à Charles Ier ; une contre-adresse fut présentée au roi par une députation. Les signataires, qui s'intitulaient eux-mêmes marchands et commerçants de Londres, déclaraient qu'ils désapprouvaient hautement la révolte des Américains, et ils s'engageaient d'une manière solennelle à soutenir le roi au risque de leur vie et de leur fortune, pour établir l'autorité de la législation anglaise en Amérique. Cette contre-adresse ayant produit une certaine sensation, il en parut une foule d'autres au même effet. Les pétitionnaires, comme s'ils eussent eu la conviction que le succès des armes anglaises en Amérique était assuré, imploraient la clémence du roi pour les Américains dont le cœur non endurci s'ouvrirait au repentir.

L'opposition ne se laissa point tromper par cette tactique, et une nouvelle adresse fut présentée par les marchands de la Cité. Les pétitionnaires attribuaient au parlement tous les désastres qui étaient survenus en Amérique. Ils invitaient le roi à réfléchir au sort futur de l'Angleterre, lorsqu'elle allait être privée de son commerce avec l'Amérique, et ils manifestaient une horreur profonde à l'idée de la guerre qui allait éclater. « La cause de tous les désordres, disaient-ils, était l'ignorance des ministres. »

Mais ces manifestations ne changèrent point les dispositions du roi, ni celles de ses ministres. Le parlement s'étant réuni le 26 octobre (1775), le roi, dans son discours d'ouverture, s'exprima ainsi : « Ceux-là qui pendant trop longtemps ont cherché à enflammer l'esprit de mes sujets américains par de fausses interprétations, et qui ont infusé dans leurs âmes un système d'opinions diamétralement opposé à la véritable constitution des colonies et à la subordination qu'ils doivent à la Grande-Bretagne, reconnaissent maintenant que l'Amérique est en pleine révolte. Les Américains ont en effet levé des troupes ; ils réunissent une force navale ; ils ont saisi les revenus publics et se sont adjugé les pouvoirs législatifs, exécutifs et judiciaires qu'ils exercent déjà de la manière la plus arbitraire sur les personnes et les propriétés de leurs concitoyens. Je sais qu'un grand nombre de ces hommes ne sont qu'égarés et qu'ils conservent encore leur loyauté, et j'espère qu'ils seront assez sages pour voir les fatales conséquences de leurs usurpations ; cependant la violence a été tellement énergique, que les hommes les plus modérés ont été forcés de donner leur consentement à la révolte. Les auteurs et les promoteurs de cette audacieuse conspiration ont réussi dans leurs coupables desseins. Tandis qu'ils cherchaient à nous leurrer par de vagues expressions d'attachement et des protestations énergiques de loyauté, et qu'ils se préparaient à une révolte générale, nous nous proposions, dans le désir de ramener la province du Massachusets, et non d'agir à son égard avec violence, de prendre des résolutions qui se distinguaient par un grand esprit de modération et d'indulgence. Les mesures coercitives s'appliquaient à des cas spéciaux, dans lesquels on avait ménagé les moyens de sauver un grand nombre de coupables. Tous nos actes ont été exécutés dans le même esprit, parce que je voulais empêcher autant que possible l'effusion du sang de mes sujets et les calamités inséparables de l'état de guerre ; j'espérais en outre que mon

8.

peuple d'Amérique discernerait le but criminel de ceux dont il écoutait la voix et qu'il serait convaincu qu'être comme il l'était sujet de la Grande-Bretagne, c'était jouir de la plus grande liberté accordée dans aucune société du monde. Nos vœux ne se sont pas réalisés. La révolte est aujourd'hui devenue plus générale, et le but manifeste des Américains est d'établir un empire indépendant. Je ne m'arrêterai point sur les fatals effets qui accompagneraient le succès d'une pareille entreprise. L'esprit de la nation anglaise est trop élevé, les ressources que Dieu lui a prodiguées sont trop nombreuses pour qu'elle abandonne les colonies qu'elle a créées avec tant de labeur, qu'elle a encouragées avec tant d'affection, et qu'elle a protégées et défendues au prix de tant de sang et de richesses. » George déclarait, en terminant, qu'il était temps de mettre un terme à ces désordres par des efforts décisifs, et que dans cette intention il avait augmenté ses forces de terre et de mer; toutefois, qu'il était disposé à user d'indulgence à l'égard de ses sujets lorsqu'ils viendraient à résipiscence. « Quand la multitude malheureuse et trompée contre laquelle nos forces vont agir, disait-il, aura la conscience de son erreur, je serai prêt à recevoir les égarés avec tendresse et miséricorde ; et afin de prévenir les inconvénients qui peuvent naître de la grande distance qui me sépare d'eux et écarter autant que possible les maux qu'ils souffrent, je donnerai des ordres à mes agents sur les lieux, pour accorder des amnisties générales ou partielles de la manière dont ces agents le jugeront convenable. »

La longueur inusitée du discours royal indiquait combien étaient vives les préoccupations du gouvernement au sujet de l'Amérique. Une motion pour l'adresse ayant été faite dans la chambre des communes, les ministres furent accusés d'avoir mis le souverain dans une position difficile et disgracieuse, d'avoir perdu une moitié de l'empire et jeté l'autre dans la confusion et dans l'anarchie. Dans la chambre des lords, un des membres du ministère, le duc de Grafton, lord du sceau privé, condamna toutes les mesures qui avaient été adoptées pendant les douze derniers mois, ajoutant que le seul moyen de rétablir la paix dans ce pays serait de rapporter tous les actes relatifs à l'Amérique qui avaient été adoptés depuis 1763. Le duc de Grafton fut renvoyé de ses fonctions de lord du sceau, et elles furent données à lord Darmouth, secrétaire d'État pour les colonies. Celui-ci fut remplacé par lord Sackville, qui venait d'être élevé au titre de lord George Germaine. North ayant ensuite présenté un bill qui avait pour objet d'autoriser le roi à assembler la milice, si la rébellion rendait cette mesure nécessaire, l'opposition voulut voir dans ce bill l'intention de faire agir la milice en dehors du royaume, ce qui était contraire aux lois. Mais, malgré ses efforts, le bill fut adopté, avec cette restriction toutefois, que sa durée ne serait que de sept ans. Le budget de la marine et celui de la guerre furent ensuite présentés ; les ministres demandaient une augmentation de 22,000 matelots, et une somme additionnelle de 2,000,000 liv. sterl. (50,000,000 f.), pour élever le chiffre de l'armée à 55,000 matelots. Ces bills furent adoptés.

Nous avons dit que la pétition du congrès, que Penn avait présentée au roi, avait été repoussée par les ministres. Le 7 novembre, le duc de Richmond ayant aperçu Penn dans la chambre des lords, demanda qu'il fût interrogé sur-le-champ. Cette motion fut repoussée ; mais il fut convenu que Penn serait interrogé à quelques jours de là. Penn avait été gouverneur de la Pensylvanie et connaissait personnellement la plupart des membres du congrès. En réponse aux questions qui lui furent faites, il déclara que le dessein de constituer l'Amérique en État indépendant avait été formé par le congrès ; que les membres qui composaient cette assemblée ne faisaient que reproduire les sentiments de leurs constituants ; que la guerre faite par l'Amérique à l'Angleterre n'avait d'autre objet aux yeux des colons que de défendre ce qu'ils appelaient leur liberté; que l'esprit de résistance était général dans les colonies; que la province de Pensylvanie contenait environ 60,000 hommes aptes à porter les armes; que sur ces 60,000 hommes, 20,000 s'étaient déjà enrôlés volontairement ; que depuis cette époque un corps supplémentaire de 5,000 rifflemen avait été levé dans cette province ; que les habitants de Philadelphie avaient le moyen de fondre des canons en fer et des canons en bronze ; qu'ils faisaient en abondance des petites armes qui étaient parfaites ; mais que les colonies avaient fondé de grandes espérances sur le résultat de la pétition, et qu'en raison de cette circonstance il avait appelé la pétition la branche d'olivier ; que si des mesures conciliatrices n'étaient pas promptement adoptées, il était probable que l'Amérique contracterait des alliances avec les puissances étrangères ; que le congrès désirait conserver ses bonnes relations avec la mère patrie; qu'il avait l'intention d'observer les règlements imposés par l'Angleterre au commerce d'Amérique.

L'opinion de Penn n'était rien moins que fondée. En effet, il était évident déjà que les Américains voulaient secouer le joug de l'Angleterre et se constituer en État indépendant. Mais comme l'opinion de Penn était conforme aux idées des adversaires du gouvernement, ceux-ci l'embrassèrent avec chaleur. Le duc de Richmond, dans la chambre des lords, déclara que la pétition offrait le moyen de rétablir la conciliation entre la Grande-Bretagne et l'Amérique, et il fit à cette occasion une motion qui fut repoussée. Le ministère était en force dans la chambre des lords. Toutefois, dans la chambre des communes, l'ardeur guerrière des partisans du ministère, et notamment celle des propriétaires fonciers, parut décroître sensiblement pendant quelques jours. Lord North ayant demandé que le revenu territorial fût élevé à 4 shellings par livre sterling pour faire face aux exigences de la situation, la proposition du ministre fut vivement combattue ; et peut-être eût-elle échoué si lord North n'avait eu la précaution de déclarer que l'impôt n'était que temporaire, et qu'il serait abandonné à la fin de la guerre de l'Amérique, époque où l'on retirerait de l'Amérique des revenus qui pourraient y suppléer.

Lord North présenta ensuite un bill dans la chambre des communes, qui proscrivait toute relation commerciale avec l'Amérique et qui rapportait comme inutile et inapplicable le Boston Port Bill, ainsi que les autres actes adoptés dans la dernière législation. Le ministre déclara en outre que des commissaires seraient envoyés par la couronne en Amérique; que ces fonctionnaires auraient mission de s'enquérir des circonstances réelles dans lesquelles se trouvaient les colonies, et de porter remède aux griefs des Américains. Cette déclaration servit de texte à lord Howe, qui était appelé à prendre le commandement de la flotte en Amérique, pour parler avec beaucoup de sensibilité des horreurs de la guerre civile. Il dit qu'il ne connaissait point de situation plus pénible que celle d'un citoyen ayant à choisir entre ses devoirs de soldat et ses devoirs d'homme ; que si on lui laissait le choix, il refuserait de servir; mais que si on lui commandait, l'obéissance devenait pour lui un devoir.

(1776.) Les Irlandais professaient à l'égard des colonies américaines les mêmes idées que l'opposition; et en ce moment même, les habitants de Dublin, ou du moins les shérifs et le conseil commun de cette ville, à l'imitation de la Cité de Londres, envoyaient une remontrance au roi, dans laquelle ils déclaraient éprouver un grand chagrin pour les torts faits aux habitants de l'Amérique, et demandaient que leurs braves concitoyens irlandais ne fussent point envoyés dans cette contrée pour faire la guerre à leurs frères. A quelque temps de là, lord Harcourt, lord lieutenant d'Irlande, ayant invité les communes irlandaises à laisser partir de l'Irlande 4000 hommes de troupes et à recevoir pour les remplacer un égal nombre de troupes protestantes étrangères, les communes irlandaises déclarèrent qu'elles ne consentaient qu'avec regret au départ de 4000 hommes, et qu'elles refusaient obstinément l'entrée des troupes étrangères.

Le ministère poussait en ce moment les préparatifs de la guerre avec la plus grande vigueur, et dans le but d'avoir sur-le-champ des troupes aguerries, il venait de conclure des traités avec le landgrave de Hesse-Cassel, le duc de Brunswick et le prince de Hesse-d'Armstadt, au sujet de l'enrôlement de 17,000 hommes. L'opposition en masse ayant protesté contre cette mesure et déclaré que cette levée de mercenaires étrangers était un acte flétrissant pour le pays, les ministres répondirent qu'il n'y avait pas eu possibilité de lever en temps opportun un nombre suffisant d'hommes dans le royaume; qu'alors même que cette levée eût été possible, ces troupes, composées de recrues, n'auraient pu rendre les services qu'on était en droit d'attendre de vétérans expérimentés; que l'Angleterre aurait essuyé une perte considérable si on eût été obligé de recruter dans les manufactures et les fermes les soldats nécessaires; que la dépense occasionnée pour des troupes levées dans le pays ne se terminerait pas avec la guerre, mais que la nation aurait ensuite à payer des demi-soldes pendant un temps assez prolongé; que les troupes étrangères coûtaient beaucoup moins à entretenir que les troupes anglaises; enfin, que la mesure n'était point nouvelle, et que, dans toutes ses guerres, l'Angleterre avait eu des étrangers à son service. Le duc de Richmond, dans la chambre des lords, combattit les arguments des ministres; il dit que « depuis 1702, les princes allemands avaient élevé leurs prétentions, et que les contrats actuels étaient pour l'Angleterre plus onéreux que tous les autres; que les 17,000 mercenaires engagés au service de l'Angleterre allaient coûter plus de 1,500,000 livres sterling (37,500,000 fr.); que la nation était incapable de supporter de nouvelles taxes, et que si l'Angleterre venait à rompre avec la France et l'Espagne, et toute la maison de Bourbon, la ruine du pays était certaine. » Mais la motion du duc de Richmond fut repoussée.

En ce moment le bruit commençait à se répandre dans le public que la France se disposait à soutenir les Américains d'une manière ouverte. On disait à cet égard que deux gentilshommes français étaient allés en Amérique, qu'ils avaient eu des conférences avec Washington, et qu'ils s'étaient rendus depuis à Philadelphie, où ils avaient eu des entretiens secrets avec les membres du congrès. Les ministres traitèrent d'abord ces appréhensions de chimériques, et lord Weymouth, secrétaire d'État au département des affaires étrangères, interrogé à cette occasion, répondit que l'Angleterre n'avait jamais vécu en aussi bons termes avec les puissances étrangères; qu'il n'y avait pas lieu de suspecter leurs intentions. Une affaire incidentelle qui survint sur ces entrefaites, et qui détourna pendant quelque temps l'attention publique des affaires de l'Amérique, permit au gouvernement de prendre haleine (*).

(*) Nous avons eu nous-mêmes, il y a quelques années, un exemple remarquable de la facilité avec laquelle l'opinion publique s'impressionne et passe d'une idée capitale à une idée secondaire. C'était dans les derniers jours du ministère Thiers (1840), alors que l'Europe entière prenait une attitude menaçante contre la France. Une explosion de colère et d'indignation accueillit en France les actes de lord Palmerston. L'irritation était si profonde et si vive que le gouvernement semblait avoir perdu sa liberté d'action. Survint une idée incidentelle, le procès Laffarge, et pour le plus grand nombre le sort de l'héroïne de ce procès célèbre acquit une importance bien autrement grande que les intérêts de la France en Orient. Le procès Laffarge avait atténué l'idée publique; cette idée avait perdu de sa violence première par le fractionnement. Car il en est de l'idée comme du torrent impétueux qui menace de tout bri-

Cette affaire était celle d'une dame de qualité, la duchesse de Kingston.

ser sur son passage, et qui, après s'être bifurqué, devient un cours d'eau ordinaire. Il y a dans cette mobilité de l'esprit public un grand enseignement pour nos hommes d'État; c'est de savoir dans un moment de crise tourner le cours de l'idée, pour laquelle les esprits s'échauffent, en jetant une idée incidentelle à la traverse, sauf à reprendre plus tard, lorsqu'il y aura calme dans les esprits, le débat principal et à l'approfondir au flambeau de la discussion.

Une autre anomalie remarquable, c'est l'indifférence avec laquelle nos publicistes laissent échapper des idées fondamentales. Je citerai à cet égard le culte introduit en France par MM. Chatel et Auzou, culte qui a disparu sans provoquer la moindre sympathie ni aucun débat sérieux. On me dira que ce culte n'avait rien de neuf; que l'idée en était étroite, mesquine et vulgaire qu'elle n'aurait pas fait avancer la civilisation d'un pas. Accordé sous le point de vue de la doctrine et de la forme. Mais en élargissant le débat, en considérant le culte de MM. Auzou et Chatel sous le point de vue du principe de la liberté religieuse et des effets de cette liberté sur le bonheur des hommes et des sociétés, la question change aussitôt de face, et ses proportions mesquines prennent des proportions gigantesques. Alors, pour donner une solution satisfaisante à cette question, il faut ouvrir le grand livre de l'histoire, suivre l'idée religieuse la voir se détachant de la souche principale, s'amoindrir sans cesse, se fractionner en mille rameaux divers; passer chaque chose au creuset du jugement, examiner ce qui a été fait, ce qu'on doit attendre; former un faisceau de toutes ces ressources et demander à Dieu ses divines inspirations. Cette grave et intéressante question touche en effet à tout, à la législation, à la morale, aux sciences. Arrêtons un peu nos regards sur ce qui se passe en ce moment. Le clergé catholique se montre aujourd'hui un peu remuant; déjà même quelques-uns de nos meilleurs publicistes prévoient la nécessité de réunir la puissance temporelle à la puissance spirituelle sur une même tête. Eh bien, les dispositions du clergé seraient peut-être entièrement opposées à celles qu'il manifeste aujourd'hui s'il y avait en France des dissidents comme en Angleterre. Il a pris l'offensive, il resterait sur la défensive; il

Cette dame avait épousé en premières noces un gentilhomme du nom de Henri John Hervey, et après avoir obtenu le divorce, en vertu d'un jugement de la cour spirituelle, elle avait convolé à de nouvelles noces, et avait épousé le duc de Kingston. Mais on prétendait que le jugement de la cour de Londres avait été obtenu par captation. Un bill d'*indictment* fut présenté au grand jury de Middlesex, qui l'accorda. La duchesse était accusée de s'être mariée au duc de Kingston, à l'époque où elle était encore la femme de l'honorable John Hervey, et elle fut renvoyée devant les assises de Old-Bailey, pour y répondre à une charge de félonie. La duchesse était en ce moment sur le continent. A la nouvelle de sa mise en accusation, elle revint à Londres, et parut devant les juges de la cour du banc du roi, pour obtenir sa liberté sous caution. Elle était accompagnée du duc de New-Castle, de lord Mount Stuart, fils aîné de lord Buté, et de sir Thomas Clargès. La caution, qui s'élevait à quatre mille livres sterling (100,000 fr.) fournies par la duchesse, et à quatre autres mille livres sterling fournies par quatre de ses amis, fut acceptée. Après quelques détails de procédure dans lesquels il est inutile d'entrer, il fut arrêté que le procès

s'attaque au gouvernement, attaqué lui-même, il se rapprocherait du pouvoir; il le soutiendrait; il ferait cause commune avec lui; il lui demanderait protection. De ce fractionnement de l'idée religieuse, disent quelques publicistes, doit sortir une idée religieuse plus parfaite. De plus, on a remarqué que dans les pays où règne la liberté des opinions religieuses à côté d'une religion dominante, comme en Angleterre, chaque culte dissident, bien qu'exclusif pour lui-même, tend sans cesse au développement de la liberté civile. Partisans de la réforme électorale, vous qui attendez tant de bonnes choses de cette réforme, peut-être auriez-vous avancé de plus de vingt ans la solution de cette question. Je ne prétends point dire que la conservation du culte de MM. Chatel et Auzou eût eu définitive tourné au profit du pays; je prétends que le fait de la disparition de ce culte méritait les honneurs d'un débat solennel. Cl. Pel.

aurait lieu devant le chambre des pairs, à Westminster-Hall. Au jour fixé, la duchesse parut devant ses juges, accompagnée du duc de New-Castle, de lord Mount Stuart; elle fut alors confiée à la garde de l'huissier à verge noire. Lecture de l'acte d'accusation ayant été faite, la duchesse déclara, pour sa défense, qu'elle ne s'était mariée au duc de Kingston qu'après avoir pris préalablement toutes ses précautions pour ne point violer les lois de son pays; que le consistoire, dont la juridiction était compétente en pareille matière, avait prononcé une sentence par laquelle elle avait été déclarée en état de célibat; qu'étant dans cet état, elle avait épousé le duc; que son erreur, s'il y en avait une, n'avait pas été intentionnelle; que sa conscience était tranquille à cet égard.

Lord Camden demanda d'abord aux juges si une sentence de la cour ecclésiastique était concluante contre les droits de la couronne, pour prouver l'existence d'un mariage; en second lieu, si la couronne avait le droit de se soustraire à l'exécution d'une pareille sentence, en prouvant que cette sentence avait été obtenue par captation. De Grey, lord chef de justice, répondit que l'opinion unanime des juges était que la première question devait être répondue par la négative, parce qu'aucune sentence d'une cour spirituelle ne pouvait empêcher l'avocat de la couronne de poursuivre un cas de félonie; et que la seconde question devait être répondue par l'affirmative. Les témoins furent appelés; Anne Craddock, l'un d'eux, déclara qu'elle connaissait l'accusée depuis trente ans; qu'en juillet 1744, l'accusée, qui était alors miss Chudleigh, avait accompagné sa tante dans le Hampshire; que quelque temps après; miss Chudleigh et sa tante, étant allées aux courses de Winchester, elles y avaient vu, pour la première fois, l'honorable Henri John Hervey, qui était, à cette époque, lieutenant dans la marine; que quelques jours après cette première entrevue, le mariage de miss Chudleigh et de l'honorable Henri-John Hervey avait été célébré, à une heure avancée dans la nuit, à l'église de Laingston; que de grandes précautions avaient été prises pour rendre le mariage aussi secret que possible; que les témoins étaient MM. Mountenay, mistriss Hammer, et M. Merrie, cousin de l'accusée; que pendant plusieurs jours le jeune couple avait vécu sous le même toit; qu'alors M. Hervey était allé à bord de la flotte destinée pour les Indes orientales; que, elle, Anne Craddock, était allée vivre ensuite avec l'accusée, qui lui avait dit qu'elle avait un enfant de M. Hervey; que plus tard, elle avait appris que l'enfant était mort, et qu'il avait été enterré à Chelsea; que le mariage avait été célébré à une heure avancée de la nuit, à la lueur d'une bougie placée dans le chapeau de M. Mountenay; et qu'elle avait reçu une lettre, dans laquelle on lui promettait une bonne place, si elle voulait déposer contre l'accusée. Un second témoin, M. César Hawkins, fut appelé à la barre. Hawkins dit qu'il connaissait l'accusée depuis trente ans; qu'il avait entendu parler d'un mariage secret qui alliait la duchesse à M. Hervey; qu'au retour de M. Hervey des Indes orientales, celui-ci lui avait dit d'aller trouver l'accusée pour lui faire des propositions tendant à un divorce; que l'accusée avait repoussé ces propositions, et qu'elle lui avait dit qu'elle venait d'intenter un procès à M. Hervey devant la cour ecclésiastique; qu'elle était fort malheureuse en ce sens que la cour spirituelle avait exigé d'elle un serment qui répugnait à la conscience; que dans une autre visite, l'accusée lui avait dit qu'elle avait obtenu la sentence qu'elle désirait de la cour; que lui, César Hawkins, ayant demandé à l'accusée comment elle s'était tirée du serment, elle avait répondu que le mariage était rempli de tant de nullités, qu'elle avait prêté ce serment sans scrupule. D'autres témoins confirmèrent les dépositions précédentes, et la duchesse fut déclarée coupable. La loi, pour une affaire de cette nature, prescrit le châtiment corporel; mais une autre loi affranchit de ce châtiment ignominieux les femmes de pair. La duchesse de Kingston demanda, comme étant pairesse, à jouir du bénéfice de la loi, ce qui lui fut accordé.

(1776.) Ce procès, comme nous l'avons dit, occupa pendant quelque temps l'attention publique, et atténua l'intérêt qu'inspiraient les affaires de l'Amérique. Mais cette torpeur ne fut que passagère; et quand on apprit que les Américains venaient de renoncer à leur allégeance à la couronne d'Angleterre, et qu'ils avaient repoussé toutes les voies de conciliation qui leur avaient été offertes, toute autre affaire parut, aux yeux du public, d'une importance secondaire. Le parlement s'étant réuni le 31 octobre, le roi demanda le concours de cette assemblée pour mettre fin, le plus tôt possible, à la rébellion de l'Amérique; le roi ajouta qu'il avait tout espoir de vivre, comme par le passé, en bonne intelligence avec les puissances européennes. Dans la chambre des communes, l'adresse en réponse au discours de la couronne souleva une longue discussion, au sujet d'un amendement que proposa lord Cavendish. Wilkes dit à cette occasion: « Ce que nous appelons trahison et rébellion, les Américains l'appellent une juste résistance d'une glorieuse révolution; cette révolution a déjà des racines profondes dans toute l'Amérique. » Dans le cours du débat, George Washington fut représenté comme un gentilhomme hospitalier, sans ambition, et doué d'un talent du premier ordre; Hancock, le président du congrès, comme ayant un caractère des plus honorables. Tout le reste des membres du congrès eut une part assez forte dans ces paroles laudatives. Les Américains eux-mêmes furent représentés comme les membres les plus estimables et les plus vertueux de la communauté britannique. Lord North et lord George Germaine repoussèrent ces allégations. Le ministre demanda ensuite aux communes 45,000 matelots, 3,205,000 liv. sterling (80,125,000 fr.) pour la flotte et la construction de nouveaux navires; plus 500,000 liv. sterling (12,500,000 fr.) pour le payement des dettes de la marine; 3,000,000 liv. sterling (75,000,000 fr.) pour l'entretien de l'armée de terre et le payement des subsides accordés aux princes allemands pour les troupes qui servaient en Amérique. Ces sommes énormes furent accordées, et le parlement fut ajourné au mois de décembre.

A cette époque la nation tout entière apprit avec autant de surprise que d'indignation qu'un incendiaire, qui paraissait être à la solde de l'Amérique, avait voulu mettre le feu aux établissements maritimes de l'Angleterre. Ce projet rappelait une entreprise du même genre, qui avait eu lieu en 1764, un an après la paix de Fontainebleau, et que l'on avait attribué à la France et à l'Espagne. Le gouvernement français fut donc accusé cette fois encore d'être le promoteur de cette tentative. Toutefois il paraîtrait que l'entreprise avait été secondée par les Américains. Le coupable était un nommé Jean, surnommé le Peintre, à cause de sa profession. Il avait déjà mis le feu à la corderie de l'arsenal de Portsmouth; mais, grâce à la promptitude des secours, on s'était rendu maître du feu. Cet incendie fut d'abord regardé comme un accident; mais des faits du même genre s'étant répétés à Bristol et dans plusieurs autres lieux, le gouvernement prit des mesures en conséquence. Jean fut arrêté. Interrogé aussitôt, il repoussa d'abord les charges portées contre lui. On apprit alors qu'il avait passé plusieurs années dans les colonies américaines; et comme on ne pouvait lui arracher aucun aveu, le gouvernement eut recours à un stratagème aussi honteux qu'illégal: ce fut de placer auprès du prisonnier un homme qui, tout en se faisant son ami, cherchât à lui arracher son secret. La personne choisie se nommait Baldwin. C'était un peintre comme Jean. Baldwin avait voyagé en Amérique, et il s'acquitta de sa mission avec beaucoup d'adresse. Appelé ensuite à déposer devant la cour, il déclara que le nom réel du prévenu était Jacques Aitkin; qu'Aitkin était né à

Édimbourg; qu'il y avait appris l'état de peintre en bâtiment; que ses dispositions naturelles et une vie peu régulière l'avaient conduit dans différentes contrées; qu'il avait été enrôlé dans plusieurs régiments anglais, mais qu'il avait déserté chaque fois, après avoir reçu l'argent accordé aux enrôlés; qu'il avait voyagé dans toute l'Angleterre, et qu'il s'était soutenu tantôt par le vol et tantôt par son état de peintre; que pour se soustraire aux poursuites de la police, il s'était embarqué pour l'Amérique; qu'il y était resté deux ou trois ans; qu'il avait voyagé à pied dans plusieurs des colonies à l'époque où les Américains étaient les plus irrités contre les Anglais; qu'il avait alors conçu le projet de rendre service à la cause américaine en incendiant les arsenaux et les principales villes de l'Angteterre; qu'il avait laissé l'Amérique, en mars 1775, pour aller en France; qu'il avait eu plusieurs entrevues avec Silas Deane, membre du congrès américain; que celui-ci lui avait donné de l'argent, en l'encourageant à mettre le feu aux arsenaux de Portsmouth, de Plymouth, de Woolwich et de Châtam; que Silas Deane lui avait promis de le récompenser selon les services qu'il rendrait à la cause américaine; qu'il lui avait donné plusieurs traites de 300 liv. sterl. (7,500 fr.) sur un marchand de Londres, mais qu'il avait brûlé ces billets pour plus de sûreté; que par l'intermédiaire de Silas Deane il avait obtenu un passeport, et qu'il s'était rendu à Portsmouth, et que dans ce dernier endroit il avait exécuté son projet d'incendie.

Le procès eut lieu aux assises de Winchester. Jean le Peintre se défendit avec beaucoup de fermeté, et au sujet du subterfuge employé à son égard, il s'exprima en ces termes : « Milords, je désirerais que vos seigneuries prissent en considération la manière dont le témoin a trahi la confiance que j'aurais censément placée en lui. Je demande si une telle personne a le droit, aux yeux de Dieu et de la justice de ce royaume, de déposer contre moi, et dans le cas où ce droit lui serait reconnu, si sa déposition peut être bonne. » Jean le Peintre fut reconnu coupable. En prononçant la sentence, le juge lui dit qu'il ne devait espérer aucune indulgence de la part du roi. « Je n'en attends aucune, » répondit avec calme le condamné. Après le prononcé de la sentence, Jean déclara à quelques officiers de la marine qu'en substance la déposition de Baldwin était vraie; qu'il s'était adressé effectivement à Silas Deane; que celui-ci lui avait dit qu'il recevrait une récompense aussitôt qu'il aurait rempli la tâche dont il s'était chargé; qu'après avoir mis le feu à l'arsenal de Portsmouth, il était venu à Londres, et qu'il était allé visiter le docteur Bancroft, pour lequel il avait une recommandation de Silas Deane; que le docteur avait désapprouvé sa conduite; qu'il n'avait point reçu de traites, ainsi que l'avait indiqué Baldwin, mais seulement qu'il avait brûlé des papiers sur lesquels était son véritable nom, qu'il voulait cacher. Jean le Peintre fut conduit à Portsmouth, et fut pendu à la porte de l'arsenal, à une potence qui avait soixante pieds de haut. Son corps, après être resté pendu durant le temps ordinaire, fut décroché, et, selon la pratique du temps, il fut chargé de chaînes, et exposé près de l'endroit de son exécution.

(1777.) Comme les corsaires américains infestaient les mers des Antilles, et qu'ils venaient jusque sur les côtes de l'Europe, où ils causaient des dommages considérables au commerce anglais, un bill fut présenté à l'effet de permettre à l'amirauté d'accorder des lettres de marque contre les Américains. Ce bill fut adopté; seulement les lords, par scrupule, substituèrent les mots de lettres *de permission* à lettres *de marque*, ces derniers mots, selon la noble chambre, n'étant applicables qu'à un ennemi étranger. Le ministère demanda ensuite au parlement un bill qui l'autorisât à retenir dans les prisons du royaume ou dans tout autre lieu appartenant aux possessions de la couronne et désigné par le roi, toute personne accusée de baraterie ou de trahison. Aux termes de ce bill, le ministère demandait la suspension de l'acte de l'*Habeas corpus* à l'égard des suspects, sauf quelques cas déterminés. L'opposition déclara que le bill était tyrannique; que la mesure demandée ne devait être adoptée que dans des circonstances extrêmement difficiles, c'est-à-dire, lorsque la constitution et les libertés nationales étaient en danger; que la guerre américaine n'était pas de nature à causer de pareilles craintes; que le bill pouvait ne point se borner aux corsaires américains, mais s'étendre aux capitaines et aux équipages des navires marchands; que les premiers sujets du royaume pourraient devenir ainsi victimes de la jalousie et de la rancune des ministres; que le bill, en atteignant les suspects, créait un mode de punition inconnu jusqu'alors en Angleterre. « Qui peut empêcher, s'écria Charles Fox, les ministres, dans un moment d'humeur, de se mettre en tête que j'ai servi à Long-Island, sous le général Washington? Que me servirait alors d'invoquer un alibi; d'assurer, par exemple, à mes vieux amis que j'étais en Angleterre pendant toute la durée de la campagne, que je n'ai jamais été en Amérique, et que je n'ai jamais navigué sur d'autres mers que celles qui séparent Douvres de Calais? Cela peut être vrai, dirait le ministre ou un de ses agents; mais pour le moment vous êtes suspect, et cela suffit. Ce n'est pas le temps des preuves, vous pouvez être et très-probablement vous êtes innocent; mais cela ne peut être d'aucune importance. Je vous enverrai d'abord en tel lieu ou tel autre, puis, quand les effets du bill seront prescrits, vous serez maître de revenir ou d'aller où bon vous semblera. Vous pouvez alors attaquer vos accusateurs, leur demander de prouver les charges portées contre vous. Mais alors ceux-ci me riraient à la face; ils me diraient qu'ils ne m'ont point accusé, mais qu'ils m'ont seulement soupçonné. » Ce raisonnement fut cause que divers amendements furent introduits dans le bill, qui fut adopté par les deux chambres.

L'autorité royale reçut vers cette époque une grave atteinte. Les fonds alloués par le parlement pour les dépenses de la liste civile étaient épuisés, et lord North ayant demandé aux communes une allocation de 600,000 liv. sterl. (15,000,000 fr.) pour la couronne, l'opposition déclara que les revenus de la liste civile étaient dépensés à acheter dans le parlement des voix pour soutenir les ministres, que les dettes du roi avaient été déjà payées, et qu'aucun compte n'avait été rendu en cette circonstance. La somme fut toutefois votée, et sur la demande qu'en fit le ministre, 100,000 liv. sterl. (2,500,000 francs) furent ajoutées comme supplément de la liste civile. Toutefois le speaker, en présentant le bill d'allocation, fit un discours énergique au roi. Le speaker rappelait au roi que l'Angleterre se trouvait à une époque critique pleine de détresse et de dangers; que la nation ployait sous un poids difficile à supporter; que la grandeur de la concession faite par les communes étaient inusitée. « Les communes, ajouta l'orateur, ont accordé à Votre Majesté, non-seulement une large somme, mais encore un revenu supplémentaire très-considérable. Il est sans exemple que des sommes pareilles aient été allouées aux rois vos prédécesseurs; elles doivent suffire à Votre Majesté, quelque grands que ses besoins puissent être. Sire, vos fidèles communes ont voté ces allocations avec la confiance que vous dépenseriez sagement ce qu'elles ont accordé avec libéralité. »

Ce discours parut sévère au roi, et dans un débat ultérieur, le parti de la cour déclara que l'orateur avait fait un tableau peu exact de l'état de la nation; que le discours n'était rien moins qu'une insulte au souverain, et qu'il ne représentait pas les sentiments de la chambre des communes. L'opposition soutint, de son côté, le speaker, et Fox fit une motion par laquelle il demandait que la conduite du speaker fût approuvée par la chambre ; il dit à l'appui, que le speaker ne pouvait rester sur son siége s'il n'était relevé de l'accusation qui venait d'être portée contre lui. L'opposition appuya l'argument de Fox, et maintint avec lui que si l'approbation n'était point donnée, le président ne pouvait rester plus longtemps au fauteuil, que la dignité de la chambre était compromise ; que l'attaque présente était destinée à rendre les représentants du peuple méprisables aux yeux de leurs constituants. Ces paroles furent repoussées par le parti ministériel, mais le discours de l'orateur avait déjà été approuvé dans le procès-verbal, selon l'usage. La chambre se fût donc trouvée en contradiction avec elle-même, si, après avoir donné son approbation, elle l'eût retirée par un autre vote. Lord North comprit la difficulté, et il insista pour que la chambre confirmât son premier vote ; ce qui eut lieu.

L'opposition, à l'exemple du gouvernement, persistait encore à croire que le retour des colonies américaines à l'allégeance envers la couronne d'Angleterre n'était point impossible, et cette illusion, malgré les actes de rébellion commis récemment par les Américains, était partagée par les hommes les plus considérables du parti. Le comte de Chatam se rendit à la chambre des lords pour exprimer son opinion à cet égard. « Milords, dit-il, les moments sont précieux ; peut-être n'avons-nous que six semaines pour arrêter les dangers qui nous environnent. La tempête s'amoncelle ; déjà elle gronde, elle a même en partie éclaté. Il est difficile, après tout ce qui s'est passé, de s'unir à des gens qui ont défié le roi, le parlement et le peuple. Cependant, si nous ne mettons point fin à cette guerre, c'en est fait de ce pays. Faible comme je suis, sous le rapport de ma santé, je ne me fierais point à mon jugement ; mais les paroles que vous entendez sont le résultat du jugement de mes meilleurs jours ; j'ajouterai qu'elles sont le résultat de quarante années d'attention donnée aux affaires de l'Amérique. Les Américains sont des rebelles ; mais pourquoi le sont-ils ? Ce n'est point assurément parce qu'ils défendent des droits qui ne peuvent pas être mis en question. Les excès auxquels ils se sont portés ont été grands, dit-on ; je n'ai pas l'intention de prononcer ici leur panégyrique ; mais est-il impossible d'atténuer leurs torts, en songeant aux conseils erronés qui ont prévalu dans l'enceinte de cette chambre ? Les portes de la justice et de la miséricorde ont été fermées aux Américains : est-ce donc qu'ils ne pourraient point être encore réunis à l'Angleterre, si nous nous contentions de leur première soumission, et si nous faisions droit à leurs pétitions ? Pour apprécier l'importance de l'Amérique, il suffit de dire que c'est un double marché, un marché de consommation et d'approvisionnement. Ce marché, si riche à tous égards, vous allez le donner à la rivale héréditaire du royaume. L'Amérique vous a aidé à supporter quatre guerres ; elle va vous porter le coup de la mort, si vous ne prenez pas les choses à temps. » Chatam, attaquant ensuite les dispositions des ministres à l'égard des troupes étrangères qu'ils avaient introduites en Amérique, « Si vous triomphez de l'Amérique, qu'arrivera-t-il ? Vous ne parviendrez point à vous faire respecter par les Américains ; vous aurez au contraire planté une haine invétérée dans leur cœur ; leur origine les empêchera toujours de vous estimer. S'il est vrai, comme le prétendent les ministres, que les Américains n'aient point encore traité avec la France, nous avons encore un moment dont nous devons profiter, car le point d'honneur est sauf. Voyez où en sont venues les choses ; vous avez dit simplement à l'Amérique : « Déposez vos armes, » et elle vous a répondu comme les Spartiates de l'antiquité : « Venez les prendre. »

Les ministres ayant combattu les arguments du comte de Chatam, et l'un d'eux ayant dit qu'il s'étonnait des alarmes de l'orateur, lui qui, dans le principe, avait inspiré à la nation tout entière des sentiments belliqueux et héroïques, Chatam prit de nouveau la parole : « Je dirai à vos seigneuries, franchement, ce que je désire, s'écria-t-il; je désire le rappel de tous les actes oppressifs que vos seigneuries ont adoptés depuis 1763 ; je voudrais que nos frères d'Amérique fussent mis sur le pied qu'ils étaient à cette époque ; je voudrais que les Américains ayant la liberté de se taxer eux-mêmes, ils contribuassent en retour à nos charges communes, suivant leurs moyens et leurs capacités. Je ferai donc la motion dans cette chambre pour présenter un bill de rappel, parce que je considère que c'est le seul moyen qui nous soit laissé d'arrêter la ruine prochaine qui menace de nous engloutir. On nous dira sans doute : Pourquoi faire des concessions ? L'Amérique, de son côté, a-t-elle fait quelque chose pour que nous nous montrions, à son égard, favorables à ce point? Je vous répondrai, milords, pourquoi je pense que vous devez faire des concessions ; c'est que vous avez été les agresseurs depuis le commencement de la querelle. »

Un mouvement de surprise circula sur les bancs de la noble chambre aux dernières paroles du comte de Chatam, et quelques bouches prononcèrent que le comte faisait tous ses efforts pour entretenir le feu de la révolte en Amérique. Au dehors, les journaux qui soutenaient le ministère dénoncèrent à l'opinion publique les concessions que Chatam avait proposées, comme inopportunes et indignes du pays, parce que Franklin et Silas Deane sollicitaient en ce moment même, en faveur de l'Amérique, la cour de France, qui commençait à paraître moins ferme dans la résolution qu'elle avait prise en premier lieu de ne point s'immiscer dans la querelle. En effet, à cette époque, M. de la Fayette combattait déjà en Amérique, et des corsaires français, munis de lettres de marque qui leur avaient été délivrées par le congrès, parcouraient la mer des Antilles et y commettaient des déprédations considérables au préjudice du commerce britannique.

Le parlement s'étant assemblé vers la fin de 1777, la question américaine fut de nouveau agitée, avec beaucoup de solennité, dans les deux chambres. Le concours que la France se disposait à donner aux Américains était un événement de la plus haute gravité. Le comte de Chatam, dans lequel les partisans de la cause américaine fondaient toutes leurs espérances, oubliant les douleurs d'une maladie aiguë, qui, depuis quelque temps, redoublait d'intensité, se rendit à la chambre pour exprimer ses sentiments au sujet des démonstrations que faisait la France, et de la prochaine collision dont l'Angleterre était menacée avec cette puissance. « Milords, dit-il, c'est une vérité honteuse à dire, que non-seulement la force et la puissance de l'Angleterre s'évanouissent et s'éteignent, mais encore que sa grandeur et sa dignité sont sacrifiées. La France, milords, vous a insultés ; elle a encouragé, elle a soutenu l'Amérique. Que l'Amérique ait tort ou raison, la dignité de ce royaume doit être offensée de l'insulte officieuse qui lui est faite par l'intervention française. Les ministres et les ambassadeurs de ceux que nous appelons des rebelles et des ennemis se trouvent en ce moment à Paris, et dans ce lieu les intérêts réciproques de l'Amérique et de la France sont pris en considération. Milords, peut-il y avoir une insulte plus mortifiante? Nos ministres peuvent-ils essuyer une disgrâce plus humiliante? Ressentiront-ils cet outrage ? oseront-ils venger l'honneur et la dignité de l'État en demandant le renvoi des plénipotentiaires américains ? Voilà l'état de dégradation auquel ces hommes ont conduit les gloires de l'Angleterre ; le peuple qu'ils affectent d'appeler rebelle, méprisable, et qui par l'agrandissement de sa puissance a enfin obtenu le nom d'ennemi, le peuple auquel ils nous ont fait déclarer la guerre, et contre lequel ils nous demandent implicitement notre appui pour des mesures désespérées, ce peuple méprisé comme rebelle, et pourtant reconnu comme ennemi, est approvisionné de munitions de guerre; ses intérêts sont comptés, ses ambassadeurs sont reçus par notre ennemi invétéré, et nos ministres n'osent point intervenir. Est-ce là l'honneur d'un grand royaume ? est-ce là l'esprit de l'Angleterre, qui, hier encore, dictait des lois à la famille des Bourbons? Milords, dans une situation comme celle-ci, la dignité de la nation demande que l'on prenne des mesures décisives. Je dirai qu'à l'époque d'Élisabeth, le plus grand souverain peut-être qui ait régné sur le trône, la requête d'un général espagnol, sur un sujet semblable, fut écoutée. Vous vous rappellerez que le duc d'Alva ayant fait des remontrances à cette grande reine, elle refusa aux exilés flamands toute espèce de secours, et même jusqu'à leur entrée dans les possessions anglaises. Ainsi, le comte Lamarque et ses compagnons furent chassés du royaume. »

On ne connaissait point encore en ce moment d'une manière officielle la victoire que le général Howe avait remportée à Brandywine, ni l'occupation de Philadelphie, qui avait été la conséquence de cette victoire; on ignorait également la reddition de Burgoyne. Mais on soupçonnait généralement que la situation de ce général était excessivement critique. Chatam, à ce sujet, s'exprima ainsi :

« La situation désespérée de nos armes dans cette partie du monde est connue ; personne n'a une plus haute opinion que moi de nos troupes; j'aime et j'honore les soldats anglais ; je connais leur vertu et leur valeur ; je sais qu'ils peuvent tout exécuter hors l'impossible. Vous ne pouvez, je le déclare, conquérir l'Amérique ; quelle est donc votre situation actuelle dans cette contrée? Nous n'en connaissons point la partie la plus fâcheuse ; mais nous savons que dans trois campagnes nous n'avons rien fait et que nous avons beaucoup souffert. Indépendamment de ces souffrances et peut-être de la perte totale de l'armée du Canada, la meilleure armée qui assurément ait été mise en campagne, nous savons que sir William Howe s'est retiré devant les troupes américaines; que ce général a été obligé d'abandonner ses premiers plans, et, après de grands retards et de grands périls, qu'il lui a fallu adopter un nouveau plan d'opérations. Nous apprendrons bientôt quels ont été les résultats de ce plan nouveau. Il vous est permis de gonfler vos dépenses, de faire un grand étalage de vos efforts et des espérances que vous pouvez en concevoir ; accumulez en outre tous les secours que vous pourrez acheter, trafiquez avec tous ces misérables petits princes allemands qui ont coutume de vendre leurs sujets à un prince étranger. Mais je vous le déclare, tous vos efforts seront pour toujours vains et impuissants, principalement à cause de cette assistance mercenaire sur laquelle vous comptez ; car une pareille conduite de votre part jette dans l'esprit de vos ennemis des haines implacables. Et comment en pourrait-il être autrement, lorsqu'ils se voient exposés à la rapine et au pillage d'hommes mercenaires; lorsqu'ils se voient voués eux et leurs biens à la rapacité d'une cruauté mise à gages ? Si j'étais Américain comme je suis Anglais, tant que des troupes étrangères seraient dans mon pays, je ne déposerais jamais les armes. » Chatam affirma que l'armée anglaise était infestée de l'esprit de pillage qui distinguait ses alliés; puis, quand il vint à parler des Indiens sauvages, employés dans l'armée anglaise, bien que lui-même eût 19 ans auparavant employé ces mêmes Indiens contre les Canadiens, il parla de cette mesure avec indignation. « Milords, s'écria-t-il, quel est l'homme qui, indépendamment de cette disgrâce pour notre armée, a eu l'audace d'associer à nos armes le tomahawk et le scalpel du sauvage? quel est celui qui a pu contracter une alliance avec les habitants sauvages et inhumains des bois, confier à l'impitoyable Indien la défense de droits qui sont en litige, et livrer nos frères aux horreurs d'une guerre aussi barbare ? Milords, de pareilles énormités crient vengeance, et à moins qu'elles ne soient punies d'une manière exemplaire, elles feront tache au caractère national, comme elles sont une violation de la constitution et même de la loi. Ce n'est pas assez que la force et le caractère de notre armée soient ainsi compromis; qu'elle soit infestée d'un esprit mercenaire, il faut qu'elle soit familiarisée avec les scènes qui appartiennent à la cruauté des sauvages; elle ne pourra plus désormais se glorifier des principes nobles et généreux qui élèvent le soldat; elle ne pourra plus sympathiser avec la dignité de la bannière royale, ni être sensible aux sentiments d'orgueil, qui, dans une guerre glorieuse, fait une vertu de l'ambition. Qu'est-ce qui fait de l'ambition une vertu? C'est le sentiment de l'honneur. Mais le sentiment de l'honneur est-il compatible avec l'esprit de pillage et le meurtre mis en pratique, dont je vous ai parlé? ce sentiment peut-il découler d'un motif mercenaire, peut-il pousser l'homme à commettre des actes cruels? Permettez-moi de demander encore à nos ministres quels sont les autres alliés qu'ils se sont faits, quelles sont les autres puissances qu'ils ont associées à leur cause. Auraient-ils fait alliance avec le *roi des Bohémiens?* car il n'y a rien de misérable qui ne puisse leur être attribué. » Chatam déclara ensuite que les Américains, ou du moins la plupart d'entre eux, étaient pleins d'affection pour la mère patrie, et qu'ils ne s'étaient déclarés indépendants que dans un moment de désespoir et d'angoisse; mais qu'au fond de leur cœur ils étaient disposés à revenir à leur ancienne condition politique. « Milords, s'écria-t-il, personne plus que moi ne désire que l'Amérique reste dans la dépendance de l'Angleterre. Conserver cette condition et repousser l'état d'indépendance dans lequel vos mesures les ont jetés, tel est le but que nous devons nous efforcer d'atteindre. J'aime et j'admire les Américains, combattant pour leurs droits, contre les exactions arbitraires; cette lutte est celle de patriotes libres et vertueux; mais en ma qualité d'Anglais je ne saurais faire des vœux pour le succès, s'ils combattent pour leur indépendance et pour obtenir la disjonction de leur pays d'avec l'Angleterre; car le bonheur et la prospérité des deux pays résident dans une dépendance constitutionnelle légitime et dans l'ancienne suprématie de ce pays pour régler le commerce et la navigation des Américains. L'Amérique a reçu assistance et protection de l'Angleterre, et l'Angleterre de son côté a retiré de l'Amérique d'immenses avantages. L'Amérique, en effet, a été la source de notre richesse, l'un des meilleurs éléments de notre vigueur nationale et la base de notre pouvoir maritime. Il est en conséquence de notre devoir, milords, si nous désirons sauver notre pays, de nous efforcer sérieusement de ramener à nous des sujets aussi utiles. Peut-être le moment actuel est-il le seul dans lequel nous puissions espérer le succès; car les Américains, dans leurs négociations avec la France, ont ou pensent avoir raison de se plaindre de cette contrée. Il est en effet notoire que bien qu'ils aient reçu de cette puissance des approvisionnements importants et des secours de toute espèce, ils s'attendaient à quelque chose de plus décisif et de plus immédiat. L'Amérique boude encore la France, parce que sur quelques autres points la France n'a pas répondu aux attentes de l'Amérique. Prenons donc avantage de ces circonstances; car nous avons outre cela les dispositions de l'Amérique pour l'Angleterre; les habitudes de ses anciennes relations et l'intérêt mutuel qui lie les deux pays. » Chatam insista sur le non-sens du discours royal relativement à l'assurance qu'il donnait des dispositions amicales des puissances à l'égard du royaume de la Grande-Bretagne. Il dit qu'en réalité aucune puissance étrangère ne pouvait être amie de l'Angleterre, et il montra à cette occasion que les intérêts des deux pays étaient tout à fait distincts. Puis il attaqua plus personnellement le ministère, et sembla étonné de ce qu'il osât rester en place. « Je n'appelle point la vengeance du pays, s'écria-t-il, sur les têtes de ceux qui se sont rendus coupables; tout ce que je leur recommande, c'est qu'ils résignent leurs fonctions; qu'ils partent et qu'ils se hâtent, ou bien ils peuvent être assurés qu'un châtiment prompt et sévère les atteindra. » Chatam ajouta que les ministres n'avaient aucune sagacité dans leurs prévisions, aucun esprit de justice et d'humanité dans leurs actes; que, par suite de leurs fautes, la constitution était ébranlée dans ses fondements; il demanda, en conséquence de ce qu'il venait d'exposer, qu'un amendement fût introduit dans l'adresse, pour recommander la cessation immédiate des hostilités et un commencement de traité destiné à rétablir la paix en Amérique, la force et le bonheur en Angleterre. « Il dépend de vous, milords, dit-il en terminant, d'obtenir ces résultats. »

Ce discours, dans lequel Chatam peignait d'une manière si saisissante l'état d'abaissement du pays, produisit une profonde sensation. C'était, en effet, un spectacle nouveau pour l'Angleterre, que des colonies enfantées par elle lui fissent une guerre ouverte; qu'elles réclamassent l'appui d'un pays puissant, tout prêt à le lui accorder. Il y avait surtout quelque chose d'humiliant dans le tableau où Chatam avait montré le gouvernement recourant au scalpel des Indiens pour réduire les Américains, qu'il avait jusqu'à ce jour méprisés et traités de rebelles. Les paroles tombées de sa bouche, alors qu'elle annonçait que l'Angleterre serait impuissante pour triompher de l'Amérique, devaient-elles donc se réaliser? L'Angleterre allait-elle être obligée de renoncer à l'Amérique, dont le sol, dans un avenir rapproché, lui promettait de si grandes richesses? Ces prévisions étaient douloureuses pour le pays. Mais la situation réelle de l'Amérique échappait encore à Chatam, quand il demandait, au moyen de concessions, que l'Amérique restât dans la dépendance de l'Angleterre; et alors qu'il flétrissait avec tant d'énergie l'emploi du scalpel des Indiens, on ne pouvait pas regretter qu'il eût en lui-même recours à de pareils moyens.

Lord Sandwich répondit à Chatam. Il dit que si le discours du noble comte était dépouillé de ses formes élégantes, le fond se réduirait à rien ; que par terre et par mer l'Angleterre avait obtenu des avantages qui pouvaient plus que balancer ses revers ; que la marine anglaise était assez forte pour lutter avec succès contre les forces réunies de l'Espagne et de la France, union qu'il croyait improbable. Il ajouta, que bien loin que les ministres n'eussent point osé faire des remontrances à la France, ainsi que l'avait supposé l'orateur, ils avaient fait ces remontrances, et qu'elles avaient été écoutées en ce sens que la cour de France avait donné des ordres pour fermer ses ports aux corsaires américains; qu'il était possible que la France eût commis des violations au droit des gens; mais que le temps n'était pas éloigné où l'on demanderait à cette nation réparation complète; que lui-même était, comme le préopinant, partisan des voies de conciliation ; mais que la condition *sine quâ non* de ces propositions serait la continuation de la suprématie de l'Angleterre sur l'Amérique, et le droit de l'Angleterre de régler le commerce et la navigation des Américains.

La gravité des circonstances était si vivement sentie, que plusieurs hommes d'État parlaient déjà d'abandonner la guerre d'Amérique. Toutefois cette opinion était celle du petit nombre. Le comte Temple, beau-frère de Chatam, pensait que la guerre contre les Américains ne devait point être abandonnée, à moins que l'Angleterre n'eût obtenu des victoires décisives sur les Américains. Mais dans tout état de cause, il regardait l'Angleterre comme marchant vers sa ruine. La majorité demandait que l'Angleterre conservât sa suprématie et le droit de régler le commerce américain. L'emploi des Indiens préoccupait également les esprits, et tous les membres de la chambre des lords furent unanimes pour déclarer qu'il y avait quelque chose d'odieux dans cette mesure.

Le duc de Richmond dit à ce sujet que les Indiens ne se contentaient pas de tuer leurs prisonniers, mais qu'ils les mangeaient, et que les soldats anglais par ce contact allaient devenir aussi sauvages que leurs alliés. Il montra ensuite les soldats anglais rentrant dans leur pays natal et se livrant à toutes sortes d'excès contre les libertés de la nation. Lord Suffolk, l'un des secrétaires d'État, prit à tâche de justifier l'emploi des Indiens. Il dit que la cause était non-seulement politique et nécessaire, mais qu'en principe elle n'offrait aucune matière à objection. « Cette guerre, s'écria-t-il, n'a point été provoquée par nous : pourquoi donc ne ferions-nous pas usage des moyens que Dieu et la nature ont mis dans nos mains? »

Ces paroles soulevèrent l'indignation de Chatam, et oubliant une seconde fois que, dans d'autres circonstances, lui-même avait autorisé les atrocités des Indiens, « je suis profondément attristé, dit-il, d'entendre mettre en avant des principes aussi inconstitutionnels et aussi barbares. Milords, je n'ai point l'intention de rappeler votre attention sur le sujet que nous venons de traiter; mais je ne puis retenir mon indignation, et mes devoirs d'homme m'obligent à prendre la parole. Milords, comme membres de cette chambre, comme hommes, comme chrétiens, nous devons protester hautement contre de pareilles notions lorsqu'elles sont si rapprochées du trône et qu'elles peuvent frapper les oreilles de Sa Majesté. Dieu et la nature, dites-vous, ont mis dans nos mains de pareils moyens. Je ne sais quelle idée le lord que nous venons d'entendre a de Dieu et de la nature; mais je sais que des principes aussi abominables que les siens sont également détestables aux yeux de la religion et de l'humanité. Quoi! attribuer à l'Être suprême et à la nature la sanction des massacres du scalpel indien, de ces sauvages cannibales qui torturent, tuent, rôtissent, mangent, oui, milords, qui mangent les victimes mutilées de ces batailles barbares! Des principes aussi horribles blessent tous les préceptes de la religion divine et naturelle, et tous les sentiments généreux de l'humanité; ils blessent tous les sentiments d'honneur; ils me blessent, moi qui aime une guerre honorable, mais qui déteste une barbarie sauvage. Ces principes abominables, et la confession plus abominable encore qui vient d'être produite, excitent une indignation profonde; j'en appelle à ces cinq ministres de l'Évangile, ces pieux pasteurs de l'Église (Chatam indiquait le banc des évêques), et je les conjure de se réunir à l'œuvre saint et de venger la religion de leur Dieu; j'en appelle à leur sagesse pour défendre et soutenir la justice de leur pays. Je demande aux évêques d'interposer la sainteté immaculée de leur robe. Je demande aux juges éclairés qui sont dans cette chambre d'interposer la pureté de leur hermine pour nous sauver de cette pollution. J'en appelle à l'honneur de vos seigneuries pour respecter la dignité de vos ancêtres et pour maintenir votre dignité personnelle. J'en appelle à l'humanité de mon pays pour venger le caractère national. J'invoque le génie de la constitution, milords; sur la tapisserie qui orne ces murailles, je vois l'immortel ancêtre de ce noble lord frémir d'indignation à la disgrâce de son pays. C'est en vain qu'il aurait conduit vos flottes victorieuses contre l'invincible Armada; c'est en vain qu'il aurait établi et défendu l'honneur, la liberté et la religion protestante de son pays contre les cruautés arbitraires du papisme et de l'inquisition, si les cruautés, cent fois plus détestables qu'on nous propose, doivent être appliquées à nos colonies, parmi des hommes qui sont encore nos parents et nos amis. Contre qui veut-on envoyer ces impitoyables cannibales qui ont soif du sang de l'homme, de la femme et de l'enfant? Contre qui? contre vos frères protestants pour ravager leur pays, piller leurs demeures, extirper leur race au bruit de ces cris terribles de guerre qui ressemblent aux cris de l'enfer. L'Espagne lança des chiens pour extirper la race des indigènes d'Amérique ; nous allons dépasser la cruauté de l'Espagne. Car ce n'est pas contre des étrangers que nous allons lancer ces cannibales, c'est contre nos frères, contre des compatriotes qui ont le même langage, la même loi, les mêmes libertés, la même religion. Milords, ce triste sujet, si important pour notre honneur, notre constitution, demande une enquête solennelle, et je conjure vos seigneuries de l'examiner avec le plus grand soin! J'implore les cinq prélats de notre religion pour qu'ils nous lavent de pareilles iniquités ! Qu'ils accomplissent une lustration! Qu'ils purifient cette chambre et notre pays d'une pareille honte. Milords, je suis vieux et faible et ne puis en dire davantage; mais l'indignation que j'éprouvais était trop forte pour en dire moins. Le sommeil aurait fui ma paupière, ma tête n'aurait pas reposé tranquille sur mon chevet, si j'avais laissé ensevelir dans mon âme l'indignation que m'inspirent des sentiments aussi énormément indignes! »

Ces paroles chaleureuses produisirent des applaudissements unanimes. Malheureusement on se rappelait que les actes reprochés par Chatam au ministère avec tant d'amertume avaient été commis sous son administration et par ses propres ordres. Aussi n'eurent-elles pas l'effet que leur auteur en attendait. L'amendement à l'adresse fut repoussé à une forte majorité. Dans la chambre des communes, un amendement semblable proposé par le marquis de Granby et appuyé par lord John Cavendish, eut le même sort. L'opposition se concerta alors pour frapper le ministère simultanément dans les deux chambres ; et à cette occasion le duc de Richmond, dans la chambre des lords, demanda une enquête sur l'état du pays et la production des pièces relatives aux affaires extérieures. L'enquête fut accordée.

Sur ces entrefaites, la capitulation de Burgoyne à Saratoga vint à la connaissance du gouvernement, et le colonel Barré, à la chambre des communes, interpella lord George Germaine, secrétaire d'État, à ce sujet. Germaine dit qu'il avait effectivement reçu cette malheureuse nouvelle, mais qu'elle n'était point encore officielle, et il demanda à la chambre de suspendre son jugement, en déclarant que s'il avait été en faute dans le plan de l'expédition, il était prêt à répondre de ses actes. Le solliciteur général Wedderburn ajouta que la grandeur du caractère national se montrait principalement dans de pareilles circonstances; que ce n'était point la première fois qu'une armée anglaise avait été réduite à une pareille extrémité ; que pendant la guerre de la succession, le général Stanhope avait été obligé en Espagne de se rendre prisonnier avec toute son armée, mais que cette disgrâce n'avait servi qu'à faire naître une ardeur pleine d'enthousiasme dans l'armée; qu'il en serait ainsi dans la guerre de l'Amérique. Lord North, pour mettre fin à ce débat inquiétant, appela l'attention de la chambre sur les questions mises à l'ordre du jour.

Mais l'opposition trouvait dans la défaite du général Burgoyne une occasion trop favorable pour ne point renouveler ses attaques. Dans la chambre des lords, le marquis de Rockingham, les ducs de Richmond et de Manchester, lord Shelburne et les autres membres du parti convinrent qu'une motion serait faite pour demander la production des instructions données par le gouvernement au général vaincu. Chatam, qui fut chargé de présenter la motion, commença sa harangue en disant que le discours de la couronne contenait un tableau infidèle de l'état des affaires publiques ; puis il déplora le sort de Burgoyne en termes pathétiques, et après avoir parlé avec chaleur du mérite de cet officier, il fit retomber l'insuccès de la campagne sur les instructions qui lui avaient été données par les ministres. « Quelle est la cause principale des malheurs de ce général? s'écria-t-il ; c'est le manque d'habileté du ministère, c'est le peu de sagesse des membres du conseil. » Chatam revint encore sur l'emploi des Indiens dans les armées anglaises ; il dit que s'il avait servi dans l'armée, il se serait plutôt mutiné que de consentir à agir avec de pareils barbares. Lord Gower, en réponse, ayant répété que Chatam n'avait pas agi différemment que le ministère, à une époque antérieure, Chatam se leva ; puis, s'adressant directement au préopinant, il dit qu'à l'époque en question, lord Gower avait trop peu d'expérience ; qu'il était trop étourdi et trop dissipé pour connaître quelque chose dans les affaires publiques. Cette personnalité tourna contre Chatam ; lord Gower ayant produit le journal de la chambre, il y montra un traité fait avec les Indiens lorsque le comte était ministre. Aux termes de ce traité, les Indiens étaient engagés à faire la guerre aux Français canadiens et à les détruire par tous les moyens possibles. Lord Hammerst, général de la création de Chatam, qui avait commandé les troupes anglaises dans la guerre du Canada, prit ensuite la parole, et déclara qu'il avait effectivement employé des sauvages, et qu'il n'eût point adopté de pareilles mesures s'il n'eût reçu des ordres exprès de son gouvernement. Lord Dunmore, ancien gouverneur de la Virginie, ajouta, en faveur des ministres, que les Américains avaient eux-mêmes fait des efforts extraordinaires pour engager les Indiens à embrasser leur cause, et que la cruauté de quelques colons égalait, si elle ne surpassait pas celle des Indiens.

Ces débats, que nous chercherions vainement à revêtir des tons chaudement colorés que leur donnait l'état de crise dans lequel se trouvait l'Angleterre, durent puissamment gêner l'action du ministère, et en ne songeant qu'à leurs effets les plus immédiats, on s'explique en quelque sorte comment avec des ressources aussi considérables, le gouvernement, depuis 1775, époque à laquelle il avait pris la résolution de déployer de grandes forces pour obliger les Américains à la soumission, n'avait encore remporté que des avantages insignifiants et essuyé plusieurs défaites signalées. Une pareille désunion, dans un moment aussi solennel, ne pouvait que servir d'encouragement aux Américains, parce qu'elle les tenait au courant de chaque chose, et les éclairait sur l'état réel de la force ou de la faiblesse de l'Angleterre. La publicité, dans de pareilles circonstances, présente quelquefois de grands inconvénients. Néanmoins on ne peut se dissimuler que cette publicité ne déblaye la question, et qu'en mettant à nu la responsabilité des ministres, ceux-ci ne redoublent d'efforts pour emporter le point capital, c'est-à-dire pour faire triompher la politique qu'ils se sont proposé de suivre.

C'est ce que faisait en ce moment le ministère North. La capitulation du général Burgoyne, en donnant à la lutte le caractère de grandeur qui lui appartenait, provoqua de sa part des mesures énergiques. Le nombre des matelots pour l'exercice de l'année suivante fut porté à 60,000, et celui des troupes de terre qui devaient être employées en Amérique, à 55,000. Dans le même temps, il stimulait la nation à s'associer à ses dispositions. Liverpool leva un régiment à ses propres frais ; Manchester en leva un autre ; Glascow et Édimbourg suivirent cet exemple. Les corporations de Londres et de Bristol rejetèrent des propositions qui leur furent faites au même effet, parce que ces corporations étaient sous l'influence whig ; mais des souscriptions particulières furent ouvertes dans chacune de ces villes ; des sommes considérables furent données, et 15,000 soldats furent levés par ces différents moyens ; de plus, un grand nombre de villes maritimes armèrent des corsaires destinés à courir sur les bâtiments américains et français.

De son côté, l'opposition était résolue à faire de ces manifestations nationales le texte de nouvelles attaques contre le ministère. L'opposition, dans les gouvernements parlementaires, peut être regardée comme composée de deux grands partis : l'un, sans vouloir le renversement du principe établi, trouve constamment mal ce qui est fait par d'autres que par lui ; l'autre se subdivise en mille fractions différentes, toutes hostiles l'une à l'autre, mais faisant cause commune pour abattre ce qui existe, sous la réserve de se quereller plus tard pour assurer le triomphe de leurs idées respectives. Ce dernier parti, bien qu'il soit considérable par le nombre, n'est point redoutable, parce qu'il manque de cohésion et qu'il ne sait que battre en brèche les doctrines de ses adversaires, dans l'impossibilité où il est d'édifier lui-même. Le premier est puissant, parce qu'il sait où frapper son adversaire et comment il peut le gêner dans ses mouvements. Or, les deux partis faisaient en ce moment l'abandon de leur différend, pour se liguer entre eux.

Il y eut des souscriptions pour les prisonniers de guerre américains, et on chercha à apitoyer la nation sur le sort de ces prisonniers, en disant qu'ils ne recevaient aucun secours de leur pays, de leur gouvernement et de leurs familles. Ensuite l'opposition attaqua la conduite de Liverpool et des autres villes qui avaient levé des régiments à leurs propres frais, et déclara que cette conduite était répréhensible au premier chef. Le débat fut porté dans la chambre des communes. Sir Jemmings Clarke, après avoir demandé aux ministres le nombre des troupes qui avaient été ainsi levées et quels étaient les noms des officiers qui les commandaient, accusa le gouvernement d'avoir enrégimenté ces hommes sans le consentement du parlement, et il dit, à cette occasion, que les ministres entretenaient des desseins coupables contre les libertés du pays. Lord North, en réponse, soutint que les faits dont arguait l'opposition, ne prouvaient rien, sinon que le peuple ressentait les injures faites au roi et au pays ; que la guerre américaine était populaire, et que l'Angleterre n'était point dans cet état désespéré que représentait une faction jalouse et impatiente. Le ministre ajouta qu'en l'année 1745 et en l'année 1759, alors que Chatam était ministre, des régiments et des compagnies indépendantes avaient précisément été levés de la même manière, et qu'au lieu de regarder cette pratique comme dangereuse et illégale, Chatam avait remercié publiquement et solennellement ceux qui avaient levé des troupes pour l'honneur et la gloire de leur pays.

La réponse du ministre aux attaques de l'opposition indiquait de la part du gouvernement l'intention de réduire par la force des armes ceux qu'il appelait des rebelles. Cependant, après avoir demandé aux deux chambres des secours en hommes et en argent et avoir donné une approbation publique aux manifestations belliqueuses des villes du royaume, le ministère songeait encore à employer les voies de la conciliation. Le 17 février, il présenta à cet effet deux bills, l'un destiné à faire connaître aux Américains les intentions du parlement de la Grande-Bretagne relativement à l'examen du droit qu'il se réservait de taxer les colonies ; l'autre avait pour but d'autoriser le roi à nommer des commissaires munis de pouvoirs suffisants pour traiter avec les insurgés et prendre les moyens les plus convenables pour rétablir la tranquillité. D'après lord North, le premier de ces bills devait calmer les Américains au sujet de la taxation ; par le second, il voulait que les commissaires fussent autorisés dans leurs mandats à traiter avec le congrès et à considérer cette assemblée comme un corps légalement constitué. Le ministre dit que les événements de la guerre n'avaient point répondu à son attente ; mais que l'Angleterre, si elle n'était point déchirée par les factions, était aussi fertile qu'à aucune autre époque de son histoire, qu'elle était dans une situation à poursuivre la guerre, à lever de nouvelles armées et à augmenter sa marine, qui n'avait jamais été dans une condition aussi belle. Un long silence suivit ce discours, qui avait été écouté avec une religieuse attention ; puis Fox, faisant allusion au plan de conciliation proposé par le ministre, félicita celui-ci sur un ton sarcastique d'être enfin devenu un prosélyte des doctrines professées par son honorable ami Burke trois ans auparavant. « Mais, dit-il, les temps sont changés, le plan de conciliation qui vous est proposé est inutile. » Fox attribua tous les malheurs du pays à l'ignorance dans laquelle avait été lord North sur la situation des esprits en Amérique.

La coopération de la France avec les colonies américaines avait acquis en ce moment une grande consistance, et dans la chambre des communes, Charles Fox interpella le ministre à ce sujet: « Des bruits d'une nature alarmante se sont répandus, dit-il; on assure que la France vient de signer un traité avec les Américains ; on dit que cette puissance contracte une alliance étroite avec l'Amérique. » Puis, s'adressant directement au banc de la trésorerie, il demanda aux ministres si ces bruits étaient faux. Lord North garda le silence ; et la question lui ayant été de nouveau posée, le ministre, après avoir balbutié pendant quelque temps, et, comme un homme atterré sous le poids de son émotion, déclara que la triste nouvelle lui était parvenue ; mais il ajouta qu'il ne l'avait pas reçue d'une manière officielle, et que par conséquent il ne pouvait en affirmer ni en nier l'authenticité. Alors l'opposition déclara que les deux bills proposés par North n'avaient d'autre but que de tromper le peuple et de suspendre pendant quelque temps la vengeance de la nation, qui se dressait menaçante sur la tête des ministres. Dans la chambre des lords, les débats au sujet des deux bills furent également orageux. Le duc de Richmond, ayant lu la déclaration de l'indépendance américaine, demanda aux ministres s'ils avaient l'intention de souscrire aux assertions qui y étaient renfermées, et dans lesquelles on disait que le roi était un tyran, les cours de l'amirauté un abus, et que la tyrannie du roi justifiait la séparation entre l'Angleterre et l'Amérique. Le duc soutint que les bills proposés, au lieu de rendre au pays l'affection des Américains, seraient comme une trompette guerrière pour toutes les nations voisines ; que les Américains reconnaîtraient sans peine dans cette concession le fruit de l'alliance française, et il affirma que les ministres avaient envoyé des agents à Paris pour traiter avec le docteur Franklin et Silas Deane, mais que ceux-ci avaient rejeté avec mépris leur proposition. Dans l'absence de Chatam, retenu chez lui par la goutte, lord Shelburne, qui était regardé comme l'organe de la pensée de cet homme d'État, s'opposa aux deux bills. Selon Shelburne, adopter de pareils bills, c'était consacrer l'indépendance américaine. Un membre proposa à la chambre d'ordonner qu'aux mandats qui seraient remis aux commissaires, il fût ajouté une clause portant qu'il leur serait permis, dans le cas où les hommes d'État américains avec lesquels ils viendraient à traiter leur demanderaient le renvoi d'un ministre, de souscrire à cette condition, et cette étrange proposition réunit trente-cinq voix.

Tandis que les deux chambres se livraient à ces discussions orageuses, le gouvernement était informé d'une manière officielle des succès qu'avaient eus à Versailles les négociations du célèbre Franklin. Aussitôt lord North présenta un message du trône à la chambre des communes. Ce message portait que le roi de France avait conclu un traité d'amitié et de commerce avec les Américains. Il déclarait aux communes que le roi se reposait pleinement sur l'affection de son peuple pour repousser une pareille insulte et maintenir la considération et l'intégrité du pays. Lord North ayant demandé qu'une adresse fût votée au roi, la motion du ministre ne rencontra point d'opposition. Toutefois un membre déclara que le seul moyen d'avoir la paix en ce moment était de reconnaître l'indépendance américaine ; qu'il était possible d'opérer une réaction à ce prix, si le parlement y consentait ; il ajouta que, si l'on traitait, l'une des premières demandes des Américains serait assurément le remboursement des dépenses qu'ils avaient souffertes pendant la guerre, et que, comme le payement de ces dettes en argent serait impossible, le gouvernement anglais aurait à sacrifier le Canada, la Nouvelle-Écosse et les pêcheries de Terre-Neuve.

Ce moment était solennel pour l'Angleterre. Le traité d'alliance conclu entre la France et l'Amérique lui donnait un témoignage irrécusable de l'inutilité des espérances qu'elle avait fondées de résoudre la question américaine autrement que par la voie des armes ; et la nation reconnut qu'on ne pouvait attendre aucune amitié d'un peuple qui, malgré les liens d'une commune origine, s'était uni aux rivaux les plus anciens du pays. La vieille haine nationale contre la France rapprocha les partis, et comme l'état d'irritation dans lequel se trouvait l'Irlande aggravait la situation, des concessions lui furent faites. A cette occasion, Edmond Burke, l'un des hommes les plus éloquents que l'Irlande ait produits, exposa à la chambre les grandes ressources de son pays natal, et l'injustice que lui causait la jalousie de l'Angleterre dans les règlements de son commerce. Burke et lord Nugent, son ami, demandaient que les Irlandais fussent autorisés à exporter tous les articles des manufactures irlandaises (à l'exception des articles de laine), dans des navires anglais, à la côte d'Afrique et dans les autres possessions anglaises, et d'importer des mêmes lieux toute espèce de marchandises, à l'exception de l'indigo et du tabac. Ces deux hommes d'État auraient voulu, en outre, que les Irlandais fussent autorisés à exporter en Angleterre, libres de droits, des cotons filés, des toiles à voiles et des cordages des fabrications irlandaises. Deux bills ayant été présentés à cet effet, le corps du commerce prit l'alarme, et une foule de pétitions furent envoyées à la chambre des différentes parties de l'Angleterre. La grande cité commerçante de Bristol, qui avait Burke pour son représentant au parlement, l'invita à renier ce qu'elle appelait une hérésie commerciale : mais Burke refusa avec noblesse. « Si, dit-il, par ma conduite je perds le suffrage de mes mandataires aux élections prochaines, cette conduite servira du moins d'exemple aux futurs représentants des communes d'Angleterre, en montrant qu'un homme a osé résister au désir de ses constituants, lorsque son jugement lui disait qu'ils avaient tort. Cette conduite fut approuvée par les deux bancs de la chambre, et les deux bills furent adoptés à une grande majorité.

Burgoyne, dont la défaite avait causé une si vive sensation, avait obtenu sa liberté sur parole, et il avait usé de cet avantage pour revenir en Angleterre. S'étant présenté à la chambre des communes dont il était membre, une motion fut faite tendant à connaître la convention de Saratoga, et les moyens par lesquels le général avait obtenu sa liberté. Burgoyne expliqua d'abord l'emploi des Indiens, qui avaient pendant si longtemps servi de texte aux déclamations de lord Chatam ; il nia que de grandes cruautés eussent été commises ; selon lui, les services que rendaient les sauvages en campagne étaient exagérés ; mais il dit que lorsqu'ils étaient réunis à une armée régulière, et sous la surveillance d'un chef comme ils avaient été sous la sienne, il n'y avait aucun inconvénient à se servir d'eux. Burgoyne se plaignit avec amertume des bruits injurieux qui avaient été répandus sur son compte et celui des braves gens qui avaient combattu sous ses ordres. « Ces hommes, s'écria-t-il, ont été aussi généreux au moment de la victoire qu'ils ont été fermes dans l'adversité. » Burgoyne accusa ensuite lord George Germaine, secrétaire d'État, d'être son ennemi personnel, et lui attribua l'insuccès de la campagne. Le secrétaire d'État répondit qu'une cour martiale trancherait cette question. Ces paroles ayant déplu à l'opposition, un membre du nom de Temple Luttrell rappela à cette occasion la cour martiale devant laquelle avait comparu lord George Germaine lui-même, après la bataille de Minden ; puis il fit une comparaison entre Burgoyne et Germaine au désavantage de ce dernier, qu'il accusa de s'être caché au moment du danger. Lord George, dans un accès de rage, jeta les paroles les plus insultantes à la tête de son adversaire, et dit qu'il aurait raison de l'outrage. Mais le speaker intervint dans la querelle, et obligea les deux membres à se faire mutuellement des excuses.

Le bruit d'un changement de ministère que propageait l'opposition augmentait l'agitation générale. L'opposition prétendait que Chatam était le seul homme d'État capable de faire face aux difficultés de la situation, et que le roi commençait à revenir des préventions qu'il nourrissait contre le noble comte. Les amis officieux ajoutaient que lord Bute, rendant justice aux talents de lord Chatam, avait lui-même recommandé avec instance au roi la rentrée aux affaires de son ancien antagoniste. Thomas Coutts, célèbre banquier du Strand, qui avait des relations avec les personnages les plus distingués du pays, écrivit même à ce sujet une lettre à la comtesse de Chatam. « Comme on ne doit point espérer, disait-il dans cette lettre, que la paix puisse se faire avec l'Amérique tant que les membres de la présente administration seront en place, je pense que le roi serait très-content de recevoir en ce moment une proposition de la seule personne qui puisse réussir dans une affaire aussi essentielle à la prospérité et même à l'existence de la Grande-Bretagne comme nation, pourvu que cette proposition fût accompagnée d'une offre par laquelle on s'engagerait à agréer dans le cabinet un seigneur qui fût à la convenance du roi. La personne de lord Rochford pourrait, je pense, être agréable à Sa Majesté ; le roi n'aurait aucune objection contre ce lord. » La comtesse répondit à Thomas Coutts, en lui disant que dans la situation désespérée où était le pays, une œuvre aussi difficile que celle qui était proposée ne pouvait être entreprise sans un ordre exprès de la cour. Ces bruits n'étaient point fondés, le roi ne songeait point à se séparer de ses ministres.

D'un autre côté, le rappel de Chatam au pouvoir n'eût point donné à la question américaine une solution satisfaisante, comme on semblait l'espérer. En effet, le désaccord régnait parmi les membres de l'opposition quant aux mesures à prendre à l'égard de l'Amérique, dans la nouvelle position qu'elle s'était faite en s'alliant à la France. Le duc de Richmond et le marquis de Rockingham auraient voulu que l'Angleterre ne s'engageât point dans deux guerres, mais que l'on reconnût l'indépendance des colonies, pour les détacher de la France. Toutefois ils étaient de cet avis, que l'indépendance de l'Amérique serait une calamité pour l'Angleterre. Chatam repoussait l'opinion de Richmond et insistait encore pour que de larges concessions fussent faites à l'Amérique, dans la conviction que ces concessions suffiraient pour ramener la bonne intelligence entre les deux pays. Comme son opinion n'était point partagée par les principaux chefs de l'opposition, Chatam, dans le but d'éviter une collision, voulut d'abord se tenir à l'écart et ne point paraître à la chambre des lords ; mais le duc de Richmond ayant exprimé ses regrets à cet égard, Chatam répondit au duc qu'il revenait de sa première décision, et qu'il se rendrait à la chambre des lords.

Cet homme d'État, sur lequel toute l'Angleterre avait en ce moment les yeux, n'avait plus que quelques jours à vivre. Cet événement, qui fait époque dans l'histoire de l'indépendance américaine, a été raconté par M. Villemain, et voici les couleurs brillantes que lui a données l'écrivain français. « Le duc de Richmond, dit-il, doit proposer à la chambre des pairs une adresse pour solliciter la fin de la guerre et la reconnaissance de l'affranchissement de l'Amérique. Chatam touchait à sa soixante-dixième année; ce corps, dévoré par les passions de la tribune, s'affaiblissait chaque jour; une effrayante maigreur avait altéré ses traits encore majestueux. Quand il apprend cette nouvelle, il se fait conduire à la chambre des lords; on voit ce vénérable vieillard qui arrive pâle comme la mort, mais richement vêtu, comme s'il eût affecté quelque chose de solennel et de pompeux dans ce dernier jour. Il est appuyé sur son fils, William Pitt, qui devait être un si grand homme. Aussitôt qu'il paraît, la chambre se lève et le laisse respectueusement passer. Il se rend à son banc. Le duc de Richmond propose le projet d'adresse pour abandonner l'Amérique. Chatam se lève alors, et après quelques mots sur sa longue absence et ses infirmités: « Milords, dit-il, je me réjouis de ce que la tombe n'est pas encore fermée sur moi, de ce que je suis encore vivant pour élever ma voix contre le démembrement de cette ancienne et très-noble monarchie. Courbé comme je le suis par la main de la douleur, je suis peu capable d'assister mon pays dans cette périlleuse conjoncture. Mais, milords, tant que je garde le sentiment et la mémoire, je ne consentirai jamais à priver la royale postérité de la maison de Brunswick et les descendants de la princesse Sophie, de leur plus bel héritage.

« Où est l'homme qui ose conseiller un tel sacrifice? Milords, Sa Majesté fut appelée par succession au gouvernement d'un empire aussi vaste que sa gloire était éclatante; ternirons-nous la gloire de cette nation par un lâche abandon de ses droits et de ses plus précieux domaines? Ce grand royaume qui a survécu tout entier aux déprédations des Danois, aux irruptions des Écossais, et qui arrêta l'invasion de l'Armada d'Espagne, tombera-t-il devant la maison de Bourbon? Sûrement, milords, cette nation n'est plus ce qu'elle était: un peuple qui était, il y a dix-sept ans, la terreur du monde, descendre si bas, que de dire à son ancien et implacable ennemi: « Prenez tout ce que nous avons, seulement donnez-nous la paix? » Cela est impossible.

« Je ne fais la guerre à aucun homme, à aucun parti; je ne désire pas leurs emplois; je ne voudrais pas m'associer à des hommes qui persistent encore dans leur erreur, ou qui, au lieu de marcher sur une ligne droite, font halte entre deux opinions qui n'admettent pas de milieu. Mais, au nom de Dieu, s'il faut absolument se déclarer pour la paix ou pour la guerre, et si l'une ne peut être maintenue sans honneur, pourquoi l'autre n'est-elle pas commencée sans hésitation? Je ne suis pas, je l'avoue, exactement informé des ressources de ce royaume, mais, sans les connaître, je suis convaincu qu'il en a de suffisantes pour défendre ses justes droits. Et puis, milords, toute situation vaut mieux que le désespoir; faisons du moins un effort, et s'il faut tomber, tombons comme des hommes. »

« Que voulait lord Chatam? Une chose grande, hardie, généreuse, une déclaration de guerre à la France. Il voulait que la protection accordée par la France aux insurgés d'Amérique fût prise pour une guerre commencée et rendue. Quand il eut parlé, au milieu du trouble de l'assemblée, le duc de Richmond dit en peu de mots: « Que s'il est une autre voie pour tirer l'Angleterre du péril où elle se trouve, il faut l'indiquer; que s'il est un homme d'État qui puisse le faire, sans doute c'est lord Chatam. » A ces paroles, lord Chatam se lève avec effort; mais obsédé de sa douleur, et peut-être de l'impuissance de ses pensées contre une si grande difficulté, il retombe et s'évanouit; son fils et ses amis l'emportent dans leurs bras, et l'assemblée émue se sépare. Il languit quelques jours, et expira avec le profond regret de voir qu'après tant d'avertissements méconnus, et pour n'avoir pas fait à temps ce que demandait la justice, on faisait avec faiblesse plus qu'elle n'aurait voulu. »

Le soir de la mort de Chatam, le colonel Barré, après avoir annoncé la triste nouvelle dans la chambre des communes, demanda qu'une adresse fût envoyée au roi, pour que les restes de l'illustre défunt fussent inhumés, aux frais publics, dans l'abbaye de Westminster, et un membre du parti de la cour, qui savait que des funérailles publiques ne seraient point agréables au roi, ayant dit qu'un monument élevé à la mémoire de Chatam témoignerait mieux de l'admiration et de la gratitude du public, l'opposition s'empara de la proposition, et fit une motion pour que, indépendamment des funérailles, on élevât un monument à Westminster en l'honneur du comte. Lord North, qui entrait en ce moment dans la chambre, déclara qu'il était heureux d'arriver assez tôt pour donner son vote à la motion, qui fut alors adoptée à l'unanimité. Quelques jours après, John Cavendish annonça à la chambre que Chatam était mort avec des dettes considérables, et demanda qu'une adresse fût envoyée au roi, pour le prier de faire une pension convenable à la famille du feu comte de Chatam; la motion fut acceptée. Une pension de 4,000 livres sterling (100,000 fr.) fut allouée aux héritiers, ainsi que 20,000 liv. sterl. (500,000 fr.) pour payer ses dettes. La mort du noble lord causa une sensation générale. Le conseil commun demanda que les restes de Chatam fussent enterrés à Saint-Paul; et des ordres ayant été déjà donnés pour qu'on les transportât à l'abbaye de Westminster, il sollicita la permission d'assister aux funérailles en costume. Le corps resta exposé pendant deux jours, et, après cette cérémonie, il fut transporté à Westminster.

Nous empruntons encore à M. Villemain le magnifique parallèle qu'on va lire, ainsi que le portrait qui l'accompagne; ces lignes, dans lesquelles on reconnaît la haute portée du penseur et de l'homme d'État, jointe à la touche élégante du littérateur, vont nous montrer quel était ce lord Chatam, si prompt à monter sur la brèche, et si ardent dans la mêlée parlementaire. « Que votre imagination se représente, dit M. Villemain, cette destinée si belle de lord Chatam; que, d'une autre part, elle se souvienne de ces destinées de quelques hommes d'État trop loués par la servilité même de la postérité (car la postérité est quelquefois servile à sa manière et par tradition); qu'elle se ressouvienne d'un Richelieu, d'un Mazarin, de ces hommes qui, avec du génie sans doute, ont dominé ou par le despotisme cruel, ou par la ruse; qu'elle se représente les derniers jours de Richelieu traversant la France avec la haine publique; tantôt suivi sur le fleuve qu'il remonte d'une barque où sont enchaînées ses victimes; tantôt porté dans une chambre de bois que soutiennent vingt-quatre de ses gardes, faisant abattre, pour passer, les murs des villes, et venant sur son lit de mort triompher à Paris du supplice de ses ennemis; ou bien regardez la mort de Mazarin, dans les Mémoires de son favori Brienne; voyez-le dans son palais rempli de ses rapines et de ses vols, dans sa riche galerie de peinture, tremblant et livide à l'aspect de la mort qui arrive et qu'il ne peut fuir; puis voyez lord Chatam, le plus grand citoyen de son pays, dont il fut le plus grand ministre, mourant à la tribune au milieu du culte de ses concitoyens, mourant de l'humiliation passagère de son pays, et lui laissant par son nom une gloire immortelle. »

Après cette appréciation, si brillante par la forme et si vraie quant au fond, de la supériorité d'un État libre comme l'Angleterre sur un État monarchique comme la France sous Richelieu et Mazarin, M. Villemain juge de la manière suivante le caractère politique de lord Chatam : « Ne vous attendez pas, dit-il, à voir le ministère de lord Chatam marqué seulement par des actes de justice, des perfectionnements de liberté; comme la constitution anglaise est fixée, développée depuis longtemps, le génie politique se montre, et la popularité s'obtient dans ce pays beaucoup moins par l'adoption de généreux principes que par l'habile intelligence des intérêts britanniques. Ce William Pitt, si grand aux yeux de ses concitoyens, si national, vénéré comme le défenseur le plus pur et le plus invariable des principes de liberté, vous ne trouverez dans ses discours que peu de théories généreuses ; il eut rarement l'occasion ou le besoin de les exprimer, hormis dans les grandes et dernières circonstances de sa vie ; c'est un patriote anglais bien plus qu'un ami spéculatif de la liberté. C'est surtout en agissant avec passion pour les intérêts de son pays qu'il manifeste son esprit national. Sans doute il ne conçoit pas la grandeur de l'Angleterre sans liberté légale ; mais, rassuré par les lois, c'est surtout de cette grandeur qu'il s'occupe. Incorruptible défenseur des droits du peuple anglais, ami des principes pour l'Angleterre, il n'a pas, avec les nations étrangères, beaucoup plus de scrupules qu'un ancien Romain. Dès sa jeunesse, on avait dit de lui qu'il avait la vertu d'un Romain et les nobles manières d'un courtisan français ; mais cette vertu de Romain, c'était l'intérêt de l'Angleterre avant tout. Ainsi, ce ministère attendu, annoncé avec éclat, ce ministère qui fit l'orgueil et la gloire de sa vie, ne vous imaginez pas qu'il ait eu pour résultat un certain nombre de lois favorables à la liberté et l'accomplissement de quelques théories bienfaisantes. Il fut tout politique, tout dirigé dans l'intérêt de l'Angleterre au dehors. William Pitt ne considéra pas l'Angleterre comme un État dont les relations intérieures ont besoin d'être perfectionnées au profit de la justice et de la liberté, mais comme une puissance établie qu'il fallait agrandir et faire dominer sur toutes les autres puissances. Son ministère fut surtout un ministère de conquête et d'envahissements au dehors. »

Ainsi fut Chatam. Cet homme d'État, comme le dit si justement M. Villemain, était doué d'une éloquence extraordinaire, et l'écrivain français en fait avec raison l'égal de Démosthène : peut-être même surpassa-t-il l'orateur athénien par les images brillantes dont il savait colorer ses harangues, et la promptitude avec laquelle il rendait ses pensées. Mais Dieu, en donnant à Chatam le talent de la parole, lui avait refusé cette haute pénétration, privilége du petit nombre, qui permet à l'homme public d'apprécier exactement les hommes et les choses. Chatam, avec un esprit ardent à concevoir, n'embrassait point les conséquences un peu lointaines d'un acte politique. A l'avénement de George III au trône, il avait poussé l'Angleterre dans une guerre contre la France, et cette guerre, bien qu'elle eût agrandi les possessions de la couronne, avait été en définitive ruineuse pour le pays, en ce sens qu'elle lui avait suscité de grands embarras financiers, et qu'elle fut l'une des causes du concours donné par la France aux colonies américaines. L'idée que réchauffait Chatam de rétablir la bonne harmonie entre l'Amérique et l'Angleterre par de larges concessions, était une idée fausse. Jamais l'Amérique n'eût consenti à se replacer sous la dépendance de la Grande-Bretagne, après une épreuve dans laquelle elle avait obtenu les premiers avantages. Ajoutons qu'une ambition de popularité dévorait Chatam, passion si désordonnée chez lui, que pour la satisfaire il fit fréquemment le sacrifice des opinions qu'il avait soutenues avec le plus d'énergie. Chef de l'opposition, on le voit déclamer avec chaleur contre les projets de la couronne, projets qu'il dénonce comme funestes au pays. Mais, devenu ministre, Chatam n'est plus le même homme : le passage des bancs de l'opposition aux bancs du ministère a opéré une conversion subite dans ses idées. Il soutient les projets qu'il a combattus, et en déclare l'exécution utile et nécessaire à l'Angleterre. Il est vrai que de pareilles oscillations sont fréquentes parmi les hommes d'État ; nous les verrons en effet se reproduire quand nous viendrons à parler de quelques hommes d'État fameux comme lui. Mais on ne saurait trop les blâmer, surtout quand elles ont pour objet, comme cela eut lieu pour Chatam, un motif d'ambition personnelle. Nous allons reprendre notre récit.

Les résultats généraux des opérations militaires de 1778 en Amérique nous sont connus. Philadelphie avait été évacuée par les troupes anglaises, et la flotte qui était en Amérique, après avoir perdu un grand nombre de navires, s'était vue bloquée dans le port de New-York par la flotte française. Dans la Manche, les amiraux Keppel et Palliser ayant rencontré la flotte française commandée par d'Orvilliers, n'avaient obtenu qu'un avantage contesté, après une grande perte d'hommes et des avaries considérables.

Le parlement s'étant assemblé (le 25 novembre), le roi, dans son discours d'ouverture, déclara que la conjoncture actuelle demandait l'attention la plus sérieuse; puis il parla de la conduite de la France, qui, dit-il, en temps de paix et sans le moindre sujet de plainte, avait troublé le repos de l'Angleterre en violant les traités antérieurs; il dit que les commissaires nommés l'année précédente avaient échoué dans leurs négociations, et que, dans cet état de choses, alors que l'honneur national et la sécurité du pays appelaient si hautement des efforts actifs, il ne pouvait douter que les deux chambres ne lui accordassent un concours entier. « De la vigueur de vos conseils, dit-il, et de l'intrépidité de mes officiers de terre et de mer, j'espère, sous l'égide de Dieu, tirer les moyens de venger et de maintenir l'honneur de ma couronne et de soutenir les intérêts de mon pays contre tous ses ennemis. » Dans la discussion de l'adresse, Charles Fox attaqua le ministère au sujet des opérations des amiraux Keppel et sir Hugh Palliser. Selon Fox, ces amiraux auraient dû détruire la flotte de d'Orvilliers et arrêter d'Estaing à temps pour qu'il n'allât point en Amérique. Keppel, qui appartenait à la chambre des communes et qui était whig, fit retomber l'insuccès de l'expédition sur Hugh Palliser, qui était tory, en disant qu'il n'avait point obéi à ses signaux; et, sur la motion d'un membre, il fut décidé que Keppel aurait à rendre compte de sa conduite devant une cour martiale.

Le procès eut lieu à Portsmouth, et il se termina par un acquittement honorable pour l'amiral Keppel, à la grande joie des whigs. Mais le peuple de Londres qu'alarmaient les défaites successives essuyées par les armées anglaises, se porta aussitôt vers la maison de sir Hugh Palliser et y causa de grands dommages. La foule se dirigea ensuite sur la demeure de lord George Germaine et de lord North, et en brisa les fenêtres. Les troupes accoururent et parvinrent à dissiper l'émeute en faisant seize prisonniers. Sir Hugh Palisser demanda alors à justifier sa conduite devant une cour martiale, ce qui lui fut accordé. Il fut également acquitté, mais la sentence déversait sur lui une espèce de blâme. L'opposition déclara que cet acquittement était dû aux machinations des ministres. L'opposition voulut ensuite examiner les opérations de l'armée de terre, et elle demanda à cette occasion que tous les documents relatifs à la convention de Sarragota lui fussent transmis. Lord North ne s'opposa point à cette demande.

La situation du pays se compliquait encore par l'état de l'Irlande et l'attitude hostile que prenait l'Espagne. Nous avons dit que la législature avait accordé à l'Irlande des encouragements pour la culture du tabac, du chanvre et des manufactures des toiles, et d'autres avantages; mais ces mesures n'avaient point satisfait les Irlandais, qui, excités par les succès des Américains, voulaient aussi conquérir leur indépendance: à Dublin, à Cork, à Kilkenny et dans d'autres lieux, des associations s'étaient formées pour repousser toute marchandise anglaise qui pourrait être manufacturée autre part qu'en Irlande, jusqu'à ce que le gouvernement anglais eût délivré le commerce irlandais du joug qui pesait sur lui. Cette démonstration fut accompagnée de circonstances alarmantes. Des associations de volontaires, qui s'habillaient et s'armaient à leurs dépens, commencèrent à se répandre dans toute la contrée, ce qui obligea le gouvernement à entretenir une force armée en Irlande, alors qu'il avait déjà tant à faire en Amérique. Dans la chambre des lords, le marquis de Rockingham, après avoir demandé la production de tous les documents qui étaient relatifs au commerce d'Irlande, réprimanda la conduite du gouvernement dans cette contrée depuis l'année 1755, et dit que tout le blâme des associations dangereuses qui venaient de se former devait retomber sur les ministres. En réponse à ces attaques, le ministère s'engagea à adopter des mesures pour assurer la tranquillité de l'Irlande et à les soumettre aux délibérations du parlement.

En ce moment même, l'Espagne, cédant aux sollicitations de la France, lançait un manifeste contre l'Angleterre. Le roi adressa à cette occasion un message aux deux chambres. Il disait qu'il n'avait rien fait pour provoquer ce nouvel ennemi; que son désir de conserver la paix et de vivre en bonne amitié avec la cour d'Espagne avait été sincère, et que dans tous ses actes avec cette puissance il n'avait écouté que la bonne foi, l'honneur et la justice. Le roi terminait en exprimant sa ferme confiance dans le zèle et l'esprit public du parlement et dans la puissance et les ressources du royaume.

Cette nouvelle agression donna un grand élan à l'enthousiasme de la nation. De toutes parts, des adresses, dans lesquelles les signataires protestaient de leur dévouement, furent envoyées au roi; dans les deux chambres, l'opposition s'unit au parti ministériel pour soutenir le gouvernement; un membre de la chambre des communes proposa même d'abandonner la guerre de l'Amérique, contrée qu'il considérait comme perdue à toujours pour le pays, pour réunir toutes les forces du pays contre les ennemis de l'Angleterre en Europe. De nouvelles allocations de fonds furent demandées et obtenues. Le nombre des miliciens fut doublé, et il fut permis aux citoyens de lever des corps pour la défense du royaume. Dans le même temps, des ordres étaient donnés pour *presser* les matelots dans tous les ports de mer, afin de mettre la flotte sur un pied respectable.

Ces graves discussions dans lesquelles l'Angleterre nous apparaît souvent comme ébranlée jusque dans ses fondements, nous conduisent à la fin de 1779. Nous le répéterons : ce fut autant aux encouragements que les Américains trouvèrent dans ces luttes de parti, qu'à leur désir de secouer le joug de la mère patrie, et à l'amour de la liberté qui embrasait leurs âmes, et leur inspirait des résolutions si énergiques, qu'ils durent de pouvoir se préparer à la guerre, et d'essayer leur force avec tant de succès dans les premiers engagements qui avaient eu lieu. Sous ce rapport, les luttes parlementaires présentent de grands inconvénients; mais, d'un autre côté, elles ont l'avantage de donner du stimulant au pays, d'obliger pour ainsi dire le ministère au succès, vu que le moindre échec devient une arme qu'on tourne contre lui et peut déterminer sa chute. C'est à ces causes, nous en sommes convaincus, que la Grande-Bretagne doit la politique qui distingue son gouvernement; politique savante et à laquelle tous les caractères sont propres; politique tantôt égoïste, froide, barbare, impitoyable, tantôt noble, généreuse, grande; tour à tour audacieuse et timide, et toujours active, persévérante; politique supérieure à celle des autres États, parce que la politique des États purement monarchiques est capricieuse, indécise; que, semblable à l'homme qui n'a pas un but bien déterminé, elle agit par boutade; qu'indolente et impétueuse, mais d'une impétuosité qui ne dure qu'un moment, un revers l'abat; tandis que la politique anglaise marche droit et ferme à son but, et trouve un élan dans un échec.

Mais reprenons le cours des événements militaires. L'Angleterre n'a plus à combattre seule à seule contre ses colonies : l'Espagne, la France prennent la défense de ces colonies contre elle ; l'Angleterre a de plus à lutter contre les mauvaises dispositions des principaux États de l'Europe.

Paul Jones.—Gibraltar ravitaillé.—La guerre éclate entre la Hollande et l'Angleterre. — Manifestes de l'impératrice de Russie. — Exécution du major André. — Emeute à Londres. — Fin de la guerre. — Traité de paix.

(1779.) Le sang coulait à flots en Amérique et dans les Antilles. Les flottes anglaise et française dans différentes rencontres avaient essuyé, l'une et l'autre, des pertes considérables. L'amiral français, après une bataille sanglante, livrée dans les eaux des îles sous le vent, mit à la voile pour Hispagnola, et de là pour la côte de la Georgie et de la Caroline, où les Américains avaient grand besoin de sa présence ; car le général Clinton venait de remporter des avantages importants dans cette partie de l'Amérique. Mais se voyant pressé par l'arrivée de la flotte française, Clinton se hâta de battre en retraite et d'évacuer Rhode-Island. Les Français parurent ensuite devant Savannah, et ils obligèrent l'escadre anglaise, qui était dans la rivière, de se replier sur la ville. Cette retraite permit à d'Estaing de débarquer 3,000 hommes de troupes, et il somma ensuite Savannah de se rendre. Lincoln, général américain, s'était réuni aux troupes de d'Estaing ; deux colonnes d'environ 5,000 hommes, l'une commandée par ces deux officiers, l'autre sous les ordres du comte Dillon, attaquèrent simultanément la ville ; mais les assiégés repoussèrent l'attaque avec beaucoup de vigueur. D'Estaing et plusieurs officiers de marque furent blessés ; Pulawski, comte polonais, reçut une blessure dont il mourut quelques jours après. Les assiégeants furent obligés de se retirer, et de traverser la rivière de Savannah pour rentrer dans la colonie du Sud. Dans le même temps, le général américain Sullivan remportait des avantages considérables contre les tribus indiennes qui habitent les bords de la rivière Mohawk et la partie supérieure de la rivière Susquehanna. Sullivan avait avec lui 5,000 hommes. Le 29 août, il s'avança avec un corps de 800 sauvages et 200 blancs, et après avoir forcé les tribus à la retraite, il exerça de grands ravages dans leurs possessions.

L'Espagne, en se jetant dans la querelle, avait espéré réduire Gibraltar et Minorque, et rentrer en possession des Florides et de la Jamaïque. Des préparatifs furent faits par elle pour assiéger Gibraltar, et elle envoya à don Bernardo Galvez, gouverneur de la Louisiane, l'ordre d'attaquer les Anglais dans cette partie du monde. Don Bernardo Galvez fit une irruption avec 2,000 hommes dans la colonie anglaise de la Floride occidentale, et après avoir remonté le Mississipi, il s'empara d'un fort situé à l'embouchure de Ibbeville, qui était occupé par 500 hommes. Il remonta ensuite la rivière jusqu'au pays des Natchez, et prit possession de tous les forts qui formaient la barrière occidentale de la province. A la même époque, le gouverneur espagnol de Yucatan commença les hostilités contre les colons anglais de la baie de Honduras, et pilla leur établissement principal à Saint-George Key. Cependant dans cet endroit les Espagnols essuyèrent une défaite, et ils perdirent un galion chargé de mercure et d'objets précieux, évalués à la somme de 3,000,000 de piastres.

L'objet de la guerre, dit Montesquieu, c'est la victoire. Or, tout moyen qui conduit à la victoire peut être adopté, et celui qui cause les dommages les plus graves à l'ennemi doit être préféré. Mais la religion chrétienne, par sa douceur si recommandée dans l'Évangile, a sagement modifié ce principe, en établissant dans la guerre un certain droit des gens. C'est ce droit des gens, dit encore Montesquieu, qui fait que parmi nous, la victoire laisse aux peuples vaincus ces grandes choses, la vie, la liberté, les biens et toujours la religion, lorsqu'on ne s'aveugle pas soi-même. Les hommes ne sauraient assez reconnaître cette conquête de la civilisation sur la barbarie. Malheureusement il existe encore dans la guerre une foule de lois impitoyables : nous voulons parler principalement de celles qui tendent à ruiner le commerce et la propriété individuelle au moyen des corsaires.

Ce moyen de dévastation était employé à cette époque par toutes les parties belligérantes sur une grande échelle. Les corsaires couvraient toutes les mers. Parmi ceux qui se distinguaient, était un nommé Paul Jones, qui faisait la course pour le compte de l'Amérique. Paul Jones était natif d'Écosse, et le fils d'un jardinier de Galloway. Étant allé en Amérique à l'époque de la rupture avec l'Angleterre, il avait obtenu du congrès une lettre de marque pour courir sus aux navires anglais. Au mois de mai 1777, le congrès l'avait envoyé en France, où Franklin lui avait fait obtenir le commandement d'un navire français naviguant sous pavillon américain. Aussitôt Paul Jones s'était dirigé vers la côte d'Écosse, et il avait fait une descente à l'embouchure de la Dee, près Kirkcudbright. Son passage en ces lieux avait laissé des traces terribles. Il avait pillé la demeure du comte de Selkirk ; plus tard il avait fait une descente pendant la nuit sur la côte de Cumberland, auprès de la petite ville de Whitehaven, et il avait encloué les canons du fort et brûlé deux ou trois navires. Paul Jones était revenu à Brest avec 200 prisonniers, et la renommée de ses hauts faits ayant produit une grande sensation en France, il avait obtenu le commandement d'une escadre sur laquelle il avait appelé des hommes déterminés comme lui. Le hardi marin mit à la voile aussitôt, et dans sa nouvelle expédition il tint en alarme toute la côte orientale d'Angleterre, depuis le cap Flamborough jusqu'au détroit de Tay. Le but de Paul Jones était d'intercepter le convoi qui était destiné pour la Baltique, et naviguait sous l'escorte de deux vaisseaux de guerre. Une rencontre eut lieu. Le navire que commandait Paul Jones attaqua bord à bord l'un des vaisseaux anglais, et après un engagement qui dura deux heures, le feu ayant pris plusieurs fois à bord du vaisseau anglais qui avait déjà perdu les deux tiers de son monde, ce vaisseau fut obligé de se rendre ; le second navire anglais, après un combat également terrible, fut réduit à la même extrémité. Mais le vaisseau vainqueur était lui-même en si mauvais état qu'il ne tarda pas à couler bas. Paul Jones revint alors en France, où il reçut du gouvernement des éloges publics et l'ordre du Mérite. De son côté, le congrès lui vota des remercîments, et lui donna le commandement d'un nouveau navire appelé *l'Amérique*. Toutefois les lauriers de Paul Jones ne terrirent point la gloire de ceux qu'il avait vaincus. Le capitaine Person, l'un de ceux-ci, à son retour en Angleterre, reçut de toutes les classes de la société des éloges pour son courage, et fut nommé chevalier par George III.

Une action également désespérée eut lieu quelque temps après entre *le Québec*, frégate de 32 canons, commandée par le capitaine Farmer, et le cutter *le Rôdeur*, d'une part, et la frégate française *la Surveillante*, commandée par le capitaine Du Couëdic, et un cutter français, de l'autre part. Les deux frégates combattirent bord à bord pendant trois heures et demie ; le feu prit au *Québec*. Le capitaine Farmer, grièvement blessé, fut sommé de se rendre ; mais il repoussa cette proposition et sauta dans les airs avec son navire. Deux élèves et quatorze matelots furent sauvés par un canot qui avait été envoyé au secours des naufragés par la frégate française ; treize autres hommes furent sauvés par un vaisseau russe qui vint à passer, et tout le reste périt dans l'air ou dans les eaux. Les débris de l'équipage du *Québec* furent amenés à Brest, et le gouvernement français renvoya tous ces braves gens dans leur patrie. Dans une autre circonstance, également honorable pour notre pays, la cour de France donna des ordres à tous ses officiers de mer pour qu'ils respectassent le fameux navigateur Cook, qui faisait alors son troisième voyage de découverte, dans le cas où ils viendraient à le rencontrer.

L'Angleterre, comme on le voit, bien qu'attaquée sur tous les points faisait face à tous les dangers avec une activité remarquable. Lord Rodney, qui venait d'être nommé commandant supérieur des forces navales dans les Indes occidentales, reçut l'ordre de toucher à Gibraltar, qui se trouvait déjà bloqué par terre et par mer. Rodney avait sous ses ordres une escadre nombreuse: après quelques jours de mer, il tomba au milieu d'un convoi espagnol, qui allait de Saint-Sébastien à Cadix, et qui se composait de quinze navires marchands escortés par un vaisseau de ligne de 64 canons, de quelques frégates et de deux autres bâtiments de guerre. Tous ces bâtiments, dont la plupart étaient chargés de farine et de blé et de diverses autres munitions de bouche, tombèrent au pouvoir des Anglais. Rodney, après avoir pris quelques-uns de ces navires avec lui, et avoir envoyé les autres en Angleterre, rencontra, le 16 janvier, à la hauteur du cap Saint-Vincent, une flotte espagnole de onze vaisseaux de ligne, commandée par don Juan de Langara. Rodney avait une force supérieure, et l'amiral espagnol essaya de se soustraire à son ennemi par la fuite; mais l'amiral anglais, avec une grande habileté, parvint à se placer entre lui et la côte. La bataille, qui s'engagea au milieu d'une tempête violente, ne cessa qu'à deux heures du matin et fut gagnée par les Anglais. Le vaisseau de la flotte espagnole qui portait le pavillon amiral fut capturé. Trois autres vaisseaux amenèrent également leur pavillon; deux autres se perdirent au milieu des brisants. Ces succès maritimes permirent à Rodney d'entrer à Gibraltar et de ravitailler cette forteresse. Il envoya ensuite des vivres à la garnison du Port-Mahon, puis il fit route pour les Indes occidentales.

La bataille de Saint-Vincent et le ravitaillement de Gibraltar et du Port-Mahon, qui en avait été la conséquence, furent regardés comme de grands succès maritimes; mais dans une guerre de cette nature, qui avait pour théâtre le monde entier, les revers touchaient de près aux succès. Florida-Blanca, ministre de la cour de Madrid, ayant appris par ses espions que les vaisseaux marchands appartenant aux compagnies des Indes orientales et occidentales étaient sur le point de faire voile sous la protection d'une faible escorte, envoya aux Açores les amiraux Cordova et Gaston avec tous les vaisseaux qu'il put réunir, pour intercepter les flottes à leur point de séparation. L'opération fut si bien conduite qu'il ne s'échappa du convoi que les deux vaisseaux de guerre qui lui servaient d'escorte. Environ soixante navires furent conduits dans le havre du port de Cadix. Dans l'un d'eux se trouvaient 1,800 soldats; le butin fut évalué à deux millions de livres sterling (50,000,000 de fr.).

En ce moment, l'Europe s'apprêtait à repousser le principe de la souveraineté des mers que Cromwell avait consacré au profit de l'Angleterre par le fameux acte de navigation de 1662. De toutes les prétentions exclusives que s'est arrogées l'Angleterre dans ses rapports avec les autres peuples, celle-ci est sans contredit la plus inique. La nature n'a-t-elle pas en effet donné la mer aux différents peuples des continents comme un domaine en commun; comme une propriété universelle; comme l'itinéraire de toutes les nations; comme un vaste moyen de communication entre les familles nombreuses composant l'espèce humaine! L'Angleterre elle-même avait reconnu le principe de la liberté des mers dans deux circonstances solennelles. Il est vrai qu'il s'agissait pour elle de s'agrandir encore et de briser des entraves qui gênaient son commerce. Avant que le gouvernement anglais se fût lié avec le Portugal aussi intimement qu'il l'est aujourd'hui, un matelot anglais, couvert de blessures que lui avaient faites des habitants du Brésil, s'était présenté à la barre des communes, et à la vue de ses cicatrices, un cri unanime, « Liberté des mers ou guerre aux Portugais ! » s'était élevé du sein du parlement. Dans une autre occasion (1740), alors que le commerce anglais faisait une contrebande active avec les colonies espagnoles, la cour d'Espagne ayant rendu une loi qui infligeait la peine capitale à quiconque de ses sujets ferait le commerce avec les Anglais, un placard avec ces mots : « Liberté des mers ou guerre à l'Espagne! » avait été affiché à la porte du parlement par ordre même du gouvernement. Mais en dehors de ces deux circonstances, le gouvernement anglais s'était efforcé de faire de la mer sa propriété exclusive, à mettre ce nouveau monde en quelque sorte en état de féodalité, de manière à assujettir le commerce général à une sorte de péage, à l'obliger à des redevances ou des tributs. Ces prétentions ne doivent point étonner de la part de l'Angleterre, si l'on songe à sa situation insulaire et à sa puissance qui découle de son commerce, de son industrie, de ses richesses. L'Europe n'avait point compris dans le principe les dangers d'une aussi grande mesure, et elle avait laissé usurper ses droits. Mais le temps et l'expérience l'avaient éclairée, et mieux avisée qu'autrefois, elle voulait protester.

Dans le cours de la guerre de l'Amérique, de larges approvisionnements avaient été expédiés aux Américains par des neutres, c'est-à-dire par des États qui professaient de vivre en bonne intelligence avec l'Angleterre, et dès le principe, l'Angleterre avait exercé le droit, qu'elle s'arrogeait, de chercher les navires neutres partout où elle pourrait les trouver. L'Angleterre maintenait, à cet égard, qu'un pavillon ne pouvait couvrir la marchandise des sujets d'un État avec lequel elle était en guerre. Ces prétentions ayant causé de graves préjudices au commerce des pouvoirs neutres, et notamment à celui des Hollandais, ceux-ci permirent l'exportation en Amérique des munitions de guerre, et ouvrirent les ports de leurs colonies dans les Indes occidentales aux corsaires américains. Cette démonstration des Hollandais en faveur des Américains fut naturellement regardée d'un mauvais œil par le cabinet anglais, et l'ambassadeur d'Angleterre à la Haye fit des représentations. Les États-Généraux, qui voulaient vivre en bonne intelligence avec la Grande-Bretagne, lui donnèrent une réponse pacifique. Mais les marchands d'Amsterdam et de Rotterdam, qui réalisaient de gros profits avec les Américains et les Français, n'en continuèrent pas moins leurs expéditions ; la cour de Saint-James se plaignit de nouveau.

Sur ces entrefaites, le fameux Paul Jones se présenta dans un des ports de la Hollande avec les prises qu'il avait faites à Scarborough ; l'ambassadeur anglais demanda que les navires et les équipages fussent arrêtés, en déclarant que Paul Jones était un sujet de Sa Majesté Britannique, et de plus un rebelle et un pirate. Mais les États-Généraux lui répondirent que tout ce qu'ils pouvaient faire, serait d'obliger Paul Jones à reprendre la mer, sans lui permettre de décharger ses navires. Alors l'ambassadeur anglais demanda qu'on lui livrât au moins les deux navires anglais qui avaient été pris. Mais les États-Généraux lui déclarèrent qu'ils ne voulaient point prendre sur eux d'être juges de la légalité ou de l'illégalité d'un acte qui avait été commis en pleine mer sur des navires qui étaient étrangers à leur pays.

Tandis que ces difficultés s'agitaient entre la Hollande et l'Angleterre, Charles III ordonnait à ses officiers de mer d'arrêter tous les navires portant des marchandises anglaises, soit qu'ils naviguassent sous pavillon neutre ou non, et de les conduire dans les ports espagnols, afin d'y subir les mêmes traitements que ceux qui étaient pratiqués par les Anglais contre les vaisseaux neutres portant des marchandises espagnoles. Par ce moyen, Florida Blanca, ministre de Charles III, espérait obtenir une compensation des pertes essuyées par l'Espagne ou ses alliés, ou bien obliger l'Angleterre à se désister des prétentions qu'elle s'arrogeait à l'égard des États neutres. Comme le ministre espagnol l'avait prévu, toutes les puissances neutres, et notamment la Suède, le Danemark, la Russie, la Prusse et la Hollande, se réunirent contre une pareille mesure, et en demandèrent l'annulation. Alors le ministre espagnol répondit que si les puissances neutres consentaient à défendre leur pavillon contre les Anglais, lorsque leurs navires porteraient des marchandises espagnoles, de leur côté les Espagnols respecteraient les marchandises anglaises portées sous pavillon neutre; mais que si la marine anglaise continuait à retenir et à confisquer à son profit les marchandises espagnoles naviguant sous pavillon neutre, l'Espagne de son côté persisterait dans la voie qu'elle avait adoptée.

Ce fut en ce moment que Catherine, impératrice de Russie, forma le projet d'établir un code maritime au profit de toutes les nations neutres; la base de ce code reposait sur ce principe, que les vaisseaux libres rendaient la marchandise libre, c'est-à-dire que les vaisseaux neutres pouvaient continuer leur commerce avec les nations belligérantes et aller d'un port à un autre sans être molestés. Une agression injuste de la part des Anglais montra l'importance de régulariser la position des États neutres à cet égard. Une escadre commandée par le commodore Fielding était partie d'Angleterre pour intercepter une flotte hollandaise qui s'apprêtait à quitter les ports de la Hollande sous le commandement du comte de Beyland. Le 1er janvier de l'année 1780, les deux flottes se rencontrèrent à la hauteur de l'île de Wight; Fielding ayant demandé à l'amiral hollandais à visiter les navires marchands, et sa demande lui ayant été refusée, Beyland fit feu aussitôt sur un des bâtiments qui s'étaient approchés du convoi. Alors le commodore anglais tira un coup de canon sur le vaisseau amiral; celui-ci ayant répondu par une bordée, l'amiral anglais, qui avait une force supérieure, ordonna que toutes les batteries fissent feu, et bientôt l'amiral de Beyland fut obligé d'amener son pavillon. Les vainqueurs s'emparèrent de sept navires marchands, qui étaient chargés de munitions de guerre; les autres navires du convoi, profitant de l'obscurité de la nuit, s'échappèrent et entrèrent à Brest. Le commodore anglais donna ensuite à entendre au comte de Beyland qu'il pouvait continuer sa route; mais celui-ci déclara qu'il ne poursuivrait son voyage qu'autant qu'on lui rendrait les sept navires marchands qui avaient été capturés. Fielding lui ayant répondu par un refus, il navigua de conserve avec la flotte anglaise et entra dans la rade de Spithead avec elle.

Cette attaque audacieuse eut un grand retentissement dans tous les cabinets de l'Europe. La Russie, la Prusse et toutes les puissances neutres donnèrent aussitôt à entendre à la Hollande qu'elles lui prêteraient assistance, déclarant en même temps que l'agression de la flotte anglaise contre la flotte de Beyland était injuste et déloyale. Catherine publia son manifeste; au principe dont nous avons parlé, et qui en faisait la base, elle en avait ajouté un autre, à savoir : « que tout port ne devait point être regardé en état de blocus, s'il n'y avait point une force navale suffisante pour maintenir ce blocus. » Ce principe était la réponse aux prétentions de l'Angleterre qui insistait pour faire prévaloir le blocus sur le papier. Le manifeste se terminait par une déclaration dans laquelle Catherine annonçait qu'elle préparait sa marine, et qu'elle était résolue à protéger son pavillon et le commerce de ses sujets. Le roi d'Espagne acquiesça immédiatement au nouveau code maritime. La France, le Danemark, la Suède, la Prusse y donnèrent également leur adhésion; et comme les États-Généraux montraient quelque hésitation, Frédéric s'efforça d'engager Catherine à

ANGLETERRE. — t. IV.

négocier un traité de paix avec eux pour garantir les possessions hollandaises dans toutes les parties du globe, dans le cas où l'Angleterre viendrait à leur déclarer la guerre.

(1780.) Ainsi l'Europe froissée dans son commerce par suite des prétentions maritimes de l'Angleterre, espérant, d'un autre côté, voir la ruine de cette puissance se consommer, était prête à s'armer contre elle, tandis que la France, l'Espagne et les États-Unis faisaient déjà à cette puissance une guerre active. L'Angleterre soutenait la lutte avec des succès et des revers partagés. En Amérique, Charlestown venait de se rendre, par capitulation, à l'armée anglaise, et la garnison était sortie de l'enceinte des murs avec les honneurs de la guerre. Les armes furent déposées entre le canal et les lignes anglaises. Les troupes régulières et les matelots devaient rester prisonniers de guerre, et les miliciens avaient la faculté de se retirer chez eux, où ils devaient rester prisonniers sur parole. Parmi les prisonniers, qui se composaient de 5,000 hommes et de 10,000 matelots américains, se trouvaient le député gouverneur, la moitié des membres du conseil de la province, sept généraux, un commodore, trois bataillons d'artillerie. Les Anglais trouvèrent en outre dans la ville 400 pièces de canon, et dans le port une escadrille bien équipée.

Mais tandis que les Anglais s'emparaient de Charlestown, don Bernardo de Galves, qui était parti de la Nouvelle-Orléans avec une flotte considérable, occupait le fort Mobile, et restait maître de toute la Floride, à l'exception de Pensacola, place qui est située sur le banc opposé de la baie de Mobile. Clinton ayant envoyé lord Cornwallis vers la frontière de la Caroline du Nord, ce général remporta sur les Américains un avantage signalé, dans un endroit appelé Waxhaws ; Cornwallis ternit sa gloire militaire dans cette circonstance, en faisant pendre la plupart des prisonniers. Cet excès de cruauté tourna en définitive contre les Anglais, car il ne servit qu'à ranimer le courage des Américains. Les Virginiens firent les plus grands efforts pour renforcer leurs frères de la Caroline du Nord, et le congrès ordonna à Washington de détacher de son armée une force imposante pour se porter dans la direction menacée. Alors les habitants de la Caroline se concertèrent entre eux pour accabler Cornwallis et chasser de leur territoire tous les soldats anglais ; il y eut un engagement dans lequel le général américain Kalb tomba sur le champ de bataille, couvert de blessures ; ses troupes prirent la fuite. Toutefois, l'armée anglaise s'étant trop avancée, le colonel Fergusson, de l'armée royaliste, fut battu par un corps de montagnards américains du Kentucky et de l'Alléghany. Les vainqueurs, par représailles, pendirent, sur le lieu même de leur victoire, dix de leurs prisonniers, et traitèrent les autres avec beaucoup de cruauté. Cornwallis, en conséquence de ce revers, fut obligé de battre en retraite vers la Caroline du Sud, et gagna cette province après avoir essuyé de nombreuses pertes.

Les opérations des deux flottes, qui avaient pour théâtre les Indes occidentales, ne présentaient également aucun résultat décisif. L'amiral Rodney, après sa victoire de Saint-Vincent, avait gagné Sainte-Lucie avec vingt-deux vaisseaux de ligne et six frégates, tandis que l'amiral français de Guiche s'était dirigé sur la Martinique. Le 2 avril, Rodney parut dans les eaux de Port-Royal, et après quelques jours d'attente, de Guiche ayant repris la mer, il y eut un engagement entre les deux flottes, dans lequel elles furent fort maltraitées. De Guiche gagna la Guadeloupe, et Rodney retourna à Sainte-Lucie. Bientôt après, la flotte espagnole, commandée par don Joseph Solano, rallia la flotte française. Rodney n'était point assez fort pour résister aux deux flottes, et nul doute qu'elles ne fussent parvenues à commettre de grands désastres au détriment des Anglais, si une maladie épidémique qui décima les équipages, ne se fût déclarée à bord, et ne les eût mis hors d'état de prendre l'offensive.

Un épisode tragique, dont les Anglais et les Américains ont conservé le plus triste souvenir, mais qui attestait la confiance que le congrès et les chefs de l'armée américaine avaient dans la force de la jeune république, vint accroître l'horreur de cette guerre déjà si lugubre. On se rappelle ce Bénédic Arnold, qui dans le commencement de la guerre avait remporté de brillants succès au Canada. Arnold qui, de simple maquignon, s'était élevé au rang de major général, avait déployé une grande habileté militaire dans ses fonctions, et il était peut-être le plus capable de tous les généraux qui servaient en ce moment en Amérique dans les deux partis. Cet officier se distinguait par son goût pour la dépense. Il aimait les chevaux, les équipages, avait un nombreux domestique, et par suite de ses dépenses exagérées, il avait contracté des dettes considérables. Pour faire face aux exigences de ses créanciers, il s'était lancé dans des spéculations commerciales, avait mis en mer des corsaires, mais aucune de ses entreprises n'avait réussi. Ses dettes augmentaient; alors Arnold présenta au congrès un arrêté de compte par lequel il réclamait des sommes considérables; ces sommes, ainsi le prétendait-il, avaient été dépensées par lui dans son expédition du Canada. Le congrès, qui voyait que la nation n'était pas dans une situation à faire des largesses, soumit les comptes à des commissaires, et ordonna à ces fonctionnaires de les apurer avec soin; ceux-ci réduisirent considérablement les sommes demandées. Arnold se plaignit alors avec amertume, et ses plaintes devenant trop bruyantes, il fut arrêté et traduit devant une cour martiale, sous l'accusation de péculat et d'extorsions dans ses fonctions de gouverneur militaire de Philadelphie; il fut trouvé coupable, et la cour martiale le condamna à être réprimandé par le commandant en chef; sentence qui ne fit que l'aigrir davantage encore, parce qu'Arnold se croyait supérieur à Washington sous le rapport du mérite militaire. Toutefois, comme Arnold avait des talents militaires du premier ordre, cette réprimande n'empêcha point qu'il ne fût nommé commandant de West-Point, forteresse située sur l'Hudson, à soixante milles de New-York.

Arnold, n'écoutant que sa colère, résolut alors de trahir le pays qu'il avait si glorieusement servi. A cet effet il écrivit au colonel Robinson, officier d'état-major de Clinton, pour lui dire qu'un changement s'était opéré dans ses principes politiques, et qu'il désirait rentrer en grâce auprès du roi par quelque service signalé. Il demandait qu'on le mît en rapport avec un officier de l'armée anglaise. Clinton désigna le major général André, son aide de camp, homme très-distingué. Celui-ci accepta cette mission, et après avoir écrit quelques lettres au général américain, sous un nom supposé et dans un langage mercantile, il se décida à avoir un entretien verbal pour terminer la négociation. La maison d'un M. Smith, qui était située sur ce qu'on appelait le terrain neutre, fut choisie pour l'entrevue. Au jour dit, le major André, après avoir attendu dans le sloop de guerre *le Vautour*, mouillé dans l'Hudson, qu'on vînt le chercher, descendit à terre; il trouva Arnold et se concerta avec lui pour qu'il fît la remise de la place. Après l'entrevue, André se présenta sur la rive et demanda aux bateliers de le ramener à bord; mais ceux-ci, ayant conçu des soupçons, ne voulurent point l'y conduire. André se décida alors à gagner New-York par terre; il quitta ses vêtements d'officier anglais, et, muni d'une passe que lui avait donnée Arnold, et dans laquelle il était désigné sous le nom de John Anderson, il se mit en route. Le voyage se fit sans mauvaise rencontre jusque dans le voisinage des lignes anglaises; et déjà André se croyait en sûreté, car le terrain neutre qui séparait les deux lignes était à une petite distance de lui, lorsque trois hommes, sortant des buissons, s'élancèrent à la tête de son cheval, en prirent les rênes, en lui demandant qui il était. André, surpris, balbutia une réponse embarrassée, et les hommes qui l'avaient arrêté s'étant mis à le fouiller, il vit qu'il était perdu s'il ne parvenait à séduire ses capteurs ; il leur offrit donc sa bourse qui était pleine d'or et une récompense bien plus considérable, s'ils voulaient venir avec lui à New-York. Mais ceux-ci repoussèrent avec dédain la proposition, ils continuèrent leurs recherches, et ayant trouvé cachés dans les bottes de leur prisonnier des papiers de la plus haute importance, ils le conduisirent chez le lieutenant-colonel Jameson, qui commandait les avant-postes. Arnold, heureusement pour lui, fut informé à temps de cette arrestation ; il prit à la hâte congé de sa femme et de son enfant, s'élança à cheval et gagna la rive de l'Hudson ; bientôt il fut en sûreté à bord du *Vautour*. Alors le major André ne cacha plus son nom, son rang dans l'armée anglaise ; puis, pour sauver son honneur militaire entaché par le rôle qu'il venait de jouer, il écrivit à Washington une lettre dans laquelle il s'efforçait de prouver que rien de déshonorant pour son caractère ne pouvait lui être reproché dans la conduite qu'il avait tenue récemment. André terminait sa lettre en déclarant qu'il plaçait une confiance entière dans la générosité bien connue du commandant en chef.

Le major André était un homme supérieur, et son arrestation produisit la plus vive sensation dans les deux armées. Sir Henri Clinton, aussitôt que la nouvelle lui en fut parvenue, se hâta d'écrire à Washington. Le général anglais disait à Washington qu'il avait envoyé le major André à West-Point, sur l'invitation qui lui en avait été faite par Arnold, en qualité de parlementaire, et qu'à ce titre André devait être mis en liberté. A la lettre de Clinton était jointe une lettre d'Arnold. Mais Washington ne répondit point à ces lettres. Comme les lois militaires avaient été transgressées, il nomma une cour martiale pour prononcer sur le sort d'André. Cette cour était composée du major général Green, qui en fut nommé le président ; de lord Stirling, major général ; de M. la Fayette ; de Steuben, officier prussien ; de dix autres généraux américains, et de John Laurence, qui remplissait les fonctions d'avocat général. André parut devant ses juges, et il fut condamné à mort comme espion.

Aussitôt Clinton écrivit à Washington pour lui dire qu'il y avait erreur dans l'appréciation des faits par la cour ; il fit un appel aux sentiments d'humanité du général américain ; il lui envoya, pour lui donner une explication complète de l'affaire, une députation composée du général Robertson, d'André Elliot et de William Smith, chef de justice de New-York. Mais Washington refusa de recevoir lui-même la députation, et ne permit le débarquement qu'au lieutenant général Robertson, qu'il adressa au général Green, président de la cour martiale. Robertson prit chaleureusement la défense du major André. Il dit qu'un cas pareil s'était présenté du côté de l'armée anglaise, et que, sur l'invitation qui en avait été faite par Washington lui-même, le prisonnier, au lieu d'être traduit devant une cour martiale, avait été échangé comme prisonnier de guerre. Le général Green ne paraissant point convaincu, Robertson lui demanda que deux gentilshommes, étrangers et versés dans les lois de la guerre et le droit des gens, fussent désignés pour donner leur opinion à cet égard. Il nomma, en conséquence, le général allemand Kniphausen pour le compte des Anglais, et Rochambeau, général français, pour le compte des Américains. Robertson ajouta que le major André jouissant de toute l'estime de l'armée anglaise, sir Henri Clinton regarderait comme un service personnel la délivrance de cet officier, et qu'il était prêt, en retour, à remettre en liberté telle personne qu'il plairait à Washington de désigner. Toutes ces propositions furent rejetées, et le jour de l'exécution fut fixé. La veille, Arnold écrivit une lettre longue et suppliante pour sauver ce malheureux officier; mais après avoir parlé aux sentiments généreux du commandant en chef, Arnold lui faisait entendre qu'on userait de représailles à l'égard de plusieurs prisonniers marquants. Cette insolence déplut aux officiers américains; Washington fut inflexible. L'ordre de l'exécution ayant été donné, André, dans une lettre touchante, demanda, pour seule grâce, de mourir de la mort du soldat. Washington lui répondit que les usages de la guerre s'opposaient à ce qu'on eût égard à la demande, et le malheureux André fut pendu; il subit sa peine avec un grand courage : il avait à peine trente ans.

L'exécution du major André donna lieu, en Angleterre, aux accusations les plus odieuses et les plus graves contre l'armée américaine et son noble commandant en chef. Il était difficile, en effet, de se défendre d'un vif mouvement de douleur en songeant à la mort ignominieuse d'un homme distingué comme l'était le major André, tandis que le traître Arnold échappait au supplice. Toutefois, il était évident que la condamnation du major n'avait été qu'un acte de haute justice. Les hommes de guerre qui composaient la cour martiale se distinguaient tous par leurs connaissances militaires et leur caractère élevé, et assurément des hommes aussi expérimentés avaient dû sainement apprécier les faits; la loi militaire ne fut ni faussée ni mal interprétée. Une preuve non moins concluante de la justice de la condamnation du major, c'est que les Anglais n'exercèrent point de représailles, comme ils en avaient fait la menace, et que dans toutes les occasions ultérieures, Arnold, le premier auteur du complot, fut flétri de l'épithète de traître et de renégat.

Cependant les Hollandais continuaient à favoriser la cause américaine en fournissant aux Américains de larges approvisionnements. Ceux-ci voulant mettre à profit ces dispositions, résolurent de contracter un emprunt avec la Hollande, en lui offrant de grands avantages pour son commerce, et Henri Laurence partit de Philadelphie à cet effet; mais, arrêté en route par les croiseurs anglais, il fut conduit à Londres, jeté dans la Tour, et ses papiers, qui avaient été saisis, passèrent sous les yeux du conseil. Ces pièces impliquaient, de la part de la Hollande, un commencement d'adhésion. Ordre fut alors envoyé à l'ambassadeur anglais à la Haye pour qu'il demandât des explications. En réponse, les États-Généraux se plaignirent avec amertume d'une insulte qui, disaient-ils, leur avait été faite par la marine anglaise dans l'île de St.-Martin, où des corsaires américains ayant pris refuge, des navires de guerre anglais étaient venus les capturer. Le gouvernement anglais lança alors un manifeste par lequel il déclarait que des lettres de marque seraient délivrées contre les Hollandais, l'ambassadeur anglais à la cour de la Haye fut rappelé, et le comte Welderen, ambassadeur hollandais à Londres, reçut ses passe-ports.

(1781.) Au commencement de l'année, les Français, commandés par le baron de Balcourt, attaquèrent l'île de Jersey, et contraignirent le major Cobett à leur rendre cette île par capitulation; mais Jersey, attaquée de nouveau, rentra bientôt après dans la possession des Anglais. La garnison de Gibraltar, qui avait été ravitaillée par Rodney, se trouvait de nouveau réduite à la dernière extrémité par la persévérance des Espagnols. Les approvisionnements que Rodney avait jetés dans cette forteresse étant, pour ainsi dire, épuisés, et rien ne pouvant être obtenu de la côte de Barbarie, vu que l'empereur de Maroc, avec lequel Florida Blanca avait conclu un traité, restait fidèle à ce traité, l'amiral Darby fut chargé d'aller porter des secours à cette forteresse; Darby, après avoir escorté un convoi de bâtiments marchands jusqu'aux Açores, parvint à introduire dans Gibraltar les approvisionnements dont cette forteresse avait besoin.

Le continent d'Europe et celui d'Amérique, les eaux de l'Atlantique et les mers des Indes retentissaient du bruit des armes, et des flots de sang humain coulaient sur tous les points du globe. En Amérique, les événements se succédaient avec une rapidité extraordinaire. Une révolte presque générale venait d'éclater dans l'armée américaine, dont les soldats manquaient des choses les plus nécessaires; mais cette révolte ne profita point aux Anglais. Sir Henri Clinton ayant envoyé de New-York à Princetown trois émissaires chargés de faire des offres séduisantes aux révoltés, ceux-ci les arrêtèrent et les livrèrent à leurs chefs, qui les firent pendre comme espions. Le congrès américain fit ensuite des propositions aux soldats révoltés, qui les accueillirent favorablement et rentrèrent aussitôt dans l'ordre. Sur ces entrefaites, Arnold, qui, pour prix de sa trahison, avait reçu le titre de général, et servait en cette qualité dans l'armée anglaise, se présenta dans la rade de Hampton avec 1,200 hommes; il débarqua à West-Over, petite ville qui est située à quelques milles de Richemont, capitale de la Virginie. Jefferson, qui était alors gouverneur de cet État, appela aussitôt sous les armes la milice; mais, se voyant dans l'impossibilité de résister à Arnold, il se hâta de quitter la capitale, emmenant avec lui les membres du conseil et les principaux officiers. Arnold entra à Richemont, et dépêcha ensuite à Jefferson plusieurs citoyens de la ville, avec ordre de dire au gouverneur que Richemont ne serait point incendié, pourvu que, de son côté, Jefferson permît aux bâtiments anglais de venir dans cette ville et d'y prendre, sans être molestés, le tabac qui y était déposé. Jefferson rejeta l'offre avec mépris. Arnold brûla aussitôt la ville, et revint à ses navires à West-Over. Cet acte de barbarie sauvage rendit Arnold plus odieux encore aux Américains, et différentes tentatives furent faites pour s'emparer de l'architraître (c'est ainsi qu'ils l'appelaient); mais elles furent sans succès, et le hardi transfuge causa, longtemps encore, des pertes incalculables à ceux que, dans le principe, il avait si bien servis.

Le congrès américain, comme par le passé, était admirable d'énergie au milieu de tant de difficultés. Nous avons dit que le projet d'emprunt de l'Amérique avec la Hollande avait échoué par suite de la capture de Laurence, qui était en ce moment retenu à Londres. Le congrès, dans l'espoir qu'un emprunt réussirait mieux en France, envoya le lieutenant-colonel Laurence, fils du premier négociateur, à la cour de Versailles, et le chargea d'une lettre de M. de la Fayette pour M. de Vergennes, alors ministre. M. de la Fayette sollicitait le ministre français d'envoyer aux Américains de l'argent, des munitions de guerre et une force de dix mille Français, en lui disant que sans cette assistance l'Amérique ne pourrait soutenir la lutte plus longtemps. Le colonel Laurence arriva à Paris accompagné de Thomas Paine. En même temps, des instances pressantes étaient faites à la cour d'Espagne pour que cette cour coopérât d'une manière plus directe avec l'Amérique.

Un revers signalé allait frapper l'Angleterre en Amérique. Les différentes négociations entamées par les Américains avaient eu un plein succès, ils reprenaient l'offensive, et bientôt ils parvinrent à s'emparer d'York-Town, ville de la Virginie, où se trouvait lord Cornwallis avec des troupes considérables. Ce général rendit la ville par capitulation; elle contenait une garnison qui se montait à six mille hommes; la garnison sortit de la place avec les honneurs de la guerre. Cette défaite éclatante anéantit pour toujours la puissance de l'Angleterre en Amérique, elle lui porta le dernier coup. Aucune entreprise militaire importante ne fut en effet commencée après la reddition de York-Town; c'était le succès militaire le plus important que les Américains eussent obtenu depuis la capitulation du général Burgoyne. Le congrès vota des remerciments à Washington, à Rochambeau, à de Grasse, dont les efforts avaient contribué à la reddition de la ville; et, pour perpétuer le souvenir de cette mémorable journée, il adopta une résolution portant qu'une colonne de marbre serait élevée à York-Town en l'honneur de l'alliance qui existait entre les États-Unis et la France.

Cependant sur d'autres points, les opérations militaires se poursuivaient avec une grande activité. La flotte anglaise commandée par l'amiral Rodney opérait en ce moment sur l'île de Saint-Vincent, que les Français avaient prise l'année précédente; elle fut repoussée. Elle se porta alors sur Saint-Eustache, île qui appartenait aux Hollandais et qui renfermait des richesses considérables. Le gouverneur hollandais, ne connaissant point encore la rupture survenue entre la Hollande et l'Angleterre, il fut facile aux Anglais de prendre possession de l'île. Les vainqueurs, non contents de cette supercherie, laissèrent flotter sur les forts les couleurs hollandaises. De la sorte, une foule de bâtiments ennemis entrèrent dans le port, croyant avoir affaire à leur allié, et tombèrent au pouvoir des Anglais. Les petites îles voisines de Saint-Martin et de Saba furent également capturées, ainsi que les établissements hollandais qui sont situés sur la rivière d'Emerara et d'Esquibo.

Dans la mer des Indes orientales et sur l'Atlantique, la guerre se poursuivait avec la même fureur. Au mois de mars, le commodore Joston ayant quitté l'Angleterre avec une escadre imposante, fit voile pour le cap de Bonne-Espérance. S'étant arrêté en route aux îles du cap Vert, il y trouva l'amiral français, le bailli de Suffren, à la tête d'une flotte inférieure à la sienne. Un engagement eut lieu, et l'avantage resta à l'amiral français; celui-ci, prenant le devant après la bataille, se porta sur la ville du Cap, y laissa des troupes et mit la place dans un état respectable de défense. Les Anglais, à leur arrivée, ne songèrent point à attaquer la ville; mais, ayant vu qu'un grand nombre de navires de la Compagnie hollandaise des Indes orientales étaient mouillés dans la baie de Soldana, et que ces bâtiments n'avaient pour se défendre que leurs canons, ils résolurent de les attaquer. Les Hollandais coupèrent aussitôt les câbles de leurs vaisseaux, et ils débarquèrent après y avoir mis le feu. Les Anglais, que l'appât d'une riche prise animait, s'élancèrent alors sur les vaisseaux abandonnés pour en éteindre l'incendie, et ils parvinrent à en sauver un grand nombre. Pendant ce temps-là, le bailli de Suffren poursuivait sa route et atteignait Pondichéry. Sa présence dans ces parages fut terrible pour le commerce anglais; mais ce n'étaient là que des succès partiels, et sa bravoure et son activité ne purent empêcher que les Français et les Hollandais n'essuyassent des pertes considérables sur la côte de Coromandel et dans l'île de Sumatra. Dans le cours de l'automne, Negapatam, Pédangue et d'autres villes se rendirent aux Anglais. En Europe, les Espagnols pressaient le siège de Gibraltar, et cherchaient à réduire l'île de Minorque.

L'Angleterre, épuisée par tant d'efforts, songeait maintenant à faire la paix qu'elle désirait vivement; elle offrit donc Minorque à l'impératrice de Russie pour que cette souveraine servît de médiatrice entre les parties belligérantes. Un projet de traité de paix fut conclu sur les bases suivantes: l'Espagne, la France, la Hollande et l'Angleterre devaient rendre toutes les conquêtes qu'elles avaient faites pendant la guerre. La France devait retirer ses secours aux Américains, qui auraient eu alors à traiter seuls à seuls avec la Grande-Bretagne. L'offre de Minorque était séduisante pour la Russie, et l'on rapporte que Potemkin, amant de l'impératrice Catherine, engagea cette souveraine à l'accepter. Mais Catherine espérait alors, avec la plupart des puissances continentales, que l'empire britannique croulerait sous le poids des difficultés qui l'assaillaient, et que cette ruine ayant lieu, la part de dépouilles qui reviendrait à la Russie serait beaucoup plus large. Quant à Potemkin, Frédéric de Prusse, ainsi que la cour de France, lui ayant fait espérer la souveraineté du duché de Courlande et même la couronne de Pologne, les dispositions du favori changèrent, et il rejeta l'offre que lui fit l'Angleterre de 2,000,000 liv. st. (50,000,000 fr.)

Minorque fut prise, et le général anglais Muret fut obligé de se retirer dans le fort St-Philippe. Dans le même temps, les flottes combinées de la France et de l'Espagne ainsi que celles de la Hollande parcouraient les eaux de la Baltique et de la Manche, et faisaient des prises considérables. Une rencontre eut lieu entre l'amiral hollandais Zootman et le vice-amiral anglais sir Hyde Parker. Cette action maritime, l'une des plus meurtrières de la guerre de l'indépendance, rappelle, par l'acharnement que montrèrent les deux parties, les terribles combats de mer qui furent livrés entre la Hollande et l'Angleterre dans le siècle précédent. La flotte anglaise ayant l'avantage du vent, fit signal à ses vaisseaux de se laisser porter sur la flotte ennemie, qui s'était formée en bataille. Un silence solennel précéda cette action; pas un coup de canon ne fut tiré avant que les deux flottes fussent à deux portées de fusil. Le vaisseau amiral anglais *la Fortitude* se plaçant alors bord à bord du *Ruyter*, vaisseau amiral de Zootman, l'action commença avec une fureur extraordinaire, et pendant trois heures et demie elle ne se ralentit pas. Le feu ne cessa que lorsque tous les vaisseaux furent désemparés. Alors les deux amiraux donnèrent l'ordre à leurs matelots de réparer les vaisseaux les plus endommagés. Comme les deux flottes étaient très-rapprochées l'une de l'autre, il y avait lieu de croire que le combat allait recommencer; mais Zootman avait trop souffert, et aussitôt que ses vaisseaux furent en état de soutenir le voyage, il força de voiles pour gagner le Texel. L'amiral Parker, de son côté, était hors d'état de les poursuivre. Le lendemain, ses frégates découvrirent *la Hollandia*, vaisseau de 68 canons, qui avait coulé bas et dont le penon flottait encore au-dessus de l'eau. On peut juger de l'ardeur des combattants par les paroles suivantes que l'amiral Zootman avait coutume de prononcer en parlant de cette action : « Tous mes officiers et mes matelots, disait-il, ont combattu comme des lions. » L'amiral Parker, à son arrivée en Angleterre, reçut à son bord la visite du roi et du prince de Galles, qui se firent présenter tous les officiers engagés dans cette action.

Les résultats de la campagne de 1781 n'avaient point été aussi désastreux qu'on aurait pu l'imaginer en considération des dangers dont l'Angleterre était entourée. L'île de Jersey avait été reprise, Gibraltar avait été secouru. La situation de l'Angleterre était perdue en Amérique par suite de la capitulation de Cornwallis; mais la flotte s'était emparée de Saint-Eustache, de Saint-Martin, de Saba, d'Esquibo. Battue aux îles du cap Vert par le bailli de Suffren, elle avait pris sa revanche au cap de Bonne Espérance, où elle avait incendié et capturé des bâtiments hollandais richement chargés. Dans l'Inde, l'empire britannique s'était considérablement élargi : des royaumes avaient été ajoutés aux territoires déjà si vastes que l'Angleterre possédait dans cette partie du monde. Gibraltar tenait encore ; Minorque avait été prise, mais le fort Saint-Philippe renfermait une garnison courageuse.

(1782.) Cette longue guerre épuisait l'Angleterre, car, ainsi que nous l'avons dit, elle était seule à lutter en ce moment contre les forces réunies de la France, de l'Espagne, de la Hollande et de l'Amérique. Les hostilités se poursuivirent sur quelques points avec une grande furie. Le fort Saint-Philippe dans l'île de Minorque se rendit aux Français le 5 février. La garnison, composée de 600 soldats, 200 matelots, 125 artilleurs, 20 Corses et 20 Grecs, obtint les honneurs de la guerre. Dans les Antilles, les Français reprirent sur les Anglais l'île de Saint-Eustache. Mais bientôt après la flotte française, commandée par le comte de Grasse, éprouva une défaite signalée dans les eaux de la Dominique et de la Guadeloupe. *La Ville de Paris*, qui portait le pavillon de l'amiral français, fut prise avec d'autres vaisseaux, et notamment *le Centaure*, *le Glorieux* et *l'Hector*; ces navires avaient tellement souffert dans l'action, qu'ils sombrèrent en mer. Sur le continent américain, les deux armées, qui semblaient épuisées, avaient suspendu les hostilités depuis la reddition de York-Town. C'était sur l'Océan que le génie de la guerre déployait en ce moment toute son activité. Une escadre française, commandée par La Peyrouse, détruisit plusieurs comptoirs anglais dans la baie d'Hudson, et les Espagnols s'emparèrent des îles de Bahama. Les Anglais, de leur côté, enlevèrent aux Hollandais tous les forts qu'ils avaient sur les côtes d'Afrique, à l'exception du cap de Bonne-Espérance; ils remportèrent également de grands avantages dans les Indes orientales. Dans la baie de Biscaye, l'amiral Berrington, ayant atteint un convoi de navires marchands escorté par plusieurs navires de guerre de la flotte franco-espagnole, il lui donna la chasse et parvint à s'emparer de la plupart des bâtiments de guerre et d'un grand nombre de bâtiments de ce convoi.

Le fait militaire le plus glorieux de la campagne de 1782 se passa à Gibraltar; et il fut à l'avantage de l'Angleterre. Cette forteresse qui était défendue par le général George Elliot se trouvait de nouveau avoir besoin d'approvisionnements. Une sortie heureuse de la garnison causa des pertes considérables aux Espagnols, et une partie de leurs travaux fut renversée. Le duc de Crillon, qui venait de prendre Minorque, étant arrivé sur ces entrefaites, les travaux du siège furent repris avec beaucoup de vigueur. L'armée assiégeante, dans laquelle se trouvaient des princes de la famille de Bourbon, se monta bientôt à 40,000 hommes. Des batteries flottantes furent ajoutées à la flotte pour attaquer la forteresse par mer, tandis que les troupes de ligne se disposaient à l'attaquer par terre. Un feu terrible commença contre la place; elle était à la veille de se rendre, lorsque les assiégés apprirent que lord Howe, qui revenait de la Baltique, s'avançait à leur secours à la tête d'une flotte de 34 vaisseaux de ligne, de 6 frégates et 3 brûlots. Cette flotte ne tarda pas à paraître en vue de Gibraltar (le 11 octobre), et deux jours après elle parvint à jeter dans la place deux régiments et des vivres en abondance. Le 18, le débarquement des autres troupes s'étant opéré sans difficultés, l'amiral Howe attaqua la flotte franco-espagnole et lui causa de grandes pertes. Cette diversion sauva Gibraltar; le siège de cette forteresse continua, car il coûtait à l'orgueil espagnol de se retirer ainsi de la lutte; mais il fut conduit avec mollesse et plutôt pour satisfaire un sentiment d'amour-propre que par espoir de faire succomber la place.

La guerre touchait alors à son terme. Après une effusion de sang aussi grande, il était naturel que les puissances belligérantes désirassent vivement la paix. L'année précédente, des propositions de paix avaient été faites à l'Espagne et à l'Autriche par le cabinet anglais, et elles avaient été repoussées. L'Espagne n'avait pas voulu se détacher de la France, et Joseph II, malgré les avantages politiques qui lui étaient offerts par l'Angleterre, s'était déclaré ouvertement pour la neutralité armée. Toutefois, après douze autres mois de luttes et de batailles sanglantes, les dispositions des cabinets européens s'étaient modifiées, et l'on était convenu d'entrer en arrangement. Des négociations furent entamées. Lord Shelburne envoya deux agents dans la capitale de la France. Ces négociateurs avaient l'ordre de s'aboucher avec les agents américains qui étaient à Paris, ainsi qu'avec la cour de France, et bientôt les préliminaires de la paix furent signés.

Mais avant de connaître les résultats définitifs de la paix, il est bon de suivre, à travers les discussions orageuses du parlement, les différentes péripéties de ce grand drame politique, ainsi que les voies et moyens employés par le gouvernement pour soutenir l'honneur et la dignité du pays, au milieu d'aussi grands périls. Nous en sommes restés, pour cette partie de notre histoire, au moment où la guerre venait d'éclater avec l'Espagne, et où le cabinet prenait des mesures pour repousser cette agression avec vigueur. Quand le parlement s'assembla (1779), les Américains avaient remporté des avantages considérables, et la présence d'une flotte française sur les côtes d'Angleterre venait de jeter la consternation et l'effroi dans ce pays. Dans les Indes orientales, la guerre avait été poursuivie avec des succès partagés. Pondichéry s'était rendu par capitulation aux armes anglaises; mais la défense héroïque des assiégés avait coûté aux assiégeants des pertes énormes en hommes et en argent. De plus, les mers de l'Inde étaient infestées de corsaires intrépides qui occasionnaient de grands dommages au commerce maritime.

(1779.) La rédaction du discours royal se ressentit de l'aspect sombre qu'avaient pris les affaires. Le roi, après avoir exposé la situation du pays, se plaignait avec amertume de la France et de l'Espagne qui, disait-il, faisaient à l'Angleterre une guerre injuste qu'elle n'avait point provoquée. George parla ensuite de l'état alarmant de l'Irlande et dit que les documents relatifs à cette contrée seraient soumis au parlement; puis il demanda aux deux chambres de redoubler d'efforts, concurremment avec lui, pour défendre le royaume. Ce discours, écouté avec un profond silence, causa une sensation profonde dans toute l'Angleterre, et l'opposition, ainsi que l'immense majorité des citoyens, s'en prirent au cabinet des désastres essuyés par les armes anglaises. Dans la chambre des lords, le marquis de Rockingham déclara que la diplomatie avait été conduite sans habileté de la part du ministère; puis il peignit sous les couleurs les plus séduisantes la gloire de l'Angleterre à l'époque où le roi était monté sur le trône : « Cette gloire, dit-il, s'est tournée en honte par suite du système suivi par le ministère. » Rockingham attaquant alors le premier lord de l'amirauté avec beaucoup de sévérité, lui dit qu'un ministre tel que lui devrait, par pudeur, se retirer du ministère, et il termina en proposant un amendement à l'adresse, par lequel Sa Majesté était invitée à réfléchir sur l'état florissant dans lequel elle avait trouvé le pays à son avénement au trône, et sur la situation désespérée dans laquelle l'Angleterre était tombée aujourd'hui. Dans la chambre des communes, un amendement analogue fut proposé à l'adresse, et Charles Fox, son auteur, déclara que la trahison seule des ministres pouvait avoir conduit le pays à une condition si critique. L'orateur ajouta que les lois de la nature accompliraient ce que les lois du royaume ne sauraient accomplir, c'est-à-dire, que le peuple courrait inévitablement aux armes, et que les plus grands hommes s'empresseraient de prendre place dans ses rangs. Ces paroles hardies soulevèrent un mouvement d'indignation sur le banc des ministres, North se leva, et d'une voix altérée par la colère, il demanda qu'une accusation aussi vague fût précisée; puis, défendant son système avec beaucoup de chaleur, il dit que les flottes que la France et l'Espagne venaient de mettre en mer avaient ruiné les finances de ces États. L'amendement de l'adresse fut repoussé, et le ministère s'empressa de saisir la chambre des communes d'un plan de redressement pour l'Irlande. Ce plan se composait de trois propositions : par la première, il était permis aux Irlandais d'exporter leurs laines et leurs tissus de laine; par la seconde, d'exporter leur verrerie manufacturée; par la troisième, de commercer librement avec toutes les plantations anglaises, moyennant quelques restrictions, qui devaient être déterminées. Indépendamment de ces avantages, les Irlandais avaient la faculté de devenir membres de la compagnie du Levant, et d'importer les chanvres étrangers. Ce bill fut adopté et le gouvernement parvint ainsi à calmer, pendant quelque temps, l'effervescence qui se manifestait en Irlande.

Des dépenses énormes avaient été faites dans les dernières années, à l'effet de pourvoir aux besoins de la guerre, et en ce moment le peuple ployait sous le poids des impôts. Un cri général d'improbation s'éleva à cette occasion de toutes les parties du royaume contre le ministère. Dans la chambre des lords, le duc de Richmond fit une motion pour qu'une adresse fût présentée au roi, à l'effet de le supplier de prendre en considération la détresse du pays. Le duc, en développant sa motion, montra par des chiffres, que la guerre d'Amérique, depuis le jour où elle avait commencé, avait augmenté la dette publique de 63,000,000 liv. st. (1,575,000,000 fr.), et il ajouta que, dans la situation où se trouvait l'Angleterre, le chiffre de 900,000 liv. sterling (22,500,000 fr.), auquel avait été portée la liste civile depuis plusieurs années, était exagéré, et qu'il ne fallait point donner des pensions aussi considérables qu'on le faisait à certains hommes d'État. Cette motion, qui valut à son auteur des remercîments de la Cité de Londres, trouva un grand nombre de partisans en dehors de la chambre ; dans toutes les parties du royaume, des meetings furent convoqués, des associations furent formées, et des pétitions furent signées à l'effet d'obtenir une réduction de la dépense, ainsi qu'une réforme du parlement. Le grand comté d'York donna l'exemple au reste du royaume ; les pétitionnaires, parmi lesquels figuraient des gentilshommes, des membres du clergé, des fonctionnaires et les plus riches seigneurs du comté, déclaraient en termes énergiques que la nation était, depuis quelques années, engagée dans une guerre fatale et coûteuse ; qu'un grand nombre des colonies les plus importantes du royaume avaient proclamé leur indépendance, après avoir formé une alliance avec la France et l'Espagne ; que la conséquence de ces malheurs combinés avait été une augmentation considérable de la dette publique et de l'impôt, et qu'il existait une décadence rapide dans le commerce et les manufactures. La question ayant été repoussée dans la chambre haute, elle fut reprise, dans la chambre des communes, par le colonel Barré, et, à la grande surprise de tous les partis, lord North y donna son appui. Quelques jours après, ce ministre présenta à cette occasion un bill qu'il avait préparé lui-même, par lequel des commissaires étaient nommés pour l'examen des comptes, et ce bill fut adopté.

La vivacité de ces débats entretenait l'exaltation des esprits, et l'irritation devint si grande, que plusieurs membres du parlement se battirent en duel. Dans la chambre des lords, Shelburne ayant parlé avec légèreté d'un M. Fulharton, qui venait d'obtenir le commandement d'un régiment, cet officier se plaignit à la chambre du langage tenu à son égard, et deux jours après il y eut une rencontre à Hyde-Park, entre l'officier et le comte Shelburne. Le comte fut blessé. Aussitôt, la commission nommée par le conseil commun adressa un message à Shelburne, pour lui exprimer toute l'anxiété que lui inspirait son état de santé, et sa gratitude pour les dangers qu'il avait courus dans une cause aussi juste. A l'exemple de la commission, les associations des comtés envoyèrent des adresses au comte de Shelburne.

Dans ce moment de crise où l'Angleterre avait besoin de toutes ses ressources, de toute sa liberté d'action, l'esprit turbulent du clergé se manifesta d'une manière éclatante. L'événement dont nous voulons parler remonte à l'année 1778. A cette époque, une loi avait été adoptée en faveur des catholiques romains, qui, devenus remuants, comme l'étaient les Irlandais, demandaient à être relevés de l'état d'oppression qui pesait sur eux; le gouvernement présenta aux deux chambres une loi à cet effet, dans l'espoir qu'en faisant quelques concessions aux catholiques, ceux-ci se tiendraient tranquilles. Toutefois, comme le bénéfice de la loi ne s'étendait point aux catholiques d'Écosse, bien qu'ils fussent plus opprimés encore que les catholiques d'Angleterre, le gouvernement, se rendant au motif qui l'avait porté à avantager les catholiques anglais, voulut suppléer à cette lacune, et à cet effet il prépara un bill qu'il présenta au parlement. Mais aussitôt, un cri d'alarme poussé contre le catholicisme se fit entendre en Écosse; un bruit, propagé par la médisance, se répandit dans toute la contrée, que ce culte allait être rétabli. Un ecclésiastique d'Édimbourg prit la plume, et, dans un pamphlet furibond, il déclama contre la mesure du gouvernement, et bientôt des milliers de pamphlets circulèrent en Écosse au même effet. La fureur des pamphlétaires se portait principalement contre sir George Saville, qui, dans la chambre des communes, avait introduit le premier le bill, et les auteurs dans leurs écrits l'assimilaient au diable et au pape. Bientôt une association considérable, composée principalement de petits marchands et d'apprentis, se forma à Édimbourg, avec le titre de Commission pour la défense des intérêts protestants; et en quelques jours, cette commission eut des comités correspondants dans les différentes parties du royaume. Prévoyant les dangers dont ils étaient menacés, les catholiques romains qui étaient en Écosse crurent prudent d'inviter lord North à retirer la loi, car la fureur de leurs ennemis était si grande qu'ils avaient lieu de craindre que leurs propriétés et leurs vies ne fussent exposées, et que la paix du royaume ne fût mise en danger. Mais cette concession de leur part ne désarma point les associés. A Édimbourg, l'association protestante fit répandre à profusion des exemplaires du manifeste suivant :

« Hommes et frères, quiconque « trouvera cette lettre, doit la regarder comme un avertissement de se rendre à Leithwynd mercredi prochain, au soir, afin de renverser la colonne du papisme, qui a été érigée récemment en ce lieu. » Signé, *un Protestant.* »

Cette colonne du papisme était une chapelle catholique qui venait d'être bâtie, et à côté de laquelle était la demeure d'un prêtre catholique. Ce manifeste se terminait par un post-scriptum ainsi conçu : « Lisez ces lignes avec soin, et faites qu'elles puissent être communiquées à d'autres. Au nom du roi et du pays : *Unité!* »

Ces injonctions ne furent que trop bien écoutées. Au jour dit, une foule immense se réunit à la chapelle et en brisa les fenêtres, les portes, les meubles, et mit ensuite le feu à l'édifice, sans que les magistrats, qui étaient accourus sur les lieux, pussent s'opposer au désordre. Le lendemain, au matin, les mêmes hommes se portèrent sur une autre chapelle catholique, située dans Blackfriarswynd, et y commirent les mêmes excès. Ils se répandirent alors dans les rues et brisèrent toutes les maisons qui étaient censément habitées par les papistes. Le soir, ils s'assemblèrent en plus grand nombre, et se portèrent vers la demeure de Robertson, savant estimable, dont les travaux historiques avaient alors une réputation européenne. Heureusement pour cet auteur, un corps de dragons arriva à temps pour sauver sa maison et sa bibliothèque. Le prévôt rendit une proclamation contre les émeutiers; mais voulant éviter l'effusion du sang de ses concitoyens, il renvoya de la cité un lieutenant de marine qui était en mission pour recruter des marins, et qui lui avait offert d'apaiser le désordre. Il s'opposa de la même manière à l'intervention du duc de Buccleugh, qui était à la tête d'un régiment et qui lui offrit ses services. Les catholiques écossais se voyant livrés à la fureur des protestants, cherchèrent aussitôt leur salut dans la fuite.

Cette affaire scandaleuse fut déférée

à la connaissance de la chambre des communes, et Wilkes demanda aux ministres s'ils persistaient dans leur intention de remplir une promesse qu'ils avaient faite, au sujet d'un bill relatif aux catholiques écossais; Dundas répondit pour les ministres, qu'en raison des violences populaires qui avaient éclaté dans toutes les parties de l'Écosse, il avait été arrêté qu'on attendrait, pour la présentation d'un bill de cette nature, que les préjugés populaires se fussent apaisés. Mais à quelque temps de là, Burke produisit une pétition des catholiques d'Édimbourg, qui demandaient une compensation pour les dommages qu'ils avaient soufferts, et des garanties pour leur sécurité future. Charles Fox, en invitant la chambre à faire droit à la pétition, parla en faveur d'une tolérance religieuse complète; il soutint que le parlement ne devait point se laisser émouvoir par des insurrections pareilles, et qu'il devait rapporter toutes les lois pénales sur la matière.

Ce langage du véritable libéralisme ne fut pas compris par le clergé. En ce moment même, le fanatisme allumait ses feux dans toute l'Angleterre, et quatre-vingt-cinq sociétés affiliées à celle d'Édimbourg se formaient dans les différentes parties du royaume. Lord George Gordon, frère du duc de Gordon, en était le chef. Ce seigneur, qui n'avait que vingt-neuf ans, siégeait depuis quelque temps dans la chambre des communes, où il se faisait remarquer par l'excentricité de ses manières, par des vêtements en désordre et par une parole souvent ardente, qui ressemblait quelquefois à une inspiration oratoire, mais qui, en fait, n'était que de la folie. Lord Gordon prit en main, dans la chambre des communes, la défense des fanatiques qui l'avaient nommé leur président, et déclama avec force contre sir George Saville, qu'il alliait au diable et au pape, comme l'avaient fait ceux qui s'appelaient les défenseurs de la religion protestante. En réponse à Fox, qui maintenait les doctrines de la tolérance religieuse, il dit que la tolérance ne pouvait pas être appliquée aux catholiques d'Écosse, comme elle l'avait été aux catholiques irlandais, et il demanda que la pétition de Burke fût enlevée de la table où elle était déposée; Gordon ajouta que tous les Écossais étaient prêts à s'insurger, que tous mourraient plutôt que de se soumettre; puis il parla de l'association protestante, et dit qu'elle viendrait présenter des pétitions au roi, au prince de Galles et au parlement. Il ajouta que si les vrais protestants étaient aussi déterminés que lui, il se mettrait à leur tête, et que, s'ils pouvaient se réunir au nombre de 20,000, il les conduirait à la chambre et présenterait leur pétition. La chambre avait coutume de rire aux discours de Gordon, et semblait n'ajouter aucune créance à ses menaces; elle écouta avec le même dédain les déclamations furieuses du lord.

Ce fut un malheur; car l'association protestante continuait ses meetings et lançait dans le public des manifestes dans lesquels elle établissait ses prétendus griefs. Les chefs arrêtèrent que toutes les forces du parti se réuniraient et feraient une démonstration simultanée. Des promesses furent faites, des engagements furent pris; et Saint-George-Fields, de fatale mémoire, fut fixé pour le lieu du rendez-vous. Le 26 mai, Gordon informa la chambre qu'il avait une pétition à présenter, et il ajouta qu'il viendrait à la chambre avec tous ceux qui l'avaient signée. Au jour fixé (le 2 juin), 60,000 hommes environ, d'autres disent 100,000, se réunirent en effet dans Saint-George-Fields et se formèrent en quatre corps séparés; l'un d'eux était entièrement composé d'Écossais. Lord George Gordon, après une harangue animée, ayant donné le signal du départ, les colonnes se mirent en mouvement. Les pétitionnaires marchaient par file de six, et étaient précédés d'un homme de haute stature ayant sur sa tête la pétition antipapiste, qui portait, disait-on, 120,000 signatures. Les colonnes opérèrent leur jonction près de l'édifice où le parlement tenait ses séances, et bloquèrent toutes les rues et avenues qui conduisaient à ce lieu. Dans le trajet, cet immense cortége s'était encore grossi de toute la populace de Londres. Comme la séance n'était point encore ouverte, les émeutiers, à mesure que les pairs et les membres des communes arrivaient, les arrêtaient au passage, puis ils les contraignaient à prendre des cocardes bleues et à pousser le cri : *Point de papisme!* Quelques-uns d'entre eux, et notamment l'archevêque d'York et le duc de Northumberland, furent très-maltraités. L'évêque de Lichfield eut sa robe déchirée; l'évêque de Lincoln, frère du lord chancelier Thurlow, après avoir vu briser sa voiture, se réfugia dans une maison; poursuivi dans cet asile, l'évêque prit à la hâte des vêtements de femme et s'enfuit, par le toit, dans une autre maison. En ce moment, la foule, qui était immense, se précipitait avec une sorte de rage aux portes de la chambre des lords; mais les gardiens, par leur bonne contenance, parvinrent à l'écarter. Lord Townshend fit une motion pour que les pairs sortissent en corps à la délivrance de leurs frères qui n'étaient pas encore entrés. Il s'éleva un débat à cette occasion; à savoir si la masse quitterait ou non la chambre avec les nobles pairs. La question fut résolue par la négative, car on craignait que ce symbole de la puissance de la chambre ne fût enlevé et ne fût perdu sans retour. Des accusations et des récriminations violentes succédèrent ensuite à la motion. L'opposition déclara que les ministres étaient la cause première de tout le désordre, par les concessions scandaleuses et lâches qu'ils avaient faites aux antipapistes écossais, et elle les appela hautement à rendre compte de leur conduite en cette circonstance, pour laquelle tant d'avertissements préalables avaient été donnés. Lord Hillsborough, au nom du ministère, répondit que des ordres avaient été envoyés le jour précédent aux magistrats, pour qu'ils se tinssent prêts à réprimer le tumulte, et l'un des magistrats ayant été appelé à la barre, il déclara qu'il n'avait pu réunir qu'un très-petit nombre de constables, et qu'aucune force civile ne serait suffisante pour contenir une populace aussi grande et aussi déterminée. A ces paroles, les pairs se retirèrent les uns après les autres, et bientôt il ne resta dans la salle que lord Mansfield et quelques serviteurs attachés à la chambre.

Dans la chambre des communes, l'irritation n'était pas moins grande. Lord Gordon s'y était présenté pour déposer la pétition, tandis que ses partisans, qui étaient à la porte, faisaient retentir l'air de ces cris : *Rapportez le bill! rapportez le bill! Point de papisme! point de papisme! Vive lord George Gordon! Lord Gordon pour toujours!* Plusieurs membres menacèrent Gordon d'une mort instantanée, si la sainteté de la chambre était violée par la populace qui était assemblée aux portes, et l'on rapporte que M. Henri Herbert, plus tard comte de Caernarvon, se plaça auprès de lord Gordon pour accomplir l'effet de cette menace s'il en était nécessaire, et que le général Muret, frère du duc d'Athol et parent de lord Gordon, tira son épée, prêt à en percer le sein de ce fou à la première irruption de la populace. Le général Conway dit, de son côté, qu'il défendrait l'entrée de la chambre l'épée au poing, et que les émeutiers n'y entreraient qu'après lui avoir passé sur le corps. Lorsque l'ordre fut un peu rétabli, lord George Gordon demanda à présenter sa pétition et à la discuter sur-le-champ. Sa motion fut appuyée par l'aldermann Bull, et la première partie de la proposition fut accueillie sans difficulté. Mais pendant le cours du débat, lord Gordon était sorti plusieurs fois de la chambre, pour haranguer la populace et l'encourager à la résistance, en lui disant que la terreur était le seul moyen de forcer le roi et les ministres à se rendre aux supplications des pétitionnaires. Il désigna aussi au peuple les membres qui avaient parlé contre la pétition. A son retour dans la chambre, le colonel Holroyd lui mit la main sur le collet en lui disant, que jusqu'à présent il avait imputé sa conduite à la folie, mais qu'il y reconnaissait maintenant plus de méchanceté que de déraison, et que, s'il continuait, il allait faire une manifestation pour son arrestation et pour son envoi en prison à Newgate. L'attitude des communes, dans ce moment où le danger était imminent, fut pleine de noblesse et de dignité. Ecartant tout sentiment de frayeur, elle vota la prise en considération de la pétition à quatre jours. Huit membres seulement votèrent avec lord Gordon, qui demandait la discussion immédiate.

Sur ces entrefaites, M. Addington, magistrat de Middlesex, arriva avec de la cavalerie et de l'infanterie, et s'étant adressé à la foule, il la somma de se retirer. Cet ordre fut exécuté, cependant tout n'était point terminé. Tandis que les protestants associés reprenaient le chemin de leurs demeures, une de leurs divisions passant près de la chapelle de l'ambassadeur bavarois, dans Warwick street, détruisit tout ce qu'elle renfermait et mit ensuite le feu à l'édifice. Une autre division commit les mêmes désordres à la chapelle de l'ambassadeur de Sardaigne, dans Duke street. Le samedi, les lords s'étant assemblés, lord Bathurst, qui était leur président, et qui avait été très-maltraité par la foule, demanda qu'une adresse fût envoyée au roi pour qu'il donnât des ordres immédiats, à l'effet de poursuivre d'une manière efficace les auteurs et les instigateurs des outrages commis les jours précédents dans le voisinage du parlement et sur les demeures de plusieurs ambassadeurs étrangers. Le même jour, au soir, les ouvriers, qui avaient reçu leurs salaires de la semaine, et qui, comme de coutume, avaient fait de copieuses libations, s'assemblèrent dans Moorfields et insultèrent les catholiques qui vivaient dans ce voisinage. Des troupes avaient été envoyées sur les lieux; mais comme elles avaient l'ordre exprès de ne point faire feu, leur inactivité encouragea la populace, qui maltraita les militaires. Toutefois, il était temps d'arrêter ce désordre, et le conseil privé s'étant réuni au palais de Saint-James, une proclamation fut lancée. Une récompense de 500 livres sterling (12,500 fr.) était promise à quiconque ferait connaître les personnes qui avaient dévasté et incendié les chapelles des ambassadeurs de Sardaigne et de Bavière. Quelques-uns des principaux chefs furent aussitôt arrêtés, et mis dans la prison de Newgate. Ces arrestations enhardirent la foule; elle couvrit de boue les gardes qui emmenaient les délinquants, et elle se porta en masse sur la maison de sir George Saville, qu'elle dépouilla de ses meubles; elle se présenta ensuite à la maison de lord George Gordon, dans Wilbeck street, et fit un feu de joie en son honneur avec les matériaux et les divers objets qui avaient été enlevés dans les chapelles catholiques. D'autres chapelles du même culte furent détruites de fond en comble de la même manière, et deux négociants recommandables, qui avaient contribué à l'arrestation des prisonniers de Newgate, eurent leurs maisons et leurs boutiques pillées de tout ce qu'elles contenaient.

Nous avons dit que la chambre des communes avait ajourné à quatre jours la discussion de la proposition de Gordon. Ce jour-là, environ deux cents membres de cette chambre ne parvinrent à se rendre à leur poste, qu'après avoir couru les plus grands dangers. Lord Sandwich, l'un des membres de la chambre haute, fut arraché de sa voiture, qui fut mise en pièces, et il ne dut la vie qu'à l'intervention efficace d'un juge de paix, qui fut lui-même très-maltraité. Les émeutiers, armés la plupart de bâtons noueux, portaient des cocardes bleues à leurs chapeaux; ils avaient des bannières avec cette inscription : *Point de papisme!* et ces mots étaient écrits à la craie sur la voiture de chaque membre, à mesure qu'elle passait. M. Hyde, magistrat, s'étant avancé à la tête d'un détachement de cavalerie, pour repousser les mutins, tout à coup une voix de stentor fit retentir ces paroles : *Enfants, à la maison de Hyde!* Ce gentilhomme habitait Saint-Martin street, et la foule s'étant portée vers sa maison, elle fut démolie en quelques minutes. En ce moment, lord George Gordon, avec une cocarde bleue à son chapeau, se présentait dans la chambre des communes; le colonel Herbert lui commanda d'ôter ce signe de sédition, et le menaça de le lui arracher s'il ne le faisait pas lui-même; Gordon, effrayé par cette menace, s'empressa d'obéir à l'injonction qui lui était faite. La chambre était profondément émue, et Burke, dans un discours animé, déplora la condition misérable à laquelle le parlement était réduit. Plusieurs résolutions énergiques furent ensuite adoptées; par l'une d'elles, un comité était nommé pour s'enquérir des outrages commis, et pour en découvrir les instigateurs et les instruments, et les livrer à la justice.

Mais ces dispositions ne pouvaient point produire d'effet immédiat, et à chaque moment des nouvelles inquiétantes arrivaient de la Cité. Vers six heures du soir, la populace se porta de Holborn à Newgate, en déclarant qu'elle voulait qu'on lui rendît les prisonniers. Arrivés à la porte de la prison, les émeutiers demandèrent leurs camarades, et le geôlier ayant répondu à cette sommation par un refus, ils commencèrent à briser les fenêtres et à battre en brèche les portes. Comme elles étaient solidement construites et qu'elles résistaient à cette attaque, ils réunirent toutes les matières combustibles qu'ils purent trouver et, après y avoir mis le feu, les jetèrent dans la demeure du geôlier. Le feu prit instantanément à l'établissement, et bientôt les flammes se répandirent de l'appartement du geôlier à la chapelle, et dans plusieurs autres parties de la prison. La foule, témoin de ce spectacle, poussait des hurlements affreux, ce qui le rendait plus lugubre et plus terrible, tandis qu'aux cris du dehors se joignaient les cris du dedans, cris de détresse, car le feu gagnait avec une rapidité extraordinaire toutes les parties de l'édifice. La foule se rua alors avec une violence extrême sur les portes, qui cédèrent; elle se précipita dans l'intérieur, et en parcourut les sombres couloirs et les sinuosités avec une facilité qui attestait de sa part une connaissance parfaite des lieux. Il y avait en ce moment à Newgate près de trois cents criminels, dont trois ou quatre, condamnés à mort, devaient être exécutés le lendemain. Néanmoins pas un de ces prisonniers ne périt dans cette terrible conflagration; ils furent tirés de l'incendie, les uns par les cheveux, les autres par les bras, d'autres par les jambes. Au bout de quelques heures il ne resta plus que quelques débris de cette prison qui était considérée comme la plus forte de l'Angleterre et qui avait été récemment bâtie, et avait coûté 140,000 liv. sterling (3,500,000 fr.). Le même soir, les portes de la nouvelle prison de Clerkenwell furent brisées, et tous les prisonniers qu'elle renfermait furent mis en liberté. La foule se porta ensuite sur les maisons des juges, et elle détruisit celle de sir George Fielding, ainsi que celle de lord Mansfield, qui ne parvint qu'avec peine à s'échapper. En ce lieu le caractère de l'émeute se montra dans toute sa violence. Un détachement d'infanterie de la garde venait d'arriver; mais comme les magistrats civils avaient tous pris la fuite, et que les sommations voulues par la loi ne pouvaient être faites, l'officier qui commandait ne put arrêter le désordre. La scène était terrible; des misérables armés de haches brisaient les portes, tandis que la foule, animée par le vin, les encourageait par des cris sauvages. Des feux, allumés dans la rue, étaient entretenus avec des livres, des tableaux, des meubles. La troupe était elle-même en butte aux injures de la populace qui lui jetait des pierres et de la boue. Elle fit une décharge de mousqueterie, et les cris des blessés et des mourants augmentèrent le désordre. Cette scène dura toute la nuit. Le lendemain, Londres présentait l'aspect de la désolation et de la solitude. Toutes les boutiques étaient fermées, mais aux fenêtres flottaient des morceaux de soie bleue, et chaque porte portait ces mots, écrits à la craie : *Point de papisme!* car les habitants, effrayés, avaient adopté ces signes pour sauver leur propriété des avanies de la populace, qui maintenant s'adressait indistinctement aux maisons des protestants et à celles des catholiques. On vit bientôt des hommes déterminés, armés de barres de fer, parcourir les rues et extorquer de l'argent de tous ceux qu'ils rencontraient. C'est ainsi qu'il arrive presque toujours lorsque la populace n'est plus retenue par le frein salutaire des lois; et l'exemple remarquable du contraire, donné, il y a quelques années, par notre pays, est assurément un de ses plus beaux titres à l'estime des peuples (*). Parmi ces hommes, il en était qui refusaient les shellings et les couronnes, et ne voulaient prendre que les pièces d'or. La prison du banc du roi, la nouvelle geôle, la prison de Bridewell, celle de la flotte, furent brûlées le même jour. Il ne resta plus à Londres qu'une seule prison, c'était celle de Pultrycompter. Deux attaques successives furent dirigées sur la Banque d'Angleterre; mais là se trouvait un corps de soldats qui avaient l'ordre de faire usage de leurs armes, et qui blessèrent un grand nombre des assaillants.

Les lois étaient méconnues, la violence et la brutalité avaient succédé à l'ordre et tout annonçait que le tumulte allait devenir plus grave. Au milieu de la confusion générale, le roi, prenant sur lui-même une responsabilité qui effrayait ses ministres, rendit une proclamation autorisant les militaires à agir partout où il serait nécessaire, et alors même que les magistrats ne seraient point présents pour faire lecture du *Riot act*; et cette mesure rétablit l'ordre. Le premier engagement entre les troupes et le peuple eut lieu dans Holborn, où un grand distillateur, du nom de Langdale, venait de voir une propriété, qu'il estimait 100,000 liv. st. (2,500,000 fr.), détruite de fond en comble; la foule ne fit de résistance énergique nulle part. Dans la journée du 8 juin, la tranquillité fut rétablie sur tous les points. Le nombre des tués, d'après un relevé officiel, s'élevait à 210, et celui des blessés à 248; mais il paraît que ces chiffres étaient au-dessous de la réalité. La métropole, à plusieurs endroits, ressemblait à une ville prise d'assaut; toutes les transactions avaient cessé; la Bourse et d'autres édifices étaient occupés par des troupes; les boutiques étaient restées fermées, les rues étaient silencieuses et désertes. Dans d'autres lieux on voyait des incendies que des pompiers s'occupaient à éteindre. Le samedi, 10 juin, lord George Gordon fut arrêté sur un *warrant* lancé par un secrétaire d'État, et après une courte instruction, durant laquelle, dit-on, il se conduisit comme un lâche, il fut envoyé à la Tour, sous l'accusation de haute trahison. Une forte escorte l'accompagna dans cette forteresse pour prévenir les tentatives qui auraient pu être faites en sa faveur; mais ses partisans étaient abattus, et aucun d'eux ne songeait à relever la tête.

C'est ainsi que le fanatisme, sous les faux dehors de la religion, égare les populations et les pousse aux excès les plus fâcheux. Que de réflexions humiliantes pour nous-mêmes suggère à l'esprit le spectacle de cette masse de citoyens stupides dominés par l'ascendant de quelques misérables et se livrant à des violences inouïes pour faire triompher leurs idées mesquines et égoïstes! Combien surtout sont coupables ces hommes de Dieu qui, au mépris de la loi divine dont ils se disent les organes sur la terre, ne craignent point de fomenter des haines contre ceux qu'ils ne sauraient convaincre! Le protestantisme, de même que le catholicisme et tous les autres cultes qui existent en ce monde, mentent à l'esprit de la véritable religion lorsqu'ils recourent à l'oppression pour éclairer. Ramener les égarés dans des voies meilleures par des moyens doux et pacifiques, les convaincre en faisant appel au bon sens, telle est la loi que tous ces cultes, indistinctement, doivent suivre; il ne

---

(*) On conçoit que je veux parler de la révolution de 1830. — CL. PEL.

saurait en exister d'autres. Toutefois, les meilleurs esprits de l'Angleterre durent trouver quelque chose de consolant au milieu de ces désordres. Il était beau en effet de voir l'opposition défendre la liberté religieuse et proclamer la sainteté du principe en présence d'une émeute qui grondait à la porte même du lieu où elle délibérait, et inviter le pouvoir à ne point se laisser intimider par des menaces. La conduite du gouvernement, malgré l'imprévoyance qu'on pouvait avec juste raison lui reprocher, fut admirable sous le rapport du respect qu'il montra à la loi. En effet, alors que la propriété est violée, que les lois sociales qui sont regardées comme les plus saintes parmi les nations modernes sont méconnues, que la tempête populaire éclate avec fureur, il hésite encore à recourir aux moyens extraordinaires ; une pareille responsabilité l'effraye, et ce n'est qu'à la dernière extrémité que le roi prend sur lui-même de rendre une proclamation autorisant les militaires à agir partout où il sera nécessaire, sans qu'il soit besoin de faire lecture du *Riot act*.

Le 29 juin, les chambres s'étant assemblées, le roi, dans un long discours, expliqua et justifia les mesures extraordinaires qui avaient été adoptées ; il termina en déclarant que son premier devoir et sa principale gloire était de conserver la religion établie. Lord Mansfield, dans la chambre des lords, justifia la proclamation royale, et dit que l'emploi de la force militaire dans un pareil désordre n'avait rien que de légal. Faisant une courte allusion aux pertes qu'il avait essuyées, il dit qu'il avait formé son opinion sans consulter ses livres, attendu qu'il n'avait plus de livres à consulter. Le jour suivant, les communes se formèrent en comité pour délibérer sur les pétitions qui demandaient le rappel du bill de tolérance de lord Saville. Wilkes, qui était en ce moment chambellan de la Cité, attaqua avec violence la pétition de la Cité ; il blâma surtout la conduite du lord-maire et de l'aldermann Bull, et dit à leur égard que si ces magistrats eussent fait leur devoir, l'émeute aurait été supprimée dès le principe, ce qui était vrai. Quelques personnes ayant voulu défendre les pétitions, aussitôt lord Beauchamp, sir George Saville, Wilkes, Burke et Fox, parlant pour la première fois dans le même sens, soutinrent les doctrines de la tolérance. Toutefois, comme il était nécessaire de calmer les esprits, dans l'état de crise où le pays se trouvait engagé, la troisième lecture du bill fut ajournée à une époque indéterminée, ce qui évaluait à un rejet. Le glaive de la loi n'atteignit que les principaux coupables ; cinquante-neuf d'entre eux furent condamnés à mort, et vingt furent exécutés ; les autres furent déportés à vie. Le procès de lord George Gordon fut remis au mois de juin 1781, et ce seigneur ayant pris pour ses défenseurs M. Kenyon et le célèbre Erskin, ceux-ci parvinrent à le sauver.

Le parlement ayant été dissous sur ces entrefaites, les élections générales donnèrent la majorité au ministère. Dans l'adresse, l'attention des communes se porta sur les résultats de la campagne de 1780 : ils n'avaient pas été infructueux ; la forteresse de Gibraltar avait été ravitaillée par l'amiral Rodney, et en Amérique, les forces américaines et françaises réunies, après avoir inutilement assiégé Savannah, s'étaient retirées avec de grandes pertes. Charlestown avait capitulé, et toute la Caroline du Nord avait cruellement souffert des dévastations commises par l'armée anglaise. Mais, en ce moment même, les puissances continentales proclamaient le principe de la neutralité armée ; et un nouvel ennemi, la Hollande, se disposait à entrer dans la querelle. Déjà même une rencontre avait eu lieu entre la flotte anglaise et une escadre hollandaise, commandée par le comte de Beylan ; et nous avons dit qu'à la suite de ce combat naval, le gouvernement anglais s'était décidé à déclarer la guerre à la Hollande.

(1781.) Le parlement s'étant assemblé, la chambre des communes s'empara du manifeste lancé par le gouvernement contre les Hollandais ; et Burke, à l'occasion de ce manifeste, déclara que les ministres anglais étaient plus en faute que les Hollandais ; abordant ensuite l'arrestation qui avait eu lieu en mer d'un agent américain, il dit que les papiers saisis sur Laurence, l'envoyé du congrès en Hollande, n'indiquaient qu'un commencement de négociation ; en conséquence, qu'il n'y avait point matière à déclarer la guerre. La chambre des communes s'occupa ensuite d'une motion à l'effet de limiter les pensions et de supprimer une foule de dépenses inutiles. Ce fut à la seconde lecture de la motion qu'un homme célèbre, que nous verrons, plus tard, jouer un rôle considérable dans les guerres de la révolution française et de l'Angleterre, que William Pitt, second fils du comte de Chatam, prononça son premier discours (*) ; Pitt n'avait que vingt-deux ans ; et la chambre, qui retentissait encore des nobles paroles de son père, lui prêta une attention soutenue et bienveillante. Le jeune orateur n'avait point dégénéré de son père. Une grande dignité régnait dans sa personne ; sa voix était vibrante, et son discours attestait une vigueur de pensée peu commune. L'un des ministres ayant dit quelques mots à l'oreille du membre assis à son côté, l'orateur s'arrêta court ; et, promenant son regard sur l'assemblée, il laissa tomber ces mots : « J'attendrai que l'Agamemnon du jour ait fini sa consultation avec le Nestor du banc de la trésorerie. » Un silence profond suivit cette apostrophe dont l'effet fut électrique. Deux autres hommes célèbres, Shéridan et Wilberforce, avaient pris place pour la première fois dans ce parlement.

A quelques jours de là, le ministre ayant présenté le budget, fut vivement réprimandé pour la manière dont il avait conduit un emprunt qui avait été contracté dans le cours de l'année, et qui ajoutait 12,000,000 sterling (300,000,000 fr.) à la dette nationale; le chancelier de l'Échiquier avait emprunté à des conditions tellement avantageuses pour les prêteurs, qu'au bout de quelques jours les bons s'étaient élevés à 11 pour 0/0 au-dessus du prix de l'émission. North défendit l'opération, et la motion proposée contre lui fut repoussée.

Différentes lois d'organisation locale, et notamment une loi sur les mariages, qui avait pour objet de légitimer un grand nombre d'unions contractées sans publications de bans, furent présentées par le ministère, et adoptées par le parlement sans donner lieu à des débats animés. La question qui absorbait tous les esprits était la guerre. Comme les nouvelles de l'Amérique tendaient à prouver que, malgré les victoires de lord Cornwallis, l'armée anglaise perdait du terrain dans la Caroline du Nord, des fonds considérables furent votés pour la poursuivre avec vigueur. Le grand nom de Chatam fut cité dans le cours du débat ; et les plans de cet homme d'État ayant été traités avec peu de ménagement, William Pitt se leva pour défendre la conduite de son père. Après avoir accompli ce devoir, l'orateur donna son opinion personnelle sur la guerre d'Amérique ; il dit qu'elle était cruelle, injuste, et désastreuse à la fois pour les Anglais et les Américains. La session se termina sans aucun événement remarquable. Dans le discours qu'il prononça à cette occasion, George III déclara que les grands efforts faits par la nation pour surmonter les difficultés d'une guerre aussi générale, devaient convaincre le monde que les Bretons n'avaient point dégénéré de leurs pères sous le rapport de l'énergie et du courage. George III ajoutait qu'il était décidé à n'accepter aucune condition, ni aucune trêve, si les arrangements qu'on pouvait lui proposer portaient la plus légère atteinte à l'honneur et à la dignité de sa couronne, et aux intérêts de son peuple. Toutefois la lassitude de la guerre

(*) Les Anglais nomment ce premier discours un *maiden speech*, un discours vierge.
Cl. Pel.

commençait à se faire partout sentir. George III lui-même avait dit dans son discours que la paix était le plus cher de ses vœux. Le rétablissement de la paix était surtout désiré par les marchands qui faisaient le commerce avec l'Amérique. Les planteurs des Indes occidentales résidant à Londres, et leurs cointéressés, venaient de leur côté de signer une pétition ; ils représentaient au roi que toutes les îles des Antilles anglaises étaient exposées à des dangers imminents par suite de l'état de guerre existant ; que plusieurs de ces îles étaient déjà tombées au pouvoir de l'ennemi, et que les autres étaient menacées du même sort dans un prochain avenir. A l'exemple des planteurs des Indes occidentales, le lord-maire de Londres, et les aldermen, au nom de la Cité, présentèrent au roi une pétition dont le style rappelait la fameuse remontrance de Wilkes. Ils disaient que Sa Majesté avait été trompée par les fausses assertions et les suggestions fallacieuses de ses ministres, au sujet de la guerre désastreuse dans laquelle le pays était engagé ; que les manufactures du royaume étaient en souffrance ; que la propriété foncière avait subi depuis quelque temps une dépréciation considérable ; et que les intérêts énormes accordés aux prêteurs du gouvernement avaient détourné le numéraire de ses voies ordinaires, et porté un préjudice grave au crédit particulier.

Les opérations militaires de l'année, bien que de grands avantages eussent été obtenus, n'étaient point non plus très-encourageantes. Nous nous rappelons que dans les premiers mois de l'année, une révolte inquiétante s'était déclarée parmi les soldats de Washington, et que le traître Arnold, après avoir obtenu du gouvernement anglais un commandement supérieur, avait fait une invasion dans la Virginie. Mais, comme nous l'avons vu, l'armée anglaise n'avait point tiré un grand profit de cette révolte et de l'invasion d'Arnold. Ainsi, dans la Caroline du Nord, Cornwallis, après quelques succès, s'était vu obligé d'abandonner cette province, et, traversant les parties méridionales de la Virginie, il s'était retiré à York-Town, sur la rivière York, où il s'était fortifié ; mais, assiégé par l'armée de Washington, qui avait alors dans ses rangs l'élite de la jeunesse française, et notamment la Fayette, Rochambeau, de Lauzun, le vicomte de Noailles, l'amiral de Grasse, de Choisi, il s'était rendu, par capitulation, laissant au pouvoir des Américains une garnison nombreuse et d'immenses approvisionnements. Dans la Floride, la domination anglaise venait d'être complètement détruite. Dans les Indes occidentales, l'amiral Rodney avait pris l'île de Saint-Eustache aux Hollandais, ainsi que plusieurs établissements hollandais situés sur les rivières de Demerara et d'Esequibo ; mais l'Angleterre avait perdu l'île de Tabago. Dans les Indes orientales la flotte avait eu différentes rencontres avec la flotte française, commandée par le bailli de Suffren, sans résultats décisifs. En Europe, les Espagnols tenaient Gibraltar étroitement bloqué, tandis qu'une armée franco-espagnole, après s'être emparée de Minorque, assiégeait, dans le fort Saint-Philippe, la garnison anglaise commandée par le général Murray.

L'énormité des sacrifices qui avaient été faits, les sacrifices plus considérables encore auxquels il fallait se résigner pour conserver au royaume la considération dont il avait joui jusqu'alors, effrayèrent les ministres eux-mêmes, et ils résolurent de faire des ouvertures et de négocier une paix honorable. A cet effet, ils s'adressèrent à l'Espagne, et ensuite à Joseph II. Mais leurs propositions furent repoussées ; les puissances européennes voulaient continuer la guerre.

Le discours de la couronne, qui ouvrit la session, fut en conséquence aussi belliqueux que les discours précédents. La prolongation de la guerre, disait George III, est due à l'ambition insatiable des ennemis de la prospérité du royaume. Le roi déclarait en outre, qu'en cédant au désir naturel qu'il éprouvait pour le rétablissement de la paix, dans les circonstances actuelles, il méconnaîtrait la confiance que la nation avait placée en lui, et qu'il répondrait mal aux preuves de fidélité et de zèle que sa famille et lui-même avaient reçues du pays; qu'il ne pouvait faire le sacrifice de droits essentiels, parce que la conservation de ces droits était nécessaire au repos et à la grandeur de l'Angleterre. George III présentait les affaires de l'Inde sous un jour favorable, et il félicitait le pays de l'arrivée à bon port, dans les havres du royaume, des flottes marchandes engagées dans des expéditions lointaines. Il terminait en demandant au parlement de nouveaux secours, et en exprimant sa confiance dans la divine providence pour le succès de la lutte.

Ce discours fut reçu avec une froideur remarquable, parce qu'il annonçait la prolongation des hostilités, et, dans la discussion de l'adresse, Charles Fox, attaquant le ministère avec sa violence ordinaire, dit qu'il était étonné que les ministres osassent prolonger une guerre qu'ils avaient si mal conduite. « Je ne dirai pas, s'écria-t-il, que les ministres sont payés par la France, car il me serait impossible de prouver un pareil fait; mais ce que je puis affirmer, c'est qu'ils ont mérité d'être payés par ce pays, attendu que personne ne l'a mieux servi qu'ils ne l'ont fait. » Lord North, en réponse à Fox, exprima son indignation pour une pareille insinuation. Il dit qu'il n'y avait point un homme, soit qu'il fût dans la chambre ou non, qui pût croire à une absurdité aussi monstrueuse. Puis il déclara que la guerre d'Amérique n'avait pas été poursuivie dans le but d'agrandir les possessions de la couronne, ni de réduire des sujets à l'état de servitude, mais qu'elle avait été faite dans le but de conserver l'empire dans son intégrité, et de faire respecter la constitution. Faisant allusion aux défaites de l'armée anglaise dans la Virginie : « Un grand désastre, s'écria-t-il, nous a frappés; mais devons-nous déposer les armes et mourir ? Non. Cette défaite doit nous donner une nouvelle impulsion, exciter de nouveau notre courage; car, par des efforts hardis et bien entendus, tout peut être sauvé, tandis que l'abattement et le désespoir peuvent tout perdre. »

Le ministre dit que la guerre avait été malheureuse, mais qu'elle n'était point injuste, qu'elle était fondée en droit et qu'elle avait été dictée par la nécessité; que telle avait été toujours sa conviction, et que si la part qu'il avait prise dans les grands événements qui s'étaient récemment passés, devait le conduire à l'échafaud, son opinion resterait toujours la même. Burke, en réponse, déclara que le discours du ministre était non-seulement impudent et audacieux, mais qu'il glaçait son sang et lui déchirait les entrailles. « Non, s'écria-t-il, cette guerre ne doit point être appelée une guerre malheureuse, c'est honteuse qu'il faut dire. » Il ajouta que le discours de la couronne était considéré par lui comme une des plus grandes calamités qui eussent jamais atteint le pays, en ce sens qu'il montrait que les ministres étaient disposés à ne faire aucune concession, mais à se plonger plus avant dans la honte, la disgrâce, et à augmenter les maux de la nation. « Grand Dieu, s'écria-t-il, en sommes-nous encore à entendre parler des *droits* pour lesquels nous avons entrepris la guerre avec l'Amérique ? Oh ! excellents droits, droits précieux. Oui, vous êtes précieux, car nous vous avons payés fort cher! vous nous avez coûté treize provinces, quatre îles, 100,000 hommes, et plus de 70,000,000 liv. st. (1,750,000,000 fr.). Oui, vous êtes des droits extraordinaires, car vous avez enlevé à la Grande-Bretagne son empire sur l'Océan; vous lui avez enlevé cette supériorité si grande et si vantée qui faisait que le monde s'humiliait devant elle; oui, vous êtes des droits inappréciables, car vous nous avez ravi le rang que nous occupions parmi les nations, le crédit dont nous jouissions au dehors, et notre tranquillité au dedans; c'est vous qui avez détruit notre commerce, nos manufactures; qui avez réduit cet État, le plus florissant du monde, à l'état le plus méprisé du globe. »

A quelques jours de là, Burke fit une motion pour qu'une enquête eût lieu sur la conduite de ceux qui avaient pris l'île de Saint-Eustache, et la manière dont les approvisionnements trouvés dans cette île avaient été distribués. Rodney et Vaughan, qui, tous deux, avaient pris part à ce fait d'armes, parvinrent à se justifier à la satisfaction de la chambre. Une demande de 100,000 matelots ayant été faite par le ministère, sir James Loother présenta deux résolutions, à l'effet de déclarer que la guerre avec les colonies américaines n'avait aucunement répondu au but qu'on s'était proposé, et que, dans l'opinion de la chambre, des efforts ultérieurs seraient inefficaces. Lord North parvint à faire repousser ces résolutions, lorsqu'il eut dit que, si on les adoptait, ce serait avertir les ennemis de l'Angleterre de la faiblesse du pays, et encourager les Américains à persévérer dans leur conduite.

(1782.) Le ministère, pour se soustraire à ces attaques, avait ajourné le parlement. Mais sur ces entrefaites, la nation reçut la triste nouvelle que Murray, après une courageuse résistance, avait livré aux Français le fort Philippe par capitulation, et que ceux-ci, par cet événement, étaient devenus maîtres de l'île entière de Minorque. Des bruits décourageants circulaient en outre dans le public. On disait que Gibraltar, serré de près par les Espagnols, était à la veille de se rendre, et que l'île de Saint-Eustache, dans les Indes occidentales, avait été reprise. Les lettres qui arrivaient des Antilles anglaises annonçaient, d'un autre côté, que, dans cette partie du monde, les Français avaient des forces bien supérieures à celles des Anglais, et parlaient du danger qui menaçait les possessions de l'Angleterre par suite de cette inégalité de forces.

Ces nouvelles produisirent une impression profonde. De grands *meetings* s'assemblèrent à Londres, à Westminster, a Surrey, et dans la plupart des villes du royaume, pour rédiger des pétitions et des remontrances destinées à faire connaître à la couronne les vœux que faisait la nation pour la paix. La remontrance de la cité de Londres se distinguait, comme à l'ordinaire, par la violence de sa rédaction. « Vos armées, disait-elle, ont été obligées de capituler; vos possessions ont été perdues, et les fidèles sujets de Votre Majesté ploient sous le fardeau des taxes. Ces taxes, alors même que nos victoires auraient été aussi brillantes que nos défaites ont été disgracieuses; alors que nos conquêtes territoriales auraient été aussi heureuses que le démembrement de l'empire a été fatal, ne sauraient être considérées autrement que comme une des plus grandes calamités qu'ait essuyées le pays. » Toutefois, les partisans de la guerre formaient encore un parti considérable. Aux doléances des pétitionnaires, ils répondaient qu'il valait mieux supporter des charges lourdes que de se soumettre à une paix déshonorante; ils disaient, en outre, que l'indépendance de l'Amérique serait une calamité pour le pays; que la nation devait risquer son dernier homme et son dernier écu avant de reconnaître cette indépendance. Les partisans de la guerre s'accordaient pourtant sur ce point, que la guerre avait été mal conduite dès le principe; et le plus grand nombre ajoutaient que l'administration qui avait en main les affaires du royaume était incapable de les poursuivre avec avantage et dignité.

La question relative au rétablissement de la paix ou à la continuation des hostilités devait servir de champ de bataille aux deux partis. Le parlement s'étant assemblé dans les premiers jours de janvier, Charles Fox demanda une enquête à l'effet de connaître les causes du mauvais succès qui accompagnait depuis quelque temps les opérations des forces navales de l'Angleterre; et il accusa, à cette occasion, lord Sandwich, premier lord de l'amirauté, de trahison. Lord Mulgrave défendit lord Sandwich, et le déclara incapable d'un pareil crime. Mais lord

Howe, qui, en fait de marine, était une autorité bien plus puissante que lord Mulgrave, fit un long discours dans le sens de l'opinion de Fox. Il dit que les mouvements du port de Brest n'avaient point été constamment surveillés par des frégates anglaises; que le Texel aurait dû être bloqué dès le commencement des hostilités avec la Hollande; que l'amiral Kempenfelt n'avait pas été envoyé en mer avec des forces assez considérables. Dans la chambre des lords, l'opposition attaqua le ministère dans la personne de lord George Germaine. Le noble lord, dans la prévision de la chute prochaine du ministère dont il faisait partie, venait de donner sa démission; et il avait été élevé à la pairie avec le titre de vicomte de Sackville. La chambre des lords vit avec dédain cette nomination, en ce sens que George Germaine, sous le règne de George II, ayant été traduit devant une cour martiale pour la conduite peu honorable qu'il avait tenue à la bataille de Minden, cette cour martiale l'avait condamné à une réprimande publique. Les lords opposants prétendaient que Germaine, se trouvant sous le poids d'une condamnation, était par ce fait indigne de siéger dans leur chambre; et que celle-ci, en confirmant la nomination, mériterait le titre d'*Hôtel des incurables* que lui donnait la presse(*). Le marquis de Caermarthen parla dans le même sens. Il dit que la chambre des pairs, étant une cour d'honneur, devait à sa dignité personnelle de repousser de son sein un homme dont le nom avait été flétri pour n'avoir pas fait son devoir. Un autre lord, à l'appui de la motion, dit que l'élévation de lord George Germaine à la pairie était une indignité commise par les ministres à l'égard de la noble chambre; un outrage au public. « Qu'a donc fait de méritoire cette personne, s'écria-t-il, pour recevoir les honneurs de la pairie? » Lord George Germaine répondit qu'il regardait sa réhabilitation bien établie, depuis le jour où il avait été appelé à l'honneur de faire partie du cabinet. Toutefois, la chambre s'étant divisée, le nouveau membre se trouva confirmé dans sa nomination. Alors la minorité fit une protestation qui fut enregistrée sur le journal de la chambre. Elle portait que la promotion nouvelle était une insulte faite à la mémoire de George II, et qu'elle était compromettante pour la dignité de la chambre.

Le ministère, fortement ébranlé par ces attaques, voyait aussi les défections continuer dans ses rangs; l'opinion publique ne le soutenait plus, et le nombre de ceux qui voulaient la paix croissait de jour en jour. Peut-être se fût-il retiré de son propre mouvement, si le roi, qui nourrissait toujours de profondes antipathies contre les whigs, n'eût insisté pour le garder. Les ministres résolurent de prolonger l'épreuve, mais elle fut décisive. Le 20 février, Fox ayant renouvelé ses attaques contre lord Sandwich, il fut appuyé par William Pitt, et la motion ne fut perdue pour l'opposition qu'à une minorité de dix-neuf voix; c'était une défaite pour le ministère. Dans le cours de la séance suivante, le général Conway fit une motion à l'effet de supplier le roi de transiger avec les colonies révoltées, et les ministres n'emportèrent la question qu'à une majorité d'une voix. La chute du ministère devint certaine pour tout le monde à la suite de ce vote, et Fox demanda alors au ministre à présenter le budget, mesure qui était regardée comme la seule qui dût être prise en considération avant le changement complet de l'administration; lord North promit la présentation demandée. Toutefois il était évident qu'une volonté impérieuse résistait au vœu public. Au jour indiqué, le ministre parla de contracter un nouvel emprunt, comme s'il eût été décidé à rester en place, et, à quelques jours de là, le général Conway ayant fait une motion à l'effet de déclarer que la continuation des hostilités était contraire au désir manifesté par le roi de rétablir la paix, North, au milieu des marques d'impatience de la

---

(*) On attribue cette expression au spirituel lord **Chesterfield**.   Cl. Pel.

chambre, dénonça la motion comme dangereuse et tendant à entraver les négociations, s'il y avait matière à en faire. Mais la motion, mise aux voix, fut décidée, à une majorité de 19 voix, contre le ministre. Une adresse fut présentée en cette occasion par la chambre en corps à Sa Majesté. George III répondit qu'il prendrait telles mesures qui lui paraîtraient les plus propres à rétablir l'harmonie entre la Grande-Bretagne et les colonies américaines, et que ses efforts seraient dirigés contre les puissances continentales, en ce moment ennemies de l'Angleterre, jusqu'à ce qu'on pût arriver à une paix honorable. Ainsi George hésitait encore à transiger avec l'Amérique. Mais le même jour, le général Conway fit une nouvelle motion, à l'effet de déclarer que la chambre regarderait comme des ennemis du roi et de leur pays, les personnes qui conseilleraient de poursuivre la guerre en Amérique. Lord North n'ayant fait aucune opposition à la motion, elle fut adoptée à la presque unanimité. Persister encore après ces échecs successifs, c'était manquer aux coutumes parlementaires. Charles Fox prenant la parole, dit que les ministres ne voulaient point la paix, et que, si on ne leur infligeait un châtiment exemplaire, ils ne renonceraient pas à leur politique. Il affirma qu'il y avait des personnes en Europe ayant reçu du congrès plein pouvoir pour traiter avec la Grande-Bretagne, mais que ces personnes ne consentiraient jamais à négocier avec l'administration actuelle. Il se flatta de conduire lui-même les négociations à leur terme. « Mais, dit-il, l'horreur que je ressens pour les ministres m'*empêchera de me lier en quoi que ce soit avec eux; si je traitais avec l'un d'eux, qu'on m'appelle le plus infâme des hommes, car ce sont des gens dénués d'honneur et d'honnêteté.* » Nous avons souligné ces paroles, parce que celui qui venait de les prononcer devint plus tard le collègue et l'ami politique de la plupart des hommes d'État qui avaient en ce moment la direction des affaires publiques, et notamment de lord North.

Fox trouva un grand nombre d'approbateurs sur les bancs de la chambre; mais North lui répondit sans s'émouvoir, qu'il ne quitterait point le pouvoir pour satisfaire l'impatience de l'opposition, et qu'il resterait pour empêcher la confusion et l'introduction de principes anticonstitutionnels; que le moment de sa retraite serait celui où la chambre lui aurait prouvé clairement qu'il eût à se retirer. Fox lui dit que la chambre s'était prononcée d'une manière suffisante à cet égard.

Le ministère, au grand dépit de l'opposition, semblait cloué au pouvoir; déjà même, on parlait de dissoudre le parlement et de recourir à de nouvelles élections. Ces bruits ayant pris de la consistance, sir George Romey, dans la chambre des communes, présenta une motion, à l'effet de déclarer que la chambre ne pouvait plus continuer sa confiance aux ministres; la motion fut repoussée. Ce vote semblait devoir prolonger l'existence du ministère; mais le 19 mars, lord North dépêcha un messager au roi pour lui annoncer que sa résignation immédiate était devenue nécessaire. George se trouvait en ce moment à Windsor, et l'on rapporte qu'il dit qu'il n'accepterait point la résignation. Cependant, le lendemain, il vint à Londres, et, après une longue entrevue avec North, il se décida aux changements proposés. North se rendit sur-le-champ à la chambre. Lorsqu'il y entra, les cris : « A l'ordre! à l'ordre! à vos places! » se firent entendre de toutes parts. North voulait annoncer la nouvelle de sa démission; mais lord Surrey, qui parlait en ce moment contre l'administration, demanda à continuer son discours, et l'opposition qui ne croyait pas la démission aussi prochaine, ayant insisté dans ce sens, force fut aux ministres d'attendre que Surrey eût fini de parler. Celui-ci attaqua l'administration avec violence. North se levant alors avec calme, dit qu'il eût épargné au préopinant des attaques aussi vives, si on l'eût laissé parler, comme il le demandait. « Je viens déclarer à la chambre, dit-il, que le roi est décidé à changer de ministres, et que l'administration actuelle ne restera en fonctions que le temps nécessaire pour composer un nouveau ministère. » Il remercia la chambre des marques de faveur et d'indulgence qu'il avait reçues d'elle pendant le cours de son administration, et il ajouta qu'il ne répudiait la responsabilité d'aucun de ses actes administratifs. Les paroles du ministre excitèrent un mouvement d'approbation sur les bancs de l'opposition ; des marques de sympathie se manifestèrent même pour le ministre déchu ; car si l'Angleterre avait à reprocher à North de grandes fautes, elle lui devait des éloges à un autre titre. North se retirait des affaires plus pauvre qu'il n'y était entré.

Ainsi se termina, après douze ans d'existence, le ministère North. Les difficultés que ce ministère eut à surmonter pendant ces douze années, furent immenses. Au dehors, la France, l'Espagne, la Hollande, les États-Unis étaient en guerre avec l'Angleterre, tandis que la Russie, l'Autriche, la Prusse proclamaient le principe de la neutralité armée. Au dedans, l'Irlande toujours inquiète, toujours remuante, avait obligé le gouvernement à des concessions. D'un autre côté, les catholiques anglais et autres dissidents de l'Église établie, les whigs et les radicaux, faisant cause commune, cherchaient à exploiter la situation au profit de leurs idées. La nation considérait ces difficultés, avec quelque raison, comme émanant du fait des ministres eux-mêmes, et ce qu'elle leur reprochait surtout avec le plus d'amertume, c'était d'avoir mal saisi la portée de la lutte dans le principe.

La chute du ministère causa une joie générale, car tout le monde crut au prochain rétablissement de la paix. Toutefois les antipathies du roi pour les whigs rendaient difficile la formation d'un nouveau ministère. Les whigs étaient en ce moment fractionnés en deux partis, dont le plus nombreux et le plus puissant reconnaissait le marquis de Rockingham pour chef; le second, qui représentait les idées du comte de Chatam, ou l'aristocratie whig, avait pour chef le comte de Shelburne, ancien ami du comte. George III choisit ses ministres dans ces deux partis; le marquis de Rockingham fut nommé premier lord de la trésorerie, et lord John Cavendish eut les fonctions de chancelier de l'Échiquier; le comte de Shelburne et Charles Fox furent élevés aux fonctions de secrétaires d'État; lord Camden à celles de président du conseil; le duc de Grafton fut réintégré dans son ancienne place du sceau privé; l'amiral Keppel fut nommé premier lord de l'amirauté; le général Conway fut placé à la tête de l'armée; le colonel Barré reçut les fonctions de trésorier de la marine, et Burke celles de payeur de l'armée, fonctions qui procuraient d'immenses profits au titulaire. Il n'y eut qu'un seul des membres de l'ancienne administration qui fut conservé; c'était le grand chancelier.

L'administration nouvelle avait stipulé comme condition *sine quâ non* de son acceptation, que la paix serait faite avec l'Amérique, et que l'indépendance américaine serait reconnue; qu'une réforme serait effectuée dans les différentes branches du revenu de la liste civile, ainsi que dans le parlement. Ces conditions ayant été acceptées par le roi, les deux chambres reçurent officiellement (28 mars) la nouvelle que l'administration était constituée, et aussitôt des writs électoraux furent lancés à l'effet de pourvoir aux vacances qui venaient d'avoir lieu dans les communes, par suite de l'entrée au ministère de plusieurs membres de cette chambre.

Ce fut le 8 août que la nouvelle administration commença à essayer ses forces dans le parlement. Le ministère était disposé à faire de larges concessions aux Irlandais. Un grand meeting avait eu lieu deux mois auparavant dans la province d'Ulster, et les résolutions suivantes avaient été adoptées : « Résolu que les prétentions du parlement d'Angleterre pour donner des lois à l'Irlande sont inconstitutionnelles; que le droit de faire des lois pour ce pays n'appartient qu'au roi, aux lords et aux communes d'Irlande; que les actes émanant du conseil privé d'Angleterre, en ce qui concerne l'Irlande, sont inconstitutionnels; que toute entrave imposée au commerce d'Irlande, par une autorité autre que celle du parlement d'Irlande, est illégale.» Dans la chambre des communes irlandaises, le célèbre orateur Henri Gratham fit, à cette occasion, la motion d'une adresse au roi; l'adresse, qui fut votée à l'unanimité, établissait que l'Irlande était un royaume distinct, que la couronne d'Irlande était une couronne impériale, et qu'aucune autorité autre que celle du parlement irlandais ne pouvait faire des lois pour l'Irlande. Comme, dans la situation critique de l'Angleterre, il eût été imprudent de refuser satisfaction aux Irlandais, la plupart de leurs demandes furent accordées, et, en retour de ces concessions, le parlement irlandais vota 100,000 liv. sterl. (2,500,000 fr.) pour lever 20,000 matelots destinés au service public; de plus, en témoignage de sa gratitude pour Gratham, cette assemblée fit une donation de 50,000 l. st. (1,250,000 fr.) à cet orateur.

Ces premières mesures donnèrent de la confiance au parti libéral, et, à certains égards, cette confiance ne fut pas déçue. Des bills ayant pour objet d'exclure de la chambre des communes différents fonctionnaires attachés au fisc, furent produits et adoptés. A quelques jours de là, le bourg pourri de Crickdales, dans le Wiltshire, où se consommaient des fraudes indignes, fut privé de ses franchises électorales. Toutefois le ministère était bien décidé à procéder avec lenteur dans la carrière des réformes. William Pitt qui, malgré sa jeunesse, ambitionnait le pouvoir et espérait, comme l'avaient fait tant d'autres hommes publics avant lui, se frayer la route des honneurs en professant les doctrines libérales les plus avancées, ayant demandé qu'une commission fût nommée pour faire un rapport sur la manière dont le pays était représenté, la motion fut repoussée. Le débat qui eut lieu en cette occasion indique qu'il n'y avait point uniformité de sentiments dans l'administration, ce qui, du reste, était facile à concevoir, car, ainsi que je l'ai dit, le ministère avait été pris dans les deux fractions du parti whig. Pitt, dans le développement de sa motion, déclara qu'il était nécessaire de supprimer tous les bourgs pourris et d'établir la représentation sur un pied plus équitable, et il ajouta qu'il était triste de penser à l'influence de la trésorerie, aux droits héréditaires que s'arrogeait l'aristocratie, ainsi qu'au nombre de siéges occupés dans les communes par les nababs indiens ou leurs créatures. Fox, Sheridan et d'autres whigs du parti avancé soutinrent ces doctrines; mais les whigs modérés de l'administration, et dans leur nombre Burke et Townshend, les combattirent avec force. George III adressa ensuite un message aux deux chambres pour recommander à leur attention le plan économique de Burke, qui avait acquis une grande faveur dans le public. Toutefois, après examen, on reconnut que les grandes économies sur lesquelles on avait d'abord compté, se réduiraient à la somme de 80,000 liv. sterling (2,000,000 de fr.).

Pendant ce temps-là, le gouvernement s'occupait activement de négocier la paix. Fox, qui remplissait les fonctions de secrétaire d'État au département de la guerre, s'était flatté à cet égard de détacher la Hollande de la France. Toutefois, quand il vint à en faire l'essai, il fut obligé de reconnaître qu'il s'était trompé. Excités par les promesses que leur donnait la France, de protéger leur commerce et leurs colonies, et par l'espoir d'anéantir le commerce anglais au profit du leur, les Hollandais reçurent avec froideur les ouvertures du ministre, et lui déclarèrent qu'ils n'accepteraient la paix que conjointement avec la France et l'Espagne. Une circonstance plus mortifiante encore pour Fox, ce fut de voir les Américains, dont il avait vanté tant de fois la modération et la magnanimité lorsqu'il était sur les bancs de l'opposition, rejeter ses ouvertures avec un profond dédain. La guerre se poursuivit donc en raison de ces circonstances pendant tout le cours de l'année.

Sur ces entrefaites, le marquis de Rockingham, qui dans le cabinet représentait le parti whig avancé, vint à mourir, et ses fonctions de premier ministre furent données par George III au comte de Shelburne, whig modéré. Cette nomination déplut aux whigs avancés, et Charles Fox, lord John, Cavendish, Burke, Shéridan, Montagne, lord Althorp, lord Duncannon, John Townshend, et Lee, qui tous appartenaient à la fraction Rockingham, envoyèrent leur démission, qui fut acceptée. William Pitt fut alors élevé aux fonctions de chancelier de l'Échiquier, et lord Grantham succéda à Fox. Cependant, ce changement de ministère n'apporta aucune modification dans la politique extérieure du gouvernement, sur la grande question à résoudre, qui était la paix. Bien que lord Shelburne eût déclaré, dans ses discours parlementaires, que le jour où le parlement de la Grande-Bretagne reconnaîtrait l'indépendance de l'Amérique, la gloire de l'Angleterre s'éclipserait pour toujours, il s'empressa de suivre les données politiques de ses prédécesseurs. Cette transformation donna lieu à des commentaires peu flatteurs pour le caractère du nouveau ministre, et les journaux publics, avec leur curiosité ordinaire, se demandèrent pendant longtems pourquoi l'opinion du nouveau ministre n'était plus celle de l'homme de l'opposition.

La bataille navale de la Dominique, dans laquelle l'amiral français de Grasse essuya une défaite complète, et la levée du siège de Gibraltar, facilitèrent les négociations. La France et l'Espagne désiraient maintenant la paix aussi vivement que la Grande-Bretagne elle-même. L'impératrice de Russie et l'empereur d'Allemagne servirent de médiateurs entre les parties belligérantes, et le parlement s'étant assemblé, un message royal annonça aux deux chambres la conclusion prochaine de la paix. Les articles préliminaires en furent signés à Paris, le 20 janvier 1783. Aux termes du traité provisoire, le roi George reconnaissait les États-Unis pour des États libres et indépendants, et il abandonnait tous ses droits sur lesdits États. Les limites qui traçaient les frontières des États-Unis étaient en partie déterminées. Les Américains avaient la faculté de prendre du poisson sur le grand banc de Terre-Neuve, ainsi que dans le golfe de Saint-Laurent, et dans tous les autres lieux où, avant la guerre de l'indépendance, ils avaient coutume de pêcher. Le roi consentait à retirer des États-Unis ses armées, ses garnisons et ses flottes; la navigation du Mississipi, depuis sa source jusqu'à l'Océan, restait à toujours libre et ouverte aux sujets de la Grande-Bretagne, ainsi qu'aux citoyens des États-Unis. Les royalistes américains, qui, dans le cours de la lutte, avaient eu leurs biens confisqués par le congrès, devaient être recommandés d'une manière spéciale à cette assemblée, pour qu'elle les réintégrât dans leurs propriétés, ou du moins qu'elle leur en donnât la compensation. A l'égard de la France, le traité portait qu'elle aurait le droit de pêcher à Terre-Neuve et dans le golfe de Saint-Laurent, sur le même pied qu'avant la guerre; qu'elle rentrerait en possession des petites îles de Saint-Pierre et Miquelon; que dans les Indes occidentales, elle conserverait Tabago et Sainte-Lucie; que, de son côté, la France rendrait à la Grande-Bretagne Grenade, Saint-Vincent, la Dominique, Saint-Christophe, Nevis et Mont-Serrat; que sur la côte d'Afrique, la France aurait le Sénégal et Gorée; que la Grande Bretagne retiendrait le fort James et la rivière Gambie; que dans les Indes orientales, la France rentrerait en possession de Pondichéry, et qu'elle aurait la faculté de fortifier Chandernagor, et de continuer, dans cette partie du monde, le commerce qu'elle y faisait avant la guerre. Le traité cédait à l'Espagne les deux Florides et Minorque; mais, de son côté, l'Espagne renonçait à ses prétentions sur les îles de Bahama.

Dans le golfe du Mexique, les Anglais restaient en possession du district qui est situé entre les rivières Honda et Vallace; ils avaient la faculté de couper du bois dans la baie d'Honduras; mais il ne leur était permis, en aucune manière, d'élever sur la côte des blockhaus. Le traité stipulait pour les Hollandais une suspension d'hostilités. Cette suspension dura jusqu'au 2 décembre de la même année, époque où le traité définitif fut signé à Paris. Les bases du traité provisoire furent adoptées à l'égard de ce qui concernait les intérêts réciproques de la Hollande et de l'Angleterre. Celle-ci obtint la cession du Négapatam et rendit Trincomala et ses autres conquêtes. La paix devint ainsi générale, et toutes les parties belligérantes déposèrent les armes le même jour. A quelque temps de là, Adams, envoyé des États-Unis, vint en Angleterre; et s'étant présenté à l'audience du roi, George lui dit : « Monsieur, j'ai été le dernier de mon royaume à consentir à l'indépendance de l'Amérique; mais maintenant que cette indépendance est accordée, je serai le premier à la respecter. »

Tels sont les événements principaux qui signalèrent cette guerre mémorable, et les résultats définitifs qui la terminèrent. Partout ailleurs que dans l'Inde, où, en dépit des efforts réunis des Européens et des indigènes, son pouvoir avait augmenté, où son influence avait grandi, où ses possessions s'étaient accrues d'une manière considérable, l'Angleterre avait perdu au terrible jeu de la guerre. Ainsi, elle reconnaissait l'indépendance de treize colonies peuplées de ses enfants, et pour apaiser les justes ressentiments des Irlandais, elle leur avait accordé le droit de faire eux-mêmes leurs lois. Dans la Méditerranée, dans le golfe du Mexique, sur les côtes d'Afrique, sur le continent américain, elle s'était vue contrainte de céder le fruit de ses victoires passées. L'Espagne avait repris possession de Minorque et de la Floride. La France s'était emparée de nouveau du Sénégal, de Gorée et de différentes îles des Indes occidentales.

Ces pertes étaient considérables pour l'Angleterre, que les guerres précédentes avaient accoutumée à de brillants succès. Mais en songeant aux difficultés de la situation, aux fautes nombreuses qui avaient été commises, on a lieu de s'étonner avec toute l'Europe, aux yeux de laquelle il semblait alors que l'Angleterre dût sortir anéantie, brisée de la lutte, que le vaisseau de l'État, emporté par la tempête, n'eût été vingt fois broyé sur les bas-fonds ou sur les récifs au milieu desquels nous l'avons vu poursuivre sa course. La paix que venait de conclure l'Angleterre était honorable; le pays conservait son rang parmi les nations, et sa résistance donnait à ses ennemis une haute opinion de ses forces et de sa valeur.

D'où vient que l'Angleterre trouve des ressources pour ainsi dire inépuisables et qu'elle ait la force de résister à tant d'ennemis; qu'elle lutte contre d'aussi grands dangers sinon avec succès, du moins toujours avec assez d'avantage pour obliger ses adversaires à lui faire des conditions honorables? Au moment où il semble qu'elle va périr au milieu des périls sans nombre qui l'environnent, on voit ses hommes d'État saisir le gouvernail avec une habileté consommée; tourner l'écueil, et après avoir louvoyé quelques instants parmi les brisants, conduire le navire à bon port, ou bien ils le lancent vers des mers moins orageuses, où il peut déployer librement ses voiles. La nation anglaise, avec un territoire d'une étendue très-restreinte, était alors, comme elle l'est encore aujourd'hui, l'une des plus grandes et des plus puissantes nations du globe. L'Angleterre serait-elle donc plus brave et plus savante, dans le terrible métier de la guerre, que les autres nations du monde? Ah! ne le croyez pas.

La cause des succès de l'Angleterre, au milieu de tant de difficultés, nous semble être la constitution anglaise elle-même. Il est certain que le principe de la constitution anglaise mettant en honneur la propriété ou la richesse; faisant de cette richesse, comme je l'ai dit, une sorte de vertu supérieure à toutes les autres vertus politiques, le premier devoir du gouvernement est de procurer à ses administrés le plus possible de cette vertu, et de leur faciliter les moyens d'en acquérir. Le principe de la constitution anglaise a donc pour avantage de bien déterminer le but de la guerre ou de l'entreprise dans laquelle le pays va se jeter; avantage immense, en ce sens qu'il n'est pas possible de s'écarter de la voie pour aucune autre considération. Songez maintenant à l'effet que peuvent produire sur les destinées d'un peuple cette foule d'intelligences d'élite que la loi appelle à la participation des affaires publiques. Songez également à ces luttes parlementaires si opiniâtres, si passionnées, dans lesquelles les ministres du pays, harcelés sans cesse par la soif de l'ambition, les exigences de parti, les divergences d'opinion, l'amour de la patrie, sont obligés au succès, sous peine de perdre le pouvoir dont la possession irrite si vivement leurs désirs. De là, sans aucun doute, cette politique anglaise si fine, si déliée, dont j'ai déjà parlé, politique extraordinaire, qui résume en elle, comme le dieu de la fable, les caractères les plus opposés : la force, la faiblesse, l'astuce, l'audace, l'avarice, la grandeur, le froid égoïsme, l'humanité! C'est, il nous semble, dans ces considérations qu'il faut chercher le secret de la force et de la grandeur de l'Angleterre.

Législation. — Son esprit. — Ses tendances démocratiques. — Religion. — Liberté des cultes. — Sciences, beaux-arts. — Leur état. — Industrie. Commerce. — Progrès de l'agriculture.

Après un déchirement violent comme celui dont vient d'être affligée l'Angleterre, alors qu'un pays aussi puissant est encore tout meurtri par les efforts d'une lutte longue et opiniâtre; quand nous venons à songer que les événements qui se sont déroulés à nos regards, que les luttes parlementaires auxquelles nous avons assisté, ne nous présentent qu'une des faces de l'histoire d'Angleterre; que l'histoire d'un peuple est aussi dans sa législation, dans sa religion, dans son industrie, dans le mouvement suivi par les sciences, les lettres et les beaux-arts, il est naturel que notre curiosité s'inquiète, et qu'une foule de questions se pressent dans notre esprit.

Quelles furent les tendances de la législation pendant ces vingt années de luttes? Les libertés nationales furent-elles endommagées durant cette époque de tourmente? La religion dominante, que nous avons vue si souvent égoïste, et que nous connaissons si personnelle, exploita-t-elle les difficultés de la situation à son profit? Se donna-t-elle en spectacle à la nation par ses violences et ses combinaisons exclusives? S'efforça-t-elle d'établir sa prépondérance en écrasant ses rivaux, en persécutant cette foule de systèmes religieux qui ont planté leur bannière à côté de la sienne, et que nous voyons aujourd'hui acharnés les uns contre les autres, se heurter, se contrarier sans cesse? L'Angleterre, obligée à des sacrifices considérables, à quelles sources puisat-elle donc les sommes immenses qu'elle jetait dans la guerre? Comment l'industrie nationale, arrêtée dans ses voies ordinaires, pourvut-elle à d'aussi grands besoins? Les sciences, les lettres, les beaux-arts donnent de la splendeur aux États; ils les élèvent dans l'estime des peuples. La guerre de l'Indépendance fut-elle pour l'esprit humain, en Angleterre, un temps d'arrêt? Dans quelle direction se portèrent les esprits? Ces questions sont d'autant plus importantes à connaître, que, depuis le commencement du règne, il y avait un système de compression suivi par le gouvernement, dans le but de faire prévaloir les idées absolutistes. Les résoudre d'une manière satisfaisante est une tâche difficile qui nous effraye, mais que nous essayerons de remplir avec conscience.

Blackstone compare le système des lois anglaises à un vieux château gothique, construit dans les siècles féodaux, mais réorganisé par un architecte moderne, et réparé de manière à suffire au besoin d'un habitant de nos jours. « Les murs crénelés, dit-il, les tourelles hérissées de fortifications, les vastes salles de réceptions et de banquets, conservent leur vénérable et antique magnificence. Mais on les néglige un peu ; tout cela commence à devenir inutile. Traversez quelques escaliers incommodes, quelques corridors sombres ; vous trouverez plus loin les appartements modernes, dont la commodité, la disposition élégante vous étonneront (*). » Nous allons

(*) Ce savant jurisconsulte écrivit l'un de ses principaux ouvrages, pendant le cours de l'époque que nous traitons. Ce travail parut, en 1765, sous le titre de *Commentaire sur les lois d'Angleterre*; il avait pour but de remplacer les ouvrages volumineux que l'on mettait dans les mains des élèves en droit. La réponse suivante que fit lord Mansfield, l'un des plus grands légistes de l'Angleterre, à une demande qui lui fut adressée au sujet des meilleurs livres à mettre dans les mains des jeunes avocats, nous permet d'apprécier l'importance des Commentaires de Blackstone. « Ce n'est que dans ces derniers temps et depuis la publication des Commentaires de M. Blackstone, disait lord Mansfield, que j'ai pu répondre à une pareille question. Dans cet ouvrage, vous trouverez un raisonnement analytique fait dans un style clair et agréable. L'élève y reconnaîtra sans peine les premiers principes sur lesquels reposent nos excellentes lois ! » Toutefois, les Commentaires de Blackstone ont eu un grand nombre de critiques ; c'est, il est vrai, ce qui arrive pour tous les bons livres. L'un des principaux fut Bentham, fondateur de l'école des utilitaires. Bentham, dans son ouvrage publié en 1776 sous le titre : *Fragments sur le gouvernement*, attaque avec beaucoup de chaleur les Commentaires de Blackstone. Le critique reconnaît cependant que le style de l'ouvrage est correct et élégant : « Blackstone, dit-il, est le premier de tous les légistes qui ait appris à la jurisprudence à parler le langage de l'érudit et du gentilhomme, qui ait donné un certain poli à cette science couverte d'aspérités, qui l'ait nettoyée des toiles d'araignée et de la poussière qui l'avaient couverte jusqu'à ce jour. » Cl. Pel.

nous servir de la comparaison du savant jurisconsulte, parce qu'elle est pleine de justesse et de vérité ; et nous commencerons par visiter la partie gothique dont l'architecture est vraiment remarquable. En effet, rien n'y manque : piliers très-minces, supportant une voûte pesante, qui semble toujours prête à tomber, portes massives, larges créneaux, fenêtres pleines de roses et de pointes ; une grande exubérance d'ornements.

La vénération que professent les Anglais pour la personne royale a des racines profondes, et elle se manifeste en tous lieux, dans les actes publics et dans les actes privés d'un Anglais. Écoutez le crieur des rues ! le voilà qui proclame une ordonnance de police, ou bien une vente publique, ou bien encore un effet perdu, et toujours il commencera par ce vieux mot normand, qu'il répète trois fois : « Oyez ! oyez ! oyez ! » Puis il donnera au souverain le nom de *gracious Majesty* (gracieuse Majesté). Voici maintenant des affiches de théâtre qui contiennent les titres des pièces et le nom des acteurs. Que vos regards s'arrêtent au bas de la page, et ils y verront ces mots imprimés en petites majuscules : « *Vivant rex et regina!* » Le *God save the king George* fut de tout temps populaire. C'est le roi ou la reine régnante qui se trouve à la tête de la hiérarchie primitive ; puis viennent les princes et la famille royale, qui sont en tout temps supérieurs au reste de la nation. Le couronnement des rois et des reines d'Angleterre est une cérémonie imposante et pleine de splendeur, et si vous assistiez à un pareil spectacle, vous vous croiriez transporté aux temps les plus brillants du moyen âge. L'archevêque de Cantorbéry, devant l'autel et tenant en ses mains la couronne de saint Édouard, la consacre et la bénit ; puis il descend de l'autel accompagné de ses assistants et du doyen de Westminster qui porte la couronne ; l'archevêque prend ce symbole des mains du doyen et le pose sur la tête de Sa Majesté ; sur quoi tous les assistants crient : « *Dieu sauve le roi!* » et aussitôt les pairs et les pairesses mettent leurs couronnes, les évêques leurs bonnets, et les rois d'armes leurs couronnes ; les trompettes sonnent, les canons de la tour et du parc grondent, des acclamations universelles saluent le nouveau souverain. L'archevêque prononce ensuite cette exhortation : « Sois fort et de bon courage ! » Puis se mettant à genoux en même temps que les autres évêques, il prononce l'hommage ; les princes de la famille royale, également à genoux, suivent son exemple et se relèvent après avoir touché la couronne ; les ducs et autres pairs viennent ensuite ; ils baisent respectueusement la main du souverain. Pendant l'hommage, le trésorier de la maison du roi jette à l'assemblée des médailles du couronnement.

Où l'on reconnaît également la forme gothique dont parle Blackstone, c'est dans la hiérarchie primitive. Que de soins dans sa formation ! avec quelle sollicitude les rangs sont observés ! quelle valeur est attachée à sa pureté ! C'est après les rois et les princes du sang que viennent les lords et les personnes ayant droit au titre de gentleman. Cette classe forme ce qu'on appelle en Angleterre *the gentry*, et se compose des fils cadets de pairs, des riches propriétaires, des baronnets et autres personnes vivant noblement. Au-dessous de la *gentry*, se trouvent les différentes professions industrielles. Les places ne peuvent être assignées que par la naissance d'abord, par le roi ensuite, et, dans quelques cas rares, par la fortune. C'est pour cette raison que les membres de la chambre des communes n'ont aucun rang dans la hiérarchie ; car ils sont considérés comme simples citoyens, chargés d'une mission spéciale et passagère. La chambre des communes *en corps*, au contraire, se trouve placée immédiatement au-dessous des pairs, et jouit du prédicat d'honorable; elle est représentée par son président sur le tableau de préséance.

L'aristocratie anglaise est de toutes les aristocraties la plus nouvelle ; les plus hautes familles ne remontent guère qu'aux Plantagenets ; l'on considère même comme apocryphes les origines dont l'illustration date des guerres des deux roses (*). Cependant il n'est point d'aristocratie dans le monde qui soit plus jalouse de ses titres et plus orgueilleuse de son rang que l'aristocratie anglaise.

Les pairs d'Angleterre se distinguent entre eux par cinq titres différents, savoir : par ceux de *duc*, de *marquis*, de *comte* (*earl*), de *vicomte* et de *baron*. Le titre de duc n'est pas très-ancien. Édouard III l'accorda à deux de ses fils : le célèbre prince Noir fut créé duc de Cornouailles en 1337, et Jean de Gand, duc de Lancastre, quelque temps après. Les premiers pairs, qui ne faisaient pas partie de la famille royale et qui obtinrent le titre de duc, le reçurent de Richard II, en 1397. Aujourd'hui le premier duc et comte d'Angleterre est le duc de Norfolk, de la maison des Howard ; il est en même temps comte maréchal et maréchal héréditaire d'Angleterre. Les ducs prennent le titre de *très-nobles*; quand on leur écrit, on les traite de *Votre Grâce*. Le prédicat de marquis est *très-honorable* (*most honorable*); quand on parle aux marquis, ou qu'on leur écrit, on les traite, ainsi que tous les autres pairs, de *Votre Seigneurie*. Les comtes, vicomtes et barons ont pour prédicat : *Très-honorable* (*right honorable*). Quant à ces derniers, il faut remarquer que le titre de *baron* ne leur est jamais donné que dans les actes authentiques, et qu'en tout autre cas, on ne les appelle que du titre général de *lord*. Les seules personnes qui aient le droit de prendre les titres de duc, de marquis, de comte, etc., et qui puissent faire précéder leur nom de l'épithète prétentieuse d'honorable, sont les pairs siégeant au parlement et leurs héritiers directs.

(*) Les deux premières familles d'Angleterre ont eu pour auteurs, l'une un drapier du douzième siècle, l'autre un orfévre du onzième siècle. Cl. Pel.

Cependant, par goût, par un penchant bien prononcé pour les distinctions, l'usage a prévalu de donner des titres de courtoisie à tous les enfants de ducs et de marquis, aux fils aînés ainsi qu'à toute la famille des comtes. Ceux-ci portent ce que l'on appelle le second titre de leur père : ainsi le fils aîné du duc de Norfolk s'appelle le comte de Surrey; celui du marquis de Londonderry est le vicomte Althorp. Les fils cadets de comtes et de marquis ne peuvent point porter de titres proprement dits, mais ils ajoutent celui de lord à leur nom de famille; dans ce cas ce titre doit toujours précéder le nom de baptême. Lord John Russell est un fils cadet du duc de Bedford. Toutes les femmes des ducs, des marquis et des comtes font précéder leur nom de famille du titre de lady; et ce titre est conservé lorsqu'elles épousent un roturier; alors elles placent le titre de *lady* devant le nom de leur mari, qui reste simple *mister*. De plus, la veuve d'un pair qui épouse en secondes noces un pair d'un titre inférieur, retient non-seulement le titre, mais encore le nom de son premier mari. On voit quel soin minutieux on prend en Angleterre pour qu'au simple énoncé d'un nom d'une personne, on connaisse sur-le-champ son rang dans la société.

L'état de prince que tiennent les seigneurs les plus riches, nous offre un nouvel exemple de la force du féodalisme qui existe encore dans les mœurs anglaises. Le premier domestique de la maison d'un lord s'appellera le gentilhomme de Sa Seigneurie (*his lordship gentleman*). C'est presque toujours un homme bien né. Un pair a généralement plusieurs aumôniers attachés à son service. Leur nombre varie selon ses titres : un duc peut avoir six chapelains, un marquis et un comte cinq, un vicomte quatre, un baron trois, et les pairesses douairières, quel que soit leur titre, deux. De plus, tout pair à qui sa fortune le permet, a un médecin et un chirurgien ordinaires qui suivent partout la famille, soit qu'elle se rende dans ses terres, soit qu'elle voyage à l'étranger. A certains égards, la vie des grands barons du temps de Guillaume le Normand et de ses successeurs immédiats ressemble beaucoup à celle que menait du temps de George III et que mène encore aujourd'hui un seigneur anglais. Rapprochez le seigneur du moyen âge du seigneur de l'époque de George III et de celui de l'époque actuelle, ce sont les mêmes goûts. Dieu, dans sa bonté, a-t-il béni l'union du très-honorable lord ***, lui a-t-il donné un nouveau-né? ou bien l'héritier du nom et des titres de ce puissant seigneur vient-il d'atteindre sa majorité? ou bien va-t-il se marier? Ces jours-là, jours solennels comme autrefois, toutes les cloches du manoir sont mises en branle; les fermiers se réunissent dans la grand' salle; et après avoir pris leur part d'un copieux dîner, ils reçoivent de leur seigneur, les uns la remise des fermages arriérés, les autres une diminution volontaire dans le prix de leurs baux. Ce n'est pas tout: comme il importe que les trois royaumes aient connaissance d'un aussi grand événement, un immense retentissement est donné à ces fêtes; pendant plusieurs jours, toutes les gazettes de l'Angleterre, non-seulement celles de la province même où la scène s'est passée, mais encore celles de la capitale, sont remplies de récits des fêtes magnifiques qui ont eu lieu à l'occasion de la majorité de l'héritier; on y apprend au juste combien de bœufs ont été tués pour fournir les *roastbeef* d'obligation, combien de *plumpuddings* ont été servis sur la table des fermiers, de combien pour cent Sa Seigneurie a daigné diminuer les baux.

L'Angleterre a des collèges de blason, des livres de *peerage*, annuellement renouvelés, des controverses savantes sur les points les plus obscurs de la science généalogique ; et ses lords, parmi les plus puissants et les plus élevés, recherchent, avec convoitise, les insignes de l'ordre du Bain, de l'ordre de Saint-Patrick, de l'ordre du Chardon; de la Jarretière (*). Nous pourrions encore ajouter à cet amour de distinction, la sollicitude des grands seigneurs anglais pour leurs armoiries. L'orgueil humain, comme autrefois, trouve son aliment dans ces emblèmes, et va puiser à toutes les sources des symboles qui flattent la vanité. Les uns, parmi ceux qui ont des prétentions à la valeur militaire, mettent encore en réquisition le lion, roi des forêts, et font le pauvre animal *rampant, passant, seyant, combattant, hâtant, gardant, regardant*; les autres, parmi ceux dont les prétentions sont moins élevées, avec des armoiries altérées par des brisures, des lambels, ont adopté la lionne ou le lioncel, qu'ils ont représenté tantôt couronné ou enchaîné, tantôt armé d'une housse, d'une épée, d'un flambeau; tantôt avec la queue coupée et la langue dorée, des griffes dorées et la crinière argentée; ou bien débruisé, déhaché, comme sur la cotte d'armes des Maitlands. Ceux-ci cherchent des armes pour leur écu parmi les cerfs, les daims, les sangliers, les aigles, les faucons, les lièvres, les chevaux, les taureaux; ceux-là adoptent de préférence les armes parlantes: les *Cockeraignes* ont un coq sur leur écu, ainsi que les *Cockburnes* et les *Coqkerell*, etc.; la noble famille des *Turbots* porte un turbot; les *Arundelles*, trois hirondelles; les *Archers*, un arc; les *Olifant*, un éléphant; les *Tremoynes*, trois mains; les *Troutbeck*, une truite; les *Whalleys*, trois baleines (*whales*); les *Hozys*, des bas (*hose*). D'autres, s'élançant dans les régions invisibles et les espaces imaginaires, demandent encore des armes aux chérubins, aux démons, aux griffons, aux syrènes, aux gorgones, aux harpies, aux dragons, aux centaures. D'autres, enfin, se font remarquer par le laconisme énergique de leur devise; sur l'écusson des Hazelrigge, on lit: « *Pro aris et focis;* » sur celui des Douglas: « *Jamais arrière;* » sur celui des Winchelsea: « *Nil conscire sibi.* »

Aujourd'hui encore on fait peindre sur son équipage et graver sur sa vaisselle plate des symboles héraldiques; et le tailleur enrichi ne va jamais se promener au Parc sans être suivi de valets en livrée jaune et argent. Cependant, comme la société ne se rat-

---

(*) Une diversité d'opinions existe à propos des circonstances qui furent l'occasion de cette institution. On connaît la célèbre chronique de la jarretière de la comtesse de Salisbury. La jarretière de cette dame tombant au milieu d'un bal, aurait été ramassée par le galant monarque, et les paroles par lui prononcées à cette occasion seraient devenues la devise de l'ordre: *Honni soit qui mal y pense*. Mais cette assertion est contestée par une foule d'écrivains. L'ordre de la Jarretière est très-recherché; selon quelques historiens, cet ordre remonte à l'année 1344; selon d'autres, à l'année 1347. Dans le principe, tout gentleman, à quelque classe qu'il appartînt, pouvait être chevalier de la Jarretière; mais les temps sont changés, et aujourd'hui cet ordre est exclusivement réservé aux princes du sang et à la haute noblesse. La jarretière peut être enrichie à volonté de perles, de rubis, etc. Celle que le roi Charles Ier portait le jour de son exécution, est composée de quatre cents diamants; elle fut léguée à George Ier par l'archevêque d'York. Le duc de Devonshire actuel en porte une à peu près aussi magnifique; et plusieurs des chevaliers contemporains ont fait broder la devise des leurs en lettres de diamants. Le *collier* et l'*insigne* furent ajoutés par Henri VII, sans doute en imitation de la toison d'or. Le George pendu au cou et le ruban vinrent après.

L'ordre du Bain, comme celui de la Jarretière, est fort recherché. Cet ordre ne fut régulièrement institué que sous le règne de George Ier. L'ordre du Chardon est qualifié de *très-haut* dans une proclamation royale rendue par Jacques II, en mai 1687, et l'ordre irlandais de Saint-Patrik fut fondé par George III. Le dernier ordre est composé d'un souverain, qui est toujours le roi régnant, d'un grand maître (dignité qui demeure attachée aux fonctions de lord lieutenant d'Irlande), et de vingt-deux chevaliers, pris jusqu'à présent dans les rangs de la pairie irlandaise. Les insignes sont le ruban d'un bleu très-vif; l'étoile est remarquablement jolie, ayant le trèfle ou *shamrock* en émail vert, et une couronne à chaque pointe. Cl. Pel.

tache plus aux vertus militaires qui ont fondé les institutions anglaises nées de la conquête; que la distinction des races a pour rivale la distinction des individus; qu'à côté de la gloire des familles et de leur éclat héréditaire les travaux de chacun prennent place; qu'il faut qu'une nouvelle morale s'adapte à une nouvelle société, la philosophie du genre a un peu changé. *Pro rege, lege, grege* est la devise de lord Ponsonby et de lord Brougham, et nous avons dit que les Hosys ont pris trois paires de bas (*hose*) pour orner leur écusson.

Telle est l'architecture gothique dont parle Blakstone. Toutes ces formes qui existent encore appartiennent au moyen âge, et nous montrent combien l'Angleterre fut, et combien elle est encore monarchique et féodale. En regardant l'édifice sous cette face, la construction en paraît même si solide, qu'on dirait qu'il peut défier les siècles. Mais cette opinion change lorsque nous en avons visité la partie moderne. En effet, en rapprochant chaque pièce, en examinant les unes et les autres dans leur ensemble, on est obligé de reconnaître que les premières, bien qu'étant encore d'une grande solidité, commencent à se lézarder; que, dans quelques endroits, elles sont presque vermoulues et qu'elles menacent ruine, malgré les supports avec lesquels on cherche à les étayer; que les autres, au contraire, brillent par leur air de fraîcheur; que le travail a été dirigé par un autre artiste; que les proportions ne sont plus les mêmes; qu'il existe plus de liaison dans les accords; que les appartements n'ont point une splendeur luxueuse, mais qu'ils sont commodes, appropriés aux besoins de notre époque; que tout y est simple, mesuré, borné à l'usage.

Le travail qui opère ces transformations est bien caractérisé par les lignes suivantes que nous avons trouvées dans l'un des journaux les plus répandus de la Grande-Bretagne (*). « Il y a, disait ce journal, une gravitation dans le monde social, comme dans le monde physique. Une masse quelconque ne peut rester longtemps isolée et indépendante d'autres corps; elle a une puissance d'attraction, de consolidation, d'assimilation; chaque particule successive, en même temps qu'elle augmente la densité et la force du corps primitif, change aussi sa nature, sa direction, sa vitesse. Les tendances individuelles et les intérêts personnels deviennent sujets à des lois nouvelles d'action, et la force collective de cette agrégation se manifeste par des tendances bien différentes, qui sont inhérentes aux particules qui la constituent... Quel que soit le terme de ce mouvement, il n'expirera que pour léguer sa violence et sa turbulence à un successeur. Aujourd'hui on crie pour du pain à bon marché; cette année on dit : Pas de taxe sur le pain! l'année prochaine, on dira : Pas de taxe sur quoi que ce soit! Vouloir imposer des bornes aux désirs populaires, ou mesurer le flot de l'agitation populaire, c'est s'imaginer connaître et maîtriser le courant et le caprice des passions humaines. »

Nous avons parlé du respect que le peuple anglais témoigne à l'égard de la souveraineté du roi. Mais ce sentiment n'a rien de commun avec l'espèce de culte que nos pères professaient pour la personne du monarque. L'Anglais est plein de fierté; comme homme, il se croit l'égal du roi; s'il respecte le souverain, c'est parce qu'en lui il voit le magistrat suprême, le père de famille; parce qu'il personnifie la majesté royale et toutes les fonctions de la royauté dans l'individu. De la même manière, la chambre des lords et celle des communes sont généralement pour lui l'objet d'une grande vénération, c'est-à-dire, qu'il estime ces deux corps pour les fonctions auxquelles chacun d'eux est appelé dans l'ordre de la constitution; tandis qu'il n'accorde de la considération à chacun des membres pris individuellement, que par les talents qu'il déploie, ou l'influence personnelle dont il jouit.

(*) Le *Times*, dans un article remarquable sur la question des céréales. Cl. Pel.

La royauté anglaise qui nous paraît si éclatante ne pourrait gouverner, si elle transgressait les lois, et rien n'est plus humble qu'elle quand elle s'adresse aux communes pour la fixation de sa liste civile et les demandes d'allocations qui lui sont nécessaires. La loi anglaise est égale pour tous, grands ou petits, pauvres ou riches. La liberté individuelle est garantie par le bill d'*habeas corpus*, qui fut obtenu dans les plus mauvais jours de la monarchie. La presse jouit d'une liberté qui est presque illimitée, et la loi du jury est aussi complète qu'elle peut l'être; le verdict des jurés n'établit la culpabilité qu'autant qu'il est rendu à l'unanimité.

L'aristocratie anglaise, que nous avons montrée si fière, et que nous croyons généralement si forte, est assise sur un échafaudage peu solide. Sa décadence commença du jour où l'aristocratie financière alla de pair avec l'aristocratie militaire; dès ce moment, le niveau tendit à s'établir. En 1719, quatrième année du règne de George Ier, époque où, sous prétexte de consolider l'avenir de la révolution de 1688, les partis avaient recours aux expédients les moins parlementaires pour satisfaire à leurs passions du moment, nous voyons le duc de Somerset prononcer, dans la chambre des lords, un discours qui fit sensation. Sa Seigneurie exposait à son noble auditoire que le nombre des pairs s'étant considérablement accru depuis l'union des deux royaumes d'Écosse et d'Angleterre, il était absolument nécessaire d'aviser un moyen de prévenir l'inconvénient d'une augmentation nouvelle de la chambre aristocratique; il cita l'abus qui avait été fait, sous le précédent règne, du privilége de la couronne. En conséquence, Somerset demandait qu'un bill réglât et limitât le nombre des pairs, de manière que le monarque ne pût en ajouter plus de dix au chiffre actuel. Des plaintes au même effet se renouvelèrent après Somerset, mais sans plus de succès. Les fournées de pairs n'ont cessé sous aucun règne; et, chose remarquable, ce sont les rois renommés pour leurs idées absolutistes qui ont porté les plus terribles coups à l'aristocratie à cet égard. La liste suivante nous indique dans quelles proportions furent faites les créations de pairs anglais et irlandais par les différents rois de la Grande-Bretagne, depuis Guillaume le Normand. Nous y ajoutons les créations de pairs faites sous les règnes de George IV et de Guillaume IV.

Noms des rois.	Pairs anglais.	Pairs irlandais.
Guillaume Ier	20	0
Guillaume II	4	0
Henri Ier	5	0
Étienne	18	0
Henri II	9	7
Richard Ier	6	0
Jean	8	4
Henri III	22	1
Édouard Ier	164	0
Édouard II	63	4
Édouard III	81	4
Richard II	34	2
Henri IV	17	2
Henri V	8	0
Henri VI	57	0
Édouard IV	57	3
Édouard V	0	0
Richard III	5	0
Henri VII	20	0
Henri VIII	66	17
Édouard VI	22	2
Marie	9	0
Élisabeth	29	3
Jacques Ier	98	55
Charles Ier	130	57
Charles II	137	41
Jacques II	11	5
Guillaume et Marie	46	14
Anne	47	8
George Ier	60	54
George II	90	76
George III	254	268
George IV	59	
Guillaume IV	36	

La liberté de la presse, la loi sur le jury, les garanties données à la liberté individuelle par le bill d'*habeas corpus* constituent les parties principales de l'édifice moderne; tandis que les distinctions subtiles que l'Anglais établit entre la personne du roi et la royauté elle-même, les limites que la loi impose à cette royauté, limites qu'on peut voir facilement se rétrécir chaque jour; l'état devenu précaire de l'aristocratie, de même que les luttes que cette aristocratie est obligée d'engager sans relâche pour repousser l'invasion qui la menace, indiquent d'une ma-

12.

nière sensible que les parties modernes de l'édifice tendent à s'agrandir aux dépens des parties anciennes ou gothiques. Dans les premières années du règne de George III, ces transformations se continuent ; les parties modernes s'élargissent chaque jour en empiétant sur les parties contiguës ; chose d'autant plus remarquable, ainsi que nous l'avons dit, que George III est reconnu comme le plus absolu des rois qui gouvernèrent l'Angleterre depuis la révolution de 1688.

Le commencement du règne de ce souverain annonce un prochain retour vers l'absolutisme. Lord Bute entre aux affaires malgré une grande impopularité, et George III ne cache point sa répugnance pour les doctrines du parti whig. Peine perdue ! La vivacité de la résistance augmente en raison directe de la violence de l'attaque. C'est en vain que George III veut arrêter le mouvement ; force est au roi de renvoyer le ministre de sa prédilection. La question relative aux débats parlementaires, celle qui concerne les warrants généraux, sont tranchées contre la cour. La fameuse remontrance, présentée par Beckford au nom du conseil commun de Londres, est comme un outrage fait à la royauté, et cependant la royauté renonce à en poursuivre les auteurs. Ces mesures, qui nous rappellent les temps orageux du règne de Charles Ier et les luttes de ce prince avec le long parlement, ont pour organes les voix les plus éloquentes du pays. Ce sont celles des Chatam, des Sheridan, des Fox, des Rockingham, des Burke. « Le privilége héréditaire, dit lord Brougham, est la source de tous nos maux ; abolissez-le, et les maux du pays disparaîtront. » Tel est le cri qui retentit sous les voûtes de Saint-Stephen. La publicité des débats parlementaires est déclarée transgression à la loi par les communes de concert avec les lords ; mais l'opinion publique, contrairement à ces prétentions, absout les transgresseurs, et la puissance de cette force fait fléchir la puissance de la loi.

La marche progressive de l'idée démocratique est surtout sensible dans les allures de la presse. Nous citerons à cet égard le procès d'un nommé Stockdale, éditeur anglais, poursuivi pour avoir publié, à l'occasion de l'affaire de Warren Hastings (*), un livre dans lequel la chambre des communes était injuriée. Ce pamphlet contenait notamment beaucoup d'expressions outrageantes pour les juges, les pairs et les accusateurs d'Hastings. L'auteur ayant été traduit devant les tribunaux, chargea le célèbre Erskine de sa défense. Le plaidoyer d'Erskine est un chef-d'œuvre de dialectique et d'éloquence. Dans son discours, Erskine commence par montrer Hastings en butte aux attaques des esprits les plus puissants de l'époque. Puis, abordant la terrible accusation : « Messieurs, dit-il, je ne suis point l'avocat de M. Hastings, je ne m'occupe ni de son crime, ni de son accusation. Je ne parle de son procès que d'une manière collatérale au procès de mon client. M. Hastings, pour avoir blessé les priviléges des gouvernements asiatiques, peut et doit avoir violé les ordres immortels de la nature de Dieu ! Mais, Messieurs, que pouvait-il faire dans sa situation? La charité, la bienveillance auraient été impuissantes pour consolider l'empire de l'Inde ; la vigueur était la seule voie qui dût être employée pour comprimer la révolte. Je sais qu'il est indécent, immoral et coupable de pénétrer dans le *Zehana* des femmes de l'Orient, et que cette violation est surtout odieuse aux peuples orientaux. Je sais combien il est beau de conserver l'honneur national, de prévenir de toute atteinte la moralité anglaise ; mais alors, rappelez vos troupes, abandonnez vos comptoirs, oubliez pour toujours vos vastes possessions orientales ! Mais si, amoureuse de tyrannie et d'or, la Grande-Bretagne veut régner en souveraine sur des royaumes éloignés, dont la popula-

(*) Le procès d'Hastings ne commença qu'en 1788. Nous en parlerons en temps convenable.   Cl. Pel.

tion couvre un espace de terrain bien plus étendu que celui de nos îles natales, doit-elle donner à des gouverneurs simplement l'ordre de conserver ces territoires? Non sans doute; elle doit leur laisser une grande latitude pour agir. Avec quelle apparence de raison viendra-t-elle donc, assise sur je ne sais quelle chaise curule de moralité sévère, reprocher à ses agents des fautes qui sont les siennes? De quel droit les accusera-t-elle? de quel droit les condamnera-t-elle? Quel droit? dira-t-elle : J'ai contrevenu aux lois éternelles, et je suis innocente. Vous avez outre-passé mes ordres, et vous êtes coupable.

« Voilà, Messieurs, ce que mon client a senti, voilà ce qu'il a pensé dans le pamphlet accusé; et si, dans l'irritation naturelle que l'injuste accusation portée contre M. Hastings a fait naître en lui, il a laissé échapper des expressions peu mesurées, le condamnerez-vous à l'infamie, à la prison, à l'amende? Frapperez-vous une épithète justifiée par la noblesse de l'intention, parce qu'elle est malsonnante? Ah! malheur à vous, Messieurs! malheur à vous, si l'Être éternel vous jugeait plus tard d'après les règles que l'on veut poser! Malheur à vous, si l'on vous frappait avec rigueur pour chaque geste, pour chaque démarche inconvenante et peu modérée ! Mais non, non, dans ce vaste et triste volume de notre vie, ce ne seront pas les innombrables erreurs de détail que l'ange notera pour vous perdre. L'intention générale, la charité envers les hommes, le bon ou le mauvais vouloir, seront appréciés. Nos imperfections nous écraseraient, si l'indulgence céleste n'avait pas une autre règle, une autre mesure, un tribunal plus élevé et plus digne d'elle ! »

Dans ce discours, dont nous ne citons que les principaux passages, après avoir établi que le véritable coupable des meurtres et des spoliations commis dans l'Inde n'était autre que l'Angleterre elle-même, et que Hastings n'avait été que l'instrument ou le bras, tandis que l'Angleterre était la volonté qui le faisait agir; après avoir atténué de cette manière la chaleur avec laquelle Stockdale avait pris la défense de Warren Hastings, l'orateur s'efforçait de prouver que l'*intention* coupable d'un écrit constituait seule la criminalité de l'auteur; mais que l'*intention* innocente de cet écrit, si elle était prouvée, comme il espérait l'avoir fait pour Stockdale, et quelle que fût la violence de l'expression, entraînait l'absolution; en d'autres termes, Erskine établissait une distinction entre l'*intention* et le *fait*. Cette doctrine nouvelle prévalut; Stockdale fut absous.

A cette époque, la presse politique est ardente, impétueuse. Nous la connaissons déjà par les lettres de Junius. La caricature, arme également puissante, parce qu'elle agit sur les intelligences paresseuses et les masses, se distingue aussi par la manière dont elle décoche ses traits : elle est impitoyable. Il en est resté plusieurs spécimens qui nous montrent toute la philosophie du genre. Sur l'une de ces caricatures on lit : *Fonds de magasin d'un caricaturiste*. Là rayonnent toutes les figures célèbres de l'époque : la face niaise de George III, que l'on voit au premier plan; plus loin, celle de la reine Charlotte, qui se distingue par sa vulgarité; le prince de Galles, mistriss Siddons, sous le nom de la *Reine des planches;* la célèbre madame Fitz Herbert, sous celui de *Une reine;* au centre du tableau, le célèbre Fox, l'idole populaire, avec son air mécontent, et Pitt avec son nez pointu, que le peintre n'a pas manqué d'aiguiser; à leurs côtés, la belle duchesse de Devonshire, occupée à faire une élection; opération qu'elle accomplissait, dit-on, en distribuant ses baisers à tous les électeurs récalcitrants. Une autre de ces caricatures, sous le titre de l'*Amiral en retraite*, représente un vieux loup de mer naviguant paisiblement au milieu d'une mare, dans laquelle des canards barbotent; l'amiral remplit de sa rotondité le navire, qui est une espèce de coquille de noix, et pointe avec une grande préoccupation trois ou quatre petits canons, qui vont attaquer et ruiner une forteresse en cartonnage, placée sur la rive droite de la mare. Dans une troisième, l'artiste représente les ministres de l'époque sous la forme de petits ramoneurs, dansant au son d'une cornemuse, dans laquelle souffle William Pitt. Un nommé Gillay était le grand faiseur de l'époque. Le pinceau de Gillay ne ménageait aucunement le roi, et il paraît que George III trouvait un grand plaisir à s'acheter lui-même. Dans l'une de ses meilleures caricatures, Gillay tourne en ridicule la frugalité du roi; il représente George III à genoux devant le foyer et beurrant des muffins, tandis que la reine, armée d'une poêle à frire, fait cuire des goujons. Autour de la jarretière défaite, qui maintient à peine les bas du souverain, on lit: *Honni soit qui mal y pense!* Le pendant de cette caricature, sous le titre de l'*Anti-sucre*, représente la famille royale assise autour d'une table à thé, et paraissant humer avec délices du thé que, par esprit d'économie, le couple royal n'a pas sucré. « Excellent! s'écrie la reine, ce breuvage est délicieux; je le trouve plus rafraîchissant et plus agréable qu'avec du sucre; tout le monde devrait l'adopter. »

Une foule de traits non moins caractéristiques indique le progrès de l'esprit démocratique. Un Anglais d'il y a quatre cents ans, auquel on aurait donné à choisir entre une fortune colossale et un écusson bien authentique, remontant au temps des croisades, et chargé de pals et contre-pals, aurait choisi le blason, ou donc il n'aurait pas eu de cœur. Le gentilhomme anglais des premiers temps du règne de George III, auquel on eût fait une pareille offre, aurait longtemps hésité; peut-être eût-il accepté la fortune (*). Ce qui est remarquable, c'est surtout l'enthousiasme qu'éprouve pour le fameux Wilkes une partie de la nation. A côté de ce nom, nous placerons celui de Horne Tooke. Par quelles qualités honorables se recommandaient ces deux hommes à l'estime de leurs concitoyens? Ils n'en avaient aucune. Leurs qualités, c'étaient l'audace, un front d'airain, de la persévérance, joints à une conscience peu scrupuleuse. Cependant, le premier, bien qu'il fût perdu de débauches et de dettes, devint pendant quelque temps l'homme le plus célèbre des trois royaumes. Ces mots: *Wilkes and liberty*, étaient inscrits sur tous les murs; ils blasonnaient tous les édifices; on les voyait jusque sur les mouchoirs et les chapeaux. Le second, avec une trempe de caractère inférieure, n'eut pas moins de célébrité. Il avait jeté le froc aux orties et avait endossé l'habit de cour. « L'ancienne soutane de la religion protestante s'est complètement transformée, écrivait-il à son ami Wilkes; c'est un gentilhomme de la nouvelle cour qu'on voit en moi. » Tous deux, nous le répétons, se firent adorer du peuple, et plus de trente duels eurent lieu pour soutenir leur réputation. Mais bientôt une querelle éclate entre les deux amis; c'est au sujet d'une souscription populaire, dont Wilkes veut s'approprier la totalité. « Quoi! s'écriait Wilkes, tant d'argent pour des sots! c'est moi seul qui l'ai gagné! c'est à moi qu'il appartient. » Le spectacle que donnèrent alors ces deux champions de la cause populaire avait quelque chose d'odieux. Ils s'accusaient réciproquement d'escroquerie, d'espionnage, avec une véhémence incroyable, appuyant leurs accusations de preuves qu'il était impossible de récuser. Wilkes prétendait que Horne Tooke avait mis dans sa poche l'argent de la plupart des souscriptions qu'il avait touchées. Horne Tooke, de son côté, affirmait que de tout temps Wilkes avait été à ses

---

(*) Le duc de Saint-Albans, qui appartient par la naissance aux premières familles du royaume, a donné à son pays un exemple remarquable du genre, en épousant madame Coutts, veuve du banquier de ce nom. Cette dame, qui se recommandait par d'excellentes qualités, et surtout par une charité inépuisable, avant d'épouser M. Coutts, avait été actrice. Cl. Pel.

yeux un être abject. Horne Tooke se condamnait ainsi lui-même, car, avant sa querelle, il avait représenté Wilkes comme le type de toutes les vertus (*). Mais l'illusion dura toujours ; l'opinion ne cessa pas de les soutenir.

Pendant les premières vingt années du règne de George III, et malgré la digue qu'on leur opposait pour en détourner le cours, les tendances furent les mêmes que sous les règnes précédents ; la marche progressive des idées populaires continua comme auparavant. La guerre de l'indépendance ne fut point pour ces idées un temps d'arrêt ; elles s'infusèrent dans les mœurs, en dépit du système de répression suivi par le gouvernement ; chaque jour enlevait au privilége une partie de ses anciens droits. Des effets analogues se rencontrent dans les affaires religieuses. La religion dominante, comme par le passé, est égoïste, froide, personnelle, exclusive ; son pouvoir est immense ; l'Église veut écraser ses rivaux. Cependant tout en conservant ses tendances ordinaires, celles-ci subissent de grandes transformations ; il faut qu'elle cède, qu'elle consente à de nouvelles concessions.

La hiérarchie ecclésiastique, en Angleterre, est aussi formelle et aussi exclusive que la hiérarchie primitive. L'aristocratie est riche et hautaine, et parfois téméraire dans ses luttes avec la bourgeoisie ; prompte à donner le cri d'alarme, elle déclare le pays en danger quand elle voit compromis le plus faible de ses priviléges. L'église dominante se distingue par le même esprit ; elle ne supporte qu'avec peine les sectes dissidentes, elle veut régner sur elles en souveraine. Il existe dans la formation de la hiérarchie ecclésiastique une sollicitude également très-remarquable.

Le roi d'Angleterre est le seul chef de l'Église ; il confirme les lois ecclésiastiques, il nomme les évêques ; mais il ne peut gérer lui-même les affaires épiscopales. L'archevêque de Cantorbéry est primat d'Angleterre ; il a 21 suffragants ; l'archevêque d'York en a 4. Les évêques de Durham et de Winchester ont le pas sur les autres ; après eux, l'âge seul donne la préséance. L'archevêque, indépendamment de sa propre paroisse, est chargé de l'inspection de toutes les églises de son diocèse ; il nomme les évêques, mais d'après l'ordre du roi ; il reçoit les appels de plusieurs affaires ecclésiastiques, sacre les évêques, gère les affaires ecclésiastiques pendant la vacance du siège, donne des dispenses sur tout ce qui n'est point contraire au droit divin et civil, etc. Les évêques sont placés, par rapport à la puissance temporelle, dans la même position que l'archevêque ; ils ont leur tribunal et leur grand vicaire. Ils mettent les ecclésiastiques dans la possession spirituelle et temporelle de leurs bénéfices, etc. Le doyen et le chapitre forment le conseil de l'évêque et l'assistent dans les affaires ecclésiastiques. Depuis Henri VIII, c'est le roi qui nomme le doyen. Le chapitre est nommé tantôt par le roi, tantôt par l'évêque ; dans quelques occasions, le chapitre a le droit de se compléter lui-même. L'archidiacre a une juridiction sur tout ou partie de la paroisse, immédiatement au-dessous de l'évêque. C'est ordinairement l'évêque qui le nomme, et il forme ensuite lui-même son tribunal ecclésiastique. Les doyens ou diacres ont été supprimés ; les pasteurs (parsons), ainsi que les curés (vicars), ont pris leur place. Les curates forment la dernière classe de la hiérarchie ecclésiastique, et n'ont aucun droit durable sur les places : ils sont à la merci des titulaires.

L'exposé suivant de la richesse du clergé n'a pas besoin de commentaires ; il suffit de le parcourir pour se convaincre que, dans aucune autre partie du monde, il n'existe un clergé qui ait des revenus aussi énormes, et dont la répartition soit aussi inégale.

(*) Wilkes et Horne Tooke surent se faire une brillante fortune pour leurs vieux jours. Le premier conserva jusqu'à sa mort (6 décembre 1797) la place de chambellan de la ville de Londres ; et Horne Tooke vécut dans l'opulence à Wimbledon jusqu'en mars 1812.   CL. PEL.

Tableau présentant la répartition des revenus du clergé anglican, suivant les divers ordres de sa hiérarchie.

CLERGÉ ÉPISCOPAL.

Nombre de dignitaires.		Revenu moyen de chaque individu.	Revenu total.
		liv. ster.	liv. ster.
2	Archevêques	26,465	52,930
24	Évêques	10,174	244,185
28	Doyens	1,580	44,250
61	Archidiacres	739	45,126
26	Chanceliers	494	12,844
514	Prébendiers	545	280,130
330	Grands chantres, vicaires généraux et autres membres des églises cathédrales et collégiales	338	111,650

985 membres jouissant d'un revenu de 791,115 (19,777,875 fr.)

CLERGÉ PAROISSIAL.

		liv. ster.	liv. ster.
2,886	Pluralistes appartenant à l'aristocratie, la plupart résidants, et qui ont deux, trois, quatre bénéfices et même plus; en tout 7,037 bénéfices; la moyenne de chacun, en comprenant les dîmes, les glèbes, les *Church-fees*, est de 764 liv. ster. (19,100 fr.)	1,863	5,379,430
4,305	Bénéficiers dont chacun jouit d'un bénéfice, et dont la moitié seulement résident dans leurs bénéfices	764	3,289,020
4,254	*Curates, licensed and unlicensed;* le revenu annuel offre une moyenne d'environ 75 liv. chacun, formant la somme de 319,050 liv. (7,976,250 fr.). Sont compris dans le revenu des pluralistes et des bénéficiers.		

11,445 membres jouissant d'un revenu de .... 8,668,450 (216,711,250 fr.)

12,430   Total général .... 9,459,565 (236,489,125 fr.)

A ces revenus qui consistent principalement en dîmes, il faut ajouter d'autres sources qui procurent au clergé des sommes immenses. Tels sont les revenus des établissements de charité, les dotations affectées aux différentes chaires dans les universités et dans les écoles publiques. Assurément si la richesse et une hiérarchie solidement établie pouvaient, à elles seules, constituer la force, le clergé anglican serait du monde entier le clergé le plus fort. Cependant, nous remarquons qu'avec tant d'avantages, le clergé anglican est constamment sur la défensive; sans cesse il tremble; sans cesse nous le voyons appeler à son aide le nom du Très-Haut dans des discussions purement personnelles. « La religion est en danger! point de papisme! » voilà ses arguments ordinaires. Il n'a point, comme dans notre pays, la menace à la bouche envers le pouvoir; il semble au contraire inféodé à ce pouvoir; on dirait qu'il ne peut se passer de sa protection; il fait ce que celui-ci veut faire, et lui montre une obéissance presque passive.

Le clergé anglican se distingua toujours par sa haine pour le catholicisme, et, dans la présente époque, il nous offre un exemple remarquable de l'esprit d'intolérance et d'exclusion qui le domine, alors que, réunissant ses efforts à ceux des presbytériens et des autres dissidents, il persécute les catholiques et appelle sur leurs têtes et leurs propriétés les violences du peuple. Le clergé anglican reproche aux catholiques anglais leur caractère remuant. « Ce qu'ils veulent, dit-il, c'est reconquérir le premier rang. » Cette accusation est-elle dénuée de fondement? c'est au clergé catholique à y répondre. Nous dirons toutefois qu'il serait fort étrange qu'on eût poursuivi le catholicisme avec autant de fureur, s'il se fût contenté de sa position subalterne, alors que tant de sectes différentes et opposées, par la forme et le fond de leur culte, vivent paisiblement côte à côte. Quant à la haine du clergé anglican pour le catholicisme, elle nous semble, dans des hommes auxquels la religion commande l'amour et la fraternité, une nouvelle marque de sa faiblesse.

Cette haine et l'esprit exclusif du clergé anglican empêchèrent-ils donc que la tolérance religieuse ne fît de grands progrès pendant l'époque qui nous occupe? Les peines sont adoucies à l'égard des catholiques irlandais; le gouvernement prête l'oreille aux griefs des catholiques écossais, et s'engage au redressement, tandis que les fureurs du fanatisme sont flétries par les voix éloquentes des Burke, des Fox. Le gouvernement appuie lui-même, dans l'intérêt des catholiques, le fameux bill de sir George Saville, qui donna lieu, comme nous l'avons vu, à une si violente émeute. Dans le même temps, quelques sectes se fondent les unes dans les autres; tels sont notamment les glussites et les sandéramiens. Les unes se réunissent aux indépendants; les autres aux baptistes; d'autres aux unitairiens. Le principe reconnu par le gouvernement anglais, celui de deux églises nationales, l'église presbytérienne pour l'Ecosse, l'église épiscopale pour l'Angleterre, exclut l'intolérance. Mais l'application de ce principe a pour inconvénient de multiplier les sectes religieuses à l'infini.

Énumérer les sectes qui se disputent le terrain religieux du royaume-uni serait impossible, tant elles sont nombreuses : parmi les principales on remarque les *indépendants,* qui suivent la confession de Westminster; les presbytériens, le *saybrook platfovm* de 1708; mais de nombreuses scissions s'opèrent tous les jours parmi ces derniers; il y a les *associate presbyterians* et les *cumberland presbyterians*. Les *méthodistes* se divisent en différentes sectes, dont deux principales : ce sont les méthodistes épiscopaux et les méthodistes protestants. Chez les *Anabaptistes* les scissions vont à l'infini; ainsi nous trouvons les *Calvinist Baptists,* les *Unassociated Baptists,* les *Freewill Baptists,* les *Six principle Baptists,* les *Sabbatarians,* les *Dunkers,* les *First Days,* les *German Baptists,* les *Christians,* les *Campbellistes,* les *Quakers,* les *Rappistes,* les *Hicksites.*

De nouvelles sectes, et notamment la secte des moraves et la secte des swedenborgiens, dite de l'église de la nouvelle Jérusalem, se formèrent à cette époque. Le gouvernement se montra libéral envers ces sectes en leur accordant, comme aux quakers, la faculté de donner leur affirmation au lieu du serment exigé des autres citoyens devant les tribunaux. Cette faculté fut même étendue à tous les protestants étrangers qui résidaient dans les colonies depuis sept ans, et qui, par des scrupules de conscience, repoussaient la prestation du serment voulu par la loi. Le bill conférait en outre aux moraves habitant les colonies les droits de naturalisation, et leur accordait les mêmes privilèges qu'aux nationaux. Ces dispositions de la loi furent reçues avec reconnaissance par les nouveaux venus, et, sous la protection de cette loi, ils ne tardèrent pas à arriver à une grande prospérité.

L'église de la nouvelle Jérusalem ou des swedenborgiens s'établit en Angleterre presqu'en même temps que celle des moraves. Plusieurs théologiens prétendent que cette secte prit naissance en Angleterre. Ce fut à Londres, disent les disciples de Swedenborg, que celui-ci reçut du ciel la première révélation, en l'an 1743. Swedenborg, comme tous les chefs de sectes, était ardent, impétueux et d'un esprit entreprenant; il affirmait que la religion qu'il enseignait était la seule véritable. Ses paroles, dites avec une certaine éloquence, séduisaient ses auditeurs, et il trouva un grand nombre de disciples, non-seulement dans la capitale, dans la plupart des provinces et dans la sévère Écosse, mais encore en Allemagne, dans d'autres parties de l'Europe et dans les possessions de l'empire britannique. Swedenborg mourut en 1772, après avoir fait de grands voyages dans les États les plus puissants de l'Europe. La secte des swedenborgiens, comme celle des moraves, se maintint après la mort de leur fondateur, et elles forment aujourd'hui une communauté nombreuse dans les trois royaumes. Les membres de l'association des swedenborgiens se distinguent, comme les moraves, par un caractère éminemment pacifique. Ils agissent entre eux comme des frères, en se donnant conseil dans les circonstances difficiles et en s'aidant d'une manière généreuse toutes les fois qu'il en est besoin.

Parmi ces différentes sectes, nous devons en citer une qui depuis longtemps est en butte aux sarcasmes, aux critiques, aux attaques de toute espèce, et qui cependant, à beaucoup de titres, mérite l'estime et la considération de tous ceux qui s'intéressent aux progrès de la civilisation. Nous voulons parler de la secte des quakers ou de la société des Amis, pour nous servir du nom qu'elle se donne. Rien de plus original que la forme extérieure de ce culte; mais en même temps, rien de plus doux que la doctrine. Dans les temples des quakers, point d'élections ni de levées de mains, comme dans l'église presbytérienne; point de séminaires pour celui qui veut apprendre la morale aux autres, comme dans l'église romaine. Hommes et femmes, quiconque se sent apte à prêcher et à prier, se lève, prêche et prie; mais tout doit partir du cœur, ou, pour parler le langage des Amis, tout doit venir de l'impulsion donnée par l'esprit divin. A cette condition, le premier venu de la secte est reconnu ministre par la communauté. Ce membre inspiré peut maintenant prendre place dans une galerie élevée, qui fait face aux assistants, et peut-être va-t-il demander à faire de longs voyages; à visiter, par exemple, les pays d'outremer. Cela s'appelle, dans la phraséologie des Amis, exposer l'état des affaires de la famille. On s'assemble, la demande est posée devant les quakers réunis. Est-elle résolue par l'affirmative? le ministre voyageur part, mais sans argent, comme les anciens apôtres. Il est vrai qu'il n'en a pas besoin; quand il arrive dans quelque ville, il va loger chez celui de ses coreligionnaires qui lui convient, ou plutôt chez celui qui convient à ses guides, car, dans tous ses voyages, le ministre voyageur marche accompagné d'un ou plusieurs Amis, qui sont chargés de payer ses dépenses. Arrivé au but de son voyage, il convoque un meeting public, auquel s'empressent d'accourir tous les quakers du lieu. On prend place, les hommes assis d'un côté, le chapeau sur la tête, et les femmes assises du côté opposé. Chacun écoute en silence. Mais l'esprit divin n'agite point le saint homme! une heure se passe, l'esprit saint refuse encore de l'inspirer; alors la séance est levée. Les quakers échangent des poignées de main et laissent la place libre; vous partez sans avoir rien entendu. Mais si aujourd'hui l'esprit saint n'a pas exercé son influence, revenez demain et assurément vous serez plus heureux. Quels sont ces prédicateurs? C'est une femme, c'est un simple artisan qui sort de son atelier; c'est un campagnard qui vient de dételer ses bœufs; c'est un gentleman qui descend d'un élégant équipage; l'esprit saint les agite, cela suffit! chacun débitera donc à tour de rôle le discours qui lui est inspiré. Ce discours dure vingt minutes, une demi-heure, quelquefois davantage, suivant que l'influence de l'esprit divin est plus ou moins intense. Ainsi, hier vous n'avez pas eu de sermon, aujourd'hui vous en avez deux, trois, quatre : c'est ainsi que les choses se passent chez les Amis. Suivez maintenant le ministre voyageur dans ses visites aux membres de la famille; il en doit une à chaque quaker habitant le lieu où il s'arrête; grands et petits, pauvres et riches le verront dans leur demeure, chacun à son tour. A l'heure dite, il arrive et s'assoit auprès du feu avec les membres de la famille; là encore un long silence; il attend que l'esprit saint l'agite, et, l'esprit saint venu, l'homme de Dieu s'adresse au père, à la mère, aux enfants, et même à l'enfant qui dort dans son berceau. Ses paroles, dans ces circonstances, ont une franchise que nos hommes du monde seraient tentés d'appeler brutale. Au malade qu'il voit se cramponnant à la vie, il dira sans périphrase : « Ami, ton heure est venue, prépare-toi à mourir. » Ses yeux voient-ils un gilet dont la coupe lui paraît un peu trop fashionnable; la couleur du ruban d'une jeune miss est-elle un peu trop éclatante, il fait un long sermon sur la coquetterie et ses dangers; puis, en quittant la famille, il plongera les mains dans ses vastes poches, et en sortira un papier écrit, un imprimé dans lequel seront contenues des observations sur le bonheur de la vertu.

Cette excentricité n'existe pas seulement dans la forme extérieure du culte, on la trouve encore dans les mœurs, dans la vie privée d'un quaker. Un quaker aime à travailler isolé comme nous autres. Chez lui, point de communauté de biens comme chez le communiste ; chacun pour soi, à chacun selon son intelligence. Il aime le travail avec passion ; aussi pas un Ami ne tend la main, et les quatre cinquièmes d'entre eux sont riches à millions. A ses yeux, la valeur du temps est un article de foi. « Celui qui ne pourvoit pas au besoin de sa famille, dit-il, est pire qu'un infidèle ; » et, conformément à ce principe, il s'engage dans une profession quelconque, qu'il poursuit par goût et par habitude, alors même que ses coffres regorgent d'or. J'ai connu, dans un voyage à Londres, un membre de la société des Amis qui exerçait la modeste profession d'épicier ; il avait alors atteint la soixantaine, et était riche à millions ; sa fortune était si considérable, qu'il aurait pu armer vingt navires, s'il l'eût voulu. Eh bien, ce vieillard si riche éprouvait un plaisir infini à peser sa cassonade et sa chandelle, et n'aurait pas abandonné sa profession pour un trône. J'ai dit que le quaker aime le négoce ; mais il n'est pas négociant à la manière d'une foule de gens. Il est plein de délicatesse et de probité. Tous les Amis sont-ils justes dans leurs transactions ? exécutent-ils avec ponctualité leurs engagements ? telles sont les paroles qui retentissent, lors de chaque réunion trimestrielle, à l'oreille des quakers assemblés ; et, sur la réponse négative, le membre coupable reçoit une réprimande sévère en présence de toute la communauté. Le quaker se distingue aussi par son ordre et par son économie ; il ne dépensera point son argent en hôtels somptueux ; il ne porte point de bijoux ; ses vêtements sont de la plus grande simplicité. Chez lui, point de pianos, point de guitares ni de violons ; point de ciselures, de dorures, ni de draperies aux couleurs brillantes. Les tableaux de l'ancienne et de la nouvelle école n'ont aucun attrait à ses yeux. Sur les panneaux de sa voiture ne brillent point d'armoiries ; la science héraldique, à son jugement, est bonne pour les fous. Il boit peu, et le plus généralement il remplace la bière par le café ; quelquefois il chasse le renard et le cerf, mais jamais il n'éreintera son cheval dans une course au clocher. Jamais il n'engagera une livre sterling dans les hippodromes d'Ascott et de Newmarket ; jamais il ne donnera mille guinées pour un cheval ; il se croirait atteint de folie et digne d'être enfermé parmi les insensés, s'il payait un chien cent guinées (2,600 fr.). Il déteste le jeu ; à l'exception toutefois du *Stock Jobbing* qui est une véritable passion pour lui. Quelles sont donc ses jouissances? me demanderez-vous. Une maison bien meublée et propre ; de beau linge, un bon lit, une voiture douce, une nourriture confortable, une femme et beaucoup d'enfants. Mais la plus grande de toutes, c'est d'entasser écus sur écus, c'est d'acquérir de l'or. Il est vrai qu'il fait un magnifique usage de sa richesse. Sa générosité est sans bornes, il donne indistinctement à tous les malheureux (*) ; tous ceux qui souffrent ont droit de puiser dans sa bourse, et ses largesses sont grandes et nobles ; il donne, et donne beaucoup : un jour, de l'or ; un autre jour, des vêtements confectionnés par sa femme et ses filles. Le lendemain, il enverra au malade des médicaments et son médecin ; une autre fois, sa ménagère, aidée de ses enfants, mettra en paquet des brochures et des bibles qu'il fera distribuer dans les pays lointains.

Tels furent pendant la première partie du règne de George III l'état de

(*) Richard Reynold et Élisabeth Fry seront des noms toujours chers aux amis de l'humanité.   Cl. Pel.

la société anglaise et l'état religieux. En vain le gouvernement veut comprimer, en vain le clergé veut maintenir; chaque jour l'un et l'autre se rapprochent forcément de la forme radicale. N'est-ce pas que l'inégalité existant entre les forces relatives des deux principes, le char, enrayé sur une pente, doit franchir naturellement l'espace? Cette inégalité nous paraît irrécusable. D'un côté, en effet, l'avantage que donne l'offensive; l'opportunité du moment, une presse ardente comme le fer de la forge, frappant en raison de la résistance, triturant sans cesse les questions, les reprenant demain après les avoir perdues aujourd'hui, les passant cent fois au même crible; de l'autre côté, perplexité continuelle dans les moyens; séductions attrayantes sans doute, mais séductions qui tournent fréquemment contre ceux qui les emploient; désavantage de la défensive.

L'histoire de l'industrie nationale pendant la période actuelle est remarquable. Il y avait lieu de craindre que la guerre de l'Angleterre avec ses possessions de l'Amérique ne portât un coup terrible à son industrie, qu'elle n'en tarît les sources, et ces craintes étaient dans tous les esprits. Toutefois, il paraîtrait, d'après les lignes suivantes, écrites par un économiste de l'époque, que dès le principe, le mal fut moins sensible qu'on ne s'y était attendu. « Si la Grande-Bretagne, dit cet économiste, à l'exemple de l'Espagne, eût recueilli tout le fruit de l'industrie de ses territoires transatlantiques, elle eût certainement beaucoup perdu par l'indépendance de ses colonies américaines; mais il n'en est point ainsi; l'Angleterre a d'autres ressources, elle a même su retirer un certain profit de cette séparation: c'est celui de se libérer de la charge de protéger une côte fort étendue; charge qui était fort coûteuse pour elle. A l'égard de ses profits industriels, les pertes qu'elle a essuyées ont été compensées, pour le moment, par l'exclusion des citoyens des États-Unis de la participation qui leur était commune avec les autres sujets de la Grande-Bretagne, au bénéfice résultant de la construction des navires, des frets et des pêcheries; sa marine marchande et sa marine militaire ont considérablement augmenté (*). »

Ces principes économiques nous paraissent mal fondés, car tous les États, anciens ou modernes, qui ont figuré avec quelque renommée dans l'histoire des peuples, ont eu des colonies. Les colonies sont comme un réservoir dans lequel une grande nation verse l'exubérance de sa population; elles tendent à créer des centres d'échange, où le troqueur se trouve naturellement à l'abri des exactions auxquelles il pourrait être exposé dans les ports étrangers; elles assurent aux navires des points de relâche et de ravitaillement, et garantissent au pays qui les possède sa part dans le mouvement général de la civilisation. Or, l'Angleterre dut être sensiblement affectée dans son commerce

(*) La marine royale du commencement du règne de George III s'élevait à 20 vaisseaux de ligne de 96 à 110 canons, 11 de 81 à 90 canons, à 60 de 64 à 80 canons, à 47 de 48 à 60, à 71 de 26 à 44 canons, à 40 de 16 à 24 canons, à 68 sloops de 8 à 14 canons, à 12 bombardes, 10 brûlots et 4 transports. Il y avait de plus 39 bâtiments armés en guerre, loués à des particuliers; 7 yachts royaux, et 5 petits yachts. Ces navires, au nombre de 372, jaugeaient 300,500 tonneaux. Pendant les 6 années que dura la guerre, c'est-à-dire de 1775 à 1781, il fut construit 110 vaisseaux portant 3,331 canons et jaugeant 53,350 tonneaux, 160 sloops portant 2,555 canons et jaugeant 37,000 tonneaux; ce qui faisait 146,600 tonneaux à ajouter aux 300,500 tonneaux indiqués plus haut. Un grand nombre de ces navires fut pris ou perdu pendant le cours de la guerre. Cependant, au mois de janvier 1783, il se trouvait en commission 200 vaisseaux de 80 à 108 canons, 41 de 74 canons, 45 de 60 à 68 canons, 18 de 50 canons, 64 frégates portant chacune plus de 30 canons, 15 frégates portant moins de canons, 110 sloops de 18 canons et au-dessus, 15 brûlots et bombardes, 26 bâtiments divers; en tout, 393 navires, manœuvrés par 105,000 matelots. Il y avait de plus sur les chantiers 17 navires de guerre de 60 à 18 canons.

Ch. Pel.

ANGLETERRE

La Bourse à Londres (Royal Exchange)

par la perte des colonies américaines ; et si, comme les lignes précédentes semblent l'indiquer, le capital national ne souffrit pas, c'est que l'industrie dut se frayer de nouvelles voies.

Un développement immense s'opère en effet dans l'agriculture du pays à cette époque. Parmi les comtés qui se distinguent dans cette branche importante de l'économie, on remarque le Kent, l'île de Thenet, le Northumberland, le Norfolk et le Suffolk. Dans ces différentes provinces, l'introduction des récoltes vertes rendit inutile l'usage des jachères. La culture de l'orge, du trèfle, l'usage des prairies artificielles, furent adoptés, et ce système transforma les terres légères et improductives en des terrains riches et fertiles. Les progrès de l'agriculture furent en outre puissamment secondés par de grandes améliorations apportées dans les routes et les canaux.

PROGRÈS DE LA RICHESSE AGRICOLE EN ANGLETERRE.

Calculs du Comité des terrains de vague pâture, indiquant la quantité des terres encloses, depuis le règne de la reine Anne jusqu'à celui de George inclusivement.

Règnes.	Nombre des actes.	Étendue du terrain enclos.
Reine Anne	2	1,438
George Ier	16	17,060
George II	226	318,778
George III	3,554	5,686,400
George IV (1827)	188	300,800

Il résulte de cet état, que sous le règne de George III, plus de 5 millions d'acres furent enclos et défrichés, et que trois mille cinq cents actes furent rendus à cet effet par le parlement.

De nouvelles voies industrielles s'ouvrirent d'un autre côté pour l'Angleterre. Dans les premiers temps du règne de George III, l'Angleterre avait encore coutume d'aller chercher la plus grande partie des tissus de coton nécessaires à sa consommation dans les fabriques et les marchés de l'Hindoustan. Mais l'Inde, après avoir eu longtemps pour tributaire en ce genre d'industrie l'Angleterre, allait devenir à son tour tributaire de cet État lui-même. Du règne de George III date l'ère des manufactures de coton. La puissance de la vapeur, jointe à l'adoption dans les fabriques des métiers mécaniques, venait d'opérer cette révolution intéressante. L'invention de ces machines merveilleuses remonte toutefois à une époque beaucoup plus ancienne. L'honneur de la découverte appartient à John Wyatt, pauvre ouvrier des environs de Lichfield. Ce fut lui qui en 1735 obtint le premier écheveau de fil de coton par des moyens mécaniques. Wyatt fut suivi de Paul Lewis, qui inventa (1748) une machine à carder. Mais ces deux machines étaient de grossières ébauches, qui, peut-être, auraient péri de langueur dans une honteuse obscurité, lorsqu'un simple perruquier, nommé Arkwright, homme d'un caractère ardent, industrieux et persévérant, perfectionna l'idée de ses deux prédécesseurs, et produisit le *water frame* ou banc à broche. Le water frame fut suivi quelques années plus tard d'une machine pour le cardage et l'étirage du coton. Arkwright, comme tous les novateurs, rencontra de grandes difficultés à son début; cependant l'utilité de ses machines étant reconnue, leur application devint générale. Le water frame fut inventé en 1769. Un an après, parut la *spinning Jenny* (Jenny la Fileuse) de Hargrave, simple tisserand, qui vivait à Blackburn. Cette machine filait la trame, comme le water frame filait la chaîne, et l'inventeur lui avait donné le nom de Jenny, qui était celui de sa fille. Toutefois, la spinning Jenny était imparfaite; on lui reprochait surtout de ne pouvoir produire des numéros fins, et de n'avoir que vingt ou trente fuseaux. Samuel Crompton parvint à combiner la spinning Jenny de Hargrave et la machine de Arkwright; de là une nouvelle machine, qui fut appelée *mull Jenny*. Après les machines de ces illustres inventeurs, vinrent la *double mull* de Wright, à qui le parlement accorda une prime de 5,000 liv. st. (125,000 fr.); le *willow*, qui bat le coton brut; le *scretching frame*, ou l'éplucheur, qui dégage le coton brut de toutes ses impuretés, au moyen des dents aiguës qui le déchirent en tous sens; le *lap-*

ping machine, ou l'étaleur, qui étend uniformément le coton sur un rouleau pour la machine à carder ; le *throste*, invention qui ne date que de quelques années, et qui met le water frame en état de filer la chaîne ; le *fly frame*, qui remplace le *roving frame* pour les numéros moyens et inférieurs (*).

Ces grands inventeurs donnèrent un élan extraordinaire aux manufactures, et principalement aux manufactures de coton. Imaginez-vous, en effet, ces machines merveilleuses mues par la puissance de la vapeur, puissance qui leur donne la régularité du meilleur chronomètre. Le coton arrive à la fabrique tel qu'il est expédié du nouveau monde ; il est aussitôt saisi par elles ; l'une le déchire en tous sens pour enlever la poussière, l'autre l'épluche à l'aide de crochets aigus, celle-ci l'étale sur un rouleau, celle-là le carde, le peigne, l'étire, une autre lui donne une légère torsion, et en forme une mèche soyeuse et sans fin, que la mull Jenny allonge et dont elle forme un fil délicat qui est roulé sur des bobines ; la dressing machine et le métier tisseur s'en emparent ensuite, et transforment en quelques instants le coton que nous avons vu à son état primitif en de beaux tissus, qui bientôt seront transportés à Liverpool, et traverseront de nouveau les mers.

L'impulsion se communiqua aux autres manufactures ; en 1785 les fabriques de fer et d'acier avaient atteint un tel degré d'importance, qu'un bill fut adopté pour empêcher l'exportation des machines qui servaient à leur exploitation. Le fer étranger était alors importé en grande quantité dans le royaume. En 1781, plus de 50,000 tonneaux de fer furent importés de la Russie et de la Suède. On commence également à cette époque à établir les chemins à rainure pour conduire le charbon de la mine à la fabrique.

Ces nouvelles sources de richesses, malgré les charges de la guerre, permettent aux classes aisées de suivre leur penchant pour le faste et le luxe. Le seigneur anglais, comme celui que nous voyons de nos jours, aimait à se distinguer par de beaux chevaux (*),

(*) Un autre mécanicien fameux de l'époque est John Harrisson, qui excellait dans la fabrication des chronomètres. Ce savant avait, dans sa jeunesse, été simple charpentier ; mais bientôt son goût pour la science le fit quitter cet état. En 1714, le parlement ayant offert des récompenses de 10,000, 15,000 et 20,000 liv. st. à celui qui découvrirait les moyens de découvrir la longitude, à 60, 40 et 30 milles en mer, ces offres stimulèrent le génie de Harrisson ; et, en 1736, il présenta un chronomètre d'une telle perfection, qu'après un voyage à Lisbonne sur un navire de l'État, il reçut des encouragements des commissaires du bureau des longitudes pour poursuivre ses expériences ; ce qu'il fit avec beaucoup de bonheur. Harrisson réclama la récompense ; mais différentes objections furent faites. Toutefois le parlement autorisa le payement immédiat de 1,500 liv. st. (37,500 fr.) ; 1000 liv. st. (25,000 fr.) devaient lui être comptées après une nouvelle épreuve ; 5,000 liv. st. (125,000 fr.) lorsqu'il aurait donné les principes sur lesquels son chronomètre était construit, et enfin le reste de la somme lorsque la réussite aurait été complète. Harrisson ne toucha la totalité de la récompense qu'en 1767, et il mourut en 1776, à l'âge de 83 ans.   Cl. Pel.

(*) La passion qu'ont les Anglais pour les courses de chevaux remonte à une époque fort éloignée ; on rapporte qu'au neuvième siècle, lorsque Hugues Capet recherchait la main d'Éthelride, sœur du roi Athelstan, le monarque français lui envoya huit ou neuf coureurs. Les courses de chevaux furent surtout florissantes sous Jacques Ier ; alors les gentilshommes de campagne étaient jockeys de leurs propres chevaux. Les premières courses publiques eurent lieu dans le comté d'York, à Croydon dans le comté de Surrey, et à Théobalds ; le prix était une clochette d'or. L'art d'élever les chevaux date du même temps. Le roi Jacques aimait beaucoup les chevaux, et on rapporte qu'il acheta, pour 500 liv. st., un arabe, somme considérable à cette époque. Tels furent le prince Henri, fils de Jacques Ier, qui mourut jeune, et son frère le roi Charles Ier. En 1640, New-Market était déjà renommé par ses courses, et la sévérité puritaine qui prévalut pendant quelque temps sous la commonwealth, ne détruisit pas cette passion, tant elle avait déjà

ANGLETERRE.

Church de Bath et Corsham (Royal Britannia)

de magnifiques équipages; ses meutes des racines profondes. Olivier Cromwell avait des écuries fort bien montées, et il éleva de beaux chevaux de race; il fut le propriétaire de *Turc-Blanc*, étalon fameux dans les hippodromes. On rapporte que, lorsque, après la restauration, ses ennemis mirent à l'encan tout ce qui lui avait appartenu, une de ses juments se cacha dans un caveau de sépulture, ce qui lui valut le nom significatif de jument *Cercueil* (coffin mare). Charles II construisit à New-Market un palais, et donna une impulsion très-vive aux courses de chevaux. Les chevaux couraient au nom du roi. Quelques-uns furent achetés en Barbarie; et ces juments royales, tel était le titre qu'on leur donnait, devinrent les mères de chevaux les plus précieux de l'Angleterre. Jacques II aimait également les chevaux avec passion. Dans sa retraite de Saint-Germain, il éleva plusieurs chevaux excellents, dont il se servait pour la chasse. Après l'avénement de la maison d'Orange, le *turf* se perfectionna encore. C'est sous la reine Anne et son mari George de Danemark que le célèbre arabe *Darley* et le cheval barbe *Curwen* furent élevés. George Ier et George II n'eurent aucun goût pour les courses de chevaux. Toutefois ces souverains s'occupèrent activement de l'amélioration des races. Le premier fonda ce qu'on appelle la *vaisselle du roi*, prix de cent guinées payables en espèces. George II, voulant réprimer les habitudes d'escroquerie qui commençaient à s'introduire dans la science du *turf*, supprima les courses de petits chevaux, et prohiba les enjeux au-dessus de 50 liv. st. Sous son règne parut l'arabe *Godolphin*, qui prit le nom de son propriétaire, lord Godolphin. Alors florissait le héros du turf, Tregonwell Frampton, parieur déterminé, grand connaisseur en chevaux, et qui, s'il faut en croire ses contemporains sur parole, était un fripon achevé. On prétend qu'il essaya de faire boire du sang humain à son cheval favori, *Dragon*, pour le préparer à la course. George III n'eut aucun goût pour les courses de chevaux; toutefois il les encouragea à titre de divertissement national. Le fameux *l'Éclipse* naquit de son temps. L'Éclipse, le roi des coureurs, fut le modèle de tous les chevaux de course; jamais il ne disputa le prix sans le gagner. L'âge d'or du turf commença avec George IV.

Cl. Pel.

étaient parfaites, son hôtel était somptueux; il menait un grand train de maison. La protection donnée à l'agriculture par George III porta en outre la noblesse à demeurer à la campagne, et elle s'attacha à embellir ses châteaux de plaisance; ce qu'elle effectua avec beaucoup de succès. Rien de plus imposant que l'aspect d'un manoir anglais; de grandes prairies avec de beaux tapis de verdure, ombragés çà et là par des bouquets d'arbres gigantesques; des bois remplis de troupeaux de daims, où le lièvre bondit sous la feuillée, où perche l'oiseau sauvage; un ruisseau qui divise le parc et forme, en murmurant, des méandres naturels; plus loin, dans quelque endroit retiré, une flaque d'eau que la truite anime par ses évolutions; un temple rustique avec des statues champêtres, que l'âge et l'humidité ont couvert de mousse; tels en sont les caractères ordinaires. Les simples habitations des classes moyennes se distinguent également par une grande beauté: des arbres, des fleurs, des plantes, dont les nuances délicates sont mélangées avec adresse; un tapis de verdure, une ouverture dirigée vers un cours d'eau, où les teintes bleuâtres d'un paysage écarté sont habilement ménagées. C'est souvent un petit paradis.

Au dire de quelques écrivains, le goût de la vie champêtre dans la haute classe a exercé dans la Grande-Bretagne la plus heureuse influence. C'est à la vie des champs, disent-ils, que la race des gentilshommes anglais doit cette vigueur de constitution, cet heureux mélange d'élégance et de force, de fraîcheur de teint, qui la distinguent. Cette assertion ne paraît point hasardée, quand on songe aux bons effets qui peuvent résulter pour l'homme d'une vie en plein air, passée au milieu des exercices de la campagne. L'un des plus grands bienfaits que procure en outre à une société la vie champêtre, c'est de rapprocher les hommes. Il semble que le son des cors et les cris des chiens effrayent la distinction des rangs et des richesses, que la vie des champs rend les hommes plus bienveillants les uns envers les autres : c'est peut-être à cette cause que les classes aristocratiques de la Grande-Bretagne doivent d'être plus populaires qu'en aucun autre pays du monde, et que les autres classes ont supporté des charges excessives, sans trop se plaindre de l'impôt et de l'inégale distribution des fortunes.

L'Angleterre, après avoir fait une grande perte dans son commerce d'exportation, par suite de la guerre de l'indépendance américaine, vit donc tout à coup se développer sa richesse agricole et sa richesse manufacturière. Me trompé-je en disant, comme je l'ai déjà fait entendre dans plusieurs parties de cet ouvrage, que la cause de ce phénomène économique est la constitution anglaise elle-même? Un rapprochement entre le principe de la constitution d'un État monarchique et le principe d'une constitution parlementaire nous éclairera peut-être dans ces recherches. Quel est le principe de la constitution d'un État monarchique pur? C'est cette vertu vague, insaisissable, capricieuse, mobile comme le flot de la mer, que nous nommons *honneur*. N'est-il pas vrai que dans une monarchie, les uns interprètent l'honneur par une obéissance aveugle à la volonté du souverain : sans cette obéissance, disent-ils, la monarchie pure n'est pas possible; tandis que d'autres prétendent que l'honneur consiste à n'obéir à la volonté du souverain, qu'en tant que cette volonté est conforme aux lois de la justice. Mais comme ces lois sont celles que leur jugement et leur conscience se forment, et que le jugement le plus sain, la conscience la plus honnête sont sujets à se tromper chaque jour en matière politique ou sociale, il résulte que l'honneur, tel que ceux-ci le comprennent, est une vertu très-élastique. Un État monarchique, sous l'empire de ce principe, peut avoir de la grandeur, et même de la richesse, mais l'acquisition de la richesse ne sera point la considération qui préoccupera le plus le gouvernement, ni les citoyens qui seront doués des facultés les plus intelligentes (*). Le principe de la constitution anglaise, qui est aussi celui de la constitution française, à la différence du principe de la constitution d'une monarchie pure, est bien déterminé ; ses bases sont invariables. Ce principe, nous l'avons dit, c'est la propriété, c'est la richesse. La constitution anglaise et la constitution française mettent en honneur la richesse, elles en font la première vertu politique du citoyen ; ayez de la richesse, vous serez électeur, éligible, membre de la municipalité. On ne doit point s'étonner alors que la politique de ces gouvernements tende à créer sans cesse pour les nationaux de nouveaux débouchés, à donner du développement à ceux que le pays possède, que le désir de posséder une grande fortune agisse comme un stimulant puissant sur l'esprit des citoyens, que leurs facultés les plus actives se tournent vers la possession d'une grande fortune. De là vient, sans aucun doute, qu'un vide s'effectuant dans le commerce national, ce vide est bientôt comblé par les efforts énergiques du pays et ceux de ses gouvernants.

Cependant, au milieu de ces richesses immenses, nous voyons des misères effroyables. Le paupérisme, dont nous avons suivi le mouvement depuis le règne de la reine Élisabeth, s'agrandit encore sous le règne de George III. Les listes criminelles s'allongent ; et le plus grand nombre des crimes sont des attentats contre la propriété. Dans toutes les provinces, et à côté des manufactures les plus opulentes, s'élèvent une foule de *work houses* et de salles d'asile. Tantôt une vieille ferme a été transformée en une maison de charité, tantôt un débris de tourelle gothique est affecté au même usage. A deux milles d'un château magnifique, un petit bâtiment occupe le centre d'une plaine stérile ; à ses vitres cassées, à son toit démantelé, on reconnaît une maison

(*) Comparez les États monarchiques avec les États constitutionnels sous le point de vue de la richesse : ceux-ci sont proportionnellement plus riches que ceux-là.
  Cl. Pel.

ANGLETERRE

de pauvre. Le vent souffle dans les fissures et enlève les dernières ardoises. Cette mauvaise échelle, qui tremble sous vos pas et vous conduit à un pigeonnier, d'où vous voyez sortir trois ou quatre têtes de vieilles femmes, encore une maison de pauvre. Enfin, au milieu de ces villes opulentes, cette masse de bâtiments équilatéraux, dont la propreté intérieure se trahit aux yeux des passants, c'est une autre maison de pauvres.

Beaucoup de choses contradictoires ont été dites à l'égard de l'accroissement du paupérisme et de la criminalité. Parmi les opinions les plus accréditées, on remarque celles des économistes radicaux, qui prétendent que le riche, emporté par la soif de l'or, abuse de sa force relative pour écraser le faible et s'enrichir à ses dépens. Suivant d'autres écrivains, la cause du paupérisme serait dans la concurrence, la mauvaise répartition des profits, ainsi que dans les tendances qu'aurait la population à s'accroître dans une proportion démesurée. D'autres l'attribuent, avec plus de raison, à la législation anglaise qui régit les successions, cette législation tendant à concentrer la richesse sur une seule tête, à la différence de la nôtre qui divise sans cesse les fortunes et les répand dans tous les rameaux de l'arbre social. D'autres enfin la trouvent dans la difficulté de la position de l'ouvrier; et, quant à la démoralisation sans cesse croissante que l'on remarque dans les classes travailleuses, il leur semble que l'ouvrier doit difficilement se préserver du vice, alors qu'il lui est déjà si pénible de gagner son pain.

On comprend cette divergence d'opinions quand le sujet est aussi important. Le spectacle de la richesse grandissant côte à côte avec la pauvreté, et celui de la criminalité suivant celle-ci à pas de géant, ont quelque chose de choquant qui est bien de nature à exciter la sagacité du penseur. Nous n'examinerons pas jusqu'à quel point est fondée chacune de ces assertions; bornons-nous à dire que si, comme nous l'admettons, une classe de citoyens s'est considérablement enrichie sous l'empire de la constitution anglaise, cette constitution n'avait point, sous le règne de George III, et n'a pu même encore aujourd'hui arrêter le développement du paupérisme, ni celui de la criminalité; car les maux que nous venons d'exposer comme existant à l'époque que nous traçons, n'ont point cessé : ils affligent plus que jamais l'Angleterre. Cela posé, devons-nous induire de ce qui a été et de ce qui est encore, que le mal est incurable; que la constitution anglaise n'a point en elle d'éléments assez puissants pour le guérir? Cette question est importante, et si elle était résolue par l'affirmative, la constitution d'Angleterre serait la plus odieuse de toutes les constitutions qui régissent les hommes.

La meilleure des constitutions civiles et politiques n'est pas exempte de grandes défectuosités; et la constitution d'Angleterre assurément en renferme un nombre considérable. Cependant à travers les imperfections multiples qui la déparent, j'y remarque une supériorité incontestable, dans toutes les questions qui touchent de près au progrès de l'humanité et aux libertés des peuples. C'est ainsi que l'Angleterre, la première parmi les nations modernes, a proclamé l'abolition de l'esclavage, et a déterminé d'une manière invariable les droits et les devoirs du souverain vis-à-vis du peuple. Toutes ces questions, et une foule d'autres non moins importantes, qu'on croyait insolubles dans le principe, ont été tranchées d'une manière souveraine sous l'empire de la constitution d'Angleterre. Une voix, faible d'abord, s'est fait entendre; cette voix a grossi peu à peu : puis elle a retenti d'une manière éclatante, malgré des résistances opiniâtres qui s'élevaient de toutes parts pour l'étouffer, et elle a fini par triompher de tous les obstacles. Pourquoi la question du paupérisme et de la criminalité ne serait-elle pas résolue de la même manière et à l'aide des mêmes moyens (*)?

(*) Une des causes qui fera que cet in-

Examiner dans des détails plus étendus ce problème, vouloir l'approfondir

térssant problème attendra longtemps une solution définitive, c'est la persistance que nos publicistes mettent à suivre leurs prédécesseurs à la trace, et à prendre l'offensive sur le terrain du droit public. Il était beau sans doute de vouloir ennoblir la race, alors que l'Angleterre et la France gémissaient sous le poids d'une servitude abrutissante et capricieuse, et il y aurait ingratitude profonde de notre part à ne point reconnaître les grandes et nobles choses qui ont été faites à cet égard. Mais aujourd'hui que le cercle des libertés s'est considérablement agrandi dans les deux pays, surtout en France, où l'égalité du rang est déjà passée dans les mœurs, il nous semble que c'est perdre un temps précieux que de rester sur ce terrain. On me dira : « La question du paupérisme et de la criminalité est subordonnée aux questions qui traitent du droit public ! Tranchez l'une, vous viderez l'autre. » Cet argument implique celui-ci, à savoir, que la résistance à laquelle s'attaque si vivement l'élément démocratique représente l'abus de la force, la convoitise, le lucre ; en second lieu, que l'élément démocratique venant à triompher, et à produire l'annihilation de cette résistance, il y aura constamment chez l'ouvrier amour du travail, et en aucun temps, paresse, imprévoyance ou vice. L'agrandissement de la liberté civile est sans doute fort désirable, mais comme cet agrandissement ne peut s'effectuer qu'avec lenteur, pour éviter les secousses, il faut se résigner, s'il est vrai, comme on le prétend, que la cure du paupérisme y soit attachée, à voir le fléau que nous déplorons tous, désoler longtemps notre pays. D'un autre côté, quelque grandes que puissent être les propriétés de la liberté civile, il ne faut point en exagérer les effets à l'égard du sujet dont il est question. Combien de nos jours de personnes s'enthousiasment dans notre pays pour la réforme électorale ! Pour ces personnes, la réforme électorale doit guérir tous nos maux ; cette prétendue panacée possède une puissance infaillible. Eh bien, voyez l'Angleterre où la réforme électorale a provoqué dès le principe des cris d'espérance, comme elle le fait aujourd'hui en France. Cette réforme assurément a été faite sur une vaste échelle. Le paupérisme et la criminalité en ont-ils éprouvé le moindre décroissement ?

ou déchirer le voile qui le dérobe encore à nos regards, nous conduirait sur le terrain du socialisme spéculatif, tandis que notre devoir d'historien nous oblige de rester dans le domaine de la réalité. Nous avions à constater en quoi fut affectée l'industrie nationale, et nous avons cherché à établir que si la guerre de l'indépendance en dérangea le cours ordinaire, elle n'en arrêta point le développement. Les progrès que nous avons à signaler dans les sciences, les lettres et les beaux-arts, nous semblent également remarquables.

La littérature compte plusieurs noms fameux à cette époque, et notamment celui de Fielding, qui était gentilhomme et qui commença à écrire à vingt ans, et celui de Richardson, qui avait passé une partie de sa vie dans le commerce, et ne prit la plume qu'à cinquante ans. Tous les deux devinrent rivaux sur le même terrain. Richardson publia la première partie

Il me semble que si la question du paupérisme et de la criminalité n'est pas indépendante du droit public, elle ne s'y rattache que par de faibles liens : aussi, dans la conviction où je suis, au lieu de dire : « Tranchez celle-ci, vous viderez celle-là, » serais-je tenté de prendre l'argument au rebours, et de dire : « Commencez par la question du paupérisme et de la criminalité. Là est assurément le nœud qu'il faut délier. Donnez du bien-être à ceux qui souffrent de la misère, ou bien indiquez-leur les moyens d'en acquérir, ils se moraliseront d'eux-mêmes, et vous aurez ainsi des hommes ; puis vous pourrez agrandir les libertés tout autant que vous le voudrez. » Le problème est sans contredit très-difficile, mais il ne me paraît pas insoluble. Ainsi, dans quelques États, et notamment aux États-Unis et en Angleterre, je vois de grandes agrégations d'hommes ; tels sont, par exemple, les quakers, dont nous avons parlé, qui ont su se préserver de la misère et du vice, bien que repoussant le principe de la communauté des biens, et pratiquant avec une ferveur admirable le grand principe de la famille, ce terrible fléau de l'humanité, au dire des disciples de l'école de nos réformateurs modernes.

CL. PEL.

de sa *Paméla* en 1740, et la termina en 1741 ; le *Joseph Andreux* de Fielding, qui avait pour objet de tourner en ridicule l'œuvre de Richardson, parut en 1742. Un an après, Fielding publia *Jonathas Wilde*. La *Clarisse Harlowe* de Richardson, la plus grande des œuvres de cet auteur, ne parut qu'en 1748. En 1749, Fielding publia son *Tom Jones* ; deux ans après, parut *Amélie*, qui fut son dernier ouvrage. Le *Grandisson* de Richardson parut en 1753. A côté de ces deux noms, et comme marchant sur la même ligne, nous placerons celui de Smolett, qui publia vers la même époque son *Roderick Random* et son *Comte Fathom*. Ces trois écrivains sont considérés comme les premiers romanciers de l'Angleterre, mais on regarde généralement Richardson comme étant supérieur aux deux autres. Chacun d'eux se distingua par une grande pureté de style. A la suite de ces auteurs se trouvent Sterne, le charmant auteur de *La vie et les opinions de Tristam Shandy*, qui peut être regardé comme le Rabelais de l'Angleterre ; Goldsmith, l'auteur de cette touchante nouvelle que tout le monde connaît, le *Vicaire de Wakefield*, et qui était, comme Sterne, natif d'Irlande ; Grey, Shenstone, leurs contemporains, qui se distinguèrent dans l'ode et l'élégie ; Churchill, qui fut un des grands poëtes de l'époque : son premier poëme : *La Rossiade*, parut en 1776, et alors qu'il n'avait que trente ans ; ses contemporains l'ont regardé comme le Dryden de son temps. Citons encore Armstrong, Akenside, Wilkie, Falconner, Thomas et Joseph Warton, Chatterton, qui termina sa vie par un suicide.

Tous ces noms appartiennent à des hommes qui ont occupé un rang honorable dans les sciences et dans les lettres ; ajoutons-y celui du célèbre poëte écossais Robert Burns, supérieur à tous les autres par la grâce et la fraîcheur de son pinceau. Les trois petits morceaux qui suivent, extraits de la *Revue britannique*, nous donneront le spécimen de sa facture.

PRIÈRE.

« Fillette, dors-tu ? fillette, entends-tu ma voix ? Ouvre, je t'en prie, ouvre. Je t'aime, tu le sais, je t'aime ; et je viens de si loin pour entendre la voix de Jeanne !

« Ouvre, ouvre, rien que cette nuit, rien que cette nuit ! Par pitié, au nom de l'amour, lève-toi, ouvre-moi !

« Tu entends le bruit du vent d'hiver qui siffle dans les fentes de la porte ; tu entends la pluie qui bat mes vêtements. Il n'y a pas une étoile qui se montre à travers les nuages. Fillette, prends pitié ! Je suis si las, ouvre-moi, protége-moi contre la pluie qui me pénètre.

« Ouvre-moi, rien que cette nuit, rien que cette nuit ! Par pitié, au nom de l'amour, lève-toi, ouvre-moi !

« Je ne me plains pas des atteintes du froid ; je ne songe pas au vent glacé qui me saisit ; c'est la froideur de ton âme qui me désole ; c'est elle qui me tue, ô Jeanne. »

RÉPONSE DE JEANNE.

« Non, non, vous priez en vain ; non, bel ami. Vous avez beau parler du vent et de la pluie, et de me reprocher ma froideur ; quittez le seuil de ma porte : non, non, vous n'entrerez pas.

« Je vous le dis encore : même pour cette nuit seule, bel ami, vous n'entrerez pas.

« Qu'est-ce que le vent et la neige, qu'est-ce que l'horreur des nuits les plus orageuses, auprès des maux que vous réservez à la femme qui écoute vos prières, cruels hommes que vous êtes ? Je vous le dis encore : même pour cette nuit seule, bel ami, vous n'entrerez pas.

« La plus jolie fleur de tout le pré, on la cueille, on la foule aux pieds ensuite, comme le plus vil des herbages ; l'oiseau qui charmait le jour d'automne, est la proie de l'oiseleur. La femme légère peut prendre exemple sur le sort de l'oiseau et de la fleur, et savoir que son imprudence lui prépare une pareille destinée.

« Non, non, je vous le dis encore : retournez, retournez ; même pour cette nuit seule, bel ami, vous n'entrerez pas. »

Mais Jeanne, attendrie sans doute par de si douces plaintes, ne traita pas toujours le *bel ami* avec tant de rigueur. Elle céda aux prières du poëte, et sa faute étant devenue trop évidente, elle fut obligée, suivant la coutume de l'église calviniste établie en Écosse, de subir pendant trois dimanches consécutifs, devant la congrégation assemblée, la sévère admonition du pasteur. Robert Burns, empressé de réparer ses torts, demanda Jeanne en mariage; mais le père, par un singulier scrupule, préféra le déshonneur de sa fille au malheur d'avoir un gendre pauvre. Burns, contre lequel conspiraient et la fortune et les plus ardentes affections de son cœur, ne prit conseil que de son désespoir; il s'engagea sur un vaisseau qui allait faire voile pour la Jamaïque, et pour subvenir aux frais du départ, il imagina de publier les nombreuses ballades et les poëmes en langue écossaise que les villageois avaient admirés. Au nombre de ses poésies, qui devaient faire sa gloire, se trouvait une *Élégie* sur ses amours avec Jeanne, et une *Ode* adressée à l'enfant dont elle était la mère, et dont Burns avait pris soin. On trouvera dans le morceau que nous essayons de traduire l'expression de l'amour paternel le plus profond et de l'indignation la plus vive contre les rigides sectateurs de Calvin, qui avaient flétri Jeanne et son amant.

A MA FILLE.

« Oui, sois la bienvenue, et que le mauvais destin m'arrive, si jamais rien de toi ou de ta mère m'afflige, pauvre petite, ou me force de rougir; si jamais je tressaille, pauvre petite, quand tu me poursuivras de tes cris, et que tu diras : Papa! en reposant sur mes genoux.

« Portrait de ma douce Jeanne, je veux baiser ton front comme un père, et arranger tes petits cheveux, et te placer bien près, tout près de mon cœur. Ils diront ce qu'ils voudront; ils m'enverront en enfer, s'ils en ont envie. Petite Betty, viens, que je t'embrasse.

« Qu'importent tous ces noms odieux qu'ils me donneront ?... qu'ils me déchirent, s'ils veulent, le soir à leurs veillées! plus ils parlent, plus je t'aime. Ma pauvre enfant, les discours des vieilles femmes ne valent pas la peine de s'irriter.

« Doux fruit de tant de plaisirs, tu restes seul pour me rappeler cet amour si vif et ces voluptés que j'ai goûtées! Les sots prétendent que tu n'es pas venue au monde comme il fallait. Laisse-les dire, et partage jusqu'au dernier schelling de ton père; partage, et viens encore me demander ta part de ce qui restera.

« Ah! suis mes conseils; écoute-moi, je suis ton père; je guiderai mon enfant. Que mon amour te dirige! Je protégerai ta jeunesse : l'œil d'une mère n'aurait pas autant de prévoyance.

« Que Dieu m'accorde le bonheur de te voir hériter de la grâce et de la beauté de ta mère! Sois bonne comme ton pauvre père, mais n'aie pas ses erreurs! Ah! je serai plus content de te voir grandir et de t'entendre parler, que si toute ma ferme était remplie du plus beau grain (*). »

La littérature dramatique de l'époque consiste en comédies et en pièces burlesques sur la vie moderne, écrites en prose. Les principaux écrivains qui travaillèrent pour le théâtre furent Goldsmith, Garrick, Foot, Murphy, Macklin, Cumberland, Colman, Cowley. La célèbre comédie de Shéridan, les *Rivaux*, parut en 1775, l'auteur n'avait encore que vingt-cinq ans; l'*École du scandale*, qui couronna la réputation de l'auteur, parut en 1777. Beaucoup de femmes écrivirent pour le théâtre, et notamment mistriss Shéridan, qui composa deux comédies, mistriss Brooke, miss Jane Maréchal, mistriss Lenox, miss Sophie Lee, miss Francis Burney. A ces noms de femmes auteurs, nous en ajouterons quelques autres, non moins remarquables, notamment ceux de mistriss Anne Williams, qui composa plusieurs ouvrages en vers et en prose; miss Élisabeth Carter, qui traduisit Épictète; mistriss Montagu, fondatrice du club des Bas-Bleus (blue stocking club); mistriss Maccaulay, dont la plume républicaine a produit une histoire d'Angleterre depuis l'avénement de George Ier jusqu'à la restauration; miss Héléna-Maria Williams, qui écrivit plusieurs ouvrages en vers, et qui plus tard s'adonna à la politique; mistriss Anna Moore, mistriss Charlotte Smith, mistriss Inchbald, et d'autres.

Les beaux-arts brillèrent d'un grand

(*) La traduction de ces deux morceaux est due à la plume élégante de M. Philarète Chasles.   Cl. Pel.

éclat, et l'un de leurs représentants les plus illustres fut le célèbre Flaxman, pour l'habileté et la pureté de son ciseau. Parmi ses œuvres, on cite le modèle d'un monument élevé à l'infortuné Chatterton. Les débuts de Flaxman, comme il arrive presque toujours pour les hommes qui sortent de la ligne vulgaire, furent difficiles; mais la mauvaise fortune a moins de prise sur le cœur de l'homme de génie que sur les autres, et celui de Flaxman ne resta point au-dessous de l'épreuve. Malgré une situation financière fort embarrassée, il épousa une jeune personne, miss Denman, qui était pauvre comme lui, mais qu'il aimait beaucoup. Miss Denman avait du goût et de l'instruction, elle parlait l'italien et le français, et, ce qui valait mieux encore, c'est qu'elle était remplie d'enthousiasme pour le génie de Flaxman, dont elle raffermissait le cœur dans ses heures de découragement. Toutefois cette union parut de mauvais augure aux amis de l'artiste; un jour, Flaxman ayant rencontré par hasard sir Joshua Reynolds, qui était président de l'académie : « J'entends dire que vous êtes marié, lui dit celui-ci; si cela est vrai, mon cher, vous êtes coulé comme artiste. » Flaxman, de retour chez lui, s'asseyant auprès de sa femme et lui prenant la main : « Je suis coulé comme artiste, lui dit-il avec un sourire mêlé de tristesse et d'enjouement. — Comment cela s'est-il fait, et quelle en est la cause? demanda la jeune femme. — Cela s'est fait à l'église, par l'entremise d'Anne Denman; je le tiens de sir Joshua Reynolds, qui vient de me l'apprendre. » Heureusement pour les arts et l'Angleterre, la prophétie du célèbre académicien ne se réalisa point.

L'espace nous manque pour traiter avec plus d'étendue la partie purement littéraire de l'époque. Toutefois, aux données précédentes, on en reconnaîtra suffisamment le caractère général. Il est évident que les auteurs s'appliquaient à pénétrer dans les secrets de la vie intime, et à en reproduire les circonstances les plus délicates : il semble que le goût public se soit blasé aux grandes manifestations politiques des règnes précédents; qu'il ait besoin d'images d'une vie riante et paisible; la littérature dramatique déserte les champs héroïques, qui avaient été si féconds pour elle, et s'attache à peindre les mœurs. Mais il existe dans les États parlementaires un genre de littérature spéciale, que ne connaissent point les États monarchiques, et celle-ci est également très-remarquable. Toutes les tendances appelaient les esprits vers le champ si souvent exploré, et toujours si brûlant, de la politique. Le but de cette littérature se devine donc : le nouveau roi paraissant porté vers le rétablissement des idées absolutistes, les écrivains durent s'inspirer de la résistance que rencontraient ces idées dans la nation.

Déjà, et depuis plusieurs règnes, des publications sous la forme périodique avaient paru, elles avaient même formé le trait principal de la littérature anglaise du règne de la reine Anne. Parmi les plus remarquables étaient : *l'Examinateur*, *l'Anglais*, *le Franc Tenancier*, *la Revue* de Daniel de Foë; *le Craftsman*, de Bolingbroke, la plus intéressante de toutes; *le Muséum*, qui eut pour rédacteurs Horace Walpole, Ackenside, les deux Warton, et qui commença en 1746. L'impulsion une fois donnée, le mouvement ne s'arrêta plus. Après *le Museum* parut *le Rôdeur*, dans lequel le célèbre Samuel Johnson commença à faire sa réputation d'écrivain. *Le Rôdeur* fut remplacé par *l'Aventurier*, qui était rédigé principalement par le docteur Hawksworth. *L'Aventurier* paraissait deux fois par semaine; le premier numéro fut publié le 17 novembre 1752; le dernier numéro parut le 19 mars suivant. *Le Monde*, journal hebdomadaire, vint ensuite; il avait pour principaux rédacteurs Édouard Moore, lord Litt- leton, les comtes de Chesterfields, Bath, et Corke, Horace Walpole et Soame Jenyng. *Le Connaisseur*, autre publication hebdomadaire, était contemporain du *Monde*; il était rédigé par George Colmans et Bonnell Thornton. Parurent ensuite *le Paresseux*, de Johnston, qui n'eut que deux années d'existence, et *le Miroir*, qui commença à être publié à Édimbourg en 1779, et qui eut pour principal rédacteur Henri Mackenzie, mort à Édimbourg, en 1831, à l'âge de quatre-vingt-six ans. *Le Miroir* fut remplacé, après quelques années, par *le Flaneur*, autre journal hebdomadaire dont le premier numéro parut en 1785. Mackenzie était également un des principaux rédacteurs de ce journal.

Ces différentes publications pétillaient d'esprit et brillaient surtout par ce caractère éminemment frondeur qui distingue nos petits journaux, et notamment *le Charivari*. Mais comme une foule d'esprits impétueux ne pouvaient s'accommoder d'attaques à l'eau rose contre le pouvoir, au milieu des luttes violentes que se livraient les partis, et des guerres extérieures auxquelles le pays avait à faire face; qu'il fallait, pour alimenter le feu de leurs passions, des attaques directes, dans lesquelles on prît corps à corps ceux qui étaient censés les ennemis du pays, une foule d'écrivains s'élancèrent avec ardeur dans l'arène. C'est ainsi que le fameux journal de Wilkes, *le North Briton*, acquit tant de célébrité. Le premier numéro du *North Briton* parut le 5 juin 1762. Ce journal était la contre-partie du *Breton*, journal publié par Smollett pour la défense du gouvernement. Le premier numéro du *Breton* avait paru le 29 mai, jour où lord Bute avait été nommé premier lord de la trésorerie. Smollett et Wilkes avaient été amis d'enfance; mais les deux journaux respiraient un esprit d'hostilité tel, que cette amitié fut profondément altérée. *Le North Briton* cessa de paraître le 23 avril 1763, quinze jours après la résignation de lord Bute. Les poursuites intentées contre le journal de Wilkes n'arrêtèrent point les publicistes; bientôt après la chute du *North Briton*, l'auteur des Lettres de Junius fit son début. Les premières, qui donnèrent de l'éclat à son nom, parurent dans *le Public Advertiser*, le 28 avril 1767; au style de ces lettres on reconnut tout d'abord une plume exercée. Le grand intérêt qui rattachait les esprits aux lettres de Junius, provenait aussi de la connaissance que l'auteur avait des choses les plus secrètes qui s'étaient passées dans le gouvernement, et de la hardiesse avec laquelle il les mettait en relief. On s'aperçut immédiatement, dans les hauts cercles politiques, que l'écrivain était évidemment un des membres du gouvernement, ou une personne qui, par des moyens quelconques, savait le secret de ce qui se passait dans l'administration. Le mystère ajoutait à la curiosité publique; car, bien que de nombreuses conjectures fussent émises, aucune d'elles ne réunissait les suffrages unanimes.

Parmi les écrivains politiques, le plus remarquable est Johnson, le célèbre lexicographe. Né en 1709, Johnson commença à se faire connaître par des traductions; il vint à Londres avec le célèbre Garrick, en mars 1737, et à partir de cette époque jusqu'en 1784, il ne cessa pas d'écrire. Son poëme de *Londres*, imitation de la troisième satire de Juvénal, parut en 1738. Ses principaux ouvrages sont : *le Flaneur*, écrit périodique, son *Dictionnaire de la langue anglaise*, son *Rasslas*, son *Voyage en Écosse*. Jonhson était un grand écrivain. Mais le plus grand, sans contredit, de tous les publicistes de l'époque, c'est Edmond Burke. Il naquit à Dublin en 1730, vint à Londres en 1750, et résida dans cette ville jusqu'à sa mort, qui arriva en 1797. En 1756, il publia son ouvrage intitulé : *Apologie de la société naturelle*, imitation du style de Brolingbroke. La même année il publia ses *Recherches philosophiques sur l'origine de nos idées du sublime et du beau*. En 1757 parut sa *Relation des établissements européens en Amérique*. En 1759 fut publié son premier volume de l'*Annual Register*. En 1761 commença la vie publique d'Edmond Burke; il fut nommé, à cette époque, secrétaire particulier du secrétaire d'Etat pour l'Irlande. En 1766, il devint membre de la chambre des communes, et à partir de cette époque jusqu'à sa mort, qui arriva en 1794, il ne cessa d'écrire, de faire paraître des ouvrages qui, par leur mérite, attirèrent l'attention générale.

Une autre branche de littérature fut vivement goûtée à cette époque, ce fut l'histoire. Parmi les principaux historiens, nous citerons David Hume, qui naquit en 1711 et mourut en 1776. Le premier volume de son *Histoire d'Angleterre*, qui contenait les règnes de Jacques Ier et de Charles Ier, parut à Edimbourg en 1754; le deuxième volume, qui contenait l'époque de la république et les règnes de Charles II et de Jacques II, parut à Londres en 1757. Selon Hume lui-même, le premier volume fut accueilli avec beaucoup de froideur de la part du public; le livre tomba dans l'oubli, et l'éditeur n'en vendit que quarante-cinq exemplaires dans l'espace d'un an. Hume ajoute qu'il en éprouva un si cruel désappointement, que si la guerre n'eût pas éclaté entre la France et l'Angleterre, il se fût retiré dans une petite ville sur le territoire français; qu'il y eût changé son nom, et qu'il n'eût plus reparu dans son pays. Mais l'impossibilité de s'expatrier, comme il le voulait, l'ayant retenu dans son pays, il reprit courage et termina son second volume. Celui-ci fut reçu avec moins de déplaisir que ne l'avait été le premier; il eut du succès, soutint son aîné, et l'ouvrage obtint bientôt une immense popularité. Deux autres volumes, qui comprenaient les règnes des princes de la famille des Tudors, parurent en 1759; les deux volumes qui complétaient l'histoire, et qui commençaient à l'invasion de Jules-César et se terminaient à l'avénement de Henri VII, parurent en 1762. Les derniers volumes furent accueillis avec le même empressement que les précédents. Hume écrivit sur la philosophie d'une manière également distinguée.

A côté du nom de Hume, nous devons placer lord Kames, auteur d'un *Essai sur les principes de la religion naturelle*, publié en 1752; Adam Smith, auteur d'un ouvrage intitulé : *Théorie des sentiments moraux*, publié en 1759; Reid, auteur d'un ouvrage intitulé : *Recherches sur l'esprit humain*, publiées en 1764; Abraham Tuker, auteur des *Lumières de la nature*, publiées en 1768; Priestley, auteur de plusieurs ouvrages, dont les principaux sont : *Examen des recherches du docteur Reid*, et *Doctrine de la philosophie*, qui parut en 1777; Robertson, qui écrivit l'*Histoire d'Écosse pendant la régence de la reine Marie et du roi Jacques VI*, ouvrage publié à Londres en 1759, l'*Histoire de l'empereur Charles V*, publiée en 1769, et l'*Histoire de l'Amérique*, publiée en 1776; Gibbon, auteur *de la Décadence et de la chute de l'empire romain* : le premier volume de cet ouvrage parut en 1776, quelques mois avant la mort de Hume, et un an avant la publication de l'*Amérique* de Robertson; le second et le troisième volume parurent en 1781. Les trois autres volumes, qui complétaient l'ouvrage, parurent en 1788. La première édition, dit l'auteur, fut épuisée en quelques jours; la seconde et la troisième édition furent également enlevées avec beaucoup d'empressement. Nous mentionnerons encore lord Littleton, auteur d'une *Histoire de la vie de Henri II*, publiée en 1764 et 1767; sir David Dalrymple, auteur des *Annales écossaises*, depuis l'avénement de Canmore jusqu'à l'avénement de la maison des Stuarts (1776-1779); sir John Dalrymple, auteur des *Mémoires de la Grande-Bretagne et d'Irlande*, depuis la dissolution du parlement de Charles II jusqu'à la bataille de la Hogue (1771-1773); James Macpherson, auteur d'une *Histoire de la Grande-Bretagne*, depuis la restauration jusqu'à l'avénement de la maison de Hanovre; Gilbert Stuart, auteur d'une *Dissertation historique sur l'antiquité de la constitution anglaise* (1767); Whitaker, auteur d'une *Histoire de Manchester* (1771-1775); Warner, auteur d'une *Histoire d'Irlande*; Olivier Goldsmith, l'un des meilleurs historiens de l'époque. Cet écrivain, comme le sculpteur Flaxman, avant d'être connu du public, avait eu à endurer de cruelles souffrances. Il avait coutume de dire à ses amis littéraires : « Vous croyez que l'on meurt de chagrin, et vous le dites dans vos romans ! C'est de faim que l'on meurt. J'ai vu plusieurs de ces morts-là ; et j'aurais bien voulu y porter remède si je l'avais pu : il aurait suffi d'un peu de pain, et je n'en avais pas moi-même, hélas ! » Goldsmith fut médecin, puis il se fit journaliste. Ce fut alors que son mérite se révéla. Goldsmith assez médiocre médecin devint un homme de lettres très-distingué. Les libraires trouvèrent bientôt la route du grenier qui recélait le grand écrivain.

Telle fut l'Angleterre sous le point de vue scientifique, littéraire et artistique durant les temps orageux de la guerre de l'indépendance américaine. Arrêtons-nous ici et en jetant un dernier regard sur les faits qui précèdent, cherchons une réponse aux différentes questions que nous nous sommes posées au commencement de ce chapitre.

La première concernait la législation; nous nous demandions quelles en furent les tendances, et si les libertés nationales eurent à souffrir durant cette époque. Pour résoudre ces questions, nous avons examiné l'état social de l'Angleterre. Le rapprochement que nous avons fait entre les différentes transformations qui s'opérèrent dans cet état n'aurait point suffi sans doute pour nous montrer jusqu'à quel point fut porté le système compressif adopté par le gouvernement, si les dispositions bien prononcées de la couronne, les efforts qu'elle fit de concert avec ses ministres pour faire triompher ses vues personnelles, ne nous eussent point été connus et ne nous eussent complétement renseignés à cet égard. Mais en ce qui touche les libertés nationales, le meilleur moyen pour nous guider dans nos recherches était celui que nous avons choisi. Or les résultats de ces recherches prouvent évidemment que non-seulement les libertés nationales ne furent point endommagées, mais qu'elles s'agrandirent encore, malgré la digue que le pouvoir s'efforça de leur opposer. A l'égard de la religion, nous voyons l'idée religieuse se détacher de la souche principale comme par le passé, et se fractionner sans cesse. La religion dominante, et chaque secte individuellement, se montre exclusive, intolérante ; mais l'opinion publique devenue plus saine fait justice de cette intolérance en protestant hautement contre elle. Le gouvernement lui-même prend l'initiative, il met le holà entre toutes ces divergences d'opinions religieuses, et fait de larges concessions à la liberté des cultes. L'industrie nationale, stimulée par son énergie naturelle, acquiert de nouvelles richesses qui réparent en partie les désastres de la guerre; et les sciences, les lettres et les beaux-arts trouvent d'illustres représentants : résultats qui nous paraîtront assurément bien remarquables, quand nous songerons combien cette époque de tourmente agita profondément le pays, et que nous viendrons à observer que dans les autres contrées la guerre amène généralement le désordre et enraye la liberté civile ; que la guerre de l'indépendance américaine elle-même fut pour l'Angleterre une source inépuisable de calamités ; qu'elle fut mal combinée et inspirée par une idée fausse ; qu'elle coûta des flots de sang ; que des sommes considérables furent gaspillées ; qu'une foule d'intelligences d'élite qui auraient pu servir utilement leur pays et la cause de l'humanité périrent obscurément dans cette grande lutte. Mais reprenons le cours des événements politiques.

Ministère de coalition. Sa chute. — William Pitt. — Procès de Warren Hastings.— Premiers troubles de la France. — Agitation qu'ils communiquent en Angleterre. — Rupture avec la France.

(1783.) Le ministère ne présentait aucune consistance ; aussi le rétablissement de la paix devint-il le signal de sa chute. Quand le traité de paix fut soumis aux deux chambres, Fox qui, depuis la mort de Rockingham, avait repris son ancienne place sur les bancs de l'opposition, s'efforça de prouver que ce traité était déshonorant pour l'Angleterre, et, dans cette circonstance, il fit cause commune avec lord North. Cette union offrait un nouvel exemple de la versatilité des hommes d'État, car Fox était l'un des hommes de l'opposition qui avait combattu North avec le plus de chaleur, alors que celui-ci était ministre; plusieurs fois même il ne lui avait pas épargné l'outrage. Aussi un murmure d'improbation générale partit des bancs ministériels. Fox prit aussitôt la parole et il dit que la guerre d'Amérique, source du désaccord qui avait existé entre lord North et lui, étant terminée, il était juste et raisonnable que son inimitié cessât avec la cause qui l'avait fait naître. Mais le motif véritable de cette union, et personne ne s'y méprit, était que Fox et North briguaient la succession du ministère, et qu'ils entrevoyaient dans cette combinaison le moyen de le renverser plus facilement. Les espérances de ces deux hommes d'État ne tardèrent pas à se réaliser. Lord John Cavendish ayant fait plusieurs motions contre le nouveau traité, les ministres essuyèrent une défaite, qui, jointe aux divergences qui commençaient à naître dans le sein du cabinet, détermina leur retraite. Le duc de Portland fut alors nommé premier lord de la trésorerie; lord North reçut les fonctions de secrétaire d'État au département de l'intérieur; Fox celles de secrétaire d'État au département des affaires extérieures; le comte de Carlisle eut le sceau privé; lord John Cavendish fut élevé aux fonctions de chancelier de l'Échiquier; lord Keppel fut nommé premier lord de l'amirauté; le grand sceau fut mis en commission, et lord Mansfield accepta les fonctions de *speaker* de la chambre des lords. Des fonctions secondaires mais lucratives furent données à lord Townshend, à Edmond Burke et à d'autres.

Le nouveau ministère, bien qu'il eût reçu le nom de ministère de coalition, à cause de l'union récente du parti de Fox et de celui de North, appartenait à l'opinion whig : les fonctions les plus importantes de l'administration étaient en effet occupées par des membres de ce parti; et sous le rapport du talent, jamais l'Angleterre n'en eut de pareil. Edmond Burke et l'éloquent Fox en étaient l'âme. Le premier avait fait ses premières armes sous la bannière de Wilkes. Distingué par ses concitoyens de Bristol, qui l'avaient placé parmi les membres du parlement, Burke avait rempli toutes leurs espérances. Une éloquence à la fois profonde et colorée, qui n'avait d'autre défaut que trop de hauteur; un travail laborieux et persévérant; des idées nettes qui, réunies et concentrées dans un seul foyer, étaient ensuite développées avec une lucidité presque sans égale, telle était la manière d'Edmond Burke. Une qualité précieuse le recommandait en outre aux whigs : ainsi, on l'avait vu lutter corps à corps non-seulement contre des hommes puissants, mais contre des corporations et des villes. Les électeurs de Bristol, qui l'avaient nommé membre du parlement, l'avaient déclaré indigne de cet honneur, pour sa conduite dans une affaire relative à l'Irlande, parce que son vote était contraire à leurs intérêts commerciaux, et s'armant contre lui de cette colère inférieure qu'on retrouve souvent dans les masses, ils lui avaient reproché, non pas d'être un mauvais député, mais d'avoir montré trop peu de respect pour ses commettants, et de ne leur avoir pas rendu des visites assez fréquentes. En résistant à ces prétentions, Burke, nous le répétons, s'était rendu cher aux whigs. A ces avantages, Burke joignait de la philosophie, de la raison; quelque chose de grave et de modeste inspirait sa parole et causait, sur ceux qui l'entendaient, une impression profonde. Fox n'était pas moins remarquable, mais à d'autres titres. Pendant la première partie de sa vie politique, il s'était contenté d'être l'élève, le pupille de Burke; mais incapable de peser ses actions dans une balance aussi sévère, il n'avait pas tardé à laisser bien loin derrière lui son maître, et avait imprimé à l'opposition un caractère nouveau, qui la rapprochait de la démocratie. Issu d'une famille noble, ayant l'audace, la nonchalance, la verve, les habitudes, les vices de l'aristocratie, mais relégué dans les rangs secondaires parmi ses égaux, il s'était fait démagogue pour suppléer, par l'éclat de la popularité, à ce qui lui manquait de considération et de crédit. Toutefois cet homme distingué, le vrai prototype de Mirabeau, ne se trouvait à l'aise que dans un cercle de gens de cour, et quand il voulait parodier les manières et le ton de la populace, il éprouvait la même gêne qu'un homme de mauvais ton quand il essaye de singer les belles manières. Audacieux, et surtout irritable, joueur effréné, perdu de débauches, avide des succès du moment, et ne s'embarrassant pas de ce que l'avenir pourrait dire de lui; déterminé à vaincre dans tous les combats, de quelque prix qu'il dût payer sa victoire; homme d'honneur et généreux dans les occasions privées, sans scrupule et sans frein dans les affaires publiques: toujours éloquent, surtout quand sa cause était détestable; armé d'axiomes stoïques qu'il prononçait en sortant d'une taverne ou des bras d'une courtisane; orateur fécond, ardent et quelquefois sublime, trouvant surtout de l'enthousiasme et des paroles chaleureuses quand il mentait impudemment; tel était Fox. Dans les rangs du ministère combattait aussi le brillant, l'ingénieux Sheridan, fameux par ses talents, dégradé par ses désordres, comblé des dons de la nature et négligé dans son éducation, distingué par la noblesse de ses inclinations, mais entraîné à des légèretés et même à des bassesses, pour avoir manqué de fermeté et conduit à la misère par ses folies et ses imprévoyances.

Sous l'impression des larges promesses et des accusations véhémentes qui avaient retenti tant de fois et d'une manière si éloquente à la tribune de la chambre des communes, la grande majorité du pays salua avec acclamation l'avénement au pouvoir du ministère whig. Mais il ne suffit point de déclamer à la tribune contre les vices d'une société et d'établir sur le papier des plans de réforme. Une réforme, quelque utile qu'elle puisse être, ne saurait être appliquée avec fruit sur une société quelconque, qu'autant que cette société est préparée à la recevoir. Une grande agglomération d'hommes, disséminés sur un territoire d'une vaste étendue, se compose de parties dissemblables par les goûts, les mœurs, les âges, la fortune; les uns repoussent d'une manière absolue les innovations proposées, tandis que d'autres les acceptent avec une ferveur plus ou moins vive. C'est à rapprocher ces divergences que doit tendre le novateur qui veut faire adopter ses principes; car tant que ces divergences ne seront pas devenues presque insensibles, il violentera le corps social sur lequel il veut agir, et souvent il engendrera la confusion, le désordre.

Le ministère whig allait faire par lui-même l'expérience de ces principes. Les premières mesures qu'il présenta se distinguaient par leur caractère libéral; l'une d'elles était relative à l'Irlande; elle fut adoptée, ainsi qu'un bill qui permettait aux navires américains l'entrée des ports de la Grande-Bretagne, aux mêmes conditions que les navires étrangers. A quelque temps de là, les quakers présentèrent une pétition au parlement, dans laquelle ils demandaient l'abolition du commerce des esclaves, et leur pétition, qui était la première manifestation de ce genre discutée en parlement, fut appuyée par le ministère et prise en considération. La situation des affaires de l'Inde était critique; il fut reconnu que l'administration de la justice dans les provinces du Bengale, du Bahar et d'Orisia, était dans un état déplorable, et que les juges se livraient à des actes indignes de pillage et d'oppression; en second lieu, que la corruption et la fraude régnaient dans tous les départements de la Compagnie des Indes orientales. Ces découvertes appelaient l'attention du gouvernement. « Quoi! s'écria Burke, dans un mouvement d'indignation, nous nous disons conquérants, et au lieu de civiliser par la conquête, comme les Romains, nous nous contentons de détruire! Cet orgueil d'usurpateur qui nous a entraînés dans des régions si lointaines, a-t-il pensé à réparer ses propres fléaux, à ériger du moins des monuments splendides sur le sol que nous avons dévasté? Où sont nos écoles, nos églises, nos palais? L'Angleterre, maîtresse de l'Inde, n'a point creusé de canaux, bâti de ponts, tracé de grandes routes. Nous avons passé sur l'Inde, non comme un fleuve civilisateur, mais comme le tigre ou l'éléphant sauvage, pour tout renverser sur notre route. Qu'un soulèvement des indigènes, qu'une invasion de barbares nous arrache nos possessions; il ne restera pour indiquer notre présence et l'époque de notre pouvoir, rien que nos ravages! »

Dans cette circonstance les torys s'unirent aux whigs pour flétrir d'un commun accord les spoliations et les actes de cruauté commis dans l'Inde par les agents de la Compagnie, et une commission fut nommée pour faire un rapport à ce sujet. Mais cette unanimité ne pouvait être que temporaire; Fox ayant contracté un emprunt considérable, la lutte commença entre le ministère whig et ses adversaires avec toute la force que donnent les passions politiques. La page nouvelle que Fox allait ajouter à l'histoire du crédit public, nous oblige à revenir sur le passé. Sous le règne de George II, règne qui avait présenté une alternative continuelle de guerre et de paix, le crédit public, suivant les mêmes vicissitudes, avait passé d'une baisse considérable à une prospérité non moins étonnante. Pendant les années de paix, la dette fut réduite de 514,000 livres sterling (12,850,000 fr.), et l'intérêt annuel de 25,350 livres sterling (633,750 fr.). Le crédit public jouissait à cette époque de la plus grande faveur. En 1747, les 3 pour cent étaient cotés à 107. Mais en moins de quelques mois la situation prospère du trésor avait changé de face. Par suite de la guerre d'Espagne et des conceptions ruineuses du ministère Walpole, non-seulement les économies déjà faites avaient été dévorées, mais le chiffre de la dette qui existait au commencement de ce règne s'était accru d'un tiers. A la paix d'Aix-la-Chapelle, la dette publique s'élevait à 76,138,858 livres sterling, et de toutes parts éclataient les reproches les plus amers contre l'administration. Toutefois, à cette époque, les emprunts se faisaient à des conditions avantageuses pour l'Etat. Ainsi pendant la première guerre de George II, les emprunts furent réalisés à 3 pour cent et au pair. Le retour de la paix permit au gouvernement de rétablir l'ordre dans les finances, ce qu'il fit en réduisant la plus grande partie des obligations de l'Etat au plus bas intérêt possible. Cette tentative eut un plein succès. Le ministère, sans soulever le moindre murmure, put diminuer de deux cinquièmes les obligations de l'Etat qui, à partir de cette époque, furent désignées sous le nom de 3 pour cent consolidé. L'acte du parlement qui sanctionnait cette mesure (1749) décida que tous les créanciers de l'Etat qui consentiraient à la réduction du 3 pour cent avant le 25 décembre de l'année courante, jouiraient du 4 pour cent jusqu'au 25 décembre 1750 et de 3 et demi jusqu'en décembre 1757. La plupart des créanciers acceptèrent ces offres, et le peu de récalcitrants qui restaient donnèrent leur adhésion l'année suivante. Mais cette heureuse situation fut de courte durée. Comme les dernières années du règne de George II avaient été remplies par des guerres onéreuses, la dette fit de rapides progrès, et pour obtenir avec plus de facilité des souscriptions, on adopta alors le mode des primes et des bonifications accordées sur le montant de chaque emprunt. Ainsi, sur l'emprunt de 1756, on accorda un intérêt additionnel de 1 et demi pour cent; sur celui de 1757, une annuité à vie de 1 pour cent; sur celui de 1758, un intérêt additionnel de 1 et demi pour cent pour 24 ans, et sur ceux de 1760 à 1762, différentes bonifications (*).

La dette à l'avénement de George III s'élevait à 146,000,000 livres sterling; la paix, qui dura depuis 1768 jusqu'en 1775, ayant présenté une occasion favorable pour la réduire, le gouvernement s'appliqua à la mettre à profit. Une grande partie des 4 pour cent fut payée, en 1766, au moyen d'un arrangement fait avec la Compagnie des Indes orientales; le surplus des 4 pour cent créés en 1763 fut racheté en 1768; en 1770, on remboursa les 3 et demi pour cent créés en 1756; en 1772, on amortit différentes espèces de rentes, pour des sommes considérables, et la même opération eut lieu en 1775. La dette se trouvait, à cette époque, réduite de 10,789,793 livres sterling, et l'intérêt annuel de 364,000 livres sterling. Mais cette heureuse progression fut arrêtée tout à coup par la guerre de l'Angleterre avec ses colonies d'Amérique. L'amortissement fut alors discontinué, et on eut recours à de nouveaux emprunts. D'abord on créa 11 millions de 4 pour cent, et 7 millions de 3 pour cent. En 1780, on créa 12 autres millions de 4 pour cent, et 2 millions de 3 pour cent. La dette nationale, vers la fin de la guerre de l'Amérique, se trouvait accrue de 102,541,819 liv. st. (2,563,545,475 fr.), et l'intérêt annuel de 3,843,084 liv. st. (96,097,000 fr.). Indépendamment de cet accroissement, les caisses publiques se trouvaient entièrement dépourvues de numéraires, et l'État était obéré pour des sommes considérables.

(*) Ce système de reconnaître au porteur un capital plus considérable que la somme versée au trésor remonte au temps de la reine Anne; mais il ne commença d'être pratiqué sur une grande échelle que pendant la guerre terminée par le traité d'Aix-la-Chapelle. Le plus grand développement de ce système eut lieu dans les guerres soutenues par l'Angleterre, depuis 1798, contre la France. Durant cette dernière époque, les emprunts ne produisirent au trésor que près de 50 pour cent du capital reconnu.
CL. PEL.

Il était urgent de faire face aux dépenses qui n'étaient point encore couvertes; et Fox contracta un emprunt de 12,000,000 liv. sterl. (300,000,000 fr.) à l'intérêt de 3 pour cent. Mais à l'exemple d'une foule de ministres torys, ses prédécesseurs, le ministère whig, après avoir déclaré, quand il était membre de l'opposition, que les ministres emprunteurs étaient des financiers détestables, fut obligé de souscrire, comme ceux-ci l'avaient fait avant lui, aux conditions onéreuses que lui firent les prêteurs. A cette occasion, l'opposition tory reprocha à Fox les contradictions flagrantes qui existaient entre ses actes et ses paroles. William Pitt, qui eut plus tard une grande célébrité financière, démontra sans peine que le marché était profitable pour les prêteurs d'argent et les spéculateurs dans les fonds publics; mais qu'au fond il était ruineux pour le pays. Fox fut bien obligé de reconnaître la vérité des allégations dirigées contre lui, et il se borna à dire, comme North l'avait fait quand il était pressé par sa parole ardente, impétueuse, que la nécessité justifiait l'extravagance de l'emprunt.

Fox dut voir en ce moment qu'il est plus facile de proposer des théories politiques que de les mettre en pratique. Mais une seconde épreuve également remarquable lui était réservée. L'adversaire le plus redoutable du ministère était William Pitt. Celui-ci qui professait en ce moment les doctrines du comte de Chatam, son père, bien qu'il méditât en silence une séparation prochaine d'avec son parti, ayant fait la motion d'un projet de réforme parlementaire, le ministère fut mis en demeure de s'expliquer. Le projet se composait de trois résolutions. Par la première Pitt demandait que des mesures fussent adoptées pour empêcher la corruption dans les luttes électorales. Par la seconde, que lorsque la majorité des électeurs dans un bourg serait convaincue de corruption, le bourg perdît ses franchises, que la minorité eût le droit de voter pour l'élection du comté. Par la troisième, que le nombre des membres du comté et celui des représentants de la métropole fussent augmentés.

Ce projet de réforme, qui touchait à la base fondamentale de la constitution, avait été présenté par Pitt dans une occasion précédente, et Pitt l'avait abandonné lorsqu'il avait été chancelier de l'Échiquier pendant l'administration de Shelburne. Le bill produisit une vive sensation lorsqu'il fut présenté pour la première fois. La sensation fut plus vive encore la seconde fois, car on était curieux de savoir comment agiraient dans cette circonstance Fox et son parti. Lord North, pour le parti tory du cabinet, combattit le projet avec force. Fox prenant ensuite la parole, se prononça également contre le bill. Toutefois pour concilier les doctrines qu'il avait tant de fois soutenues, avec les doctrines nouvelles qu'il s'efforçait de faire accepter, il dit que dans son jugement la constitution avait besoin de modification en ce qui concernait le parlement; que la nature de la constitution comportait ce changement, et que c'était une de ses meilleures qualités, parce que des améliorations successives pouvaient la rendre aussi parfaite que possible. Le fond du discours de Fox était le même, si vous voulez, que celui des discours précédents. Mais quelle différence entre le ministre et le champion redoutable de l'opposition! Autant la parole de l'un était ardente et vive, autant la parole de l'autre était froide et décolorée. Par une contradiction remarquable, un membre influent de la chambre de la haute aristocratie soutint la mesure, en déclarant que c'était le meilleur moyen de donner à la constitution de la chambre des communes une nouvelle vigueur.

Au milieu de ces discussions orageuses, le parlement d'Angleterre fut saisi d'une affaire d'une nature fort délicate qui concernait le prince de Galles. Le prince de Galles, qui venait d'atteindre sa vingt et unième année, remplissait en ce moment le pays du bruit de ses extravagances, et l'étonnait par l'énormité de ses dettes. Si l'on en croit les journaux du temps, homme à la mode, prince brillant, d'une figure agréable, d'une tournure élégante, le jeune prince de Galles, avant de songer à la politique, brigua la gloire par des succès auprès des femmes. Une dame, dont le talent égalait la beauté, et qui après avoir reçu une éducation excellente, s'était vue forcée à monter sur la scène pour vivre, mistriss Robinson fut le premier objet de ses vœux. Une sensibilité mélancolique et romanesque distinguait cette femme. Le prince avait dix-huit ans; c'est l'âge de la générosité, de l'imprudence et de la bonté; ses hommages furent d'abord repoussés, et George III, informé de cet amour, enjoignit à son fils de rester prisonnier dans le château de Kew. Mais cette contrainte accrut l'amour du jeune George. Lord Malden et le célèbre Fox furent chargés de négocier pour lui auprès de mistriss Robinson. Lord Malden offrit de l'or; Fox employa son éloquence; et la jeune actrice, assiégée par tant de séductions, céda. Mais tout finit bientôt; l'amour passa; la pauvre mistriss Robinson fut abandonnée, et l'histoire ajoute que le jeune George promit quelques livres sterling par an, qui ne furent point régulièrement payées (*).

Une jeunesse étourdie, avide de plaisirs, peut jusqu'à un certain point servir d'excuse à une pareille faute; mais vers cette époque on reprocha au prince de Galles un fait d'une nature plus grave qui se serait passé à l'occasion d'une course de chevaux dans laquelle d'énormes enjeux étaient engagés. On sait que pour préparer les chevaux à la course, il est d'usage en Angleterre de les soumettre à une diète rigoureuse. Or il paraîtrait, d'a-

(*) Les détails que nous venons de donner ont été pris dans les journaux du temps et dans les mémoires de mistriss Robinson. Ces mémoires ont été traduits en français. Mistriss Robinson faisait de fort jolis vers. Elle composa, entre autres, une ballade charmante ayant pour titre : *Say, is it love?* (Dis, est-ce de l'amour?). Cl. Pel.

près une enquête ordonnée à cette occasion par le Jockey-Club, qu'un jockey du prince étant entré la veille d'une course dans l'écurie où se trouvait un cheval déjà fameux dans les hippodromes de Newmarket et d'Epsom, ce jockey aurait rompu la diète, en donnant un baquet d'eau au cheval redouté : circonstance qui, ôtant au coureur sa vigueur et sa célérité ordinaires, lui aurait fait perdre le lendemain le prix de la course. Un procès-verbal fut dressé ; le jockey fut interrogé, et le résultat de l'enquête ayant été défavorable au prince, une sentence d'exclusion fut prononcée contre lui par le Jockey-Club. Les lignes suivantes parurent le même jour dans le journal *le Monde* :

« C'est le prince seul qui concentre
« sur sa personne tout l'odieux, toute
« l'infamie de cette action. Un expé-
« dient si lâche, une ruse si basse, une
« tentative plus digne d'un escroc de
« profession que d'une Altesse, une
« fraude dont la turpitude révolte, ne
« peuvent qu'affliger profondément
« tous les amis de leur patrie, tous
« ceux qui savent que cet homme tien-
« dra un jour entre ses mains les rênes
« de l'empire, le sort de plusieurs mil-
« lions d'hommes. Qu'attendre d'un
« fripon sur le trône ? Croit-on que la
« splendeur du rang puisse éblouir nos
« compatriotes, les empêcher d'ouvrir
« les yeux sur la bassesse d'un tel
« acte ? »

Des attaques de cette violence dirigées contre une chose aussi sainte que l'honneur, et leur non-répression, attestent de graves imprudences de la part du prince de Galles. Toutefois, celui qui prendrait ces accusations à la lettre, et en conclurait que la conduite du jeune George fut entachée de l'espèce d'infamie qui lui était reprochée, ressemblerait à l'écrivain qui, ayant à faire l'histoire d'un peuple, ne consulterait pour son travail que des documents exclusivement démocratiques, ou des documents exclusivement ministériels. L'un et l'autre donneraient dans l'exagération. Il ne faut pas oublier, à l'avantage du prince de Galles, qu'à l'époque dont nous parlons, il existait entre son père et lui des rancunes profondes motivées par des divergences politiques. Une habitude bizarre, contractée par les princes héréditaires, et passée, pour ainsi dire, en principe depuis l'avénement des princes de Hanovre au trône d'Angleterre, c'est de se jeter dans l'opposition, et d'en devenir le chef ; et le jeune prince de Galles était resté fidèle à cet usage. On peut expliquer, jusqu'à un certain point, de cette manière la non-répression d'un écart aussi grave que celui qui venait d'être commis par la presse. Ajoutons, au profit du prince, que ceux-là même qui lui prodiguaient l'outrage devinrent les plus chaleureux de ses prôneurs et de ses partisans contre les whigs, alors que George, devenu roi, eut abandonné les doctrines des whigs pour celles du torysme.

Une autre réflexion nous est suggérée par cet affichement de la conduite privée du prince de Galles ; et la nature de celle-ci tend à prouver l'excellence de la constitution d'Angleterre. En admettant que l'accusation fût fondée, le prince de Galles, devenu roi, n'eût pas cessé d'être un misérable ; et, dans un État monarchique, un prince, avec des dispositions comme les siennes, n'eût pas manqué d'être le fléau de son peuple. Cependant, le règne de George IV, comme nous le verrons plus tard, ne fut point un mauvais règne pour l'Angleterre ; ce règne agrandit même, malgré une résistance énergique de la part de George, le cercle des libertés populaires.

Fox avait beau jeu pour déplorer les souffrances du peuple d'Angleterre en cette occasion, mais comme le jeune dissipateur était son ami intime, il lui donna l'appui de son éloquence. Un message royal fut donc adressé à la chambre des communes, avec la recommandation de constituer un fonds séparé pour le prince ; le ministère parla même de 100,000 livres sterl. (2,500,000 fr.) par an. Mais le roi déclara que la somme était exagérée, et la réduisit à 50,000 livres sterling (1,250,000 fr.) par an pour son fils ; le roi invitait en même temps le parlement à accorder au prince une somme de 60,000 liv. st. (1,500,000 fr.) à titre de premier établissement. Les deux chambres votèrent dans ce sens.

Le parlement fut ensuite prorogé, et le gouvernement, dans l'absence des deux chambres, rendit une ordonnance royale, en vertu de laquelle les marchandises exportées des États-Unis d'Amérique aux colonies anglaises des Indes occidentales ne pouvaient l'être que par navires naviguant sous pavillon anglais. Cette résolution, bien qu'elle fût conforme au grand principe qui servait de base à l'acte de navigation, et qui plaçait les Américains sur le pied des autres nations, excita de violentes clameurs en Amérique. Une institution, exclusivement destinée aux services rendus dans l'intérêt de l'Irlande, fut ensuite créée sous le titre d'ordre de Saint-Patrick. Les statuts établissaient que le roi régnant serait le souverain de l'ordre, et que le lord lieutenant d'Irlande en serait le grand maître.

Dans le même temps, le ministère élaborait un projet de loi pour régulariser l'administration des affaires des Indes orientales. La nécessité d'une réforme dans le système du gouvernement de l'Inde devenait plus évidente de jour en jour. Déjà même les abus avaient provoqué différentes mesures. Dans la session de 1773, le ministère de lord North avait fait adopter un bill, connu sous le nom de *Regulating act*, ou acte de règlement. Aux termes de ce bill, le président du Bengale étendait sa juridiction sur tous les pays soumis à la Compagnie; il prenait le titre de gouverneur général, et était assisté de quatre conseillers. Le *regulating act* instituait aussi une cour de justice, composée d'un grand juge et de trois juges inférieurs, et en établissait le siége à Calcutta. La cour était indépendante du gouverneur général et du conseil, ce qui lui donnait, tant au civil qu'au criminel, un pouvoir immense et presque illimité. La durée des fonctions du gouverneur général et des conseillers était fixée à cinq ans.

Ce nouveau système était défectueux, en ce sens qu'il donnait une autorité sans contrôle aux agents de la Compagnie. Aussi une confusion déplorable dans les affaires de l'Inde en fut-elle le premier résultat. Des spoliations honteuses furent commises et sanctionnées par la justice. Le système fiscal adopté à l'égard des indigènes fut porté à un tel excès, qu'une foule de ces malheureux se formaient en bandes de voleurs, et commettaient d'épouvantables forfaits aux portes même de Calcutta.

Le ministère whig voulut remédier à ces désordres, et les deux chambres s'étant assemblées (11 novembre), Fox présenta dans les communes deux bills à ce sujet. D'après les dispositions du premier de ces bills, le gouvernement de toutes les possessions indiennes de la Compagnie, l'administration de ses revenus et de son commerce, étaient remis à sept directeurs *nommés par le roi*; ces directeurs restaient en place pendant quatre ans. Neuf sous-directeurs, propriétaires de 2,000 liv. sterl. d'actions (50,000 fr.) chacun, étaient chargés de diriger toutes les affaires de la Compagnie, sous les ordres des sept directeurs ci-dessus nommés. Toutes les vacances dans les places étaient remplies par des personnes au choix du roi, et celles des sous-directeurs par des actionnaires. Ces sous-directeurs pouvaient être destitués par la décision de cinq des directeurs; les uns et les autres pouvaient l'être par le roi à la suite d'une adresse d'une des deux chambres du parlement. Les directeurs avaient le droit de destituer, de suspendre, de nommer et de rétablir tous les agents civils ou militaires de la Compagnie. Les directeurs pouvaient être membres du parlement. Les sous-directeurs recevaient de la Compagnie un traitement de 500 liv. st. par an. Les dispositions du second bill s'appliquaient principalement à la conduite qui devait être tenue à l'égard des indigènes et à la tyrannie qui pesait sur eux. Les deux bills portaient que les nouveaux directeurs et sous-directeurs entreraient immédiatement en possession de tous les livres, registres, marchandises, navires, domaines et royaumes appartenant à la Compagnie ; que ces chefs seraient requis de donner une réponse catégorique à toute question qui leur serait adressée par le gouvernement, et de justifier du retard en cas de non réponse. Le vote par la voie du scrutin ne leur était pas permis ; ils devaient enregistrer le motif de leur vote. La loi les obligeait également à soumettre chaque mois leurs comptes à l'examen des propriétaires et à celui des deux chambres du parlement au commencement de chaque année.

Enlever le gouvernement de l'Inde à la Compagnie des Indes, et le placer dans les mains du gouvernement de la métropole lui-même, tel était l'objet avoué des deux projets de loi, et sous ce rapport, ils ne pouvaient manquer d'ajouter à la considération du pays, en ce sens qu'il était intéressé à mettre un terme aux actes odieux commis dans l'Inde par la Compagnie. Mais la nomination aux places de directeurs, et par contre-coup à celle du gouverneur général, à tous les grands offices de l'Inde, étant laissée entre les mains du roi, c'est-à-dire de ses ministres, ceux-ci acquerraient nécessairement une puissance extraordinaire. Cette considération fit oublier les spoliations commises dans l'Inde, et les torys, dans la crainte de voir les whigs se perpétuer au pouvoir, si la mesure était adoptée, se liguèrent avec tous ceux qui avaient des intérêts engagés dans la Compagnie des Indes orientales, pour attaquer en commun l'administration. George III, qui n'avait jamais accepté franchement son ministère et qui crut voir ses prérogatives menacées dans cette circonstance, donna lui-même un appui cordial à l'opposition contre ses ministres. Ce fut Pitt qui dirigea l'attaque dans les communes ; cet homme d'État voyait sa carrière politique fermée pour toujours si les bills étaient adoptés, et son ambition ne pouvait s'accommoder d'une pareille situation. Il dit que les bills soumis aux délibérations de la chambre consacraient la confiscation de la propriété de la Compagnie, et que l'influence qui allait résulter pour le gouvernement de l'adoption de ces deux bills serait énorme et sans exemple ; qu'elle était de nature à inspirer des craintes ; faisant ensuite allusion à une phrase de Fox dans laquelle celui-ci avait reconnu qu'il était mû par un sentiment d'ambition dans sa conduite politique : « Il paraît, s'écriat-il, que le noble membre est disposé à sacrifier le roi, le parlement et le peuple à ses vues ambitieuses, et qu'il désire élever ses amis à une situation tellement haute, qu'aucune convulsion politique ne pourrait détruire leur importance et leur considération. »

Mais pour comprendre la violence des débats auxquels donna lieu cette question, il faut avoir devant les yeux les intérêts divers qu'elle mettait en jeu, et connaître la puissance des partis qui la défendaient ou qui lui étaient hostiles. Nous savons quelle est la force des torys. De son côté, la Compagnie des Indes orientales, par l'immensité de ses richesses, exerçait à cette époque une grande influence dans le pays. Elle présenta aux communes une pétition dans laquelle elle déclarait que les deux bills détruisaient de fond en comble la charte qui lui avait été accordée, qu'ils consacraient la confiscation de sa propriété sans déterminer aucune charge directe contre elle, ce qui était contraire aux usages les plus sacrés du pays. La Cité de Londres, ayant pris également l'alarme, présenta une pétition au même effet. Pour la Compagnie, il s'agissait de pertes énormes, car une fois les pouvoirs de la Compagnie placés sous le contrôle du gouvernement, les spoliations à commettre contre les Indiens devenaient plus difficiles. Pour les torys, c'était l'intérêt de parti, intérêt puissant ; car le bill une fois passé en loi, les ministres ayant à leur disposition une foule de places lucratives, ceux-ci ne pouvaient manquer de s'ancrer au pouvoir. Les ministres de leur côté étaient doublement intéressés au triomphe du bill, d'abord parce qu'ils se consolidaient dans leurs fonctions, comme le craignaient les torys; en second lieu, parce qu'ils signalaient leur passage dans l'administration par l'adoption d'une grande mesure politique.

La victoire resta aux ministres dans la chambre des communes. Mais aussitôt la Compagnie des Indes s'empressa d'adresser à la chambre haute une pétition contre les bills. La Compagnie renouvelait ses plaintes, et s'attachait surtout à prouver que le bill était une violation du grand principe de la propriété. Les torys de la noble chambre parlèrent dans le même sens, et l'ex-chancelier Thurlow déclara que si les bills étaient adoptés, la couronne d'Angleterre ne serait plus digne d'être portée par un homme d'honneur. « Le roi, s'écria-t-il, ôterait la couronne de sa tête pour la placer sur celle de M. Fox. » Au milieu de ces discussions, alors que les opinions étaient encore indécises, le bruit se répandit sur les bancs de la chambre des pairs, que le roi, dans une audience particulière, avait donné à lord Temple une note écrite de sa main, dans laquelle il lui déclarait qu'il regarderait comme ses ennemis ceux qui voteraient pour les bills. Lord Temple, sommé de s'expliquer, prit la parole, et dit que le roi l'avait effectivement honoré d'une audience particulière et qu'il lui avait donné son avis; que cet avis il ne le ferait pas connaître, mais qu'il pouvait dire que le roi était mal disposé au sujet du bill.

Ces paroles décidèrent du sort des deux bills; ils furent rejetés par 95 voix contre 76. Le ministère de coalition fut aussitôt renvoyé; le roi demanda à Fox et à lord North la remise de leurs sceaux ministériels, et Pitt, qui n'avait alors que vingt-cinq ans, fut nommé premier lord de la trésorerie de la chambre de l'Échiquier. Le comte Gower fut nommé président du conseil; lord Temple et le marquis de Caermarthen furent nommés, l'un secrétaire d'État au département des affaires extérieures, le second secrétaire d'État au département de l'intérieur. Le duc de Rutland fut élevé aux fonctions de lord du sceau privé; le comte Howe fut nommé premier lord de l'amirauté, et lord Thurlow fut réintégré aux fonctions de chancelier.

(1784.) On vit alors éclater une scission profonde entre la chambre des lords et la chambre des communes; car le renvoi du ministère Fox étant le fait de la chambre des lords et non celui des communes, qui avaient sanctionné les bills, celles-ci se considéraient dans un état d'infériorité relative vis-à-vis de la chambre des lords. De plus, la dernière administration avait encore dans les communes une majorité imposante. Les communes déclarèrent donc que, dans cette circonstance, la couronne avait outrepassé les limites des prérogatives que lui assignait la constitution, et le bruit s'étant répandu que le roi avait l'intention de dissoudre le parlement, elles adoptèrent, sur la proposition d'Erskine, une résolution portant que toute personne qui engagerait Sa Majesté à prendre cette mesure, serait considérée comme un ennemi du pays. Dans le cours du débat, lord North fit un éloge pompeux de Fox, qu'il appela le plus honorable et le plus habile des hommes d'État; et un membre ayant dit que Fox avait résigné ses fonctions : « Non, s'écria North, mon honorable ami n'a point résigné ses fonctions, il a été chassé; j'ai été chassé moi-même, nous avons tous été chassés. » Un moment le pays fut comme menacé de voir se renouveler le spectacle de ces luttes ardentes qui signalèrent le règne de Charles Ier, et dans lesquelles les communes étaient aux prises avec la couronne. Différentes motions où se peignait une exaspération profonde, furent en effet adoptées par la seconde chambre. L'une d'elles portait que la situation dans laquelle se trouvaient les possessions du roi, réclamait une administration qui eût la confiance du public; la seconde établissait que les derniers changements qui s'étaient faits dans l'administration, avaient été accompagnés de circonstances extraordinaires qui mettaient en péril les libertés nationales. A cette occasion, Fox soutint que le nouveau ministère était le plus mauvais qu'eût jamais eu l'Angleterre, attendu qu'il n'avait pas en vue les intérêts du pays et qu'il subissait une secrète influence. Les deux résolutions suivantes furent ensuite adoptées : « Résolu qu'aucune somme ne sortira des caisses de la trésorerie, jusqu'à nouvel ordre, sans que préalablement les causes de ces dépenses soient motivées; Résolu que les comptes des sommes dépensées depuis le 9 décembre, époque du renvoi des ministres, seront déposés sur la table. »

Comme la prolongation de ce conflit devenait menaçante, plusieurs membres du parlement qui professaient des opinions indépendantes cherchèrent à rapprocher les chefs des deux partis. Des ouvertures furent faites, et d'abord il y eut lieu d'espérer que les hostilités cesseraient. Mais, après quelques pourparlers, on reconnut l'impossibilité d'un arrangement. Fox demandait que Pitt lui laissât la place libre; c'était la condition *sine quâ non* du traité de paix. De son côté, Pitt, qui se distinguait par cet esprit absolu et altier qu'il tenait de son père, aurait voulu avoir la haute main dans les affaires publiques. Les conférences furent ainsi rompues et il ne resta plus aux nouveaux ministres pour briser l'opposition formidable qui se déchaînait contre eux, d'autre alternative qu'une dissolution ou l'emploi de ces moyens ténébreux auxquels les partis ont fréquemment recours dans des circonstances analogues.

Ce fut à ce dernier parti que les ministres s'arrêtèrent. On vit donc les torys s'agiter de concert avec tous ceux qui touchaient par quelque rapport à la Compagnie des Indes, et faire cause commune avec eux. Des adresses furent présentées au roi; la Cité de Londres qui, au temps du lord maire Beckford, s'était montrée si hautaine envers la royauté, fut la première à donner l'exemple. Les temps avaient bien changé : « Vos fidèles citoyens, disait l'adresse, ont vu avec douleur que votre dernier ministère eût proposé une mesure qui annihilait la charte de la Compagnie des Indes orientales, et qui portait atteinte à vos prérogatives, en élevant un pouvoir inconnu dans ce gouvernement libre; cette mesure ayant été soutenue par les derniers ministres de Votre Majesté, vos fidèles sujets vous remercient de tout leur cœur du renvoi desdits ministres, et vous prient humblement de faire toujours usage de votre prérogative d'une manière aussi sage et aussi constitutionnelle. » Dans le même temps, les journaux attachés à la cause du ministère sonnaient le tocsin d'alarme, et la caricature, largement payée sans doute, décochait ses traits les plus mordants sur Fox, qu'elle représentait en Samson politique, dans le costume riche et brillant d'un empereur du Mogol, portant sur ses épaules toute la Compagnie des Indes orientales, et assis sur le dos d'un éléphant, avec North pour cornac, et Burke, une trompette à la bouche, annonçant au monde émerveillé les grandes actions du ministère trépassé.

Nous protestons contre l'emploi des moyens dont la nouvelle administration faisait en ce moment usage pour se consolider au pouvoir; et la fréquence avec laquelle nous voyons se reproduire l'emploi de ces moyens non-seulement en Angleterre, mais encore dans tous les États parlementaires, tend à affaiblir, nous en convenons, la bonne opinion que nous nous efforçons d'établir en faveur de la constitution anglaise. Mais, en jugeant une constitution quelconque uniquement sous un point de vue, on imiterait ceux qui, prenant le côté le plus faible d'un système, y bâtissent tout l'échafaudage de leur raisonnement sans s'occuper des parties fortes. C'est dans son ensemble qu'on doit juger un système d'institutions; il faut en examiner les parties fortes et les parties faibles, ainsi que les effets sur la politique extérieure et la politique intérieure, sur la législation, la religion, l'industrie, les sciences, en un mot sur tout ce qui constitue l'existence d'un peuple. Or, à l'égard de l'ensemble, la constitution d'Angleterre, malgré les grandes imperfections qui la déparent, présente, comme nous l'avons vu, de grands avantages.

Il n'existe pas un seul système politique, pas même le système de gouvernement qui régit les États-Unis, dans lequel les hommes d'État n'aient recours à des moyens faux, illégitimes, comme dans les gouvernements parlementaires eux-mêmes, lorsque la nécessité les y oblige. Mais disons que ces moyens faux sont moins dangereux dans les États parlementaires que dans les États monarchiques, en ce sens que dans les États monarchiques, la fraude n'arrivant point à la lumière, est généralement employée sur une grande échelle, tandis que dans les autres États, les effets en sont atténués par la publicité qui les met au grand jour.

Les effets de ces sourdes menées, joints aux moyens de séduction que possède le pouvoir, déterminèrent une désertion considérable dans les rangs de l'opposition : celle-ci ayant demandé, par une résolution, la formation d'un nouveau ministère, Pitt répondit de sa place que le roi ne pensait pas qu'il fût convenable de renvoyer ses ministres, et que les ministres ne jugeant pas opportun de résigner leurs fonctions, le ministère resterait en place. Cette réponse, faite sur un ton plein de hauteur, irrita Fox au dernier point, et se levant avec colère, il dit que de pareilles paroles n'étaient point sorties de la bouche d'un ministre depuis la révolution de 1688; Fox ajouta que si le roi continuait à conserver ses ministres, contrairement aux résolutions des communes, celles-ci étaient dans leur droit de mettre l'embargo sur les fonds publics. Mais, tandis que Fox s'aventurait ainsi, la majorité, gagnée par les séductions du pouvoir, s'affaiblissait toujours. Les whigs ayant présenté une déclaration de griefs, dans laquelle ils établissaient que le roi était obligé de renvoyer les ministres toutes les fois qu'ils n'étaient pas agréables aux communes, cette déclaration ne passa qu'à la majorité d'une voix, et, à quelques jours de là, la loi martiale que soutenaient les ministres fut adoptée. Le parlement fut alors prorogé et la dissolution fut prononcée.

Ainsi tomba définitivement le fameux ministère de coalition. En examinant les actes politiques de ce ministère, en dehors des bills sur le gouvernement de l'Inde, aucune mesure vraiment libérale ne fut franchement appuyée par lui. Le projet de réforme parlementaire proposé par Pitt était une innovation large et radicale, et, pour cette raison, il aurait dû être fortement soutenu par Fox. Mais Fox, en présence de ce bill, ressemble au cavalier désarçonné qui ne combat que pour se défendre. Sa parole a perdu de sa verve ordinaire, tandis que North, son collègue, attaque lui-même le bill avec force et parvient, par ses efforts, à le faire repousser. Les rôles sont intervertis; c'est Pitt, à la veille de se séparer pour toujours du parti whig, qui se montre radical; c'est Fox, le fougueux whig, qui, devenu ministre, professe les doctrines conservatrices du torysme. N'accusons point toutefois avec trop d'amertume de pareilles contradictions; car diriger les affaires d'un grand État est une tâche hérissée de difficultés. La responsabilité qui pèse sur un ministre est si grande qu'elle justifie en quelque sorte le retour qui s'opère dans ses idées, alors qu'il est arrivé au pouvoir. Il est naturel qu'il hésite, quand il voit que l'idée sociale la plus simple est toujours lente à pénétrer dans les masses, qu'aux droits politiques d'une nation sont attachés une foule d'intérêts opposés, que du froissement de ces intérêts peut naître une commotion violente; que les États voisins, jaloux de sa prospérité, cherchent à tirer profit de ces discordes pour leur compte personnel. La politique stationnaire est une mauvaise politique, parce que enchaîner les intérêts d'une nation au passé, c'est la conduire à une éternelle décrépitude ; mais la politique qui se précipite avec impétuosité dans les innovations est également mauvaise. Une sage politique est celle qui se modèle sur le siècle, sur les mœurs des hommes, sur la nécessité du temps. De là un caractère équivoque et flottant, une indécision dans ses principes et ses moyens, qu'on a tort quelquefois de lui imputer à crime. Les bases sur lesquelles elle repose sont mobiles ; ce défaut est inhérent à sa nature. Les matériaux sur lesquels elle travaille sont variables, et son incertitude est le résultat nécessaire des devoirs qui lui sont imposés. Les relations des hommes entre eux, et des hommes avec leurs gouvernements, étant complexes et obscures, les causes qui les dirigent et les ressorts qui les font mouvoir ne cessent jamais de changer.

William Pitt arrivait au ministère sous le patronage de son père, et devait à cette circonstance autant peut-être qu'aux séductions ordinaires du pouvoir, la consolidation de son ministère. « On ressentait encore, dit lord Brougham, la douleur causée par la perte de lord Chatam, si noblement élevé au-dessus de tous les intérêts de parti et de tous les intérêts personnels, et si complétement dévoué à la cause de ses principes et de sa patrie, lorsque son fils se présenta sur le théâtre des affaires publiques pour lui succéder.... A un âge où les autres commencent à s'occuper des affaires de l'État et à s'exercer à la discussion, William Pitt se montra tout à coup un politique consommé, un orateur parfait, et même, comme s'il eût été inspiré de Dieu, un *debater* accompli. » Mais Pitt, que nous avons vu proposer une réforme parlementaire, venait de faire le sacrifice de sa foi politique et avait passé aux torys; il est vrai que ceux-ci avaient eux-mêmes beaucoup changé. Le prétendant, le prince Édouard venait de terminer une vie aventureuse dans les pratiques d'une dévotion étroite et dans l'abrutissement causé par l'abus des liqueurs fortes. Les Stuarts n'étaient plus représentés que par un vieux prêtre catholique auquel les obligations de son état et son âge ne permettaient pas de devenir père. Dès lors les torys, sans avenir de ce côté, et poussés par leur instinct monarchique, s'étaient rattachés à la succession protestante, et s'étaient peu à peu substitués aux whigs dans sa faveur ; William Pitt se fit leur chef.

La dissolution du parlement ayant été prononcée, il fallut pourvoir à de nouvelles élections. Une élection générale est pour l'Angleterre une grande solennité populaire. On sait comment la plupart des membres de la chambre des communes préparent leur triomphe dans ces circonstances. L'or et des promesses de toute nature sont prodigués. Aux électeurs riches, le candidat fait entrevoir la perspective des faveurs parlementaires; aux électeurs pauvres, il offre une séduction plus grossière que rarement ceux-ci refusent, malgré les peines déterminées par la loi à cet égard. Quelquefois la noble lady sollicite elle-même le vote d'un électeur pour l'ami politique qu'elle soutient; une main douce et blanche recherche avec empressement une main dure et calleuse endurcie par de rudes travaux. Le jour de la bataille arrive, et des processions d'électeurs portant des rubans et des bannières traversent les rues ; le peuple brise les fenêtres sans craindre le holà des hommes de la police, et s'attable dans les tavernes où des flots d'ale fumeuse lui sont versés aux dépens des candidats. Rarement les élus représentent les opinions de leurs commettants. Dans quelques comtés, les électeurs, d'un commun accord, bannissent à la fois des *hustings* le candidat ministériel et le candidat du peuple, et font tomber leur choix sur quelque personnage opulent qui est appelé dans le langage technique des combats électoraux, le *troisième homme*. Ce troisième homme ne se recommande en général aux électeurs que par sa grande fortune. Dans d'autres localités, les deux factions ennemies se fondent ensemble, conviennent de choisir pour leurs représentants les deux candidats des deux opinions extrêmes. Deux hommes opposés par leurs opinions entrent ainsi dans le parlement. Il semble que le conflit de tant d'opinions discordantes, que le vote de ces électeurs sans conscience et sans principes, et les fausses promesses de ces candidats sans talent, doivent écraser le pays. Eh bien, l'aspect de ces scènes de désordre est plus rebutant que les effets réels n'en sont dangereux. Dans ces circonstances comme dans beaucoup d'autres, la publicité vient corriger les vices de la constitution en les mettant à nu. Ainsi qu'un membre d'un parti entre dans la vie politique avec des vues d'ambition personnelle, la publicité l'oblige à mettre de la pudeur dans ses actes, et souvent il arrive que par l'action seule de cette publicité, il devient un membre utile.

Toutes ces scènes de désordre signalèrent la lutte électorale qui suivit la dissolution du parlement. Les deux partis étaient puissants et disposaient chacun de grandes ressources; aussi la victoire fut-elle longuement disputée. La lutte fut surtout opiniâtre dans la cité de Westminster, où la fermeture du poll donna une majorité considérable à Fox et à un autre membre du parti whig; mais, par une injustice criante, le grand bailli refusa de les proclamer députés. Cette illégalité valut à son auteur une amende considérable. Fox ayant traduit le magistrat délinquant devant la cour du banc du roi, celui-ci fut condamné à 2,000 liv. st. de dommages-intérêts (50,000 fr.). Cette affaire fut ensuite déférée à la connaissance des communes, qui appelèrent à leur barre le grand bailli.

L'élection générale donna au ministère une majorité imposante. Le nouveau ministère comprenait, comme le ministère précédent, la nécessité de porter remède aux abus qui existaient dans les affaires de l'Inde, et il s'empressa de présenter au parlement un bill qui avait pour objet de modifier les bases sur lesquelles reposait le gouvernement de ces vastes contrées. Le bill proposé portait en substance que le pouvoir de contrôler les mesures du directoire de la Compagnie serait remis désormais à un bureau spécial qui prendrait le nom de *Bureau de contrôle*; que les membres directeurs seraient nommés par le roi et révocables par lui; qu'ils feraient partie du conseil privé; que ce bureau de contrôle aurait la haute inspection sur toutes les affaires civiles, militaires et financières de l'Inde; que tous les documents dont il demanderait communication lui seraient donnés sur-le-champ; qu'aucune dépêche ne pourrait être expédiée sans son approbation; que dans le cas où le directoire tarderait plus de quinze jours à transmettre au bureau les projets de dépêches demandés, le bureau de contrôle pourrait les rédiger lui-même et en ordonner le renvoi. Le bill établissait en outre un comité secret chargé d'envoyer aux Indes par duplicata toutes les dépêches que le bureau de contrôle lui ferait parvenir; les réponses devaient être transmises au bureau par le directoire, sans qu'il fût permis à celui-ci de connaître de leur contenu; les présidences de Madras et de Bombay étaient élevées au rang de gouvernement; les gouverneurs, ainsi que le gouverneur général, devaient avoir voix prépondérante au conseil. Tous les fonctionnaires, à l'exception du gouverneur général, des gouverneurs et des commandants en chef, étaient pris parmi les employés de la Compagnie. Le directoire nommait aux places vacantes; mais s'il négligeait de le faire après deux mois, la nomination appartenait au roi, et la personne ainsi nommée ne pouvait plus être destituée que par le roi lui-même. Dans les autres cas, le roi et la Compagnie avaient simultanément le droit de destitution. Les ordres et les résolutions approuvés par le directoire et par le bureau de contrôle ne pouvaient pas être révoqués par l'assemblée des actionnaires. Le gouvernement de Bengale avait le droit de contrôle sur les autres gouvernements. Le bill établissait aussi que tout projet de conquête était contraire au désir, à l'honneur et à la politique de la nation ; que le gouverneur général ne devait faire la guerre aux puissances indiennes qu'autant que celles-ci commenceraient les hostilités ; de plus, qu'une grande économie serait apportée dans les dépenses publiques : le bill réglait enfin le mode d'avancement des agents civils et militaires. En résumé, ce projet de loi était la reproduction du bill présenté précédemment par Fox, et combattu avec tant de chaleur par Pitt ; l'esprit en était identique ; l'un et l'autre de ces bills avaient pour objet principal de substituer l'autorité du gouvernement à celle de la Compagnie des Indes orientales dans l'administration des affaires de l'Inde ; d'enlever à cette compagnie le pouvoir illimité dont elle avait joui jusqu'alors, et dont elle avait fait, dans plusieurs circonstances, un abus si déplorable. Il y avait contradiction flagrante, dans la conduite de William Pitt, à soutenir cette mesure après l'avoir repoussée dans le principe. Mais, à cet égard, Fox se montra le digne émule de son adversaire politique, car il combattit le bill avec beaucoup de force. Toutefois, il ne put empêcher qu'il ne fût adopté à une grande majorité.

(1785, 86, 87.) Les travaux parlementaires, qui occupèrent l'attention du parlement pendant ces trois années, ne furent point sans importance. L'un des bills les plus remarquables réintégrait, dans les biens confisqués en Écosse, les héritiers de ceux qui avaient été engagés dans la révolution jacobite de 1745. La question relative à la réforme parlementaire fut reprise. Pitt, après avoir insisté d'une manière énergique pour la réforme parlementaire, ne pouvait se dispenser de présenter aux communes un projet de bill au même effet (1785.) Mais le nouveau bill n'avait point des proportions larges et libérales des premiers ; il enlevait simplement à trente-six bourgs pourris le droit d'être représentés, et transférait ce droit aux comtés et aux principales villes qui n'avaient pas de représentants. Ce bill fut rejeté, et l'on remarqua, dans cette circonstance, comme on l'avait fait pour Fox, que le ministre n'avait plus pour la réforme parlementaire les sympathies d'un simple député. Un bill, qui avait pour but de fortifier Portsmouth et Plymouth, souleva également des débats animés. L'Angleterre s'était vue à la veille d'être attaquée sur son territoire même par les Français dans la dernière guerre, car leurs flottes avaient menacé ces deux ports. Le bill présenté par Pitt était destiné à mettre ces villes importantes à l'abri d'une attaque. La question, après avoir été vivement débattue, fut mise aux voix ; et la chambre s'étant divisée, il se trouva égalité dans les voix pour et contre le bill. Dans ces circonstances, le vote du *speaker* décide : le *speaker* ayant donné sa voix contre le projet, il fut abandonné.

La dette publique, et la rapidité avec laquelle elle s'était accrue, continuaient à exciter l'attention générale, et le ministère voulut profiter de la paix pour améliorer la situation financière du pays. Divers projets tendant à réduire la dette, et notamment celui de M. Archibald Hutchison, avaient été proposés antérieurement à l'administration de William Pitt. D'après le plan de M. Hutchison, tous les capitaux du pays devaient être imposés. Cet économiste aurait voulu qu'on annulât d'abord 10 pour 0/0 du principal de la dette fondée. Cette réduction de 10 pour 0/0 sur le principal représentait la perte que devaient subir les rentiers de l'État dans cette grande opération ; puis, on aurait imposé tous les capitaux du pays également à 10 pour 0/0. M. Hutchison espérait, de cette manière, anéantir tout à fait la dette de l'Angleterre (*).

(*) La question des dettes nationales, ainsi que celle de l'impôt, offrent un problème important à résoudre. En ce qui concerne les dettes nationales, est-il vrai qu'un État obéré se trouve dans une condition de stabilité bien supérieure à celle d'un État qui ne l'est pas ? Dans le cas de l'affirmative, quelles sont les limites

Ce plan, fortement recommandé de nos jours par M. Ricardo, ne pouvait être adopté par William Pitt, car le froissement des intérêts qui en serait résulté, aurait infailliblement occasionné la chute de son ministère. Pitt s'attacha simplement à diminuer le droit sur le thé, et à augmenter le droit sur les fenêtres (*). Le bill qui fut qui doivent être assignées à la dette?

En ce qui concerne l'impôt, des publicistes affirment que les taxes modérées sont plus profitables pour le trésor public que les taxes exagérées, en ce sens que les premières stimulent la consommation, ce qui n'a pas lieu avec les secondes. Ces assertions sont assurément justifiées par l'expérience. Ainsi, des comptes présentés à la chambre des communes établissent que le nombre total des gallons distillés en Irlande, qui payaient le droit d'accise, et figuraient sur l'exercice de l'année 1823, dernière année des hautes taxes, représentait le chiffre de 2,118,65 gallons; et qu'en 1824, la première année de la réduction, la consommation fut de 8,158,046 gallons, et, en 1825, qu'elle s'éleva jusqu'à 9,208,618 gallons. La taxe, qui en 1822 avait été de 100,000 l. st., s'était élevée en 1828 au chiffre énorme de 1,400,000 l. st. En Écosse, les résultats de la réduction n'avaient pas été moins avantageux pour le trésor. « Cet excédant, disent les publicistes anglais qui réclament les taxes modérées, n'est pas simplement le produit de l'accroissement de la consommation, comme on le suppose généralement; il vient aussi de la suppression de la contrebande, profession qui engendre un grand nombre de crimes, comme cela est établi dans les documents dont nous parlons. » Les taxes modérées serviraient donc à moraliser une nation, tout en étant profitables au trésor. Les résultats de la réduction faite dans ces derniers temps sur le factage des lettres sont donnés comme une autre preuve de l'avantage des taxes modérées. Que n'a-t-on pas dit de la réduction, quand elle fut proposée pour la première fois! « Le revenu public est en péril! » s'écriaient les alarmistes. Ces sinistres prédictions ne se sont point réalisées; cette branche de revenu, après avoir éprouvé une réduction momentanée, tend chaque année à revenir à son premier niveau, et tout porte à croire qu'elle l'aura bientôt dépassé. Une réduction sur une foule d'objets de luxe, notamment sur les vins de France, aurait assurément des résultats non moins avantageux pour les deux pays. La France et l'Angleterre semblent, par leur position géographique et la variété de leurs productions, destinées à vivre de l'échange de leurs produits; car, si l'une est fière de ses richesses industrielles et des merveilles enfantées par ses machines, l'autre a pour elle la fertilité de son sol et la variété de ses productions naturelles. Des études consciencieuses sur des questions de cette nature seraient pleines d'intérêt, et elles méritent d'être encouragées par nos gouvernants.

Cl. Pel.

(*) En Angleterre, l'impôt se divise en impôt direct et en impôt indirect. Les Anglais entendent par impôt direct celui que les contribuables versent entre les mains de l'agent du gouvernement sans l'intermédiaire d'un ou de plusieurs collecteurs. Tel est l'impôt sur la propriété foncière, sur les maisons, les fenêtres. L'impôt indirect est celui qui est établi sur les divers articles de consommation. Il se prélève, soit sur la fabrication, soit sur l'importation des denrées imposées. Cette division fiscale est attribuée par les Anglais aux Hollandais; elle remonterait pour l'Angleterre au règne de Guillaume III. Avant cette époque, l'impôt était prélevé, non sur les articles de consommation, mais sur les propriétés. On le recueillait par *scuage* sur les terres appartenant aux vassaux de la couronne, et par *tollage* sur les villes et les bourgs; dans les temps de guerre, tous ceux qui voulaient s'exempter du service militaire, payaient un subside ou aide. Sous le règne de Guillaume III la dette ayant pris un développement considérable, il fallut songer à établir de nouveaux impôts. Alors on vit paraître les taxes sur les fenêtres, sur la drêche, sur le houblon, le verre, le papier, etc. En général, les hommes d'État de l'Angleterre, et en cela ils sont imités par les hommes d'État du continent eux-mêmes, s'attachent de préférence aux taxes indirectes. C'est un moyen de se soustraire aux clameurs des contribuables, qui éprouvent une répulsion prononcée contre la contribution directe, en ce sens que cette contribution n'admettant aucun déguisement, leur indique tout d'abord la part que le gouvernement leur enlève; ce qui n'est pas le cas pour les taxes indirectes. Mais celles-ci présentent le grave inconvénient d'encourager la contrebande et d'augmenter le nombre des crimes.

Cl. Pel.

présenté aux communes à ce sujet reçut le nom de bill de mutation, parce que la diminution du droit du thé et l'augmentation de l'impôt sur les fenêtres établissaient comme une sorte de compensation. A cette occasion, Fox demanda quelle analogie il y avait entre un impôt sur le thé et un impôt sur les fenêtres. Il soutint que c'était commettre une grande injustice financière, que de diminuer une taxe qui touchait à un article de luxe, et de substituer à sa place un impôt qui allait frapper le pauvre. Une autre mesure financière de Pitt souleva des débats très-animés. Le bill proposé avait pour objet d'établir un impôt sur les boutiques ; l'impôt était prélevé d'après l'estimation de la vente ou du loyer de la boutique (*). Les marchands se récrièrent et dénoncèrent l'impôt comme entaché d'injustice. Mais Pitt, par voie de compensation, leur promit de retirer la licence ou permis de vente aux colporteurs, qu'il traita, à cette occasion, de peste du pays. Fox et d'autres membres de l'opposition défendirent en cette circonstance la cause de ces petits marchands ; et ceux-ci en furent quittes pour payer un surcroît de droit prélevé sur leur licence. Après avoir obtenu ces différents bills, Pitt fit doter le fonds d'amortissement d'une somme d'un million de livres sterling. Ce fonds était destiné à s'accroître par la force de l'intérêt composé jusqu'au moment où on aurait atteint 4,000,000 sterl. Pitt consacra au fonds d'amortissement l'excédant des recettes de l'année, qui s'élevait à environ 900,000 liv. st., et il compléta un million au moyen de quelques nouveaux impôts (1786). Ces différentes mesures réalisèrent, pendant quelque temps, les vœux les plus ardents des amis de la réforme; les fonds publics éprouvèrent bientôt une hausse considérable.

La liste civile, bien que le chiffre établi à l'avénement de George III à 800,000 liv. st. (20,000,000 fr.) se fût grossi successivement par diverses allocations du parlement, offrait un spectacle analogue à celui de la dette nationale, c'est-à-dire que ses dépenses outre-passaient constamment ses recettes. Les sommes suivantes avaient déjà été accordées pour le payement des dettes de la liste civile :

en 1769, — 513,510 liv. st. 12,837,000 fr.
    1777, — 518,340....... 15,958,500
    1784, — 60,000....... 1,500,000

Mais George III demandait encore 210,000 liv. st. (5,250,000 fr.). « J'ai supprimé des sinécures et introduit des économies importantes dans différentes branches de mes dépenses, disait avec une humilité remarquable le message royal, et j'ai si bien établi mes comptes, qu'à l'avenir mes dépenses ne dépasseront pas mes recettes. » Ce langage ne désarma point l'opposition. Quand le message fut présenté à la chambre des communes, elle demanda compte au ministère de cet excédant de dépenses, et l'accusa d'employer l'argent de la liste civile à corrompre les électeurs. Il semblait évident en effet aux yeux de tout le monde, et l'esprit d'économie qui caractérisait le roi confirmait cette opinion, que la majorité imposante dont Pitt disposait dans les communes n'avait été acquise que par une corruption faite sur une grande échelle. Pressé de toutes parts, le ministre se défendait mollement : toutefois une tentative contre la vie du roi changea les dispositions des

---

(*) Rien de plus injuste, en effet, que cet impôt. Ainsi, on voit une simple boutique de Regent-Street, à Londres, imposée 56 liv. st. (1400 fr.), tandis que le palais de Stowe, appartenant au duc de Buckingham, habitation princière, avec une façade de 916 pieds, des colonnes corinthiennes, un parc immense, etc., n'est imposé qu'à 47 liv. st. (1075 fr.). Hedlestone, qui appartient à lord Scarsdale, palais magnifique, composé de deux pavillons réunis par une galerie de 360 pieds de longueur, avec un péristyle soutenu par 20 colonnes d'albâtre, ne paye que 28 liv. st. (700 fr.) de contributions. Le fameux hôtel de Northumberland, à *Charing-Cross*, paye 4 d. 1/2 (47 cent.) par pied carré, tandis que la boutique du mercier, qui est à côté, paye 7 schell. (8 fr. 75 c. par pied).
Cl. Pel.

communes et du pays en une explosion soudaine de loyalisme envers sa personne. L'auteur de cette odieuse tentative était une femme nommée Marguerite Nicholson, qui prétendait que la couronne d'Angleterre lui appartenait ; elle fut reconnue pour être atteinte de folie, et enfermée sans procès dans l'hospice de Bedlam.

La chambre des communes eut ensuite à s'occuper des finances de l'héritier présomptif du trône qui étaient dans un état déplorable comme celles du père. Depuis le mois de juillet 1783, époque où les communes lui avaient alloué un fonds séparé, jusqu'en 1786, le prince de Galles

avait dépensé..... 193,648 liv. st.
et s'était endetté de 160,804
TOTAL...... 354,452 (8,861,300 fr.)

DÉTAIL DES DÉPENSES.

	liv. st.
Dépenses domestiques...............	29,277
Caisse particulière.................	16,050
Autres dépenses extraordinaires.....	11,406
Payements faits par le colonel Hosham.................................	37,203
Salaires, gages....................	54,734
Écuries...........................	37,919
Pension de mistriss Robinson.	7,059
TOTAL............liv. st.	193,648

DÉTAIL DES DETTES.

Engagements par billets	13,000	
Achats de maisons...	4,000	
Dépenses pour l'embellissement de Carlton-House...	53,000	160,804
Fournitures dues aux marchands.	90,804	
Somme égale............	liv. st.	354 452
	(fr.	8,861,300)

Le jeune prince, ainsi que nous l'avons dit, était l'adversaire politique du ministère ; en conséquence il ne pouvait attendre aucun appui de ce côté. George III, qui désapprouvait également la ligne politique suivie par le prince et son intimité avec Fox, se montra lui-même vivement irrité de la conduite dissipée de son fils. Pour empêcher que ses autres fils ne marchassent sur ses traces, il envoya le prince Frédéric (duc d'York) dans le Hanovre pour y étudier la tactique prussienne, et plaça le prince William (duc de Clarence) en qualité de midshipman, à bord du *Pégase*. Le prince Édouard (duc de Kent) partit pour Genève avec un gouverneur, et les trois autres fils du roi, Ernest (duc de Cumberland), Auguste (duc de Sussex), Adolphe (duc de Cambridge), allèrent à l'université de Gottingue pour y compléter leurs études.

Les discussions entre le père et le fils duraient déjà depuis un an. Une cédule dans laquelle étaient établies les dettes du prince de Galles ayant été mise sous les yeux du roi, George III déclara qu'il ne demanderait point de fonds à la chambre des communes. Le prince de Galles, renonçant alors à l'espoir de fléchir son père, renvoya les officiers de sa maison, ordonna la vente de ses meilleurs chevaux de course et de ses équipages, suspendit les travaux commencés à *Carlton-House*, et appliqua les sommes économisées par ces retranchements au payement de ses dettes. Les sommes, estimées à 40,000 liv. st. (1 million de francs), furent placées dans les mains de plusieurs commissaires. Cette conduite fut vivement applaudie par les whigs et fut accueillie avec la même faveur par le peuple de Londres. Mais comme le jeune George ne pouvait faire de pareilles économies qu'en diminuant le personnel de sa maison, sa conduite trouva autant de personnes disposées à la critiquer avec sévérité, qu'elle avait eu d'admirateurs. On rapporte que l'un des officiers de la maison du prince, ayant eu ses émoluments diminués de 500 livres, fit des représentations assez énergiques à cet égard, et qu'il demanda une somme équivalente à titre de dédommagement. Le duc d'Orléans qui vint à Londres vers cette époque, eut connaissance des embarras du prince royal ; il lui offrit libéralement sa bourse, en lui disant d'en faire usage jusqu'au moment où ses affaires seraient rétablies.

Les choses étaient en cet état ; une année s'était écoulée et le prince n'avait point encore repris son train de maison, lorsqu'un membre du parti whig dans les communes annonça qu'il ferait une motion pour qu'une adresse fût présentée au roi, afin qu'il vînt en aide à son fils. Mais les divergences politiques qui existaient entre le prince de Galles et le premier ministre étaient plus profondes que jamais. Un membre du parti ministériel, nommé Rolle, repoussa la motion, en disant que si les amis du prince persistaient, il y aurait une enquête complète sur la conduite du prince, qui tournerait à son désavantage. Les paroles prononcées par M. Rolle s'appliquaient à une rumeur sourde qui circulait dans le public, et qui établissait que le prince de Galles avait contracté un mariage de la main gauche avec lady Fitz-Herbert, dame catholique : imputation de la plus haute gravité pour le prince, car d'après une clause du statut appelé le bill des droits, qui avait chassé Jacques du trône pour y placer Guillaume et Marie, il est défendu à l'héritier présomptif de se marier avec une catholique, sous peine de perdre la couronne ; ledit statut absout en même temps le peuple de son allégeance. Shéridan et Fox relevèrent les paroles de Rolle et le sommèrent de s'expliquer plus clairement. « Le prince de Galles, s'écria Shéridan, ne recule devant aucune enquête, quelque minutieuse qu'elle puisse être. Il n'a l'intention de cacher aucun de ses actes. » Shéridan insinuait qu'il était autorisé à faire cette déclaration par le prince lui-même.

Cette affaire produisit une vive sensation : un grand meeting des amis du prince fut convoqué ; le prince y assista lui-même, et l'on rapporte qu'il déclara que le mariage n'existait pas, et que par conséquent il n'y avait aucun danger à continuer la lutte commencée contre le ministre et le roi pour en obtenir de l'argent. La motion tendant à obtenir des fonds de la couronne pour le payement des dettes du prince, fut donc reproduite dans la chambre des communes, et Fox, revenant sur les insinuations qui avaient été faites dans une séance précédente, se leva pour appuyer de son autorité les assertions avancées par Shéridan.

« De mystérieuses allusions ont été faites, s'écria-t-il, relativement à un danger prétendu que couraient l'Église et l'État. Je désirerais que l'honorable gentilhomme qui les a mises en avant, s'expliquât d'une manière plus catégorique. Je suppose pourtant qu'elles se rapportent à certaines rumeurs relatives à un mariage supposé, mariage qui n'a point eu lieu et qui était même impossible. » Un membre du parti ministériel reconnut avec Fox l'impossibilité *légale* d'un pareil mariage, mais il insinua qu'il y avait différentes manières de l'accomplir. Alors Fox avec une grande chaleur déclara que c'était avancer une odieuse calomnie. Il dit qu'il était autorisé par S. A. R. à parler comme il le faisait.

Un rapprochement qui eut lieu entre George III et son fils mit fin à ce triste débat, qui aurait assurément tourné contre le jeune prince. Pitt alla visiter le prince de Galles à Carlton-House ; et, après une conférence qui dura plusieurs heures, il fut arrêté que les dettes seraient payées, du moins en partie ; qu'une allocation serait faite au prince pour compléter les embellissements de Carlton-House ; que son revenu annuel serait augmenté d'une somme raisonnable, afin qu'il ne contractât pas de nouvelles dettes. Un message royal fut aussitôt envoyé aux communes : « Quelque pénible qu'il soit à Sa Majesté, disait le message, d'augmenter les charges énormes supportées par le peuple, Sa Majesté, par affection paternelle pour le prince de Galles, est obligée de recourir à la libéralité de ses fidèles communes, et de réclamer leur assistance dans un moment d'épreuve pour les sentiments de Sa Majesté, car il intéresse l'honneur d'un membre distingué de sa famille royale. Sa Majesté ne saurait, toutefois, attendre de ses fidèles communes l'assistance qu'elle leur demande, si elle n'était fondée elle-même à espérer que le prince évitera de contracter de nouvelles dettes. Dans ce but, et par un désir bien naturel de rendre le revenu du prince suffisant, afin que le prince soutienne la dignité de son rang, Sa Majesté a voulu qu'une somme de 10,000 livres sterling, par an, fût prélevée sur les fonds de la liste civile, et affectée au prince, indépendamment de l'allocation que Sa Majesté lui a déjà faite. Sa Majesté a la satisfaction d'informer ses chères communes que le prince de Galles lui a donné une promesse formelle de borner, à l'avenir, ses dépenses à son revenu. » Les communes ne voulurent point être plus sévères que le père, et elles se conduisirent, dans cette circonstance, avec beaucoup de libéralité. Les comptes du prince ayant été présentés, elles ne voulurent point les examiner ; elles votèrent 160,000 livres sterling (4,000,000 fr.) pour le payement de ses dettes, ainsi qu'une somme de 20,000 livres sterl. (500,000 fr.) pour l'achèvement de Carlton-House. Assurément, de pareilles allocations auraient dû suffire au prince de Galles ; malheureusement le prince ne brillait pas par l'économie ; et comme il n'avait pas indiqué toutes ses dettes, tout le monde prévit qu'une demande semblable à la première reparaîtrait en parlement dans un laps de temps fort court.

Quant à l'assertion avancée par Fox dans les communes, au sujet du mariage du prince, elle était hasardée. Il paraît en effet que le mariage avait été célébré par un prêtre catholique dans la maison de lord Sefton, oncle de mistriss Fitz-Herbert, dame beaucoup plus âgée que le prince, et déjà veuve de deux maris. On rapporte que mistriss Fitz-Herbert ne pardonna jamais à Fox la manière formelle dont il (avait repoussé dans la chambre des communes les insinuations qui avaient été faites relativement à son mariage, parce qu'elle les regardait comme une insulte faite à son caractère ; qu'elle en voulut longtemps au prince lui-même à ce sujet, et qu'elle ne se réconcilia avec lui que sur l'assurance qu'il lui donna que, plus tard, on aviserait quelque moyen, dans le parlement, pour rétablir sa réputation. Cette promesse fut à demi remplie ; Shéridan, dont le talent savait, avec une admirable flexibilité, s'accommoder à tous les caprices des princes, parla, en effet, dans la chambre, de la grande injure qu'avait essuyée mistriss Fitz-Herbert ; et il ajouta qu'un autre grand personnage, auquel il avait été fait allusion dans le débat, était sans reproche, et qu'il avait droit au respect et à l'estime du pays et du parlement.

Les différentes questions qui occupèrent les premières années du ministère de William Pitt, ou du moins les plus importantes concernaient l'état financier du royaume, terrain toujours brûlant dans les gouvernements parlementaires. Remarquons pour la forme seulement, car l'anomalie que nous avons à signaler est trop saillante pour nous avoir échappé, que, tandis que l'opposition attaque dans un but d'économie fort louable le ministère pour les questions qui se rattachent à l'impôt et à la liste civile, elle harcèle ces mêmes ministres et provoque de leur part une allocation de fonds en faveur du prince de Galles dont la conduite assurément ne méritait point de pareils encouragements. C'est ainsi que les partis se laissent entraîner fréquemment dans les contradictions les plus étranges, lorsqu'ils prennent pour règles de leur conduite leurs sympathies et non les véritables intérêts du pays. Néanmoins, contrairement au ministère de coalition, que nous avons vu hésiter sans cesse, et fonctionner d'une manière laborieuse, le ministère de William Pitt sort triomphant de chacune de ces luttes, et grandit en force avec elles.

L'opposition changea de terrain : les différents bills que nous avons vus successivement présentés aux délibérations des communes par le ministère de Fox et celui de Pitt, pour régler l'administration des affaires de la Compagnie des Indes dans les possessions hindoustaniques, attestaient un désordre radical dans le gouvernement des Indes. Ce fut le champ de bataille qu'elle choisit ; bientôt les voûtes de Saint-Stephen retentirent d'accusations d'une extrême gravité. Ces accusations étaient dirigées contre Warren Hastings, ex-gouverneur général de l'Inde. L'opposition lui demandait compte d'actes abominables, de spoliations inouïes commises contre les populations hindoustaniques pendant le cours de son administration. La chambre des communes, par l'organe d'Edmond Burke et de Charles Fox, orateurs admirables dont l'âme chaudement trempée ne pouvait manquer d'émouvoir le pays en lui mettant sous les yeux d'aussi grandes atrocités, exigeait que justice fût faite contre Hastings. Le retentissement qu'eut cette affaire importante, la solennité dont elle fut entourée, nous obligent de prendre les faits d'un peu haut. Ce que nous ferons d'une manière aussi brève que possible.

L'histoire de la Compagnie des Indes est l'un des phénomènes les plus curieux de notre époque. Rien d'analogue dans les annales des autres peuples. Ouvrez l'histoire de Tyr, de Carthage, de Venise, de Gênes, vous verrez que ces villes acquirent par le commerce une splendeur extraordinaire, alors qu'elles étaient faibles; mais que ces villes avaient une souveraineté, une force publique qui leur appartenait en propre, et leur donnait l'impulsion. La Compagnie des Indes n'est qu'une simple association de marchands; elle relève elle-même de l'autorité de son pays, elle obéit aux lois nationales. Cependant cette Compagnie parvient, en moins de deux siècles, à fonder l'empire le plus vaste qui existe; à gouverner avec un pouvoir absolu des millions d'hommes ; à déclarer la guerre, à signer des traités de paix et d'alliance; à détrôner des rois et des empereurs, comme le font les États régulièrement constitués.

Dans l'année 1599, quelques marchands réunis au *Royal exchange* s'étant décidés à envoyer une expédition dans l'Inde, jettent dans cette entreprise une somme d'environ 30,000 liv. sterling (750,000 fr.), et sollicitent du trône une charte qui leur est accordée. Les profits des premières expéditions varièrent de 100 à 200 pour 0/0 du capital engagé. Ce succès fut une cause d'émulation puissante. Deux compagnies rivales se formèrent, l'une en 1636, l'autre en 1655. Toutefois ces compagnies ne tardèrent pas à reconnaître qu'une pareille rivalité était de nature à porter préjudice à leurs intérêts respectifs, et elles se fondirent dans la compagnie primitive. Cependant le gouvernement, pressé du besoin d'argent, venait de demander des fonds à la Compagnie, qui offrit 700,000 liv. st. (17,500,000 fr.). Sur ces entrefaites, parut une seconde compagnie, qui prit le nom de *Société générale de marchands faisant le commerce des Indes orientales*. La nouvelle compagnie offrait au gouvernement 2,000,000 liv. sterl. (50,000,000 fr.), à la condition qu'on lui accorderait une charte pour faire le commerce avec les Indes orientales. La proposition fut acceptée. Mais il en fut de cette compagnie comme des précédentes; bientôt elle se rapprocha de l'ancienne, et, au mois de janvier 1702, les deux compagnies n'en formèrent plus qu'une seule, qui prit le nom de *Compagnie réunie des marchands trafiquant aux Indes orientales*. Ce nom est celui de la compagnie actuelle.

Les commencements de la Compagnie des Indes furent laborieux et pénibles, comme tous ceux des hommes que la fortune semble le plus aimer et destiner aux plus grandes choses du monde. Mais déjà la Compagnie avait atteint un degré de grandeur à défier les rivalités les plus audacieuses. Elle avait commencé ses opérations avec un capital de 30,000 livres sterling (750,000 fr.). L'insuffisance de ce fonds ayant été reconnue, il fut porté, en 1612, à 420.000 liv. sterl. (10,500,000 fr.); en 1693, à 1,500,000 liv. sterl. (37,500,000 fr.); en 1708, à 3,200,000 liv. sterl. (80,000,000 fr.); en 1786, il y fut ajouté une somme de 800,000 liv. sterl. (20,000,000 de fr.); en 1787, autre addition de 1,000,000 liv. sterl. (25,000,000 fr.); en 1794, autre addition. Le chiffre s'en élevait alors à 6,000,000 liv. st. (150,000,000 fr.); sur cette somme, la Compagnie

ANGLETERRE.

Temple de la Compagnie des Indes, à Londres.

avait fait différents prêts au gouvernement (*).

Dans les Indes orientales, la Compagnie avait procédé avec une grande audace et un bonheur extraordinaire. Humble, remplie de prévenances et d'attentions délicates à son début, elle voulait, disait-elle, borner ses opérations au commerce, et s'enrichir en enrichissant les indigènes eux-mêmes. Grâce à ces dehors trompeurs, elle avait obtenu du Grand Mogol la permission d'établir des comptoirs à Surate, à Ahmenadabad, à Combayo et à Goya. En retour, la Compagnie s'était engagée à payer un droit d'exportation de 3 pour cent sur toutes les marchandises achetées dans l'empire. Quelques années plus tard, le Grand Mogol, à la prière d'un médecin nommé Hougthon, qui avait guéri plusieurs personnes de sa cour, avait accordé à la Compagnie le droit de trafiquer dans toute l'étendue de la province du Bengale, sans payer aucun droit. A partir de cette époque, la Compagnie ne s'arrête plus ; ses conquêtes prennent un développement tellement extraordinaire, qu'il faudrait plusieurs volumes pour faire la relation de chacune d'elles. Bornons-nous au tableau suivant qui les résume toutes :

1611. Établissement de 4 comptoirs par permission du Grand Mogol.
1648. Établissement formé à Madraspatan, et érection du fort Saint-George.
1652. Premiers fondements de la puissance anglaise dans le Bengale ; le Grand Mogol fait de nouvelles concessions à la Compagnie, à la prière du médecin Houghton. Établissement de la ville de Hougty, subordonné à la présidence de Surate.
1653. Le fort Saint-George érigé en présidence.
1668. Le roi Charles II cède à la Compagnie l'île de Bombay.
1698. Établissement à Calcutta et érection du fort William.
1707. Calcutta, jusqu'alors soumise à Madras, forme une présidence séparée.
1717. La Compagnie obtient du Grand Mogol la permission d'acheter des terres contigües au comptoir, ainsi que la confirmation des concessions précédemment faites.
1757. Acquisition des 24 pergunnahs du Nabab du Bengale.
1759. Id. de Masulipatam, de Surate.
1760. Id. du Burdwan de Midnapore et de Chittagung.
1765. Id. du Bengale, du Bahar, puis de Madras.
1766. Id. des circars septentrionaux.
1775. Id. de la zémindarie de Bénarès.
1776. Id. de Salsette.
1778. Id. de Nagore.
1786. Id. de Pulo-Pinang.

Tel était l'état des possessions anglaises dans les Indes orientales, à l'époque où commence le procès de Warren Hastings : ces possessions embrassaient un territoire d'une immense étendue ; déjà elles formaient plusieurs royaumes. Cependant elles devaient s'agrandir encore :

1792. Acquisition de Malabar, Dundigu, Salem, Baramchel.
1799. Id. de Coimbatore, Canaar, Naynaad, Tanjore.
1800. Id. des districts acquis en 1792 et 1799, par le nizam du sultan de Mysore.
1802. Id. de la Carnatique ; plus, de Borukpore, du Doab inférieur et de Baurilly, ainsi que des districts de Bundelcund.
1804. Id. de Cussak et de Balusore, du Doab supérieur, de Delhi, etc.
1805. Id. de différents districts dans Guzerate.
1815. Id. de Kumman et d'une partie de terraïe.
1817. Id. de Sangur, Hu-Kah-Darwart, etc., ainsi que de la ferme d'Ahmenabad.
1818. Id. de Candeish, de Holkar, d'Adjmir, ainsi que de Ponnah, Concan, le pays méridional des Maharattes.
1820. Id. de quelques terres dans le Concan méridional.
1822. Id. de différents districts dans Bejapore et Ahmedneaggur.
1824. Id. de Singapore.
1825. Id. de Malacca.
1826. Id. d'Aram, Aracan, Tarwi, ainsi que de différents districts sur la Nerbudda, Patna, Sumbhulpore, etc. (*).

En 1826, les vastes domaines de la Compagnie des Indes s'étendaient depuis le cap Comorin jusqu'à Sutledje, et depuis Assam jusqu'à l'Indus. Indépendamment de ces possessions, désignées sous le nom de possessions immédiates, étaient les Etats tributaires, savoir : le royaume de Deccan, le

(*) Le gouvernement est aujourd'hui le débiteur de la Compagnie pour une somme d'environ 3,200,000 liv. st. (88,000,000 fr.), dont il paye l'intérêt à 5 1/2 pour cent.
Cl. Pel.

(*) Ce dernier tableau n'avait pas sa place ici, mais nous l'avons mis pour ne point revenir sur ce sujet.
Cl. Pel.

royaume de Nagpour, le royaume de Sattarah, le royaume de Mysore, celui de Travancore, celui de Roschin ; la principauté de Sikkem ; les Laquedives ; l'ancienne province d'Adjmir, divisée aujourd'hui en huit principautés, plus le pays des Bhatties ; la principauté de Couth : l'ancienne Guzerate, divisée en huit principautés ; l'ancienne Allahabad, divisée en quatre principautés ; l'ancienne Agra, divisée en quatre principautés ; le Sirhind ou pays des Sickhs ; la principauté de Kolapour. La population totale des possessions immédiates et des Etats tributaires est estimée aujourd'hui à 130,000,000 d'habitants.

Le caractère de l'habitant de ces contrées ne dut pas opposer de grands obstacles à la conquête. En général, le caractère de l'Hindou est paisible, doux, pacifique. M. Maccaulay trace de la manière suivante celui du Bengali : « Il vit, dit-il, dans un bain de vapeur perpétuelle. Sédentaire par habitude et par goût, délicat et languissant, il subit depuis des siècles le joug des races plus robustes et plus braves. Le courage, l'indépendance, la franchise, toutes les qualités nobles ou généreuses, répugnent à son caractère et à sa constitution. Considéré sous le point de vue moral, le Bengali n'a rien qui soit en sa faveur. Sa souplesse et sa ruse excitent à la fois le mépris et l'admiration des Européens. De vastes promesses, de doucereuses excuses, les mensonges, les chicanes, le parjure, telles sont les armes offensives et défensives des habitants du Bengale. Tous les millions d'hommes qui habitent le Gange inférieur, ne fournissent pas un seul cipaye aux armées de la Compagnie. Mais, comme usuriers, comme banquiers, comme agents d'affaires, il n'existe point de peuples qui puissent leur être comparés. Implacable dans ses haines, le Bengali cède rarement à la pitié. La crainte seule le fait renoncer aux projets qu'il a conçus. Il est doué, en outre, d'un certain courage qui a fréquemment manqué à ses maîtres. Semblable au sage idéal des stoïques, il verra sans pâlir des bandes ennemies ravager et subjuguer son pays, incendier ses propriétés, massacrer ou déshonorer sa famille, il n'aura pas le courage de frapper un seul coup ; mais il endurera la torture avec la fermeté des martyrs, il montera sur l'échafaud avec l'assurance du philosophe. »

Le territoire des Indes orientales est arrosé par de grands fleuves ; tels sont notamment l'Indus et le Gange ; le sol se distingue en général par une grande fertilité. Tous les grains et tous les légumes de l'Europe, joints à ceux qui sont particuliers au climat des tropiques, y croissent en abondance ; le riz s'y trouve partout et dans une variété infinie d'espèces, ainsi que le froment et l'orge qui se sèment à l'entrée de la saison froide et dont la récolte se fait avant le commencement des pluies. Le sol fournit aussi des pois, des fèves ; le millet, le maïs ; la graine de lin, celle de moutarde, le ricin et le sésame, la noix de coco dont on fait de l'huile ; le sucre, le coton, l'indigo et le tabac, ainsi que le mûrier et le pavot dont on extrait l'opium.

Un territoire aussi fertile et aussi populeux, des habitants d'un caractère aussi doux offraient par eux-mêmes des ressources immenses à l'industrie et au commerce anglais. Mais la Compagnie était pressée de jouir. Sous le prétexte que ses conquêtes prenaient un développement considérable, et que les nations ennemies pouvaient être tentées de demander leur part à d'aussi grandes richesses, mais dans le fait pour rattacher par un lien puissant toutes les provinces de ce vaste empire dans le but de les gouverner avec plus de facilité, la Compagnie des Indes résolut de se constituer en gouvernement régulier. La première demande qui fut faite à cet égard remonte à l'an 1624. A cette époque le roi confère à la Compagnie le droit de punir, conformément aux lois civiles ou militaires, ceux de ses employés qui se rendraient coupables de délits et de crimes dans les Indes orientales ; ce droit allait jusqu'à la condamnation à mort. La Compagnie eut ensuite une force publique organisée à l'instar de celle des plus puissants États de l'Europe. L'armée de mer fut composée de marins expérimentés et de vaisseaux marchands armés en guerre ; l'armée de terre compta des corps de diverses armes, des officiers et des soldats du génie, des artilleurs à cheval et à pied, des troupes régulières et irrégulières tant en infanterie qu'en cavalerie, des corps de vétérans, des corps de sapeurs, divers services de santé, un état-major considérable. A l'organisation militaire fut jointe l'organisation civile. Une cour suprême de justice composée d'un grand juge et de trois assesseurs, des cours provinciales et des tribunaux de police furent installés. Le gouvernement de l'Inde fut confié à un gouverneur général, qui dès l'origine, ainsi que tous les autres fonctionnaires de l'Inde, reçut des émoluments considérables. Le principe « bien payé, bien servi » a toujours été strictement pratiqué par la Compagnie (*).

(*) En 1727-28, le traitement du gouverneur général de l'Inde était de 240,000 roupies sicca (600,000 fr.) ; celui de chaque membre ordinaire du conseil, de 96,000 roupies (240,000 fr.) ; celui de chacun des gouverneurs, des présidents de Madras, de Bombay et des provinces de l'ouest, de 120,000 roupies environ (300,000 fr.) ; celui de chaque membre adjoint de chacun des présidents, 60,000 roupies ou 150,000 fr. ; celui du général commandant en chef, indépendamment d'une bonification affectée à ce grade, de 180,000 fr. par an ; celui des officiers généraux, de 90 à 100,000 fr. ; celui des brigadiers, d'environ 60,000 fr. ; celui des colonels, de 36 à 45,000 fr. ; celui des lieutenants-colonels, de 22 à 34,000 fr. ; celui des majors, de 17 à 27,000 fr. ; celui des capitaines, de 10 à 16,000 fr. ; celui des lieutenants, de 6 à 10,000 fr. ; celui des sous-lieutenants, enseignes ou cornettes, de 4,500 à 9,200 fr. ; celui de l'évêque métropolitain de l'Inde, de 125,000 fr. ; celui de deux évêques suffragants de Madras et de Bombay, de 60,000 fr. pour chacun. Indépendamment de ces traitements magnifiques, les hauts fonctionnaires du clergé sont logés gratuitement dans de superbes palais. L'ensemble des hauts traitements ci-

Mais, tandis que pour affermir sa puissance, la Compagnie introduisait dans l'Inde une forme de gouvernement imitée du gouvernement européen, elle conservait du gouvernement musulman qui l'avait précédé, tout ce qui pouvait tendre à l'accroissement de ces richesses. Suivant la coutume de l'Orient en matière de conquêtes, les biens acquis par le glaive deviennent la propriété du vainqueur ; ainsi le veut le texte du Koran. Les Musulmans en établissant leur domination dans l'Inde, s'étaient arrogé le droit de propriété absolue sur toutes les terres ; ils décrétaient que la moitié du produit brut du sol serait le tribut ou l'impôt par lequel les cultivateurs infidèles rachèteraient de la mort, eux, leurs femmes et leurs enfants. Ces principes furent continués par la Compagnie ; comme ses prédécesseurs, elle préleva la moitié du produit brut de la terre, se justifiant sur ce que le droit de la propriété passait aux vainqueurs, comme un des priviléges de la conquête. Pour la perception de l'impôt, les Musulmans avaient des employés qui réunissaient les habitants les plus influents du village, compris dans leur ressort, et s'entendaient pour déterminer la cote de l'impôt que chaque habitant devait au fisc. Ce mode était défectueux en ce sens que l'employé du fisc agissait sans contrôle et qu'il pouvait même donner cours à ses mauvais penchants. Dans l'administration des provinces, les Musulmans avaient coutume de nommer des gouverneurs appelés nabads ou soubadhars, avec lesquels ils contractaient un marché en vertu duquel ceux-ci s'obligeaient à verser annuellement dans le trésor royal une somme déterminée. Les soubadhars, hommes fastueux, divisaient leurs territoires en districts, et traitaient à leur tour avec des fermiers généraux qui s'engageaient à se mettre à leur lieu et place envers le pouvoir cen-

vils, judiciaires, ecclésiastiques, s'élevait, pour l'exercice de 1827-1828, à 50,000,000 de francs répartis entre 1306 fonctionnaires.

Cl. Pel.

tral, et à fournir de plus les sommes nécessaires à leurs prodigalités et aux dispendieux entretiens de leurs cours. Le fermier général traitait ensuite avec un agent d'un état inférieur, et donnait la préférence au plus offrant, comme on faisait pour lui-même. Tous ces différents systèmes furent adoptés avec empressement par la Compagnie. Mais la Compagnie fit davantage; non contente d'imiter les Musulmans en matière fiscale, elle ajouta les impôts européens aux impôts musulmans. Les malheureux Indiens eurent donc le *perpetual settlement* ou l'impôt permanent; le *temporary settlement* ou la taxe du village; le *ryot assessment* ou la taxe du paysan, le droit du sel, le droit du timbre, etc.

Dire ce que l'esprit de lucre suggéra à la Compagnie à cet égard, et dans quels excès elle se laissa entraîner, nous serait impossible. A l'époque qui nous occupe, les spoliations qu'elle commettait étaient telles, que des milliers de paysans affamés que l'on connaissait sous le nom de Decoys, abandonnant leur famille, laissant là leur charrue et leurs champs, se formant en troupes nombreuses, prenant pour quartier général des montagnes inaccessibles, ou des jungles impénétrables, s'élançaient de ces retraites sur les grandes routes pour assassiner les voyageurs et les habitants. L'histoire de la Compagnie est toute pleine de spoliations : les services qu'elle a rendus à ces vastes contrées ne sauraient effacer les taches de sang qui la souillent. Cependant ces services sont immenses. L'Indoustan doit en effet à la Compagnie divers établissements d'utilité publique; tels sont des écoles et des collèges fondés dans les grandes villes, et notamment à Calcutta et à Madras. Aujourd'hui la presse est à peu près libre dans l'Inde, et elle y compte de nombreux organes de toutes les opinions. Ajoutons que des sommes considérables ont été consacrées officiellement aux frais de l'instruction publique; que sous le rapport religieux et moral, la Compagnie s'est efforcée d'adoucir le culte du bouddhisme et de l'islamisme dans ce qu'il avait de plus idolâtre, sans violenter la conscience des Indiens; que grâce à son activité, la Compagnie est parvenue à détruire l'usage des *suttees*.

Mais comment l'Angleterre souffrit-elle que ses enfants commissent des excès aussi coupables ? Pour l'honneur d'un si grand peuple, on est obligé de croire que ces atrocités ne furent impunies que parce qu'elles restèrent longtemps ensevelies dans les ténèbres. En effet, la bouche qui les racontait étant une bouche intéressée, les faits n'arrivaient naturellement qu'amoindris, décolorés, dépouillés de leurs couleurs sombres, après avoir franchi des mers immenses. Les conquêtes de la Compagnie avaient en outre quelque chose de si extraordinaire, qu'on ne dut songer d'abord qu'au merveilleux, et qu'on ne se préoccupa point des circonstances qui les avaient procurées. D'ailleurs des événements qui touchaient à des intérêts plus rapprochés, empêchaient que les esprits ne se portassent vers des régions aussi lointaines. Mais cet état de choses changea quand Clive et Hastings eurent successivement administré les affaires de la Compagnie. Alors la presse, stimulée par l'esprit de parti, commence à soulever un coin du voile et à jeter son regard inquisiteur sur ce qui se passe dans ces vastes contrées. Vainement la Compagnie veut dérober ses actes à la connaissance du pays. Bientôt un bruit accusateur plane sur elle. Le célèbre Clive, malgré d'immenses services, ne peut lui-même échapper à la censure de la chambre des communes, et profondément blessé de cette sorte de flétrissure, il termine ses jours par un suicide. Les actes de Warren Hastings allaient provoquer l'explosion.

Il appartenait à une famille ancienne, ruinée dans la guerre civile des temps de Charles Ier. Très-jeune encore, il avait éprouvé une profonde impression au souvenir de cette grandeur passée. Warren Hastings rapportait lui-même, qu'ayant à peine sept ans, il avait formé la détermination de racheter le manoir de Daylesford, que ses ancêtres avaient habité, et qu'ils avaient été obligés de vendre dans des jours de détresse. Ses débuts dans la Compagnie furent ceux d'un modeste employé; ses fonctions étaient celles d'un simple expéditionnaire. Mais voulant imiter Clive, qui avait commencé comme lui, Warren Hastings quitta bientôt la plume pour le mousquet. Dans cette carrière nouvelle il sut se faire distinguer par Clive, qui lui confia des fonctions importantes. Hastings avait le goût de la dépense; aussi, après un séjour de quinze années dans l'Inde, revint-il en Angleterre aussi pauvre qu'il en était parti. Toutefois, en raison des services qu'il avait rendus, la Compagnie lui donna une pension supérieure à celle qu'il avait eue précédemment; elle lui fit en outre la promesse de la présidence de Madras, si cette présidence devenait vacante.

La Compagnie reconnaissait dans cet agent une volonté ferme, inflexible, que rien ne pouvait altérer : telles étaient en effet les qualités les plus éminentes de W. Hastings. Mais Hastings ne se distinguait point par la délicatesse des sentiments. Il venait de dire une seconde fois adieu à l'Angleterre; à bord du *duc de Grafton*, qui le transportait au Bengale, se trouvait un baron allemand, nommé Imhoff. Le baron allait à Madras, en qualité de peintre, et était accompagné de sa femme, dame charmante, d'une figure agréable, d'un esprit cultivé, de manières séduisantes. Pendant la traversée, Warren Hastings devint amoureux de la baronne, qui, elle-même, fut flattée des attentions d'un personnage aussi élevé. Cacher un pareil amour à tous les yeux eût été le parti qu'aurait pris un homme ordinaire; mais pour un caractère ardent comme celui de Hastings, ce parti était impossible. D'ailleurs Imhoff était un homme accommodant. D'un commun accord, il fut donc arrêté que la baronne réclamerait subsidiairement le divorce aux tribunaux de la Franconie; qu'en attendant la sentence, le baron resterait le titulaire de la communauté, et qu'une fois le divorce obtenu, Hastings épouserait la baronne, et adopterait les enfants de son premier lit. Le baron, pour prix de son adhésion, devait recevoir une indemnité.

A son arrivée dans l'Inde, Hastings trouva le commerce de la Compagnie dans un état complet de désorganisation; mais par son activité extraordinaire, par ses efforts il parvint bientôt à réparer le désordre. Les services qu'il rendit à cette occasion furent tels que les directeurs de la Compagnie, pour l'en récompenser, le placèrent à la tête du gouvernement du Bengale (1772). Cette élévation qui flattait l'ambition de Warren Hastings, le stimula à donner à ses chefs de nouvelles preuves de son zèle. L'administration intérieure du Bengale était confiée, à cette époque, à un ministre indigène, nommé Mahommed-Reza-Khan, homme capable, actif, dont les émoluments annuels s'élevaient à environ 100,000 liv. sterl. (2,500,000 fr.). Mahommed-Reza-Khan représentait la Compagnie dans ses relations avec les nabads de l'Inde; c'était par ses mains que passaient les fonds qui leur étaient alloués; c'était lui qui déterminait le chiffre de l'allocation. Des fonctions aussi grassement rétribuées devaient exciter la convoitise des ambitieux. Un bramine indou, le maharajahh Nuncomar, homme avide et d'un caractère à ne reculer devant aucune bassesse, fit entendre à Hastings qu'il y avait eu des malversations considérables dans l'administration de Mahommed-Reza-Khan. Sans autre motif qu'une pareille déposition, Hastings ordonna l'arrestation immédiate de ce dernier, ensuite il condamna son prisonnier à une forte amende, abolit la charge de grand ministre, et transféra le gouvernement intérieur du pays aux employés de la Compagnie. Quant à l'ambitieux Nuncomar, qui s'était proposé de renverser l'administration musulmane, et de s'élever sur ses ruines, il n'obtint rien pour lui-même.

Dans toutes ses dépêches, la Compagnie faisait à Hastings les plus vives recommandations : « Pratiquez la justice, disait-elle; faites aimer notre gouvernement aux populations indoustaniques. » Mais toutes les recommandations de la Compagnie se terminaient par des demandes pressantes de fonds ; et réaliser ces deux choses à la fois paraissait impossible aux yeux de Hastings. Faisant peu de cas des sermons, Hastings s'appliquait donc à trouver des roupies à la Compagnie; il laissait de côté les instructions morales, et suivait les réquisitions pécuniaires.

Dire en détail ce qu'il fit à cet égard, nous entraînerait bien au delà des limites que nous nous sommes tracées. Bornons-nous aux faits qui servirent de base à l'accusation portée contre lui par les communes. La Compagnie faisait une pension annuelle de 320,000 livres sterling (8,000,000 fr.) au nabad du Bengale, en vertu d'un engagement formel. Hastings réduisit, de son propre chef la pension à 160,000 livres sterling (4,000,000 fr.). Le Grand Mogol, comme le nabad du Bengale, recevait une pension de la Compagnie. Cette pension, qui s'élevait à 320,000 livres sterling (8,000,000 fr.) fut complétement supprimée. Non satisfait d'avoir ainsi dépouillé le Grand Mogol, Hastings fit main basse sur les districts de Corah et d'Allahabad, cédés à ce prince par la Compagnie ; il les vendit ensuite pour 1,000,000 liv. st. (25,000,000 fr.) à Sujah-Dowlah, prince d'Oude, et nabad-vizir. Une spoliation plus odieuse fut celle qu'il commit contre une tribu des Afghans, appelée les Rohillas, race hardie qui devait, un jour, venger cet outrage. Les Rohillas qui s'étaient autrefois distingués dans les armées mogoles, avaient obtenu, en récompense de leur bravoure, de vastes étendues de terrain dans la vallée de Rohilcund. Cette vallée est arrosée par les eaux limoneuses du Ramgunga, qui se jette ensuite dans le Gange. Elle était devenue, grâce à l'activité de ses nouveaux habitants, l'un des districts les plus riches et les plus fertiles de l'Inde. Les Rohillas étaient aussi renommés parmi les habitants de l'Inde pour leur valeur, leur industrie et pour leur amour des lettres et de la poésie.

Leurs grandes richesses ne tardèrent pas à exciter la convoitise des nabads voisins, et notamment de Sujah-Dowlah, prince d'Oude, qui forma le projet de s'en emparer. Sujah-Dowlah qui était lâche, s'adressa à Hastings, et lui demanda le concours des forces anglaises. Cette proposition infâme fut conclue par un traité. Hastings s'engagea à fournir des troupes au prince d'Oude ; et pour prix de ce service, il fut arrêté que le nabad verserait dans les coffres de la Compagnie la somme de 400,000 livres sterling (10,000,000 fr.) ; qu'indépendamment de ces sommes, le nabad payerait les dépenses des troupes pendant la durée de la guerre.

Les Rohillas demandèrent la paix, et offrirent une forte rançon ; ce fut en vain. Les belles vallées et les villes florissantes de Rohilcund furent saccagées par un ennemi impitoyable. On rapporte que plus de cent mille individus désertèrent leur demeure, et cherchèrent un asile dans des jungles pestilentiels, préférant la famine, la fièvre, et le voisinage des bêtes féroces, à la domination d'un tyran avide, lâche et cruel. Mais les coffres de la Compagnie s'étaient remplis de 40 lacs de roupies ; et, indépendamment de ces sommes, le nabad vainqueur avait pourvu aux dépenses de l'armée, qui furent estimées à environ 250,000 liv. sterl. (6,250,000 fr.).

Des faits analogues avaient signalé les administrations précédentes, et le parlement anglais, profondément ému de ces actes de cruauté et de spoliation, s'occupait d'y mettre un terme. Dans cette intention (session de 1778), il venait d'adopter le *regulating act*, ou acte de règlement. Aux termes de cette loi, le gouverneur du Bengale prenait le titre de gouverneur général ; un conseil, composé de quatre conseillers, était établi ; toutes les mesures du gouvernement de l'Inde, dans ses rapports avec les indigènes, devaient être délibérées dans le sein de ce conseil, et elles ne pouvaient être mises à exécution qu'autant qu'elles étaient sanctionnées par la majorité des voix. Le *regulating act* établissait en outre une cour suprême, indépendante du gouverneur général et du conseil; cette cour possédait, tant au civil qu'au criminel, un pouvoir immense et presque illimité.

Hastings se montra profondément blessé de ces restrictions; et, d'un caractère trop impétueux pour déguiser ses sentiments, il refusa aux nouveaux membres du conseil, à leur arrivée dans l'Inde, le salut d'usage; au lieu de vingt et un coups de canon auxquels ils avaient droit, il ne leur en accorda que dix-sept. Les événements les plus importants se rattachent quelquefois à des causes infiniment petites. Ces quatre coups de canon de moins furent regardés comme une insulte par les conseillers, et notamment par M. Francis Philipp, l'auteur prétendu des lettres de Junius. Dès lors la guerre fut déclarée entre les conseillers et le gouverneur général. Toutefois, Hastings parvint à gagner à son parti sir Elijah Impey, chef suprême de la nouvelle cour. Sir Elijah Impey, le plus misérable des hommes qui aient revêtu la toge magistrale, avait été le compagnon d'école de Hastings, et il devint bientôt l'un de ses meilleurs amis.

On n'a point oublié le dénonciateur Nuncomar. Cet homme avait voué une haine implacable à Hastings, après la chute de Mahommed-Reza-Khan. Ayant eu connaissance de la querelle qui avait éclaté entre le conseil et le gouverneur, et se croyant, à cause de ses richesses, assez d'influence pour perdre son ennemi, Nuncomar accusa Hastings, devant le conseil, d'avoir vendu des places, et de s'être approprié illégalement des sommes d'argent. Hastings parla d'abord avec mépris de Nuncomar et de ses accusations; mais, malgré l'assurance de ses dénégations, il fut déclaré coupable par le conseil, qui le condamna à restituer 30 à 40 mille liv. sterl. (750,000 à 1,000,000 fr.). Le triomphe de Nuncomar eût été complet peut-être avec un autre homme; mais, avec Hastings, il jouait un jeu désespéré, car le gouverneur n'était pas homme à se laisser battre par un Indien sans avoir épuisé toutes ses ressources. Il fit arrêter Nuncomar, et le dénonça à la cour suprême, comme coupable d'un faux commis deux ans auparavant. Nuncomar comparut devant sir Elijah Impey. Le malheureux était condamné dans l'esprit de ses juges avant l'ouverture des débats; car, bien que la cour suprême fût entièrement indépendante du gouverneur et de son conseil, sir Elijah Impey, qui en était le chef, s'était voué corps et âme à Hastings. Un verdict de culpabilité fut rendu contre Nuncomar: il fut condamné à mort. Mais Nuncomar, malgré son immoralité bien connue, était un bramine, c'est-à-dire, un saint qui, aux yeux des Indiens, devait au privilége de sa race celui de commettre avec impunité les plus grands crimes. D'un autre côté, la majorité du conseil venait de déclarer que la sentence de mort ne serait pas mise à exécution; ou que, si elle l'était, elle serait regardée comme un lâche assassinat. Hastings ne tint aucun compte des prières des uns et des menaces des autres; l'ordre d'exécution fut donné. On rapporte que le condamné se rendit au lieu du supplice assis dans un riche palanquin, et qu'après sa mort, des milliers de spectateurs coururent se précipiter dans les eaux sacrées de l'Hougly, comme pour se laver de la tache dont ils s'étaient souillés en assistant à l'exécution du bramine.

Cependant les actes commis par Hastings avaient franchi la mer des Indes et l'Atlantique, et tous les partis, à l'exception de la Compagnie des Indes qui ne pouvait s'empêcher de reconnaître Hastings pour l'un de ses meilleurs serviteurs, s'étaient réunis pour les flétrir. On plaignait surtout les malheureux Rohillas si injustement sacrifiés à l'odieuse avidité du nabad d'Oude. Le ministère et le roi semblaient vivement courroucés de l'audace de Warren Hastings. S'arroger les prérogatives de la royauté absolue, décider de la paix et de la guerre comme le faisait Hastings, offrait en effet un spectacle qui était de nature à froisser les susceptibilités ombrageuses de la couronne. Ce fut en vain que la Compagnie s'efforça de plaider la cause du grand coupable et qu'elle voulut le conserver dans ses fonctions; le ministère le destitua et mit à sa place un membre du conseil de l'Inde nommé Clavering.

Clavering se hâte donc de quitter l'Angleterre et de se rendre à son poste. Mais à son arrivée Hastings, qui se trouvait avoir la majorité dans le sein du conseil, par suite de la mort d'un des membres qui formaient l'ancienne majorité, refusa d'obtempérer aux ordres qui lui étaient adressés. La minorité, du conseil, lui fit inutilement de vives représentations; en réponse, Warren Hastings offrit à ses adversaires de soumettre le différend à la cour suprême, qui lui était vendue. La proposition fut acceptée, mais comme on s'y était attendu d'avance, la cour suprême prononça en sa faveur. « Cet événement, écrivait Hastings à un de ses amis à Londres (il parlait de la mort de l'un des membres du conseil) a rétabli l'autorité *constitutionnelle* de mes fonctions. » Dans le même temps Hastings demandait impérieusement les clefs du fort et du trésor, et ordonnait aux chefs de l'armée de n'obéir qu'à ses ordres.

Cette usurpation de pouvoir, ce mépris flagrant de l'autorité auraient infailliblement attiré un châtiment exemplaire sur leur auteur, si l'occasion ne se fût offerte pour lui de rendre des services signalés au pays. On ne pouvait refuser à Hastings une intelligence supérieure, de vastes conceptions; or ces qualités, en tout temps précieuses dans un chef, l'étaient davantage encore en ce moment que la guerre se poursuivait avec fureur entre l'Angleterre et les colonies américaines (1777). Les Français, afin de rétablir leurs affaires dans les Indes, ne cessaient d'envoyer dans ces contrées des agents chargés de fomenter des troubles parmi les populations indiennes. Bien que la guerre ne fût pas encore déclarée entre la France et l'Angleterre, Hastings, avec sa sagacité ordinaire, comprit qu'elle ne tarderait pas à éclater; il fit ses dispositions en conséquence. Ayant appris que la discorde régnait entre les chefs mahrattes à Poona, il résolut d'appuyer une des deux factions pour se défaire plus facilement de l'autre. Des sommes considérables et une armée de sept mille hommes (1778) furent envoyées aussitôt de Calcutta à Bombay. Hastings apprit en ce moment par la voie du consul anglais résidant à Alexandrie, que la guerre venait d'être déclarée entre la France et l'Angleterre. Rappeler les troupes qui étaient en marche, afin qu'elles défendissent Calcutta contre les agressions présumables des Français, paraissait au conseil la mesure la plus sage; mais Hastings insista pour que l'armée poursuivît sa marche. Puis déployant une activité extraordinaire, il s'empara de Chandernagor et de tous les comptoirs que les Français avaient au Bengale, éleva des fortifications pour la défense de Calcutta, et envoya des ordres à la présidence de Madras pour occuper Pondichéry sur-le-champ. L'expédition de Bombay ne fut pas d'abord heureuse, par suite de la lenteur que le général qui la commandait apporta dans ses opérations; mais un autre général répara les fautes de son prédécesseur.

Impétueux jusqu'à l'audace, Hastings, en ce moment où l'Inde avait tant besoin de ses services, jetait un défi à la tête d'un des membres du conseil. Ce personnage était M. Philipp Francis, qui l'avait profondément irrité par son opposition constante. Hastings l'accusa publiquement de l'avoir trompé. « Je ne me fie pas, dit-il devant le conseil, à la parole de M. Francis, car je sais qu'il est capable de la violer. Je juge de sa conduite publique par sa conduite privée que j'ai trouvée sans honneur et sans foi. » M. Philipp ressentit vivement cette insulte et provoqua en duel le gouverneur général, qui accepta le cartel à l'instant même. Les deux champions s'étant rendus sur le terrain, Francis reçut une balle qui lui traversa le corps de part en part. Toutefois la blessure ne fut pas mortelle.

La mort de Hastings, il faut le reconnaître, eût été funeste pour l'Inde, car la complication des affaires de ces riches contrées devenait de jour en jour plus inextricable. Un nouvel ennemi, Hyder-Ali, fondateur du royaume musulman de Mysore, et l'un des plus redoutables ennemis que les conquérants anglais dans l'Inde eurent à combattre, se présentait sur ce vaste théâtre, décidé à en chasser les Anglais. Hyder-Ali n'avait reçu aucune éducation, mais il se distinguait par une rare sagacité et de brillantes qualités; sa valeur militaire ne connaissait aucun danger. Il aimait l'or, et on rapporte que pour en acquérir, il livrait aux supplices les plus cruels ceux qu'il soupçonnait de cacher des trésors. Encouragé par les Français, avec lesquels il entretenait depuis longtemps des intelligences secrètes, il s'était mis à la tête d'une armée de quatre-vingt-dix mille hommes, et s'élançant comme la foudre du plateau du Mysore, il avait pénétré jusque dans les plaines de la Carnatique. Son armée était commandée par des officiers français expérimentés; elle était en outre pourvue d'une artillerie de plus de cent canons. Les populations effrayées s'enfuyaient devant elle; Porto-Novo sur la côte, et Conjeverane auprès de Trichimpoly, furent pris et pillés. Déjà les habitants de Madras voyaient pendant la nuit, du sommet du mont Saint-Thomas, les flammes incendiaires ravager une immense étendue de terrain. Pour comble de difficultés, la nouvelle se répandit qu'une flotte française, commandée par le bailli de Suffren, arrivait au secours de Pondichéry.

Hastings, qui sentait son courage grandir au milieu de ces difficultés, se hâta de faire la paix avec les Mahrattes, et envoya des troupes à Madras sous le commandement de Coote, général d'une bravoure et d'une expérience consommées. Coote prit avec lui cinq cents hommes d'élite, parmi les régiments anglais, et environ six cents lascars, et, avec sa petite armée, il s'embarqua à Calcutta pour Madras (27 octobre). Une tempête terrible assaillit les navires pendant la traversée; toutefois, la petite escadre arriva à Madras à bon port. Dans le même temps, l'infatigable Hastings expédiait des renforts de Calcutta. L'arrivée de ces secours surprit Hyder-Ali à l'improviste, et peut-être eût-il hésité à se mesurer avec les Anglais, lorsque la flotte française, depuis longtemps annoncée, parut et jeta l'ancre dans la rade de Pondichéry. A la vue des couleurs françaises, Hyder-Ali descendit vers la côte et se présenta devant l'armée de Coote à Porto-Novo. Mais la valeur du sultan de Mysore ne put résister à la tactique et à la discipline de l'armée anglaise; il fut battu, et des défaites successives ayant ruiné sa santé, il mourut bientôt. Hyder-Ali laissait son trône et sa haine pour les Anglais à Tippoo-Saïb son fils. Mais pour le moment Tippoo-Saïb conclut un traité avec les Anglais, et la Carnatique fut évacuée par les armes du nabad (1780).

Hastings venait de sauver l'Inde: par son activité, par ses efforts, il avait conservé de vastes possessions à la Compagnie dont il était l'agent; il était sorti triomphant d'une lutte dans laquelle toutes les chances semblaient être contre lui. Et chose remarquable! Hastings avait eu le talent, non-seulement de subvenir aux dépenses d'une guerre onéreuse, mais encore d'envoyer des sommes considérables à la Compagnie de Londres. A quelle source si abondante, dans quelle mine si profonde puisa-t-il donc les trésors qui lui étaient nécessaires pour remplir les coffres de la Compagnie et entretenir une armée de terre et de mer considérable? Quelles avaient été ses ressources?

On le devine par ce que nous connaissons déjà du caractère de Warren Hastings et des ressources inépuisables de son esprit. Le premier prince indien auquel Hastings s'adressa fut Cheyte-Sung, rajah de Bénarès. Deux causes, et deux causes peu honorables, déterminèrent ce choix. Cheyte-Sung avait eu des relations amicales avec Francis Philipp, crime impardonnable aux yeux d'un homme comme Hastings. En second lieu, Bénarès était renommée plus encore qu'elle ne l'est aujourd'hui par ses richesses; ses bazars étalaient en profusion des soies fines, des mousselines, de magnifiques cimeterres d'Oude, des bijoux de Golconde et des châles de Cachemire. Warren Hastings commença par exiger une contribution extraordinaire de 50,000 liv. st. (1,250,000 fr.), et le rajah ayant mis du retard à s'exécuter, Hastings augmenta la somme de 2,000 liv. st. (50,000 fr.) à titre d'amende. Cheyte-Sung paya. Ceci se passait en 1778. L'année suivante, Hastings fit une nouvelle demande qui fut payée de la même manière. En 1780, autre demande. Le rajah au désespoir fit offrir secrètement au gouverneur deux lacs de roupies (500,000 fr.). Les deux lacs furent acceptés; Hastings se les appropria pendant quelque temps; mais, soit crainte, soit mouvement tardif de repentir, il versa bientôt la somme dans les coffres de la Compagnie. S'adressant alors au rajah de Bénarès, Hastings maintint le chiffre de sa première demande, après l'avoir augmenté de 10,000 liv. st. (250,000 fr.) à titre d'amende pour cause de corruption. Cheyte-Sung fut obligé de payer. Hastings était décidé à consommer la ruine du rajah. Dans cette intention il demanda au rajah 1,000 cavaliers équipés pour le service de la Compagnie. Cheyte-Sung n'ayant pu réunir cette troupe, en offrit cinq cents; Hastings ne répondit point. « Je veux, disait-il à ses confidents, le rançonner largement, pour le punir de son crime. » Le crime de Cheyte-Sung, nous l'avons dit, consistait dans ses richesses et dans le tort qu'il avait eu d'entretenir des relations amicales avec M. Philipp. Alarmé du silence du gouverneur, le malheureux Cheyte-Sung lui fit offrir vingt lacs de roupies (ou cinq millions de francs). Hastings fit réponse qu'il ne serait pas satisfait à moins de cinquante lacs, et en même temps il annonçait au rajah sa prochaine arrivée à Bénarès.

Hastings partit; il n'avait avec lui qu'une faible escorte, car il ne supposait pas que le rajah eût l'idée de résister. En effet, le rajah, dans l'espoir d'adoucir son impitoyable bourreau par un acte de soumission, s'était hâté de quitter sa capitale et de venir au-devant de lui. Hastings reçut Cheyte-Sung avec une grande hauteur, il continua son voyage, et entra à Bénarès avec le rajah (14 août 1781). Le lendemain de son arrivée, Hastings envoya au rajah un long manifeste dans lequel, à côté de plaintes amères sur des torts prétendus, il faisait une demande de fonds, et exigeait une réponse immédiate. La réponse fut faite, mais elle fut regardée comme injurieuse, impertinente. Puis Hastings donna des ordres pour que le rajah fût arrêté; ordre qui fut exécuté.

Bénarès est la cité sainte de l'Inde, et cette ville renferme une population considérable; il s'y trouvait, à cette époque, une foule de pèlerins venus de toutes les parties de l'Inde. Les traitements indignes exercés sur la personne du rajah, qui était aimé de ses sujets, et qui, en sa qualité de bramine, jouissait d'une grande considération parmi les Indiens, excitèrent une indignation profonde. A peine la nouvelle de l'arrestation de Cheyte-Sung fut-elle connue, que les rues étroites de la ville retentirent de clameurs. Une révolte éclatait; les pèlerins se réunissaient à la population et couraient aux armes; le peuple irrité se portait en foule vers le palais. Deux compagnies de soldats anglais, qui tentèrent de faire résistance, furent mises en pièces. Au milieu de la confusion générale, le rajah s'était échappé du palais où il avait été retenu prisonnier. Bientôt Hastings fut étroitement bloqué dans sa demeure. Dans cette conjoncture difficile, Hastings conserva son calme ordinaire: le rajah lui ayant envoyé un message, dans lequel il lui faisait ses excuses, et lui donnait à entendre qu'il était prêt à se soumettre à toutes les conditions, Hastings ne daigna pas y répondre. Son esprit s'ingéniait alors à tromper l'ennemi par divers stratagèmes pour instruire les commandants des garnisons voisines de sa situation critique. Les Indiens portent, en général, des anneaux aux oreilles; et il est d'usage, parmi eux, quand ils ôtent ces anneaux, de placer des morceaux de papier roulés dans les trous pour empêcher qu'ils ne se bouchent. Hastings donna à ses dépêches la forme de ces papiers roulés, et les confia à ses émissaires, qui, les ayant placées dans leurs oreilles comme des papiers ordinaires, parvinrent à franchir les lignes ennemies sans être arrêtés. Hastings écrivit de cette manière à divers officiers qui commandaient les garnisons les plus voisines, et envoya même des instructions à un agent qui négociait alors avec les Mahrattes. Bientôt il put s'échapper de Bénarès, et gagner la forteresse de Chunar, qui est bâtie sur un rocher situé sur le bord du Gange, à environ dix-sept milles au-dessous de Bénarès.

Cependant la nouvelle de la fuite du gouverneur général avait donné un nouvel élan aux insurgés; la province tout entière et quelques districts voisins couraient aux armes, jurant qu'ils défendraient le rajah contre les violences des Anglais. De son côté le rajah, secouant sa timidité naturelle, s'était mis à la tête des révoltés. L'armée du rajah s'élevait à plus de trente mille hommes. Mais cette armée manquait de discipline, et ses chefs étaient sans talents. Quand les troupes régulières, qui venaient au secours du gouverneur général, se présentèrent, l'armée du rajah n'osa pas se mesurer avec elle; la déroute fut complète, et le pauvre rajah alla se réfugier à Bedjeeghar, forteresse importante à cinquante milles de Bénarès. L'armée victorieuse était déjà à sa poursuite, et le rajah effrayé quitta ses États pour n'y plus rentrer. Sa fuite fut tellement précipitée, qu'il laissa derrière lui sa femme, sa nièce, et toutes les femmes de la famille. Le fort se rendit par capitulation, et fut livré au pillage. Hastings comptait y trouver des sommes immenses. « Vous jugerez de mon étonnement, écrivait-il à la Compagnie, quand je vous dirai que la distribution du pillage avait commencé avant que j'eusse appris que le fort était en notre possession; et que cette distribution était finie avant que je susse qu'elle fût commencée. » Les femmes du rajah, au nombre de trois cents, furent soumises à une visite minutieuse, conformément aux ordres de Hastings, à qui cette visite avait paru nécessaire; chacune d'elles fut dépouillée de ce qu'elle avait de plus précieux; leurs plaintes amères contre l'indignité de ces traitements, leurs larmes, leurs prières, la faiblesse de leur sexe, ne touchèrent point la cupidité inexorable de leurs vainqueurs.

Après avoir dépouillé ainsi le rajah de Bénarès, Hastings s'occupa de rançonner de la même manière le nabad d'Oude. Nous avons vu que le gouverneur avait prêté des troupes à Sujah-Dowlah, pour aider celui-ci à vaincre les Rohillas. Sujah-Dowlah était mort depuis longtemps, laissant le trône d'Oude à Asaph-ul-Dowlah, le plus débauché et le plus méprisable de tous les princes de l'Orient. Asaph-ul-Dowlah, comprenant le danger d'avoir des troupes anglaises dans son royaume, aurait voulu s'en délivrer, sous prétexte qu'il ne pouvait les payer, et il insistait, depuis quelque temps, auprès du gouverneur pour qu'il les retirât; mais Hastings s'y refusait, et réclamait de nouveaux tributs. Le nabad, voulant se soustraire aux réquisitions qui lui étaient faites, conclut alors avec Hastings le marché le plus honteux qu'on puisse imaginer, car il ne s'agissait rien moins, pour le nabad, que de dépouiller sa propre mère, et la mère de Sujah-Dowlah, la mère de son père, pour ne point être dépouillé lui-même. Ces deux princesses portaient le titre de Begum ou princesses d'Oude; et, à plusieurs reprises, Asaph-ul-Dowlah leur avait extorqué des sommes considérables. Effrayées de ses menaces et de ses exactions, elles avaient réclamé l'assistance du gouvernement de la Compagnie; Hastings la leur avait accordée.

Mais ayant appris par Asaph-ul-Dowlah que les princesses étaient riches, Hastings retira la parole donnée; et son imagination trouva sans peine un prétexte plausible aux nouvelles spoliations qu'il méditait. L'insurrection de Bénarès avait occasionné quelques troubles dans le royaume d'Oude; ces troubles furent attribués aux princesses, qui furent condamnées sans jugement à la confiscation de leurs propriétés. Un détachement de troupes de la Compagnie enfonça aussitôt les portes des palais habités par les princesses; leurs appartements furent visités; et comme les sommes qu'on y trouvait ne répondaient pas à l'attente des visiteurs, on arrêta deux eunuques qui possédaient la confiance des princesses, dans le but d'obtenir de ces malheureux, par des tortures, le secret du lieu où étaient cachés les trésors. Les eunuques furent livrés aux bourreaux, et les princesses elles-mêmes furent privées de nourriture; ces traitements furent prolongés pendant plusieurs mois. Hastings parvint ainsi à réaliser une somme de 1,200,000 livres sterl. (30 millions de francs).

A ces faits nous pourrions en ajouter d'autres, mais hâtons-nous d'arriver à la fin de l'administration de ce terrible homme; elle se termina au printemps de 1785. Chose remarquable, quand le retour en Angleterre du gouverneur général fut décidé, le jour du départ arrivé, on vit des flots de peuples se presser sur son passage; la foule était rangée sur deux lignes, depuis le palais du gouvernement jusqu'au quai qui borde l'Hougly, tandis que des barques sillonnaient le fleuve et suivaient son navire. Nous ne devons point omettre encore que, pendant son séjour dans l'Inde, Hastings avait atteint le double objet de ses vœux; qu'il revenait riche en Angleterre, et pouvait acheter le manoir de Daylesford; en second lieu, qu'il avait épousé la baronne Imhoff. Cette union, comme tous les actes de Hastings, présenta quelque chose d'extraordinaire. Le jour où elle s'accomplit, la capitale de l'empire britannique dans l'Inde fut le théâtre de grandes fêtes auxquelles Hastings convia tous les Anglais de rang, sans distinction de parti. Un membre du conseil, nommé Clavering, le même qui avait été nommé aux fonctions de gouverneur par le ministère, ayant refusé de se rendre à l'invitation, Hastings alla lui-même l'enlever dans sa propre demeure; puis, s'étant rendu au palais du gouvernement avec son rival, Hastings le promena en triomphateur dans tous les salons; cet acte de fantaisie sauvage fut fatal à Clavering, qui mourut quelques jours après.

Les annales des peuples modernes n'ont rien d'analogue avec l'histoire de la Compagnie. Que de lâches violences! l'humanité frissonne à la simple énumération de tant d'atrocités. Assassinats juridiques, spoliations odieuses, violences inouïes, aucun acte, quelque coupable qu'en fût la nature, n'avait effrayé Hastings. L'énormité de ces faits a rejailli sur l'Angleterre; beaucoup d'écrivains n'ont point voulu faire de distinction entre elle et la Compagnie des Indes orientales; ils ont pris ce thème pour l'attaquer dans sa probité nationale. Toutefois, dans notre sévérité, gardons-nous d'être injustes, et surtout n'allons point prétendre, pour nous-mêmes, à une sorte de pureté virginale. Il ne faut point perdre de vue que l'Angleterre fut pendant longtemps dans une position particulière vis-à-vis des autres peuples, ceux-ci pouvant laisser ensevelis dans les ténèbres les faits qui portaient atteinte à leur honneur, tandis qu'en Angleterre, chaque chose, bonne ou mauvaise, était mise et discutée au grand jour. Ajoutons que l'opposition, que nous avons vue quelquefois si tracassière et si mesquine, accomplissait à ce moment une noble tâche; que c'était un grand et beau triomphe pour elle, alors qu'elle prenait en main les droits de l'humanité si outrageusement méconnus, et qu'elle s'en constituait le défenseur.

Remarquez qu'au cri de douleur que poussent des populations sacrifiées, la publicité provoque un débat qui a pour juge le pays tout entier; que lorsque les lois de la sainte cause des peuples ont été violées sur quelque point du globe, ce fait tombe aussitôt dans le domaine de la presse, et qu'on voit celle-ci faire un appel à l'honneur outragé du pays, à la probité nationale méconnue;qu'en Angleterre la cause de la justice trouve non-seulement un appui dans les bonnes passions des hommes, mais encore dans l'ambition des partis. Ne voyons-nous pas, en effet, dans les luttes si animées du parlement, les hommes, après avoir employé inutilement les armes de la corruption, accuser, pour dernière ressource, leurs adversaires de méconnaître les droits de la justice? En définitive, que veulent-ils? L'humanité est le prétexte, l'ambition le but. Il n'est pas rare pourtant que la cause de l'humanité sorte triomphante du milieu de tant d'efforts intéressés. Ainsi, au moyen de la publicité, la constitution d'Angleterre réparerait d'une main les désordres qu'elle aurait peut-être provoqués de l'autre.

Cependant, si Hastings s'était rendu coupable d'actes odieux, il avait d'un autre côté sauvé l'Inde, et avait considérablement agrandi les richesses de la Compagnie. Cette double considération devait donc lui attirer un blâme sévère, en même temps qu'elle était de nature à exciter de vives sympathies en sa faveur. La presse opposante l'attaqua jusque dans sa vie privée. La reine, malgré la sévérité ordinaire de sa vertu, avait témoigné une grande faveur à mistriss Hastings. Les journaux hostiles à la cour blâmèrent, en termes acerbes, cet acte de la reine; ils appelaient mistriss Hastings une fille de joie : « donner des marques de bienveillance à une pareille femme, disaient-ils, c'est compromettre la dignité de la couronne. » Ce fut Burke qui demanda dans les communes la mise en accusation de Hastings (1786). Celui-ci parut à la barre pour se défendre; il avait un ton hautain, circonstance qui n'était pas de nature à lui concilier les bonnes grâces des communes. La fermeture de la session mit fin aux débats; mais la question fut reprise dans les premiers jours de la session suivante. Vingt chefs d'accusation furent produits. Hastings croyait à l'impunité, car les ministres lui montraient une grande bienveillance. Le bruit se répandit même que Hastings allait être élevé à la pairie, décoré de l'étoile du Bain, admis au conseil privé; mais cette illusion ne tarda pas à se dissiper, lorsque, dans le cours de la discussion, Pitt déclara qu'il voterait en faveur de l'accusation. D'où venait cette détermination de William Pitt? On prétendit qu'elle avait sa cause dans la jalousie qu'inspiraient aux ministres les talents de Hastings. Quoi qu'il en soit, la mise en accusation devant la chambre des lords fut aussitôt votée, et elle obtint une imposante majorité. L'accusé dut fournir une caution personnelle de 20,000 liv. sterl. (500,000 fr.), deux autres cautions de 10,000 liv. sterl. chacune, pour obtenir sa liberté provisoire. Mais une prorogation du parlement ayant suspendu les poursuites commencées, l'ouverture de ce grave procès fut remise à la session suivante. La cour ouvrit sa première séance le 13 février 1788.

La *Revue britannique* nous a fourni des détails pleins d'intérêt sur la physionomie de cette grande solennité judiciaire. Une foule immense, dans laquelle on voyait figurer les premiers personnages de l'Angleterre, était accourue à Wesminster, pour assister à ces débats. Le théâtre était digne d'un tel spectacle. C'était la grande salle de Guillaume le Roux, la salle qui avait retenti d'acclamations de joie à l'avénement de trente rois; la salle qui avait entendu prononcer la juste condamnation de Bacon, et le juste acquittement de Somers; la salle où l'éloquence de Strafford avait un moment inspiré un certain respect, et presque des remords à ses ennemis victorieux et irrités; la salle où Charles Ier avait affronté la haute cour de justice, avec ce noble courage qui a fait parfois oublier ses crimes. Toutes les pompes civiles et militaires étaient déployées à l'extérieur et à l'intérieur de Westminster-Hall. Des grenadiers formaient la haie le long de toutes les avenues environnantes; la cavalerie tenait la foule à distance. Des hérauts d'armes introduisaient les pairs, tous couverts d'or et d'hermine. Les juges, revêtus de leur costume officiel, assistaient à l'audience pour donner leur avis sur les questions de droit. Cent soixante-dix lords, presque tous les membres de la chambre des communes, s'étaient rendus en procession solennelle du lieu ordinaire de leurs séances jusqu'au tribunal. Le plus jeune baron présent marchait à leur tête, c'était lord Heathfield, qui devait sa récente noblesse à sa mémorable défense de Gibraltar contre les flottes et les armées coalisées de la France et de l'Espagne. Le duc de Norfolk, comte-maréchal du royaume; les grands dignitaires, les fils et les frères du roi fermaient le cortége. Le dernier de tous marchait le prince de Galles, dont la beauté et la noble taille excitaient une admiration universelle. A l'intérieur, les vieilles murailles grises avaient disparu sous des tentures de velours rouge. D'immenses galeries contenaient tout ce qu'une nation grande, libre, éclairée et prospère, possédait alors de grâce, de beauté, d'esprit, de talent et de science. Les jeunes héritières aux beaux cheveux de la maison de Brunswick entouraient la reine. Les ambassadeurs de toutes les monarchies et de toutes les républiques de l'Europe contemplaient avec ravissement ce magnifique coup d'œil, que nulle autre nation n'eût pu leur offrir. Siddons, dans toute la fleur de sa majestueuse beauté, éprouvait une certaine émotion à assister à un semblable spectacle. L'historien de l'empire romain songeait aux jours où Cicéron plaidait la cause de la Sicile contre Verrès, et à ceux où, devant un sénat, qui conservait encore quelques restes de son indépendance passée, Tacite maudissait l'oppression de l'Afrique. Le plus grand peintre et le plus grand érudit de l'époque, Reynolds et Parr, étaient assis l'un à côté de l'autre dans la même tribune. Plus loin, les charmes voluptueux de la séduisante beauté à laquelle l'héritier du trône avait secrètement engagé sa foi, attiraient tous les regards. Plus loin encore, parmi les femmes dont l'éloquence, plus persuasive que celle de Fox, avait assuré le succès de l'élection de Westminster, malgré la cour et la trésorerie, brillait comme un astre entouré d'autres astres, la belle Georgina, duchesse de Devonshire.

Les sergents d'armes firent leur proclamation. Hastings s'avança à la barre et s'agenouilla. L'accusé certes méritait un tel auditoire; il avait gouverné un royaume aussi étendu que populeux, fait des lois et des traités, commandé des armées, couronné et détrôné des souverains. Ceux qui l'avaient craint, ceux qui l'avaient aimé, ceux qui le haïssaient ne pouvaient lui refuser qu'un seul titre de gloire, la vertu. Quand il entra dans la salle, tous les yeux se fixèrent sur lui; ce n'était pas un grand criminel, mais un grand homme qui comparaissait. Un corps grêle, délicat et amaigri; une démarche pleine de dignité, un front haut et intelligent, une physionomie pensive et grave, sans roideur et sans austérité; une bouche qui indiquait un caractère inflexible; une figure pâle et fatiguée, mais sereine, sur laquelle se lisait, aussi distinctement qu'au-dessous d'un portrait placé dans la chambre de Calcutta : *Mens æqua in arduis :* tel fut le grand proconsul, quand il se présenta devant ses juges.

Ses conseils l'accompagnaient; c'étaient des avocats que leurs talents et leur instruction devaient plus tard élever jusqu'aux plus hautes dignités de leur profession, Law, Dallas et Palmer. Mais ni l'accusé, ni ses défenseurs n'attiraient la même attention que ses accusateurs. Au milieu de toutes ces draperies de drap ou de velours rouge qui ornaient la salle, un espace garni de banquettes et de tables avait été réservé pour les communes. Les membres du comité, Burke à leur tête, firent une entrée solennelle avec leurs costumes d'apparat. On remarqua que Fox, d'ordinaire si peu soigné dans sa toilette, portait, en cette occasion, la bourse et l'épée. Pitt avait refusé de figurer dans la procédure. L'âge et la cécité empêchaient lord North de prêter à ses amis le précieux secours de son grand sens, de son tact et de son urbanité. Mais, malgré l'absence de ces deux membres de la chambre des communes, jamais, depuis le siècle de l'éloquence athénienne, le même auditoire n'avait vu un aussi grand nombre d'orateurs illustres engagés dans la même cause : le Démosthène et l'Hypéride britanniques, Fox et Sheridan, Burke, Wyndham et le comte Charles Grey. Tous ces hommes de génie, qui jouèrent un rôle dans ce procès, accusé, avocats, accusateurs, sont morts depuis longtemps. Seul, le comte Grey a survécu; seul, il représente aujourd'hui, pour la génération actuelle, la grande génération disparue sans retour. Mais ceux qui, durant les dernières années, ont écouté avec ravissement quelques-uns de ces discours, jusqu'à l'heure où le soleil levant dorait les tapisseries de la chambre des lords, peuvent encore se former une idée des talents prodigieux de cette race d'hommes, parmi lesquels il n'occupait pas le premier rang.

La lecture de l'acte d'*impeachment* occupa deux jours entiers; le troisième jour seulement, Burke se leva. Son discours d'ouverture, qui devait renfermer l'exposition générale de toutes les charges, remplit quatre audiences. D'abord il décrivit, avec une profusion d'idées et une splendeur d'éloquence incomparables, les caractères et les institutions des peuples de l'Asie; il raconta l'histoire de la fondation de l'empire anglais dans l'Inde; il analysa la constitution de la Compagnie et les constitutions des diverses présidences. Alors, reprenant un à un les divers actes de l'administration de W. Hastings, il prouva qu'ils étaient tout à la fois contraires aux lois de la morale et aux prescriptions de la loi. Son énergie et sa chaleur avaient arraché, même au chancelier, des cris involontaires d'admiration. Malgré sa fermeté habituelle, l'accusé semblait partager aussi l'émotion générale. Les belles spectatrices des galeries agitaient leurs mouchoirs, respiraient des sels, poussaient d'éclatants sanglots; on emporta mistriss Sheridan évanouie. Enfin, l'orateur termina son discours par cette péroraison animée : « Voici, s'écria-t-il, voici les dernières paroles que je vous adresse, milords. Tous ces crimes, je les impute à W. Hastings.

« Où trouverez-vous un plus grand acte de justice nationale? Il s'agit de rois opprimés, de royaumes spoliés, de monarchies livrées au pillage.

« Où trouverez-vous un aussi grand criminel, milords? Vit-on jamais plus d'iniquités amassées sur une tête? Jamais l'Inde n'aura de tels coupables; elle ne peut en nourrir. W. Hastings a épuisé ses trésors, il a tari ses ressources.

« Où trouverez-vous de plus grands accusateurs, milords? Ce sont les communes d'Angleterre (glorieux spectacle!) qui, séparées de l'Inde par les barrières de la nature, par les terres et les océans, ressentent les blessures portées aux indigènes de l'Hindoustan, comme leurs propres blessures; demandent justice pour leurs frères, éloignés d'eux de tout le diamètre du globe, et vous crient : Vengez ces outrages, ce sera nous venger!

« Où trouverez-vous un tribunal à qui la justice sévère et complète convienne mieux? Le roi, les pairs de l'Angleterre, tous nos nobles, les flambeaux de la religion, c'est devant eux que j'accuse W. Hastings. Voilà dans quelles mains je dépose les intérêts de l'Inde et ceux de l'humanité. Je les dépose sans crainte, et moi, le délégué des communes, j'accuse W. Hastings de haute trahison.

« Je l'accuse au nom de la Grande-Bretagne, au nom du parlement, dont il a trahi la confiance.

« Je l'accuse au nom de l'Angleterre, dont il a flétri l'honneur.

« Je l'accuse au nom du peuple indien, dont il a détruit les lois, anéanti la liberté, ravagé la propriété et désolé le territoire.

« Je l'accuse au nom de ces lois éternelles de vertu et de justice qu'il a violées ; je l'accuse au nom de ces lois spéciales et nationales, qu'il a foulées aux pieds.

« Je l'accuse, enfin, au nom de la nation humaine, qu'il a indignement outragée, dans tous les âges, dans tous les sexes, dans toutes les conditions, par l'extorsion et la rapine, par la brutalité et l'empoisonnement, par le fer et par le feu. »

Plusieurs jours furent employés à la lecture des pièces. Fox, assisté de M. Grey, développa le chef d'accusation relatif au rajah de Bénarès ; la conduite du chef suivant, qui concernait les princesses d'Oude, fut confiée à Sheridan, et le grand orateur parla deux jours. On étouffait dans la salle. Un seul billet d'entrée avait été payé, dit-on, 50 guinées (1300 fr.). Sheridan, en terminant sa péroraison, tomba évanoui dans les bras de Burke. Mais le terme de la session approchait, et sur les vingt chefs d'accusation, deux seulement avaient été épuisés ; la suite des débats fut remise à la session prochaine.

(1789.) La session venait d'être close lorsqu'on apprit que les médecins du roi avaient ordonné à Sa Majesté d'aller prendre les eaux de Cheltenham. Les facultés mentales du souverain, profondément altérées, le rendaient, pour la seconde fois, incapable de remplir les fonctions que lui assigne la constitution. Le parlement avait été prorogé au 20 novembre. Le 14 du même mois, des lettres circulaires furent envoyées aux membres de la législature, pour leur faire connaître, d'une manière officielle, la maladie du roi, et les inviter à s'assembler en parlement. Il était dit dans ces lettres que l'état de santé dans lequel se trouvait le souverain, ne permettant pas d'ouvrir le parlement suivant la forme ordinaire, cette assemblée se trouvait légalement constituée par la convocation qui venait d'être faite. Le rapport des médecins ayant été déposé sur le bureau, la chambre des communes s'occupa de savoir dans quelles mains seraient remises les fonctions royales pendant la durée de la maladie du roi. Fox se déclara pour le prince de Galles, et démontra la constitutionnalité de la mesure. Mais le prince de Galles professait encore publiquement des opinions hostiles au ministère, et à ce titre, il devait déplaire à Pitt. On vit alors une de ces transformations soudaines, que nous avons signalées déjà bien des fois, s'opérer dans les opinions de Fox et de Pitt. Fox, le défenseur impétueux de la cause populaire, devint un champion de la prérogative royale, et Pitt, que ses adversaires accusaient sans cesse d'avoir déserté les principes de la liberté, se montra homme dévoué aux intérêts démocratiques. Pitt ayant présenté une motion tendant à nommer un comité, pour examiner, dans les journaux de la chambre, la conduite du parlement dans le cas précité, Fox se leva, et dit qu'à son avis, une affaire aussi importante devait dispenser la chambre de l'objet de la motion ; que c'était dans l'histoire d'Angleterre, et non dans le journal de la chambre, qu'il fallait chercher une analogie ; mais que chacun savait qu'il n'en existait pas de semblable ; qu'il était inutile, au reste, de chercher dans l'histoire, parce que l'héritier du trône était d'une capacité et d'un âge suffisant pour exercer le pouvoir royal. « Ne perdons pas des moments précieux, s'écria Fox, pour rendre à l'autorité royale toute l'influence et la force qui lui appartiennent. L'aliénation mentale est constante ; je pense que nous devons, sans délai, provoquer une décision, et mettre le prince de Galles dans la position où tant de droits l'appellent. » Pitt ayant répliqué avec chaleur que c'était trahir la constitution, et s'étant engagé à prouver que l'héritier apparent n'avait pas plus de droit d'exercer le pouvoir royal qu'aucun des sujets de Sa Majesté, Fox répliqua : « J'ai dit que les droits du prince à la régence étaient incontestables; j'irai plus loin : j'affirmerai que ses droits sont réels, pendant ce que j'appellerai la mort civile de Sa Majesté, et qu'ils ne peuvent jamais être établis plus complétement et plus légalement que par la mort naturelle de Sa Majesté. Le prince qui possède un droit semblable, et qui néanmoins évite de le réclamer, mérite les remercîments de son pays, et il serait inconvenant d'hésiter à lui accorder ce qu'il a le droit d'exiger.

« On a prétendu, continua Fox, que j'avais affirmé que le prince de Galles avait le droit de s'emparer de l'autorité royale, aussitôt l'interruption de ce pouvoir par maladie ou incapacité! Rien de tel : je n'ai point avancé une pareille opinion. J'ai dit, il est vrai, que le prince de Galles a un droit incontestable d'exercer l'autorité royale; je le répète, ce droit est incontestable, mais je n'ai pas voulu établir que ce fût une possession de droit. Avant que le prince puisse exercer ce droit, il doit sans doute en appeler à la cour compétente pour en juger; il doit attendre, pour entrer en possession de ce droit, qu'elle ait décidé s'il doit en jouir. Cette cour est composée des deux chambres du parlement ; il appartient aux deux chambres de confirmer la justice des droits de S. A. R. Je pense et je déclare derechef que le prince de Galles doit être reconnu régent, et mis en possession du pouvoir royal, de la même manière qu'il était exercé par le roi, et comme il le serait encore si la santé de S. M. lui permettait de remplir les fonctions de son autorité souveraine. »

Pitt répondit à Fox. Il dit que ce serait un principe subversif de la constitution, que de prétendre que le prince de Galles pourrait, dans les conditions actuelles, s'emparer du trône de son père, qu'un tel droit n'existait pas dans la constitution. « Cependant, quelle que soit, s'écria Pitt, mon opinion à cet égard, je suis prêt à convenir que, sous le rapport de la convenance, et pour faciliter les choses, il est désirable, qu'après avoir déterminé la portion du pouvoir royal à conférer pendant l'intervalle de la maladie du roi, une seule personne en soit investie, et que cette personne soit le prince de Galles. Je pense en outre qu'il est conséquent aux principes constitutionnels et convenable aux intérêts du public, que S. A. R. exerce l'autorité royale dans cette circonstance, avec un conseil permanent et avec le libre choix de ses ministres. Quant à la portion d'autorité royale qui doit lui être donnée et celle qu'il faut retenir, ce serait prématuré que de discuter en ce moment cette question. Mais, dès à présent, je déclare, dans l'intérêt et la sûreté de l'État, que toute autorité qui ne serait pas absolument nécessaire, et qui viendrait un jour entraver l'autorité du roi quand il sera en état de reprendre les rênes du gouvernement, doit être soigneusement évitée; car de cet abus pourraient résulter plus d'inconvénients encore que de la suspension temporaire de cette autorité. »

Le plan de Pitt était celui-ci : il voulait que le soin de la personne du roi fût confié à la reine, et que la reine eût la faculté de nommer à 400 places, notamment aux fonctions importantes de lord steward, de lord chambellan, et de grand maître de la cavalerie; que les places données par le prince régent fussent révocables au bon plaisir du roi, et qu'il ne lui fût pas permis de conférer la pairie. Une lettre ayant été adressée à cette occasion par Pitt au prince de Galles, le prince répondit que le plan proposé lui conférait les hautes fonctions de la royauté, et lui refusait les pouvoirs qui tendent à en adoucir les charges ; que l'intérêt public, compromis par la maladie du roi, devait être puissamment engagé pour qu'on ne lui fît qu'une part si faible dans l'exercice des fonctions royales. Les restrictions que le ministère voulait imposer au régent, excitèrent de vives réclamations dans la chambre des lords. Le duc d'York, frère du prince de Galles, et cinquante autres pairs, signèrent une protestation dans laquelle ils exprimaient leur indignation à cet égard. Mais le rétablissement du roi mit un terme à ces débats. Bientôt un message annonça aux deux chambres que le rétablissement était complet, et que les affaires allaient suivre leur cours régulier. Cet événement fut le signal de grandes réjouissances. Des actions de grâce furent rendues à Dieu dans la cathédrale de Saint-Paul; et le roi se rendit lui-même, suivi d'un grand cortége, à la cathédrale.

Indépendamment des contradictions que nous venons de signaler dans les idées de Pitt et de Fox au sujet du bill de régence, le ministère Pitt comparé avec le ministère Fox nous offre un phénomène remarquable bien digne d'exercer la sagacité du penseur. En examinant à l'œuvre ces deux ministres, celui-ci, arrêté sans cesse et à chaque pas par des résistances opiniâtres, fonctionne péniblement, avec lenteur. Il est arrivé au pouvoir avec l'intention cent fois proclamée du haut de la tribune parlementaire d'élargir le cercle des libertés du pays, et toutes les mesures qui émanent de lui à cet égard, passent inaperçues, tant les proportions en sont étroites et mesquines. C'est la montagne de la fable qui, après un enfantement laborieux, accouche d'une souris. Les progrès du libéralisme nous paraissent plus sensibles avec le ministère Pitt. William Pitt rompt, il est vrai, avec ses doctrines passées et devient le chef du parti tory. Cependant Pitt est obligé de faire des concessions à l'opinion; le bill de l'Inde, perdu par le cabinet whig, est gagné en faveur de l'humanité par le cabinet tory. Ici le rôle de l'opposition est mieux tracé : c'est sous son patronage que l'esprit du véritable libéralisme fait un nouveau progrès, en livrant à la publicité les atrocités commises dans l'Inde par une poignée de marchands avides, qu'il flétrit ces attentats comme ils doivent l'être afin d'en rendre le retour impossible. Il résulte que l'existence du ministère dont nous avions le plus à espérer, a moins profité à la liberté que celle du ministère dont nous avions le plus à craindre. Quelle est la cause de cette contradiction ? D'où vient cette force latente qui pousse en avant la liberté en dépit des efforts des uns pour l'arrêter dans son progrès, et qui l'enraye ou du moins règle sa marche alors que d'autres veulent lui donner une impulsion trop vive? Ne serait-ce pas que dans notre impatience nous sommes sujets à trop nous alarmer, ou à concevoir des espérances exagérées pour tel ministre qui a nos sympathies ou tel autre auquel nous les refusons; que dans un Etat où il y a équilibre entre les pouvoirs qui constituent le corps social, il est déraisonnable d'espérer que la liberté marchera à pas de géant, de même qu'il est impossible d'en arrêter le mouvement progressif ?

(1790.) Une influence extérieure qui en ce moment se faisait sentir d'une manière bien remarquable en Angleterre donnait aux idées libérales. Les dissidents remplissaient le pays de leurs plaintes contre le clergé de l'Église établie, et demandaient, comme à l'ordinaire, le rapport de la loi du *test*. Fox, dans la chambre des communes, présenta une motion tendant à soutenir leurs prétentions. Pitt lui répondit que les dissidents devaient se montrer satisfaits du droit qu'ils avaient de jouir de leur liberté, de leurs propriétés, de conserver leurs opinions religieuses, et d'élever leurs enfants dans les sentiments religieux qui leur convenaient le mieux; qu'il y avait une nécessité impérieuse, pour le bien-être du pays, d'avoir une église permanente; que la tolérance était tout ce qu'on pouvait accorder aux dissidents.

(1790.) La question relative à la réforme parlementaire fut également reprise. Un membre des communes, du nom de Flood, présenta un plan de réforme. Ce plan consistait à augmenter le nombre des représentants de la chambre de cent autres membres; ces membres devaient être élus par les propriétaires résidant sur les lieux. La motion fut combattue par le ministère, qui insinua que la mesure était intempestive, à cause des troubles qui désolaient la France. Fox répondit qu'il ne voyait pas la raison pour laquelle le pays pût être frappé d'une terreur panique à cause de la situation des affaires en France. « Mais en admettant l'hypothèse, dit-il, que les troubles de la France causent un désordre aussi épouvantable dans le pays qu'on veut le faire accroire, je pense qu'il n'y a pas d'occasion plus convenable pour réparer un édifice que lorsque la tempête est près d'éclater. » La motion fut perdue, et deux ans après, M. Grey en présenta une nouvelle au même effet. Pitt répondit à M. Grey avec une grande humeur : « Je l'avouerai, sans aucune honte, mes opinions politiques ont complétement changé à l'égard de la réforme. » Selon le ministre, le temps n'était point propice pour faire des expériences aussi hasardeuses ; et il déclara que, jusqu'à sa dernière heure, il résisterait à toute tentative de ce genre.

Cependant le procès de Hastings était ajourné d'année en année, sans recevoir une solution définitive. En 1791, le parlement étant arrivé à son terme ordinaire, un débat s'éleva à l'occasion de savoir si la dissolution du parlement arrêterait les effets d'une accusation qui n'avait point encore été vidée. L'opposition, et Burke avec elle, soutinrent que si l'assertion négative était admise, les accusations produites par les communes pourraient devenir des lettres mortes, et qu'il serait alors facile au gouvernement de sauver un ministre coupable, en vertu de la prérogative dont jouissait la couronne pour dissoudre le parlement. Burke reconnaissait qu'un procès qui avait déjà duré trois ans avait quelque chose de cruel pour celui qui en était l'objet ; mais que cette sévérité pouvait avoir un effet salutaire, en ce sens qu'elle apprendrait aux fonctionnaires à mettre de la circonspection dans leurs actes. La motion, mise aux voix, fut adoptée dans le sens de Burke. Une seconde question, relative à la tolérance religieuse, fut gagnée par l'opposition. Les catholiques furent relevés de certaines peines dont ils étaient passibles quand ils émettaient publiquement leurs opinions ; et le bénéfice de la nouvelle loi s'étendit aux épiscopaux écossais.

L'abolition de l'esclavage, une des plus grandes mesures qui aient honoré l'Angleterre dans les temps modernes, commençait déjà à avoir un grand retentissement. Ce fut dans la session de 1791 que le fameux Wilberforce présenta une motion pour défendre l'importation des nègres africains dans les colonies anglaises. La motion fut repoussée ; mais les abolitionistes parvinrent, dans la même année, à former à Sierra-Leone un établissement destiné à introduire le travail libre et la religion catholique en Afrique ; et, l'année suivante, Wilberforce ayant repris sa motion, elle fut appuyée par le ministre. « Réfléchissez, s'écria Pitt, aux « quatre-vingt mille personnes qui sont « annuellement arrachées à leur patrie ; « réfléchissez à leurs relations rom- « pues, à leurs amitiés, à leurs atta- « chements brisés pour jamais ; il y a « quelque chose dans ce spectacle qui « dépasse tout ce que l'imagination « peut créer. Comment pourrons-nous « jamais réparer les maux que nous « avons causés sur ce continent, si, « connaissant les misères dont nous « sommes auteurs, nous refusons d'y « mettre un terme ? » Fox parla dans le même sens. « Le voleur d'hommes, « dit-il, doit-il être encouragé par la « législation anglaise pour tendre des « pièges à la jeune vierge, pour l'arra- « cher des bras de son amant ou de sa « famille, pour séparer la femme de « son mari et de ses enfants ? » La chambre des communes vota l'abolition graduelle de l'esclavage ; mais la mesure fut repoussée dans la chambre des lords.

Deux mesures excitèrent vivement l'attention des communes. Aux termes d'un projet de loi relatif à la police de Westminster, les constables avaient la faculté d'arrêter les personnes qui ne pouvaient donner un compte satisfaisant de leur manière de vivre. Au sujet de ce bill, l'opposition accusa les ministres de vouloir porter atteinte à la liberté des citoyens, et elle se plaignit surtout de l'exorbitance des émoluments accordés aux magistrats de la nouvelle police. Elle disait, à l'appui de ses plaintes, que ces émoluments leur étaient donnés par la couronne dans le but d'exercer une dangereuse influence sur l'esprit public. La seconde mesure d'une importance autrement grande fut de déférer d'une manière définitive les procès de presse au jury (1791). Tous les procès de ce genre, et notamment ceux qui avaient trait aux libelles, avaient été soumis jusqu'à ce jour à différentes judicatures, sans qu'il y eût rien de déterminé à cet égard. Le bill présenté dans les communes à cette occasion avait pour objet de pourvoir à ces incertitudes. Il fut adopté dans les communes et repoussé par la chambre des lords. Toutefois, l'année suivante, le bill ayant été repris et voté de nouveau par la chambre des communes, il reçut la sanction de la chambre des lords en dépit des efforts de lord Thurlow, lord Kenyon, lord Bathurst pour le faire repousser.

Ces graves questions, qui toutes se rattachaient à des intérêts de la plus haute importance, préoccupaient vivement les esprits et donnaient lieu, comme à l'ordinaire, à une foule d'interprétations différentes. Aux yeux d'un grand nombre de publicistes de l'époque, la réforme parlementaire devait être repoussée comme une mesure qui ne pouvait manquer d'ébranler la constitution jusque dans sa base; les procès de la presse déférés au jury, et l'affranchissement du bill du test demandé par les dissidents, étaient regardés par les mêmes hommes comme des mesures fausses et dangereuses; ceux-ci affirmaient en outre que l'abolition de l'esclavage, noble et grande mesure! portait une atteinte grave au principe de la propriété et du travail. Mais dans l'opinion d'un parti imposant dans la nation, composé de tous les hommes ardents, impétueux, la plupart de ces questions, bien qu'elles n'aient reçu une solution définitive que dans ces derniers temps, étaient déjà mûres; ils en demandaient l'application immédiate.

L'impulsion nouvelle que recevaient les idées sociales était due à la révolution française. Nous touchons à une époque mémorable dans la politique intérieure et extérieure de l'Angleterre. Tout se lie dans l'histoire des hommes : un peuple est-il ébranlé par une grande secousse politique, aussitôt la secousse se répercute au loin, et se communique aux autres peuples. Les graves événements qui agitaient la France et la bouleversaient jusque dans ses fondements eurent un profond retentissement en Angleterre, et lui communiquèrent leur activité fébrile. Mais avant d'entrer dans les faits importants qui se rattachent à cette grande manifestation politique, il est utile d'établir quels avaient été les rapports de l'Angleterre avec les autres peuples depuis la paix de 1783.

Cette paix dura jusqu'en 1788 : rien n'était venu la troubler. L'Angleterre, après avoir soutenu la guerre en Europe, en Amérique, dans les Indes orientales, avait trouvé dans son repos de cinq années des ressources considérables. En 1786, un rapprochement plus intime s'était opéré entre elle et la France; un traité qui substituait à la prohibition un droit *ad valorem* sur les marchandises communes aux deux pays, fut conclu. Ce traité, suivant l'historien Anquetil, était très avantageux pour l'Angleterre : « Les « marchandises françaises sont géné-« ralement des marchandises de luxe, « dit-il; elles ne conviennent qu'à un « petit nombre d'acheteurs. Au con-« traire, les marchandises anglaises « conviennent au pauvre comme au « riche. Il s'ensuit que le traité est « beaucoup plus avantageux pour l'An-« gleterre que pour nous, *parce que* « *nous achèterons beaucoup plus de* « *marchandises communes que l'An-* « *gleterre n'achètera de marchandi-* « *ses riches.* » L'opinion d'Anquetil, malgré la déférence qu'on doit à cette histoire, ne saurait être acceptée d'une manière rigoureuse. Disons, pour ne point entrer dans les détails, qu'une foule de nos économistes, hommes instruits et sincèrement dévoués aux intérêts de notre pays, maintiennent, à l'égard de la balance du commerce, que l'avantage serait pour la France.

Dans le temps où ce traité de commerce était conclu, l'Angleterre s'appliquait à régulariser sa position avec l'Espagne au sujet des établissements que les deux pays possédaient en commun dans la baie d'Honduras. Une convention fut arrêtée : l'Angleterre fit abandon des établissements qu'elle avait sur la côte de Mosquito, et reçut en retour des domaines qui donnaient plus d'étendue aux territoires qu'elle occupait déjà sur la côte d'Honduras.

Toutefois, à l'aspect sombre que prenait l'horizon politique en Europe, il était facile de reconnaître que cet état de repos ne pouvait être que temporaire. Frédéric II, roi de Prusse, était mort le 17 août 1786, laissant la couronne à Frédéric-Guillaume II, qui était monté sur le trône de son grand-oncle avec le désir d'égaler ses exploits. Dans le même temps, l'empereur d'Autriche Joseph II et Catherine II, impératrice de Russie, tournaient leurs vues ambitieuses vers la Turquie. La Russie ne déguisait point ses projets : Catherine II étant allée à Cherson, y était arrivée en passant sous un arc de triomphe, sur lequel Potemkin avait fait placer cette inscription: *C'est ici le chemin qui conduit à Byzance.* L'empereur d'Autriche n'avait pas tardé à rejoindre l'impératrice en ce lieu, et ces deux souverains avaient décidé la ruine de la Turquie au milieu de fêtes brillantes. A la nouvelle des projets de la Russie et de l'Autriche, la Turquie avait déclaré la guerre à ces deux puissances (1787), mais le commencement de la lutte n'avait point été heureux pour elle : Potemkin s'étant emparé de la forteresse d'Oczackoff, avait passé au fil de l'épée les habitants de cette ville, ainsi que la vaillante garnison qui la défendait. Cependant, Gustave III, roi de Suède, venait de s'ouvrir avec son épée le chemin de Saint-Pétersbourg, et avait opéré une diversion en faveur de la Turquie. Gustave nourrissait des ressentiments profonds contre les Russes, par suite des pertes que la Suède avait essuyées de la part de ces voisins formidables. Il menaça quelque temps Saint-Pétersbourg; mais, comme effrayé de ses succès et de la facilité qu'il avait eue à s'approcher de cette ville, il abandonna bientôt son entreprise et revint dans ses États.

La situation n'était pas meilleure dans le nord et l'est de l'Europe. La France, où régnait déjà une grande fermentation, faisait un traité de commerce avec la Russie : la Hollande (1787), d'un autre côté, se déclarait en pleine révolte contre la maison d'Orange. Depuis la révolution de 1747, la maison d'Orange avait rétabli le stathoudérat qu'elle avait rendu héréditaire, et elle n'avait cessé de chercher son appui dans le gouvernement anglais. Mais cette politique avait créé pour le stathouder des intérêts contraires à ceux du pays. Profondément irrités contre le stathouder et voulant se mettre à l'abri de l'influence anglaise, les Hollandais venaient de se rapprocher de la cour de France qui leur avait promis des secours.

Quelques mots nous diront l'importance de ces événements pour l'Angleterre. Les relations d'amitié que la France venait de contracter avec la Russie devaient en effet paraître menaçantes; car depuis nombre d'années la Grande-Bretagne était en possession du commerce de l'empire moscovite. L'Angleterre trouvait le même sujet de crainte dans le rapprochement de la Hollande et de la France. Pouvait-elle aussi se résigner en silence à voir la Russie s'arrondir par de nouvelles conquêtes, annexer à son territoire déjà si vaste des provinces arrachées à l'empire ottoman!

La politique anglaise, nous l'avons dit plusieurs fois déjà, fut rarement au-dessous des plus grandes difficultés et, dans cette circonstance, elle conserva sa sagacité et son habilité ordinaires.

Une ligue connue sous le nom de ligue anglo-prussienne fut formée entre l'Angleterre et la Prusse, pour soutenir la cause du stathouder, et bientôt le duc de Brunswick envahit la Hollande avec 20,000 Prussiens. Le succès fut complet de ce côté ; des traités furent conclus entre les cours de Londres, de Berlin et la Haye. Le traité avec la Hollande garantissait le stathoudérat à la maison d'Orange. Par le traité avec la Prusse, chacune des parties contractantes s'engageait à fournir à l'autre, en cas d'attaque, 16,000 hommes d'infanterie, 4,000 hommes de cavalerie.

Nous avons dit que la Turquie, à la nouvelle des projets de Catherine et de Joseph II, avait la première jeté le gant, qu'elle avait commencé les hostilités. L'ambassadeur russe fut mis aux Sept-Tours, et l'Europe vit avec étonnement la guerre provoquée par une puissance depuis longtemps affaiblie et découragée. Cette audace inattendue était le fait de la politique anglaise. La Turquie, en déclarant la guerre à l'Autriche et à la Russie, n'avait cédé qu'aux sollicitations de l'Angleterre. La diplomatie anglaise faisait ici un coup de maître : l'attitude du divan déconcerta en effet les projets de la Russie et de l'Autriche : l'une n'était pas encore prête, l'autre n'avait pas même commencé ses préparatifs. En second lieu, comme il était évident que la cour de France ne pourrait, en raison de ses longs rapports d'amitié avec la Turquie, refuser son appui à cette puissance si la guerre était engagée, il résultait que cette assistance devait changer les dispositions amicales de la cour de Saint-Pétersbourg à l'égard de la France, tandis que l'Angleterre pouvait espérer de devenir la protectrice du divan, et s'approprier le fructueux commerce du Levant. C'était aussi le cabinet de Saint-James qui avait obtenu de la Suède qu'elle déclarât la guerre à la Russie.

Cependant, au milieu de ces intérêts froissés et de ces complications si habilement dénouées, l'Espagne prenait une attitude hostile par le fait du vice-roi de Mexico qui venait de capturer deux navires anglais, *l'Iphigénie* et *l'Argonaute*, dans la baie de Nootka sur la côte occidentale de l'Amérique du Nord. Le motif de cette agression avait sa source dans les prétentions qu'élevait l'Espagne à la possession de toute la ligne de côtes depuis le cap Horn jusqu'au soixantième degré de latitude. Les deux navires anglais ayant mouillé dans la baie de Nootka pour y acheter des fourrures, furent arrêtés sous le prétexte qu'ils avaient violé le territoire espagnol. Toutefois ils furent remis en liberté sur un ordre du vice-roi. Mais dans cet ordre, il était dit que l'ignorance seule des droits de l'Espagne avait pu porter les marchands anglais à trafiquer sur la côte dans la baie de Nootka. La transaction fut ensuite notifiée à la cour de Londres.

A l'égard des prétentions de l'Espagne sur les côtes de l'Amérique, le gouvernement refusa de les reconnaître. Un message royal fut envoyé aux communes ; le roi demandait les sommes nécessaires pour soutenir la dignité de la couronne et les intérêts mercantiles du royaume ; la chambre vota la somme d'un million sterling (25,000,000 de fr.), ainsi qu'une augmentation dans l'armée navale. L'Espagne s'était adressée à la cour de France, pour savoir si elle pouvait compter sur les obligations contractées par la France et par elle-même dans le pacte de famille. Dans le rapport présenté à cette occasion à l'Assemblée nationale, et après avoir parlé d'une manière avantageuse de la nation anglaise, Mirabeau déclara qu'il n'était ni juste, ni honorable de rompre les engagements solennels qui existaient entre la France et l'Espagne, dans un moment où l'Espagne était menacée d'un grand danger ; l'Assemblée nationale vota dans le sens que voulait Mirabeau. Mais elle promettait des secours qui dépassaient ses facultés; et la cour de Madrid reconnaissant que dans l'état d'agitation qui régnait en France, il lui était impossible d'en attendre une grande assistance, s'empressa de conclure la paix avec l'Angleterre.

La politique du cabinet de Saint-James n'eut pas moins de bonheur au sujet des difficultés que présentaient pour elle les démêlés de la Russie et de l'Autriche avec la Porte Ottomane. Joseph II étant venu à mourir, le cabinet anglais parvint, avec le secours de la Prusse, à détacher Léopold, son successeur, de l'alliance contractée avec la Russie contre la Turquie. Alors les cours de Londres et de Berlin invitèrent, dans un langage hautain, l'impératrice de Russie à faire la paix avec la Porte et à restituer à cette puissance les conquêtes qu'elle avait perdues pendant la guerre. L'impératrice répondit avec la même hauteur; elle dit qu'elle ferait la paix ou la guerre avec qui il lui plairait, sans l'intervention d'aucune puissance étrangère. Pitt qui, à l'exemple des hommes d'État de notre époque, soutenait que l'existence de l'empire turc était nécessaire pour maintenir l'équilibre européen, se prépara à la guerre, et demanda dans cette intention une augmentation des forces navales. Mais Fox s'opposa aux plans du ministre, qui dénotaient, selon lui, un orgueil absurde; il disait que l'intervention de l'Angleterre dans les affaires de chaque pays causerait au royaume des dépenses extraordinaires et pouvait l'entraîner à des guerres interminables. L'opinion de Fox, à laquelle se rallia celle de la grande majorité du pays, ne permit pas à Pitt de donner suite à ses projets. Cependant, l'insistance qu'il mit dans ses relations avec la cour de Saint-Pétersbourg, produisit le résultat qu'il s'était proposé. Pressée par l'Angleterre et la Prusse, Catherine II fit la paix avec la Porte (29 décembre 1791). Cinq mois auparavant (4 août 1791), l'Autriche avait conclu un traité avec la Turquie, sous la médiation de l'Angleterre, assistée de la Prusse et de la Hollande.

C'est ainsi que l'Angleterre sortit des embarras dont pendant quelque temps elle avait été assaillie. En 1789, le royaume-uni offrait à l'intérieur un spectacle de prospérité sans exemple dans son histoire. Tout lui souriait; les maux que lui avait causés la guerre de l'Indépendance étaient en partie cicatrisés; l'ordre et l'économie avaient rétabli l'équilibre dans les dépenses et les recettes, et lui avaient permis de réduire la dette. Tandis que la liberté civile se développait avec une heureuse lenteur au profit de la masse des citoyens, une attitude imposante et digne donnait au pays une grande influence dans toutes les chancelleries de l'Europe. Mais cet état prospère à l'extérieur et à l'intérieur allait encore être compromis par le fait d'une violente commotion qui ébranlait en ce moment même une nation avec laquelle, depuis les premiers jours de son existence politique, l'Angleterre avait eu de longs démêlés, des guerres interminables.

Cette nation, c'était notre France; la révolution française éclatait. « La conviction des abus était universelle, on en convenait partout; le roi le savait et en souffrait cruellement. Les courtisans, qui jouissaient de ces abus, auraient voulu voir finir les embarras du trésor, mais sans qu'il leur en coûtât un sacrifice; ils dissertaient à la cour, et y débitaient des maximes philosophiques. Ils s'apitoyaient, à la chasse, sur les vexations exercées à l'égard du laboureur; on les avait même vus applaudir à l'affranchissement des Américains, et recevoir avec honneur les jeunes Français qui revenaient du nouveau monde. Les parlements invoquaient aussi l'intérêt du peuple, alléguaient avec hauteur les souffrances du pauvre, et cependant s'opposaient à l'égale répartition de l'impôt, ainsi qu'à l'abolition des restes de la barbarie féodale. Tous parlaient du bien public, peu le voulaient, et le peuple ne démêlant pas encore ses vrais intérêts, applaudissait tous ceux qui résistaient au pouvoir, son ennemi le plus apparent (*). »

(*) Thiers, *Révolution française*.

16.

Ainsi parle M. Thiers. Toutefois les abus, signalés par lui d'une manière si brillante, jamais peut-être ne furent moins grands qu'à l'époque que nous traitons, et aucun prince de la famille des Bourbons ne se montra aussi disposé à les corriger que l'infortuné Louis XVI. Mais depuis longtemps il s'était fait dans l'esprit de la nation une transformation qui augmentait sa susceptibilité, en même temps que les abus tendaient à s'atténuer. Cette transformation, qui dure encore, est l'effet d'un travail lent, silencieux, qui s'opère chez tous les peuples, et auquel avaient contribué, pour la France, mille causes longtemps inaperçues : la rupture des colonies américaines avec l'Angleterre, la révolution d'Angleterre elle-même, les écrits philosophiques du dix-huitième siècle. Ainsi préparées, les masses avaient compris que l'avénement des droits et des intérêts de tous dans la loi, que l'avénement du peuple au gouvernement était arrivé pour elles.

Le réveil de la nation française se fit dans le principe avec beaucoup de grandeur. Les états généraux venaient de s'assembler (le 5 mai 1789); le tiers état prenait une attitude décisive pour obliger l'ordre du clergé et celui de la noblesse à se fondre avec lui. Sieyès « esprit vaste, systématique, rigoureux dans ses déductions (*), » demande que les deux ordres soient sommés de se réunir au tiers état, et l'assemblée change son titre d'états généraux en celui d'assemblée constituante. Pour faire acte de puissance, elle légalise la perception des impôts, place les créanciers de l'État sous la garantie de la royauté française, et annonce qu'elle va s'occuper de la misère publique. C'est dans la salle du Jeu de paume que ses membres réunis prêtent le serment solennel de ne jamais se séparer, et de s'assembler partout où les circonstances l'exigeront, jusqu'à ce que la constitution du royaume soit établie et affermie sur des fondements solides. Ce serment est donné au milieu des plus vives acclamations; toutes les bouches le profèrent. Un comité, composé de membres éclairés, jette alors les bases d'une constitution; une milice bourgeoise est formée. Ce fut l'origine de la garde nationale.

Bientôt la Bastille est assiégée par le peuple parisien, et les murs de cette forteresse, qui furent témoins de tant d'actes arbitraires, tombent renversés au milieu d'acclamations de joie et de cris de colère. La France voit dès lors s'agiter trois grands partis dans son sein : le parti de la cour, dans lequel se fondent par l'analogie de leurs intérêts l'aristocratie et le clergé; le tiers état ou la bourgeoisie qui avait donné le mouvement; le parti républicain qui venait de donner la mesure de sa puissance par la prise de la Bastille. Une lutte désespérée s'engage, et chaque ordre a pour organes des hommes illustres les plus recommandables de l'époque par leurs talents; ce sont : Cazalès, Maury, la Fayette, Bailly, Barnave, les deux Lameth, Mirabeau, le plus impétueux de tous. Déjà il est facile de reconnaître l'impuissance de l'un de ces partis aux voies souterraines auxquelles il est obligé d'avoir recours : c'est le parti de la cour. Le tiers état et le parti populaire se liguent contre lui, et une foule d'abus passés en principe tombent dans une seule nuit (4 août). Les droits féodaux, les dîmes, sont abolis, et la déclaration des droits, idée fournie par la Fayette qui lui-même l'avait empruntée aux Américains, est proclamée. La lutte réelle n'existe plus qu'entre le tiers état et le parti populaire.

Il était naturel qu'une nation grande et héroïque comme l'Angleterre, qui avait conquis ses libertés au prix de luttes analogues, s'émût profondément au spectacle de cette manifestation politique. En effet, cette première phase de la révolution française eut un retentissement extraordinaire dans toutes les parties du royaume. Mais la France, à la différence de l'Angleterre, son aînée dans la carrière des révolutions, voulait faire table rase des constitutions du passé, établir sans

---

(*) Thiers, *Révolution française*.

transition le même niveau entre toutes les classes du corps social. Cette différence souleva contre elle en Angleterre, non-seulement la haute aristocratie pour laquelle le triomphe du parti populaire français devenait un sujet d'alarme, mais encore une grande partie de la bourgeoisie, car cette partie de la nation redoutait que les classes ouvrières de l'Angleterre n'imitassent ce qui se passait en France.

Edmond Burke, qui jusqu'à ce jour avait fait cause commune avec le parti whig, se sépara de ses amis politiques; il flétrit la révolution française de l'épithète de tyrannie féroce, et établissant un parallèle entre la révolution française et la révolution de 1648, il déclara que la première était aussi odieuse que l'autre avait été grande et profitable pour les intérêts du pays et ceux de l'humanité. Fox et Sheridan relevèrent les expressions tombées de la bouche de Burke. Fox, répondant au parallèle établi par Burke entre la révolution française et la révolution d'Angleterre, dit que la situation des deux royaumes n'avait aucune similitude; qu'en France il y avait une nouvelle constitution à créer, tandis qu'en Angleterre la constitution n'avait eu besoin que d'être affermie. « S'il y a eu destruction totale de l'ancienne constitution en France, s'écria-t-il, c'est parce que tout le système était radicalement hostile à la liberté, que chaque partie de ce système était imprégnée de l'esprit funeste de despotisme. « Sheridan prenant ensuite la parole : « Le peuple français, dit-il, a commis, il est vrai, des actes de barbarie qui ont soulevé, à juste titre, l'indignation de tous les cœurs généreux ; j'abhorre autant que M. Burke lui-même les cruautés dont il s'est rendu coupable ! Mais que nous enseignent ces outrages, sinon à détester le système des gouvernements despotiques ? Ce sont ces gouvernements qui corrompent la nature humaine au point de la pousser à de pareils excès ; car ils foulent aux pieds la propriété, la liberté et la vie des citoyens ; ils se plaisent à commettre des extorsions, à bâtir des prisons et à inventer de nouvelles tortures ; ce sont ces gouvernements qui préparent de longue main les jours de sanguinaire vengeance. Le peuple français a, j'en conviens, cédé à de mauvaises inspirations ; mais, sous le point de vue général, il a agi avec équité dans le grand objet qu'il s'est proposé. »

La conviction de Burke ne fut point ébranlée par ce discours ; il attaqua de nouveau la révolution française et rompit, à cette occasion, avec Fox. « J'ai, dit-il, différé dans bien des circonstances d'opinion avec M. Fox, et cette dissidence n'a point porté préjudice à notre amitié; mais il y a dans la constitution française je ne sais quoi de maudit qui détruit les choses les plus saintes. » A ces paroles, Fox vivement ému répondit de son banc, et dit que son amitié n'avait nullement souffert dans ce débat. Ce moment eut un certain caractère de solennité : tous les yeux se tournaient par un mouvement spontané vers Fox. Il se leva pour répondre ; mais à ses traits altérés, aux larmes qui coulaient de ses yeux, il était facile de reconnaître qu'une émotion profonde s'était emparée de son âme. S'étant un peu remis, il dit que, bien que les événements pussent avoir modifié les dispositions de son honorable ami, « car, s'écria-t-il, je ne puis m'empêcher de l'appeler encore ainsi, » il ne pouvait se résigner à briser les liens d'une ancienne amitié et à abandonner des relations intimes qui duraient depuis vingt-cinq ans ; il espérait que Burke songerait au temps passé, et que, si quelques expressions malséantes étaient sorties de sa bouche, Burke ne les attribuerait à aucune mauvaise intention. Ces concessions de Fox, bien qu'elles fussent vivement applaudies par la chambre, ne firent aucune impression sur l'âme hautaine de Burke, il n'y répondit par aucune marque affectueuse, et, à partir de ce jour, il se forma un grand schisme dans le parti de l'opposition.

Fox et Sheridan, qui se constituaient ainsi les champions de la révolution française, n'étaient pas les seuls dont le cœur s'émût fortement au bruit de cette grande commotion politique; si les doctrines de la révolution française trouvaient des adversaires violents comme Burke, si elles étaient repoussées par la haute aristocratie, par une grande partie de la bourgeoisie, par tout le haut clergé, les mêmes doctrines excitaient le plus vif enthousiasme parmi les classes ouvrières et parmi les membres du clergé dissident. Dans ces temps-là, plus encore qu'aujourd'hui peut-être, on regardait l'agrandissement de la liberté civile comme le pivot sur lequel roulait toute la machine, comme le remède qui devait guérir toutes les misères. En conséquence, il était naturel que les classes ouvrières et les dissidents fissent des vœux pour les succès de la révolution française, qui devenait pour eux un motif d'espérance. Il y avait en effet, dans la réussite de ce grand mouvement populaire, un motif d'intérêt personnel, car le contre-coup de la révolution française ne pouvait manquer d'aider au développement des libertés de l'Angleterre elle-même.

Le docteur Price, dans un grand meeting, fit un sermon et prit pour texte l'amour du pays. Ce discours traitait des grandes doctrines de la liberté. D'après le docteur, le bonheur de l'espèce humaine dépendait de l'attention donnée par les hommes à un sujet aussi important. L'espèce humaine, disait-il, ne sera heureuse que lorsque sa sollicitude à l'égard de ses droits politiques sera devenue générale. « Si nous oubliions de remplir de pareils devoirs, nous pourrions tomber dans une idolâtrie aussi grossière et aussi stupide que celle de ces païens de l'antiquité, qui, après avoir fabriqué des statues en pierre et en bois, s'agenouillaient devant elles pour les adorer. » Puis s'adressant à son auditoire : « Quelle époque remarquable que celle-ci ! Pour moi, je remercie le ciel de ce qu'il m'a accordé des jours assez longs pour la voir, et je pourrais presque dire : Seigneur, rappelle à toi ton serviteur, maintenant que ses yeux ont vu le jour où ta grâce divine a descendu sur les hommes. J'ai vu en effet renverser le trône où siégeaient le mensonge et la superstition. J'ai vu les droits des hommes mieux compris que jamais, et des nations altérées de liberté qui semblaient en avoir perdu le sentiment. Magnifique spectacle ! j'ai vu trente millions d'hommes secouant l'esclavage avec indignation et réclamant la liberté avec une résolution irrésistible ; j'ai vu un despote obligé de se livrer lui-même à ses sujets ; et après avoir joui des bienfaits d'une révolution, j'ai été témoin de deux autres révolutions glorieuses (*). Maintenant il me semble que l'enthousiasme pour la liberté va se répandre sur le monde, améliorer sensiblement les affaires humaines, transformer la domination des rois en celle de la loi, la domination des prêtres en celle de la raison et de la conscience ! Courage, vous tous qui êtes amis de la liberté ! Courage, vous tous qui écrivez pour la défendre ! Les temps sont favorables, vos travaux n'ont pas été perdus. Voyez les royaumes qui ont écouté vos leçons ; ils ont secoué leur torpeur ; ils ont brisé leurs fers ! ils demandent justice contre leurs oppresseurs. Voyez la lumière que vous avez fait jaillir. Après avoir rendu l'Amérique à la liberté, ses rayons illuminent la France, et vont y former un foyer qui réduira le despotisme en cendre et d'où jailliront des flots de lumière qui embraseront l'Europe. »

Ce discours fut salué par des applaudissements unanimes, et, sur la motion du docteur Price, le meeting vota une adresse de félicitations à l'Assemblée nationale sur les derniers événements de la France. L'adresse fut transmise par lord Stanhope, président du meeting, au duc de la Rochefoucauld, qui la mit sous les yeux de l'Assemblée nationale. L'adresse fut reçue avec acclamation. L'Assemblée chargea le duc de la Rochefoucauld de répondre à ce

---

(*) *Indépendance américaine; révolution française.*

document; ce qu'il fit en donnant un éloge flatteur au docteur Price, qu'il appela l'apôtre de la liberté.

L'irritation des adversaires de la liberté française s'accrut en voyant cet enthousiasme; et à quelque temps de là, Edmond Burke publia, sous le titre de *Réflexions sur la révolution française*, un livre écrit avec beaucoup de verve. Dans cet ouvrage, Burke s'efforçait de montrer la révolution française sous un jour odieux, et d'appeler l'indignation publique sur la tête des personnes qui, en Angleterre, approuvaient la révolution. Cette publication eut un grand retentissement. Le parti tory, qui jusqu'à ce moment avait montré beaucoup de circonspection, proclama le livre comme un chef-d'œuvre.

Le parti radical et la fraction whig qui reconnaissaient pour chefs Fox et Sheridan, déclarèrent de leur côté que le livre était détestable, et bientôt parurent une foule de pamphlets écrits dans un sens contraire. Le plus remarquable était sans contredit celui de Thomas Payne, auteur du fameux pamphlet intitulé *le Sens commun* qui, à une époque de crise importante en Amérique, avait exalté les Américains et avait puissamment aidé à leur indépendance. Le nouveau pamphlet de Payne avait pour titre : *Les Droits de l'homme*; il était écrit avec une expression d'énergie extraordinaire. Payne, répandant à pleines mains l'injure et la satire sur Burke, l'accusait de haute trahison contre la nature humaine, pour avoir tenté, disait-il, d'en arrêter le développement et d'en répudier les principes. « Les motifs d'un pareil acte, disait Payne, sont aussi vils que l'entreprise est atroce. » Payne affirmait ensuite que Burke avait reçu une pension de la cour *liberticide* d'Angleterre, en récompense de son livre et des discours qu'il avait osé prononcer dans le parlement. « Quel est le but de Burke? continuait l'auteur; c'est évidemment d'arrêter les progrès des connaissances humaines, de faire rentrer le monde dans la barbarie des âges de la féodalité, de réduire les Anglais, après en avoir fait *des serfs, à l'état de bête brute, pour manger du foin et vivre comme les rats de Hanovre.* »

Dans un parallèle entre le marquis de la Fayette et Burke, Payne donnait tout l'avantage au premier. « Combien, disait-il, est obscure et stérile la source à laquelle M. Burke a puisé ses inspirations! combien sont vides toutes ses déclamations et ses arguments, comparés aux sentiments patriotiques et élevés de la Fayette. » Burke dans un passage avait dépeint avec une rare éloquence le sort infortuné de la belle Marie-Antoinette, et en parlant de cet épisode de la révolution française, il s'était pris à déplorer que Marie-Antoinette n'eût pas vécu au temps de la chevalerie, où ses grâces et son esprit eussent fait surgir des milliers de défenseurs. Payne s'emparant de ce passage, « Quand nous voyons l'auteur se lamenter d'une manière si dramatique, de ce que les exploits de la chevalerie sont ensevelis dans la tombe, quelle opinion peut-on se former du jugement de M. Burke? quelle croyance peut-on donner aux faits qu'il avance? Dans le délire de son imagination, ajoutait l'auteur avec raillerie, M. Burke a découvert un monde de moulins à vent, et toute sa peine est qu'il n'y ait plus de Don Quichotte pour les attaquer. »

Le gouvernement, effrayé de ce débordement d'idées révolutionnaires, cédant d'un autre côté à son aversion bien prononcée pour les doctrines qui tendaient à diminuer le pouvoir du souverain, s'appliqua à se concilier les bonnes grâces du haut clergé, et se rapprocha aussi d'une manière plus étroite du parti tory. Par intérêt pour la conservation de leurs immenses privilèges, le clergé de l'église établie et les torys eux-mêmes étaient naturellement disposés à soutenir le pouvoir. Mais les torys, ou du moins les familles les plus considérées du parti, n'avaient point encore pardonné à la dynastie de Hanovre ce qu'ils avaient coutume d'appeler l'usurpation du trône, et il leur arrivait fréquemment d'épancher leur bile, en désignant sous le nom de rats de Hanovre les adhérents de la maison de Brunswick. Toutefois leurs velléités jacobites avaient constamment tendu à s'affaiblir depuis le règne de la reine Anne, époque où elles s'étaient manifestées avec force ; elles s'effacèrent davantage encore en présence du danger. Alors le gouvernement, fort de cette assistance, s'occupa de changer le cours de l'opinion publique ; et dans ce but, il mit en jeu deux moyens infaillibles, les préjugés nationaux contre la France, et les préjugés religieux.

Parmi les champions de la cause française se trouvait le docteur Priestley, homme très-versé dans les sciences et les lettres. Le docteur, à l'exemple de Payne, avait publié un ouvrage pour défendre la révolution française, avec ce titre : *Lettres à l'honorable M. Burke, en réponse à ses réflexions sur la révolution française*. L'auteur applaudissait à tout ce qui se faisait en France, et recommandait ce pays à l'Angleterre comme un modèle à suivre. Priestley demeurait à Birmingham, où le parti français, comme dans la plupart des grandes villes du royaume, s'était formé en association. Les membres de l'association résolurent de célébrer l'anniversaire de la prise de la Bastille (14 juillet 1791) dans un banquet. Quelques jours auparavant, une circulaire faite à la main, et dans laquelle un défi était porté à ceux qui soutenaient le gouvernement, fut répandue à profusion dans la ville. Cet écrit, qui ne portait point de signature, était conçu en ces termes : « Mes concitoyens, la deuxième année de la liberté française est sur le point d'expirer ; au commencement de la troisième, le 14 de ce mois, tous ceux qui abhorrent le despotisme religieux et civil, sont invités à donner leur adhésion à la cause des peuples, en célébrant l'anniversaire de la prise de la Bastille. Rappelez-vous que, le 14 juillet, cette forteresse, qui servait d'appui au despotisme, est tombée sous les coups du peuple français ; rappelez-vous l'enthousiasme qui a présidé à l'attaque de ces murs odieux ; imposez silence aux préjugés mesquins que vous pourriez nourrir envers la nation française, et réunissez-vous en foule pour voter des remercîments à l'Assemblée nationale. Vous ne sauriez oublier que votre parlement est vénal ; que vos ministres sont des hypocrites ; que les membres de votre clergé sont des oppresseurs autorisés par la loi ; que la famille régnante n'a point droit à vos hommages ; que la couronne portée par un certain personnage devient de jour en jour *trop lourde pour sa tête* (*), de même qu'elle est trop lourde pour le peuple ; que l'impôt qui pèse sur vous est excessif ; que la répartition en est injuste ; que votre représentation est une ironie amère contre les droits sacrés de la propriété, de la religion et de la liberté. Le 14 de ce mois, venez prouver aux sycophantes politiques du jour que vous honorez la branche d'olivier ; venez proclamer ces paroles saintes : La paix que donne l'esclavage est pire que la guerre de la liberté ; qu'à partir de ce jour, les tyrans soient épouvantés. »

Birmingham est une ville grande et populeuse, et dans aucune ville de la Grande-Bretagne, les oscillations politiques que reçoit l'État, soit à l'intérieur, soit dans ses rapports de peuple à peuple, ne sont plus sensibles. Cela est facile à concevoir, si l'on songe à l'étendue du commerce de cette grande cité, et aux effets que cause naturellement sur le commerce le moindre dérangement politique. Sous l'influence des prédications du clergé anglican et des efforts de la presse ministérielle, bientôt l'immense population de cette ville se montra hostile au parti français. Le placard que nous venons de transcrire ayant été dénoncé comme l'œuvre d'un traître, des préparatifs furent faits pour empêcher le banquet du 14 juillet.

Au jour indiqué, les membres asso-

(*) L'auteur faisait allusion à l'état des facultés mentales de George III. Cl. Pel.

ciés se réunirent et des toasts furent portés. L'un de ces toasts était ainsi conçu : *A l'Assemblée nationale et aux patriotes de France, dont le courage et la sagesse ont rendu à la liberté trente millions d'hommes.* En ce moment, une foule immense s'assemblait à la porte de l'hôtel, et, après en avoir brisé les fenêtres, entrait furieuse dans l'intérieur pour s'emparer des membres de l'association. Tous s'étaient échappés. La populace mit alors le feu à deux maisons qui appartenaient aux dissidents; elle se porta ensuite à la maison du docteur Priestley, et la pilla de tous ses meubles. Priestley était accusé d'être l'auteur de l'écrit; il s'en défendit avec chaleur, déclarant que le placard était sorti de la plume du clergé anglican, ajoutant en même temps que le clergé ne l'avait publié que dans un but de scandale. Le désordre dura trois jours, malgré les efforts des magistrats pour le réprimer, et pendant ce temps la populace, devenue maîtresse de la ville, commit des déprédations considérables.

Déjà le gouvernement anglais avait l'intention de déclarer la guerre à la France. Mais, ainsi que l'ont avancé plusieurs écrivains, pouvait-il entrer dans son esprit de faire simplement une guerre de principes, une guerre aristocratique, dans l'unique but d'arrêter le torrent des idées populaires qui débordaient? Sans doute, une pareille cause dut avoir une grande influence sur ses décisions, puisqu'elle touchait à ses opinions personnelles, à ses doctrines les plus chères. Mais la croisade du gouvernement contre les idées françaises n'eût point étouffé ces idées, ni empêché leur naturalisation. Tout ce que pouvait espérer le ministère Pitt, avec une publicité aussi puissante et aussi active que celle qui existait déjà en Angleterre, c'était, en changeant le cours de l'opinion publique, d'en atténuer les effets, d'en retarder l'acclimatement, de manière à ce que leur naturalisation se fît avec lenteur. Il devait exister d'autres considérations pour que des hommes publics, savants, comme le sont en général les hommes d'État de l'Angleterre, se décidassent à la guerre.

Ces considérations étaient l'état de la France qui semblait en ce moment destinée à crouler sous le poids des dangers dont elle était assaillie, et qui offrait une riche proie à une politique ambitieuse et intéressée. « L'Autriche, l'Angleterre et la France, dit M. Mignet, avaient été, depuis la paix de Westphalie jusqu'au dix-huitième siècle, les trois grandes puissances de l'Europe. L'intérêt avait ligué ensemble les deux premières contre la troisième. L'Autriche avait à redouter la France dans les Pays-Bas; l'Angleterre à la redouter sur mer. La rivalité de puissance ou de commerce les mettait souvent aux prises, et elles cherchaient à s'affaiblir ou à se dépouiller. L'Espagne, depuis qu'un prince de la maison de Bourbon occupait son trône, était l'alliée de la France contre l'Angleterre. Du reste, c'était une puissance déchue, reléguée dans un coin du continent, affaissée sous le système de Philippe II, privée par le pacte de famille du seul ennemi qui pût la tenir en haleine; elle n'avait conservé que sur mer son ancienne supériorité. Mais la France avait d'autres alliés sur tous les flancs de l'Autriche : dans le nord, la Suède; dans l'orient, la Pologne et la Porte; dans le midi de l'Allemagne, la Bavière; dans l'ouest, la Prusse; et dans l'Italie, le royaume de Naples. Ces puissances, ayant à redouter les envahissements de l'Autriche, devaient être naturellement les alliées de son ennemie. Placé entre les deux systèmes d'alliance, le Piémont était tantôt pour l'un, tantôt pour l'autre, suivant les circonstances et ses intérêts. La Hollande s'alliait à l'Angleterre ou à la France, selon que le parti du stathouder ou celui du peuple dominait dans la république. La Suisse était neutre.

« Dans la dernière moitié du dix-huitième siècle, deux puissances s'étaient élevées dans le Nord : la Prusse et la Russie. La Prusse avait été changée de simple électorat en royaume important par Frédéric-Guillaume, qui lui avait donné un trésor et une armée, et par son fils Frédéric le Grand, qui s'en était servi pour étendre son territoire. La Russie, longtemps placée hors des relations des autres États, avait été introduite dans la politique européenne par Pierre Ier et Catherine II. L'avénement de ces deux puissances avait modifié les anciennes alliances. D'accord avec le cabinet de Vienne, la Russie et la Prusse avaient exécuté le premier partage de la Pologne en 1778; et, après la mort du grand Frédéric, l'impératrice Catherine et l'empereur Joseph s'étaient ligués en 1786, pour opérer celui de la Turquie européenne. »

La France se trouvait comme effacée au milieu des changements survenus dans la politique des peuples européens depuis un demi-siècle; il semblait aussi qu'elle eût perdu le sentiment de sa force naturelle, car, sans doute à cause de son isolement, elle venait de laisser périr, en Hollande, le parti républicain (1787) sous les coups de la Prusse et de l'Angleterre, après lui avoir promis des secours, et n'avait pu donner assistance à la Turquie, son ancienne alliée, dans la guerre que cette puissance avait eue à soutenir contre la Russie et l'Autriche. Cette inertie, si contraire à l'esprit de mouvement qui caractérisa toujours la France, dut infailliblement frapper l'Europe entière, lorsqu'à l'exception de l'Angleterre qui attendait encore, elle se coalisa contre elle: l'Autriche et la Prusse voulaient s'agrandir; les principautés d'Allemagne et la Suède voulaient abolir le régime nouveau qui régnait en France, et dont elles craignaient l'influence pour elles-mêmes; la Russie espérait compléter à son profit le démembrement de la Pologne; l'Angleterre ne figurait, dans la coalition, qu'en sa qualité de protectrice naturelle du Hanovre. Le ministère anglais répétait encore qu'il ne voulait pas intervenir dans les affaires intérieures de la France, qu'il n'avait aucun droit pour changer son gouvernement; mais sous cette feinte assurance de neutralité, il déployait une grande activité dans les conseils des États confédérés. Au dedans de la France régnait l'anarchie. Déjà le parti aristocratique n'existait plus; réduit par son impuissance à recourir aux voies ténébreuses, il s'efforçait d'affaiblir le parti de la bourgeoisie, et préparait ainsi le triomphe des républicains. Ce parti qui reconnaissait pour chefs Robespierre, Danton, Marat, hommes fameux par leur audace et l'exaltation de leurs idées démocratiques, venait de donner la mesure de sa force dans la journée du 10 août (1792) et les massacres de septembre.

L'invasion de la France fut décidée dans la conférence de Mantoue (20 mai 1791). Sept jours après la conférence, l'empereur d'Autriche, le roi de Prusse, le comte d'Artois, lancèrent la fameuse proclamation de Pilnitz. Ces souverains déclaraient considérer la cause de Louis XVI comme la leur; ils exigeaient son rétablissement sur le trône, la dissolution de l'assemblée, et la réintégration des princes allemands dans les droits féodaux qu'ils possédaient en Alsace. Bientôt une armée, composée de 70,000 Prussiens et de 68,000 Autrichiens, se disposa à envahir le sol français. Le duc de Brunswick, qui dirigeait l'invasion, publia un manifeste. Le duc reprochait à ceux qui avaient usurpé *les rênes de l'administration en France*, d'avoir troublé le bon ordre et renversé le gouvernement légitime; d'avoir exercé des violences et des attentats contre le roi et sa famille; d'avoir supprimé arbitrairement les droits et les possessions des princes allemands en Alsace et en Lorraine; d'avoir attaqué des provinces appartenant à Sa Majesté l'Empereur, dans les Pays-Bas; guerre injuste, disait le manifeste, qui avait comblé la mesure. Le manifeste portait, en outre, que les armées confédérées envahissaient la France dans le but de mettre un terme à l'anarchie; de défendre le trône et l'autel menacés par les fauteurs de troubles, de rendre au roi la sûreté et la liberté qu'il avait perdues; le duc de Brunswick rendait responsables les gardes nationales et les autorités de tous les désordres, jusqu'à l'arrivée des troupes de la coalition, et déclarait que les habitants des villes qui oseraient se défendre seraient punis, comme des rebelles, selon les rigueurs de la guerre, et que leurs maisons seraient démolies ou brûlées, promettant au contraire à ceux qui obéiraient sans résistance aux ordres de la coalition, le pardon de leurs torts.

L'intimidation n'eut jamais de prise sur un peuple fier qui jouit d'une grande réputation de valeur, et qui a un rang à soutenir dans le monde. Son âme, comme celle de l'homme courageux, tressaille au soupçon de faiblesse et de lâcheté, et souvent il arrive que la menace produit sur lui un effet contraire à celui qu'on espérait obtenir. Tel fut le mouvement qui s'empara du peuple français dans ce moment de crise suprême où son existence politique était en jeu. La déclaration de Pilnitz fut accueillie avec dédain par l'Assemblée nationale. Un sentiment inexprimable de colère et d'indignation avait gagné tous les cœurs. « Disons à l'Europe, s'écria le député Isnard, que le peuple français, s'il tire l'épée, en jettera le fourreau; qu'il n'ira le chercher que couronné des lauriers de la victoire; que, si des cabinets engagent les rois dans une guerre contre les peuples, nous engagerons les peuples dans une guerre à mort contre les rois. Disons donc à l'Europe que tous les combats que se livrent les peuples par ordre des despotes ressemblent aux coups que deux amis, excités par un instigateur perfide, se portent dans l'obscurité. Si la clarté du jour vient à paraître, ils jettent leurs armes, s'embrassent et châtient celui qui les trompait. De même, si, au moment où les armées ennemies lutteront avec les nôtres, le jour de la philosophie frappe leurs yeux, les peuples s'embrasseront à la face des tyrans détrônés, de la terre consolée, et du ciel satisfait. »

Bientôt on vit la France, pressée par les armées de la coalition, jeter un défi plus audacieux, en faisant rouler la tête de l'infortuné Louis XVI sur l'échafaud. Ce grand acte sévèrement jugé par nos meilleurs écrivains, fut consommé le 21 janvier 1793 : « Nulle position, nul mérite, nulle vertu même, dit M. Guizot dans son brillant langage, ne peut abolir dans le jugement instinctif des peuples, le malheur d'avoir participé à cette iniquité solennelle. Il est raisonnable, il est juste de déplorer la fatale destinée de ces hommes qui ont été choisis comme d'éclatants exemples de l'égarement et de la misère de notre nature, pour attacher leur nom à cette œuvre sanglante, et abîmer ainsi leur vie tout entière dans l'inexorable souvenir d'un moment. A Dieu ne plaise que j'appelle jamais sur leur tête la sévérité de celui qui sonde les reins et les cœurs ! Mais lui seul a droit de pardonner publiquement à leurs intentions ou à leur faiblesse. Ils ont été vaincus en ce monde, vaincus au grand jour et pour les siècles. Puissants ou proscrits, adoptés ou rejetés, ils portent partout le poids de leur condition déplorable; partout leur action marche devant eux et les nomme, dans les palais où nous les avons vus en crédit, comme dans l'exil où ils vivent délaissés. Nulle injustice par eux subie ne peut réintégrer les régicides; leur crime a été le signal et comme le coup décisif d'une dissolution momentanée, mais terrible, de la société. »

Nos meilleurs historiens s'accordent à dire que, loin d'intimider la France, l'attitude de l'Europe réveilla toute son énergie, et qu'elle fut non-seulement un des plus grands obstacles à la coalition, mais qu'elle hâta la chute du trône de Louis XVI. Mais, au jugement des États confédérés, la situation de la France était tellement compliquée, tellement désespérée, qu'il semblait impossible que notre pays pût la supporter pendant longtemps; aussi, dans la prévision de la chute prochaine de ce vaste Etat, ils s'apprêtaient déjà à s'en partager les dépouilles.

Cette opinion était également celle de l'Angleterre. Elle ne figurait encore dans la coalition qu'à titre de protectrice du Hanovre. A la vue des dangers que courait la France, on la vit se hâter de quitter la neutralité qu'elle avait observée jusqu'à ce jour, pour entrer dans la confédération. Les succès de Dumouriez dans l'Argonne, qui arrachèrent un cri d'admiration aux ennemis de la France eux-mêmes, en Angleterre, ne changèrent point ses dispositions. Le ministère s'empressa d'envoyer à la Haye lord Aukland, avec la mission d'offrir des troupes aux Etats-Généraux.

Cependant, vis-à-vis de la France, le gouvernement affectait encore de vouloir conserver la neutralité. Un passage de la proclamation royale établissait qu'une correspondance existait entre les membres du gouvernement français et différents personnages de l'Angleterre. M. de Chauvelin, blessé de cette insinuation, ayant fait une plainte officielle au Foreign-Office, lord Granville, en réponse, protesta en termes formels du désir de l'Angleterre à rester en paix avec la France et à maintenir les traités de commerce et de navigation existant entre les deux pays. Toutefois, bientôt après, le gouvernement français ayant demandé les bons offices de l'Angleterre contre les puissances alliées qui menaçaient le territoire français, lord Granville lui répondit que les sentiments qui avaient engagé Sa Majesté Britannique à ne point intervenir dans les affaires intérieures de la France, l'obligeaient également à respecter les droits et l'indépendance des souverains.

L'enthousiasme qu'avait excité la révolution française au moment où elle avait éclaté durait encore ; les partisans des idées françaises conservaient leur ardeur. Ceux-ci, qui se composaient, ainsi que nous l'avons dit, de la grande majorité des dissidents, de tout le parti démocratique, et des whigs qui, par leurs opinions, touchaient de près au radicalisme, formaient, par leur nombre et le talent de leurs chefs, un parti puissant. Sous les auspices de ce parti, et à l'imitation des clubs politiques de la France, il y eut, à Londres, des sociétés politiques qui avaient pour objet d'introduire des réformes radicales dans la constitution du pays ; l'une d'elles prit le titre de Société correspondante de Londres. Une seconde prit celui d'Amis du peuple. Son objet était la réforme parlementaire ; et, dans le nombre de ses membres, figuraient une foule de représentants du pays, et notamment M. Grey et lord Erskine. Quelques-unes de ces sociétés, pour manifester les sympathies qu'elles portaient à la France, envoyèrent à Paris des députations chargées de présenter des adresses à la Convention nationale ; une de ces députations, en remettant l'adresse, fit don de mille paires de souliers. « Tandis que des brigands étrangers ravagent votre territoire, disait l'adresse, une portion du peuple d'Angleterre fait des vœux ardents pour que le Dieu de l'univers soit favorable à votre cause, qui est aussi la sienne. Cette adresse vous est présentée par cinq mille Anglais qui voient avec douleur que l'électeur de Hanovre unit ses troupes à celles des puissances étrangères ; mais Dieu fasse que le roi d'Angleterre se souvienne que l'Angleterre n'est pas le Hanovre, autrement ce serait à nous de le lui rappeler. » La Convention nationale, après avoir remercié en termes pleins de reconnaissance la députation, rendit un décret de fraternisation, et décréta, au nom de la nation, que la France accorderait assistance à tous les peuples qui seraient disposés à secouer le joug de leurs tyrans. En même temps, elle recevait dans son sein, à titre de membres de la Convention, le docteur Priestley et Thomas Payne.

Le gouvernement anglais, à cause de la popularité des noms d'un grand nombre de sociétaires, résolut de combattre ces sociétés ; et, dans cette intention, le roi lança une proclamation qui défendait les écrits séditieux, et invitait les magistrats à redoubler de vigilance pour en arrêter la circulation. La proclamation fut mise ensuite sous les yeux de la chambre des communes.

M. Grey, qui était membre de la société des Amis, se leva, et dit que la mesure était insidieuse, en ce sens qu'elle avait pour but d'amener la séparation des membres de l'association des Amis du peuple; puis il flétrit, en termes amers, la clause de la proclamation dans laquelle le roi invitait les magistrats de police et autres à redoubler de vigilance pour découvrir les auteurs et les éditeurs des écrits séditieux. « Quel nom donner à cette proclamation? s'écria-t-il. Je ne saurais l'appeler autrement qu'un système d'espionnage ordonné par la couronne. Or, n'est-il pas odieux que le souverain d'un peuple libre rende une pareille proclamation?» William Pitt, en réponse, déclara qu'il professait la plus grande estime pour la plupart des membres de l'association des Amis; mais que son opinion ne s'accordait pas avec la leur quant au temps et au mode qu'ils avaient adoptés pour obtenir la réforme parlementaire. L'adresse ayant été adoptée à une imposante majorité, le ministère, enhardi par ce succès, ordonna des poursuites contre un grand nombre d'auteurs de pamphlets. Parmi ceux-ci figurait Thomas Payne, dont le pamphlet avait causé une profonde sensation. Mais Payne, prévoyant l'issue du procès, se retira prudemment en France.

Dans le même temps, la presse ministérielle exploitait au profit du ministère les massacres de septembre et la catastrophe du 21 janvier, en se servant de ces événements pour donner une couleur plausible à l'entrée subite de l'Angleterre dans la coalition. Les chaires retentissaient d'anathèmes contre les républicains et les niveleurs, et une foule de pamphlétaires ministériels inondaient le royaume de leurs écrits. Quelques-uns de ces écrits avaient la forme de lettres, d'autres celle de dialogues, d'autres celle de récits. Les auteurs s'attachaient à faire prévaloir les principes de la soumission au gouvernement et à l'Église anglicane, et pour mieux préparer les esprits, une foule d'agents envoyés dans les provinces s'efforçaient d'y provoquer des résolutions exprimant un vif attachement pour le roi et pour la constitution.

Le gouvernement, dans ses efforts pour détacher les esprits de la cause française, était aussi puissamment secondé par la presse française. En France, des esprits impétueux se déchaînaient avec emportement contre le gouvernement anglais, et lançaient contre lui, dans leurs écrits, des injures qui atteignaient l'Angleterre elle-même. Rien de plus violent que ces écrits: le morceau suivant qui parut quelques années plus tard, est un modèle en ce genre. Il est du fameux Barrère:

« L'ombre sinistre et malfaisante du jaloux et sombre Chatam, disait Barrère, préside encore au conseil du cabinet de Saint-James. Elle dit aux ministres britanniques, que, n'y eût-il en Angleterre que deux vaisseaux, il faut les armer contre la France; que, n'y eût-il dans le trésor du roi de la Grande-Bretagne que deux guinées, il faut qu'elles servent à diviser, à corrompre, à détruire les Français. Digne héritier de ses forfaits politiques, ce William Pitt a osé dire aux nations neutres, en restreignant insolemment les droits et les formes de leur neutralité : « La France doit être détachée du monde commercial, et traitée comme si elle n'avait qu'une seule ville, qu'un seul port, et que cette place fût bloquée et affamée par terre et par mer. » Qui a donc voulu effacer la France, cette mère patrie de la liberté européenne, du tableau des sociétés politiques? Qui a osé proposer de détacher notre immortelle patrie du monde politique et commercial; de la bloquer pour l'affamer; de l'affamer pour l'asservir; de l'asservir pour en partager les débris aux rois européens? Qui s'est établi sur la terre marchand de l'espèce humaine, et trafiquant de crimes infernaux? Qui s'est emparé insolemment de l'empire des mers et du commerce de tous les pays? Qui a incendié l'Europe de guerres, couvert l'Amérique septentrionale de crimes, armé l'Amérique méridionale de conjurations, changé l'Afrique en marché d'esclaves, l'Asie en ateliers affamés, en manufactures asservies? Qui a fait périr, dans le Bengale, neuf millions d'hommes, pour asservir les trois millions qui ont survécu à ce complot de famine et de mort générale? Quelle main scélérate a distribué des instruments de meurtre dans toutes les parties de la terre, des haches aux sauvages de l'Amérique, des stylets aux esclaves des colonies, des armes à feu aux habitants de l'Afrique, des poignards empoisonnés aux émigrés de la France? Qui a exterminé les familles acadiennes qui témoignaient le désir de se réfugier dans la France, leur patrie? Qui a établi, en Asie comme en Europe, l'or comme le directeur diplomatique, l'agent des contre-révolutions politiques, le prix des coalitions royales, le subside de tous les crimes, et le plus terrible ministre de la mort? Qui a travaillé, depuis plusieurs années, à dépeupler la France, l'Allemagne et la Suisse, pour couvrir les terres insalubres du nord de l'Amérique de mécontents et de malheureux Européens trompés par de fausses promesses? Qui a formé sans pudeur, à Londres, au nom de l'autorité publique, une fabrique de faux assignats et de fausses monnaies métalliques, pour inonder la France de banqueroutes et de calamités? Qui a donné naissance à cette diplomatie perfide, qui, sous le manteau du droit des gens, vient organiser en France la révolte et l'assassinat; y solder tous les crimes, et subsider tous les vices? Quel gouvernement a imaginé de charger les canons avec du lard et des graisses qui, enflammées par l'explosion, embrasent les vaisseaux, et portent sur le visage des combattants les marques de la féroce noirceur de leurs ennemis? Chez qui les découvertes les plus actives pour la destruction du genre humain se sont-elles multipliées, et ont-elles obtenu un horrible succès?..... Soldats de la liberté, jurons tous que la république triomphante renversera bientôt les véritables auteurs de tant de crimes... Entendez les longs mugissements de l'humanité. Un cri unanime s'élève de toutes parts; et l'indignation générale répond d'un pôle à l'autre : *C'est le gouvernement anglais.* Vengeance! vengeance contre ces atroces tyrans! Si j'avais la foudre, je la lancerais sur l'exécrable palais de Saint-James, et ses éclats incendiaires porteraient la flamme sur ses ports et ses vaisseaux, oppresseurs du monde. Oui, c'est toi, gouvernement de Londres, à qui la France doit la combinaison et la création vénale de cette atroce ligue royaliste contre son indépendance et ses droits... C'est à ton génie machiavélique et corrupteur que la France doit les égorgements du Midi, l'assassinat des républicains, les meurtres exécutés par l'aristocratie sacerdotale et nobiliaire, les espérances turbulentes du ridicule roi de Blankenbourg. Le moment est venu où tant de crimes seront expiés; les mers seront libres, et la puissance maritime voulue par la nature, ordonnée par le droit des nations, sera répartie à chacune d'elles... Périsse donc le gouvernement anglais... Aujourd'hui, il n'y a qu'un seul moyen de salut pour les droits maritimes de toutes les nations et pour la liberté de l'Europe, c'est l'affranchissement des mers par les républicains français... Périsse le gouvernement d'Angleterre... »

Quelques ouvertures furent faites au milieu de cette agitation générale par le gouvernement français. Mais le cabinet de Saint-James repoussa toutes les avances. La France, par l'organe de son ambassadeur, ayant déclaré qu'elle n'attaquerait point la Hollande aussi longtemps que cette puissance adhérerait aux principes de la neutralité, lord Granville répondit à cette communication officielle avec hauteur; il refusait à M. de Chauvelin le titre de ministre plénipotentiaire de France. « Si la France, disait-il dans sa dépêche, désire conserver la paix avec l'Angleterre, elle doit renoncer à ses vues d'agression et d'agrandissement, se borner aux limites de son propre territoire, sans insulter les autres gouvernements, sans troubler leur tranquillité, sans violer leurs droits. » Lebrun, ministre des affaires étrangères, reprit les négociations au nom du pouvoir exécutif de la France, et adressa à cette occasion une communication (4 janvier 1793) rédigée avec une habileté et une sagesse qui formaient un contraste singulier avec l'orgueil, la pétulance, qu'on pouvait reprocher à la communication officielle du ministre anglais. Lebrun affirmait de nouveau que la France était animée du désir sincère de maintenir la paix. « C'est avec une grande répugnance, disait-il, que la France se verra forcée à une rupture, qui est beaucoup moins contraire à ses intérêts qu'à ses penchants. » A l'égard du refus qu'avait fait le ministre anglais, de reconnaître M. de Chauvelin dans son caractère diplomatique, Lebrun disait que dans les négociations alors pendantes de la France avec l'Espagne, le premier ministre de Sa Majesté Catholique n'avait point balancé à donner à M. Bourgoing, ambassadeur à la cour de Madrid, le titre de ministre plénipotentiaire de France. Toutefois, que ce défaut de formes ne devait pas mettre obstacle à une négociation, au succès de laquelle était attachée la tranquillité de deux grandes nations; en conséquence, que de nouvelles lettres de créance avaient été adressées au marquis de Chauvelin, pour qu'il pût, dans ces négociations, se conformer à la sévérité des formes diplomatiques. Le ministre français répondant ensuite à l'accusation de lord Granville, relative à l'agrandissement de la France, disait que son pays avait renoncé et renonçait encore à toute conquête, et que l'occupation des Pays-Bas se terminerait avec la guerre. « Si ces explications sont insuffisantes, disait Lebrun en terminant, après avoir fait tous nos efforts pour maintenir la paix, nous nous préparerons à la guerre. Nous combattrons avec regret les Anglais, parce que nous avons pour eux de l'estime; mais nous les combattrons sans crainte. »

La réponse de lord Granville à ce *memorandum* fut encore plus hautaine que la précédente. Lord Granville déclarait que la négociation proposée était illusoire en elle-même, qu'il n'y avait rien de satisfaisant à en espérer. Il demandait que les Français effectuassent l'évacuation immédiate de la Belgique. Dans une note séparée, le noble lord informait M. de Chauvelin que le roi n'était pas disposé à recevoir ses nouvelles lettres de créance. Chauvelin ayant demandé une entrevue personnelle avec le ministre, elle lui fut refusée, et à quelques jours de là (24 janvier 1793) il reçut l'ordre de quitter l'Angleterre. « Je suis chargé, disait lord Granville, de vous notifier que les fonctions dont vous avez été investi à cette cour, ayant été suspendues depuis longtemps, sont définitivement arrivées à leur terme, depuis la mort de Sa Majesté Très-Chrétienne. » Le ministre anglais informait en même temps l'ambassadeur de France que, par ordre du roi, il eût à quitter le royaume dans huit jours. M. Maret, agent confidentiel de Lebrun, étant arrivé sur ces entrefaites en Angleterre, avec de nouvelles dépêches du conseil exécutif, il annonça son arrivée à lord Granville; mais aucune réponse ne lui fut faite.

La guerre, résolue depuis longtemps dans l'esprit du gouvernement, fut publiquement annoncée. Le parlement s'étant assemblé sur ces entrefaites, et la motion d'une adresse ayant été présentée, selon l'usage, Pitt se leva pour l'appuyer; il dit qu'entre tous les objets importants soumis aux communes par le message royal, il y en avait un qui devait attirer plus particulièrement leur attention; que c'était un événement calamiteux, un outrage fait à la justice, à la religion, à l'humanité, un acte qui, en Angleterre comme dans toute l'Europe, avait excité un sentiment unanime d'indignation et d'horreur; que s'il consultait ses propres sentiments et ceux de la chambre des communes, il couvrirait d'un voile ce tragique événement; qu'un acte de cette nature était en effet si horrible et si plein de douleur, que ce devait être un désir général de l'effacer de sa mémoire, si la chose était possible, et de l'arracher du grand livre de l'histoire. « Mais, s'écria Pitt, quelle que soit la violence de l'indignation et de l'horreur que fait naître un événement aussi déplorable, maintenant qu'il est passé, il est impossible que notre siècle ne soit point souillé d'une tache ineffaçable. Que reste-t-il à faire à la chambre? A protester d'une manière solennelle contre cet événement, comme étant contraire à tout sentiment de justice et d'humanité, comme violant les lois les plus saintes. » Pitt fit un tableau sombre des effets que produisent les principes républicains poussés à l'extrême. « Voilà, s'écria-t-il, comment tous les liens qui soutiennent la société sont détruits, voilà comment toutes les lois divines et humaines sont anéanties! » Puis, faisant un parallèle entre la France et l'Angleterre, il montra les sujets du royaume jouissant d'une protection égale pour tous, tandis qu'en France, il régnait une extrême licence, un désordre effréné. « Sa Majesté, dit-il, avait refusé de prendre part au gouvernement intérieur de la France et lui, ministre, avait fait des déclarations positives à cet égard; mais, quand il avait pris cette résolution désintéressée, il avait lieu de penser que la France respecterait en retour les droits de l'Angleterre et de ses alliés, et avant toute chose, qu'elle ne chercherait point à exercer son influence dans le royaume. Vous trouverez dans les pièces qui sont déposées sur cette table un document dans lequel la France repousse toute idée d'agrandissement, et déclare qu'elle n'entretient aucune disposition hostile à l'égard des nations neutres; elle proteste contre l'idée qu'on lui prête de vouloir intervenir dans les affaires du pays, d'y chercher à fomenter des séditions, parce que, dit-elle, une pareille conduite et de tels efforts seraient une violation du droit des gens. Cependant, les Français qu'ont-ils fait? Ils ont montré qu'ils manquaient de sincérité dans leur protestation. Toute leur ambition s'est manifestée dès leurs premiers succès en Savoie, car ils ont voulu annexer ce pays, pour toujours, au territoire français, et se sont montrés résolus à adopter le même plan partout où ils pourront porter leurs armes. Pour ne laisser aucun doute de leurs intentions, les Français ont proclamé, par un décret, que leur intention était de détruire tous les gouvernements, et d'y substituer le système funeste qui les régit aujourd'hui; et dans les instructions données aux commissaires nommés par eux pour mettre le décret en vigueur dans les pays occupés par leurs armées, il est ordonné à ces agents d'agir conformément au décret, sous prétexte que l'ère de la liberté est enfin arrivée; c'est ainsi qu'ils ont fait des Pays-Bas une province entièrement française, qu'ils en ont altéré le nom, et que cette province dépend aujourd'hui entièrement de la France. Les Français affirment qu'ils n'ont aucune idée de conquête? Mensonge! mensonge! Qu'est-il arrivé depuis que les Français ont manifesté l'intention d'évacuer les territoires que leurs armées ont occupés? Une députation est venue du Hainaut à Paris; elle demandait à former le quatre-vingt-cinquième département de la France. La députation a-t-elle été mal reçue? la requête a-t-elle été repoussée? Non : la requête a été ajournée jusqu'à ce qu'une commission eût fait son rapport pour indiquer par quelles voies les nations désireuses de s'unir à la France pourraient s'incorporer elles-mêmes d'une manière régulière et formelle. Pour montrer comment les Français se sont conduits à l'égard des nations neutres, il ne s'agit que de se référer au décret du 19 novembre. »

Pitt lut une partie de ce décret; la France offrait de fraterniser avec tous les peuples qui voudraient conquérir leur liberté, et leur promettait son assistance dans ce grand acte. « De pareilles propositions, à qui s'adressent-elles? s'écria Pitt. A toutes les nations du monde; car le gouvernement français a ordonné que le décret fût imprimé dans toutes les langues. Quelques-uns des honorables membres de cette chambre ont prétendu que des explications suffisantes ont été données à ce sujet par le gouvernement français. A l'égard de ces explications, je ne ferai que répéter les paroles prononcées par un de mes collègues, c'est qu'elles ne font qu'aggraver l'offense. Tout indique, dans les institutions, la conduite et le langage de la France, un but bien déterminé; celui de renverser tous les gouvernements, mais principalement les gouvernements monarchiques. Les Français témoignent une haine si violente pour ces gouvernements, qu'ils ne seront satisfaits que lorsqu'ils les auront entièrement abolis. La sentence que la main d'un assassin a mise dernièrement à exécution contre le souverain de la France, est une sentence portée contre les souverains de tous les pays. Me dira-t-on que les mêmes principes ne sont pas destinés à être appliqués au gouvernement de notre pays? Pour se convaincre à cet égard, il suffit de rappeler l'enthousiame et l'exaltation extravagante avec lesquels les Français ont reçu les adresses qui ont été envoyées à l'Assemblée par une petite fraction de la société anglaise. Qui peut nier que l'Angleterre n'ait été comprise dans cet anathème général porté contre les gouvernements monarchiques? Aurait-elle donc été seule affranchie des conséquences d'un système qui professe l'anarchie, et dont le seul but semble être d'établir une domination universelle sur les ruines de tous les gouvernements.

« M. de Chauvelin, continua Pitt, revenant au décret du 19 novembre, a présenté au nom du Conseil exécutif de France une note diplomatique dans laquelle le gouvernement français se plaint de l'interprétation injurieuse donnée au décret précité. Mais, dix jours après, un membre de ce même Conseil exécutif a adressé une lettre à tous les amis de la liberté, en Angleterre, dans laquelle on lit les passages suivants : « Le gouvernement d'Angleterre arme, et le roi d'Espagne, encouragé par ses conseils, se prépare à attaquer la France. Ces deux pouvoirs tyranniques, après avoir persécuté les patriotes sur leur propre territoire, pensent sans doute qu'ils pourront influencer les juges qui vont prononcer sur le sort du tyran Louis; ils espèrent nous effrayer; tentatives inutiles! un peuple qui doit sa liberté à ses propres efforts, un peuple qui a chassé du cœur de la France l'armée des Prussiens et des Autrichiens, le peuple de France ne souffrira pas qu'un tyran lui dicte des lois. Le roi et son parlement veulent faire la guerre à la France : les républicains anglais le permettront-ils? Déjà ces hommes libres ont montré leur mécontentement et leur répugnance à porter les armes contre leurs frères de France. Qu'ils se lèvent et nous volerons à leur secours, nous ferons une descente dans leur île, nous apporterons 50,000 bonnets de la liberté; nous planterons l'arbre saint et nous ouvrirons nos bras à nos frères républicains. » Quoi, s'écria Pitt, quand de pareilles déclarations sont faites, on peut croire encore à la sincérité des explications qui nous sont données? Quelle créance méritent les assertions du gouvernement français, lorsqu'il affirme qu'il n'entretient pas de dispositions hostiles contre le gouvernement de ce pays? Ah! je le répète, ces explications ne sont que de nouvelles insultes. Dans le dernier *ultimatum* présenté par M. de Chauvelin, il est dit que si nous n'acceptons point la satisfaction telle qu'elle nous est proposée, la France va se préparer à la guerre; que si nous ne nous écartons point de nos principes, la guerre sera inévitable. Eh bien! plutôt que d'abandonner ces principes, faisons la guerre. La guerre est préférable à la paix, car la paix détruirait la tranquillité intérieure du pays et porterait atteinte à l'honneur de l'Angleterre. »

Les efforts du gouvernement en dehors du parlement avaient été couronnés d'un plein succès. L'opinion publique après s'être prononcée d'une manière vigoureuse en faveur de la révolution française, cédant aux préjugés religieux, aux instincts mercantiles du pays, avait changé de cours, et maintenant depuis la Tamar jusqu'à la Tweed, depuis les hauteurs de Douvres jusqu'aux montagnes du Cheviot, retentissait le cri de guerre contre la France. La même impulsion se communiqua dans les communes ; le discours du ministre fut salué par de nombreux applaudissements, et l'adresse fut votée à une grande majorité. Cependant plusieurs membres de l'opposition, restés fidèles à leurs principes, protestèrent.

Fox déclara que les meurtres et les massacres qui avaient été commis en France n'étaient pas moins abominables à ses yeux qu'aux yeux de ceux qui en faisaient le texte perpétuel de leurs déclamations. « Sans doute que la condamnation et l'exécution du roi Louis XVI sont des actes coupables, dit-il ; mais je ne vois pas où sont la convenance et la sagesse de la chambre des communes de condamner un acte qui a été consommé dans une autre contrée, alors que l'Angleterre n'a aucun intérêt direct à cet égard. » Fox rappela à la chambre qu'une maxime générale de la politique anglaise maintenait que les crimes commis dans un État indépendant n'étaient point justiciables d'un autre État. « Ai-je besoin de rappeler à la chambre la conduite que nous avons tenue dans des circonstances analogues ? N'avons-nous pas négocié, n'avons-nous pas formé des alliances avec le Portugal et avec l'Espagne, à l'époque même où l'Inquisition souillait ces royaumes d'actes d'une tyrannie atroce, d'une barbarie abominable ? Ces outrages faits à la raison et à l'humanité ont-ils été un prétexte pour faire la guerre à ces pays ? Non ! Avons-nous cherché comment les princes avec lesquels nous avions des intérêts exerçaient le pouvoir, ou comment ils l'avaient obtenu ? Non ! Pourquoi donc les crimes que les Français ont commis seraient-ils pour nous une cause de guerre ? Une partie de ces crimes ont été attribués aux attaques des armées confédérées. Eh bien ! le ministère a-t-il cherché une excuse à ces crimes dans les causes qui semblent les avoir provoqués ? Non ! Et cependant ces causes étaient de nature à les atténuer. » Fox soutint que tous les points sur lesquels le discours de Pitt avait roulé, n'avaient été jetés dans le débat que pour corrompre le jugement de la chambre, pour enflammer ses passions ; mais qu'il n'y en avait aucun sur lequel on pût reposer un juste motif pour faire la guerre. « Le ministre, s'écria-t-il, a parlé de la situation de la Hollande, du décret de la Convention française du 19 novembre, et du danger que courait l'Europe si les armes françaises étaient victorieuses. À l'égard de la Hollande, la conduite des ministres est une nouvelle preuve de leur manque de sincérité. Ils ne peuvent en effet établir que les Hollandais ont fait appel à notre gouvernement, pour exécuter les conditions du traité de 1788 ; ils ont été obligés de convenir qu'aucune requête de cette nature ne leur a été adressée. Mais, ajoutent-ils, ils savent que les Hollandais sont très-disposés à accueillir leurs offres ! Tout prouve au contraire que ceux-ci n'en ont aucune envie. La France, disent-ils encore, a brisé ses promesses avec la Hollande. Est-ce donc la une cause pour nous de faire la guerre ? Assurément non ! depuis quel temps, en effet, avons-nous considéré comme un malheur pour notre pays, les circonstances qui tendent à diminuer la bonne intelligence entre la France et la Hollande ? « Répondant aux paroles de Pitt relativement au décret du 19 novembre, Fox convenait avec le ministre que ce décret était une insulte, et que l'explication du Conseil exécutif de France ne suffisait point au pays ; mais, dans cette explication, il reconnaissait que les Français n'étaient point disposés à insister sur ce décret, et qu'ils étaient portés à faire la paix. « On nous dit qu'il nous faut des sûretés, et j'admets que le désaveu fait par le Conseil exécutif de France et que le rapport secret du décret de la Convention ne suffisent point. Mais au moins nous devons dire à la France ce que nous entendons par sûreté, car c'est le comble de l'arrogance de se plaindre d'une insulte sans daigner expliquer quelle réparation on demande. Les Français doivent, dit-on, retirer leurs troupes du Brabant avant que nous puissions être satisfaits? Mais sommes-nous arrivés à ce degré d'insolence qui nous permet de dire à la France : Vous avez conquis une partie du territoire de l'ennemi qui vous faisait la guerre, et nous ne voulons point intervenir pour rétablir la paix entre vous et lui ; mais nous exigeons que vous abandonniez les avantages que vous avez obtenus, alors même qu'une coalition se prépare contre vous. Est-ce donc le genre de neutralité que nous voulons observer à l'égard de la France? Lui dirons-nous : Si vous êtes envahie, si vous êtes battue, nous resterons tranquilles spectateurs de vos défaites; mais si vous frappez votre ennemi au cœur, si vous pénétrez sur son territoire, nous vous déclarons la guerre?

« Le ministère nous dit que la France a envahi les Pays-Bas, et je conviens que cette invasion doit être pour nous un sujet d'alarme, si cette contrée est destinée à être ajoutée au territoire français. Mais les Français disent qu'ils évacueront ce pays à la cessation de la guerre et lorsque leurs libertés seront affermies. Cela n'est pas suffisant sans doute ; mais nous devrions leur dire ce que nous entendons par ce mot *suffisant*, et enfin quelle serait la réparation suffisante que nous exigeons.

« Cette guerre est injuste, parce que nous n'établissons pas les causes qui l'ont provoquée, ni les moyens de satisfaction que nous pouvons exiger pour l'empêcher. Cette guerre est impolitique autant qu'elle est injuste, parce que n'ayant point établi l'objet de la lutte d'une manière précise, aucune voie légale ne nous reste pour traiter de la paix. Avant de faire la guerre à la France, assurément le peuple, sur qui doivent retomber les charges de cette guerre, a droit d'être informé du but que l'on se propose et sur lequel il peut établir ses espérances pour obtenir une paix honorable. Je suppose qu'après cinq ou six ans les Français consentent à évacuer les Pays-Bas comme condition de la paix, est-il certain qu'ils n'évacueraient pas aujourd'hui cette contrée, si nous voulions condescendre à leur poser cette condition d'une manière intelligible? Assurément dans un cas de cette nature l'expérimentation aurait quelque intérêt. On nous dit : Nous n'avons pas de sûreté contre les principes français. Mais les sûretés que les Français seraient à même de nous donner après la guerre, ne pourraient-ils pas nous les donner aujourd'hui?

« Les mêmes arguments s'appliquent au danger général que courrait l'Europe. Après avoir montré une indifférence si scandaleuse pour la situation générale et la sûreté de l'Europe, après avoir souffert comme nous l'avons fait la conquête de la Pologne et l'invasion de la France, il est difficile de supposer que nous soyons sincères quand nous parlons aujourd'hui du danger général que courrait l'Europe. Mais en admettant que ce danger fût réel, n'y pourvoirait-on pas d'une manière beaucoup plus profitable, en proposant un arrangement ?

« Je viens de vous montrer qu'aucun des motifs qui ont été avancés par le ministre ne semble suffisamment fondé pour faire la guerre. Que me reste-t-il maintenant à examiner ? Le gouvernement intérieur de la France, gouvernement toujours désavoué, bien que le ministre ne cesse d'y puiser ses mouvements oratoires. La destruction de ce gouvernement est l'objet avoué des puissances coalisées qui espéraient nous voir s'unir à elles; cette union a eu lieu enfin; mais, comme si nous avions eu honte d'aider par nos armes au rétablissement du despotisme, nous avons cherché un prétexte dans l'occupation des Pays-Bas par la France.

« Dans toutes les décisions que nous prenons, soit pour faire la paix, soit pour faire la guerre, il est important pour nous de considérer ce que nous pouvons perdre et ce que nous pouvons gagner. Eh bien, d'un côté, il n'est point supposable, et nous ne devons pas même le désirer, que nous puissions étendre notre territoire ; en second lieu, et bien que les menaces du ministre de la marine de France me paraissent peu redoutables, on ne saurait avancer que nos alliés et nous-mêmes ne devions souffrir considérablement, et que notre intervention puisse produire quelque changement dans l'état intérieur des affaires de la Hollande et dans la situation du sta-thouder.

« Je le répète, avant de se lancer dans une entreprise de ce genre, on doit mettre dans la balance toutes les considérations. Eh bien, l'état de l'Irlande est-il si rassurant que nous devions désirer la guerre? Un de nos honorables collègues a dit que ce sujet était trop délicat pour que nous devions y toucher. Je n'approuve pas la délicatesse qui enseigne aux hommes à fermer les yeux sur les dangers. Je n'éprouve aucune frayeur à parler de l'Irlande, et je trouve que la situation de cette contrée est à la fois rassurante et pleine de dangers. Rassurante, parce que le gouvernement de ce pays a obligé le gouvernement du nôtre à reconnaître les droits incontestables de la grande majorité du peuple d'Irlande, lui qui, dans une session précédente, avait traité l'humble pétition des Irlandais avec mépris, et s'était efforcé à quelque temps de là d'armer les protestants contre les catholiques : pleine d'alarmes, parce que l'incurie de l'administration a rendu méprisables aux yeux des Irlandais notre gouvernement et la législature. On nous dit qu'il y a de grands périls à attendre des principes français! Mais si nous faisons la guerre à la France, c'est combattre pour la propagation de ces principes.

« A l'égard de la réprobation donnée à ces principes dans l'adresse qui est soumise à nos délibérations, je dirai librement mon avis, et je soutiendrai que ce ne sont point les principes qui doivent être réprouvés, mais l'abus qu'on en fait. C'est de l'abus des principes et non des principes eux-mêmes qu'ont découlé tous les maux dont la France est désolée. L'emploi du mot *égalité* que font les Français a été vivement critiqué; cependant quand on considère ce mot dans la signification que lui donnent les Français, cette expression est parfaitement innocente; car, que dit-elle ? Tous les hommes sont égaux dans leurs droits; c'est là une vérité à laquelle je ne puis refuser mon assentiment; tous les hommes ont des droits égaux à des choses inégales ; un homme a droit à un schelling, un autre à 1,000 livres sterling; celui-ci à une chaumière, celui-là à un palais; le droit dans chacun de ces hommes est le même, chacun a un droit égal de jouir de sa propriété, un droit égal pour posséder ou pour acquérir. Mais l'adresse qu'on vous demande a pour objet de condamner, non l'abus des principes français, mais les principes eux-mêmes! Et à cela je ne puis consentir, puisque ces principes sont ceux qui doivent servir de base à tout gouvernement juste et équitable. Mes sentiments à cet égard sont assez connus; je les ai manifestés dans une circonstance précédente (Fox voulait parler du débat qui avait eu lieu entre lui et Burke, au sujet de la révolution française), d'une manière assez frappante pour n'avoir pas besoin de provoquer une nouvelle discussion. Je me permettrai de dire, toutefois, contre l'autorité d'un homme aussi éminent que mon adversaire, que le peuple est le souverain dans chaque État; qu'il a le droit de changer la forme de son gouvernement; qu'il a le droit de punir ceux qui le gouvernent mal, ainsi que le peuple de ce pays l'a fait lui-même pour Jacques II ; qu'il n'a pas besoin, dans ces grandes manifestations, de recourir au parlement ou à toute autre forme régulière connue de la constitution, qu'il lui suffit seulement d'une convention, pour parler le langage du peuple.

« C'est une pareille convention qui a produit chez nous un parlement et un roi. Le peuple a élevé Guillaume au trône vacant, et non-seulement il a ôté la couronne à Jacques, mais il en a privé son fils innocent. Il a élu ensuite la maison de Hanovre, non point individuellement, mais par dynastie, et cette dynastie ne doit continuer à porter la couronne qu'autant que les conditions qui l'ont fait élever au trône seront remplies, et non pas plus longtemps.

« On dit bien que nous ayons exercé le pouvoir souverain, que nous y avons renoncé pour toujours en le déférant à un autre. C'est une erreur : nous n'avons point renoncé à ce pouvoir ; et alors que nous eussions été disposés à le faire, il ne dépendait pas de nous d'y renoncer. Rappelez-vous que nous avons d'abord élu un individu isolé, puis une dynastie, et enfin que notre législature, sous le règne de la reine Anne, a adopté une loi, en vertu de laquelle le peuple d'Angleterre s'est réservé tous ses droits, sans même assigner une raison à cet égard. Que si, parmi nous, il existe quelques personnes qui doutent de l'esprit de notre constitution à cet égard, leur erreur vient de ce qu'au lieu de faire reposer, comme cela doit être, la base de ce gouvernement dans le droit et dans le choix du peuple, elles se préoccupent trop de titres d'une valeur éphémère.

«Ceux qui espèrent combattre les opinions par la force des armes, peuvent voir, par ce qui s'est passé dans les Pays-Bas, depuis l'occupation de ce pays par la France, combien le pouvoir est impuissant pour repousser ou introduire des opinions dans un État. Comment la guerre pourra-t-elle préserver notre pays d'opinions qui, dit-on, sont dangereuses ? Admettons que nous battions les Français, assurément nous ne pourrons pas exiger qu'ils quittent leurs opinions ! Comment empêcher ces opinions de pénétrer chez nous ? Les opinions ne sont pas comme des marchandises qui pourraient être prohibées par un état de guerre.

« L'amour de la guerre est une passion inhérente à la nature de l'homme. Quels ont été les différents prétextes de la guerre à certaines périodes ? Dans l'ancien temps, ce fut l'esprit de conquête, plus tard ça été la religion. Ainsi les opinions de Luther et de Calvin ont été attaquées avec toute la fureur de la superstition et du pouvoir. Le prétexte qui a été employé ensuite a été le commerce, et on m'accordera sans doute qu'aucune nation qui a entrepris la guerre pour le commerce, ait reconnu que le but auquel elle désirait arriver ait été obtenu à la conclusion de la paix. Aujourd'hui nous faisons la guerre pour les opinions. Ainsi nous allons donc rétrograder vers le passé ; car enfin une guerre d'opinion n'est autre chose qu'une guerre de religion.

« Les motifs d'une guerre sont l'injure, l'insulte ou le danger : pour l'insulte, une satisfaction doit être exigée ; pour l'injure, c'est une réparation ; pour le danger, des garanties. Tel est le triple but auquel doit viser un gouvernement, pour lequel il doit négocier, les cas exceptés où l'attaque a été commencée. Mais avons-nous négocié ? J'ai répondu à la question. J'ajouterai que lorsqu'une ligue fut formée pour opposer une digue à l'ambition de Louis XIV, les parties contractantes ne montrèrent point autant de rigueur envers lui que l'on veut le faire en ce moment avec la France ; qu'elles n'imposèrent point à Louis XIV la condition d'abandonner toutes ses conquêtes pour obtenir la paix.

« Mais, nous dit-on, il est de notre devoir de haïr les Français, pour la part qu'ils ont prise dans la guerre d'Amérique. Le devoir qui m'apprend à aimer mes semblables ne m'est point inconnu ; mais le devoir qui m'impose la haine est nouveau pour moi ; et en admettant que ce devoir existe, c'est l'ancien gouvernement de France, et non le nouveau, qui est tout à fait étranger à la guerre d'Amérique, que nous devrions haïr. Malheureusement le nouveau gouvernement français, dans l'opinion de nos ministres, n'a hérité de l'ancien que de ses fautes et de ses offenses. C'est le gouvernement actuel que nous devons haïr, auquel nous devons faire la guerre, avec lequel nous ne devons pas négocier ?

« Je crains que, malgré mes efforts, la guerre ne soit déclarée ; mais je croirais avoir manqué à mon devoir, si je n'avais pas exposé les causes différentes qui l'ont provoquée. De toutes les guerres, celle que je crains le plus, est celle qui n'a point un but déterminé, parce qu'il est impossible de prévoir comment se terminera une pareille guerre. Le but de notre guerre avec l'Amérique était bien connu ; il était injuste, et nous savons ce qui est arrivé : après avoir fait la guerre pendant des années au prix du sang le plus précieux du pays et de sommes énormes, après avoir couvert d'invectives et de termes de mépris le congrès américain, les Adam et les Washington, nous avons été obligés à la fin de traiter avec ce même congrès et avec ces mêmes hommes. Les Américains, pour l'honneur de leur caractère, n'ont point commis d'actes horribles comme les Français ; mais nous avons été prodigues de médisance envers les premiers tout comme envers les seconds.

« Mais quel est le but de la guerre actuelle ? Qu'on nous le dise pour que nous puissions regarder dans l'avenir avec une certaine confiance, et unir nos efforts communs pour le succès de la lutte. Qu'on ne nous tienne pas dans les ténèbres, car combien penseront que l'Angleterre va combattre pour faire triompher la cause du despotisme ! Serait-ce déroger à la dignité d'un ministre de nous accorder une explication à cet égard, et de détromper ceux qui seraient tombés dans cette fatale illusion ? Il en est temps encore ; que l'honorable ministre (Pitt) veuille bien y songer avant que d'engager le pays dans une guerre d'opinion, afin qu'on ne dise point au dehors que le roi d'Angleterre a un intérêt distinct de celui de ses sujets, et qu'une même communauté de sentiments n'anime pas toutes les classes de la société. »

Ce discours, bien qu'il eût été écouté avec un religieux silence et qu'il eût été souvent interrompu par des applaudissements, ne modifia pas les dispositions du ministère. Nous avons dit que l'adresse fut votée. A cette nouvelle, le gouvernement français, perdant toute espérance de conserver la paix, se hâta de prendre l'initiative ; par un décret adopté à l'unanimité le 1er février 1793, il déclara la république française en état guerre avec la Grande-Bretagne et le stathouder de Hollande.

Opérations militaires. — Rupture de la coalition, etc. — Bataille du cap Saint-Vincent. — Traité de Campo-Formio. — Insurrection de l'Irlande. — Expédition d'Égypte. — Bataille de Marengo. — Traité de Lunéville. — Attaque de la flottille de Boulogne. — Traité d'Amiens.

La politique anglaise, que nous connaissons si fine, si rusée, sachant tourner une difficulté avec un art si merveilleux, n'est point exempte des fautes les plus grossières. On lui reproche surtout, en ce qui concerne les affaires mercantiles, de se préoccuper trop exclusivement des intérêts personnels de l'Angleterre et de ne point suffisamment songer aux intérêts des autres peuples. Un de nos hommes d'État les plus distingués, M. Guizot, disait un jour, avec beaucoup de justesse, que dix ans, vingt ans, n'étaient rien dans la vie d'un peuple. Cette vérité politique a été fréquemment méconnue par les hommes d'État d'Angleterre. Entraînés par les appétits mercantiles de leurs nationaux, on les voit rechercher d'une manière trop formelle des résultats immédiats, et ne point faire assez de cas des conséquences un peu lointaines de leurs actes. C'est ainsi qu'ils laissèrent pendant longtemps une compagnie de marchands avides saccager impunément les riches contrées de l'Inde. Qu'est-il arrivé ? Ces contrées, qui, avec une bonne et sage administration, auraient été une mine inépuisable de richesses, semblables aujourd'hui au corps humain quand il est frappé d'éthisie, sont devenues pour l'Angleterre une source d'embarras et de difficultés; souvent même il est arrivé que les dépenses nécessaires à la conservation et à l'entretien des vastes possessions de l'Hindoustan ont dépassé les recettes.

Des effets analogues auraient infailliblement résulté de la guerre de la Grande-Bretagne avec la France, alors que la France, comme s'y attendait le gouvernement anglais, eût succombé sous le poids des embarras qui l'assaillaient en ce moment de tous côtés. Entrer dans la coalition formée par les plus grands États de l'Europe contre la France dans un moment de crise si laborieux et si terrible pour ce pays, avec l'intention de s'en partager les dépouilles, c'était assurément manquer de générosité, mais c'était aussi faire un acte de mauvaise politique. Admettez pour un moment la France abattue, ayant perdu sa nationalité, mourant dans cette grande lutte d'une mort héroïque ; partagée entre des peuples avides, oubliant dans son malheur sa grandeur passée, sans courage, sans énergie, acceptant avec résignation la domination de ses ennemis ; voyez maintenant l'Angleterre occupée à exploiter sa conquête, inondant la France, ainsi déchue, de ses produits manufacturiers, la laissant à peine respirer, contrariant sans relâche dans un but de personnalité, le développement de son industrie et de son commerce : dix ans, vingt ans se sont passés ; la France n'est plus une rivale ; c'est un corps usé par la souffrance, par la misère ; c'est un cadavre ! Croyez-vous que ce peuple, dans un pareil état d'abaissement, eût été susceptible de procurer encore de grands avantages commerciaux à ses vainqueurs, que les frais d'occupation nécessaires pour contenir dans une soumission forcée une population appauvrie, pour écarter les jalousies des nations rivales, n'eussent point tari les sources de richesses que l'Angleterre aurait pu trouver dans les premiers temps de la conquête. Assurément la France fût devenue pour l'Angleterre un fardeau lourd à porter.

Le but mercantile que le gouvernement avait en vue était faux ; l'expérience de tous les temps a démontré que la bonne politique en ce qui concerne les affaires commerciales des peuples, consiste pour une nation, non point à asseoir sa prépondérance sur les ruines d'un ennemi vaincu, mais à s'enrichir en aidant celui-ci à s'enrichir lui-même. Malheureusement, cette doctrine, acceptée par nos hommes d'État en théorie, est encore méconnue par eux dans la pratique.

Repousser du sol anglais les idées françaises, empêcher leur acclimatement, tel était aussi le but que se proposait d'atteindre le gouvernement. Mais comment arrêter l'idée ? L'idée est plus puissante que le fer rouge de la fournaise qui brûle tout ce qu'il touche ; comme la balle qui rebondit sur la raquette, elle nous échappe quand nous croyons le mieux la tenir. Alors que nous supposions l'avoir éteinte, anéantie, elle nous nargue, se rit de nos efforts ; elle glisse inaperçue à travers les barreaux de fer des cachots, elle s'échappe des lèvres décolorées du malheureux qui expire dans les tortures, renaît le jour d'après plus active, plus audacieuse, plus entreprenante. Telle fut l'idée chrétienne elle-même, qui apparaissait toujours plus pure et plus brillante, quand le sang des martyrs avait arrosé l'échafaud. Fox avait donc raison quand, répondant à Pitt, il disait dans les communes : « Ceux qui espèrent combattre les opinions par la force des armes, se trompent. Le pouvoir est impuissant pour repousser ou introduire des opinions dans un État. »

Il est impossible d'arrêter l'idée, mais on en changera facilement le cours ; on peut en atténuer la violence, temporiser jusqu'au moment où l'esprit public, devenu plus éclairé, fera justice de lui-même d'une idée fausse et pourra en apprécier la valeur. C'est ainsi que nous le voyons faire de nos jours par nos hommes d'État pour les idées qui les tourmentent ; tantôt ils défèrent ces idées au jugement des jurés ; tantôt ils demandent de l'assistance aux ciseaux de la censure. Cette sévérité nous étonne lorsque analysant ces idées, nous venons à reconnaître qu'elles sont identiques avec celles qui ont le plus servi à l'avancement de leurs persécuteurs, et qu'ils ont défendues avec le plus de chaleur ; et souvent alors il nous arrive de flétrir de notre réprobation la plus amère de pareils actes, parce que, dans l'appréciation que nous faisons des faits, notre esprit s'occupe bien plus de la contradiction flagrante qui le frappe que des devoirs réels de l'homme d'État ; que, dans notre impatience, nous ne voulons pas voir qu'une idée quelconque, fût-elle la meilleure du monde, doit traverser différentes épreuves avant de pouvoir prendre racine dans les mœurs et les usages d'un peuple ; que lorsque cette idée met en péril la chose publique, et donne à l'État une commotion trop forte, susceptible de compromettre sa sûreté, elle doit être châtiée et retenue temporairement par un frein.

Ce fut sans doute sous l'influence de pareilles impressions que des hommes aussi savants que l'étaient les ministres qui composaient l'administration de William Pitt, se décidèrent à faire la guerre à la France. Quand ils virent que les idées françaises occasionnaient en Angleterre une perturbation profonde, ils voulurent les atténuer, en changeant le cours de l'attention publique par un acte qui était de nature à faire sur les esprits une vive sensation. Mais le danger dans lequel le gouvernement jetait l'Angleterre, n'était-il pas plus grand que le danger qu'il voulait prévenir ? Une guerre est toujours ruineuse, quelles qu'en soient les chances favorables dans le principe, et les idées que les ministres voulaient combattre, n'offraient qu'un danger temporaire par l'abus qu'on en faisait. « C'est de l'abus des principes, disait Fox, et non des principes eux-mêmes, qu'ont découlé tous les maux dont la France est désolée. » L'Angleterre avait-elle donc beaucoup à craindre d'idées qui se traduisaient par des violences aussi terribles que celles qui ensanglantèrent la France à cette époque ?

(1793.) Aussitôt que la guerre fut déclarée, le ministère anglais, déployant une activité extraordinaire, mit au service de la Hollande un corps de troupes hanovriennes, et affecta à l'entretien de ces troupes une somme considérable. Dans le même temps, les ministres présentaient un bill dans les communes, tendant à déclarer coupables de haute trahison ceux qui approvisionneraient d'armes le gouvernement français, qui achèteraient des terres en France, qui placeraient de l'argent dans les fonds français, ou qui assureraient les marchandises françaises. Le même bill portait que le retour des sujets anglais résidant en France ne pourrait s'effectuer qu'autant qu'ils fourniraient des sûretés au gouvernement. Déjà le ministère venait de conclure un traité avec le roi de Sardaigne ; aux termes de ce traité il s'engageait à fournir au souverain de la Sardaigne un subside annuel de 200,000 l. st. (5,000,000 de fr.), dont un quart devait être payé à l'avance, et à ne point conclure la paix avec l'ennemi sans exiger dans le traité la restitution de toutes les possessions appartenant à la Savoie.

Cependant la guerre n'était point encore commencée, que de graves embarras éclataient de tous côtés. Ainsi la perspective d'un conflit avec la France avait jeté l'effroi dans le commerce, et de nombreux désastres étaient résultés de cette panique. Le parlement ayant été saisi de cette affaire, une commission fut nommée dans les communes pour examiner la nature du mal et y porter remède. Sur le rapport de cette commission, une émission de billets de l'Échiquier s'élevant à la somme de 5,000,000 de liv. sterl. (125,000,000 de fr.) fut ordonnée, et des commissaires furent nommés pour prêter cette somme au commerce, à la condition par lui de fournir des garanties suffisantes. De cette manière on parvint pendant quelque temps à neutraliser l'état de gêne qui venait de se déclarer.

A la crise commerciale se joignaient des complications d'un autre genre, et celles-ci naissaient des mouvements que se donnaient les sociétés réformistes. Les temps de guerre sont à cet égard des temps de rudes épreuves pour les pays parlementaires. Dans ces moments de crise, indépendamment des dangers du dehors auxquels le gouvernement doit pourvoir, il faut qu'il lutte sans relâche contre ceux qui ne partagent point ses idées ; gens ardents qui surveillent les actes de l'autorité avec une sollicitude extraordinaire, toujours prompts à la trouver en faute, et qui jouissent de ses embarras parce qu'ils espèrent y trouver le triomphe de leurs idées politiques, quand ce n'est pas celui de leur ambition personnelle.

Les sociétés réformistes, dont nous avons indiqué la formation, s'agitaient en ce moment sur tous les points du pays, et notamment en Ecosse, où l'une d'elles avait résolu de convoquer ce qu'elle appelait une *convention nationale*. Un meeting, auquel assistaient des délégués de la société correspondante de Londres et de toutes les autres sociétés de même nature qui existaient dans les différentes parties de l'Angleterre et de l'Irlande, fut tenu à Édimbourg à cette occasion. Les délégués de la société correspondante de Londres étaient chargés par leurs commettants d'inviter le peuple à résister à tout acte de la législature qui serait en opposition avec les principes de la constitution, mais en ne s'écartant point de la forme légale. La convention d'Édimbourg, la plus ardente de toutes ces sociétés, avait pris pour son modèle le club des Jacobins à Paris. Les membres ne se donnaient d'autre titre que la dénomination républicaine de citoyens; ils s'étaient divisés en sections, avaient nommé des comités d'instruction, d'organisation, de finances; ils appelaient leurs meetings des séances, accordaient les honneurs de la séance, et dataient leurs actes de la première année de la constitution britannique *une et indivisible*.

Les membres de ces sociétés se distinguaient par leur activité, et comme ils paraissaient disposés à employer la force pour assurer le triomphe de leurs doctrines, le gouvernement, justement effrayé de leurs manifestations, résolut de recourir aux voies de la sévérité. Les magistrats d'Édimbourg reçurent l'ordre de se rendre aux lieux des meetings et d'y saisir les registres. La plupart des chefs et le secrétaire furent arrêtés et renvoyés devant les assises; trois d'entre eux, parmi lesquels était le secrétaire, furent condamnés à la déportation pendant quatorze ans. Les registres des sociétés ayant été soumis à l'examen d'une commission prise dans le sein de la chambre des communes, la commission présenta un rapport dans lequel on lisait que la société correspondante de Londres et d'autres sociétés de même nature visaient à renverser le gouvernement; que ces sociétés s'étaient pourvues d'armes pour exécuter, d'une manière plus efficace, leurs projets criminels. Le ministre demanda en conséquence que l'acte d'*habeas corpus* fût suspendu pour les cas de trahison et de sédition. Fox, en réponse à ces conclusions, déclara qu'une mesure aussi grave n'était pas justifiée par les faits qui étaient ressortis de l'examen des registres; que la mesure était inconstitutionnelle et dangereuse, parce qu'elle mettait entre les mains du roi le pouvoir d'emprisonner arbitrairement les sujets du royaume.

Toutefois, la suspension de l'acte d'*habeas corpus* fut votée comme le demandaient les ministres, et aussitôt des poursuites furent dirigées contre les sociétaires sur tous les points du royaume; l'un de ces procès eut lieu aux assises de Lancastre. L'accusé, Thomas Walker, de Manchester, chaud partisan de la réforme parlementaire fut traduit devant les tribunaux, avec neuf autres personnes, sous l'accusation d'un complot contre le royaume, tendant à renverser la constitution par la force des armes, et à assister les Français, dans le cas où ceux-ci feraient une invasion dans le pays. Cette accusation, d'où dépendait la vie des accusés, était appuyée par le témoignage d'un individu du nom de Dunn; mais la déposition du témoin fut trouvée si contradictoire, que l'accusation fut abandonnée par le conseil de la couronne et que Walker fut honorablement acquitté.

Dans un autre procès, un nommé Robert Watt fut mis en cause sous l'accusation d'avoir formé le projet de s'emparer, par la force, du château d'Édimbourg ainsi que de la Banque et des principaux magistrats de la ville. Le fond de l'accusation était vrai: il fut prouvé que Robert Watt avait communiqué son plan à plusieurs personnes qui lui avaient refusé leur concours. Mais, pour sa défense, Watt produisit plusieurs lettres du secrétaire d'État Dundas, avec lesquelles il établit qu'il avait été espion du gouvernement et qu'il avait reçu de l'argent pour ses services. Watt ajoutait que ces plans étaient imaginaires, et que s'il les avait communiqués à différentes personnes, c'était pour mieux connaître les secrètes pensées de ces personnes et livrer à la justice les ennemis du roi. Malgré cette défense, le jury rendit contre lui un verdict de culpabilité; il fut condamné à la peine de mort et exécuté. Dans un autre procès figuraient John Horne-Tooke, comme accusé, et Shéridan, William Pitt, le premier ministre, comme témoins. Horne-Tooke fut acquitté, et ce verdict, comme ceux qui avaient été obtenus en faveur des réformistes dans les procès précédents, fut regardé comme une victoire par les accusés et leur parti, et leurs espérances ne firent que s'en accroître.

Des procès de cette nature agitent profondément les États parlementaires ; ils tiennent en suspens les esprits ; une vive inquiétude se communique au fond des âmes. Tel était l'état de l'Angleterre dans ce moment de crise. Mais il faut renoncer à peindre avec la plume les espérances des uns, les craintes des autres, grandissant au milieu d'un tohu-bohu perpétuel où l'idée publique lutte avec l'intérêt de parti, l'ambition et les mauvaises passions; où mille idées différentes, mobiles, insaisissables comme le flot de la mer, ayant chacune leur organe dans la presse, arborent fièrement leur étendard, et proclament hautement leur supériorité sur toutes les autres; où les partis se déchaînent avec violence contre le gouvernement qu'ils accablent d'invectives et d'accusations audacieuses, tandis que le gouvernement, ainsi tourmenté, trouvant les lois existantes trop paresseuses, s'efforce à leur communiquer son activité, ou demande à la législature des lois exceptionnelles.

Le gouvernement comptait sur les forces de terre et de mer du pays, sur ses immenses richesses, dans la lutte qu'il engageait avec la France. L'Angleterre ne se jetait-elle pas aussi dans la mêlée en faisant cause commune avec les plus grands États de l'Europe ? D'un autre côté, le ministère des affaires étrangères en France venait d'adresser à lord Granville une lettre dans laquelle il faisait des ouvertures à celui-ci pour régler les différends qui existaient entre la France et la Grande-Bretagne ; il demandait un passe-port pour un agent diplomatique muni de pleins pouvoirs, à l'effet de traiter avec la cour de Londres. Entamer des négociations avec l'Angleterre au moment où celle-ci venait de se montrer si hostile, n'était-ce pas faire l'aveu d'une situation pleine de difficultés ?

En effet, il régnait au dedans de ce pays une perturbation profonde qui semblait le menacer d'une ruine prochaine. Deux partis puissants, les montagnards et les girondins s'agitaient en ce moment dans le sein de la Convention française. Brissot, Péthion, Vergniaud et une foule d'autres hommes remarquables par leurs talents formaient le parti de la Gironde; républicains par principe, ils avaient contribué à saper le trône constitutionnel dans sa base ; mais ils repoussaient les crimes de la révolution. Danton, Robespierre, Chabot, Marat, Fabre-d'Églantine, Couthon, Collot-d'Herbois, Saint-Just, avaient pris le nom de *la Montagne*, et aspiraient à gouverner la république. Le tribunal révolutionnaire venait d'être établi. Les juges devaient en être choisis par la Convention ; le jury par la commune de Paris. Bientôt après, la Convention avait institué un comité de salut public, et l'avait investi de fonctions illimitées. Le duc d'Orléans, bien qu'étant membre de la Convention, venait d'être arrêté et envoyé prisonnier à Marseille. Des divisions ardentes existaient depuis longtemps entre les deux partis; mais jusqu'alors elles s'étaient arrêtées à des luttes de tribune. Toutefois le moment était venu où ces haines allaient éclater dans toute leur force. Bientôt en effet les députés de la Gironde se trouvèrent menacés par la section des Montagnards, qui fit demander contre eux un décret d'accusation par une députation du comité révolutionnaire. Les girondins furent sacrifiés, et les destinées de la France furent alors placées dans les mains du parti de la Montagne; aux yeux de ce parti la modération même semblait un crime.

Mais tandis que les montagnards s'emparaient du pouvoir, Lyon, Marseille, Toulon marchaient en force contre Paris pour en chasser les anarchistes, et la célèbre Charlotte Corday poignardait Marat dans un bain. Sur un autre point de la France éclatait une insurrection formidable. C'était dans la Bretagne et le Poitou, où, malgré la sévérité des décrets de la Convention, un nombre considérable d'émigrés royalistes s'étaient réfugiés secrètement et avaient ouvert des relations avec la Grande-Bretagne qui leur fournissait des approvisionnements d'armes et de munitions de guerre. Les troubles des départements de l'Ouest furent d'abord considérés comme d'une faible importance par la Convention, et comme l'effet de la répugnance qu'éprouvaient les populations de ces contrées à s'enrôler dans l'armée. Mais à la fin de mars (1793) l'insurrection avait pris un caractère menaçant; Chollet et d'autres villes étaient tombés au pouvoir des royalistes, dont le nombre était estimé à plus de 40,000, et la ville de Nantes était assiégée par eux. Les généraux envoyés par le gouvernement révolutionnaire, après différentes tentatives pour étouffer l'insurrection, avaient été battus; bientôt les insurgés occupèrent une vaste étendue du pays. Ils avaient un grand nombre de prisonniers et un matériel d'artillerie considérable.

W. Pitt, en bâtissant des espérances sur cet état d'anarchie, se trompait encore. Écartez pour un moment ces scènes de sang. Au dedans, le gouvernement français déploye une activité admirable. Par un décret solennel de la Convention, tous les Français sont déclarés soldats jusqu'à ce que l'ennemi soit chassé du territoire de la république. La Convention, comme l'avaient fait les Américains dans la guerre de l'Indépendance, à l'effet de suppléer au besoin d'une immense armée, fabrique des assignats, les jette dans la circulation, et lorsque cette ressource commence à manquer, des taxes extraordinaires sont imposées sur les gens riches; des manufactures de salpêtre, des fonderies sont établies dans toutes les villes; des palais et des églises sont métamorphosés en arsenaux. L'anarchie, tout en déchirant le pays de la manière la plus terrible, donne aux esprits une grande exaltation; on supplée, en quelque sorte, aux difficultés de l'intérieur par une surexcitation morale. C'est au moment où les États confédérés croient la France épuisée et tombant en ruine, qu'elle parvient à créer dix armées qui sont échelonnées comme une ceinture formidable autour de ses frontières.

Les opérations militaires eurent pour théâtre l'Europe et les Indes orientales et occidentales. En Belgique, dans une bataille qui eut lieu, le 18 mars 1793, dans les plaines de Nerwinde, l'armée française fut défaite, et après avoir essuyé des pertes considérables, elle fut obligée de se replier sur la frontière; elle avait évacué Anvers, Bréda et différentes autres places dont elle s'était emparée précédemment, et la division régnait parmi ses chefs. Le général Dumouriez, voyant sa vie menacée par le parti révolutionnaire, la quitta pour chercher un refuge dans l'armée autrichienne; et son exemple fut suivi par un autre général et le jeune duc de Chartres, qui s'était distingué à la bataille de Jemmapes. Le général Dampierre, officier renommé pour son expérience et son courage, succéda à Dumouriez au commandement en chef de l'armée. Mais, bientôt après son élévation à ce poste important, Dampierre fut blessé à la cuisse en voulant déloger un corps ennemi posté près de la forêt de Vicoigne, et mourut le lendemain des suites de sa blessure. L'armée anglaise, qui était commandée par le duc d York, fut engagée pour la première fois dans cette action, et y souffrit considérablement. Bientôt les alliés mirent le pied sur le territoire français de la frontière du Nord. Après avoir obligé les Français à la retraite du côté de Bouchain et de Cambrai, ils vinrent assiéger Valenciennes, et dirigèrent le feu de deux cent cinquante pièces de canon contre cette place, qui se rendit par capitulation le 26 juillet. Vers la même époque, Condé et Mayence, après avoir essuyé les rigueurs d'un long siège, se rendirent aux alliés. La ville du Quesnoy fut investie; le prince de Cobourg, qui commandait une armée de réserve, défit un corps de troupes envoyé au secours de la place, et l'obligea à se rendre (11 septembre). Les Autrichiens assiégèrent ensuite Maubeuge; les Français, commandés par le général Jourdan, les attaquèrent dans leurs tranchées; et, après leur avoir causé des dommages considérables, ils les forcèrent à lever le siège.

Sur le Rhin, les alliés, commandés par le duc de Brunswick et le général Wurmser, après avoir obtenu de brillants succès, avaient été battus par l'armée française. Wurmser, qui avait échoué dans une tentative contre Strasbourg, s'était retiré à Haguenau où les Français l'avaient suivi. Des attaques répétées l'obligèrent à repasser le Rhin. Les Prussiens abandonnèrent le siège de Landau, et le duc de Brunswick se retira à Mayence, où il établit ses quartiers d'hiver. Sur les frontières d'Espagne, différentes rencontres eurent lieu entre les Espagnols et l'armée française. Mais l'importance des opérations militaires fut secondaire dans cette direction. Le comté de Nice devint aussi le théâtre de plusieurs rencontres sanglantes entre les troupes de Sardaigne et les Français. Gênes, qui avait manifesté des dispositions favorables pour les Français, était surveillée par une flotte anglaise. La coalition se renforça d'un nouvel allié: le duc de Toscane, grâce aux sollicitations de la cour de Saint-James, s'empressa de déclarer la guerre à la France.

Sur mer, la guerre se poursuivait avec une égale fureur, et les flottes anglaises remportèrent de grands avantages dans les Indes orientales et les Indes occidentales. Mais un des événements maritimes les plus importants de l'année, par la sensation qu'il produisit en France et en Europe, ce fut la prise de Toulon qui fut livrée aux Anglais par la trahison du vice-amiral Turgoff. Cet officier supérieur qui appartenait au parti royaliste, s'étant abouché avec l'amiral anglais, lord Hood, un corps de troupes de la flotte anglaise prit immédiatement possession du fort Lamalgue, et la flotte espagnole s'étant réunie à la flotte anglaise, toutes deux entrèrent dans la rade. Les conditions auxquelles l'arsenal de Toulon était placé dans les mains de l'amiral anglais, portaient que la flotte française et le port seraient considérés comme un dépôt fait pour le compte du roi Louis XVII; qu'au rétablissement de la paix, les navires et les forts qui venaient d'être confiés à la bonne foi des Anglais seraient rendus à la France. Les Anglais mirent immédiatement Toulon en état de défense. Les hauteurs adjacentes furent couronnées de redoutes. Un nouveau fort fut construit à Malbousquet; des retranchements et des travaux prodigieux furent faits au fort Mulgrave, auquel les Anglais donnèrent le nom de *petit Gibraltar*, à cause de son excellente position. Un détachement de l'armée espagnole qui opérait dans le Roussillon et un détachement de l'armée du roi de Sardaigne renforcèrent la garnison.

La prise de Toulon avait eu lieu au mois d'août, lorsqu'au mois de novembre, une armée française commandée par les généraux Dugommier, Victor, Lapoype, et dans laquelle figurait, en qualité de commandant en second de l'artillerie, le jeune Bonaparte, parut sous les murs de cette ville. Les forces anglaises étaient commandées par lord Hood, vice-amiral, le commodore sir Sydney Smith et le général O'Hara. Ce dernier, dans une rencontre, reçut une blessure au bras et fut fait prisonnier avec quelques officiers de marque. L'armée française, qui se montait à près de 40,000 hommes, dirigea une batterie sur le fort Mulgrave, et, après différentes attaques, qui furent couronnées de succès, elle s'empara des hauteurs qui dominent Toulon, et rendit ainsi nécessaire une prompte retraite pour l'armée anglaise. Lord Hood, après avoir donné l'ordre aux bateaux de la flotte de s'assembler, pendant la nuit, auprès du fort Lamalgue pour l'embarquement des troupes, commanda à sir Sydney de mettre le feu à la flotte française et à l'arsenal. Le magasin de la mâture fut incendié ainsi que vingt bâtiments de guerre, dont onze de ligne et six frégates. Quinze bâtiments, dont un vaisseau à trois ponts, deux vaisseaux de ligne, cinq frégates et sept autres bâtiments de moindre dimension, furent réunis à la flotte anglaise. Les désastres auraient été plus considérables sans le secours inattendu de 600 galériens qui arrêtèrent les progrès de l'incendie. Tous les navires anglais, espagnols et siciliens prirent aussitôt le large. Ils avaient à bord une partie de la population de Toulon, qui avait quitté la ville pour se soustraire à la vengeance des républicains. L'amiral Turgoff, qui avait son pavillon à bord du *Commerce de Marseille*, fit voile vers les îles d'Hyères, avec les vaisseaux *le Puissant* et *le Pompée*, deux autres vaisseaux de ligne, les frégates *la Perle*, *l'Aréthuse* et *la Topaze*, et un certain nombre de corvettes. Toulon était restée plusieurs mois au pouvoir des Anglais; après qu'elle eut été reprise, elle perdit son nom pour châtiment de sa trahison, et reçut celui de Port de la Montagne.

L'ensemble des opérations militaires de 1793 avait été à l'avantage des États confédérés; et le parlement d'Angleterre s'étant assemblé le 21 janvier 1794, le roi, dans son discours d'ouverture, s'attacha à faire ressortir ces succès. George III recommanda ensuite à son parlement de poursuivre avec vigueur et persévérance la guerre commencée. Le roi, tout en faisant espérer au parlement que la campagne qui allait s'ouvrir serait encore plus heureuse que la précédente, regrettait de faire la guerre. « Mais, disait George, cette guerre est nécessaire au bonheur du pays et à l'indépendance de l'Europe. » Le ministère de son côté, dans la discussion de l'adresse, s'attacha à justifier sa politique belliqueuse : il dit que la guerre était nécessaire pour la conservation de la religion chrétienne, des libertés politiques et civiles du pays, et de l'ordre; l'adresse fut votée à une imposante majorité.

Le chiffre du personnel de la marine fut porté à 97,000 hommes, et celui des forces de terre et de mer à 60,000 hommes. L'importance de l'insurrection de la Vendée et de la Bretagne n'avait point échappé à la sagacité du gouvernement anglais. En ce moment, il entretenait le feu de l'insurrection en envoyant aux insurgés un corps de troupes hessoises. Le ministère demanda ensuite aux communes une augmentation de la milice et des corps volontaires, et cette mesure fut votée. Comme les fonds devenaient rares, le ministère eut recours à l'expédient des contributions volontaires : il écrivit à cet effet aux lords lieutenants des comtés une circulaire, dans laquelle il invitait ces fonctionnaires à solliciter de leurs administrés des fonds pour le service public. Pitt présenta ensuite dans les communes un bill qui avait pour objet d'enrôler les émigrés français, alors très-nombreux en Angleterre, dans les armées britanniques; ce bill donna lieu à de violents débats et à une critique amère de la conduite du ministère.

Le gouvernement était plus décidé que jamais à poursuivre la guerre; il venait de conclure un traité de subsides avec le roi de Prusse, et une convention avec les États-Généraux de

Hollande. Aux termes du traité, le roi de Prusse s'engageait à fournir 62,000 hommes de troupes, à la condition, par Sa Majesté Britannique, de lui payer 50,000 liv. sterl. par mois, pour frais de fourrage; 400,000 liv. sterl. pour mettre l'armée en mouvement, et 100,000 liv. sterl. au retour de l'armée en Prusse. Sur cette somme, les États-Généraux devaient payer 400,000 liv. sterl. pour leur quote-part. Le ministère, grâce à ces immenses préparatifs, joints aux dispositions des alliés, crut pouvoir fonder les plus grandes espérances sur la campagne qui allait s'ouvrir.

Il y avait toutefois, dans le sein de la coalition, des ferments de discorde et de jalousie, qui faisaient prévoir aux esprits les moins observateurs que les éléments hétérogènes dont elle se composait ne tarderaient pas à se rompre. Une rivalité ancienne existait entre l'Autriche et la Prusse. La jalousie que ces puissances avaient conçue l'une pour l'autre devint si manifeste, que le duc de Brunswick adressa une lettre au roi de Prusse, dans laquelle ce général lui annonçait la résignation de son commandement. On vit aussitôt le roi de Prusse se plaindre des dépenses de la guerre, et demander aux États confédérés à pourvoir à la subsistance de ses troupes. A ces rivalités entre la Prusse et l'Autriche, se joignaient celles qui naissaient des ambitions personnelles des généraux des armées coalisées. Dans un grand conseil, il avait été arrêté que Clairfait, officier d'une grande habileté, aurait le commandement supérieur des forces auxiliaires; que le duc d'York servirait sous ses ordres, et que le prince de Cobourg continuerait, comme par le passé, dans le commandement de l'armée impériale. Mais le prince repoussa ce projet avec dédain, et le différend ne fut terminé que lorsque l'empereur lui-même déclara qu'il prendrait le commandement supérieur en personne. Sa Majesté Impériale arriva à Bruxelles au commencement du printemps, et se rendit ensuite à Valenciennes.

L'armée française était réunie en ce moment auprès de Cambrai; elle fut forcée dans cette position par les confédérés, qui investirent aussitôt la place de Landrecies. Mais bientôt les Français, reprenant l'avantage, s'emparèrent de Courtray et de Menin, ainsi que d'un village qui était défendu par Clairfait. L'armée française ayant franchi la Sambre, mit le siége devant Charleroi, et remporta, dans les plaines de Fleurus, une grande victoire sur l'armée alliée (16 juin 1794). L'armée était commandée par Jourdan, elle était forte de 80,000 combattants. Marceau, Lefebvre, Championnet, Kléber y combattaient en qualité de généraux de division. L'armée ennemie, commandée par le prince de Cobourg, comptait environ 100,000 hommes. Le prince d'Orange, l'archiduc Charles, le général Latour-Beaulieu, étaient sous les ordres du prince. La victoire de Fleurus livra Charleroi aux Français, et Bruxelles leur ouvrit ses portes. Ypres, qui forme la clef de la Flandre occidentale, fut aussitôt assiégée par 50,000 Français sous les ordres du général Moreau; elle fut prise après un siége de douze jours, et la garnison, forte de 6,000 hommes, resta prisonnière de guerre. Après Ypres, les soldats de la république s'emparèrent d'Ostende (1er juillet 1794). La garnison anglaise, effrayée à l'approche des troupes françaises, évacua la place sans tirer un seul coup de canon; Mons tomba au pouvoir des Français le même jour (1er juillet). L'occupation de ces deux places dégageant les frontières de France, permit aux Français d'assiéger Condé, Valenciennes, le Quesnoy et Landrecies, dont le prince de Cobourg s'était emparé dans les premiers mois de la campagne; Tournay et Gand furent bientôt occupés par l'armée du Nord commandée par Pichegru, qui fit sa jonction avec l'armée de Sambre-et-Meuse à Bruxelles. Dans cette ville se trouvaient des magasins considérables. Landrecies fut reprise aux alliés le 16 juillet 1794, et le château de Namur, évacué par les Autrichiens, se rendit à l'armée de Sambre-et-Meuse.

La Convention avait déclaré que toutes les troupes de l'armée coalisée qui formaient les garnisons de la frontière du Nord tombées au pouvoir de l'ennemi, seraient passées au fil de l'épée, si elles ne se rendaient pas dans les vingt-quatre heures de la sommation qui leur en serait faite; Moreau ne voulut point exécuter ce décret barbare. Ayant trouvé à Niewport 2,000 hommes de troupes anglaises et hanovriennes, il sauva leurs jours au dépens des siens. Anvers fut pris par Pichegru, Liége par Jourdan. Les alliés, avant de quitter cette dernière place, mirent le feu aux immenses magasins qu'elle renfermait. Sluys et toutes les autres places occupées par les alliés, le Quesnoy, Condé et Valenciennes, furent reprises successivement par les Français.

L'armée anglaise, commandée par le duc d'York, après avoir pris position à Bréda, avait battu en retraite vers Bois-le-Duc; le duc d'York fut poursuivi par Pichegru qui s'avançait rapidement. Ce général traversa la Meuse, gagna Graves, et vint prendre position, au commencement d'octobre, sous les murs de Nimègue. Les Français attaquèrent et investirent aussitôt la place. Bois-le-Duc, Bréda, Graves tombèrent successivement en leur pouvoir. Près de 400 émigrés, qui faisaient partie de la garnison de Bois-le-Duc, furent fusillés, aux termes du décret du 13 octobre 1792. Sur un autre point, le général autrichien Latour essuyait une défaite complète; Liége, ainsi qu'Aix-la-Chapelle et Juliers, étaient déjà occupés par les Français. Les troupes impériales furent poursuivies jusqu'au Rhin, et l'on rapporte qu'en voyant fuir leurs ennemis avec précipitation, les Français, exaltés par tant de victoires, leur demandaient avec raillerie si c'était là le chemin de Paris.

Un corps d'Autrichiens commandé par Key fut aussi battu par Bernadotte, général de brigade à l'armée de Sambre-et-Meuse, sous les ordres de Jourdan. Maestricht fut investi, et tomba au pouvoir des Français après onze jours de tranchée ouverte (novembre 1794). Nimègue, qui était couverte par une armée de trente mille Anglais et renfermait 80 pièces d'artillerie, des vivres et des munitions en abondance, fut emporté par le général Souham de l'armée du Nord.

Les Prussiens auxquels l'armée alliée, effrayée de tant de défaites, reprochait de n'avoir pas déployé assez de vigueur dans le cours de la campagne, venaient surprendre les Français à Keysers-Lautern et leur avaient fait essuyer des pertes considérables. Mais, attaqués par le général Desaix, ils perdirent deux positions importantes qui étaient occupées par le prince Hohenlohe sur le Platzberg, haute montagne du territoire des Deux-Ponts. Bientôt après, toute la chaîne de forteresses qui se prolonge depuis Niewstadt jusqu'au Rhin, tomba au pouvoir des Français. Les Autrichiens et les Prussiens, obligés de battre en retraite avec précipitation, se retirèrent de l'autre côté du Rhin; Keysers-Lautern fut repris par les troupes républicaines, qui occupèrent également les cités de Worms, de Spire et de Trèves. Sur d'autres points de l'Europe, les armes françaises furent également heureuses. Dans la Catalogne les Français remportèrent la bataille de Saint-Jean-de-Luz, et battirent les Espagnols près de Céret. Une troisième victoire fut remportée par eux dans le voisinage de Collioure, et ils s'emparèrent des villes de Fontarabie et de Saint-Sébastien. En Italie, après avoir forcé le fameux passage du mont Cenis, ils avaient pris possession de la ville et du village d'Onéglia, et ils s'étaient emparés d'une grande étendue de territoire.

La France, contre l'attente de l'Angleterre et des autres États confédérés, soutenait avec éclat une lutte qui dans le principe avait paru désespérée pour elle. Toutefois les alliés pouvaient trouver une compensation de leurs défaites dans les victoires maritimes de l'Angleterre. Pendant cette campagne, les flottes anglaises continuèrent de remporter de grands avantages sur mer. Ce fut dans le cours de cette année qu'eut lieu le combat mémorable dans lequel *le Vengeur* et *le Jacobin* furent engloutis dans les flots. La plume éloquente de M. Thiers raconte de la manière suivante ce fait d'armes si honorable pour les armes françaises :

« Ce combat, l'un des plus mémorables dont l'Océan ait été témoin, commença à neuf heures du matin. L'amiral Howe s'avança pour couper notre ligne. Une fausse manœuvre du vaisseau *la Montagne* lui permit d'y pénétrer, d'isoler notre aile gauche, et de l'accabler de toutes ses forces. Notre droite et notre avant-garde restèrent isolées. L'amiral voulait les rallier à lui pour se reporter sur l'escadre anglaise ; mais il avait perdu l'avantage du vent, et resta cinq heures sans pouvoir se rapprocher du champ de bataille. Pendant ce temps, les vaisseaux engagés se battaient avec un héroïsme extraordinaire. Les Anglais, supérieurs dans la manœuvre, perdaient leurs avantages dans les luttes de vaisseau à vaisseau, trouvaient des feux terribles et des abordages formidables. C'est au milieu de cette action acharnée que le vaisseau *le Vengeur*, démâté, à moitié détruit, et près de couler, refusa d'amener son pavillon, au risque de s'abîmer sous les eaux. Les Anglais cessèrent les premiers le feu, et se retirèrent étonnés d'une pareille résistance. Ils avaient six de nos vaisseaux. Le lendemain Villaret-Joyeuse, ayant réuni son avant-garde et sa droite, voulait fondre sur eux et leur enlever leur proie. Les Anglais, fort endommagés, nous auraient peut-être cédé la victoire. Jean-Bon-Saint-André s'opposa à un nouveau combat malgré l'enthousiasme des équipages. Les Anglais purent donc regagner paisiblement leurs ports ; ils y rentrèrent épouvantés de leur victoire, et pleins d'admiration pour la bravoure de nos jeunes marins. Mais le but essentiel de ce terrible combat était rempli. L'amiral Venstabel avait traversé, pendant cette journée du 13, le champ de bataille du 10, l'avait trouvé couvert de débris, et était entré heureusement dans les ports de France. »

Déjà la guerre avait coûté à l'Angleterre des flots de sang et des sommes considérables, et les résultats de l'année n'avaient point répondu à l'attente du gouvernement. L'ensemble des opérations de l'année 1795, malgré l'activité que déploya le ministère et des préparatifs immenses, ne furent point également avantageux pour la Grande-Bretagne.

Pichegru, qui commandait en Hollande, prit possession d'Amsterdam, tandis que Éblé, après avoir placé de l'artillerie sur la glace, foudroyait les villes et s'emparait des flottes avec des régiments de hussards. Le stathouder fut dès lors obligé de se réfugier en Angleterre, et un traité de paix et d'alliance unit la France et les Provinces-Unies. Aux termes de ce traité qui fut signé à la Haye (16 mai 1795), cession fut faite à la France de tous les territoires situés sur la rive gauche de l'Escaut occidental, ainsi que sur les deux rives de la Meuse, au sud de Vanloo, y compris cette place. Le port de Flessingue fut rendu commun aux deux nations en toute franchise. La république des Provinces-Unies consentit en outre à payer à la république française, à titre d'indemnité, pour les frais de la guerre, une somme qui ne s'élevait pas à moins de cent millions en florins.

Le gouvernement britannique, dans l'espoir d'opérer une puissante diversion, s'était décidé à envoyer des secours considérables aux insurgés vendéens ; à cet effet une escadre de trois vaisseaux de ligne anglais et de six frégates s'approcha de la côte de France et debarqua, entre le golfe du Morbihan et la presqu'île de Quiberon, un corps d'émigrés commandés par d'Hervilly, Puisaye et le jeune et valeureux Sombreuil. Mais celui-ci fut bientôt cerné par l'armée républicaine, et une partie de sa division fut faite prisonnière. Une foule d'émigrés s'étant précipités vers la plage, pour chercher à gagner les chaloupes et les bateaux qui devaient les transporter à bord des vaisseaux anglais, ils en furent empêchés par le feu de ces vaisseaux qui balayait la côte. Il se passa en ce moment plusieurs faits d'une atroce barbarie. On rapporte qu'un M. de Bouxeville, ancien page du prince de Condé, qui était au nombre des fuyards, ayant voulu atteindre une chaloupe anglaise et monter à bord, il reçut d'un Anglais un coup de sabre qui le força de lâcher prise, au moment même où il saisissait le bord; il fut ensuite frappé sur la tête à coups de crosse de fusil. Le malheureux dut renoncer à l'espoir de sauver sa vie et il fut englouti dans les flots. La flotte anglaise fit une seconde tentative à quelques mois de là, à l'Ile-Dieu, qui est située à trois lieues des côtes de la Vendée. Une escadre anglaise débarqua dans cet endroit le comte d'Artois avec sept ou huit mille Anglais; mais cette tentative, comme les précédentes, n'eut aucun succès; les émigrés furent obligés de se rembarquer à l'approche du général Hoche.

Quant aux faits qui accompagnèrent l'expédition vendéenne ils ont été sévèrement reprochés aux Anglais, et ceux-ci s'en justifient en disant que les boulets qui partaient des flancs de leurs vaisseaux étaient lancés contre les troupes républicaines.

Sur mer, les succès maritimes remportés par les flottes anglaises n'eurent point le caractère brillant et décisif des années précédentes. Dans le cours de l'année 1794, la colonie française de Saint-Domingue, après le massacre de la population blanche par les noirs, s'était livrée aux Anglais; la flotte anglaise commandée par sir John Jervis s'était ensuite emparée de l'île de la Martinique, de Sainte-Lucie et de la Guadeloupe. L'année suivante (1795) la marine française, malgré la disparité de ses forces, recouvra la totalité de la Guadeloupe; elle attaqua ensuite avec succès un des forts de Saint-Domingue, et se rendit maîtresse de Saint-Eustache et de Sainte-Lucie. Grenade, la Dominique et Saint-Vincent ne furent conservés par les Anglais qu'au prix des plus grands sacrifices. Sur la côte occidentale d'Afrique, Sierra-Leone et d'autres établissements anglais importants furent ruinés par une flotte française. Dans la Méditerranée, à la hauteur de Savone, une flotte française de quinze vaisseaux, commandée par le contre-amiral Martin, se battit avec un grand acharnement contre une flotte anglaise composée de treize vaisseaux anglais et de deux vaisseaux napolitains aux ordres du vice-amiral Hotham. Les résultats de la lutte furent balancés : un vaisseau français fut pris, un autre fut englouti; mais deux vaisseaux anglais furent mis hors de service. L'un des combats maritimes les plus importants de l'année eut lieu à la proximité des côtes du Morbihan, entre douze vaisseaux français commandés par le vice-amiral Villaret-Joyeuse, et dix vaisseaux anglais. Après une action qui dura quatre heures, les Français perdirent deux vaisseaux, *le Tigre* et *l'Alexandre; le Formidable* sauta en l'air par un accident étranger au combat.

Du côté du Rhin, l'armée anglaise, sous le commandement de sir Ralph-Abercrombie, essuyait une longue série de désastres. Cette armée, qui s'élevait à son départ d'Angleterre à 35,000 hommes, déjà ne comptait plus que 7,000 combattants : elle dut songer à la retraite. L'armée atteignit la cité de Brême, et s'embarqua dans les transports qui l'attendaient dans l'Elbe pour gagner l'Angleterre. Les Français s'occupèrent au mois de juin de la forteresse de Luxembourg, et dans l'intention de s'emparer de Mayence, la division française commandée par Jourdan, après avoir franchi le Rhin, prit possession de Dusseldorf. En même temps une seconde division, commandée par Pichegru, effectuait son passage près de Manheim. Ce double mouvement avait pour objet d'investir Mayence de tous côtés; mais la division de l'armée de Pichegru ayant été battue par les généraux Clairfait et Wurmser, Jourdan, resté seul, dut lever le siége; Mayence fut sauvée pour les alliés. Jourdan franchit le Rhin à Dusseldorf, poursuivi par les Autrichiens, qui s'avancèrent jusqu'à Luxembourg, et bientôt le général Wurmser bombarda

Manheim qu'il réduisit en cendres. Cette place avait été prise par le général Pichegru, et renfermait une garnison française; cette garnison, après s'être défendue vaillamment, fut faite prisonnière.

Ainsi, après plusieurs années d'une lutte sanglante entre une coalition composée des plus grands États de l'Europe et la France réduite à ses propres forces, rien de ce que le gouvernement anglais avait espéré obtenir ne s'était encore réalisé. La France, qu'il aurait voulu écraser, avait non-seulement maintenu son rang, mais en puisant dans l'amour de l'indépendance une énergie extraordinaire, elle venait de conquérir de nouveaux titres à l'estime des peuples. Sur mer, les flottes anglaises avaient remporté des victoires signalées; mais sur terre, véritable théâtre où devait se vider la querelle, les armées de la coalition avaient été battues. Le gouvernement anglais n'avait pas été plus heureux pour contenir les idées démocratiques; la violence avec laquelle fermentaient ces idées dans le royaume l'avait obligé de recourir à des mesures exceptionnelles. Cet état de choses était à la veille de se compliquer encore pour l'Angleterre; car des événements d'une nature grave, et qui s'annonçaient d'une manière menaçante pour elle, allaient s'accomplir.

Le gouvernement anglais, en plaçant un grand fonds d'espérance dans l'isolement où s'était trouvée la France, lorsque la coalition de 1792 et de 1793 s'était formée, n'avait pas consulté des probabilités d'une autre nature, et plus certaines encore que les premières; celles-ci se rattachaient à la dissolution, pour ainsi dire naturelle, que présentait une coalition dont les membres n'apportaient point dans leur union les mêmes intérêts, et n'avaient point l'espoir d'en retirer les mêmes avantages. Le démembrement de cette coalition commença à s'opérer par le fait du roi de Prusse. Nous avons dit que l'ambition de se montrer l'émule du grand Frédéric, et le désir d'accroître la prépondérance de la monarchie prussienne, avaient amené le roi de Prusse à se faire chef de la ligue continentale; mais les vues intéressées des cabinets de Londres et de Vienne n'avaient pas tardé à modifier ses dispositions belliqueuses. Le gouvernement français mit à profit ces dispositions. Dans le mois de février, des commissaires de la république française arrivèrent à Francfort dans le but supposé de négocier un échange de prisonniers, mais dans le fait avec l'intention d'engager Sa Majesté prussienne à persister dans ses résolutions.

Un traité fut conclu: ce traité, dans lequel un puissant souverain reconnaissait formellement la Convention nationale, déterminait la ligne de neutralité qu'allait observer la France dans le nord de l'Allemagne. Cette ligne enclavait la Frise, le pays de Darmstadt, le cercle de Franconie, celui de la haute Saxe, jusqu'aux frontières de la Silésie. La politique du roi de Prusse eut bientôt des imitateurs; le landgrave de Hesse-Cassel et le grand-duc de Toscane, frère de l'empereur, et le premier de tous les potentats qui s'était joint à la coalition, reconnurent également la république française. L'électeur de Hanovre, lui-même, quoiqu'il restât le membre le plus influent de la confédération, en sa qualité de roi d'Angleterre, ordonna qu'un traité de paix serait signé avec la France, en ce qui concernait l'Électorat. L'Espagne, après des défaites successives, conclut également un traité de paix avec la France. Aux termes de ce traité, la France rendait à l'Espagne les conquêtes qu'elle avait faites en Biscaye et en Catalogne, et l'Espagne lui cédait la partie de Saint-Domingue qu'elle possédait.

La France en brisant cette coalition formidable se présentait dans la lutte avec des chances plus égales. Et que ne devait-elle pas espérer après avoir obtenu des succès si grands, après avoir battu tant d'ennemis ligués contre elle! La révolution française jetait en ce moment ses derniers feux. Les girondins, qui avaient voulu prévenir le règne de la terreur ; les dantonistes, qui avaient voulu l'arrêter, venaient de périr, et, après leur chute, les têtes les plus illustres et les plus viles parmi les royalistes, les constitutionnels, les girondins, les montagnards, étaient tombées pêle-mêle sous la hache du bourreau. Le terrible Fouquier-Thinville ne pouvait plus suffire à la condamnation de tant de victimes ; le tribunal révolutionnaire avait été distribué en quatre sections ; le nombre des juges et des jurés avait été augmenté, et quatre substituts avaient été donnés à l'accusateur public, pour lui servir d'auxiliaires. C'était l'époque de ces terribles *fournées* où il périssait à Paris, chaque jour, jusqu'à cinquante personnes. Cependant une réaction qui s'était opérée parmi les modérés venait de mettre fin à ces boucheries (9 thermidor). Le Directoire avait été installé (octobre 1795). « Lorsque les directeurs, dit M. Bailleul, entrèrent dans le Luxembourg, il n'y avait pas un meuble. Ils se rangèrent autour d'une petite table boiteuse, l'un des pieds étant rongé par l'humidité ; sur laquelle table ils déposèrent un cahier de papier à lettres et une écritoire de cabinet, qu'heureusement ils avaient eu la précaution de prendre au Comité de salut public ; ils s'assirent sur quatre chaises de paille ; dans la cheminée étaient quelques bûches mal allumées, le tout emprunté au concierge Dupont. Qui croirait que c'est dans cet équipage que les membres du nouveau gouvernement, après avoir examiné toutes les difficultés, disons plus, toute l'horreur de leur situation, arrêtèrent qu'ils feraient face à tous les obstacles, qu'ils mourraient ou qu'ils sortiraient la France de l'abîme où elle était plongée ? Ils rédigèrent, sur une feuille de papier à lettre, l'acte par lequel ils osèrent se déclarer constitués ; acte qu'ils adressèrent aussitôt aux chambres législatives. » Les embarras dans lesquels la France se trouvait encore engagée étaient donc considérables ; il n'y avait point d'argent dans le trésor public ; le malaise régnait partout. Mais l'établissement du Directoire, le caractère de fermeté que l'on reconnaissait dans les hommes dont il se composait, annonçait un retour prochain à l'ordre, présageait pour la France de meilleurs jours. En conséquence, la tourmente à laquelle la France était encore en proie ne pouvait plus être un objet d'espérance pour l'Angleterre.

Le démembrement d'une coalition formée avec tant d'efforts, les embarras extérieurs qui croissaient chaque jour, les complications nouvelles qui surgissaient de tous côtés, réclamaient aussi la plus grande sollicitude de la part du gouvernement. Ces complications provenaient du Danemark, de la Suède, de l'Amérique du Nord, de la Russie, puissance déjà formidable, bien qu'elle n'eût pris rang parmi les peuples que récemment, qui songeait à s'agrandir encore.

Stanislas Poniatowski, dernier roi de Pologne, courtisan, favori et amant délaissé de l'impératrice Catherine II, qui l'avait imposé pour roi à la Pologne, avait abdiqué, et la Russie, l'Autriche et la Prusse venaient de consacrer la troisième et dernier partage de la Pologne par le traité de Saint-Pétersbourg. En même temps, la Suède et le Danemark concluaient une convention pour protéger la liberté du commerce de la Baltique, sur les principes du traité de 1780. Dans cette intention, ces deux puissances venaient d'équiper conjointement une flotte de treize vaisseaux de ligne.

Tandis que ces choses se passaient, l'Amérique du Nord, dont l'Angleterre avait fondé la puissance, envoyait à Londres un ministre plénipotentiaire pour faire des représentations au cabinet britannique, au sujet des ordres donnés par l'amirauté, qui faisait arrêter les navires américains frétés pour les ports de France, et obligeait les navires américains sortant des ports britanniques à fournir caution pour qu'ils versassent leurs cargaisons dans les ports anglais ou neutres. Les Américains se plaignaient aussi de ce que le cabinet britannique arrêtait les matelots américains et les obligeait à servir à bord des navires anglais.

La situation se compliquait aussi par ce qui se passait à l'intérieur. Un mécontentement presque universel commençait à se manifester dans toutes les provinces de la Grande-Bretagne. La guerre est toujours lourde à supporter pour un peuple marchand comme le peuple anglais. Bientôt on vit les villes manufacturières et commerçantes d'York, de Londres, de Norwich, de Manchester, dont l'industrie souffrait principalement de la guerre, adresser des pétitions au parlement pour obtenir la cessation des hostilités. Une disette qui régnait en ce moment dans le royaume, et qui se faisait cruellement sentir sur les classes pauvres, donnait à l'agitation un caractère plus alarmant qu'à l'ordinaire. Le 29 octobre 1795, jour de l'ouverture du parlement, le roi s'étant rendu en voiture à Westminster, des clameurs bruyantes dans lesquelles on distinguait ces cris : « Du pain et la paix ! à bas Pitt ! point de guerre !» accueillirent Sa Majesté sur son passage, et une balle partie d'un fusil traversa les vitres de la voiture. George III ne fut point blessé, mais il parut vivement affecté de cette tentative contre sa personne. Entré dans la chambre des lords, il s'adressa au chancelier et lui parla avec émotion. « Milord, dit-il, on a fait feu sur moi. » Cependant la fureur du peuple n'était point encore calmée. Au retour du roi, de nouveaux cris « A bas George ! à bas Pitt ! » se firent entendre, et une pluie de pierres assaillit le carrosse royal. George III ne fut dégagé de la foule que par l'arrivée d'un détachement des troupes de la garde.

Mais résumons en peu de mots la situation actuelle de l'Angleterre (fin de 1795); nous saisirons mieux les événements de cette grande et mémorable lutte. La coalition, malgré les efforts du gouvernement anglais, venait d'être rompue au profit de la France. Au dehors du royaume régnaient des embarras de toute espèce; au dedans une agitation profonde causée par la guerre et par l'esprit d'opposition qui existe dans tous les États parlementaires; agitation qui se manifestait par des actes de la nature la plus coupable. Cependant ces manifestations populaires, les dangers de la situation extérieure, les succès militaires remportés par la république française ne changent point la politique du ministère anglais. Le discours royal exprime les idées les plus belliqueuses et fait ressortir avec beaucoup de force l'état d'anarchie dans lequel est la France. Seulement George III donne à entendre que si la nouvelle forme de gouvernement récemment adopté en France prend de la consistance (le Directoire), l'Angleterre entamera avec la nouvelle administration des négociations.

Pitt, décidé à poursuivre la guerre avec la plus grande vigueur, demanda à la chambre des communes qu'elle lui donnât son concours, et la tentative qui avait eu lieu contre la personne du monarque devint l'objet de différents bills destinés à en prévenir le retour. Ces bills, dont la durée fut limitée à trois ans, augmentaient les cas de trahison. La famine qui désolait le pays devint ensuite l'objet des délibérations de la chambre des communes, et dans le but de porter remède à ce fléau, la chambre accorda une prime de vingt schellings pour chaque quartier (huit boisseaux) de blé importé de la Méditerranée; quinze schellings pour chaque quartier importé de l'Amérique; et cinq schellings pour chaque quartier importé des Indes orientales. Différents autres bills destinés au même objet furent adoptés : l'un d'eux défendait la fabrication de l'amidon et la distillation des spiritueux avec les grains. La guerre avait coûté déjà des sacrifices énormes à l'Angleterre, mais il en fallait de plus grands encore maintenant que le danger grandissait par la rupture de la coalition. Le parlement vota 110,000 hommes pour la flotte et 207,000 pour l'armée de terre. Pitt ayant demandé au parlement l'autorisation de contracter un emprunt de 18,000,000 liv. st. (450,000,000 f.), cet emprunt lui fut accordé.

(1796.) Les opérations militaires de l'année eurent pour principaux théâtres l'Italie et le Rhin et furent de la plus grande importance. L'armée française qui était destinée à agir en Italie était commandée par le jeune Bonaparte. Un meilleur choix ne pouvait être fait. Bientôt le roi de Sardaigne dut céder à la France, par un traité, le duché de Savoie et le comté de Nice. La bataille de Lodi donna ensuite à la république une grande partie du Milanais. Entrant alors dans les États du pape, le général français s'empara de Bologne, d'Urbino et de Ferrare ; et le pape et le roi de Naples, effrayés de l'approche d'un ennemi si prompt dans ses mouvements et si redoutable dans ses rencontres, s'empressèrent de demander un armistice qui leur fut accordé. Mais le roi de Naples dut renoncer à faire partie de la coalition, et le pape fut obligé de céder aux Français la ville d'Ancône sur l'Adriatique, ainsi que les villes appartenant au saint-siége qui étaient en ce moment dans la possession des vainqueurs. Les ducs de Parme et de Modène durent accepter les mêmes conditions. Les Français, poursuivant leur marche victorieuse, entrèrent sur le territoire vénitien, et obtinrent du sénat, dont la partialité en faveur des confédérés s'était manifestée dans différentes occasions d'une manière éclatante, qu'il ferait amende honorable et qu'il expulserait des États de Venise le comte de Provence (Louis XVIII) qui était venu y chercher un refuge.

L'armée autrichienne était en ce moment commandée par Wurmser, général auquel on reconnaissait une grande expérience, et dont les quatre-vingts ans n'avaient point refroidi l'activité. Wurmser, après avoir réuni les débris de l'armée de Beaulieu, général autrichien qui avait été défait par les Français, alla à la rencontre de ceux-ci et les força à lever le siége de Mantoue ; mais une bataille sanglante, dans laquelle l'armée autrichienne essuya une défaite signalée, obligea bientôt Wurmser à se renfermer dans Mantoue. Une autre armée autrichienne commandée par Alvinzi vola au secours de Mantoue, et après avoir franchi l'Adige, elle s'avança vers le village d'Arcole, position fortifiée par la nature et par l'art ; une bataille terrible s'engagea en cet endroit, et donna un nouveau triomphe aux armées françaises.

Sur le Rhin, les armées françaises commandées par Jourdan et Moreau, après trois victoires successives, l'une à Renchen, la seconde à Rastadt, la troisième à Eslingue, s'étaient emparées des défilés de la forêt Noire et avaient investi à la fois Mayence, Manheim, Philipsburg et Ehrenbreitstein. Moreau força l'électeur de Bavière, le duc de Wurtemberg et le margrave de Baden à demander la paix ; bientôt Jourdan, après s'être emparé de Nuremberg, d'Ingoldstadt et d'Amberg, put menacer à la fois l'Autriche et la Bohême. L'archiduc Charles, frère de l'empereur d'Autriche, qui commandait l'armée autrichienne, se jeta entre les Français et Ratisbonne. L'armée de Jourdan fut défaite, et les Autrichiens reprirent l'offensive. Ce fut alors que Moreau, qui avait conduit ses troupes victorieuses des bords du Rhin jusqu'à ceux du Danube, effectua sa fameuse retraite. La distance qui le séparait de la France était de plus de trois cents milles ; le pays qu'il avait à traverser était couvert d'ennemis ; le soldat avait de grandes privations à endurer. Moreau surmonta toutes ces difficultés : après avoir dissimulé aux Autrichiens la route qu'il avait l'intention de prendre, il traversa le Lech, et se retira en bon ordre, battant tous les corps autrichiens qui voulaient s'opposer à son passage ; il força les défilés de la forêt Noire, franchit le Rhin à Huningue, et rentra à Strasbourg, laissant une forte garnison à Kehl, qui se rendit à l'archiduc Charles après une courageuse résistance. Dans le cours de l'année, les Français contraignirent les Anglais d'évacuer la Corse, dont ceux-ci s'étaient emparés pendant le cours de l'année 1793.

Tandis que les armées françaises se couvraient de gloire, la conduite ferme du Directoire, ainsi qu'on l'avait espéré, rétablissait la confiance et l'ordre à l'intérieur. Déjà une partie de la population quittait les clubs et les places publiques pour les ateliers et les champs. Dans la Vendée la guerre ne tenait plus qu'à quelques chefs, à Charette, à Stofflet. Mais Hoche ayant compris qu'il fallait détacher de ces chefs la masse par des concessions, était parvenu à séparer la cause royaliste de la cause religieuse, en se servant des prêtres contre les chefs vendéens et en montrant beaucoup d'indulgence pour le culte catholique. Après avoir fait battre le pays par quatre fortes colonnes, enlevé aux habitants leurs bestiaux, et ne les leur avoir remis qu'au prix de leurs armes, Hoche, ne donnant aucun relâche aux partis armés, avait vaincu Charette en plusieurs rencontres, l'avait poursuivi de retraite en retraite, et avait fini par s'emparer de lui. Stofflet voulut relever l'étendard vendéen, mais il fut livré aux républicains. Ces deux chefs périrent avec courage, Stofflet à Angers, Charette à Nantes: chacun d'eux avait montré un caractère et des talents dignes d'un plus vaste théâtre. Hoche s'occupa ensuite du Morbihan, qui était occupé par des bandes nombreuses de chouans formés en association; ce général tourna contre ces bandes toutes ses forces et toute son activité; il les eut bientôt ou détruites ou lassées. La plupart de leurs chefs quittèrent les armes et se réfugièrent en Angleterre.

A la France qui se consolidait ainsi à l'intérieur, aux victoires éclatantes remportées par les armées françaises sur le continent, l'Angleterre avait à opposer de grands succès maritimes. L'année 1796 fut pour elle une année heureuse. Demerara, Essequibo et Berbice se rendirent successivement à ses flottes ainsi que Sainte-Lucie, Saint-Vincent et Grenade. Une escadre hollandaise, qui avait jeté l'ancre dans la baie de l'île Saldanha, fut capturée. Dans le cours de la même année les flottes anglaises causèrent des dommages énormes à la Hollande, nation marchande dont les vaisseaux sillonnaient toutes les mers et allaient chercher la richesse au bout du monde.

La France, après avoir été attaquée de toutes parts, prenait maintenant l'offensive. L'une des mesures décisives qu'elle adopta, ce fut de fermer les ports de l'Europe aux produits des manufactures anglaises. Cette mesure, qui était de nature à porter un coup mortel au commerce anglais, reçut son application depuis l'Elbe jusqu'à la mer Adriatique, à l'exception toutefois des ports des villes anséatiques, du Portugal et de la Russie, qui restèrent ouverts au commerce anglais. Dans le même temps la France se disposait à envahir l'Irlande, où des mouvements insurrectionnels venaient de se déclarer. A cet effet, 15,000 hommes, commandés par le général Hoche, s'embarquèrent à Brest; mais une tempête dispersa la flotte française, et la tentative d'invasion échoua.

L'influence de l'Angleterre au dehors suivait le même mouvement que sa fortune. Elle qui était entrée dans la querelle avec d'immenses ressources et avec une confiance extraordinaire, par suite des pertes considérables qu'elle venait d'essuyer ne trouvait plus que de la froideur dans ses alliés. La France, au contraire, qui venait de traverser avec succès une époque de tourmente, avait tellement grandi en considération, que son influence se faisait, en ce moment, sentir dans tous les États de l'Europe, et que dans quelques-uns elle exerçait une prépondérance incontestable. Ainsi l'Espagne, après s'être détachée de la confédération, venait de déclarer la guerre à l'Angleterre. Déjà la Hollande s'était prononcée contre cette puissance. Une convention nationale des habitants des Provinces-Unies s'était réunie à la Haye; elle avait formé une constitution sur le modèle de la république française, et l'un des premiers actes du nouveau gouvernement avait été de déclarer la guerre à l'Angleterre.

Cependant la France se trouvait à la veille d'avoir l'Amérique du Nord pour ennemie dans sa querelle contre

ANGLETERRE.

La Bourse d'Angleterre à Londres.

l'Angleterre. L'ardeur des corsaires français était extrême ; nombre de fois, dans leurs courses, ils s'étaient emparés des navires américains sous le prétexte qu'ils étaient anglais. Cette agression de la France sur une nation amie avait sa cause dans les dispositions peu rassurantes de l'Amérique du Nord. A la suite des différends de l'Angleterre avec les États-Unis, un traité avait été conclu (1795). Aux termes de ce traité l'Amérique s'engageait à ne fournir aucune marchandise ou provision aux colonies françaises. Mais par un traité antérieur (1778) avec la France, les États-Unis avaient garanti à cette puissance ses colonies des Indes occidentales. Le gouvernement français, rapprochant les deux traités, en trouvait contradictoires l'esprit et la lettre ; il se plaignit au cabinet de Washington, et il donna ordre aux vaisseaux de guerre français, ainsi qu'aux corsaires, de saisir les navires américains comme ils le faisaient des navires anglais eux-mêmes. Monroe, ministre américain à Paris, fut aussitôt rappelé par son gouvernement, et le ministre français à Philadelphie demanda de son côté ses passe-ports.

(1797.) Quelques symptômes d'un prochain changement de politique parurent s'effectuer en ce moment dans les dispositions du gouvernement anglais. Des négociations venaient d'être entamées avec la France ; mais le pays apprit presque aussitôt que ces négociations étaient rompues. Le ministre, interrogé sur cette rupture, déclara qu'elle était le fait de la France, parce que cette puissance demandait, comme un article préliminaire, que tous les territoires conquis par ses armes fussent annexés définitivement à la république française. Il fallut faire de nouveau des préparatifs pour continuer la guerre avec honneur.

15,000 matelots furent levés, ce qui porta le chiffre des hommes composant l'armée navale, à 125,000 hommes. Le chiffre de l'armée de terre fut porté à 195,000 hommes. Pitt présenta ensuite aux communes différents bills qui l'autorisaient à contracter de nouveaux emprunts et à établir des taxes permanentes pour le payement de l'intérêt. L'un de ces bills était destiné à défrayer l'empereur d'Allemagne des dépenses de la guerre, pour une somme de 3 millions liv. st. (75,000,000 fr.)

L'Angleterre, en se plaçant à la tête des puissances européennes armées contre la France, s'était en quelque sorte constituée le banquier de ces puissances. Des sommes considérables étaient sorties de cette manière du royaume sans aucune compensation pour en représenter la valeur. Cependant de nouveaux fonds étant indispensables, et les prêteurs, comme il arrive toujours dans de pareilles circonstances, se montrant exigeants, le gouvernement pour se tirer d'embarras eut recours à un emprunt forcé. Des livres furent ouverts, et en quatre jours 18,000,000 liv. st. furent souscrits. Cet emprunt prit le nom d'*emprunt de loyauté*. Mais pour juger jusqu'à quel point ce titre était mérité, il faut savoir que le gouvernement, outre un *boni* qu'il accordait pour les 18,000,000, créa un fonds de 20,124,843 liv. st., à 5 pour cent, hypothéqués sur le revenu national. Les fonds de l'emprunt de loyauté ne suffisant point pour remplir les besoins du moment, Pitt s'adressa à la banque d'Angleterre et lui demanda des secours. La banque s'empressa d'accéder aux désirs du ministre ; mais comme ses avances se composaient en partie de remises en or et en argent, faites aux puissances étrangères qui recevaient des subsides de l'Angleterre, il en résulta une diminution considérable dans le numéraire en circulation. La crainte d'une invasion prochaine du territoire par les Français contribua beaucoup aussi à faire disparaître le numéraire. Car une foule de capitalistes, cédant à la peur, s'empressaient de réaliser leurs fonds et ne les laissaient plus sortir de leurs coffres. Cette diminution du numéraire agit aussitôt sur les fonds publics et il en résulta une baisse considérable. Alors une terreur panique se répandit dans le public, et toutes les personnes qui étaient porteurs de billets de banque et avaient des fonds engagés dans la banque d'Angleterre, ainsi que dans les banques des provinces, assaillirent les bureaux de ces établissements pour réclamer leur remboursement en espèces. Les demandes devinrent si considérables, que les directeurs de la banque nationale s'empressèrent de soumettre le danger de leur situation au chancelier de l'Échiquier. Aussitôt parut un acte de restriction, défendant à la banque de faire ses payements en espèces: aux termes de la loi; les billets de banque devenaient pour les trois royaumes le seul signe des échanges. Les créanciers exhalèrent des plaintes amères, et la presse retentit de leurs clameurs. Mais, quels que soient les jugements divers qu'on ait portés à l'égard de cette mesure, il est certain qu'en raison des circonstances difficiles dans lesquelles se trouvait engagée l'Angleterre, il était impossible d'en prendre une plus hardie et plus décisive. Le succès se chargea de la justifier. La loi n'imposait la restriction que jusqu'au 24 juin 1798; mais la prohibition, de temporaire qu'elle était d'abord, fut prolongée d'année en année pendant vingt-quatre ans. Toutefois, cette mesure eut une influence bien funeste sur les progrès de la dette. Les directeurs de la banque, dispensés de payer en numéraire, se trouvèrent en état de seconder le ministère dans tous ses projets. Aussi vit-on les opérations les plus désastreuses se développer sur une vaste échelle. La bourse prêta son appui au mouvement; la banque accrut sa circulation d'une manière démesurée, et les bons du trésor, jusque-là émis avec modération, furent créés par 11 à 12,000,000 liv. st. à la fois. Ces manœuvres d'agiotage remplirent tout l'intervalle de 1797 à la paix. Dans cette période les emprunts dépassèrent toute mesure. En 1800, 20,000,000 liv. st. furent ajoutés à la dette. L'année suivante, on emprunta l'énorme somme de 49,000,000 liv. st., à laquelle on doit ajouter 11,000,000 liv. st. de bons du trésor, ce qui donnait un chiffre de plus de 60,000,000 liv. st.; l'année d'après, on créa encore 33,000,000 liv. st.

L'alarme excitée par la suspension des payements en espèces de la banque existait encore quand on apprit qu'une insurrection venait d'éclater parmi les matelots qui étaient à Spithead. Depuis longtemps les matelots se plaignaient de la médiocrité de leur solde et de la mauvaise qualité des aliments qui leur étaient donnés. Des lettres anonymes, dans lesquelles ces différents griefs étaient exposés, avaient même été adressées à l'amirauté, qui n'en avait pas tenu compte. Les équipages de plusieurs navires choisirent alors parmi eux des délégués pour obtenir le redressement de leurs griefs. Les préparatifs de la révolte furent faits avec tant de précaution, que le gouvernement n'en eut connaissance qu'au dernier moment. Le signal d'appareiller ayant été donné, les matelots des équipages, au lieu d'obéir, mirent en état d'arrestation les officiers; et les délégués se réunirent aussitôt pour rédiger une pétition qu'ils présentèrent à l'amiral. Ils demandaient une augmentation immédiate dans leur solde et un meilleur règlement dans la distribution des rations; ils donnaient à entendre en même temps qu'ils ne partiraient que lorsqu'il aurait été fait droit à leur demande. A la nouvelle de cette sédition, une commission de l'amirauté se transporta à Portsmouth pour rassurer les matelots et leur promettre en même temps que les griefs dont ils se plaignaient seraient pris en considération. Ces paroles furent accueillies d'abord avec joie, et tout parut, pour un moment, rentrer dans l'ordre ordinaire; mais bientôt les dispositions des matelots changèrent; et, l'amiral ayant de nouveau donné le signal du départ, les matelots, dans la supposition que le gouvernement n'avait point l'intention de remplir ses engagements, refusèrent d'obéir. Les délégués se rendirent alors à bord du vaisseau *le London* pour s'entendre sur les mesures à prendre. Déjà ils approchaient du bord, quand, par

Grande Salle de la Banque d'Angleterre.

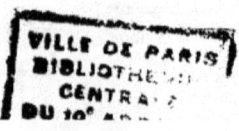

ordre du vice-amiral Colpoys, qui commandait *le London*, les soldats de marine firent feu sur les canots et tuèrent cinq ou six matelots. L'équipage du *London*, irrité de la résistance de l'amiral, s'empara immédiatement des canons et les pointa sur le gaillard d'arrière, avec la menace de faire feu. Toute tentative de défense était inutile ; le vice-amiral et son capitaine de pavillon se rendirent aux mutins, qui les mirent en état d'arrestation.

Cette grave affaire, dans les circonstances difficiles où se trouvait placée l'Angleterre, les conséquences fâcheuses qui pouvaient en résulter, étaient de nature à effrayer les moins timides. Le gouvernement s'empressa d'envoyer à Portsmouth l'amiral Howe, muni de pleins pouvoirs, pour régler les différends. Le parlement consentait à augmenter la solde des matelots, et une proclamation du roi accordait un entier pardon aux mutins ; la flotte fit aussitôt sa soumission. Mais, comme il arrive toujours quand les concessions ne sont point volontaires et qu'elles sont arrachées à la peur, l'exemple des matelots de Spithead ne tarda pas à trouver des imitateurs.

Il y avait en ce moment une flotte nombreuse à la Nore, mouillage situé à l'embouchure de la Tamise, vis-à-vis de Sheerness. Les matelots de la flotte de la Nore, encouragés par le succès de leurs confrères de Spithead, nommèrent, à leur exemple, des délégués, et élurent pour leur président Richard Parker, homme entreprenant, actif, capable des plus vastes entreprises, et ne craignant aucun danger. Les matelots de la Nore amenèrent le pavillon de l'amiral et hissèrent à sa place le pavillon rouge comme le symbole de leur sédition. Les révoltés trouvaient que les concessions du gouvernement n'étaient point assez larges ; ils demandaient qu'on leur accordât des permissions d'absence plus fréquentes et plus prolongées, que l'arriéré des soldes fût acquitté avec régularité, que leur part de prise fût augmentée et que la sévérité de la discipline fût adoucie.

Leur audace était extrême ; ils allaient à terre tous les jours, et, après avoir tenu leur meeting, ils se promenaient en procession dans les rues, musique en tête et enseignes déployées. Dans un de ces meetings, quelques mutins proposèrent d'appareiller et de déserter à l'ennemi avec la flotte ; mais, à l'honneur de ces hommes égarés, ce projet fut repoussé avec indignation par une grande majorité. Toutefois, plusieurs vaisseaux allèrent s'embosser dans le fleuve pour empêcher que les navires ne montassent ou ne descendissent la Tamise ; puis ils levèrent une contribution sur un navire marchand, et lui prirent quatre cents sacs de farine, qu'ils distribuèrent aux équipages de la flotte.

Le spectacle d'une flotte aussi considérable commandée par de simples matelots avait quelque chose de solennel et d'extraordinaire qui était de nature à inspirer de vives inquiétudes au gouvernement. La première mesure qu'il adopta fut de lancer une proclamation dans laquelle il promettait l'oubli du passé et un entier pardon à ceux qui rentreraient immédiatement dans le devoir. La proclamation fut suivie de deux bills de la législature ; l'un défendait les communications de la terre avec les navires insurgés, et le second prononçait la peine de mort contre quiconque chercherait à écarter les soldats ou matelots de leur devoir. Mais la mesure la plus habile, ce fut d'enlever les bouées qui servaient à indiquer les passes dangereuses de la Tamise et des côtes voisines ; car, par l'enlèvement de ces signaux maritimes, les navires insurgés se trouvaient exposés à faire côte, s'ils tentaient de prendre le large et de fuir à l'ennemi. Une dernière tentative de réconciliation fut faite ensuite par le gouvernement ; mais elle fut repoussée comme la précédente. Alors, de chaque côté, on dut se préparer au combat. Toutefois, dans ce moment critique, où la force morale était surtout nécessaire, les insurgés s'arrêtèrent comme étonnés de la hardiesse de l'entreprise dans laquelle ils s'étaient jetés. Des hésitations ne tardèrent pas à naître; elles furent suivies de plusieurs défections; bientôt la plupart des navires insurgés, effrayés de leur isolement, s'empressèrent de faire leur soumission. La justice prononça aussitôt sur le sort des coupables. Parker, le président, fut mis en jugement, et soutint avec beaucoup de fermeté le caractère d'énergie qui l'avait fait distinguer. En entendant prononcer la sentence qui le condamnait à mort, il dit à ses juges: « J'accepte votre sentence avec résignation; mais je reste convaincu que je n'ai agi que d'après l'impulsion de mon droit et d'une bonne conscience. Dieu, qui lit dans le cœur des hommes, daignera me pardonner mes fautes. J'espère que ma mort satisfera mon pays, et que les braves gens qui m'ont aidé dans l'œuvre qui me conduit à la mort recevront du roi un pardon complet. Je suis content de ce qu'ils sont rentrés dans le devoir. » Parker fut exécuté à bord du vaisseau *le Sandwich*, et reçut la mort avec beaucoup de courage.

L'Angleterre, habituée à voir dans ses vaisseaux la force naturelle du pays, s'était émue profondément de l'insubordination des équipages de la Nore et de Spithead, ainsi que de la suspension des payements en espèces de la banque; car cette suspension annonçait du désordre dans l'administration de la fortune publique. Mais au dehors, où les meilleurs esprits n'étaient point encore façonnés aux agitations plus bruyantes que dangereuses qui existent dans les États parlementaires, la sensation était plus profonde encore; les plus tristes conjectures étaient formées sur l'Angleterre et beaucoup de gens la voyaient déjà hors d'état de relever de pareilles secousses. Ces conjectures étaient d'autant plus vraisemblables, que la république française, par la coopération de l'Espagne et de la Hollande, se trouvait maintenant maîtresse d'une flotte imposante, et qu'un projet de jonction des flottes hollandaise, française et espagnole, venait d'être formé par ces trois puissances, qui avaient arrêté que la flotte espagnole rallierait à Brest la flotte française, et que les flottes réunies iraient ensuite à la rencontre de la flotte hollandaise.

La rentrée dans le devoir des flottes de Spithead et de la Nore permit au gouvernement britannique de déjouer ce projet de jonction. Les amiraux sir John Jervis et Duncan furent chargés d'exécuter cette mission importante. Sir John Jervis alla bloquer le port de Cadix, et l'amiral Duncan se rendit sur les côtes de Hollande. Le premier de ces amiraux rencontra la flotte espagnole, commandée par l'amiral don Joseph de Cordova, à la hauteur du cap Saint-Vincent, et l'attaqua avec résolution. La victoire resta aux Anglais; quatre vaisseaux tombèrent en leur pouvoir, et le reste, après avoir essuyé des avaries considérables, fut dispersé. Le commodore Nelson, qui commandait un vaisseau de 74, se distingua d'une manière brillante dans cette action, en abordant successivement le San Nicolas et le San Joseph. Dans le même temps, l'amiral Duncan remportait une autre victoire sur la flotte hollandaise du Texel. La bataille s'engagea à la hauteur de Camperdown et du cap Egmont; elle fut terrible, principalement à bord des deux navires amiraux: chacun de ces vaisseaux eut en tués et en blessés environ 250 hommes.

Cette double victoire, jointe à d'autres succès maritimes obtenus dans les Indes occidentales, jeta l'Angleterre dans un transport de joie difficile à décrire. La législature vota des remercîments publics aux deux flottes, et le roi récompensa les amiraux et les principaux officiers qui avaient figuré dans les engagements, en leur donnant des titres de noblesse. L'amiral Jervis reçut le titre de comte de Saint-Vincent avec une pension de 3,000 liv. st. (75,000 fr.). Le vice-amiral Thompson et le contre-amiral Parker furent nommés baronnets; le commodore

Nelson reçut la décoration de l'ordre du Bain. L'amiral Duncan eut le titre de vicomte de Duncan de Camperdown avec une pension de 3,000 liv. sterl. (75,000 fr.).

Ces victoires étaient importantes, et la joie qu'elles faisaient éclater était bien naturelle, mais sur un autre théâtre l'Angleterre essuyait des revers considérables.

En ce moment même le gouvernement français, redoublant d'activité, cherchait à la frapper au cœur en envahissant son territoire. Une armée française, qui prenait le nom d'armée d'Angleterre et qui avait le général Bonaparte pour son commandant en chef, se réunissait sur les côtes de Boulogne. Dans le même temps, une tentative d'invasion était faite sur les côtes de la principauté de Galles, par une expédition partie du port de Brest. Cette tentative échoua.

En Italie, l'armée française remportait d'éclatants succès. Mantoue venait de capituler, et la prise de cette forteresse avait déterminé l'expulsion des Autrichiens de l'Italie. Nous ne suivrons pas la marche victorieuse de l'armée française dans cette contrée, il nous suffira de mettre sous les yeux de nos lecteurs la proclamation de Bonaparte adressée à l'armée française, pour qu'ils se fassent une idée de ses succès.

Bonaparte établissait dans ce document que l'armée française avait été victorieuse dans quatorze batailles rangées et dans soixante-dix combats; qu'elle avait fait à l'ennemi plus de 100,000 prisonniers, et qu'elle avait pris 500 pièces de campagne, et 2,000 canons de gros calibre; que les contributions levées sur le territoire conquis avaient non-seulement pourvu à la solde de l'armée pendant la campagne, mais que 30,000,000 de francs avaient été envoyés au trésor public de France. Le général français déclarait ensuite à son armée qu'il avait l'intention de porter la guerre dans le cœur des États autrichiens, et il invitait ses soldats à se rappeler qu'ils allaient offrir la liberté aux Hongrois, dont le souverain, disait-il, s'était déshonoré en se mettant à la solde de l'Angleterre.

Dans cette situation désespérée l'empereur d'Allemagne fit un dernier effort, mais après plusieurs victoires signalées, les Français ayant pénétré sur le territoire autrichien et pris la route de Vienne, l'empereur demanda la paix, et les préliminaires en furent signés au château d'Ekenwald en Styrie. Ce traité est connu sous le nom de traité de Leoben; il servit de base au traité définitif de Campo-Formio, et eut pour effet d'arrêter les opérations militaires des armées autrichienne et française sur le Rhin. Bientôt après fut signé le traité définitif de Campo-Formio. Aux termes de ce dernier traité, l'empereur renonçait à ses prétentions sur la Flandre autrichienne et cédait en toute propriété à la république française les îles de Zante, de Corfou, de Céphalonie, et différentes places sur les côtes d'Albanie. La république française laissait à l'Autriche l'Istrie, la Dalmatie, les îles vénitiennes situées dans l'Adriatique, Venise et les contrées situées entre l'Autriche et la mer Adriatique. De son côté, l'empereur reconnaissait la république cisalpine, qui était formée de la ci-devant Lombardie vénitienne, Bergamasque, Bresciano, Crémone, États qui avaient appartenu à l'Autriche; les États vénitiens situés à l'est et au sud de Carara, et les trois légations de Bologne, de Ferrare et de Romagne. Ce traité ne concernait l'empereur qu'en sa qualité de roi de Bohême et de Hongrie; la pacification de l'Autriche avec les républiques devait être négociée dans un traité ultérieur. En conséquence il fut arrêté qu'un congrès s'assemblerait à Rastadt pour cet objet. Ce fut ainsi que la France, naguère si déchirée par les factions, livrée à un isolement complet, brisa dans le court espace de quelques années la coalition qui avait juré sa perte et qu'elle contracta des alliances avec des États puissants qui s'étaient ligués contre elle. Quelques-uns de ces États faisaient maintenant cause commune avec elle ; elle avait réduit les autres à l'impuissance de lui nuire.

Par le traité de Campo-Formio l'Angleterre se trouvait à son tour dans l'isolement, et le ministère britannique, effrayé de cette situation, se hâta de faire des ouvertures ; mais la France, transportée par tant de succès, était exigeante, et les négociations furent rompues. C'était une faute ; si la France, abandonnée à ses seules ressources dans un moment de crise et d'anarchie, avait enfanté de grandes choses, il était évident que l'Angleterre trouverait également dans son enthousiasme et son patriotisme le moyen de relever la chose publique.

De grands préparatifs furent faits aussitôt. La réserve et la milice furent mises en activité ; on donna des encouragements à des associations de volontaires qui s'étaient formées pour la défense du pays. Le bill d'*habeas corpus* fut suspendu, et l'*alien bill*, destiné à expulser du royaume les étrangers suspects, fut renouvelé. L'invasion dont était menacée l'Angleterre et qui paraissait maintenant certaine, car les agents anglais à l'étranger annonçaient que chaque jour le gouvernement français dirigeait de nouvelles troupes sur les côtes de la Manche, donna un élan extraordinaire à la nation. De toutes parts se communiquait une ardeur extrême. Au dehors de l'enceinte du parlement, les clubs, les places publiques montraient un aspect animé ; on ne parlait que de guerre ; la chaire retentissait d'anathèmes contre la France ; les côtes étaient mises en état de défense ; les recrues étaient dressées au service militaire. De son côté, la législature déclarait au roi, dans une adresse, qu'elle était prête à soutenir le gouvernement au prix des plus grands sacrifices.

Au milieu de cette excitation générale, les débats parlementaires conservaient leur aspect animé. L'opposition, dans l'impossibilité de renverser les membres du cabinet, avait eu recours dans les communes à une mesure que nous avons vue depuis se reproduire en France, sous Charles X ; elle déserta en masse les bancs sur lesquels elle avait l'habitude de siéger, afin de protester par son absence contre la politique du ministère. Mais il n'est pas dans la nature d'une opposition parlementaire de s'effacer ainsi, et bientôt l'opposition anglaise reprit sa place ordinaire dans la chambre des communes. Ses attaques avaient une violence extraordinaire. Dans le cours d'une discussion, Pitt ayant parlé avec une certaine véhémence des dispositions hostiles de ses adversaires à son égard, ces expressions furent relevées par Tierney, l'un des principaux membres de l'opposition, et un duel s'ensuivit. Mais cette rencontre n'eut aucune suite fâcheuse, les parties échangèrent plusieurs coups de pistolet ; puis Pitt ayant tiré en l'air, les témoins s'efforcèrent de rapprocher les combattants.

(1798.) En ce moment, le danger le plus grand que courait l'Angleterre venait de l'Irlande. Dans tous les temps cette contrée profita des complications dans lesquelles l'Angleterre s'est trouvée engagée, pour s'agiter. C'est ainsi qu'elle avait fait notamment à l'époque de la guerre de l'indépendance d'Amérique. Les mouvements insurrectionnels que nous voyons se reproduire d'une manière périodique, toutes les fois que l'Angleterre éprouve des embarras dans sa situation intérieure ou extérieure, annonçant des maux invétérés, nous ne saurions bien apprécier la nature de ces maux qu'autant que nous en remonterons à la source.

L'origine de la domination britannique en Irlande date de l'année 1156. Henri II, fils de Geoffroi Plantagenet, voulant signaler son avénement à la couronne d'Angleterre par un coup d'éclat qui le mît à la hauteur de son bisaïeul maternel, Guillaume de Normandie, jeta les yeux sur l'Irlande. Toutefois, avant d'entrer en campagne, Henri II envoya une députation à Rome, pour demander au pape Adrien IV la consécration de ses projets. Le pape accueillit favorablement la députation, et répondit au message du roi d'Angleterre par une bulle dont nous extrayons les passages suivants : « Accordons, disait ce document, à ce louable et pieux désir la faveur qu'il mérite, et tenons pour agréable qu'afin d'étendre les limites de la sainte Église, de propager la religion, de corriger les mœurs et d'enraciner la vertu, tu fasses ton entrée dans cette île, et y exécutes, selon la prudence, tout ce que tu jugeras à propos de faire pour l'honneur de Dieu et le salut des âmes. Que le peuple irlandais te reçoive et t'honore comme son seigneur et ministre, sauf le droit de l'Église, qui doit rester intact, et ainsi la pension annuelle d'un denier, dû au bienheureux saint Pierre par chaque maison. » Dans la même bulle, le pape Adrien faisait au futur conquérant de l'Irlande des recommandations pressantes pour l'engager à défendre les intérêts de l'Église. « Si tu juges à propos, disait la bulle, d'exécuter ce que tu as conçu, emploie tes soins à former le peuple irlandais aux bonnes mœurs ; que l'Église soit, par tes efforts, décorée dans le pays d'un nouveau lustre ; que la vraie religion du Christ y fasse de nouveaux progrès; qu'en un mot, toute chose conserve l'honneur de Dieu et le salut des âmes, et soit, par ta présence, ordonnée de telle manière que tu deviennes digne d'obtenir aux cieux la récompense éternelle et sur la terre un nom illustre et glorieux dans tous les siècles. » L'Irlande catholique, que le schisme anglais écrase depuis si longtemps, fut donc livrée aux rois anglais par un pape.

Le peuple irlandais, que nous voyons aujourd'hui si dévoué au pape, n'accepta point la transaction, et, si l'on en croit les historiens du temps, il donna les plus violentes malédictions au saint-père. Quand Henri II envahit l'Irlande, il rencontra une vigoureuse résistance. Les Irlandais ne voulaient point souffrir de maîtres chez eux, et pour sauver leur territoire, ils déployèrent un grand courage. Toutefois, leurs efforts furent inutiles, ils ne purent empêcher que leur pays ne fût conquis. La politique du temps consistait à dépouiller un ennemi vaincu de ses biens, car il entrait dans les idées des hommes d'État de l'époque, que, pour tenir en respect un ennemi courageux, il fallait employer les moyens de rigueur de préférence à tous autres.

Henri II et ses successeurs immédiats poursuivirent ce système d'une manière impitoyable. « Quelques années après l'invasion de Henri II, dit un écrivain nommé Davies, que l'on s'accorde à regarder comme une autorité digne de créance, toute l'Irlande fut divisée en cantons et partagée entre dix Anglais de nation, qui furent déclarés propriétaires en titre de la totalité du pays : *si bien qu'il ne fut rien laissé pour les indigènes.* » Cependant, plus tard, par une charte spéciale, Henri II concéda le droit de propriété à cinq familles du pays, et c'est de là que vient ce mot, qui se rencontre si souvent dans les documents judiciaires de l'époque : « *Personne des cinq sangs,* ou *quinque sanguinibus.* »

Des haines violentes qui ne devaient plus finir commencèrent à naître dans le cœur des Irlandais, et bientôt elles s'y enracinèrent profondément. Mais, à mesure que ces haines grandissaient, les Anglais, fidèles au système adopté par Henri II, redoublaient de mauvais traitements. Les violences qu'ils exercèrent dépassent tout ce qu'on peut imaginer. « Point de spectacles plus fréquents, dit, en parlant de cette terrible époque, M. Morison, écrivain anglais protestant, que de voir, aux abords des villages, et surtout dans les pays dévastés, des multitudes de ces pauvres gens (les Irlandais) morts, ayant la bouche verte des orties qu'ils avaient broutées pour apaiser leur faim. » Une foule de preuves irrécusables attestent les persécutions qu'eurent à endurer les Irlandais. Le document suivant, qui est du quatorzième siècle, est emprunté à M. Augustin Thierry :

« A Jean, pape, Donald O' Neyl, roi d'Ulster, ainsi que les rois inférieurs de ce territoire et toute la population irlandaise.

« Très-saint Père, nous vous transmettons quelques renseignements exacts et sincères sur l'état de notre nation, et sur les injustices que nous subissons et qu'ont subies nos ancêtres de la part des rois d'Angleterre, de leurs gens et des barons anglais nés en Irlande. Après nous avoir chassés par violence de nos habitations, de nos champs, de nos héritages paternels, nous avoir contraints, pour sauver notre vie, de gagner les montagnes, les marais, les bois et les creux des rochers, ils nous harcèlent incessamment dans ces misérables refuges, pour nous en expulser et s'approprier notre pays dans toute son étendue.

« De là résulte, entre eux et nous, une inimitié implacable, et c'est un ancien pape qui nous a placés originairement dans ce déplorable état !... Ils avaient promis à ce pape de façonner le peuple d'Irlande aux bonnes mœurs, et de lui donner de bonnes lois. Bien loin de là, ils ont méconnu toutes les lois écrites qui, anciennement, nous régissaient; ils nous ont laissés sans lois, pour mieux accomplir notre ruine, ou en ont établi de détestables, dont voici quelques exemples :

« Il est de règle dans les cours de justice du roi d'Angleterre, en Irlande, que tout homme qui n'est pas de race irlandaise puisse intenter à un Irlandais toutes espèces d'actions judiciaires, et que cette faculté soit interdite aux Irlandais, soit clercs, soit laïques. Si, comme il arrive très souvent, quelque Anglais assassine un Irlandais, clerc ou laïque, l'assassin n'est ni puni corporellement, ni même condamné à une amende; au contraire, plus la personne assassinée est considérable parmi nous, plus son meurtrier est excusé, honoré, récompensé des siens, même des gens de religion et des évêques.

« Nul Irlandais ne peut disposer de ses biens au lit de mort, et les Anglais se les approprient; il est interdit à tous les ordres religieux établis en Irlande, sur le territoire anglais, de recevoir dans leurs maisons des hommes de nation irlandaise.

« Les Anglais qui habitent parmi nous depuis longues années, et qu'on appelle *gens de race mêlée*, ne sont pas pour cela moins cruels envers nous que les autres. Quelquefois ils invitent à leurs tables les premiers de notre nation et les tuent, par trahison, au milieu du festin ou dans leur sommeil. C'est ainsi que Thomas de Clare ayant attiré dans sa maison Brien Leroux de Thomond, son beau-frère, le mit à mort, par surprise, après avoir communié avec lui de la même hostie consacrée et divisée en deux parts.

« Les crimes leur paraissent, à eux, honorables et dignes de louanges, et c'est la croyance de tous leurs laïques et de beaucoup de leurs hommes d'église, qu'il n'y a pas plus de péché à tuer un Irlandais qu'un chien. Leurs moines disent avec assurance qu'après avoir tué un homme de notre nation (ce qui trop souvent leur arrive), ils ne se croiraient nullement tenus à s'abstenir un seul jour de dire la messe. Pour preuve de cela, les religieux de Cîteaux, établis à Granard, dans le diocèse d'Armagh, et ceux du même ordre qui sont à Ine en Ulster, attaquent journellement en armes, blessent et tuent les Irlandais, et n'en disent pas moins leurs messes. Frère Simon, de l'ordre des Mineurs, parent de l'évêque de Coventry, a prêché publiquement qu'il n'y a pas le moindre mal à tuer ou à voler un Irlandais.

« Tous, en un mot, soutiennent qu'il leur est permis de nous enlever, s'ils le peuvent, nos terres et nos biens, et ne s'en font nul reproche de conscience, pas même à l'article de la mort. Ces griefs, joints à la différence de langue et de mœurs qui existe entre eux et nous, font qu'il n'y a nul espoir, que jamais nous n'aurons paix ou trêve en cette vie, si grande de leur part est l'envie de dominer; si vif est notre désir légitime et naturel de sortir d'une servitude insupportable, et de recouvrer l'héritage de nos ancêtres. Nous gardons au fond de nos cœurs une haine invétérée, produite par de longs souvenirs d'injustices, par le meurtre de nos pères, de nos frères, de nos proches, et qui ne s'éteindra ni de notre temps, ni du temps de nos fils. Ainsi donc, sans regrets ni remords, tant que nous serons en vie, nous les combattrons pour la défense de nos droits, et ne cesserons de les combattre et de leur nuire que le jour où eux-mêmes, par défaut de puissance, auront cessé de nous faire du mal, et où nous en aurons le ferme espoir. Jusque-là, nous leur ferons guerre à mort pour recouvrer l'indépendance qui est notre droit naturel, contraints que nous y sommes par la nécessité même, et aimant mieux affronter le péril des hommes de cœur que de languir au milieu des affronts. »

L'une des époques les plus terribles pour l'Irlande fut celle où régnèrent les Tudors en Angleterre. La grande majorité de la nation anglaise venait de secouer le pouvoir du pape, et Henri VIII s'était proclamé chef suprême de la religion protestante. L'Irlande ne voulut point imiter l'Angleterre; elle resta catholique, et s'attacha d'autant plus au culte ancien qu'il était plus persécuté. Ce fut pour elle la source de nouvelles haines; haines implacables comme toutes celles qui ont leur origine dans la religion. Cette page de l'histoire d'Irlande est vraiment lamentable. « L'Irlande, s'écrie avec douleur un historien contemporain, contrée autrefois riche et fertile, très-peuplée, et chargée de riches pâturages, de manoirs, de bestiaux, est maintenant sèche et stérile. Le sol ne produit plus aucun fruit; plus de blé dans les champs, plus de bestiaux dans les pâturages; en un mot, la malédiction du ciel est si grande sur cette contrée, que celui qui la parcourrait d'un bout à l'autre, rencontrerait à peine un homme, une femme, un enfant. » Dans le même temps la législature anglaise rendait contre les malheureux Irlandais des lois barbares, impitoyables. Dans le *statute book*, le bill qui signale l'avénement d'Élisabeth est ainsi conçu :

« La reine est déclarée chef suprême de l'Église : toute personne maintenant la juridiction spirituelle du pape, ainsi que cela avait lieu autrefois, sera proscrite avec ses complices, perdra tous ses biens, et subira la peine de mort et autres peines et confiscations, comme dans les cas de haute trahison (acte de 1563). — Pour quiconque cherchera à attirer une ou plusieurs personnes de la religion établie dans la religion romaine, peine de mort (acte de 1587). — Pour quiconque aidera à cette tentative, peine de mort (idem). — Pour tout prêtre et séminariste restant dans le royaume ou y entrant après quarante jours, peine de mort (idem). — Recevoir ou protéger lesdits prêtres ou séminaristes sera regardé comme un cas de félonie (idem). — Envoyer de l'argent ou des secours auxdites personnes quand elles seront dans les pays étrangers sera regardé comme un cas passible des peines de l'acte de *præmunire* (perte de propriété et emprisonnement). — Les deux tiers des terres et autres biens de toute personne qui refusera d'aller à l'église nouvellement établie appartiendront de droit à la reine (acte de 1587). — Tout prêtre qui refusera de se reconnaître comme tel, quand on l'accusera de l'être, sera incarcéré (acte de 1593). — Toute personne au-dessus de l'âge de seize ans, refusant d'aller à l'église, ou attaquant par des discours l'autorité ecclésiastique de la reine, ou persuadant à d'autres de ne pas aller à l'église, sera mise en prison jusqu'à ce qu'elle ait consenti à entendre le service divin, comme il est établi par la loi. — Toute personne refusant de se conformer à cette prescription devra *sortir du royaume*, et, si elle refuse de le faire, elle sera déclarée en état de félonie. — Les terres et autres propriétés des personnes condamnées à sortir du royaume seront *confisquées* au profit du chef de l'église établie (le souverain).

L'époque de la réformation est surtout remarquable, parce qu'elle nous fait connaître la cause des soulèvements périodiques qui ont déchiré et qui déchirent encore l'Irlande; parce qu'elle nous donne le secret de l'avortement perpétuel des mesures adoptées par le gouvernement anglais à l'égard de ce malheureux pays. Quelles douloureuses et puissantes exigences obligèrent donc le gouvernement anglais à recourir si fréquemment aux moyens violents à l'égard de l'Irlande? Mais tout échoue, violences ou concessions! Pitt ou Fox, lord John Russel ou sir Robert Peel, personne n'a pu encore résoudre d'une manière satisfaisante la question irlandaise. Les explications dans lesquelles nous allons entrer, pour éclaircir ce fait historique, étant un peu compliquées, nous demandons à nos lecteurs de nous donner leur attention, afin de suppléer par leur intelligence à ce que ces explications pourraient leur présenter d'incomplet ou d'obscur.

Quand les conquérants normands, conduits par Guillaume 1er, s'emparèrent de l'Angleterre, ils s'en partagèrent les dépouilles. Ces temps furent désastreux pour les malheureux Saxons(*). Leurs filles et leurs femmes étaient outrageusement violées; leurs terres et leurs biens passaient dans les mains de vainqueurs avides. Toutefois, après s'être repus, ceux-ci se fondirent avec les vaincus : Saxons et Normands ne formèrent plus qu'un peuple, uni par des intérêts et des besoins identiques. Cette heureuse fusion était due à différentes causes, telles que les mariages entre les familles des deux races et la participation commune de ces deux races au bénéfice des lois et de la constitution. Les mêmes causes auraient indubitablement produit les mêmes effets pour l'Irlande; mais la politique adoptée à l'égard de l'Angleterre ne fut suivie qu'en un point pour l'Irlande par les conquérants anglais. L'Irlande fut saccagée, pillée, comme l'avait été l'Angleterre : le territoire en fut partagé entre les vainqueurs. Mais, effrayés sans doute de la résistance qu'ils avaient rencontrée et du caractère résolu de l'Irlandais, les conquérants anglais conservèrent à l'Irlande sa nationalité; ils lui laissèrent un semblant d'indépendance. L'Irlande releva de l'Angleterre; mais elle eut un parlement qui faisait des lois. Ce parlement était vendu à l'Angleterre; mais il existait dans son sein, comme dans toutes les assemblées de ce genre, un esprit d'opposition qui se communiquait au dehors. Quand un cri de douleur, poussé par quelques bouches généreuses sur les malheurs de la patrie opprimée, s'échappait de l'enceinte de cette assemblée, les haines bouillonnaient dans les cœurs, les distinctions s'éternisaient entre les vainqueurs et les vaincus.

Toutefois, avant la réformation, il était temps encore d'arrêter le désordre; il eût suffi de revenir aux bonnes données, c'est-à-dire de rapprocher les deux royaumes, de les fondre l'un dans l'autre par des lois communes; les griefs des Irlandais ne se bornaient encore qu'à la violation de leurs droits civils, à d'odieuses spoliations. Mais le mal empira quand le culte catholique, persécuté, proscrit, fit entendre ses douleurs aux Irlandais; alors les griefs de l'Irlande se grossirent de toutes les souffrances du culte catholique. La réformation tenta inutilement de détrôner le catholicisme en Irlande; l'Irlande resta catholique. Le clergé catholique avait commis de grandes fautes; il s'était livré à des actes d'intolérance d'une nature barbare. Ses fautes furent oubliées; il était malheureux, persécuté comme l'étaient les Irlandais eux-mêmes; dans cette condition, il n'eut aucune peine à se faire bien venir des Irlandais. Le cœur de l'Irlandais est chaud; il adopta le catholicisme avec une ferveur sans égale. Alors sa résistance aux Anglais prend un caractère opiniâtre; le clergé catholique, mêlant le spirituel au temporel avec une rare habileté, s'attachant à rendre identiques les intérêts de la religion persécutée avec les intérêts civils de l'Irlande, lui apprend à mépriser les persécutions; il savait parler à son âme; il lui rappelle les jours de son indépendance, la honte de la servitude, et lui communique l'ardeur dont lui-même est embrasé.

L'Irlande, quelque turbulente qu'elle soit, est précieuse à conserver pour

---

(*) Voir le beau travail de M. Thierry sur la conquête de l'Angleterre par les Normands.   Cl. Pal.

l'Angleterre. Mais comment désormais contenir ce peuple? Comment en opérer le rapprochement avec le peuple anglais? Les griefs de l'Irlande sont de deux sortes: griefs de nationalité, griefs religieux. Quelle sera la nature du redressement? Parlons simplement des griefs religieux : le gouvernement est arrêté à chaque pas par la résistance des uns, par les exigences des autres, et par la constitution.

Une opposition ardente et formidable, comme celle que produit l'esprit religieux, existe en Angleterre contre l'Église catholique. Cette opposition part de l'Église établie, qui est soutenue dans ses rancunes de toutes les sectes dissidentes. De plus, le culte catholique est en minorité; ses ennemis le flétrissent de l'appellation de papisme et de culte enfanté par la superstition; ils ne veulent point entendre parler de composition.

De son côté, le clergé catholique se contenterait difficilement d'une position secondaire; il est exigeant, regrette sa grandeur passée, et veut la reconquérir.

Mais supposons un moment le gouvernement animé d'un sage esprit de libéralisme, brisant les résistances du culte anglican et des sectes dissidentes, faisant en faveur du catholicisme ce qui fut fait, sous le règne de la reine Anne, pour l'Église presbytérienne d'Écosse; arrachant, disons-nous, de la chambre des communes et de la chambre des lords un bill qui déclare l'Église catholique, église de l'État, conjointement avec l'Église anglicane et l'Église presbytérienne, la question est encore aussi compliquée qu'auparavant. Que fera l'Église catholique? Que fera le gouvernement? L'un des articles fondamentaux de la constitution anglaise déclare le souverain régnant, chef suprême de l'Église. L'Église renoncera-t-elle à la suprématie du pape, contrairement aux lois les plus formelles du catholicisme? reconnaîtra-t-elle la suprématie spirituelle du chef de l'État? Dans le cas de l'affirmative, le gouvernement violera la constitution en faveur d'un culte que la grande majorité des citoyens repousse, comme entaché de superstition.

Toute l'histoire d'Irlande se résume dans le court exposé que nous venons de faire. D'un côté, difficultés immenses, difficultés réelles que le gouvernement cherche à tourner en employant tantôt la voie des concessions et plus souvent les voies coercitives sans jamais s'attaquer au point capital; d'un autre côté, griefs profonds, griefs positifs qui se traduisent par des soulèvements perpétuels. Cette grave question ne peut être résolue d'une manière définitive que par des concessions larges que se feront réciproquement et de bonne foi les deux pays.

Jacques Ier et Charles Ier marchèrent sur les traces d'Élisabeth; mais Élisabeth en persécutant les Irlandais ne voyait qu'une question d'État; elle voulait opérer la fusion du culte catholique avec le culte anglican. Jacques Ier et Charles Stuart, qui avaient des goûts de prince, toujours besogneux et prodigues, aimant les flatteries souvent dispendieuses des courtisans, persécutèrent les Irlandais pour en arracher de l'argent et remplir leurs coffres. Sous leur règne, des provinces entières furent confisquées par arrêt royal; Charles réclama même comme étant sa propriété, trois provinces, et institua une commission chargée de les lui adjuger avec toutes les formes de la justice. Plusieurs jurés, membres de cette commission, ayant refusé de rendre un verdict favorable à la cour, le terrible Strafford, qui remplissait en ce moment les fonctions de lieutenant du roi en Irlande, se chargea de mettre un terme à cette opposition. Le moyen que Strafford employa est consigné dans les procès-verbaux de la chambre des communes; il y est dit que les jurés qui rendaient leur verdict *selon leur conscience* étaient détenus dans la chambre du château, et mis à l'amende; qu'ils étaient tantôt exposés au pilori, avec perte des oreilles et la langue percée; tantôt marqués sur le front avec un fer rouge, etc.

Les guerres qui précédèrent l'établissement de la *commonwealth*, les embarras qui en résultèrent pour l'Angleterre, donnèrent pour un moment de vives espérances aux Irlandais. Doué d'un caractère impétueux, brave, irritable et crédule, écoutant avec avidité les paroles de ceux qui lui promettent l'affranchissement de son pays ; l'Irlandais se jette sans réflexion dans les entreprises les plus téméraires ; l'Irlande épousa la cause de Charles Ier. Des mouvements insurrectionnels éclatèrent en ce pays. Mais l'Irlande expia durement cette tentative d'affranchissement. Ce fut Cromwell qui fut chargé de faire rentrer l'Irlande dans l'obéissance. Cromwell exécuta sa tâche d'une manière impitoyable. Les souvenirs qu'il laissa en Irlande, et surtout à Wexford et à Drogheda, sont encore vivants dans la mémoire des Irlandais. Etant entré à Wexford, dont les portes lui avaient été livrées par les bourgeois de la ville, il ordonna un massacre général de la garnison et des habitants ; trois cents femmes, qui s'étaient réfugiées au pied d'une grande croix élevée sur la principale place de la ville, et qui, à genoux, imploraient miséricorde, furent passées au fil de l'épée. Cromwell, dans son rapport aux communes, porte à deux mille le nombre des habitants égorgés par ses ordres, mais quelques écrivains le portent à cinq mille. Drogheda, bien que cette place se fût rendue par capitulation, fut livrée, pendant cinq jours, à la rage des soldats. Toute la garnison fut massacrée, homme par homme, ainsi que les habitants ; il n'échappa que trente hommes. Les lignes suivantes sont extraites de la dépêche écrite par Cromwell lui-même au président de la chambre des communes, à la suite de cette boucherie :

« Monsieur, il a *plu à Dieu* de bénir nos efforts à Drogheda (suit la description de l'attaque et du massacre). Je crois *que nous avons passé au fil de l'épée* tous les défenseurs de cette ville. Je ne pense pas qu'il y en ait *trente* qui se soient échappés, et ceux-là sont en lieu sûr ; ils seront transportés aux Barbades. Cette victoire doit être regardée comme *un acte merveilleux de la miséricorde céleste*. Je désire que tous les cœurs honnêtes en attribuent la *gloire à Dieu seul*, à qui revient la louange de cette miséricorde. O. Cromwell. »

Ces violences terribles pouvaient comprimer momentanément les ardeurs de l'Irlandais, mais elles n'amoindrissaient pas les difficultés qui séparaient l'Angleterre de l'Irlande ; le fond de la querelle restait le même : griefs de nationalité, griefs religieux. Quand les troubles de la révolution de 1688 éclatèrent, les Irlandais voulurent reconquérir leur indépendance ; mais la bataille de la Boyne porta de nouveau un coup funeste à leurs espérances. Cependant, les Irlandais obtinrent de Guillaume d'Orange la capitulation de Limerick (3 octobre 1691). Cette capitulation stipulait les conditions de leur soumission à la couronne britannique ; une protection égale à celle dont jouissaient les autres sujets du royaume était assurée à leurs personnes, à leurs libertés et à l'exercice de leur religion. L'honneur de la couronne d'Angleterre était donné pour garant des engagements pris dans ce traité. « Malheureusement les lois, dit Burke en parlant de cette époque, avaient une ignoble perfection ; c'était un système complet plein de cohérence, de méthode et de logique, bien digéré, bien lié dans toutes ses parties ; c'était une machine d'une adresse rare et d'un travail achevé, aussi bonne pour l'oppression, l'appauvrissement du peuple et l'avilissement en sa personne de la nature humaine elle-même, que tout ce qui avait pu être produit jusque-là par le mauvais génie de l'homme. » Bientôt la législature anglaise, au mépris des engagements de Limerick, tira profit de l'élasticité d'une pareille législation et poursuivit la malheureuse Irlande d'une sévérité excessive ; elle l'attaqua dans sa religion, dans l'éducation de ses enfants, dans la propriété.

RELIGION. Ordre est donné aux archevêques, aux évêques, aux moines et aux prêtres de quitter l'Irlande avant le

1er mai 1698. Passé ce délai, ils seront jetés en prison, et ceux qui ayant quitté le territoire s'aviseraient d'y rentrer, seront punis de mort. Tout individu qui cachera chez lui un des proscrits sera puni pour la première offense d'une amende de 20 liv. st. (500 fr.); pour la seconde, d'une amende double; pour la troisième, de la confiscation de ses biens. Une prime de 50 liv. st. (1,250 fr.) est offerte au délateur qui indiquera la retraite d'un moine ou d'un proscrit. Tout signe extérieur du culte catholique est défendu; point de clocher, point de cloche, rien, en un mot, qui puisse révéler l'existence d'une église catholique. Les pèlerinages à Saint-Patrick et aux lieux connus par de pieux souvenirs ou d'antiques traditions, sont interdits sons peine du fouet. ÉDUCATION. Toute école catholique est rigoureusement interdite; les instituteurs appartenant à la religion catholique seront chassés du pays comme les évêques. De plus, défense est faite à tout catholique d'envoyer ses enfants à l'étranger, sous peine de voir ses biens et ceux de ses enfants confisqués. PROPRIÉTÉ. Il est défendu au catholique de constituer un douaire à une femme de sa religion; mais si cette femme se déclare protestante, la loi lui confère le pouvoir de contraindre son mari de lui céder tous les droits, toutes les jouissances de la communauté. Elle a une demeure et un train de maison séparés. Si le fils aîné d'un père catholique, à quelque âge que ce soit, se déclare protestant, il peut frapper immédiatement d'interdiction le pouvoir paternel; son père n'est plus que le tenancier des biens de la famille; celui-ci ne peut ni les vendre, ni en disposer d'aucune sorte; à sa mort, tous ses biens reviennent de droit au fils protestant. Tout enfant peut, en se faisant protestant, contraindre son père à lui accorder une pension, qui sera fixée par le chancelier sur le plus net des propriétés. Si un catholique possède un cheval qui vaille plus de 5 liv. st. (125 f.), tout protestant offrant 5 liv. au propriétaire a le droit de s'emparer du cheval. Si un catholique propriétaire d'un cheval valant plus de 5 liv. st. le cache à un protestant, le catholique, pour avoir caché son cheval, sera passible d'un emprisonnement de trois mois et d'une amende triple de la valeur du cheval, quelle que soit cette valeur. Le catholique irlandais ne peut être éligible, ni électeur. Il ne peut remplir aucune fonction dans l'armée, dans la marine, dans la magistrature, dans l'administration. Il ne peut être ni avocat, ni avoué; il est exclu des corporations municipales; les placements hypothécaires pouvant mener à la propriété, lui sont interdits; il ne peut exercer aucune tutelle.

La législature anglaise de ces temps-là, stimulée par l'intolérance du clergé anglican, se montrait vraiment impitoyable. De son côté, le catholicisme soufflait aux Irlandais l'esprit de résistance dont il était animé, et sous son influence, l'Irlande avec une énergie extraordinaire se roidissait contre les violences de ses persécuteurs. Nous l'avons vue profiter des moments de troubles et d'embarras extérieurs, dans lesquels se trouvait engagée l'Angleterre, pour s'insurger. Elle eut recours à un moyen plus dangereux, parce qu'il défiait la force armée et la loi. Ce fut d'organiser des sociétés régulières qui frappaient dans l'ombre, et qui par leur discipline échappaient aux poursuites de la police et des troupes. Les exploits des *enfants blancs* (white boys) font encore aujourd'hui le texte favori des histoires que l'Irlandais conte à la veillée. On les appelait enfants blancs parce qu'ils avaient coutume de porter par-dessus leurs vêtements une longue souquenille blanche; ils étaient armés de fusils, de sabres, de pistolets, brisaient les clôtures, mettaient à contribution les protestants, et faisaient une guerre d'embûches à l'autorité anglaise. Les *Hearts of oak*, les cœurs de chêne, les *Hearts of steel*, les cœurs d'acier, les *Right boys*, les enfants justes, étaient des associations formées sur le modèle des enfants blancs. Les Right boys avaient juré haine éternelle à la dîme, qu'ils ne payaient à personne; ils obéissaient à un chef mystérieux, le capitaine *Right* (juste). Ces associations étaient d'autant plus redoutables qu'elles se distinguaient par une organisation régulière; elles avaient leurs collecteurs pour percevoir l'impôt; leurs trésoriers, leurs caisses pour solder les dépenses. Leurs agents faisaient prêter serment aux habitants des campagnes de ne jamais les trahir, et ce serment en général était bien gardé. Redresseurs de tous les torts, les Right boys punissaient les propriétaires qui spéculaient sur les prix des terres, ou élevaient le loyer des fermes au delà d'un prix raisonnable. Les punitions étaient de plusieurs sortes : tantôt ils brûlaient les habitations de ceux qu'ils regardaient comme leurs ennemis; tantôt ils arrachaient de son lit par une froide nuit d'hiver, l'homme signalé à leur vengeance, lui faisaient faire une longue course à cheval ; après quoi ils l'enterraient jusqu'au menton dans un trou creusé perpendiculairement, et le laissaient là, non sans lui avoir coupé une oreille; tantôt enfin, ils mutilaient le bétail, bêchaient les prairies ou enlevaient les filles des propriétaires riches. La plupart de ces exécutions se faisaient pendant la nuit, et avec tant de promptitude et de secret, qu'il était impossible de résister. Un serment terrible liait entre eux tous les membres de l'association ; ils s'obligeaient sous peine de mort à ne jamais divulguer ce qui se passait dans le mystère de leurs délibérations, et à exécuter sans hésitation, au risque de leur tête, tout ce qui leur serait commandé. Quand un des membres était désigné pour accomplir un acte de vengeance, ce membre obéissait aveuglément : s'il fallait tuer, il tuait ; s'il fallait mentir, il mentait; s'il fallait déshonorer une jeune héritière, il la déshonorait. Ce code terrible, dans le but de rendre la justice impuissante à frapper, punissait de mort quiconque portait témoignage devant un tribunal contre un *white boy* (un enfant blanc), et dès qu'une poursuite était commencée, l'association tout entière allait au secours du membre poursuivi. Le moyen le plus ordinaire était de placarder à la porte des personnes appelées à l'appui de l'accusation, les plus effrayantes menaces ; aussi les magistrats étaient-ils obligés d'encourager les témoins en offrant de fortes primes, et de les mettre en lieu de sûreté jusqu'au jour des débats. Les débats finis, les témoins étaient réduits à s'expatrier pour conserver leur vie. Toutefois, l'association ne frappait pas sans avertir; un propriétaire exigeait-il de ses fermiers une redevance trop forte, un beau matin il trouvait affiché sur les murs de sa maison l'avis suivant :

« On vous fait savoir que nous ne supporterons pas plus longtemps l'injustice de payer un fermage double de ce qu'il doit être. Celui qui ne tiendra pas compte de cet avis sera traité avec la plus grande sévérité. »

Des ouvriers ne recevaient-ils qu'un salaire insuffisant, un décret était aussitôt publié.

« A partir de ce jour, nul ne travaillera, si ce n'est avec le salaire de dix schellings par semaine. Malheur à quiconque se contentera d'un moindre prix. »

Voulait-on empêcher le recouvrement de la dîme ?

« Pesez bien la conséquence de ceci : Si vous payez la dîme, vous n'avez qu'à commander votre bière. Que vous restiez dans le pays, ou que vous le quittiez, votre mort est assurée. »

(*Au-dessous de ces lignes était la forme d'un cercueil.*)

Ce fut au milieu de cette agitation profonde qu'éclata la guerre d'Amérique. Cet événement excita de nouveau les espérances de l'Irlande ; et, profitant du moment où l'Angleterre avait sur les bras les forces réunies de la France, de l'Espagne et de la Hollande, elle se déclara en état d'insurrection. Cette fois, le gouvernement britannique quitta les moyens violents et fit des concessions, ou plutôt il revint à des doctrines plus équitables. Les catholiques purent posséder et jouir à peu près au même titre que les protestants; des statuts passés sous les règnes précédents, qui limitaient à trente ans la durée des baux, furent rapportés, et on permit aux Irlandais de faire des baux de *neuf cent quatre-vingt-dix-neuf ans*. On abolit aussi la loi barbare qui dépouillait le père catholique de son autorité pour la transporter au fils qui se faisait protestant. La loi de succession fut modifiée; et les enfants restés fidèles à la religion de la famille ne furent plus déshérités au profit de celui qui l'avait abjurée. Mais ces concessions n'amélioraient point la condition personnelle du clergé catholique; elles ne satisfirent point les Irlandais. Comme les dangers de la situation dans laquelle se trouvait placée l'Angleterre grandissaient chaque jour, les Irlandais devinrent exigeants: le gouvernement fit de nouvelles concessions. Des lois antérieures interdisaient aux catholiques la possession d'armes et de munitions; on s'empressa de rapporter ces lois, on excita les catholiques à défendre leurs côtes; on les autorisa même à ouvrir des écoles publiques, et la tête de leurs instituteurs ne fut plus mise à prix. On adoucit aussi les lois qui pesaient sur le clergé catholique, et on introduisit dans le pays l'*Habeas corpus*. Enfin, on ferma les yeux sur les actes de la législature irlandaise, qui venait de s'émanciper de la tutelle du parlement anglais.

Ces concessions étaient larges sans doute; elles adoucissaient considérablement la position civile et religieuse de l'Irlandais et la position du clergé; mais les prétentions de l'Irlandais sont grandes; il voulait alors ce qu'il veut aujourd'hui, redressement complet de ses griefs civils et de ses griefs religieux. L'Irlande, comme par le passé, s'appliqua donc à jeter la terreur dans l'âme de ses oppresseurs, à profiter des embarras de l'Angleterre pour s'insurger. Dè son côté, l'Angleterre, ne pouvant se résigner à perdre sa conquête, persista à suivre la ligne politique qu'elle s'était tracée à l'égard de l'Irlande.

A l'époque de la révolution française, l'espérance de secouer le joug de l'Angleterre se réveilla de nouveau dans le cœur des Irlandais. Une vaste association, sous le nom d'Irlandais-Unis, se forma dans cette intention, et prit pour chef un homme de loi, nommé Wolf-Tone, homme d'énergie et de talent, qui avait des vues larges et aimait le danger. Le but des Irlandais-Unis, dans le principe, fut d'obtenir une amélioration générale dans la condition des habitants, au moyen d'une réforme parlementaire. Ils insistaient surtout pour que les catholiques eussent la jouissance des mêmes priviléges, tant civils et religieux que politiques; mais bientôt le cercle de leurs prétentions s'élargit, et ils conçurent le projet de séparer entièrement l'Irlande de l'Angleterre. Une contre-faction composée de protestants, et qui prit le nom d'Orangistes, en commémoration des services rendus à la cause protestante par Guillaume III, prince d'Orange, se forma aussitôt pour combattre les projets des Irlandais-Unis; toutefois les deux partis parvinrent à se rapprocher temporairement par de mutuelles concessions. Sur ces entrefaites, le gouvernement français ayant envoyé plusieurs agents en Irlande et ayant fait de grandes promesses de secours, il y eut une levée générale. Une vaste insurrection éclata; on courut aux armes; la province d'Ulster, seule, fournit 150,000 hommes.

Cependant, à la nouvelle de l'insurrection, le gouvernement britannique s'était hâté d'envoyer des troupes de renfort en Irlande. Différentes rencontres eurent lieu; et, dans quelques-unes, les insurgés remportèrent l'avantage; mais comme le courage ne suffisait point contre la discipline des troupes qu'ils avaient à combattre, bientôt ils reconnurent l'inutilité de la résistance, et furent obligés de se rendre. Cette insurrection coûta encore à l'Irlande des flots de sang, et les vainqueurs traitèrent les vaincus avec une excessive sévérité. Les jurys n'étant point assez expéditifs, on eut recours à la loi martiale. Lord Cornwallis, lord lieutenant d'Irlande, promit alors, au nom du gouvernement britannique, amnistie aux insurgés qui erraient encore dans les campagnes, à la condition qu'ils livreraient leurs armes, et consentiraient à prêter le serment d'allégeance.

L'insurrection était presque entièrement étouffée lorsqu'on apprit qu'une expédition partie de la Rochelle et commandée par le général Humbert venait de débarquer dans la baie de Killala, comté de Mayo. Les Français, au nombre de 1,100 hommes, établirent leur quartier général au palais de l'évêque. Leur bannière portait une harpe, avec cette devise si chère aux enfants de l'Irlande, *Erin go bragh*, Irlande pour toujours. Ce renfort rendit l'espoir aux Irlandais, et un grand nombre d'entre eux coururent aux armes. Mais leurs alliés n'étaient point assez nombreux ; Humbert fut défait. Bientôt parut en vue de l'Irlande une escadre française, composée d'un vaisseau de ligne et de huit frégates et d'un certain nombre de bateaux de transport. Cette flotte apportait des renforts au général Humbert ; mais ces renforts arrivaient trop tard. Après une action de quatre heures, le vaisseau de ligne français, *le Hoche*, et trois frégates amenèrent leur pavillon ; le reste fut dispersé. Parmi les prisonniers qui étaient à bord du *Hoche*, se trouvait le fameux Wolf Tone, le fondateur de la société des Irlandais-Unis, et le négociateur le plus habile et le plus entreprenant que la société eût à Paris. Wolf fut traduit devant une cour martiale et trouva des raisons pour se justifier ; il dit qu'il était citoyen français et officier au service de la France, et qu'en cette qualité il avait droit aux traitements réservés aux prisonniers de guerre. Ce moyen de défense ayant été écarté, Wolf demanda à la cour, comme une faveur spéciale, de mourir de la mort du soldat ; mais cette grâce lui fut refusée.

L'insurrection de 1798 fut terrible pour l'Irlande ; elle avait coûté la vie à plus de 30,000 hommes. Les vaincus furent frappés dans leurs propriétés ; plusieurs villes furent réduites en cendres, ainsi qu'un nombre considérable de maisons et de chaumières appartenant à la classe pauvre. Alors, sous prétexte que l'insurrection était mal éteinte, et pour en prévenir le retour, le gouvernement résolut d'opérer la fusion de l'Irlande et de l'Angleterre, en réunissant le parlement d'Irlande au parlement d'Angleterre. A cette occasion, un message royal fut présenté à la chambre des communes (29 janvier 1799). « Sa Majesté, disait le message, convaincue des efforts que fait constamment l'ennemi, dans le but de séparer l'Irlande des royaumes d'Écosse et d'Angleterre, demande à la chambre de prendre des mesures pour arrêter ce complot : elle espère, par la communication des pièces qui ont rapport à cet événement, offrir au parlement des deux royaumes le moyen de raffermir l'union qui existe entre les deux pays, et de donner une nouvelle force à l'empire britannique. »

Ce projet de fusion inspirait les plus vives espérances au gouvernement. Pitt, à cette occasion, fit cette citation si connue :

Non ego nec Teucris Italos parare jubebo,
Nec nova regna peto ; paribus se legibus ambæ,
Invictæ gentes, æterna in fœdera mittant !

On se fondait sur les résultats avantageux qu'avait produits pour le pays la fusion de l'Angleterre et de l'Écosse, opérée sous le règne de la reine Anne. Mais il n'y avait aucune analogie dans la situation respective de l'Écosse et de l'Irlande, ni dans les concessions que l'Angleterre avait faites à l'Écosse et celles qu'elle avait l'intention de faire à l'Irlande. L'Écosse était presbytérienne ; l'Angleterre, dans le bill d'union, avait consenti à reconnaître l'Église presbytérienne Église de l'État, conjointement avec l'Église établie. L'Irlande était catholique, et l'Angleterre n'avait aucunement l'intention d'accorder de pareils priviléges à l'Église catholique. Ce bill donna lieu aux débats les plus animés, et Fox repoussa la mesure.

« S'il est vrai, dit-il, comme on le prétend, que la trahison a pénétré jusqu'à la moelle des os du peuple ; si le poison du jacobinisme, comme on l'appelle, a envahi l'esprit des masses ; si la déloyauté est tellement universelle et profonde, que le despotisme militaire puisse seul rendre l'Irlande habitable, alors je dis qu'il est contraire à l'observation de tout le genre humain, qu'une désaffection si générale et si profonde puisse exister chez aucun peuple du globe, sans que ce soit la faute de ceux qui le gouvernent. Que nous dit-on ? que l'Angleterre ne peut retirer aucun fruit de l'adjonction de 5 ou 6 millions de traîtres : c'est ainsi qu'on appelle les Irlandais ; mais ce n'est pas là ce qu'ils sont. Jamais affront plus sanglant ne fut fait à la vérité ! jamais peuple ne fut plus indignement calomnié ! J'aime le peuple irlandais ; je connais l'Irlande pour l'avoir vue ; sans doute, l'Irlandais peut avoir des défauts comme tout le monde ; nul ne ressent plus vivement l'injure, nul ne la supporte moins patiemment ; mais j'affirme, par expérience, et par tout ce que j'en sais, que dans toutes les classes de la population irlandaise, il est un sentiment ardent entre tous les autres, celui de la reconnaissance pour tous les bienfaits. Changez de système vis-à-vis de l'Irlande, et bientôt vous trouverez d'autres hommes. Que l'impartialité, la justice, la clémence, remplacent les préventions, la vengeance et l'oppression, et vous n'aurez plus besoin de recourir à la loi martiale, ni à l'intimidation militaire. »

Sheridan parla dans le même sens que Fox :

« Sans doute, dit-il, l'empire britannique comprend l'Angleterre et l'Irlande ; mais le royaume d'Irlande est un domaine séparé, distinct, où nul ne peut imposer des lois, si ce n'est le roi et le parlement irlandais. L'Irlande est l'égale de l'Angleterre, ses droits sont inattaquables. » Sheridan pensait que si une nouvelle rébellion venait à éclater dans les circonstances actuelles, elle serait pour ainsi dire justifiée, parce que les Irlandais seraient autorisés à dire : « Nous nous soulevons pour obtenir notre indépendance et notre existence politique ; nous en avons été privés sans notre consentement. »

« Il est certain, s'écria Sheridan, que la première insurrection de l'Irlande a été faite principalement dans un intérêt catholique ; mais celle qui s'accomplirait dans le cas où nous adopterions le bill proposé, rallierait assurément tous les partis ; et qui peut dire alors quelles en seraient les conséquences ? Après trois siècles d'injustice envers l'Irlande, ce serait un vrai scandale de voir l'Angleterre sommer l'Irlande, jouissant de ses droits, de renoncer à son parlement. Déjà nous voyons le lord lieutenant d'Irlande adopter un système bien dangereux, en renvoyant de leurs places de vieux serviteurs de la couronne, parce qu'ils repoussent le système proposé aujourd'hui. Que dirions-nous de la France, que penserions-nous du Directoire, s'il enlevait les places à tous ceux qui ne partagent pas son opinion. »

M. George Canning répondit à Sheridan. Canning avait été, comme beaucoup de membres de l'opposition, un chaud partisan de la république française ; mais en voyant ses excès, il n'avait pas tardé à modifier ses opinions, et, dès ce moment, il s'était retiré du parti de Fox, pour soutenir le ministère de Pitt. Il appuya vivement l'union demandée par le ministère, et en réponse aux arguments de Sheridan, il dit qu'il envisageait la question d'Irlande sous un autre jour que Sheridan. « Je doute, s'écria-t-il, que M. Sheridan ait pris des informations bien exactes sur l'Irlande, depuis les derniers événements qui se sont passés dans ce pays, car il saurait que si une insurrection a eu lieu en Irlande, que si on l'a réprimée, cette insurrection n'est pas totalement détruite. Il est certain, en outre, qu'il faut attribuer cette insurrection moins aux mesures violentes qu'on reproche au gouvernement qu'au désir d'une portion de la société irlandaise de ne plus vivre avec la famille anglaise. On a voulu renverser le gouvernement et la constitution, et séparer totalement l'Irlande de l'Angleterre. Cela est manifeste par les dépositions des témoins dans les causes criminelles, et les décisions des jurys eux-mêmes. Dans ces dépositions, nous voyons des coupables se faire une gloire de leur crime, et déclarer qu'ils n'ont pas d'autre regret que de ne l'avoir pas consommé. Ces aveux prouvent que l'insurrection irlandaise avait pour but de tout renverser, et d'opérer la séparation des deux pays. L'Angleterre pouvait-elle donc regarder une tentative de ce genre de sang-froid, et ne point chercher à la prévenir?

« Je n'ai pas les mêmes rapports avec l'Irlande que l'honorable préopinant; mais je porte au bien-être de ce pays autant d'intérêt que lui-même. Que veut M. Sheridan? Indique-t-il quelques mesures efficaces pour remédier au mal? Non; il reste dans le vague, et pourtant il doit avoir fait ses réflexions sur une affaire aussi importante; c'est du sort d'un pays entier, du sort de l'Irlande, de celui de l'empire britannique qu'il s'agit. A côté d'une opinion vague, plaçons l'opinion des personnes les plus éclairées du pays. Que disent ces personnes? Que l'union des deux pays est la plus sage de toutes les mesures; qu'elle est profitable à tous. Je ne parlerai point de mon opinion personnelle, ni de la conformité qu'elle a avec celle de ces personnes; je préfère écouter ce que dit chaque parti sur cet objet. Or, les plus zélés des protestants approuvent la mesure.

« L'honorable préopinant a comparé la fusion des deux législatures à celle que la France tenta pour l'agrandissement de son territoire. C'est un tort; l'analogie n'existe point. La France n'a point agi, dans les différentes opérations de cette nature qu'elle a faites, dans l'intérêt du pays qu'elle voulait s'approprier. Ces pays n'ont aucun rapport avec elle dans leurs lois, leur constitution, leur gouvernement. La langue n'en est pas la même, les usages n'en sont pas semblables. Mais les différences que je signale n'existent pas entre l'Angleterre et l'Irlande. Au contraire, ces pays se touchent par une infinité de points de ressemblance et de sympathies. Ainsi, il n'est pas un seul protestant, quelque égaré qu'il soit, qui voulût renverser le clergé catholique; pas un catholique irlandais, tout irrité qu'il soit d'être exclu du parlement, et tout désireux qu'il puisse être de voir l'émancipation de ses coreligionnaires se réaliser, qui tentât le moindre acte contre la constitution d'Angleterre. Jamais encore personne n'a proposé de changer notre constitution, sous prétexte qu'elle n'est plus d'accord avec nos idées et nos habitudes; personne, excepté ces misérables traîtres qui, en Irlande, se sont déclarés contre notre repos, notre sécurité, notre existence politique. Le partisan le plus ardent de la réforme en Irlande, que veut-il? Obtenir une constitution semblable à la nôtre! Et il sait très-bien que l'Irlande serait le pays le plus heureux de la terre, si notre constitution pouvait y être adaptée de manière à lui communiquer les bienfaits dont nous jouissons ici. Parmi toutes les nations que la France a accablées de son despotisme, en est-il une qui ait désiré réellement la constitution qui lui était offerte? Le Piémont a-t-il dit, par exemple, à la France : « Nous aimons votre liberté et votre constitution : faites-nous-en jouir. » A-t-il dit : « Nous sommes fatigués d'avoir un roi, nous voulons avoir aussi cinq directeurs. Nous ne voulons plus de nos couleurs : donnez-nous votre cocarde tricolore. » Nullement. La chambre doit se souvenir que le souverain du Piémont était adoré de ses sujets, et que la France n'a pensé à ce pays que parce qu'elle a vu que le Piémont lui était utile pour abriter ses armées, dans le cas où elles seraient forcées de se retirer de l'Italie. »

Canning, attaquant ensuite ses auditeurs par la crainte, leur dit : « Si vous ne voulez pas l'union proposée, songez à ce que peut faire la France en Irlande. J'ai bien réfléchi à la nature de la révolution française et à ses terribles conséquences; et j'ai reconnu que l'influence de cette révolution renferme en elle un principe de convulsions qui ne s'effacera jamais, l'Europe dût-elle, un jour, reprendre son ancien équilibre. Les principes de cette révolution tendent à soulever le peuple contre la classe instruite et capable de gouverner; à armer la misère contre la propriété; le travail contre celui qui le procure. Or, en examinant l'Irlande, je vois un pays dans les conditions nécessaires à accepter ces principes désastreux. En général, les habitants de l'Irlande sont pauvres et ignorants; et les distinctions religieuses ont un grand ascendant sur eux. Les principes français seraient sans doute bientôt adoptés par les Irlandais; et, alors, comment détruire ces principes? La France sait cela; elle connaît les dispositions de l'Irlande. C'est pour déjouer l'espérance de nos ennemis, c'est pour préserver l'Irlande de pareils dangers, c'est pour améliorer sa position que la mesure qui nous occupe doit être adoptée. L'Irlande manque de capitaux, de commerce, d'industrie; ce n'est pas un acte du parlement qui pourrait lui procurer ces bienfaits. Non; il n'y a qu'une union bien complète avec un pays comme celui-ci, où le commerce et l'industrie cherchent partout à s'étendre, qui peut donner à l'Irlande les trésors qu'elle ne trouverait pas ailleurs. Je vote pour la mesure proposée. »

Cette grande mesure fut mise aux voix et adoptée; mais quand le gouvernement britannique la soumit aux délibérations du parlement irlandais (1799), il fut obligé de recourir tour à tour aux promesses et aux menaces pour obtenir de cette assemblée qu'elle sanctionnât le bill. Le parlement, stimulé par l'indignation générale, refusa, même dans le principe, à prononcer son anéantissement; mais les lords du parlement irlandais étaient possesseurs de bourgs dont la valeur approximative était estimée à des sommes considérables, et la trésorerie sut triompher de leurs résistances. Chaque titulaire reçut à titre d'indemnité la valeur du bourg, à condition qu'il appuierait l'union projetée. Dans le même temps, des places, des pensions, des titres, de l'argent, étaient prodigués à une foule de membres. Il existe un livre intitulé *the irish black list and national miror of corruption*, dans lequel sont indiqués les noms des membres qui votèrent pour la suppression du parlement irlandais et les compensations pécuniaires qui leur furent accordées pour leur vote. Cette espèce de livre rouge indique que le seul achat des bourgs-pourris irlandais coûta à l'Angleterre 1,245,000 liv. sterl. (plus de 31,000,000 de fr.). Toutefois, dans ce parlement vendu, il y eut encore des protestations énergiques. Lord Castelreagh, lord lieutenant d'Irlande, ayant fait dans la chambre des communes irlandaises une motion tendante à obtenir l'expédition du bill dans la forme ordinaire, un membre de la minorité, du nom d'O'Donnel, se leva et dit d'une voix vibrante: *Et moi je demande que le bill soit brûlé.* — *Oui*, reprit un autre membre de la minorité, *brûlé par la main du bourreau.* Ces protestations furent inutiles; la question mise aux voix trouva une majorité de 118 voix (26 mai 1800). Depuis cette époque, le cri du rappel de l'union n'a cessé de retentir en Irlande. Le bill d'union fut ensuite présenté à la législature anglaise, qui l'adopta.

Aux termes de ce bill, cent députés représentaient l'Irlande dans la chambre des communes; les comtés et les principales villes en avaient vingt-huit, les bourgs en avaient trente-deux. Vingt-quatre pairs représentaient la noblesse irlandaise dans la chambre des lords; quatre pairs représentaient l'Église. Les pairs irlandais étaient élus à vie. Les deux pays prenaient le titre de *royaume uni de la Grande-Bretagne et d'Irlande*, et le souverain, celui de *George III, par la grâce de Dieu, roi du royaume uni de la Grande-Bretagne et d'Irlande, et défenseur de la foi*. L'application du bill devait commencer au 1er janvier 1801; ce jour-là, une déclaration royale qui établissait le nouveau titre de la couronne impériale de la Grande-

Bretagne, fut lue solennellement à Londres, à Dublin et à Édimbourg. Le grand sceau fut détruit et remplacé par un nouveau sceau aux armes de l'Angleterre, de l'Écosse et de l'Irlande. L'étendard royal fut remplacé par un étendard orné des croix de Saint-George, de Saint-André et de Saint-Patrick, et il fut arboré dans chacune des trois capitales d'Angleterre, d'Écosse et d'Irlande, au milieu des fanfares et des salves d'artillerie.

L'union de l'Irlande et de l'Angleterre nous conduit jusqu'en 1801, mais depuis 1798, époque où l'insurrection avait éclaté, où des secours avaient été envoyés aux Irlandais par la France, jusqu'en 1801, de graves événements se sont passés sur d'autres points. Nous avons dit que l'Angleterre, après avoir (1793) eu pour alliés contre la France les plus grands États de l'Europe, avait maintenant (1798) à soutenir seule tout le poids de la guerre, les succès remportés par les armes françaises ayant brisé la coalition. En ce moment même, la France réunissait des forces imposantes sur les côtes de la Manche, et menaçait l'Angleterre d'une invasion prochaine.

(1798.) Les armes françaises s'étaient signalées par d'autres victoires. Le gouvernement français élevait des plaintes contre Berne; cette ville aristocratique était devenue le quartier général des émigrés français; c'était là qu'ils ourdissaient leurs complots contre la France. La France reprochait aussi à l'aristocratie bernoise de chasser des cantons les Suisses qui se montraient partisans de la république française. Ceux-ci ayant invoqué l'appui de la France contre la tyrannie de leurs persécuteurs, cet appel décida les Français à entrer sur le territoire helvétique. Les Suisses firent une inutile résistance; Genève fut réunie à la France, et la Suisse échangea son antique constitution pour la constitution française. Cette révolution fut suivie de celle de Rome. Des mécontents s'étaient assemblés devant la résidence de Joseph Bonaparte, ambassadeur de France, pour lui demander l'établissement d'une république modelée sur celles qui avaient été formées par la république française dans d'autres parties de l'Italie, et un général français, le général Duphot, ayant été tué dans une émeute, cet événement fut regardé comme une insulte; bientôt une armée française entrant à Rome, s'empara du château de Saint-Ange (11 février 1798) et força le pape et ses cardinaux à capituler.

Le gouvernement britannique surveillait encore avec une profonde anxiété les mouvements des Français en Italie, lorsqu'il apprit que des armements considérables se faisaient à Toulon. Le Directoire jetait en ce moment les bases d'une entreprise gigantesque : c'était d'atteindre et de frapper l'Angleterre dans ses possessions indiennes en envahissant l'Égypte, et en même temps d'éloigner Bonaparte dont l'ambition naissante commençait à lui causer ombrage. Les préparatifs de l'expédition d'Égypte se firent dans le plus grand secret. Dans l'intention de les cacher à l'Angleterre, le Directoire redoubla d'activité sur les côtes de la Manche. La flotte française, composée de quatre cents voiles et d'une partie des troupes de l'armée d'Italie, partit de Toulon le 30 floréal an VI (19 mai 1798) et se porta vers Malte, dont elle se rendit maîtresse; de là elle fit voile pour l'Égypte.

Le gouvernement anglais ignorait encore le but de l'expédition française. Toutefois il avait envoyé des instructions au comte Saint-Vincent, alors en station devant Cadix. Cet officier détacha aussitôt de sa flotte dix vaisseaux de ligne qui allèrent renforcer l'escadre du contre-amiral Nelson, alors en croisière dans la Méditerranée. Nelson se porta sur Malte que la flotte française venait de quitter. Il fit voile ensuite pour Alexandrie, et rencontra la flotte française dans la rade d'Aboukir. Encore une fois la face des choses allait changer. Les succès de Bonaparte en Italie avaient rompu la coalition; cette coalition allait se renouer contre la France par le fait de la bataille d'Aboukir. Cette bataille, l'une des plus désastreuses qu'essuya la marine française dans les guerres de la révolution, est décrite de la manière suivante par M. de Norvins :

« C'était le 1ᵉʳ août, vers trois heures après midi ; on signala l'escadre anglaise, forte de 14 vaisseaux de ligne et de 2 bricks. Le contre-amiral Blanquet-Duchayla commandait notre aile gauche, où se trouvaient *le Guerrier*, *le Conquérant*, *le Spartiate*, *l'Aquilon*, *le Peuple-Souverain* et *le Franklin*. *L'Orient*, de 120 canons, monté par l'amiral Brueys, était au centre ; venait ensuite *le Tonnant* ; et, enfin, à l'aile droite, le contre-amiral Villeneuve avait sous ses ordres *l'Heureux*, *le Mercure*, *le Guillaume-Tell*, *le Généreux*, *le Timoléon*. A six heures, l'action s'engage par une violente canonnade ; bientôt une partie de la flotte ennemie, doublant la tête de la ligne française, parvient à la couper et à jeter l'ancre entre la terre et nous, tandis que Nelson parcourt notre front avec le reste de ses forces. Deux bâtiments anglais échouèrent en exécutant ce mouvement hardi ; mais notre centre et notre avant-garde sont placés entre deux feux. De part et d'autre on se bat avec la dernière opiniâtreté. Au bout d'une heure, *le Guerrier*, *le Conquérant* ont la moitié de leur monde tué, leurs canons démontés, leurs manœuvres hachées, leurs mâts brisés, et succombent tour à tour. La frégate *la Sérieuse*, attaquée par *le Goliath*, oppose la plus vigoureuse résistance : percée de part en part, elle coule, et se défend toutefois jusqu'à ce qu'elle ait obtenu une capitulation. La nuit arrive, et les deux partis n'ont plus, pour éclairer une bataille si acharnée, d'autre lumière que celle du feu de 1200 pièces de canon, qui tonnent, et dont la commotion agite la mer comme une tempête.

« Dès le commencement, Brueys avait été blessé ; vers les huit heures du soir, il tombe renversé par un boulet. Gantheaume, son ami, veut le faire emporter : « Non, dit-il en lui serrant « la main ; un amiral français doit « mourir sur son banc de quart. » Il expire au bout d'un quart d'heure. Au même instant, le capitaine de pavillon Casabianca, ainsi que son capitaine de frégate, sont amenés au poste des blessés. Malgré ces malheurs, *l'Orient* redouble d'audace et d'intrépidité. Déjà plusieurs vaisseaux ennemis, criblés de ses boulets, ont été contraints à la fuite. *Le Bellérophon*, qui leur succède, voit ses trois mâts abattus et perd la moitié de son équipage ; réduit à l'impossibilité de manœuvrer, le vent l'entraîne sur notre arrière-garde, dont il reçoit toutes les bordées. Près de couler, les cris des Anglais annoncent qu'il se rend. Si, dans ce moment, Villeneuve eût coupé les câbles et saisi l'occasion offerte, il se fût emparé du *Bellérophon* sans coup férir ; il eût dégagé *l'Orient*, ainsi que les autres vaisseaux seuls aux prises avec l'ennemi, et changé un revers prochain en une brillante victoire. Villeneuve reste immobile, sans qu'alors ni depuis on ait pu expliquer sa conduite. Comme *l'Orient*, abandonnés à eux-mêmes, *le Spartiate*, *le Peuple-Souverain*, *l'Aquilon*, combattent avec le même héroïsme et font un mal horrible aux Anglais, dont plusieurs bâtiments ne tirent plus. Mais, à neuf heures un quart, l'incendie éclate sur *l'Orient* ! aucun effort ne peut éteindre les flammes au milieu du carnage, au milieu de notre feu, qui continue malgré les ordres de Gantheaume ; l'équipage se jette à la mer, une partie se noie, une partie se sauve. Une demi-heure après, *l'Orient*, embrasé dans tous ses quartiers, saute en l'air avec un fracas qui jette les deux flottes dans la même stupeur. Malgré cet épouvantable désastre, les Français recommencent le combat : entre cinq et six heures du matin, il redevient terrible ; il dure encore à midi, et ne se termine qu'à deux heures, après la prise ou la ruine de presque tous nos vaisseaux. Au dire de nos adversaires, Villeneuve pouvait encore décider le succès en notre faveur, même après l'explosion de *l'Orient* ; il le pouvait encore à minuit, s'il fût entré en ligne : au lieu de cela, il partit avant l'action avec *le Guillaume-Tell*, *le Généreux*, et les frégates *la Diane* et *la Justice*, sans être poursuivi par l'ennemi, qui n'était pas en état de l'inquiéter : les trois autres bâtiments de Villeneuve s'échouèrent à la côte et devinrent la proie des Anglais (*). »

Le désastre maritime que venait d'essuyer la marine française fut un sujet de joie pour toute l'Europe, et son premier effet fut de ranimer les vieilles rancunes des États monarchiques contre la France. La France n'était parvenue à isoler l'Angleterre que par ses succès, mais elle n'avait point étouffé les antipathies profondes que l'Europe monarchique nourrissait contre elle; celle-ci faisait au fond de son âme des vœux ardents pour le triomphe de sa rivale. Le moment paraissait aussi favorable d'attaquer la France. Le jeune général à qui cette contrée devait tant de gloire combattait sur des rivages lointains, et pour accourir à son aide il lui fallait traverser des mers couvertes de croiseurs anglais.

La diplomatie anglaise avait beaucoup contribué à faire naître ces dispositions. Active, entreprenante, pleine d'ardeur et de feu, possédant la sagacité, la ruse à un plus haut degré qu'aucune autre diplomatie, elle en sut tirer parti. Les agents anglais sur le continent mirent en mouvement toutes les chancelleries de l'Europe. Ils stimulèrent les tièdes et les indécis, approuvèrent les plus actifs, promirent à tous de larges subsides.

Une nouvelle coalition, dont l'Angleterre était l'âme, ne tarda pas à se former. La plupart des puissances européennes, la Prusse et l'Espagne exceptées, en faisaient partie : « Les subsides du cabinet britannique et l'attrait de l'Occident décidèrent la Russie; la Porte et les États barbaresques y accédèrent à cause de l'invasion d'Égypte; l'Empire pour recouvrer la rive gauche du Rhin, et les petits princes d'Italie afin de détruire les républiques nouvelles. On discutait à Rastadt le traité relatif à l'Empire, à la cession de la rive gauche du Rhin, à la navigation de ce fleuve et à la démolition de quelques forteresses de la rive droite, lorsque les Russes débouchèrent en Allemagne, et l'armée autrichienne s'ébranla. Les plénipotentiaires français, pris au dépourvu, reçurent l'ordre de partir dans les vingt-quatre heures; ils obéirent sur-le-champ, et ils se mirent en route, après avoir obtenu des sauf-conduits des généraux ennemis. A quelque distance de Rastadt, ils furent arrêtés par des hussards autrichiens, qui, s'étant assurés de leurs noms et de leurs titres, les assassinèrent : Bonnier et Roberjot furent tués, Jean de Bry fut laissé pour mort. Cette violation inouïe du droit des gens, cet assassinat prémédité de trois hommes revêtus d'un caractère sacré, excita une horreur générale. Le corps législatif décréta la guerre, et la décréta d'indignation contre les gouvernements sur lesquels retombait cet énorme attentat (*). »

(1799.) Les opérations de la guerre eurent pour théâtre l'Europe, l'Égypte, l'Inde, la Méditerranée, l'Atlantique. Des flots de sang humain furent versés; l'année précédente, une expédition anglaise avait jeté un corps de troupes dans la Flandre pour détruire le canal de Bruges, dont l'exécution avait coûté des sommes considérables aux états de Bruges. Ces troupes, après avoir accompli la destruction qu'elles s'étaient proposée, furent faites prisonnières par les Français. A Saint-Domingue, les Anglais essuyèrent également un échec important. Décimés par la fièvre jaune, ils ne purent conserver leur conquête, et furent obligés de l'évacuer. Toutefois, sur d'autres points, ils remportaient des avantages importants : ainsi Minorque dans la Méditerranée, et l'île de Gaza près de Malte, se rendirent à leurs armes. En Italie, la campagne s'ouvrit par des succès pour les Français. Turin, Naples furent bientôt en leur pou-

---

(*) *Norvins*, ch. 1ᵉʳ, liv. IV.

(*) *Révolution française*. A. Mignet.

voir. En Égypte, Bonaparte, après avoir défait l'armée des Mamelucks dans plusieurs batailles sanglantes, pénétra en Syrie; mais l'habile défense de Saint-Jean d'Acre, que dirigeait sir Sidney Smith, officier de la marine anglaise, arrêta la marche victorieuse de l'armée française, et la contraignit de retourner en Égypte. Dans l'Inde, Tippoo-Saïb, fils de cet Hyder-Ali que nous avons vu porter la désolation dans les possessions anglaises de l'Inde, informé de l'arrivée de Bonaparte sur les bords de la mer Rouge, et cédant à la haine que lui avait léguée son père pour les Anglais, s'était hâté de prendre les armes; mais la fortune de la guerre avait trahi le courage du malheureux sultan. Les Anglais, qui soupçonnaient ses desseins, l'attaquèrent dans Seringapatam, sa capitale, et prirent cette ville d'assaut. Tippoo-Saïb et un grand nombre de chefs périrent dans cette action, et le royaume de Mysore devint la proie du vainqueur.

Ces succès étaient de peu d'importance en raison de ceux qu'on espérait obtenir. « La coalition, qui était supérieure à la République en forces effectives, et qui avait fait de longue main ses préparatifs, attaqua la France par les trois grandes ouvertures de l'Italie, de la Suisse et de la Hollande. Une forte armée autrichienne déboucha dans le Mantouan; elle battit deux fois Schérer sur l'Adige, et fut bientôt jointe par le bizarre et jusque là victorieux Souwarow. Moreau prit la place de Schérer, et fut battu comme lui; il fit sa retraite du côté de Gênes, pour garder la barrière des Apennins et se joindre à l'armée de Naples, commandée par Macdonald, qui fut écrasé à la Trébia. Les Austro-Russes portèrent alors leurs principales forces sur la Suisse. Quelques corps russes se réunirent à l'archiduc Charles, qui avait battu Jourdan sur le Haut-Rhin, et qui se disposa à franchir la barrière helvétique. En même temps le duc d'York débarqua en Hollande avec quarante mille Anglo-Russes. Les petites républiques qui protégeaient la France étaient envahies, et, avec quelques nouvelles victoires, les confédérés pouvaient pénétrer dans la place même de la révolution (*). » Dans les Indes occidentales, la colonie hollandaise de Surinam tomba au pouvoir des Anglais.

La coalition, dans laquelle figuraient les plus grands États de l'Europe, donna un nouvel aspect aux affaires. L'Angleterre avait été menacée par l'armée française de Boulogne et par l'insurrection d'Irlande, et, s'étant vue réduite à l'isolement, elle combattait de nouveau contre la France avec l'assistance d'alliés puissants, et avait pour elle le prestige de la victoire d'Aboukir. Telle était la situation respective des parties belligérantes. La France, menacée de toutes parts, semblait ne devoir point résister à tant d'ennemis, lorsqu'un événement important renversa cette fois encore les espérances des États confédérés.

Cet événement était l'arrivée en France de Bonaparte. A la nouvelle des désastres des armées françaises, le général français Bonaparte, laissant le commandement de son armée à Kléber, s'embarqua pour la France, emmenant avec lui les généraux Berthier, Murat, Andréossy, et un corps de Mamelouks, qu'il destinait à lui servir de gardes; et, conduit par sa bonne étoile à travers les croisières dont la mer était couverte, il débarqua à Fréjus le 17 vendémiaire an VIII (9 octobre 1799). L'armée française venait de remporter la bataille de Berghen sur les Anglo-Russes du duc d'York, et celle de Zurich sur les Austro-Russes de Korsakof et de Souvarow, défaite qui avait décidé le général russe à battre en retraite. Les Français étaient devenus une seconde fois maîtres de la Suisse; bientôt après, ils étaient entrés en Allemagne et s'étaient emparés successivement de Francfort, de Manheim et d'Heidelberg.

L'arrivée de Bonaparte en France fut suivie d'un changement de gouvernement. Le Directoire fut renversé,

(*) *Hist. de la révol. franç.* A. Miguet.

et le général français fut élevé aux fonctions de premier consul. Bonaparte s'empressa de faire des ouvertures au roi de la Grande-Bretagne. « Appelé par les vœux de la nation française, disait Bonaparte, à la première magistrature de la république, je crois à propos, à l'instant où j'entre en fonction, de communiquer cet événement à Votre Majesté d'une manière directe. La guerre qui, depuis huit ans, a dévasté les quatre parties du monde doit-elle être éternelle? n'y a-t-il aucun moyen d'en venir à un accommodement? Comment les deux nations les plus éclairées de l'Europe, puissantes et fortes au delà de ce que leur sûreté et leur indépendance exigent, peuvent-elles sacrifier à des idées de vaine grandeur le commerce, la prospérité et la paix? Ces sentiments ne peuvent être étrangers au cœur de Votre Majesté, qui règne sur une nation libre dans le seul but de la rendre heureuse. Votre Majesté verra dans cette ouverture le désir, dont je suis animé, de contribuer d'une manière efficace, pour la seconde fois, à une pacification générale, par une mesure prompte, entièrement de confiance, et dégagée de ces formes qui peuvent être nécessaires pour déguiser l'impuissance des États faibles, mais qui ne prouvent, quand elles sont employées par les États forts, que le désir de se tromper réciproquement. La France et l'Angleterre, par l'abus de leurs forces, peuvent encore pendant longtemps, pour le malheur des autres nations, retarder le moment où elles seront obligées de cesser la lutte par épuisement; car, je ne crains pas de le dire, le sort de toutes les nations civilisées est attaché à la terminaison d'une guerre qui embrase le monde entier. »

(1800.) Le parti de la paix en Angleterre augmentait en nombre de jour en jour; le commerce soupirait après la cessation des hostilités; mais le gouvernement britannique était encore plein d'espérance dans l'avenir. Il repoussa les ouvertures du cabinet français; dans une note à M. de Talleyrand, il disait que le roi de la Grande-Bretagne avait donné des preuves nombreuses de son désir de voir la paix rétablie en Europe d'une manière sûre et permanente, et que dans la lutte qui s'était engagée, il n'avait eu en vue que de maintenir intacts les droits et le bonheur de ses sujets. Il entrait ensuite dans de grands détails sur les agressions de la France dans différentes parties de l'Europe. Le cabinet français répondit à cette note en déclarant que la France n'était point l'agresseur dans la lutte; que bien loin de l'avoir provoquée, elle avait solennellement proclamé depuis le commencement de la guerre, son amour pour la paix. Cette réponse n'altéra point les dispositions du gouvernement.

Les ouvertures faites par la France et la réponse belliqueuse du ministère devinrent le sujet de débats animés dans le parlement. Les pièces relatives aux négociations récentes ayant été communiquées à la chambre des communes, et l'un des secrétaires d'État ayant demandé à cette chambre un vote d'approbation pour la conduite des ministres, M. Whitebread s'opposa à la proposition. Il dit que les ouvertures avaient été faites d'une manière digne et convenable par le gouvernement français; qu'il était loin de partager le reproche fait au premier consul d'avoir usurpé le pouvoir; qu'il lui paraissait au contraire, que ce pouvoir consolidé pouvait devenir formidable; que la lettre du premier consul au roi d'Angleterre était pleine de sens et exempte de la familiarité républicaine et de l'adulation des cours. Établissant ensuite une comparaison entre la conduite de la France et celle de la Prusse, M. Whitebread trouva l'une loyale et franche, et flétrit l'autre en disant que la Prusse, après avoir abandonné la cause de l'Angleterre, avait fait une paix séparée. « Tandis que l'on diffère les négociations qui doivent conserver la paix, s'écria-t-il, les alliés de l'Angleterre traitent de leur côté pour laisser l'Angleterre seule; je me plains de la manière dont les faits sont représentés. Le respect qu'inspire l'ancienne famille de France, est porté, par certaines personnes, à l'exagération; que si on parle à ces personnes des perfidies de la famille des Bourbons, elles disent que ces perfidies sont d'une nature noble et distinguée; de leur ambition, qu'elle a toujours été sublime; elles oublient la conduite de Louis XIV lors de l'envahissement de la Hollande, celle de Louis XVI lors de la guerre de l'Amérique; car il ne s'agit de rien moins pour elles que d'exterminer tous ceux qui en France ont conservé les principes de la Révolution et de rétablir un Bourbon sur le trône; dans les circonstances actuelles, on ne doit pas rejeter les propositions du premier consul, et l'intérêt national réclame des négociations pour assurer la paix le plus promptement possible. »

Erskine et Fox, dans des discours éloquents, s'opposèrent également à la proposition. Pitt leur répondit, et soutint l'opportunité de sa politique belliqueuse. Dans ce discours, il retraça toutes les mesures que le gouvernement avait adoptées depuis le commencement de la révolution française, et dit que « l'Angleterre serait inexcusable, si, au moment d'obtenir le prix de tous ses sacrifices, elle abandonnait son entreprise; que le moment actuel était loin d'être convenable pour prêter l'oreille à une négociation de paix de la part de celui qui gouvernait la France, et qu'il était du devoir des ministres du roi de surveiller les modifications que le temps apportait dans les gouvernements, et de régler leur conduite en conséquence. »

George Canning soutenait le ministère, et en réponse à M. Whitebread qui avait blâmé la conduite politique des ministres à l'égard de Gênes et de la Toscane : « Les faits sont faciles à représenter, dit-il. Gênes était considérée comme neutre au commencement de la guerre, et comme telle elle a été respectée par la flotte de S. M. dans la Méditerranée, jusqu'à ce qu'il a été prouvé que sous ce prétexte de neutralité, le gouvernement de Gênes fournissait à l'armée française tout ce dont elle avait besoin... Les mêmes arguments peuvent s'appliquer à la Toscane. La Toscane était le centre d'une conspiration française contre la paix et l'indépendance de l'Italie. Dans ces circonstances, il était du devoir de l'Angleterre démontrer de la fermeté pour soutenir ses droits, et se faire respecter comme elle doit l'être, en représentant au gouvernement de Toscane le double danger de sa conduite, soit du côté de ses alliés, soit par rapport à la domination que la France exerçait sur elle. Lord Hervey, ministre d'Angleterre à Florence, et chargé de faire des représentations, dans son zèle pour le service de son souverain, s'est porté à quelques excès de langage. Mais la demande du grand-duc de le rappeler a été immédiatement accordée. De cette manière, la plus complète réparation a été effectuée et l'honneur de l'Angleterre préservé. » En réponse à la prédilection que M. Whitebread avait prêtée aux ministres anglais en faveur de l'ancienne monarchie française, M. Canning montra le premier consul renversant le pouvoir établi de la France; il dit que cette usurpation de pouvoir était indigne; que les Français, fatigués des horreurs de la révolution, ne pouvaient préférer une couronne chancelante à la couronne sous laquelle leurs pères avaient joui du bonheur et de la tranquillité; et que, par ce motif, autant que pour elle-même, l'Angleterre avait intérêt à voir l'ancien ordre de choses se rétablir en France. A l'égard de la désertion supposée des alliés, que rien ne pouvait autoriser le préopinant à faire de pareilles suppositions, et que les succès de la campagne pouvaient autoriser le pays à croire que la campagne qui allait s'ouvrir ne serait pas moins glorieuse. »

Toutefois la situation était pleine de dangers. Les dispositions belliqueuses des ministres, la perspective prochaine de nouveaux emprunts, jointes à une disette extraordinaire qui durait depuis deux ans, excitaient un mécontentement général. Peut-être la fermentation aurait-elle éclaté par quelque émeute vio lente. Une tentative d'assassinat contre la personne du roi donna momentanément un autre cours aux idées, et rendit plus facile au gouvernement la tâche qu'il s'était imposée.

L'assassin était un sous-officier de l'armée, du nom de Hatfield. Il paraît qu'il avait communiqué son projet à plusieurs personnes, car les ministres avaient eux-mêmes reçu avis que l'on devait assassiner le roi au spectacle. Les ministres ayant conseillé au roi de ne pas se rendre au théâtre, George répondit qu'il ne craignait rien. Il eut soin d'entrer le premier dans la loge royale : aussitôt le coup de pistolet partit. Hatfield était placé au milieu du parterre un pistolet d'arçon à la main ; son voisin aperçut le mouvement de son bras, et souleva son coude, de manière à ce que la charge portât beaucoup plus haut qu'il n'avait voulu. Le roi, sans paraître ému, se leva, se dirigea vers le fond de la loge, et s'adressant à la reine qui allait entrer : « Tenez-vous à l'écart, lui cria-t-il; on s'amuse à brûler quelques amorces, et cela pourrait recommencer. » Puis, s'avançant sur le devant de la loge, restant debout et croisant les bras : « Maintenant, s'écria-t-il, tirez si vous voulez ! » Cet appel à la sensibilité des spectateurs fut d'un effet magique. Les assistants se levèrent en masse, et saluèrent le roi d'acclamations unanimes. Il fit rentrer sa famille dans la loge, en lui disant : « Asseyez-vous, il n'y a plus le moindre danger. Écoutons le spectacle. » Trois fois on répéta le *God save the king*, auquel Sheridan, qui se trouvait présent, ajouta des strophes de circonstance. Quelqu'un ayant complimenté le roi sur sa fermeté et son courage, il répondit : « C'est tout simplement le devoir de ma place. La vie d'un roi appartient à quiconque veut exposer la sienne. Si j'avais bougé d'un pouce, je me serais à jamais méprisé. » Hatfield fut arrêté et traduit devant un jury pour crime de haute trahison; mais on reconnut qu'il ne jouissait pas de la plénitude de ses facultés mentales ; il fut en conséquence acquitté, et mis simplement en lieu de sûreté.

L'opiniâtreté du ministère ou plutôt de William Pitt (car c'était lui qui inspirait le cabinet) à ne point faire la paix, produit sur nous une impression douloureuse. Avec quel orgueil ce ministre repousse les ouvertures qui lui sont faites par le gouvernement français! il semble oublier que la France est sortie victorieuse d'une lutte que ses ennemis avaient un moment regardée comme désespérée pour elle, et qu'elle a déjà brisé une coalition puissante. Les cris de détresse poussés par le commerce, la violence des attaques de l'opposition dans les communes, la situation compromise du trésor, les sommes considérables que l'Angleterre doit sacrifier encore, rien ne l'émeut; il suit d'une manière inébranlable la ligne qu'il s'est tracée. Au point de vue français, au point de vue de l'humanité, nous sommes disposés à condamner sévèrement ce ministre et à l'accuser d'incurie. Toutefois dans le jugement que nous pouvons porter sur William Pitt, il ne faut pas perdre de vue les exigences du système parlementaire. Ce système, ainsi que nous l'avons dit plusieurs fois déjà, oblige au succès; toujours un revers devient pour l'administration une cause d'embarras et de difficultés; quelquefois elle est brisée par ce revers. Est-il étonnant alors que William Pitt, après avoir lancé son pays dans une guerre aventureuse, sachant en outre que ceux qui l'aiguillonnaient le plus à faire la paix seraient les premiers à l'accuser si cette paix n'était point avantageuse pour le pays, restât sourd au mécontentement général et qu'il poursuivît la guerre avec une sorte de fureur quand ses prévisions tendaient à lui faire croire au succès ?

La prise de Gênes dut ranimer les espérances du ministère. Cette place était défendue par une garnison française. Tandis que les Autrichiens l'assiégeaient par terre, une escadre anglaise, commandée par l'amiral Keith, la bloquait par mer. Masséna défendit la ville d'une manière héroïque; mais la famine obligea le général français de capituler. Mais les espérances que ce succès avait pu faire concevoir au ministère durent être de courte durée. Bonaparte, à la tête d'une armée imposante, venait de franchir le grand Saint-Bernard, et, après avoir surmonté tous les obstacles qui s'opposaient à cette vaste entreprise, il s'était emparé de Milan et de Pavie, avait traversé le Pô et battu les Autrichiens à Montebello. Sur un autre point, les armées autrichiennes n'avaient pas été plus heureuses. Moreau, étant entré dans la Souabe, les avait battues dans différentes batailles. Prenant ensuite possession de Munich, Moreau avait levé des contributions sur l'électeur de Bavière et menacé l'Autriche.

Mais l'éclat de tous ces faits militaires pâlit devant la bataille de Marengo. Cette bataille eut lieu le 16 juin. « Nous avions battu l'une des deux armées ennemies, dit M. de Norvins; il fallait courir à l'autre et défaire Mélas à son tour. Ce général réunissait ses forces entre le Pô et le Tanaro; il avait rappelé de San Giuliano le général Ott, qui n'avait laissé qu'une arrière-garde à Marengo, petit village qui va devenir si célèbre. Le 12 juin, l'armée française, composée des corps de Lannes, Desaix et Victor, borde la Scrivia. La division Lapoype avait ordre de rejoindre le général Desaix, qui, après avoir conquis la haute Égypte, de retour en France par la capitulation d'El Arich, entraîné par la fatalité de la gloire, était venu retrouver les drapeaux de son ami, de son général en chef de l'armée d'Égypte. Le reste de nos forces, disséminées dans la Lombardie, bloquait ou contenait les différents corps autrichiens. Le quartier général était à Voghéra. Le premier consul s'attendait à rencontrer l'armée autrichienne dans les plaines de San-Giuliano. Le 13, il les traverse sans résistance, et fait chasser de Marengo cinq mille hommes par le général Gardanne, qui les poursuit jusqu'à la Bormida et ne peut enlever la tête de pont. Nous prîmes position entre cette rivière et Marengo, à la Pedrabona. Il fut naturel de croire que Mélas ne voulait pas se battre, puisqu'il abandonnait le débouché de Marengo, si facile à défendre, et qu'il allait manœuvrer par le flanc, soit sur Gênes, où il aurait été si facilement approvisionné par les Anglais, soit sur le haut Tésin, où il eût rétabli ses communications avec l'Allemagne, soit enfin sur les deux rives du Pô, où il pouvait facilement surprendre un passage et une marche. Mais Bonaparte, qui a le don de saisir toutes les chances du premier coup d'œil, envoie les deux divisions Desaix à Castel Novo di Scrivia et à Rivalta, pour observer les ailes de l'armée ennemie, et concentre les ailes de Lannes et de Victor entre San Giuliano et Marengo, par échelons, la gauche en avant, se préparant ainsi pour tous les mouvements qu'il aurait à faire, et chaque division d'aile pouvant devenir tête de colonne dans la direction. La division Boudet, placée à Rivalta, sous les ordres de Desaix, devait communiquer avec les corps de Masséna et de Suchet, qui s'étaient dirigés sur Acqui. Le lendemain, 14, le premier consul fut étonné de voir, à quatre heures du matin, l'armée autrichienne déboucher au travers du long défilé du pont de la Bormida, de sa tête et des marais qui les couvraient. Cinq heures après seulement, elle put se porter en avant sur trois colonnes. Elle avait 40,000 hommes au commencement de l'action; l'armée française ne comptait que 20,000 hommes, qui étaient des conscrits pour la plupart; celle de Mélas se composait toute d'anciens soldats. Le corps de Victor vigoureusement attaqué et poussé, celui de Lannes entra en ligne, à droite, et après quelques succès, fut entraîné par la retraite de la gauche; mais c'était une chose capitale pour Bonaparte de tenir sa droite, et pour Mélas de la forcer. Le premier consul, qui vit le nœud de l'affaire dans la communication que sa droite assurait avec le reste de l'armée, fit avancer tout à coup, au milieu de la plaine, cette vieille garde longtemps la terreur de l'Europe, mais qui, jeune alors, date si heureusement sa gloire de la journée de Marengo. La postérité lui conservera ce beau surnom de Redoute de granit, qu'elle reçut du vainqueur. Les assauts les plus terribles de l'ennemi se brisèrent contre son immobilité; sa résistance héroïque donna le temps à la division Monnier d'arriver; celle-ci jeta une brigade dans Castel-Ceriolo, et l'armée française se trouva dans un ordre presque inverse à celui de la matinée, par échelons; l'aile droite en avant, tenant toujours le point essentiel de la première ligne de bataille, couvrant sa communication la plus importante, et occupant par son aile gauche la route de Tortone. L'action se maintint dans cette position jusqu'à l'arrivée de la division Desaix. Mélas, au contraire, avait affaibli sa gauche pour augmenter sa droite, qu'il étendait inutilement sur Tortone. Ce jugement n'échappa point au général qui savait le mieux juger son adversaire sur le terrain. Il était cinq heures : la division Lapoype ne se montrait pas; mais Desaix parut sur le champ de bataille, à la tête de la seule division Boudet. Dans les mains de Bonaparte, ce renfort va devenir l'instrument de la victoire, et l'armée devine la pensée de son chef. Fatiguée d'une longue et sanglante retraite, elle voit, avec l'instinct d'une attente que son héros n'a jamais trompée, la troupe de Desaix couvrir sa gauche; et elle répète avec joie le cri de l'attaque générale ordonnée sur toute la ligne. Le général Zach, qui dépasse celle des Autrichiens, s'avance sur la grande route avec une colonne de 5,000 grenadiers blanchis dans les combats. Desaix, le brave Desaix, court à sa rencontre avec quinze pièces de canon, et tombe frappé d'une balle qui l'enlève à l'espoir de la France et à l'amour des soldats. Par un rapport de fatalité bien étrange, l'illustre Kléber, son ami, périssait au Caire sous le poignard d'un assassin. Désormais il ne reste plus de renommées militaires indépendantes de Bonaparte que celles de Moreau et de Masséna. Desaix, même après son trépas, est encore redoutable : sa division se jette avec fureur sur le corps ennemi, où chacun cherche le meurtrier de son général. Cependant Zach résiste, bien qu'il soit isolé au milieu de cette vaste plaine; mais le jeune Kellermann porte tout à coup sa cavalerie sur le flanc gauche de la colonne invincible, la brise, la disperse, et les 5,000 grenadiers qui la composent sont prisonniers. Dès cet instant, qui venge Desaix et qui suspend le deuil de sa perte, notre ligne se précipite en avant et a reconquis en moins d'une heure le terrain disputé depuis l'aurore. L'armée ennemie est prise à revers et recule à la hâte. Mélas essaie en vain de tenir à Marengo ; son inutile défense contribue à donner le nom de ce village, tout à coup emporté par Bonaparte, à la fameuse bataille qui va changer le sort de l'Italie, celui de la France et de l'Europe. Les Français poursuivent les Autrichiens jusqu'à dix heures du soir, et ne s'arrêtent qu'à la Bormida. 5,000 morts, 8,000 blessés, 7,000 prisonniers, 30 canons et 12 drapeaux, sont les trophées de Marengo. Le lendemain, à la pointe du jour, Bonaparte fait attaquer la tête du pont de la Bormida; mais, contre toute probabilité, l'ennemi demande à traiter ! Quelques heures plus tard, les généraux Berthier et Mélas ont conclu la fameuse convention d'Alexandrie, qui remet en notre pouvoir tout ce que nous avions perdu en Italie depuis quinze mois, à l'exception de Mantoue. »

L'Autriche était épuisée, elle demandait la paix à la France. Aux termes d'un traité conclu avec l'Angleterre, l'Autriche ne pouvait faire la paix qu'avec le consentement de l'Angleterre; mais, abattue par tant de défaites, ne pouvant continuer la guerre sans le risque d'une ruine entière, l'Autriche sollicita la cour de Londres, qui la releva de cette condition. Un traité de paix fut signé à Lunéville, le 9 février 1801. L'Autriche ratifiait toutes les conditions du traité de Campo-Formio, et cédait de plus la Toscane à l'infant de Parme. L'Autriche reconnaissait en outre l'indépendance des républiques batave, helvétique, ligurienne et cisalpine.

Pour la seconde fois, depuis le commencement de la guerre, la France, par ses succès militaires, avait brisé la coalition des États confédérés qui avaient juré sa perte. L'Angleterre venait de perdre une alliée puissante; mais ce n'était pas le seul danger dont elle fût menacée. Il se préparait en effet contre elle une seconde coalition, dans laquelle figuraient les principaux États de l'Europe. L'empereur Paul, czar de Russie, en apprenant les désastres de son armée en Hollande et en Suisse, découragé de ses revers, avait rappelé ses troupes. Le czar n'avait pu se défendre aussi d'une secrète jalousie en voyant les succès maritimes de l'Angleterre. La prise de Malte par les Anglais, et l'intention que manifestait le gouvernement britannique de conserver cette île, à laquelle le czar prétendait avoir des droits, mirent le comble à son ressentiment. Paul se décida à rompre tout à fait avec l'Angleterre; dans ce but, il mit l'embargo sur tous les navires anglais qui étaient dans les ports de son empire, et plaça sous le séquestre les marchandises qui étaient à bord. La Russie conclut aussitôt un traité d'alliance avec la France. La Prusse, qui voyait avec plaisir l'humiliation de l'Autriche, et qui espérait s'agrandir dans le partage de ses dépouilles, ne tarda pas à suivre l'exemple de la Russie, ainsi que la Suède et le Danemark. Cette confédération était la contre-partie de la neutralité armée de 1780, elle avait le même objet en vue.

L'Angleterre se trouvait isolée encore une fois; depuis le commencement de la lutte, elle avait fait d'inutiles tentatives pour déjouer cette combinaison menaçante (1801). Mais elle ne fut point au-dessous de la gravité des circonstances dans lesquelles elle se trouvait engagée. En vertu d'un ordre du conseil privé, l'embargo fut mis sur tous les navires russes, suédois et danois, qui étaient dans les ports de la Grande-Bretagne. Une flotte de cinquante-quatre voiles, commandée par les amiraux Parker, Nelson et Totty, parut bientôt dans la Baltique, et entra dans la rade de Copenhague, où était mouillée la flotte danoise. Aussitôt commença un engagement terrible, dans lequel toute la flotte danoise fut détruite. « Cette bataille, disait lord Nelson, est l'une des actions les plus meurtrières dans lesquelles je me sois trouvé. » Les Danois furent obligés de demander un armistice, qui leur fut accordé; la flotte anglaise se dirigea ensuite vers les côtes de Suède.

Mais la mort de Paul Ier, qui arriva sur ces entrefaites, changea tout à coup les dispositions du cabinet de Saint-Pétersbourg à l'égard de l'Angleterre. Lord Sainte-Hélène fut aussitôt envoyé à la cour de Saint-Pétersbourg en qualité de ministre plénipotentiaire de la Grande-Bretagne, et cet agent s'étant emparé de la confiance de la cour de Russie, parvint à conclure avec cette cour un traité qui établissait, en faveur de la Grande-Bretagne, le droit de visiter les navires marchands de la Russie, à la condition que ces visites ne pourraient être faites que par des navires de guerre. Ce traité était surtout avantageux à l'Angleterre, en ce sens que les marchandises manufacturées des trois royaumes étaient admises dans les ports neutres, pour y être vendues ou exportées. Le Danemark et la Suède, trop faibles pour résister par eux-mêmes à l'Angleterre, s'empressèrent de souscrire à ces conditions.

Mais tandis que l'Angleterre s'efforce de dissoudre une confédération puissante, et d'assurer encore une fois sa prépondérance maritime, l'Espagne, pressée par la France, et désireuse, d'un autre côté, de s'agrandir aux dépens du Portugal, déclare la guerre à cet État voisin, et, aidée des secours que lui a donnés son alliée, elle envoie une armée sur les frontières du territoire portugais. Plusieurs places fortes tombent en son pouvoir. A cette nouvelle, le gouvernement britannique accorde un subside considérable à la cour de Lisbonne. En même temps la flotte de la Méditerranée opère avec succès contre les forces françaises qui sont restées en Égypte, et l'armée anglaise, en s'unissant à l'armée turque, contraint les Français d'évacuer l'Égypte.

Dans les Indes occidentales, la flotte anglaise prend possession des îles danoises de Saint-Thomas et de Santa-Cruz ; de l'île suédoise de San-Bartholomé ; sur les côtes du Brésil, le capitaine Rowley capture deux frégates françaises et disperse un convoi. L'un des engagements maritimes les plus remarquables de l'année eut lieu dans les eaux de la Méditerranée, entre la frégate anglaise *la Phébé* et la corvette française *l'Africaine*. La corvette française, bien qu'elle portât moins de canons que son adversaire, ne voulut point se rendre, et soutint la lutte avec un acharnement extraordinaire. Son pont, balayé par la mitraille de *la Phébé*, fut bientôt couvert de morts et de blessés.

Toutes les côtes de la Manche se couvraient d'hommes armés ; des camps avaient été formés à Bruges, à Boulogne, à Gravelines, à Granville, à Cherbourg et à Saint-Malo ; des batteries formidables hérissaient la côte. De l'autre côté de la Manche régnait le même mouvement ; la presse, qui avait momentanément laissé de côté ses antipathies et ses haines, stimulait l'ardeur guerrière du pays, et lui donnait une vigueur inaccoutumée ; des troupes de volontaires s'enrôlaient, et la *gentry* armait à ses frais un corps considérable de cavaliers. Les communes votèrent au gouvernement des sommes considérables ; l'effectif des troupes de terre et de mer fut porté pour l'année à près de 500,000 hommes. Le cri de guerre était dans toutes les bouches.

Des ordres ayant été donnés à l'amiral Nelson pour agir contre la flottille de Boulogne et l'attaquer à Boulogne même, cet amiral, après avoir arboré son pavillon à bord de *la Méduse*, fit voile pour la Manche avec une escadre composée de deux vaisseaux de ligne, de deux frégates et d'un certain nombre de bâtiments d'un tonnage moins considérable. Ayant découvert un grand nombre de bombardes, de bricks et de bateaux plats à l'entrée du port, il ordonna de bombarder ces navires, dans la persuasion que le reste de la flottille pourrait être capturé par les bateaux de son escadre ; Nelson dirigea pendant la nuit ces bateaux sur les bâtiments français. Mais ceux-ci se tenaient sur leurs gardes ; plusieurs des bateaux anglais s'étant approchés des navires français, des filets d'abordage, lancés adroitement sur eux, les enveloppèrent sans qu'il leur fût possible de se dégager. La mitraille et la fusillade tuèrent alors un grand nombre d'Anglais.

Les événements militaires se pressent dans un étroit espace pendant cette guerre mémorable, et en faire l'énumération d'une manière aussi succincte, c'est les dépouiller de leurs plus brillantes couleurs. Imaginez-vous en effet ces événements dans leur grandeur naturelle, animés par les bonnes et mauvaises passions qui fermentent dans le cœur de l'homme ; représentez-vous ces champs de bataille où des milliers d'hommes lancés les uns contre les autres en bataillons serrés sont balayés par la mitraille ; la fumée de la poudre enivre les combattants ; le bruit du canon, le son éclatant des trompettes, le roulement des tambours, le cliquetis des armes couvrent le cri des blessés et le râle des mourants ; à aucune autre époque dans l'histoire des hommes vous ne trouverez le génie des batailles ou l'art de la guerre porté à un plus haut degré de perfectionnement ; il semble que la vertu militaire soit inhérente à la nature humaine ; une foule d'hommes, inconnus dans leur origine, deviennent subitement des héros et illustrent leur pays en s'illustrant eux-mêmes par leur vaillance et leurs connaissances militaires. Puis de ces champs de carnage transportons-nous dans le sanctuaire calme et solitaire où travaille le ministre ; voyez-le occupé à nouer et à dénouer par des intrigues de cour, par de sourdes menées des coalitions; consultant les ressources financières du pays; supputant des cahiers de chiffres; trouvant la nature trop lente à produire des hommes, à la nouvelle d'une bataille, alors qu'un bulletin lui annonce que vingt ou trente mille hommes sont restés sur le carreau; affectant le calme et cherchant à le communiquer aux autres, quand l'anxiété la plus profonde règne au fond de son âme; défendant enfin pied à pied sa politique contre une opposition peu endurante et toujours prête à le trouver en faute. Tous ces tableaux, que nous négligeons de tracer faute d'espace, sont du domaine de notre histoire.

La paix devenait indispensable pour l'Angleterre et la France après tant de sang répandu. Déjà même des négociations venaient d'être ouvertes à cet effet. Le seul obstacle à la paix était William Pitt, mais son ministère touchait à sa fin. A l'époque de l'union des deux législatures irlandaise et anglaise, Pitt s'était engagé vis-à-vis des catholiques irlandais à leur donner la jouissance de tous les priviléges civils et politiques accordés aux autres sujets du royaume. Cette question ayant été soumise aux délibérations du conseil, elle rencontra une grande résistance de la part de plusieurs membres du cabinet, et notamment de la part du roi, qui dit que le serment qu'il avait prêté à son avénement lui défendait de donner son adhésion à l'émancipation proposée. Pitt, en réponse, déclara que, n'ayant plus sa libre action, et ne pouvant remplir l'engagement qu'il avait pris, il croyait de son devoir de résigner ses fonctions, ce qu'il fit aussitôt. Cette détermination soudaine du ministre donna lieu à beaucoup de commentaires, mais elle ne surprit personne; on connaissait l'esprit fier et absolu du ministre: Pitt ne quittait le ministère que parce que le pays était écrasé sous le poids d'une guerre désastreuse qui semblait devoir être interminable, malgré de nombreux et d'éclatants succès. Le nouveau cabinet fut formé. M. Addington, *speaker* de la chambre des communes, remplaça Pitt aux fonctions de premier lord de la trésorerie et de chancelier de l'Échiquier; les fonctions de secrétaire d'État au département des affaires étrangères furent données à lord Hawkesbury; et le comte de Saint-Vincent fut élevé aux fonctions de premier lord de l'amirauté.

Le nouveau ministère se hâta d'ouvrir des négociations avec la France, et le 1er octobre 1801 les préliminaires de la paix furent signés. Aux termes de ce traité, la Grande-Bretagne rendait à la France et à ses alliés toutes les colonies et autres possessions qu'elle leur avait prises pendant la guerre, à l'exception de l'île espagnole de la Trinité et des établissements hollandais à Ceylan. Le cap de Bonne-Espérance était destiné à devenir un port franc, et Malte devait être rendu aux chevaliers de l'ordre. Étaient exclus de Malte les chevaliers dits de langues française et anglaise; une moitié des soldats de la garnison de Malte devait être composée de Maltais; l'autre moitié devait être fournie par le roi de Naples. L'indépendance de l'île était garantie par la France, la Grande-Bretagne, l'Autriche, la Russie, l'Espagne et la Prusse, et les ports de l'île étaient ouverts aux navires de toutes les nations. Une partie de la Guyane portugaise fut donnée à la France, et il fut convenu que le prince d'Orange recevrait un dédommagement pour les pertes qu'il avait souffertes. Le traité définitif, connu sous le nom de traité d'Amiens, fut signé le 25 mars 1802; il confirmait toutes ces dispositions. L'Angleterre consentait à toutes les acquisitions continentales de la république française, et reconnaissait l'existence des républiques secondaires.

L'Angleterre se retirait de la lutte avec une augmentation considérable dans sa dette; la dette nationale qui, en 1786, s'élevait à 259,000,000 de liv. st. (6,475,000,000 fr.), se trouvait après un court espace de temps portée au chiffre énorme de 540,000,000 de liv. st. (13,500,000,000 de fr.), dont l'intérêt annuel exigeait du trésor le déboursement d'une somme de 17,000,000 de liv. sterl. (425,000,000 de fr.). De plus, ce temps de guerre avait formé comme une lacune dans l'organisation sociale du pays. On remarque en effet que le parlement, sous l'influence des préoccupations belliqueuses de l'époque, ne s'occupe qu'à voter au gouvernement des allocations de fonds et des levées de troupes, et à prévenir les perturbations intérieures par une aggravation dans les lois pénales. Le bill d'union qui enlevait à l'Irlande son parlement fut adopté sous l'influence de ces préoccupations. Peu de questions indépendantes de l'état de guerre furent agitées durant cette époque de tourmente (1795). Parmi les plus intéressantes l'une était relative au prince de Galles; la seconde concernait le procès de Warren Hastings.

(1795.) Le prince de Galles, malgré des promesses réitérées à son père, n'avait point mis un terme à ses prodigalités, et il se trouvait à cette époque engagé dans de nouvelles dettes. George III paraissait disposé à laisser son fils succomber sous le poids de ses fautes. Toutefois il proposa au prince une dernière alternative : c'était de se marier. A cette condition le père promettait au fils prodigue l'oubli du passé. Ce projet de mariage produisit une grande sensation, car les liens secrets qui unissaient l'héritier présomptif de la couronne à mistriss Fitz-Herbert et l'attachement qu'il portait à cette dame n'étaient un secret pour personne. Le prince éprouvait de son côté une vive répugnance pour ce mariage ; mais, menacé de la malédiction paternelle et voulant se soustraire aux poursuites qui l'assaillaient, il accepta la proposition de son père et promit de se réformer. La femme du prince était la fameuse Caroline de Brunswick, fille du duc de Brunswick et de la duchesse Augusta d'Angleterre et nièce du roi. Un message royal informa les communes de ces dispositions, et leur annonça également que le prince avait contracté de nouvelles dettes ; le chiffre en était porté à 600,000 liv. st. (15,000,000 de fr.).

Les communes, malgré les charges accablantes qui pesaient en ce moment sur le pays, reçurent le message royal avec une grande déférence; sur la proposition du chancelier de l'Échiquier, elles accordèrent au prince de Galles une somme annuelle de 138,000 liv. st. (3,450,000 fr.), dont 78,000 liv. st. (1,950,000 fr.) devaient être distraites chaque année pour le payement de ses dettes.

Cette même année vit se terminer le procès de Warren Hastings. Ce procès, le plus long de tous ceux dont les annales criminelles ont conservé le souvenir, avait dû sa prolongation à différentes causes, et notamment aux difficultés que soulevaient à chaque question les défenseurs de l'accusé. Puis, en 1790, le parlement avait été dissous. L'année précédente, les amis de Hastings avaient obtenu un vote de censure contre Edmond Burke, pour quelques expressions trop fortes dont ce grand orateur s'était servi en parlant de la mort de Nuncomar et des rapports de Hastings et du juge Impey. Cette circonstance imprévue leur avait fait espérer que la chambre nouvellement élue ne donnerait pas suite au procès. Ils soutenaient, à l'appui de leurs prétentions, qu'une dissolution annulait nécessairement les procédures criminelles commencées par le parment dissous. Cette grave question de droit constitutionnel qui avait déjà été agitée sous le règne de Charles II, à l'occasion du procès du comte de Danby, reçut une solution définitive. Les lords décidèrent que l'*impeachment* devait se continuer d'un parlement à un autre. La chambre des lords consentit toutefois à retirer plusieurs chefs d'accusation pour abréger les débats, dont le résultat était depuis longtemps connu. Personne ne doutait en effet de l'acquittement de Warren Hastings, qui en ce moment rencontrait de tous côtés les plus vives sympathies. La grande querelle qui se vidait en ce moment entre l'Angleterre et la France, les agitations dont le royaume était le théâtre, et les contre-coups qu'elles produisaient en

Angleterre, la lenteur de la procédure, jointe à des examens et à des contre-examens de témoins, à des discussions de chiffres, à des lectures de pièces remplies de mots étrangers, de *lacs* et de *crores*, de *zemindars*, d'*aunils*, de *jasannads* et de *perwannahs*, de *japherls* et de *nazzars*, avaient en outre singulièrement diminué l'intérêt que le public avait porté à ce procès dans le principe. Néanmoins, à la dernière audience, la curiosité publique se ranima, et une fois encore, une foule nombreuse de spectateurs se pressa dans les vastes salles de Westminster. Les temps avaient bien changé, et celui qui eût comparé la physionomie de cette enceinte à l'ouverture du procès, avec celle qu'elle présentait en ce moment, eût pu faire de douloureuses réflexions sur l'instabilité des choses humaines. De cent soixante-dix membres de la haute noblesse qui faisaient partie de la procession du premier jour, soixante dormaient déjà d'un sommeil éternel dans les caves sépulcrales de leurs familles. Les anciens membres de l'opposition siégeaient sur le banc du ministère; des députés ministériels votaient avec l'opposition. Burke et Fox, autrefois si chers l'un à l'autre, contraints de se rassembler pour l'accomplissement de leurs devoirs communs, se traitaient comme des étrangers; graves, froids, réservés, ils se saluaient à peine. Vingt-neuf pairs prirent part au vote; deux seulement déclarèrent Hastings coupable sur des chefs concernant Cheyte-Sung et les princesses d'Oude. Sur d'autres chefs, la majorité fut plus considérable. Appelé à la barre, l'accusé apprit de la bouche même du président que les lords l'avaient acquitté des accusations portées contre lui. Il fit à ses juges un salut respectueux et se retira. Cette sentence fut accueillie avec sympathie par la nation, car la longueur de ce procès avait rendu l'accusé un objet de compassion; mais les frais de la procédure, les honoraires des défenseurs, les subventions des journaux, les salaires des pamphlétaires avaient absorbé presque toute la fortune de Hastings, et après son acquittement il se trouvait complétement ruiné. Les directeurs et les propriétaires de la Compagnie vinrent généreusement à son aide. Il fut décidé que la Compagnie lui ferait une pension annuelle de 4,000 liv. sterl. (100,000 fr.), et qu'en considération de la détresse à laquelle il se trouvait réduit, elle lui payerait dix années d'avance. La Compagnie lui prêta en outre 50,000 liv. st. sans intérêt. Tous ces dons auraient dû suffire à Warren Hastings pour vivre même avec luxe; mais il n'avait pas d'ordre, et plus d'une fois encore il se vit forcé de demander d'autres secours à la Compagnie, qui s'empressa de les lui donner.

Rupture du traité d'Amiens. — État de l'Europe. — Bataille d'Austerlitz. — Bataille de Trafalgar. — Guerre d'Espagne et de Portugal. — Déroute de Russie. — Entrée des alliés à Paris. — Retour de l'île d'Elbe. — Bataille de Waterloo. — Bonaparte à bord du *Belléerophon*.

Agitation incessante à l'intérieur; espérances exagérées et répugnance extraordinaire à traiter avec un ennemi abattu par un revers; retour à des dispositions pacifiques quand se déclare un désastre; alternative de victoires et de défaites, tels sont, en ce qui concerne l'Angleterre, les traits caractéristiques de la lutte que nous venons de décrire. Les leçons du passé n'ont point servi au gouvernement anglais. Oublieux de ce que peut enfanter de grand et de noble un peuple qui combat pour son indépendance, alors que les plaies causées par la guerre américaine sont à peine cicatrisées, il s'attaque à une nation vaillante, qui puisera de l'exaltation et sa force à la même source que les Américains. Tous ces faits nous montrent jusqu'à l'évidence que l'Angleterre a des faiblesses et des passions comme les autres peuples; qu'elle n'est pas exempte d'erreur; qu'elle suit avec entraînement une voie fausse, quand ses penchants l'y portent. Mais, dans cette lutte mémorable, remarquons aussi que, la France exceptée, aucun peuple ne se montra aussi grand que ne le fut l'Angleterre. Quelle dignité imposante ! Que d'énergie l'Angleterre et la France déploient dans leurs revers ! A chaque instant vous croyez leur dernière heure venue ; vous tremblez pour elles, car vous vous rappelez leur grandeur passée, les services que l'une et l'autre ont rendus et peuvent rendre encore à la civilisation. Eh bien, toutes deux, celle-ci en combattant pour une bonne cause, celle-là en combattant pour une mauvaise, soutiennent héroïquement leurs désastres. Noble spectacle ! c'est dans leurs revers plus que dans leurs victoires, non quand ces États sont ligués avec d'autres peuples, que nous devons le plus les admirer ! Voyez maintenant la contenance des États qui figurent avec eux dans cette querelle. Ceux-ci paraissent comme frappés de stupeur dans leurs défaites ; on dirait que la force leur manque : ils occupent un rang distingué dans le monde ; ils sont maîtres d'une immense population, de territoires d'une vaste étendue ; la splendeur de leurs trônes éblouit nos regards ; eh bien, ces peuples attendent qu'on leur souffle l'impulsion ; rarement ils agissent d'eux-mêmes ; prompts à se laisser entraîner, ils sont aussi prompts à se laisser abattre.

La France et l'Angleterre, pour avoir été aussi majestueuses, aussi imposantes dans leurs querelles, avaient évidemment quelque intérêt dans la chose publique. Tant d'opiniâtreté, tant d'héroïsme n'auraient point été leur partage, si le sang démocratique qui rajeunit les États et leur donne une constante virilité, n'eût coulé dans leurs veines ! Si elles ne se laissèrent point abattre dans leurs revers comme le faisaient les autres États, c'est que le mot de nationalité représentait pour elles quelque chose de plus qu'un intérêt de foyer, que le saint nom de patrie remuait profondément leurs âmes ; que sous l'empire de leur constitution, la lâcheté, la faiblesse, le découragement étaient impossibles.

Mais un grand changement allait s'opérer pour la France. L'élément démocratique dominait exclusivement dans la constitution française telle qu'elle existait alors, et comme il arrive presque toujours dans les gouvernements où l'élément démocratique n'est retenu par aucun frein, mille ambitions dévorantes éclataient en France. Un soldat, le plus grand des hommes de guerre qu'aient enfantés les temps modernes, se préparait à prendre en main les destinées de ce pays. Sa voix avait des accents magiques ; elle parlait de gloire à un peuple qui aime la gloire avec passion. A la différence de la France, la Grande-Bretagne conservait sa constitution dans son intégrité ; l'élément démocratique qui avait communiqué une énergie extraordinaire au pays, en formait la base comme par le passé ; mais un frein puissant contenait les ambitions démesurées.

La paix d'Amiens n'était en réalité, pour l'Angleterre, qu'une suspension d'armes, et cette opinion était partagée par les meilleurs esprits du royaume. Quand le traité fut soumis aux communes, Whindham, secrétaire d'État au département de la guerre sous l'administration du ministère Pitt, confessa qu'il le désapprouvait entièrement, et Sheridan déclara, pour l'opposition, que les conditions n'en étaient ni glorieuses ni honorables ; que c'était une paix dont tout le monde pouvait être content, mais dont personne ne devait être fier.

La France elle-même n'avait fait la paix qu'avec une arrière-pensée ; car Bonaparte avait besoin de la guerre pour étourdir les Français et leur faire oublier, au milieu du fracas des armes, l'usurpation qu'il méditait. Les projets ambitieux de Bonaparte étaient déjà connus en partie, et une paix momentanée avec un grand État comme l'Angleterre convenait admirablement à l'exécution de ces desseins. Déjà Bonaparte avait organisé les cultes et constitué le clergé, qui, depuis le commencement de la révolution, n'avait eu qu'une existence mal assurée. Bientôt après (2 août 1802), le Sénat, sur la décision du Tribunat et du Corps législatif, porta le décret suivant : « Le peuple français nomme, et le Sénat proclame Napoléon Bonaparte premier consul à vie. » Cette révolution fut complétée par des changements importants et fondamentaux dans la constitution du consulat. Le premier consul à vie fut investi du pouvoir de faire la paix et la guerre, de ratifier les traités; il eut le droit de grâce, et eut la faculté de présenter les noms des deux autres consuls à la sanction du Sénat; de nommer, en vertu de sa seule autorité, quarante membres sur cent vingt dont se composait le Sénat; de prescrire à ce corps les questions sur lesquelles il devait être appelé à délibérer.

Ces changements constitutionnels n'affectaient point d'une manière directe les intérêts de l'Angleterre; mais le gouvernement n'avait pas vu sans inquiétude le cabinet français, aussitôt après la conclusion de la paix d'Amiens, tourner ses regards vers Saint-Domingue, en ce moment au pouvoir des noirs. Le ministère anglais donna l'ordre à l'amiral Mitchell de suivre la flotte française et d'observer ses mouvements. On sait quel fut pour la France le sort de cette expédition et de quels désastres elle fut accompagnée. Sur d'autres points, l'esprit de conquêtes du guerrier qui avait déjà en main les destinées de la France, se distinguait d'une manière éclatante. Bonaparte venait de réunir l'île d'Elbe (26 août) et le Piémont (11 septembre 1802) au territoire français. Bientôt après (9 octobre 1802), il avait occupé les États de Parme, laissés vacants par la mort du duc; le 21 octobre de la même année, une armée française de trente mille hommes était entrée en Suisse pour appuyer un acte fédératif qui réglait la constitution de chaque canton.

Le gouvernement anglais fit des représentations, mais elles ne furent point écoutées. Bonaparte se plaignit, de son côté, des libertés que prenait la presse anglaise à son égard et il envoya des instructions à l'ambassadeur français à Londres, pour qu'il demandât réparation au cabinet anglais. Le cabinet de Saint-James répondit à l'ambassadeur qu'il n'était pas exempt lui-même de la critique des journaux, et qu'il ne pouvait punir les écrivains politiques qu'en se conformant aux lois du pays en matière de presse. Bonaparte n'aimait point la presse; et, n'écoutant que son irritation, il donna l'ordre à l'un de ses agents à Londres de poursuivre plusieurs journalistes, et notamment un nommé Pelletier, qui rédigeait un journal publié en langue française, sous le titre de l'*Ambigu*. La cause fut portée devant les tribunaux anglais le 21 février, et un verdict de culpabilité fut rendu contre Pelletier.

De nouvelles causes de rupture ne tardèrent pas à se présenter. Lord Whitworth, ambassadeur d'Angleterre à Paris, ayant fait des représentations à Bonaparte, dans une audience personnelle, au sujet de la réunion du Piémont et de l'île d'Elbe à la France, le premier consul se plaignit, de son côté, avec amertume du manque de foi de l'Angleterre, qui, disait-il, n'avait pas évacué l'île de Malte, conformément au traité; ajoutant que, si cette île n'était pas évacuée immédiatement, la France était disposée à se lancer de nouveau dans les hasards de la guerre. Cette île importante n'avait point été rendue en effet, comme le voulait le traité d'Amiens. L'article du traité qui imposait à l'Angleterre l'évacuation avait même rencontré une sévère censure dans les deux chambres du parlement, et dans la presse. Le gouvernement britannique, pour se justifier de la non-exécution du traité, se rejeta sur les invasions successives que le premier consul avait faites dans le Piémont, dans les États de Parme, dans la Suisse.

La guerre était déjà résolue; et, de part et d'autre, on se prépara à la poursuivre avec vigueur.

La Grande-Bretagne, malgré les sacrifices récents et les plaies encore saignantes de la dernière guerre, montra, par son énergie, dans cette circonstance, qu'elle était capable des plus grandes entreprises. Une levée en masse fut votée par la législature. Elle était divisée en quatre classes : la première comprenait tous les célibataires de l'âge de dix-sept ans jusqu'à trente ; la seconde, tous les célibataires de l'âge de trente ans jusqu'à cinquante ; la troisième, tous les hommes mariés de l'âge de dix-sept ans jusqu'à trente ; la quatrième, tous les hommes au-dessous de cinquante-cinq ans, non compris dans les classes précédentes. Toutes ces recrues devaient être dressées au métier des armes dans leurs paroisses respectives, et se tenir prêtes à sortir du royaume dans le cas où le gouvernement le jugerait nécessaire. L'enthousiasme était général ; toutes les classes de la société mettaient le plus grand empressement à s'enrôler et à former des associations de volontaires. Le prince de Galles, lui-même, adressa une lettre au premier ministre, dans laquelle il demandait à être placé à la tête de l'armée, afin que son exemple accrût encore l'élan de la nation. Le ministère répondit que si l'ennemi venait à débarquer, le prince aurait l'occasion de montrer son zèle à la tête de son régiment ; mais que, par des raisons d'État, le roi ne pouvait pas consentir à ce que le prince de Galles, s'assimilant à un officier militaire, occupât même un grade supérieur dans l'armée. Indépendamment des volontaires, l'effectif de l'armée de terre et de l'armée de mer fut considérablement augmenté.

Le parlement s'occupa, de son côté, à pourvoir aux dépenses qu'allait entraîner un aussi vaste armement ; dans ce but, les droits de douane furent augmentés sur le sucre, sur les marchandises exportées, sur le coton, et le tonnage des navires ; de nouveaux droits de consommation furent imposés sur le thé, le vin, les spiritueux et la bière. La taxe du revenu fut établie à un schelling neuf pence (2 fr. 15 c.) par vingt schellings de revenu sur les propriétés ; un schelling (1 fr. 25 c.) à payer par le propriétaire ; neuf pence (90 c.) à payer par le tenancier. Le produit net de ces différentes taxes de guerre fut évalué annuellement à douze millions sept cent mille livres sterl. (317,500,000 fr.) ; elles devaient être perçues jusqu'au rétablissement de la paix. Les anciennes taxes furent continuées. Les sommes votées par le parlement, pour le service de l'année courante, furent portées au chiffre de quarante et un millions sterling (1 milliard 25 millions de francs).

L'Irlande, cette source éternelle d'embarras pour l'Angleterre, s'agitait encore ; cette malheureuse contrée devint de nouveau le théâtre de la rébellion. Dans le même temps éclatait un complot contre l'État, conduit par Marcus Despard, officier supérieur qui s'était distingué au service du pays. Le but du complot était d'assassiner le roi et de renverser la constitution établie. De pareilles difficultés au moment où la guerre éclatait devenaient menaçantes ; mais le gouvernement avec sa sagacité ordinaire parvint à les combattre avec succès. Les moyens dont disposaient les auteurs du complot Despard étaient tellement insuffisants, qu'on soupçonna pendant quelque temps que les chefs n'avaient pas la plénitude de leurs facultés. Despard fut condamné à mort et exécuté ainsi que six autres de ses complices.

En Irlande, les choses n'allèrent point d'une manière si expéditive. Le chef de la nouvelle entreprise était un nommé Robert Emmett, jeune homme de fortune et de grands talents. Plein d'enthousiasme pour la cause de l'Irlande, Emmett se mit à la tête de quelques jeunes gens, enthousiastes comme lui, et parvint à soulever un grand nombre d'Irlandais. La cause la plus sainte est presque toujours souillée par des crimes. Lord Kilwarden, chef de justice d'Irlande, fut assassiné par les rebelles d'une manière atroce. Ce magistrat avait coutume de se retirer, à la fin de chaque semaine, à sa maison de campagne, à quatre milles de Dublin, pour s'y délasser des fatigues de sa charge. Il se hâtait de revenir à Dublin, et il était en voiture avec sa fille et son neveu, lorsqu'il fut arrêté par les rebelles. Lord Kilwarden déclina son nom et ses titres, et demanda avec instance grâce de la vie ; mais ses prières furent inutiles, les rebelles le sommèrent de descendre et le massacrèrent, ainsi que son neveu, sous les yeux de sa fille. La nouvelle insurrection eut le sort des précédentes. Les rebelles, attaqués par les troupes royales, se débandèrent et cherchèrent à se soustraire par la fuite au châtiment dont ils étaient menacés. Le gouvernement redoubla alors de sévérité contre les Irlandais. Il offrit d'abord une récompense de 1,000 liv. sterl. (25,000 fr.) à ceux qui livreraient à la justice les meurtriers de lord Kilwarden ; et une ordonnance de police enjoignit aux habitants de Dublin de rentrer chez eux avant huit heures de soir. La suspension de l'acte d'*habeas corpus* fut ensuite votée, et l'Irlande fut placée sous l'empire de la loi martiale. Robert Emmett et plusieurs des principaux chefs, qui avaient été arrêtés, furent mis en jugement et exécutés. Le malheureux Emmett n'avait que vingt-quatre ans ; il vit approcher la mort avec beaucoup de courage.

Mais il importe d'établir quelle était en ce moment la situation de l'Europe et les dispositions dans lesquelles se trouvait chacun des États européens à l'égard des parties belligérantes. Tout avait été disposé par le gouvernement français pour l'invasion du Hanovre, au moment où la guerre avait éclaté ; et le 16 mai, jour où George avait annoncé au parlement la rupture des négociations, une armée française, réunie à Coevorden, s'était mise en mouvement. Cette armée, forte de 13 à 14 mille hommes d'infanterie et de 2 mille chevaux, était commandée par le lieutenant général Mortier. Précédés de la terreur de leur nom, les Français, en huit jours de marche, avaient parcouru un long espace, franchi l'Ems, et étaient arrivés, presque sans obstacle, sur les bords du Weser. La résistance la plus vive qu'ils eussent rencontrée, avait été sur le terrain de Borstell. Mais les courageux efforts des Hanovriens n'avaient servi qu'à faire éclater la supériorité inévitable que donne toujours à des troupes aguerries, sur des troupes moins exercées, l'habitude des combats et de la victoire. La régence de Hanovre vint porter des paroles d'accommodement au général français, et une convention, conclue le 4 juin à Sulingen, termina la guerre à peine commencée. Aux termes de cette convention, l'artillerie, les armes, les munitions de guerre, tout ce qui était propriété du roi d'Angleterre fut mis à la disposition de la France. L'armée française trouva dans les places près de 500 bouches à feu, 40,000 fusils, plus de 200 fourgons attelés d'excellents chevaux, 3,000,000 de cartouches et 400 milliers de poudre. La convention, pour être définitive, devait être ratifiée par Sa Majesté Britannique, en sa qualité d'électeur ; mais le cabinet de Londres refusa la ratification, ce qui rendit une seconde convention nécessaire ; elle fut conclue le 5 juillet. Les conditions en étaient rigoureuses ; l'armée hanovrienne était dissoute ; elle déposait les armes, qui étaient remises, avec l'artillerie et les chevaux, à l'armée française. Les généraux, officiers et soldats, rentraient dans leurs foyers, et le pays passait sans réserve à la discrétion de la puissance occupante. Cette conquête importante permettait à la France de remonter sa cavalerie, lui fournissait des sommes considérables, la rendait maîtresse de l'Elbe et du Weser, et la mettait dans le voisinage des villes anséatiques d'Hambourg et de Brême, sur lesquelles elle pouvait lever des contributions de guerre considérables. Par suite de la conquête du Hanovre, le gouvernement anglais bloqua l'embouchure de l'Elbe et du Weser, et cette mesure ayant occasionné de vives alarmes à Hambourg et à Brême, ces deux villes s'empressèrent de demander protection au roi de Prusse, qui refusa son intervention.

Les grandes puissances du Nord, bien qu'elles n'eussent pas vu avec indifférence l'établissement des Français dans le Hanovre, s'abstenaient encore de tout mouvement militaire. La Hollande, peut-être contrairement à ses désirs, faisait cause commune avec la France, et le Danemark, après s'être laissé entraîner à des démonstrations imprudentes, venait de lancer une ordonnance dans un but de prudence, pour rappeler aux sujets danois quelles seraient leurs obligations envers les puissances maritimes. L'Autriche n'était pas encore entièrement remise des pertes de la dernière guerre, et il ne pouvait pas lui convenir d'avoir en ce moment sur les bras les forces du gouvernement français. Les États secondaires d'Allemagne ne pouvaient qu'être dévoués à la France, qui avait contribué à les agrandir, et qui seule pouvait vouloir les agrandir encore. La Suède, où régnait alors un prince exalté, rêvant le rôle de Gustave-Adolphe sans aucune aptitude à le remplir, s'attaquait successivement à toutes les puissances pour sortir de la nullité à laquelle elle semblait condamnée. Dans le sud de l'Europe, la cour de Naples, soumise à la France par nécessité, affectionnée par le fait à l'Angleterre, était prête à se jeter, selon l'occasion, dans les bras de la France ou de l'Angleterre. La cour de Lisbonne venait de déclarer sa neutralité, et avait interdit aux corsaires des parties belligérantes de conduire dans ses ports les bâtiments capturés. L'Espagne hésitait et n'osait point prendre une décision énergique. Les États-Unis se montraient disposés au maintien de la neutralité, et un acte de la législature américaine (4 novembre 1804) allait conférer au président l'autorisation de permettre ou défendre, selon son bon plaisir, l'entrée des ports et rades soumis à la juridiction des États-Unis, à tous les vaisseaux armés appartenant à une nation étrangère quelconque, comme aussi de les éloigner et repousser desdits ports et rades, excepté dans le cas où la détresse, les dangers de la mer, la poursuite d'un ennemi, les obligeraient d'y chercher un refuge.

Les hostilités commencèrent avec activité; une escadre anglaise partie des Barbades captura les îles de Sainte-Lucie et de Tabago, et les colonies hollandaises de Demerara, d'Essequibo et de Berbice; les possessions françaises de Terre-Neuve ne tardèrent pas à éprouver le même sort. L'armée française qui avait été envoyée à Saint-Domingue se trouvait encore dans cette île; mais cette armée, décimée par les maladies du pays, était en outre privée des secours que pouvait lui donner la flotte française, car les vaisseaux anglais étaient maîtres de la mer. Bientôt les insurgés de Saint-Domingue s'emparèrent de plusieurs villes de la côte. Une capitulation fut signée, tous les navires de guerre et autres, appartenant aux Français, furent livrés aux Anglais, et la garnison française devint prisonnière de guerre dans les mains des Anglais. Ce fut en ce moment que les chefs nègres de l'insurrection lancèrent une proclamation déclarant l'île de Saint-Domingue libre et indépendante.

En Europe, les opérations militaires étaient plus avantageuses pour la France. Dans le temps que s'effectuait l'invasion du Hanovre, le gouvernement français établissait des fortifications considérables en Hollande. Le général Victor, qui commandait les troupes dans cette contrée, avait fait particulièrement armer le fort de Gorée, celui de Brick, et l'île de Worn. Dans le royaume d'Italie, les troupes françaises avaient repris possession des postes de Brindisi, d'Otrante et de Tarente dans le royaume de Naples, postes qui n'avaient été abandonnés par les Français que depuis la paix d'Amiens.

Le choc entre l'Angleterre et la France n'était pas encore très-violent; mais, en attendant que les événements militaires acquissent de la gravité, les deux pays se faisaient une guerre sourde. Cette année peut, à juste titre, s'appeler l'année des conspirations et des attentats au droit des gens; elle fut peu digne de la grandeur respective des deux pays. En effet, la flotte anglaise, avant que la guerre fût déclarée, avait attaqué deux navires français et en avait fait prisonniers les équipages. Depuis longtemps l'Angleterre aidait aussi les sourdes menées des royalistes, en dirigeant secrètement sur les côtes de France la foule d'émigrés que l'Angleterre avait reçus sur son territoire pendant les laborieux enfantements de la république française. On savait aussi qu'elle invitait d'autres émigrés à se rendre dans le voisinage du Rhin pour inquiéter le gouvernement français sur ce point.

L'acte le plus odieux fut une tentative contre la vie de Bonaparte, qui eut pour auteur un agent anglais nommé Drake. Cet agent remplissait les fonctions de ministre auprès de l'électeur de Bavière; il s'aboucha avec un nommé de la Touche, qui lui offrit de lui vendre ses services. Ce de la Touche était un agent français; après avoir gagné la confiance du ministre anglais, il s'empressa de révéler ce qu'il savait à la police française. Une foule de lettres écrites de la main de Drake et d'un autre agent diplomatique anglais, nommé Smith, furent saisies, et ces documents ayant été communiqués à l'électeur de Bavière, Drake reçut l'ordre de quitter le territoire bavarois. Une note de M. de Talleyrand à tous les ambassadeurs étrangers accrédités à Paris appela leur indignation sur cette profanation du caractère du ministre public. En même temps les papiers saisis étaient livrés à la publicité et distribués avec profusion dans tous les Etats de l'Europe. La note circulaire de M. de Talleyrand était pleine de force; il représentait les agents diplomatiques comme des organes de paix et de conciliation, dont la présence est un augure de sagesse, de justice et de bonheur.

Tous les membres du corps diplomatique, dans des réponses individuelles au ministre des affaires étrangères, manifestèrent le sentiment pénible que cette communication leur faisait éprouver. Cette improbation éclatante produisit une impression profonde sur le cabinet anglais, et il lança une note circulaire, dans laquelle il repoussait le reproche de participation à tout projet d'assassinat. Le ministère anglais établissait ensuite comme un droit reconnu des puissances belligérantes, celui de profiter de tout mécontentement qui existait dans les pays avec lesquels ces puissances pouvaient se trouver en guerre. « Les membres du gouvernement, disait-il, seraient inexcusables de négliger le droit qu'ils ont de soutenir, autant que cela s'accorde avec les principes du droit des gens, que tous les gouvernements ont reconnu jusqu'à présent, les efforts de ceux des habitants de la France qui font profession de sentiments hostiles contre son présent gouvernement... Un ministre, dans un pays étranger, est tenu, par la nature de sa place, ainsi que par les devoirs de sa situation, de s'abstenir de toute communication avec les mécontents dans le pays où il est accrédité, ainsi que de toute action qui porterait préjudice aux intérêts de ce pays; mais il n'est pas sujet à la même réserve à l'égard des pays avec lesquels son souverain est en guerre. Ses actions à leur égard peuvent être dignes d'éloge ou de blâme, suivant la nature des actions elles-mêmes; mais elles n'impliquent point de violation de son caractère public, à moins qu'elles ne soient hostiles à la paix ou à la sûreté du pays près duquel il est accrédité. »

M. de Talleyrand répondit à la note circulaire du ministère anglais. Le diplomate français combattait les principes professés par le gouvernement britannique à l'égard du rôle assigné à ses agents; mais, par une conséquence qui était en désaccord avec les prémisses de son raisonnement, il donnait l'ordre aux agents français accrédités près des différentes cours de l'Europe de déclarer aux cabinets européens que le gouvernement français ne *reconnaîtrait point le corps diplomatique anglais en Europe.* « Les maximes de modération et de libéralité, disait M. de Talleyrand dans sa circulaire, *n'étant justes que par réciprocité, ne sont obligatoires qu'à l'égard de ceux qui s'y soumettent.* » Cet ostracisme, prononcé par la France contre les agents de la cour d'Angleterre, devait durer tant que le ministère anglais ne contiendrait pas ceux-ci dans les limites de leurs fonctions.

Il eût mieux valu pour la France de ne point suivre un mauvais exemple; mais il n'en fut pas ainsi. Peu de temps après la publication de ce manifeste, un agent diplomatique anglais, nommé Rumboldt, fut arrêté par des troupes françaises dans sa maison de campagne, près de Hambourg, et fut transporté à Paris, où il fut retenu prisonnier. Sur les représentations de la cour de Berlin, Rumboldt fut relâché, mais on refusa de lui rendre ses papiers. Mais déjà le gouvernement français avait suivi les traces du cabinet anglais dans cette fatale carrière d'infractions au droit des gens. Ainsi à la nouvelle de la prise des deux navires français, Bonaparte avait lancé un décret aux termes duquel tous les Anglais de dix-huit à soixante ans, résidant en France, ou voyageant dans les contrées occupées par les armées françaises, étaient arrêtés et déclarés prisonniers de guerre.

Tout indiquait dans les dispositions de l'Angleterre une détermination de faire à la France une guerre active et de la poursuivre avec vigueur. Le ministère Addington, dont la formation avait beaucoup contribué à la conclusion de la paix d'Amiens, fut changé comme manquant de vigueur, et Pitt, l'éternel ennemi de la France, rentra aux affaires comme premier lord de la trésorerie et chancelier de l'Échiquier. Les membres principaux du nouveau cabinet étaient lord Melville, premier lord de l'amirauté; lord Harrowby, secrétaire d'État au département des affaires étrangères; lord Camden, au département de la guerre.

Les opérations militaires eurent pour théâtre l'ancien et le nouveau monde, et les succès en furent partagés : une escadre anglaise, commandée par l'amiral Keith, se présenta devant Boulogne, et dirigea les brûlots sur les bâtiments français; mais les Français parvinrent à éviter ces dangereux ennemis. Dans l'Inde, où l'Angleterre avait à lutter contre les indigènes et les flottes françaises, l'armée anglaise, commandée par le général Lake et le célèbre Arthur Wellesley, depuis lord Wellington, après avoir défait le rajah de Berar, dans les plaines d'Argaum, l'obligea à signer un traité. Aux termes de ce traité, le rajah cédait à la Compagnie des Indes orientales la province de Cuttack et d'autres territoires, et s'engageait à ne point recevoir dans ses armées les sujets d'un État en guerre avec l'Angleterre. Un traité avec le royaume de Sinde fut également conclu : celui-ci cédait à la Compagnie toutes les forteresses et possessions du Douab, agrandissait son territoire du côté des possessions des rajahs de Jeypoor et Judpoor, et lui livrait Baroach dans le Guzzera, et Ahmednughur dans le Deccan.

A cette époque, l'amiral français Linois, à la tête d'une escadre composée du vaisseau *le Marengo*, de 80 canons; des frégates *la Sémillante* et *la Belle-Poule* de 40 canons; d'un cutter et d'un brigantin de 18 canons, et d'une corvette de 28, parcourait les mers de l'Inde et les balayait de tous les riches *east-indiamen* (*) qui revenaient en Europe. La flotte française venait de prendre sa station à l'entrée des détroits de Malacca, dans le but d'attendre l'escadrille des navires marchands anglais, à son retour de Canton. Cette escadrille, composée de quinze navires armés en guerre, de douze navires marchands et d'un navire portugais, se présenta en vue de la flotte française le 1er février 1804; l'importance des cargaisons réunies dans la câle de ces bâtiments était estimée à un million et demi sterling (37,500,000 fr.). La bataille s'engagea; mais, après un combat acharné, la victoire resta aux Anglais. Au retour de la flotte en Angleterre, la Compagnie des Indes montra une grande libéralité envers les officiers et les équipages, et surtout envers les blessés. Sur la côte d'Afrique, Gorée, après avoir été prise par les Français, fut reprise par le ca-

(*) On appelle ainsi les navires de la Compagnie des Indes.   CL. PEL.

pitaine Dickson. Dans les Indes occidentales, l'importante colonie de Surinam se rendit au major général sir Charles Green.

Mais ces succès n'étaient point décisifs, et l'Angleterre ne pouvait espérer triompher de sa rivale qu'en frappant de grands coups. Dans ce but, des agents anglais répandus dans toutes les cours de l'Europe s'efforçaient de gagner les États européens à la cause de leur pays.

Le prince de la Paix, le fameux Godoï, favori de Charles IV, commandait en ce moment à la cour d'Espagne en souverain absolu. Godoï paraissait disposé à écouter les ouvertures du cabinet de Saint-James, mais l'ambassadeur français Beurnonville, ayant déclaré que la France réclamerait le *casus fœderis*, et ayant joint à cette réclamation la menace d'une armée française à Madrid, le ministère espagnol se décida pour la France. Aussitôt une convention, aux termes de laquelle la cour d'Espagne consentait à payer des sommes considérables à la France, fut conclue. A cette nouvelle, le capitaine Moore partit de Portsmouth avec quatre frégates pour croiser à la hauteur de Cadix, et attaquer à leur arrivée des galions richement chargés qui étaient attendus de la rivière la Plata. Ces galions, au nombre de quatre, furent capturés, à l'exception de *la Mercedes*, qui sauta en l'air après dix minutes de combat, et dont la plus grande partie de l'équipage périt dans les flots. Les trois autres galions amenèrent leur pavillon. Les sommes qui étaient à bord, y compris celles qui furent englouties avec *la Mercedes*, étaient évaluées à quatre millions de dollars (20,000,000 fr.).

La politique de l'Angleterre échouait en Espagne, mais elle réussissait complétement sur d'autres points. Ses succès étaient dus en partie à l'arrestation du duc d'Enghien sur le territoire de Baden; la mort malheureuse de ce jeune prince fut habilement exploitée par la cour d'Angleterre auprès des cours continentales. Ce fut deux mois environ après la mort du duc d'Enghien que Bonaparte changea la dignité consulaire en celle de dignité impériale, et prit, en vertu d'un sénatus-consulte, le titre de Napoléon, empereur des Français.

A la nouvelle du meurtre du duc d'Enghien, les ministres russe, suédois et hanovrien, résidant à Paris, adressèrent des notes énergiques au gouvernement français. Le véritable motif des plaintes de la cour de Saint-Pétersbourg contre la France était que cette puissance avait vu avec peine l'occupation du Hanovre et du royaume de Naples par les troupes françaises. Le cabinet de Saint-Pétersbourg adressa une note à M. de Talleyrand; l'ambassadeur russe déclarait que son auguste maître avait appris avec autant d'étonnement que de douleur l'événement qui s'était passé à Ettenheim, et le résultat affligeant qui s'en était suivi. « Sa Majesté, disait le document, ne trouve malheureusement, dans ce fait, qu'une violation pour le moins aussi gratuite qu'elle est manifeste du droit des gens et d'un territoire neutre; violation dont il est difficile de calculer les conséquences, et qui, si l'on venait à la regarder comme permise, réduirait à rien la sûreté et l'indépendance des États souverains. » Le cabinet de Saint-Pétersbourg annonçait, par l'organe de son ambassadeur, que Sa Majesté Impériale s'était trouvée dans l'obligation d'exprimer ses sentiments sur ce sujet à la diète de Ratisbonne; mais qu'elle avait voulu en même temps les exprimer au gouvernement français. En réponse à cette note, le gouvernement français déclara qu'il ne pouvait qu'être surpris d'une intervention inattendue et dont il avait à peine à comprendre les motifs; que l'urgence et la gravité des circonstances avaient suffisamment autorisé le gouvernement français à faire saisir, à deux lieues des frontières, des Français rebelles qui conspiraient contre leur patrie, et qui, par la nature de leurs complots, s'étaient mis d'eux-mêmes hors du droit des gens.

La cour de Saint-Pétersbourg, où se

trouvait en ce moment lord Granville-Greveson-Gower, ambassadeur d'Angleterre, ne se montra pas satisfaite de cette réponse, et, cédant aux instances de cet agent diplomatique, elle donna l'ordre à son agent à Paris de demander ses passe-ports. Sur ces entrefaites, le cabinet français fit des ouvertures pour amener un arrangement entre l'Angleterre et la France, mais elles furent repoussées.

Une nouvelle coalition des grandes puissances européennes contre la France venait de se former (le 11 avril 1805). Aux termes du traité, les puissances contractantes s'engageaient à chasser les Français du Hanovre et du nord de l'Allemagne, à rétablir le roi de Sardaigne sur son trône, à forcer les Français à évacuer le royaume de Naples et toute l'Italie; elles s'engageaient en outre à mettre sur pied une armée de 500,000 hommes, indépendamment des forces de terre et de mer de la Grande-Bretagne, qui devait fournir des fonds à ses alliés. L'Europe entière se hérissa aussitôt de baïonnettes. Deux armées de 50,000 Russes s'avancèrent vers le Danube, et les Autrichiens entrèrent sur le territoire de Bavière. De son côté, Napoléon avec sa promptitude ordinaire dissolvait la flottille de Boulogne et donnait l'ordre aux troupes échelonnées sur les côtes de la Manche de marcher sur le Rhin; les armées françaises qui étaient dans la Hollande et le Hanovre s'avancèrent vers le Danube, et une levée immédiate de 80,000 conscrits fut ordonnée; la garde nationale fut réorganisée.

(1805.) Tandis que l'Europe attentive examinait cet immense armement et en attendait les résultats avec inquiétude, la presse anglaise, avec son regard inquisiteur, dévoilait aux yeux du pays des malversations commises depuis longtemps au département de la marine. Le principal accusé, lord Melville, était l'un des ministres. Bientôt les bruits les plus injurieux pour la probité de ce fonctionnaire circulèrent dans le public. On disait notamment que, dans le détournement des fonds dont il était accusé, lord Melville avait eu recours à un employé subalterne, nommé Trotter, qui avec cette somme avait joué à la bourse et s'était livré à différentes spéculations. L'accusation était d'autant plus grave que, dans une circonstance antérieure, lord Melville avait porté une accusation de la même nature contre sir Thomas Rumboldt pour malversations dans l'Inde. Une commission d'enquête fut nommée par les communes pour préparer un rapport sur cette affaire, et lord Melville, interrogé par les commissaires, rejeta sur son employé les détournements qu'on lui reprochait. Cet employé, interrogé à son tour, déclara que les fonds avaient été placés par lui dans la maison de banque de MM. Couts, où il les croyait, dit-il, plus en sûreté que dans les coffres de la banque d'Angleterre. M. Whitebread ayant présenté une motion pour la mise en accusation de lord Melville, M. Robert Dundas, fils de lord Melville et membre de la chambre des communes, demanda que son père fût admis à se présenter à la barre de la chambre pour se défendre; cette proposition fut adoptée. Le président ayant ordonné à l'huissier de la verge noire d'aller informer lord Melville de la réunion de la chambre, l'accusé fut introduit. Lord Melville s'efforça de repousser les graves inculpations portées contre lui.

La nature de l'offense, les hautes fonctions de l'accusé excitaient une sensation générale, et le ministère, autant dans son propre intérêt que dans celui de l'accusé, résolut de lui donner son appui. « Je déclare, dit M. George Canning, qu'il y a eu imprudence de la part de lord Melville dans ses affaires personnelles, et qu'il n'aurait pas dû employer un agent du gouvernement qui était son subordonné, dans des transactions qui lui étaient personnelles; mais cette imprudence, il l'a payée cher... Et pourquoi tant de sévérité dans cette accusation? Ne nous ressouvenons-nous plus de l'impression qui eut lieu dans le public quand cette question importante fut agitée pour la première fois dans cette chambre? On ne nous parlait que des immenses bénéfices réalisés par lord Melville avec l'argent de l'État, et aujourd'hui qu'un plus mûr examen de l'affaire nous a permis de juger de l'importance de ces bénéfices, il nous est prouvé qu'ils sont pour ainsi dire nuls, et que le traitement de ce fonctionnaire ne s'est pas élevé au-dessus de 2,000 liv. sterl. J'ai examiné tous les points divers de l'accusation, et je le demande à tous les cœurs généreux qui m'écoutent, si vraiment l'intention de la chambre a été d'augmenter la perplexité de l'accusé, en prolongeant de cette manière l'accusation, et en réunissant tout ce qui peut lui donner de la gravité? Cette marche ne saurait être approuvée de la nation, parce qu'il n'est pas dans son caractère d'être méchante. La justice est la seule chose que l'Angleterre réclamera toujours; elle veut tout voir, tout connaître, et punir ce qui mérite d'être puni. » William Pitt prit aussi la parole; c'était le dernier discours qu'il devait prononcer. Mais son discours de même que celui de Canning ne désarmèrent pas les communes. Lord Melville, qui avait déjà résigné ses fonctions, fut renvoyé devant la chambre des pairs, et M. Whitebread fut chargé de soutenir l'accusation au nom des communes. Les chefs d'accusation étaient au nombre de dix, dont trois principaux, et ce procès occupa une grande partie de la session. A la demande ordinaire faite aux accusés, quand s'ouvrent les débats criminels: « Êtes-vous coupable ou non coupable? » l'accusé répondit: « Non coupable! » Lord Melville fut acquitté; mais le verdict, rendu à une faible majorité, laissait, à cause de cette circonstance, une tache sur son caractère.

La coalition des États confédérés contre la France échoua dans son but comme avaient échoué les coalitions précédentes. Le principal théâtre de la guerre était les États autrichiens. Après avoir traversé le Rhin à Kehl, et exécuté des marches rapides, Napoléon, à la tête de 50,000 hommes, avait gagné une bonne position sur la route de Vienne. Ulm, où le général autrichien Mack s'était renfermé avec une armée considérable, se rendit par capitulation. En ce moment, Napoléon préparait contre l'Angleterre l'exécution de son système continental. S'étant fait présenter les généraux autrichiens: « Je ne désire faire aucune conquête sur le continent, leur dit-il; la France n'a besoin que de vaisseaux, de colonies et de commerce, et il est de l'intérêt de l'Autriche, comme du mien, que j'aie des vaisseaux, des colonies, du commerce. » Après la capitulation d'Ulm, des propositions d'armistice furent faites à Napoléon par l'empereur d'Autriche, et le conquérant victorieux ne les repoussa point; mais il demanda que les troupes russes rentrassent dans leurs foyers, que les troupes bavaroises fussent licenciées, et que les troupes autrichiennes quittassent le Tyrol et les États vénitiens. Sur le refus d'adhésion de l'empereur d'Autriche, Vienne fut occupée par l'armée française (13 novembre 1805); deux jours après la prise de cette capitale, Bonaparte se hâta de rejoindre le principal corps de l'armée française, qui était en Moravie, et, le 20 novembre, il arriva à Brunn, où il reçut une députation des autorités moraves. Déjà Ney s'était emparé de Brixen; Bernadotte occupait Iglaco et les confins de la Bohême; un grand nombre de prisonniers et des bagages considérables étaient tombés dans leurs mains.

Le 23 novembre, les armées étaient en présence: l'armée autrichienne et russe, où se trouvaient en personne les empereurs d'Autriche et de Russie, comptait plus de 100,000 combattants. Napoléon ayant envoyé le général Savary, son aide de camp, à l'empereur Alexandre, pour complimenter ce souverain et lui demander une entrevue personnelle, Alexandre, par échange de courtoisie, envoya le prince Dolgorouski à Napoléon. À son retour au camp français, Savary rapporta que l'armée russe et autrichienne, se fiant à sa supériorité numérique, était pleine de présomption, et qu'elle manifestait une confiance entière dans l'issue de la lutte qui allait s'engager. On sait quels furent les résultats de cette mémorable journée. Le quartier général des empereurs de Russie et d'Autriche était situé à Austerlitz. La bataille, qui reçut le nom de bataille d'Austerlitz de l'empereur Napoléon, et qui fut nommée par les soldats français, la bataille des trois empereurs, fut livrée le 2 décembre; elle fut terrible pour les Autrichiens et les Russes. L'empereur d'Autriche, effrayé de ce désastre, s'empressa de solliciter un armistice, et, dans une entrevue qui eut lieu le 4 décembre, il fut convenu qu'il y aurait une suspension d'armes. Aux termes de cette convention, les Français restaient en possession de tous les territoires conquis par leurs armes, jusqu'à la conclusion d'une paix définitive, ou à la rupture des négociations; dans le dernier cas, les hostilités ne devaient recommencer qu'à l'expiration de quatorze jours. Il fut en outre stipulé que l'armée russe évacuerait immédiatement le territoire autrichien, et que des ministres plénipotentiaires seraient nommés sans délai, pour fixer les bases d'un traité de paix définitif. L'empereur Alexandre refusa d'adhérer à ces conditions, et, le 6 décembre, il donna l'ordre à ses troupes de quitter les États autrichiens.

La bataille d'Austerlitz fut suivie d'un traité définitif signé à Presbourg le 26 décembre, entre l'Autriche et la France. Aux termes de ce traité, le territoire vénitien était uni à perpétuité au royaume d'Italie; le titre de roi, qu'avaient pris les électeurs de Bavière et de Wurtemberg, était reconnu; le margraviat de Burgau, la principauté d'Eichstadt, une partie du territoire de Passaw, le Tyrol et le duché de Voralberg étaient cédés au roi de Bavière; les possessions de l'empereur d'Autriche dans la Franconie, la Souabe et la Bavière, étaient partagées entre les rois de Bavière et de Wurtemberg et l'électeur de Bade; le comté de Saltzbourg et de Berchtolsgaden, appartenant à l'archiduc Ferdinand, étaient incorporés à l'empire d'Autriche, et l'archiduc recevait en compensation, du roi de Bavière, le territoire de Wurtsbourg. La population de l'Autriche se trouvait par ce traité amoindrie de plus de 2,500,000 sujets, et le trésor public essuyait une perte de près de 50,000,000 de francs; l'Autriche perdait, en outre, beaucoup de son influence politique, par suite de l'abandon de ses possessions en Italie, et de la ligne de pays par laquelle elle avait maintenu jusqu'alors ses relations avec la Suisse. Le traité de Presbourg fut suivi d'un traité entre la France et la Prusse, qui fut conclu à Vienne. La France s'engageait à ne plus envoyer de troupes dans le Hanovre, et consentait à ce que celles qui s'y trouvaient fussent remplacées par des troupes prussiennes; en échange du Hanovre, la Prusse cédait Anspach et Bayreuth, dans la Franconie; Clèves, dans la Westphalie, et Neuchâtel et Valengin, dans la Suisse.

Encore une fois, les espérances que l'Angleterre avait pu concevoir en formant une coalition contre la France, venaient d'être détruites. Toutefois tandis que la France remplissait le continent du retentissement de ses armes et qu'elle remportait des victoires signalées, la mer, que sillonnaient les vaisseaux anglais, était pour l'Angleterre le théâtre de grands succès. Nelson bloquait Toulon et empêchait la flotte française de prendre la mer, tandis qu'une escadre anglaise stationnait dans les pertuis d'Antioche et Breton. Une flotte française parvint à quitter Rochefort, et se dirigea vers les Indes occidentales, où elle fit des prises considérables. Les désastres commis dans les colonies anglaises par cette flotte, les captures importantes qu'elle faisait en mer, jetèrent un moment l'alarme sur la place de Londres et dans tous les ports de commerce de la Grande-Bretagne; mais lord Cochrane ayant paru dans les mers occidentales avec des forces supérieures, la flotte française se hâta de regagner les ports de France.

On apprit en ce moment que la flotte de Toulon, commandée par l'amiral Villeneuve, avait pris la mer. L'amiral français, en passant le détroit de Gibraltar, avait touché à Cadix, où six vaisseaux espagnols s'étaient ralliés à sa flotte, et il avait obligé l'amiral anglais sir John Orde, qui bloquait le port de Cadix avec six vaisseaux, à se retirer. La flotte française avait à bord, indépendamment des équipages, 10,000 hommes de troupes, et faisait voile pour les Indes occidentales. A la nouvelle de son départ de Toulon, Nelson, qui était en croisière dans la Méditerranée, se mit à sa poursuite; mais, à son arrivée à la Barbade, il apprit qu'après avoir séjourné pendant quelques semaines à la Martinique, la flotte française avait fait voile pour revenir en France. Nelson appareilla pour l'Europe, et, après avoir cherché inutilement la flotte française dans les eaux de Cadix et du cap Saint-Vincent, dans la baie de Biscaye et sur la côte d'Angleterre, il revint à Portsmouth. En ce moment la flotte française se montrait à la hauteur du cap Finistère, et s'engageait avec l'amiral sir Robert Calder, qui commandait une escadre de quinze vaisseaux de ligne et de deux frégates. Cette bataille, dans laquelle *le Saint-Raphaël*, vaisseau de 84 canons, et l'*El Firme*, de 74, furent pris par les Anglais, dura quatre heures; une brume épaisse mit fin à l'action. L'amiral anglais revint alors en Angleterre, mais accoutumée à des succès brillants sur mer, et confiante dans sa supériorité maritime, l'Angleterre trouva que l'amiral n'avait point assez fait; cet officier passa donc devant une cour martiale, qui lui donna une réprimande sévère.

Déjà Nelson avait repris la mer et arboré son pavillon à bord de *la Victoire*; à la hauteur de Trafalgar, il rencontra la flotte française, renforcée de la flotte espagnole, et commandée par les amiraux Villeneuve et Gravina. Cette flotte se composait de 33 vaisseaux de ligne et de 7 frégates, et avait à bord 4,000 hommes de troupes d'élite; la flotte anglaise se composait de 27 vaisseaux de ligne et de 4 frégates. Les deux armées se rangèrent en bataille; la flotte franco-espagnole prit la forme d'un croissant; la flotte anglaise se forma en deux colonnes d'attaque et se porta sur l'ennemi en conservant cette position.

Cette bataille maritime, l'une des plus remarquables de l'époque, commença vers midi. Tout le monde connaît les mots héroïques de Nelson, exprimés par les derniers signaux qui précédèrent cette bataille : « L'Angleterre attend de chaque homme qu'il fera son devoir! » L'action, pendant quatre heures, fut des plus terribles: l'amiral Collingwood, qui commandait l'une des colonnes d'attaque, coupa la ligne française et engagea le combat bord à bord avec les vaisseaux français et espagnols; l'amiral Nelson, à bord de *la Victoire*, attaqua *le Redoutable*. Le feu se communiqua à différentes reprises à bord des deux vaisseaux, et il ne put être éteint qu'après des efforts inouïs. Vers trois heures de l'après-midi, l'amiral espagnol, avec 10 vaisseaux de ligne, se détacha de la flotte combinée et prit la direction de Cadix. Dix minutes après cette retraite, 5 vaisseaux de l'avant-garde française, commandés par l'amiral Dumanoir, virèrent de bord et se portèrent vers le sud; le dernier de ces vaisseaux fut pris, les quatre autres, qui le précédaient, échappèrent.

La flotte française était entièrement détruite; 19 de ses vaisseaux, et dans le nombre le vaisseau amiral, étaient tombés au pouvoir des Anglais; un vaisseau français de 74 canons, *l'Achille*, sauta en l'air après avoir amené son pavillon, et la plupart des hommes de son équipage périrent dans les flots. Les quatre vaisseaux commandés par l'amiral Dumanoir, qui avaient échappé à la ruine de la flotte française, ne tardèrent pas à éprouver le même sort. L'amiral sir Richard Strachan, croisant à la hauteur du Ferrol, les ayant rencontrés, leur donna la chasse, et, s'en étant rapproché, il engagea avec eux une action qui fut soutenue avec beaucoup d'ardeur pendant trois heures et demie; les vaisseaux français, qui avaient contre eux la force du nombre, furent obligés d'amener leur pavillon. Toutefois, la victoire de Trafalgar avait coûté cher aux Anglais, car Nelson, mortellement blessé, expira deux heures après l'action; la perte des Anglais s'élevait à 1,500 tués et blessés; mais ce grand succès maritime n'en fut pas moins accueilli, dans les trois royaumes, avec les démonstrations de la joie la plus vive. Les villes le célébrèrent par des illuminations et des feux de joie; les deux chambres du parlement votèrent des remercîments à la flotte; des médailles d'or furent distribuées à ceux qui s'étaient particulièrement distingués dans la bataille. La famille de Nelson reçut des honneurs et des récompenses dignes du service que ce grand marin venait de rendre au pays. Le vice-amiral Collingwood fut élevé à la dignité de baron, et il lui fut donné une pension annuelle de 2,000 livres sterling (50,000 fr.).

(1806.) La victoire de Trafalgar décidait de la suprématie maritime de l'Angleterre, de même que la bataille d'Austerlitz confirmait la supériorité militaire de la France, et la laissait sans rivale sur le continent. Les efforts qu'avaient faits ces deux grands pays, les flots de sang qui avaient coulé, les sommes énormes que la guerre avait coûté, n'avaient profité à aucun d'eux en ce qui concernait leur querelle personnelle. Sur ces entrefaites, arriva un événement qui pouvait faire espérer des changements prochains dans les dispositions réciproques des deux pays. William Pitt, dont la politique avait toujours vu dans la France un ennemi redoutable de l'Angleterre, venait d'expirer. Cet homme d'État, d'une constitution naturellement frêle et délicate, ne prenait plus depuis quelque temps une part active aux affaires publiques. Il était allé à Bath dans l'espoir de se rétablir, et était ensuite venu à sa maison de Pultney-Heath dans un état complet d'épuisement. A quelques jours de là il rendit le dernier soupir; il avait alors quarante-sept ans, et avait occupé la première place dans le gouvernement de son pays pendant plus de vingt ans, ce que n'avait fait aucun autre ministre anglais avant lui. Sa mort produisit une dislocation dans le ministère; celui-ci résigna ses fonctions malgré les sollicitations pressantes que lui fit le roi pour les garder. Dans cette conjoncture, George chercha à composer un ministère des débris du dernier cabinet, et ayant échoué dans toutes ses tentatives, il appela lord Granville. Le noble lord lui présenta une liste de membres choisis parmi les différentes nuances de la chambre des communes, et un ministère mixte fut formé. Lord Granville y figurait comme premier lord de la trésorerie; Fox, Whindham et le comte Spencer, l'un comme secrétaire d'État au département des affaires étrangères, le second comme secrétaire d'État au département de la guerre, le troisième comme secrétaire d'État au département de l'intérieur; lord Erskine comme lord chancelier, Sheridan comme trésorier de la marine.

La chambre des communes, sur la motion d'un de ses membres nommé Henri Lascelles, vota à une grande majorité que le ministre défunt serait enterré aux frais du trésor public dans l'abbaye de Westminster, à côté de son père. Elle vota de plus une somme de 40,000 liv. st. pour le payement des dettes de William Pitt. M. Canning prit la parole pour appuyer la motion : « Je m'associe, dit-il, avec bonheur au vœu des honorables orateurs qui demandent que le parlement paye les dettes de mon honorable ami, et je désire qu'il soit bien entendu que les amis de cet illustre personnage n'accepteront jamais ce don comme le don de la pitié et de la compassion, mais comme un devoir de gratitude de la part de la chambre. A l'époque des débats qui ont eu lieu à l'occasion de la cérémonie et du lieu d'enterrement de mon honorable ami, j'ai eu lieu d'observer que la résolution proposée à ce sujet a été adoptée avec une sorte de froideur et d'indifférence bien différente des sentiments de ceux des hommes qui ont présenté cette résolution. Je n'espère point aujourd'hui encore rencontrer de l'unanimité dans la question qui nous occupe; cependant je le déclare, il est à désirer dans l'intérêt du pays que les grands services que le défunt a rendus soient généralement reconnus. » Fox, en donnant son adhésion à la proposition, dit que pendant les vingt années de son ministère, Pitt avait montré un désintéressement bien rare, et que la chambre des communes lui devait à ce titre un tribut de reconnaissance. « Toutefois, dit-il, en votant pour la proposition, je désire que la chambre sache bien que je conserve ma première opinion sur les mesures prises par le ministre dont nous déplorons la perte. Que si la proposition avait pour objet d'exprimer l'approbation de ces mesures, alors je me verrais forcé de m'y opposer. » La proposition fut adoptée.

Des ouvertures de paix ne tardèrent pas à être faites à la France. Au mois de février, un projet d'assassiner Napoléon ayant été communiqué à Fox par un étranger, ce ministre s'empressa d'informer de ce projet M. de Talleyrand. Le ministre français, en réponse à cette communication, remercia Fox et lui exprima le désir dont Napoléon, disait-il, était animé de faire la paix conformément au traité d'Amiens. Fox ayant regardé cette ouverture comme officielle, répondit que l'Angleterre était prête à traiter, pourvu que ce fût conjointement avec la Russie, et lord Yarmouth, fils du marquis d'Herford, prisonnier de guerre en France depuis le commencement des hostilités, fut aussitôt chargé de négocier avec M. de Talleyrand. La France, qui se préparait en ce moment même à conclure un traité avec la Russie, offrit à la cour de Saint-James de lui restituer le Hanovre et de traiter sur le principe de *uti possidetis*.

Mais il y a lieu de croire que dans leurs dispositions réciproques, les deux gouvernements manquaient de sincérité. Mille intrigues furent mises en jeu avec une grande activité. La France ayant conclu un traité provisoire avec la Russie, le gouvernement français se montrait difficile avec l'Angleterre. De son côté, le ministère britannique, en même temps qu'il négociait à Paris, sollicitait la cour de Saint-Pétersbourg, au moyen de ses agents, de ne point ratifier le traité définitif sans la participation de l'Angleterre. Les instances du cabinet de Londres devinrent si pressantes, que la cour de Saint-Pétersbourg refusa de traiter isolément avec la France. Alors M. de Talleyrand, informa l'agent anglais à Paris, que le gouvernement français était disposé à faire la paix avec l'Angleterre à des conditions plus favorables que celles qui avaient été proposées dans le principe ; mais les dispositions du cabinet anglais avaient changé depuis le succès qu'il avait obtenu à Saint-Pétersbourg: il refusa d'écouter les propositions de la France, et les négociations furent encore une fois rompues.

A quelques mois de la formation du ministère, Fox suivit dans la tombe son antagoniste. Fox était entré au ministère dans un état maladif; sa situation s'aggrava par les affaires importantes auxquelles ses fonctions l'obligeaient de donner son attention, et bientôt il fut dans un état désespéré. Sa mort arriva au mois de septembre 1806, huit mois après celle de William Pitt; toutes les opinions se turent en présence de sa tombe, et les hommes les plus distingués du pays assistèrent à ses funérailles. Fox mourut dans les bras de ses amis politiques, et ses dernières paroles témoignèrent de la satisfaction qu'il ressentait de laisser ses amis au pouvoir. Sa mort occasionna différentes modifications dans le ministère : lord Howick le remplaça aux fonctions de secrétaire d'État au département des affaires étrangères ; lord Sidmouth eut la présidence du conseil, et lord Holland, neveu de Fox, succéda à lord Sidmouth dans les fonctions de lord du sceau privé. La dissolution du parlement fut ensuite prononcée, et des writs furent lancés pour les élections. Cette mesure avait pour objet de consolider la nouvelle administration au pouvoir; toutefois, le parti tory fit de si grands efforts, que le ministère n'obtint qu'une majorité douteuse. Il n'y avait plus d'espérance à entretenir d'une paix prochaine, et de part et d'autre, en Angleterre et en France, on se disposa à poursuivre la guerre avec une grande vigueur.

L'amiral français Willaumez, accompagné de Jérôme Bonaparte, était parti de France à la tête d'une flotte de onze vaisseaux de ligne et d'un certain nombre de frégates. Après avoir tenu la mer pendant dix jours, la flotte française s'étant partagée en deux escadres, l'une, commandée par l'amiral la Seigle, s'était portée sur Saint-Domingue; l'autre, commandée par l'amiral Willaumez, avait fait voile pour la côte du Brésil. L'amiral anglais Duckworth ayant rencontré l'escadre de l'amiral la Seigle dans la baie d'Ocoa, la défit complétement, après une action acharnée. L'escadre de l'amiral Willaumez n'eut pas plus de bonheur : après avoir visité les côtes du Brésil, et s'être dirigée vers les Indes orientales, elle essuya une tempête violente qui désempara la plupart des navires. Le vaisseau monté par l'amiral français gagna la Havane avec beaucoup de difficulté; les autres furent dispersés; le *Vétéran*, à bord duquel se trouvait Jérôme Bonaparte, alla échouer sur la côte de Bretagne.

Dans les Indes occidentales, la flotte anglaise, commandée par sir Samuel Hood, battit une escadre française composée de cinq grandes frégates et de deux corvettes. L'engagement dura plusieurs heures, et sir Samuel Hood eut un bras coupé par un boulet de canon. Dans les Indes orientales, l'amiral français Linois, après avoir causé des dommages considérables à la Compagnie des Indes orientales, fut battu dans plusieurs batailles décisives. Vers la même époque, une armée de cinq mille hommes, venue d'Angleterre à bord d'une flotte anglaise commandée par sir Home Popham, s'empara du cap de Bonne-Espérance, et obligea les forces hollandaises, qui s'étaient retirées dans l'intérieur, de se rendre. Toutefois, un échec assez important suivit de près ces succès maritimes. Sir Home Popham, après la prise du cap de Bonne-Espérance, s'était transporté à l'embouchure de la rivière de Rio de la Plata, dans le but de s'emparer de Buenos-Ayres et de Montevideo; il prit possession de la première de ces villes, et y fit un butin considérable. La promptitude des mouvements de cet officier avait jeté d'abord une frayeur panique parmi les Espagnols; mais, s'étant remis de leur surprise, ils résolurent d'attaquer les Anglais, et de les déloger de leur ville; leur chef était un colonel français, du nom de Liniers, qui était au service de l'Espagne. L'attaque fut couronnée d'un plein succès; les Anglais ne purent résister à l'impétuosité des Espagnols et à l'habileté de leur chef; un grand nombre d'entre eux furent tués; les autres furent faits prisonniers de guerre.

Cet échec produisit une certaine sensation en Angleterre : non pas que l'Angleterre eût alors beaucoup à redouter de la France sur mer. Elle venait d'anéantir la marine française, et une immense quantité de matelots étaient retenus prisonniers de guerre sur ses pontons. Mais, nous l'avons dit, à cause de ses flottes immenses et de sa grande puissance maritime, l'Angleterre est habituée au succès. De plus, à cette époque, l'Angleterre était menacée sur le théâtre ordinaire de ses brillants exploits par un nouvel ennemi : ce nouvel ennemi, c'était l'Amérique du Nord. Le traité de paix qui avait ratifié l'indépendance américaine n'avait point éteint les antipathies que l'Amérique nourrissait contre l'Angleterre; les Américains se plaignaient maintenant de ce que les flottes anglaises visitaient leurs navires en mer, et s'emparaient des matelots américains qui étaient à bord, sous le prétexte qu'ils étaient Anglais; en second lieu, de ce que, au mépris du droit des mers, les flottes anglaises capturaient leurs navires marchands, qui faisaient le commerce avec les parties belligérantes; troisièmement, de ce que les vaisseaux anglais venaient saisir les navires français et espagnols jusque dans les eaux des côtes américaines. L'orgueil national des Américains était profondément blessé de ces griefs; et le cabinet de Washington résolut d'envoyer des agents à Londres pour faire des représentations. Un traité qui rajustait les différends fut conclu; mais, sur la présentation qui en fut faite à Jefferson, alors président des États-Unis, le traité ne fut pas ratifié.

Vastes conceptions, projets gigantesques, déploiement de force extraordinaire, en ce moment, la France et l'Angleterre mettent tout en jeu pour se détruire réciproquement. Jamais peuples ne se montrèrent plus puissants pendant la guerre. Dans ce grand duel où se jouent leurs destinées, ces deux nations héroïques prouvent au monde qu'elles sont à la hauteur l'une de l'autre. A leurs énergiques efforts, à leur vaillance dans les batailles, l'homme le plus infatué de préjugés est obligé de reconnaître que si une bonne organisation, une sage politique, vient un jour à effacer leurs longues rivalités, leurs vieilles rancunes, pour les fondre dans une même communauté de sentiments et d'intérêts, à tourner leurs efforts vers un but humanitaire, ce jour-là marquera dans l'histoire des hommes; que, réunies et travaillant en commun au profit de l'humanité, elles pourront étonner le monde par la grandeur de leurs actes, comme elles l'ont déjà fait par la grandeur de leurs exploits.

Le traité de Presbourg avait rompu la coalition; de plus, le roi de Naples, aux termes d'un traité conclu à Paris au mois de septembre, s'était engagé à faire respecter sa neutralité, et à repousser par la force des armes ceux qui tenteraient de la violer. Cependant, à quelques semaines de là, une escadre anglo-russe s'étant présentée devant Naples, le gouverneur napolitain permit aux troupes de débarquer. Cet acte fut considéré par Napoléon comme une perfidie; il rendit une proclamation qui déclarait déchue la dynastie napolitaine, et une armée française, commandée par Joseph Bonaparte, entra sur le territoire napolitain, et s'empara de Naples. Joseph Bonaparte fut nommé roi de Naples; et la famille royale se retira en Sicile, accompagnée d'une armée et d'une flotte anglaise. Bientôt une armée anglaise fit une descente sur les côtes de la Calabre, et différentes rencontres entre les Français et les Anglais eurent lieu; dans l'une d'elles, l'armée française, commandée par le général Regnier à Maida, essuya une défaite; mais ce revers fut bientôt réparé par de grands succès.

Dans le même temps, l'Angleterre poussait activement la Prusse à se déclarer contre la France. Divers actes du gouvernement français, et notamment l'investiture des duchés de Berg et de Clèves en faveur de Murat, avaient causé de sérieuses alarmes à la cour de Berlin. De plus, cette cour n'avait pas vu sans déplaisir, à l'époque des négociations pour le rétablissement de la paix qui avaient eu lieu entre l'Angleterre et la France, le gouvernement français offrir à l'Angleterre de lui restituer le Hanovre. Il paraît aussi que Napoléon, pour faire la paix avec la Russie, avait donné à entendre à cette puissance qu'elle pouvait s'emparer de la Pologne prussienne et l'annexer à son territoire. Ces griefs avaient fait une impression profonde sur le cabinet prussien. Mais à ces causes de mécontentement s'en joignaient d'autres : la confédération germanique, à la tête de laquelle se plaçait Napoléon, venait de se former. Ce projet, dont le grandiose suffit pour indiquer le génie de son auteur, fut exécuté avec une promptitude extraordinaire. Les membres de la confédération étaient l'empereur des Français, les rois de Wurtemberg et de Bavière, l'archevêque de Ratisbonne, l'électeur de Bade, le duc de Berg, le landgrave de Hesse-Darmstadt, et plusieurs princes d'Allemagne. La confédération se séparait de l'empire germanique; elle établissait à Francfort le siége de ses réunions, et choisissait Napoléon pour son protecteur. Les membres de la diète s'engageaient à se prêter assistance entre eux; chaque État devait fournir un contingent de troupes dans les proportions suivantes : la France, deux cent mille hommes; la Bavière, trente mille hommes; le Wurtemberg, douze mille hommes; Bade, trois mille hommes; le duché de Berg, cinq mille hommes; Darmstadt, quatre mille hommes; Nassau, Hohenzollern et d'autres États, quatre mille hommes. Par cet arrangement, l'empereur d'Autriche était privé de ses honneurs; il se voyait obligé d'abandonner le titre d'empereur d'Allemagne, et de se contenter du titre plus modeste d'empereur d'Autriche.

La Prusse avait donné dans le principe son adhésion à la confédération germanique, car elle espérait, comme on le lui avait fait entrevoir, former, sur le modèle de la confédération du Rhin, une confédération des États situés dans le nord de l'Allemagne, à la tête de laquelle elle aurait été placée. Mais bientôt le gouvernement français informa la cour de Berlin qu'il ne pouvait permettre que les villes anséatiques fussent comprises dans la confédération qui était projetée. L'irritation qui régnait en Prusse et dans différents États de l'Allemagne contre la France, s'accrut encore par le meurtre du malheureux Palm. Ce Palm exerçait la profession de libraire à Nuremberg; ayant publié un libelle contre Napoléon, sous le titre de l'*Allemagne réduite au dernier degré d'abaissement*, il fut aussitôt arrêté par l'ordre du gouvernement français et traduit devant une cour martiale. Le malheureux libraire fut condamné à mort, et exécuté.

Poussée à la guerre par tant de causes de mécontentement, pressée d'un autre côté par les sollicitations de l'Angleterre, la cour de Berlin se décida pour son malheur à rompre avec la France. Bientôt elle lança son manifeste; mais la bataille décisive d'Iéna, remportée par les Français, lui porta un coup fatal. Les Prussiens perdirent, dans cette sanglante journée, près de vingt mille hommes en tués et en blessés; plus de quarante mille hommes, parmi lesquels se trouvaient vingt généraux, furent faits prisonniers; et trois cents pièces de canon, avec d'immenses bagages, tombèrent au pouvoir des Français. Les villes les plus importantes de l'électorat de Brandebourg s'empressèrent d'ouvrir leurs portes aux vainqueurs, qui entrèrent bientôt à Berlin.

Les espérances que le cabinet de Saint-James avait fondées à l'égard de la Prusse, furent renversées comme l'avaient été tant d'autres combinaisons du même genre; ce coup dut lui paraître d'autant plus sensible que Napoléon se disposait alors à mettre à exécution le projet qu'il avait conçu depuis longtemps d'anéantir le commerce d'Angleterre. Ce projet, qui était la copie, mais une copie sur une grande échelle, du système de restriction adopté par les Américains dans la guerre de l'indépendance à l'égard des marchandises anglaises, est connu sous le nom de *système continental*. Le décret qui fut publié à cette occasion, sous le nom de *décret de Berlin*, établissait que l'Angleterre ayant violé les lois des nations, en regardant comme un ennemi et en traitant comme tel tout individu appartenant à des États avec lesquels elle était en guerre, soit que cet individu fût à bord des vaisseaux neutres, soit qu'il fût engagé dans des affaires purement mercantiles; ayant de plus, dans le but de s'agrandir aux dépens des autres États européens, étendu son droit de blocus bien au delà des limites ordinaires, et dans des lieux où il lui était impossible de le maintenir; en conséquence de tous ces griefs, que tous ceux qui feraient des opérations mercantiles ou autres avec l'Angleterre seraient regardés comme ses complices; que les lois de la nature et des nations ayant reconnu le droit de combattre un ennemi avec les armes qu'il emploie lui-même contre son adversaire, les Iles Britanniques seraient placées en état de blocus, et toutes relations avec lesdites îles seraient rompues jusqu'au moment où le gouvernement anglais renoncerait au système qu'il avait pratiqué. Ce projet était vaste, grandiose, comme tout ce que faisait l'homme extraordinaire qui dirigeait en ce moment la France; mais, ainsi que nous le verrons en temps convenable, de son application rigoureuse devaient naître de grandes difficultés pour la France.

La Russie et la Suède étaient encore les alliées de l'Angleterre; mais les succès des Français en Poméranie et en Silésie, la bataille sanglante de Friedland, la prise de Kœnigsberg, où l'armée française trouva cent soixante mille fusils anglais, décidèrent bientôt l'empereur Alexandre à faire la paix avec la France. Le traité de Tilsitt fut la conséquence de l'entrevue mémorable de Napoléon et d'Alexandre sur un radeau construit sur le Niémen; dans cette entrevue, les deux empereurs se donnèrent des marques d'une estime et d'une amitié réciproques. Aux termes du traité, la monarchie prussienne était privée de tous les territoires qu'elle possédait sur la rive gauche de l'Elbe, ainsi que de toutes ses provinces polonaises, à l'exception des provinces situées entre la Poméranie et l'ancienne Prusse, au nord de la petite rivière Netz. L'électeur de Saxe, devenu roi de Saxe, prenait le titre de duc de Varsovie, et devait avoir une libre communication avec ses nouvelles possessions, au moyen d'une route militaire à travers le territoire prussien. Dantzig devenait ville indépendante; la Frise orientale était ajoutée à la Hollande, qui était érigée en royaume; un nouveau royaume, sous le titre de royaume de Westphalie, était formé avec les provinces enlevées à la Prusse, et la souveraineté en était donnée à Jérôme Bonaparte; les rois de Naples et de Hollande, et tous les membres de la confédération du Rhin, étaient reconnus. L'empereur de Russie et Napoléon se garantissaient réciproquement l'intégrité de leurs possessions et celle des autres puissances comprises dans le traité; Alexandre consentait à servir de médiateur entre la France et l'Angleterre; de son côté, Napoléon offrait ses bons offices pour rétablir la paix entre la Russie et la Porte Ottomane, qui étaient encore en état de guerre.

Bientôt l'Angleterre n'eut plus d'alliés sur le continent. La Suède, qui d'abord avait refusé d'adhérer au traité de Tilsitt et avait essayé de défendre la Poméranie, n'avait pu faire une longue résistance; ses efforts avaient été inutiles. Le roi de Prusse, auquel il ne restait plus que la ville et le territoire de Memel, adhéra donc au traité, et dans l'espoir de fléchir le vainqueur, il consentit à se lancer dans une guerre maritime contre l'Angleterre. Ainsi, après avoir, avec des efforts considérables et une prodigieuse dépense, armé une nouvelle coalition contre la France, l'Angleterre voyait encore cette coalition détruite, et restait seule à lutter contre l'Europe entière. De plus, le décret de Berlin fermait aux nationaux les vastes débouchés qui jusqu'à ce jour avaient servi d'écoulement aux produits du pays.

Les circonstances étaient des plus critiques. A Constantinople, l'influence du cabinet de Saint-James, combattue avec succès par celle de la France, n'avait pu empêcher que le divan ne déclarât la guerre à la Russie. Une flotte anglaise, commandée par l'amiral Duckworth, s'était présentée dans les Dardanelles pour obliger le divan à faire la paix, à l'effet de donner au cabinet de Saint-Pétersbourg le moyen de porter toutes ses forces contre l'armée française; mais l'entreprise échoua complètement, et la Turquie devint ainsi un nouvel ennemi pour l'Angleterre. En Égypte, une armée anglaise, après avoir obligé Alexandrie à capituler, s'était portée sur Rosette et Rhamanie; mais de nombreuses défaites l'avaient obligée de battre en retraite, et peu de temps après elle avait évacué l'Égypte. L'expédition qui agissait dans la rivière de la Plata, après différentes tentatives contre Buenos-Ayres, qui lui avaient coûté des pertes considérables, avait traité avec l'ennemi à des conditions désavantageuses. Le général Whitelocke, qui commandait l'armée anglaise, à son retour en Angleterre, traduit, pour ce fait, devant un conseil de guerre, fut condamné à une forte amende et déclaré incapable et indigne de servir désormais dans les armées de S. M. Britannique. Dans les Indes orientales, un mécontentement presque universel agitait les populations, et une insurrection qui avait éclaté parmi les cipayes ou troupes indigènes au service de la Compagnie des Indes orientales, n'avait pu être étouffée qu'en versant des flots de sang. La seule conquête de quelque importance qu'avait faite l'Angleterre avait eu lieu dans les Indes occidentales, où l'île hollandaise de Curaçao avait été prise par l'escadre du capitaine Brisbane.

La situation pleine de difficultés dans laquelle se trouvait placée l'Angleterre, nous suggère une réflexion qui a pour objet de démontrer le peu de fondement de sinistres prédictions que nous entendons faire chaque jour, quelquefois même par des hommes réputés capables, à l'égard de ce pays. Combien d'entre nous, en songeant à l'énormité de la dette dont l'Angleterre est affligée, nous annoncent avec assurance que le royaume-uni est à la veille d'une banqueroute, que sa ruine financière est imminente ! La dette nationale d'Angleterre est considérable en effet, et grossit chaque année. Cependant il n'est pas un pays dans le monde entier, pas même la France (*), dont le papier soit plus recherché, dont le crédit soit mieux établi que celui de l'Angleterre. Combien d'autres, en voyant l'agitation perpétuelle de l'Irlande, affirment que l'Angleterre sera prochainement dévorée par ce cancer ! Eh bien, depuis environ sept siècles que l'Angleterre vit avec ce cancer au cœur, elle est restée l'une des nations les plus puissantes parmi les nations de la terre. Ces résultats si contradictoires avec nos prévisions proviennent de ce que, mal habitués encore au cahot qui existe dans les États parlementaires, et voyant grandir ce cahot en raison directe des difficultés, nous nous effrayons de maux réels, exposés dans leur nudité par une presse ardente, oubliant que ces maux existent également dans les États monarchiques, mais qu'ils sont dérobés à nos regards; de ce qu'absorbés par ce spectacle nouveau pour nous, notre intelligence ne cherche point suffisamment à comprendre ce qu'il y a de force, de vigueur latente pour réparer un désastre dans l'esprit d'une constitution, où l'ambition, quelque démesurée qu'elle puisse être, se heurte sans espérance contre la royauté; où cette ambition, en s'agitant dans le cercle qui lui est tracé, travaille au profit de tous; où les intelligences supérieures sont appelées à la participation des affaires publiques. Les prédictions sinistres dont nous parlons ne manqueront point pour l'Angleterre après le traité de Tilsitt; quand on la vit menacée dans son commerce, et privée ainsi de l'espoir de trouver des alliés, seule contre une coalition formidable, on crut qu'elle allait périr; mais ces prédictions reçurent une fois encore un démenti.

(1807.) Le ministère whig, qui était en ce moment en fonction, ne semblait point assez fortement constitué pour faire face à d'aussi grands dangers; la nation lui reprochait avec amertume ses revers, et l'accusait d'incapacité. Le renvoi du ministère eut lieu au sujet d'un bill qui donnait aux catholiques, comme à tous les autres sujets du royaume, le privilége de servir dans la marine et l'armée de terre, et d'y occuper des grades militaires. Le ministère n'avait jamais eu

---

(*) Dans un voyage que je fis dans l'Inde il y a quelques années, je pus vérifier le fait par moi-même. Ayant quelques fonds et voulant à mon retour en Europe les couvertir en papier, je ne pus obtenir du papier sur le trésor d'Angleterre qu'en payant un change très-élevé, tandis que le papier sur le trésor de France m'était offert au pair. CL. PEL.

les sympathies du roi, et une divergence d'opinion s'éleva entre le roi et les ministres, relativement à l'extension que ceux-ci voulaient donner au bill. Ce bill était un acheminement à l'émancipation définitive des catholiques, le précurseur d'un système de tolérance bien entendue; mais il déplaisait au roi, qui se croyait engagé à le repousser pour rester fidèle au serment qu'il avait prêté à son couronnement, de maintenir les droits et priviléges de la religion établie. George insista pour qu'il fût retiré ; les ministres ayant insisté dans le sens contraire, il en résulta un changement de cabinet.

Les nouveaux ministres étaient lord Eldon, qui fut élevé aux fonctions de lord chancelier; le comte de Westmoreland au sceau privé; le duc de Portland premier lord de la trésorerie ; le comte de Camden président du conseil; lord Mulgrave premier lord de l'amirauté; lord Hawkesbury secrétaire d'État au département de l'intérieur; M. George Canning secrétaire d'État au département des affaires étrangères ; lord Castlereagh secrétaire d'État au département de la guerre et des colonies ; Perceval chancelier de l'Échiquier. Ce ministère appartenait à l'opinion tory, et l'un des hommes les plus remarquables qui en faisaient partie était M. George Canning. Ce ministre avait adopté les doctrines politiques de Pitt; il venait de faire à cet égard sa profession de foi dans une réunion de ses commettants, à Liverpool. « Mon abnégation politique est descendue dans la tombe de ce grand ministre; il me reste sa mémoire à respecter et ses conseils à suivre; ses opinions politiques, quand j'ai appris à les connaître, sont devenues mon guide, et me serviront toujours, quand les mêmes circonstances se présenteront. Puissé-je alors, par analogie, en tirer les mêmes conséquences, car, je le sais, l'admiration que je professais pour ce ministre m'a valu l'honneur de votre choix. »

Comme la majorité parlementaire ne paraissait point assez sûre au ministère, la dissolution fut prononcée, et la nouvelle administration, dans le but d'obtenir une majorité imposante, résolut de faire tourner à son profit la répulsion qui existait dans la nation contre les catholiques, et qui avait servi de prétexte à la chute du ministère whig; ce moyen réussit complétement : les élections se firent aux cris de « A bas le papisme ! l'Église est en danger. » Le résultat en fut si heureux pour les ministres, qu'un seul membre de la dernière administration, lord Granville, fut renvoyé aux communes. Le ministère présenta ensuite au parlement plusieurs bills d'urgence. L'un de ces bills, qui avait pour auteur lord Castlereagh, avait pour objet d'augmenter l'armée régulière au moyen de la milice, et de suppléer au vide occasionné par cette mesure par la création d'une milice supplémentaire; le bill fut adopté. L'état d'agitation qui existait en Irlande occupa ensuite l'attention du parlement, et, sur la motion de sir Arthur Wellesley, un bill fut adopté pour prévenir les troubles et supprimer l'insurrection dans ce pays ; un autre bill fut adopté pour enlever les armes aux personnes dont le caractère n'offrirait point assez de garantie.

Toutefois les effets du décret de Berlin commençaient à se faire sentir en Angleterre, ainsi que dans les colonies anglaises des Indes occidentales, et les planteurs et les fabricants, qui n'avaient plus de débouchés à leurs produits, faisaient retentir le parlement de leurs plaintes. Mais le système continental n'atteignait pas seulement l'Angleterre, il frappait tous les peuples, et notamment ceux qui avaient coutume de recevoir les produits anglais en échange de leurs denrées.

Une commission fut nommée dans la chambre des communes pour alléger le mal, en ce qui concernait l'Angleterre, et, sur le rapport de cette commission, le gouvernement lança une ordonnance, aux termes de laquelle l'entrée des ports anglais dans toutes les possessions britanniques, et celle des ports des États alliés de la France, était interdite aux navires neutres. L'ordonnance fut aussitôt mise à exécution ; et n'ayant pas produit l'effet qu'on en attendait, une autre ordonnance déclara en état de blocus tous les ports dont la Grande-Bretagne était exclue, et défendit, sous peine d'être saisis, aux navires neutres et autres, de faire le commerce avec lesdits ports. L'Angleterre par représailles plaçait ainsi les États alliés de la France sous l'interdit, et les privait des marchandises que le décret de Berlin leur défendait d'acheter à elle-même. Cet état de choses causa bientôt un préjudice considérable aux États-Unis, et pour prévenir les pertes et les cas de guerre qui allaient infailliblement en résulter, le congrès américain mit l'embargo sur tous les navires nationaux dans les ports de l'Union ; puis il ordonna à tous les navires étrangers de quitter immédiatement les ports des États-Unis.

A ces mesures violentes, Napoléon répondait par des mesures plus violentes encore. Plus disposé que jamais à poursuivre son système continental, il publia deux décrets : le premier portait que tous les navires, à quelque nation qu'ils appartinssent, qui entreraient dans un port français après avoir touché à un port anglais, seraient saisis et confisqués sans distinction ou exception de marchandise. Aux termes du second décret, il était dit que tout navire qui se soumettrait à la visite des croiseurs anglais, ou qui payerait un droit quelconque au gouvernement anglais, serait considéré comme ayant perdu sa nationalité, et, en cette qualité, comme étant de bonne prise, s'il était arrêté par les croisières françaises. Sur ces entrefaites, le bruit se répandit en Angleterre que Bonaparte et Alexandre, pour obliger l'Angleterre à accepter les conditions qu'il leur plairait de tracer, avaient résolu de former une confédération entre les pouvoirs maritimes de l'Europe, et de lier le Danemark et le Portugal à cette cause.

Ce fut dans de telles circonstances qu'eut lieu l'agression si fortement reprochée à l'Angleterre contre le Danemark. Cet État, menacé du côté de la mer par des flottes anglaises, et du côté de la terre par des armées françaises, tenait à conserver sa neutralité, et, en raison de sa faiblesse relative, la montrait une grande incertitude. Le gouvernement anglais, qui ne voulait pas l'avoir pour ennemi, envoya une flotte dans la Baltique. Le secret de cette expédition fut si bien conservé, que lorsque la nouvelle de son départ parvint à Copenhague, les Danois crurent qu'elle était destinée à coopérer avec les Suédois dans la Poméranie ; mais l'illusion ne tarda pas à être détruite. Un agent anglais s'étant présenté à Copenhague, demanda au nom de son gouvernement qu'on lui livrât la flotte. L'Angleterre s'engageait solennellement à restituer la flotte danoise au rétablissement de la paix ; mais en cas de refus, l'agent anglais menaçait le Danemark d'hostilités immédiates. Le cabinet danois repoussa avec beaucoup de dignité la demande, en invoquant sa neutralité. L'armée anglaise débarqua aussitôt pour investir Copenhague par terre, tandis que la flotte bloquait cette capitale par mer ; et après quelques jours durant lesquels les commandants de l'armée anglaise attendirent inutilement que le cabinet danois consentît à leur demande, un feu terrible fut ouvert sur la ville. Mais cette capitale était hors d'état de résister à une pareille attaque, et après plusieurs jours de siége elle demanda à capituler, ce qui lui fut accordé. L'armée anglaise prit alors possession de la citadelle, des bassins, des batteries, et de son côté l'amiral anglais fit main basse sur la flotte, qui se composait de quinze vaisseaux de ligne, de seize frégates, de six bricks et de vingt-cinq canonnières, ainsi que sur les approvisionnements considérables que renfermaient les arsenaux. Aux termes de la capitulation, tous ces navires et le matériel devaient être conduits en Angleterre.

Une pareille mesure contre un État neutre était un attentat au droit des gens, qui devait avoir un grand retentissement dans tous les États européens. La Russie, qui, depuis le traité de Tilsitt, avait manifesté des dispositions peu favorables à l'Angleterre, entra sur le territoire de Finlande, et déclara la guerre à la Suède, qui bientôt se vit attaquée, d'un autre côté, par le Danemark. L'ambassadeur d'Angleterre reçut l'ordre de quitter Saint-Pétersbourg, et cette mesure fut suivie d'une déclaration de guerre; puis l'empereur Alexandre proclama de nouveau le principe de la neutralité armée, déclarant en même temps que la paix entre la Russie et l'Angleterre ne serait rétablie qu'autant que satisfaction aurait été donnée au Danemark par cette dernière puissance.

Le parti libéral en Angleterre, lui-même, flétrit en termes énergiques l'agression de Copenhague. Mais aux yeux du gouvernement anglais, cette agression était justifiée par les projets de confédération maritime de la France. Dans les communes, M. Canning, en réponse aux attaques de lord Ponsonby, défendit la mesure dans un discours dont nous reproduisons les principaux passages. « Chacun sait, dit ce ministre, quelle a été la conduite du Danemark à la fin des deux dernières guerres. Il est certain pareillement qu'en 1800, quand le Danemark abandonna le système de la neutralité armée, cet État est entré dans une confédération contre la Grande-Bretagne. N'était-il pas naturel que l'Angleterre fût sur ses gardes pour résister à de pareilles manifestations? et ne devait-on pas s'attendre que le Danemark fît partie, par force ou de plein gré, de la confédération nouvelle? Le projet favori de Bonaparte, depuis qu'il a renoncé à l'invasion de l'Angleterre, consiste à détruire notre commerce, et à réunir des forces navales assez considérables pour écraser nos flottes. Il n'a pas fait un traité sans que la destruction des marchandises anglaises y fût stipulée en première ligne. Enfin, il a déclaré son intention de réunir toutes les puissances de l'Europe pour agir contre l'Angleterre; le Danemark pouvait-il être excepté de ce projet? Non, sans doute; il n'y avait pas de raison pour cela. L'honorable membre (lord Ponsonby) nous dit que le Danemark s'était préparé contre toute attaque de la part de la France, qui avait une force militaire dans le Holstein. Certes, le moment du danger, pour ce pays, était quand la France occupait le Hanovre avec des forces considérables; car à cette époque, il n'y avait pas un seul homme dans le Holstein. Mais tout est équivoque dans la conduite du cabinet danois; après la bataille d'Iéna, le territoire de Danemark est violé par un détachement français à la poursuite des Prussiens. Alors il y a une escarmouche avec un corps danois, dans laquelle un général est pris et envoyé au quartier général français, où il est loin d'être traité comme devait s'y attendre le général d'une nation amie; on le renvoie, après lui avoir pris ses chevaux et l'avoir accablé d'outrages. Ce fait s'était passé pendant que l'armée danoise se réunissait pour couvrir la neutralité du Holstein et que cette armée était dans les environs. Qu'arriva-t-il? L'armée danoise, au lieu d'avancer, se retira, et notre gouvernement fut obligé de faire des remontrances à cet égard. Je cite cette circonstance, afin de détruire l'accusation que l'on a portée contre l'Angleterre, en disant que l'armée danoise était restée dans le Holstein d'après notre propre désir, et dans le but de rendre plus certaine l'expédition contre Copenhague. La conduite de la Suède à l'égard de la France a été bien différente, quand la division sous les ordres de Murat est entrée à Lubeck, faisant deux mille prisonniers, mettant la ville au pillage.

« Le général français ayant envoyé un agent à Sa Majesté le roi de Suède, en l'invitant de faire cause commune avec la France, et lui disant qu'il n'était pas naturel que le Danemark possédât la Norwége, qui, nécessairement, devait faire partie de la Suède, le roi de Suède, sans hésitation, s'empressa de faire connaître au roi de Danemark l'offre qui lui était faite, en lui offrant vingt mille Suédois pour voler à sa défense : le tout de concert avec l'Angleterre, et sous sa recommandation. Cette offre fut rejetée par le Danemark. L'honorable membre (lord Ponsonby) nous dira-t-il qu'après une conduite semblable, nous dussions continuer à avoir confiance dans le Danemark ? » La motion présentée par lord Ponsonby fut repoussée à une grande majorité; et, de la sorte, le gouvernement se trouva justifié de l'agression commise contre Copenhague aux yeux du pays.

La confédération maritime formée entre les États européens contre l'Angleterre était d'autant plus menaçante pour cette puissance, qu'elle venait de s'aliéner les États-Unis. Le vaisseau anglais *le Léopard* ayant rencontré la frégate américaine *la Chesapeak*, le commandant anglais demanda à la frégate américaine des matelots déserteurs, que celle-ci était censée avoir à bord. Sur le refus de la frégate, le feu s'engagea, et la frégate américaine amena son pavillon; plusieurs déserteurs furent pris à bord, et l'un d'eux fut exécuté. Les États-Unis ressentirent vivement cette insulte; et le gouvernement anglais ayant envoyé en Amérique un agent diplomatique pour faire des ouvertures de conciliation, ces ouvertures furent repoussées. A quelques mois de là, l'Autriche, jusque-là l'alliée la plus fidèle de l'Angleterre, se déclara contre elle. La cause avouée de cette rupture était le refus de l'Angleterre d'accepter la médiation de l'Autriche pour rétablir la paix; mais la cause réelle était l'influence de la France.

La France paraissait en ce moment aussi majestueuse, aussi imposante que l'Angleterre sa rivale semblait faible et impuissante. Tout fléchissait devant l'épée victorieuse du conquérant qui régnait sur elle. Mais pour que cette prépondérance restât à la France, il était nécessaire que l'épée de Napoléon conservât sa magique influence. Tous les États de l'Europe jalousaient notre pays pour sa grandeur, et la plupart ne coopéraient avec lui que malgré eux, parce qu'il eût été dangereux de faire autrement. La situation que Napoléon venait d'imposer à l'Europe par le fait du système continental, n'était point une situation normale; une telle situation ne pouvait être que temporaire, en admettant même que l'énergie de la France ne se ralentît point. Toutes ces considérations n'échappaient point au gouvernement anglais; il les suivait avec sa sagacité ordinaire, dans la conviction que tout cet échafaudage, quelque formidable qu'il parût être, pouvait crouler au choc de quelques grands revers.

En Espagne, Charles IV, prince débonnaire, que gouvernaient sa femme et le prince de la Paix, avait résigné sa couronne en faveur de son fils, le prince des Asturies, et le nouveau souverain, Ferdinand VII, environné d'intrigues, était allé à Bayonne avec toute la famille royale et plusieurs personnages de la Grandesse espagnole, dans le but d'avoir une entrevue personnelle avec l'empereur des Français. Napoléon s'empara de sa personne, et Ferdinand VII signa une abdication en son nom, et dans laquelle les enfants de don Carlos renonçaient à tous leurs droits de succession à la couronne d'Espagne. Napoléon lança aussitôt un décret impérial déclarant que le trône d'Espagne était vacant; mais une junte, composée en grande partie d'hommes dévoués à la France, s'étant réunie à Bayonne, la couronne d'Espagne fut donnée à Joseph Bonaparte, qui résigna la couronne de Naples en faveur de Murat, grand-duc de Berg.

(1808.) Cette grande mesure dont le génie de Napoléon n'avait vu que les effets immédiats, sans en prévoir les suites, devait prochainement relever les affaires de l'Angleterre. A peine l'abdication de Ferdinand VII fut-elle signée, qu'une effervescence extraordinaire se manifesta en Espagne, qu'une partie de la nation regarda cet acte impolitique comme une atteinte grave portée à la nationalité espagnole. Tandis que l'agitation se répandait dans toutes les parties de l'Espagne, les agents que l'Angleterre avait dans cette contrée entretenaient le feu de l'incendie par des promesses qu'ils accompagnaient souvent de distributions d'argent.

Bientôt les événements prirent un caractère de gravité extraordinaire dans la péninsule. Napoléon, qui voulait enlever le Portugal à l'alliance de l'Angleterre, après avoir déclaré que la maison de Bragance avait cessé de régner, avait dirigé des forces considérables vers cette contrée, sous le commandement de Junot. Déjà l'armée française avait gagné Abrantès, et n'était plus qu'à trois jours de marche de Lisbonne. Dans cette conjoncture, le prince régent, après s'être concerté avec lord Strangford, ministre anglais résidant à la cour de Lisbonne, adopta la résolution de transporter la famille royale et le siége du gouvernement au Brésil. L'embarquement se fit aussitôt, et la flotte portugaise, accompagnée de plusieurs vaisseaux anglais, mit à la voile au moment où les troupes françaises entraient à Lisbonne. Les Portugais placèrent ensuite l'île de Madère sous la protection du gouvernement anglais, à la sollicitation de celui-ci ; la protection devait durer jusqu'à la conclusion de la paix.

Le 2 mai, une insurrection éclata à Madrid ; les troupes françaises, attaquées avec furie, perdirent leurs canons ; mais bientôt ayant repris l'avantage, des exécutions sanglantes suivirent leur victoire. Sur l'ordre de Murat, un tribunal militaire dont le président était le général Grouchy, fut formé et une foule de malheureux, après un jugement sommaire, furent condamnés à mort et exécutés. Toutefois, ces exécutions impolitiques donnèrent un nouvel élan aux esprits, et les cris «Liberté, indépendance!» retentirent dans toute l'Espagne. Une junte provinciale, assemblée à Oviédo, publia ensuite une déclaration formelle de guerre contre la France. Le marquis de Santa-Cruz eut le commandement de l'armée patriote; la défense de l'Aragon fut confiée à l'illustre général Palafox. Déjà l'Espagne était hérissée de baïonnettes. On en vint aux mains, et l'armée espagnole fut battue dans une rencontre avec un corps de l'armée française à Rio-Secco, près de Valladolid ; mais elle reprit l'avantage en Andalousie, où le général Castaños défit complétement une armée de 6,000 hommes commandée par le général Dupont. Joseph et sa cour furent obligés de quitter Madrid.

Napoléon, après être resté quelque temps à Bayonne pour y diriger les délibérations de la junte qu'il avait assemblée, et préparer une constitution à l'Espagne, était revenu à Paris (2 septembre), et une levée de 160,000 hommes avait été aussitôt ordonnée pour renforcer l'armée française. De Paris Napoléon courut à Erfurth, où il eut une entrevue avec l'empereur Alexandre ; mais rien de certain n'a transpiré sur cette entrevue. A son retour à Paris, Napoléon donna l'assurance au Corps législatif que l'empereur Alexandre, de concert avec lui, était disposé à faire les plus grands sacrifices pour le rétablissement de la paix. Mais était-ce bien là l'intention réelle de Napoléon ? On suppose que les deux empereurs avaient en vue l'anéantissement et le partage de l'Autriche, dans le cas où cette puissance ferait une manifestation en faveur de l'Espagne. Napoléon annonça ensuite sa résolution de se mettre à la tête de ses armées, de couronner le roi d'Espagne à Madrid, et de planter ses aigles victorieuses sur les forts de Lisbonne. Sa présence en Espagne donna bientôt une nouvelle activité aux opérations militaires. Dans le court espace de trois semaines, les armées espagnoles commandées par les généraux Blake, Castaños et le comte Belveder, espoir de la nation espagnole pour la défense de la capitale et des provinces septentrionales de l'Espagne, furent défaites et dispersées. L'armée française marcha ensuite sur Madrid, et un mois après l'entrée de Bonaparte en Espagne, elle rentra dans la capitale.

Cependant la junte provinciale d'Oviédo, aussitôt après son installation, avait envoyé une députation à Londres pour solliciter l'assistance du gouvernement anglais. La grande majorité de l'opposition appuya la demande, qui d'ailleurs coïncidait parfaitement avec les vues du ministère. Sheridan fit une proposition d'adresse à cet effet. « Jusqu'ici, s'écria-t-il, Bonaparte a toujours été victorieux, mais jusqu'ici il a eu à traiter avec des princes sans dignité et des ministres sans sagesse ; il est temps de lui montrer ce qu'il doit redouter d'un pays animé par l'honneur et l'amour de l'indépendance. Je demande que l'Angleterre vienne au secours du peuple espagnol. » M. Canning appuya la proposition, et après avoir donné des paroles d'éloge à Sheridan : « Les ministres, dit-il, déclarent que l'Angleterre est très-disposée à aider l'Espagne dans l'entreprise magnanime qu'elle veut accomplir. On nous objectera peut-être l'état dans lequel nous nous trouvons vis-à-vis de l'Espagne ; nous répondrons que nous agissons d'après le principe que toute nation de l'Europe qui se soulève pour arrêter les empiétements d'un pouvoir qui, sous les apparences de la paix, ne cherche qu'à faire la guerre, devient immédiatement notre alliée, quelles que soient les relations politiques de cette nation avec l'Angleterre. »

Une armée de 6,000 hommes, commandée par sir Arthur Wellesley, partit de Cork ; elle arriva le 20 juillet à la Corogne, et se disposa aussitôt à coopérer avec l'armée insurgée ; mais la fierté espagnole, malgré des défaites récentes, se trouvait humiliée de ce concours. « Nous n'avons besoin, disaient les soldats espagnols, que d'armes, de munitions de guerre et d'argent ; c'est tout ce que nous attendons du gouvernement anglais. » L'armée anglaise se porta aussitôt sur le Portugal, et remporta une victoire éclatante à Vimiera, en se battant contre l'armée française commandée par Junot, duc d'Abrantès, en personne. Cette bataille, dans laquelle les Français essuyèrent des pertes considérables, détermina la convention de Cintra. La convention de Cintra établissait que l'armée française évacuerait le Portugal ; que cette armée serait transportée, aux frais de l'Angleterre, dans un des ports de France de la côte de Bretagne ; que les troupes françaises composant cette armée auraient la faculté de prendre du service immédiatement ; que toutes les propriétés appartenant à des Français seraient respectées. L'embarquement devait se faire par trois divisions ; la première devait mettre à la voile sept jours après la signature de la convention. Les Portugais ayant donné leur adhésion à la cause française ne devaient point être inquiétés pour leur conduite politique, et ceux qui désiraient se retirer en France avaient la liberté de vendre leurs propriétés en Portugal. Les troupes françaises quittèrent sur-le-champ le Portugal.

Après la convention de Cintra, l'armée anglaise, commandée par sir John Moore, général qui s'était distingué dans les Indes occidentales, en Hollande et en Égypte, entra sur le territoire espagnol. Les victoires de l'armée française n'avaient point encore abattu la fierté espagnole ; un renfort de 10,000 hommes de troupes ayant été envoyé d'Angleterre à la Corogne, la junte de Galice refusa d'abord à ces troupes la permission de débarquer, et, quand elle l'eut accordée, elle leur fit un accueil plein de froideur. Sir John Moore étant arrivé à Salamanque, trouva les Espagnols si mal disposés contre les troupes sous ses ordres, qu'il fut obligé d'écrire au ministre anglais à Madrid, à ce sujet, pour qu'il fît des représentations au gouvernement espagnol. Sur ces entrefaites, ce général apprit que le maréchal Soult, duc de Dalmatie, marchait à sa rencontre avec des forces supérieures. Les provisions commençaient à manquer aux troupes anglaises : elles étaient harassées par des marches forcées, le froid et des pluies abondantes ; de plus, les paysans s'enfuyaient à leur approche, emportant leurs vivres et tout ce qui pouvait leur être de quelque secours. Pressé par tant de difficultés, sir John Moore se décida à battre en retraite, et gagna la Corogne à la hâte; mais au moment où il s'apprêtait à s'embarquer, l'armée commandée par le maréchal Soult parut sur les tertres qui dominent la ville. L'armée française descendit des hauteurs, formée en quatre colonnes, et sir John Moore, à la tête d'une partie de son armée, alla à sa rencontre; mais dans cette action, le général anglais reçut une blessure, qui occasionna sa mort au bout de quelques heures; il fut enterré à la hâte sur les remparts de la Corogne, où plus tard un monument fut élevé en son honneur. Le commandement de l'armée anglaise fut alors dévolu au général Hope, qui ne perdit point de temps pour faire embarquer l'armée; cette opération s'effectua pendant la nuit et le jour suivant. Dans sa retraite, l'armée anglaise perdit toutes ses munitions, tous ses approvisionnements de bouche, près de cinq mille chevaux, et de cinq à six mille hommes. Nous laisserons un moment l'Espagne, pour revenir aux affaires intérieures de l'Angleterre.

La convention de Cintra, les conditions avantageuses faites aux Français, causèrent un grand mécontentement en Angleterre, et cet événement fut l'objet, de la part de l'opposition, de vives attaques contre le ministère. L'opposition, avec son ardeur ordinaire, ne perdait aucune occasion de trouver le ministère en faute. Ne trouvez-vous pas que ce système a quelque chose de fâcheux, surtout dans les moments de crise? Quelquefois il peut décourager l'homme public; un profond dégoût doit en effet s'emparer de son âme, quand, sacrifiant son repos et sa santé à la chose publique, il voit ses meilleures intentions torturées, travesties du tout en tout. Mais à côté des dangers que présentent de pareilles attaques, il est quelquefois de grands biens; le premier de tous c'est que rien de ce qui est mal n'échappe aux yeux du pays.

La session de 1809 fut surtout remarquable par une accusation dirigée contre la personne du duc d'York, second fils du roi. Le duc entretenait des relations d'une nature fort équivoque avec une dame du nom de Mary Anne Clarke. Cette dame fut accusée d'avoir profité de l'influence qu'elle exerçait sur l'esprit du duc, pour vendre des places dans l'armée; l'accusation établissait aussi que le duc lui-même avait participé à ce honteux trafic. Une enquête solennelle fut ordonnée, et Mary Anne Clarke fut sommée de comparaître devant la chambre des communes. Le duc d'York, dans une lettre adressée au speaker de la chambre, protesta sur son honneur de prince qu'il était innocent des charges dont il était accusé, et demanda à ne point être condamné sans qu'on eût entendu sa justification. L'accusation répondit au duc qu'il était étonnant que les demandes réitérées de promotions de places dans l'armée, qui lui étaient adressées par Mary Anne Clarke, n'eussent point excité des soupçons dans son esprit; elle en concluait que le duc était coupable, et demandait que, par un arrêt des communes, il fût renvoyé du commandement de l'armée.

George Canning prit la défense du duc d'York. « Le témoignage de madame Clarke peut être vrai ou faux, dit-il, et rien n'est prouvé; il n'existe que des présomptions contre Son Altesse Royale. L'accusation dit bien qu'il y a eu d'infâmes intrigues opérées dans les promotions de l'armée, mais rien n'indique que le prince ait eu connaissance de ces intrigues. Tout est encore à l'état de soupçon, et cela, parce que l'on connaît la liaison du duc avec madame Clarke. On assure qu'il a vécu en concubinage avec cette dame, que c'est un fait connu de tout le monde; et moi je réponds sur mon honneur que je l'ignorais, et que c'est pour la première fois que j'ai entendu prononcer le nom de cette dame dans la chambre. Sans doute je prouve par là combien je suis éloigné des affaires du monde; mais c'est l'exacte vérité, et ce que j'ignore, d'autres peuvent ne pas le savoir... »

L'accusation, à l'égard du duc d'York, était probablement mal fondée. Comment supposer qu'un homme aussi haut placé pût se livrer à un pareil trafic? Mais comme l'opinion publique s'était vivement prononcée contre lui, le duc donna sa démission de commandant en chef de l'armée, et une loi fut aussitôt rendue, déclarant crime capital la vente ou le courtage en matière de places et fonctions publiques. Cette investigation conduisit à d'autres recherches dont le résultat tendait à prouver que lord Castlereagh, l'un des ministres, s'était lui-même livré à des fraudes du genre de celles qui venaient d'être reprochées au duc d'York. Lord Hamilton demanda, en conséquence, que la chambre déclarât lord Castlereagh coupable d'abus de pouvoir; mais la proposition mise aux voix fut repoussée à une majorité considérable.

Les causes différentes auxquelles ces accusations devaient leur origine, avaient fait surgir dans la session de 1804 une question assez importante, que nous avions égarée au milieu des nombreux matériaux qui remplissent cette période : nous rétablirons ici cette question; elle avait trait à l'élection du célèbre Horne Tooke. Horne Tooke, que nous connaissons déjà, avait exercé les fonctions de ministre du culte, et il venait d'être élu membre du parlement par le bourg pourri d'Old-Suarum. Cette nomination choqua la susceptibilité de quelques membres des communes. Horne Tooke, ainsi que nous l'avons dit, n'était rien moins qu'honorable; dans sa vie publique, il avait tour à tour encensé le pouvoir et le peuple; radical déterminé quand il avait besoin d'argent ou qu'il voulait en obtenir, il devenait l'homme du pouvoir aussitôt que le pouvoir lui octroyait ses faveurs; ses opinions politiques suivaient les fluctuations de sa bourse et de ses besoins. Le nouveau membre s'étant présenté dans la chambre des communes, lord Temple demanda à la chambre qu'une commission fût nommée, à l'effet de s'enquérir si Horne Tooke, en sa qualité d'homme ayant exercé les fonctions de ministre du culte, était apte à faire partie du parlement. Le rapport fut présenté, et aussitôt lord Temple fit une motion qui avait pour objet d'infirmer l'élection. Cette motion, qui était dictée par l'esprit de parti, donna lieu à des débats longs et animés; pour y mettre un terme, M. Addington produisit un bill à l'effet d'empêcher à l'avenir l'élection des personnes reçues dans les ordres sacrés. Le bill fut adopté par les deux chambres; toutefois, il fut permis à Horne Tooke de conserver son siége pendant la durée du parlement pour lequel il avait été élu.

L'une des questions les plus intéressantes dont s'occupa le parlement, en dehors des questions qui concernaient l'état de guerre, fut agitée pendant la session de 1807, alors que le ministère whig était en fonction ; cette question était relative à l'abolition de la traite. Bien qu'elle eût été fréquemment produite dans le parlement anglais, antérieurement à cette époque, et que les hommes les plus renommés pour leur attachement à la cause du torysme l'eussent traitée dans le sens libéral, elle n'avait point encore reçu de solution définitive. William Pitt en avait été l'un des défenseurs les plus éloquents ; cependant cet homme d'État s'était prononcé contre l'affranchissement immédiat. « Ce serait, disait-il, un grand malheur que d'affranchir imprudemment les nègres; cette mesure ne serait pas même juste, car les nègres sont incapables de vivre dans l'état de liberté. » Fox pensait à cet égard comme Pitt. « Il serait, disait-il, aussi dangereux d'émanciper complétement un homme façonné à l'esclavage comme à la seule condition de son existence, que d'exposer brusquement un aveugle de naissance à tout l'éclat du jour. » « Les nègres, disait aussi M. Wilberforce, maintenus dans l'ignorance et l'avilissement, sont hors d'état d'exercer aucun droit civil. » Le bill qui fut soumis aux délibérations du parlement à l'époque dont nous parlons, portait qu'aucun navire dont le but du voyage serait la traite des noirs, ne pourrait recevoir ses expéditions de la douane après le 1er mars

1807; et qu'aucun esclave ne pourrait être débarqué dans les colonies anglaises après le 1er mars 1808. Le bill reçut la sanction royale le 25 mars 1807. Ce fut quelques heures après son adoption que le ministère whig céda la place à un ministère tory.

(1809.) Comme on le voit, pendant cette époque de tourmente, les questions parlementaires de quelque importance qui sont indépendantes de l'état de guerre se réduisent à un petit nombre; les affaires extérieures absorbent tous les esprits. En ce moment que les plus grands États du continent étaient ligués contre l'Angleterre, le ministère s'efforçait de détacher l'Autriche de la coalition pour s'en faire une alliée sur le continent. Cette entreprise fut couronnée d'un plein succès : l'Autriche voyant Napoléon occupé en Espagne, et désireuse de réparer ses revers; craignant aussi d'être entièrement absorbée par les envahissements successifs de Napoléon, déclara de nouveau la guerre à la France. Mais la bataille décisive de Wagram mit encore une fois l'Autriche à la discrétion de celui dont elle s'efforçait inutilement de secouer le joug. Le traité de paix définitive qui fut signé à cette occasion attestait l'état d'épuisement dans lequel se trouvaient les ressources de l'Autriche. Cette puissance abandonnait à la Bavière Salzbourg et une portion de territoire dans ses provinces du Danube, depuis Passau jusque dans le voisinage de Linz; à la France, elle donnait Fiume et Trieste, avec tout le territoire qui est situé au sud de la Saave; au roi de Saxe, plusieurs villages de la Bohême, et toute la partie occidentale de la Gallicie, depuis les frontières de la Silésie jusqu'au Bog, ainsi que la cité de Cracovie et une partie de la Gallicie orientale. La Russie eut une autre partie de cette province

Privée du concours de l'Autriche, l'Angleterre le fut également de celui de la Suède, jusqu'alors sa plus fidèle alliée, par le fait d'une révolution dans laquelle le roi régnant avait été déposé de la couronne, et le duc de Sundermanie élevé au trône sous le titre de Charles XIII. Bientôt après l'avénement de ce souverain, des négociations avaient été ouvertes entre la France et la Suède; le traité fut conclu (6 janvier 1810). Aux termes de ce traité, la Poméranie suédoise ainsi que la principauté de Rugen étaient rendues à la Suède, qui, de son côté, s'obligeait à exclure des ports de la Baltique les navires anglais. Ce fut à la suite de cet événement dans lequel l'influence française se manifestait d'une manière si évidente, que le général français Bernadotte fut choisi pour succéder au trône de Suède. Charles XIII était âgé et sans enfants; voulant que son successeur fût nommé de son vivant, il convoqua les états de Suède à Orebro. Les états firent tomber leur choix sur le maréchal Bernadotte, prince de Ponte-Corvo.

(1809.) Une expédition, composée de 30,000 hommes et de 37 vaisseaux de ligne et frégates, était partie des ports d'Angleterre, le 28 juillet, pour l'Escaut; elle avait pour objet la destruction de la flotte ennemie, comme aussi celle d'Anvers, de Flessingue, la prise de l'île de Walcheren. Cette île se rendit le 15 août; et la destruction du bassin, des cales, de l'arsenal et des magasins de la ville de Flessingue, fut opérée le 11 décembre. Des troupes françaises s'étant massées, sur ces entrefaites, dans les environs occupés par les Anglais, force fut à ceux-ci de battre en retraite; ils se retirèrent dans l'île de Walcheren, décidés à fermer l'embouchure du Scheldt, et à faciliter aux marchands anglais l'introduction des marchandises nationales en Hollande. Mais bientôt il se déclara dans l'île une maladie contagieuse, plus cruelle que les baïonnettes françaises, car tous ceux qu'elle frappait étaient hors d'état de continuer leur service militaire. Cette maladie fit des ravages si considérables parmi les troupes que près de la moitié de l'armée fut atteinte; l'île de Walcheren fut évacuée; ce mouvement de retraite se fit en vue de l'ennemi; celui-ci, connaissant les ravages de l'épidémie dans les rangs de l'armée anglaise, n'avait pris aucune mesure pour l'expulser du lieu qu'elle occupait.

Dans un moment comme celui-ci, où des succès étaient si nécessaires, l'avortement de l'expédition de l'Escaut, joint à l'attitude menaçante que prenait l'Europe, était de nature à causer un grand mécontentement dans la nation. De plus, la division, comme il arrive dans de pareilles crises, éclata bientôt dans le sein du ministère. Une enquête parlementaire ayant eu lieu sur l'expédition de l'Escaut, les ministres se renvoyèrent les uns aux autres le revers qui l'avait accompagnée. L'idée d'une descente dans l'île de Walcheren était attribuée à lord Castlereagh; mais comme il avait soumis son projet au cabinet, tous les ministres avaient leur part de responsabilité. Toutefois, on rapporte que Canning accusa particulièrement lord Castlereagh d'incapacité, et que des lettres fort vives furent échangées entre ces deux hommes d'État; celle de Canning était ainsi conçue :

« Milord,

« Le ton et le motif de votre lettre que je reçois à l'instant me dispensent d'entrer dans des explications sur les imputations erronées qu'elle renferme; je suis prêt à vous donner la satisfaction que vous réclamez.

« GEORGE CANNING. »

Après plusieurs tentatives inutiles pour arranger cette affaire, les deux adversaires se rencontrèrent près de Putney, et échangèrent deux coups de feu. Au second coup, Canning reçut une balle dans la cuisse; il fut immédiatement transporté à sa maison de Brumpton. Mais sa blessure était légère; et, au bout de quelques jours, il fut hors de danger.

Avant le combat, Canning et son adversaire avaient remis leur portefeuille au roi, et leur démission avait été suivie de celle du duc de Portland, qui se retirait pour cause de faiblesse de santé et de son âge avancé. Des offres furent faites aussitôt à lord Granville et au comte Grey. Mais ces hommes d'État, qui appartenaient au parti whig, les repoussèrent, en déclarant que les principes du gouvernement ne pouvaient coïncider avec les leurs. Il fut alors décidé que le ministère resterait constitué comme il était auparavant; il n'y eut de changé que quelques membres. Le marquis de Wellesley, que l'on rappela d'Espagne, où il remplissait les fonctions d'ambassadeur, fut élevé aux fonctions de secrétaire d'État au département des affaires extérieures ; M. Perceval, qui fut substitué au duc de Portland, réunit, comme l'avaient fait Pitt et Addington, la place de premier lord de la trésorerie et celle de chancelier de l'Échiquier. Lord Liverpool fut nommé secrétaire d'État au département de la guerre et des colonies, à la place de lord Castlereagh.

Au milieu de ces complications, et tandis que l'armée éprouvait des revers du côté de l'Escaut, la flotte remportait des avantages signalés sur d'autres points. Des brûlots habilement dirigés par lord Cochrane, et portés par le courant parmi les vaisseaux français mouillés dans la rade des Basques, près de l'île d'Aix, occasionnèrent la perte de sept de ces vaisseaux ; plusieurs autres furent obligés de se rendre. Dans la Méditerranée, une escadre française, commandée par l'amiral Baudin, fut poursuivie par les vaisseaux anglais dans les eaux de Barcelone, et se réfugia dans la baie de Rosas. Mais, attaqués jusque dans ce lieu, les vaisseaux français furent incendiés. Dans les Indes occidentales, la Martinique, Cayenne, furent prises par les Anglais; dans la Méditerranée, Zante, Céphalonie, Ithaque, Cerigo, reconnaissaient déjà le pavillon britannique.

En Espagne, les Français continuaient à conserver leur avantage. Dans le Nord, le maréchal Soult s'était rendu maître du Ferrol et de la flotte qu'il avait trouvée dans le port; il avait ensuite conduit son armée à Oporto, et avait pris possession de cette place qui était défendue par vingt-quatre mille hommes et deux cents pièces de canon. Le maréchal Ney opérait vers la même époque, avec une autre armée, dans les environs de la Corogne et du Ferrol ; et le maréchal Victor marchait sur Lisbonne, par la route de Badajoz. Ce fut en ce moment que sir Arthur Wellesley, plus tard lord Wellington, prit le commandement de l'armée anglaise ; le chiffre de cette armée s'élevait alors à trente mille hommes. Sir Arthur Wellesley, qui avait été rappelé après la convention de Cintra, était reparti d'Angleterre pour l'Espagne. Après avoir rassemblé son armée à Coïmbre, il s'avança vers le Douro, et entra bientôt à Oporto, que le maréchal Soult avait abandonné. Ayant ensuite réuni ses troupes, dans les environs de Plasencia, à celles de l'armée du général espagnol Cuesta, il se porta sur Talavéra. L'armée combinée s'élevait à 60,000 hommes. L'armée française, commandée par le maréchal Victor, Joseph Bonaparte, et le général Sébastiani, n'en comptait que 47,000. Une bataille sanglante, dans laquelle les deux armées essuyèrent des pertes considérables, s'engagea, et se termina par la retraite de l'armée française. On cite un trait remarquable et caractéristique qui eut lieu dans le cours de cette bataille. Les deux armées combattaient depuis le matin avec une furie sans égale, lorsque, vers midi, ordre fut donné aux soldats français de suspendre le combat pour le dîner. Les soldats prirent leur repas sur le champ de bataille ; et dans le même temps, des distributions de pain et de vin étaient faites aux soldats anglais. Alors on vit les soldats des deux armées aller étancher leur soif à un petit ruisseau qui était près du champ de bataille, et s'y trouver en présence sans songer à se faire aucun mal. Plusieurs d'entre eux échangèrent même des poignées de main, comme s'ils eussent été des frères. Le champ de bataille resta à l'armée anglaise, et le parlement, quand il en reçut la nouvelle, lui vota des remercîments ; le roi éleva son commandant en chef à la pairie, avec le titre de vicomte Wellington.

(1810.) A cette époque, la guerre se poursuivait avec un acharnement sans égal en Espagne, entre l'Angleterre et la France. Les forces sous les ordres de lord Wellington s'élevaient à 30,000 Anglais et à environ 60,000 hommes de troupes espagnoles et portugaises. L'armée française qui agissait en Portugal était commandée par Masséna, et se composait des divisions de Soult et de Ney. Du côté de Coïmbre, le mouvement de ces grandes armées produisait une dévastation terrible, chaque armée détruisant tout ce qui ne pouvait pas être emporté et qui aurait pu servir à l'armée ennemie. Les Français ayant repris l'avantage, obligèrent l'armée de Wellington à battre en retraite devant eux. Les généraux français, dans la supposition que le projet de lord Wellington était de gagner Lisbonne pour s'y embarquer, manœuvraient pour lui couper la route ; mais le général anglais ne cherchait qu'à s'établir à Torrès-Védras. Cette position, également fortifiée par la nature et par l'art, a une étendue de trente-cinq milles ; elle est flanquée d'un côté par la mer et de l'autre par le Tage. Lord Wellington parvint à s'y établir, et ayant formé son armée en quatre divisions, il plaça chacune d'elles dans un des défilés des montagnes, de manière à ne point être débusqué. Quand les forces françaises arrivèrent, elles étaient harassées de fatigue, manquaient de provisions, et avaient derrière elles un pays dévasté, en sorte que leur situation se trouvait en ce moment pire que celle de l'armée qu'elles avaient poursuivie. Cependant Masséna jugea convenable de conserver ses positions jusqu'au commencement de l'hiver ; alors il se retira vers Santarem. Sur les autres points du Portugal et de l'Espagne, l'avantage était resté aux Français.

Sur mer les flottes anglaises continuaient à remporter de grands succès. Les îles hollandaises d'Amboine et de

Banda, si renommées pour leurs épices, et les îles françaises de Bourbon et de l'île de France se rendirent aux Anglais. Dans les Indes occidentales, l'île importante de la Guadeloupe, la dernière qui restât aux Français, tomba également dans leurs mains.

Tandis que le fléau de la guerre se déchaînait avec une pareille fureur, le cabinet anglais méditait en silence un projet dont le succès était de nature à donner des avantages considérables à la cause de l'Angleterre. Ferdinand VII était renfermé au château de Valençay, lieu que Napoléon lui avait fixé pour résidence. Le ministère anglais résolut de délivrer ce prince. Un aventurier irlandais, du nom de Kelly, fut l'agent auquel il donna sa confiance. Kelly s'étant abouché avec le marquis de Wellesley pour conduire à réussite cette entreprise difficile, le marquis mit à sa disposition une escadre anglaise, qui se rendit en croisière devant Quiberon, lieu fixé pour l'embarquement du roi d'Espagne. Kelly alla en France et parvint à établir des intelligences dans le château de Valençay; il vit l'infant Antonio et lui fit part de ses projets. Mais Ferdinand VII n'eut jamais le courage d'une grande entreprise; il trouva le projet de fuite trop hasardeux, et lui-même révéla ce qui se tramait au gouverneur de Valençay. Kelly fut aussitôt arrêté.

Le continent européen était en ce moment le théâtre de grands événements. Napoléon, après avoir divorcé avec Joséphine Beauharnais, venait d'épouser une archiduchesse autrichienne, dans l'espoir de rendre plus étroite l'alliance de l'Autriche et de la France. A cet événement remarquable, il faut ajouter l'incorporation de la Hollande à la France. En 1806, Bonaparte s'était emparé des sept provinces hollandaises pour en former un royaume pour son frère Louis; mais depuis cette époque la Hollande n'avait été pour ainsi dire qu'une province de la France. Aucun État ne souffrait plus cruellement des restrictions imposées par Bonaparte au commerce européen que la Hollande, et Louis Bonaparte, qui était un honnête homme, après des différends assez vifs à cet égard avec son frère, résigna (1er juillet 1810) la couronne en faveur de son fils; il nomma régente la reine. La Hollande, ainsi froissée dans son commerce, tournait alors ses regards vers l'Angleterre, et dans le but de négocier la paix, un agent hollandais, Mynheer-Peter César Labouchère, se rendit à Londres. Labouchère était chargé de faire des ouvertures au ministère anglais, et de lui déclarer que si la paix n'avait pas lieu entre la France et l'Angleterre, la Hollande, qui ne pouvait conserver son indépendance sans commerce, serait dans la nécessité de devenir une province française. Le marquis de Wellesley, à qui Labouchère fit ces ouvertures, y répondit avec hauteur; il dit que tant que les décrets de Milan et de Berlin resteraient en vigueur, l'Angleterre ne se relâcherait pas des mesures qu'elle avait adoptées; que ces mesures n'étaient point la cause, mais la conséquence de ces décrets; le ministre ajouta qu'en admettant que les décrets fussent rapportés, les mesures de représailles adoptées par le cabinet britannique ne pourraient être discontinuées qu'autant que la cause qui les avait provoquées aurait cessé d'exister.

Le gouvernement voulait continuer la guerre. Alors Napoléon, après avoir fait de la Hollande une province française, annexa à la France, le Valais, les îles anséatiques et tout le territoire situé entre l'Elbe et l'Ems. Il publia ensuite différents décrets; ordre était donné aux agents français de saisir et de brûler toutes les marchandises anglaises qui seraient trouvées dans les villes anséatiques, en France, en Italie, en Suisse, en Allemagne, en Prusse, en Danemark. Défense était faite, sous des peines sévères, par les mêmes décrets, aux marchands de ces pays, d'entretenir des relations avec la Grande-Bretagne; tout propriétaire de navire convaincu d'avoir pris un fret à destination d'Angleterre devait être marqué au front. Nous avons dit que la Suède, la Prusse, le Danemark avaient adhéré au système continental; en Italie, où le clergé maintenait encore la suprématie du pape, une armée française de 20,000 hommes fut réunie dans les environs de Rome, et les églises et d'autres édifices publics furent convertis en casernes pour les recevoir.

Dans le même temps, Napoléon profitait d'un acte du congrès de Washington, au terme duquel les États-Unis se déclaraient disposés à lever les restrictions imposées au commerce des puissances belligérantes, aussitôt que ces puissances cesseraient de leur côté de mettre en vigueur les mesures fatales qu'elles avaient adoptées à l'égard du commerce de l'Amérique. A cette occasion, Napoléon déclara que les décrets de Milan et de Berlin cesseraient d'avoir leurs effets pour l'Amérique du Nord, et aussitôt le président des États-Unis lança une proclamation pour lever toutes les restrictions imposées au commerce américain avec la France et les colonies françaises. Bientôt le président déclara que si la Grande-Bretagne ne rapportait pas ses ordonnances, l'interdit antérieurement prononcé par le congrès conserverait toute sa force à l'égard de l'Angleterre et de ses colonies.

Le cabinet britannique n'obéit point à cette injonction; ce qui détermina de la part du président des États-Unis de grands préparatifs sur terre et sur mer. Mais comme les finances de l'Union américaine n'étaient pas dans un état très-florissant, ces préparatifs n'inspirèrent pas dans le principe de grandes inquiétudes au ministère anglais. Celui-ci fondait son espoir sur le surcroît de charges qu'allait nécessiter la guerre pour les États de l'Union américaine, et sur la répugnance bien prononcée des Américains pour les lourdes charges : il en concluait que les Américains n'étant point accoutumés aux impôts extraordinaires comme les nations européennes, leur ardeur militaire ne tarderait pas à s'abattre.

Le ministère se trompait au sujet des dispositions des Américains, et il ne devait pas tarder à s'en apercevoir. En attendant, il déployait son activité ordinaire pour détourner ou amoindrir les difficultés. Nous avons dit que l'Angleterre, dans le but de faire une diversion en faveur de la Russie, avait envoyé une flotte dans les Dardanelles, et que cette flotte avait essuyé un échec; que la conséquence de cet insuccès avait été un nouvel ennemi dans la Turquie. Bientôt le cabinet de Saint-James se réconcilia avec cette puissance, et un traité de paix cimenta la réconciliation. Mais la Russie déclara aussitôt la guerre à la Turquie.

Dans les États purement monarchiques, la royauté étant le pivot sur lequel roule toute la machine, le prince étant la source de tout pouvoir politique et civil, il est important que le souverain soit doué de talents éminents, d'une capacité supérieure à cette condition, et ces États peuvent alors acquérir une grande puissance. La royauté est également essentielle dans les États parlementaires, car elle met un frein à l'ambition des partis, et prévient les troubles qui accompagnent presque toujours une succession contestée. Mais à la différence des États monarchiques où les talents, les hautes vues, sont indispensables au trône, les États parlementaires, avec un homme fort médiocre pour souverain, peuvent arriver à la grandeur, et rarement la chose publique est en souffrance.

Ces réflexions nous sont suggérées par un événement de la plus haute importance qui eut lieu pendant le cours de l'année 1810. George III, pour la troisième fois, venait d'éprouver une rechute de la terrible maladie qui altérait ses facultés intellectuelles, et il fallait pourvoir à une régence. Un projet de loi fut présenté sur les bases de celui qui avait été adopté dans la session de 1788 à 1789. Aux termes de ce projet de loi, le prince de Galles était nommé régent; il devait exercer l'autorité royale au nom de George III. Mais il lui était défendu, par une clause particulière, de conférer la pairie et de donner des pensions aux chanceliers et aux juges. Ces restrictions à son autorité devaient durer jusqu'au mois de juillet 1812. Le soin de la personne du monarque était confié à la reine, qui avait l'assistance d'un conseil formé des archevêques de Cantorbéry et d'York, du duc de Montrose, du comte de Winchelsea, du comte d'Aylesford, de lord Ellenborough et de sir William Grant. Si la santé du roi venait à se rétablir, la reine et son conseil devaient notifier cet événement au conseil privé; le roi devait ensuite assembler le conseil par un ordre signé de sa main, et lancer une proclamation pour fixer le jour où le bill cesserait d'avoir son effet. Le parti de l'opposition whig, qui avait longtemps appuyé le prince de Galles, introduisit un amendement au bill pour que le pouvoir fût remis dans les mains du régent, sans aucune restriction; mais cet amendement fut repoussé, et le bill fut adopté dans sa forme originale.

On espérait que le ministère serait changé, car les doctrines du prince de Galles étaient connues; ce prince avait été l'ami de Fox, l'un des plus chaleureux défenseurs de la cause populaire, et il avait encore pour amis politiques lord Granville et le comte Grey, hommes éminents dans le parti whig. Mais les espérances des whigs furent complétement déçues. Le prince de Galles déclara que les médecins ayant annoncé que la maladie du roi serait de courte durée, il conservait son ministère. La raison sur laquelle se fondait le prince pour la conservation du ministère était-elle l'expression de ses sentiments réels? Ses partisans les plus chauds commençaient à observer que ses répugnances pour les doctrines du torysme n'étaient plus aussi vives qu'autrefois, que des symptômes d'un rapprochement prochain vers les idées conservatrices se manifestaient dans ses actes.

La session ayant été ouverte le 12 février 1811, le régent, dans son discours, déplora avec une émotion visible l'événement malheureux qui le plaçait à la tête des affaires du royaume. Le prince parla ensuite de la situation politique du pays. Il se félicitait des succès remportés sur terre et sur mer par les armées anglaises; puis il demanda au parlement les moyens de soutenir les efforts de l'Espagne et du Portugal. Le régent refusa toute augmentation de revenu pour faire face aux nouvelles charges que son changement de position lui imposait, et cette conduite lui valut l'approbation d'une foule de personnes qu'une jeunesse orageuse lui avait aliénées.

(1811.) Une détresse commerciale, telle que le pays n'en avait jamais éprouvé, réclamait aussi l'attention du parlement; les banqueroutes éclataient de tous côtés; le pays semblait comme frappé au cœur par le système continental de Napoléon. Le parlement vota une somme de six millions sterling (150,000,000 de fr.) et nomma des commissaires qui furent chargés de prêter au commerce nécessiteux les sommes votées. Indépendamment du système continental, il était une cause qui contribuait puissamment à gêner le commerce: elle provenait de l'émission d'une quantité considérable de banknotes. Comme il arrive toujours, une dépréciation importante avait eu lieu sur le papier, tandis que l'or et l'argent avaient éprouvé une hausse très-prononcée. Il résultait de cet état de choses une perte énorme pour les créanciers et les propriétaires. Aussi un certain nombre de ceux-ci, et lord King entre autres, déclarèrent-ils à leurs tenanciers qu'ayant stipulé dans leurs baux que la rente serait payée en argent monnayé, ils n'accepteraient en payement des billets de banque qu'avec un escompte suffisant pour équilibrer les sommes qui leur étaient réellement dues. Cette nouvelle difficulté obligea le ministère à présenter un bill. Aux termes du projet de loi, l'or monnayé devait conserver dans la circulation la valeur déterminée par la loi, et il devenait obligatoire aux marchands de recevoir les banknotes pour leur valeur nominale. Ce bill, après avoir rencontré une forte opposition, fut finalement adopté.

Vers la même époque, M. Perceval présenta à la chambre des communes le budget des dépenses et des recettes pour l'exercice de l'année courante. Les subsides demandés par le ministère s'élevaient au chiffre de 56 millions sterling (1,400 millions de francs), sur lesquels 2 millions sterling (50 millions de francs) étaient accordés au gouvernement de Portugal. L'emprunt de l'année s'éleva à 12 millions sterling (300 millions de francs).

L'espoir qu'on avait conçu d'un prochain rétablissement du roi ne se réalisant pas, l'autorité resta au prince de Galles. Un des premiers actes du prince régent fut de rétablir son frère, le duc d'York, dans le commandement en chef de l'armée. Déjà le pays avait oublié les révélations fâcheuses qui avaient été faites en 1809, lors de la publicité donnée aux relations qui existaient entre le duc et mistriss Clarke; il ne se rappelait plus que les services du prince : cet acte du régent fut donc accueilli avec faveur. La punition du fouet, qui en vertu des lois militaires était appliquée aux soldats pour la faute la plus légère, sans être abolie, reçut de l'adoucissement : ordre fut donné aux tribunaux militaires d'infliger de préférence aux corrections corporelles la peine de l'emprisonnement.

Le bill qui produisit le plus de sensation touchait aux affaires religieuses; il avait pour objet de restreindre la liberté religieuse et de modifier l'acte de tolérance. Mais aussitôt que le ministère eut présenté ce bill, trois cent trente-six pétitions, et à quelques jours de là cinq cents autres pétitions furent envoyées à la chambre des lords pour en demander l'annulation. Dans l'exposé des motifs, le ministère établissait que l'acte de tolérance, par suite de ses défectuosités, laissait à une foule de personnes sans aveu la liberté d'exercer les fonctions de ministres de la religion; que, depuis quarante ans, il suffisait à un homme sans mérite de se présenter au magistrat et de prêter serment pour obtenir, comme une chose due, la permission d'exercer les fonctions religieuses. Le ministre demandait que celui qui désirait obtenir une licence de prédicateur fût obligé de faire appuyer sa demande par la recommandation de six respectables propriétaires de la congrégation à laquelle il appartenait, et d'une adhésion de la congrégation, attestant qu'elle consentait à recevoir les instructions du postulant; que les prédicants voyageurs fussent tenus de prouver qu'ils étaient sobres et de bonnes mœurs, qu'ils étaient aptes à remplir les fonctions de ministre de la religion. Ce bill aurait pu avoir de bons résultats; mais d'autres considérations le firent repousser. Les dissidents n'y virent qu'un premier empêchement à des priviléges chèrement achetés, et, une fois la brèche faite, ils craignaient que le clergé anglais ne s'arrêtât plus. Telle fut l'agitation que produisit ce bill, que le haut clergé, dans la chambre des lords, n'insista point pour le faire adopter, et qu'il fut repoussé à l'unanimité.

Dans ce moment (fin de 1811 et 1812) la guerre avait pour théâtre toutes les parties du monde, et les succès ainsi que les revers en étaient partagés. En Sicile, où se trouvait une armée anglaise, il y eut un débarquement opéré par les Français, d'environ 3,500 hommes de troupes, pour s'emparer de cette île et la réunir au royaume de Naples, où régnait en ce moment Joachim Murat. Le débarquement s'effectua auprès de Faro; mais n'étant pas soutenues, les troupes de débarquement laissèrent un grand nombre de prisonniers dans les mains de leurs adversaires, et le reste fut obligé de se rembarquer à la hâte. Dans les Indes orientales, l'île de Java, d'où les Hollandais avaient coutume de tirer d'immenses richesses, tombait au pouvoir des Anglais; par cette capture importante, la Grande-Bretagne n'avait plus d'ennemis ni de rivaux depuis le cap de Bonne-Espérance, qui forme l'extrémité septentrionale de l'Afrique, jusqu'au cap Horn, qui termine l'Amérique au nord. Après la prise de l'île de France, trois frégates françaises s'étant présentées avec des troupes de renfort, une escadre anglaise se mit à leur poursuite et captura deux d'entre elles. Dans la Méditerranée, une escadre française, composée de cinq frégates, essuya également une défaite : deux de ces frégates furent prises.

En Espagne et dans le Portugal, la lutte était toujours meurtrière, et les armes françaises y remportaient encore des succès brillants : Tortose, Tarragone, Valence étaient tombées en leur pouvoir. Masséna, après avoir abandonné sa position de Santarem, avait été obligé de battre en retraite à travers le Portugal, vivement poursuivi par lord Wellington. Le général Beresford investit Badajoz, et déjà il en avait commencé le siége, lorsque, à cette nouvelle, le maréchal Soult, qui était à Séville, se hâta de venir au secours de la ville assiégée avec 15,000 hommes. Le général anglais alla à sa rencontre, et une bataille acharnée s'engagea entre les deux armées auprès du petit village d'Albufera ; plusieurs régiments anglais y furent écharpés. Toutefois l'armée française fut obligée de battre en retraite du côté de Séville, et le siége de Badajoz fut repris. Cette ville fut prise au mois d'avril 1812, et la citadelle capitula aussitôt. Alors l'armée française du Portugal fut obligée d'évacuer cette contrée, et bientôt la plupart des places fortes qui sont situées sur les frontières du Portugal et de l'Espagne se trouvèrent au pouvoir de lord Wellington. Ce général, entrant aussitôt en Espagne, força l'armée française, commandée par le maréchal Marmont, à battre en retraite. Les deux armées se joignirent auprès de Salamanque et se livrèrent une bataille acharnée. La victoire resta aux Anglais, qui firent un nombre considérable de prisonniers, et elle eut pour conséquence la prise de Madrid. Lord Wellington, en récompense de ces services, fut créé comte et ensuite marquis de Wellington.

(1811.) Ceux qui repoussent le système parlementaire à cause de l'état de troubles inhérent à sa nature dans le moment où le calme est le plus nécessaire, n'eurent jamais plus de sujet d'avoir des répugnances contre ce système qu'à cette époque. Ne croyez pas, en effet, qu'au milieu des difficultés sans nombre dont le pays est accablé l'opposition se ralentira dans la violence de ses attaques. Non ! La gravité des circonstances ne faisait perdre de vue à l'opposition ni ses intérêts personnels ni ceux qui se rattachaient à la conservation des franchises nationales. Toutes les fois qu'il arrivait que le pouvoir se hasardât à quelques empiétements à cet égard le ministère se trouvait en butte aux attaques les plus violentes. A aucune époque l'agitation du pays ne fut plus profonde.

Lors de l'enquête qui avait eu lieu au sujet de l'expédition de Walcheren, un membre du parti ministériel ayant demandé le huis clos dans la chambre des communes, la presse se déchaîna avec beaucoup d'énergie contre cette mesure, et un nommé John Gate Jones, président d'un club réformiste nommé le *British forum*, qui s'était fait remarquer dans ces attaques, fut sommé de comparaître à la barre de la chambre des communes ; Jones fut envoyé prisonnier à Newgate. Mais cette sévérité fut vivement désapprouvée dans l'enceinte de la chambre des communes par l'opposition, et notamment par sir Francis Burdett, qui déclara que la chambre avait outre-passé ses devoirs. Sir Francis Burdett adressa ensuite une lettre à ses constituants, avec ce titre : « Déni du pouvoir des communes d'Angleterre d'emprisonner les citoyens du royaume. » Cette lettre ayant été déférée aux communes, celles-ci déclarèrent que sir Francis Burdett s'était rendu coupable d'avoir publié un libelle diffamatoire contre la chambre, et après une discussion qui dura jusqu'à sept heures du matin, sir Francis fut condamné à être emprisonné à la Tour. Le *speaker* délivra le warrant au sergent d'armes ; mais celui-ci s'étant présenté à la demeure de sir Francis Burdett pour accomplir son mandat, le condamné déclara qu'il ne céderait qu'à la force. Le sergent d'armes alla requérir la force armée ; il força ensuite la maison de sir Francis Burdett, et le conduisit prisonnier à la Tour.

Cette nouvelle s'était répandue avec la rapidité de l'éclair parmi la population ouvrière de Londres; et aussitôt tous les ateliers furent désertés, d'immenses agglomérations d'hommes se formèrent en poussant des cris de menace. Les soldats et le sergent d'armes, revenant de la Tour où ils avaient conduit sir Francis Burdett, furent assaillis à coups de pierres et couverts de boue. Ceux-ci ripostèrent par des coups de fusil, et il resta sur la place un certain nombre de morts et de blessés. De son côté, sir Francis Burdett intenta une action devant les tribunaux contre le speaker de la chambre des communes pour avoir ordonné son arrestation et son emprisonnement; une autre action contre le sergent pour avoir procédé à son arrestation et avoir violé son domicile; une troisième action contre le comte de Moira, gouverneur de la Tour, pour cause de détention illégale. Ces différents procès furent jugés en faveur des communes; les tribunaux maintinrent que l'autorité des communes était légale, et que par conséquent l'arrestation et l'emprisonnement ordonnés par elles avaient également force de loi.

(1812.) La maladie du roi continuait, et comme les médecins venaient de reconnaître qu'il n'y avait aucun espoir de rétablissement, le chancelier de l'Échiquier, dans cette situation, demanda aux communes des fonds supplémentaires pour le prince régent, en raison des charges nouvelles qu'il avait à soutenir. Les communes allouèrent 100,000 liv. st. (2,500,000 fr.). Nous avons vu que des restrictions avaient été imposées à l'autorité du régent dans le bill de régence; que la durée de ces restrictions avait été fixée dans le bill jusqu'au mois de juillet 1812; qu'après cette époque, le régent devait garder l'autorité royale comme l'eût fait George III lui-même. Comme le mois de juillet approchait, le prince s'empressa d'offrir une place dans le cabinet à lord Grey et à lord Granville, qui appartenaient aux whigs, dans l'espoir que ces avances adouciraient l'opposition. Mais ces hommes publics refusèrent; dans leur réponse au prince, ils déclaraient que les divergences qui les séparaient des membres du ministère actuel étaient trop profondes pour espérer que le cabinet ainsi formé présentât l'union que réclamaient les circonstances. Le point principal de divergence qu'établissaient lord Grey et lord Granville était la question catholique. Ils auraient voulu aussi qu'un changement complet eût lieu dans le système de gouvernement adopté en Irlande, et notamment que les incapacités civiles qui pesaient sur une foule de citoyens pour cause d'opinions religieuses fussent rapportées. « Le rapport des lois, disaient-ils, qui consacrent ces incapacités, sera la première mesure que nous serons en conscience obligés de recommander au parlement. » Le régent se décida à conserver son ministère tel qu'il était; mais, des différends étant survenus entre M. Perceval et le marquis Wellesley, ce dernier donna sa démission, et les fonctions de secrétaire d'État au département des affaires étrangères furent données à lord Castelreagh.

L'assassinat de Perceval, qui arriva sur ces entrefaites, détermina bientôt d'autres changements. Ce ministre, au moment où il entrait dans le vestibule de la chambre des communes, reçut dans la poitrine une balle qui lui fut tirée à bout portant. L'assassin était un nommé John Bellingham, qui se laissa arrêter sans résistance. La blessure était mortelle, et Perceval mourut au bout de quelques minutes. Bellingham, amené à la barre de la chambre des communes, déclara qu'il avait commis cet acte pour se venger d'une injustice personnelle commise à son égard par le gouvernement. Il dit qu'étant en Russie, il avait été arrêté injustement pour dettes, et que, s'étant adressé à l'ambassadeur anglais, il n'en avait pas obtenu la réparation qui lui était due ; que cette circonstance ayant produit une impression très-forte sur son esprit, il avait résolu d'en tirer une vengeance éclatante sur l'un des membres du gouvernement. L'instruction trouva confirmée la déposition de l'accusé, dont le procès eut lieu quatre jours après la perpétration du crime. Bellingham fut condamné et exécuté quelques jours après. Des ouvertures furent faites aussitôt au marquis de Wellesley et à M. Canning ; mais ces deux hommes d'État refusèrent de s'associer à l'administration, et donnèrent pour raison que l'émancipation des catholiques était à leurs yeux une mesure nécessaire. Lord Grey et lord Granville, avec qui le ministère cherchait de nouveau à s'aboucher, refusèrent pour la même cause.

Les banqueroutes continuaient, et depuis quelques années des émeutes inquiétantes se déclaraient dans les districts manufacturiers. Les émeutiers, qui prenaient le nom de Luddites, attaquaient la propriété et causaient des dommages considérables. La cause de leur mécontentement provenait de l'introduction dans les manufactures des machines ingénieuses de Samuel Crompton, d'Arkwrigt, de Watt, que les manufacturiers s'empressaient d'adopter. La chambre des communes s'empara de cette affaire, et vota plusieurs bills, qui étendaient le pouvoir des magistrats. De nombreuses arrestations furent faites, les plus coupables parmi ceux qui avaient été arrêtés, furent condamnés à mort et exécutés ; d'autres furent condamnés à la déportation et à l'emprisonnement.

Le souvenir de l'hiver de 1812 restera longtemps gravé dans la mémoire des classes pauvres en Angleterre, tant cet hiver sévit cruellement sur elles. La misère était affreuse : les habitants apprenaient avec effroi que des meurtres se commettaient dans l'intérieur de la ville. Il fallut recourir à la législature, et celle-ci s'empressa d'introduire des améliorations dans la police de sûreté qui faisait le service de nuit. Dans le même temps, et pour soulager la misère publique, les ministres s'occupaient de restreindre les effets des ordonnances rendues contre le commerce en général. Le 23 juin, il parut une déclaration du prince régent dans la Gazette. Aux termes de cette déclaration le régent révoquait d'une manière absolue les ordonnances en ce qui concernait les navires américains. Toutefois, dans cette déclaration, il était dit que si, après la notification officielle de cette mesure au gouvernement américain, ce gouvernement ne révoquait pas lui-même l'interdit prononcé contre le commerce britannique, la révocation faite par l'Angleterre deviendrait nulle et sans valeur.

Les réserves précédentes avaient été faites dans la prévision d'une rupture avec les États-Unis, car depuis longtemps il régnait entre le gouvernement des États-Unis et celui d'Angleterre des dispositions hostiles. Nous avons dit que, dans le principe, le ministère ne s'était pas beaucoup inquiété des préparatifs belliqueux des États-Unis, rassuré qu'il était par la répugnance bien prononcée des Américains pour les gros impôts, qui sont un des effets naturels de l'état de guerre ; mais le ministère s'était trompé. L'interdit était à peine levé qu'on apprit que les États-Unis venaient de déclarer la guerre à l'Angleterre. Toutefois, le gouvernement espérait encore que la levée de l'interdit, qu'il venait de prononcer, modifierait les dispositions du cabinet de Washington, une fois que la déclaration en aurait été communiquée. Ces espérances furent déçues ; bientôt on apprit que les Américains avaient fait une invasion dans le Canada. Cette entreprise ne fut point heureuse pour les Américains, mais, sur mer, ils furent victorieux dans plusieurs rencontres : ce qui fut attribué par les Anglais à la supériorité des frégates américaines, sous le rapport du volume, du nombre des canons et du nombre d'hommes d'équipage. Les corsaires américains, qui couvraient les mers des Antilles, causaient également des dommages considérables aux Anglais, par les prises importantes qu'ils effectuaient chaque jour.

(1812.) La guerre durait depuis près de vingt ans, sans autre interruption qu'un intervalle de quelques mois; elle s'était faite sur tous les points du globe, tantôt avec des revers, tantôt avec des succès; et rien encore n'en indiquait le terme.

Cependant, le royaume-uni ployait sous le poids des impôts; déjà la dette nationale avait atteint des proportions gigantesques; une misère affreuse décimait les classes ouvrières, le commerce national était aux abois; des banqueroutes éclataient de tous côtés, par suite des effets du système continental; les passions des hommes de parti s'agitaient avec plus de violence que jamais. Toutes ces misères se montraient à ciel ouvert, se manifestaient en plein jour et d'une manière bruyante, et annonçaient visiblement une situation des plus critiques.

Mais les maux que souffrait la France, quoiqu'à l'état latent, quoique endurés en silence, n'étaient pas moins profondément sentis. La France n'avait pas la ressource d'un immense crédit; l'alliance qu'elle avait contractée avec l'Autriche par le mariage de son chef avec une archiduchesse de la cour impériale, n'était pas sincère du côté de cette puissance. L'Autriche, et en cela elle était imitée par la plupart des puissances continentales, ne donnait son concours à la France que parce qu'elle la redoutait, et l'ami que l'on redoute n'est pas un ami. De plus, la France avait à soutenir une guerre désastreuse en Espagne et en Portugal, guerre qui lui absorbait une partie de ses forces et de ses ressources. Il est vrai, le système continental causait des préjudices considérables à l'Angleterre, mais ce système était plein de dangers pour la France elle-même: de plus, la dure contrainte que la France imposait aux autres peuples rendait ceux-ci plus disposés à rompre avec elle. Tout en France se rattachait à la fortune d'un seul homme; elle conservait sa puissance et sa grandeur, si l'épée de cet homme extraordinaire restait triomphante; elle tombait, si les feux de l'auréole de gloire qui brillait sur sa tête venaient à pâlir.

Une froideur extraordinaire s'était manifestée depuis quelque temps entre les cours de France et de Saint-Pétersbourg. La Russie, malgré son adhésion au système continental, souffrait souvent que des marchandises anglaises fussent introduites sur son territoire. Napoléon se plaignit en termes amers à la Russie de ce que ses décrets n'eussent pas été observés, en ajoutant, avec hauteur, qu'il était et qu'il serait toujours le maître de la Baltique. Napoléon fit aussitôt des ouvertures à l'Angleterre; mais comme il demandait, comme base du traité, la reconnaissance de la dynastie napoléonienne sur le trône d'Espagne, ses ouvertures furent repoussées. Les exigences de Bonaparte au sujet de la Russie paraissant exagérées, Alexandre, par un ukase impérial, s'empressa d'altérer son système commercial (1811); ce changement de dispositions fut regardé comme une déclaration de guerre par Napoléon, et dès lors il conçut l'idée fatale d'envahir la Russie.

L'armée que Napoléon rassembla pour exécuter cette grande entreprise était l'une des plus considérables qui eût été vue dans les temps modernes. La confédération du Rhin fournit un contingent de 118,500 hommes; la Prusse mit toutes ses troupes à la disposition de l'empereur; l'Autriche, si souvent vaincue, y figurerait elle-même pour 30,000 hommes. Cette armée formidable s'ébranla et pénétra sur le territoire russe, où elle remporta de nombreuses victoires. Mais les froids d'un hiver rigoureux brisèrent bientôt le charme qui, jusqu'à ce jour, avait paru attaché à l'épée de Napoléon. Les désastres de cette terrible campagne commencèrent au moment même où Napoléon croyait toucher au terme de sa conquête. Plus de 300,000 hommes, Français, Russes, Autrichiens, Prussiens et Bavarois, qui composaient les deux armées belligérantes, périrent par le fer, le feu, la fatigue, le froid et la faim; les défections, ainsi qu'il était facile de le prévoir, commencèrent à se déclarer parmi les alliés; bientôt la France se trouva réduite à ses propres ressources.

La politique d'Angleterre, que nous avons signalée déjà pour sa vigilance et son activité, sut profiter de ces événements, et bientôt il se forma contre la France une coalition redoutable. Napoléon ayant fait des ouvertures à l'empereur de Russie, Alexandre les repoussa; et dans le cours de l'année, la Russie conclut la paix avec la Grande-Bretagne, la Suède, l'Espagne et la Turquie : en témoignage de sa sincérité, la Russie mettait sa flotte sous la protection de l'Angleterre. Le parlement d'Angleterre, de son côté, vota une somme de 400,000 liv. st. (10 millions de francs), destinée à secourir les Russes, qui avaient le plus souffert de l'invasion. Une somme de 100,000 l. st. fut également accordée à lord Wellington. Dans le même temps, l'Angleterre signait un traité avec la Suède. Aux termes de ce traité, le roi de Suède s'engageait à fournir à l'armée russe 30,000 hommes, tandis que, de son côté, l'Angleterre promettait de n'opposer aucune difficulté à la réalisation du projet qu'avait formé la cour de Suède de s'approprier la Norwége, et consentait même à aider la Suède avec ses forces navales dans l'accomplissement de son projet. De plus, l'Angleterre s'engageait à fournir à la Suède, pour le service de la campagne, la somme de 1 million sterling (25 millions de francs), et de lui céder la Guadeloupe dans les Antilles françaises. La cour de Suède accordait par réciprocité aux sujets de S. M. Britannique, pendant vingt ans, le droit *d'entrepôt* dans les ports de Gottenburg, de Carlsham et de Stralsund, pour toutes les marchandises de la Grande-Bretagne et de ses colonies, sur le payement d'un droit de un pour cent, *ad valorem*. La Prusse et l'Autriche ne tardèrent point à se joindre à l'alliance.

Il y eut alors une suspension d'hostilités entre les parties belligérantes; cette trêve commença le 1*er* juin, elle devait expirer dans les premiers jours du mois d'août 1813. Elle avait pour objet la réunion d'un congrès à Prague pour négocier une paix générale. Mais les défaites successives essuyées par les armées françaises, l'état d'isolement auquel se trouvait réduite la France, avaient donné aux alliés des prétentions très-élevées. Napoléon, malgré sa mauvaise fortune, les repoussa, parce qu'il espérait encore rétablir les affaires de notre pays.

Les hostilités furent reprises, et le 28 du mois d'août eut lieu une bataille sanglante devant Dresde. L'armée française s'attribua la victoire. Mais elle lui coûtait cher. 6 généraux français, un grand nombre d'officiers supérieurs, 6 drapeaux, 60 pièces d'artillerie tombèrent au pouvoir de l'armée alliée. La bataille de Dennevitz, remportée par Bernadotte sur le maréchal Ney, et la prise de Leipzig, où Napoléon avait concentré ses forces, complétèrent cet immense désastre. Il ne restait plus que de faibles débris de la grande armée avec laquelle le génie de Napoléon avait espéré conquérir la Russie ; la déroute de l'armée française était complète. Déjà la maison d'Orange était rétablie sur le trône de Hollande ; le Hanovre et le duché de Brunswick étaient rendus à leurs légitimes souverains, et la confédération du Rhin était dissoute. Dans le même temps, les armées alliées franchissaient le Rhin et pénétraient en France. Napoléon ayant décrété une levée générale pour les repousser du territoire français, les souverains alliés lui offrirent la paix en lui garantissant une partie de ses conquêtes. Bonaparte consentit à traiter à ces conditions, mais il demanda qu'un armistice fût proclamé pendant les négociations, et les alliés ayant refusé de consentir à sa proposition, les hostilités continuèrent.

En Espagne, l'armée anglo-espagnole remportait également des avantages décisifs. L'armée française battait en retraite devant l'armée de lord Wellington. Les deux armées s'étant rejointes à Vittoria, une bataille sanglante s'engagea, et coûta aux Français 150 pièces de canon, 400 fourgons, tous les bagages et le trésor de l'armée. Cette grande journée fut célébrée en Angleterre par des illuminations brillantes et des fêtes splendides. De son côté, le gouvernement espagnol fit frapper des médailles pour la perpétuer dans la mémoire des Espagnols, et les cortès, par un vote unanime, donnèrent à lord Wellington une propriété considérable en témoignage de la gratitude de la nation espagnole.

L'armée anglo-espagnole poursuivant sa marche victorieuse s'empara de Saint-Sébastien, dont le port devenait un point important par la facilité que cette place offrait de ravitailler les troupes; la place fut prise après plusieurs assauts meurtriers. L'armée anglaise traversant ensuite la Bidassoa (premiers jours d'octobre), entra en France, et poursuivit l'armée française jusqu'à Bayonne. L'une des causes de la ruine complète de la grande armée avait été les défections nombreuses qui avaient eu lieu dans ses rangs; ces défections s'effectuèrent également dans l'armée française qui opérait en Espagne. Trois régiments allemands, à la nouvelle des événements qui se passaient sur le Rhin, quittèrent le drapeau français sous lequel ils avaient combattu, pour déserter aux Anglais. Tandis que l'armée française s'affaiblissait ainsi, des renforts considérables arrivaient journellement à l'armée commandée par lord Wellington. Ce général, traversant l'Adour, défit à Orthez l'armée française, qui opéra aussitôt sa retraite vers Toulouse. L'armée anglo-espagnole l'atteignit sous les murs de cette ville. La bataille de Toulouse est considérée comme l'une des plus sanglantes et des plus acharnées de la campagne. Elle fut livrée le 10 avril 1814. L'armée française, commandée par le maréchal Soult, duc de Dalmatie, comptait 22,000 combattants; l'armée espagnole, commandée par Wellington, en comptait 80,000. L'armée française se battit avec un acharnement sans égal. Dans la journée du 10, les cadavres de 20,000 soldats de l'armée anglo-espagnole couvraient le champ de bataille; mais une résistance prolongée pouvant compromettre Toulouse, le maréchal français donna l'ordre d'évacuer la ville; le champ de bataille resta donc aux Anglais. Dans cette bataille, l'armée anglaise avait une supériorité numérique considérable sur l'armée française; aussi les militaires compétents s'accordent-ils à regarder la bataille de Toulouse comme l'une des plus belles journées de la vie militaire du maréchal Soult.

Tandis que ces événements se passaient, la diplomatie européenne s'occupait activement de mettre un terme à cette grande lutte. Bientôt le Danemark signa un traité de paix avec l'Angleterre. L'Angleterre s'engageait à rendre au Danemark toutes les possessions qu'elle lui avait prises pendant la guerre, à l'exception d'Heligoland. De son côté, le Danemark fournissait à l'armée des alliés 10,000 hommes, et cédait la Norwége à la Suède, qui lui livrait en échange la Poméranie, et recevait de l'Angleterre un subside de 400,000 liv. st. (10 millions de francs). Dans le même temps, Murat, que Napoléon avait élevé aux honneurs de la royauté, auquel il avait donné sa sœur, signait un traité de paix avec l'Autriche. Murat, aux termes de ce traité, s'engageait à fournir 30,000 hommes à l'Autriche contre la France et à ouvrir ses ports au commerce anglais.

Déjà les alliés qui opéraient sur le Rhin, et dont le nombre s'élevait à un demi-million d'hommes, avaient franchi le fleuve et s'avançaient en colonnes serrées au centre de la France. Dans une proclamation, ils déclaraient que bien que la victoire les eût conduits en France, ils n'y étaient pas venus pour faire la guerre à cette contrée; que leur désir tendait seulement à se délivrer du joug que le gouvernement français faisait peser sur leur pays, qui avait autant de droits à l'indépendance et au bonheur que la France elle-même; que, malgré toutes les souffrances qu'ils avaient endurées, ils n'étaient animés d'aucun esprit de vengeance; qu'ils savaient distinguer entre l'homme qui gouvernait la France et la France elle-même ; que c'était à Bonaparte qu'ils attribuaient tous leurs maux et toutes leurs misères ; mais qu'ils n'avaient point l'intention d'user de représailles envers la France; que lorsque Bonaparte faisait la guerre pour satisfaire son ambition personnelle, d'autres vues guidaient la conduite des monarques alliés ; qu'ils étaient ambitieux eux-mêmes, qu'ils recherchaient la gloire, mais que l'ambition et la gloire, objets de leurs désirs, étaient d'une nature bien différente de celles de Bonaparte; que la seule conquête à laquelle ils tendaient était la paix, mais non point une paix du genre de celle dont Bonaparte avait tant de fois leurré l'Europe, mais une paix solide dans laquelle seraient compris tous les États de l'Europe sans exception. « Nous espérions la trouver avant d'entrer sur le sol de la France; nous venons ici pour la chercher. »

Les événements militaires se succèdent avec une étonnante rapidité durant cette époque désastreuse pour la France.

Au mois de janvier, une partie des alliés occupe Langres, qui est à trente-cinq lieues de la frontière. Les armées que Napoléon a pu réunir étaient sous le commandement des maréchaux Marmont et Victor. Ce dernier s'étant avancé en Lorraine, rencontre les Bavarois commandés par le général Wrède, et il est obligé d'évacuer cette province. Marmont va au-devant de Blücher qui a traversé le Rhin avec une armée de 90,000 hommes ; mais l'infériorité de ses forces l'oblige à la retraite. Les armées françaises se concentrent alors du côté de Châlons-sur-Marne, où elles sont suivies par les armées alliées, qui effectuent leur jonction par différents points. Napoléon manœuvre pour empêcher la jonction proposée. Il va au-devant de Blücher qui arrivait par la route de Nancy et Toul, et il le bat à Saint-Dizier. Mais à chaque instant de nouveaux corps d'armée à combattre se présentent; l'armée alliée se recrute de troupes fraîches. Le prince Shwartzenberg, commandant de l'armée autrichienne, prend possession de Fontainebleau, et oblige Napoléon à porter son attention de ce côté. Shwartzenberg est obligé à son tour d'évacuer Fontainebleau et de se porter sur Troyes, qui est également évacué ; mais quinze jours après, cette ville est reprise par les alliés.

Cependant de nouvelles tentatives étaient faites pour négocier la paix; et dans ce but des plénipotentiaires s'étaient réunis à Châtillon. Lord Castelreagh y représentait l'Angleterre, Caulaincourt y représentait la France. Les préliminaires du traité donnaient à la France le territoire qu'elle occupait sous ses derniers rois, et en agrandissaient même les limites ; mais une des clauses de ce traité portait que les alliés occuperaient Paris jusqu'à la paix définitive. Cette dernière condition révolte Napoléon qui venait de remporter de grands avantages sur les alliés dans la Champagne, et dans un accès de colère il déchire la copie qui lui est présentée. « Occuper la capitale de France! s'écrie-t-il. Je suis plus près de Vienne qu'ils ne le sont de Paris. » Ce mouvement d'indignation, au souvenir d'aussi grands désastres, convenait à un homme de la trempe de Napoléon; malheureusement une partie des forteresses situées sur le Rhin étaient déjà au pouvoir des alliés, tandis que des armées de réserve considérables, échelonnées sur le Rhin, l'Oder et l'Elbe, n'attendaient qu'un signal pour s'avancer en France et soutenir les armées alliées en cas de défaite.

Un traité dont la France est exclue est signé à Châtillon. L'Autriche, la Russie, l'Angleterre et la Prusse s'engagent, chacune de son côté, à mettre sur pied 150,000 hommes, et dans le cas où Bonaparte repoussera les propositions qui lui seront offertes, à poursuivre la guerre avec la plus grande vigueur. La Grande-Bretagne, comme à l'ordinaire, ouvre ses caisses aux alliés et leur fournit un subside de 5,000,000 de liv. sterl. (125,000,000 de fr.) pour être réparti entre eux. Aux termes de ce traité, l'alliance doit durer vingt ans, et il est facultatif aux autres puissances d'en faire partie. Le plénipotentiaire français se présente sur ces entrefaites ; il demande que le Rhin serve de limite à l'empire français ; qu'Anvers, Flessingue, Nimègue et une partie du Waal soient cédés à la France ; que l'Italie, y compris Venise, soit formée en un royaume pour le vice-roi, Eugène Beauharnais. A ces ouvertures est jointe une demande d'indemnités pour Joseph, Jérôme et Louis Bonaparte. Ces propositions sont rejetées, et le congrès est dissous.

(1814.) Napoléon, qui venait de remporter des avantages importants, espérait encore chasser les alliés de la France ; aussi fut-il frappé de stupeur lorsque lui parvint la nouvelle de la capitulation de Paris (31 mars), et de l'entrée des alliés dans cette capitale. Le Sénat conservateur avait rendu le sénatus-consulte suivant :

« 1° Napoléon Bonaparte est déchu du trône, et le droit d'hérédité établi dans sa famille est aboli. 2° Le peuple français et l'armée sont déliés du serment de fidélité envers Napoléon Bonaparte. 3° Le présent décret sera transmis, par un message, au gouvernement provisoire de la France, envoyé de suite à tous les départements et aux armées, et proclamé immédiatement dans tous les quartiers de la capitale.

« Les président et secrétaires :
« BARTHÉLEMY, le comte DE VALENCE, PASTORET. »

Napoléon qui se trouvait, en ce moment, à Fontainebleau, avec quatre corps d'armée, ne voulut pas croire d'abord à cette nouvelle. « C'est faux, » dit-il à ceux qui la lui communiquèrent. Le maréchal Ney lui ayant présenté le *Moniteur*, il feignit de le lire, et parut très-agité. « Que voulez-vous que je fasse ? » dit-il. « Il n'y a que l'abdication, » reprit Ney. Le maréchal Macdonald et le duc de Vicence arrivèrent bientôt de Paris. Le maréchal Ney dit alors à l'empereur qu'on exigeait de lui une abdication pure et simple, sans autre condition que sa sûreté personnelle, qu'on lui garantissait. Napoléon demanda où on voulait qu'il se retirât : « A l'île d'Elbe, avec une pension de deux millions de francs. — C'est trop pour moi, répondit-il ; puisque je ne suis plus qu'un simple soldat, un louis me suffit par jour. »

L'abdication fut signée, le 11, sur une petite table circulaire d'acajou, dans une pièce à deux croisées, et richement tendue avec une draperie de soie rouge, brodée en or. Ce document mémorable était ainsi conçu :

Acte d'abdication de l'empereur Napoléon.

« Les puissances alliées ayant proclamé que l'empereur Napoléon était le seul obstacle au rétablissement de la paix en Europe, l'empereur Napoléon, fidèle à son serment, déclare qu'il renonce, pour lui et ses héritiers, aux trônes de France et d'Italie, et qu'il n'est aucun sacrifice personnel, même celui de la vie, qu'il ne soit prêt à faire à l'intérêt de la France.

« Fait au palais de Fontainebleau, le 11 avril 1814.

« *Signé* : NAPOLÉON.
« Pour copie conforme,
« *Signé :* DUPONT DE NEMOURS, *secrétaire général du gouvernement provisoire.* »

Le 16 avril, les commissaires des souverains alliés arrivèrent à Fontainebleau, conformément au désir de Napoléon ; ils devaient l'accompagner jusqu'au lieu d'embarquement. Quand ils se présentèrent, l'empereur les reçut séparément ; il donna une audience de cinq minutes au comte Schouvaloff, commissaire russe, ainsi qu'au général Koller, commissaire autrichien. Celle du comte de Waldbourg Truchess, commissaire prussien, ne dura qu'une minute ; mais il passa un quart d'heure avec le commissaire anglais, sir Neil Campbell, et ne cessa de donner des marques de distinction à cet agent diplomatique. On rapporte que, dans cette première audience, il dit qu'il avait cordialement haï les Anglais; mais qu'il était convaincu maintenant qu'il y avait plus de générosité dans leur gouvernement que dans tous les autres. Napoléon paraissant désirer se rendre à l'île d'Elbe sur une frégate anglaise, le colonel Campbell écrivit, à cet effet, à lord Castlereagh, qui lui fit une réponse favorable.

Le départ de l'empereur devait avoir lieu le 20, à huit heures du matin. A l'heure dite, la garde impériale se forma en ligne de bataille dans la grande cour, appelée *du Cheval blanc*; autour du château, se pressait toute la population de Fontainebleau et des villages voisins, avide de contempler les traits de cet homme extraordinaire, dont l'épée victorieuse avait si souvent humilié les ennemis de la France. A huit heures du matin, le colonel Campbell fut introduit dans sa chambre. L'empereur n'était pas encore habillé; l'heure fixée pour le départ était passée, et le général Bertrand ayant observé que tout était prêt, l'empereur répondit : « Est-ce que je dois régler mes actions sur votre montre? je partirai quand il me plaira. Peut-être pas du tout. » Après cette réponse hautaine, il s'entretint avec M. de Flahaut et le général Ornano. Il était midi quand Napoléon se décida au départ. Le général Bertrand l'annonça aux personnes qui se trouvaient dans l'antichambre; et les assistants, au nombre desquels étaient les commissaires, se rangèrent de chaque côté, selon l'étiquette ordinaire. La porte s'ouvrit, et Napoléon, après avoir traversé rapidement la galerie, descendit les marches du grand escalier de la cour. Dès qu'il parut, les tambours battirent aux champs. Mais, d'un signe imposant de la main, il leur fit faire silence; puis, s'avançant vers sa garde, il parla en ces termes :

« Officiers, sous-officiers, soldats de la vieille garde,

« Je vous fais mes adieux. Depuis vingt ans je suis content de vous; je vous ai trouvés toujours sur le chemin de la gloire.

« Les puissances alliées ont armé toute l'Europe contre moi : une partie de l'armée a trahi ses devoirs, et la France elle-même a cédé à des intérêts particuliers.

« Avec vous, et les autres braves qui me sont restés fidèles, j'aurais pu entretenir la guerre civile pendant trois ans. Mais la France eût été malheureuse, et ce n'était point là le but que je m'étais proposé. Je devais donc sacrifier mon intérêt personnel à son bonheur. C'est ce que j'ai fait.

« Je ne puis vous embrasser tous; mais j'embrasserai votre chef. Venez, général (le général Petit, qu'il embrassa)! Qu'on m'apporte les aigles (il prit une aigle, la pressa vivement sur son cœur, et l'embrassa avec émotion)! Chère aigle, que ces baisers retentissent dans le cœur de tous mes soldats!

« Adieu mes braves, adieu mes enfants! »

Ce discours, qui rappelait tant de grandeur, arracha des larmes à tous les assistants; le colonel Campbell lui-même était en proie à une vive émotion; Napoléon avait les yeux humides de larmes. Le signal du départ fut donné : Napoléon monta dans une voiture avec le général Bertrand; elle était précédée d'une autre voiture dans laquelle se trouvait le général Drouot, et suivie de quatre voitures, dans lesquelles étaient les commissaires. Huit autres voitures, avec les armes impériales, et remplies des officiers et des gens de l'empereur, se trouvaient derrière. Les voitures disparurent bientôt, et aussitôt la garde sortit du château, et la foule s'écoula en silence.

L'Angleterre sortait victorieuse de cette lutte opiniâtre et terrible; sa fortune l'emportait sur celle de la France. Mais depuis longtemps les armes avec lesquelles combattaient ces deux nations héroïques avaient cessé d'être égales! Dans l'une et dans l'autre, si vous voulez, étaient les mêmes hommes; toutes deux étaient capables encore des plus vastes conceptions et pouvaient exciter l'admiration du monde par la hardiesse et le grandiose de leurs entreprises! Mais la puissance de levier qui les mettait en mouvement n'était plus le même, le ressort secret qui les faisait agir, qui leur donnait l'impulsion et la vigueur, n'avait plus la même force pour chacune d'elles. Ce ressort avait commencé à se détendre, à perdre de son élasticité au désavantage de la France, alors que Napoléon avait relevé, pour y monter, le trône que la Révolution française avait abattu. Les soldats de l'empire, sur les champs de bataille, combattent aussi bravement que les soldats de la république ; c'est la même impétuosité dans les uns et dans les autres. Mais aux premiers il faut des victoires, toujours des victoires ; ce n'est plus le saint enthousiasme de 93, où l'enfance et l'âge mûr se confondaient avec l'âge viril et devenaient soldats. Les soldats de l'empire ne quittent point spontanément leurs chaumières. Les généraux sont saturés de gloire et fatigués de la guerre, disent tous nos historiens. Le clocher du village où ils ont passé les jours heureux de leur enfance, se retrace souvent à leur souvenir au milieu du bruit des camps. En 1814, la France est envahie ; le sol sacré de la patrie est foulé par l'ennemi, il faut l'en chasser. Mais écoutez ! « une partie de l'armée a trahi ses devoirs, et la France elle-même a cédé à des intérêts particuliers. » Telles sont les paroles prononcées avec douleur par son malheureux chef dans les adieux de Fontainebleau.

Ce ressort, qui, dans la poursuite de la guerre, produit de si prodigieux effets, n'est autre chose que l'élément démocratique. C'est à l'élément démocratique, qui forme la base de sa constitution, que la Grande-Bretagne doit ce déploiement d'énergie qui ne se ralentit point, qui ne se fatigue jamais. Des mêmes causes étaient sortis les mêmes effets pour la France tant qu'elle était restée démocratique. On la voit alors braver tous les obstacles, mépriser tous les dangers ; de son sol surgissent des milliers de soldats, pleins d'ardeur et de feu. Ce qui n'est plus le même cas, aussitôt qu'une épée glorieuse a biffé l'élément démocratique de sa constitution : alors son sang ne bouillonne plus dans son cœur avec la même force. La supériorité d'une constitution représentative comme la constitution anglaise et la constitution qui régit la France actuelle sur une constitution exclusivement démocratique est donc ici manifeste. La France ne conserva point cet élément démocratique dans lequel elle avait puisé tant de force et de vigueur dans ses difficultés, parce que, devenu faible à cause de ses violences et que n'étant retenu par aucun frein, cet élément fut absorbé par une ambition dévorante que lui-même avait engendrée. Mais de pareilles ambitions sont impossibles sous l'empire de la constitution anglaise, par le fait de la royauté et de la force que le législateur a donnée au trône pour tenir à l'écart ces ambitions quand elles tendent à naître.

Après l'abdication de Fontainebleau, il fut arrêté entre les souverains alliés qu'un congrès se réunirait à Vienne, pour y arranger d'une manière définitive les grands intérêts que la guerre avait déplacés. La réunion du congrès eut lieu le 1er novembre : les membres qui le composaient étaient l'empereur de Russie et l'empereur d'Autriche ; les rois de Prusse, de Danemark, de Wurtemberg et de Bavière ; les ambassadeurs d'Angleterre, de Russie, d'Autriche, de Prusse, de France, d'Espagne, de Portugal, de Suisse, d'Italie, et les agents des différentes principautés de l'Allemagne. Un des premiers actes de cette assemblée fut de reconnaître le nouveau titre royal annexé à la couronne britannique, et de confirmer au Hanovre le titre de royaume. Des arrangements furent pris ensuite concernant l'Italie : les territoires qui étaient autrefois dans la possession de la Sardaigne furent rendus à Victor Emmanuel ; et contrairement à des engagements contractés avec Gênes, lors de l'occupation de cette ville par les forces anglaises, le territoire qui formait, avant les guerres de la révolution française, la république de Gênes, fut définitivement réuni aux États de Sardaigne. L'Autriche eut Venise et une partie des autres districts situés au nord de l'Italie. De tous les souverains que l'empereur Napoléon avait créés, Murat était le seul qui conservât sa couronne.

Mais il est important de revenir sur nos pas; car, entraînés par l'intérêt que présente cette partie de l'histoire d'Angleterre, et la rapidité avec laquelle les événements s'y succèdent, nous avons négligé des faits intéressants, qu'il devient nécessaire de rétablir.

L'Amérique du Nord, depuis la déclaration de guerre faite à l'Angleterre par les Américains, était devenue, comme le continent européen, le théâtre d'une vaste effusion de sang. (1813.) Une armée de 5,000 hommes, commandée par le général américain Dearborn, après avoir pris possession de York sur le lac Ontario, fut obligée de se retirer. Bientôt le général américain Harrisson répara cette défaite en battant le colonel Proctor, et faisant prisonnière de guerre presque toute son armée. Aussitôt trois armées américaines entrèrent sur le territoire canadien, et y causèrent de grands ravages; mais elles furent encore repoussées. Sur le lac Érié, une escadrille américaine captura onze vaisseaux de guerre anglais. Sur mer, l'avantage restait aux Américains; la frégate anglaise *la Java*, dans une rencontre avec la frégate américaine *la Constitution*, après avoir perdu ses mâts, fut obligée d'amener son pavillon. Les avaries qu'elle avait essuyées étaient si considérables que le vainqueur, après en avoir retiré les blessés, fut obligé d'y mettre le feu. Dans une autre rencontre, le sloop de guerre anglais *le Peacok*, combattant avec le sloop américain *le Horner*, fut également obligé de se rendre. Le seul exploit maritime que remporta l'Angleterre eut lieu dans les eaux de Boston. La frégate *le Shannon* s'étant présentée devant le port de Boston, comme pour défier la frégate américaine *la Chesapeak*, celle-ci sortit du port et engagea la bataille bord à bord. Les Anglais enlevèrent la frégate américaine à l'abordage; et, après l'avoir capturée, ils la conduisirent à Halifax.

En Amérique, les partisans de la guerre se trouvaient principalement dans les États du sud; car ces États, par leur proximité avec les possessions anglaises des Indes occidentales, faisaient des profits considérables dans le commerce de contrebande; de plus, il sortait de leurs ports une foule de corsaires qui, après une course de quelques semaines, rentraient généralement avec de riches prises. Les États du nord, qui touchaient au théâtre de la guerre, ne voyaient, au contraire, cette guerre qu'avec déplaisir. A Boston et dans toute la province de Massachussets, la déclaration de guerre devint le signal d'un deuil général. Les navires qui étaient dans le port mirent leur pavillon en berne et leurs vergues en croix. De nombreux meetings votèrent des résolutions énergiques pour demander au gouvernement de Washington le rétablissement de la paix.

Dans cette situation, un arrangement n'était pas difficile, et les événements qui amenèrent l'abdication de Fontainebleau, étant survenus sur ces entrefaites, le cabinet de Washington fit des ouvertures au cabinet de Saint-James. L'importante affaire à régler consistait dans la démarcation des limites du droit de blocus que l'Angleterre prétendait s'arroger. Dans tous les temps, l'Angleterre a montré les plus vives sympathies pour le système exclusif qu'elle a adopté à cet égard, et en ce moment qu'elle était débarrassée de la guerre avec la France, et que, seule à seule avec l'Amérique, elle espérait en avoir bon marché, elle tenait à le conserver plus que jamais; elle repoussa les ouvertures du cabinet de Washington.

La guerre américaine prit alors un caractère plus décidé; le congrès ordonna des levées de troupes, arma les côtes et fit des préparatifs de défense considérables. Le général anglais Prevot s'étant avancé avec des forces imposantes jusqu'à Plattsbourg, sur le lac Champlain, les Américains allèrent à sa rencontre et le défirent entièrement ; mais ils éprouvèrent à leur tour des échecs importants à Washington et à Alexandrie, qui est située sur la rivière Potowmack. Les Anglais, poursuivant leurs avantages, firent une descente près de Baltimore ; mais après avoir menacé cette ville, ils furent obligés de se retirer. A la Nouvelle-Orléans, où ils firent une tentative, ils éprouvèrent également un échec important ; deux mille des leurs restèrent sur la place, indépendamment d'un nombre considérable de prisonniers. L'amiral Cochrane, qui commandait l'expédition, rembarqua ses troupes à la hâte et abandonna l'entreprise.

Cependant, les négociations n'avaient pas été interrompues, et des plénipotentiaires réunis à Gand posaient les bases d'un traité. Les représentants de l'Amérique étaient Adams, Bayard, Clay, Russel et Gallatin ; lord Gambier, MM. Goulburn et Adams étaient ceux de la Grande-Bretagne. Le traité ne faisait aucune mention de la cause principale de la guerre et du premier objet de la dispute, du droit de visite. Toutes les conquêtes faites par les deux parties belligérantes pendant le cours de la guerre étaient rendues réciproquement ; le traité stipulait aussi que des commissaires seraient nommés pour déterminer la ligne des frontières des Canadas et des États de l'Union. La paix fut ainsi conclue avec l'Amérique du Nord.

L'Angleterre, après avoir cruellement souffert, après avoir fait la guerre dans toutes les parties du globe, se trouvait ainsi en paix avec le monde entier. On se rendrait difficilement compte de la sensation que causa cet événement : le peuple oubliait déjà les maux passés ; la joie était universelle. Les grandes villes du royaume, et notamment les villes manufacturières qui, en voyant les barrières levées, comptaient réaliser des profits considérables, firent de brillantes illuminations. L'empereur de Russie et sa sœur, la grande-duchesse Oldenbourg ; le roi de Prusse et ses fils ; les généraux les plus distingués des armées alliées, Blücher, Platoff, Barclay de Tolly, Czernicheff, d'York et de Bulow ; le prince de Méternich et une foule d'autres hommes d'État, vinrent visiter le pays qui leur avait fourni à tous des sommes considérables, et à qui ils devaient, peut-être, la plus belle part de leurs triomphes ; leur visite donna lieu à de grandes réjouissances publiques. En même temps, le pays, malgré une dette considérable, récompensait ses généraux avec une largesse et une libéralité extraordinaires. Lord Wellington, le premier d'entre eux, fut élevé à la dignité de duc, et le parlement lui vota une somme de 400,000 liv. sterling (10,000,000 de fr.). Cette somme était indépendante de 100,000 liv. sterling (2,500,000 fr.), qui lui avaient été accordées. Les autres généraux reçurent des récompenses proportionnées à leurs services.

(1815.) Toutefois, l'allégresse nationale ne devait pas tarder à être comprimée, et durant quelque temps encore, les espérances de prospérité que le pays avait conçues allaient être trompées. Nous touchons à 1815, et l'Angleterre était appelée à de nouveaux sacrifices. Le congrès de Vienne était assemblé, et tandis que cette assemblée rajustait, tant bien que mal, l'Europe bouleversée de fond en comble par les guerres si longues et si sanglantes de l'empire ; qu'il élargissait les royaumes des uns, qu'il faisait de larges coupures pour raccourcir ceux des autres, Napoléon, avec lequel il ne songeait pas à compter, quittait l'île d'Elbe, s'embarquait à bord de *l'Inconstant*, avec 400 hommes de sa garde ; échappait miraculeusement aux croisières anglaises, et entrait dans le golfe de Juan (1er mars 1815). La fortune accordait une dernière faveur à Napoléon ; mais elle s'apprêtait à la lui faire payer durement.

Le voyage de Napoléon à travers la France fut un véritable triomphe. En sortant de Cannes, il se rendit à Grasse, et après avoir traversé Saint-Vallier, il arriva dans la soirée du 2 au village de Cérénon, ayant fait vingt lieues dans cette première journée. Le 3, il coucha à Barême ; le 4, il dîna à Digne. De Castellane à Digne et dans tout le département des Basses-Alpes, le peuple des campagnes, instruit de sa marche, accourait de tous côtés sur la route et manifestait le plus vif enthousiasme. Le 5, Napoléon coucha à Gap, avec dix hommes à cheval et quarante grenadiers ; il y fit imprimer ses proclamations, qui n'avaient encore été répandues qu'en manuscrit. En approchant de Grenoble, il rencontra un bataillon qui avait été envoyé pour lui barrer le passage. L'empereur mit pied à terre et marcha droit aux soldats, suivi de sa garde portant l'arme sous le bras ; il se fit reconnaître et cria que le premier soldat qui voudrait tuer son empereur le pouvait : le cri unanime de « *Vive l'empereur !* fut la réponse des troupes. Ce régiment avait été sous les ordres de Napoléon dans sa première campagne d'Italie. Les soldats arrachèrent sur-le-champ leur cocarde blanche et arborèrent avec transport les couleurs tricolores. A neuf heures du soir, Napoléon entrait dans les faubourgs de Grenoble, au milieu des cris de joie de ses soldats et des habitants. Le général Marchand qui y commandait, voyant les dispositions des troupes, les avait fait rentrer dans Grenoble, dont il avait fait fermer les portes ; efforts inutiles ! les remparts étaient occupés par le 3ᵉ régiment du génie, composé de 2,000 sapeurs, tous vieux soldats ; par le 4ᵉ régiment d'artillerie de ligne, le même régiment où vingt-cinq ans auparavant Napoléon avait été fait capitaine ; par les deux autres bataillons du 5ᵉ de ligne, par le 11ᵉ de ligne et les hussards du 4ᵉ. La garde nationale et la population presque entière étaient placées derrière la garnison. Un vif enthousiasme remplissait les cœurs de toute cette multitude ; de toutes parts s'échappaient les cris mille fois répétés de « *Vive l'empereur !* »

Le commandant refusant de livrer les clefs, les portes furent enfoncées ; bientôt après Napoléon fut dans Grenoble. Le 9 il quitta cette ville, et le 10, à onze heures du soir, il entrait dans Lyon. Deux jours après, il arrivait à Villefranche, petite ville qui n'a que 4 à 5,000 âmes, et qui en réunissait en ce moment 50,000, accourues du Beaujolais, de la Bresse. En quittant Villefranche, Napoléon entra en Bourgogne. Cette partie de la France semblait en quelque sorte fière de se produire devant lui ; car, l'année précédente, le peuple de Saint-Jean de Losne, de Châlons, de Tournus, avait opposé à l'invasion ennemie une courageuse résistance. Ainsi on avait vu des paysans, armés de fourches, de bâtons et de quelques mauvais fusils, se porter sur Mâcon pour en déloger un corps autrichien qui l'occupait. A partir de Mâcon, le voyage de l'empereur ne fut plus qu'une fête populaire et une marche triomphale. Dans la soirée du 20, Napoléon rentra aux Tuileries, que Louis XVIII avait quittées la veille, et il fut reçu par les Parisiens avec le plus vif enthousiasme.

La nouvelle du débarquement de Napoléon en France fut à peine connue à Vienne, que les alliés lancèrent un manifeste. Ils déclaraient qu'en quittant l'île d'Elbe, Bonaparte avait détruit le seul titre légal d'où dépendait son existence ; qu'en venant de nouveau en France avec des projets de désordre et de confusion, il avait perdu la protection de la loi, et qu'il avait montré qu'il n'y avait point de paix ni de traité possible avec lui ; qu'étant devenu l'ennemi du repos du monde, il avait attiré sur sa tête la vengeance des nations. En même temps, les alliés prenaient la ferme résolution de maintenir dans son entier le traité de Paris, et d'employer tous leurs efforts pour que la paix du monde ne fût pas troublée plus longtemps. Ce manifeste fut suivi d'un traité signé à Vienne, le 25 mars. Aux termes de ce traité, les parties contractantes s'engageaient à ne déposer les armes que lorsque Napoléon serait mis hors d'état d'obtenir le suprême pouvoir en France. Napoléon voulut conjurer cet orage, et, quelques jours après son retour à Paris, il adressa des lettres aux souverains alliés. Dans ces lettres, Napoléon disait qu'il avait été rétabli sur le trône de France par le désir unanime de la nation française, et il déclarait qu'il était prêt à maintenir la paix aux conditions acceptées par la famille des Bourbons. Mais le congrès, auquel ces lettres furent soumises, décida qu'aucune réponse n'y serait faite.

La lutte entre la France et les puissances alliées allait recommencer, et de part et d'autre on se disposa à la poursuivre avec vigueur. Mais la lassitude régnait en France ; l'enthousiasme que le retour de l'empereur avait provoqué n'était point général, il manquait surtout aux chefs. Tous les historiens qui ont écrit sur cette époque mémorable s'accordent sur ce point, que les généraux français virent avec une certaine répugnance la reprise des hostilités; ils étaient, disent-ils, fatigués de la guerre. Remarquons qu'une pareille fatigue n'existe point dans les États parlementaires. Dans ces États, souvent il arrive que le corps de la nation, qui souffre de tout le fardeau de la guerre, gourmande et presse ses gouvernants pour qu'ils fassent la paix ; mais il est impossible qu'un général agisse avec mollesse. La presse n'est-elle pas là pour stimuler son ardeur, et lui donner du cœur s'il vient à en manquer, ou pour le traduire devant un conseil de guerre, et le faire remplacer par un autre général, s'il n'a pas d'habileté ?

Les frontières de la Belgique étaient encore garnies de troupes russes, anglaises et autrichiennes, qui y étaient restées pour se tenir prêtes à marcher sur la France dans le cas, imprévu alors, où des troubles viendraient à éclater dans ce pays; des renforts considérables partirent aussitôt de différents lieux, et se hâtèrent de rejoindre le corps d'armée principal ; le commandement général de l'armée avait été donné au duc de Wellington. Mais Napoléon, déployant son activité ordinaire, était déjà en présence de l'armée des alliés. « Le duc de Wellington, dont le quartier général se trouvait à Bruxelles, assistait avec son état-major à un grand bal dans la soirée du 15. Il ignorait et ne supposait pas que Napoléon eût déjà réuni son armée, qu'elle fût bien équipée et sitôt prête à l'attaque. Les nouvelles de la prise de Thuin, Lobbes, Charleroi, Gossolies et Frosnes en un seul jour , et celles d'un échec de l'armée prussienne, lui parvinrent à minuit, au milieu de la salle du bal. A peine en croyait-il au message de Blücher qui lui demandait du secours à l'instant, qu'il reçut un nouveau message plus pressant encore que le premier. Tout alors fut en désordre ; des dames s'évanouirent , et le duc se hâta d'aller réparer les désastres des Prussiens et des Belges (*). »

Mille versions différentes, toutes plus ardentes les unes que les autres, ont paru sur la bataille de Waterloo. On conçoit que deux grandes nations comme l'Angleterre et la France aient pu vivement s'impressionner des conséquences plus ou moins lointaines qui pouvaient découler d'un pareil événement; mais, au fond, de quoi s'agit-il dans les controverses dont nous parlons? D'une misérable question de vanité ; la plupart des écrivains qui ont pris la plume pour parler de cette bataille, semblent avoir eu pour unique objet de démontrer que les Anglais avaient battu les Français, tandis que d'autres soutiennent que les Français ont mis les Anglais en pleine déroute. C'est pour éclaircir ce point capital qu'ils ont dépensé tant de verve. En résumé, qu'ont-ils prouvé ? Que les Anglais étaient de meilleurs ou de plus mauvais soldats que les Français ? Nullement : ils n'auraient pu le faire ! Les uns et les autres, nous nous connaissons de trop longue date, nous nous sommes trop souvent rencontrés sur les champs de bataille pour ne pas savoir qu'en fait de courage militaire , nous nous valons bien réciproquement. Suivre la voie battue, c'est vou-

(*) W. M. Scott, lieutenant général.

loir ne rien apprendre de neuf, et réchauffer des antipathies que dans l'intérêt de la civilisation il est important d'anéantir. Toutefois, par déférence pour le sentiment national, et aussi parce que de cette époque date un nouvel ordre de choses pour la France, nous avons cru devoir donner la bataille de Waterloo avec détails, et choisissant entre toutes ces versions la plus véritable et la plus consciencieuse, nous avons pris le travail de M. de Norvins, dont nous donnerons les passages suivants :

« Après la perte de la bataille de Ligny, l'armée prussienne, à moitié détruite et dispersée, fit sa retraite dans le plus grand désordre, le premier et le deuxième corps sur Mont-Saint-Guibert, et le troisième sur Gembloux, où il fut rejoint pendant la nuit par les 30,000 hommes de Bulow. La précipitation même de la fuite des ennemis nous empêcha de les suivre. De son côté, Wellington passa la nuit aux Quatre-Bras, point de la réunion successive de ses corps d'armée ; mais, instruit avant le jour de la défaite de Blücher, il ordonna aussitôt la retraite sur Bruxelles. L'empereur, qui avait prévu ce mouvement, expédia le général Flahaut au maréchal Ney, pour l'avertir de se tenir prêt à suivre les Anglais, et d'occuper la position des Quatre-Bras, jusqu'à l'arrivée des troupes que Napoléon destinait à agir du côté de Bruxelles. Le maréchal, ayant paru incertain sur l'importance des résultats de la journée de Ligny, reçut des détails positifs de la victoire avec un nouvel ordre d'enlever les Quatre-Bras. Napoléon présumait avec raison que le général anglais ne laisserait devant le maréchal qu'une arrière-garde, et que, dans le cas où il resterait en place avec son armée, les troupes en avant de Ligny marcheraient par la route de Namur, que Blücher nous avait abandonnée, et viendraient appuyer l'aile gauche. Mais la position des Quatre-Bras, où l'empereur et le maréchal firent leur jonction à dix heures du matin, le 17, avait été évacuée dans la nuit par le général anglais, qui parut vouloir opposer quelque résistance en avant de la forêt de Soignes. Continuant son mouvement de retraite, il s'arrêta à Waterloo, où il établit son quartier général. L'empereur suivit l'ennemi avec 68,000 hommes et 240 pièces de canon, tandis que Ney marchait dans la même direction avec le corps du comte d'Erlon, et que le maréchal Grouchy, dirigé sur les traces des Prussiens, par les routes de Mont-Guibert et de Gembloux, avait reçu l'ordre d'être en même temps qu'eux à Wavre ; c'était là que Blücher devait se retirer. Napoléon compte sur la prompte exécution du mouvement qu'il a prescrit ; il s'assure par là ses communications avec Grouchy, qui forme son aile droite. Mais le lieutenant de l'empereur se trompe sur la marche de Blücher et porte la plus grande partie de ses forces sur Gembloux, pendant que le général prussien, qui a gagné trois heures sur lui, est déjà à Wavre. Le maréchal, qui n'avait fait que deux lieues dans la journée, remet néanmoins au lendemain la poursuite de l'ennemi !

. . . .

« La coopération de Grouchy est pour Napoléon le gage du triomphe ; la seule crainte qu'il éprouve, c'est que Wellington n'ose l'attendre dans les plaines de Waterloo, et, la nuit, il visite les lignes de grand'garde, pour s'assurer que l'ennemi ne lui abandonne pas le champ de bataille. Enfin l'aurore vient dissiper ses inquiétudes : toute l'armée anglaise est devant lui ! Les rayons du soleil ont éclairci tout à coup l'atmosphère, chargée depuis quelques jours de nuages orageux, et les Français ont pu saluer encore le soleil d'Austerlitz. A dix heures et demie, Napoléon parcourt les rangs de ses soldats, dont l'enthousiasme belliqueux lui promet de vaincre ou de mourir. Ils tiendront leur serment. Quant à l'empereur, il a fait ses dispositions pour percer le centre des Anglais, les pousser sur la chaussée, et, arrivant au débouché de la forêt, couper la retraite à la droite et à la gauche de leur ligne. Le succès de cette attaque doit rendre toute retraite impossible à Wellington, le séparer de l'armée prussienne et lui faire expier cruellement la faute qu'il a commise par le choix du champ de bataille de Waterloo, en avant d'une forêt épaisse et d'une grande ville, après la défaite de Blücher.

« La pluie, qui a tombé par torrents pendant toute la nuit, a rendu les chemins presque impraticables; la marche de nos soldats en est nécessairement ralentie; ils ont d'ailleurs à sécher leurs armes et à les mettre en état. Le combat ne doit s'engager que vers une heure, par trois attaques simultanées. Les troupes anglo-bataves, rangées en bataille sur la chaussée de Charleroi à Bruxelles, en avant de la forêt de Soignes, occupaient les hauteurs depuis le plateau qui domine le château de Hougoumont jusqu'au penchant d'un autre plateau, près des fermes de la Haye et de Papelotte. La position de Hougoumont, à la gauche des Anglais, devenait pour eux de la plus grande importance, car c'était par là que les Prussiens devaient les joindre; Wellington y avait jeté ses plus braves soldats. C'est sur ce point aussi que Napoléon dirige la première attaque. Jérôme, qui en est chargé, enlève le bois de Hougoumont; prise et reprise par les Français et par les Anglais, cette position reste enfin au pouvoir des premiers. Mais l'ennemi s'est maintenu dans le château, qu'il a crénelé avec soin et qui renferme les meilleures troupes; le général Reille reçoit l'ordre de mettre le feu à ce château avec une batterie d'obusiers.

« A la droite, le comte d'Erlon, appuyé par une immense artillerie, se porte vers le village de Mont-Saint-Jean. Là éclate une épouvantable canonnade, qui porte le ravage dans les rangs de l'infanterie anglaise et balaye le plateau. Napoléon, après avoir parcouru toute la ligne, au milieu de l'enthousiasme et des acclamations de joie des troupes, se place sur une éminence près la ferme de la Belle-Alliance, d'où il peut embrasser toutes les parties du champ de bataille, disposer de ses réserves, et s'élancer à leur tête partout où le danger appellerait sa présence.

....

« Domont et Suberwick, avec 2,500 hommes de cavalerie légère, doivent chercher à contenir l'avant-garde de Bulow et pousser des partis pour se mettre en communication avec le maréchal Grouchy, qu'un premier courrier a prévenu de l'arrivée de Bulow; en même temps, un corps de 7,000 hommes, aux ordres du comte Lobau, va se ranger derrière la cavalerie du général Domont, pour garantir nos flancs, si le mouvement de Bulow n'était pas arrêté par Grouchy. Ces dispositions prises, Napoléon ordonna au maréchal Ney d'enlever la ferme de la Haie-Sainte et le village de la Haie. Au bout d'une demi-heure, les batteries ennemies s'éloignent de la ligne et sont remplacées par les nôtres; les tirailleurs anglais se replient à leur tour: Wellington craint pour ses masses foudroyées par notre artillerie, et leur cherche un abri derrière les crêtes des hauteurs. Nos troupes se portent en avant; Ney aborde la position avec son intrépidité ordinaire, et 80 pièces d'artillerie le secondent; mais la cavalerie ennemie s'élance sur l'infanterie française, qu'elle parvient à ébranler, et qui recule après avoir perdu deux aigles et plusieurs de nos pièces culbutées dans un chemin creux. Milhaud accourt avec une brigade de cuirassiers; il couvre de morts le champ de bataille. De son côté, l'empereur, qui avait vu l'ébranlement de notre infanterie à droite, s'y était porté au galop, et avait bientôt rétabli l'ordre. La canonnade continue avec fureur et une nouvelle attaque nous rend maîtres de la ferme de la Haie-Sainte. Le général anglais Pichn est tombé mort; l'ennemi fuit en désordre, sabré par la cavalerie de l'infatigable Milhaud; la bataille est gagnée, si Grouchy se présente.

« C'était alors que Bulow, débouchant de Saint-Lambert, se déployait devant les bois de la Parise. 80,000 Prussiens s'avancent au secours de Wellington, et les troupes de Grouchy ne paraissent pas encore. En vain le comte de Lobau s'efforce d'arrêter le nouvel ennemi qui marche droit au centre de l'armée française. Napoléon espère cependant encore enfoncer le centre des Anglais avant que les Prussiens puissent s'y opposer. Pendant que le maréchal Ney se soutient à la Haie-Sainte, suivant l'ordre de Napoléon, qui lui avait prescrit de ne faire aucun mouvement, jusqu'à ce qu'on connût l'issue de l'attaque des Prussiens, Durutte attaque les fermes de la Haie et de Papelotte. Vers quatre heures et demie, Wellington renouvelle ses tentatives sur la Haie-Sainte; ses troupes sont ramenées par notre infanterie. Alors le maréchal, pénétré de la nécessité d'appuyer le succès et de s'emparer des hauteurs toujours occupées par l'armée anglo-hollandaise, appelle une brigade de réserve composée des cuirassiers de Milhaud; ils s'ébranlent; bientôt le maréchal couronne le plateau avec ces troupes, dont les charges brillantes font un mal horrible aux ennemis. Cette manœuvre paraît décisive; tout le monde chante victoire autour de Napoléon. Mais il ne précipite pas ainsi son jugement, et voyant cette cavalerie exposée au feu meurtrier de la mitraille, aux nouvelles charges de l'ennemi, dont les lignes ne sont point pas encore enfoncées, il ordonne au comte de Valmy de la soutenir avec deux divisions de cuirassiers; entraînée par ce mouvement et par un excès d'ardeur, la division du général Guyot les suit : c'était la réserve de la garde, et Napoléon essaya en vain de la rappeler. Il était cinq heures du soir.

« Le choc des 3,000 cuirassiers de Kellermann et de la grosse cavalerie de la garde fut terrible; Milhaud, qui avait été obligé de se replier devant les forces supérieures de Wellington, se rallie aux nouveaux corps qui viennent l'appuyer; alors, tous se précipitent à la fois sur ce plateau, dont l'occupation doit décider du sort de la bataille. L'infanterie anglaise, assaillie par ces charges impétueuses, se forme en carrés, qui vomissent la mitraille et la mort sur les escadrons français; mais ceux-ci s'élancent successivement contre ces remparts de feu, dont plusieurs sont enfin renversés. Au milieu de leurs débris, une nouvelle lutte s'engage entre la cavalerie française et celle de l'ennemi, qui vole au secours de son infanterie. Vingt fois aussi les soldats de Kellermann et de Milhaud s'y jettent avec une nouvelle fureur. Wellington voit s'éclaircir les rangs de son infanterie; obligé lui-même de s'enfermer à chaque instant dans un carré, il ne trouve pour lui de salut que dans l'immobilité de ses soldats, qui meurent à leur poste. A l'aspect de ce carnage épouvante, il verse des larmes : « Il faut encore, s'écrie-t-il, quelques heures pour tailler en pièces ces braves gens; plût au ciel que la nuit et les Prussiens arrivassent avant! » Mais la main de fer de nos cuirassiers continue de décimer ses bataillons. Pendant deux heures, ces héroïques soldats affrontent la mort; ni l'artillerie, ni la baïonnette, ne peuvent ralentir leurs attaques sans cesse renaissantes, et douze mille Anglais sont tombés sous nos coups.

« Wellington est battu! déjà la route de Bruxelles est encombrée de fuyards et de bagages; des soldats de toutes armes se jettent à travers la forêt de Soignes; les caissons, les voitures renversées annoncent le désordre d'une déroute, et le général anglais s'apprête à donner le signal de la retraite; il a même fait rétrograder sur Anvers la batterie de dix-huit qui devait le joindre; la nuit et l'armée prussienne paraissent seules pouvoir le sauver. C'est dans ce moment extrême que Blücher entre en ligne, à la tête de 31,000 hommes, ouvrant la communication entre Bulow et Wellington. En même temps, deux brigades de cavalerie anglaise, fortes de 6,000 hommes, placées naguère en réserve sur la route, et rendues disponibles par l'arrivée des troupes prussiennes, viennent se présenter aussi devant nous.

« Que faisait alors Grouchy ? Parti à dix heures seulement de Gembloux, au lieu d'avoir quitté cette position à deux heures du matin, afin d'arriver à Wavre assez tôt pour arrêter Blücher, il se trouvait vers midi à moitié chemin de ce village. En vain, la canonnade de Waterloo l'appelle sur le terrain, où Napoléon l'attend avec tant d'impatience ; en vain Excelmans et Gérard le pressent de voler à son secours ; il continue à marcher sur Wavre, où se trouvait seul le corps de Thielmann ; Blücher en était parti le matin à sept heures............
............Cependant trois bataillons d'infanterie de la deuxième ligne viennent en bon ordre se mettre en retraite auprès de la garde ; Napoléon court au-devant d'eux et les renvoie à leur poste. Mais leur mouvement rétrograde et la vue de l'arrivée du corps de Blücher avaient fait reculer plusieurs régiments aux prises avec l'ennemi sur le plateau. A cet aspect, Napoléon sent la nécessité de soutenir sa cavalerie indécise ; il se porte, avec les quatre premiers bataillons de la moyenne garde, sur la gauche de la Haie-Sainte, et prescrit au général Reille de réunir tout son corps sur son extrême gauche, et de le former en colonne d'attaque................
............Cependant les quatre bataillons de la moyenne garde sont aux prises : Ney, l'épée à la main, Friant, Cambronne, repoussent tout ce qui se trouve devant eux, et bravent le feu d'une ligne immense. L'ennemi ne peut soutenir l'impétuosité de notre attaque ; mais Wellington, entièrement rassuré par l'arrivée des Prussiens, fait avancer les bataillons dont il peut maintenant disposer, et le combat se rallume. La victoire va encore couronner les efforts des soldats français, lorsque Blücher, culbutant la faible division qui lui est opposée, parvient au village de la Haie. Wellington profite du trouble et de l'hésitation qu'il remarque dans le mouvement de notre armée, par suite de la marche de Blücher, et lance toute sa cavalerie, qui, n'osant pas essayer de les enfoncer, tourne les huit carrés de la garde pour atteindre l'extrême droite, et pénètre entre la Haie-Sainte et le corps du général Reille. Plus de ralliement possible.
....
« Alors le cri fatal de *Sauve qui peut!* poussé par quelques traîtres et répété par des soldats en désordre, se fait entendre ; les lignes se rompent, les rangs se mêlent, et la déroute de l'armée française commence. Enfin, les huit bataillons de la garde, qui étaient au centre, soutenus par le magnanime Cambronne et le maréchal Ney, qui avait eu cinq chevaux tués sous lui, après avoir résisté avec un courage héroïque aux attaques furieuses de l'ennemi et n'avoir cédé le terrain que pied à pied à des forces immenses, sont désorganisés à leur tour par la masse des fuyards, et tombent écrasés sous le nombre, en se défendant jusqu'au dernier soupir.
....
« Napoléon, qui a tout fait pour prévenir et arrêter ce désordre, se jette au milieu des fuyards, et s'efforce de les rallier derrière un régiment de la garde, en réserve à la gauche de Planchenoit avec deux batteries ; mais les ténèbres, qui empêchent de le voir, détruisent l'effet accoutumé de sa présence sur les troupes, en même temps qu'un tumulte effroyable s'oppose à ce qu'on entende sa voix. Entraîné dans la déroute, entouré d'ennemis, il se place, l'épée à la main, au milieu d'un carré, et veut périr avec les braves gens qui combattent encore. Son dernier champ de bataille sera son tombeau ; mais les généraux qui entourent Napoléon, l'arrachent à la mort qu'il demande, qu'il affronte comme un soldat ; enfin, il se décide à la retraite. »

Ainsi parle M. de Norvins ; d'où il suit qu'après avoir battu les Anglais, nous avons en définitive perdu la bataille. Journée de Waterloo, tu marqueras longtemps parmi les jours de deuil de la France ! mais ce doit être à ce point de vue seulement que tu coûtas des flots de sang à notre pays, que ce sang jeune et vigoureux coula inutilement et sans qu'il en pût probablement résulter un grand profit pour lui.

Supposons, pour rendre notre idée plus sensible, les aigles françaises victorieuses à Waterloo ; mieux encore, supposons-les triomphant en Espagne, en Portugal, en Russie, de même qu'elles le furent en Prusse, en Autriche et en Italie. Peut-être, par le fait de ces victoires éclatantes, tous les trônes de l'Europe, la vieille et fière Angleterre elle-même, se seraient prosternés aux pieds de la France ; celle-ci serait devenue l'arbitre suprême de leurs destinées ; ceux-là, épuisés, abattus, auraient été réduits une fois encore à la triste extrémité d'implorer merci. La volonté qui donne l'impulsion à ces vastes États, a pour centre la capitale de la France ; elle s'élance du palais des Tuileries, franchit les frontières, arrive à Londres, à Madrid, à Lisbonne, à Naples, à Vienne, à Saint-Pétersbourg ; et partout elle trouve obéissance et soumission.

Mais cette soumission, la France napoléonienne devait s'y attendre, n'aurait duré qu'autant que l'épée qui avait vaincu ces peuples eût été toujours forte ; que si le tranchant s'en fût émoussé, soit par un long usage, soit par la sénilité, tout aussitôt les peuples auraient brisé le lien qui les tenait enchaînés.

Nous dira-t-on que les résultats que nous présentons comme un des effets probables de la position violente et exceptionnelle dans laquelle se fût trouvée la France napoléonienne vis-à-vis des autres peuples, ne sont que des conjectures, des hypothèses, et à ce titre sans valeur, ne pouvant fournir aucune induction historique ? Ouvrez les annales de notre histoire, voyez ce qui se passe à cet égard sous la France monarchique. Vous y trouverez un peuple brave, ardent, impétueux, croisant le fer avec tous les peuples de la terre, exécutant de brillantes prouesses ; et ce peuple ne retenant ses conquêtes européennes qu'avec les plus grands efforts, tandis qu'il est impuissant pour conserver les conquêtes de quelque valeur qui sont en dehors de la portée de son bras. Pour lui, la difficulté n'est pas de conquérir, mais de conserver.

Cette impuissance que nous venons de signaler dans la France à conserver ses conquêtes, n'aurait rien d'extraordinaire, si le peuple français se trouvait dans un état d'infériorité quelconque vis-à-vis du peuple anglais. Mais tous les peuples en conviennent, dans la paix comme dans la guerre, la France et l'Angleterre ont une égale supériorité. Homme pour homme, vaisseau contre vaisseau, armée contre armée, chacune avec sa moitié de soleil, bien hardi qui parierait vingt contre dix pour l'une plutôt que pour l'autre !

Cependant, à la différence de la France qui ne sait que conquérir, l'Angleterre s'arrondit sans cesse. Sous le règne d'Élisabeth, une poignée d'aventuriers, conduits par Lancastre, s'élancent sur le vaste Océan dans une pinasse d'une centaine de tonneaux, et vont poser dans l'Inde les fondements d'un empire qui, au bout de quelques siècles, fournira 130 millions de sujets à la couronne britannique. Aujourd'hui l'Angleterre possède, dans ces contrées lointaines, une foule d'îles importantes, dont quelques-unes couvriraient par leur étendue dix fois la superficie de son territoire. Dans l'Amérique du Nord, l'Angleterre a les deux Canadas ; dans les mers des Indes occidentales, les îles les plus florissantes et les plus belles parmi les Antilles ; dans la Méditerranée, Gibraltar, Malte, les îles Ioniennes ; sur la côte d'Afrique, de vastes établissements, tels que le cap de Bonne-Espérance, Sierra-Leone, etc. Nous avons vu l'Angleterre perdre l'Amérique, mais ce n'est qu'à la dernière extrémité qu'elle a lâché cette contrée.

D'où vient donc que l'Angleterre et la France, égales en toutes choses, toutes deux sachant conquérir, celle-ci soit impuissante pour conserver ce qu'elle a conquis, tandis que celle-là ne cesse de s'agrandir ?

On a coutume de répondre à cette

question, en disant qu'il y a plus de persévérance, plus d'esprit de suite chez le peuple anglais que chez le peuple français : ce qui revient à dire qu'il existe une force latente que le premier possède et que n'a point le second.

Cette force latente exista pour la France, et nous en avons vu la manifestation éclatante dans la première phase de la longue querelle que nous venons de décrire, à l'époque où la France luttait seule, et avec tant de succès, contre les plus grands États de l'Europe. Alors il y avait dans sa constitution, comme dans la constitution anglaise, un élément qu'elle ne posséda point quand elle était purement monarchique, qui cessa d'exister quand elle devint napoléonienne; qu'elle possède aujourd'hui, parce qu'elle est monarchie constitutionnelle.

Cette force latente, qui dans tous les temps a donné de la persévérance et de l'esprit de suite à l'Angleterre, est le fait de la présence de l'élément démocratique dans sa constitution. Si cet élément, retenu par un frein, comme on le voit dans la constitution anglaise, et dans notre constitution actuelle elle-même, ne se fût pas suicidé par sa violence, qu'il n'eût point cessé d'être, par le fait d'une ambition qu'il avait enfantée sans pouvoir la contenir, assurément, la France, dans l'hypothèse où elle n'aurait pu conserver toutes ses conquêtes, ne se fût point laissé abattre dans ses revers, comme on la vit faire dans les derniers jours de l'empire. Cette cause seule, et aucune autre, a donné à l'Angleterre sur la France napoléonienne, ainsi que sur la France monarchique, le genre de supériorité que nous lui reconnaissons.

La puissance de cet élément est en effet extraordinaire, autant que le caractère en est bizarre et décousu. Dans toutes ses manifestations il se passionne, quelquefois pour des choses absurdes; jamais il n'est satisfait, toujours il se plaint. Susceptible de commettre les erreurs les plus grossières, parce qu'il est facile à impressionner, il s'enthousiasme aussi pour les plus nobles choses; capricieux, volontaire, changeant, il renversera demain l'idole qu'il aura encensée aujourd'hui. Tel est en peu de mots son caractère! Mais ses propriétés sont plus grandes encore que ses défauts; car elles consistent à stimuler le zèle des indifférents, à entretenir un sang frais et vigoureux dans les veines du corps social, à obliger le pays à de constants efforts, à tenir en haleine les esprits (*).

(*) Un fait récent qui est connu de tous, l'acceptation du protectorat d'Otaïti par la France, peut nous fournir une idée assez bonne du caractère et de la puissance de cet élément, en matière de conquête, dans un gouvernement constitutionnel. On n'a point oublié qu'à l'époque où cet événement fut annoncé à notre tribune parlementaire par les organes du gouvernement, celui-ci éprouva une grande résistance de la part de l'opposition. L'opposition combattait la mesure, parce qu'elle la trouvait compromettante pour nos finances; que, suivant elle, la France était trop éloignée pour donner à nos établissements une assistance efficace en temps de guerre. Une année s'écoule : des différends surviennent entre la France protectrice et sa protégée; et l'opposition, qui trouvait l'année précédente le protectorat trop lourd, veut une occupation définitive; elle gourmande le ministère, lui reproche de sacrifier l'honneur de la France à l'Angleterre. La voilà qui, mettant la main sur le pommeau de son épée, est prête à dégainer; elle va mettre flamberge au vent.

L'élément démocratique se manifeste ici dans le fait de la résistance de l'opposition pour l'occupation, ainsi que dans le fait de son insistance pour que l'occupation soit définitive. Inconséquence, contradiction, direz-vous; cela y ressemble beaucoup, et cela est d'autant plus regrettable que le terrain, en matière de conquête comme en toute autre matière, est assez vaste pour que la pensée puisse s'y ébattre à l'aise sans recourir aux moyens faux. Mais prenons, sans autre commentaire, l'élément démocratique, tel que nous le voyons ici, et examinons-en les effets.

Si l'événement, le protectorat d'Otaïti, dont nous parlons, se fût effectué lorsque la France était napoléonienne ou purement

La nouvelle de la victoire de Waterloo fut reçue avec une joie difficile à décrire, en Angleterre. Il semblait au pays que tout ce qui avait été fait de glorieux jusqu'à ce jour, tant sur terre que sur mer, était éclipsé par le fait d'armes de Waterloo. L'anniversaire de cette victoire est célébré chaque année par de grandes fêtes à Londres. Le gouvernement s'empressa de récompenser l'armée d'une manière libérale. Comme le duc de Wellington avait obtenu les dignités les plus élevées du pays, une nouvelle somme de 200,000 livres sterl. (5,000,000 de fr.) fut ajoutée aux sommes précédemment données, et tous les régiments qui avaient figuré à Waterloo inscrivirent sur leur drapeau: *Waterloo!* les simples soldats furent désignés, sur les matricules, sous le nom de *Waterloo men*, soldats de Waterloo, titre qui était équivalent à deux années de service. De plus, un acte du parlement établit que les blessures reçues au service, dans les grades inférieurs, seraient payées proportionnellement au rang ultérieur que ces officiers pourraient obtenir: ainsi le monarchique, il eût suffi au gouvernement de faire insérer une note au journal officiel, avec accompagnement peut-être d'un éloge boursouflé d'Otaïti, qui eût annoncé l'occupation. Dans cette condition, il est probable que le pays se fût enthousiasmé d'une pareille conquête pendant un jour ou deux, puis que, le troisième, il l'eût complètement oubliée. Les choses ne s'oublient point si vite dans les gouvernements parlementaires: voyez ce qui s'est passé à cette occasion. D'abord, il a fallu beaucoup de talent de la part du ministère pour faire accepter le protectorat; et du conflit qui s'est élevé entre l'opposition et lui à ce sujet, est résultée une grande sensation dans le public. Tout le monde a su que la France avait des établissements dans des mers lointaines, et chacun s'est intéressé à ces établissements, les uns dans un but de résistance au gouvernement, les autres dans le but de lui prêter appui; ceux-ci dans un but d'intérêt personnel, ceux-là dans un but de curiosité. Ici donc l'événement ne passe point inaperçu, la sensation qu'il a produite ne dure pas qu'un moment; cette sensation peut se renouveler tous les ans, selon que l'établissement figurera au budget des dépenses ou des recettes.

Le temps s'écoule, l'affaire est reproduite à notre tribune parlementaire, par le fait d'un différend survenu entre la France protectrice et sa protégée. Qu'eût fait un gouvernement monarchique ou napoléonien? Ces gouvernements n'aimaient pas la contradiction; ils n'avaient de compte à rendre à personne, ils croyaient avoir la science infuse, ils voulaient ne prendre conseil que d'eux-mêmes. Il leur aurait suffi d'un trait de plume pour tourner la difficulté, tout fut ensuite resté sous le boisseau. Les choses ne se passent pas ainsi dans les gouvernements parlementaires. Dans ces gouvernements, le ministre est en butte aux attaques de ses adversaires, quand il fait les choses dans le meilleur sens, et à plus forte raison quand il les fait dans un mauvais sens; il n'a jamais de répit, il faut qu'il soit constamment sur la brèche; s'il fait une faute, s'il échoue dans une entreprise, il tombe, et sa succession est aussitôt recueillie par ses adversaires. Un pareil état de choses assurément est peu commode pour les ministres constitutionnels; néanmoins, s'il existe dans la constitution un contre-poids assez puissant pour retenir ces attaques quand elles tendent à compromettre la sûreté du pays, alors même qu'elles sont injustes, elles profiteront fréquemment à l'intérêt commun.

Dans les séances parlementaires qui eurent lieu au sujet du fait dont nous parlons, le ministre, après avoir eu toutes les peines du monde pour faire accepter dans le principe le protectorat, fut obligé de déployer plus de talents encore pour contenir les désirs belliqueux de ses adversaires. Les raisons qu'il avançait en faveur du protectorat simple étaient trouvées mauvaises; on voulait une occupation absolue, définitive: une longue émotion courait du centre aux extrémités de la France; tout le pays était en mouvement. Les plus dures paroles étaient adressées au ministre; de vives interpellations lui étaient faites. Songez maintenant que cette activité fébrile se reproduit pour chaque fait politique, quelle qu'en soit l'importance ou l'état insignifiant; rapprochez de ce mouvement l'atonie naturelle qui règne dans un gouvernement despotique, et vous aurez la raison pour laquelle un gouvernement constitutionnel peut conquérir et conserver.

CL. PEL.

simple lieutenant blessé au service, devenant général a droit aujourd'hui, pour sa blessure, à la même pension que s'il avait reçu cette blessure dans ce dernier grade.

La générosité convenait à l'Angleterre, après avoir été si grande dans cette mémorable lutte. S'il est doux de vaincre, il est plus doux encore de serrer la main d'un ennemi que nous avons vaincu. Les infortunes de Napoléon réclamaient aussi de la part de l'Angleterre de l'humanité et même des égards chevaleresques. Mais Napoléon fut regardé par le gouvernement anglais comme un ennemi encore redoutable dans sa chute, comme l'homme qui avait coûté au pays des sacrifices considérables en soldats, qui avait épuisé ses ressources, et qui pouvait, si de grandes précautions n'étaient prises pour empêcher son retour en France, compromettre de nouveau la paix du monde : ces considérations l'emportèrent sur les premières.

Napoléon, après avoir fait de nouveau ses adieux à l'armée, s'était dirigé vers Rochefort. Arrivé dans cette ville le 3 juillet, il s'embarqua à bord du brick français *l'Épervier*, dans l'intention d'aller aux États-Unis; mais le port était étroitement bloqué par les vaisseaux anglais, et l'on reconnut bientôt l'impossibilité de se frayer un passage à travers ces vaisseaux. Napoléon, après avoir entamé des négociations à bord d'un parlementaire, se décida alors à se livrer aux Anglais. Le général Bertrand étant monté le premier à bord du *Bellérophon*, Napoléon l'y suivit. Les moindres faits qui rappellent cet événement ont de l'intérêt. Quand Napoléon fut sur le gaillard d'arrière, il dit d'une voix ferme à l'officier anglais : *Je suis venu me mettre sous la protection de votre prince et de vos lois*. Le capitaine le conduisit à la cabine. « Voilà une belle chambre, » dit-il après l'avoir examinée. « Telle qu'elle est, *Monsieur*, reprit le commandant, vous pouvez en disposer tant que vous serez sur le vaisseau que je commande. » Peu d'instants après son arrivée, Napoléon exprima le désir de voir les officiers; le capitaine les lui présenta dans l'ordre de leur grade. Il fit à tous quelques questions sur leur pays, leurs années de service, leur emploi sur le vaisseau, les combats auxquels ils avaient pris part. La cruelle épreuve à laquelle il venait d'être soumis n'avait pas troublé sa sérénité habituelle. Le *Bellérophon* étant arrivé sur la côte d'Angleterre, le gouvernement anglais ne voulut pas permettre que Napoléon mît le pied à terre; ce qui fit que quelques personnes imaginèrent, pour procurer à l'illustre prisonnier l'occasion de débarquer, en dépit de toute opposition, de le faire citer juridiquement pour paraître, comme témoin, dans une cause que l'on plaidait alors au tribunal du banc du roi.

Ce qui se passa à cette occasion nous fournit un exemple remarquable de la puissance de la loi en Angleterre. Un writ d'*habeas corpus* avait été obtenu en faveur du prisonnier, par les personnes qui voulaient l'amener à terre, et un *lawyer*, homme de loi, muni de l'assignation et de toutes les pièces nécessaires pour obliger le capitaine à laisser comparaître l'illustre proscrit devant la cour du banc du roi, se jeta sur-le-champ dans une barque. Le *lawyer* eût-il pu réussir à signifier l'exploit à lord Keith, amiral de la flotte, ou au capitaine du *Bellérophon* lui-même, l'élargissement du prisonnier eût été assuré, et il fût venu à terre. Mais à l'approche du *lawyer*, le *Bellérophon* se hâta de gagner le large, tandis que lord Keith, amiral de la flotte, parvenait à lui échapper en passant successivement à bord du vaisseau *le Prométhée*, puis sur *le Ramstead*; en même temps les canots empêchaient la chaloupe qui portait le *lawyer* d'aborder ces navires. Dans cette occurrence, lord Keith écrivit la lettre suivante au capitaine du *Bellérophon* :

« J'ai été poursuivi toute la journée par un *lawyer*, armé d'un *habeas corpus*, il a débarqué à Cawsand; mais comme il peut se remettre en course pendant la nuit, dans un bateau à voile, ayez soin de ne vous laisser approcher par aucune barque. Je prendrai les mêmes précautions, quel que soit le bâtiment sur lequel je me trouverai.   KEITH. »

« Au capitaine Maitland. »

Le *lawyer* ne réussit point dans l'exécution de son mandat, et bientôt Napoléon apprit que le ministère anglais était dans la résolution de l'envoyer à Sainte-Hélène. L'auguste exilé écrivit aussitôt une protestation solennelle contre la manière dont on disposait de sa personne, et, comme son transbordement de navire avait été ordonné, il demanda au capitaine Maitland une attestation écrite : que c'était contre son gré et malgré ses réclamations qu'on l'avait fait sortir du vaisseau commandé par cet officier; le capitaine la lui donna. Une formalité qu'on ne saurait trop sévèrement reprocher au ministère qui dirigeait en ce moment les affaires du pays, eut lieu à l'égard du malheureux prisonnier; on visita ses effets. Cette opération s'effectua avant le transbordement de sa personne sur le bâtiment qui devait le conduire à Sainte-Hélène. Sir George Cockburn, accompagné de M. Byng, son secrétaire, vint à bord du *Bellérophon*, pour accomplir ce triste devoir. Ses instructions portaient qu'une personne de la suite de Bonaparte devait être présente à la visite. On en fit la proposition au comte Bertrand; mais il se montra indigné d'un pareil procédé, et déclara qu'il ne voulait pas même en entendre parler; il refusa même de désigner quelqu'un pour le remplacer. Enfin, MM. Savary et Marchand voulurent bien se charger de cette commission. Les malles furent ouvertes, M. Byng y plongea sa main de place en place, mais ne défit aucun paquet. Napoléon, quoique retiré dans une autre pièce, pouvait voir ce qui se passait, et une ou deux fois, la porte du lieu où il était ayant été ouverte, il fit un salut à M. Byng, pour le remercier de la civilité avec laquelle il s'acquittait de sa mission. Quand on fit l'inventaire des deux caisses qui contenaient l'argent, le délégué anglais permit à M. Marchand d'y prendre ce qu'il fallait pour payer les gages des domestiques qui ne suivraient pas le prisonnier, et pour d'autres dépenses imprévues. Un coffre, contenant 4,000 napoléons en or, fut mis à part, sous la garde du capitaine Maitland, qui, à son arrivée à Londres, le remit à sir Hudson Lowe, pour qu'il fût à la disposition de son propriétaire. Bientôt après la visite, l'amiral Keith parut à bord; il venait accompagner Napoléon dans son passage du *Bellérophon* sur *le Northumberland*, qui mit à la voile le 7 du mois d'août, et arriva à Sainte-Hélène au milieu d'octobre.

Nous n'avons plus que quelques mots à dire sur cet homme extraordinaire, qui, avec moins d'ambition, aurait pu rester assis sur l'un des plus beaux trônes du monde, et exercer sa puissance sur un territoire plus étendu que n'en avait eu aucun des rois qui l'avaient précédé. Nous voulons parler des traitements exercés à Sainte-Hélène contre le malheureux captif, traitements qu'il eût été facile d'adoucir, sans que cela fût incompatible avec les précautions qu'il était naturel au cabinet britannique de prendre dans l'intérêt de la sûreté de l'Angleterre. La plupart des historiens anglais ont vainement cherché à justifier le gouvernement de leur pays à cet égard. L'opinion publique protesta elle-même d'une manière éclatante contre ces rigueurs excessives dans différentes circonstances, et nous pouvons ajouter que nulle part, pas même en France, Napoléon ne fut aussi populaire que dans la Grande-Bretagne, à l'époque de sa mort. Toutefois plusieurs écrivains, et notamment lord Byron, ont jugé Napoléon avec beaucoup de sévérité. Lord Byron s'exprime de la manière suivante à son sujet : « Que j'ai été déçu, dit-il, et combien cet homme extraordinaire m'a trompé ! Ces deux îles (l'île de Corse et l'île de Sainte-Hélène), toutes les fois qu'il m'arrive de jeter les yeux sur elles, m'humilient profondément en me rappelant toute la faiblesse de notre humanité. Je l'ai idolâtré cet homme, dont cependant je n'approuvais pas tous les actes : auprès de lui tous les potentats de l'Europe me semblaient des pygmées. Quand sa fortune l'abandonna, quand tout sembla perdu, que ne se précipitait-il dans le plus fort de la mêlée? que ne mourait-il noblement sous le canon de Leipzig ou de Waterloo, au lieu de mourir pied à pied, lentement, ignominieusement, en proie aux tortures de son rocher et à la risée de ses ennemis, donnant au monde le honteux spectacle de ses impuissantes colères contre ses geôliers? Encore, s'il s'était renfermé dans son silence, dans sa grandeur, dans sa solitude, s'il avait écrasé de son mépris les persécutions dont il se plaignait d'être victime, j'aurais pu lui pardonner d'avoir vécu; mais la puérilité de ses querelles m'a dégoûté de lui (*). »

(*) L'appréciation que lord Byron fait de Napoléon nous remet dans la mémoire une appréciation faite par un grand génie comme l'était lord Byron, par M. de Chateaubriand. Voici ce que dit M. de Chateaubriand :

« Aujourd'hui homme de malheur, nous te prendrons par tes discours, et t'interrogerons par tes paroles. Dis, qu'as-tu fait de cette France si brillante? Où sont nos trésors, les millions de l'Italie et de l'Europe entière? Qu'as-tu fait non pas de cent mille, mais de cinq millions de Français que nous connaissions tous; nos parents, nos amis, nos frères? Cet état de choses ne peut durer; il nous a plongés dans un affreux despotisme. Tu voulais la république, et tu nous as rapporté l'esclavage. Nous, nous voulons la monarchie assise sur les bases de l'égalité des droits, de la morale, de la liberté civile, de la tolérance politique et religieuse. Nous l'as-tu donnée, cette monarchie? Qu'as-tu fait pour nous? Que devons-nous à ton règne? Qu'est-ce qui a assassiné le duc d'Enghien, torturé Pichegru, banni Moreau, chargé de chaînes le souverain pontife, enlevé les princes d'Espagne, commencé une guerre impie? C'est toi! Qu'est-ce qui a perdu nos colonies, anéanti notre commerce, ouvert l'Amérique aux Anglais, corrompu nos mœurs, enlevé les enfants aux pères, désolé les familles, ravagé le monde, brûlé plus de mille lieues de pays, inspiré l'horreur du nom français à toute la terre? C'est toi! Qu'est-ce qui a exposé la France à l'invasion, au démembrement, à la conquête? C'est encore toi! Voilà ce que tu n'as pu demander au Directoire et ce que nous te demandons aujourd'hui. Combien es-tu plus coupable que ces hommes que tu ne trouvais pas dignes de régner? Un roi légitime et héréditaire qui aurait accablé son peuple de la moindre partie des maux que tu nous as faits, eût mis son trône en péril; et toi, usurpateur et étranger, tu nous deviendrais sacré en raison des calamités que tu as répandues sur nous! Tu régnerais au milieu de nos tombeaux! Nous rentrons enfin dans nos droits par le malheur; nous ne voulons pas adorer Moloch; tu ne dévoreras plus nos enfants; nous ne voulons plus de ta conscription, de ta police, de ta censure, de tes fusillades nocturnes, de ta tyrannie. Ce n'est pas nous seulement, c'est le genre humain qui t'accuse; il nous demande vengeance au nom de la morale, de la religion et de la liberté. Où n'as-tu pas répandu la désolation? Dans quel coin du monde une famille obscure a-t-elle échappé à tes ravages? l'Espagnol dans ses montagnes, l'Illyrien dans ses vallées, l'Italien sous son beau soleil, l'Allemand, le Prussien, le Russe dans ses villes en cendres, te redemandent leurs fils que tu as égorgés, la tente, la cabane, le château où tu as porté la flamme. Tu les as forcés de venir chercher parmi nous ce que tu leur as ravi, et reconnaître dans tes palais leur dépouille ensanglantée. La voix du monde te déclare le plus grand coupable qui ait jamais paru sur la terre; car ce n'est pas sur des peuples barbares ou sur des nations dégénérées que tu as versé tant de maux; c'est au milieu de la civilisation, dans un siècle de lumières, que tu as voulu régner par le glaive d'Attila et par les maximes de Néron. Quitte enfin ton sceptre de fer, descends de ce monceau de ruines dont tu avais fait un trône, nous te chassons comme tu as chassé le Directoire. Va! puisses-tu, pour seul châtiment, être témoin de la joie que ta chute causa à la France, et contempler, en versant des larmes de sang, le spectacle de la félicité publique. »

L'appréciation de la vie politique de Bonaparte, telle que nous l'a faite un homme d'un talent éminent, d'un caractère aussi honorable que l'est M. de Chateaubriand, nous indique une foule de choses : notamment, que le grand art d'écrire l'histoire est l'art le plus difficile qui soit au monde, en

Prusse signèrent un traité auquel les puissances donnèrent le nom de la sainte alliance. Les trois potentats signataires, bien qu'appartenant chacun à une religion différente, déclaraient dans ce traité leur ferme résolution de prendre pour guide, dans l'administration de leurs affaires intérieures et extérieures, les préceptes de la religion chrétienne ; ils s'engageaient à se prêter une mutuelle assistance, et se regardaient comme les délégués de la divine Providence pour le gouvernement de leurs peuples. Ils déclaraient aussi que les puissances qui, professant les mêmes principes, voudraient être reçues dans la sainte alliance, y seraient accueillies avec empressement. Le traité de la sainte alliance n'était qu'une consécration nouvelle donnée au principe absolutiste et au principe du droit divin. C'était une ligue formée par les souverains absolus contre les peuples. Leurs trônes, ébranlés par la secousse révolutionnaire qui avait bouleversé l'Europe, avaient besoin de support, et ils espéraient les consolider en se prêtant un mutuel concours. L'Angleterre ne figurait point dans ce traité, mais comme le gouvernement se distinguait à cette époque par son attachement aux doctrines du torysme, le traité reçut de lui une adhésion tacite. L'opposition s'en alarma ; et M. Brougham, l'un de ses principaux organes, en demanda la production officielle. Il dit qu'il y avait autre chose, au fond de la sainte alliance, qu'un motif spirituel ; que le partage de la Pologne avait eu un préambule écrit dans le même style ; que la proclamation de l'impératrice Catherine, qui avait préparé la ruine de ce malheureux pays, était rédigée absolument dans les même termes que le traité de la sainte alliance. Lord Castlereagh, au nom du ministère, refusa la production des pièces, en disant que ce n'était pas l'usage de produire les traités dont ne faisait pas partie la Grande-Bretagne. Le ministre s'attacha à justifier le motif du traité, et dit que le régent en avait approuvé l'esprit.

Les arrangements politiques qui avaient été adoptés par le congrès de Vienne en 1814, ne reçurent que de faibles modifications. La Finlande, qui, depuis longtemps, était citée pour la bravoure de ses habitants et la fertilité de son sol, fut réunie à la Russie au préjudice de la Suède, que l'on indemnisa par la Norwége ; le Danemark perdit cette contrée. L'Espagne et le Portugal conservèrent l'intégrité de leur territoire continental ; le duché de Varsovie reçut le titre pompeux de royaume de Pologne, et fut donné à la Russie comme une indemnité des maux que lui avait faits l'invasion française de 1812. La Saxe perdit la moitié de son territoire, qui fut transférée à la Prusse, en compensation des territoires qu'elle cédait à la Russie sur les deux rives de la Vistule. Le Hanovre reçut des accroissements con-

---

tant que l'historien s'attache à rester dans le vrai. Jugez en effet ce que serait une histoire de l'empire, si, en considération du caractère élevé qui distingue M. de Chateaubriand, l'écrivain, dans l'exécution de son travail, prenait à la lettre l'esprit des lignes précédentes. Cet écrivain ferait assurément une mauvaise histoire, une histoire exagérée qui ne reproduirait pas les caractères principaux de l'époque : il n'aurait pas tenu compte des temps et des lieux, n'aurait pas vu que Napoléon n'ayant d'autres titres au trône que ceux que lui donnait sa magique épée, ne pouvant s'y soutenir que par la gloire et les conquêtes, se trouvait nécessairement placé dans cette double position, à savoir, de pressurer la France pour avoir des soldats, ou bien de renoncer au rang élevé qu'il s'était créé ; ce qui eût été le fait d'un désintéressement extraordinaire et pour ainsi dire impossible à notre nature, tant elle est imparfaite ; que les lignes passionnées que nous venons de lire, évidemment ont été écrites sous l'impression du moment ; qu'elles sont le produit d'une nature excellente, mais facile à s'exalter ; que cette nature, profondément remuée à la vue des maux et des douleurs de notre patrie, a laissé courir sa plume ; en ce moment les voies du raisonnement étant trop lentes pour elle, parce qu'une indignation profonde remplissait son âme.   Cl. Pel.

sidérables. La Bavière, le Wurtemberg, Bade et quelques autres États de l'Allemagne conservèrent leurs limites ordinaires. Le royaume de Naples fut perdu pour Murat, et le reste de l'Italie rentra dans son ancien vasselage; Ferdinand VII prit possession de son trône.

Émeutes populaires. — Mort de George III. — Procès de la reine Caroline. — Politique extérieure. — Résumé de la situation politique, religieuse, scientifique et industrielle de l'Angleterre à la mort de George IV. — Avénement de Guillaume IV. — Ses tendances libérales. — Sa mort. — Avénement de la reine Victoria. — Guerre dans l'Afghanistan. — Guerre en Chine. — O'Connell. — Voyage d'Eu.

La bataille de Waterloo (*), en mettant Napoléon dans les mains de l'Angleterre, venait de rétablir la paix. La Grande-Bretagne, après avoir croisé le fer avec tous les peuples, sortait avec honneur de cette lutte longue et sanglante. Mais de la violence du choc que s'étaient livré ces masses d'hommes armés, il était résulté pour l'Angleterre des misères considérables dans les classes ouvrières, des souffrances cruelles pour le commerce et l'industrie. L'ébranlement était profond, et il s'était communiqué à toutes les affaires du pays.

L'Angleterre se retirait de la lutte avec de nouveaux territoires. Elle conservait le cap de Bonne-Espérance, dans l'Afrique méridionale; Berbice, Esséquibo, Demerara dans la Guiane;

(*) La bataille de Waterloo offre pour la France quelque chose d'extraordinaire et de bizarre, qui est de nature à confondre l'esprit le plus subtil et le jugement le plus sûr. Examinez cette bataille sous toutes ses faces! Si vous avez l'âme française, assurément vous ne pouvez manquer de déplorer les cruels revers qui la signalèrent. Cependant c'est cette journée qui abolit le despotisme du sabre, le plus odieux de tous les despotismes; c'est elle qui prépara les institutions dont la France jouit aujourd'hui, institutions qui permettent à la pensée publique de se faire jour, et doivent naturellement donner à notre pays toute la force qu'il est susceptible d'acquérir. CL. PEL.

l'île de Malte et ses dépendances lui restaient encore, ainsi que Tabago et Sainte-Lucie dans les Antilles, et l'île de France dans la mer des Indes. Elle venait de dicter la loi, de concert avec ses alliés, à son ennemie la plus redoutable. Aux termes d'un traité conclu entre les puissances continentales et la France, 150,000 hommes de troupes devaient occuper le territoire français pendant cinq années. La France s'obligeait à pourvoir aux frais de l'occupation, et s'engageait en outre à payer une somme de 700 millions de francs aux puissances, à titre d'indemnité pécuniaire. Enfin, les îles ioniennes étaient déclarées indépendantes, sous le protectorat de l'Angleterre. Ces avantages étaient immenses, et promettaient des ressources précieuses pour l'avenir. Mais, quelque favorable que fût l'augure qu'on put en tirer, ils avaient coûté extraordinairement cher à l'Angleterre. Ainsi la dette nationale avait grandi dans des proportions immenses. Cette dette est aujourd'hui de 750 millions sterling (18 milliards 750 millions fr.); elle absorbe, pour le service de l'intérêt, une somme de 22 millions sterling (550 millions fr.) sur le revenu, qui est d'environ 52 millions sterling (1 milliard 300 millions fr.). Ainsi, plus d'un tiers du budget des recettes est affecté au payement de l'intérêt de la dette.

(1816-1818.) Le parlement s'étant assemblé (1816), le chancelier de l'Échiquier déclara qu'il avait l'intention de présenter un bill pour la continuation des taxes de guerre pendant trois ans; bientôt après, il annonça le prochain mariage de la princesse Charlotte de Galles, fille du régent, avec le prince Léopold-George-Frédéric de Saxe-Cobourg-Saalfel; et il demanda, à cette occasion, aux communes des fonds pour la dotation de la princesse. Les communes accordèrent une somme annuelle de 60,000 livres sterl. (1,500,000 fr.), dont 10,000 livres sterl. (250,000 fr.) étaient destinées, chaque année, aux dépenses personnelles de la princesse. Dans la session suivante (1817), le chancelier de l'Échiquier parla de réduire la dette; mais, à la surprise générale, ce ministre ne tarda pas à saisir la chambre d'un plan financier qui, au lieu d'alléger les charges publiques, les rendait plus lourdes. Ainsi, les taxes qui existaient sur les spiritueux, sur le tabac, sur le café, sur le poivre, sur le cacao, sur le thé, furent augmentées, et le produit en fut affecté au payement de l'intérêt de deux nouveaux emprunts de 12 millions sterling chacun (300,000,000 de francs). L'objet de cet emprunt, dit le ministre, était la nécessité de pourvoir aux éventualités qui pouvaient se présenter, et d'élever le fonds d'amortissement.

Par le fait d'une longue stagnation dans les affaires commerciales, la misère sévissait cruellement sur les classes agricoles et manufacturières; il fallait aviser aux moyens de procurer des adoucissements à la misère du peuple. La générosité nationale y pourvut en partie par des souscriptions qui s'élevèrent à plusieurs millions sterling; mais ces sommes, quelque considérables qu'elles fussent, étaient insuffisantes. Il y eut des émeutes dans différentes parties du royaume, et notamment à Londres, où elles prirent un caractère alarmant. Dans un nombreux meeting, un personnage nommé Henri Hunt, qui jouissait d'une certaine célébrité comme orateur politique, harangua le peuple avec une grande véhémence. Comme il est d'usage dans les discours politiques qui sont dirigés contre le pouvoir, Hunt attribuait tous les maux de la situation à la mauvaise administration du pays. Puis à cet orateur succéda une personne du nom de Watson. Watson, joignant le fait à la parole, forma ses auditeurs en colonnes, se mit à leur tête, et se dirigea vers la boutique d'un armurier, près de l'église du Saint-Sépulcre. La boutique fut dévalisée en un instant; la foule se porta ensuite à la banque; mais, en ayant trouvé les portes fermées, elle se dirigea vers le royal exchange qu'elle trouva également fermé. Alors le peuple se jeta dans plusieurs boutiques d'armuriers, et en enleva les armes. Un corps de cavalerie qui arriva sur ces entrefaites, dissipa l'émeute et fit un grand nombre de prisonniers. Mais Watson, le principal instigateur du tumulte, et pour l'arrestation duquel le gouvernement avait offert une prime considérable, s'échappa en Amérique, sous le déguisement d'un quaker. Le gouvernement, dans l'espoir de prévenir le retour de pareils désordres, usa d'une grande sévérité à l'égard des prisonniers qui étaient dans ses mains. Plusieurs de ceux-ci furent condamnés à mort et exécutés devant la boutique de l'armurier dont la boutique avait été pillée; d'autres furent condamnés à la déportation perpétuelle, et allèrent peupler les établissements lointains que l'Angleterre possède dans la Nouvelle-Australie.

On attribue une des causes ordinaires qui accélèrent ou provoquent la misère en Angleterre, aux *joints stock banks*. Ces banques couvrent le royaume uni, et, concurremment avec la banque d'Angleterre, elles lancent dans la circulation une immense quantité de papier-monnaie. Conduit avec ménagement, ce système a procuré, et procure encore aujourd'hui à l'Angleterre des richesses qui semblent inépuisables; c'est en effet dans ces joints stock banks qu'elle puise ces trésors immenses qui nous étonnent; car, le spéculateur, l'agriculteur, le manufacturier y trouvant des fonds à trois pour cent, il est permis à chacun d'eux de produire à bon marché et de faire des entreprises commerciales sur une grande échelle. Mais, poussé jusqu'à l'abus, ce système devient aussi ruineux qu'il peut être profitable quand il est circonscrit dans des limites raisonnables. L'inconvénient du papier-monnaie, si l'émission en est trop considérable, c'est de faire fuir l'or, l'argent, le numéraire. Les écus se trouvant avilis, c'est-à-dire, n'ayant leur emploi qu'à un intérêt très-bas, quittent le pays, et vont chercher des emprunteurs qui les recherchent. Cette disparition du numéraire est toujours très-dangereuse. L'abondance du capital fictif ou du papier-monnaie stimulant aussi la production, et lui donnant quelquefois des proportions gigantesques, souvent il arrive ce que les Anglais nomment un *stoppage*, un temps d'arrêt, résultat d'un encombrement de marchandises; l'écoulement de ces marchandises est devenu difficile, parce que la consommation est allée moins vite que la production; le manufacturier fermera sa fabrique, ou bien il diminuera tellement les salaires, que le malheureux ouvrier se trouve dans l'impossibilité de vivre, et tombe dans une détresse profonde.

Déjà les affaires extérieures avaient un aspect favorable. En France, les esprits se calmaient, et le gouvernement prenait une assiette plus solide. En raison de ces circonstances, les plénipotentiaires des puissances alliées, réunis à Aix-la-Chapelle, venaient d'arrêter que les troupes étrangères évacueraient le territoire français. Mais au dedans, les esprits n'étant plus absorbés par les préoccupations extérieures, il y avait une recrudescence bien marquée dans les idées démocratiques, et comme il arrive fréquemment dans cette occurrences, les gens exaltés recouraient aux moyens les plus coupables pour arriver à leur but (1817). Le prince de Galles, qui avait eu une jeunesse dissipée, était devenu, pour l'opposition et le parti reformiste, un sujet d'amères critiques. Comme il se rendait au parlement, sa voiture fut assaillie par la populace, et une balle, suivant les uns, une pierre selon d'autres, alla briser la glace de la voiture.

On apprit sur ces entrefaites qu'une vaste conspiration s'ourdissait à Londres, et que les mécontents avaient formé le projet de mettre le feu aux casernes, de détruire les ponts et de s'emparer de la Tour. Les sociétés républicaines, malgré les mesures répresives adoptées par le parlement, reparaissaient plus actives et plus entreprenantes que jamais. Leurs membres, sous le titre de *niveleurs*, se distinguaient en général par la hardiesse de leur langage. Ils avaient une organisation régulière, des comités directeurs qui en conduisaient tous les mouvements, et répandaient à profusion des livres à bon marché, dans lesquels étaient établies leurs doctrines; des délégués qui servaient d'intermédiaires pour les communications entre les corps affiliés de la province et de la société centrale.

Un grand nombre de ces délégués se dirigèrent vers les districts manufacturiers où la détresse des classes ouvrières était à son comble, et en exploitant cette détresse à leur profit, ils parvinrent bientôt à organiser une insurrection. Les insurgés avaient pour chef un nommé Jérémiah Brandreth, appelé aussi le capitaine Nottingham, homme d'énergie et de résolution. Un mouvement éclata près de Nottingham. Brandreth, pour armer sa troupe, s'adressait aux fermiers et s'emparait de leurs armes. On rapporte que l'un de ceux-ci ayant voulu faire résistance, Nottingham tirant un pistolet de sa ceinture, l'ajusta froidement, et lui fit sauter la cervelle. Le feu de l'insurrection se communiqua dans les districts manufacturiers et à toutes les villes populeuses; bientôt il régna une grande agitation parmi les classes ouvrières. A Londres, des processions, composées d'un nombre considérable d'individus, se promenaient dans les rues portant des bannières sur lesquelles on lisait les inscriptions suivantes: « Parlements annuels! Le suffrage universel! Abolition des lois sur les céréales! La liberté ou la mort! Mourons comme des hommes! et ne nous laissons pas vendre comme des esclaves! »

Ces manifestations populaires prenaient un caractère menaçant, et elles inspirèrent bientôt des craintes sérieuses; mais, quelque grande que fût la violence du désordre, la loi anglaise fut assez puissante pour le réprimer. Le gouvernement s'étant adressé à la législature pour lui demander des pouvoirs extraordinaires, ces pouvoirs lui furent accordés. L'acte d'*habeas corpus* fut suspendu, et des troupes furent aussitôt envoyées dans les districts manufacturiers contre les insurgés. Bientôt ceux-ci, qui étaient déjà affaiblis par la désertion, se trouvèrent hors d'état de se défendre; ils furent mis en déroute, et beaucoup périrent au gibet. En même temps, des arrestations nombreuses étaient faites sur la personne des chefs réformistes; et parmi ceux-ci se trouvait le fameux Hunt, qui fut condamné à trente mois de prison.

(1818-1819.) Nous avons eu occasion de faire remarquer plusieurs fois déjà que, dans les rapports de l'Angleterre avec les autres peuples, les hommes d'État de la Grande-Bretagne se distinguent par un caractère exclusif bien plus prononcé que les hommes d'État des autres pays. Cependant l'historien impartial est obligé de reconnaître que fréquemment l'Angleterre a pris l'initiative dans ces grandes mesures qui intéressent l'humanité tout entière, et que dans leur accomplissement elle s'est exécutée de la manière la plus libérale. La session de 1818 nous fournit un exemple remarquable du genre, au sujet de l'abolition de la traite. Wilberforce, qui avait été le principal instigateur de la suppression de cet odieux trafic pour les bâtiments anglais, ne croyait pas sa tâche terminée tant que les autres États européens n'auraient pas consenti à cette suppression pour eux-mêmes. En conséquence, il présenta une motion dans les communes, afin que le gouvernement usât de son influence près de la cour d'Espagne pour engager cet État à imiter l'Angleterre. Les communes ayant adopté la motion, le gouvernement dut ouvrir des négociations, et bientôt un traité fut conclu entre l'Espagne et l'Angleterre; l'Espagne consentait à ce que la traite par bâtiments espagnols cessât le 30 mai 1830. De son côté, l'Angleterre s'engageait de payer à Ferdinand VII, en compensation du vide que la suppression de la traite était susceptible d'opérer dans le trésor espagnol, la somme de 400,000 liv. st. (10,000,000 de fr.).

Cependant telle était la force des préventions qui existaient à cette époque parmi les peuples contre l'Angleterre, que le traité qu'elle venait de conclure avec l'Espagne fut accueilli avec défiance par les uns, tandis que les autres ne tenant aucun compte des sacrifices énormes qu'elle s'imposait, l'accusaient hautement de fourberie et de duplicité; au jugement de ceux-ci, il semblait que l'Angleterre fût incapable d'une pareille générosité, si elle n'avait pas eu l'espoir d'en recueillir des avantages considérables. Ces préventions ne sont point encore effacées; elles ont au contraire des racines si profondes, que dans tous les traités conclus par l'Angleterre avec les autres peuples, ceux-ci, alors même qu'ils ne sont lésés en aucune façon, ont dans leur opinion qu'ils sont dupes. Une pareille défiance peut à la longue porter un grave préjudice non-seulement à la considération, mais encore aux intérêts matériels de l'Angleterre. Aujourd'hui que la publicité répand les flots de sa lumière bienfaisante sur tous les actes des nations, qu'il existe entre les peuples un échange continuel d'idées, que chacun d'eux peut exposer publiquement ses griefs, et obtenir assistance dans le cas d'oppression, la probité politique devient plus que jamais nécessaire au bien-être et à l'existence d'un peuple.

Dans la session suivante (1819), la législature s'occupa de réviser le code pénal en ce qui touchait la peine de mort. Sir Samuel Romilly, dans une session précédente, avait fait une motion sur le même sujet; mais étant venu à mourir, la motion fut reprise par sir James Mackintosh; elle fut adoptée malgré l'opposition du ministère. La sagacité politique, qui ne manqua jamais aux hommes d'État de l'Angleterre, avait ramené la confiance. Grâce à la puissance de leurs vues savantes, quatre années de paix avaient donné un royaume un nouvel aspect. Au dehors, le pays se trouvait en paix avec tous les États; au dedans, les passions populaires, devenues plus calmes, rentraient dans leur lit et reprenaient leur cours ordinaire; la prospérité commerciale du royaume, si fortement ébranlée pendant plus

ANGLETERRE.

Warwick House,
maison de son A. R.ᵗᵉ la Princesse Charlotte de Galles, à Londres.

de vingt années de guerre, tendait à se développer d'une manière considérable.

(1820.) Mais depuis quelques années la mort frappait sans interruption les membres de la famille royale. La jeune princesse de Galles, mariée au prince Léopold de Saxe-Cobourg en 1816, était morte de couches, l'année suivante; et la reine Charlotte l'avait suivie au tombeau. Deux ans après, la mort avait frappé Édouard duc de Kent, et à quelques jours d'intervalle mourut George III. Ce prince avait alors quatre-vingt-deux ans, et il en avait régné soixante. Mais privé pendant les neuf dernières années de son règne de l'usage de ses facultés intellectuelles, il n'avait point exercé les fonctions de la royauté. La mort d'une fille chérie, la princesse Amélie, pour laquelle il avait la plus vive affection, avait occasionné cette terrible maladie. Dans les derniers jours de sa vie, il perdit la vue, et cette double infirmité le rendit plus cher encore au peuple anglais; quand il faisait quelque excursion à cheval, les personnes qui se trouvaient sur son passage le saluaient avec respect, et lui témoignaient par des marques d'attachement la part qu'elles prenaient à son malheur.

Le règne de ce souverain, déjà remarquable à tant de titres, fut encore signalé par un événement glorieux pour l'Angleterre; cet événement fut accompli par la flotte deux ans avant la mort de George III (1818). Depuis des siècles, le dey d'Alger, tirant profit de l'état de guerre dans lequel se trouvaient les États européens, lançait une foule de corsaires, qui rentraient à Alger chargés de butin et de prisonniers. L'Angleterre, malgré ses prétentions à la souveraineté des mers, n'avait pas été plus épargnée que les autres puissances. Le cabinet anglais, décidé à ne point supporter plus longtemps un pareil état de choses, chargea lord Exmouth de châtier le dey. L'amiral anglais se présenta devant Alger, et, après avoir obtenu du dey la promesse qu'il mettrait fin à l'esclavage, il se retira. A peine avait-il quitté la côte africaine, que le dey lançait, comme à sa coutume, des corsaires dans la Méditerranée, et se livrait à de nouvelles déprédations. Lord Exmouth reparut devant Alger; il était accompagné d'une flotte hollandaise et d'une flotte napolitaine. Le dey avait réuni près de 40,000 hommes pour repousser les Anglais. Après six heures de combat, il fut obligé de renoncer à son entreprise. Le feu des Anglais avait désemparé tous les vaisseaux algériens qui se trouvaient dans le havre et détruit les arsenaux et les magasins. Le dey, craignant des pertes plus considérables, s'empressa de demander la paix, qui lui fut accordée. Aux termes de ce traité, l'esclavage des chrétiens était pour toujours aboli dans les États du dey; les esclaves qui étaient retenus dans les possessions algériennes devaient être immédiatement remis en liberté. Le dey consentait à se départir de tout l'argent qu'il avait reçu pour racheter les esclaves depuis le commencement de l'année; il donnait réparation au consul anglais pour les pertes que celui-ci avait souffertes, et il lui fit des excuses publiques en présence de sa cour. Plus de mille esclaves chrétiens furent mis en liberté à cette occasion et transportés dans leur terre natale. La même année fut signalée par une insurrection qui éclata à la Barbade, parmi les noirs. Le bruit d'une émancipation prochaine s'étant répandu dans la colonie, ces esclaves s'insurgèrent et mirent le feu aux plantations. Des efforts furent faits pour apaiser le désordre par les voies ordinaires; mais leur inefficacité ayant été reconnue, le gouvernement local eut recours aux voies exceptionnelles, et, après plusieurs exécutions, l'ordre fut rétabli.

Un changement de règne donne généralement lieu aux espérances et aux craintes les plus vives; chaque parti s'inquiète, ou se livre à la joie, et forme des calculs à l'avance sur le plus ou moins de probabilité de réussite que lui offrent les goûts et le caractère du nouveau roi. Ces calculs ne manquèrent point à l'avénement de George IV, mais ceux que pouvaient faire les whigs n'étaient pas de nature à les rassurer. En effet George IV, que nous avons vu professer les doctrines du libéralisme, alors qu'il était prince de Galles, avait changé depuis longtemps de principes. Jeune homme, George s'était ruiné par ses folies; le jeu et les femmes avaient épuisé son patrimoine. Fox et Sheridan, chefs d'une opposition sur laquelle il s'appuyait, étaient devenus les amis de sa fortune, ils avaient besoin de lui comme il avait besoin d'eux. Mais dès que le prince avait été son maître, il avait cessé toute relation avec eux, et d'autres compagnons de plaisir les avaient remplacés. Depuis qu'il était régent, ses vieux amis, ses vieux principes avaient été rejetés comme dangereux; il avait abjuré publiquement ses croyances populaires, ses idées libérales.

George IV, en montant sur le trône de son père, trouva un grand nombre d'ennemis; le parti républicain se distinguait surtout à son égard par la violence de ses antipathies. Le parlement venait d'être dissous, lorsque la capitale apprit avec de vives alarmes la découverte d'une conspiration qui avait des ramifications étendues. Le plan des conjurés était d'assassiner les ministres et d'abolir le gouvernement. L'auteur du complot, Arthur Thistlewood, avait servi dans l'armée, et après avoir résigné ses fonctions, il était allé en France, où la vue des scènes sanglantes qui signalèrent l'époque révolutionnaire, avait fait une vive impression sur son esprit. Revenu en Angleterre, il s'était associé à plusieurs mécontents, et avait résolu avec leur assistance d'accomplir ses projets. Les conjurés avaient de nombreux affiliés, notamment en Écosse.

Mais cette conspiration échoua comme tant d'autres avant elle; un grand nombre d'arrestations furent faites tant en Écosse qu'en Angleterre, et les chefs principaux payèrent de leur vie la participation qu'ils avaient prise au complot. Cette tentative ramena au parti du gouvernement une foule d'opinions timorées et indécises. C'est le propre de pareilles échauffourées : tandis qu'elles s'élaborent dans le silence, les esprits se passionnent et s'exaltent, mais sitôt qu'elles éclatent, les vieilles rancunes se taisent, le danger commun les fait oublier. La découverte de ce complot absorba pendant quelque temps l'attention publique. Mais il se préparait en ce moment un grand procès qui, par le rang des personnes intéressées et le scandale qui pouvait en rejaillir, était de nature à faire oublier toute autre préoccupation. Le plaignant était George IV lui-même, la défenderesse était Caroline de Brunswick.

Depuis longtemps il régnait entre George III et sa femme, Caroline de Brunswick, une grande froideur. Le mariage s'était fait sous d'assez tristes auspices. George IV, alors prince de Galles, ruiné par ses folies, le jeu et les femmes, ayant épuisé son patrimoine, n'avait accepté qu'à regret et dans le seul but de satisfaire des créanciers importuns, Caroline de Brunswick pour épouse. Mais le jeune prince était alors engagé dans les liens d'une intimité étroite avec mistriss Fitz Herbert; l'opinion publique le soupçonnait même avec quelque raison d'être l'époux de cette dame. Le prince de Galles, après avoir vu ses créanciers satisfaits, avait senti redoubler sa répugnance pour la princesse sa femme; on lit à cet égard dans les journaux de l'époque, que le jeune prince introduisit dans le sanctuaire de la famille, ses maîtresses, et qu'il les donna pour compagnes à sa jeune épouse; que deux mois après son mariage, il loua un palais splendide qu'il fit meubler pour mistriss Fitz Herbert. Les répugnances du prince s'accroissant de jour en jour pour sa femme, bientôt il cessa tout à fait de la voir.

Cependant, une fille, la princesse Charlotte, était née de ce mariage, lorsque quelque temps après sa naissance, le prince de Galles informa sa femme par un message verbal, que leurs relations conjugales étaient arrivées à leur terme. La princesse acquiesça à cet arrangement; mais, en raison de l'importance d'une pareille ouverture, elle demanda que le message fût écrit, ce qui fut exécuté. Les deux époux firent aussitôt maison séparée. Cet état de choses durait déjà depuis quelques années, lorsqu'en 1805, le duc de Sussex, frère du prince, ayant reçu de sir John Douglas des communications compromettantes pour l'honneur de Caroline de Brunswick, en avertit le prince de Galles. Le prince, à la première nouvelle de ces bruits, obtint qu'un warrant royal serait lancé, à l'effet de nommer une commission pour connaître jusqu'à quel point étaient fondées ces allégations. Lord Erskine, qui remplissait les fonctions de lord chancelier; lord Granville, premier lord de la trésorerie, le comte Spencer, secrétaire d'État, et lord Ellenborough, chef de justice de la cour du banc du roi, furent nommés commissaires du roi. Le résultat de l'enquête fut à l'avantage de la princesse Caroline, bien que lady Douglas, l'un des témoins à charge, eût déclaré formellement dans sa déposition, que la princesse était accouchée secrètement d'un enfant mâle, qui avait été envoyé dans sa propre maison. La princesse Caroline, aussitôt après l'enquête, adressa une lettre au roi, dans laquelle elle protestait à la face du ciel de son innocence, et affirmait en outre qu'elle ne s'était pas rendue coupable de la plus légère inconséquence. En réponse à cette lettre, il fut annoncé à la princesse qu'elle pourrait se présenter à la cour. George III ajoutait que son plus vif désir était de témoigner à sa belle-fille toutes les marques de son affection et de son estime paternel; il espérait, disait le message, que la conduite future de la princesse justifierait complétement ce retour d'affection. Toutefois il paraîtrait que ce message royal était de pure courtoisie, et que la princesse ne rentra point en grâce complétement, car ses entrevues avec sa fille furent soumises à de grandes restrictions.

Cette grave affaire continuait dans cet état depuis plusieurs années, lorsqu'en 1813, la princesse Caroline, mécontente des entraves qu'on lui opposait pour voir sa fille, se décida à écrire une lettre à ce sujet au prince régent. Dans sa lettre, la princesse faisait ressortir avec beaucoup de force l'injustice de semblables restrictions; elle déclarait qu'elle en éprouvait non-seulement un grand préjudice en sa qualité de mère, mais que sa réputation d'épouse en souffrait également d'une manière sensible, en ce sens qu'une pareille séquestration tendait à confirmer les faux bruits qui avaient couru sur son compte. La princesse, qui n'attendait point justice de son volage époux, ayant fait publier la lettre dans un journal, le prince régent ordonna de son côté que tous les documents relatifs à l'enquête précédente, qui à cause de sa nature avait été nommée la *délicate enquête*, fussent soumis à l'examen du conseil privé, afin que le conseil prononçât s'il y avait lieu à rapprocher la fille de la mère. Le résultat était prévu d'avance ; le conseil privé déclara, après examen, que les relations de la princesse et de sa fille devaient, comme par le passé, être soumises à des restrictions. Mais la princesse de Galles ne fut point arrêtée dans ses poursuites par ce rapport; elle écrivit aussitôt une lettre au speaker des communes. Elle se plaignait avec amertume de la conduite du conseil privé, déclarait qu'elle avait été condamnée par un tribunal secret, et que dans une telle occurrence, elle se voyait obligée de réclamer l'appui des communes d'Angleterre, pour qu'elles fissent une investigation complète et publique de tous ses actes depuis son arrivée en Angleterre. L'épreuve était difficile de la part de la princesse; cependant elle en sortit avec bonheur. Un membre des communes ayant fait une motion à l'appui de sa demande, les ministres déclarèrent qu'ils étaient complétement satisfaits à l'égard de l'innocence de la princesse; que sa réputation dans leur esprit était intacte; et que s'ils n'avaient point poursuivi ses accusateurs, c'était à l'effet de ne point initier le public à la connaissance des faits d'une nature délicate.

Cette déclaration ne rapprocha pas les deux époux. En 1814, à l'époque où la cour d'Angleterre fut visitée par l'empereur Alexandre, le roi de Prusse et d'autres grands personnages, il fut signifié de la part du roi à la princesse de ne point paraître à la cour; et un membre des communes, ayant fait la motion d'une adresse au prince régent, à l'effet de supplier son A. R. d'informer la chambre pour quelles causes il continuait de vivre séparé de la princesse, lord Castlereagh, membre du ministère, s'opposa à la motion. Les arguments du ministre consistaient à prouver que l'affaire dont il était question n'était pas du ressort de la chambre; la motion fut retirée en conséquence. Néanmoins, par voie de compensation, il fut alloué à la princesse une somme annuelle et supplémentaire de 35,000 liv. sterl. (875,000 fr.), et elle eut la faculté de quitter l'Angleterre et de voyager sur le continent.

La reine Caroline, profitant de la liberté qui lui était accordée, quitta l'Angleterre et alla visiter l'Italie et d'autres parties du continent. Mais cinq ans après, et alors que le prince de Galles était devenu roi de la Grande-Bretagne, des bruits injurieux pour la nouvelle reine circulèrent dans le public, sur la conduite qu'elle avait tenue durant son voyage. On avançait notamment que Caroline avait vécu en état d'adultère, depuis son départ d'Angleterre; et que, oubliant son rang et sa dignité de femme, elle avait reçu dans sa couche un simple courrier de sa maison, dont elle avait fait depuis son premier chambellan. Des commissions d'enquête furent aussitôt envoyées en Allemagne et en Italie, pour remonter à la source de ces bruits et établir s'ils étaient fondés. En même temps, la proposition d'une somme annuelle de 50,000 livres sterl. (1,250,000 fr.) était faite à la reine, par les ministres, dans le cas où elle consentirait à rester sur le continent, et à ne point revenir en Angleterre. Mais cette offre fut repoussée avec mépris par Caroline de Brunswick, qui voulait partager avec son époux les honneurs du trône. Quand la nouvelle de la mort de George III et de l'élévation au trône de George IV, son époux, arriva à la princesse, elle se trouvait à Rome; Caroline, prenant le titre de reine d'Angleterre, demanda au gouvernement du pape une garde d'honneur, comme hommage à son rang. Mais le cardinal Gonsalvi répondit à cette requête qu'aucune communication n'ayant été faite à ce sujet au gouvernement papal par le roi d'Angleterre, Sa Sainteté ne pouvait savoir que la reine d'Angleterre fût à Rome, et, en conséquence, qu'elle lui refusait la garde d'honneur demandée. Vivement irritée de cette réponse, la reine écrivit plusieurs lettres, l'une à lord Liverpool, l'autre à lord Castlereagh; elle se plaignait avec beaucoup de vivacité des outrages faits à son rang dans toutes les cours étrangères, et elle annonçait qu'elle se rendait en toute hâte en Angleterre, pour se justifier d'une manière éclatante aux yeux du peuple anglais. La reine demandait avec hauteur qu'un palais fût préparé pour elle. « L'Angleterre, disait-elle, est ma véritable demeure, et j'y cours sur-le-champ. J'ai renvoyé ma cour italienne, n'ayant conservé qu'un petit nombre de gens pour me conduire immédiatement en Angleterre, et si Buckingham-House, Marlborough-House, ou tout autre palais, m'est refusé, j'irai me loger dans une maison particulière, jusqu'à ce que mes amis m'aient trouvé une maison convenable pour me recevoir. J'envoie un messager en Angleterre pour prendre les arrangements nécessaires à cet effet. »

Les ministres, qui craignaient l'éclat de cette affaire, firent de nouvelles tentatives pour engager Caroline de Brunswick à ne point venir en Angleterre. Lord Hutchinson, agent du ministère, se rendit à Saint-Omer, où se trouvait déjà la reine, en compagnie de M. Brougham, que Caroline de Brunswick avait choisi pour son conseiller et son avocat. Lord Hutchinson était chargé de renouveler à la reine la proposition d'un subside annuel de

50,000 liv. sterl. (1,250,000 fr.), à la condition qu'elle s'engagerait à ne point prendre le titre de reine d'Angleterre et à ne point venir dans le royaume. Caroline de Brunswck repoussa la proposition, et, quelques instants après que la communication officielle lui en eut été faite, elle s'élança dans sa voiture, et partit pour l'Angleterre.

Ce fut le 6 juin, qu'après une absence de près de six ans, la reine mit le pied sur le sol anglais; elle débarqua à Douvres. On ne savait encore si la masse des citoyens se déciderait en sa faveur, ou se rangerait sous la bannière de ses ennemis. Dans quelques parties du royaume, le peuple s'était montré fort irrité contre elle; toutefois, sur d'autres points, l'opinion lui était favorable. Un magnifique appel à la nation anglaise, qui parut dans *le Times*, fit cesser cette indécision; ce journal tonnait de toute son éloquence en faveur de la reine Caroline, et la faveur publique, comme un torrent déchaîné, se porta aussitôt sur la reine. Bientôt, avec cette seule force, elle, simple femme, put braver un ministère puissant qui disposait de millions pour l'écraser. A Douvres, les habitants lui présentèrent une adresse, dans laquelle ils la félicitaient de son heureuse arrivée en Angleterre et de son avénement au trône. Les réponses de la reine étaient pleines de dignité; elles exprimaient le désir qu'elle éprouvait de se trouver réunie encore une fois à un peuple aussi généreux, et elle témoignait l'espoir que, dans un temps rapproché, il lui serait permis de contribuer au bonheur des sujets de son époux. Son voyage à Londres fut comme un triomphe; les deux côtés de la route étaient bordés d'une foule compacte, qui accourait des villages voisins et faisait retentir l'air des cris mille fois répétés : *Vive la reine Caroline! La reine Caroline pour toujours!* Une cavalcade nombreuse précédait la voiture royale. En approchant de la capitale, les démonstrations devinrent plus vives encore; des flots d'êtres vivants sortant de ce vaste foyer, et de toutes les villes et villages voisins, comme la lave sort du cratère, accouraient sur le passage de la reine et se pressaient pour la voir. Le cortège se dirigea vers la demeure de l'alderman Wood, dans South Audley street, où la reine avait décidé qu'elle établirait sa demeure; il fallait passer devant le palais du roi, et quand ce moment arriva, la foule poussa d'énergiques hourras en témoignage de son amour pour la reine. Caroline descendit chez l'alderman, et se montra aux fenêtres; cette marque de courtoisie fut le signal de nouveaux hourras.

Cependant le ministère s'était réuni en conseil, et après de mûres délibérations, il venait de se décider à donner à cette affaire importante tout l'éclat de la publicité. Un message royal fut adressé à la chambre des lords. « Sa Majesté, disait le message, aurait vu avec plaisir que des discussions qui ne peuvent qu'être pénibles à son peuple, autant qu'elles le seront à elle-même, fussent ensevelies dans le cabinet; mais l'arrivée de la reine en Angleterre ne lui a pas laissé cette liberté. » Ce message était accompagné d'une foule de documents qui devaient être mis à la connaissance des lords. De son côté, la reine saisissait la chambre des communes, par l'organe de M. Brougham, son défenseur, d'une communication dans laquelle elle avançait qu'elle n'était venue en Angleterre que pour obtenir une réparation éclatante, et dénonçait aux communes, comme indigne, l'intention de la chambre des lords de livrer à un comité secret et non à la chambre entière, la connaissance des documents produits par le ministère contre elle. Lord Castlereagh, l'un des ministres, dans un discours plein d'habileté, démontra la nécessité d'un comité secret, et les moyens déclinatoires présentés par la reine furent repoussés. Les membres de ce comité, dans leur rapport, déclarèrent qu'après avoir examiné avec soin les documents qui leur avaient été soumis, ils étaient restés convaincus que les charges portées contre la reine étaient de nature non-seulement à compromettre l'honneur de la reine, mais à porter atteinte à la dignité de la couronne elle-même, ainsi qu'à la considération du pays ; en conséquence, qu'il était nécessaire que ces documents devinssent le sujet d'une enquête solennelle.

Ce rapport était accablant pour la reine. Mais Caroline de Brunswick se distinguait par une grande énergie, et le jour suivant, lord Dacre présenta en son nom une pétition à la chambre des pairs. La reine annonçait aux pairs qu'elle était prête à se défendre, et demandait à être entendue le jour même par l'organe de son défenseur. La motion de lord Dacre ayant été repoussée, le comte de Liverpool, se levant, présenta un bill à l'effet de priver la reine Caroline-Amélie-Élisabeth des titres, prérogatives, droits, privilèges lui appartenant en sa qualité de reine et d'épouse du roi régnant, et de dissoudre le mariage entre Sa Majesté et ladite Caroline-Amélie-Élisabeth.

Pour justifier la nécessité de ce bill, le comte de Liverpool établissait les charges portées contre la reine. D'après ces charges, il était dit qu'en 1814 S. M. Caroline-Amélie-Élisabeth, alors princesse de Galles, étant à Milan en Italie, avait pris à son service et à titre de courrier un homme de bas étage, nommé Bartolomeo Bergami ; qu'après cette installation dans la maison de la princesse, il s'était établi entre ladite princesse de Galles et ledit Bartolomeo Bergami des relations d'une nature disgracieuse ; que S. A. R. avait reçu à son service un grand nombre de parents dudit Bartolomeo Bergami, et qu'elle avait élevé d'une manière presque soudaine ce dernier à une place de confiance auprès de sa personne ; qu'elle lui avait donné d'autres marques de sa faveur, notamment en lui conférant la dignité d'un ordre prétendu de chevalerie, qu'elle avait institué de son propre chef sans qu'elle en eût le droit ; que ladite princesse de Galles oubliant son rang, sa dignité, au mépris de ses devoirs envers son époux et envers elle-même, avait entretenu des relations criminelles et adultères avec ledit Bartolomeo Bergami dans différents lieux.

Le jour où commença ce mémorable procès (le 20 août), une foule immense, attirée par la curiosité, assiégeait dès le matin les abords du lieu où il allait se vider ; mais, comme au procès de Hastings, il n'y eut d'admis dans l'enceinte de Westminster que les personnes titrées, et celles qui étaient chargées par la presse de rendre compte des débats. L'accusation avait choisi pour ses organes sir Robert Gifford, avocat général de la couronne ; sir John Copley, solliciteur général de la couronne ; sir Christophe Robinson ; le docteur Adam. La défense avait été confiée au talent de M. Brougham, esq.; de Thomas Denman, esq.; du docteur Lusinghton, de MM. John Williams, Tindal et Wilde, hommes de loi. A l'ouverture de ces débats solennels, lord Liverpool s'étant levé, demanda la seconde lecture du bill ; le lord chancelier mit aux voix la motion, qui fut adoptée par 206 voix, et repoussée par 41.

Après avoir établi de quelle solennité devait être pour le pays un procès dans lequel l'accusée était la reine d'Angleterre, le solliciteur général prenant un à un les faits qui constituaient l'accusation, déclara, relativement au premier chef, qu'il était constant, par les dépositions faites dans l'instruction, qu'en 1814 S. M. avait pris à son service Bartolomeo Bergami, en qualité de courrier ; que ledit Bartolomeo avait vécu antérieurement avec le général Pinto, en qualité de domestique, aux gages de 3 fr. par jour ; que quinze jours après être entré au service de la reine Caroline, Bartolomeo Bergami avait été promu aux fonctions de chambellan ; qu'à cette même époque, un jeune garçon, du nom de William Austin, ayant coutume de dormir dans la chambre à coucher de la reine, avait, par l'ordre de S. M., après l'installation de Bergami, quitté la chambre à coucher ; qu'il avait été pourvu d'une autre chambre, sous prétexte que le jeune homme prenant des années, les règles de la bienséance avaient à souffrir de la continuation d'une pareille habitude ; qu'à Naples, la chambre occupée par Bergami et celle de la reine étaient disposées de manière que les communications de l'une dans l'autre se fissent librement ; que la reine, le lendemain de son arrivée à Naples, étant allée à l'Opéra, était revenue de bonne heure chez elle, et qu'après être entrée dans sa chambre à coucher, elle était allée dans celle de Bergami ; qu'étant revenue dans sa chambre, elle avait donné des ordres à ses femmes de service pour que le jeune Austin ne fût pas admis dans sa chambre pour la nuit ; que les discours et la conduite de la reine avaient fait naître le soupçon dans l'esprit de la femme de service ; et que celle-ci, dans le but de s'assurer si ce soupçon était fondé, avait le lendemain examiné avec soin l'état du lit de la reine et de celui de Bergami ; que le résultat de cette investigation était une preuve de la perpétration de l'adultère, vu que le petit lit de voyage dans lequel S. M. avait coutume de coucher n'était nullement froissé, et que celui de Bergami portait l'empreinte de deux personnes ; de plus, que, d'après la déposition du même témoin, plusieurs signes qui indiquaient d'une manière certaine ce qui s'était passé la nuit, avaient été remarqués dans le lit. « Il est vrai, continua le solliciteur général, qu'aucun des témoins assignés n'a déposé d'une manière formelle que l'adultère ait été commis ; mais les présomptions étant assises sur des faits comme ceux qui sont avancés prouvent d'une manière péremptoire la culpabilité de la reine. » Le solliciteur général ajoutait que le flagrant délit en pareille matière était fort rare ; qu'il l'était également alors que l'adultère était de la dernière évidence, et que tel était le cas pour la reine. « Vos seigneuries, s'écria-t-il, se rappelleront le bal masqué qui fut donné dans une villa située au bord de la mer, alors que la reine était à Naples : la reine se rendit à ce bal, accompagnée de sa femme de chambre et de Bergami. Un cabinet de toilette et une antichambre avaient été réservés à la reine. Le premier costume que prit la princesse, représentait celui d'une paysanne napolitaine, et cette première fois la princesse fut habillée par sa femme de chambre. La princesse se rendit au bal dans ce costume, y resta quelque temps, et rentra ensuite chez elle pour en prendre un nouveau ; cette seconde fois la femme de chambre resta dans l'antichambre, et ce fut Bergami qui alla dans le cabinet de toilette, et qui demeura avec la princesse tout le temps que dura l'opération du changement de costume. Peut-il exister maintenant le plus faible doute dans l'esprit de vos seigneuries, quant à la culpabilité de la reine ? Ce n'est pas tout, cependant ; les choses n'en sont point restées là. Il y eut un autre changement de costume. S. A. R. prit le costume d'une dame turque, et on la vit descendre l'escalier, donnant le bras à Bergami, qui est le même individu qu'elle avait pris dans le principe pour s'en servir comme d'un *footman*, d'un simple courrier.

« On objectera que le témoin Majochi, auquel nous devons ces importantes dépositions, ne mérite point créance ; mais ce témoin a été interrogé itérativement par nous et par notre partie adverse, et il n'a point varié dans ses dépositions. Il est vrai que le témoin a plusieurs fois répété à différentes questions qui lui étaient faites « Non mi ricordos, » je ne me rappelle pas ; et nous nous attendons à voir nos adversaires tirer parti de cette réponse. Mais, de bonne foi, cette réponse n'est-elle pas naturelle, lorsque les événements sur lesquels elle porte se sont passés il y a trois ans ?

« L'épouse de l'héritier du trône, alors que celui-ci avait en ses mains l'autorité suprême que lui avait déférée le parlement, ayant avec elle une suite nombreuse et digne de son rang, témoigne un jour le désir d'aller au théâtre de San Carlo incognito. Ce désir n'a rien d'extraordinaire ; mais, pour le satisfaire, au lieu de prendre dans sa suite quelques-unes des personnes distinguées qui la composent, S. A. R. leur préfère sa femme de chambre et Bartolomeo Bergami, courrier. La nuit était pluvieuse et sombre; une voiture de place vient chercher S. A. et ses deux compagnons à une petite porte secrète qui donnait sur le jardin, et les conduit au théâtre de San Carlo, où ils trouvent une réception telle qu'ils sont obligés de quitter le théâtre et de revenir à leur domicile. Quelle conséquence peut-on tirer de pareils faits autre que celle que nous soutenons?

« Mais quittons Naples, et suivons la reine Caroline à Gênes. Dans cette ville encore, la chambre du courrier Bartolomeo Bergami est contiguë à celle de la reine; là encore la princesse s'entoure de la famille de son favori; l'enfant de celui-ci, sa mère et sa sœur composent les personnes de sa suite. Il paraît qu'étant dans cette ville, S. A. R. voulut louer une maison à quelque distance de Gênes, sans aucun doute pour soustraire sa conduite aux investigations des curieux; car, dans cette ville comme ailleurs, toutes ses recommandations tendaient à éviter les Anglais. En Allemagne, dans ses voyages à travers le Tyrol, la princesse Caroline fuit la société des Anglais avec la même insistance; partout où elle s'arrête, sa première question est de s'informer s'il s'y trouve des Anglais de distinction, et, lorsque cette demande reçoit une réponse affirmative, aussitôt la princesse s'éloigne et se dirige vers un autre lieu. De Gênes, S. A. R. se rend à Milan. Lady Charlotte Campbell avait été attachée au service de S. A. R. dans la première de ces villes en qualité de dame d'honneur; mais dans ce voyage, cette dame n'accompagne point S. A. R., et bientôt après une séparation s'effectue. Sur qui tombera le choix de la princesse? La réponse est certaine : sur la sœur du courrier Bergami, la comtesse d'Oldi, sur une étrangère d'un rang vulgaire, qui parle l'italien de bas étage et qui ne sait pas le français. Ces faits, nous disent nos adversaires, sont de peu d'importance et même puérils; ils ne comportent point les inductions que nous en tirons. Milords, ces faits accidentels, que les témoins n'ont pu inventer ni exagérer, sont, à nos yeux, une preuve incontestable des faits que nous voulons établir; ceux-là seuls veulent bien fermer leurs yeux à l'évidence qui tireront de ces faits d'autres inductions que les nôtres.

« Mais il est des faits plus concluants encore : nous voulons parler d'une chaîne d'or donnée à Bergami par la princesse à Venise, et de la déposition de la femme de chambre Dumont, laquelle femme de chambre déclare avoir vu le courrier Bartolomeo Bergami traverser sa chambre pour se rendre dans celle de la princesse. Dans les affaires de la nature de celle qui vous est présentée, milords, la conduite générale des parties accusées est la meilleure preuve que l'on puisse fournir pour établir l'accusation. Or, il est évident que la princesse et le courrier Bergami se conduisaient entre eux comme des amants, ou comme un mari et sa femme pendant le jour, tandis qu'ils faisaient toutes leurs dispositions pour n'être point séparés pendant la nuit. Les familiarités auxquelles se livrèrent la princesse et Bergami à la villa d'Este n'ont point été attestées ni par un témoin, ni par deux, ni par trois; une foule de témoins ont déclaré qu'elles étaient vraies. Ai-je besoin de vous dire de nouveau, milords, quelle était la nature de ces familiarités? Vous savez qu'on a vu la princesse et Bergami se promener seuls dans les jardins, se donnant le bras, et faire une excursion sur le lac dans un canot, également seuls, échanger des baisers, se serrer la main. De pareilles intimités entre des personnes si étrangères l'une à l'autre par le rang qui les sépare; de pareilles intimités, auxquelles nous pouvons ajouter le désir constant de la princesse d'avoir une chambre contiguë à celle de son courrier, ne prouvent-elles pas d'une manière certaine qu'il y a eu adultère? et, sur des faits semblables, existe-t-il une cour de justice qui pourrait, en conscience, rendre un verdict d'acquittement. Je ne parlerai point d'une foule d'autres faits, et notamment de ce qui s'est passé au sujet de deux statues représentant Adam et Ève; ni d'une lettre écrite par la princesse à son amant, lettre qu'aucune femme ne pourrait écrire à un homme, s'il n'y avait eu entre elle et cet homme perpétration d'adultère. Ce serait fatiguer vos seigneuries sur un fait déjà trop prouvé. Je ne puis toutefois, pour ne laisser aucun doute dans vos esprits, me dispenser de m'arrêter à ce qui s'est passé à Catane. Dans le logement qui avait été pris par la princesse en ce lieu, il avait été fait une distribution dans les appartements par suite d'une indisposition de Bergami; S. A. R. couchait dans la chambre contiguë à celle de la femme de chambre Dumont et de sa sœur, Mariette Bron; dans l'autre chambre couchait la comtesse Oldi, sœur de Bergami. Bergami étant tombé malade, fut placé dans la chambre à coucher préalablement occupée par la comtesse Oldi, qui fut ensuite logée dans la chambre à coucher de S. A. R. Jusqu'alors, la femme de chambre Dumont et sa sœur couchaient dans une chambre située entre la chambre de Bergami et celle de S. A. R. L'heure habituelle du déjeuner, pour la femme de chambre et sa sœur, était neuf heures. Or, un matin que la femme de chambre était restée chez elle plus tard que de coutume, elle vit sortir S. A. R. de la chambre de Bergami, emportant les oreillers dont elle avait coutume de se servir. S. A. R. aperçut la Dumont, lui fit un coup d'œil d'intelligence; et, contrairement à son habitude, elle passa dans l'autre chambre sans lui parler. Vous savez, milords, quelles ont été les demandes et les réponses qui ont été faites sur ce point. On a demandé à la Dumont si elle n'avait pas quitté sa chambre dans la matinée; elle a répondu : Non. On lui a demandé si elle était éveillée depuis longtemps, quand S. A. R. est venue à passer; elle a répondu qu'elle était éveillée depuis deux heures. On lui a demandé si S. A. R. avait traversé sa chambre pour se rendre dans celle de Bergami pendant ces deux heures ; elle a répondu : Non! Il est donc évident que S. A. R. était restée plus de deux heures dans la chambre de Bergami.

« Mais on dira que cette déposition est celle d'une femme de chambre, et qu'elle est sans valeur; eh bien, si la conduite de S. A. R. est irréprochable, comme le prétendent nos adversaires; s'il n'y a rien de mystérieux dans la conduite du courrier; si Bergami n'a dû qu'à son mérite les honneurs que lui a conférés la princesse; si le caractère de sa liaison avec S. A. est honorable, pourquoi ne paraît-il point à cette barre? pourquoi ne vient-il pas lui-même combattre les dépositions de la Dumont; montrer que ces dépositions sont fausses, calomnieuses, injurieuses pour l'honneur et la réputation de la plus aimable princesse du monde? pourquoi ne s'empresse-t-il pas de prouver que la Dumont a commis un mensonge en accusant S. A. R. d'un crime dont elle ne s'est jamais rendue coupable ? Qu'il vienne expliquer à vos seigneuries par quels services signalés il a pu obtenir, dans l'espace de quelques mois, les honneurs que lui a conférés la princesse. S. A. R., ainsi que nous l'avons dit, a pris à son service Bartolomeo Bergami, en qualité de courrier, au moment où il quittait de pareilles fonctions chez le général Pinto; et, dans le cours de quelques mois, ledit Bartolomeo Bergami devient l'écuyer cavalcadour de S. A. R.; puis son chambellan; puis, par son influence, chevalier de Malte ; puis baron de la Franchini; puis chevalier du Saint-Sépulcre; puis grand maître de l'ordre de chevalerie institué par S. A. R. elle-même. Nous trouvons également ledit Bartolomeo Bergami possédant des propriétés considérables aux portes mêmes de Milan; lui, Bartolomeo Bergami, qui, quelques années auparavant, se trouvait renfermé dans une prison, on ne sait pourquoi; lui qui était au service du général Pinto, aux gages de trois livres, le voilà élevé au faîte des honneurs et de la richesse. Pour quelle cause? Quels sont ses services? De quel genre sont ses talents? »

Le solliciteur général, poursuivant son argumentation avec la même vigueur, retraça une scène à bord d'une polacre; scène, dit-il, dans laquelle S. A. R., en présence de témoins, commit des actes qui indiquaient assurément la perpétration du crime; il parla d'une danse licencieuse, exécutée par un Turc du nom de Mahommed, en présence de S. A. R. et de Bergami; de différentes scènes nocturnes à Charnitz; d'une, entre autres, où la Dumont avait été expulsée de la chambre de S. A. R. pour faire place au courrier Bergami; d'une autre scène à Carlsruhe; d'autres à Bade, à Vienne, à Trieste. « Dans cette dernière ville, on a vu, dit-il, le courrier Bergami sortir de sa chambre en caleçon et en pantoufles, et aller dans celle de la comtesse Oldi, qui avait une communication avec celle de la princesse.

Telles étaient les charges portées contre la reine Caroline, et la manière dont elles furent établies.

Le plaidoyer du solliciteur général fut écouté dans un religieux silence, et produisit une impression profonde sur l'auditoire. Toutefois, malgré le talent avec lequel l'accusation avait formé un faisceau des présomptions qui existaient contre la reine, l'opinion publique ne changea point, et une grande majorité dans la nation continua de proclamer l'innocence de la reine Caroline de Brunswick, grâce aux journaux qui tonnaient en même temps contre le souverain, et qui, faisant des rapprochements entre sa vie passée et sa vie présente, s'efforçaient de jeter de l'odieux sur lui.

Ce fut ensuite le tour de la défense. Le discours de M. Brougham, l'un des défenseurs, dura deux jours, et jamais défense ne fut présentée d'une manière plus habile ni plus éloquente.

Après avoir détaillé tous les événements qui avaient eu lieu depuis l'arrivée de la princesse en Angleterre (1794), jusqu'à son départ pour le continent (1814), le défenseur s'empara des dépositions des témoins, et s'attacha à en faire ressortir les parties contradictoires; rappelant aux juges les premières attaques dirigées contre la reine, il se servit de ce texte pour faire l'éloge de Pitt, de Perceval et de Whitbread, qui avaient été les premiers défenseurs de l'accusée, ses fermes, ses intrépides, ses excellents avocats, et il ajouta que lorsque la mort avait enlevé ces grands hommes, et que la princesse était restée sans soutien, alors la tempête avait commencé à gronder de nouveau; toutefois, que l'explosion en avait été retardée, car vivait alors une jeune princesse, l'idole de la nation. Cette princesse, c'était la fille, la seule amie de l'accusée; mais une fois la princesse Charlotte morte, il n'y avait plus eu de retenue, et assurément, dit-il, la princesse Caroline eût succombé, si elle n'avait eu en elle le sentiment de son innocence. Le défenseur attaquant ensuite les dépositions de Majochi, de la Dumont et de tous les témoins à charge, avec l'arme du sarcasme et de l'ironie, ainsi que le rapport de la commission qui était allée à Milan, s'attacha à démontrer que ces dépositions avaient été dictées par la malignité et l'ignorance. Puis M. Brougham établit les traitements extraordinaires employés envers la princesse depuis les premiers jours de son mariage, et dit qu'ils étaient une preuve évidente que le procès avait une autre cause, que les charges portées contre elle n'en étaient que le prétexte, qu'on voulait se débarrasser d'un lien lourd à porter. Aux yeux du défenseur, le caractère de l'Italien était insidieux, perfide; la soif du tigre tourmentait l'enfant de l'Italie; pour de l'or, il ferait toutes les dépositions qu'on lui demandera; est-il donc étonnant que les témoins aient fait les dépositions que vos seigneuries ont entendues, après tant d'embûches, après toutes les manœuvres employées par l'accusation pour étayer un échafaudage aussi mal assis?

« La reine se trouve maintenant, et depuis longtemps elle est placée dans une situation singulière et très-embarrassante. Son esprit, par suite des événements antérieurs et de ceux qui viennent de se passer, doit être naturellement disposé à donner une interprétation pénible à la conduite et aux motifs de tous ceux dont elle est entourée. Si elle est arrivée à cette extrémité, il faut en attribuer la cause à des persécutions longues et non interrompues, à une oppression excessive tant ici que sur le continent, à des fraudes manifestes contre sa bienveillance et sa généreuse crédulité, à la malice des espions, à la trahison de ses domestiques : ce sont toutes ces embûches qu'il est impossible de suivre à la trace, qui lui ont donné cette défiance. Le dernier outrage auquel elle a été exposée, n'était pas fait pour la ramener à d'autres idées, quant à la conduite observée à son égard par les personnes qui l'entourent. Tout ce que ses yeux ont vu en Italie, tout ce qu'elle a vu elle-même depuis son arrivée en Angleterre jusqu'à ce jour, les témoins qui ont déposé contre elle, la manière dont ils se sont conduits, la nature de leurs dépositions, tout est bien fait pour remplir de soupçons et de dégoûts un cœur qui sans de pareils faits eût été rempli de confiance et de générosité. C'est le sort de ceux qui ont été persécutés par des ennemis, c'est leur malheureux, leur inévitable sort d'être enclins au soupçon, et de ne plus pouvoir reconnaître ceux dans lesquels ils doivent placer leur confiance. Cette défiance a pris racine dans le cœur de la reine au souvenir des trahisons et des embûches incessantes auxquelles elle a été exposée; et il était impossible que Sa Majesté ne devînt point très-circonspecte et très-craintive quant aux témoins qu'elle serait disposée à appeler pour faire éclater son innocence. Sa Majesté, qui pourrait le nier? peut encore réchauffer dans son sein une vipère du genre de la Dumont, et de la sœur de cette personne, avec laquelle elle a entretenu une correspondance. On affirme que cette correspondance se faisait par des chiffres, ce que je ne crois point. Toutes ces circonstances sont faites pour que le soupçon soit regardé par Sa Majesté comme un devoir. Le soupçon est inconnu de l'innocence ; mais c'est une de ces sauvegardes auxquelles l'innocence est obligée de recourir, lorsqu'elle a pour entourage des personnes de la trempe des Omptedas, des Douglas, et de gens plus infâmes encore, tels que les Majochi, les Dumont, les Sacchi.

«Nous prouverons qu'au moment où la Dumont a représenté Bergami comme étant revenu avec le passe-port, et ayant passé la nuit dans la chambre de la princesse, des préparatifs se faisaient pour la continuation du voyage, et qu'au lieu d'être resté pendant la nuit dans la chambre de la princesse, il est monté en voiture une heure et demie après son arrivée ; que pendant tout ce temps, il s'est occupé des malles et des paquets pour le voyage ; que tandis qu'il se livrait à cette occupation, la chambre de la princesse était toute grande ouverte; que les domestiques de S. A. R. venaient et sortaient constamment, de façon qu'ils pouvaient voir tout ce qui se passait dans la chambre de S. A.; que ces domestiques entraient dans la chambre de la princesse aussi souvent que le faisait Bergami; qu'ils faisaient les préparatifs du voyage, tandis que S. A. R. reposait sur le lit en costume de voyage, place qu'elle était décidée à garder jusqu'au moment de l'arrivée du passe-port.

« Comment donc se fait-il que pour établir ce même fait l'on n'ait jamais appelé de témoins ? pourquoi cette omission, quand il était si facile d'y remédier ? Pourquoi ? La raison en est évidente, c'est qu'il n'a point paru prudent de provoquer une déposition sous serment et de la faire confirmer ensuite par un autre témoin. Si deux témoins eussent été appelés pour établir un même fait, il était probable que, dans le contre-examen, l'un eût pu contredire l'autre. Une pareille épreuve était pleine de dangers pour l'accusation, et elle n'a pas été suivie. Il y a une circonstance entre autres, qui, si elle était vraie, aurait pu être confirmée par une foule de témoins : je veux parler du fameux bal masqué. La présence de Sa Majesté à ce bal doit avoir été connue d'une foule de personnes, et s'il est vrai que l'étrangeté de son costume ait provoqué les huées et les sifflets des assistants, ce fait a dû avoir de nombreux témoins ; il n'est pas possible qu'il soit resté ignoré. Un pareil accueil fait à la reine d'Angleterre a dû être connu de toute la ville de Naples, et non-seulement de Naples, mais de toutes les provinces et de toutes les villes d'Italie, *et omnibus aliis oppidis !* »

« Qu'est devenue la femme V. Tyson ? Pourquoi n'a-t-elle pas été appelée en témoignage ? Je vais vous en dire la raison : c'est qu'elle n'est pas Italienne. Si les faits avancés sont vrais, il y avait des motifs très-importants pour appeler ce témoin ; elle était employée au service de Sa Majesté ; le soin du linge était dans ses attributions. Ce n'est pas la première fois que des laveuses de linge ont été appelées à déposer dans de grands procès ; ce n'eût pas été une nouveauté. L'accusation a fait comparaître des témoins de cette qualité dans le complot de Douglas ; mais, devenue sage par l'expérience, elle n'a pas voulu répéter l'épreuve cette fois....

«Si vos seigneuries donnent créance aux dépositions des témoins à charge, l'adultère est prouvé pertinemment ; si vous croyez à la déposition de Sacchi, Bartoloméo Bergami est entré deux fois dans la chambre de la princesse et n'en est point sorti. Si vous ajoutez foi à cette déposition ainsi qu'à la déposition des autres témoins, la reine n'est point seulement coupable du crime dont on l'accuse, mais elle est aussi indigne que la fameuse Messaline. Toutefois, s'ils ne sont pas dignes d'être crus, si sous serment ils ont avancé des faits qu'ils savaient être faux, vous devez conclure que ces témoins sont plus vils que ces jacobins qui, dans les premières années de la révolution française, s'efforcèrent de prêter à la belle Marie-Antoinette des crimes que repousse la nature. La réputation la plus pure, quand elle est attaquée de cette manière, n'a aucune voie pour échapper à la calomnie. Il lui serait impossible de renverser de pareilles dépositions en en contestant la vérité, parce que le déposant, dans de pareilles circonstances, a soin d'établir son témoignage de manière que personne ne puisse le contredire. Ce témoin choisira, par exemple, le temps et le lieu où l'une de vos seigneuries sera seule, et où il est possible qu'elle se trouve à une heure indiquée ; une contradiction formelle dans de pareilles circonstances est impossible. Que doit donc faire une cour de justice devant laquelle on fait de pareilles dépositions ? elle doit rendre un verdict d'acquittement, si la fausseté la plus légère est reconnue dans la déposition d'un vil dénonciateur. Eh bien, je demande à vos seigneuries de procéder en vertu du même principe. Je demande uniquement cette protection pour Sa Majesté, cette protection que réclament la justice et l'innocence.

« Beaucoup de choses ont été dites relativement à la situation de Bergami avant son entrée au service de la reine, et il a été avancé que cette circonstance seule formant contraste avec la sphère de vie dans laquelle il se trouve placé aujourd'hui, suffit complètement pour prouver la culpabilité. Milords, on ne saurait nier que Bergami n'ait été élevé par son illustre maîtresse à une situation bien supérieure à celle qui lui était propre avant d'entrer au service de la reine ; mais, assurément, je serais désolé de voir que, dans un pays comme le nôtre, un pareil avénement servît de fondement à une accusation aussi sérieuse que celle que nous repoussons. Que Dieu nous préserve de voir regarder l'élévation d'un digne serviteur à une place de confiance, comme tendant à prouver la criminalité d'un être humain ; car alors, milords, nous verrions bientôt arriver le jour où toutes les places ne seraient plus ouvertes aux citoyens selon leur mérite. Toutefois, je supplie vos seigneuries de ne point perdre de vue que la promptitude ou la soudaineté de cette élévation est un fait exagéré. Bergami n'est parvenu que successivement, avec lenteur, à cette élévation qu'on lui reproche, et d'une manière qui prouve qu'il a bien mérité de sa maîtresse par ses loyaux et bons services.

« La Dumont a avancé, ce que je ne crois point, que dans l'espace de trois semaines, après la première installation de Bergami, la princesse a reçu le courrier dans son lit; cependant, qu'après cette intimité, il est encore resté dans ses fonctions de courrier; qu'à Gênes il dînait avec les domestiques; qu'une seule fois il s'assit à la table de S. A. R., et que ce fut par accident. Ce n'a été, dit la Dumont, que vers la fin de l'époque qui a précédé le voyage, que Bergami a été admis à la table de S. A. R. Suivant la Dumont, Bergami a obtenu des fonctions plus élevées au service de la reine par degré; d'abord courrier et voyageant à cheval, il a voyagé ensuite seul dans une voiture; puis il a été fait chambellan.

« Je vous ferai remarquer que cette déposition est pleine d'invraisemblances. En effet, si vous supposez que la reine est une femme extravagante, infatuée d'elle-même, comme on vous en a fait le portrait; si l'amour qu'elle portait à Bergami était violent, comme on l'a dit, aurait-elle souffert que son amant restât un jour de plus dans des fonctions de bas étage? Une pareille conduite ne ressemble point à la manière généreuse dont l'amour sait récompenser l'objet aimé. Cette conduite ressemble plutôt au progrès lent avec lequel le mérite lutte contre les difficultés pour arriver à la place qu'il est digne d'occuper. Bergami n'est point un homme ordinaire; c'est un homme de mérite; il n'est point de basse extraction; son père est possesseur d'une petite propriété située dans le nord de l'Italie. Bergami a contracté des engagements comme une foule de gentilshommes italiens, et bientôt après il a vendu son patrimoine pour payer ses dettes. Bergami était pauvre, mais c'était un gentilhomme, malgré sa pauvreté; il était reconnu en cette qualité au service du général Pinto, car il dîna à sa table pendant toute la durée de la campagne que ce général fit en Espagne. Le général avait de l'estime pour lui, de même que tous ceux qu'il a servis. Ils lui donnaient l'espoir d'une situation meilleure, parce qu'ils connaissaient sa situation passée et son mérite actuel. Ce fut un noble autrichien qui le présenta à la reine pour en faire un courrier, et il entra au service de la reine sans qu'elle en eût connaissance. Son protecteur autrichien exprima l'espoir qu'il serait promu à des fonctions plus élevées, attendu qu'il avait vu des jours plus heureux. Ce fut même presque une condition de l'engagement, qu'il serait d'abord courrier, et qu'ensuite il aurait une position supérieure, s'il s'en rendait digne.

« Milords, je n'insiste point sur ces faits, ils paraissent d'une importance médiocre; je ne les crois pas essentiels à la défense. Je n'en ai fait mention que parce qu'ils ont servi de texte à mille commentaires, à mille calomnies. Mais, milords, si S. M. était accusée de quelque crime caché, d'une nature telle qu'il serait difficile de pourvoir à la défense; si ce crime avait eu pour témoins des personnages élevés, les preuves ne me manqueraient point pour réfuter toute insinuation de cette espèce, quelle que fût l'époque de sa vie à laquelle on aurait pu l'appliquer, soit avant qu'elle vînt dans ce pays, soit depuis qu'elle y a fixé sa résidence. J'ai en ma possession une lettre écrite de la main du feu roi, et qu'on ne peut lire sans éprouver un sentiment profond de tristesse et d'estime pour sa personne. Ce document prouve la nature de ses sentiments pour la princesse, et combien était sincère l'amour qu'il lui portait: la bonté, la probité, l'affection que respire cette lettre ne sauraient être trop admirées. Cette lettre, que je vais vous lire, a été écrite en 1804:

« Château de Windsor, 13 novembre 1804.

« Ma chère belle-fille et nièce,

« Les membres de ma famille et moi avons eu une entrevue avec le prince de Galles à Kew. Nous avions pris soin, de part et d'autre, d'éviter d'entrer en explication et d'aborder tout sujet pénible. En conséquence, la conversation n'a été ni instructive ni amusante ; toutefois, nous avons placé le prince dans une situation telle, qu'il a été obligé de nous faire connaître si le désir de revenir à sa famille est réel, ou si ce désir est simplement verbal. Je m'occupe de cette affaire d'une manière sérieuse, et j'espère que mes efforts me permettront de vous communiquer avant peu quelque plan à l'avantage du cher enfant (la princesse Charlotte). Vous et moi, nous devons avec raison prendre le plus vif intérêt à son sort, et le plaisir que j'aurais de vivre avec vous m'encourage à me hâter. Vous pouvez être sûre que rien ne sera fait sans votre concours ; car il est de mon devoir de soutenir votre autorité maternelle. Croyez-moi pour la vie, ma chère belle-fille et nièce, votre très-affectionné beau-père et oncle,

« George R. »

« Telle était l'opinion, tels étaient les sentiments d'un homme qui connaissait les règles de la société et toutes les faiblesses du cœur humain. Le voilà qui montre toute l'anxiété d'un parent tendre et affectionné pour le bonheur d'un enfant ; le voilà qui prend en main les intérêts de la princesse de Galles, et lui témoigne des sentiments que ne pouvaient justifier que la conscience de la pureté de sa conduite et l'étendue de son mérite. Je pourrais maintenant lire une lettre de son illustre successeur ; elle n'est point écrite sur le même ton ; on n'y trouve point autant de respect ; mais elle n'indique nullement le manque de confiance. Je fais allusion à la lettre qui a été présentée à vos seigneuries sous tant de formes différentes, et qu'il est inutile de vous reproduire une autre fois. Dans cette lettre, le prince de Galles exprime le désir de vivre séparé d'avec sa femme, leurs penchants, dit-il, n'étant pas les mêmes, et leur bonheur mutuel étant plus sûr en vivant séparés. Dans cette lettre, rien n'indique que la conduite de la princesse ait donné matière à la censure, ou bien que son isolement dût être soumis aux rigueurs d'un espionnage continuel, comme celui qui a produit le bill dont nos adversaires vous réclament l'adoption. »

« Lisez la lettre ! lisez la lettre ! » A ce cri, parti des bancs ministériels, M. Brougham fait la lecture de la pièce suivante :

« Madame,

« Lord Cholmondeley m'ayant dit que vous désirez que je vous indique par écrit les termes qui doivent régler nos rapports à l'avenir, je vais m'efforcer de m'expliquer sur ce chef avec autant de clarté et de convenance que la nature du sujet peut l'admettre. Nos inclinations ne sont pas en notre pouvoir, et il n'est pas juste que nous souffrions l'un pour l'autre, parce que la nature ne nous a pas donné les mêmes penchants. Toutefois, une société tranquille et confortable est en notre pouvoir. En conséquence, je désire que nos relations se bornent à cela, et je consens à souscrire à la condition que vous avez posée par l'entremise de lady Cholmondeley, à savoir, même dans le cas de mort de ma fille, malheur que, je l'espère, Dieu, dans sa miséricorde, saura prévenir, que je ne reviendrai pas sur notre séparation, en vous proposant plus tard de reprendre des relations d'une nature plus particulière. Je finirai maintenant cette désagréable correspondance, espérant aujourd'hui que nous nous sommes complétement expliqués l'un et l'autre, que le reste de nos jours se passera dans une tranquillité non interrompue.

« Je suis, Madame, etc.

« George P. »

« Milords, je n'ai pas l'intention, comme cela a été fait par d'autres, d'appeler cette lettre une lettre coupable ; mais je crois qu'une pareille épître doit causer de l'étonnement, lorsqu'on apprendra que la personne à laquelle elle était destinée, est devenue le point de mire de l'espionnage ; que tous ses actes ont été surveillés avec une vigilance extrême. Voilà ce qui est arrivé, et c'est dans de pareilles circonstances que S. M. a été traduite inopinément à votre barre. L'espionnage secret auquel elle a été en butte, a pavé la route qui devait la conduire au précipice ; mais, grâce au ciel, d'aussi horribles machinations cesseront ici. L'innocence et la pureté de mon illustre cliente ont été attaquées ; mais j'ai pleine confiance que les efforts infâmes de ses calomniateurs retomberont sur eux-mêmes. Vos seigneuries ont pesé les dépositions des témoins, telles qu'elles leur ont été soumises ; elles ont assurément pesé le caractère de ces témoins ; et j'ai lieu de croire que vos seigneuries conviendront avec moi qu'aucun de ces témoins n'est digne d'être cru. Les bons témoins étaient à la portée des accusateurs de S. M. ; c'étaient des personnes qui avaient des titres à la confiance. Eh bien, ces personnes ont été écartées avec soin. Toute l'affaire a été conduite au moyen des principes qu'on emploie généralement dans de pareilles circonstances. On s'est habilement emparé des parties qui étaient faibles. Les traits caractéristiques du plan ont été concertés avec une pleine confiance du succès définitif. Mais quelques-unes des fortifications les moins importantes, par suite de l'espoir que leur faiblesse ne serait point découverte, ont été laissées sans protection. Milords, la justice du pays ne se laissera pas tromper par une pareille tactique ; elle anéantira les moyens que la plus puissante et la plus sérieuse des accusations a soutenus par l'organe d'hommes honorables et dignes. Je demande pardon à vos seigneuries de tirer un exemple des Écritures saintes à l'appui de la cause que je défends. Le passage auquel je fais allusion, est relatif à un procès dans lequel les juges, allant prononcer contre l'accusé, et alors qu'ils étaient convaincus de sa culpabilité, revinrent tout à coup à un autre sentiment, par l'effet d'une simple contradiction qui s'éleva au sujet d'un témoin. Telle doit être votre appréciation des faits dans le procès actuel. Majochi, Dumont, Sacchi, et tout le reste de cette tourbe de témoins qui ont été appelés, ont déposé avec un aplomb extraordinaire sur les points principaux du procès ; appréciez le but des témoins, celui que leur indiquait leur intérêt. Lorsqu'un pareil procès vous est soumis, lorsque de pareils témoignages sont avancés pour le soutenir, pourriez-vous encore balancer, quant à l'opinion qu'il est de votre devoir de donner ? pourriez-vous, sur des témoignages qui seraient insuffisants pour prouver la dette la plus minime, qui seraient impuissants pour priver de sa liberté le moindre des sujets de l'Angleterre, qui seraient regardés comme indignes de créance par nos tribunaux ordinaires pour établir la plus légère offense ; pourriez-vous, sur des parjures aussi scandaleux, aussi infâmes, vous qui formez en ce moment la plus haute cour de justice que reconnaisse la loi anglaise, pourriez-vous confirmer une accusation aussi monstrueuse, une accusation, qui a pour objet de frapper une reine anglaise dans son honneur ? Que dirait le peuple d'Angleterre, que dirait le monde, si, sur de pareilles preuves, vous qui êtes à la fois juges et législateurs, vous alliez adopter un bill qui doit flétrir à jamais une femme innocente ?

« Milords, je supplie vos seigneuries, en ce moment qu'un abîme est ouvert sur leurs pas, de s'arrêter avant de former leur jugement, jugement qui, s'il était favorable au bill en question, manquerait son objet et retomberait sur les personnes qui l'ont proposé. Sauvez le pays, milords, des horreurs d'un pareil spectacle ! sauvez-vous vous-mêmes des conséquences d'un événement dont l'issue peut vous être fatale ! car si vous êtes l'ornement de ce pays, vous ne l'êtes que par le peuple. Comme la fleur arrachée de sa tige, et privée des racines qui lui donnaient la vie et la beauté, une fois que vous serez privés de l'estime, de la confiance et de l'appui de vos compatriotes, vous tomberez en ruine et périrez. Alors, milords, je dis : Sauvez le pays, afin que vous continuiez à en faire l'ornement ; sauvez la couronne, le peuple et l'aristocratie ; n'ébranlez pas l'autel, car le trône resplendissant qu'il supporte croulerait avec lui. Et maintenant je supplie du plus profond de mon âme la Providence pour qu'elle daigne accorder sa miséricorde au peuple d'Angleterre d'une manière plus libérale que ne le méritent ceux qui gouvernent le pays, et pour que vos cœurs soient disposés à la justice. »

Telle fut la défense, telle fut l'accusation. En donnant avec plus de détails que ne l'ont fait beaucoup d'historiens les pièces de ce procès mémorable, nous voulions jeter quelque lumière sur cet épisode intéressant de notre histoire, mettre nos lecteurs dans la position de prononcer leur verdict, de décider par eux-mêmes si la reine Caroline était coupable, ou si elle était innocente. Les autres défenseurs prirent la parole après M. Brougham, et s'efforcèrent, dans des discours éloquents, de mettre en pièces l'échafaudage que leur honorable collègue avait déjà si fortement ébranlé. Leurs efforts auraient été inutiles ; les juges étaient disposés à condamner la reine ; encore une lecture du bill de divorce, et le vote de la noble cour, devenu définitif, équivalait à un verdict de culpabilité ; la reine Caroline, aux yeux de la loi, restait convaincue du crime d'adultère. Mais la reine avait conservé ses amis du dehors de la cour, la faveur populaire ne l'avait point abandonnée. La presse libérale, qui continuait à soutenir sa cause, la proclamait innocente au mépris des lords. La caricature, de son côté, traînait dans la boue le souverain et les ministres en les personnifiant sous les figures les plus grotesques. Ces manifestations prirent bientôt un caractère si menaçant que les ministres en furent effrayés, et lord Liverpool, s'étant présenté dans le sein de la cour, demanda l'ajournement de la troisième lecture du bill à six mois, ce qui équivalait à un rejet.

On s'imaginera sans peine le mouvement, l'agitation que cet événement communiqua aux esprits. Mais un fait bien remarquable ressort aussi de ce procès. Ce sont les garanties qu'offre le système représentatif contre les velléités absolutistes qui peuvent se manifester dans le souverain. Rapprochant les temps, que fut devenue la reine Caroline sous le règne de Henri VIII, de ce prince terrible qui sacrifiait à sa brutale sensualité de malheureuses femmes, dont le plus grand crime était de ne pouvoir plus exciter ses sens ; de ce prince qui trouvait, après avoir envoyé à l'échafaud les victimes de ses caprices, des sourires sur toutes les bouches, un peuple entier qui s'humiliait devant lui, et l'adorait comme une idole ? Que fut devenue la reine Caroline dans un des États purement monarchiques de l'Europe moderne, si elle eût été placée dans des circonstances analogues ; c'est-à-dire avec un époux qui dans sa conviction la croyait coupable, et voulait briser des liens fatigants, mais sans avoir, pour prendre sa défense, cet instrument que l'on nomme la presse et qui la défendait si bien ? Sous l'empire de la constitution anglaise, la reine Caroline, contre laquelle, on ne saurait en disconvenir, existaient de fortes présomptions de culpabilité, trouve des juges qui sont disposés à la condamner, mais qui s'arrêtent devant un pareil acte. La reine a pour époux un souverain puissant, maître d'un grand royaume ; ce prince, qui dispense les places et les faveurs du trône, et les distribue à des courtisans empressés de lui obéir et de souscrire à ses moindres volontés, demande à la justice du pays un verdict qui le sépare d'une femme qu'il n'aime point ; la reine est à la veille d'être condamnée ; mais elle est défendue par la presse, et cette seule puissance oblige ses adversaires à retirer la condamnation.

Le retrait du bill ne rapprocha point

les deux époux ; ils continuèrent de vivre séparés comme ils l'avaient fait jusque-là. Le jour du couronnement du nouveau souverain ayant été fixé, la reine demanda à être présente à la cérémonie ; mais il lui fut répondu que le roi était décidé à ce qu'elle n'assistât pas à la solennité. Cette réponse, qui fut aussitôt livrée à la publicité, excita la plus vive anxiété, surtout quand on apprit que la reine venait d'écrire une nouvelle lettre au roi, pour faire valoir les droits qu'elle avait à participer aux honneurs du couronnement. Le conseil privé répondit à cette nouvelle lettre, que l'épouse du roi régnant, n'ayant aucun titre à la couronne, en vertu des lois qui réglaient la succession, la demande serait regardée comme non avenue. Aussitôt la reine répliqua par un manifeste, dans lequel on lisait ce passage : « Si la décision qui vient d'être prise, doit fournir un précédent pour l'avenir, elle ne peut avoir d'autre effet que de légaliser l'oppression et de donner a l'injustice la sanction de l'autorité. La protection du sujet contre l'oppression, depuis le plus élevé jusqu'au plus faible, est non-seulement une vérité, mais c'est encore le seul objet légitime de tout pouvoir, et aucun acte de pouvoir ne peut être légitime, s'il n'est pas fondé sur des principes d'éternelle justice ; autrement la loi n'est que le masque de la tyrannie, et le pouvoir n'est que l'instrument du despotisme. »

Comme la reine persistait toujours dans sa résolution d'assister à la cérémonie, de vives alarmes se répandirent dans la capitale ; car on craignait que cette femme si opiniâtre ne vînt troubler la cérémonie par quelque démonstration hardie. Le jour du couronnement, la reine quitta en effet son palais dès six heures du matin, et se rendit en voiture à l'abbaye de Westminster ; mais l'entrée de l'abbaye lui ayant été refusée, elle revint à sa demeure. Le lendemain elle écrivit à l'archevêque de Cantorbéry pour l'informer qu'elle désirait être couronnée ; elle demandait au prélat que les arrangements qui avaient été faits dans l'abbaye ne fussent point enlevés, et le sollicitait en même temps d'accomplir la cérémonie. L'archevêque de Cantorbéry lui répondit qu'il n'était pas en son pouvoir de célébrer une pareille cérémonie sans l'assentiment de son souverain.

Ce fut au milieu de ces troubles de famille et des réjouissances du couronnement qu'arriva la nouvelle de la mort de Napoléon à Sainte-Hélène. L'Angleterre n'avait plus rien désormais à redouter de l'épée de ce conquérant. Cependant en ce moment l'aspect inquiétant que prenaient les affaires extérieures, était de nature à réclamer toute la sollicitude du gouvernement. Bien que la paix durât depuis plusieurs années, que les différentes nations de l'Europe eussent mis bas les armes, chacune d'elles était travaillée intérieurement par une agitation intense et sourde, que leurs gouvernants s'efforçaient en vain de comprimer. L'esprit démocratique, dont le gouvernement anglais avait avec tant de peine contenu la violence en Angleterre, brisait ses digues sur quelques points du continent, et notamment en Espagne, en Portugal, dans le royaume de Naples, dans le Piémont et en Grèce ; bientôt une crise éclata en Espagne. Écrasée d'impôts, victime de mille abus, consumée par les excès d'une mauvaise administration, excitée par l'exemple d'une nation voisine, l'Espagne s'insurgea contre ses gouvernants et en exigea une constitution. La constitution fut proclamée, et Ferdinand VII qui régnait à cette époque sur l'Espagne, malgré de vives répugnances, prêta le serment de l'observer. Ce prince, que l'on a regardé comme un fanatique, n'était après tout qu'un esprit débile, un être plongé dans les jouissances matérielles, livré à son confesseur par habitude et non par piété, indifférent en matière de religion, idolâtre de son repos, et peut-être se serait-il accommodé d'une monarchie constitutionnelle et limitée, si la charte nouvelle lui eût garanti la continuation paisible de son existence ; peut-être aurait-il abandonné son vieux titre de roi absolu, si un nouveau gouvernement lui eût donné le repos et les plaisirs, et eût assuré la sécurité de son trône. Mais par frayeur, par horreur du changement, par crainte de ces révolutions qui ne respectent pas le sommeil des monarques, Ferdinand VII se cramponnait aux doctrines de l'absolutisme. L'importance de cet événement, le changement complet qui en résulta dans l'esprit de la politique anglaise, nous obligent à entrer dans quelques détails sur la situation extérieure.

Tous les États purement monarchiques, les gouvernants de la France elle-même, qui était devenue une monarchie constitutionnelle depuis la restauration, furent effrayés des mouvements qui se manifestaient en Espagne et dans d'autres parties du continent. Les membres de la branche aînée des Bourbons n'avaient point accepté franchement le système représentatif; ou du moins, habitués comme les anciens rois de la monarchie française à personnifier l'État en eux, au lieu de se personnifier dans l'État, ainsi que cela existe dans les gouvernements parlementaires; il arrivait qu'à la moindre secousse, à la moindre concession à faire, ils voyaient le trône ébranlé et par conséquent la sûreté du pays compromise. M. de Chateaubriand, alors ministre des affaires extérieures, dans une comparaison entre la France et l'Angleterre, s'exprimait de la manière suivante à cet égard : « En Angleterre, la prérogative royale ne craint pas de faire les concessions les plus larges, parce qu'elle est défendue par les institutions que le temps a consacrées. Avez-vous un clergé riche et propriétaire? Avez-vous une chambre des pairs qui possède la majeure partie des terres du royaume, et dont la chambre élective n'est qu'une sorte de branche ou d'écoulement? Le droit de primogéniture, les substitutions, les lois féodales normandes, perpétuent-elles dans vos familles des fortunes pour ainsi dire immortelles? En Angleterre, l'esprit aristocratique a tout pénétré : tout est priviléges, associations, corporations. Les anciens usages, comme les antiques lois, et les vieux monuments sont conservés avec une espèce de culte, *le principe démocratique n'est rien;* quelques assemblées tumultueuses qui se réunissent de temps en temps en vertu de certains droits de comté, voilà tout ce qui est accordé à la démocratie. Le peuple, comme dans l'ancienne Rome, client de la haute aristocratie, est le soutien et non le rival de la noblesse. On conçoit, Messieurs, que dans un pareil état de choses, *la couronne en Angleterre n'a rien à craindre du principe démocratique;* on conçoit aussi comment des pairs des trois royaumes, comment des hommes qui auraient tout à perdre à une révolution, professent publiquement des doctrines qui sembleraient devoir détruire leur existence sociale. C'est qu'au fond ils ne courent aucun danger; les membres de l'opposition anglaise prêchent en sûreté la démocratie dans l'aristocratie. Rien n'est si agréable que de rendre ses discours populaires en conservant les titres, des priviléges et quelques millions de revenu... Ne nous y trompons pas; il n'y a en France de monarchie que dans la couronne; c'est elle qui par son antiquité et la force de ses mœurs nous sert de barrière contre les flots de la démocratie. Quelle différence de position! en France, c'est la couronne qui met à l'abri l'aristocratie; en Angleterre, c'est l'aristocratie qui sert de rempart à la couronne. Ce seul fait interdit toute comparaison entre les deux pays (*). »

M. de Chateaubriand parlait-il le langage d'un ministre qui n'est pas tenu de dire le fond de sa pensée, quand, à l'égard du principe démocratique, il déclarait que ce principe n'était rien dans la constitution anglaise? Il y a lieu de le croire. Le procès de la reine Caroline, dans lequel un grand souverain est obligé de fléchir devant

(*) Discours de M. de Chateaubriand à la chambre des pairs, 1823.

la décision que lui dicte l'opinion publique stimulée par la presse, la publicité des débats parlementaires arrachée au pouvoir qui la refuse, et maintenue contre la loi du pays, mille autres faits du même genre sont des preuves éclatantes de la puissance de ce principe. Remarquez que de tous les États de l'Europe, la France exceptée, alors que la France est républiquee et depuis qu'elle est devenue monarchique constitutionnelle, l'Angleterre est le pays où l'avancement des libertés populaires s'est fait avec le plus de rapidité. Pour le bonheur de l'Angleterre, la couronne n'a rien à craindre de ce principe; mais c'est moins à cause que la couronne est défendue par un long usage que parce qu'elle se montre rarement disposée à sortir des limites de ses prérogatives. En général, une pareille tentative de sa part tourne à son désavantage.

J'ai déjà dit ce que c'était que ce principe démocratique. La forme en est vague, indécise, on ne saurait la saisir. Ne croyez pas en effet qu'il soit simplement radical, oweniste, communiste, phalenstérien, fusioniste; il résume en lui toutes ses nuances, quelquefois même il est whig ou tory, selon ses besoins et les temps. Son caractère c'est la résistance, la résistance quand même, toujours la résistance. Son but, il le proclame hautement, c'est de faire jouir le plus grand nombre de la plus grande masse de biens que la société et la nature puissent donner aux hommes réunis en corps. Mais à la différence du principe absolu qui établit, qui détermine exactement ses données, le principe démocratique n'établit, ne détermine rien de positif, rien de précis. Ses désirs sont immenses, incommensurables, infinis comme l'espace; il ne sait pas lui-même où il veut s'arrêter. A le voir ainsi décousu, ainsi fractionné, sans cohésion aucune, vous devez dire que ce principe n'a aucune force. Cela est vrai si vous l'attaquez en détail; mais il est rusé, adroit; souvent il arrive qu'il forme faisceau; il devient alors redoutable. L'instrument qui fait sa force, c'est la presse, à laquelle rien ne résiste; c'est la publicité des débats parlementaires, quand la presse est muselée par la censure ou les verdicts des jurés.

Un congrès des puissances signataires du traité de la sainte alliance s'était assemblé à Vérone. Ce fameux traité consacrait, ainsi que nous l'avons dit, le principe de l'absolutisme; les parties contractantes s'obligeaient à unir leurs efforts pour combattre et repousser l'invasion des idées nouvelles. Or, en ce moment que l'Europe était de nouveau agitée par l'esprit démocratique, qui se déchaînait avec violence dans quelques États du continent, il semblait aux puissances signataires que le temps était venu d'appliquer les moyens violents, qu'on parviendrait ainsi à enrayer ou plutôt à enchaîner les idées démocratiques. Mais pour ne point effrayer les peuples, les puissances signataires s'efforcèrent de cacher le véritable esprit de leur décision sous des phrases ambiguës et doucereuses.

Bientôt une armée française de 60,000 hommes, commandée par le duc d'Angoulême, entra en Espagne (le 2 avril 1824). Elle arriva sans opposition à Madrid; mais le roi Ferdinand venait de quitter cette capitale, et avait été conduit à Cadix, où l'avaient accompagné les cortès. L'armée française le suivit et parut devant Cadix, qu'elle investit par terre et par mer. Le 1er octobre, les Espagnols qui la défendaient voyant que la résistance était inutile, en ouvrirent les portes aux Français, et le parti libéral eut à endurer de terribles persécutions de la part des royalistes espagnols. Mais les idées de la nature de celles dont les souverains se montraient si effrayés, ressemblent à un fleuve, qu'il n'est pas plus possible d'arrêter dans son cours que de faire refluer vers sa source. Il y eut d'importantes émigrations; une foule d'Espagnols de distinction, chassés de leur patrie, allèrent chercher un refuge en Angleterre, pour soustraire leur tête aux fureurs absolutistes du roi Ferdinand VII. La révolution de Naples jeta également en Angleterre un grand nombre de proscrits.

Dans le même temps, les puissances signataires de la sainte alliance encourageaient un mouvement de réaction qui se préparait en Portugal dans le sens de leurs idées. Le complot avait pour chef l'infant don Miguel et la reine sa mère, femme haineuse et vindicative qui détestait son époux. Leur projet était de déposer le roi régnant et de rétablir le pouvoir absolu. Mais leurs manœuvres furent déjouées à temps par la prudence du vieux roi ; instruit des sourdes menées dirigées contre lui, le roi se hâta de se réfugier à bord du vaisseau de guerre *le Windsor*, qui était mouillé dans le Tage, et il somma aussitôt l'infant de comparaître devant lui. L'infant ayant obéi à la sommation et reconnu ses fautes, il fut envoyé en France. La reine fut soumise à un emprisonnement rigoureux.

Ces complications étaient de la plus haute gravité pour l'Angleterre. En Italie, la Grande-Bretagne avait à se mesurer avec la politique de l'Autriche ; en Espagne, avec la politique de la France, puissance qui par le fait de l'intervention pouvait acquérir une prépondérance qu'il lui importait de combattre ; en Grèce et en Orient, avec la politique russe : politique aussi rusée que peut l'être la sienne ; politique qui tient de la politique de l'ancienne Rome ; qui, à la ruse hébraïque, joint le machiavélisme italien, le jésuitisme catholique ; qui se distingue par cet esprit délié, subtil, pour lequel les Grecs du Bas-Empire étaient si renommés ; qui excelle dans l'art d'imiter ; qu'on voit emprunter avec discernement, de chaque peuple, ce qui lui manque ; prendre à ses amis comme à ses ennemis : aux Français et aux Prussiens, la tactique militaire ; aux Anglais, la marine et les procédés mécaniques ; à Napoléon, ses plans orientaux et son système continental ; s'inspirer de Rome pour la conquête par la force ; de l'Angleterre, pour la conquête par l'industrie ; et du génie byzantin, pour la conquête par la diplomatie.

M. George Canning était alors secrétaire d'État au département des affaires étrangères. Canning éprouvait de la répulsion pour les idées démocratiques : c'était un homme monarchique, qui ne sympathisait qu'avec les hautes classes. Pour lui, le beau idéal des sociétés, c'était un amphithéâtre convergent, dont les rangs supérieurs étaient occupés par quelques individus privilégiés, qui y siégeaient avec pompe et d'une manière commode, tandis que la multitude se pressait obscurément sur les bas côtés. Mais Canning ne pouvait consentir à soumettre la politique du pays à celle des États du continent. Il ne pouvait entrer dans son esprit de soutenir les royalistes espagnols, comme le faisait la France, parce que c'eût été cimenter l'union de l'Espagne avec la France.

George Canning, à la différence de William Pitt et des hommes d'État ses prédécesseurs dont la politique tendait à comprimer les idées démocratiques, adopta une politique libérale. Les gouvernements européens avaient en vue d'étouffer le principe démocratique par lequel ils étaient tourmentés ; George Canning soutint ce principe dans les rapports de l'Angleterre avec les autres peuples. De cette manière, il établit un contre-poids en faveur de l'Angleterre ; c'est-à-dire, que la Grande-Bretagne en se mettant en état d'hostilité avec les souverains de l'Europe, s'attacha à conquérir la confiance de leurs peuples. Ce système de politique était conforme à l'esprit de la constitution anglaise, en même temps qu'il était rationnel : c'est pour ne l'avoir pas suivi que l'Angleterre avait perdu ses colonies américaines ; qu'elle se trouvait avoir une dette énorme par suite de la guerre qu'elle venait de soutenir contre la France ; que les vastes et riches possessions de l'Inde ont été fréquemment pour elle un fardeau lourd à supporter. Les passages suivants, extraits d'un discours de M. Canning, prononcé dans la chambre des communes (session de 1823),

ANGLETERRE.

et dans lequel ce ministre rend compte de la manière dont le gouvernement a maintenu l'honneur de la couronne et les intérêts de l'Angleterre, nous feront connaître les principes de ce système : le ministre commence par établir la situation de l'Europe.

« Dans le mois de septembre dernier, dit-il, il existait, à Vérone, une réunion de souverains, lesquels voulaient examiner leurs affaires réciproquement, et les moyens de conserver la paix. Ce fut à cette époque que le roi daigna m'appeler en son conseil, et me confier le portefeuille des affaires étrangères. Or, parmi les papiers laissés au ministère par mon prédécesseur, je trouvai une pièce qui établissait le principe de *non-intervention*; ce principe fut celui que je m'appliquai à suivre.

« Le duc de Wellington était alors à Paris, se rendant à Vérone. Le duc me demandait des instructions relativement à la question d'Espagne. Ma réponse au noble duc, qui avait quitté Londres quarante-huit heures après mon entrée aux affaires étrangères, est datée du 22 septembre; je lui disais : S'il existe un projet d'intervenir, par force ou par menaces, dans les affaires d'Espagne, les ministres de S. M. sont tellement convaincus du danger de cette intervention, elle leur paraît tellement déroger aux véritables principes, que je suis chargé de vous annoncer que S. M. ne veut en aucune manière y paraître comme partie agissante. »

« On a dit (M. Hobhouse) que l'Angleterre, en se faisant représenter au congrès, se trouvait, par cette raison, solidaire des actes de cette assemblée. Je ferai observer que la première idée de l'Angleterre sur ce congrès n'a pas été l'Espagne, et que l'Angleterre était loin de penser qu'une proposition hostile à cet État serait faite par la France. En effet, l'Europe entière se rappelait encore les paroles du roi de France, relativement à l'inquiétude qu'avait inspirée la réunion de ses troupes sur les frontières des Pyrénées. Vous n'avez point oublié ces paroles; c'était un simple cordon sanitaire, disait le roi de France, destiné à empêcher que la contagion qui désolait la Catalogne n'envahît la France; il n'y avait que la malveillance et la calomnie qui pussent attribuer à cette mesure un tout autre motif.

« Il est notoire qu'à l'époque de la convocation du congrès, les intentions de la France contre l'Espagne n'avaient aucun caractère hostile, et que les alliés n'avaient point été appelés pour agir contre l'Espagne. Toutefois le plénipotentiaire français ayant demandé au congrès assemblé quelle serait la conduite des alliés dans le cas d'une attaque de la part de l'Espagne, trois des puissances continentales répondirent qu'elles assisteraient la France, dans la supposition de cet événement. Le plénipotentiaire anglais ne fit pas une réponse pareille : il dit que le gouvernement anglais était décidé à conserver le principe de la non-intervention; et, pendant tout le cours des conférences, le langage de lord Wellington fut invariable : refus positif de concourir au projet annoncé; refus d'intervenir dans les affaires d'Espagne; refus même d'observer, vis-à-vis du cabinet de Madrid, la conduite des trois grandes puissances, celles-ci s'étant décidées à rappeler leurs ambassadeurs accrédités auprès de cette cour.

« Cependant l'Angleterre avait de justes sujets de griefs contre l'Espagne. Vous vous rappelez, en effet, que des plaintes furent portées au gouvernement, vers la fin de la session précédente, relativement à l'état de notre commerce dans les Indes occidentales. Des bâtiments pirates, naviguant sous le pavillon des colonies indépendantes d'Espagne, et même sous celui de l'Espagne, avaient commis des actes répréhensibles envers notre commerce, actes qu'il fallait réprimer. Dans cette conjoncture, le gouvernement jugea nécessaire d'envoyer une escadre pour obtenir ce que nos représentations à Madrid n'avaient pu effectuer; et, en même temps, le gouvernement donnait connaissance de cette mesure au cabinet de Madrid. Bientôt après, les Espagnols, irrités des dispositions que nous avions adoptées, dispositions qui n'étaient que justes, mirent en état de blocus les côtes de l'Amérique espagnole, et voulurent capturer les vaisseaux qui violaient ce blocus. L'Espagne promit des réparations ; il ne restait plus rien à demander de notre part que leur exécution.

« Telle était notre situation vis-à-vis de l'Espagne, lorsque, à la nouvelle de ce qui s'était passé à Vérone, cet État, sans vouloir toutefois entraver notre neutralité, réclama notre intervention. Le gouvernement écrivit aussitôt au duc de Wellington, alors à Paris, pour lui dire d'offrir la médiation de l'Angleterre au gouvernement français dans le différend qui existait entre lui et l'Espagne. Le ministre français refusa cette offre, en disant que les causes de discussions qui existaient entre la France et l'Espagne n'étaient pas de nature à pouvoir se régler par une médiation ; qu'il y avait une sorte de jalousie entre les deux pays, d'où dépendait la tranquillité de S. M. Catholique. Cette réponse ne rebuta point le gouvernement ; il voulut tenter de nouveaux efforts de conciliation, et ce fut le duc de Wellington auquel il confia cette tâche difficile. Nul homme n'avait plus d'aptitude que le noble duc pour la remplir avec succès, car le duc de Wellington avait rendu des services signalés à l'Espagne, et ne pouvait être considéré que comme son ami. En conséquence lord Fitzroy Somerset fut chargé d'une communication confidentielle de la part du duc au gouvernement espagnol. Mais cette tentative échoua comme les précédentes, parce que le gouvernement français était fermement décidé à poursuivre ses desseins, comme le fit connaître le discours extraordinaire par lequel le ministre français jugea convenable d'ouvrir la session. Alors des dépêches furent aussitôt envoyées à notre ambassadeur à Paris, pour être communiquées à M. de Chateaubriand, ministre des affaires étrangères. Ces dépêches étaient le résumé de toutes les négociations ; elles se terminaient ainsi :

« S. M. le roi de France, ayant fait connaître que ses vues ne peuvent donner lieu à aucune crainte d'agrandissement de territoire ou d'établissement qui puisse exposer la couronne d'Espagne, Votre Excellence représentera à M. de Chateaubriand que nous sommes déterminés à maintenir la plus stricte neutralité, tant que l'honneur et nos intérêts pourront le permettre.

« A l'égard du Portugal et du traité qui lie ce pays à l'Angleterre, je dirai que la France a toujours reconnu que la moindre attaque envers ce pays pourrait, en vertu du principe de *casus fœderis*, occasionner la réunion de nos forces à celles de cet allié. Mais, dit-on, cette assistance de notre part envers le Portugal n'est pas réciproque de la part de ce pays. Je ferai observer que notre traité est défensif et non offensif ; et si quelque chose, parmi les lois des nations, doit être positif, c'est qu'une alliance défensive entre deux nations n'oblige pas l'une des deux à la guerre, quand cette guerre est volontairement entreprise par l'autre. Il s'ensuit que si le Portugal se joint à l'Espagne pour chasser les Français de la Péninsule, rien ne force l'Angleterre à donner un seul soldat au Portugal. L'Angleterre est liée pour protéger le Portugal, mais non pas pour l'aider, s'il attaque les autres. L'Angleterre a toujours exécuté fidèlement ses traités.

« Je ne dirai que très-peu de chose en ce qui concerne les colonies espagnoles. Tant que la paix a régné en Europe, et alors que l'Espagne n'avait pas d'ennemis dans cette partie du monde, nous avons constamment représenté à la cour de Madrid qu'elle avait perdu son influence sur ses colonies, que tous ses efforts seraient infructueux pour les reconquérir, que le parti le plus sage était d'entrer en accommodement avec elles, de manière à ce que, au moyen de l'indépendance qu'elle leur reconnaîtrait, elle pût tirer parti de son ancienne position envers elles. Nous l'avons assurée que nous ne réclamerions aucun

ANGLETERRE

avantage particulier pour notre commerce, sentant bien qu'elle devait en jouir seule comme mère patrie, ne demandant pour nous que d'être traités comme les autres nations. Toutefois, en ce moment, les choses ont changé de face. Comme l'Espagne a un ennemi puissant, il est nécessaire que l'Angleterre s'explique sur les colonies espagnoles de l'Amérique du Sud. La France peut envoyer des forces pour s'emparer de ces colonies; mais à la paix, des arrangements peuvent être faits entre les deux nations, soit pour la conquête ou la cession de ces colonies. Il est donc naturel de déclarer que le gouvernement anglais regarde la séparation de ces colonies avec l'Espagne comme effectuée de manière à ne plus reconnaître l'influence de la mère patrie. Le gouvernement s'est vu forcé de faire cette déclaration, sans examiner si elle est prématurée ou non.

« Quelques personnes ont pensé que la France ayant envahi l'Espagne, cet acte devait être considéré par l'Angleterre comme une déclaration de guerre contre elle-même. Je regarde cette opinion comme fausse, bien que je sache qu'elle a pris racine dans les premiers rangs de la société. Je conçois très-bien cette tactique, qui tend à porter une nation comme la nôtre à la guerre, en disant qu'elle est offensée ; mais ceux qui soutiennent un pareil système n'ont pas la responsabilité de ceux qui le combattent. D'autres ont comparé la conduite de la France en ce moment à celle qu'a tenue l'Angleterre en 1793. Jamais, cependant, ce que l'Espagne a fait ne peut être semblable au décret du 19 novembre, rendu par la république française. Quel pays l'Espagne a-t-elle essayé de révolutionner? Quel État indépendant a-t-elle envahi? Si l'Europe entière se réunit, en 1793, contre la France, ce n'est pas parce qu'elle refusait de changer ses institutions, mais bien parce qu'elle déclarait son intention de propager ses doctrines dangereuses. Il n'y a aucune analogie entre la position de l'Espagne et celle de la république française. La France a créé, par son oppression et sa tyrannie, cette constitution espagnole dont elle attaque aujourd'hui les effets. »

Telle était la politique de M. Canning : cet homme d'État proclamait le principe de la non-intervention de l'Angleterre dans les affaires de l'Espagne, et se réservait le droit d'intervenir dans les affaires du Portugal, ce qui devait naturellement neutraliser l'influence que la France pouvait acquérir dans ces contrées. M. Canning reconnaissait l'indépendance des colonies espagnoles et agrandissait ainsi, au profit de l'Angleterre, les marchés où les produits manufacturés du pays n'arrivaient auparavant qu'après avoir payé des droits considérables au fisc espagnol. Le caractère général de cette politique tendait au libéralisme: son objet, ainsi que nous l'avons dit, était de mettre l'Angleterre en bons termes avec les peuples, en aidant ces peuples dans les différends qu'ils avaient avec leurs souverains. Toutefois une pareille politique ne laissait point d'être incommode pour l'Angleterre en certains endroits, et notamment en Turquie qui avait alors des démêlés avec la Grèce. En. effet, pour être logique, il fallait que cette politique soutînt la cause des Grecs contre les Turcs. Mais en procédant ainsi, c'eût été s'aliéner la Turquie, compromettre de ce côté la sûreté des possessions anglaises dans l'Inde au profit de la Russie. Le gouvernement anglais soutint donc à Constantinople et à Athènes les intérêts de l'absolutisme contre les idées libérales. C'est ce qui faisait dire à M. de Chateaubriand, alors ministre des affaires extérieures en France, dans un discours prononcé à la chambre des pairs, que « le libéralisme anglais portait le bonnet de la liberté à Mexico et le turban à Athènes. »

Ces changements radicaux dans la politique extérieure du pays furent vivement censurés par la presse tory, et elle consomma des flots d'encre pour démontrer que l'influence en serait désastreuse. Tout le parti s'en émut; George IV lui-même, contrairement à ses opinions d'autrefois, témoignait une profonde répugnance pour ces mesures. Toutefois le thermomètre auquel on a coutume de reconnaître l'état des affaires de l'Angleterre était à un degré favorable ; le crédit public s'améliorait. Dans un exposé de l'état des finances (1823), le chancelier de l'Échiquier avait déclaré son intention d'alléger les contribuables de 2 millions st. (50,000,000 fr.), et de créer un fonds d'amortissement avec intérêt composé, pour la réduction de la dette nationale. L'empereur d'Autriche venait de son côté de liquider une partie de la dette contractée par lui pendant la guerre ; l'intérêt de la dette subit une réduction, qui porta sur le rhum, le charbon de terre, les laines, les soieries : l'agriculture et la fabrication se développaient chaque jour davantage.

Le ministère de M. George Canning n'est point seulement remarquable à cause des tendances nouvelles que ce ministre avait imprimées à la politique extérieure. L'une des mesures qui ont le plus contribué à sa gloire (1825) avait pour objet l'amélioration morale dans les nègres occidentaux. Grâce aux généreux efforts de Wilberforce, de Fox, de Sheridan et d'une foule d'autres bons citoyens, l'abolition de la traite avait été proclamée ; défense était faite à tout bâtiment anglais de prendre des esclaves sur les marchés d'Afrique ou tout autre marché du monde, et de les introduire dans les possessions anglaises. Mais il ne suffisait point d'avoir défendu la traite, il importait aussi d'adoucir l'esclavage des noirs. Aux termes du projet de loi présenté dans les communes par le ministère, l'usage du fouet était entièrement aboli pour les négresses esclaves; il était également décidé que le fouet cesserait d'être porté dans les champs par le conducteur des esclaves et d'être employé comme un châtiment humain ou comme un stimulant pour le travail; l'usage du fouet n'était admis que pour des délits prouvés et publics. Le bill établissait aussi que l'éducation religieuse serait donnée aux nègres, et que dans ce but deux évêques seraient nommés, l'un pour rester à la Jamaïque, l'autre à la Barbade, et qu'ils auraient un clergé régulier ; que les mariages parmi les noirs seraient encouragés ; que les familles ne seraient pas séparées ; que la propriété de l'esclave serait protégée par la loi ; que des caisses d'épargne seraient établies pour recevoir les économies de l'esclave, qui ne pourraient être dévorées par le maître ; que le témoignage de l'esclave, sous de certaines réserves qui se rattachaient au caractère personnel de l'esclave, serait reçu dans toutes les affaires civiles, les cas exceptés où les intérêts immédiats du maître seraient attaqués, et dans toutes les affaires criminelles, les cas exceptés où la vie d'une personne blanche serait compromise; que l'esclave qui aurait acquis une certaine somme d'argent pourrait acheter son affranchissement, ou celui de sa femme, ou celui de son enfant, en sorte que le père pourrait devenir l'instrument de la liberté de son fils. C'était une bonne loi, et les amis de l'humanité, à quelque pays qu'ils appartiennent, quelle que soit la couleur du drapeau politique qu'ils ont arboré, doivent à cet égard de la gratitude au parlement d'Angleterre ; cette loi fut adoptée, ainsi qu'un bill qui déclarait piraterie la traite des nègres.

La plupart de ces mesures, jointes aux tendances de libéralisme que manifestait le ministère, agitaient les esprits en divers sens. Les partisans du vieux torysme, ennemis naturels des innovations, les voyaient avec déplaisir ; de son côté, le parti radical espérait bien que le ministère pousserait plus loin ses réformes. L'Irlande s'agitait. Tous les partis convenaient que les maux de ce malheureux pays étaient excessifs. « Le wigwam de l'Indien du nouveau monde, disait à cette occasion M. Maurice Fitz-Gerald, est plus habitable que la hutte du pauvre irlandais. Celle-ci est sans cheminée, sans mobilier; beaucoup de familles n'ont pas de lits; les enfants sont couverts de guenilles et entièrement nus; et lorsque la récolte de pommes de terre vient à man-

ANGLETERRE

Pont suspendu à Conway

quer, ou même lorsqu'elle n'est pas tout à fait bonne, ce qui arrive au moins chaque cinq ou six ans, la famine et les maladies qui la suivent, se répandent dans tous les coins de l'Irlande et déciment sa population. » M. Maurice Fitz-Gerald ajoutait qu'il avait vu les paysans de Kerry quitter leurs chaumières pour chercher de l'occupation et offrir de travailler pour deux pence (20 centimes par jour).

Depuis longtemps, les catholiques irlandais réclamaient de la législature d'Angleterre d'être relevés de l'incapacité politique qui pesait si rudement sur eux. Mais leurs plaintes n'avaient pas été écoutées, et ils venaient de se former, comme ils l'avaient déjà fait bien des fois, en de vastes associations. M. Daniel O'Connell était l'un des principaux chefs de ces associations, et sa voix éclatante commençait à faire retentir les trois royaumes du cri de : « Justice pour l'Irlande ! » Les associations demandaient que les catholiques irlandais fussent traités comme les autres sujets de l'Angleterre, et qu'ils participassent comme ceux-ci aux droits civils du pays. La demande faite par les Irlandais catholiques était pleine de justice; ils avaient raison de la faire, et le parlement devait la leur accorder. La question n'était pas neuve; depuis longtemps elle était présentée chaque année au parlement; mais telle est la mauvaise nature des ferments que laisse dans nos cœurs l'esprit religieux qui tend au bigotisme, que chaque année elle avait été repoussée.

Le duc d'York présenta dans la chambre des lords une pétition du doyen et du chapitre de Windsor pour repousser les réclamations des catholiques, déclarant « qu'il avait donné son vote sur cette question vingt années auparavant, et qu'il ne connaissait point encore de motif qui lui fît regretter ou changer la ligne qu'il avait suivie ; qu'une question aussi importante serait sans doute mieux traitée par d'autres que par lui ; toutefois, que les observations qu'il allait faire étaient de la plus haute importance ; que l'une d'elles touchait à l'Église d'Angleterre ; que, si le bill était adopté, l'Église d'Angleterre allait être placée dans une situation qui ne ressemblait à aucune autre, en ce sens que dans les pays catholiques l'Église romaine ne permettait pas qu'aucune autre Église jouît des mêmes priviléges qu'elle, tandis que l'église catholique voulait, en Angleterre, intervenir dans les affaires de l'Église nationale, et gouverner concurremment avec elle ; que la seconde observation, plus délicate encore, touchait au serment prêté par le souverain à son couronnement. » Le duc établissait que, d'après ce serment, le souverain était tenu de maintenir l'Église invariable dans sa doctrine, sa discipline et ses droits. « Un acte du parlement, disait le duc, peut relever de ce serment les souverains qui succéderont au souverain actuel, mais un acte du parlement pourrait-il relever le souverain régnant d'un serment qui a été déjà pris ? J'engage la noble chambre à considérer la position dans laquelle le souverain est ainsi placé. Cette question m'intéresse vivement ; je ne saurais oublier la part qu'y prenait un personnage qui n'est plus. J'ai été élevé, dès mon enfance, dans les principes que je professe aujourd'hui, et depuis l'époque où j'ai commencé à raisonner par moi-même, je suis resté dans cette conviction. Je crois pouvoir ajouter que, quelle que soit la situation dans laquelle plus tard je puisse être placé, je maintiendrai ces principes. Que Dieu m'ait en aide. »

Un bill pour l'émancipation complète des catholiques irlandais fut présenté dans la chambre des communes, par sir Francis Burdett, et M. Peel, qui était membre du cabinet, repoussa la mesure ; mais M. Canning la soutint et la défendit avec beaucoup d'éloquence : les opinions de ce ministre, à l'égard du bill proposé, sont exprimées dans le discours suivant : on y retrouve le cachet du véritable libéralisme.

« J'ai toujours éprouvé, dit-il, une vive anxiété, quand j'ai été appelé à soutenir cette grande question devant la chambre; aujourd'hui, cependant, ce sujet se présente d'une manière plus favorable, et mon embarras doit diminuer. Il semble, en effet, que l'opinion générale est moins prévenue qu'autrefois contre les concessions à faire aux catholiques, et que l'opposition qui s'est montrée dernièrement dans la question relative à l'association, a sensiblement diminué. Ce changement est dû sans doute au temps et à la réflexion. J'éprouve également une grande satisfaction à voir que les pétitions mêmes qui ont été récemment adressées à la chambre, ne renferment plus cet esprit d'animosité, qui trop longtemps a prouvé que la question n'était pas bien entendue. Il n'est pas étonnant que, sur un sujet de cette nature, il y ait parmi les pétitions présentées une aussi grande ignorance des lois concernant les catholiques; je n'en parle que pour statuer qu'au moment où la vérité viendra à être connue, alors les préjugés disparaîtront. Plus que tout autre, je reconnais le droit de pétition; l'opinion générale doit toujours être respectée; mais c'est aussi le devoir de la chambre d'agir avec fermeté et avec prudence. Je reconnais que le droit du clergé d'Angleterre est évidemment de faire connaître son opinion au parlement. Je dis plus, c'est un devoir dont il ne peut s'écarter.

« J'ai néanmoins reconnu certaines appréhensions erronées parmi les pétitions qui ont été présentées au sujet des catholiques. Je ne blâme pas les personnes que cela concerne; elles partagent ces opinions avec une multitude d'autres personnes dans le public, et même avec nos adversaires dans cette chambre, quoique ceux-ci ne puissent invoquer pour excuse l'ignorance des lois qui régissent la matière. Il s'agit des pétitions tendant à supplier la chambre de ne pas appliquer aux catholiques les priviléges dont sont privées toutes les autres classes de dissidents. Mon désir, à moi, est uniquement de ranger les catholiques dans la même catégorie que les protestants dissidents; ceux-ci ont voix dans le corps législatif, ils siégent dans cette chambre dont les catholiques sont exclus. Le présent bill ne peut avoir pour but, comme on semble le dire, d'égaliser toutes les religions dans l'État, mais bien de rendre égales toutes les classes de citoyens. Je maintiens l'établissement d'une religion dominante, et jamais je ne parlerai contre ce principe. Que peuvent demander les catholiques? La jouissance des priviléges accordés aux protestants, priviléges qui consistent à siéger dans cette chambre, à participer à nos conseils, à être aptes à tous les emplois; ils ne demandent que ce qui existe pour les autres sectes. J'espère que j'aurai rassuré, par cette explication, cette classe respectable de pétitionnaires qui se sont effrayés.

« Quel est le motif qui empêche les catholiques de siéger dans le parlement? Le serment contre la transsubstantiation! Je ne chercherai point à connaître ici de quelle importance est ce serment pour nos délibérations, mais je dirai qu'il est bien extraordinaire de voir parmi nous d'autres personnes qui croient à cette transsubstantiation, et qui, néanmoins, jouissent de tous les priviléges de la constitution. On nous a dit que les catholiques prêchent des doctrines exclusives! Mais n'est-il pas aussi dans notre Église certaines doctrines qui sont exclusives? On trouve mauvaise encore la doctrine de l'absolution! Je ne défendrai point cette doctrine; mais nous devons l'entendre comme les catholiques l'expliquent eux-mêmes: or, dans leur sens, il s'agit d'un sincère repentir, du désir de se corriger et de réparer les maux faits à autrui. Cela posé, en quoi cette opinion est-elle particulière aux catholiques? Nos livres de prières ne sont-ils pas remplis des mêmes principes? Ne sont-ce pas nos prières ordinaires? Je suis loin de dire qu'il n'y ait pas de différence entre les principes catholiques et les principes protestants; il existe entre notre Église et celle de Rome des différences marquées, et je m'en réjouis. C'est cette

ANGLETERRE.

Port-Honi

différence qui a purifié la discipline et la doctrine de notre Église de toutes les superstitions de l'Église catholique. Mais la question qui nous occupe est purement politique ; il s'agit de savoir si la différence de foi peut nous autoriser à juger ou à prononcer sur le sort de la secte des catholiques romains, et à la proclamer une secte incapable de remplir les devoirs de l'État. J'avouerai mon incompétence pour résoudre une question théologique de cette importance ; je dirai seulement que les honorables membres qui ne voudraient pas siéger ici avec des catholiques, ne témoignent aucune répugnance pour se trouver côte à côte avec des personnes qui diffèrent pareillement de leur croyance, et même avec des personnes qui nient la divinité de notre Sauveur.

« Maintenant, passons de la théorie aux faits ; voyons l'histoire et ce qu'elle nous apprend. Quelle différence d'opinions existe-t-il donc entre un papiste et un protestant? On dit qu'un papiste ne peut s'engager à l'allégeance envers le souverain du royaume. Je répondrai, à cet égard, en mettant sous les yeux de la chambre quelques lignes de Pope à l'évêque de Rochester, que j'ai découvertes, il y a quelques jours, parmi des papiers. Pope, on le sait, était catholique ; son ami, l'évêque de Rochester, plein d'un zèle louable, voulait le convertir au protestantisme. Il avait désigné au poëte quelques erreurs du catholicisme. Pope lui répondit qu'il repoussait toute intervention du pouvoir du pape dans les affaires du pays, qu'il abhorrait l'autorité du chef de l'Église catholique sur les princes comme sur les États ; en un mot, qu'il était catholique dans toute l'expression du mot. Cette opinion, partant d'une autorité aussi remarquable et énoncée, il y a plus de cent ans, dans une correspondance particulière, est une preuve puissante en faveur des catholiques de notre époque.

« Mes principes contre toute innovation sont connus ; je ne saurais cependant résister aux circonstances qui rendent quelquefois les innovations nécessaires. Or, dans la circonstance actuelle, il me semble que la justice et la nécessité se trouvent réunies, que l'opinion en faveur de cette question gagne beaucoup. Je ne veux pas dire que les préjugés contre les catholiques aient disparu ; mais j'affirme qu'ils s'affaiblissent journellement. Les dangers qu'on nous oppose existent-ils en réalité ? On a dit qu'avec un souverain catholique, ou avec un prétendant catholique, ou avec une rébellion catholique, il était à craindre qu'on ne se relâchât de la force des lois établies contre les catholiques ; mais comme aucune de ces conditions n'existe en ce moment, il n'y a pas lieu de répondre à ces craintes.

« Mais il ne s'agit pas en ce moment de négocier avec les catholiques ; il s'agit de les élever par des lois qui, d'après la situation des catholiques d'Irlande, puissent être efficaces et bienfaisantes. Il faut songer que cette population s'est considérablement accrue en richesses, en industrie, en intelligence, et en nombre ; qu'avec cet accroissement a dû nécessairement aussi augmenter son désir d'obtenir un rang politique. En retirant les Irlandais de l'état de dégradation dans lequel nos ancêtres les ont placés, vous leur avez donné trop, si vous ne l'avez pas fait dans une intention généreuse ; mille fois mieux il valait pour eux rester dans leur état de misère et d'infamie, que d'être élevés pour être laissés ensuite sans moyen de s'élever davantage. Mon collègue, le secrétaire d'Irlande, voit la destruction de la constitution dans l'admission de quelques catholiques au parlement. Je ne puis partager ses craintes. Quelle force redoute-t-il ? Est-ce la force physique ? Mais cette force doit être plus particulièrement employée contre une porte fermée que contre une porte ouverte ! La couronne sera toujours maîtresse de régler cette admission ; il s'agit moins du pouvoir politique que de l'éligibilité et de la capacité de jouir du droit commun. On sera toujours en mesure de s'opposer aux préjugés, et la population protestante arrêtera quand elle le voudra les abus qui pourraient s'introduire. Mon collègue a ajouté que les catholiques ne seront satisfaits que quand ils auront envahi le pouvoir. Mais peut-on supposer que les choses se passent ainsi? Jamais le parti catholique ne saurait espérer d'avoir ce pouvoir. Comment, en effet, l'admission dans cette chambre de quelques catholiques pourrait-elle produire ce résultat? Certes, ces membres seront surveillés attentivement, ils deviendront l'objet de la vigilance de toute la chambre. Mais bientôt, tous tant que nous sommes, si le bill est adopté, nous reconnaîtrons que nous pouvons siéger à côté d'eux sans danger. Nous nous effrayons de dangers que nous prévoyons dans l'avenir; combien nous devrions nous effrayer davantage de la correspondance officielle que les évêques catholiques d'Irlande et ceux d'Angleterre entretiennent avec la cour de Rome! Tout cela cependant existe, et tout cela est contraire à nos lois. »

Le bill fut mis aux voix et adopté dans la chambre des communes à la majorité de 268 voix contre 241. Dans la chambre des lords, il fut rejeté à la majorité de 48 voix. Une agitation violente éclata; elle fut si profonde qu'elle nécessita une dissolution du parlement. Des writs furent lancés selon l'usage pour une élection générale. Parmi les membres élus figuraient sir Francis Burdett, nommé par Westminster; Scott, fils de lord Eldon; Henri Brougham, le défenseur de la reine; M. George Canning, nommé par Newport, M. Frédéric Robinson, membre du ministère; M. J. Hobhouse, député de Westminster; M. Martin Richard, nommé par le comté de Galway.

Le torysme pur avait alors pour représentants, dans le sein du cabinet, le duc de Wellington et sir Robert Peel. Or, cette fraction du ministère voyait avec un profond déplaisir les tendances nouvelles, et elle s'en effrayait à cause de la rapidité avec laquelle elles prenaient racine dans le pays. Dans l'espace de quelques années l'Angleterre avait rompu ses rapports avec la sainte alliance; elle avait reconnu les républiques de l'Amérique du Sud et avait formé avec elles des relations commerciales et politiques. Les dispositions exclusives de l'alien bill, ou bill sur les étrangers, avaient été rapportées, et des mesures énergiques avaient été prises pour protéger le Portugal menacé maintenant par les armes de l'Espagne. Mais parmi ces mesures, le bill d'émancipation trouvait surtout des résistances profondes parmi les ministres torys; ils ne voulaient même pas qu'on examinât la question; ils avaient, disaient-ils, pris leur parti à cet égard, ni le temps ni les circonstances ne pourraient les faire changer de sentiment. Les ministres libéraux, à leur tête M. Canning, soutenaient de leur côté les prétentions des catholiques, non-seulement parce qu'ils les considéraient comme justes en elles-mêmes, mais aussi parce qu'ils pensaient que la sûreté de l'empire exigeait qu'on les accueillît favorablement.

Cependant, l'unité était vivement à désirer en ce moment dans les vues du cabinet; et dans ce rapprochement, il ne s'agissait point de se faire mutuellement de faibles concessions; il importait que ces concessions fussent larges, afin que le ministère formât un corps solide, compacte par le nombre, grand par l'intelligence, accommodant, disposé, non à tout refuser, mais à transiger quelquefois, à céder quand la nécessité le commanderait : les temps le voulaient ainsi, car le ministère avait à résister à un corps d'armée qui, depuis longtemps, s'amassait sur les flancs des bataillons whigs.

Ce corps d'armée se composait de toutes les masses du parti démocratique, parti qui se réunissait pour harceler le gouvernement, le combattre sur chaque chose. Parmi les éléments divers dont il se composait alors, on reconnaissait le radicalisme philosophique, représenté principalement par la secte dite des utilitaires, dont le fondateur fut Jeremy Bentham. Les doctrines utilitaires ne font point

ANGLETERRE

Pont Sunderland.

appel aux passions populaires ; moins impétueuses, quoique aussi absolues que le radicalisme pur, elles attendent la victoire de la puissance de la logique, du temps, du progrès de la raison humaine; elles maintiennent que la combinaison des trois formes de gouvernement ne saurait prévenir les abus du pouvoir, par la raison que chacun des trois pouvoirs doit chercher à obtenir la plus grande part des différents objets susceptibles d'exciter les désirs humains, c'est-à-dire, de se procurer le plus possible les moyens de satisfaire ses désirs, moyens qui sont la richesse ou la force.

Mais le radicalisme philosophique, compassé, froid, prétentieux, dogmatique, ne saurait, pendant de longues années encore, impressionner vivement les masses; son action est nulle, comparée à celle que produisent les discours les plus vulgaires et les arguments les plus faux, lorsque les orateurs parlent aux passions des hommes; c'est à cette source qu'il faut puiser pour remuer profondément les esprits. Le radicalisme philosophique n'aurait inspiré aucune crainte au cabinet, si à côté de lui ne se fût élevée cet autre radicalisme, que l'on est convenu de désigner, on ne saurait dire pourquoi, radicalisme pur. Les principaux représentants de cette nuance du démocratisme étaient Hunt, dont le nom nous est connu, et le célèbre Cobbett. Ce dernier jouissait d'une haute estime dans son parti. Beaucoup de gens le regardaient comme une espèce de pugiliste de la parole, comme un boxeur politique aussi redoutable dans son genre que le fameux Cribb dans le sien. Cobbett était l'effroi de tous les journalistes; son invective écrasait; il assenait un sobriquet comme le plus fameux des boxeurs du pays lance un coup de poing. Les orateurs du parlement, ceux des clubs, ne pouvaient résister à ses attaques qui effrayaient le gouvernement lui-même; tous tremblaient devant lui. Cobbett constituait à lui seul une puissance. Son mérite, comme écrivain, naissait d'une énergie franche et d'une indomp-table naïveté de style, dont la vigueur n'excluait pas la souplesse (*).

Un rapprochement dans les idées des membres du cabinet fut tenté, et n'ayant pu s'opérer, le roi fut obligé de modifier son cabinet. Cette modification, malgré les antipathies de George IV pour toute espèce de réforme, s'effectua dans le sens de l'opinion libérale. Le duc de Wellington et M. Peel cessèrent de faire partie de l'administration (1827), et M. Canning reçut l'ordre de former un nouveau cabinet. On vit alors M. Canning et M. Peel prendre place sur des bancs opposés, et, comme il arrive toujours à la suite d'une pareille rupture, des explications vives et âcres furent échangées entre les membres des deux partis. Un membre tory, dans une attaque contre M. Canning, déclara que la coalition de cet homme d'État avec les whigs était une trahison odieuse qui n'avait point eu de précédent. La session se ressentit de l'influence de ces dispositions; le ministère ayant présenté un projet de loi sur les céréales, le parti tory, représentant de la propriété foncière, combattit la mesure. Ce parti a la prétention de repousser du royaume les grains étrangers qui pourraient faire concurrence avec les siens, ou du moins il ne veut les admettre sur les marchés de l'Angleterre qu'avec des droits énormes qui équivalent à une

(*) On a comparé Cobbett à Thomas Payne : tous deux, en effet, se sont faits tribuns du peuple. Mais, après avoir remarqué les points de rapports généraux qui semblent les réunir, on est frappé plus vivement encore des différences qui les séparent. L'un avait beaucoup d'érudition ; l'autre, dans la discussion des faits, se distinguait surtout par des épigrammes heureuses, par des invectives plaisantes, dont le souvenir survivait à la circonstance. Payne était systématique, et développait avec art ses théories; Cobbett saisissait le premier sujet venu ; rien de ce qu'il publiait n'était froid, ni usé, ni hors de propos. On aimait cette manière hardie d'improviser sur une matière, sans préparation et presque sans but, et surtout son élan, son énergie, sa force.   CL. PEL.

entière prohibition; le duc de Wellington ayant présenté à cette occasion dans la chambre des lords un amendement qui détruisait l'efficacité du bill, l'amendement fut adopté.

Au milieu de ces préparatifs qui présageaient au pays des luttes violentes, au milieu de l'agitation profonde qu'elles occasionnaient, l'attention du gouvernement dut se porter sur les affaires extérieures. La question d'Espagne, de même que la question d'Orient, en ce qui concernait la Grèce, étaient plus embrouillées que jamais, tandis que sur un autre point une nation puissante de l'Afrique, les Ashantis, remportaient des succès signalés sur les alliés des Anglais, et venaient menacer l'établissement de Sierra-Leone.

(1825.) Le gouvernement dirigea des forces sur ce point, et les Ashantis ne tardèrent pas à essuyer une défaite complète, qui les obligea à faire leur soumission. Sur la côte septentrionale de l'Afrique, le dey d'Alger, au mépris de ses engagements, manifestait des dispositions hostiles; il avait menacé le consul anglais, et avait déclaré qu'il était dans l'intention de rompre le traité conclu avec lord Exmouth. Mais la présence d'une flotte anglaise devant Alger, et le souvenir du bombardement exécuté par lord Exmouth, changèrent les dispositions du dey d'Alger; bientôt il promit d'exécuter avec fidélité les conditions du traité.

Les possessions anglaises les plus menacées en ce moment étaient l'Inde: cette contrée avait été agitée par une levée de boucliers en 1819, et elle était encore une fois devenue le théâtre d'une insurrection par le fait d'une attaque de Birmans qui avaient remporté des succès signalés. Une armée anglaise, commandée par sir Alexandre Campbell, alla à la rencontre des insurgés, et s'empara de Ragoon, principal port de mer des Birmans. Exaltés par leurs premiers succès, les Birmans ne s'effrayèrent point de cette perte, et continuèrent à commettre des ravages considérables sur les territoires appartenant à la Compagnie. Dans le même temps une partie des troupes indigènes de la Compagnie refusait de marcher contre les Birmans. L'insubordination étant devenue générale, il fallut, pour l'étouffer, recourir aux moyens extraordinaires.

Une expédition considérable fut dirigée contre l'île de Tavoy, et bientôt cette île tomba au pouvoir des Anglais. Cette victoire fut suivie de la prise de la forteresse de Megui, place importante qui permit aux vainqueurs de communiquer librement avec les Siamois, peuple qui, de tout temps, s'est montré hostile aux Birmans. Les Anglais prirent aussi la forteresse de Martaban, à l'est de Ragoon, qui était défendue par une garnison de quatre mille hommes; et bientôt toute la côte de l'empire birman fut occupée par eux. Ces succès causèrent une si grande frayeur à l'empereur de la Chine, qu'il s'empressa de faire construire une ligne de fortifications sur les frontières du Yutacan, du côté du territoire birman, pour empêcher la violation du céleste empire par l'une ou l'autre des parties belligérantes. Alors les Birmans, effrayés de tant de désastres, s'empressèrent de conclure la paix (le 12 février 1826), à des conditions avantageuses pour la Compagnie.

Les difficultés extérieures en ce qui concernait l'Inde et l'Afrique furent donc aplanies à l'avantage de l'Angleterre. Ces résultats n'avaient rien d'inattendu, parce que l'Angleteterre avait une supériorité incontestable sur ses adversaires; mais en Europe, et notamment en Espagne, en Portugal et en Grèce, où les affaires prenaient un caractère de gravité alarmant, le succès n'était pas aussi facile. Les complications y devenaient même si nombreuses que l'Angleterre avait besoin de toute la sagacité de ses hommes d'État pour réussir.

L'Espagne, après avoir eu son territoire occupé par une armée française, était à la veille d'être déchirée par les horreurs de la guerre civile. Le mouvement n'était arrêté que par la présence des Français, qui avaient une armée d'observation sur la frontière. Vers la même époque, le Portugal fut envahi par une armée espagnole; le gouvernement de Lisbonne ayant alors demandé des secours au cabinet de Saint-James, un corps de troupes de 5,000 hommes, commandé par sir W. Clinton, partit d'Angleterre; bientôt les troupes anglaises débarquèrent à Lisbonne et se rendirent à Coïmbre; la Grande-Bretagne et la France, quoique l'une et l'autre de ces puissances fussent poussées, dans cette entreprise, par des intérêts opposés, s'unirent pour protéger l'indépendance portugaise.

Dans ce temps-là, une guerre d'extermination se faisait entre les Grecs et les Turcs. Les atrocités commises par les deux partis n'ont point eu de parallèle dans l'histoire moderne des peuples. Les puissances européennes résolurent d'intervenir. L'Angleterre, dans cette partie du monde, est intéressée à soutenir la Turquie, de manière à opposer une barrière aux empiétements de la Russie. Nous avons eu occasion plusieurs fois déjà de parler des projets de la Russie sur Constantinople; il est évident que l'occupation de cette ville ouvrirait au commerce russe un libre passage avec la Méditerranée, et qu'elle donnerait à la Russie une prépondérance immense sur les destinées de l'Orient. La France depuis longtemps a des vues sur l'Égypte, mais il est important pour elle de soutenir la Turquie, afin d'arrêter l'agrandissement de la Russie. La France et l'Angleterre étaient donc liées par un intérêt commun dans cette partie du monde en ce qui concernait la conservation de la Turquie. Toutefois le gouvernement français, poussé par l'esprit de libéralisme qui se développait en France avec une intensité extraordinaire, et le gouvernement anglais pour rester fidèle à l'esprit de la politique nouvelle qu'il avait adoptée dans les rapports du royaume avec les autres pays, se décidèrent à soutenir la cause des Grecs, et, dans cette intention, ils réunirent leurs forces contre la Turquie et s'allièrent à la Russie.

La bataille de Navarin, dans laquelle on vit combattre les flottes anglaise, française et russe, contre la flotte turque (1827), anéantit cette dernière flotte. Cette bataille sanglante dura pendant quatre heures, avec une fureur extraordinaire; la nouvelle en ayant été apportée à Constantinople, la Porte Ottomane demanda aux ambassadeurs des trois puissances une indemnité. Les ambassadeurs répondirent que cette indemnité n'était pas due, et que les puissances alliées persévéreraient dans la ligne qu'elles avaient suivie jusqu'alors à l'égard de la Turquie. Un traité (6 juillet 1827) fut signé; les trois puissances signataires y prenaient, à la face des nations chrétiennes, l'engagement solennel de renoncer à toute vue intéressée, et de ne rechercher aucun avantage particulier, soit privilége de commerce, soit agrandissement de territoire, après le succès plus que probable de l'entreprise.

Ces engagements étaient formels; cependant, six mois après la journée de Navarin, la Russie déclarait la guerre à la Turquie, veuve de sa flotte et de la moitié de son armée; et à la suite de deux campagnes très-longues et très-laborieuses, cette puissance se faisait céder en bonne forme Andrinople, le Delta et les bouches du Danube, Anapa, la clef des montagnes de la Circassie, un grand nombre de forteresses, de positions militaires, et tout le littoral de la mer Noire, depuis l'embouchure du Kouban jusqu'au fort Saint-Nicolas, c'est-à-dire une ligne de côtes de plus de deux cents lieues : il semblait que la Russie eût joué l'Europe à Navarin, alors que, pour sauver la Grèce, elle avait réuni sa flotte à celles de la France et de l'Angleterre. La Russie exigea en outre la démolition du fort de Guirgevo, l'expulsion des mahométans de la Moldavie et de la Valachie, l'établissement d'une quarantaine, de manière à former une barrière entre les deux principautés et le reste de l'empire; enfin la diminution des deux tiers des droits de douane, pour les navires commerçant sous son pavillon, et l'acceptation d'un article secret, en vertu duquel la mer Noire pourrait être fermée suivant son bon plaisir.

Ce fut au milieu de ces complications extraordinaires, alors qu'elles excitaient au plus haut point l'attention publique, que M. Canning, l'un des hommes d'État les plus recommandables qu'ait eus l'Angleterre, vint à mourir (1827). Sa succession fut recueillie par un ministère tory, dont lord Wellington était le chef, et M. Peel le principal instrument. Nous avons dit que deux écoles de politique étrangère s'étaient formées dans ces dernières années : l'une, dite de despotisme, avait eu pour patron lord Londonderry ; la seconde, dite de libéralisme, reconnaissait pour son auteur M. Canning. La politique du duc de Wellington fut exactement conforme à la politique de lord Londonderry ; l'acceptation tardive du traité grec, la conduite du gouvernement envers le Portugal, ne tardèrent pas à indiquer en effet que le timon de l'État était passé dans d'autres mains, et que le vaisseau naviguait vers un autre pôle.

Toutefois, d'importantes modifications s'étaient opérées dans les idées du duc de Wellington et de sir Robert Peel, en ce qui concernait la politique intérieure. Lord John Russell, l'un des chefs du parti whig, ayant présenté une motion dans la chambre des communes, relative au bill de test et de corporation, le ministère ne s'opposa point à la mesure. Ce bill obligeait à recevoir le sacrement de la communion suivant les rites de l'Église anglicane, toute personne qui voulait occuper un emploi dépendant de la couronne. Or, la motion de lord John Russell avait pour objet de faire participer les dissidents aux places, sans distinction de religion. Cette mesure excita de violentes récriminations de la part du clergé ; toutefois, elle fut adoptée par les deux chambres.

Le ministère tory avait compris que le temps était venu de faire des concessions à l'opinion publique. La session ayant été ouverte le 5 février 1829 par une commission royale, le roi dénonça aux chambres, par l'organe de ses commissaires, l'association catholique irlandaise comme étant dangereuse pour la paix publique, comme une contradiction avec la constitution existante. Le roi en demandait l'extinction immédiate ; mais en même temps, le discours royal recommandait au parlement d'effacer les incapacités religieuses qui pesaient sur les catholiques.

L'Église catholique d'Irlande souffrait cruellement, car elle avait contre elle, non-seulement l'Église établie, mais tous les dissidents eux-mêmes. Toutefois, comme l'ont prouvé les persécutions religieuses dans tous les temps et chez tous les peuples, l'Église d'Irlande avait trouvé une grande force dans cet état d'oppression. Il serait difficile de s'imaginer combien est grande l'influence du clergé catholique en Irlande. Les prélats catholiques irlandais ne vivent que de contributions volontaires de leur troupeau. Salarié par sa congrégation, le prêtre d'Irlande est roi. N'étant attaché au gouvernement par aucun lien, il s'est associé à toutes les passions populaires ; il ne manque ni de courage ni d'éloquence ; il est essentiellement agitateur, et se prête d'avance à toutes les fantaisies de la populace qu'il paraît conduire. Rien n'est plus digne d'attention que ce pays pauvre et enthousiaste ; le prêtre ne veut pas échanger son pouvoir moral contre la pension que le gouvernement lui offre, et le peuple qui, avec un peu plus de tranquillité et d'union, pourrait tirer parti du sol et faire prospérer son industrie, préfère à ces avantages matériels l'agitation héréditaire qui le condamne à la détresse.

Nous avons vu que l'oppression religieuse contre laquelle protestait l'Irlande avait rencontré des antipathies profondes de la part des torys ; chaque fois en effet, depuis 20 ans que le bill destiné à lever les incapacités politiques qui pesaient sur les catholiques avait été présenté au parlement, ce bill avait été rejeté grâce à la résistance des torys. En 1805, une pétition des

Aqueduc sur la rivière Irwel.

catholiques, présentée par Fox dans la chambre des communes, et par lord Granville dans la chambre des lords, avait été repoussée dans les communes par une majorité de 212 voix, et dans la chambre des lords par une majorité de 129 voix. Reprise en 1807 par le comte Grey, à cette époque lord Howick, la question avait été également repoussée. En 1808, une motion de Grattan, au même effet, dans les communes, avait été rejetée par une majorité de 153 voix, et une motion pareille, présentée dans la chambre des lords par lord Donoughmore, avait été rejetée par 87 voix. En 1810, les mêmes personnes avaient reproduit leur motion. La majorité contre la motion, dans les communes, avait été de 112 voix, et dans la chambre des lords, de 86. En 1812, même insuccès : une majorité de 85 voix contre la motion s'était prononcée dans les communes ; dans la chambre des lords, elle avait été de 72. La même motion avait été reproduite en 1813 et en 1821 ; en 1821, elle avait été adoptée par les communes, à la majorité de 19 voix, et repoussée dans la chambre des lords, à la majorité de 39. En 1822, M. Canning avait proposé un bill d'émancipation aux communes, qui l'avaient adopté à la majorité de 21 voix ; mais le bill avait encore été repoussé par les lords à la majorité de 48. En 1823, la motion avait été perdue dans les communes, à la majorité de 3 voix ; en 1825, la motion avait été adoptée dans les communes à la majorité de 6 voix, et rejetée par les lords à la majorité de 45.

En ce moment encore, une agitation extraordinaire, provoquée par le clergé anglican et la grande majorité des dissidents, qui s'unissaient à lui dans cette circonstance, régnait dans toutes les parties du royaume. De vastes meetings, dans lesquels étaient signées des pétitions au trône, pour le supplier de ne point faire de concessions aux catholiques, se réunissaient dans les villes, et les cris : « Point de papisme ! » retentissaient jusqu'aux portes du palais habité par le roi. Mais ces manifestations, quelle qu'en fût la violence, n'étaient point de nature à arrêter le mouvement qui se déclarait en sens contraire. Le grand jour de la justice était enfin arrivé, et c'était une administration aristocratique, composée d'hommes reconnus par leur répugnance à faire des concessions aux catholiques, qui allait proposer la mesure et l'exécuter. Ce ne fut point toutefois de la part des ministres torys un mouvement spontané. Les torys, le haut clergé, espéraient encore en eux. Mais en vain le cabinet Wellington s'efforça-t-il de mettre obstacle au mouvement et d'opposer à la masse des citoyens l'autorité d'un grand nom et d'une forte volonté, l'opinion populaire fut plus puissante ; il fallut céder ! Quand l'adresse au discours de la couronne eut été mise en délibération, le duc de Newcastle, dans la chambre des lords, demanda au duc de Wellington si c'était l'intention de Sa Grâce de soutenir le bill d'émancipation des catholiques dans la chambre des lords ; à quoi le duc répondit par l'affirmative. Le duc de Newcastle exprima les regrets qu'il éprouvait de voir ce changement d'opinion dans le duc de Wellington. Dans la chambre des communes, M. Peel se trouvait placé dans une situation non moins embarrassante, car il avait toujours résisté aux prétentions des catholiques ; mais il dit que les griefs et l'agitation des catholiques alarmaient tous les amis du protestantisme dans toutes les parties du royaume, et dans un discours remarquable il recommanda aux communes l'adoption du bill. M. Peel justifia son changement d'opinion en disant que la situation des affaires du royaume était bien différente en 1827 qu'en 1825 ; que les malheurs de l'Irlande avaient leur cause dans la non-solution de la question ; que le temps était arrivé où cette question devait être résolue d'une manière définitive.

Il y avait division dans le sein du cabinet au sujet de cette grande mesure. L'avocat de la couronne se prononça contre elle, et dit qu'il n'avait pas voulu rédiger le bill qui était sur la table, en songeant au serment qu'il avait prêté comme avocat général, et qu'il eût cru, en faisant autrement, trahir son roi et son pays. Sir Charles Wethereil, homme de loi, combattit également le bill. « Ce bill, s'écria-t-il, va nous donner des juges catholiques. Allybone était un juge et un jésuite, c'est le dernier juge catholique du pays, et on sait quel scandale il a jeté dans l'administration de la justice; sur lui, jugez les autres! » Mais toutes ces considérations n'arrêtèrent point les communes; justice fut rendue. Le bill eut trois lectures, et à la troisième il fut adopté à la majorité de 178 voix; dans la chambre des lords, il eut également une grande majorité.

La solution qui venait d'être donnée par le parlement d'Angleterre au bill d'émancipation, nous le répétons, était un acte de haute justice, et en songeant aux difficultés innombrables que soulevait ce bill, notamment au caractère exclusif, absolu, à l'horreur pour le partage qui distingue l'homme d'église dans tous les pays de la terre, on est obligé de convenir de la puissance de la constitution anglaise pour résoudre les questions les plus épineuses et les plus ardues par les voies de la conciliation et de l'équité. Ce qui doit frapper surtout, c'est de voir les torys, après avoir manifesté hautement des répugnances profondes contre le bill d'émancipation, revenir de leurs décisions, et soutenir le bill avec la même ardeur qu'ils en mettaient la veille pour le combattre. En cela, cependant, les hommes d'État qui avaient en main la direction des affaires publiques pouvaient ne commettre aucune inconséquence, aucune contradiction; car il n'y a pas de vérité absolue en matière de gouvernement : telle est l'imperfection des choses humaines, qu'on peut penser aujourd'hui autrement qu'on ne pensait la veille, dire noir le matin, blanc le soir, et faire dans des cas donnés acte d'une haute sagesse. La question catholique n'est encore qu'à sa première phase, bien que nous l'ayons vue tranchée d'une manière si libérale et en même temps si juste pour les catholiques irlandais; et elle nous fournit une preuve bien remarquable des tâtonnements auxquels de pareilles questions obligent les meilleurs esprits.

Les catholiques irlandais ont été placés sur le pied de l'égalité avec les protestants, en ce qui concerne les droits politiques et civils dont ils avaient été privés; mais l'Église catholique reste encore frappée d'incapacité vis-à-vis de l'Église d'Angleterre. L'Église catholique ne veut point s'accommoder d'un pareil état d'infériorité, comment faire pour l'en relever. Deux moyens se présentent naturellement : le premier, c'est de faire l'Église catholique Église de l'État comme l'Église anglicane et l'Église presbytérienne; le second, c'est d'établir l'égalité entre tous les cultes, de ne faire d'aucun la religion de l'État, de dire à la conscience : Tu es complétement libre. Eh bien, cette question, d'une solution si simple en apparence, est hérissée de difficultés.

Dans le premier cas, l'un des articles fondamentaux de la constitution qui déclare le chef de l'État chef du spirituel, est violé; ou bien l'Église catholique d'Angleterre est obligée de renoncer à la suprématie du pape. Seconde difficulté : les avantages qui seront faits au culte catholique vous les devez au même titre à tous les cultes dissidents, et vous aurez alors cent Églises de l'État. N'accorderez-vous vos faveurs qu'à trois Églises de l'État, à savoir, l'Église catholique, l'Église presbytérienne, l'Église anglicane? Alors tous les cultes exclus, faisant cause commune, crieront à la persécution. De plus, par le fait de cette protection, vous porterez un grave préjudice aux cultes privilégiés. Vous vouliez leur tendre une main secourable, vous leur ôtez tout aussitôt de leur force, car on ne croit point en Dieu de par le roi et la loi; l'atonie, l'indifférence s'empareront des âmes. Vous aurez beau dire à l'esprit : Cette voie est la bonne! peines perdues, efforts inutiles : l'esprit que vous vou-

drez convertir se mettra en état d'insurrection; il voudra se tenir en dehors de la sphère que vous lui aurez tracée. Expliquera qui pourra cette singularité de notre nature, mais elle existe. On vous dira qu'il est d'autres idées religieuses que les vôtres, avec lesquelles les hommes ont prospéré : vous aurez manqué votre but.

Dans le second cas, c'est-à-dire si vous donnez une entière liberté à tous les cultes, les difficultés ne sont pas moins considérables. Alors vous verrez l'idée religieuse prendre les formes et les allures les plus excentriques; elle s'élancera dans l'espace, courra comme une bacchante frappée de vertige, dans les régions de l'inconnu. Vous serez confondu de voir jusqu'à quel point l'esprit humain peut divaguer en pareille matière. De plus, exclusif, accapareur, l'esprit religieux s'immiscera dans toutes choses, sous le prétexte qu'étant chargé des affaires de la conscience, il doit aussi connaître du temporel, l'un n'allant pas sans l'autre. Peut-être, alarmé de ce tumulte, chercherez-vous à mettre le holà en plaçant le spirituel sous la dépendance du temporel? Tout aussitôt ces idées si confuses et si divergentes, oubliant pour un moment leurs querelles particulières, feront cause commune et se ligueront contre vous; elles vous demanderont avec hauteur de quel droit vous osez les contrarier, et vous taxeront de folie pour donner aux affaires de ce monde périssable la supériorité sur les affaires du monde éternel.

Différents autres bills, et notamment un bill qui réglait la police de la ville de Londres, occupèrent le reste de la session. Mais les esprits étaient encore sous l'influence de l'agitation produite par le bill d'émancipation, et ces bills n'excitèrent qu'une faible attention. Des grandes questions étaient à la veille d'être agitées. Dans la session suivante, lord John Russell, l'un des chefs du parti libéral, présenta une motion qui devait conduire à la réforme parlementaire; elle avait pour objet d'enlever aux bourgs pourris leurs droits d'élire et de le transmettre aux villes de Leeds, de Birmingham et de Manchester. Cette question, qui fut repoussée à une faible majorité, ne devait pas être tranchée sous le règne de George IV : un autre règne va s'ouvrir; mais avant d'en raconter les événements, il est important de ne point nous séparer de l'époque que nous venons de traverser sans jeter un regard rétrospectif sur elle, de manière à en résumer les principaux faits.

Par ce que nous connaissons déjà du caractère de George III et de son successeur, il est inutile d'entrer dans de longs détails pour faire le portrait de ces deux souverains. Bornons-nous à dire que les facultés intellectuelles de George III n'étaient rien moins qu'éminentes; beaucoup d'écrivains ont avancé à cet égard que ce souverain, malgré la mansuétude de son caractère et ses bonnes dispositions naturelles, eût attiré des maux incalculables sur son pays, si la constitution n'eût pas restreint sa volonté ou ses caprices dans de sages limites. George IV lui-même, que ses amis proclamaient le premier gentilhomme de l'Europe, et que ses ennemis traînaient dans la boue, ne se distingua point par des talents supérieurs. Il y avait assurément chez lui plus d'esprit, de facultés, de ressources que chez George III; mais George IV fit un assez triste usage de cette supériorité. Toutes les grandes choses qui ont eu lieu sous son règne, se sont faites comme à son insu. On prétend que son titre de premier gentilhomme de l'Europe lui était plus cher que la gloire de sa couronne. Tandis que Watt, Davy, Arkwright étendaient les ressources du commerce et de l'industrie; que le duc de Wellington profitait d'une faute de Bonaparte; que Byron, Scott illustraient leur siècle, George IV employait son temps à construire des minarets de mauvais goût.

Cependant, chose bien remarquable! durant les soixante-dix années que durèrent le règne de George III et celui de George IV, l'Angleterre, malgré des difficultés de toute nature et des événements de la plus haute importance, ne cesse de grandir en considération et en richesse. Ainsi, deux guerres longues et acharnées sont entreprises, l'une contre l'Amérique du Nord, la seconde contre la France. L'idée qui fit naître la rupture de l'Angleterre avec les colonies américaines, ainsi que celle qui amena le conflit sanglant de la Grande-Bretagne avec la France, étaient fausses. Vouloir imposer des lois à un peuple vigoureux comme l'était déjà celui des colonies américaines ; arrêter le mouvement des idées, ou asseoir la prépondérance du pays sur les ruines d'un ennemi comme la France, étaient assurément des actes de mauvaise politique. Ces deux guerres coûtèrent à la Grande-Bretagne des flots de sang, et ses coffres, qui jusqu'alors avaient été inépuisables, se vidèrent plus d'une fois. Cependant malgré des sacrifices aussi énormes, des fautes aussi nombreuses, l'Angleterre sort de la première de ces luttes forte, vigoureuse et toujours puissante, et dans la seconde, elle impose la loi à un peuple aussi énergique qu'elle, qui, en fait de courage et de grandeur, fut toujours son égal.

On pourrait conclure de là que la royauté est une superfétation, une inutilité dans un pays comme l'Angleterre ; mais ce serait commettre une grave erreur ! On le voit en effet par l'exemple de la France, qui devient napoléonienne pour n'avoir été que démocratique, et qui perd sa force tout aussitôt.

L'histoire d'Angleterre elle-même nous fournit un exemple bien remarquable de la nécessité d'une combinaison du principe monarchique et du principe démocratique sous le régime de la commonwalth. Cromwell durant son protectorat a vingt fois formé le projet de ceindre la couronne ; il vient de mourir, et la succession arrachée à son fils est disputée par une foule d'ambitieux. On cite l'exemple de l'Amérique du Nord où le principe démocratique règne sans partage. Mais l'Amérique du Nord a d'autres mœurs que la France et l'Angleterre ; elle était façonnée aux mœurs républicaines par sa religion, longtemps avant qu'elle proclamât son indépendance. Elle possède aujourd'hui de vastes étendues de terrains qui ne demandent que des bras intelligents, et où les ambitions les plus grandes peuvent encore se satisfaire par l'acquisition d'immenses richesses : son histoire ne date que d'hier.

Nous avons dit que George III et George IV, son successeur, se distinguèrent l'un et l'autre par une répugnance bien prononcée pour toute innovation en matière civile ou religieuse. Toutefois ces deux règnes sont remarquables par les progrès que firent la liberté civile et la liberté religieuse. Les peuples ne doivent jamais oublier que ce fut sous le règne de ces souverains que la publicité des débats parlementaires fut conquise ; que la presse commença à prendre des allures si vives et si passionnés ; que ce fut cette presse si chaleureuse qui amena l'émancipation des catholiques, et apprit aux Anglais ainsi qu'au reste des hommes que leur premier devoir est d'être humains et tolérants.

Toutes les institutions humaines sont entachées de grandes imperfections et portent le cachet de notre faiblesse. Cela s'applique surtout au système qui régit la propriété en Angleterre et en France. Dans le système anglais on voit fleurir, comme aux beaux jours de la féodalité, les substitutions et le droit d'aînesse. Le fils aîné a d'immenses revenus, de somptueuses demeures ; le cadet de famille, réduit à une maigre pitance, se fait midshiman, ou cornette d'un régiment ; ou bien, s'il est d'une grande famille, il entre dans les ordres et devient évêque. A ce point de vue, le système français est bien supérieur au système anglais. Dans notre pays, la richesse coule dans tous les rameaux de l'arbre social et parvient à donner de la vigueur aux rameaux les plus éloignés du tronc. Mais au point de vue de la richesse nationale, le système anglais est supérieur au système français, vu que la grande culture, qui est consacrée par le premier, est plus lucrative que la petite culture, qui est consacrée par le second.

ANGLETERRE.

Ainsi, d'après l'estimation de statisticiens distingués, le sol de l'Angleterre, beaucoup moins étendu que le sol de la France, produit un revenu cinq fois plus considérable.

Commerce, industrie, agriculture, toutes ces branches de la richesse nationale, durant ces deux règnes, s'agrandissent dans une proportion qui tient du prodige. Tandis que la guerre se déchaîne avec le plus de fureur, la Grande-Bretagne fonde ses établissements coloniaux de la Nouvelle-Australie, contrée qui est appelée un jour à de grandes destinées, et doit probablement devenir indépendante, comme l'Amérique du Nord. De plus, elle envoie une ambassade en Chine, établit avec cette contrée des rapports plus suivis qu'auparavant, et projette déjà l'expédition qu'elle a vu finir sous le règne de la jeune femme qui la gouverne aujourd'hui : multipliant ainsi, sur les mers et sur les côtes des deux continents, les jalons d'une puissance colossale qu'aucun empire, agissant isolément, ne saurait ébranler. Pendant cette époque, l'agriculture anglaise fait des progrès immenses. Vers la fin du règne de George IV, la moitié, si ce n'est la majeure partie du capital de l'empire britannique, est consacrée à l'agriculture. On peut l'estimer à 1,900,900,000 l. st.(47,522,500,000 f.); la valeur annuelle des produits directs de l'agriculture est de 246,600,000 liv. sterling (6,165,000,000 de fr.). Le fameux Backwell, si renommé pour l'éducation du bétail, a laissé des successeurs dignes de lui. Les animaux qui sortent des mains de ces éleveurs sont si pleins de chair, qu'ils n'ont plus rien pour ainsi dire de la forme que notre savant Buffon a donnée aux animaux de la même espèce (*).

Après l'agriculture, l'exploitation des mines et des carrières est la source la plus féconde de la richesse territoriale de l'Angleterre. Le revenu annuel qu'elle procure s'élève, terme moyen, à 21,400,000 l. st. (535,000,000 de fr.).

(*) Voir à cet égard le journal *illustrated London news,* n°s 84 et 72, Palais-Royal.

Mais le tableau de la richesse manufacturière de la Grande-Bretagne mérite surtout de fixer l'attention. Au premier rang figurent la filature et le tissage. En 1760, les produits des manufactures de coton ne s'élèvent pas à 200,000 livres sterling; mais, à partir de cette époque, le génie des mécaniciens donne une impulsion si grande à cette industrie, qu'elle alimente non-seulement les marchés de l'Europe et de l'Amérique, mais encore qu'elle écrase la concurrence de la fabrique indigène dans les Indes orientales et en Chine, où cependant la matière et la main-d'œuvre s'obtiennent à très-bas prix. En 1824, M. Huskisson déclare à la chambre des communes que le produit annuel des tissus de coton est de 33,500,000 liv. sterl. Ce produit s'élève, en 1827, à 36,000,000 liv. sterl.; en 1833, il est de 37,000,000 liv. sterling.

Nous avons indiqué quel fut le mouvement de l'esprit humain en Angleterre pendant les vingt premières années du règne de George III. Ce mouvement se continue; une foule d'intelligences d'élite se pressent à la suite des hommes que nous avons nommés, et jettent, par leurs œuvres, un grand éclat sur leur patrie. Ce sont, parmi les hommes publics et les orateurs parlementaires, Brougham, Peel, William Pitt, Melbourne, Sheridan, Fox, Edmond Burke, Palmerston, Melbourne, Grey, Canning, Castlereagh ; parmi les poètes, George Crabbe et Cowper, dont la vie fut singulière et misérable, pendant les premières années de cet apprentissage que tous les hommes de talent sont forcés de subir, et qui leur fait payer si cher l'expérience de la société et des passions; Thomas Moore et Coleridge, les hommes les plus spirituels de leur époque; Byron, Wordsworth, qui s'éleva au-dessus de Cooper et de Crabbe, par la vérité de ses peintures et la portée de son imagination; la célèbre miss Seward, une de ces étoiles passagères qui s'évanouissent, comme les vapeurs brûlantes de l'été, sans laisser trace dans le ciel; le cordonnier Robert

Bloomfield ; James Hogg, surnommé le berger d'Ettrick, d'abord petit fermier dans les hautes terres méridionales de l'Ecosse, puis poëte, journaliste, prosateur, mais toujours écrivain élégant, facile, original, toujours doué d'une riche et féconde inspiration, devenu plus tard le collaborateur de ce romancier si fécond, si charmant, dont les œuvres sont familières à chacun de nous, de Walter Scott.

Les succès de l'Angleterre dans la guerre, dans toutes les branches de l'industrie, ainsi que dans les travaux de l'esprit humain ; les progrès lents mais toujours sensibles de la liberté civile et de la liberté religieuse, au milieu des difficultés les plus graves dont un État puisse être assailli, doivent naturellement exciter notre surprise et notre admiration. Et où en chercher la cause autre part que dans la constitution anglaise elle-même, quand nous venons à songer à l'intelligence fort ordinaire des deux souverains qui occupèrent le trône durant cette période ? Toutefois, ce tableau a des parties qui sont effrayantes ; on conçoit que nous voulons parler du paupérisme et de la criminalité. Opposons au spectacle de la richesse nationale et des progrès de l'Angleterre dans les sciences, dans les lettres ainsi que dans toutes les branches de l'industrie, celui du terrible fléau qui menace ce pays des plus épouvantables catastrophes.

Sous les deux règnes précédents, la mendicité continue, comme par le passé, à poursuivre sa marche progressive. Sous le règne de George IV, une loi intitulée *wagrant act* est rendue par le parlement ; cette loi confirme, réforme ou abroge tous les anciens statuts, et distingue trois sortes de vagabonds ; elle inflige des peines sévères aux *rogues* et aux vagabonds, les condamne à l'emprisonnement et au travail forcé, dans certains cas à la peine du fouet. Mais la nouvelle loi ne guérit point le mal ; la population des mendiants s'accroît de jour en jour et forme une sorte de nation particulière dans la nation. Cette population a sa langue, ses signes de ralliement, ses demeures, ses lieux de refuge, sa littérature, ses sciences, et se divise en plusieurs classes qui se subdivisent elles-mêmes à l'infini.

Les mendiants de la première classe sont généralement désignés sous le nom de *silver beggars* (mendiants d'argent), et aussi sous le nom de *lurkers*. On appelle lurkers, les individus qui colportent de ville en ville des lettres ou de faux certificats, attestant qu'un incendie, un naufrage ou d'autres accidents les ont réduits à la plus profonde misère. En première ligne se placent les *fire lurkers*, c'est-à-dire ceux qui se représentent comme ayant perdu tout ce qu'ils possédaient dans un incendie ; ils sont munis de fausses lettres revêtues de signatures de magistrats ou de ministres de la paroisse ; la fausse lettre s'appelle *sham*, une *moquerie*, et le livre de souscription prend le nom d'un *delunte*. Viennent ensuite les *shipwrecked sailors lurkers*, les lurkers marins naufragés, ou ceux qui prennent la qualité de capitaines ou d'armateurs de navires marchands ; les *foreigners lurkers*, les lurkers étrangers ; l'*accident lurk*, qui se dit ruiné par un épouvantable accident, un ouragan, une inondation ; le *sick lurk* ou le lurk qui feint une maladie : celui-ci s'applique des vésicatoires sur les bras ou sur les jambes, et porte son bras ou ses mains en écharpe sans avoir de blessure ; le *deaf and dumb lurk*, le lurk sourd et muet ; le *servant's lurker*, ou le domestique sans place, qui cherche à apitoyer sur son sort, et s'adresse principalement aux grandes familles ; le *collier's lurk*, le lurk des mineurs ou des charbonniers, qui se fait passer pour un mineur sans ouvrage, et qui n'est jamais descendu dans une mine de charbon ; le *weaver's lurk* et le *cotton spinner's lurk*, le *calendener's lurk*, le lurk tisserand ou le lurk filateur de coton, ou l'ouvrier censément ruiné par une crise commerciale ou l'introduction des machines ; les *high flyers* et les *begging letter writters*, les mendiants par lettres ou mendiants

de la haute volée ; les *shallow coves*, qui parcourent les comtés en se faisant passer pour des marins naufragés; les *shallow moth* sont des femmes qui sont couvertes de haillons et qui sollicitent des vêtements ; les *cudjers on the downrigt*, les mendiants en plein jour ; les *cudjers on the fly*, les mendiants à la course ou à la dérobée ; les *cudjers keddies*, les cudjers d'un âge tendre ; les *cudjers sereevers*, les cudjers à la craie : ceux-ci, pour ne point demander eux-mêmes, écrivent à la craie sur une petite planchette placée à l'extrémité d'un bâton, qu'ils ont faim et qu'ils ont honte de mendier ; les *cudjers sitting*, ou *standing padd*, les cudgers qui restent assis ou se tiennent debout immobiles, et se prétendent aveugles ; les *match sellers*, les marchands d'allumettes chimiques ; les *cross coves*, qui gagnent leur vie en volant ; les *prigs*, voleurs à la tire ; les *palmers*, voleurs à l'américaine.

La gueuserie, comme la plupart des choses, est faite sur une grande échelle dans le royaume de la Grande-Bretagne, et à en juger par les chiffres qui suivent, le métier serait lucratif. Ils sont empruntés à des statistiques curieuses, qui ont été faites en Angleterre pour établir la moyenne de la recette et de la dépense journalière de certaines familles vivant de la charité publique ; les calculs ont été faits pour des familles composées du père, de la mère et de trois ou quatre enfants.

Désignation des localités.	Moyenne de la recette journalière.
Douvres et ses environs	0 liv. st. 3 sh. 2 p.
Cantorbéry id.	0 3 8
Brighton id.	0 4 6
Hastings id.	0 5 6
Tunbridge id.	0 4 9
Chelmsford id.	0 5 0
Windsor id.	0 6 0
Reading id.	0 5 0

DÉPENSE JOURNALIÈRE POUR UNE FAMILLE.

Logement pour une nuit dans un garni.	0 liv. st. 0 sh. 8 p.	
Déjeuner { Thé	0 0 1 1/2	
Sucre	0 0 1 1/2	
Beurre	0 0 2	
Pain	0 0 4 1/2	
Dîner { Pain	0 0 4 1/2	
Lard ou harengs outre la viande froide proven. de dons volontaires	0 0 2	
Souper { Pain	0 0 4 1/2	
Bière	0 0 2	
Fromage	0 0 2	
Biscuits pour les enfants	0 0 2	

« Si la journée a été bonne, dit le statisticien anglais, on ajoute au souper un peu de bière, et quelquefois de la viande fraîche, cuite sur le gril. »

Nous ne parlerons que pour mémoire de la criminalité.

Crimes dont la répression n'entraîne que des peines modérées.	Nombre des crimes commis en 1820.	en 1831.
Vols simples et escroqueries	6,953	10,065
Vols sur les grandes routes	133	297
Vols de marchandises	119	276
	7,205	10,638

Crimes dont la répression entraîne la peine capitale.		
Homicide	14	14
Vol avec effraction ou à main armée	283	99
Enlèvement de bestiaux	165	182
	462	295

Nous pourrions assombrir davantage le tableau : pour cela il nous suffirait d'ajouter aux listes criminelles que nous venons d'exposer aux regards de nos lecteurs, les listes non moins lugubres de la prostitution ; dire quelle est la sollicitude des moralistes anglais à la vue de pareils désordres ; montrer les uns recommandant avec chaleur un appui généreux aux institutions de charité ; les autres, au contraire, sollicitant les mêmes institutions à ne donner des secours aux pauvres des rues que lorsque leur misère est examinée ; ceux-ci, prônant le système cellulaire, ceux-là s'attachant de préférence au système des classifications ; d'autres mettant en réquisition le système silencieux (*). Tous ces faits, nous en convenons, indiquent un mal dont les racines sont profondes ; cependant ils ne sauraient ébranler notre conviction, et nous persistons à dire qu'une constitution où chaque

(*) Voir les curieux travaux publiés sur les systèmes pénitentiaires, par MM. de Beaumont et de Tocqueville. Cl. Pel.

chose est mise au grand jour, où les intelligences les plus éminentes tendent, pour le profit de tous, à sortir de l'obscurité, au lieu d'y rester ensevelies comme cela serait avec le système monarchique, alors que nous voyons chaque jour tant d'injustices réparées, tant de violences flétries, il nous semble, disons-nous, qu'une pareille constitution doit être pourvue de ressources abondantes pour corriger les maux les plus invétérés (*). Ces ressources existent dans la presse qui, d'un côté, montre la plaie dans toute son étendue, et, de l'autre, peut indiquer les remèdes qui doivent guérir le mal. Que ce cri d'alarme : « Le paupérisme augmente, la criminalité est en voie de progression, l'élément moralisateur perd chaque jour de sa force ! » retentisse en Angleterre; qu'il soit répété d'écho en écho, chaque jour, à chaque instant, il réveillera les indifférences coupables, effrayera les avaricieux, les égoïstes et les lâches, et la Grande-Bretagne guérira cette plaie

(*) Pour amortir les effets désastreux de la prostitution et de la misère, la France nous semble entrer dans la bonne voie. Je veux parler des colonies agricoles et industrielles fondées par de généreux citoyens, au profit des jeunes garçons pauvres. Ces colonies, dans un avenir rapproché, ne peuvent manquer de produire les plus heureux résultats. L'idée en est fraîche et neuve, parce qu'elle est généreuse, tandis que l'idée de tous les chercheurs de systèmes pénitentiaires est bien usée, bien vieille, bien antique. Quelle différence établissent-ils donc entre ces systèmes de répression censément nouveaux et les systèmes qui étaient en usage au moyen âge? Avec ceux-ci on torturait le corps, avec ceux-là on torture l'esprit. Au lieu d'insister fortement pour guérir des sujets véreux, incorrigibles, pourquoi donc ne travaillons-nous pas pour les générations qui nous suivent? Nos pères nous ont légué la liberté, soyons généreux envers nos descendants comme nos pères l'ont été pour nous. Léguons à nos neveux, avec la liberté qu'ils nous ont léguée, des institutions où l'enfant pauvre puisse apprendre à aimer, à honorer le travail, à respecter son pays. Ces institutions feront honneur à notre philanthropie. CL. PEL.

qui est une honte pour elle. Elle a les moyens de le faire : Dieu lui a donné l'instrument de perfection le plus accompli qui puisse exister ; que lui manque-t-il, que pouvait-il lui donner de plus ?

George IV mourut le 26 juin 1830, et comme il ne laissait pas d'héritier, la couronne revint au duc de Clarence, son frère, qui fut proclamé roi, sous le nom de Guillaume IV (28 juin 1830). Ce prince jouissait d'une grande popularité; toutefois les rigoristes lui reprochaient aussi différentes incartades, et notamment ses relations avec la célèbre mistress Jordan, l'une des femmes les plus séduisantes de l'époque. Ces relations, qui avaient commencé en 1790, durèrent pendant vingt ans, et les motifs qui en déterminèrent la rupture semblent avoir eu leur source dans les embarras financiers du prince : c'est du moins ce que tendent à prouver les lignes suivantes écrites par mistriss Jourdan à l'un de ses amis, quelques jours après la séparation : « Je ne suis point encore remise de la secousse que m'a causée l'événement que vous connaissez. Quand je pense que pendant vingt ans, il n'y a pas eu entre nous deux l'ombre d'une querelle, et que ce bonheur est désormais perdu pour moi... C'est l'argent, l'argent, mon cher ami, ou le besoin d'en avoir, j'en suis certaine, qui le rendent le plus misérable des hommes; mais il a mal fait et il ne veut pas se rétracter. » Quelques années après sa rupture avec mistriss Jordan, le duc de Clarence épousa Adélaïde-Louise-Thérèse-Caroline-Amédée, fille du duc de Saxe-Meiningen. Sous le rapport de la capacité et des talents, le nouveau souverain avait beaucoup de points de ressemblance avec George III et George IV; Dieu ne lui avait point départi ces brillantes qualités qui font les grands hommes. Mais Guillaume avait de la franchise, des manières simples, une sollicitude constante pour le bien-être de son peuple. Il avait servi dans la marine, et avait conservé de cet état quelque chose d'ouvert, de bon, de naturel dans le

ANGLETERRE.

Galerie du Tunnel sous la Tamise, à Londres.

caractère, une certaine véhémence, quelque rudesse dans l'intonation de sa voix qui plaisait aux Anglais.

Le premier discours qu'il prononça dans le parlement, comme tous les discours royaux, était rempli de ces mots sonores dans lesquels on cherche vainement à trouver quelque chose qui ait du rapport avec les grands intérêts du pays. Toutefois un passage fut dit par le roi avec une simplicité si touchante, qu'il tira des larmes des beaux yeux de l'élégant auditoire qui, dans ces séances solennelles, orne les bancs de la chambre des lords. Ce passage s'appliquait à la princesse Victoire, l'héritière présomptive des trois royaumes, qui était près du roi et avait eu un moment auparavant une conversation enjouée avec lui. « La vive sollicitude que j'éprouve pour le bonheur de mon peuple, dit le roi, me fait un devoir de recommander à votre considération immédiate les mesures qu'il est nécessaire de prendre pour l'exercice de l'autorité royale, dans le cas où il plairait à Dieu tout-puissant de mettre un terme à mes jours avant que mon héritière eût atteint l'âge de sa majorité. »

Mais tandis que l'Angleterre se livre à la joie que lui cause un nouveau règne, la France devient le théâtre d'une nouvelle secousse qui jette l'épouvante dans tous les cabinets des monarchies européennes.

La France depuis 1815 jouissait d'une constitution dont le principe était le même que le principe de la constitution anglaise; comme l'Angleterre, elle pouvait, par le frottement continuel de la pensée, élargir le cercle de ses libertés, s'enrichir par un grand commerce, conquérir et conserver. Mais sous une pareille constitution les gouvernants sont toujours tenus en haleine, le bourdonnement et le bruit règnent toujours. Or les membres de la branche aînée des Bourbons, effrayés d'un état de perpétuelle agitation auquel ils n'étaient point accoutumés, écoutant aussi les conseils d'un clergé imprudent et ambitieux, travaillaient sourdement à remplacer les institutions nouvelles par des institutions qui fussent plus en harmonie avec leurs goûts, leurs désirs, et se rapprochassent davantage de la monarchie pure. Ces princes ne comprenaient point que l'élément démocratique était plus puissant qu'eux : ils voulurent l'anéantir. Dans ce but, Charles X et ses ministres, à la tête desquels était M. le prince de Polignac, avaient lancé trois ordonnances dont une suspendait la liberté de la presse; la seconde prononçait la dissolution de la nouvelle chambre des députés; la troisième annulait la loi électorale. Mais le gouvernement français, qui avait inutilement tenté d'étouffer la tourmente politique, lorsqu'elle avait eu l'Espagne pour théâtre, ne réussit pas mieux pour la France. Après une lutte mémorable qui dura trois jours, et dans laquelle les vainqueurs firent preuve d'une grande magnanimité, la cause de l'absolutisme fut définitivement perdue en France. Charles X fut déposé, et le duc d'Orléans fut proclamé roi des Français à sa place. Charles X, dépossédé de son trône, se retira en Angleterre, et alla à Holyrood en Écosse. La secousse politique se répercuta à Bruxelles, et un conflit sanglant eut lieu entre les Hollandais et les Bruxellois. Les premiers ayant été battus, la séparation de la Hollande et de la Belgique fut solennellement proclamée, et l'ancien étendard du Brabant fut aussitôt arboré aux hôtels de Paris et de Bruxelles. Bientôt l'étincelle se propagea dans les États du duc de Brunswick, dans la Saxe; elle gagna l'Italie, l'Allemagne et la Pologne.

Cet événement complétait pour la France cette série de grandes analogies qui existaient déjà entre la révolution française et la révolution d'Angleterre. En Angleterre, comme en France, la tête d'un roi avait roulé sur l'échafaud : puis avait eu lieu l'établissement de la république. Chacun de ces pays avait eu pour maître un homme d'épée, et cet homme avait porté la gloire de ses armes à un degré de grandeur auquel il n'était point arrivé avant eux. Puis le système démocratique qui régissait la France et l'Angleterre avait disparu par le fait du désordre et de l'ambition, sa compagne inséparable. La restauration des Stuarts en Angleterre, la restauration des Bourbons en France, avaient replacé sur le trône de ces deux États des hommes purement monarchiques. Les Stuarts tombent en Angleterre ; les Bourbons de la branche aînée tombent en France. Jacques II quitte l'Angleterre sans être inquiété et se réfugie en France; Charles X s'embarque paisiblement à Cherbourg et trouve un asile à Holyrood. Guillaume III, prince d'Orange et gendre de Jacques II, monte sur le trône d'Angleterre; Louis-Philippe d'Orléans, cousin germain de Charles X, monte sur le trône de France. Le premier est considéré par les Anglais comme le premier roi constitutionnel qui ait compris les rouages du système représentatif, et comme ayant calmé par sa bonne administration la fureur des partis ; le second est renommé, parmi les nations européennes, pour la sagesse de ses vues, pour sa haute intelligence, et les bienfaits qu'il a procurés à la France constitutionnelle.

Toutes les monarchies européennes furent effrayées de cet événement. Le nouveau roi d'Angleterre lui-même, bien qu'il eût manifesté avant son avénement au trône de vives sympathies pour les doctrines du libéralisme, ainsi que le gouvernement anglais furent véhémentement soupçonnés d'avoir promis leur appui au malheureux roi qui venait de faire un si triste essai du despotisme, et ils paraissaient mal disposés à l'égard de la France. Mais cette grande manifestation d'un peuple qui avait fait déjà des sacrifices si considérables pour asseoir ses libertés, avait profondément ému la majorité de la nation; l'Angleterre libérale comprenait bien qu'en donnant à la France son appui moral, qu'en l'aidant même d'une manière plus directe, elle travaillait pour elle-même; qu'elle consolidait à tout jamais les libertés contre les tendances de l'absolutisme. Dans toutes les parties du royaume uni, comme en 1789, éclatèrent donc les plus vives sympathies pour la France de juillet. De nombreux meetings composés d'ouvriers furent convoqués à Manchester, à Birmingham et dans les villes les plus populeuses ; des souscriptions furent faites pour la France, et le cri de « Réforme, réforme parlementaire ! » poussé par des millions d'hommes, retentit d'une extrémité à l'autre de la Grande-Bretagne. L'élection de Hunt à Preston est un trait caractéristique de l'époque. C'était la première fois en effet qu'un homme qui n'était pas de la classe des gentlemen était élu membre dans le parlement. Ce Hunt, que nous connaissons déjà, appartenait au parti radical ; il s'était présenté vingt fois à la députation et vingt fois il avait échoué. L'année précédente, à l'élection de Westminster, il n'avait obtenu que 81 voix sur 15,000 votants. Dans le même temps O'Connell, le grand agitateur, remuait profondément l'Irlande, et de sa voix puissante il demandait justice pour la verte Erin, rappel de l'union !

Le cabinet Wellington dut céder devant cette manifestation de l'opinion publique. La France ne doit point oublier que l'Angleterre fut le premier de tous les États européens qui reconnut le gouvernement de juillet, et lui donna par le fait de cette reconnaissance le temps de se remettre de l'ébranlement qui lui avait causé cette grande commotion. La politique libérale du célèbre Canning l'emportait ici d'une manière bien évidente sur la politique absolutiste des hommes d'État anglais de la vieille école, des William Pitt, des Londonderry, des Castelreagh. On prétendit alors que cette reconnaissance cachait de secrètes vues, et beaucoup de nos publicistes et nos journalistes écrivirent dans ce sens. Toutefois, à partir de cette époque jusqu'à la rupture momentanée qui eut lieu entre les deux pays sous l'administration Melbourne, on est forcé de reconnaître que whigs et

torys ne parlent qu'avec respect de la nation française dans le sein du parlement, et qu'ils ménagent avec le plus grand soin ses susceptibilités.

Il nous semble que, dans la condition actuelle des affaires de l'Europe, une alliance entre l'Angleterre et la France est aujourd'hui devenue une nécessité pour l'Angleterre autant que pour la France elle-même. Unie solidement avec la France, l'Angleterre n'a rien à redouter, rien dont elle doive être effrayée; de quelque côté que vienne la tempête, elle peut la braver. Ce colosse gigantesque qu'on nomme la Russie voudrait-il étendre ses vastes bras sur la Turquie ou pénétrer dans les riches possessions de l'Inde, l'Angleterre et la France, toutes deux si puissantes par leurs richesses, peuvent lui montrer leurs armées et leurs flottes prêtes à combattre sous le même drapeau, et lui dire : « Voici les barrières que vous aurez à franchir, ne faites pas un pas de plus ! »

La France, à cause de sa position topographique, peut être regardée comme la sentinelle avancée de la civilisation européenne, et conséquemment elle doit se tenir en tout temps sur le qui-vive, prête à ferrailler avec les États qui repoussent les idées nouvelles. L'alliance anglo-française est donc de la plus haute importance pour la France, en ce sens qu'avec l'assistance de l'Angleterre, elle peut consolider ses libertés et travailler à l'émancipation de la famille européenne tout entière. Ajoutons que l'alliance anglo-française est aujourd'hui devenue une alliance naturelle pour la France. Alliance veut dire quelque chose : deux peuples s'unissent par un traité commun dans le but chacun d'augmenter son bien-être et sa prospérité. Admettez pour un moment la France alliée de la Russie. Peut-être la Russie ferait-elle des avantages commerciaux considérables à la France; peut-être ouvrirait-elle ses marchés à nos produits à l'exclusion des produits des autres peuples; mais ce serait assurément à la condition de recevoir quelque dédommagement en retour. Ce dédommagement, on le devine sans peine en songeant combien les idées françaises sont inquiétantes pour les trônes des souverains absolus, serait fait aux dépens de nos libertés, et conséquemment aux dépens de notre prospérité, car la prospérité ne va pas sans la liberté.

Un pareil dédommagement ne saurait être demandé par l'Angleterre. Il est vrai que l'alliance anglo-française exige beaucoup de sagacité et de profondeur de la part des hommes d'État des deux pays. Il est important surtout de prévenir ces froissements de susceptibilité qui laissent derrière eux de si longues traces. Mais l'Angleterre et la France ayant chacune l'instrument de civilisation le plus puissant qui existe, jouissant des bienfaits d'une presse libre, ont le moyen, pour leur bonheur réciproque et celui du monde, de vider leurs querelles sans recourir à la force des armes. La presse est la seule arme qu'elles doivent employer; avec la presse, les plus grandes difficultés disparaissent; la presse produira infailliblement un bon système commercial qui élargira pour le profit de tous les limites du système qui existe actuellement.

En même temps que le cabinet Wellington reconnaissait le nouveau souverain de la France, il commençait à négocier avec la Belgique, mais avec beaucoup de réserve, et dans l'intention d'appuyer les Hollandais. Les projets ultérieurs du cabinet Wellington à l'égard de la Belgique et de la Hollande furent clairement exprimés dans le discours de la couronne prononcé en novembre 1830. Dans ce discours, le gouvernement du roi de Hollande était loué comme un gouvernement éclairé, et le mouvement belge stigmatisé comme une révolte. Le duc de Wellington soutint ces expressions dans les débats de l'adresse, et plus tard, lorsque la Belgique eut pris pour roi un prince cher à l'Angleterre par son premier mariage avec la princesse Charlotte, les torys n'étaient point encore désarmés.

Les oscillations du gouvernement dans sa politique extérieure, ses répugnances bien reconnues pour la réforme parlementaire, augmentèrent l'irritation des esprits. Le duc de Wellington, représentant des idées absolutistes, voulut faire tête à l'orage, et dans cette intention il fit sa fameuse déclaration contre la réforme ; mais une agitation profonde éclata de tous côtés, et si le ministère ne se fût pas retiré devant la tempête, Dieu seul sait quelles auraient été les suites de sa résistance. Une nouvelle administration fut formée ; elle avait pour chef le comte Grey, connu pour son attachement aux principes du libéralisme ; M. Brougham, que nous avons vu défendre d'une voix si courageuse la reine Caroline, fut élevé à la pairie et fut nommé lord chancelier.

L'avénement du nouveau ministère causa une vive sensation. Le caractère élevé des hommes dont il se composait, leur réputation d'habileté et d'intégrité étaient de nature à inspirer les plus vives espérances au parti libéral. De leur côté, les torys ou conservateurs organisaient leurs moyens de résistance ; leur ardeur était d'autant plus grande, que les vues de la nouvelle administration, au sujet de ce prétendu monstre, le bill de réforme parlementaire, leur étaient connues.

Bientôt en effet, lord John Russell présenta dans les communes un bill de réforme ; la chambre des communes fut informée par sa bouche que le bill avait été élaboré par le comte Grey. Pour rassurer les timides, lord John Russell ajouta que l'auteur du bill n'avait aucunement l'intention d'ébranler les institutions du pays. « Le comte Grey, dit lord John Russell, repousse l'intention qu'on lui prête de complaire à des demandes exagérées, ainsi qu'aux désirs égoïstes d'un bigotisme absurde. Le parlement, continua l'orateur, ne possède pas la confiance du peuple ; les demi-mesures de réforme que l'on veut faire ne sont pas de nature à satisfaire les besoins du pays ; le plan actuel maintiendra la stabilité du trône, il donnera de la force au parlement et satisfaction au peuple. »

Le projet de loi, tel qu'il était proposé par les ministres, touchait aux bourgs pourris et au cens exigé pour être électeur. Aux termes du projet, les bourgs dont la population n'excédait pas 2,000 âmes, suivant le cens de 1821, perdaient leurs franchises électorales ; tous les bourgs dont la population ne dépassait pas 4,000 âmes ne devaient nommer qu'un seul membre, au lieu de quatre, comme autrefois. Weymouth, qui envoyait quatre membres, ne pouvait plus en envoyer que deux. Chaque individu payant 250 fr. de loyer acquérait le droit de voter ; les électeurs actuels conservaient leurs droits acquis leur vie durant ; la durée du poll était fixée à deux jours. En ce qui concernait les comtés, les droits électoraux des francs tenanciers, possédant un revenu de 40 schellings, étaient conservés ; les franchises électorales étaient accordées aux fermiers, aux locataires payant une rente de 10 liv. st. (250 fr.). La durée des élections des comtés était fixée à deux jours, et les villes les plus convenables étaient désignées pour le lieu de l'élection, de manière que chaque électeur n'eût pas à faire plus de quinze milles pour se rendre au lieu de l'élection. Plusieurs grandes villes, telles que Manchester, Leeds, Birmingham et d'autres villes non représentées, étaient admises à la participation des franchises électorales, ainsi que les districts populeux de la métropole, et notamment Finsbury, Marylebone, Lambeth ; ces districts devaient envoyer chacun deux membres à la chambre. L'île de Whigt nommait un représentant ; et la représentation de l'Écosse, de l'Irlande et de la principauté de Galles était modifiée dans un sens libéral. Le résultat principal de ce changement portait le nombre des électeurs à 500,000.

La presse conservatrice et libérale s'agitait : le *Standard* et le *Morning-Post* pour les torys ; le *Times*, le *Herald*, le *Courrier*, le *Morning-Chronicle* pour les whigs. La publicité que donnent ces journaux est immense; le mouvement en est considérable : le *Times*, le plus répandu de tous, fit timbrer, en 1831, 4,328,025 feuilles, et paya au fisc, pour droit d'annonces, 16,000 livres sterl. (400,000 fr.). Le *Morning-Herald*, dans le cours de la même année, fit timbrer 2,606,000 feuilles, et paya au fisc 7,220 livres sterl. (180,500 fr.). Toutefois l'organisation de ces journaux, résultat d'une combinaison fiscale, laisse beaucoup à désirer dans l'intérêt du public. Cette organisation consiste à écarter la concurrence, à étouffer dans leur germe les efforts des publicistes qui voudraient créer de nouveaux journaux. Réunis pour obtenir les documents que le public exige; ayant des courriers qu'ils payent en commun pour les nouvelles étrangères; des sténographes ou rapporteurs des chambres, des tribunaux, des clubs, des théâtres, ces journaux repoussent du bénéfice de l'association les nouveaux journaux qui veulent s'élever; d'où il résulte que ceux-ci ayant à payer des sommes considérables pour des nouvelles que les journaux associés obtiennent à bon marché, toute concurrence devient impossible (*).

La première lecture du bill fut vivement combattue par sir Robert Peel, M. Frédéric Shaw, M. Goulburn. Sir Robert Peel repoussa avec indignation l'imputation qui était faite à l'aristocratie anglaise d'avoir négligé le pauvre; il affirma que la noblesse s'était constamment montrée généreuse et humaine envers la classe besoigneuse du pays; il ajouta que le trône de Guillaume IV, au lieu d'avoir perdu sa stabilité, comme on le prétendait, n'avait jamais été aussi sûr. La première lecture fut adoptée; la seconde lecture ne fut adoptée qu'à la majorité d'une voix. Dans le cours du débat, M. Frédéric Shaw déclara que la hache avait touché l'arbre de la constitution, et que, dans sa chute, cet arbre détruirait toutes les libertés du pays. Le bill de réforme avait à passer par une dernière épreuve avant de devenir la loi du pays. La troisième lecture fut repoussée à une majorité de huit voix contre les ministres. Mais ceux-ci, non effrayés de ces dispositions, recoururent à une dissolution du parlement, et les élections leur donnèrent une majorité imposante. Le bill de réforme fut de nouveau présenté aux communes, qui l'adoptèrent; mais, dans la chambre des lords, il fut rejeté.

Ce rejet était un acte hardi de la part de la haute aristocratie. En effet, à peine les dispositions de la noble chambre furent-elles connues, qu'une agitation violente se manifesta dans toutes les parties du pays. A Derby, le peuple brisa les portes de la prison, délivra les prisonniers et incendia plusieurs maisons appartenant à des hommes reconnus pour leurs principes absolutistes. Le duc de Cumberland, frère du roi, ayant été aperçu dans les rues de Londres, fut assailli par la populace, qui le renversa de cheval, et il ne dut son salut qu'aux efforts de la police. La douane et les bureaux de l'accise furent incendiés. Dans le même temps, des pétitions étaient adressées au trône de tous côtés, pour le redressement des griefs du peuple. On était au commencement de l'hiver: l'alarme du gouvernement s'accrut encore, quand il vit se former sous ses yeux une foule d'associations politiques, qui comptaient dans leur sein les hommes les plus éminents du pays parmi les whigs et les radicaux. Les associations avaient des branches dans toutes les villes populeuses. L'une d'elles, qui avait pour président sir Francis Burdett, prit la dénomination de *Grande-Union centrale et politique*. A Londres, les murs des maisons étaient couverts de placards, dans lesquels les membres associés étaient invités à se munir de gourdins, pour

---

(*) Il y a quelques années, ce monopole ayant paru dangereux au gouvernement, il imagina de réduire la taxe, dont l'excessive élévation ne permettait pas l'établissement d'aucun autre journal. Mais cette tentative n'eût point de succès, le monopole subsista après la réduction du timbre, et il n'a pas cessé d'exister depuis.   CL. PEL.

apprendre à la police, disaient les placards, à être civile envers le peuple d'Angleterre.

Le parlement avait été prorogé; après un intervalle de quelques semaines, il fut de nouveau convoqué; le roi y vint en personne, et témoigna le désir que les deux chambres s'occupassent du bill de réforme. Ce bill fut aussitôt produit dans la chambre des communes, et il y fut adopté à la majorité de 162 voix (17 janvier 1832). Le bill fut ensuite présenté à la chambre des lords. On s'attendait à une résistance. Toutefois, la noble chambre avait réfléchi en voyant l'irritation des esprits. Le bill fut adopté par 106 voix contre une minorité de 22. Le roi y donna sa sanction royale le 7 juin.

Tel fut le sort du bill de réforme parlementaire. Ce bill était devenu loi, après avoir préoccupé les meilleurs esprits, depuis le jour, pour ainsi dire, où commence l'application régulière du système parlementaire. Ce temps est bien long sans doute, mais il faut songer que toute innovation, principalement en matière sociale, rencontre mille résistances, parce qu'un grand peuple se compose d'une foule de volontés différentes, qui tiennent aux mœurs, aux coutumes que le temps a consacrées. Une mesure de l'importance de celle que venait de voter le parlement d'Angleterre, ne pouvait manquer de causer une agitation profonde ; des désordres étaient certains. Toutefois nous devons dire au profit de la constitution anglaise qu'une mesure bien moins libérale, bien moins pleine d'avenir et d'espérance que celle-ci, eût coûté des flots de sang dans un État purement monarchique, et que des siècles se fussent écoulés avant que le peuple dans ces États pût s'en procurer le bénéfice.

Différentes mesures, qui respiraient l'esprit du bill de réforme, furent ensuite présentées par les ministres; l'une d'elles était relative au clergé irlandais; elle avait pour objet de régulariser le payement des dîmes que les Irlandais catholiques se refusaient de payer au clergé protestant. La législature anglaise rendit ensuite un bill qui investissait le vice-roi d'Irlande de pouvoirs extraordinaires, et l'autorisait, au besoin, de proclamer la loi martiale (1834). Dans la même année, un bill pour l'extinction définitive de l'esclavage dans les possessions anglaises fut présenté dans les communes par lord Stanley. Ce bill fut adopté ; les communes autorisèrent le gouvernement à accorder 20,000,000 livres sterling (500,000,000 fr.) aux planteurs, pour les dédommager des pertes que cette mesure allait leur faire encourir. Une loi destinée à l'extinction du paupérisme, et dont on espérait les meilleurs effets, fut présentée au parlement (session de 1834), qui l'adopta ; mais cette loi, comme toutes celles qui l'ont précédée, est redevenue lettre morte; aucune des espérances qu'elle avait fait concevoir ne s'est réalisée.

Il se passait, au milieu de l'agitation qui régnait en Angleterre, un de ces faits extraordinaires et contradictoires qui nous montrent combien de sujets de méditation peut offrir à la pensée notre organisation sociale : c'était une crise commerciale d'autant plus remarquable, qu'elle arrivait au milieu de l'affluence des capitaux, malgré des entreprises immenses de travaux publics. Elle se fit ressentir sur tous les points du royaume ; et, pendant un an, il fut impossible d'en arrêter la marche progressive. Les maisons les mieux établies en furent ébranlées; partout les crédits furent suspendus ; à Birmingham et à Manchester, des milliers d'ouvriers furent renvoyés des ateliers; à Londres, plusieurs grandes maisons, dont l'une avait des relations étendues avec l'Inde, la Chine, le Brésil, les États-Unis et le Canada, arrêtèrent leurs payements le même jour. A Leeds, les ouvriers chômaient; à Heckmondwike, Dewsbury, Wakefield, la fabrication se bornait aux besoins du pays. A Bradford et à Halifax, toutes les marchandises éprouvèrent une baisse énorme. A Rockdale, Heywood, Saddleworth, Bury, les quatre cinquièmes des factoreries de coton ne travaillaient que quatre et cinq jours par semaine ; et le blanchiment, la teinture, le tissage, l'impression étaient presque entièrement arrêtés. Résultats remarquables, nous le répétons, car jamais l'état général du commerce et de l'industrie n'avait été plus satisfaisant : paix profonde, affluence de capitaux, demandes considérables des produits anglais au dehors et au dedans; entreprises immenses de travaux publics, tout semblait concourir à augmenter la richesse du pays.

Dire toutes les causes qui amenèrent cette détresse nous serait impossible ; il en est une pourtant sur laquelle nous revenons ; c'est la facilité qu'ont les Anglais de satisfaire le besoin de spéculation qui les tourmente, au moyen de la masse considérable de papier-monnaie que les banques jettent dans la circulation. Nous avons dit qu'indépendamment de la banque d'Angleterre, le royaume uni possède une foule de banques particulières et de banques en commandite (joints stock banks) qui jouissent de tous les priviléges de la banque mère, dont elles tirent leur origine ; que les joints stock banks ont la faculté de créer du papier-monnaie, et profitent fréquemment de cet avantage avec une grande imprudence. L'importance de l'émission de ces banques était, au 31 décembre 1836, de 12,000,000 livres sterl. (300,000,000 de fr.), auquel chiffre il faut ajouter les banknotes de la banque d'Angleterre, en émission à la même époque: soit 17,500,000 liv. st. (435,000,000 de fr.). Nous répétons qu'il n'existe point d'invention plus profitable pour le commerce que ces établissements, mais, en même temps, qu'il n'en est pas dont la conduite exige plus de réserve et de circonspection. Accorder à de simples individus ou à des sociétés particulières la faculté d'émettre à volonté du papier-monnaie, sans autre garantie que leur promesse de payer ce papier à présentation, c'est ouvrir un vaste champ à l'agiotage, et donner lieu à des fluctuations sans nombre dans la valeur des métaux précieux ; fluctuations qui réagissent toujours de la manière la plus funeste sur l'industrie et le commerce. La surabondance de papier fait disparaître le numéraire de la circulation. Admettons que le pays soit dans un état prospère, la confiance augmentant, et l'amour des spéculations augmentant avec elle, les banques ne manqueront jamais de seconder le mouvement, en lançant dans la circulation une masse considérable de banknotes. Le but est atteint pour un moment ; chacun trouve à se procurer des capitaux à un bas intérêt, et se jette à l'envi dans les spéculations. Mais, tandis que cette affluence existe, le numéraire, avili par les banknotes qui lui font concurrence, sort du royaume ; les coffres se vident ; il n'y a plus d'équilibre entre le capital réel et le capital fictif. Survienne la plus légère crise, une suspension dans les demandes du dehors, une exubérance dans la production, ou un défaut momentané d'écoulement ; les banques se trouvent dans l'impossibilité de payer en écus leurs banknotes ! Les embarras financiers augmentant, le prix des produits manufacturés fléchit sans transition, les banqueroutes éclatent.

Établir un bon système monétaire, s'attacher à prévenir le désordre qui naît infailliblement d'une émission trop considérable de papier-monnaie ; conserver cependant dans la circulation une assez grande quantité de papier-monnaie, de manière que le taux de l'intérêt soit raisonnable, telle est la tâche des gouvernements, tâche dont ils semblent malheureusement trop peu se préoccuper. Les crises commerciales, bien que ces événements soient fort communs dans l'histoire commerciale de la Grande-Bretagne, ont les conséquences les plus funestes ; elles ont notamment une grande influence sur le sort de l'ouvrier. A l'époque de la crise que nous venons de signaler, des associations d'ouvriers couvraient d'un réseau immense toutes les parties du royaume uni ; ignorées et faibles dans leur principe, ces associations avaient grandi en silence depuis vingt-cinq ans. Il n'existait plus une seule profession industrielle dans les trois royaumes, qui ne fût rangée en association. L'une des plus remarquables était celle des garçons tailleurs, divisée en deux classes : la classe des *flints* ou ouvriers travaillant à la journée, et la classe des *dungs*, ouvriers travaillant à la pièce.

Les membres de ces associations, pour la plupart gens illettrés, se distinguaient pourtant par la solidité, la régularité de leurs opérations. Un comité directeur, dont les membres étaient nommés par l'élection, avait la haute main dans les affaires de l'association. Leur but était d'élever le salaire, et, pour l'atteindre, on avait posé en principe qu'aucune personne ne serait admise à travailler chez un maître quelconque, si elle n'appartenait point à l'association ; que si ce maître insistait pour conserver cette personne, après une admonition préalable, tous les ouvriers quitteraient l'atelier à la fois ; interdit qui ne pouvait être levé qu'après la soumission du maître aux lois qui lui étaient faites. Là ne se bornaient point encore les rigueurs du comité : le maître ne pouvait prendre qu'un certain nombre d'apprentis ; le contre-maître chargé de surveiller les travaux des ateliers, devait plaire au comité ; s'il encourait sa disgrâce, si sa surveillance excitait le déplaisir des ouvriers, le maître recevait avis que tel jour il devait renvoyer son fidèle serviteur. Dans la fixation des heures de travail, le comité directeur déterminait le nombre d'heures, ainsi que les gages que chaque ouvrier devait recevoir. Le maître qui avait besoin d'augmenter le nombre de ses ouvriers, ne pouvait choisir ceux qui lui convenaient ; dans cette circonstance, il devait prendre le premier inscrit sur la liste des ouvriers sans travail.

Les devoirs de l'ouvrier envers l'association étaient ensuite fixés. D'abord, pour augmenter leur bien-être, les ouvriers se mettaient en garde contre l'admission d'un nombre trop considérable d'associés. Pour cet objet, les sociétaires imposaient des conditions fort dures à toute personne qui manifestait le désir d'en faire partie ; l'une des principales était que l'apprenti devait faire un long apprentissage, et payer pendant tout le temps une somme convenue, qui était versée dans la caisse de l'association ; son admission exigeait, en outre, qu'il payât un droit d'entrée. Dans plusieurs professions, les sociétaires accordaient une prime aux ouvriers qui consentaient à quitter le pays, ou bien à ne plus exercer leur état. Mais le premier de tous les devoirs de l'ouvrier sociétaire était de payer régulièrement sa cotisation ; l'ouvrier qui manquait un payement était frappé d'interdit. La contribution était hebdomadaire, proportionnée au salaire de chaque ouvrier ; elle variait d'une demi-couronne, dans les temps ordinaires, à cinq schellings, dans les temps difficiles. Un serment liait les sociétaires, et sous ce rapport, la franc-maçonnerie, dans ses plus beaux jours, n'aurait eu rien à envier aux associations d'ouvriers : même solennité, mêmes précautions pour que toutes les transactions de la société fussent ensevelies dans un profond mystère ; ce serment se faisait sur la Bible. Il y avait le mot de passe, un signe de reconnaissance ; on vouait au mépris et à la haine de tous, le *nob*, c'est-à-dire l'ouvrier qui, pendant la durée d'une suspension de travaux ordonnée par le comité, entrait chez un maître et adhérait à la réduction qui avait motivé la suspension. Voici la formule de ce serment, telle qu'elle fut présentée par le shérif du Lanarkshire devant un comité de la chambre des communes :

« Moi, J. A. B., je jure, en présence de Dieu et des hommes, que je serai toujours prêt à exécuter avec fidélité, et autant qu'il sera en mon pouvoir de le faire, tout ordre ou injonction qu'il plaira à la majorité de mes frères de me donner, dans l'intérêt de notre société ; que je punirai, de la manière qu'ils l'exigeront, les *nobs* et les maîtres qui auront encouru la disgrâce de la société. Je m'engage, en outre, à contribuer, autant que mes moyens me le permettront, au soutien de tous ceux de mes frères qui perdront leur emploi par suite de leur résistance contre la tyrannie des maîtres, et qui, pour ne pas se soumettre à une réduction de prix, renonceront à travailler. Je jure, enfin, de ne jamais divulguer l'engagement que je prends aujourd'hui, à moins que je ne sois autorisé à le faire, ou qu'il me soit prescrit par les personnes compétentes de déférer le serment aux ouvriers qui sont susceptibles de devenir membres de notre fraternité. » Ce qui rendait ce serment terrible, c'est qu'il était toujours bien observé; dans plusieurs circonstances, il fut prouvé que, pour punir le *nob* qui l'avait violé, les associations recoururent à l'assassinat.

L'organisation du travail réclame l'attention de tous les publicistes, quel que soit le pays auquel ils appartiennent. Mais il est également vrai que des associations de cette nature sont impuissantes pour procurer du profit aux ouvriers. L'idée en est fausse; si le système d'union, en pareille matière, offre, au premier aperçu, de grands avantages aux ouvriers; si les ouvriers parviennent à faire élever le prix des salaires dans une proportion considérable, cela n'est vrai que pour un temps. Les ouvriers ne trouvent pas un avantage permanent dans cette élévation du salaire, leur position ne s'améliore point. En effet, beaucoup de maîtres cherchent à faire de nouveaux ouvriers, et une foule d'hommes qui n'avaient point d'abord songé à faire la concurrence, s'empressent de profiter des avantages qu'on leur offre, et deviennent par la suite autant de compétiteurs avec lesquels il faut compter. Il en résulte qu'un grand nombre de malheureux ouvriers, se trouvant sans ressources, vont peupler les prisons et les bagnes. Les paroles suivantes, prononcées par un homme dont personne n'oserait mettre en doute les sympathies en faveur des classes ouvrières, ne font que confirmer notre raisonnement; elles sont de M. Daniel O'Connell.

« Les coalitions d'ouvriers ont anéanti le commerce à Dublin et celui de toutes les autres villes où ces coalitions ont eu lieu. A Belfast, où l'impression des calicots se faisait sur une grande échelle, les propriétaires ont retiré de la circulation leurs capitaux et transporté leur industrie dans d'autres lieux. Aujourd'hui plus de sept cents familles se trouvent sans asile et sans pain. Au sud de l'Irlande, dans la ville de Bandon, un manufacturier avait établi une fabrique importante, et déjà de fortes commandes lui avaient été adressées, lorsque ses ouvriers, ayant eu vent de cette nouvelle, désertèrent sa fabrique. Qu'arriva-t-il? Le propriétaire, pour éviter une ruine complète, adhéra d'abord aux exigences de ses ouvriers; mais, lorsque les commandes furent remplies, il vendit sa fabrique et se retira en Angleterre. Une perte de plus de 12,000 liv. st. par année en est résultée pour les ouvriers de cette ville. A Dublin, depuis quelques années, les ouvriers, par suite de ces coalitions, perdent chaque année près de 500,000 liv. st. Il est vrai que, dans cette ville, il n'est pas une profession où les ouvriers n'aient voulu faire la loi aux maîtres. Les effets de ces coalitions ont été désastreux; ainsi le commerce de cette grande ville n'est plus aujourd'hui qu'un commerce de détail. De plus, les chapeaux, les bottes et les souliers que l'on vend à Dublin sont presque tous confectionnés en Angleterre, attendu que le confectionnement des vêtements est plus cher dans cette ville que partout ailleurs. Ce prix est tellement élevé qu'un homme pourrait aller aujourd'hui de Dublin à Glasgow, s'arrêter dans cette ville un jour ou deux, et revenir à Dublin avec un habillement complet, qui, toutes dépenses payées, lui coûterait encore meilleur marché que celui qu'il achèterait dans la capitale de l'Irlande. A Cork, dans le cours de trois années, on ne compte pas moins de trente-sept individus qui ont eu le visage brûlé par du vitriol; et ces crimes ont été commis par les associations d'ouvriers, qui avaient à leur service des agents auxquels ils donnaient le nom de Welters. Ces Welters étaient au nombre de 6,000; ils attaquaient toutes les personnes qui leur étaient désignées, et tel était l'esprit d'hostilité dont ils étaient animés contre les maîtres, qu'il a presque toujours été impossible à l'autorité de réprimer les excès et les violences coupables de ces hommes. »

L'impulsion libérale que le ministère whig donnait à la politique intérieure s'était communiquée à la politique extérieure. En succédant au cabinet Wellington, lord Grey s'était placé tout d'abord dans une alliance étroite et amicale avec le cabinet des Tuileries. Ces dispositions étaient essentielles pour la grande cause de la paix européenne. Dans le même temps, la diplomatie anglaise s'employait activement, et de concert avec la France, à régler les différends de la Hollande et de la Belgique. Des plénipotentiaires, réunis à Londres à cet effet, publièrent un protocole dans lequel ils déclaraient que l'union de la Hollande et de la Belgique était désormais impossible, et reconnaissaient l'indépendance des Belges. La Hollande ayant protesté, une armée hollandaise envahit le territoire belge; ce qui obligea une armée française de venir au secours des Belges, tandis qu'une flotte anglaise, commandée par l'amiral Codrington, entrait dans les dunes; la coopération des deux armées décida les Hollandais à la retraite. En Portugal, alors le théâtre de scènes de confusion et de folie, don Miguel ayant fait arrêter plusieurs sujets anglais, et ayant ordonné la saisie de leurs propriétés, satisfaction fut demandée et obtenue. La France et les États-Unis, pour des traitements analogues envers leurs sujets respectifs, infligèrent à ce prince un châtiment également sévère. Bientôt après, don Miguel fut expulsé du Portugal, et la politique du gouvernement contribua beaucoup à rétablir dona Maria sur le trône. Vers la même époque, la mort de Ferdinand VII allumait de nouveau le feu de la guerre civile en Espagne; la reine Christine était nommée régente, et l'infante Isabelle, sa fille, était déclarée héritière du trône.

Les dispositions toujours équivoques du cabinet russe réclamaient surtout l'attention du gouvernement. Abritée derrière ses neiges et ses déserts; dirigée par un gouvernement ambitieux, ayant à sa disposition des essaims de peuples barbares, et possédant une forte organisation militaire; trouvant à peine le monde assez vaste pour ses desseins; menaçant à la fois le haut Orient en Perse, le bas Orient à Constantinople, l'Europe occidentale en Pologne, la Russie devenait naturellement le plus irréconciliable des ennemis de l'Angleterre. La dernière campagne des Russes contre la Turquie avait vivement préoccupé l'Angleterre, la France et l'Autriche. Une armée autrichienne s'était mise en observation sur la frontière orientale de l'empire; puis l'Autriche avait joint ses protestations à celles de la France et de l'Angleterre pour obtenir la paix d'Andrinople. Sous l'influence de cette guerre, il y avait eu un rapprochement entre l'Angleterre et l'Autriche, et un traité de commerce avait été conclu entre ces deux puissances (31 décembre 1829). Mais la grande commotion de 1830 avait effrayé l'Autriche; elle avait aussitôt éprouvé des répugnances pour s'unir plus intimement avec l'Angleterre, à la grande satisfaction de l'empereur Nicolas.

Les affaires intérieures et extérieures étaient dans l'état que nous venons de décrire; les idées libérales recevaient une forte impulsion, lorsqu'il se manifesta tout à coup un temps d'arrêt dans les dispositions du roi. Guillaume IV avait semblé prendre plaisir à se laisser nommer le roi de la réforme, le second Alfred. Aussi les torys mécontents n'avaient pas ménagé leurs épigrammes et leurs antipathies à la majesté royale ni à la prérogative qui leur paraissait être autrefois le palladium de l'Angleterre. La pente rapide qui entraînait la politique anglaise, du semi-libéralisme whig à une réforme générale, était si évidente qu'elle avait effrayé lord Grey lui-même; il s'était retiré, et lord Melbourne lui avait succédé dans l'espoir de l'accomplir. Tout à coup, les espérances du radicalisme sont déçues, et le ministère réformateur est brisé par le roi. Une cause légère en elle-même avait amené ce grave résultat; lord Spencer étant mort, son fils, lord Althorp, membre du cabinet, devait entrer dans la chambre des pairs; il fallait à la fois nommer un nouveau chancelier de l'Échiquier, et choisir le chef qui dirigerait désormais les mouvements du parti ministériel à la chambre des communes. Lord Melbourne proposa au roi de nommer chancelier de l'Échiquier, M. Spring Rice, à la place de lord Althorp: M. Spring Rice serait ainsi devenu le chef du parti ministériel dans les communes; mais la proposition fut mal accueillie par le roi. « Vous me proposez des mutations, dit-il à son ministre; mon intention n'est pas d'en faire, mais de renouveler totalement mon cabinet. *I will take a new set*, je ferai maison nette. »

Ce changement subit était dû à l'influence de la reine, influence puissante sur l'esprit du roi. La question irlandaise irritait également les scrupules de Guillaume. Pendant la dernière session du parlement, les whigs avaient proposé deux bills relatifs, l'un à la réforme de l'Église irlandaise, et l'autre à l'admission des dissidents au sein des universités. Ces bills, qui avaient passé à la chambre des communes, à une grande majorité, furent rejetés à la presque unanimité par la chambre des pairs. Alors le roi, craignant la lutte qui allait s'engager, et effrayé pour l'intérêt protestant, qui est le vieil intérêt de la dynastie hanovrienne, résolut de se jeter dans les bras de l'aristocratie et de rompre avec les réformateurs, qu'il avait jusqu'alors secourus et secondés. Sir Robert Peel fut nommé premier ministre ou chancelier de l'Échiquier; lord Lyndhurst, chancelier; lord Rosslyn, président du conseil privé; le duc de Wellington, l'un des hommes les plus renommés du parti tory, fut nommé ministre au département des affaires étrangères; M. Goulburn, ministre au département de l'intérieur; lord Aberdeen, ministre au département des colonies.

Sir Robert Peel et le duc de Wellington, étaient l'âme de ce cabinet. Le dernier se trouvait, par ses antécédents et sa position, par sa longue lutte contre Bonaparte, le champion naturel des intérêts aristocratiques. Ministre plénipotentiaire à Vienne, le duc de Wellington y avait soutenu les doctrines du torysme. Tout le monde accorde au duc de l'opiniâtreté et même de l'audace, qualités auxquelles il allie le prestige d'un grand nom. M. Peel, son collègue d'alors, se recommande par des talents du premier ordre. Sir Robert Peel, qui est aujourd'hui l'un des hommes d'État les plus capables de l'Angleterre, nous offre un de ces exemples d'élévation que l'on rencontre fréquemment dans les États parlementaires, et dans lesquels on voit l'homme arriver aux premières charges du pays par la force de son mérite personnel. Né en 1788, et appartenant à la roture par sa naissance, M. Peel ne doit en effet son élévation qu'à lui-même. En 1812, il fut secrétaire d'État pour l'Irlande; en 1817, il représenta l'université d'Oxford au parlement; en 1822, il remplaça lord Sidmouth, comme ministre de l'intérieur, et conserva ce poste pendant huit années. En 1830, après le bill d'émancipation des catholiques d'Irlande, il se retira avec le duc de Wellington. Marié à la fille de l'un des hommes les plus riches de la Grande-Bretagne, orateur excellent, ou plutôt, comme on le dit en Angleterre, admirable *debater*, sir Robert Peel se distingue par une grande clarté dans l'esprit, un calme et un à-propos qui conviennent merveilleusement à la lutte politique, une sagacité souple, un aplomb imperturbable, qualités qui seront toujours d'un grand poids dans les affaires d'un pays. Les doctrines de sir Robert Peel sont généralement conciliatrices.

Mais la dernière administration avait encore la confiance et les sympathies du pays. La cause de la retraite de ce ministère n'était point le résultat de fautes commises; elle provenait uniquement de l'effroi qu'éprouvait le roi à voir les progrès rapides que faisaient les idées libérales, et du désir de les réprimer. La secrète influence à laquelle avait cédé le roi dans cette occurrence ne pouvait échapper aux investigations de la presse libérale, qui s'en empara et en fit, avec son ardeur accoutumée, le texte des plus violentes attaques contre le pouvoir.

Il était naturel de s'attendre à une lutte vive et opiniâtre. Sir Robert Peel commença par réorganiser et par discipliner les bataillons conservateurs. Le club de Carlton, réunion des notabilités parlementaires de ce parti, devint le centre d'action d'où l'on dirigea les mouvements dans les provinces. On eut soin de resserrer, tantôt par de bons procédés, et tantôt par l'autorité, les rapports des fermiers électeurs avec les propriétaires. On veilla avec une sollicitude extrême à tous les préparatifs, de manière à assurer le succès de l'élection: au besoin l'on était décidé à prodiguer l'argent. A l'égard de la conduite à observer vis-à-vis du parlement, on résolut de ne faire aucune opposition aux mesures purement administratives que commandait l'intérêt évident du pays, mais à disputer aux whigs et à leurs auxiliaires les radicaux, le terrain pied à pied, dans les mesures de haute politique, en s'aidant habilement des passions et des préjugés nationaux. Le parti conservateur était en force dans la chambre des lords; parmi ses principaux représentants, figuraient le duc de Cumberland, lord Lyndhurst, le duc de Wellington, lord Abinger, le duc de Buckingham, le marquis de Londonderry.

Mais les whigs, unis aux radicaux, avaient une majorité imposante dans les communes. Hunt et Cobbett, athlètes infatigables, qui tous deux avaient menacé, décrié, avili, dénoncé à la vengeance publique la chambre des communes avant d'y entrer, représentaient le radicalisme; et sur les limites du radicalisme figuraient M. Thomas Maccaulay, écrivain distingué, auquel la *Revue d'Édimbourg* a dû pendant longtemps quelques-uns de ses plus brillants articles; M. Jeffrey, le colonel Torrens, M. Hume (*), l'arithméticien et l'orateur le plus déterminé qu'ait jamais eu le parlement; M. Gisborn, doué d'un esprit supérieur; M. Warburton, homme d'un jugement droit et d'un esprit juste; M. Charles Buller, renommé pour argumenter avec adresse, sachant enlacer ses adversaires dans leurs propres filets, jeter dans ses discours une ironie pénétrante, excellent dans la réplique; M. Attwood, qui ne traitait jamais de question parlementaire sans introduire dans sa harangue la nécessité du papier-monnaie, son grand cheval de bataille; M. Roebuck, autre membre ultra-libéral, collaborateur de la *Revue de Londres*, de celle de *Wesminster* et du *Magasine de Tait;* lord Dudley Stuart, l'ami dévoué et le généreux protecteur des Polonais; M. Pease, appartenant à la société des quakers ou amis; sir Édouard Codrington, dont la bataille de Navarin a immortalisé le nom; le sergent Wilde (serjeant at law (**)); M. Bowring le polyglotte; M. Édouard Lytton Bulwer, auteur de plusieurs romans; M. Buckingham, fondateur de l'*Oriental Herald;* le fameux Daniel O'Connell; le célèbre Burdett, qui était respecté alors comme un monument de l'ancien libéralisme; l'alderman Wood, qui avait défendu avec M. Henri Brougham la reine Caroline.

Les adversaires de l'administration avaient aussi pour eux tout ce parti qui est connu sous le nom de socialiste et qui s'intitule le représentant du progrès social et politique dans son plus large développement, hommes qui se jettent avec ardeur dans des espaces incommensurables, et dont les

(*) Ce membre du parlement se distingue par son activité surprenante. On remarqua à cette époque que dans le cours d'une session il avait fait plus de quarante discours de longue haleine.

(**) Le degré de sergent ès lois, qui n'existe qu'en Angleterre, répond à celui de docteur en droit civil.   CL. PEL.

systèmes sont tellement défectueux, que l'application tuerait infailliblement le malade au lieu de le guérir, mais qui tiennent en haleine l'esprit public, auquel ils servent pour ainsi dire d'éclaireurs. Nous avons déjà eu l'occasion de parler des doctrines de quelques-uns de ces réformateurs, et notamment des doctrines des utilitaires; mais nous ne devons point omettre pour leur hardiesse celles du fameux Owen, fondateur de la secte owenite ou des socialistes.

Owen trouve ses théories dans le code de la nature; ce réformateur détruit d'un seul coup la religion, la propriété, le mariage : la propriété comme conférant un bénéfice au possesseur, au détriment de ceux qui ne possèdent pas; la religion comme faisant peser sur l'homme des chaînes fort lourdes; le mariage comme étant une entrave permanente. « Je déclare à vous et au monde, dit Owen dans sa déclaration d'indépendance intellectuelle, que l'homme jusqu'à ce jour, sur tous les points du globe habitable, a été l'esclave d'une trinité; que cette trinité est la plus monstrueuse combinaison qui ait pu être imaginée pour frapper notre race entière de maux intellectuels et de maux physiques; je veux parler de la propriété privée, des systèmes religieux, absurdes et irrationnels, enfin du mariage, fondé sur la propriété privée et combiné avec l'un des absurdes systèmes religieux qui existent. Parmi ces grandes sources de tous les crimes, il est difficile de choisir la plus féconde et la plus atroce, tant leur fusion est intime, leur enchaînement nécessaire, leur tissu profondément soudé par le temps; on ne peut attaquer l'une sans détruire les autres. » Le socialisme d'Owen recommande le divorce et l'abolition de toute espèce de commerce; d'après ce système, la propriété de la terre appartient à tous et à personne; on échange les fruits du sol contre les produits des manufactures; les enfants sont élevés dans les écoles publiques, et la seule religion admise dans la société nouvelle se compose de chimie, de botanique, de zoologie et de la promesse solennelle d'aimer tous les hommes. Dans ce système toute espèce de châtiment et de récompense sont abolis; les juges, les avocats, les huissiers, les geôliers sont supprimés; toutes les maisons de force et de détention sont démolies, tous les livres de jurisprudence sont brûlés.

Tel était l'état des deux partis et les forces dont chacun disposait. Le ministère Peel avait dissous le parlement pour tenter l'épreuve d'une élection générale; mais le résultat en fut douteux. « Alors commença entre lord John Russel, qui dirigeait la coalition des whigs avec les radicaux, et le premier ministre, une des luttes les plus brillantes dont l'histoire parlementaire de la Grande-Bretagne ait conservé le souvenir. De part et d'autre on déploya toutes les ressources de la tactique, et la discipline des soldats égala le talent consommé des généraux. Battu d'abord dans l'élection de l'orateur (*speaker*) que les whigs emportèrent à dix voix de majorité (316 contre 306), sir Robert Peel se vit encore défait dans la question de l'adresse par une faible majorité de sept voix; mais comme il avait l'appui de la cour, et comme il espérait encore dans la désunion possible de ses adversaires, le premier ministre déclara que le cabinet ne se retirerait pas avant d'avoir éprouvé l'opinion de la chambre sur les projets qui devaient lui être soumis. Au nombre de ces projets figurait un bill qui relevait les dissidents de l'obligation de contracter mariage selon les rites de l'Église établie; hommage rendu à la liberté des cultes dans un pays qui n'a pas le mariage civil. Le ministère y avait joint un plan de composition pour les dîmes perçues en Irlande; mais ce bill ne soulageait ni les souffrances, ni les sentiments du peuple irlandais (*). »

Le ministère Peel se décida enfin à la retraite, et le ministère Melbourne fut reconstitué sur son ancienne base.

(*) Léon Faucher.

Le premier soin de la nouvelle administration fut de présenter au parlement un bill qui avait pour objet de réformer l'organisation municipale, organisation pleine d'abus. En vertu des anciennes chartes, chaque corporation se composait de tous les hommes et habitants du lieu; mais la coutume avait presque partout réduit l'exercice effectif des droits de cité à un petit nombre d'individus privilégiés. L'organisation du gouvernement local présentait également de grands vices; la municipalité, bien que se composant d'une seule assemblée, appelée le conseil de la commune et présidée par le magistrat exécutif de la municipalité, se partageait généralement en deux classes ; celle des aldermen et celle des simples membres du conseil ; de là des luttes incessantes entre ces deux pouvoirs municipaux. La nouvelle loi remédiait à ces abus: elle portait que tout homme majeur, Anglais, occupant depuis deux ans une maison, magasin ou boutique situés dans un bourg ou dans un rayon de sept milles, devait être considéré comme bourgeois, pourvu qu'il se fût fait enregistrer dans le cours de l'année. Les conseillers municipaux étaient élus par les bourgeois. Nul ne pouvait être élu membre du conseil, s'il était dans les ordres sacrés, pasteur d'une communauté dissidente, ou pourvu d'une place lucrative quelconque, autre que celle de maire, à lui accordée par le conseil; la loi établissait en outre qu'une amende de 50 liv. st. (1,250 fr.) serait prononcée contre toute personne convaincue d'avoir corrompu des électeurs à prix d'argent; que tous les revenus des communes seraient versés dans les mains du trésorier, fonctionnaire responsable et qui devait fournir un cautionnement ; que les registres des recettes et des dépenses seraient tenus avec exactitude, contrôlés et publiés. (1836-37.) D'autres mesures importantes suivirent le bill de réforme municipale. Les principales avaient pour objet la régularisation des mariages, des naissances et des décès; l'établissement des dîmes anglaises et irlandaises; des modifications dans le code pénal, une réduction de la taxe pour les journaux, etc.

Le roi Guillaume n'avait accepté qu'avec regret et par contrainte le ministère whig ; cependant une motion ayant été faite dans la chambre des communes pour la suppression des loges orangistes (*), et la motion ayant provoqué une adresse, il déclara que son intention formelle était de désorganiser ces sociétés, et qu'il se reposait sur ses sujets pour l'aider dans cette détermination. Cette réponse péremptoire fut comprise par les torys, et le jour suivant, le duc de Cumberland, frère du roi, et aujourd'hui roi de Hanovre, déclara dans la chambre des lords, que malgré sa conviction de la pureté des doctrines professées par les loges orangistes, il avait, de concert avec plusieurs de ses amis, engagé lesdites sociétés orangistes des trois royaumes, ainsi que des colonies, à se dissoudre. Cette déclaration publique du frère du roi, connu par l'exaltation de ses opinions torystes, fut assez mal accueillie par le parti tory, et le clergé anglican n'en déclama qu'avec plus de violence dans la chaire contre ce qu'il appelait les empiétements du clergé papiste. Celui-ci prenait en effet un développement extraordinaire : quarante ans auparavant, il n'y avait dans la Grande-Bretagne que trente chapelles catholiques ; en 1835, le nombre s'en élevait à cinq cent dix.

Ce fut au milieu de cette complication d'intérêts froissés et de difficultés sans nombre que la cloche de Saint-Paul, celle de l'abbaye de Westminster et des principales églises, commencèrent leur lugubre concert, et que le royal étendard de l'Angleterre, se déployant sur

(*) On appelait ainsi des clubs qui soutenaient les doctrines absolutistes et la cause du protestantisme contre les catholiques. Ces loges, qui avaient pris leur nom de Guillaume III, prince d'Orange, reconnu pour le défenseur de la cause protestante, contribuèrent beaucoup, pendant leur existence, à entretenir, par leur activité, l'irritation en Irlande. Cl. Pel.

les édifices publics, annonça à la nation anglaise la mort de son roi; le sceptre du royaume uni passait aux mains d'une jeune fille timide et délicate. La reine Victoria montait sur le trône de la Grande-Bretagne, à l'âge de dix-huit ans (*). La jeune reine se distinguait par une intelligence au-dessus de son âge, par des goûts simples, une éducation libre de préjugés; mais les grandes réformes qui se poursuivaient, le malaise qui planait sur tous les foyers d'industrie, les pertes nombreuses que venait d'éprouver le commerce, l'agitation sourde et toujours croissante de l'Irlande, les différends soulevés par la Russie et encore mal résolus, la dissolution du parlement et l'élection immédiate des membres d'une nouvelle chambre des communes faisaient de son avénement au trône un événement de la plus haute importance.

Tout était mis en question par le changement de règne. A quelles influences allait obéir son gouvernement? Quels errements allait-il suivre au dehors et au dedans? Le conseil était assemblé; la jeune souveraine, en présence des ministres, des grands fonctionnaires de l'État et des lords spirituels, après avoir prêté le serment de gouverner le royaume conformément aux lois, remit à lord Melbourne et aux ministres, ses collègues, les sceaux de leurs fonctions respectives. Elle rendit ensuite la déclaration suivante:

« Je mets toute ma confiance dans la sagesse du parlement et dans l'affection et la loyauté de mon peuple; je regarde comme un avantage tout spécial de succéder à un monarque dont le nom est devenu un objet de vénération et d'affection générale, à cause de son respect constant pour les droits et les libertés de ses sujets, et de sa sollicitude pour l'amélioration des lois et des institutions nationales. Élevée en Angleterre, sous la direction aussi tendre qu'éclairée de la mère la plus affectionnée, j'ai appris dès mon enfance à respecter, à aimer la constitution de ma patrie. Je m'appliquerai sans cesse à soutenir la religion réformée, telle que la loi l'a établie, assurant en même temps à tous l'entière jouissance de la liberté religieuse; je protégerai avec fermeté ses droits, et je contribuerai de tout mon pouvoir au bonheur et au bien-être de toutes les classes de mes sujets. » A cette déclaration, au serment prêté par la reine de maintenir l'Église établie, ainsi que l'Église d'Écosse, succédèrent deux proclamations, dont l'une avait pour objet d'inviter toutes les personnes qui occupaient des emplois publics à continuer de remplir leurs fonctions, malgré le décès du roi Guillaume, et la seconde de déclarer les intentions du nouveau souverain de punir le vice, la profanation et l'immoralité.

L'avénement de la reine Victoria au trône amenait la séparation de la couronne britannique de celle de Hanovre. La couronne de Hanovre était réunie à celle d'Angleterre depuis l'avénement au trône d'Angleterre de George Ier, électeur de Hanovre et chef de la famille de Brunswick; mais, en 1814, l'électorat de Hanovre ayant été érigé en royaume, il avait été décidé par le congrès que cette principauté serait séparée de la Grande-Bretagne, lorsqu'une princesse ceindrait le diadème du royaume uni. La couronne revenait à Ernest, duc de Cumberland, frère du feu roi et oncle de la reine. Ce prince, l'un des hommes politiques les moins aimés de ce temps, accepta la couronne, et son départ excita une joie universelle parmi les membres du parti whig et radical. Toutefois, le duc de Cumberland ne voulut point faire abandon des droits à la couronne

---

(*) Victoria-Alexandrina première, nièce du feu roi, était à peine âgée de 18 ans à son avénement au trône; elle descend, par sa mère, de Jean Frédéric, surnommé le Magnanime, électeur de Saxe; et elle est fille du duc de Kent. Ce prince, par son caractère chevaleresque, sa bravoure et l'éclat de ses services à Gibraltar, au Canada, ainsi que par son caractère conciliant, s'était rendu cher à la nation, et il fut vivement regretté à sa mort, qui eut lieu en 1820. Cl. Pel.

d'Angleterre; il prêta serment de fidélité à la reine, et conserva par là le droit de siéger à la chambre haute. Le parlement, dont la dissolution était prochaine, s'occupa ensuite de voter la liste civile de la reine, ainsi qu'un bill de régence provisoire, dans le cas où la nouvelle reine viendrait à mourir sans héritier, et à l'effet de pourvoir au gouvernement du pays pendant l'absence du duc de Cumberland. Les communes votèrent en outre une somme de 38,000 liv. sterl., pour la construction d'un nouvel édifice destiné aux délibérations du parlement, le dernier ayant été dévoré par un incendie, en 1834.

La nouvelle loi électorale qui avait été adoptée en 1832, sur la proposition de lord John Russell, avait dans le principe donné de grandes espérances aux whigs. Cette loi était en effet conçue sur une base large et dans un esprit très-libéral, comme on peut en juger par le rapprochement de la loi ancienne avec la loi nouvelle. Avant la réforme, les 40 comtés de l'Angleterre nommaient chacun 2 députés ou 80 membres; les 12 comtés du pays de Galles, chacun 1 membre ou 12 députés; les bourgs, cités, villes et universités comprises, 409 membres; les 12 bourgs du pays de Galles, 12 membres; les 32 comtés d'Irlande, 64 membres; les 34 bourgs du même pays, 36 membres; les 15 bourgs d'Écosse, 15 membres; enfin, les 33 comtés d'Écosse, 30 membres seulement, parce que 6 de ces 33 comtés alternaient et n'employaient, de deux années l'une, que 3 membres au parlement. Les électeurs des comtés d'Angleterre et de Galles se composaient des propriétaires ou rentiers possédant 40 l. sterl. de revenu. Dans les bourgs, le titre d'électeur dépendait d'une foule d'usages anciens et de traditions absurdes. Ainsi, le bourg de Old Sarum se composait de six maisons, toutes sur une même ligne et appartenant au même propriétaire, qui pouvait se proposer lui-même comme candidat et se nommer membre du parlement. A Gatton, le bourg n'existait pas; on n'y rencontrait que des ruines. Le système électoral des comtés irlandais, modifié depuis 1829, appartenait aux propriétaires de 10 livres sterling (250 francs). Quant aux bourgs irlandais, ils suivaient, comme ceux d'Angleterre, les coutumes les plus arbitraires. En Écosse, les électeurs des comtés étaient les héritiers ou les ayants cause des anciens tenanciers et des vassaux de la couronne; les électeurs des bourgs se composaient de quatre ou cinq délégués des localités, comme en Angleterre.

Telle était la loi ancienne. La nouvelle loi détruisait les abus et anéantissait l'ancienne répartition électorale; les 40 comtés d'Angleterre nommèrent 143 députés; les 12 comtés de Galles, 15; les 33 comtés d'Écosse, 30; les 32 comtés d'Irlande, 64; les bourgs d'Angleterre et de Galles, 342; les bourgs d'Écosse, 23; ceux d'Irlande, 40. Le droit d'élire fut enlevé à plusieurs bourgs; pour d'autres, il fut considérablement réduit; quelques localités qui ne possédaient pas ce droit, l'obtinrent; de nouvelles classes d'électeurs furent créées, et la plupart des anciennes, conservées avec des modifications. La nouvelle loi assurait également la régularité des listes électorales, qui auparavant se trouvaient sans garantie; elle multipliait le nombre des lieux où étaient reçus les votes. Pour rendre plus difficile la création des propriétaires fictifs, comme cela avait lieu autrefois, soit par donation, soit par vente, elle exigeait la jouissance personnelle d'une propriété de 40 l. sterl.; elle étendait le droit d'élection aux fermiers ou locataires ayant bail d'une propriété de 8 l. de revenu pour un bail de soixante ans ou au-dessus, soit qu'ils occupassent ou non la propriété; aux locataires ou fermiers d'une propriété de 50 l. sterl. de revenu, avec ou sans bail, pourvu que les locataires ou fermiers occupassent eux-mêmes la propriété. La plupart des électeurs des bourgs étaient conservés, à l'exception de la dernière classe, ne payant point d'impôt (pot wallopers and scot and lot voters). Mais par une nouvelle disposition, tout habitant des villes, occupant une maison ou magasin d'un revenu de 10 l. sterl., domicilié, ayant payé ses contributions avant le 20 juin de chaque année, devenait électeur dans les bourgs. Une nombreuse classe d'électeurs nouveaux fut ainsi introduite. Quant aux classes d'électeurs pauvres, mais admises par l'ancienne loi électorale, leurs droits, supprimés pour l'avenir, furent conservés leur vie durant.

Cependant, les élections qui avaient été faites en 1834 sous l'empire de cette loi, sans donner la majorité au parti conservateur, avaient beaucoup ajouté à ses forces, car la distance qui le séparait des whigs renforcés des radicaux avait été réduite de cent seize à trente voix. Cette distance fut réduite encore par les nouvelles élections; les résultats généraux en étaient défavorables au parti libéral, qui ne manqua pas d'attribuer sa défaite aux sourdes menées de ses adversaires.

En effet, ceux-ci s'étaient donné un mouvement extraordinaire : tantôt en exhortant la nation à ne point envoyer au parlement des papistes ou des athées; tantôt en accusant la duchesse de Kent, mère de la reine, d'avoir montré de l'indifférence pendant la maladie du feu roi; tantôt en invitant la jeune reine à s'affranchir des lisières dans lesquelles la tenait enchaînée le parti Melbourne, en lui prescrivant ses devoirs, en lui rappelant qu'elle avait juré de maintenir la religion intacte, lui rappelant sans cesse que ses sujets voulaient être gouvernés d'après la constitution. Aux yeux des conservateurs, le ministère Melbourne était composé d'hommes incapables. Mais la corruption, l'invective, la menace, les insinuations malveillantes, quelquefois le langage aigre-doux, sont des armes ordinaires au parti whig comme au parti tory dans des luttes de ce genre. Le parti tory devait principalement sa victoire à son immense influence. Possesseur du sol et de richesses considérables, ayant depuis longtemps le maniement et la connaissance des affaires publiques, en rapport continuel avec la population agricole dont la partie la plus riche est entièrement sous sa dépendance, ce parti, bien que tendant sans cesse à s'affaiblir par la force naturelle de la constitution, jouira longtemps encore d'une grande prépondérance.

Les whigs devaient les succès qu'ils avaient remportés sous le dernier règne à l'alliance qu'ils avaient formée avec O'Connell, Hume et d'autres. C'était en se traînant à la remorque de ce parti qu'ils avaient vécu; mais un souffle aurait pu les briser. Pour rétablir leur crédit compromis par le résultat de nouvelles élections, ils formèrent une alliance plus étroite avec le parti radical et le parti O'Connell, aussi appelé la queue d'O'Connell. Whigs ministériels, whigs d'une nuance réformatrice, radicaux de toute couleur, o'connellistes irlandais, arborèrent le même drapeau. Cette union, sous le rapport de la vigueur et de l'activité de ses membres, ne laissait rien à désirer; mais il lui manquait la cohésion. L'administration n'avait point aussi toute sa liberté d'action; elle était obligée à de grands ménagements envers les partis les plus exaltés, sous peine de rompre avec ses amis politiques. A l'encontre du parti libéral un seul intérêt dominait et domine encore le parti conservateur; car il est question pour ce parti de conserver ce qui existe non d'opinions variables, flottantes, souvent incertaines, susceptibles de mille interprétations, mais de véritables intérêts fixes, les uns héréditaires, les autres appartenant à des corporations, à des partis prêts à combattre jusqu'au dernier soupir.

Le premier parlement du règne s'assembla le 15 octobre 1837; la jeune reine l'ouvrit en personne. Une loi, destinée à placer le pauvre irlandais dans une position analogue à celle du pauvre anglais, fut adoptée; une mesure, qui avait pour objet la réforme municipale d'Irlande, occupa ensuite l'attention de la législature. Le bill fut adopté dans la chambre des communes; mais il fut tellement altéré dans la chambre des lords, que, lorsqu'il revint aux communes, celles-ci ne pouvant en reconnaître les traits principaux, le repoussèrent. Un bill, qui modifiait les dispositions de l'ancienne loi relativement à l'emprisonnement pour dettes, fut également adopté : chacune de ces lois donna lieu aux plus vives discussions. Toutefois le couronnement de la reine d'Angleterre atténua pendant quelque temps l'agitation des esprits.

Cet événement, qui eut lieu le 28 juin 1838, fut accompagné d'une circonstance remarquable, parce qu'elle tend à prouver que de grands changements se sont opérés dans l'esprit public à l'égard de la France. Le maréchal Soult, duc de Dalmatie, représentait notre pays au couronnement de la reine d'Angleterre, sur le désir qu'en avait exprimé au roi des Français la reine Victoire elle-même. Si l'histoire n'avait consacré le génie militaire de la France, il ne faudrait d'autres témoignages de sa grandeur que les acclamations dont l'Angleterre salua le lieutenant de Napoléon. Ce peuple, qui, naguère encore, vouait à la France une haine implacable, se pressait de toutes parts sur le passage du vieux guerrier et l'accueillait par des hourras (*). La réception qui fut faite au maréchal Soult fut surtout remarquable le jour du couronnement. De longs bravos saluèrent l'entrée du maréchal à Westminster, et l'on rapporte que, touché de cet accueil, le vieux guerrier ne put se défendre d'une vive émotion.

Cependant l'édifice whig continuait

(*) Jamais peut-être ovation ne fut plus complète. Toutefois il parut un article dans le *Quarterly review*, Revue trimestrielle, dont l'auteur, M. Crooker, s'efforçait de déprécier les talents militaires du maréchal à la bataille de Toulouse, au profit du duc de Wellington. L'article causa pendant quelques jours une certaine sensation; mais le peuple anglais protesta contre ces attaques en saisissant toutes les occasions qui s'offraient à lui pour saluer à sa manière le vieux guerrier.   CL. PEL.

à chanceler; les recettes étaient tombées au-dessous des dépenses; en même temps, une crise commerciale jetait la consternation et la détresse dans les districts manufacturiers. Harcelé par les torys, ne pouvant satisfaire aux exigences d'O'Connell, battu dans différentes rencontres, le ministère Melbourne se décida à la retraite, et sir Robert Peel fut aussitôt mandé près de la reine pour former un cabinet. Sir Robert Peel présenta à S. M. la liste des hommes qu'il avait l'intention d'appeler aux premières charges de l'État. C'étaient le duc de Wellington, lord Lyndhurst, le comte d'Aberdeen, lord Ellenborough, lord Stanley, sir James Graham, sir Hardings, M. Goulburn. En outre, il demandait d'être autorisé par la reine à constituer la maison royale, de façon à ce que les nouveaux serviteurs de S. M. eussent un gage public de la confiance qui leur était accordée. Mais il y avait eu trop de précipitation dans le parti conservateur : le temps n'était point encore arrivé pour lui de s'emparer du pouvoir; la reine répondit aux demandes de sir Robert Peel par un refus; « son bon plaisir voulant, dit-elle, qu'aucun changement n'eût lieu dans cette partie de son service. » Le ministère whig reprit ses fonctions.

Le ministère Melbourne signala sa réintégration aux affaires par une de ces mesures larges auxquelles les partis, quelque grandes que soient les divergences qui les séparent, ne sauraient refuser leur adhésion. Nous voulons parler de la réforme de la poste aux lettres. Le projet avait pour auteur un de ces hommes généreux (*) qui consacrent leurs veilles à l'agrandissement du bien-être de leurs concitoyens, et dont la vie utile s'écoule souvent au milieu d'une profonde obscurité. Il s'agissait d'abaisser le factage des lettres, et de le réduire au prix uniforme d'un penny (10 centimes) pour chaque lettre, quelle que fût la distance que cette lettre eût à parcourir. D'abord, la nouveauté d'un pareil

(*) Rowland Hill.

projet étonna tout le monde; on le regardait comme une utopie inexécutable, comme le rêve d'un idéologue. Néanmoins, quand on vit les plus hautes autorités commerciales se prononcer en faveur du projet, parler de former une compagnie pour affermer le transport des lettres à taxe réduite, et de garantir le trésor de toute perte sur les prix existants, l'incrédulité fit place à la confiance. Une commission spéciale, prise dans le sein de la chambre des communes, fut nommée, et son rapport en faveur du bill fut décisif. La commission était d'avis que le port et le factage des lettres devaient être réglés d'après le poids des lettres, et qu'il fallait commencer par fixer cette taxe à 2 pence par lettre du poids d'une demi-once, avec augmentation d'un penny par chaque demi-once. La commission, dans ces calculs, estimait que le nombre des lettres qui passaient, à cette époque, par les bureaux de la poste du royaume, s'élevait à 75 ou 80 millions par an, y compris celles des petites postes; que les lettres qui passaient franches de port étaient au nombre de sept millions, et le nombre de journaux de quarante-quatre millions; qu'il était impossible d'évaluer le nombre des lettres transportées par voies illicites, mais que certainement le chiffre en était considérable, et qu'il augmentait tous les ans; que ce mode de transport cesserait complétement, quand celui de la poste reviendrait moins cher; d'un autre côté, que les correspondances par lettres augmenteraient d'une façon incalculable; ce qui, joint à l'économie dans les frais de réception et de distribution, compenserait amplement la diminution de la taxe. Le projet fut adopté par les deux chambres.

Mais quittons pour un moment les querelles des whigs et des torys, et portons nos regards au dehors de l'Angleterre, où se préparent des complications nouvelles. Ces complications réclament toute la sagacité des hommes d'État qui ont en ce moment en main la direction des affaires du pays.

Les dispositions de la Russie avaient toujours leur caractère équivoque, c'est-à-dire, que, sous l'apparence du désintéressement, le cabinet de Saint-Pétersbourg continuait à prendre pied, dans le divan, aux dépens de l'influence anglaise et de l'influence française. Déjà la Russie dominait dans les vastes provinces slaves de l'empire d'Autriche, qui professent la religion grecque. Le traité d'Unkiar-Skelessi fermait le Bosphore aux navires européens, suivant le bon plaisir du czar. Des arsenaux s'élevaient à Sébastopol; des flottes russes sillonnaient la mer Noire, et bloquaient la Circassie. Un smoggher anglais, *le Vixen*, avait été capturé dans la mer Noire, sur la côte asiatique. La Turquie, que la politique anglaise regardait depuis longtemps comme un boulevard à opposer aux empiétements de la Russie, était en outre menacée d'un démembrement, par le fait des dispositions hostiles de Méhémet-Ali, pacha d'Égypte, dont l'ambition était, à cette époque, de transmettre à sa race le gouvernement de l'Égypte, de la Syrie et de la terre sainte.

Les alliés naturels de l'Angleterre contre la Russie étaient l'Autriche et la France. Mais l'Autriche, craignant pour elle-même les effets de la grande commotion de 1830, n'avait pas eu le courage de mettre obstacle à l'asservissement de la Pologne, ni au traité d'Unkiar-Skelessi, qui livrait à la Russie l'embouchure du plus important des fleuves autrichiens; elle n'avait point cherché à s'attacher les sujets de race slave par des concessions judicieuses. Abattue et silencieuse, elle avait préféré se renfermer dans son archiduché, comme un valétudinaire à l'approche de la contagion. Il est vrai qu'en 1838, elle était sortie de cette torpeur, et s'était rapprochée de l'Angleterre, en renouvelant le traité de commerce conclu avec l'Angleterre en 1829. Néanmoins, toujours indécise dans ses résolutions, elle ne présentait à l'Angleterre que des garanties insuffisantes. Le cabinet anglais ne donnait aussi qu'une médiocre confiance aux intentions du cabinet français, et il ne lui avait point encore pardonné l'occupation de l'Algérie ainsi que l'influence qu'il cherchait à exercer en Espagne. La France, après avoir consolidé son organisation intérieure, si fortement ébranlée par la révolution de 1830, donnait, en ce moment, la plus vive attention aux affaires extérieures. Son gouvernement s'attachait surtout à établir l'influence française en Espagne; il observait aussi en silence l'affaiblissement progressif de l'autorité du sultan, l'extension du pouvoir de Méhémet-Ali, la décadence des populations musulmanes, et l'augmentation en nombre comme en énergie des religionnaires grecs et arméniens.

Dans les Canadas, une insurrection venait d'éclater, et, aux États-Unis, la question controversée depuis si longtemps, au sujet de la délimitation des frontières, prenait un caractère d'une haute gravité. Dans les Indes orientales, l'empire britannique était aussi menacé, et le cabinet de Saint-James venait de transmettre au gouverneur des possessions anglaises dans cette partie du monde l'ordre de rétablir, par la force des baïonnettes anglaises, le shah Shoujah-al-Muck sur le trône de l'Afghanistan, d'où il avait été expulsé, trente ans auparavant, par les chefs de son propre peuple. S'il fallait en croire les prédictions de la presse anglaise et hindoustanique à cette époque, cet événement allait assurer la tranquillité des frontières de l'Inde britannique, sinon immédiatement, du moins dans un avenir peu éloigné, c'est-à-dire aussitôt que l'irritation que devait occasionner chez les Afghans une révolution accomplie contre le gré de la majorité de la nation, se serait calmée. Une armée anglaise traversa l'Indus dans ce but, d'abord pour mettre la forteresse d'Hérat à l'abri d'une attaque que le shah de Perse dirigeait contre elle, à l'instigation de la Russie; et puis pour assurer à l'Angleterre une influence prépondérante sur l'Afghanistan propre, en substituant la dynastie des Suddozyes, favorable à l'Angleterre, à la domination des chefs barokzyes, dont la politique commençait à se montrer décidément contraire aux intérêts britanniques.

La prépondérance de l'Angleterre se trouvait surtout très-compromise en Chine; car le gouvernement chinois venait d'ordonner la saisie de marchandises appartenant aux marchands anglais. La Chine excite la convoitise des différentes puissances de l'Europe, à cause de l'étendue de son territoire, de sa population presque merveilleuse, des richesses considérables dont cet empire dispose : c'est ainsi que le Portugal, l'Espagne, la Hollande, l'Angleterre et les États-Unis ont cherché à y exercer le monopole à l'exclusion les uns des autres, et qu'ils ne se sont pas fait scrupule de calomnier leurs rivaux en leur attribuant toutes sortes de crimes. De leur côté, les Chinois voient d'un mauvais œil tout ce qui leur vient de l'Europe, contrée qu'ils appellent *Hivai faud*, terre du Diable. Toutefois l'Angleterre n'avait pas alors à se plaindre de la part qui lui était faite dans ce pays. En effet, les Anglais jouissaient de certains priviléges, et notamment du privilége de fixer le prix des différentes qualités de thé qui leur étaient vendues par les Chinois; en échange du thé, les Anglais donnaient aux Chinois de l'opium. Ce trafic avec la Chine était considérable, et, depuis quelques années, il prenait un développement extraordinaire. En 1816 et 1817, 3,210 caisses d'opium furent importées du Bengale en Chine; en 1827, le nombre des caisses s'éleva à 9,969; en 1832, à 23,670; en 1837, à 34,000. La culture des pavots, pour la manufacture de l'opium, se faisait sur une grande échelle dans différentes parties des Indes orientales, et plus particulièrement à Malwa, à Bénarès et à Bahar, où les moyens de transport et la nature du sol offrent des avantages particuliers aux cultivateurs. La valeur de l'opium, dans ces provinces, y fait négliger toute autre exploitation de la terre. Quand l'opium a été recueilli, on le transporte à travers le pays jusqu'au Bengale, d'où une petite portion est transmise en Europe, et presque tout le reste est expédié pour la Chine. Ce transport s'effectue au moyen de petits shooners ou brigantins avec des carènes basses, appelés *chippers* d'opium. A l'arrivée de ces chippers à Macao, on transporte l'opium à terre au moyen de légers bateaux du pays, appelés *fine crabs*, fins voiliers, qui défient quiconque ose les poursuivre, et qui sont toujours prêts à une résistance desespérée, si on les attaque. Le trafic de l'opium est sévèrement interdit en Chine.

Des mesures de répression furent adoptées par le gouvernement chinois à l'égard de ce commerce, parce qu'il produisait des ravages extraordinaires. Rien de plus funeste que l'opium sur la constitution de l'homme. Deux ou trois gros par jour sont une dose suffisante pour détruire en quinze ans, quelquefois en dix ans, la constitution la plus robuste. Un pareil état de choses soulevait des plaintes sérieuses, et, depuis longtemps, les ministres du céleste empire ne cessaient de solliciter des mesures de rigueur contre les marchands convaincus de favoriser, directement ou indirectement, le commerce ou la contrebande de l'opium. Les mandarins représentaient à cet égard les étrangers comme des agents hostiles, qui avaient intérêt à enivrer les sujets du fils du ciel, afin d'en avoir bon marché quand l'heure serait venue pour eux d'attaquer et de conquérir la Chine. Dans un mémoire présenté à l'empereur, il est dit : « Tandis que dans leur propre pays ils ne fument pas l'opium, les barbares cherchent à empoisonner de cette drogue pernicieuse le peuple de la terre fleurie. Je ne crois donc pas que ces barbares méritent le moindre égard. »

Telles étaient les complications extérieures auxquelles la sagacité du ministère avait à pourvoir. Il fallait, dans de pareilles circonstances, au ministère Melbourne toute cette prévoyance, toute cette énergie des hommes d'État qui ont élevé le pays si haut : autrement l'Angleterre pouvait perdre de sa gloire et de sa grandeur. A l'égard de l'insurrection qui avait éclaté dans le Canada, un bill fut présenté dans le parlement pour suspendre la constitution canadienne, et lord Durham, l'un des coryphées du parti libéral, fut envoyé dans cette contrée, muni de pleins pouvoirs pour calmer les troubles. Les rapports de l'Angleterre avec les États-Unis, au sujet de la question controversée depuis longtemps entre l'Amerique et le royaume de la Grande-Bretagne, question qui déjà avait donné lieu à de nombreuses négociations par voie diplomatique, et notamment en 1831, époque à laquelle le roi des Pays-Bas avait été pris pour arbitre, furent établis d'une manière honorable et satisfaisante pour les deux pays, grâce aux bonnes dispositions dont était animé le cabinet de Saint-James.

Mais si la politique extérieure suivie par le ministère whig obtenait du succès sur quelques points, sur d'autres l'échec était complet. Une insurrection venait d'éclater dans le Caboul ; le shah Shoujah-al-Muck, rétabli sur le trône de l'Afghanistan par les baïonnettes anglaises, avait été assassiné, et le mouvement insurrectionnel, secondé par la presse hindoustanique, semblait prêt à se communiquer dans toutes les provinces de l'Inde. Le *Jame Jettan Namuls*, journal rédigé en langue persane, annonçait à ses lecteurs qu'environ 400,000 Afghans s'étaient rassemblés sous l'étendard du Prophète, résolus à combattre jusqu'à la dernière goutte de leur sang les ennemis de leur foi. Puis, s'adressant aux cipayes mahométans : « Si c'est votre destinée, leur disait le journaliste persan, d'être traînés sur le champ de bataille, oubliez que vous avez mangé le sel des Ferenghis, et joignez-vous aux glorieux guerriers d'Islam. » Des désastres épouvantables accompagnèrent cette insurrection ; différents corps de troupes anglaises furent écharpés, sans qu'un seul homme pût s'échapper.

Les affaires de l'Europe et de l'Orient prenaient surtout un caractère alarmant. En Allemagne, une ligue, sous la dénomination de ligue germanique, venait de se former dans le but de ramener à l'unité toutes les petites souverainetés de l'Allemagne par un commun système de douanes. Au sujet de cette ligue, les accusations les plus violentes furent dirigées contre le cabinet Melbourne. On disait que lord Palmerston devait être responsable de l'origine et du progrès de cette ligue. Toutefois, des économistes marquants dans le pays, et notamment MM. Macculloch et le docteur Bowring, contrairement à l'opinion des alarmistes, étaient persuadés que la ligue, au lieu d'être funeste à l'Angleterre, ne pouvait manquer d'ouvrir de nouvelles voies et de nouveaux débouchés à ses produits.

Fidèle à ses sympathies pour la cause constitutionnelle en Espagne et en Portugal, le cabinet whig avait reconnu la reine Isabelle et la reine dona Maria, et deux fois il avait contribué à expulser don Miguel et don Carlos. Le mémorable traité de la quadruple alliance était son ouvrage. Mais en Espagne, le gouvernement anglais redoutait l'influence française. Sur un autre point, la France flottait indécise et semblait disposée à temporiser : c'était en Orient, où Méhémet-Ali, dont les armes avaient été victorieuses dans de grandes batailles, menaçaient le sultan : là étaient les plus grandes difficultés, car la Russie, pour asseoir sa prépondérance dans le divan, promettait au sultan Mahmoud le secours de ses armées et de ses flottes contre le pacha d'Égypte.

La Turquie était à cette époque dans l'état de faiblesse où elle est encore aujourd'hui ; elle avait à peine assez de force pour soutenir son drapeau ; elle ne vivait que par l'assistance d'autrui. L'Angleterre, qui depuis longtemps regarde l'existence de l'empire ottoman comme étant nécessaire à la sûreté de ses possessions hindoustaniques, s'était rapprochée de l'Autriche en signant un traité avec cette puissance (1839). Dans ce traité l'Angleterre avait pour objet de donner à l'empire ottoman la force morale qui lui manquait. Toutefois le traité ne stipulait point une alliance défensive; toutes les clauses avaient un but commercial ; sa base était une réciprocité absolue ; il s'étendait à toutes les possessions anglaises et autrichiennes et y admettait les navires et les marchandises des deux pays. En général, le système de réciprocité est le caractère des traités de commerce conclus par l'Angleterre avec les autres pays depuis 1815. Le bénéfice de ce système fut accordé en 1815 au Portugal et aux États-Unis, et à la Prusse en 1824; puis aux villes anséatiques, à la Suède, au Danemark, par M. Canning. L'Angleterre s'était également rapprochée de la Turquie, et elle avait conclu avec elle un traité (1839), auquel les dispositions précédentes furent appliquées.

(1840.) Méhémet-Ali venait de remporter une victoire brillante sur les armées turques, au moment même où mourait son ennemi, le sultan Mahmoud. Le gouvernement anglais avait poussé la Turquie à la guerre, et craignant maintenant l'influence du pacha d'Égypte et son merveilleux ascendant sur les populations mahométanes, espérant d'un autre côté mettre en communication l'Inde avec la Méditerranée et l'Europe en remontant l'Euphrate et la mer Rouge, et établir des voies de communication régulières et faciles en Syrie et en Égypte, il se voyait placé dans le plus grand embarras. Un traité, fait dans le but d'annuler le protectorat exclusif que la Russie s'était arrogé à l'égard de la Turquie, liait l'Angleterre, la Russie, la France, l'Autriche et la Prusse. Mais comme la France donnait sa protection et ses sympathies à la cause du pacha d'Égypte et semblait encore disposée à temporiser, le gouvernement anglais, dans la crainte que de plus longs retards ne portassent préjudice à son influence, résolut d'agir sans le concours de la France. Une convention fut signée à cet effet entre l'Angleterre, la Russie, l'Autriche et la Prusse; ces puissances, qui se faisaient les arbitres de l'Orient, sans l'assentiment de la France, adoptèrent aussitôt des mesures coercitives contre le pacha d'Égypte ; des sommations furent faites à Méhémet-Ali ; des forces navales imposantes arrivèrent sur les côtes d'Asie et devant Alexandrie, et se présentèrent devant Beyrouth, qui fut bombardé.

Il serait difficile d'exprimer l'agitation qu'excita dans toute l'Europe la brusque intervention des puissances européennes, à l'exclusion de la France, dans les démêlés du pacha d'Égypte avec la Porte Ottomane. Depuis qu'elle était parlementaire et constitutionnelle, notamment depuis la révolution de juillet 1830, la France était devenue le théâtre d'une agitation incessante ; et à plusieurs reprises cette agitation s'était manifestée par des attentats de la nature la plus criminelle et la plus odieuse contre la personne du roi. Le parti qui avait arboré le drapeau de la dynastie déchue, ainsi que le parti radical, dans le but de renverser le trône, travaillaient, chacun dans son sens, à allumer les passions, et dirigeaient contre le gouvernement les accusations les plus dures. Ceux-ci larmoyaient sur l'abaissement de la France ; ils accusaient le gouvernement d'avoir vendu le pays à l'Angleterre et de se trouver lui-même à la remorque du cabinet de Saint-James ; ceux-là déclamaient contre la corruption de nos hommes d'État, corruption évidente, manifeste à leurs yeux ; ils déploraient les malheurs du pays, gouverné, à leur avis, par des hommes indignes et incapables ; ils criaient à la dilapidation des deniers publics et se plaignaient avec une amertume profonde des rigueurs du pouvoir qui osait renvoyer la presse radicale ou légitimiste devant les jurys. La France comme l'Angleterre avait ses réformateurs ; parmi ceux-ci, les communistes, les phalanstériens, les fouriéristes, les fusionistes, chacun décriant le système d'autrui, et proclamant son idée comme une idée incomparable, la proposant avec assurance comme une véritable panacée, comme le seul remède qui pût guérir le mal et donner au pays toute la force qu'il est susceptible d'acquérir.

Cet état de choses est inhérent à la nature des gouvernements parlementaires ; il ne cessera que lorsque ces gouvernements cesseront d'exister eux-mêmes ; et quand l'excitation qui en résulte n'est point poussée à l'extrême, que l'esprit démocratique qui le provoque est contenu dans des limites raisonnables, il a pour effet de donner du nerf au pays et de le rendre capable d'exécuter les plus vastes entreprises. Mais faut-il conclure de la violence de ces plaintes et de ces lamentations que le fond en fût vrai pour la France? Cet état de choses n'était-il pas plutôt un effet de la situation dans laquelle se trouve placé l'homme qui, ayant acquis de grands biens au prix d'un labeur pénible, oublie les maux passés dans la jouissance, et trouve son sort bien à plaindre dès que la moindre difficulté se présente, et vient troubler son existence nouvelle?

Évidemment, les plaintes et les colères de l'opposition française contre le gouvernement français, en ce qu'elles concernaient la conduite des affaires publiques, étaient, sinon sans fondement, du moins fort exagérées. A quels signes doit-on chercher à reconnaître que les affaires d'un peuple ont été bien ou mal conduites? C'est en mesurant les époques, en rapprochant l'une de l'autre, en comparant ce qui existait dans celle-ci avec ce qui existe dans celle-là, soit en matière de législation ou de religion, soit en matière scientifique, artistique, littéraire ou industrielle. Or, sous chacun de ces rapports, la France de Juillet avait fait en peu d'années de grands progrès : abaissement du cens électoral, abolition de l'hérédité de la pairie, abolition du double vote, application du jury aux délits de la presse; toutes ces conquêtes et une foule d'autres avaient été opérées par elle dans le sens libéral. La magistrature française jouissait de beaucoup de considération; jamais ses arrêts n'avaient trouvé plus de déférence parmi les partis. De plus, la loi, devenue plus endurante, fonctionnait avec moins de sévérité; plusieurs fois des mains homicides, après s'être levées pour frapper le souverain, avaient trouvé grâce; la vie des coupables avait été épargnée. La religion, la véritable religion chrétienne, celle qui rapproche la créature de son créateur, parce qu'elle commande à l'homme la tolérance et la douceur, avait fait également un pas immense. Un acte, qui émanait d'un sage libéralisme et du véritable esprit du christianisme, mais qui, deux siècles auparavant, aurait bouleversé la France de fond en comble, qui sous la restauration aurait été regardé comme un acte de profanation abominable, un acte inouï dans les annales de notre histoire avait été accompli : le souverain du pays en était l'auteur lui-même; il avait donné à l'héritier présomptif de la couronne une épouse protestante, sans exiger qu'elle abjurât sa foi, et la jeune princesse, en mettant le pied sur le sol de la France, avait trouvé partout des sympathies, partout des visages riants; des bravos énergiques, qui durent être pour elle comme le présage d'un long bonheur, avaient salué son entrée à Paris. De plus, la France avait protesté, d'une manière solennelle, contre la proscription dont Dieu a censément frappé le peuple juif; elle avait déclaré que cette proscription était le fait du bigotisme et de l'intolérance humaine, et non celui de Dieu, dont la bonté de même que la miséricorde sont infinies; la première, parmi les nations européennes, la France avait donné place au soleil à la famille juive, et lui avait accordé la liberté et les mêmes droits civils et politiques qu'à ses autres enfants. Dans l'art de gouverner un peuple, dans l'art de faire la guerre, dans les sciences, les lettres, les arts, la France citait : parmi ses hommes d'État, les Guizot, les Thiers, les Villemain, les Duchâtel; parmi ses hommes d'épée, tous les princes de la famille royale, les Soult, les Lamoricière, les Changarnier, les Lalande, les Duperré; parmi ses savants, les Arago, les Gay-Lussac, les Thénard; parmi ses publicistes, les Bertin, les Saint-Marc de Girardin, les de Genoude, les Chambolle, les Merruau, les Émile de Girardin, les Bastide, les Marrast; parmi ses hommes de lettres, les Balzac, les Eugène Sue, les Victor Hugo, les Scribe; parmi ses artistes, les Ingres, les Scheffer, les Hérold, les Halevy. Beaucoup de ces noms se trouvent aujourd'hui mal placés les uns auprès des autres. Mais oubliez pour un moment les antipathies qui vous éloignent de ceux-ci, les sympathies qui vous rapprochent de ceux-là, franchissez l'espace, transportez-vous par la pensée dans l'avenir qui s'ouvre, bien loin de notre époque. Cinquante ans viennent de se passer, et tous les hommes dont nous venons de citer les noms ne sont plus ; la froide mort, avec sa faux impitoyable, a tranché le fil de leurs jours, ils dorment d'un sommeil éternel et ont emporté dans la tombe leurs rancunes et leurs querelles. Direz-vous, en supposant que le pays vous demande de lui faire, la main sur le cœur, une histoire véridique de l'époque, direz-vous que, sous le rapport de ses hommes d'État, de ses hommes de guerre, de ses publicistes et de ses hommes de lettres, l'époque fut malheureuse pour la France : que les uns ne surent point gouverner; que les autres manquaient de cœur et laissaient leur épée dans le fourreau, quand il s'agissait de la dégaîner pour le service du pays; que la plume de ceux-ci n'avait point de force pour remuer les masses; que ceux-là ne savaient point analyser à fond une idée pour en distraire l'inutile et l'abusif, et en prendre l'utile et l'applicable? Ne parlons point de l'agriculture et du commerce, dont le développement a été tellement prodigieux, que dans le court espace de quelques années, le chiffre des importations et des exportations a doublé. Il est vrai que l'état moral des classes pauvres, de même qu'en Angleterre, laisse beaucoup à désirer, que les journaux judiciaires étalent dans leurs statistiques criminelles des tableaux affligeants et peu rassurants pour l'avenir. Mais, à l'honneur de la France, tous les partis oublient leurs rancunes pour une question de cette nature; les investigations commencent, la presse sonde la plaie et, en attendant le remède, la philanthropie et la charité, sous mille formes différentes, cherchent à atténuer le mal.

Mais avec les richesses de toute nature que possédait la France et qu'elle avait acquises en si peu de temps, cet État aurait été faible encore, si la considération lui eût manqué au dehors. L'abaissement de la France, vis-à-vis des peuples étrangers, existait-il réellement, ainsi que l'affirmaient les partis hostiles au gouvernement? Non, et ce qui le prouve, c'est l'attitude que prenaient les puissances européennes. Ces puissances se seraient-elles unies comme elles le firent, si elles n'avaient vu dans la France une ennemie formidable? aucune d'elles ne doutait de sa force et de sa valeur. Cet abaissement existait si peu, que tout homme qui souffrait de la tyrannie en Europe venait lui demander asile et se placer sous la protection de son épée. Réfugiés italiens, polonais, espagnols, vous savez combien la France fut généreuse! C'est à vous de dire si, après avoir mis le pied sur le sol de notre patrie, vous redoutiez encore vos persécuteurs. L'influence de la France à l'extérieur n'avait pas le caractère de violence qui distingua la politique de Bonaparte, elle valait mieux : c'était l'influence d'un État puissant qui a le sentiment de sa force, qui ne veut imposer la loi à personne, mais qui ne veut pas la recevoir. « Paris! Paris! » ce nom retentissait d'un bout du monde à l'autre, comme le symbole de la civilisation la plus avancée. Les noms des savants de la France, de ses hommes de lettres, étaient connus dans toutes les capitales; tous ses artistes étaient recherchés, et les artistes étrangers venaient en foule dans notre pays pour lui demander la consécration de leur talent.

Telle était la situation de la France; elle avait fait d'immenses et de précieuses conquêtes en tout genre, et n'était jamais arrivée aussi haut que depuis qu'elle était devenue monarchie représentative. Ce fut dans cette condition qu'elle fut tout à coup menacée de perdre son alliée naturelle par le fait de la politique du cabinet Melbourne.

La France qu'allait-elle faire? seule contre tous, la France aurait pu faire repentir ses ennemis de leur hardiesse. Elle en avait les moyens : c'était de leur jeter à la face le mot de liberté, et ce simple mot, qui avait enfanté pour elle des soldats par centaines de mille, aurait profondément remué l'Italie, l'Allemagne, l'Autriche et la Russie. Mais ce mot de liberté possède une élasticité extraordinaire; pour la France parlementaire, ainsi que pour l'Angleterre, il signifie obéissance à la loi, alors que la loi est l'expression des besoins et de la volonté de la majorité; mais dans l'état où se trouvait la France, avec un trône nouvellement établi, qu'il était important de défendre et de consolider, avec des institutions encore neuves et mal comprises, attaquées avec un acharnement extrême, il était à craindre que les partis trouvassent trop restreinte une pareille interprétation, qu'ils voulussent lui donner des proportions gigantesques, bien pourtant que cette liberté soit la seule bonne et la seule véritable. Alors, le gouvernement eût été obligé de recourir aux lois exceptionnelles pour contenir l'élément démocratique; ou cet élément, venant à triompher, la France fût retombée sous l'empire du système démocratique, c'est-à-dire qu'elle eût marché par saccades et par cahots dans les voies de la civilisation, et que tout ce qu'elle avait acquis au prix de tant de labeur et de sacrifices eût été compromis en un jour.

Dans un pareil état de choses, les hommes d'État qui dirigeaient les affaires de la France montraient de l'hésitation. Puis, comme la réputation de vaillance que la France s'était faite, ne pouvait être mise en doute, qu'elle était à l'abri du soupçon, le parti de la paix prévalut; la question d'Orient fut replâtrée une seconde fois, et, par le fait d'un arrangement entre les puissances, chaque chose rentra dans son état primitif, sauf la confiance qui n'existait plus en France.

Cet épisode de la question d'Orient produisit en Angleterre une sensation aussi vive que celle qui existait en France. Le parti tory, ainsi qu'une grande majorité dans le parti radical, demandèrent au cabinet Melbourne un compte sévère de sa conduite politique. Pour le plus grand nombre, il semblait démontré que les efforts de lord Palmerston en Orient n'aboutiraient qu'à la rupture de l'alliance anglo-française et à l'intronisation de la puissance russe en Orient. La majorité de la nation repoussait le rôle de satellite de la Russie; les radicaux s'indignaient de voir l'Angleterre mise à la suite de cette puissance. Les torys, de leur côté, à l'exception de quelques vieux fanatiques de la sainte alliance, se récriaient sur l'étrange prétention de vouloir disposer des affaires d'Orient par surprise, sans le concours de la France; ils disaient que le cabinet Melbourne avait compromis avec légèreté une alliance à la fois honorable et utile pour les deux pays.

Ces événements, qui avaient précédé de quelques mois le mariage de la reine Victoire avec le prince Albert, ébranlèrent le cabinet, dont l'existence était déjà si fortement compromise. Sur ces entrefaites, le ministère produisit un bill relatif aux céréales, question importante qui a toujours servi de thème aux agitateurs politiques. Tout ce qui est relatif aux subsistances intéresse le peuple à un si haut degré, qu'on est sûr, en effet, d'attirer son attention en déclamant sur les causes de la cherté ou des bas prix des céréales. D'ailleurs, les fluctuations des prix sont si fréquentes et souvent si inattendues, si brusques, qu'elles peuvent servir de base aux théories même les plus extravagantes, et qu'il n'est pas d'erreur si grossière, de préjugé si absurde, qui ne puisse s'accréditer sur ce sujet. Nous avons dit à l'égard de ces lois, qu'elles ont pour objet d'exclure le blé étranger des marchés d'Angleterre, au profit des blés du pays, et que la propriété terrienne est dans les mains de l'aristocratie. Quand cette question fut de nouveau présentée, elle prit la forme d'une guerre véritable. Des sociétés se formèrent sous le nom de sociétés contre les lois des céréales; des journaux, des revues furent consacrés à leur destruction. De son côté, la propriété terrienne se défendait avec une vivacité extraordinaire; elle avait aussi ses journaux, ses revues, et notamment le *Quaterly review* et *le Blackwood magazine*.

(1841.) Le ministère Melbourne ne put faire tête à l'orage : il se retira, céda la place aux conservateurs, et ceux-ci rentrèrent aux affaires avec une majorité considérable. Toutefois, les whigs entraînaient à leur suite tout le parti radical et le parti d'O'Connell, et aussitôt les cris de « rappel de l'union, rétablissement du parlement irlandais, » devinrent plus retentissants que jamais.

Le rappel de l'union que demande O'Connell aurait pour premier résultat le rétablissement du parlement irlandais; toutefois, il est fort contestable que cette mesure donnât à l'Irlande tout le bien-être qu'elle en attend. L'histoire du parlement irlandais, à cet égard, n'est point avantageuse à consulter. L'établissement de ce parlement eut lieu presque aussitôt après la première invasion au douzième siècle; les Anglo-Normands, à peine établis dans leur nouveau domaine, y possédèrent tout d'abord les priviléges et les libertés que les rois d'Angleterre accordaient à leurs sujets anglais eux-mêmes. Ainsi, le jugement par jury fut mis en vigueur; les lois d'administration intérieure furent débattues dans une assemblée de seigneurs et de bourgeois, c'est-à-dire, de lords et de communes. Mais, pendant quatre siècles consécutifs, l'action de ce parlement ne se manifeste que pour rendre des lois favorables aux vainqueurs. Sous le règne de Philippe et de Marie, défense expresse est faite au parlement d'Irlande de jamais s'assembler avant d'en avoir reçu l'autorisation du roi d'Angleterre, lequel doit sanctionner d'avance non-seulement cette réunion, mais encore chacun des actes qu'elle jugera convenable de mettre en délibéré. Un corps politique existant à de telles conditions n'est qu'un vain simulacre dont l'histoire ne tient aucun compte. Les choses restent sur ce pied jusqu'en 1782, époque de la guerre de l'indépendance américaine. Une sorte de parlement armé se constitue ; ce parlement se réunit à jour fixe, délibère sur les affaires publiques, nomme des représentants, prend des résolutions. Mais cette indépendance n'est que momentanée. Au bout de quelques années, des doutes ayant paru s'élever sur le droit exclusif du parlement et des tribunaux irlandais en matière de législation et de judicature, le parlement anglais passe un nouveau bill qui accorde, pour toutes les mesures adoptées dans le parlement irlandais, le droit de veto au roi d'Angleterre. A l'origine des parlements irlandais, ces assemblées se renouvelaient annuellement ; mais par abus, les parlements deviennent plus rares ; puis on les fait durer autant que le règne sous lequel ils prennent naissance, afin que le marché des votes n'ait lieu qu'au début de chaque nouvelle royauté. Sous George III, un autre système prévalut ; le parlement fut nommé pour huit ans, à la condition de ne se réunir que tous les deux ans.

L'avénement du ministère tory fut le sujet de grandes alarmes dans le parti radical. Les rebbeccaïstes, société qui s'était formée dans la principauté de Galles, et qui avait pour objet la destruction des barrières sur les routes, les chartistes, autre société réformiste, s'agitaient. Mais les conservateurs ont une réputation d'habileté que n'ont point les whigs. Les débuts du ministère conservateur ne démentirent point cette bonne opinion. Ils furent très-brillants ; sir Robert Peel, tranchant résolûment dans le vif, combla le déficit qui se manifestait dans les produits de l'accise et de l'excise, par une taxe établie sur le revenu, et qui frappait principalement les classes opulentes. En même temps, il proposait et faisait accepter une révision à peu près générale du tarif commercial. Les armes anglaises, quelques instants compromises dans l'Inde et en Chine, remportèrent d'éclatants succès qui consolidèrent l'administration. L'Angleterre reconquit ainsi la popularité de sa domination dans l'Inde, et elle conclut avec la Chine un traité qui promet d'ouvrir d'immenses débouchés aux produits nationaux.

L'une des affaires les plus épineuses que le ministère whig avait léguée à ses successeurs, concernait les rapports de la France et de l'Angleterre. Depuis les démêlés qu'avait soulevés la question d'Orient, il existait en France une défiance naturelle que la nouvelle administration s'efforçait vainement de combattre. Cette défiance se manifesta d'une manière remarquable au sujet d'un traité qui avait pour objet d'autoriser les croiseurs des deux pays à visiter réciproquement les bâtiments naviguant sous pavillon français et anglais, dans le but de supprimer la traite des noirs. Cet odieux traité avait provoqué de nombreuses négociations de la part de la secrétairerie des affaires étrangères, depuis 1830, époque à laquelle lord Palmerston avait pris le portefeuille des affaires étrangères. Voici la liste des différents traités qui avaient été conclus :

Traité avec la France........ novembre 1831
—   id. .... mars   1838
— Danemark...... janvier   1834
— Sardaigne..... août   1834
—   id. .... décembre 1834
— Villes anséatiques. juin   1837
— Toscane....... novembre 1837
— Deux-Siciles... id.   1838
— Espagne. ...... juin   1836
— Hollande...... id.   1827
— Suède......... février   1835

Le traité conclu avec la France à ce sujet avait subi différentes modifications depuis la première ratification qui en avait été faite, et de nouvelles modifications étaient proposées. Mais il s'éleva en France une répugnance profonde contre le traité, qui en empêcha l'acceptation. Une protestation imposante, dans laquelle figuraient des noms appartenant à tous les partis, s'éleva contre les modifications demandées. La France était encore sous le coup de la rupture si malencontreuse de 1840; elle déclarait que le traité cachait quelque fraude; que le droit de visite que l'Angleterre demandait à exercer en commun avec les vaisseaux français n'était qu'un prétexte sous lequel l'Angleterre voulait couvrir les prétentions qu'elle a élevées pendant longtemps au droit des mers. Des paroles imprudentes prononcées dans le sein du parlement avaient contribué à nourrir ces dispositions. Sir Charles Napier, l'un des hommes de mer les plus distingués de la Grande-Bretagne, dans un discours parlementaire où il avait été question de l'ancienne charge de grand amiral d'Angleterre, avait déclaré que cette charge constituait l'Angleterre la gardienne des mers.

(1843.) Le ministère tory, en 1830, avait éprouvé de la répugnance à reconnaître le nouveau gouvernement de France, mais depuis lors il avait compris qu'il existait, entre la France et l'Angleterre, une foule d'intérêts communs, et que de leur alliance dépendaient désormais la paix du monde et l'avenir des peuples. Le gouvernement, dans l'intérêt de cette alliance si grièvement compromise, s'efforça donc de rétablir la bonne harmonie entre les deux peuples; et la visite de la reine d'Angleterre à S. M. le roi des Français fut entreprise dans l'espoir que la France ne resterait point indifférente à cette marque de courtoisie, à ce témoignage de gracieuse déférence qui lui était donné par une reine, par une femme dans toute la splendeur de la jeunesse, de la beauté et de la puissance, que cette rencontre des deux premières têtes couronnées du globe ne serait point, dans le siècle où nous vivons, une vaine cérémonie, comme le fut l'entrevue de Henri VIII et de François Ier, ou l'entrevue du Drap d'or.

Tous les partis oublièrent un moment leurs querelles pour féliciter le gouvernement de cette mesure. « La nouvelle d'une visite de la reine au château d'Eu, disait l'un des principaux journaux de Londres, a causé autant de surprise en France qu'en Angleterre; mais, dans les deux pays, on se félicite de cette marque de confiance et d'amitié réciproques, et l'on en attend les meilleurs résultats. Il paraît aussi absurde tout d'abord de supposer qu'un événement aussi peu important puisse agir sur la condition sociale des deux pays; mais si l'on considère que l'opinion du peuple se règle généralement sur ceux qui la dirigent, on ne doutera plus du bon effet de cette visite. Pendant des siècles, on a pensé dans les deux pays, et cette opinion a été celle d'hommes politiques et d'écrivains éminents, que la France et l'Angleterre sont ennemies naturelles, et que leur intérêt mutuel est de vivre ainsi. Les souverains des deux pays ont contribué à entretenir cette idée, en n'agissant, de part et d'autre, que dans les formes diplomatiques, et en ne se rencontrant jamais qu'ennemis sur les champs de bataille. Les événements ont aussi continué cette inimitié; et ce n'est que depuis la dernière paix qu'on est revenu à d'autres sentiments. Cette paix a produit de bons résultats; elle a montré aux deux nations que de leur appui mutuel dépendent le bonheur et l'aisance pour elles. La continuation de cette paix développera leurs ressources. »

Noble reine,

« Ton règne ne date que de quelques années, et déjà il compte des événements fameux qui marqueront dans l'histoire des hommes. Telle sera notamment la visite que tu as faite à la France, parce que cet événement doit effacer de longs préjugés, et rapprocher d'une manière étroite deux grands peuples, également forts, également dignes de s'aimer; parce que ta visite est le précurseur d'une politique humaine, dans laquelle la raison prévaudra sur la force et l'injustice; que l'Angleterre et la France, ayant, avec la puissance de se faire obéir, les moyens de s'éclairer l'une par l'autre, des flots de lumière jailliront infailliblement du conflit d'idées qui va s'élever entre elles; que cette lumière profitera aux deux peuples et à la famille humaine tout entière. L'histoire n'oubliera pas non plus d'enregistrer dans son livre d'or les succès que l'Angleterre a remportés dans cette contrée lointaine, qui jusqu'à ce jour s'était tenue à l'écart des autres peuples, et qui, malgré les invitations pressantes et réitérées que lui faisait notre vieille Europe, persistait à vivre dans l'isolement. Elle dira que ce fut sous le règne d'une femme jeune et belle que ce grand acte fut accompli. En retraçant cet événement mémorable, elle aura sans doute des paroles de blâme pour les causes qui l'ont fait entreprendre; mais quand elle en verra se dérouler les magiques effets, quand les conséquences, qui se présentent aujourd'hui à notre esprit d'une manière obscure et confuse, se déploieront dans toute leur grandeur; que, pesant chaque chose dans sa balance, elle aura tenu compte de l'esprit mercantile et des exigences de notre époque, assurément elle ne saurait manquer d'être indulgente pour les fautes, elle doit avoir des éloges à donner pour les succès. »

« Reine Victoria !

« Ce ne sont point seulement les événements que nous venons de signaler qui ont rendu ton règne glorieux : ce règne l'est aussi par une foule de mesures d'organisation intérieure, adoptées dans les principes d'un sage libéralisme, au profit de la société anglaise. Ton règne, nous en sommes sûrs, continuera comme il a commencé. Mais il est deux questions, pendantes depuis des siècles, dont la solution définitive, dans le sens de la justice, rendrait ta mémoire impérissable, et que toi, mieux que tout autre, tu peux espérer de résoudre, parce que tu es femme, et que l'un des heureux privilèges de ton sexe est de rapprocher les hommes et de calmer leurs haines. Ces questions, l'une est le paupérisme qui désole l'Angleterre, l'autre concerne la malheureuse Irlande ; elles ont vivement préoccupé les souverains tes prédécesseurs ; mais tous y ont échoué. Il importe à ta gloire de tenter l'entreprise; tu seras plus heureuse. Provoque un débat solennel, demande à l'esprit humain qu'il te fournisse ses ressources les plus précieuses; dis-lui que tu as besoin de tous ses trésors, oblige-le de créer par tout ce qui l'anime et peut le féconder. Appelle au concours, non-seulement les sujets de ton vaste empire, mais encore les enfants de la France, tous ceux qui avec de la chaleur dans l'âme ont reçu du ciel le privilége de penser. Dieu n'a pas fait ces hommes supérieurs à leurs semblables pour qu'ils fussent exclusifs; sa volonté divine leur a commandé, comme un de leurs devoirs les plus sacrés, d'éclairer le monde, de faire profiter l'humanité de leur savoir. Que ces questions importantes, avec leurs douleurs et tous les intérêts qui s'y rattachent, intérêt public, intérêt privé, intérêt religieux, intérêt de secte, droits acquis, ménagements que ces droits comportent, soient présentées comme elles doivent l'être, qu'elles soient posées d'une manière franche et nette. Assurément, l'esprit humain ne saurait faire défaut en présence d'une cause de cette nature ; il trouvera aussi de sublimes élans, de saintes inspirations dans ta protection et ton appui. Mais si le secret lui échappe encore, si ces questions sont de la nature de celles que la Providence, dans ses décrets impénétrables, se réserve de résoudre, eh bien, les peuples ne sont point ingrats comme on le prétend quelquefois, et ils ne sauraient oublier que cette cause est aussi leur cause ; ils te tiendront compte de tes efforts ; leur voix se mêlera à celle de tes sujets pour te bénir; tous diront avec eux jusqu'à ton dernier jour : *God save queen Victoria-Alexandrina* 1re. »

Telle est l'histoire que j'avais à tracer. Mais quelques mots encore. On a remarqué que les notes qui sont dans ce volume portent la signature de l'un des auteurs; ce qui indiquerait qu'il y a eu cessation de collaboration entre eux, et que ce dernier volume est l'œuvre du signataire de ces notes. Différentes personnes, auxquelles j'avais communiqué mon travail avant de le livrer à la publicité, lui ayant trouvé, pour me servir de leur expression, une teinte un peu trop anglaise, j'ai cru devoir faire la déclaration précédente, pour relever mon ancien collaborateur d'une responsabilité qu'il ne pouvait encourir. A l'égard des observations qui m'ont été faites, mon devoir d'historien m'obligeait à signaler les différences qui existaient entre les deux peuples. J'ai trouvé ces différences au profit de l'Angleterre dans la conservation de ses conquêtes et dans l'art de coloniser les pays conquis par ses armes; et j'ai attribué la cause de cet avantage, non point à une différence dans la valeur des deux peuples, mais à l'esprit de suite, à la persévérance des Anglais, résultat d'une constitution supérieure à celle de la France, avant que la France eût une constitution comme celle dont elle jouit aujourd'hui. Mais jamais il ne put entrer dans mon esprit de vouloir abaisser mon pays au profit de l'Angleterre. Comment aurais-je pu dire que la France fût inférieure à tout autre pays, alors que j'ai visité dans des contrées lointaines mille endroits illustrés par ses armes, que j'ai souvent entendu la bouche de l'étranger lui-même exprimer de l'admiration pour elle et faire son éloge, que ma seule qualité de Français m'a servi bien des fois de passe-port pour trouver un bon accueil à son foyer ? O mon noble pays! jamais je ne t'aimai tant que lorsque, séparé de toi par de vastes mers, ces étrangers me montraient les lieux que tu as rougi de ton sang généreux, quand j'apprenais que tes enfants n'avaient dégénéré nulle part! « Ils se battaient comme des lions, » me disaient-ils. Toutefois, ces mêmes hommes, qui professaient tant d'admiration pour toi, s'accordaient pour te reprocher un amour excessif de toi-même. « Le Français, disaient-ils, a une confiance absolue dans ses moyens, qui fait qu'il rejette la vérité, quand cette vérité le choque; il n'aime point la contradiction; à ses yeux, tout ce qui vient d'autrui est sans valeur; il veut tout faire plier à sa volonté. » En visitant ces contrées lointaines, et en voyant que tu n'y as laissé d'autres traces de ton passage que le bruit de tes exploits, j'ai dû réfléchir. Il m'a semblé que des arguments comme ceux-ci : « le Français manque de persévérance, il ne sait que conquérir, » étaient des arguments puérils. Je me disais qu'on peut obliger un peuple à la persévérance, tout comme on peut apprendre à un écolier étourdi à faire un thème grec ou latin. J'ai recherché la cause de ces dispositions, et il m'a semblé, dans l'histoire que j'ai faite, la découvrir dans la manière dont tu as été gouverné. Sois donc heureux et fier de la constitution que tu possèdes aujourd'hui, et ne songe point à en changer. Cette constitution repose sur les mêmes bases que la constitution anglaise; l'esprit et le principe en sont identiques. Cette constitution, quelque défectueuse qu'elle te paraisse, est la meilleure dont tu aies jamais joui; elle te donnera de la persévérance et toutes les qualités qui te manquent; il n'est point d'amélioration, quelque radicale qu'elle puisse être, que cette constitution ne soit susceptible de te procurer. Le tableau de ta prospérité, que j'ai présenté à l'époque où tu fus à la veille de rompre avec l'Angleterre, ton éternelle rivale, n'est que l'avant-coureur des biens qui t'attendent. Sous l'empire de ta constitution actuelle, tu grandiras encore, soit que tu veuilles conquérir ou coloniser, soit que tu veuilles faire toute autre chose.

FIN DE L'HISTOIRE D'ANGLETERRE.

ÉCOSSE.

A l'extrémité septentrionale de l'Angleterre, et entourée de toutes parts par la mer, excepté au midi, où coulent la Tweed et quelques rivières moins considérables, est une terre remarquable par son aspect, par sa constitution physique et par le caractère de ses habitants. Une foule de golfes larges et profonds que l'on nomme firths en creusent les rivages dans tous les sens : ce sont les firths du Forth, du Tay et de Moray à l'est, celui de la Clyde et les baies de Glenlacen et de Wigton à l'occident, ainsi qu'un grand nombre de bras de mer auxquels les habitants ont donné le nom de lacs ou lochs, sans doute parce qu'ils s'enfoncent dans l'intérieur de la terre ferme, qu'ils divisent en une multitude de presqu'îles et de caps. La superficie de cette terre, calculée d'après la carte d'Arrowsmith, a environ 25,520 milles carrés, non compris 494 milles carrés de lacs d'eau douce.

Cette terre, qui est séparée en deux parties n'ayant aucune analogie entre elles, est l'Écosse. Les basses terres ou les Lowlands se présentent sous des formes simples et gracieuses ; les hautes terres ou les Highlands offrent, au sein de leurs montagnes, les spectacles les plus majestueux. Ces deux régions sont coupées par une grande chaîne de monts, les Grampiens, qui se prolongent d'une mer à l'autre, sur une largeur de 40 à 60 milles. De nobles fleuves arrosent cette contrée et lui donnent la fertilité. Les principaux sont le Forth, qui sort du flanc méridional des Bens Lomond, dans le comté de Dumbarton, et qui, après avoir traversé dans la direction de l'ouest à l'est, presque toute la largeur du royaume, forme le firth ou bras de l'océan Germanique, auquel il donne son nom ; la Tweed, qui prend sa source à Tweedsmuir, près de la Clyde et de l'Annan, au point d'intersection formé par les limites des comtés de Peebles, de Dumfries et de Lanarck : la Tweed se jette dans l'océan Germanique à un mille de Berwick-sur-Tweed. La Clyde est le plus grand fleuve du pays après le Tay ; les sources en sont éparses sur les hauteurs ; elle sépare le comté de Lanark de celui de Dumfries, et se perd dans le firth de Clyde entre le comté d'Ayr et l'île de Bute. Le Tay, sorti sous le nom de Fillau des frontières orientales du Lorn dans le comté d'Argyle, traverse à dix milles de sa source le lac Dochart et la vallée de Glendœhart ; puis, gonflé des flots de Lyon et des ondes réunies de Garry et du Tummel, il s'avance vers Perth et se jette dans le golfe de l'océan Germanique. La Spey prend sa source à Badenoch dans le comté d'Inverness, où il s'élargit en forme de lac, puis elle s'élance rapidement vers l'est, atteint le village de Rhotes, dirige sa source vers le nord, et tombe après mille détours dans le firth de Murray à Garmouth.

Il n'y a point de contrée au monde qui offre des sites plus pittoresques et en même temps d'un caractère plus grandiose. Du sein d'un bois de chênes et de bouleaux, tout près d'une rivière aux eaux limpides et entourée de jardins de tous côtés, s'élève un château dont l'architecture ne ressemble à rien de ce qui existe autre part, et cependant cette architecture est noble, imposante, d'une grande beauté dans ses détails (*).

(*) Voir la gravure : *Château d'Abbotsfor*, résidence de Walter Scott.

Ici une succession variée de paysages riants ; là un sentier sauvage qui serpente autour d'une ceinture de rochers demi-circulaires ; plus loin sont les restes d'un ermitage enclavé dans des rochers d'un difficile accès (*). Le lieu est un véritable désert ; cependant à quelques milles de là est une ville populeuse (Édimbourg), où s'agitent toutes les passions humaines, où bourdonne une population nombreuse, occupée aux travaux de la vie ordinaire.

Tout à l'entour de cette terre, sont des îles au nombre de plus de quatre cents, divisées par groupes : au nord-est, les îles Shetland ; au nord, les Orcades ; à l'ouest, les Hébrides. Staffa, l'une d'elles, est découpée par la mer en une multitude de baies et de promontoires, et apparaît aux yeux du navigateur comme une tache bleuâtre allongée sur la ligne de l'horizon. Cette île est couverte d'une herbe tendre, que paissent pendant l'été des troupeaux de gros bétail ; mais on y cherche en vain une simple hutte de berger. Quand on en approche, on y voit différentes grottes, dont l'une est appelée la grotte de Fingal : à droite de celle-ci s'étendent de longs débris de colonnes basaltiques, semblables à des colonnes d'antiques édifices renversés et à demi ruinés ; les prismes en sont petits, irréguliers et couchés dans plusieurs sens ; mais plus loin ils prennent de plus grandes dimensions. Les autres grottes sont le *Clamshell cave* (la grotte de Clamshell) qui est au sud-est, le *Cormorant's*, ou *M'Kinnon's cave* (la grotte du Cormoran ou de M'Kinnon) qui est au sud-ouest : là est une magnifique colonnade à laquelle Staffa doit sa célébrité. Entre la grotte de Fingal (*Fingal's cave*) et celle du bateau (*Boat's cave*), les colonnes basaltiques s'élèvent à 112 pieds au-dessus du niveau des plus hautes marées. A gauche de *Clamshell cave* et au-dessus de l'entrée, les prismes qui forment les parois de la grotte ont de 40 à 50 pieds de long sans la moindre fissure ; leur courbure les rend assez semblables aux côtés d'un navire. Du côté opposé, leur sommet brisé se présente de face, disposé en compartiments comme les cellules d'un rayon de miel. La grotte a 30 pieds de hauteur, 15 ou 16 de large à l'entrée, et 130 de profondeur. La grotte de Fingal a intérieurement 250 pieds de longueur ; sa largeur diminue progressivement jusqu'à 20 pieds ; mais sa hauteur est toujours considérable. On entre par un portail de 66 pieds de hauteur sur 42 de large, qui ressemble à la voûte à demi ruinée d'un édifice gothique. Les parois intérieures sont formées de colonnes perpendiculaires, souvent brisées et groupées de la manière la plus pittoresque. De grandes tables de rocs entremêlées de prismes basaltiques, que des milliers de stalactites ornent des plus riches couleurs, donnent à la voûte l'apparence d'une immense mosaïque, et leurs teintes variées colorent, en s'y réfléchissant, les vagues légères qui rayonnent dans tous les sens (*).

Cette terre aussi coupée par de grands fleuves, accidentée d'une manière si remarquable par d'immenses montagnes, nous indique de prime abord une population composée d'hommes robustes, d'une résolution sans égale. « La stérilité des terres, dit Montesquieu, rend les hommes industrieux, sobres, endurcis au travail, courageux, propres à la guerre ; il faut bien qu'ils se procurent ce que le terrain leur refuse. » Cependant à côté de cette nature sauvage et pittoresque nous trouvons les contrastes les plus remarquables : ce sont les traits auxquels on a coutume de reconnaître les pays les plus civilisés, c'est-à-dire une agriculture avancée, des villes populeuses où fleurissent les sciences, les lettres et les arts : d'où l'on doit conclure que ces hommes âpres et endurcis à la fatigue ne purent s'assouplir à l'obéissance et

(*) Voir la gravure : *Ruines de la Chapelle Saint-Antoine*.

(*) Voir la description de l'île de Staffa dans le *Guide pittoresque du voyage en Écosse*, complément de Walter-Scott, traduction d'Alfred Montémont.

ECOSSE (Comté de Perth)

Scone Abby

ILES HEBRIDES

Grotte de Staffa

aux travaux réguliers qui constituent la civilisation qu'après d'immenses efforts, et que la civilisation dut, en Écosse, plus encore que dans d'autres lieux, coûter des flots de sang humain.

En Écosse, la terre est bien cultivée. Personne ne sait mieux que l'industrieux Écossais tirer parti d'une bruyère, d'un marais : il creuse la terre, et puise dans ses entrailles des productions minérales précieuses. La houille, le plomb, le granit et plusieurs sortes de pierres abondent dans toutes les parties du pays. La belle pierre de taille nommée *sandstone*, dont sont construits la plupart des bâtiments de la ville neuve d'Édimbourg, se tire principalement des carrières de Mailes et de Craigleith, à deux milles ouest de la ville. La pêche forme une branche importante et productive de l'industrie écossaise. Les pêcheries de saumon sont remarquables par la prodigieuse quantité de poissons frais ou salés qu'elles fournissent aux marchés de Londres. La pêche des harengs, qui était jadis une source de richesse pour les Hollandais, a pris depuis quelques années une grande extension en Écosse. En général, les côtes d'Écosse abondent en morues et en poissons de l'espèce connue sous la dénomination générale de *white-fishery* (pêche blanche). Les manufactures d'Écosse, dans lesquelles se fabriquent les étoffes de coton, de chanvre et de lin, sont nombreuses et emploient une multitude de bras. Le commerce est très-étendu et prend tous les jours de nouveaux accroissements ; outre le trafic par terre et le cabotage avec l'Angleterre, les ports de l'est sont en relation avec le nord de l'Europe, et ceux de l'ouest avec l'Amérique et les Indes occidentales. De magnifiques canaux sillonnent le pays : tels sont notamment le canal Calédonien, qui réunit les deux mers baignant l'Écosse à l'est et à l'ouest ; le canal de Forth et de Clyde ; le canal de Crinan, qui coupe l'isthme de Cantyre ; le canal de l'Union ; le canal d'Inverrary ; le canal de Monkand ; le canal de Glascow à Paisley.

L'Écosse comme la France et l'Angleterre possède une magnifique capitale, également célèbre dans l'histoire, dans les sciences, dans la poésie et dans le roman, et c'est sans contredit une des villes les plus extraordinaires du monde sous le rapport de son siècle. Cette ville est entourée de montagnes élevées, excepté du côté du nord, où le terrain s'abaisse insensiblement vers le golfe de Forth. Immédiatement à l'est se trouvent les sommités de Calton-hill, d'Arthur's-seat et de Salisbury-Crags, qui s'élèvent de sept cent quarante pieds au-dessus du niveau de la mer, et font partie d'une même colline ; au sud sont les collines de Braid et de Pentland, et à l'ouest celle de Corstorphine. La ville est bâtie sur trois collines qui s'étendent parallèlement à côté l'une de l'autre ; la vieille ville occupe la colline du centre, la plus haute des trois, et couvre de ses nouvelles constructions la colline du nord ; elle s'étend plus particulièrement du côté de Leith, dont les maisons se rapprochent chaque jour, et finiront par réunir ces deux villes. La vieille ville, toute gothique, toute noire, est couronnée de vieux clochers de forme bizarre ; on y voit une rue, d'environ une demi-lieue de long, large en quelques endroits de quatre-vingts pieds, qui s'étend, sous les noms de Castle-Hill-Street, Lawn-Market, High-Street et Canongate, du château au palais d'Holy-Rood. Les comptoirs, le collège, l'industrie, les hôpitaux, les marchés, le château, sont dans la vieille ville, où l'on est étourdi du bruit et du mouvement d'une cité populeuse. Les boutiques y sont très-rapprochées les unes des autres ; la foule circule dans les rues dans tous les sens ; les plaids, les robes quadrillées, s'y montrent partout ; les physionomies sont tout écossaises ; c'est là qu'on peut reconnaître l'ancienne Écosse, les rues tortueuses et les petits soupiraux des maisons du moyen âge, sans avoir besoin de lire la date de leur construction, qui est indiquée sur la porte de quelques-unes d'elles. Aucun plan, aucun ordre ne se fait sentir; on a bâti à droite, on a bâti à gauche, en haut, en bas, suivant le hasard, le caprice ou la nature du terrain, et il est résulté de cette insouciance que plusieurs rues sont élevées transversalement les unes au-dessus des autres. De temps en temps un arc voûté réunit les deux extrémités d'une rue supérieure traversée par une rue inférieure, de telle sorte que les voitures, dans celle qui est la plus élevée, passent au-dessus des toits de la rue la plus basse. La nouvelle ville, fille de la civilisation, est riche, élégante et somptueuse : on est frappé de l'air de grandeur qui y règne. Elle est toute bâtie en pierre de taille; ses trottoirs sont larges comme des rues, ses édifices réguliers comme des palais; les rues sont aussi régulières que bien bâties; les places sont belles et ornées de monuments. Prince's-Street et Queen's-Street, deux rues formées chacune d'un seul rang de maisons, présentent deux belles terrasses qui dominent les pentes nord et sud de la colline. Il n'est peut-être pas de spectacle plus majestueux et plus pittoresque que celui qui se déploie autour de l'observateur placé au centre de Prince's-Street : au delà du ravin au fond duquel le peuple se presse dans les halles et dans les marchés, tandis que tout auprès des troupeaux paissent en liberté dans de riantes prairies, les vastes bâtiments de la vieille ville se groupent et s'élèvent en masses noirâtres jusqu'aux sommets crénelés du château. A l'est, la ville descend avec le rocher jusqu'au fond de la vallée, et l'œil, glissant sous les arches d'un pont majestueux, découvre dans le lointain l'immensité de l'Océan et les blanches voiles des navires. Si de cet assemblage sombre et bizarre de rochers et de bâtiments on porte ses regards sur la nouvelle cité, les lignes pures et simples d'une architecture aussi correcte qu'élégante se disputent l'admiration. Des rues larges tirées au cordeau, bordées d'hôtels magnifiques et ornées de grilles et de balcons du dessin le plus riche, se coupent à angles droits et conduisent à des squares où la verdure des champs se mêle à la magnificence des palais. Toutes ces rues sont bordées de larges trottoirs, ornées de balcons et de grilles élégantes, et formées de deux lignes de bâtiments parfaitement réguliers. La rue principale, George's-Street, a deux cents pieds de largeur : à chacune de ses extrémités s'ouvre un square qui occupe presque toute la largeur du parallélogramme; au milieu du premier (St-Andrew's-Square) est une colonne élevée à lord Melville, sur le modèle de la colonne Trajane. Une double ligne d'hôtels magnifiques, de colonnades, de portiques, forme la rue nommée Regent's-Bridge; à son extrémité s'élève brusquement la masse pittoresque du Calton, dont une saillie de rocher supporte une haute tourelle dédiée à l'amiral Nelson; le sommet offre sur un large plateau la tombe de Playfair, un observatoire et un monument consacré à la mémoire des Écossais qui ont péri à la bataille de Waterloo. En descendant, à la droite du pont, on remarque une tour d'architecture grecque; c'est le tombeau du célèbre historien Hume. Près de là est la prison pour les grands criminels, ainsi qu'une maison de travail et de correction. A gauche de la nouvelle route qui se dirige vers le côté méridional de la colline de Waterloo-Bridge, est le monument érigé en l'honneur du poëte Burns; il occupe l'endroit juste où la colline, par une pente rapide, descend jusqu'à la Canongate. Calton-Hill est un des plus beaux sites du monde, d'où le regard embrase un horizon très-étendu, ainsi que la ville entière; vers le nord on aperçoit les montagnes du comté de Fife, au levant l'embouchure du Forth, au sud la nouvelle prison, le faubourg de Canongate, terminé par le palais d'Holy-Rood.

Nulle cité n'est vantée comme Édimbourg par ses citoyens; ils ont divinisé en quelque sorte jusqu'au fantôme des grandeurs éclipsées de leur ville natale. C'est aussi une ville très-lettrée et très-savante; elle compte dix-huit *revues* ou *magazines* s'occupant d'ob-

ÉCOSSE.

Le Loch Lomond.

jets spéciaux, tels que la médecine, l'agriculture, la théologie, quatorze journaux quotidiens, journaux paraissant plusieurs fois la semaine ou une fois la semaine. Édimbourg est la patrie de plusieurs hommes distingués, parmi lesquels on cite Leigton, Burnet, Hume, Robertson, Blair, Walter Scott, tandis que Glasgow se glorifie d'avoir donné naissance aux philosophes Hutchinson, Smith, Simson et Reid, à Moore, à Richardson, à Young et Jardine, auteurs trop connus dans la littérature pour qu'il soit besoin de faire leur éloge, à Campbell, auteur du poëme des Plaisirs de l'espérance. On est convenu dans le monde savant d'appeler Édimbourg l'Athènes du Nord. « En se proclamant fièrement l'Athènes de la Grande-Bretagne, dit M. Amédée Pichot dans l'un de ses meilleurs ouvrages, Édimbourg ne fait pas seulement allusion à sa situation, à son Pirée (Leith), à son Acropolis avec la citadelle (le château qui la domine), à son futur Parthénon (le temple qu'on a le projet d'élever sur Calton Hill), etc.; Édimbourg est encore plus glorieuse d'être une seconde Athènes par ses philosophes, ses orateurs, ses critiques et ses poëtes, ou plutôt par ses sociétés savantes. Chacun ici s'occupe plus ou moins de littérature et de science; chacun se figure être pour quelque chose, comme Écossais, dans la rédaction de la nouvelle *Revue*; les femmes même veulent exercer leur petite influence littéraire. Je ne sais plus qui a surnommé Édimbourg un grand marché bibliographique. Proportionnellement, on y publie plus de livres que dans aucune ville du monde. »

Évidemment le peuple écossais est un peuple industrieux, économe, et sous le point de vue des sciences, des lettres et des beaux-arts, l'Écosse n'a rien à envier aux autres peuples. Indiquons maintenant en quoi consiste la part que prend l'Écosse dans les affaires politiques de la Grande-Bretagne, ainsi que les différentes religions qu'on y trouve.

Dans la chambre des pairs, la noblesse écossaise est représentée par 16 membres, qu'elle choisit elle-même. Les bourgs royaux, au nombre de 70, non compris Édimbourg, qui à lui seul nomme un député, sont classés en districts pour les élections. Le nombre total des députés siégeant à la chambre des communes est de 45. L'Écosse compte 999 paroisses, desservies par un clergé résidant. Les revenus des desservants ne montent pas, dans les paroisses de campagne, à plus de 200 liv. sterl. par an ; chaque paroisse a une école sous la surveillance du *presbytery*. Le gouvernement ecclésiastique réside dans les conseils de paroisse, les conseils des anciens, les *synodes* et les *assemblées générales*. Les dissidents ne forment pas le quart de la population. La religion catholique, peu répandue dans les campagnes, compte dans plusieurs villes un grand nombre de fidèles. Glasgow possède près de 30,000 catholiques.

Presbytériens de l'Église dominante.	1,408,388
Presbytériens de l'Église dissidente.	256,000
Baptistes, grassistes...............	50,000
Catholiques.......................	50,000
Écossais épiscopaux...............	28,000
Méthodistes.......................	9,000
Église anglicane...................	4,000
Quakers..........................	300
Juifs et autres sectes.............	287,648
	2,093,336

La population de l'Écosse montait, en 1821, à 2,093,336 hab.; 983,432 hommes et 1,109,904 femmes. Le recensement fait en 1811 donna, relativement à celui de 1801, un accroissement de 13 pour cent; et celui de 1821, relativement à celui de 1811, un accroissement de 15 6/7 pour cent; de sorte que la population doit doubler en un peu moins de 47 ans. Le rapport de la population à la superficie du sol est de 70 7/10 par mille carré. Le comté de Sutherland, le moins habité de tous, ne possède que 3 1/10 d'individus par mille carré; celui d'Édimbourg compte par mille 541 habitants; en 1821, la population d'Édimbourg était, y compris Leith et les faubourgs, de 138,250 âmes; celle de Glasgow, de 147,043; celle d'Aberdeen, de 55,094.

On divise généralement l'Écosse en deux grandes régions : l'une, septentrionale, est désignée sous le nom de *Highlands*, hautes terres, pays des montagnes ; l'autre, méridionale, est nommée *Lowlands*, basses terres ou pays des plaines. La première a pour limites une chaîne de lacs traversés par le canal Calédonien. Ces deux régions sont divisées en 33 comtés que voici :

NOMS DES COMTÉS.	CAPITALES.	POPULATION.
DIVISION SEPTENTRIONALE.		
Orkney ou Schetland	Kirkwal	53,200
Caithness	Wick	25,000
Sutherland	Dornock	24,000
Ross	Tayne	65,000
Cromartie	Cromartie	4,300
Inverness	Inverness	90,200
DIVISION CENTRALE.		
Nairn	Nairn	9,000
Elgin ou Murray	Elgin	31,200
Bamff	Bamff	44,000
Aberdeen	New-Aberdeen	155,387
Kincardine	Inverbervie	29,200
Angus ou Forfar	Forfar	108,000
Perth	Perth	142,100
Argyle	Inverary	97,500
Bute	Rothsay	14,000
Dumbarton ou Lenox	Dumbarton	27,500
Stirling	Stirling	65,400
Clackmannan	Clackmannan	12,000
Kinross	Kinross	7,800
Fife	Saint-Andrew	116,500
DIVISION MÉRIDIONALE.		
Linlithgow	Linlithgow	22,700
Édimbourg	Édimbourg	193,600
Haddington	Haddington	35,200
Berwick ou Merse	Berwick	31,000
Roxburgh	Jedburgh	41,000
Selkirk	Selkirk	6,700
Peebles	Peebles	10,399
Lanerk ou Lanark	Lanerk	246,500
Renfrew	Renfrew	114,300
Ayr	Ayr	127,400
Dumfries	Dumfries	71,000
Kirkcudbright	Kirkcudbright	39,000
Wigton	Wigton	33,250
	TOTAL	2,093,336

Telle est l'Écosse actuelle, considérée sous le point de vue de sa constitution physique et de sa constitution politique, de l'état de son industrie, de ses sciences et de ses lettres. Dans l'histoire que nous allons faire de ce pays, nous examinerons non-seulement les phases politiques que l'Écosse eut à traverser avant d'arriver à l'état de prospérité dans lequel nous la voyons aujourd'hui, mais aussi les causes qui opérèrent sa fusion avec l'Angleterre.

L'histoire de l'Écosse, avant l'invasion romaine, est peu connue ; ce fut sous la conduite d'Agricola, l'an 80 de l'ère chrétienne, que les conquérants romains entrèrent dans cette contrée pour la première fois. L'Écosse, qui était dans ces temps-là connue sous le nom de Calédonie, était habitée par les Pictes au sud, et les Scots au nord, nations redoutables, qui envahissaient réciproquement leurs territoires, en massacraient les habi-

ÉCOSSE (Comté d'Édimbourg)

Édimbourg

tants, brûlaient les villes et emmenaient prisonniers les femmes et les enfants. Après la conquête de l'Angleterre par les Romains, ceux-ci ayant attaqué l'Écosse, et s'étant emparés des basses terres, voulurent pénétrer dans les hautes montagnes du nord. Mais les Pictes, réunis aux Scots, leur opposèrent une résistance si vigoureuse qu'ils furent obligés d'abandonner leur entreprise. Laissant de côté leur querelle, après s'être fait une guerre acharnée entre eux, ces deux peuples courageux ne s'occupèrent plus que de combattre les Romains et de faire des invasions en Angleterre; ils remportèrent de grands succès, et bientôt la terreur qu'ils répandirent devint si grande, que les Romains, pour arrêter leurs invasions, bâtirent une muraille qui coupait l'île en deux.

Cette muraille, dont on voit encore quelques restes, fut construite entre les détroits de la Clyde et du Forth, à l'endroit où l'île est le plus étroite; elle était surmontée de tours, et occupée par des postes de soldats placés de distance en distance. Mais cette barrière ne suffisait pas pour arrêter des hommes aussi audacieux que l'étaient les Pictes et les Scots. Un soldat écossais, nommé Graham, la franchit à la tête d'une armée considérable, et envahit de nouveau le territoire des Bretons. Les Pictes et les Scots devinrent alors maîtres d'une vaste étendue de pays. Cet événement a fait époque dans l'histoire d'Écosse; les Écossais, pour en perpétuer le souvenir, appelèrent la partie de la muraille où s'était effectué le passage, chaussée de Graham, nom que ce lieu conserve aujourd'hui. Les Romains furent obligés de mettre entre eux et leurs ennemis implacables une seconde muraille plus forte que la première. Celle-ci en était éloignée de plus de 60 milles.

Retranchés derrière cette nouvelle barrière, les Romains croyaient pouvoir arrêter les déprédations des Écossais. Toutefois, les Pictes et les Scots s'élançaient sur les eaux, et, au moyen de barques faites avec des peaux de bœufs, ils débarquaient de l'autre côté de la muraille et y commettaient de grands ravages. Ces événements nous conduisent jusqu'à la fin de la domination romaine. Alors les incursions des Pictes et des Scots, sur le territoire breton, se répètent plus fréquemment (410). Les Bretons étaient hors d'état de résister à de pareils ennemis; ils avaient perdu leur ancienne valeur sous la domination romaine; la seconde muraille ne fut plus un obstacle pour arrêter les valeureux Écossais; leurs dévastations s'étendirent sur toute la contrée. Les cruautés qu'ils exerçaient étaient horribles; ils brûlaient les maisons, s'emparaient des troupeaux, emmenaient les femmes et les enfants.

Il y avait alors dans la Germanie un peuple brave, héroïque, qu'on appelait les Anglo-Saxons. Ce peuple était intrépide et se distinguait par son amour du danger. Pressés par les Pictes et les Scots, les Bretons l'appelèrent à leur secours. Les Anglo-Saxons abordèrent bientôt sur le territoire breton et s'associèrent aux Saxons pour repousser les Pictes et les Scots. Ceux-ci furent battus et regagnèrent leurs montagnes; mais ce succès coûta cher aux Bretons. Attaqués à leur tour par les Anglo-Saxons, ils furent vaincus eux-mêmes, et durent céder leur territoire à leurs vainqueurs. La Bretagne prit alors le nom d'England (terre des Anglais), comme l'Écosse prit celui de Scotland (terre d'Écosse); car, après avoir regagné leurs montagnes, les Pictes et les Scots, combattant les uns contre les autres, se livrèrent des batailles sanglantes. Les Pictes furent battus, et, si l'on en croit les traditions, tous furent massacrés. De vieilles haines nationales, des préjugés de caste régnaient entre les Pictes et les Scots, et dans ces temps-là, la guerre se faisait sans que rien en atténuât les horreurs. Il n'est plus question des Pictes après ces grandes défaites; ce sont les Scots qui donnent au pays le nom de Scotland, terre des Scots ou Écossais.

Nous ne nous arrêterons que faiblement sur la constitution politique et religieuse des habitants de l'Écosse à cette époque. Cette partie de notre histoire ainsi que les mœurs et les coutumes indiquent un pays plongé dans les ténèbres de la barbarie.

La constitution politique et religieuse de l'Ecosse de ces temps-là avait une grande analogie avec celle des Bretons. Les druides réunissaient le sacerdoce et l'autorité politique avec un pouvoir presque souverain. Ils jugeaient toutes les contestations dans les affaires publiques, religieuses et civiles, au milieu des forêts, où ils tenaient leurs assises et terminaient les différends des peuples. Leurs jugements étaient sans appel; ils connaissaient des meurtres, des successions, des limites; décernaient ensuite les récompenses et les châtiments. Le chef des druides était le souverain de la nation, et son autorité absolue, fondée sur le respect des peuples, se fortifiait par le nombre de prêtres qui lui étaient soumis. Après la mort du chef, le plus considérable des druides parvenait par élection à cette éminente dignité; mais elle était tellement briguée, qu'il fallait quelquefois en venir aux armes.

Le principal objet des lois, de la morale et de la discipline des druides était : la distinction des fonctions des prêtres; l'obligation d'assister aux instructions et aux sacrifices solennels dans les forêts sacrées, et de ne confier le secret des sciences qu'à la mémoire; la défense de disputer sur les matières religieuses ou politiques à quiconque n'était pas druide, de révéler aux étrangers les mystères sacrés, de faire du commerce avec les étrangers sans permission; les peines contre l'oisiveté, le larcin, le meurtre; l'obligation d'établir des hôpitaux, d'enseigner les enfants en commun et hors de la présence de leurs parents; les devoirs à rendre aux morts, comme, par exemple, la conservation de leurs crânes, dont on se servait ensuite pour boire. D'après les dispositions de ces lois, tous les pères de famille étaient rois dans leurs maisons, et avaient sur leurs enfants droit de vie et de mort. Le gui devait être cueilli avec une serpe d'or, et, s'il était possible, à la sixième lune ; étant mis en poudre, il rendait les femmes fécondes; la lune guérissait tout. Les prisonniers de guerre devaient être égorgés sur les autels. Dans quelques circonstances, un sacrifice ne pouvait être agréable à Dieu qu'autant qu'on immolait un homme.

Néanmoins, ces temps barbares, et déjà si éloignés de nous, virent naître Ossian, génie extraordinaire, dont les œuvres devaient immortaliser l'Ecosse. Il paraît que le célèbre barde vécut vers la fin du second siècle et le commencement du troisième, et que Fingal, son père, roi de Manen, était un guerrier courageux qui se distingua dans un grand nombre d'expéditions. La tradition rapporte que Fingal, à la tête des Calédoniens, fit échouer l'invasion tentée par l'empereur Sévère, et qu'il remporta sur son fils Caracalla une victoire signalée. Ossian marcha sur les traces de son père, et dans une de ses premières expéditions en Irlande, il vit, aima et épousa Evirallin, fille du roi de Reyo, surnommé *l'ami des étrangers*. C'est de cette union, qui fut courte, que naquit Oscar, dont les exploits sont célèbres dans les poëmes d'Ossian; mais ce fils périt par une trahison, au moment où il allait être uni à la bonne Malvina. Ossian et Malvina restèrent pour pleurer Oscar qu'ils avaient perdu, et ne se séparèrent jamais. Le père eut le malheur de survivre à tous ses proches et à tous ses amis, dont la plupart furent victimes d'un accident fatal, que le poëte retrace dans un de ses poëmes, intitulé : *La chute de Tara*. Privé de la vue, il perdit encore sa fidèle Malvina, et présagea dès lors la fin d'une vie qui n'était plus pour lui qu'un fardeau. Ossian mourut chargé d'infortunes et d'années, dans la maison d'un Caldès, qu'il désigne sous le nom de *fils d'Alpin*, et qu'on suppose avoir été un de ces chrétiens fugitifs qui avaient quitté le territoire de l'empire romain, pour échapper à la persécution exercée

ECOSSE (Comté d'Edimbourg)

Ruines de la Chapelle S.t Antoine
près d'Edimbourg.

contre eux sous le règne de Dioclétien. C'est dans la vallée de Cono, aujourd'hui Glencoe, comté d'Argyle, qu'Ossian faisait sa principale résidence. La plupart des ouvrages de cet auteur furent composés alors qu'il était déjà dans un âge avancé. On y remarque une grande richesse d'imagination, un étonnant mélange de sublime et de sentiment, et surtout une extrême concision, qualité qui le fait placer au-dessus d'Homère par quelques admirateurs enthousiastes (*).

Cet état de choses dura sans doute jusqu'à l'occupation de l'Angleterre par les guerriers de la Germanie. Alors l'Écosse comme l'Angleterre eut ses thanes; les terres furent réparties entre des seigneurs qui étaient tenus de paraître à la cour, lorsque leur présence était réclamée par le souverain, ou de venir avec un certain nombre de soldats au secours du souverain, en temps de guerre; en temps de paix, les grands vassaux de la couronne exerçaient le droit de haute et basse justice. A l'exemple du souverain, ces vassaux divisaient leurs propriétés en petits domaines, qu'ils conféraient ensuite aux chevaliers et aux gentilshommes qu'ils jugeaient propres à les suivre à la guerre ou à former leur cour en temps de paix. Les habitants étaient divisés en tribus appelées Clans, qui devenaient les vassaux des chefs, et ceux-ci leur donnaient protection. Les chefs de clans étaient de petits souverains; chacun d'eux avait un historien ou un barde. Lorsqu'ils mettaient leurs vassaux en campagne, ceux-ci étaient armés d'une longue épée et d'une dague; la cavalerie était le seul ennemi qu'ils redoutassent. Aussitôt le combat terminé, ils se dispersaient et rentraient dans leurs vallées et dans leurs montagnes pour se partager le butin. Des services militaires acquittaient les fermages; les villages et les hameaux, grossièrement construits en pierre et en terre, servaient d'abri aux habitants dans les vallées.

Pendant toute cette période, les Écossais continuent leurs excursions sur le territoire anglais, et sont tour à tour vainqueurs et vaincus. L'amour de la guerre est un des principaux traits de leur caractère; le bruit des armes est doux à leur oreille, autant que celui de leurs cascades; ils aiment le butin; après une bataille ils rentrent chez eux, et écoutent la voix de leur barde qui chante les exploits des combattants. L'invasion des Danois suspendit pour un moment le cours de leurs excursions en Angleterre, en les obligeant à défendre leur sol. Les Danois, peuple hardi, courageux, entreprenant, qui dirigeaient leurs vaisseaux tantôt d'un côté, tantôt de l'autre, ayant débarqué sur les côtes, brûlèrent et détruisirent tout ce qui se trouvait sur leur passage.

La plume de Shakspeare a tiré un parti admirable de l'épisode suivant de l'histoire d'Écosse : A cette époque, régnait le vieux Duncan. Duncan avait deux fils : Malcolm et Donalbadane, qui étaient encore dans l'enfance. Brisé par l'âge, ne pouvant, d'un autre côté, se faire remplacer par ses fils, Duncan, après avoir rassemblé une vaillante armée pour repousser les Danois, en donna le commandement à un de ses parents, nommé Macbeth, brave guerrier dont le père, nommé Fennel, était thane ou gouverneur de la province de Glamis; Macbeth prit avec lui un de ses parents, nommé Banquo, qui était thane de Lochaber. Les deux généraux écossais battirent les Danois et les forcèrent à regagner leurs vaisseaux; eux-mêmes avaient pris la route de Forres, ville située dans le

---

(*) Les poëmes d'Ossian demeurèrent, pendant un espace de quatorze cents ans, presque entièrement inconnus en Angleterre. Ce n'est que vers 1760 que Macpherson, qui était alors assez peu connu lui-même, en publia des fragments qu'il traduisit de la langue gallique en prose poétique anglaise, sous le titre de *Fragments d'anciennes poésies*. Cette publication éveilla la curiosité de quelques riches Écossais; et Macpherson, après avoir parcouru les montagnes de l'Écosse, en rapporta une riche moisson de poëmes manuscrits, dont il publia la traduction avec le texte à Londres, 1765, 2 vol. in-folio.   Cl. Pel.

nord de l'Écosse, lorsqu'ils aperçurent dans une vaste plaine de bruyères, près de la ville, trois sorcières qui vinrent au-devant d'eux. Tout le monde connaît ce fait traditionnel de l'histoire d'Écosse. La première sorcière s'adressant à Macbeth : Salut à toi, Macbeth, dit-elle; salut, thane de Glamis; la seconde prenant la parole à son tour : Salut, thane de Cawdor; la troisième prédit au général vainqueur qu'il serait roi. Banquo s'avançant alors, demanda aux sorcières quel serait son sort; elles lui prédirent que ses enfants monteraient sur le trône d'Écosse, et qu'ils y régneraient un grand nombre d'années. Macbeth n'était point encore revenu de sa surprise, lorsque deux messagers se présentèrent devant lui : l'un lui annonçait la mort de son père, ce qui le rendait thane de Glamis; l'autre, porteur de dépêches du vieux Duncan, lui annonçait que le thane de Cawdor s'étant révolté, le roi lui avait retiré son gouvernement pour le lui donner. Ainsi se trouvait vérifiée une partie des prédictions des sorcières. Macbeth était marié à une femme méchante et ambitieuse; celle-ci ayant eu connaissance des prédictions des deux sorcières, fut frappée de la manière dont ces prédictions s'étaient vérifiées; et, à son instigation, Macbeth invita Duncan à venir à un château qu'il possédait auprès d'Inverness.

Macbeth et sa femme préméditaient un meurtre. Le vieux Duncan, ayant accepté l'invitation, fut reçu par ses hôtes, et se retira sans défiance, avec les démonstrations de la joie la plus vive, dans la chambre qui lui avait été préparée. Il était d'usage, dans ces temps-là, que, pendant le sommeil du roi, deux hommes armés demeurassent dans sa chambre pour le défendre dans le cas d'attaque. Macbeth fit boire aux deux gardes du vin dans lequel avaient été jetées des drogues soporifiques, et quand les soldats furent plongés dans un profond sommeil, Macbeth entra dans la chambre du roi et l'assassina; puis il couvrit de sang le visage des deux soldats, de manière qu'ils parussent être eux-mêmes les auteurs de l'assassinat. Le lendemain, Macbeth les accusa hautement du meurtre dont lui-même était l'auteur; et, feignant une grande colère, il saisit son épée, et les tua tous deux. Mais cet acte de barbarie ne trompa personne; les fils de Duncan, craignant pour leurs jours, se hâtèrent de quitter l'Écosse. Macbeth monta sur le trône.

La dernière partie des prophéties des sorcières se trouvait ainsi accomplie; mais Macbeth se rappelait que les sorcières avaient prédit à Banquo que sa postérité occuperait un jour le trône d'Écosse; et tremblant maintenant de perdre ce qu'il avait si mal acquis, il ne recula pas devant un autre crime; ayant aposté des bandits dans un bois où Banquo et son fils avaient coutume de se promener, Banquo fut assassiné; son fils, le jeune Fleame, parvint à s'échapper des mains des assassins et s'enfuit dans le pays de Galles.

Cependant le fils aîné de Duncan, après la mort de son père, s'était retiré à la cour d'Édouard le Confesseur, pour solliciter l'appui de ce prince et rentrer en possession de son trône. Le prince avait laissé en Écosse de nombreux partisans, et notamment le thane de Fife, nommé Macduff. Macbeth, qui craignait ce seigneur, voulut l'assassiner. Mais Macduff, qui passait pour avoir autant de courage que de sagesse, averti à temps, parvint à s'échapper; il gagna l'Angleterre, et se rendit à la cour d'Édouard le Confesseur, qui, encouragé par lui, se décida à envoyer une armée anglaise en Écosse pour aider Malcolm à remonter sur le trône de son père. Siward, comte de Northumberland, eut le commandement de cette armée; il entra en Écosse, où sa présence occasionna de grandes défections parmi les partisans de Macbeth. Bientôt celui-ci se retira dans le château de Dunsinane, qui fut aussitôt assiégé. Macduff, qui était dans l'armée du comte de Northumberland, ayant eu l'idée de faire porter des branches d'arbres par chacun de ses soldats, Macbeth, trompé par ce stratagème sur le nombre de ses ennemis,

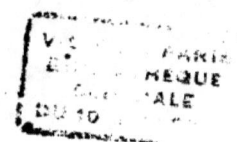

ÉCOSSE (Comté de Selkirk).

Abbotsford.
Habitation de Sir Walter Scott.

s'élança hors des murs de son château ; mais, enveloppé de toutes parts, après une résistance furieuse et désespérée, il fut tué. Malcolm monta aussitôt sur le trône, et pour récompenser Macduff de son dévouement, le nouveau roi ordonna que ce serait toujours un de ses descendants qui conduirait l'avant-garde de l'armée écossaise dans les batailles, et qui poserait la couronne sur la tête du roi à la cérémonie du couronnement.

Tels sont le faits que la plume de Shakspeare a revêtus de brillantes couleurs. Toutefois, à travers le merveilleux qui les obscurcit, il est facile d'en reconnaître le véritable esprit. Il est évident que la monarchie écossaise, comme dans toutes les autres parties de l'Europe à la même époque, était mal assise ; que des chefs turbulents cherchaient à l'affaiblir et à la renverser pour substituer leur autorité à la sienne ; que le désordre et la confusion régnaient dans les régions supérieures, et que le peuple écossais devait être essentiellement malheureux.

Cette époque de l'histoire d'Écosse est presque contemporaine de l'invasion de l'Angleterre par les Normands. La conquête normande ébranla l'Angleterre dans ses fondements, et le contre-coup s'en fit vivement ressentir en Écosse ; une foule d'*outlaws* se réfugièrent dans les comtés du Nord, et y jetèrent la terreur. Mais cet événement allait devenir plus tard la source de grands avantages pour l'Angleterre et pour l'Écosse, qui déjà était habituée à recevoir la lumière de l'Angleterre. De grandes différences existaient dans les mœurs des vainqueurs et des vaincus à l'avantage des premiers. Walter Scott, dans son roman d'*Ivanhoë*, nous parle de la raillerie qu'excitait la gaucherie des Saxons parmi les conquérants normands ; la scène se passe sous le règne de Richard Cœur de Lion.

« Cédric et Athelstane étaient tous les deux revêtus de l'ancien costume saxon, qui, sans être ridicule par lui-même, différait cependant tellement de celui des autres convives, que le prince Jean se fit beaucoup de mérite, auprès de Waldemar Fitzurse, d'avoir su se contenir assez pour ne pas éclater de rire à la vue d'un accoutrement que la mode du jour faisait paraître si bizarre.

« Cependant, à des yeux que la prévention n'aurait pas aveuglés, la tunique courte et étroite et le long manteau des Saxons eussent paru des vêtements plus gracieux, et surtout plus commodes, que ceux des Normands, qui portaient un long pourpoint, si large, qu'il ressemblait à une blouse de charretier, et, par-dessus, un petit manteau très-court, qui ne pouvait les préserver ni du froid, ni de la pluie, et qui semblait n'avoir d'autre objet que d'étaler autant de fourrures et de broderies que l'art du tailleur pouvait parvenir à en mettre. L'empereur Charlemagne paraît avoir très-bien senti tous les inconvénients de cette mode. A quoi servent, disait-il, ces manteaux si courts ? Au lit, ils ne sauraient nous couvrir ; à cheval, ils ne nous protégent ni contre la pluie, ni contre le vent ; sommes-nous assis, ils ne préservent nos jambes ni du froid, ni de l'humidité.

« Cependant, en dépit de cette censure impériale, les manteaux courts continuèrent à être à la mode jusqu'à l'époque dont nous parlons, surtout parmi les princes de la maison d'Anjou. Tous les courtisans du prince Jean en portaient, et ne manquaient pas de tourner en ridicule les longs manteaux saxons.

« Les convives prirent place autour d'une table richement servie. Les nombreux cuisiniers qui suivaient le prince dans ses voyages, avaient déployé tant d'art et de talent, pour varier la forme des différents plats, qu'ils avaient réussi presque aussi bien que les professeurs modernes de l'art culinaire, à rendre impossible de deviner, à la simple inspection, quel était le mets dont on allait goûter. Des gâteaux, des pâtisseries de toute espèce, friandises qu'on ne voyait alors que sur les tables de la plus haute noblesse, variaient agréablement le coup d'œil : et les vins les plus délicats, placés de distance en distance, complétaient la symétrie.

« Les Normands, en général, ne se faisaient pas remarquer par leur intempérance. Plus difficiles que gloutons, ils recherchaient la délicatesse dans les mets; mais ils évitaient avec soin toute espèce d'excès, et l'on ne pouvait en dire autant des Saxons. Le prince Jean et ceux qui, pour lui faire leur cour, imitaient ses défauts, aimaient, il est vrai, un peu trop les plaisirs de la table, et l'on sait même très-bien qu'il mourut des suites d'un excès qu'il fit à manger des pêches et à boire de la cervoise; mais sa conduite fait exception à celle de ses compatriotes, qui étaient généralement sobres.

« Ce fut avec une gravité maligne, qui n'était interrompue que par quelques signes qu'ils se faisaient secrètement entre eux, que les chevaliers normands examinèrent jusqu'au moindre mouvement d'Athelstane et de Cédric, qui commirent, sans le savoir, plus d'une bévue dans le banquet dont les usages leur étaient entièrement inconnus. On sait très-bien qu'on pardonnerait plutôt à un homme de manquer aux bienséances et d'offenser les bonnes mœurs, que de paraître ignorer les points les plus minutieux de l'étiquette.

« Cédric, par exemple, qui essuyait ses mains à une serviette, au lieu d'attendre qu'elles séchassent, en les agitant gracieusement en l'air, paraissait beaucoup plus ridicule que son compagnon Athelstane, qui s'était adjugé à lui seul tout un vaste pâté, rempli de tout ce qu'il y avait de plus fin et de plus délicat. Néanmoins, lorsque, après un mûr examen, on découvrit que le thane de Conningsburgh (ou Franklin, comme l'appelaient les Normands) ne savait pas même quel était le mets qu'il venait de dévorer si avidement, et qu'il avait pris des becfigues et des rossignols pour des pigeons et des alouettes, son ignorance l'exposa à des risées que sa gloutonnerie méritait à plus juste titre. »

Les mœurs et les usages que les Normands venaient d'introduire en Angleterre ne tardèrent pas à être importés en Écosse. Dans le même temps toute la contrée se hérissait de châteaux forts avec ponts-levis, bastions, remparts et créneaux. Quelques-uns existaient déjà; d'autres furent construits, et tout ce que le génie des batailles pouvait inventer de plus parfait fut mis en œuvre dans la construction de ces édifices pour les rendre imprenables. Les châteaux de Inonzie, de Douglas, de Culzean, ceux de Glamis, de Doune, de Crookstone, sont des modèles du genre. Tel est aussi le château fort de Stirling. Ce château est aussi remarquable à cause des combats dont sa possession fut souvent le sujet, et des grands souvenirs historiques qu'y ont laissés différents princes qui en firent leur résidence. Stirling, qui est d'une construction fort ancienne, était regardé autrefois comme la clef des Highlands. Du haut des remparts, dont les contours suivent les sinuosités du rocher sur lequel la ville de Stirling est bâtie, se déploie un des plus beaux panoramas qu'il y ait en Écosse. Au nord, l'œil s'arrête sur la chaîne des Ochils, dont les masses sombres s'enveloppent dans le lointain d'une vapeur légère qui en adoucit graduellement les formes gigantesques. Au bas de la muraille, commence une plaine qui se déroule à perte de vue, où l'on voit parmi les produits d'une culture riche et variée des villes, des villages, des châteaux et des bois, que le Forth, comme un immense serpent, entoure de ses replis argentés; dans le lointain, le fleuve se cache derrière les bosquets qui bordent ses rives, de façon que les navires qui sillonnent ses ondes semblent glisser sur la prairie. La plaine s'étend au midi jusqu'au pied des monts Grampians, et s'élève par une pente presque insensible à leurs sommets. Une scène aussi vaste, mais d'un caractère plus sévère, se développe du côté du couchant. Des forêts, des tourbières et des landes marécageuses couvrent une plage immense au milieu de laquelle le Forth fait de longs circuits; les masses im-

ÉCOSSE (Comté d'Edimbourg).

Intérieur de la Chapelle de Roslin.

ÉCOSSE. (Comte de Fortar)

Skelton fils del. et sc.

Château de Glammis.

posantes des montagnes de la haute Ecosse se confondent dans l'éloignement avec les formes indécises des nuages.

Les excursions des Écossais n'avaient point discontinué, et le bouleversement qui régnait en Angleterre, leur permit de s'agrandir aux dépens de leurs voisins et de s'emparer des provinces de Northumberland, Cumberland et Westmoreland, qui sont situées au nord de l'Angleterre. Les conquérants normands firent d'inutiles efforts pour les expulser de ces provinces; après de longues luttes, il fut arrêté entre les parties belligérantes, que les provinces, cause du litige, resteraient au pouvoir des Écossais, toutefois qu'ils ne les conserveraient qu'à titre d'allégeance envers la couronne d'Angleterre, comme le faisaient les grands vassaux pour les provinces qu'ils avaient reçues à titre de fief. L'Écosse, comme par le passé, ne releva point de la couronne d'Angleterre; elle resta indépendante, mais elle devint vassale de la couronne d'Angleterre pour cette partie de ses possessions qui étaient sur le territoire anglais.

Ce fait est de la plus haute importance, parce qu'il servit de prétexte à la longue querelle qui régna entre l'Écosse et l'Angleterre, et qu'il détermina à la suite des temps l'union des deux royaumes. Les rois d'Angleterre ne voulurent point adopter la distinction; ils prétendaient que les rois d'Écosse devaient non-seulement hommage pour les provinces qu'ils possédaient en Angleterre, mais aussi pour le royaume d'Écosse. De leur côté, les rois d'Écosse, tout en rendant hommage à la couronne d'Angleterre pour les possessions qu'ils avaient en Angleterre, refusaient le même hommage à titre de rois d'Écosse.

Mais pour soutenir de pareilles prétentions l'Écosse ne possédait déjà plus le degré de force qui la plaçait au même niveau que l'Angleterre. Son infériorité avait commencé du jour où la conquête de l'Angleterre avait été définitive. Son courage et son impétuosité lui restaient, et, à cet égard, elle n'avait rien à envier à l'Angleterre, mais celle-ci avait dans sa politique une arme qu'elle maniait déjà avec une rare habileté.

Les événements immédiats qui suivirent cette contestation n'ont pas une grande importance, et les plus remarquables sont en petit nombre. Dans une bataille, Guillaume, roi d'Écosse, surnommé le Lion, parce qu'il portait un lion peint sur son bouclier, fut fait prisonnier (1174), et, pour recouvrer sa liberté, il fut obligé de se reconnaître vassal pour le royaume d'Écosse. Mais Richard Ier, roi d'Angleterre, qui se distinguait autant par sa bravoure que par son caractère chevaleresque, renonça bientôt après à ce droit, parce qu'il reconnut le serment avait été arraché frauduleusement et conséquemment qu'il était sans valeur. Cette générosité de Richard produisit une trêve de plus de cent ans entre les deux pays; pendant cette suspension les communications entre les deux peuples deviennent plus fréquentes, et plusieurs familles d'Écosse s'unissent par des alliances avec des familles anglaises.

Ce fut sous le r   Édouard Ier que l'Écosse fut à   comprendre combien la politiq   glaise pouvait devenir dangereuse pour elle. Alexandre III, le dernier de sept rois depuis Malcolm, fils de Duncan, qui avait repris à l'usurpateur Macbeth la couronne, rendit son peuple heureux; ce prince avait eu de son second mariage une fille qui avait épousé Éric, roi de Norwége. Alexandre étant mort en tombant par accident dans un précipice qui a conservé le nom de Rocher du roi, la couronne revint à Marguerite, surnommée la vierge de Norwége, à cause de sa candeur et de sa beauté. Cette jeune fille, qui était par sa mère petite-fille d'Alexandre III, fut appelée en Écosse. Édouard Ier, prince brave et ambitieux, qui régnait en ce moment en Angleterre, et qui convoitait le trône d'Écosse, la demanda en mariage pour son fils aîné. Des négociations furent entamées; elles stipulaient l'union de l'Angleterre avec l'Écosse, dans le cas où des enfants viendraient à naître de ce mariage. Mais la vierge de Norwége mourut au milieu de ces négociations; et l'union projetée, qui commençait déjà à préoccuper vivement les esprits dans les deux pays, ne put être conclue.

La succession se trouvait vacante, et aussitôt l'Écosse se vit menacée par les armées d'Angleterre. D'un autre côté, une foule de prétendants se présentaient pour avoir la couronne. Dans le but d'éviter l'effusion de sang, ceux-ci choisirent pour leur arbitre le roi d'Angleterre. La conférence eut lieu dans le château de Norham, grande forteresse sur le bord méridional de la Tweed, à l'endroit où cette rivière sépare l'Angleterre de l'Écosse (9 juin 1291). Mais Édouard, qui n'avait point renoncé à ses projets sur l'Écosse, résolut de faire tourner à son profit l'agitation qui régnait dans ce pays. Dans ce but, il annonça par l'organe de son grand justicier qu'il était décidé à faire revivre les anciennes prétentions de l'Angleterre au sujet de la supériorité de la couronne anglaise sur l'Écosse, et qu'il ne prononcerait dans le débat qui allait s'ouvrir qu'autant que ses droits comme seigneur suzerain seraient reconnus. Les prétendants refusèrent d'abord d'obtempérer à ces prétentions, et le roi les congédia après leur avoir donné trois semaines pour réfléchir. La seconde assemblée eut lieu sur le territoire écossais, dans un lieu vaste et découvert, nommé Upsettlington, en face du château de Norham. Le grand justicier d'Angleterre s'adressant aux concurrents assemblés, leur demanda s'ils consentaient à se reconnaître les vassaux de la couronne d'Angleterre; tous ayant répondu par l'affirmative, on examina les titres de chacun d'eux. Les prétendants dont les titres paraissaient les plus valides étaient Jean Baliol, lord de Galloway, et Robert Bruce, lord d'Annundale, seigneurs puissants qui avaient l'un et l'autre de grands biens en Angleterre et en Écosse. Édouard se décida en faveur de Baliol.

Des divisions sanglantes ne tardèrent pas à éclater à la suite de l'élévation de Baliol au trône, et le roi d'Écosse ayant refusé de répondre à une sommation qui lui avait été faite de comparaître à la cour d'Angleterre, Édouard demanda, comme gage d'obéissance, qu'on lui livrât trois des principales forteresses d'Écosse : c'étaient les châteaux de Berwick, de Roxburgh et de Jedburgh. Ces forteresses lui furent remises; mais comme il était évident que cette demande n'était que le prélude des spoliations dont l'Écosse était menacée, Baliol leva une armée et entra sur le territoire anglais. Dans le même temps, il envoyait des agents à la cour de France pour demander des secours. Édouard, qui avait des agents secrets en Écosse, averti de tout ce qui s'y passait, s'attacha à réveiller les inimitiés des compétiteurs de Baliol et de Bruce. Une grande bataille, dans laquelle les Écossais furent complément battus, fut livrée dans les environs de Dunbar. Alors Baliol, faisant les plus humbles soumissions pour sauver sa vie, céda tous ses droits au royaume d'Écosse à Édouard, roi d'Angleterre.

Sur ces entrefaites, Robert Bruce se présenta devant le roi d'Angleterre, et lui demanda la couronne; mais Édouard lui dit qu'il comptait garder l'Écosse pour lui-même. Dans cette intention, Édouard mit des garnisons anglaises dans tous les châteaux et places fortes du royaume, et nomma des gouverneurs anglais dans presque toutes les provinces. Le comte de Surrey, seigneur puissant de la cour d'Angleterre, eut le gouvernement général de l'Écosse. Les archives du royaume furent transportées à Londres, ainsi qu'une grande pierre sur laquelle on avait coutume de placer les rois d'Écosse le jour de leur couronnement. Cette époque fut terrible pour l'Écosse; les gouverneurs anglais se livraient à des rapines exécrables, et exerçaient des violences extraordinaires contre les malheureux habitants. Les soldats anglais, encouragés par l'exemple de leur chef, traitaient de leur côté les Écossais avec un profond mépris, et s'emparaient de vive force de tout ce qui leur convenait; s'il arrivait que les malheureux Écossais fissent résistance, ils étaient maltraités, et souvent ils perdaient la vie et leurs biens dans ces démêlés.

Les Anglais croyaient l'Écosse soumise, tout ployait sous leur joug. Mais le temps de la fusion n'était point encore venu, et quelque grande que fût la supériorité de l'Angleterre, quelque habile que fût sa politique pour jeter et entretenir la division parmi les seigneurs écossais, elle n'avait point encore assez de prise en Écosse pour dompter un peuple aimant avec passion son indépendance, habitué au danger, le cherchant avec ardeur, trouvant mille facilités dans des montagnes escarpées pour se soustraire à la vengeance de ses ennemis, et les surprendre dans les moments de relâche.

Cette époque est mémorable dans les annales de l'Écosse pour les hauts faits de deux hommes célèbres; le premier, après avoir exercé de terribles représailles contre les Anglais, tomba dans leurs mains et mourut courageusement dans les supplices; le second fut la souche d'où sortirent tous les rois qui régnèrent ensuite sur l'Écosse jusqu'à la chute des Stuarts: il fut plus heureux que son prédécesseur; après avoir eu des commencements difficiles, il sauva l'Écosse et lui rendit son indépendance.

Les violences des Anglais avaient aigri au dernier point les Écossais, quand il se présenta un homme courageux qui résolut de soustraire son pays à cet indigne esclavage. Cet homme, fils d'un simple gentilhomme de la province de Renfrew, près de Paisley, se nommait William Wallace. Lui-même avait eu à subir de la part des Anglais des traitements indignes. Il venait d'épouser une jeune femme dont il était éperdument amoureux, lorsque, passant un jour sur la place publique, il fut accosté par des Anglais, qui lui reprochèrent l'élégance de sa mise. Une querelle s'ensuivit, et l'un des agresseurs fut tué. Le gouverneur ordonna aussitôt l'arrestation de Wallace; mais celui-ci avait déjà pris la fuite, il s'était retiré dans les montagnes, d'où il pouvait braver la fureur de ses ennemis. Les Anglais, profondément irrités de cette évasion, résolurent de se venger, et, dans ce but, ils incendièrent la maison du fugitif, et massacrèrent sa femme et ses domestiques. Wallace fut déclaré en outre un *outlaw* (proscrit), et une récompense fut promise à celui qui le ramènerait mort ou vif.

William Wallace était renommé pour son courage et sa force; à la nouvelle de la barbarie des Anglais, il leur jura une haine éternelle, et se mettant aussitôt à la tête d'un fort parti d'hommes déterminés et prêts à faire le sacrifice de leur vie pour soustraire l'Écosse au joug tyrannique qui pesait sur elle, il attaqua à l'improviste et tua le gouverneur qui avait ordonné le massacre de sa femme et de ses domestiques. Ces succès enhardirent les Écossais; une foule d'entre eux vinrent se ranger sous la bannière de Wallace. Déjà l'alarme régnait parmi les Anglais; dans le but de se défaire plus facilement de leurs ennemis, ils résolurent d'exterminer les membres les plus influents de la noblesse écossaise. Dans cette intention le gouverneur anglais de la ville d'Ayr invita les seigneurs écossais à se rendre auprès de lui. Le motif de cette invitation, disait le gouverneur, était la gravité des affaires du pays. Le lieu du rendez-vous était fixé dans de vastes bâtiments appelés les Granges d'Ayr (*Barns of Ayr*). Beaucoup de gentilshommes se rendirent à l'invitation, ils étaient sans défiance; mais tous furent tués d'une manière impitoyable. Des cordes suspendues aux poutres du toit et ayant à leur extrémité un nœud coulant, leur étaient jetées autour du cou au moment où ils entraient, et ils étaient aussitôt pendus et étranglés sans miséricorde.

Wallace ne tarda pas à tirer une vengeance éclatante de cet acte de barbarie. Ayant appris que les troupes anglaises, qui avaient leur cantonnement dans la ville d'Ayr, étaient sans défiance, il chargea une femme de marquer à la craie toutes les portes des maisons dans lesquelles logeaient les Anglais. Quand cet ordre eut été exécuté, Wallace entra dans la ville par une nuit sombre, et incendia ces maisons. Les Anglais, éveillés par les flammes, voulurent fuir; mais un cordon de soldats leur barrait le passage, de façon que tous ceux qui échappèrent aux flammes périrent par le fer. L'histoire rapporte que le prieur d'un couvent dans lequel étaient logés beaucoup de soldats anglais, fit prendre les armes à ses moines, et tombant à l'improviste sur les soldats, il les massacra tous. Le souvenir de cette action s'est perpétué en Écosse sous le nom de : Bénédiction du prieur d'Ayr.

L'insurrection prit bientôt un développement considérable qui obligea le comte de Surrey à rassembler une armée nombreuse. Une bataille sanglante fut livrée sur la rive septentrionale du Forth, près de Stirling; mais elle fut fatale aux Anglais, un grand nombre d'entre eux furent jetés dans la rivière, où ils trouvèrent la mort. Un des chefs de l'armée anglaise, nommé Cressingham, ayant été tué dans la mêlée, les Écossais, qu'animait la soif de la vengeance, pour insulter son cadavre, enlevèrent la peau de son corps et s'en partagèrent les lambeaux. Cette victoire devint aussitôt le signal d'un soulèvement général. Toute la population se leva en masse et força les Anglais à évacuer le pays. Les Écossais victorieux pénétrèrent ensuite sur le territoire anglais et y commirent de grands ravages. Cependant la terrible bataille de Falkirk, qui fut livrée le 22 juillet 1298, ne tarda pas à rétablir l'avantage en faveur des Anglais. Dans cette journée, où le roi d'Angleterre commandait en personne, et où son armée était composée des meilleures troupes, Wallace fit une courageuse résistance; des bataillons entiers tombèrent percés de la lance de ses soldats. Mais la cavalerie anglaise, qui se distinguait déjà par sa discipline et son courage, ayant fait plusieurs charges, le désordre se mit dans les rangs écossais, ce qui obligea l'intrépide Wallace à abandonner le champ de bataille. Les Anglais rentrèrent de nouveau en vainqueurs en Écosse et soumirent une grande partie des villes.

Wallace seul, à la tête de quelques soldats, s'efforça pendant quelque temps de maintenir l'indépendance du pays. Il errait dans les bois et dans les montagnes, d'où il sortait pour inquiéter l'ennemi et tomber sur lui à l'improviste. Les Anglais mirent sa tête à prix, et un traître, dont le nom est encore en exécration à la nation écossaise, le livra à ses ennemis. Conduit à Londres, Wallace conserva devant ses juges le courage héroïque qu'il avait montré dans ses expéditions contre les Anglais. On le couronna par dérision d'une guirlande verte, parce que, disait-on, il avait été roi des proscrits dans les forêts d'Écosse. Interrogé s'il se repentait d'avoir fait périr tant d'hommes, il répondit avec fierté que, bien loin de se repentir, il n'éprouvait qu'un regret, c'était de n'en avoir pas tué un plus grand nombre. Il fut condamné à mort et subit sa sentence avec courage. Selon la coutume de ces temps barbares, son corps fut écartelé, et les débris en furent placés sur le pont de Londres, accrochés à des pointes de fer.

Édouard espérait que ce châtiment terrible jetterait l'effroi dans l'âme des Écossais, mais il se trompait. A peine Wallace eut-il été mis à mort, que Robert Bruce, comte de Carrick, et petit-fils de ce Robert Bruce que nous avons vu disputer la couronne à John Baliol, résolut de marcher sur ses traces. Bruce avait aidé Wallace à sauver son pays; mais après la bataille de Falkirk, craignant de perdre ses immenses propriétés, il s'était soumis aux Anglais, et avait même servi dans leurs rangs pour réduire ses compatriotes. Bientôt dégoûté de ce service, il avait repris les

ÉCOSSE (Comté de Perth)

Paysage des Trosachs.

armes pour venger son pays des outrages que ses oppresseurs faisaient peser sur lui. On rapporte à ce sujet qu'après une bataille sanglante, dans laquelle les Anglais avaient été vainqueurs, s'étant mis à table avec eux sans avoir pris le temps de se laver les mains, ses compagnons de table le raillèrent en disant qu'il mangeait son propre sang. Bruce, à cette insulte, sentit le remords et l'indignation agiter son âme, il se leva de table et alla dans une église demander pardon à Dieu d'avoir combattu contre son pays; puis il fit le vœu solennel d'arracher encore une fois l'Écosse au joug anglais.

Cependant l'Écosse était déchirée par des factions; parmi les seigneurs les plus turbulents, se trouvait sir John Comyn, surnommé le Roux, à cause de sa chevelure rousse. Comyn était l'ennemi de Robert Bruce, et, dans une entrevue qu'ils eurent ensemble, celui-ci lui donna la mort. Cette action devint plus tard la source des plus grandes difficultés pour Robert Bruce, car elle lui suscita la haine d'une foule de nobles, et notamment des Mac Douglas, parents de sir John Comyn, et seigneurs puissants, qui prenaient le titre de lords de Lorn.

Robert Bruce, qui s'était hâté de quitter l'Angleterre et de revenir en Écosse, fut couronné le 29 mars 1306. A quelques semaines de là, il apprit que le pape, sollicité par le roi d'Angleterre, venait de lancer contre lui une bulle d'excommunication, et qu'il donnait à chacun le droit de le mettre à mort. Cette nouvelle difficulté, qui tendait naturellement à éloigner de son parti une foule d'Écossais, n'abattit point son courage, et, malgré d'immenses obstacles, il résolut de poursuivre ses desseins. Les commencements n'en furent point heureux. Suivi de quelques amis fidèles, parmi lesquels était le jeune lord de Douglas, appelé depuis le bon lord James, Robert Bruce était chassé de montagne en montagne par les Anglais et leurs partisans. Sa femme et quelques autres dames l'accompagnaient dans ce périlleux voyage. Robert Bruce, craignant pour les jours de la reine, se sépara d'elle, et la laissa dans la forteresse de Kildrummie, la seule qui lui appartînt en ce moment, après avoir chargé Nigel, son plus jeune frère, de défendre le château. Alors Bruce, suivi d'Édouard, son autre frère, se retira dans l'île de Rachrin, sur la côte d'Irlande, où il passa l'hiver de 1306.

La nouvelle de la prise du château de Kildrummie et de la mort de son frère qui avait été tué par les Anglais lui arriva dans cette retraite; et ces revers, joints aux mauvais traitements qu'avaient essuyés sa femme et les dames qui étaient avec elle, jetèrent le désespoir dans son âme. Dans cette situation d'esprit, Bruce hésitait s'il renoncerait à faire valoir ses droits à la couronne d'Écosse, s'il renverrait ses soldats et passerait en Palestine, ou s'il lutterait encore contre sa mauvaise fortune. Il était étendu sur un mauvais grabat, les yeux tournés vers le plafond, lorsqu'en ce moment il aperçut une araignée suspendue à un long fil. L'araignée se balançait et s'efforçait de s'élancer sur une poutre pour y attacher le fil et en former ensuite un réseau. Cette tentative pénible fut essayée six fois, mais toujours inutilement. Cette lutte opiniâtre contre la difficulté rappela au roi qu'il avait livré six batailles aux Anglais, et qu'il les avait toutes perdues. Bruce se trouvait, par conséquent, dans la même position que l'araignée, ayant fait le même nombre de tentatives avec aussi peu de succès. L'idée lui vint alors de suivre l'exemple de l'insecte, c'est-à-dire, de tenter encore une fois la fortune des armes, si l'araignée réussissait à attacher son fil; ou de partir pour la Palestine, si sa tentative n'était pas couronnée de succès. Les yeux tendus sur l'araignée, Bruce en suivait tous les mouvements avec une vive attention. Il la vit réunir toutes ses forces, puis enfin fixer son fil sur la poutre qu'elle cherchait depuis si longtemps à atteindre. Encouragé par cet exemple de persévérance, Bruce résolut de tenter de nouveau les hasards de la guerre (*).

Bruce quitta Raehrin. Il n'avait en ce moment autour de lui que quelques centaines d'hommes; mais ses exploits, par leur retentissement, ne tardèrent pas à en grossir le nombre. Après avoir échappé dans différentes occasions, d'une manière presque miraculeuse, aux embûches que lui tendaient ses ennemis, et avoir couru cent fois le risque de perdre la vie, il remporta plusieurs victoires sur les Anglais. Les plus fidèles compagnons de ses travaux étaient Édouard Bruce, son frère; sir Thomas Randolph, lord James de Douglas. Ce dernier, dont le château était occupé par les Anglais, résolut, s'il était possible, d'en reprendre possession ou de le rendre inutile pour les Anglais. Dans cette intention, il prit un déguisement et se rendit secrètement chez un de ses anciens serviteurs, dont la bravoure lui était connue. Le jour de l'attaque fut remis au dimanche des Rameaux, au moment où les Anglais, sortiraient du château pour aller à l'église de la paroisse. Les Anglais, qui étaient sans défiance, tombèrent dans le piége, et un grand nombre d'entre eux furent massacrés. Puis Douglas, entrant dans son château, et y ayant trouvé des soldats anglais qui préparaient le repas de leurs camarades, les massacra tous; après avoir défoncé les muids de vin et d'ale dans les caves, il fit jeter leurs cadavres sanglants dans ce lieu, qui reçut pour cette cause le surnom de garde-manger de Douglas. Mais Douglas sentait l'impossibilité de conserver son château lorsque les Anglais viendraient l'attaquer : il y mit aussitôt le feu, préférant, disait-il, entendre le chant de l'alouette que le cri des souris. Ainsi que Douglas

l'avait prévu, les Anglais se présentèrent devant le château; ils en réparèrent les fortifications, et y laissèrent une garnison aguerrie et de braves officiers. Mais il fut repris une seconde fois par Douglas et ses compagnons; le château ne fut plus désigné, en considération de ces attaques, que sous le nom du périlleux château de Douglas.

Walter Scott a fait du château périlleux le sujet d'un roman plein d'intérêt, dont le fond est vrai. Une Anglaise recherchée en mariage par une foule d'adorateurs, et vivement sollicitée par eux de faire un choix, leur dit qu'elle ne donnerait sa main qu'à celui d'entre eux qui consentirait à défendre le château périlleux. Cette proposition causa d'abord une émotion visible parmi les assistants, car les derniers événements qui s'étaient passés au château avaient jeté la terreur dans l'âme des Anglais, et personne n'osait défendre un poste aussi dangereux. Toutefois, un jeune seigneur du nom de sir John Wilton, ne consultant que son amour, résolut de se dévouer pour satisfaire le caprice de sa belle maîtresse. Wilton s'engagea à conserver le château pendant un an et un jour. Mais Wilton ne fut pas plus heureux que les gouverneurs qui l'avaient précédé.

Tels étaient Bruce et ses braves compagnons; leurs succès délivrèrent l'Écosse du joug des Anglais; bientôt il ne leur resta plus que la place de Stirling, mais Édouard Bruce, frère du roi, vint alors l'assiéger. Édouard II, qui régnait en ce moment en Angleterre, et qui avait hérité de la haine de son père contre les Écossais, rassembla une armée de cent mille hommes et marcha sur l'Écosse. Dans ce moment décisif, Robert Bruce redoubla d'énergie et déploya une présence d'esprit admirable. Les forces écossaises ne pouvaient lutter par le nombre avec leurs adversaires; mais les Écossais étaient aguerris; et, à l'aide de piéges appelés chausse-trapes, que Robert Bruce avait fait pratiquer sur le terrain où devait se

---

(*) Cette anecdote est racontée par Walter Scott, et le romancier ajoute qu'il existe encore une foule d'Écossais du nom de Bruce, qui pour rien au monde ne voudraient tuer une araignée pour l'exemple de persévérance que cet insecte donna au grand héros qui sauva l'Écosse.

Cl. Pel.

livrer la bataille, on essaya de prévenir les tentatives de la cavalerie. La bataille fut donnée dans les environs de Stirling, sur les bords d'une rivière appelée Bannockburn; elle fut terrible pour les Anglais, qui y perdirent un nombre considérable de leurs soldats. Édouard II, qui commandait en personne, s'enfuit du champ de bataille à bride abattue, et gagna la ville de Dunbar, qui tenait encore pour l'Angleterre. Le gouverneur de cette ville lui ayant procuré un bateau de pêcheur, il parvint à rentrer dans son royaume. Les Écossais, enhardis par ces succès, pénétrèrent aussitôt sur le territoire anglais; ils gagnèrent une bataille sanglante à Milton, à laquelle ils donnèrent le nom de chapitre de Milton, parce qu'un grand nombre de prêtres combattirent dans leurs rangs pendant cette journée; ils portèrent ensuite leurs ravages jusque sous les murs d'York. Robert Bruce et son frère songeaient de même à envahir l'Irlande, pour arracher ce pays aux Anglais, comme ils l'avaient fait de l'Écosse. Mais les affaires d'Écosse n'étaient point encore assez solidement établies pour que cette contrée pût se passer de la présence de son roi.

La mort d'Édouard II, qui arriva sur ces entrefaites, ne suspendit point le cours des hostilités; mais les tentatives d'Édouard III, son successeur, qui devint plus tard un des plus grands rois d'Angleterre, n'eurent pas plus de succès que celles des rois ses deux derniers prédécesseurs. L'Écosse recouvra son indépendance, et bientôt la paix fut rétablie entre les deux pays à des conditions très-honorables pour l'Écosse. Le traité fut conclu dans la ville de Northampton, en l'année 1328. Le roi d'Angleterre renonçait à ses prétentions à la souveraineté d'Écosse, et il donnait en mariage à David, fils de Robert Bruce, la princesse Jeanne, sa sœur.

Cet état de choses aurait pu profiter à l'Écosse et ouvrir pour elle une ère nouvelle; elle pouvait grandir en considération et en force, si elle avait eu une organisation politique moins défectueuse, mais la nature de cette organisation contribuait à entretenir l'anarchie dans le pays.

C'était dans un grand conseil, appelé parlement, que se faisaient les lois et qu'étaient traités les grands intérêts du pays. Le conseil se composait du roi, des pairs, ou de la grande noblesse, que le roi convoquait spécialement; de ceux des barons inférieurs qui étaient élus par les différents comtés de l'Écosse pour représenter la petite noblesse; des représentants du clergé, des bourgs et des villes considérables. La seule différence qui existât entre le parlement d'Ecosse et le parlement d'Angleterre, était que le parlement d'Angleterre se composait, comme aujourd'hui, de deux chambres, tandis qu'en Écosse les représentants des comtés et des bourgs siégeaient tous dans la même salle; le parlement d'Écosse, comme celui d'Angleterre, était congédié et convoqué par le roi, et tout ce qui intéressait la nation se décidait dans son sein. Mais comme la noblesse était toute-puissante à cette époque, il s'ensuivait qu'elle bravait audacieusement les lois, toutes les fois que ces lois la lésaient en quelque chose, et que les sujets du royaume d'Écosse étaient très-malheureux. L'administration de la justice était aussi dans les mains de la noblesse; les grands seigneurs avaient le privilège de rendre la justice chacun sur ses terres; ils avaient le droit de haute et basse justice, c'est-à-dire qu'ils recherchaient les crimes et les délits, qu'ils les jugeaient et les punissaient. L'Écosse avait bien des juges nommés par la couronne; mais le pouvoir de ces juges n'était point étendu comme celui des seigneurs; quand ceux-ci réclamaient le délinquant et le traduisaient devant leur tribunal, il était impossible de mettre à exécution les lois sages qui émanaient du parlement.

Cette impuissance des lois contribuait à perpétuer une coutume barbare connue sous le nom de *Haine à mort* ou *Deadly feud*. Lorsqu'un homme était insulté ou tué par un autre, ses parents se vengeaient eux-mêmes en mettant à mort quelqu'un de la famille de celui qui les avait offensés, quelque étranger d'ailleurs que l'objet de leur vengeance pût être au crime ou à l'offense, et ce crime était presque toujours impuni. Ces Deadly feud se rencontraient surtout parmi les habitants des frontières et des hautes terres, qui différaient par leurs mœurs et leurs vêtements, et se détestaient réciproquement. Telle était l'agitation qui régnait dans cette partie de l'Écosse, qu'il fallait fréquemment que le roi marchât en personne, à la tête d'un corps considérable de troupes, pour se saisir des coupables et les faire mettre à mort.

« Les montagnards ou habitants des *Highlands*, dit Walter Scott, parlaient et parlent encore aujourd'hui un langage tout à fait différent de l'écossais des basses terres, *Lowlands*; cette dernière langue diffère très-peu de l'anglais, et les peuples de ces deux pays s'entendent parfaitement, tandis que ni les uns ni les autres ne comprennent le gallique (gaelic), que parlent les montagnards. Les vêtements des montagnards différaient de ceux des autres Écossais; ils consistaient en plaids ou manteaux de frise, ou d'une étoffe rayée appelée tartan, dont un bout, noué autour de la taille, formait une espèce de petite jupe qui descendait jusqu'aux genoux, tandis que le reste était drapé sur les épaules, comme une sorte de manteau. Ils avaient pour chaussure des brodequins (buskins) de cuir non tanné. Ceux qui pouvaient se procurer un bonnet, se couvraient la tête de cette coiffure; mais il y avait beaucoup de montagnards qui n'en portaient jamais, et alors leurs longs cheveux crépus étaient attachés par derrière par une bande de cuir. Ils marchaient toujours armés d'arcs et de flèches, de grandes et lourdes épées appelées *claymores*, qu'ils maniaient des deux mains, de haches d'armes et de poignards pour combattre corps à corps. Pour armes défensives ils avaient un bouclier ou targe ronde en bois, toute couverte de clous. Les chefs avaient des chemises ou cottes de mailles assez semblables aux chemises de flanelle que l'on porte à présent, si ce n'est que les mailles étaient de fer au lieu d'être de laine; mais, en général, les montagnards désiraient si peu se couvrir d'armures, que souvent, dans le combat, ils jetaient leur plaid et ne conservaient qu'une simple chemise, qu'ils portaient très-longue et très-ample, comme les Irlandais. Cette partie de la nation écossaise était divisée en *clans* ou tribus. Les individus qui composaient chacun de ces clans croyaient tous descendre d'un seul aïeul, dont ils portaient ordinairement le nom. Ainsi une de ces tribus s'appelait Mac-Donald, ce qui signifie les fils de Donald; une autre Mac-Gregor, ou les fils de Gregor; une troisième Mac-Niel, les fils de Niel, et ainsi de suite. Chacun de ces clans avait son chef particulier, qui était le descendant immédiat du fondateur de la tribu. Ils obéissaient aveuglément à ce chef, soit en paix, soit en guerre, sans s'inquiéter si, en agissant ainsi, ils ne transgressaient pas les lois du pays et ne se mettaient pas en révolte contre le roi lui-même. Chaque clan habitait dans les montagnes une vallée ou un district séparé des autres; ils se battaient souvent entre eux, et presque toujours à toute outrance. Mais c'était surtout avec les habitants des basses terres qu'ils étaient constamment en guerre; ils n'avaient ni le même langage, ni les mêmes vêtements, ni les mêmes mœurs, et sous prétexte que les plaines fertiles avaient appartenu autrefois à leurs ancêtres, ils y faisaient des incursions continuelles et les pillaient sans pitié. De leur côté, les habitants des basses terres, tout aussi braves et mieux disciplinés que leurs ennemis, leur infligeaient souvent des représailles. De sorte que, habitant le même pays, ils n'en étaient pas moins entre eux dans un état de guerre continuelle (*). »

Plusieurs des chefs montagnards jouissaient d'une grande puissance:

(*) Traduction de M. de Fauconpret.

ÉCOSSE (Comté de Dumbarton)

Château de Douglas

tels étaient notamment les fameux lords des Iles ; les Mac-Donald, auxquels les Hébrides, situées au nord-ouest de l'Écosse, pouvaient passer pour appartenir en toute propriété ; les lords de Lorn ; les Mac-Douglas ; sir Colin Campbell, fondateur de cette grande famille d'Argyle, qui par la suite acquit tant de puissance dans les Highlands.

Après la mort de Robert Bruce, qui arriva quelque temps après le mariage de son fils David avec la princesse Jeanne, l'Angleterre renouvela ses tentatives contre l'Écosse, et cette contrée, qui était déchirée par les factions, fut de nouveau conquise par les armes anglaises. Le nouveau souverain n'avait que quatre ans ; une régence fut nommée pour gouverner pendant sa minorité, et le choix du parlement tomba sur Randolph, comte de Murray, qui s'était rendu fameux par sa bravoure dans les dernières guerres. Mais la mort atteignit bientôt Randolph ; et Édouard Baliol, fils de John Baliol, qui avait été dépossédé du trône par le roi d'Angleterre, après avoir sollicité des secours de la cour d'Angleterre, se présenta sur la côte d'Écosse. Donald, comte de Mar, neveu de Robert Bruce et successeur de Randolph aux fonctions de régent, alla à sa rencontre, et l'atteignit près de la ville de Dupplin ; mais l'armée du régent essuya une défaite, et le comte de Mar lui-même fut trouvé parmi les morts (12 août 1332). Édouard Baliol, devenu maître de l'Écosse par cette victoire, monta sur le trône, et à l'exemple de son père, s'empressa de reconnaître le nouveau roi d'Angleterre comme son seigneur suzerain ; il lui céda même la ville de Berwick.

De toutes parts surgirent aussitôt des défenseurs pour soustraire l'Écosse au joug humiliant qui pesait de nouveau sur elle. Au premier rang figuraient John Randolph, fils de l'ex-régent, et Archibald Douglas, l'un des plus jeunes frères de lord James Douglas, qui avait si vaillamment soutenu la cause de Robert Bruce ; sir André Murray de Bothwell, qui fut nommé régent à la place du comte de Mar, tué à Dupplin. Ces guerriers, voulant surprendre Baliol dans un festin, massacrèrent les gardes du palais. Toutefois, Baliol, averti par le cliquetis des armes, parvint à se sauver ; ce qu'il fit avec tant de précipitation, qu'il n'eut pas le temps de changer ses habits de fête et qu'il partit sur un cheval sans selle ni harnais. La guerre recommença aussitôt avec une grande fureur, et elle fut fatale à l'indépendance de l'Écosse.

On cite parmi les traits les plus héroïques de cette époque la défense du château de Dunbar par la comtesse de March, dont le mari avait embrassé le parti de David Bruce. La comtesse, que son teint basané et ses cheveux d'ébène avaient fait surnommer Agnès la Noire, était une femme courageuse et entreprenante ; son mari s'était mis en campagne avec le régent, lorsque le château de Dunbar, où elle se trouvait, fut assiégé par Montague, comte de Salisbury. Le château de Dunbar était très-fort, et le comte de Salisbury employa inutilement pour détruire ses murailles de grandes machines de guerre propres à jeter de grosses pierres. Agnès la Noire avait l'habitude de monter sur les murs, accompagnée de ses femmes, essuyant avec des mouchoirs blancs les endroits où les pierres avaient frappé, comme si ces pierres ne pouvaient faire d'autre dommage à son château que d'y jeter un peu de poussière. Cette défense courageuse permit aux Écossais de venir au secours de la comtesse, et le général anglais, désespérant alors de prendre la forteresse, en leva le siége.

Cependant le jeune roi David, qui s'était réfugié en France, venait d'arriver en Écosse (en 1341) ; sa présence ranima le courage de ses partisans. Les circonstances étaient favorables pour poursuivre la guerre ; car, à cette époque, Édouard III avait été appelé en France, où il assiégeait Calais. David entra dans les provinces du nord de l'Angleterre à la tête d'une grande armée, et livra bataille aux Anglais près de Neville Cross, comté de Durham (17 octobre 1346). Mais la bataille fut fatale aux Écossais : le roi David fut fait prisonnier avec l'élite de la noblesse écossaise, qui combattait à ses côtés ; et, conduit à Londres, il fut promené en triomphe dans les rues et renfermé dans la Tour. Édouard III résolut alors de s'approprier définitivement l'Écosse et de l'annexer à la couronne d'Angleterre. Dans cette intention, il entra en Écosse au printemps de 1355, et y exerça tant de ravages que cette époque fut appelée *la Chandeleur ardente*, à cause des villes et des villages qui furent incendiés. Toutefois, comme les Écossais fuyaient devant lui, emportant leurs provisions dans les montagnes, où il ne pouvait les atteindre, et qu'ils tombaient à l'improviste sur ses troupes, Édouard III, fatigué d'une guerre qui lui coûtait ses meilleurs soldats, se décida à négocier avec les Ecossais et à remettre en liberté David, moyennant une rançon de 100,000 marcs, qui lui fut payée par les Ecossais. L'Ecosse, qui avait été déchirée par des guerres si longues, jouit alors de quelques années de repos.

Cet intervalle de repos dura jusqu'à la mort de David. Ce prince n'ayant pas d'héritiers, la race de Robert Bruce se trouvait éteinte. Cependant les Écossais, qui n'avaient pas oublié les services de ce grand guerrier, par attachement pour sa personne, résolurent de donner la couronne à un de ses descendants du côté maternel. Une des filles de Robert Bruce, nommée Marjorie, avait épousé un seigneur qui remplissait à la cour les fonctions de lord grand intendant (Stewart) ; ce seigneur, nommé Walter, fut celui que les Ecossais choisirent pour roi. La tradition écossaise dit que ce Walter Stewart était le descendant de Banquo, mis à mort par Macbeth. Walter, qui mourut bientôt après son avénement au trône, eut pour successeur son fils Robert Stuart. La couronne lui fut disputée par sir William, comte de Douglas ; mais Robert ayant donné sa fille Euphémie en mariage à son compétiteur, celui-ci se désista de ses prétentions.

Les hostilités ne tardèrent pas à recommencer entre l'Angleterre et l'Ecosse, qui, en ce moment, avait la France pour alliée. Des troupes françaises arrivèrent en Ecosse ; elles étaient commandées par Jean de Vienne, grand amiral de France et officier d'un grand mérite ; mais bientôt des discussions survinrent entre les Ecossais et les Français, et ceux-ci se retirèrent. Une bataille sanglante, livrée à Otterburn, à environ vingt milles des frontières, le 19 août 1388, fut gagnée par les Ecossais. Percy, comte de Northumberland, seigneur anglais des plus puissants, que l'on avait surnommé *Hotspur*, *l'éperon brûlant*, à cause de son impétuosité, commandait l'armée anglaise. Il fut fait prisonnier ainsi que son frère ; mais Douglas, l'un des plus vaillants guerriers de l'armée écossaise, périt dans la mêlée.

Robert II mourut deux ans après la bataille d'Otterburn, et son fils Robert lui succéda sous le nom de Robert III. Ce prince se nommait Jean ; les casuistes de l'époque ayant remarqué que les rois qui avaient porté le nom de Jean, tant en France qu'en Angleterre, avaient toujours été malheureux, il changea son nom de Jean pour celui de Robert, qui était celui de son aïeul Robert Bruce. Mais cette mutation de nom ne calma point les divisions intestines qui déchiraient l'Ecosse. En 1392, une troupe nombreuse de montagnards, ayant à leur tête des chefs intrépides, s'élança des monts Grampians, et fondit tout à coup sur la plaine. Les habitants de la plaine les chargèrent avec courage, et il y eut une mêlée sanglante, dans laquelle les plus braves des deux partis mordirent la poussière. Alors, le roi d'Ecosse et son conseil, dans le but de mettre un terme à ces batailles sanglantes, décidèrent que trente hommes seraient choisis dans les clans des montagnards, et trente autres dans les clans des basses terres, et que ces guerriers combattraient pour vider la querelle. Cette scène a été décrite

FOSSE (Comte d'Argile)

Château de Culigram

par Walter Scott. Cet écrivain, qui dans ses romans est fréquemment un grand historien, nous donne dans ce travail une excellente appréciation de l'époque, non-seulement au point de vue des mœurs, mais encore au point de vue de la politique. L'extrait suivant est tiré du roman qu'il a publié sous le titre de *la Jolie fille de Perth* ou de *la Saint-Valentin*. Il se rapporte au combat de Conachar, l'apprenti du gantier, devenu chieftain du clan de Qhele, sous le nom d'Éachin Mac-Jan, avec le vaillant chef du clan de Chattan.

« Le dimanche des Rameaux était arrivé. Dans les premiers temps de l'Église chrétienne, l'emploi d'un des jours de la semaine sainte à un combat aurait été regardé comme une impiété digne d'excommunication. L'Église de Rome, à son honneur infini, avait décidé que, durant le saint temps de Pâques, anniversaire de la rédemption de l'homme, l'épée de la vaine gloire devait être rengaînée, et que les monarques ennemis respecteraient la période de ce temps nommée Trêve de Dieu. La violence barbare des dernières guerres entre l'Angleterre et l'Écosse avait détruit toute observation de cette sage et religieuse ordonnance. Fort souvent les fêtes les plus solennelles étaient choisies pour jour d'attaque par un parti, parce qu'il espérait trouver l'autre occupé à remplir des devoirs religieux, et partant mal préparé à la défense. Ainsi la trêve, autrefois considérée comme sacrée, n'était plus d'usage; et il ne semblait pas extraordinaire qu'on choisît les fêtes les plus saintes pour décider une contestation par un combat judiciaire, avec lequel le combat de ce jour avait une forte ressemblance.

En la présente occasion pourtant, les pieuses cérémonies furent remplies avec la solennité ordinaire, et les combattants eux-mêmes y prirent part, portant des branches d'if dans leurs mains, et suppléant ainsi d'eux-mêmes au manque de rameaux. Ils se rendirent respectivement au couvent des dominicains et à celui des chartreux, pour entendre la grand'messe, et se préparer, au moins par une ombre de dévotion, au combat sanguinaire de la journée. On avait eu grand soin que, durant cette marche, ils n'entendissent même pas le son des cornemuses les uns des autres; car il était certain que, comme des coqs de combat qui échangent des chants de défi, ils se fussent cherchés et attaqués les uns les autres avant d'être entrés dans la lice.

Les citoyens de Perth encombraient les rues pour voir passer cette étrange procession, et se pressaient vers les églises, où les deux clans s'acquittaient de leur dévotion, pour examiner leur extérieur, et juger d'avance, à leur apparence seule, lequel avait le plus de chance pour remporter la victoire. La conduite des montagnards dans l'église, quoiqu'ils ne fréquentassent point d'habitude les lieux saints, fut parfaitement décente; et malgré leur nature sauvage et grossière, peu d'entre eux semblaient montrer ou de la curiosité ou de l'étonnement. Ils paraissaient regarder comme au-dessous de leur dignité de témoigner empressement ou surprise en voyant bien des choses qui tombaient alors probablement sous leurs yeux pour la première fois.

Quant à l'issue du combat, même parmi les juges les plus compétents, peu osaient hasarder une prédiction. Quoique la grande taille de Torquil et de ses huit vigoureux fils portât quelques gens, qui se déclaraient connaisseurs en muscles et en nerfs d'hommes, à pencher pour donner la victoire au parti du clan de Qhele, l'opinion des femmes était bien décidée en faveur des belles formes, de la noble contenance et de la gracieuse tournure d'Éachin Mac-Jan. Il y en avait plus d'une qui s'imaginait se rappeler les traits du chieftain; mais son splendide équipement de guerre rendait l'humble apprenti de Glover tout à fait méconnaissable, sauf pour une seule personne.

Cette personne, comme on peut bien le supposer, était l'armurier du Wynd, qui avait été le plus empressé de la foule qui s'assemblait pour voir les braves champions du clan de Quhele. Ce fut avec des sentiments confus de plaisir, de jalousie, et peut-être même d'admiration, qu'il aperçut l'apprenti du gantier, qui, dégagé de son joug ignoble, et brillant comme un chieftain, semblait par son œil vif et sa démarche pleine de dignité, par la noble forme de son front et la grâce de son cou, par ses armes splendides et ses membres bien proportionnés, fort digne de tenir le premier rang parmi des hommes choisis pour vaincre ou mourir au nom de l'honneur de leur race. Le forgeron put à peine croire que c'était ce même bambin colérique qu'il avait renversé à terre, comme il eût fait d'une guêpe, et que la compassion seule l'avait empêché d'écraser.

« Il a l'air brave, avec mon noble haubert, » murmura Henri en lui-même, « le meilleur que j'aie jamais fabriqué. Pourtant si nous étions lui et moi dans un lieu où il n'y aurait ni main pour secourir, ni œil pour voir, par tout ce qui est saint dans la sainte Église, la bonne armure reviendrait à son possesseur. Tout ce que je possède, je le donnerais pour lui appliquer trois bons coups sur les épaules, et reconquérir ainsi mon meilleur ouvrage ; mais un tel bonheur ne m'arrivera pas. S'il échappe au combat, il aura une si haute idée de son courage, qu'il pourra bien dédaigner de mettre sa réputation de fraîche date en péril dans une rencontre avec un pauvre bourgeois tel que moi. Il me fera combattre par son champion et me renverra à mon confrère l'homme au marteau ; et tout mon profit se bornera à casser la tête d'un taureau des montagnes. Si je pouvais seulement apercevoir Simon Glover ! Je m'en vais le quérir à l'autre église, car pour sûr il doit être revenu des hautes terres. »

La congrégation sortait de l'église des dominicains lorsque l'armurier prit cette détermination, qu'il s'efforça d'exécuter promptement en fendant la foule aussi vite que la solennité du lieu et la circonstance le permettaient. En se frayant un passage à travers la presse, il se trouva un instant si près d'Éachin que leurs yeux se rencontrèrent. La figure hardie et basanée du forgeron rougit comme le fer chaud sur lequel il travaillait, et conserva sa teinte d'un rouge très-vif pendant plusieurs minutes. L'indignation colora les traits d'Éachin d'une rougeur plus brillante, et un regard de haine méprisante partit de son œil ; mais cette irritation soudaine s'évanouit en sombre pâleur, et ses yeux évitèrent aussitôt le regard haineux et ferme qui leur avait répondu.

Torquil, dont l'œil ne quittait pas son nourrisson, vit son émotion, et regarda avec inquiétude autour de lui pour en découvrir la cause ; mais Henri était déjà éloigné et se hâtait d'arriver au monastère des chartreux. Là aussi le service divin était fini ; et ces hommes, qui tout à l'heure portaient des rameaux en l'honneur du grand événement qui rendit la paix à la terre et la bonne intelligence aux enfants des hommes, couraient alors au lieu du combat, les uns prêts à arracher la vie à leurs semblables, ou à perdre la leur ; les autres pour voir cette bataille à mort, avec le sauvage plaisir que trouvaient les païens à contempler les combats de gladiateurs.

La foule était si grande que toute autre personne eût désespéré de la traverser ; mais la déférence générale qu'on avait pour Henri du Wynd, comme champion de Perth, et la connaissance que tout le monde avait de son habileté à s'ouvrir de force un passage, disposaient tous les spectateurs à lui faire place, de sorte qu'il se trouva aussitôt fort près des guerriers du clan Chattan. Leurs cornemuses marchaient en tête de la colonne ; venait ensuite la bannière bien connue, déployant un chat des montagnes rampant, avec cette inscription : *Ne touche le chat qu'avec un gant.* Le chef suivait, portant sa claymore à la main, comme pour protéger l'emblème de sa tribu. C'était un homme de moyenne taille, âgé de plus de cinquante ans, mais ne portant ni sur son visage, ni dans son

corps, aucune trace d'affaiblissement, ni le moindre symptôme de vieillesse. Ses cheveux, d'un rouge vif et fort frisés, commençaient bien déjà à grisonner; mais ses pieds et ses mouvements étaient aussi légers à la danse, à la chasse, ou dans un combat, que s'il n'eût pas eu plus de vingt ans. Son œil gris luisait d'un éclat sauvage exprimant un mélange de valeur et de férocité; mais la sagesse et l'expérience dominaient dans l'expression de son front, de ses sourcils et de ses lèvres. Les champions d'élite suivaient deux à deux. On voyait une teinte d'inquiétude sur plusieurs visages; car ils avaient le matin remarqué qu'un de leurs camarades manquait à l'appel; et, dans un combat aussi désespéré que celui qu'on allait livrer, cette perte semblait à tous une chose d'une grande importance, excepté à leur intrépide chef, Mac-Gillie Chattanach.

« Ne parlez pas aux Saxons de son absence, » répliqua le hardi commandant lorsqu'on lui apprit la diminution de sa troupe. « Les mauvaises langues des basses terres pourraient dire qu'un guerrier du clan de Chattan fut lâche, et peut-être même que les autres favorisèrent sa fuite, afin d'avoir un prétexte pour refuser le combat. Je suis sûr que Ferquhard aura reparu dans nos rangs avant le signal de la bataille, ou sinon, ne suis-je pas, moi, un homme qui en vaux deux du clan de Quhele? Ne combattrions-nous pas quinze contre trente plutôt que de perdre l'honneur que le jour va nous donner? »

La tribu accueillit par des applaudissements le discours du vaillant chef; pourtant des yeux inquiets se retournèrent plus d'une fois, dans l'espérance de voir revenir le déserteur; et peut-être le chef lui-même était-il le seul de l'intrépide bande qui restât tout à fait indifférent à cette absence.

Ils traversaient toutes les rues sans apercevoir Ferquhard Day, qui, à plus d'un mille dans les montagnes, était occupé à recevoir tous les dédommagements qu'un amour heureux peut donner pour la perte de l'honneur. Mac-Gillie Chattanach s'avançait sans paraître remarquer cette désertion, et entra dans le North-Inch, plaine belle et unie, adjacente à la ville, et appropriée aux exercices belliqueux des habitants.

La plaine est baignée d'un côté par le Tay, profond et rapide. On avait élevé une forte palissade, fermant de trois côtés un espace de cent cinquante pas en long, et de soixante-quatorze en large. Le quatrième côté était considéré comme suffisamment défendu par la rivière. Un amphithéâtre, construit pour la commodité des spectateurs, entourait la palissade, laissant un large espace libre, que devaient remplir des hommes armés à pied et à cheval, et les spectateurs des classes inférieures. A l'extrémité de la lice la plus voisine de la cité, était une rangée de balcons élevés pour le roi et sa cour, décorés avec une telle profusion de feuillage et de guirlandes, entremêlés d'ornements dorés, que l'endroit porte encore aujourd'hui le nom de *Berceau doré*.

La musique montagnarde, qui sonnait les pibrocks, ou airs de bataille particuliers aux bandes rivales, resta muette dès que les combattants arrivèrent dans la lice; tel était l'ordre qui avait été donné. Deux vigoureux, mais vieux guerriers, portant chacun la bannière de leur tribu, s'avancèrent des extrémités opposées de la lice, et, plantant en terre leurs étendards, s'apprêtèrent à regarder un combat où ils ne devaient point être acteurs. Les joueurs d'instruments, qui devaient aussi demeurer neutres dans la bataille, prirent place sous leurs drapeaux respectifs.

La multitude accueillit les deux bandes avec ces applaudissements unanimes dont elle salue toujours en pareille occasion ceux qui lui procurent un amusement, un spectacle à son goût. Les combattants ne répondirent pas à ce salut; mais chaque troupe se dirigea vers des extrémités différentes de la lice, où se trouvaient des portes par où elles devaient pénétrer à l'intérieur. Un fort détachement d'hommes armés gardait les deux entrées ; le comte maréchal à l'une, le lord grand connétable à l'autre, examinèrent soigneusement chaque individu pour voir s'il avait les armes convenables, c'est-à-dire casque d'acier, cotte de mailles, sabre à deux mains et poignard. Ils comptèrent aussi les champions ; et grande fut l'alarme parmi la multitude lorsque le comte Errol leva la main et s'écria : « Le combat ne peut être livré, car il manque un homme au clan Chattan.

— Et tant pis! répliqua le jeune comte de Craword ; ils n'avaient qu'à mieux compter avant de se mettre en route. »

Le comte maréchal cependant convint avec le grand connétable que le combat ne pouvait avoir lieu avant que l'inégalité du nombre eût disparu ; et une crainte générale s'empara de l'assemblée qu'il n'y eût point de bataille après de si beaux préparatifs.

De tous les assistants, il n'y en avait que deux peut-être qui se réjouissaient de la possibilité d'un ajournement, et c'étaient le chef du clan de Quhele et le roi Robert à l'excellent cœur. Cependant les deux chefs, accompagnés chacun d'un conseiller ou d'un ami intime, se réunirent au milieu de la lice, assistés du comte maréchal, du lord grand connétable, du comte de Crawford et de sir Patrick Charteris. Le chef du clan Chattan déclara qu'il désirait combattre à l'instant même, sans s'inquiéter de l'inégalité de nombre.

« Le clan de Quhele, dit Torquil du Chêne, n'y consentira jamais. Vous n'avez jamais pu nous ravir l'honneur à la pointe de l'épée, et vous ne cherchez aujourd'hui qu'un subterfuge, afin de pouvoir dire quand vous serez vaincus, comme vous n'ignorez pas que vous le serez, que c'est parce qu'il vous manquait un combattant. Mais je fais une proposition : Ferquhard Day étant le plus jeune de votre troupe, Éachin Mac-Jean est le plus jeune de la nôtre ; laissons-le de côté pour l'homme qui a déserté chez vous.

— Proposition injuste et inégale s'il en fut jamais, » s'écria Toshach Beg, qu'on pouvait appeler le second de Mac-Gillie Chattanach. « La vie du chef est au clan ce qu'est la respiration pour le corps, et nous ne consentirons jamais à ce que notre chef s'expose à des périls que celui du clan de Quhele n'ose partager. »

Torquil vit avec une vive inquiétude que son plan allait échouer, lorsqu'on avança une objection à ce qu'Hector se retirât des combattants, et il réfléchissait au moyen d'appuyer sa proposition quand Éachin intervint lui-même. Sa timidité, il faut l'observer, n'était pas ce sentiment bas et égoïste qui pousse ceux qui en sont animés à se soumettre tranquillement au déshonneur plutôt que de s'exposer au péril. Au contraire, il était moralement brave et physiquement timide ; et la honte d'éviter le combat devint en ce moment plus puissante que la crainte d'y faire face.

« Je ne veux pas entendre parler, dit-il, d'un projet qui laisserait mon épée dans le fourreau pendant le glorieux combat de ce jour. Si je suis jeune dans les armes, il y a assez de braves guerriers autour de moi que je puis imiter, sinon égaler. »

Il prononça ces mots avec une vivacité qui en imposa à Torquil, et peut-être au jeune chef lui-même.

« A présent, que Dieu bénisse son noble cœur ! se dit le père nourricier. J'étais sûr que le mauvais charme se romprait, et que l'humeur timide qui l'assiégeait s'enfuirait au son de la cornemuse et à la première vue du drapeau flottant ! »

« Écoutez, lord maréchal, dit le connétable : l'heure du combat ne peut être différée de beaucoup, car voilà midi qui approche ; que le chef du clan Chattan emploie la demi-heure qui reste, à trouver, s'il peut, un remplaçant pour son déserteur ; sinon, qu'ils se battent comme ils sont.

— J'y consens, dit le maréchal, quoique je ne voie guère, puisqu'il n'y a pas âme vivante de son clan à moins de cinquante milles, comment Mac-Gillie trouvera un auxiliaire.

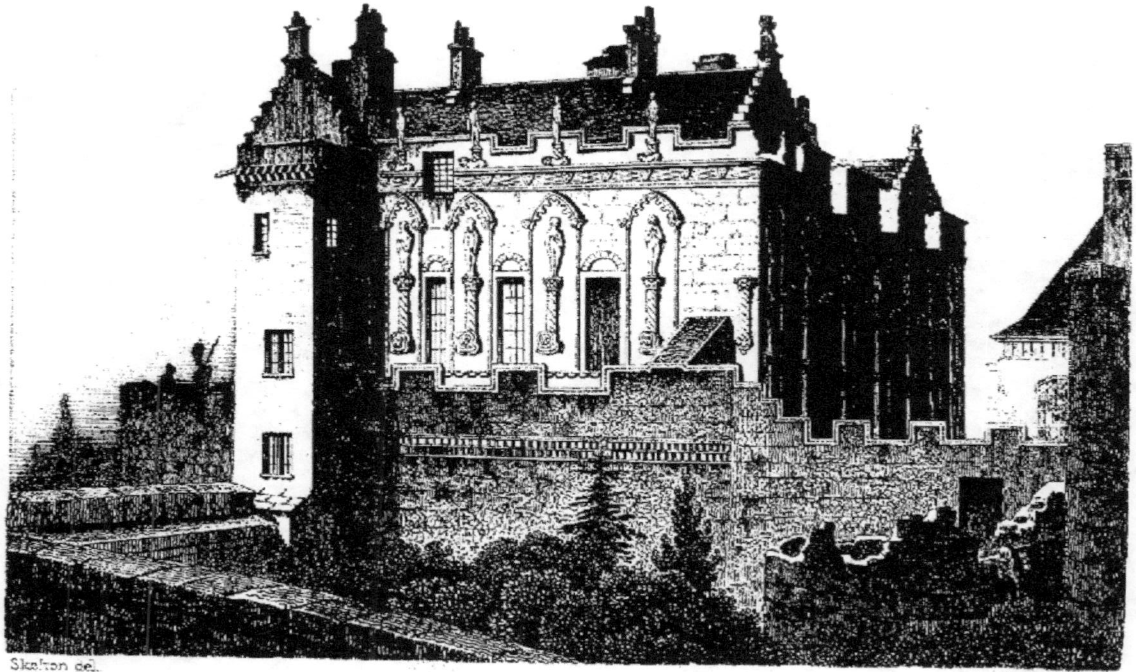

ECOSSE (Comté de Forfar).

Façade du Château de Melgrup.

— C'est son affaire, dit le grand connétable; mais s'il offre une riche récompense, il y a assez de vigoureux gaillards autour de la lice qui seront charmés de faire jouer leurs membres dans une lutte comme celle qu'on attend. Moi-même, sans ma qualité et ma charge, je prendrais joyeusement de l'ouvrage parmi ces sauvages lurons, et je penserais y attraper quelque honneur. »

Ils communiquèrent leur décision aux montagnards, et le chef du clan de Chattan répliqua : «Vous avez jugé impartialement et noblement, milord, et je me tiens pour obligé à suivre vos avis.... Proclamez donc, hérauts, que si un guerrier veut partager avec le clan Chattan les honneurs et les périls de la journée, il recevra une couronne d'or au comptant, et la permission de se battre à mort dans mes rangs.

— Vous êtes avare de vos trésors, chef, dit le comte maréchal; une couronne d'or n'est qu'une pauvre solde pour une campagne comme celle qui va commencer.

— S'il est ici un homme prêt à combattre pour l'honneur, répondit MacGillie Chattanach, il s'estimera assez payé; et je ne demande pas les services d'un coquin qui tire son épée pour l'or seul. »

Les hérauts s'étaient mis en marche et avaient déjà parcouru la moitié de la lice, s'arrêtant de temps à autre pour faire la proclamation convenue, sans rencontrer nulle part la moindre disposition à accepter l'offre du combat. Les uns riaient de la pauvreté des montagnards, qui proposaient si peu pour un service si périlleux; d'autres se fâchaient de ce qu'on prisât si peu le sang des citoyens. Personne ne montrait la moindre intention d'entreprendre la tâche proposée, jusqu'au moment où la proclamation arriva aux oreilles de Henri du Wynd, qui se tenait en dehors des barrières, parlant de temps à autre au bailli Craigdallie, ou plutôt écoutant sans beaucoup d'attention ce que le magistrat lui disait.

«Holà! que proclame-t-on? s'écria-t-il.

— Une offre généreuse de par MacGillie Chattanach, dit l'hôte du *Griffon*, qui propose une couronne d'or à quiconque voudra se faire chat sauvage pour aujourd'hui, et recevoir quelque horion à son service. Voilà tout.

— Comment ! » s'écria l'armurier avec vivacité, « ne demande-t-on pas un homme pour combattre contre le clan de Quhele ?

— Ma foi oui, répliqua Griffon; mais je crois qu'il ne se trouvera pas de pareil fou dans Perth. »

Il avait à peine parlé, qu'il vit l'armurier escalader la barrière d'un seul saut, et s'élancer dans la lice en s'écriant : « Me voilà, sire héraut ! moi Henri du Wynd, prêt à combattre contre le clan de Quhele. »

Un cri d'admiration courut parmi la multitude, tandis que les graves bourgeois, ne pouvant apercevoir aucun motif à la conduite de Henri, en concluaient que la tête lui tournait par amour des combats. Le prévôt surtout en demeura stupéfait.

« Tu es fou, dit-il, Henri ! tu n'as ni épée à deux mains, ni cotte de mailles.....

— Vraiment non, répliqua Henri, car j'ai cédé une cotte de mailles, que j'avais forgée pour moi-même, à ce beau chef du clan de Quhele, qui sentira bientôt sur ses épaules de quelle espèce de coups je bats mon fer. Quant à l'épée à deux mains, pourquoi cette arme d'enfant ne me suffirait-elle pas jusqu'à ce que j'en prenne de force une plus lourde.

— C'est impossible, dit Errol. Écoute, Smith, par sainte Marie, tu vas avoir mon haubert de Milan et ma bonne épée d'Espagne.

— Je vous remercie, noble comte. Mais le soc de charrue avec lequel votre brave aïeul, sir Gilbert Hay, décida la bataille de Loncarty, me servirait aussi bien. Je suis gauche à manier une épée, à porter une cuirasse que je n'ai point fabriquée moi-même, parce que j'ignore quels coups on peut frapper avec l'une sans qu'elle casse, ou parer avec l'autre sans qu'elle se brise.

Cependant le bruit avait couru parmi la populace, et de là passé dans la ville, que l'intrépide Smith allait se battre sans armure : au moment même où l'heure fatale approchait, la voix perçante d'une femme fut entendue demandant passage au travers de la foule. La multitude fit place à son importunité, et elle s'avança, essoufflée de sa course, chargée d'un haubert en mailles et d'une large épée à deux mains. On reconnut bientôt la veuve d'Olivier Proudfute ; les armes qu'elle portait étaient celles de l'armurier même, qui, endossées par son mari le soir fatal où il avait été assassiné, avaient été naturellement déposées chez lui avec le cadavre ; la veuve reconnaissante les apportait dans la lice en un moment où des armes si éprouvées étaient de la dernière importance pour leur propriétaire. Henri reçut avec joie son armure qu'il connaissait bien, et la veuve, toute tremblante encore de sa course, l'aida à s'en revêtir, et prit congé de lui en disant : « Dieu protége le champion de l'orphelin, et malheur à tous ceux qui l'attaqueront ! »

Rassuré tout à fait en se sentant dans son armure à toute épreuve, Henri se secoua comme pour se mettre à l'aise dans sa cotte d'acier, et dégaînant son épée à deux mains, il la fit tourner au-dessus de sa tête, coupant, en forme de huit, l'air au milieu duquel elle sifflait, et montrant ainsi avec quelle vigueur et quelle adresse il pouvait manier une arme aussi lourde. Les champions reçurent alors ordre de faire le tour de la lice, traversant de manière à ne point se rencontrer les uns les autres, et s'inclinant en signe d'honneur, à mesure qu'ils passaient sous le berceau doré où le roi était assis.

Tandis que cette évolution s'exécutait, la plupart de spectateurs s'occupaient encore à comparer attentivement la taille, les membres, les muscles des rivaux, et s'efforçaient de former une conjecture sur l'issue du combat. Une haine de cent ans avec tous ses actes d'agression et de représailles était concentrée dans le sein de chaque combattant ; leurs physionomies portaient la plus sauvage expression d'orgueil, de ressentiment, et de la résolution désespérée de combattre jusqu'à la mort.

Les spectateurs les applaudirent par un joyeux murmure, tous palpitants de l'attente du sanglant spectacle. Des gageures furent ouvertes et remplies sur l'issue générale de la bataille et sur les prouesses de champions particuliers. L'air ferme, ouvert et décidé de Henri lui attira la faveur générale de l'assemblée, et on paria, pour nous servir de l'expression moderne, qu'il tuerait trois de ses antagonistes avant de tomber lui-même. A peine l'armurier était-il équipé pour le combat, que les chefs commandèrent aux champions de prendre leurs places, et en même temps Henri entendit au milieu de la foule silencieuse la voix de Simon Glover qui lui criait : « Henri Smith, Henri Smith ! quelle folie s'est emparée de toi ?

— Oui, il voudrait sauver son gendre en espérance, ou même son gendre actuel de la correction que lui réserve l'armurier, » fut la première pensée de Henri.... La seconde fut de se tourner pour répondre..... La troisième, qu'il ne pouvait sous aucun prétexte quitter les rangs où il avait pris place, ni même paraître désirer qu'on différât le signal, sans manquer à l'honneur.

Il s'appliqua donc à l'affaire de l'instant. Les deux bandes furent disposées par leurs chefs respectifs sur trois lignes de dix hommes chacune. Ils étaient arrangés de manière qu'il y eût entre chaque combattant assez d'espace pour manier l'épée, dont la lame, sans compter la poignée, avait cinq pieds de long. La seconde et la troisième ligne devaient survenir comme réserve si la première se laissait vaincre. A droite du bataillon du clan de Quhele, le chef Éachin Mac-Jan se plaça, en seconde ligne, entre deux de ses frères de lait. Quatre d'entre eux se mirent à droite de la première ligne, tandis que le père et deux autres protégeaient l'arrière du chef chéri.

Torquil surtout se tint près de lui pour le couvrir de son corps. Ainsi, Éachin s'avançait au milieu de neuf des hommes les plus vigoureux de sa troupe, avec quatre défenseurs spéciaux en avant, un de chaque côté, et trois par derrière.

Le bataillon du clan Chattan fut disposé absolument dans le même ordre, si ce n'est que le chef se plaça au milieu du premier rang, au lieu d'être placé à l'extrême droite. Cette disposition porta Henri Smith, qui, dans les rangs opposés, ne voyait qu'un ennemi, le malheureux Éachin, à demander de se placer à gauche de la première file du clan Chattan ; mais le chef désapprouva cet arrangement ; et après avoir rappelé à Henri qu'il lui devait obéissance, puisqu'il l'avait pris à ses gages, il lui ordonna de se placer au troisième rang, juste derrière lui-même.... poste d'honneur que Henri ne put refuser, quoiqu'il l'acceptât avec beaucoup de répugnance.

Lorsque les clans furent ainsi rangés en face l'un de l'autre, ils laissèrent éclater leur haine mortelle et leur ardeur à en venir aux mains par un hurlement sauvage, qui, poussé par le clan de Quhele, fut répété par le clan de Chattan.

Tous les guerriers cependant agitaient leurs épées, et se menaçaient tour à tour, comme voulant captiver l'attention de leurs adversaires avant d'engager réellement le combat.

En cet instant critique, Torquil, qui n'avait jamais craint pour lui-même, était agité de frayeur pour son nourrisson ; il se rassura néanmoins en voyant qu'Éachin conservait son air résolu, et que le peu de mots que le chieftain adressait à sa troupe étaient hardiment débités et bien propres à enflammer le courage des combattants, puisqu'ils énonçaient sa résolution de partager leur mort ou leur victoire. Mais il n'eut pas le temps d'en observer davantage : les trompettes du roi sonnèrent une charge ; les cornemuses jouèrent leurs airs criards et étourdissants, et les champions, s'avançant en bon ordre, et doublant par degré leur marche jusqu'à prendre une espèce de trot, se rencontrèrent au milieu du terrain, comme un torrent furieux heurte la marée montante.

Pendant une ou deux minutes, les lignes de devant, s'attaquant l'une l'autre avec leurs claymores, semblèrent livrer plusieurs combats singuliers ; mais la seconde et la troisième ligne changèrent bientôt de place, enflammées par la violence de leur haine et la soif de l'honneur ; elles se pressèrent dans les espaces vides, et firent de l'engagement un tumultueux chaos, par-dessus lequel s'élevaient et retombaient les glaives, les uns encore luisants, les autres dégouttants de sang, et qui paraissaient tous ensemble, vu la rapidité féroce qui les agitait, être plutôt mis en mouvement par quelque machine compliquée que maniés par des mains humaines. Plusieurs des combattants, trop à l'étroit pour user de leurs longues épées, avaient déjà saisi leurs poignards, et tâchaient d'arrêter le moulinet des épées de leurs adversaires. Cependant le sang coulait par torrents, et les gémissements de ceux qui tombaient se mêlaient déjà aux cris de ceux qui combattaient encore. Car, suivant la coutume des montagnards de tous les temps, il fallait dire non pas qu'ils criaient, mais qu'ils hurlaient. Ceux des spectateurs dont les yeux étaient les plus habitués à ces scènes de sang et de confusion, ne pouvaient néanmoins pas encore découvrir si un parti avait obtenu de l'avantage sur l'autre. La victoire, de fait, passait tantôt d'un côté, tantôt de l'autre ; mais c'était seulement une supériorité d'un moment, que la troupe victorieuse perdait incontinent par un nouvel effort de la troupe vaincue. Les sons sauvages des cornemuses se faisaient encore entendre malgré le tumulte, et stimulaient de plus en plus la rage des combattants.

Tout à coup cependant, comme d'un consentement mutuel, les instruments sonnèrent une retraite ; c'était un air lugubre, qui semblait gémir en l'honneur des guerriers morts. Les deux partis lâchèrent prise pour respirer quelques instants ; les yeux des spectateurs examinèrent avec empressement les bataillons endommagés des combattants lorsqu'ils suspendirent la mêlée, mais il fut encore impossible de décider lequel des deux avait le plus souffert. Il semblait que le clan Chattan avait perdu moins d'hommes que l'autre troupe ; mais en compensation, les cottes de mailles sanglantes de ce clan, car on avait de part et d'autre dépouillé les manteaux, montraient que le nombre des blessés était plus considérable de ce côté. Vingt guerriers, tant d'un parti que de l'autre, gisaient sur le champ de bataille, morts ou mourants ; et des bras et des jambes coupés, des têtes détachées du cou, des entailles profondes traversant l'épaule jusqu'à la poitrine, trahissaient à la fois la furie du combat, le genre terrible des armes employées, et la fatale vigueur des bras qui les maniaient. Le chef du clan Chattan s'était conduit avec le courage le plus déterminé, et était légèrement blessé. Eachin aussi avait combattu avec valeur, entouré par ses gardes du corps. Son épée était sanglante, son air résolu et belliqueux ; et il sourit lorsque le vieux Torquil, le serrant dans ses bras, l'accabla d'éloges et de bénédictions.

Les deux chefs, après avoir laissé leurs hommes reprendre haleine environ dix minutes, reformèrent leurs rangs, diminués environ d'un tiers de leur nombre primitif. Ils choisirent alors le lieu du combat plus proche de la rivière que celui où ils s'étaient d'abord rencontrés, et qui était encore encombré de morts et de blessés. On voyait, de temps à autre, quelques-uns de ces derniers lever la tête pour jeter un coup d'œil sur le champ de bataille, puis retomber, presque tous pour mourir, vu les flots de sang qui sortaient des terribles blessures faites par la claymore.

Henri Smith fut facilement reconnu à son costume des basses terres, aussi bien que parce qu'il restait à l'endroit où avait eu lieu la première rencontre, debout, appuyé sur son sabre, près d'un cadavre dont la tête, couverte d'un bonnet, envoyée à dix pas du corps par la force du coup qui l'avait détachée du tronc, portait la branche de chêne, ornement distinctif des gardes personnels d'Eachin Mac-Jan. Depuis qu'il avait abattu cet ennemi, Smith n'avait plus frappé un seul coup, mais s'était contenté de parer ceux qui venaient à lui, ou qui visaient le chef. Mac-Gillie Chattanach fut alarmé quand, au signal donné pour que ses hommes reprissent leurs rangs, il remarqua que sa vigoureuse recrue restait à distance des bataillons, et paraissait peu disposée à le rejoindre.

« Qu'attends-tu donc, homme ? lui cria le chef ; se peut-il qu'un corps si robuste ait un esprit lâche et poltron ? Avance, et prépare-toi au combat.

— Vous avez eu tout à l'heure la bonté de m'appeler mercenaire, répliqua Henri ; si je suis tel, en montrant le cadavre sans tête, voilà assez d'ouvrage pour les gages d'une journée.

— Celui qui me sert sans compter les heures, répondit le chef, je le récompense sans calculer ses gages.

— Alors, dit l'armurier, je combats comme volontaire, et au poste qui me plaira le mieux....

— Tout cela est à ta discrétion, » répliqua Mac-Gillie Chattanach, comprenant qu'il serait imprudent de fâcher un auxiliaire qui promettait tant.

« Il suffit, » dit Henri, et chargeant sur son épaule la lourde épée, il rejoignit au plus vite le reste des combattants, et se plaça vis-à-vis du chef du clan de Quhele.

Ce fut alors pour la première fois qu'Eachin sembla trembler. Il avait depuis longtemps regardé Henri comme le meilleur champion que Perth et ses alentours pouvaient envoyer dans la lice. A la haine qu'il lui portait comme rival, se mêlait le souvenir de la facilité avec laquelle il avait autrefois, quoique sans armes, paré son attaque subite et désespérée ; et, lorsqu'il aperçut les yeux fixés sur lui, brandissant son épée, et méditant à

ECOSSE (Comté de Perth)

Château de Menzies

coup sûr de l'attaquer personnellement, son courage faillit, il laissa percer son irrésolution ; et ces symptômes de crainte n'échappèrent point à son père nourricier.

Il fut heureux pour Eachin que Torquil fût incapable, d'après la tournure de son caractère et de celui des hommes au milieu desquels il avait toujours vécu, de concevoir l'idée qu'un soldat de sa tribu, bien moins encore son chef et son fils nourricier, manquât de valeur personnelle. S'il avait pu l'imaginer, son chagrin et sa fureur l'auraient entraîné peut-être à arracher la vie à Eachin, pour sauver une tache à son honneur. Mais son esprit rejeta l'idée que son nourrisson pût être physiquement un lâche, comme une chose monstrueuse et surnaturelle ; qu'il fût soumis à l'influence d'un enchantement, c'était l'explication que la superstition lui avait suggérée, et il demanda alors à Hector avec inquiétude, mais à voix basse : « Le charme agit-il maintenant, Eachin ?

— Oui ! infortuné que je suis, » répondit le malheureux jeune homme ; « et voilà devant moi le barbare enchanteur !

— Quoi ! s'écria Torquil ; et vous portez une armure de sa fabrique ?... Norman, misérable enfant ! pourquoi avoir apporté cette maudite cotte de mailles ?

— Si ma flèche s'est détournée une première fois, je puis encore donner ma vie, répliqua Norman nan Ord ; restez ferme, vous en verrez briser le charme.

— Oui, restons ferme, dit Torquil ; il peut être un barbare enchanteur ; mais mon oreille a ouï dire, et ma langue a dit qu'Eachin sortirait de ce combat, vivant, libre et sans blessure.... Voyons si le sorcier saxon peut faire que j'aie menti. Il peut être vigoureux, mais la belle forêt de chênes tombera, rameaux et troncs, avant qu'il mette un doigt sur mon nourrisson. Entourez-le, mes fils : « *Bas air son Eachin.* »

Les fils de Torquil répétèrent à haute voix ces mots, qui signifient : « Mourons pour Hector. »

Encouragé par leur dévouement, Eachin reprit courage, et cria hardiment aux musiciens de son clan : « *Seid suas,* » c'est-à-dire : « Sonnez la charge ! »

Le pibrock sauvage sonna de nouveau l'attaque ; mais les deux partis s'approchaient plus lentement que la première fois, et comme des hommes qui connaissent et respectent leur valeur mutuelle. Henri du Wynd, dans son impatience de commencer l'action, s'avança devant le clan Chattan, et fit signe à Eachin de s'avancer aussi ; mais Norman s'élança pour défendre son frère de lait. Et il y eut alors une halte générale, mais momentanée, comme si les deux troupes eussent voulu tirer un présage pour le résultat de la journée de l'issue de ce duel. Le montagnard s'approcha avec son large glaive levé, comme prêt à frapper ; mais, au moment où il arriva à portée de décharger son coup, il lâcha cette arme longue et embarrassante, sauta légèrement par-dessus l'épée du forgeron qui la dirigeait contre lui, tira son poignard, et ne craignant plus dès lors les coups de Henri, il le frappa avec cette arme qu'il lui avait donnée, du côté du cou, l'enfonçant vers la poitrine, et criant en même temps : « Vous m'avez appris à frapper ! »

Mais Henri du Wynd portait son bon haubert doublement défendu par deux feuilles d'acier trempé ; s'il eût été moins bien armé, ses combats étaient finis pour jamais. Toute bonne qu'était son armure, il fut légèrement blessé.

« Fou ! » répliqua-t-il en appliquant à Norman un coup avec le pommeau de sa longue épée, qui le fit reculer, « vous avez appris à frapper, mais non à parer ; » et, portant à son adversaire un nouveau coup qui lui fendit le crâne malgré son casque d'acier, il marcha sur le cadavre de cet ennemi pour attaquer le jeune chef, qui se trouvait alors à découvert devant lui.

Mais la voix sonore de Torquil hurla

comme un coup de tonnerre « *Far eil air son Eachin!....* » (Un autre pour Hector!), et les deux frères qui flanquaient leur chef des deux côtés s'élancèrent sur Henri, et, le frappant tous deux à la fois, le forcèrent de garder la défensive.

« En avant, race du chat-tigre! s'écria Mac-Gillie Chattanach; sauvez le brave Saxon! Que ces milans sentent vos serres! »

Déjà fort blessé, le chef courut lui-même au secours de l'armurier, et abattit un des *Leichtach* par lesquels il était assailli. La bonne épée de Henri le débarrassa de l'autre.

« *Reist air son Eachin!...* » (Encore pour Hector!) cria le fidèle père nourricier.

« *Bas air son Eachin!...* » (Mourons pour Hector!) répondirent deux de ses fils dévoués, et ils coururent s'exposer à la furie de l'armurier et de ceux qui étaient venus à son aide; tandis qu'Eachin, se jetant sur l'aile gauche, chercha des adversaires moins redoutables, et, par une apparence de courage, ranima encore les espérances presque éteintes des siens. Les deux fils de Torquil qui avaient couvert ce mouvement partagèrent le sort de leurs frères; car le cri du chef du clan Chattan avait attiré vers cette partie du champ de bataille quelques-uns de ses plus braves soldats. Les fils de Torquil ne périrent pas sans vengeance, ils laissèrent des marques terribles de leurs sabres sur les corps des combattants morts ou vivants. Mais la nécessité où se trouvait le clan de Quhele de tenir ses plus valeureux soldats autour de la personne de son chef, faisait prévoir que l'issue générale du combat ne serait point en sa faveur; et le nombre des montagnards qui se battaient encore était tellement diminué qu'il était facile de voir que le clan Chattan avait encore quinze hommes, quoique la plupart blessés, et que du clan de Quhele il n'en restait qu'une dizaine, dont quatre étaient gardes du corps de leur chef, y compris Torquil lui-même.

Ils combattaient pourtant et luttaient toujours, et, à mesure que leur force diminuait, leur furie semblait augmenter. Henri du Wynd, alors blessé en plusieurs endroits, travaillait encore à exterminer la bande des braves gens qui continuaient à se battre autour de l'objet de son animosité. Mais au cri du père « *Reist air son Eachin!* » on répondait avec ardeur le fatal « *Bas air son Eachin!* » et quoique le clan de Quhele fût alors de beaucoup inférieur en nombre, la victoire paraissait encore douteuse. La fatigue contraignit les deux partis à faire une seconde pause.

On observa alors que le clan Chattan possédait encore douze combattants, mais deux ou trois étaient à peine capables de se tenir droits sans s'appuyer sur leurs épées. Cinq hommes survivaient du clan de Quhele. Torquil et son plus jeune fils étaient du nombre, mais légèrement blessés. Eachin seul, grâce à la vigilance exercée pour parer tous les coups dirigés contre sa personne, avait échappé sans une égratignure. A la rage des deux partis, épuisés comme ils étaient, avait succédé un désespoir soudain. Ils marchaient en chancelant, comme endormis, à travers les cadavres de leurs compagnons; on eût dit que pour raviver leur haine envers les ennemis qui leur restaient, ils comptaient les amis qu'ils avaient perdus.

Les spectateurs virent bientôt les guerriers que le fer avait respectés dans ces deux combats sanglants en recommencer un troisième plus désespéré sur les bords de la rivière, dans une place moins couverte de sang et moins encombrée de cadavres.

« Pour l'amour de Dieu.... par la miséricorde que nous implorons tous les jours, » dit le vieux roi au duc d'Albany, « qu'on en reste là! Pourquoi laisserait-on ces misérables débris, ces restes d'hommes achever leur boucherie?.... Certainement ils sont assez corrigés, et prêts à accepter maintenant la paix à de justes conditions.

— Remettez-vous, mon souverain, dit son frère, ces hommes sont la peste des hautes terres. Les deux chefs vivent encore.... S'ils repartent sains et saufs, toute la besogne de ce jour est perdue; rappelez-vous que vous avez promis au conseil de ne pas crier : « C'est assez ! »

—Vous me forcez à un grand crime, Albany, et comme roi qui devrais protéger mes sujets, et comme chrétien qui chéris mes frères en la foi.

—Vous me comprenez mal, milord, répliqua le duc; ces hommes ne sont point des sujets affectionnés, mais des rebelles désobéissants, comme milord de Crawford peut en témoigner, et ils sont moins encore des chrétiens, car le prieur des dominicains affirmera pour moi qu'ils sont plus qu'à moitié païens. »

Le roi soupira profondément. « Faites donc à votre bon plaisir, vous êtes trop sage pour que je tente de vous contrarier. Je puis me retourner du moins, et fermer mes yeux à la vue, mes oreilles au bruit d'un carnage qui me soulève le cœur. Mais je sais que Dieu me punira d'avoir assisté à cette effusion de sang humain.

—Sonnez, trompettes, dit Albany; leurs blessures se figeront, s'ils attendent plus longtemps. »

Pendant que les deux frères causaient ainsi, Torquil embrassait et encourageait son jeune chef.

« Résiste encore au charme quelques minutes ! Aie bon courage et nous en sortirons sans égratignure ni balafre, sans entaille ni blessure. Aie bon courage !

—Comment pourrais-je garder bon courage, dit Eachin, lorsque mes braves parents sont tous morts un à un à mes pieds?... tous morts pour moi, qui ne méritais pas le moins du monde leur attachement !

—Et pourquoi étaient-ils nés sinon afin de mourir pour leur chef ? » dit Torquil avec calme ; « pourquoi se plaindre de ce que la flèche ne revient pas au carquois quand elle a percé le but ? Reprends courage encore. Nous voici, Tormot et moi, à peine blessés, tandis que les chats sauvages se traînent au milieu de la lice, comme si les bassets les avaient à moitié étranglés... Encore un bon coup, et la journée est à nous, quoiqu'il semble que tu doives rester seul vivant... Cornemuses, sonnez le combat ! »

Les joueurs de cornemuse firent entendre une charge de part et d'autre, et la mêlée recommença; les combattants ne déployaient plus la même force, mais toujours la même furie. Ils furent rejoints par les montagnards qui devaient rester neutres, mais qui ne purent résister au désir de prendre part à l'action. Les deux vieux champions qui portaient les étendards, avaient graduellement avancé des extrémités de la lice, et retournaient alors presque sur le théâtre de l'action. Lorsqu'ils virent le carnage de plus près, ils se sentirent tous deux enflammés de l'envie ou de venger leurs frères ou de ne pas leur survivre. Ils s'attaquèrent l'un l'autre furieusement avec les lances auxquelles étaient attachés les étendards, se joignirent après avoir échangé plusieurs passes terribles, puis se prirent corps à corps, tenant toujours leurs bannières, jusqu'à ce qu'enfin, dans l'ardeur de la lutte, ils tombassent dans le Tay où ils furent trouvés, après le combat, morts et leurs bras entrelacés les uns dans les autres. La fureur de la vengeance, la frénésie de la rage et du désespoir enflammèrent ensuite les ménestrels. Les deux joueurs de cornemuse qui, pendant l'action, avaient lutté d'efforts pour enflammer l'ardeur de leurs frères, voyaient alors que le combat allait finir faute de combattants. Ils jetèrent au loin leurs instruments, s'élancèrent en désespérés l'un sur l'autre, avec leurs poignards, et comme chacun d'eux était plus empressé à exterminer son adversaire qu'à se défendre, le joueur du clan de Quhele fut tué du premier coup, et celui du clan de Chattan mortellement blessé. Ce dernier pourtant ramassa sa cornemuse, et le pibrock du clan anima encore de ses sons expirants les guerriers de Chattan, tant que le ménestrel mourant eut un souffle à y introduire. L'instrument dont il se servait, ou du moins la partie qu'on appelle l'anche, est conservé dans la famille d'un chef montagnard d'aujourd'hui, et y jouit d'une grande considération sous le nom de Féderan-Dhu, ou l'Anche noire (*).

Cependant dans cette dernière charge, le jeune Tormot, dévoué comme ses frères, par son père Torquil, à la protection de son chef, avait été mortellement blessé par l'épée impitoyable de l'armurier. Les deux autres guerriers qui restaient du clan de Quhele étaient aussi tombés, et Torquil avec son fils nourricier et Tormot blessé, contraints de battre en retraite devant huit ou dix combattants du clan Chattan, firent halte sur le bord de la rivière, tandis que leurs ennemis se hâtaient de les poursuivre aussi rapidement que leurs blessures le leur permettaient. Torquil arrivait justement à l'endroit où il avait résolu de soutenir un dernier combat, quand le jeune Tormot tomba et rendit l'âme. Cette mort arracha au père le premier et le seul soupir qu'il eût fait entendre pendant cette affreuse journée.

« Mon fils Tormot! dit-il, mon plus jeune et mon plus cher fils!..... Mais si je sauve Hector, je sauve tout.... Mon nourrisson bien-aimé, j'ai fait pour toi tous les sacrifices dont un homme soit capable, à l'exception du dernier. Permets que je brise les agrafes de cette armure funeste, et endosse celle de Tormot; elle est légère et t'ira bien. Tandis que tu t'en couvriras, je m'élancerai sur nos adversaires, déjà fort maltraités, et les accommoderai le mieux qu'il me sera possible. J'espère avoir peu à faire; car ils se suivent tous comme des bouvillons harassés. Quoi qu'il arrive, idole de mon âme, si je ne puis te sauver, je puis te montrer comme un homme doit mourir. »

Tandis que Torquil parlait ainsi, il détachait les agrafes du haubert que portait le jeune chef, avec la conviction naïve qu'il romprait le charme sous lequel la crainte et la sorcellerie avaient enchaîné le cœur de Mac-Jan.

« Mon père, mon père! toi qui es plus que mon père!.... dit le malheureux Eachin, reste avec moi... Si te sens à mon côté, je suis sûr de combattre jusqu'au coup fatal.

— C'est impossible, répliqua Torquil : je veux les arrêter, car les voilà, pendant que tu mettras ton haubert. Dieu te bénisse éternellement, amour de mon âme! »

Et alors, brandissant son épée, Torquil du Chêne s'élança en poussant le terrible cri de guerre qui avait si souvent retenti sur le champ de bataille ensanglanté : « *Bas air son Eachin!* » Trois fois il répéta ces mots d'une voix de tonnerre, et à chaque fois il abattit un homme du clan Chattan, à mesure qu'il les rencontrait marchant vers lui.

« Bien frappé, brave milan! noblement combattu, vieux faucon! » s'écria la multitude en voyant ces efforts, qui semblaient menacer, même en cet instant, de changer la fortune du jour. Soudain à ces cris succéda un profond silence, interrompu seulement par le cliquetis de deux épées; mais par un cliquetis si terrible, que toute la bataille paraissait avoir recommencé dans la personne de Henri Wynd et de Torquil du Chêne. Ils frappaient, taillaient, coupaient, paraient, comme si c'était la première fois qu'ils dégaînaient de la journée. Leur fureur était mutuelle; car Torquil reconnaissait le malin sorcier qui, comme il supposait, avait jeté un sort sur son enfant, et Henri se voyait face à face avec le géant qui, pendant tout le combat, l'avait empêché d'accomplir le projet

---

(*) Aunie Mac-Pherson, chef actuel de son clan, est en possession de cet ancien trophée, qui prouve la présence de ces montagnards au Nord-Inch. La tradition a conservé une autre version : selon celle-ci, un ménestrel aérien apparut au-dessus des guerriers du clan Chattan, et après avoir joué quelques airs sauvages, il laissa l'instrument échapper de ses mains. Comme il était de verre, il se cassa dans cette chute, à l'exception de l'anche seule, qui était comme à l'ordinaire du *lignum vitæ*. Le joueur de cornemuse des Mac-Pherson s'empara de l'anche magique, et on en considère encore la possession comme assurant la prospérité du clan. w. s.

ECOSSE (Comté de Fife.)

pour lequel il avait pris les armes. Ils combattaient avec une égalité qui peut-être n'aurait pas existé si Henri, plus blessé que son antagoniste, n'eût pas été quelque peu privé de son agilité habituelle.

Cependant, Eachin, se trouvant seul, après des efforts extraordinaires mais infructueux pour endosser l'armure de son frère de lait, se sentit animé par un mouvement de honte et de désespoir, et il s'élança pour soutenir son père nourricier dans cette lutte terrible, avant qu'aucun guerrier du clan Chattan vînt au secours de Henri. Quand il fut à cinq pas, toujours fermement résolu à prendre part à ce combat mortel, son père nourricier tomba fendu depuis l'os du cou presque jusqu'au cœur, murmurant encore avec un dernier souffle, *Bas air son Eachin!* Le malheureux jeune homme vit la chute de son dernier ami, et aperçut en même temps l'ennemi terrible qui le poursuivait depuis le commencement de la lutte, debout devant lui et à portée du sabre, et brandissant l'arme énorme qui lui avait ouvert un passage pour venir à travers tant d'obstacles lui arracher la vie.

Peut-être en fut-ce assez pour rendre excessive sa timidité physique, ou peut-être pensait-il au même instant qu'il était sans armure, et qu'une rangée d'ennemis, haletants, il est vrai, et criblés de blessures, mais altérés de vengeance et de sang, avançaient en toute hâte. Son cœur se souleva, ses yeux s'obscurcirent, ses oreilles tintèrent, la tête lui tourna; toute autre considération se perdit dans la crainte d'une mort instantanée; et, appliquant un coup à l'armurier sans le blesser, il évita celui qu'on lui renvoyait en retour, par un saut en arrière; et avant que Henri eût eu le temps de relever son arme, Eachin s'était jeté dans la rivière. Des exclamations de mépris le poursuivaient pendant qu'il traversait le fleuve à la nage, quoiqu'il n'y eût peut-être pas une douzaine de spectateurs qui eussent fait autrement en pareille circonstance. Henri regarda le fugitif s'éloigner d'un air surpris et en silence, mais ne put considérer les conséquences de cette fuite, car une défaillance le saisit aussitôt qu'il ne fut plus soutenu par l'ardeur du combat. Il s'assit sur le bord du Tay couvert de gazon, et tâcha d'étancher celles de ses blessures qui saignaient le plus abondamment.

Les vainqueurs recevaient pour récompense les félicitations unanimes : le duc d'Albany et d'autres descendirent visiter la lice; et Henri du Wynd eut l'honneur d'être particulièrement remarqué.

« Si tu veux entrer dans ma suite, mon brave garçon, dit Douglas, je changerai ton tablier de cuir en une ceinture de chevalier, et ta maison du bourg en un domaine rapportant cent livres pour maintenir ton rang.

— Je vous remercie humblement, milord, » dit l'armurier d'un air abattu; « mais j'ai déjà trop versé de sang, et le ciel m'en a puni en déjouant le seul projet qui m'avait amené dans la lice.

— Comment cela, ami? demanda Douglas; n'as-tu pas combattu pour le clan Chattan, et n'avez-vous point remporté une glorieuse victoire?

— *J'ai combattu pour ma propre main,* » répondit l'armurier avec indifférence : et cette expression est encore proverbiale en Écosse.

Le roi Robert arriva alors sur un palefroi à l'amble; il n'avait dépassé la barrière que pour aviser à ce qu'on soignât les blessés.

« Milord de Douglas, dit-il, vous fatiguez ce pauvre homme avec des affaires temporelles, quand il semble avoir peu de temps pour songer aux spirituelles. N'est-il pas ici d'amis qui veuillent le transporter dans un endroit où l'on pourra panser et les blessures de son corps et les plaies de son âme?

— Il a autant d'amis qu'il y a d'honnêtes gens à Perth, dit sir Charteris; et je me regarde comme un des plus intimes.

— Le chien sent toujours le chenil, » dit le hautain Douglas en détournant son cheval. « L'offre d'être armé chevalier par la propre épée de Douglas l'eût fait revenir des portes de la mort, s'il avait eu une goutte de sang noble dans le corps. »

S'embarrassant peu du brocard lancé par l'orgueilleux comte, le chevalier de Kinfauns mit pied à terre pour prendre Henri dans ses bras; car il venait de tomber d'épuisement; mais il fut prévenu par Simon Glower qui, avec d'autres bourgeois de marque, venait d'arriver dans la lice.

« Henri, mon cher fils Henri! s'écria le vieillard; oh! pourquoi vous êtes-vous fourré dans ce fatal combat?.... Il est mourant.... il ne parle plus!

— Si... si! je peux parler encore, dit Henri.... Catherine.... »

Il n'en put dire davantage.

« Catherine se porte bien, j'espère; elle t'appartiendra... c'est-à-dire, si...

— Si elle est en sûreté, veux-tu dire, bonhomme? » reprit Douglas qui, quoique piqué du peu d'accueil que Henri avait fait à son frère, était trop magnanime pour ne pas s'intéresser à ce qui se passait.... « Elle est en sûreté, si la bannière de Douglas peut la protéger... Oui, en sûreté, et elle deviendra riche. Douglas peut donner de l'or à ceux qui l'estiment plus que l'honneur.

— Quant à sa sûreté, milord, que les remercîments sincères et les bénédictions d'un père accompagnent le noble Douglas! Quant à la richesse, nous sommes assez riches.... de l'or ne pourrait me rendre mon fils chéri.

— Des merveilles! dit le comte.... Un vilain refuse la noblesse.... un citoyen dédaigne l'or!

— Avec la permission de Votre Seigneurie, dit sir Patrick, moi qui suis noble et chevalier, je prends la liberté de soutenir qu'un homme aussi brave que Henri du Wind peut rejeter des titres d'honneur.... et qu'un homme aussi honnête que ce respectable citoyen peut mépriser l'or.

— Vous faites bien, sir Patrick, de parler pour votre ville, et je ne m'en fâche pas, répondit Douglas; je ne force personne à recevoir mes bontés. Mais, » ajouta-t-il à l'oreille d'Albany, « Votre Grâce ferait bien d'éloigner le roi de ce sanglant spectacle; car il faut qu'il sache ce soir ce qui sera connu dans toute l'Écosse, quand l'aurore de demain luira. Cette querelle est finie. Cependant je suis affligé moi-même que tant de braves Écossais gisent ici, dont le courage aurait pu décider plus d'un combat douteux en faveur de leur pays. »

Il ne fut pas facile d'entraîner Robert hors de la lice; et des larmes coulaient sur sa vieille figure et sur sa barbe blanche, tandis qu'il conjurait les assistants, nobles et prêtres, qu'on prît soin des corps et des âmes du petit nombre des survivants, et qu'on rendît solennellement aux morts les devoirs funèbres. Les prêtres qui étaient présents promirent de se charger de ce double devoir, et remplirent leurs engagements avec non moins de fidélité que de noblesse.

Ainsi finit ce célèbre combat; de soixante-quatre braves, y compris les ménestrels et les porte-étendards qui parurent vaillamment dans la lice, sept seulement survécurent; sept qui furent emportés hors du champ de bataille sur des litières, dans un état peu différent des morts et des mourants étendus autour d'eux, et qui furent aussi enlevés comme eux. Eachin seul avait quitté la lice sans blessure et sans honneur.

Il ne reste plus qu'à dire que pas un homme du clan de Quhele ne survécut à ce combat sanglant, excepté le chef fugitif; la conséquence de la défaite fut la dissolution de cette confédération. Les clans qui en faisaient partie ne sont plus aujourd'hui qu'un sujet de conjecture pour l'antiquaire; car après cette mémorable lutte ils ne se réunirent jamais sous la même bannière. Le clan Chattan, d'autre part, continua à prospérer et à s'accroître; et les meilleures familles des hautes terres du nord se vantent de descendre de la race du chat des montagnes (*). »

Le duc d'Albany, frère du roi, ambitionnait les honneurs du trône, et pour

(*) *Traduction de M. Alfred de Montémont.*

arriver à son but, il semait la discorde dans le sein de la famille royale, en représentant au souverain que son fils et héritier présomptif, le duc de Rothsay, se livrait avec trop d'impétuosité aux plaisirs. Robert III voulut marier le duc; cédant aux conseils d'Albany, il fit annoncer que l'héritier présomptif de la couronne épouserait la fille du seigneur écossais qui payerait le plus cher l'honneur de s'allier à la famille royale. Le comte de March fit aussitôt une offre, qui fut acceptée; mais le comte de Douglas ayant fait une offre plus considérable, le roi, après avoir consulté Albany, retira sa parole, et donna la fille du comte au jeune duc de Rothsay. Ce jeune homme se distinguait par son amour pour les plaisirs, et menait une vie dissipée; sur les représentations du duc d'Albany, le roi remit sa personne à la disposition de son frère Albany et du comte de Douglas. Alors ces deux seigneurs s'emparèrent du jeune prince, ils le conduisirent au château de Falkland, qui appartenait à Albany, et l'y laissèrent mourir de faim. Dans le même temps, le comte de March, furieux de la perfidie du roi, entrait au service du roi d'Angleterre, et faisait de nombreuses incursions sur le territoire écossais. Douglas alla à sa rencontre, et prit position sur une hauteur appelée Homildon. Mais l'armée écossaise fut mise en pleine déroute, et Douglas, qui avait perdu un œil en combattant, fut fait prisonnier par les Anglais.

Pendant ce temps-là, Jacques, fils de Robert III, que ce prince, dans la crainte des intrigues de son frère Albany, avait envoyé en France, était arrêté en mer et conduit à Londres, où Henri IV le retint prisonnier. Robert III mourut un an après cet événement, accablé de douleurs et de souffrances, et Albany, son frère, fut nommé régent du royaume. Albany désirait depuis longtemps régner sur l'Écosse; aussi ne fit-il aucune tentative pour obtenir la délivrance de Jacques, son neveu, dont le retour aurait mis fin à son pouvoir. Albany se distinguait par un caractère cruel, et son âme était dévorée d'ambition, cependant on s'accorde à dire que sous son administration l'Écosse jouit d'un bien-être et d'une prospérité qu'elle n'avait pas connus depuis longtemps. Cette prospérité avait sa cause dans le soin que prenait Albany de se défaire de la noblesse écossaise, dont l'esprit turbulent l'inquiétait. Dans cette intention, le régent s'efforçait d'armer les seigneurs écossais les uns contre les autres. A la bataille d'Harlaw, livrée en 1411, les highlanders combattirent contre les hommes des basses terres; les deux partis firent des pertes considérables, et une foule d'hommes courageux, l'élite de la noblesse, périrent dans cette terrible journée. Dans le même temps, une foule d'Écossais de noble origine accouraient en France pour se ranger sous la bannière du roi de France, et l'aider à repousser Henri V, roi d'Angleterre, qui faisait chaque jour des progrès considérables dans cette contrée.

Albany mourut quelque temps après la bataille d'Harlaw, laissant ses hautes fonctions à son fils Murdoc, qui s'empressa de négocier avec Henri V pour obtenir la liberté de Jacques. Une rançon considérable ayant été payée à l'Angleterre par les Écossais, Jacques revint aussitôt en Écosse, et prit en montant sur le trône le titre de Jacques Ier. Mais son premier soin fut de punir l'ex-régent Murdoc, duc d'Albany, et de rétablir la tranquillité dans les hautes terres. Dans cette intention, Jacques Ier pénétra dans les Highlands, à la tête d'une armée, et s'empara d'un nombre considérable de chefs, qu'il obligea à fournir caution; d'autres furent mis à mort. Ce prince avait un esprit droit; mais tel était l'état d'anarchie qui régnait alors en Écosse que Jacques ayant ordonné l'établissement de quelques taxes sur le peuple, pour faire face aux frais de justice, ces mesures, jointes à la sévérité qu'il avait déployée dans les hautes terres, lui suscitèrent un nombre considérable d'ennemis. Une vaste conspiration, qui avait pour chefs un nommé sir Robert Graham, oncle du comte de Stratherne, et le comte d'Athol, s'ourdit contre lui. Graham s'étant retiré dans les hautes terres, envoya un défi au roi, déclarant formellement qu'il abjurait son serment d'allégeance. Ce défi audacieux n'éveilla point les soupçons de Jacques. Il partit pour Perth, où il se proposait de passer les fêtes de Noël. En route il rencontra une vieille femme qui lui dit de ne pas aller plus loin; autrement, qu'il ne reviendrait pas vivant dans sa capitale. Jacques Ier ne tint pas compte de cette prédiction, et, quand il fut à Perth, il alla s'installer dans l'abbaye des moines noirs. Il y était depuis quelque temps, lorsque, au milieu de la nuit, les conspirateurs assaillirent le château et entrèrent dans les appartements. Le roi n'eut que le temps de se cacher dans un caveau secret qui était situé sous sa chambre à coucher. Les conspirateurs entrèrent et blessèrent plusieurs dames qui avaient voulu leur opposer de la résistance. Ils croyaient déjà que le roi s'était échappé, lorsque l'un d'eux se rappela l'existence du caveau. Alors Graham, accompagné de deux frères nommés Hall, s'élança dans ce lieu et y massacra le malheureux roi. Les conspirateurs, après ce forfait, se retirèrent dans les montagnes. Mais leur crime ne resta point impuni : la reine, qu'ils avaient épargnée, mit tant d'activité pour les poursuivre, que la plupart d'entre eux furent arrêtés. Leur supplice fut terrible ; plusieurs eurent leur chair arrachée du corps à l'aide de tenailles ardentes. Sir Robert Graham subit les tortures les plus horribles, et son fils fut égorgé sous ses yeux pendant qu'il vivait encore.

Comme Jacques Ier laissait la couronne à son fils Jacques, jeune enfant de six ans, la direction des affaires du royaume fut remise entre les mains de sir Alexandre de Livinsgton, qui fut nommé tuteur du roi, et de sir William Crichton, qui fut élevé aux fonctions de chancelier du royaume. Ces deux seigneurs, qui étaient jaloux de la puissance des Douglas, voulurent se défaire des chefs de cette illustre maison. Dans cette intention, ils invitèrent les Douglas à venir au château d'Édimbourg, et dans un banquet préparé pour leur faire fête, ils les firent assassiner. Jacques II avait vu avec une douleur profonde le crime commis par son tuteur et le chancelier. Aussi, quand il monta sur le trône, il s'empressa de nommer le nouveau chef de la famille des Douglas aux fonctions de lieutenant général du royaume. Le roi espérait ainsi s'attacher cette famille et lui faire oublier cet horrible attentat. Mais les Douglas s'étaient dans tous les temps distingués par leur esprit entreprenant ; leur ambition ne tarda pas de s'exalter par leur proche parenté avec la famille royale et les services éminents qu'ils avaient rendus à l'Écosse : ils conçurent donc le projet de s'emparer de la couronne.

Le roi avait parmi les seigneurs de sa cour un serviteur dévoué dans la personne de Maclellan. Ce seigneur ayant blessé le comte de Douglas, celui-ci s'en montra vivement irrité ; aussitôt il attaqua son château et le fit prisonnier. Le roi envoya au comte de Douglas une lettre, pour demander que la personne de Maclellan lui fût remise ; mais le messager, en arrivant au château de Douglas, ne trouva plus que le cadavre de Maclellan. Jacques II dissimula d'abord son ressentiment, et sous prétexte d'avoir une conférence amicale avec le comte de Douglas, il engagea celui-ci à venir le visiter. Après de longues hésitations, le comte se décida à accepter l'invitation. Il se rendit à Stirling, et fut reçu d'abord avec courtoisie et bonté ; mais cette bienveillance n'était qu'apparente ; Jacques conduisit le comte de Douglas dans l'embrasure d'une croisée, et après lui avoir fait quelques reproches, auxquels celui-ci répondit avec hauteur, il le frappa au cœur de plusieurs coups de poignard.

Cet acte du roi jeta l'Ecosse dans de nouveaux troubles. A peine la mort du comte de Douglas fut-elle connue que les membres de cette famille se réu-

Crypte de la Cathédrale de Glasgow.

nirent, et ils nommèrent Jacques, l'aîné de ses quatre frères, pour son successeur. Ils rassemblèrent ensuite une armée considérable, et proclamèrent, au son de cinq cents cors, que le roi Jacques était un homme faux et parjure. Jacques craignit d'abord d'attaquer cette armée puissante; mais il avait pour un de ses plus fidèles conseillers Kennedy, son cousin germain et archevêque de Saint-André. Kennedy engagea le roi à adopter cette vieille maxime politique, *divide ut imperes*, divise pour commander, maxime pratiquée dans tous les temps et chez tous les peuples. Bientôt Jacques II put reconnaître l'excellence de ce conseil; car un grand nombre de familles écossaises, parmi lesquelles figuraient la famille des d'Angus, qui descendaient d'une branche cadette des Douglas, et celle des Gordon, qui avaient pour chefs les Huntley, se détachèrent de la cause des Douglas et se déclarèrent pour le roi. Dans une bataille qui fut livrée à Brechin, dans le nord de l'Écosse, les troupes des Douglas furent défaites. De nouvelles défections suivirent celle des familles d'Angus et de Gordon. Mais la plus importante fut celle d'Hamilton, l'un des proches parents de Douglas. Bientôt l'armée du comte rebelle se débanda, et lui-même s'enfuit en Angleterre, où il resta proscrit pendant vingt ans.

Ainsi s'évanouit le pouvoir de l'illustre famille des Douglas. Leur grandeur, qui avait été fondée par la bravoure et la loyauté du bon lord James, fut détruite par la rébellion et la conduite irrésolue du dernier comte. Il revint au bout de vingt années en Écosse, et se livra à un moine de Kirk-Patrick de Closeburn, qui, autrefois, avait été son vassal. Kirk-Patrick versa des larmes en voyant son ancien maître dans un état si misérable, et ne pouvant se résigner à le livrer au roi, il l'engagea à partir pour l'Angleterre. Mais le comte de Douglas refusa cette offre généreuse. Alors le fidèle serviteur cacha le comte dans un asile secret, et obtint du roi la promesse que le malheureux comte aurait la vie sauve. Douglas fut condamné à se retirer dans l'abbaye de Lindore, où il mourut après y être resté quatre ans.

L'Angleterre qui était en ce moment déchirée par les guerres des deux Roses, et absorbée par les préoccupations que lui suscitaient ses affaires personnelles, ne songeait point à troubler l'Écosse. Mais les dissensions intestines qui avaient désolé cette contrée sous les règnes précédents, redoublaient de violence. Jacques II venait d'être tué en assiégeant le château de Roxburgh, laissant la couronne et le trône à Jacques III son fils. Ce prince se distinguait par une avarice sordide, bien qu'il aimât les beaux-arts. Un riche seigneur sut capter sa confiance, et Jacques III lui donna en mariage sa sœur Marguerite, et le créa comte d'Arran; mais l'orgueil du comte ayant profondément irrité les nobles écossais, d'Arran ne tarda pas de tomber du piédestal que la faveur royale lui avait élevé; il fut condamné à mort et exécuté. Les compagnons favoris du roi étaient des architectes et des musiciens; et de pareils hommes déplaisaient à la noblesse écossaise, qui était haute et fière. On reprochait aussi à Jacques III sa timidité; et dans ces temps où la valeur et le courage personnel passaient pour la première vertu, c'était un grand défaut. De plus, le rapprochement que les nobles faisaient entre le souverain et ses deux frères, les ducs d'Albany et de Mar, tendait à accroître le mécontentement. Ceux-ci excellaient dans l'escrime, dans la joute, la chasse au tir et au faucon; ils étaient d'une figure agréable, et se distinguaient par la douceur et l'aménité de leurs manières.

Jacques III, jaloux de l'ascendant que ses frères avaient acquis sur les cœurs de ses sujets, et entouré de conseillers obscurs qui cherchaient à dessein à accroître ses alarmes, résolut de mettre Albany et de Mar dans l'impuissance de lui nuire. Le duc d'Albany fut enfermé dans le château d'Edimbourg. Le duc de Mar, qui avait consulté des sorciers sur la manière dont mourrait le roi, avait reçu pour réponse qu'il mourrait de la main de ses plus proches parents; cette prédiction fut connue du roi; elle fut cause de la mort de de Mar: il fut étouffé dans un bain. Cependant Albany avait de nombreux amis au dehors de sa prison. Un petit sloop, chargé de vins de Bordeaux, étant entré dans la rade de Leith, deux barriques de vin lui furent envoyées en présent. Le gouverneur du château, qui était sans défiance, reçut le présent et le fit remettre au prisonnier. Le duc, après avoir examiné avec soin les barriques, trouva dans l'une d'elles une grosse boule de cire renfermant une lettre dans laquelle on l'invitait à s'échapper et à se réfugier à bord du sloop : on lui disait que sa vie était menacée ; dans l'autre, était un paquet de cordes. Le duc résolut alors de tenter une évasion, qu'il exécuta avec un plein succès.

Au nombre des favoris du roi, était un nommé Robert Cochran, simple architecte, qui exerçait une influence si grande sur l'esprit de son maître, qu'aucune pétition ne pouvait lui parvenir que par son entremise. Ce Cochran était avide et se faisait donner des sommes considérables par les pétitionnaires. Le roi lui conféra les titres de son frère, le comte de Mar, ainsi que ses biens et ses revenus. Non content de ses immenses richesses, Robert Cochran faisait battre de la fausse monnaie, et la lançait dans la circulation. La noblesse écossaise, indignée de tant de crimes, résolut alors de se défaire du favori, ainsi que de tous ceux dont le roi suivait les conseils. Dans cette intention, les nobles s'assemblèrent dans l'église de Lauder, et ils délibéraient entre eux sur les moyens d'assurer le succès d'une entreprise aussi hasardeuse, lorsque le comte d'Angus, homme d'une force athlétique et d'un courage intrépide, s'engagea à porter le premier coup. Au milieu de ces délibérations, on annonça Cochran; il approchait avec une grande pompe du lieu où étaient réunis les nobles. Arrivé à la porte de l'église, il cria d'une voix vibrante : « Ouvrez au comte de Mar ! » Les portes s'ouvrirent à sa voix; mais aussitôt le comte d'Angus et d'autres seigneurs l'entourèrent et le firent prisonnier. Ces seigneurs se portèrent ensuite au palais et s'emparèrent des autres favoris du roi. Le seul qui échappa au sort de ses associés, fut John Ramsay de Balmain, jeune homme de noble famille, qui s'attacha fortement à la ceinture du roi et dut sa vie à cette circonstance. Cochran et ses complices furent pendus, et les nobles mirent le roi en lieu de sûreté, sans lui enlever l'autorité royale.

Cet événement ramena en Écosse le duc d'Albany, qui s'était réfugié en France après son évasion. Albany réclama des nobles la mise en liberté de son frère, ce qui lui fut accordé. Les deux frères parurent d'abord complètement réconciliés; ils couchaient ensemble et mangeaient à la même table. Le duc d'Albany gouvernait pour son frère, tandis que Jacques III, s'abandonnant à ses goûts naturels, construisait de beaux édifices et entassait des monceaux d'or. Sa caisse noire (c'était ainsi que le peuple écossais appelait son coffre-fort) était pleine jusqu'aux bords de pièces d'or et d'argent. Cependant, la bonne intelligence entre les deux frères ne fut pas de longue durée. Le duc d'Albany nourrissait au fond de l'âme des vues ambitieuses; voyant d'un autre côté l'incapacité du roi, il chercha à se faire un parti et à s'emparer du trône; mais ses projets échouèrent, et une seconde fois il alla en France, où il mourut.

Jacques III n'était point de ceux que corrige l'adversité. Il lui eût été difficile d'ailleurs de contenter une noblesse exigeante et toujours prête à lever l'étendard de la révolte. Les familles puissantes des Home et des Hepburns s'étant réunies au comte d'Angus et aux autres lords qui avaient figuré dans l'affaire de Cochran, il se forma une ligue puissante contre lui. Jacques III, d'un caractère naturellement timide, se hâta de fuir dans le nord; il fortifia le château de Stirling, et y laissa son fils, en le recommandant aux soins de Shaw de Tintrie, dans lequel il avait une pleine confiance; puis, ayant déposé ses immenses richesses dans le château d'Édimbourg, où il les croyait en sûreté, il rassembla une armée considérable, et revint au château de Stirling pour y reprendre son fils. Mais le gouverneur, dans lequel il avait placé sa confiance, avait déjà livré à Angus, à Home et à Bothwell la personne du jeune héritier du trône, et des deux côtés on se prépara à en venir aux mains.

L'armée royale était supérieure à celle des insurgés; 10,000 montagnards, commandés par Huntley et Athol, formaient l'avant-garde ; 10,000 hommes des comtés de l'Ouest étaient sous les ordres des lords Erskine, Graham et Menteith. Le roi commandait l'arrière-garde, qui était composée des milices envoyées par les différentes villes. L'armée des insurgés se composait de trois divisions d'environ 6,000 hommes chacune. Les Home et les Hepburns commandaient la première, formée des habitants des frontières de l'Est et du Lothian oriental; la seconde était composée des habitants des comtés de Liddesdale, d'Annandale et de Galloway. Les lords rebelles formaient la troisième division, avec leurs meilleurs soldats. Ils avaient au milieu d'eux le jeune prince Jacques, qu'on reconnaissait à la grande bannière d'Écosse. La bataille s'engagea dans un endroit éloigné d'un mille ou deux de Bacnoburn, lieu célèbre par la victoire de Bruce sur les Anglais. Mais au bout de quelques heures, les troupes royales furent culbutées. Jacques III prit honteusement la fuite et arriva à un moulin à eau nommé Beatons-Hill. Le bruit de l'eau ayant effrayé le cheval, Jacques tomba à terre, et se fit dans cette chute des blessures profondes. La femme du propriétaire de la maison releva le malheureux roi et le fit mettre au lit. Alors Jacques recouvra ses sens, et sa libératrice lui ayant demandé qui il était, il répondit qu'il était le roi. En ce moment entraient dans la maison des personnes qui étaient à sa poursuite. L'une d'elles ayant entendu Jacques dire quelles étaient ses qualités, elle s'avança près du lit, et frappa le royal patient de plusieurs coups de poignard (juin 1448). Jacques rendit aussitôt le dernier soupir, et l'on ne découvrit jamais qui avait été son assassin.

L'état de perturbation incessante qui déchire l'Écosse, nous montre combien les bonnes institutions politiques sont nécessaires pour l'avancement et la prospérité d'un pays. Dans les faits qui précèdent, nous voyons constamment le trône aux prises avec la noblesse; celle-ci, haute et fière, n'obéit que difficilement et se montre toujours prête à se jeter dans la révolte ouverte; celui-là est sans force, et toujours on le voit obligé de recourir aux expédients pour se soutenir. Cependant, à travers cette série de dévastations et de perfidies, où l'ambition et les mauvaises passions des hommes jouent un si grand rôle, on voit les villes se peupler d'industrieux habitants, des rapprochements s'opèrent entre l'Angleterre et l'Écosse par des mariages; le pays change d'aspect.

C'est à Jacques III, si méprisable pour son avarice, que l'Écosse doit un grand nombre de ses plus beaux édifices; il répara les uns, élargit les autres, en construisit de nouveaux, et dota son pays de richesses architecturales qui en font encore aujourd'hui un des pays les plus fameux de l'Europe à cet égard. Rien de plus magnifique que ses palais, ses châteaux gothiques. Le château d'Édimbourg, situé sur un roc inégal qui s'élève perpendiculairement de 150 à 200 pieds au-dessus du sol, frappe par la majestueuse sévérité de ses formes. Tantôt ses remparts, ses bastions et ses créneaux semblent une continuation naturelle des rochers irrégulièrement découpés sur lesquels il est assis; tantôt il s'en détache comme le nid d'un aigle suspendu sur un abîme. Le magnifique panorama qui se déploie sous les yeux du haut de ses remparts laisse une impression ineffaçable. Le palais d'Holy-Rood est un des plus beaux modèles d'architecture italienne qui ait été introduit en Écosse. Les bâtiments de ce palais sont disposés comme ceux du Luxembourg, rangés autour d'une cour carrée de 94 pieds sur chaque face; du côté du couchant, ils ouvrent sur une place vaste, mais peu fréquentée, à laquelle vient aboutir la rue de Canongate; au midi, le rocher de Salisbury élève ses flancs noirs et arides; au nord, se présente la colline de Calton avec les édifices qui la couronnent, et les hôtels qui s'étendent sur ses flancs en longues terrasses. Près du palais est la chapelle royale, seul reste de l'abbaye d'Holy-Rood, si florissante pendant tant de siècles, et qui jusqu'à la réformation fut le plus riche monastère de l'Écosse. Glascow possède soixante édifices consacrés au culte, parmi lesquels on distingue la cathédrale, regardée comme un beau monument d'architecture gothique; sa masse sombre, surmontée de deux tours, s'élève au milieu d'un antique cimetière, entre une petite église, ornée, ou plutôt défendue par des tourelles crénelées, et l'hôpital royal, l'un des plus beaux édifices de la ville, qui est couronné par un dôme élégant. On voit à l'intérieur plusieurs tombeaux, que protégea contre la fureur des sectaires la reconnaissance des habitants de Glascow. Ce bâtiment lugubre se ressent encore de son origne féodale. De toutes parts on y voit des emblèmes funèbres, des inscriptions gravées par la douleur ou par l'orgueil, des sarcophages usés par le temps. Les voûtes latérales de la nef du centre soutiennent trois voûtes surchargées de quatre autres voûtes, qui s'enfoncent brusquement dans le cintre supérieur, de manière à laisser croire qu'il s'est affaissé sur lui-même.

A Jacques III succéda Jacques IV son fils, et sous le règne de ce prince, l'Écosse eut de nouveaux démêlés avec l'Angleterre. Henri VII, le premier des Tudors, régnait alors en Angleterre. Ce souverain, qui voulait affermir ses droits au trône d'Angleterre, ne songeait point à attaquer l'Écosse, lorsque Perkin Warbeck, qui prétendait être le second fils d'Édouard IV, vint chercher un refuge à la cour de Jacques IV. Warbeck fut accueilli avec beaucoup de distinction; Jacques lui donna même en mariage lady Catherine Gordon, fille du comte de Huntley, surnommée la rose blanche d'Écosse, à cause de sa beauté. Mais Jacques abandonna bientôt la cause de Warbeck, et Henri VII, qui voulait unir les deux pays par une paix solide et durable, lui donna sa fille Marguerite en mariage. Cette union, pour laquelle les deux monarques traitèrent sur le pied d'une parfaite égalité, fut signée le 4 janvier 1502. Ce fut cet événement qui valut la couronne de la Grande-Bretagne à l'arrière-petit-fils de Jacques IV et de la princessse Marguerite, Jacques VI d'Écosse et Ier d'Angleterre.

Malgré cette union, la mésintelligence ne tarda pas d'éclater entre les deux pays. La première agression vint de l'Écosse; un vaisseau appartenant à John Barton, marin écossais, ayant été pillé par les Portugais, et le roi de Portugal ayant refusé satisfaction, Jacques donna des lettres de marque à Barton, qui commit de grandes déprédations non-seulement sur les navires portugais, mais encore sur les navires anglais. Henri fit équiper aussitôt deux vaisseaux dont il donna le commandement à lord Thomas Howard et sir Édouard Howard. Barton fut tué dans une rencontre entre les vaisseaux anglais et les vaisseaux écossais, et les navires qui lui appartenaient furent conduits dans la Tamise. Jacques IV se montra vivement offensé de ce qu'il appelait une insulte faite au pavillon d'Écosse, et envoya un héraut d'armes demander satisfaction. Henri VII se justifia en disant que Barton était un pirate.

Sur ces entrefaites Henri VIII monta sur le trône d'Angleterre. Ce souverain, qui était en guerre avec la France, était allé faire le siége de Thérouenne, à la tête d'une armée, lorsque la cour de

France, pour faire diversion, chercha à s'attacher l'Écosse. Jacques, séduit par ces avances qui lui étaient faites, envoya son héraut d'armes au camp de Henri VIII, en le sommant en termes hautains de s'abstenir de toute agression contre le roi de France son allié.

Les hostilités commencèrent aussitôt. Jacques IV, contre l'avis de ses plus sages conseillers, voulait envahir l'Angleterre, et dans cette intention il donna l'ordre à tous les sujets du royaume de s'assembler à Borougmoor, grande plaine près d'Édimbourg, au milieu de laquelle la bannière royale fut déployée. Mais le départ de l'armée fut précédé d'une circonstance de mauvais augure, préparée sans doute par les conseillers de la couronne pour faire impression sur l'esprit du prince.

Le roi était allé entendre la messe dans l'église de Linlithgow, lorsqu'un vieillard revêtu d'une robe couleur d'azur, qui était nouée par une ceinture, ayant des sandales aux pieds, de longs cheveux dorés sur la tête, et dont l'air était grave et imposant, parut tout à coup devant Jacques. Sans donner aucun signe de respect, ce vieillard marcha droit au fauteuil que le roi occupait, puis, posant familièrement ses deux mains sur le fauteuil, il déclara qu'il était envoyé par la mère du prince pour lui défendre de se jeter dans l'entreprise qu'il méditait, attendu que ni lui, ni aucun de ceux qui l'accompagneraient, n'en reviendraient sains et saufs. Il fit aussi des remontrances au roi sur ce qu'il fréquentait la société des femmes et qu'il n'agissait que d'après leurs conseils. « Si tu continues, dit-il, tu seras frappé de honte et de confusion. » Après avoir prononcé ces mots, le vieillard s'échappa du milieu des courtisans; ce qu'il fit si subitement qu'il sembla disparaître. Cette visite inattendue n'effraya point le roi; il persista dans son projet; il entra en Angleterre le 22 août 1513, et s'empara des places frontières de Norham, de Wask, d'Etall, de Ford. Dans le même temps le comte de Surrey paraissait à la tête de 26,000 hommes; bientôt Thomas Howard, lord grand amiral, vint se joindre à l'armée de Surrey avec un renfort considérable. Howard provoqua le roi, en lui disant qu'il était l'auteur du meurtre de Thomas Barton, et qu'il était prêt à rendre raison de cette action à Jacques devant toute l'armée. Le résultat de la mêlée porta un coup terrible à l'Écosse. L'armée écossaise avait établi son camp sur la colline de Flodden, qui est située à l'extrémité d'une vaste plaine appelée Milfield; cette position est très-avantageuse. Trompé par les espions que les Anglais entretenaient dans son camp, et qui l'assuraient que s'il ne descendait pas la colline, l'armée anglaise allait pénétrer sur le territoire écossais, Jacques quitta la colline; la bataille s'engagea (9 septembre 1513). Jacques fit une glorieuse résistance; mais ses efforts furent inutiles. Après avoir été blessé par les flèches de l'ennemi, il fut frappé d'un coup de hallebarde qui l'étendit mort. Les Anglais perdirent environ 5,000 hommes; la perte des Écossais s'éleva à 12,000 hommes, et dans le nombre était la fleur de la noblesse écossaise.

Des pertes aussi considérables jetèrent l'Écosse dans la consternation; car il était à craindre que Henri VIII ne profitât de son avantage pour fondre sur le pays. Toutefois, averti par l'exemple de ce qui s'était passé sous les règnes précédents, et convaincu que le désastre de Flodden armerait les Écossais d'une nouvelle vigueur, Henri VIII ne songea point à ce projet. Ce prince avait à sa disposition des moyens plus lents, mais plus sûrs; il espérait obtenir d'une manière moins hasardeuse que par les armes l'influence qu'il désirait avoir en Écosse. La paix ayant été conclue entre la France et l'Angleterre, l'Écosse fut comprise dans le traité.

Comme Jacques IV laissait un fils qui n'avait que deux ans, la reine Marguerite, sœur de Henri VIII, fut nommée sa tutrice; Marguerite ayant épousé Douglas, comte d'Angus, l'élévation de ce jeune homme, qui pourtant se recommandait à l'estime de ses concitoyens par des qualités éminentes, fut regardée d'un mauvais œil par les nobles Écossais. Bientôt la reine fut considérée comme ayant perdu ses droits à la régence par son mariage, et la noblesse écossaise l'obligea à se réfugier en Angleterre; mais elle confia la régence à John duc d'Albany, fils de Robert Albany et proche parent du roi. Le duc d'Albany était un homme sévère qui ne croyait possible de gouverner un peuple que par des moyens violents. Il excita la haine et la terreur; ses ennemis devinrent si nombreux, que, craignant pour ses jours, il quitta l'Écosse et vint en France. La reine Marguerite rentra alors en Écosse. L'amour de la régente pour le comte de Douglas avait sensiblement décru, et bientôt des querelles survenues entre les deux époux amenèrent un divorce. La cause de cette mésintelligence provenait d'un nouvel amour que la régente avait conçu pour Henri Stewart, second fils de lord Evandale. La reine s'associa au comte d'Arran, seigneur qui était le chef de la grande famille des Hamilton. Mais cette alliance fit éclater des collisions entre les Douglas et les Hamilton, et la violence de ces querelles décida un grand nombre d'Écossais à rappeler Albany.

Albany, dans l'espoir de calmer ces troubles par une diversion, rompit la paix avec l'Angleterre, et fit une invasion à la tête d'une nombreuse armée sur le territoire anglais; mais les armes écossaises ne furent point heureuses; la ville de Jedburg, l'une des plus importantes de l'Ecosse, fut prise par les Anglais après un assaut meurtrier; ils y mirent le feu. Le duc d'Albany manquait de bravoure, ce qui fut toujours un crime aux yeux des Ecossais. Ayant mis le siége devant Norham, place forte située sur les frontières de l'Angleterre, il se retira avec son armée, lorsqu'il était au moment de prendre la ville, parce qu'il venait d'apprendre que le comte de Surrey s'avançait pour secourir la place. Les Écossais considérèrent cette retraite comme un acte de lâcheté, et le duc d'Albany s'empressa de quitter de nouveau l'Ecosse (1524).

L'Ecosse devint de nouveau le théâtre de mille intrigues où l'ambition du pouvoir se déploya dans toute sa force. Le comte d'Angus, mari divorcé de la reine, mettant à profit le discrédit dans lequel était tombée Marguerite, parvint à prendre les rênes du gouvernement; mais comme d'Angus exerçait ses hautes fonctions avec une partialité révoltante, qu'il distribuait toutes les faveurs, tous les avantages qui dépendaient de la couronne, à ses partisans, à l'exclusion des nobles et gentilshommes qui avaient pris parti contre lui dans les querelles qu'il avait eues à soutenir, plusieurs complots se tramèrent pour soustraire le jeune roi à sa tutelle. Parmi les ennemis du comte, figuraient le comte de Lennox et sir Walter Scott de Buccleugh, chef de clan d'une grande bravoure. Angus étant allé à la frontière pour réprimer quelques désordres qui avaient été commis, Buccleugh vint à sa rencontre avec les Ecossais les plus aguerris de Teviotdale et de Liddesdale. Le comte d'Angus, qui avait avec lui le jeune roi, envoya un héraut d'armes au lord de Buccleugh, pour lui dire de se retirer; mais Buccleugh fit réponse qu'il était venu, suivant l'usage des frontières, faire hommage à son souverain, et il ajouta qu'il connaissait les sentiments du roi aussi bien que d'Angus lui-même. La haine du jeune roi pour le comte d'Angus n'était en effet un secret pour personne; on savait qu'au fond de son cœur le prince faisait des vœux ardents pour se débarrasser de la tutelle du comte. Un engagement eut lieu; mais Buccleugh et ses troupes furent défaits (25 juin 1526). Buccleugh fut déclaré coupable de haute trahison, et ses biens furent confisqués.

Toutefois le système que poursuivait d'Angus continuait à grossir le nombre de ses ennemis, et Lennox, encouragé par l'archevêque de Saint-André, par le comte de Glencairn et d'autres seigneurs, résolut à son tour d'essayer d'arracher le jeune roi des mains de son tuteur. Aussitôt les deux partis rassemblèrent une armée; mais les partisans du roi furent battus, et leur chef, le comte de Lennox, fut massacré. Angus, après cette double victoire, se croyait plus sûr que jamais de garder le pouvoir; il avait établi autour de la personne du roi une garde de cent hommes choisis par lui-même, et il en avait confié le commandement à un de ses parents les plus dévoués. Mais, à mesure que la contrainte dont Angus entourait le roi augmentait, le désir de se soustraire à cette servitude devenait plus vif chez le jeune roi. Jacques V résolut d'avoir recours à la ruse. Ayant obtenu secrètement de sa mère la cession du château de Stirling, qui avait été donné à celle-ci, et qui était en ce moment rempli d'hommes dévoués, il voulut y chercher un refuge. Depuis quelque temps le jeune prince montrait une grande déférence pour ses gardiens, dans le but d'endormir leur vigilance. Un jour que le comte d'Angus et quelques-uns de ses principaux partisans étaient allés dans la province pour quelques affaires pressantes, Jacques crut le moment favorable pour opérer son évasion. Afin de ne point éveiller les soupçons, il annonça qu'il se lèverait le lendemain de bonne heure pour aller courir le cerf. Les soldats placés en sentinelle ne conçurent aucun soupçon; et le roi, aidé d'un jeune page, auquel il avait expliqué son projet, se rendit à l'écurie comme pour tout préparer pour la chasse du lendemain. Les gardes le laissèrent passer sans obstacle. Le roi montant aussitôt à cheval avec deux serviteurs, galopa toute la nuit et arriva sain et sauf au château de Stirling, où il fut reçu avec joie par le gouverneur. Il ordonna ensuite que toutes les précautions fussent prises, et l'on rapporte qu'il ne voulut se coucher que lorsque les clefs du château eurent été placées dans ses mains et qu'il les eût mises sous son chevet. Bientôt après son évasion, le roi assembla tous les nobles qui étaient jaloux de la puissance d'Angus et d'Arran, et qui avaient été persécutés par eux; puis condamna le comte d'Angus à l'exil, ainsi que tous ses parents et amis.

Jacques V recherchait les plaisirs, il était poëte et musicien; il avait un extérieur agréable, et, comme son père, il aimait les exercices de la chevalerie. Toutefois, on lui reprochait de ressentir trop vivement une injure jusqu'à la cruauté; il était également renommé pour son avarice. Mais il avait le désir de protéger les faibles contre l'oppression des grands. Il rendit de grands services à son pays; grâce à lui, l'ordre fut rétabli sur les frontières. La manière dont il procédait dans cette circonstance, mérite d'être signalée. Craignant que les habitants des frontières ne se retirassent dans leurs montagnes où il n'aurait pu les atteindre, Jacques prétexta une chasse au daim dans ces régions, et parvint par ce moyen à attirer près de lui une foule de seigneurs. Parmi ceux-ci était John Armstrong de Gelnockie, qui était renommé pour sa valeur. A la nouvelle de la prochaine arrivée du roi, Armstrong était venu au-devant de son souverain avec une nombreuse suite et revêtu de riches habits. Le roi le fit saisir, et donna l'ordre de le conduire immédiatement au supplice. Vainement John Armstrong fit les offres les plus brillantes, Jacques ne voulut écouter aucune de ses propositions. Plusieurs chefs, après avoir été arrêtés de la même manière, furent exécutés. Ces exécutions produisirent une grande impression; bientôt il passa en proverbe, que les buissons gardaient les vaches, c'est-à-dire que, dans ces cantons sauvages, on n'osait plus s'approprier le bien d'autrui, et que les troupeaux pouvaient rester dans les pâturages sans qu'il fût nécessaire de les garder.

Le règne de Jacques V est surtout remarquable par les lois sages qu'il rendit pour réprimer les crimes et les actes de violence. Ce souverain institua, pour la décision des affaires civiles, le collége de justice ou la cour suprême d'Écosse. Elle était composée de quatorze juges et d'un président, qui entendaient les causes et rendaient les arrêts. Des hommes élevés dans l'étude des lois furent chargés de défendre les intérêts de ceux qui avaient des procès à soutenir devant ces juges, et formaient ce qu'on appelle la cour de session. Telle est l'origine d'un corps qui a toujours été très-considéré en Écosse, et d'où sont sortis beaucoup d'hommes illustres. Jacques V s'occupa aussi d'améliorer sa marine; il fit dresser dans cette intention une carte des différentes côtes, baies, îles, havres et rades de son royaume. Il fit venir d'Allemagne des mineurs, qui tirèrent de l'or et de l'argent des mines de Leadhills, dans la partie supérieure du Clydesdale. Jacques, quoique très-économe, ne négligea pas les beaux-arts; il fit rebâtir le palais de Linlithgow, dont le plan est d'une grande simplicité, et agrandit celui de Stirling.

Les principaux faits de l'histoire d'Écosse ne se composent jusqu'ici que de guerres avec l'Angleterre et de discussions intestines au milieu desquelles on entrevoit les intrigues de l'Angleterre, lorsque eut lieu un événement remarquable qui se rattachait aux affaires religieuses. Le christianisme, depuis son introduction en Écosse, avait pris de profondes racines (*); de magnifiques cathédrales, de riches couvents élevés à ce culte, attestaient la piété des fidèles; quelques-uns de ces édifices présentent encore aujourd'hui les morceaux les plus parfaits d'architecture et de sculpture que l'on puisse trouver dans les îles britanniques. « Les rayons dorés du jour, dit Walter Scott dans la description qu'il nous donne de l'abbaye de Melrose, semblent une insulte à ces ruines. Mais quand la nuit couvre d'un voile sombre ces voûtes usées par le temps, et laisse apercevoir les blanches corniches des piliers, qu'une lumière douteuse frappe sur la tour ruinée qui s'élève au centre de l'édifice, les arcs-boutants semblent alternativement des rochers d'ivoire et d'ébène; une clarté argentine vous découvre ces saintes sentences qui apprennent à l'homme à vivre et à mourir; le silence n'est troublé que par les mugissements lointains de la Tweed et les cris lugubres des hiboux habitant parmi les tombeaux; allez alors, mais allez seul, voir les ruines de l'édifice construit par saint David, et vous conviendrez qu'il n'existe nulle part un spectacle plus beau et plus mélancolique (*). » (*Le Lai du dernier Ménestrel.*)

(*) On cite encore, pour son antique splendeur, la cathédrale d'Iona, qui date de la fin du onzième siècle, et qui est entièrement construite de belle siénite. Elle a 116 pieds de long sur 24 seulement de large : les bras de la croix ont 70 pieds de longueur. Du centre s'élève une tour carrée de 70 pieds de hauteur, divisée en trois étages, et supportée par quatre arceaux ornés de figures en bas-relief. Ces arceaux s'appuient sur des piliers de 10 pieds de haut et de 10 pieds et demi de circonférence, dont les chapiteaux sont chargés de devises et de figures grotesques. La grande croisée est un chef-d'œuvre du genre gothique; la croisée ronde de la tour est d'un dessin fort original; les fonts baptismaux sont bien conservés, et l'on voit encore dans le chœur un beau tombeau de marbre noir représentant un abbé couché, revêtu de ses ornements sacrés et ayant une crosse à la main. Deux croix s'élèvent dans la cour de la cathédrale; celle de Saint-Martin, taillée d'un seul bloc de granit rouge de 14 pieds de hauteur, est un modèle d'élégance; non loin de l'endroit où est placée cette croix, on remarque les ruines d'un cloître et d'une salle de conférences, dans laquelle sont conservés des sièges en pierre placés dans des niches et destinés aux orateurs. — Au midi de l'église se trouve la chapelle de Saint-Oran, qui dépendait d'un couvent de chanoinesses de l'ordre de Saint-Augustin; il n'y manque que le toit; cependant, malgré l'état parfait de conservation des autres parties, on pense que c'est le plus ancien des édifices de l'île : on y remarque un bas-relief en marbre noir, qui orne le tombeau d'une des dernières abbesses.

(*) On ignore qui introduisit le christianisme en Écosse; on suppose qu'il y fut propagé par des sociétés de caldées, sorte de moines dont l'institution remontait au sixième siècle.   CL. PEL.

ÉCOSSE (Cause d'Édimieurs)

Chapelle sacrée d'Holyrood

Henri VIII, qui venait de s'emparer des couvents, de confisquer tous les biens dont ils étaient dotés, de distribuer leurs richesses aux grands seigneurs de la cour, et qui avait posé ainsi une barrière insurmontable au rétablissement de la religion catholique en Angleterre, s'efforça de persuader à son neveu, le jeune roi d'Écosse, de faire à la religion, dans son pays, le même changement qui avait été introduit en Angleterre ; et pour l'engager à suivre son exemple, il lui proposa la main de sa fille Marie, avec le titre de duc d'York. Peut-être Jacques eût-il cédé à cette invitation ; mais il était entouré d'hommes qui professaient un dévouement sincère à la religion catholique : tel était notamment l'archevêque Beaton, qui exerçait une grande influence sur son esprit. Jacques V refusa donc les propositions brillantes qui lui étaient faites, et rechercha en mariage la fille de François Ier, qui lui fut accordée. Mais la jeune reine, qui était d'une mauvaise santé, mourut quarante jours après son mariage. Alors le roi épousa Marie de Guise, fille du duc de Guise, famille fière et ambitieuse, qui professait un zèle fervent pour la cause du catholicisme.

Le schisme religieux qui agitait l'Europe, commença bientôt à se faire jour en Écosse. Le schisme avait besoin d'un appui et il défendit les intérêts anglais en Écosse, qui étaient aussi les siens, et parvint ainsi à faire de la propagande dans toutes les parties du pays. De son côté, le clergé catholique, craignant que le schisme ne devînt contagieux, crut nécessaire de recourir à la violence. Plusieurs personnes furent arrêtées et condamnées aux flammes ; des lois rigoureuses furent ensuite rendues contre tous ceux qui professaient les doctrines nouvelles ; contester seulement le pouvoir du pape, devint un crime puni de mort. Comme toujours il est arrivé, plus les efforts étaient grands pour comprimer, plus le schisme faisait de progrès. Dans le même temps, Henri VIII continuait à presser le roi d'Écosse de prendre des mesures de répression contre le clergé catholique. « Il rougissait pour son neveu, disait-il, de le voir occupé d'améliorer ses revenus en entretenant des troupeaux de moutons ; soin tout à fait indigne d'un roi. S'il avait besoin d'argent, son bon oncle était tout prêt à lui fournir les sommes qu'il voudrait ; ou bien les richesses des couvents et des monastères catholiques étaient un fonds dont il pouvait s'emparer, dès qu'il le jugerait convenable. »

Jacques ayant rejeté les propositions que lui faisait Henri VIII, il fallut que l'Écosse se préparât à la guerre. Déjà une partie de la nation écossaise était vendue à l'Angleterre, et une autre partie avait embrassé les doctrines de la réformation. Jacques V parvint à lever une armée de 10,000 hommes, dont il donna le commandement à un de ses favoris, Olivier Sinclair. Mais quand l'armée écossaise fut en présence de l'ennemi, elle se battit mollement, et fut mise en déroute. La bataille fut livrée près d'un endroit appelé Solway-Moss. Alors Jacques V, le découragement dans le cœur, se renferma dans son palais de Falkland, et repoussa toute consolation. Une fièvre brûlante saisit l'infortuné monarque. Un de ses serviteurs étant venu lui annoncer, au milieu de ses souffrances, que la reine était accouchée d'une fille, il se contenta de répondre : « Par fille elle est venue (voulant parler de la couronne), et par fille elle s'en ira. » Ce furent ses derniers mots, et se retournant du côté du mur, il mourut d'accablement et de douleur, à l'âge de trente et un ans.

C'est dans le palais de Linlithgow que naquit la reine Marie Stuart, le 14 décembre 1542. Elle avait à peine six mois que Henri VIII la demanda en mariage pour son fils Édouard, prince de Galles, âgé d'un peu plus de cinq ans. En politique, il y a de ces demandes qui équivalent à des ordres, et dans l'état où se trouvait l'Écosse, il était impossible qu'elles ne fussent point acceptées. Le conseil d'Écosse nomma donc des députés pour aller à Londres conclure le double traité de paix et de mariage. Le roi voulut d'abord exiger que l'on conduisît la princesse d'Écosse en Angleterre, pour être elevée auprès du jeune prince qui lui était destiné pour époux ; mais les plénipotentiaires de la veuve de Jacques ayant repoussé cette demande, il fut convenu que la future reine d'Angleterre aurait un gouverneur anglais, et qu'à dix ans elle viendrait à la cour de Londres pour ne plus la quitter. Le parlement d'Écosse devait livrer des otages pour la garantie de cette dernière clause. Marie n'avait encore que neuf mois, lorsqu'à Stirling le cardinal Beaton la sacra reine d'Écosse (août 1543). Le clergé catholique était désespéré en songeant d'abord à la fragilité de cette jeune tête, sa dernière espérance ; il craignait surtout que, devenue femme d'un mari protestant, Marie ne fût impuissante à défendre la religion catholique. De son côté, la reine douairière, pleine de regrets pour cette France où elle avait passé les premières années de sa jeunesse, tremblait pour sa fille au milieu d'un pays plein de factions et de troubles, et redoutant de la part des Anglais quelque tentative d'enlèvement, elle fit quitter à son enfant le château qu'elle habitait et l'envoya dans une île située au milieu du lac de Manheit. La petite reine avait pour compagnes quatre jeunes filles de son âge d'une haute noblesse, et portant comme leur maîtresse et leur amie le doux nom de Marie. Bientôt, Marie de Lorraine apprit que le comte d'Arran, nommé par le parlement régent du royaume, déclarait publiquement que son fils, par son union avec Marie, deviendrait roi d'Écosse. Alors, prenant un parti décisif, la reine douairière annonça que sa fille n'aurait d'autre époux que François, dauphin de France. Le parlement d'Écosse, préparé à cette nouvelle, donna sa sanction à ce qu'avait fait la veuve de Jacques. La jeune reine s'embarqua le 13 août 1548 pour la France, avec ses quatre amies, ses gouverneurs et trois de ses frères naturels, et, après une traversée périlleuse, elle arriva en France et fut conduite à Saint-Germain en Laye, où on la reçut avec tous les honneurs dus à son rang et à sa naissance.

Le 24 avril 1558, Marie épousa, dans l'église de Notre-Dame de Paris, le dauphin François, qu'elle salua roi d'Écosse ; elle était plus âgée d'un an que son époux.

La mort prématurée de Henri II laissa le trône à François, mais François mourut lui-même peu de temps après, et la jeune reine dut dépouiller son front de la couronne de France. Comme ses amis l'appelaient en ce moment en Écosse, Marie sollicita un sauf-conduit de la reine Élisabeth, demande que celle-ci repoussa avec dureté. Dans une longue conférence qu'elle eut à ce sujet avec l'ambassadeur d'Angleterre, Marie déploya une grande élévation d'esprit et de caractère. « J'ai bien échappé au frère, dit-elle, pour venir en France ; j'échapperai de même à la sœur pour retourner en Écosse ; j'ai des amis qui auront la volonté et le pouvoir de m'y ramener, comme ils m'ont conduite ici. » Le cardinal de Lorraine lui avait proposé de ne pas emporter ses pierreries : « Lorsque j'expose ma personne, dit-elle, craindrai-je pour mes bijoux ? » Marie s'embarqua au port de Calais, le 15 août 1561 : une escorte nombreuse et brillante l'avait suivie jusque-là. Après avoir adressé de tristes et touchants adieux à sa suite, elle quitta la terre de France avec désespoir : la perte d'un bâtiment, qui fit naufrage sous ses yeux, lui parut un triste présage. « Adieu, France ! disait-elle, adieu ! je te perds pour jamais !.... » Elle composa des vers mélancoliques, devenus presque populaires :

> Adieu, plaisant pays de France,
> Ô ma patrie
> La plus chérie,
> Qui a nourri ma jeune enfance !
> Adieu, France ! adieu, mes beaux jours !
> La nef qui disjoint nos amours
> N'a eu de moi que la moitié ;
> Une part te reste, elle est tienne,
> Je la fie à ton amitié
> Pour que de l'autre il te souvienne.

Il fallait une grande capacité pour régner en ce moment sur l'Écosse ; et

P. A. Perroset del.   Schroeder sc.

Cathédrale de Glasgow.

Marie, qui sortait d'une cour pleine de traditions chevaleresques, élégantes, de mœurs faciles, et se trouvait transportée tout à coup au milieu d'une noblesse austère, sombre et plongée dans les disputes théologiques, était moins propre que tout autre à gouverner ce pays. Elle fit quelques efforts pour rétablir la paix dans ses Etats; mais elle ne put vaincre la sauvage énergie de ses sujets, ni apaiser les disputes religieuses, dont le feu était nourri par l'Angleterre, qui était intéressée à souffler continuellement la discorde et la guerre civile.

Marie avait amené de France avec elle le chevalier Chastelard, agréable poète. Chastelard ne put voir impunément la belle rose d'Ecosse: il lui adressa des vers, reçut des réponses, et se crut peut-être aimé. Marie se trouvait à Burnt-Island, lorsque ses femmes découvrirent le malheureux Chastelard caché sous le lit de la reine: c'était la seconde fois qu'il était surpris ainsi. Marie ne put le sauver; des juges puritains le condamnèrent à avoir la tête tranchée. Quand il fut sur l'échafaud, au lieu de saintes paroles, il se fit lire l'ode de Ronsard sur la mort:

> Le désir n'est rien que martyre.
> Content ne vit le désireux,
> Et l'homme mort est bien heureux.
> Heureux qui plus rien ne désire.

Cet événement funeste engagea les amis de Marie à lui conseiller de contracter une nouvelle union, et cédant aux mauvais conseils d'une imprudente passion, elle épousa, le 29 juillet 1565, Darnley, dont la beauté faisait tout le mérite. La noblesse écossaise, et notamment les comtes de Murray, de Rotes, d'Argyle, de Mar, de Glencairn, etc., furent indignés de ce mariage. Cependant Marie publia une proclamation qui conférait à Darnley le titre de roi d'Ecosse, et ordonnait qu'à l'avenir les actes et les lois seraient promulgués au nom du roi et de la reine. Epouser Darnley n'était point la seule faute commise par Marie: elle en avait fait une aussi grande lorsqu'elle avait pris pour confident Riccio ou Rizio, homme d'un esprit fin et enjoué, musicien habile. Le roi vit avec douleur l'intimité de Riccio et de la reine; quelques seigneurs, poussés à bout sans doute par l'insolence de Riccio, résolurent de l'assassiner de concert avec Darnley. Le comte de Morton, grand chancelier du royaume, se chargea de conduire l'entreprise. Le 9 mars 1566, Riccio, qui était auprès de la reine avec la comtesse d'Argyle, fut massacré, malgré les cris de Marie, par Ruthwen, George Douglas, Lindsay, André Karrew, etc., et le lendemain de cet assassinat, Murray et tous les autres conspirateurs rentrèrent à Edimbourg. Marie était perdue peut-être; mais ses charmes la sauvèrent: elle triompha du brutal courroux de Darnley, qui s'enfuit avec elle à Dunbar. La reine réunit des troupes, força les meurtriers insurgés à se soumettre, et revint à Edimbourg, où elle accoucha, le 19 juin 1566, d'un fils qui se nomma Jacques.

Mais Marie avait juré de se venger du meurtre de Riccio. Peu de temps après cet événement, elle honora de sa confiance Jacques Hepburn, comte de Bothwell, chef d'une ancienne famille. « Nul homme, dit Robertson, n'eut une ambition plus hardie. » Darnley était tombé dans une complète disgrâce; Marie ne pouvait plus le voir; cependant, apprenant qu'il se trouvait malade à Glasgow, elle voulut aller le rejoindre: on la retint; elle ne fit ce voyage que lorsqu'elle apprit que le roi était convalescent. Elle le ramena à Edimbourg; mais, au lieu de le faire loger au palais de Holy-Rood, elle l'installa dans la maison du prévôt de la collégiale de Sainte-Marie des Champs. La reine passait quelquefois la nuit dans une chambre placée au-dessus de celle de son époux, avec lequel elle paraissait réconciliée. Le 9 février 1567, rappelée à Holy-Rood par le mariage d'un de ses serviteurs nommé Sébastien, elle quitta le prince d'un air fort calme, et lui dit adieu par de tendres paroles. Dans la nuit du 9 au 10, vers deux heures du matin, la maison du prévôt (*Kirk-of-Field*) sauta par l'effet d'une mine. On retrouva dans le jardin le corps du prince et de son valet de chambre, portant tous deux les marques de la strangulation. La voix publique accusa Bothwell. Il était puissant, les preuves manquèrent, il fut renvoyé absous. Bothwell résolut de profiter sans délai de la fortune qu'il venait de conquérir par un meurtre; il engagea la noblesse effrayée ou corrompue à signer un acte par lequel on suppliait la reine de s'unir à lui. Marie eut la lâche faiblesse d'épouser le meurtrier de Darnley, puis le fit roi. Le mariage eut lieu le 16 mai 1567, quatre mois après l'assassinat!...

On peut apprécier par les faits qui précèdent, combien était grande la confusion qui régnait en Ecosse; cependant cette confusion était augmentée par la violence des querelles religieuses. En ce moment, un nommé Jean Knox (*), principal moteur de la réformation en Ecosse, remplissait le pays de ses prédications. Knox descendait d'une ancienne famille. Se destinant à l'état ecclésiastique, il s'était appliqué à l'étude des ouvrages de saint Jérôme et de saint Augustin, et avait suivi avec assiduité les sermons de Thomas Guillaume ou Williams, moine célèbre, et de George Wishart, qui était mort victime de ses opinions religieuses. Les discours de Wishart avaient produit une telle impression sur l'esprit de Knox, qu'il n'avait pas hésité à renoncer à la religion catholique, quoiqu'il eût déjà reçu les ordres. Le cardinal Beaton, archevêque de Saint-André et primat d'Ecosse, qui voulait mettre un terme aux progrès des novateurs, voulut s'opposer aux prédications de Knox, et celui-ci, pour conserver sa vie, forma la résolution de chercher un asile en Allemagne, où les opinions nouvelles étaient favorablement accueillies; mais ayant abandonné ce projet, Knox se hasarda bientôt à revenir à Saint-André, en janvier 1547, où il fut nommé prédicateur. Knox commença alors à prêcher publiquement, et obtint tout le succès qui accompagne ordinairement une éloquence hardie et populaire. Dans son premier sermon, sur un chapitre de Daniel, il s'efforça de prouver « que le pape était l'antechrist, et que la doctrine de l'Eglise romaine était contraire à celle de Jésus-Christ et des apôtres. »

A l'avénement de la reine Marie, Knox fut chassé par le clergé catholique de l'Angleterre et de l'Ecosse, où il résidait alternativement, et chercha un refuge à Genève. Après quelque séjour dans cette ville, il se rendit à Francfort, par ordre de Calvin, pour diriger une congrégation d'Anglais réfugiés; mais il fut obligé de retourner bientôt à Genève, n'ayant pu s'accorder sur la liturgie avec le docteur Cox, depuis évêque d'Ély. Rappelé en Ecosse par les chefs du parti protestant, Knox trouva à son arrivée que le nombre et l'influence des réformés étaient beaucoup accrus; ses sermons, pleins de chaleur et de virulence, irritèrent le clergé catholique, qui cita à son tribunal Knox, comme coupable d'hérésie: mais les protestants empêchèrent qu'il ne fût donné suite à cette attaque. Knox avait publié pendant son séjour à Genève (1558), contre le gouvernement de Marie, reine d'Angleterre, et de la régente d'Ecosse, un pamphlet violent intitulé : « *Le Premier son de la trompette contre le monstrueux gouvernement des femmes.* » Dans cet écrit, après avoir accumulé les impostures et les reproches les plus amers contre deux souveraines d'un caractère bien différent, Knox finissait par déclarer que l'élévation des femmes à la suprême autorité annonçait la destruction complète d'un bon gouvernement.

Vers la même époque, Knox ayant voulu séjourner pendant quelque temps en Angleterre, Elisabeth, vivement irritée de tout ce qu'il avait dit contre le gouvernement des femmes, lui en fit signifier la défense. Il se rendit définitivement en Ecosse, en mai 1559, au moment où la reine Marie venait de faire sommer tous les prédicateurs

(*) Voir la gravure représentant la maison de Knox.

Maison de Knox à Edimbourg

ECOSSE.

protestants de comparaître devant une cour de justice établie à Stirling. Cette mesure exaspéra les réformés au dernier point. Knox courut à Perth, où les prédicateurs et les chefs du parti étaient réunis ; il saisit le moment où la fermentation des esprits était portée au dernier degré, pour l'augmenter encore en montant en chaire ; et prononçant un discours véhément contre ce qu'il appelait l'idolâtrie de la messe, il poussa la multitude à un degré de rage et de fureur tel, qu'elle se lança tumultueusement vers les églises, s'y jetant en foule, renversant les autels, mettant en pièces les statues et les images ; la foule marcha ensuite aux monastères, et dans peu d'heures elle renversa de fond en comble ces superbes édifices.

La reine Marie, à son retour de France, avait coutume de faire dire la messe dans sa chapelle particulière. Cette nouvelle enflamma le zèle intolérant de Knox ; et malgré une proclamation du conseil privé, composé en entier de protestants, qui défendait sous peine de mort de troubler l'exercice de la messe, il déclara dans un sermon qu'il prêcha publiquement, qu'une messe était un sacrilége qui l'effrayait plus qu'une armée de 10,000 étrangers introduite dans le royaume. Puis Knox appela la reine la nouvelle Jézabel. Marie, effrayée de la violence de ce langage, offrit accès auprès d'elle à ce prédicateur turbulent. « Si vous trouvez quelque chose à reprendre dans ma conduite, avertissez-moi sans ménagement, lui disait Marie, mais que ce soit en particulier ; ne m'avilissez pas aux yeux de mon peuple dans vos sermons.—Madame, répondit Knox, je suis chargé d'un ministère public ; venez à l'église, vous y entendrez l'évangile de vérité ; je ne suis pas obligé de l'annoncer à chaque personne en particulier, mes occupations ne me le permettraient pas. » Il lui cita Phinée tuant Zambri et Cozbi au moment où ils se livraient au crime ; Samuel coupant Agag en morceaux ; Élie faisant mourir les prêtres de Baal et les faux prophètes de Jézabel, en présence même d'Achab. Cependant, par accommodement, Knox consentit à se soumettre à la reine, comme Paul l'avait été à Néron. Il avoue lui-même dans son histoire, qu'un jour il traita la reine avec tant de sévérité, qu'oubliant la fierté de son rang, elle fondit en larmes devant lui. Lorsque la reine eut épousé Darnley, les protestants qui étaient à la cour, ayant engagé ce dernier à entendre un sermon de Knox, ce prédicateur parla contre les princes faibles et méchants ; et voulant mortifier Darnley par des allusions plus directes, il dit, entre autres choses, « que Dieu, lorsqu'il avait résolu de punir les crimes des peuples, leur envoyait, comme un fléau, des enfants et des femmes pour les gouverner. »

Après le mariage de la reine Marie avec Bothwell, l'Écosse se souleva ; et la reine et son époux furent assiégés dans le château de Berkwick, d'où Bothwell parvint à s'échapper et à se réfugier en Norwège. Marie vint se remettre entre les mains de Kirkady, chef des confédérés ; les seigneurs lui donnèrent des marques de respect, mais la soldatesque l'insulta avec une fureur inouïe. Les nobles ayant constitué Marie prisonnière au château de Loch-Leven, ils la forcèrent ensuite à se démettre du gouvernement. Par un acte, Marie cédait la couronne à son fils ; par un second acte, elle donnait la régence au comte de Murray, son frère naturel et son ennemi. Dépouillée de tout, privée de communication avec le dehors, prisonnière depuis onze mois, elle se vit rendue à la liberté par l'enthousiasme et l'audace d'un enfant, William Douglas (2 mai 1568). Six mille hommes vinrent se ranger autour d'elle ; mais cette armée, attaquée par le régent, se dispersa à Langside-Hill : Marie prit la fuite, d'abord jusqu'à l'abbaye de Dundrenan, dans la province de Galloway ; elle se jeta ensuite dans une barque à Kirkudbright, traversa le golfe de Solway, pour aborder à Workington (en Angleterre), le 16 mai 1568, d'où on la conduisit jusqu'à

Carlisle. De là, elle écrivit à la reine d'Angleterre, afin de solliciter son appui et lui demander la permission de se rendre à Londres. Élisabeth lui répondit qu'elle ne pouvait lui accorder sa demande qu'après que la veuve de Darnley se serait justifiée du meurtre de son époux. Une enquête eut lieu à York ; Murray le régent y vint pour accuser Marie ; mais le principal commissaire nommé pour présider aux débats de cette affaire, Howard, duc de Norfolk, engagea secrètement Murray à se modérer. Élisabeth, implacable dans ses projets de vengeance comme dans la marche de sa politique, transféra le siége des conférences à Westminster, et fit conduire Marie à Tulhbury, où elle fut remise à la garde du comte de Shrewsbury.

Tous les faits relatifs à l'emprisonnement de Marie Stuart et à la triste fin de cette infortunée reine ont été racontés avec détail dans notre histoire d'Angleterre. Nous savons que Jacques VI, devenu roi d'Ecosse par l'abdication forcée de sa mère, n'intervint point auprès d'Elisabeth pour sauver sa mère, et qu'à la nouvelle du jugement qui la condamnait à mort, il prononça ces lâches paroles : « Il faut qu'elle boive ce qu'elle a fait. » Nous avons dit que ce prince était le plus proche héritier du trône d'Angleterre, et qu'à la mort d'Elisabeth il fut proclamé roi de ce royaume ; que l'île entière de la Grande-Bretagne fut alors réunie sous un roi, quoiqu'elle restât par le fait divisée en deux royaumes séparés, gouvernés chacun par leur propre constitution et leurs différents codes de lois ; que cependant ces deux royaumes étaient susceptibles d'être de nouveau désunis, dans le cas où le roi Jacques mourrait sans laisser de postérité : les royaumes pouvant être réclamés par plusieurs héritiers.

L'immense rapprochement qui s'était opéré entre l'Ecosse et l'Angleterre par le fait de la réformation et de l'aide que s'étaient donnée mutuellement les réformés des deux pays contre leurs persécuteurs, devint plus sensible encore après l'avénement de Jacques VI au trône d'Angleterre. On vit alors une foule d'Ecossais se rendre à la cour d'Angleterre. Le nombre en devint si grand, que Jacques fut obligé d'envoyer des instructions au conseil privé d'Ecosse pour empêcher la noblesse écossaise de quitter le pays. Il est vrai que ces importuns, comme les appelait Jacques, alléguaient ordinairement que la cause de leur apparition à la cour d'Angleterre avait pour objet de réclamer le payement de vieilles dettes faites par le roi, ce qui, de tous les genres d'importunité, disait une proclamation lancée par le conseil privé, était celui qui déplaisait le plus au roi. Le nouveau roi d'Angleterre montrait toutefois une prédilection marquée pour les Ecossais, au grand déplaisir des Anglais. Les premiers affectaient aussi une grande hauteur à l'égard des Anglais. L'un d'eux, nommé Ramsay, frappa au visage Philippe Herbert, Anglais de haute naissance et favori du roi. Cette violence remplit d'indignation tous les Anglais, et peut-être y aurait-il eu du sang versé, si Jacques ne fût intervenu dans cette querelle. Il bannit de la cour Ramsay, et créa Herbert, l'offensé, chevalier, baron, vicomte et comte de Montgomery en un seul jour.

Jacques Ier d'Angleterre s'appliqua à cimenter autant que possible l'union des deux royaumes, et à rendre communs à l'un et à l'autre pays les avantages qui se trouvaient dans chacun séparément. La noblesse anglaise depuis Henri VII avait perdu l'habitude de résister à la volonté du souverain ; d'un autre côté, les communes, satisfaites d'être délivrées de l'aristocratie féodale, paraissaient prêtes à fournir à tous les besoins pécuniaires du monarque. L'Ecosse se trouvait dans une situation tout à fait opposée. La noblesse féodale avait conservé sa juridiction territoriale et ses priviléges seigneuriaux dans leur intégrité. En outre, la constitution écossaise était plus rigoureuse que la constitution anglaise. En effet, dans l'état où elle se trouvait alors, il devenait presque

KELSO F. (Comté de Roxburgh)

F. A. Pernot del.
Schroeter sc.

Ruines de l'Abbaye de Kelso

impossible au roi d'influencer le parlement, comme cela lui était facile pour le parlement anglais. Dans le but d'unir les deux pays sous la même constitution, la législature anglaise nomma quarante-quatre commissaires, et le parlement d'Ecosse en nomma trente-six. Mais les préjugés qui existaient entre les deux peuples étaient encore trop vivaces, et les commissaires anglais ayant établi en principe que le système des lois anglaises devait être tout d'abord adopté pour l'Ecosse, les commissaires écossais repoussèrent cette proposition avec dédain, disant qu'il n'y avait qu'un pays conquis par la force des armes qui pût accepter de pareilles conditions, mais qu'il n'en était pas ainsi pour l'Ecosse. Le projet d'union fut aussitôt abandonné.

Jacques ne pouvant parvenir à établir l'harmonie entre les lois des deux contrées, voulut au moins obtenir une conformité d'opinions religieuses. La tâche était également difficile; car la réformation s'était effectuée en Angleterre par des moyens bien différents de ceux qui avaient opéré un changement analogue en Ecosse. La réformation de l'Eglise d'Angleterre, comme nous l'avons vu, eut pour premier auteur Henri VIII. Ce prince, jaloux de l'autorité du pape et irrité de la contrainte que le souverain pontife voulait lui imposer au sujet de ses amours, avait résolu de se transférer à lui-même, en se déclarant le chef de l'Eglise par son droit royal, tout le pouvoir et toute l'influence dont le pape avait joui jusqu'alors, et nous avons dit comment il parvint à réaliser ce projet hardi. En Ecosse l'impulsion fut spontanée; car elle vint entièrement du peuple. Le système presbytérien fut tracé sur le modèle de la simplicité républicaine; les frères qui desservaient l'autel ne reconnurent d'autre supériorité que celle que chaque individu acquérait lui-même par un talent ou par un mérite supérieur. Le corps de l'Eglise fut formé de représentants choisis à la pluralité des voix: aucun autre chef de l'Eglise visible ou invisible ne fut reconnu, excepté le Christ, au nom duquel le conseil de l'Eglise d'Ecosse était convoqué ou dissous.

Une pareille constitution pouvait braver l'autorité du roi. Aussi Jacques Stuart rencontra dans le clergé écossais des hommes qui ne craignirent point de se livrer contre lui et contre sa mère aux plus violentes invectives. Un jour qu'il assistait au prêche, le prédicateur l'insulta publiquement, et Jacques lui ayant dit de parler d'une manière plus révérencieuse ou de descendre de la chaire, le prédicateur lui répondit avec audace qu'il n'obéirait ni à l'une ni à l'autre de ses injonctions. Jacques, profondément irrité, devint dès ce jour l'un des ennemis les plus ardents de l'Eglise écossaise, et il fit tous ses efforts pour détruire son influence.

D'abord le clergé fut obligé de se soumettre à la volonté du roi, ce qu'il fit avec répugnance, et l'épiscopat fut introduit dans l'Eglise d'Ecosse. Ce premier succès encouragea Jacques qui avait la prétention d'être un parfait théologien. Parmi les rites particuliers que l'Eglise d'Angleterre avait conservés du catholicisme, se trouvaient cinq coutumes qui avaient été introduites en Ecosse par arrêt d'un parlement tenu à Perth et qu'on appelait pour cette raison les *cinq articles de Perth*. Par le premier de ces cinq articles il était ordonné que la communion serait reçue à genoux et non pas assis comme on le pratique dans l'Eglise d'Ecosse; 2° que dans les cas de maladie grave, la communion serait administrée en particulier; 3° que le baptême, lorsqu'on le jugerait nécessaire, serait aussi administré en particulier; 4° que les enfants seraient confirmés par l'évêque, comme en ayant pris l'engagement par la bouche de leurs parrain et marraine au moment de leur baptême; 5° que quatre jours consacrés dans le christianisme seraient regardés comme des jours fériés : ces jours étaient Noël, jour de la naissance du Christ ; le vendredi saint, jour de sa mort ; Pâques, jour de sa résurrection ; la Pentecôte, jour où l'esprit saint descendit sur ses apôtres.

Mais le clergé presbytérien crut apercevoir dans l'introduction de ces coutumes un retour vers l'Eglise romaine; il s'irrita surtout de voir dans la chapelle royale des chantres et des enfants de chœur revêtus de surplis blancs et de les entendre chanter le service divin. Son indignation fut à son comble, quand il apprit que cette chapelle du roi était ornée de tableaux représentant des sujets tirés des saintes Écritures. Cependant Jacques était résolu de poursuivre les innovations commencées ; et, grâce à son opiniâtreté, il parvint à faire adopter, par l'Eglise nationale d'Ecosse, les cinq articles de Perth que nous avons mentionnés plus haut.

Sans la manie de se mêler à tout propos des affaires religieuses, Jacques aurait rendu de grands services à l'Écosse, car il s'attacha à contenir dans le devoir les Highlanders et les clans des frontières, dont l'esprit était aussi turbulent que par le passé. Il y avait, à l'époque de son règne, deux familles, les Maxwell et les Johnstone, qui étaient en guerre depuis des siècles. Une bataille sanglante ayant eu lieu entre les deux clans, dans un lieu nommé Dryffesands, alors que Jacques n'était encore que roi d'Écosse, cet acte resta impuni ; car telle était la faiblesse des moyens de répression que Jacques fut obligé de pardonner. Toutefois, cet état de choses ne tarda pas à changer, après l'avénement de Jacques au trône d'Angleterre. La discorde régnant toujours entre les Maxwell et les Johnstone, lord Maxwell surprit son adversaire dans une embuscade, et le tua en le frappant par derrière. Maxwell fut obligé pour ce fait de se sauver en France, où il résida pendant plusieurs années ; s'étant ensuite hasardé à retourner en Ecosse, il y fut arrêté et condamné à avoir publiquement la tête tranchée (21 mai 1615). La sentence fut exécutée, et cette sévérité salutaire, que Jacques Ier étendit à d'autres familles, en imposa à la noblesse factieuse et aux habitants indisciplinés des montagnes.

De cette manière, force resta aux lois et à la justice sur les frontières et dans les hautes terres. Il fut en outre ordonné, par une proclamation, que les habitants des deux côtés des frontières ne pourraient conserver en leur possession des armures ou des armes, tant offensives que défensives, ni avoir un cheval au-dessus de la valeur de 50 schellings ; les maraudeurs furent sévèrement punis. Les Graham, famille puissante, qui avait rendu d'immenses services au pays, furent eux-mêmes traités avec beaucoup de rigueur pour s'être livrés à des déprédations. Le clan tout entier fut exilé de sa résidence habituelle, et transporté dans la province d'Ulster, en Irlande, où on l'établit sur des terres qu'on avait enlevées aux Irlandais. Alors on vit une foule d'Écossais, ne trouvant plus les moyens de faire fortune dans le pillage, s'empresser de quitter l'Ecosse et de prendre service dans les armées du continent. Les uns s'engagèrent dans les armées du roi de Suède ; d'autres servirent dans les armées de l'empereur d'Autriche et du roi de France ; et il arriva que, dans différentes batailles, ils se battirent contre des compatriotes qui étaient engagés du côté opposé. Toutefois les soldats écossais qui servaient ainsi dans les armées étrangères, laissaient partout une grande réputation de courage et de fidélité à leurs engagements. Les régiments écossais qui étaient au service de Suède, furent les premières troupes qui exercèrent le feu de peloton, et l'on prétend qu'ils contribuèrent puissamment, par ce moyen, à gagner la bataille décisive de Lutzen.

L'influence de l'événement qui venait de placer Jacques sur le trône d'Angleterre fut plus sensible encore dans l'intérieur de l'Écosse ; les lois commencèrent à être exécutées avec une grande sévérité. Les barons avaient encore, il est vrai, dans leurs juridictions héréditaires, le droit exclusif de juger et de punir les crimes qui étaient commis dans leurs propres domaines ; toutefois, le cours des lois ne fut plus aussi souvent interrompu, et la terreur qu'elles inspiraient prévint la multiplicité des crimes.

La réformation opérait aussi une heureuse influence. Les ministres du culte presbytérien, la plupart hommes recommandables pour la sainteté de leurs mœurs, intervenaient dans les querelles des barons et des gentilshommes, et souvent ils parvenaient à concilier les esprits. Le goût de l'étude commençait de plus à se propager; car les saintes Ecritures devenaient accessibles aux plus pauvres, par l'invention de l'imprimerie; des collèges et des écoles furent fondés pour la jeunesse; bientôt chaque paroisse eut une école qui était abordable aux plus pauvres, et qui fournissait les moyens à celui qui montrait un goût décidé pour l'étude, de faire les classes nécessaires pour se livrer aux études du collège.

Le règne de Charles Ier, fils et successeur de Jacques, comme celui de ce prince, fut un règne remarquable. Charles avait sur le pouvoir royal les idées absolues de son père, et il professait les mêmes opinions religieuses. A l'exemple de Jacques, Charles Ier désirait donner à l'Eglise d'Ecosse les institutions et les cérémonies qui existaient dans l'Eglise d'Angleterre; dans ce dessein, il résolut de s'appliquer toutes les dîmes et tous les bénéfices qui, à l'époque de la réformation, avaient été confiés à des laïques, pour en doter les évêques qu'il voulait établir. Mais ces changements allaient soulever un grand mécontentement parmi les presbytériens. Charles Ier, dans une visite qu'il fit dans son pays natal, ayant pressé les évêques, qui jusqu'alors avaient porté des robes noires, de faire usage, dans la célébration du service divin, des habits pontificaux que portait le clergé anglais, et ayant voulu introduire dans les prières de l'Eglise d'Ecosse une liturgie semblable à celle qu'on avait adoptée en Angleterre, il y eut une émeute violente à Édimbourg. La première épreuve de ces innovations fut faite le 23 juillet 1637, dans l'église de Saint-Giles. Au moment où le lecteur annonçait la collecte du jour, une vieille femme, nommée Jenny Gedde, qui tenait une petite boutique de fruits dans High street, s'écria : « Que la colique du diable t'éreinte, vilain voleur ! oses-tu me dire la messe aux oreilles. » En prononçant ces mots, elle jeta à la tête du doyen la chaise sur laquelle elle était assise. Un affreux tumulte succéda à cette scène; les femmes de la plus basse classe se précipitèrent sur le doyen, lui arrachèrent son surplis et le chassèrent de l'église. L'évêque d'Edimbourg étant monté en chaire, il fut assailli à son tour; les fenêtres furent brisées par des pierres jetées du dehors. Les prélats furent insultés dans les rues et hués par la populace; la vie de l'évêque d'Argyle ne fut sauvée qu'avec beaucoup de difficultés.

Charles envoya aussitôt des ordres sévères pour réprimer le désordre; mais la révolte, qui d'abord n'avait été conduite que par des hommes de la basse classe, compta bientôt parmi ses chefs des pairs du royaume et des personnages influents. Des comités, ou, comme on les appelait, des bureaux de conseil furent institués, et il fut convenu non-seulement de s'opposer à la lecture de la liturgie imposée; mais de résister à l'introduction de la prélature. De plus, sous les auspices de ces bureaux, il fut contracté un engagement appelé le *covenant*, parce qu'il ressemblait à ces traités que Dieu, suivant l'Ancien Testament, fit avec le peuple d'Israël. Le covenant rejetait l'épiscopat et confirmait l'établissement du presbytérianisme. Les conditions de cette ligue étaient de professer la religion réformée, d'abjurer les rites et les doctrines de l'Eglise romaine, dans lesquelles figuraient la liturgie et les canons nouvellement imposés.

Nous touchons à l'époque du long parlement et aux querelles de cette assemblée avec Charles Ier. Des antipathies profondes existaient encore entre les deux pays dont Charles était le roi. Mais par le fait du besoin d'assistance réciproque qu'avaient les deux peuples, l'Angleterre et l'Ecosse se rapprochèrent davantage. Les covenantaires, nom qu'on donnait aux membres du covenant, venaient de tenir une assemblée générale à Glascow; l'abolition de l'épiscopat avait été de nouveau proclamée; les évêques existants avaient été dépouillés de leur pouvoir, huit d'entre eux furent excommuniés. Les covenantaires prirent les armes et donnèrent le commandement général de leur armée à Alexandre Lesly, qui avait possédé l'amitié de Gustave-Adolphe. Bientôt après, ils s'emparèrent des châteaux d'Edimbourg, de Dalkeith, et de plusieurs forteresses importantes.

Charles, voyant son autorité ainsi méconnue, résolut de faire une invasion en Ecosse, et à cet effet il rassembla une armée considérable. Mais les covenantaires ne furent point effrayés; ils étaient animés d'un vif désir de résistance, et une discipline sévère régnait parmi eux. Ils avaient de l'artillerie, et leur armée se composait de 25,000 hommes. Parmi les chefs étaient des hommes de la plus haute noblesse de l'Ecosse, et notamment Argyle, Rothes, Cassilis, Eglington, Dalhousie, Lindsay et une foule d'autres personnes non moins illustres. Un engagement ayant eu lieu entre les avant-postes des deux armées, le désordre se mit dans les rangs des Anglais. Car la masse de l'armée anglaise voyait avec mécontentement cette invasion. Ainsi un grand nombre de soldats anglais abhorraient la prélature, tandis qu'une foule d'autres nourrissaient contre le gouvernement et le roi de vifs sentiments de haine.

Dans cet état de choses, le roi n'osant point livrer une bataille décisive, signa une déclaration par laquelle, sans confirmer les actes de l'assemblée de Glascow, il promettait que les institutions de l'Église d'Ecosse seraient examinées dans une nouvelle convocation du clergé. Mais la déclaration du roi n'était faite que dans un but d'atermoiement; il voulait simplement désunir cette formidable ligue, et se préparer à recommencer la guerre. Ses secrets desseins furent prévus par les covenantaires; et à la nouvelle que le roi se mettait à la tête de son armée, ils rassemblèrent leurs forces et s'avancèrent à la rencontre de l'armée royale, qu'ils défirent à Newburn, sur les rives de la Tyne (28 août 1640).

Comme cette défaite était due autant au courage des covenantaires qu'au mécontentement général qui régnait en Angleterre et principalement dans l'armée, les Ecossais cherchèrent à mettre à profit ces dispositions en exigeant que le roi confirmât tous les actes de la convention des états écossais: ils demandèrent en outre que le roi annulât les proclamations rendues contre eux; qu'il remît les places fortes d'Ecosse entre les mains d'officiers dont le choix serait approuvé par la convention; qu'il payât toutes les dépenses de la guerre, et qu'il punît comme incendiaires ceux qui avaient conseillé les dernières hostilités.

Charles manquait de cette sagacité qui est si nécessaire à l'homme public dans des circonstances aussi difficiles, et quand les modérés en Angleterre, dans l'espoir de négocier la paix à des conditions équitables, eurent choisi les Ecossais pour arbitres, ceux-ci furent traités froidement par le roi, parce qu'il était persuadé qu'en les écoutant ils tenteraient de tout leur pouvoir de détruire la prélature. D'un autre côté, une députation du long parlement, envoyée à Edimbourg, pressait l'Ecosse d'embrasser sa cause, et d'envoyer à son secours un corps considérable d'auxiliaires. A ces propositions, les chefs du covenant d'Ecosse répondirent qu'ils aideraient le long parlement, à la condition que la hiérarchie qui existait dans l'Eglise anglicane serait détruite, et que l'épiscopat serait remplacé en Angleterre par le système presbytérien. Les commissaires anglais parvinrent à tourner la difficulté sans prendre un engagement formel; et sur cette assurance, une association religieuse, appelée *la ligue solennelle et*

ECOSSE (Comté de Renfrew)

Skelton fils del.et sc.

Ruines du Château de Crukston

le covenant, fut formée. Il y fut arrêté que le gouvernement de l'Église d'Ecosse serait maintenu sur le pied actuel; et en ce qui concernait l'Angleterre, que les institutions religieuses seraient réformées suivant la parole de Dieu et l'exemple des meilleures églises réformées. La ligue solennelle et le covenant furent adoptés par le parlement d'Ecosse et celui d'Angleterre avec le plus vif enthousiasme, et aussitôt une armée de 20,000 hommes, sous le commandement d'Alexandre de Lesly, comte de Leven, entra en Angleterre. Cette coopération des Ecossais contribua puissamment au gain de la bataille de Marston-Moor, dans laquelle l'armée royaliste essuya une défaite signalée.

Toutefois, au moment même où une armée écossaise entrait en Angleterre, l'Ecosse était dévastée par le comte de Montrose, partisan distingué de la cause royaliste. Montrose, ayant reçu des renforts d'Irlande, et s'étant recruté parmi les montagnards, s'avançait contre les forces des basses terres commandées par lord Elcho. Les forces anglaises étaient le double des siennes; de plus, elles avaient de l'artillerie et de la cavalerie : Montrose n'avait pour toute cavalerie, dans son armée, que trois chevaux. Mais cette supériorité n'ébranla point le hardi Montrose dans sa résolution. La bataille s'engagea dans une large plaine nommée Tippermuir, à trois milles de Perth; Montrose, se précipitant dans les rangs ennemis avec une grande vivacité, obligea à la fuite l'armée royaliste. La défaite fut si complète que Montrose ne perdit que peu de monde et qu'il put entrer aussitôt dans la ville de Perth, qui se rendit à la puissance de ses armes. Montrose, qui se distinguait par une grande activité et un courage à toute épreuve, résolut alors de suppléer à l'infériorité numérique de son armée en se transportant avec la plus grande célérité de l'extrémité du royaume à l'autre, afin de surprendre ses ennemis et de les frapper à l'improviste. En conséquence de sa résolution, il marcha subitement vers Aberdeen, et bientôt il se trouva en face d'une armée commandée par lord Burleigh, qu'il défit complétement. Il entra dans Aberdeen, et marcha aussitôt vers la Spey, dans l'espoir de soulever les Gordon; mais ces seigneurs refusèrent de se joindre à lui, et les gens de Murray, qui étaient dévoués au covenant, se présentèrent pour lui disputer le passage. Montrose, qu'aucun danger n'arrêtait, fit cacher les canons dans une fondrière, détruisit le bagage le plus lourd, et tournant l'ennemi, entra dans le district d'Athol, puis dans celui d'Angus. Après plusieurs marches longues et rapides, Montrose revint sur ses pas, traversa encore une fois la grande chaîne des monts Grampiens, et reparut de nouveau dans l'Aberdeenshire.

Nous ne reviendrons pas sur les exploits de cet habile partisan, sur ses marches et contre-marches, au milieu des difficultés de toute nature. Toutefois, nous ne pouvons passer sous silence la victoire qui le rendit pendant un moment maître de toute l'Ecosse. Parmi les seigneurs qui étaient attachés au covenant, se distinguait le comte d'Argyle. Argyle, qui possédait une grande influence sur l'esprit des montagnards, pouvait mettre en tout temps sous les armes des forces considérables. Ce seigneur résidait en ce moment dans son château d'Inverness, et il s'y croyait en sûreté. Aussi on peut s'imaginer sa surprise et ses alarmes, quand on lui apprit que Montrose, bravant tous les obstacles, avait pénétré dans son comté avec son armée, et qu'il y portait dans toutes les directions la désolation et l'incendie. Argyle, effrayé de cette invasion, ne songea pas à défendre ses domaines; il s'embarqua dans un bateau de pêcheur, et laissa Montrose libre de dévaster son comté pendant près d'un mois. Bientôt Montrose attaqua la ville de Dundee, et gagna la bataille d'Auldern, dans laquelle les covenantaires perdirent 2,000 hommes et des bagages considérables; puis celle d'Alford, dans laquelle les rangs des covenantaires furent enfoncés sur tous les points. Montrose, s'avançant alors vers les terres du Forth, occupa le comté de Kinross, et y détruisit le château de Gloom (tristesse), situé sur un ruisseau appelé Gryfe (chagrin). Ce château, dont on voit encore les ruines sur une éminence au pied de la chaîne des monts Achil, appartenait à la maison d'Argyle. Après avoir ravagé le comté de Kinross, Montrose dirigea sa marche vers l'ouest, et atteignit Kilsyth, où il rencontra l'armée des covenantaires, commandée par le général Baillie (15 août 1645). A la vue de l'ennemi, Montrose ordonna à ses soldats de quitter leurs vêtements, y compris même la chemise, afin de montrer à l'ennemi qu'ils étaient résolus de le combattre jusqu'à la mort, et ses soldats, poussant aussitôt un cri sauvage, s'élancèrent sur l'armée des covenantaires, qu'ils mirent en pleine déroute. Cette bataille sanglante coûta cher aux covenantaires, car près de 5,000 d'entre eux restèrent sur le champ de bataille. Alors Édimbourg se rendit, ainsi que Glascow, où Montrose convoqua un parlement au nom du roi.

Toutefois, tandis que l'armée royaliste remportait ces avantages, l'armée écossaise, commandée par David Leslie, s'avançait à marches forcées à la rencontre de Montrose. Cette armée, qui se composait de cavalerie et de troupes d'élite, comptait cinq ou six mille hommes; elle atteignit Montrose dans un endroit appelé Philipphaugh, sur la rive gauche de l'Ettrick, et trouvant l'armée du chef royaliste diminuée d'un grand nombre de montagnards, car ceux-ci, selon leur habitude après une bataille, s'étaient hâtés de regagner leurs montagnes pour y cacher leur butin, elle l'attaqua. Montrose, ainsi surpris à l'improviste, eut la douleur de voir ses troupes taillées en pièces, et lui-même fut forcé de prendre la fuite à la hâte. Les prisonniers de son armée furent tous massacrés par les covenantaires, et après cette boucherie, les covenantaires enterrèrent les cadavres de leurs ennemis dans une plaine, appelée depuis *la plaine des hommes tués*. Cependant Montrose gagnait les hautes terres, et s'efforçait d'assembler une armée parmi les montagnards; mais, désespérant du succès, il s'embarqua bientôt pour la Norwége.

On sait comment Charles Ier se réfugia à Oxford, la seule place forte de quelque importance qui lui restât, et comment, se voyant à la veille d'être fait prisonnier, il se décida à se mettre sous la sauvegarde de l'armée écossaise, commandée par le général Leslie. La cause de la résolution du roi provenait du mécontentement qui régnait en Ecosse ainsi que dans l'armée écossaise, contre les Anglais. En effet, les Écossais n'avaient pas tardé à reconnaître que le presbytérianisme, qu'ils avaient dans le principe espéré établir en Angleterre, comme ils l'avaient fait en Ecosse, trouvait un grand nombre d'ennemis dans les rangs du parti vainqueur.

Ces ennemis étaient les indépendants, également nommés les *sectaires*, qui formaient alors sous cette dénomination, des milliers de congrégations, s'accordant seulement entre elles sur ces différents chefs, savoir: que chaque chrétien a le droit d'enseigner ou de suivre les doctrines qui lui semblaient le plus convenables; qu'il ne doit exister aucune cour spirituelle; que le caractère d'un ministre doit seulement être reconnu de ceux auxquels il enseigne; qu'il ne doit point y avoir un corps de prêtres par profession, aucun gouvernement spirituel, ni aucune autre méthode d'imposer des doctrines religieuses, que celle de les enseigner dans la chaire et de punir le pécheur en le chassant de la congrégation.

Les Ecossais faisaient le siége de Newark, quand Charles Ier se livra dans leurs mains; ils reçurent le malheureux prince avec de grandes démonstrations de respect, mais ils le gardèrent avec une extrême vigilance. Ils auraient pu aisément laisser échapper le roi; mais, comme il leur était dû de longs arrérages sur leur solde, et que le parlement d'Angleterre en

LONGAGE (Comté de Perth).

Château de Drum.

différait sans cesse le payement, ils convinrent d'abandonner la personne du roi contre le payement qui leur serait fait de ce qui leur était dû; en conséquence le roi fut livré. Cette action basse et sordide, qui couvrait la nation d'infamie, a été consacrée par ce refrain populaire :

Traitor Scott
Sold his'king for a groat;

le traître écossais a vendu son roi pour un groat (*).

Toutefois, la mort de Charles Ier, qui arriva bientôt, causa un profond chagrin en Ecosse. La fierté nationale se sentait blessée de cette trahison, parce qu'il était impossible aux Ecossais de ne pas reconnaître que c'était à eux seuls qu'ils devaient s'en prendre de cet événement. D'un autre côté, ils se voyaient trompés dans leurs espérances à l'égard de l'établissement du presbytérianisme en Angleterre. L'Ecosse se décida en conséquence à reconnaître la souveraineté de Charles II, et les plus zélés parmi ceux qu'on nommait les loyalistes, s'empressèrent d'appeler ce prince en Ecosse. Ce fut à cette époque que le brave Montrose, s'étant hasardé dans le pays pour y faire une diversion en faveur de la cause royaliste, fut arrêté et mis à mort. Charles, à son arrivée en Ecosse, fut reçu avec toute l'apparence d'un profond respect ; mais par le fait du fanatisme des presbytériens qui s'exerçait d'une manière impitoyable et rigoureuse, plus d'une fois le jeune prince se repentit de s'être lancé dans l'entreprise. D'un autre côté, sa présence, qui pouvait détruire la république d'Angleterre, fut considérée, par le gouvernement anglais, comme une cause de guerre, et le nouveau gouvernement résolut d'envahir l'Ecosse.

Cromwell eut le commandement de l'armée, qui entra bientôt en Ecosse (1650), et ce général gagna la bataille décisive de Dunbar; toutes les places fortes sur la rive méridionale du Forth furent bientôt conquises par ses armes.

(*) Monnaie écossaise qui équivaut à deux centimes.   Cl. Pel.

Le château d'Edimbourg se soumit, ainsi que Tuntallon, Hume, Roslin, Borthwick et d'autres forteresses.

L'ouest de l'Ecosse tenait encore, et le parlement écossais, retiré au delà du Forth, venait de couronner Charles II. Cette cérémonie fut accomplie avec autant de solennité que les circonstances le permettaient ; le couronnement fut précédé d'un jeûne national en expiation des péchés de la famille royale, et Charles II fut obligé de jurer qu'il maintiendrait le covenant. Mais l'armée royaliste était en ce moment traquée de toutes parts en Ecosse. Charles résolut de changer le théâtre de la guerre et de le porter en Angleterre. L'armée royaliste était suivie de près par Cromwell, et elle fut atteinte à Worcester, le 3 septembre, jour anniversaire de la bataille de Dunbar; elle y fut complétement défaite ; 3,000 Ecossais restèrent sur le champ de bataille; 10,000 furent pris, et la plupart des prisonniers furent embarqués et vendus comme esclaves dans les plantations. Charles échappa du champ de bataille, et il ne parvint à se sauver de l'Angleterre qu'après des peines inouïes.

La défaite de Worcester fut un coup mortel pour le parti du roi en Ecosse; le parlement, chassé de Stirling, fut obligé de se réfugier dans les montagnes, où il essaya vainement d'assembler de nouvelles forces. Dans le même temps, les troupes anglaises étaient placées sous le commandement du général Monk. Ce général parvint à réduire successivement les villes, les châteaux et les forteresses d'Ecosse, et la résistance se borna bientôt à une guerre de peu d'importance, dont le siège principal était dans les montagnes. Alors les troupes anglaises, pénétrant dans les hautes terres, forcèrent les principaux clans à se soumettre à l'autorité du Protecteur. La politique de Cromwell consistait à détruire les forêts et les châteaux, et conformément à cette règle, il fit abattre Lochiel-Castle et les bois qui l'entouraient. De plus, dix-huit garnisons furent maintenues dans le royaume, ainsi qu'une armée permanente de 10,000 hommes.

Alors le pouvoir exécutif était confié à un conseil d'État, qui se composait de neuf membres, dont sept étaient anglais et seulement deux natifs d'Ecosse. L'administration de la justice publique se composait de quatre juges anglais et de trois juges écossais. Le gouvernement d'Olivier Cromwell, juste à quelques égards, fut oppressif à l'excès sous d'autres. Ainsi, l'Ecosse fut frappée d'une contribution de 100,000 liv. sterl. (2,500,000 fr.) par mois; ce qui était une somme exorbitante pour l'époque. A l'égard de l'Église, qui était divisée en deux partis, dont l'un, appelé les *révolutionistes*, reconnaissait les droits du roi et priait pour lui, et l'autre, appelé les *remonstrators*, rendait obéissance au gouvernement anglais, et se livrait à des discordes continuelles, le gouvernement de Cromwell leur imposa la loi d'être tolérants l'un envers l'autre. Les nobles, autrefois si turbulents, furent les plus maltraités, car ils ployaient sous le joug que leur imposait Cromwell; aussi la plupart vivaient obscurément dans leurs domaines, tandis que la surveillance des garnisons anglaises empêchait que le peuple ne fût appelé aux armes et que les seigneurs ne se fissent la guerre les uns aux autres.

Nous avons dit comment le sceptre qu'Olivier Cromwell avait porté d'une main si ferme, fut transmis à son fils Richard, et comment Charles II monta sur le trône. Cet événement fut célébré en Ecosse avec les démonstrations de la joie la plus vive, car le peuple écossais était au fond dévoué à la cause de Charles II. Mais Charles avait l'intention de substituer l'épiscopat à la religion nationale d'Ecosse; or, ces changements, d'abord reçus avec une sorte d'indifférence par le peuple écossais, qui était fatigué des rigueurs du presbytérianisme, devinrent plus tard la cause de vifs mécontentements. C'est ainsi que Charles II détruisit toutes les bonnes dispositions que le peuple écossais lui avait témoignées à son retour. Bientôt il punit ceux qui avaient contribué à la mort de son père.

Parmi ceux-ci était le marquis d'Argyle. Le marquis était protégé par une amnistie générale accordée par Charles, en 1651, pour tous les crimes d'État commis avant cette époque, mais son influence faisait ombrage au roi, et il fut condamné à mort. Argyle subit sa peine avec un grand courage. Charles II ordonna également l'exécution de John Swinton de Swinton, représentant d'une grande famille écossaise. Swinton se sauva du supplice en se faisant quaker; il parut devant ses juges avec une contrition si grande, que ceux-ci l'épargnèrent; mais il fut réduit à la pauvreté par des amendes et par la confiscation de ses biens. Dans le même temps, le parlement, gagné par la couronne, ordonnait que la ligue solennelle et le covenant seraient brûlés à la croix d'Édimbourg et dans d'autres lieux; de plus, chaque personne remplissant des fonctions publiques reçut l'ordre de renoncer au covenant comme à un engagement contraire aux lois.

Ces changements, dans un moment aussi critique, étaient une faute, et ils causèrent une agitation profonde. Les ministres presbytériens qui avaient été renvoyés, croyant qu'il était encore de leur devoir d'instruire ceux qui avaient besoin d'instruction et qui la désiraient, se constituèrent en assemblées secrètes et religieuses qui furent appelées *conventicules*. Ces assemblées se tinrent d'abord dans des maisons particulières; mais comme dans ces endroits elles étaient sujettes à être découvertes par la police, elles se réfugièrent dans les montagnes et les lieux solitaires, où l'œil du gouvernement ne pouvait pénétrer. La vue des rochers et des montagnes donnait un caractère solennel à ces réunions. Aussi le gouvernement voulant les empêcher, eut recours aux moyens violents; mais ses efforts furent inutiles, il échoua. Encouragés par la voix de leurs ministres, les presbytériens prirent les armes et résolurent de repousser la force par la force. Walter Scott, dans un de ses tableaux pittoresques des mœurs écossaises, s'exprime ainsi au sujet de ces conventicules :

« L'une de ces assemblées, dit-il, était tenue sur les montagnes de Eildon au milieu de deux des trois sommets en cône qui forment la cime de la montagne. De fidèles sentinelles étaient placées aux avant-postes de manière à dominer sur tout le pays qui était à leurs pieds, et à donner une prompte alerte à l'approche de l'ennemi. Le ministre occupait une chaire élevée, il avait le dos tourné du côté du vent; il y avait peu, ou pour mieux dire il n'y avait aucun homme de qualité ou de distinction; car de tels hommes n'auraient pu manquer d'être découverts, et auraient perdu leur fortune. Cependant beaucoup de femmes de bonne naissance et qui tenaient le rang de dames, aimaient à se trouver aux assemblées défendues ; il leur était permis de s'asseoir à la congrégation. Leurs selles étaient placées par terre pour servir de siéges, et leurs chevaux attachés à un piquet derrière l'assemblée. Devant les femmes, et dans l'espace qui les séparait de la tente, ou chaire temporaire, les armes des hommes, les piques, les épées, les mousquets, étaient placés dans le même ordre qui est mis en usage par les soldats, afin que chaque homme pût en un instant se saisir de celles qui lui appartenaient. »

Une révolte éclata, et les insurgés s'étant réunis au nombre de 3,000 hommes, rendirent une déclaration qui établissait qu'ils reconnaissaient l'autorité du roi, et qu'ils ne se serviraient de leurs armes que pour leur propre défense; mais en même temps les presbytériens annonçaient leur intention formelle de faire du presbytérianisme le culte dominant du pays. Bientôt leurs prétentions devinrent plus élevées, et ils déclarèrent que leur projet était de faire une révolution complète dans la religion et dans l'Etat, et de rendre l'Eglise presbytérienne aussi triomphante qu'elle l'avait été en 1640.

Charles II, à la nouvelle de cette insurrection, s'était empressé d'envoyer en Ecosse, comme commandant en chef, son fils naturel, James duc de Monmouth, que l'on appelait le duc protestant pour le distinguer du duc d'York, frère du roi, dont tout le monde connaissait les principes catholiques. Les insurgés furent défaits, et bientôt ils se dispersèrent dans toutes les directions. Le duc de Monmouth montra dans cette occasion une grande douceur, en faisant épargner un grand nombre de malheureux révoltés qui étaient tombés dans ses mains. Malheureusement Charles, cédant aux conseils des épiscopaux qui encombraient sa cour, rappela Monmouth et donna l'administration des affaires d'Ecosse à son frère le duc d'York, et celui-ci, qui se distinguait par son bigotisme, sévit avec une sévérité excessive contre les presbytériens et les caméroniens, secte qui comptait un grand nombre de prosélytes en Ecosse. Le gouvernement d'Ecosse exigea en outre de toutes les personnes qui remplissaient quelque fonction, qu'elles prêtassent le serment du *test*. Ce serment devait être donné par tous ceux auxquels on le demandait, sous peine d'amende, de confiscation, et même de mort; mais cette violence morale fut repoussée avec beaucoup de courage par un grand nombre de presbytériens.

Charles II mourut en 1605, et le duc d'York, rappelé à Londres, monta sur le trône, sous le nom de Jacques II. Ce règne ne promettant aucune amélioration dans le sort des Ecossais, le comte d'Argyle et le duc de Monmouth résolurent de profiter du mécontentement qui régnait dans cette contrée, pour déposséder Jacques II du trône. Argyle débarqua dans le Kintyre, et Monmouth dans le Dorsetshire; cette double entreprise ayant échoué, les deux seigneurs furent condamnés à avoir la tête tranchée. Tous deux supportèrent leur supplice avec courage. Jacques II faisait alors les plus grands efforts pour rétablir le papisme en Angleterre et en Ecosse, et à l'égard de l'Ecosse, il employait les offres les plus séduisantes; il promettait notamment une libre correspondance commerciale avec l'Angleterre et une amnistie entière pour les offenses passées ; mais en retour il demandait au parlement d'Ecosse d'abolir les lois pénales contre les catholiques et la loi du test.

Mais ces avances furent repoussées. Les épiscopaux, que cette mesure atteignait comme les presbytériens eux-mêmes, parce que la dispense du test accordée aux catholiques leur faisait craindre que le catholicisme ne reconquît le pouvoir, se liguèrent avec les presbytériens qu'ils avaient si longtemps persécutés, et, forts de cet appui mutuel, les deux partis refusèrent d'accéder aux propositions qui leur étaient faites par Jacques II. Le roi croyait à l'efficacité des moyens violents. Une ordonnance fut rendue, aux termes de laquelle toutes les personnes qui possédaient une charge civile, sans distinction, reçurent l'ordre de résigner leurs emplois; puis il leur fut défendu de reprendre ces fonctions sans prêter le serment du test par-devant une nouvelle commission. Cet acte, qui se trouvait contraire aux lois existantes, excita un mécontentement général. Dans le même temps, Jacques II établissait le service catholique dans la chapelle royale, et envoyait une ambassade au pape pour avoir un nonce à la cour. Non content de ces mesures, Jacques venait d'obliger plusieurs bourgs royaux, tant en Ecosse qu'en Angleterre, à lui faire l'abandon de leurs chartes, et il en avait substitué d'autres qui livraient à sa discrétion et à son bon plaisir la nomination des représentants au parlement. Les universités, Oxford elle-même, quoique cette ville eût donné des preuves d'un grand attachement à la cause royaliste, devinrent aussi l'objet de l'agression du roi.

Nous avons vu autre part combien ces fautes furent chèrement expiées par le roi. Le prince d'Orange, gendre de Jacques, qui recevait à sa cour tous les mécontents de l'Angleterre, et qui entretenait des intelligences secrètes dans ce pays, se préparait en ce moment même à se mettre en mer pour l'envahir. Il débarqua à Torbay le 5 novembre 1688, jour anniversaire de la conspiration des poudres. Sa présence obligea Jacques de fuir et de se réfugier en France, où il fut reçu avec une hospitalité généreuse par Louis XIV. Le trône, après avoir été déclaré vacant, fut alors donné à Guillaume et à Marie, sa femme ; la princesse Anne fut nommée pour succéder à sa sœur et à son beau-frère, et les droits de Jacques et de son fils furent entièrement écartés.

Jacques, à la nouvelle des armements qui se faisaient en Hollande, et voyant le mécontentement qui régnait en Angleterre, avait tourné ses regards vers l'Écosse; mais les longues persécutions que cette contrée avait souffertes, les tendances bien connues de Jacques II au catholicisme, avaient laissé des traces profondes qui ne pouvaient être oubliées. Bientôt Jacques II comprit qu'il n'avait rien à espérer de ce pays. En effet, l'armée écossaise ayant été appelée en Angleterre, elle se hâta de se réunir à l'armée du prince d'Orange, et la révolution s'effectua en Écosse comme en Angleterre. Les presbytériens écossais mirent à profit une occasion si favorable pour eux, et ils se portèrent à leur tour à des violences coupables contre les catholiques. Cédant à leurs conseils, la populace s'empressa de détruire la chapelle d'Holy-Rood, ancien palais des ancêtres de Jacques, que ce prince avait réparé avec splendeur à son avénement au trône, et où il avait établi une chapelle royale pour le service catholique. Le peuple détruisit également un séminaire de jésuites, ainsi que les chapelles particulières appartenant au culte catholique ; puis les épiscopaux furent chassés d'Ecosse.

A l'avénement de Guillaume III sur le trône d'Angleterre, une convention des états écossais se réunit (mois de mars 1689); tous les partis figuraient dans cette assemblée : les partisans de Guillaume, ou les whigs, comme on les appelait; les jacobites, ou partisans de Jacques II ; les épiscopaux, dont quelques-uns étaient encore dévoués au dernier roi; les presbytériens qui, en ce moment, avaient l'ascendant en Ecosse. La première discussion qui s'éleva dans cette assemblée était relative à la nomination d'un président. Le marquis d'Athole fut proposé par les jacobites; les whigs choisirent le duc d'Hamilton, qui obtint la présidence à la majorité de quinze voix.

Cependant le château d'Edimbourg était en la possession des jacobites, qui avaient pour chef le célèbre Graham de Claverhouse, créé vicomte de Dundee par Jacques II. De plus, le vicomte parcourait en ce moment les différents comtés de l'Ecosse, et y faisait une guerre acharnée aux partisans de Guillaume. Les whigs se hâtèrent de lever une armée, pour faire le siége du château d'Edimbourg, défendu par le duc de Gordon. Le duc fit une courageuse résistance; mais la garnison étant peu nombreuse, et le besoin de vivres et de médicaments se faisant sentir, il se rendit, et la forteresse fut évacuée. Délivrée de cet ennemi, la convention s'occupa d'agiter la question relative au changement de gouvernement. Les membres de cette assemblée déclarèrent que Jacques II ayant forfait ses droits à la couronne, le trône était vacant; et à l'imitation de l'Angleterre, ils donnèrent le trône d'Ecosse au prince et à la princesse d'Orange, et après leur mort, s'ils ne laissaient point d'enfants, à la princesse Anne et à ses héritiers.

Les hautes terres étaient en général bien disposées pour l'épiscopat et favorables à la cause royaliste; Dundee y formait en ce moment une armée. Ayant appris que le roi Guillaume avait envoyé contre lui des troupes considérables, il se mit en campagne, tomba à l'improviste sur Perth, et s'empara du trésor public. Le vicomte de Dundee se distinguait par une bravoure à toute épreuve, et l'on raconte de lui différents traits remarquables. Un jeune homme d'une grande famille servait dans sa petite armée. Dans un engagement contre l'ennemi, ce jeune homme eut peur, et tourna bride. Amené devant Dundee, celui-ci lui fit des remontrances amicales, et après lui avoir dit que l'état militaire ne lui convenait pas, il l'engagea à retourner chez lui en lui promettant qu'il sauverait son honneur. En effet, Dundee prétendit que c'était lui-même qui avait envoyé le jeune soldat sur les derrières de l'armée. « Jeune homme, lui dit-il ensuite, je n'ai pas besoin de vous dire que vous avez choisi un état pour lequel vous n'êtes pas fait. Ce n'est pas votre faute, c'est plutôt un malheur; retournez chez votre père; je vous trouverai une excuse, et votre réputation restera intacte. » Le jeune homme ayant demandé avec instance à rester dans l'armée, en disant que sa faute était seulement l'effet d'un moment de faiblesse, et qu'il recouvrerait sa réputation dans une autre occasion, Dundee adhéra à cette demande. « Mais souvenez-vous, dit-il, que si le cœur vous manque une seconde fois, vous mourrez. La cause dans laquelle je me suis engagé est une cause de désespoir, et aucun homme ne doit servir sous moi s'il n'est pas décidé à combattre jusqu'au dernier moment de sa vie. » L'épreuve fut fatale au jeune homme : dans une seconde rencontre, il ne put vaincre sa timidité naturelle. Il se disposait à fuir, lorsque Dundee, courant à lui, prononça ces paroles : « Le fils de votre père est de trop bonne maison pour mourir par la main d'un prévôt; » puis tirant un pistolet de sa ceinture, il lui brûla la cervelle.

Cependant, l'armée anglaise était sur les traces de ce valeureux chef; une rencontre eut lieu dans le défilé de Killiecrankie, qui suit pendant plusieurs milles les bords d'une rivière rapide appelée le Garry. L'armée de Dundee était divisée en colonnes formées par les différents clans; son infériorité numérique était si considérable, qu'elle était débordée de toutes parts par l'armée anglaise. Au moment où les deux armées se trouvèrent en présence, elles jetèrent de grands cris. Les montagnards se dépouillèrent de leurs vêtements, et ne gardèrent que leurs chemises et leurs pourpoints. Bientôt, les combattants des deux armées se mêlèrent. Les montagnards l'emportaient en force et en agilité, et leurs redoutables claymores faisaient des blessures horribles à leurs adversaires. L'armée anglaise était sur le point d'être enfoncée, lorsque Dundee s'étant avancé vers deux régiments d'infanterie anglaise qui déployaient une grande vigueur, reçut une blessure sous l'aisselle, au défaut de la cuirasse. La blessure était mortelle; le redoutable partisan mourut dans la nuit même, après avoir laissé la victoire aux montagnards. De son côté l'armée anglaise avait essuyé des pertes considérables ; mais ces pertes n'étaient rien en comparaison de celle de Dundee.

La mort du vicomte de Dundee fut fatale aux royalistes, car ils ne tardèrent pas à essuyer une défaite signalée dans les environs d'un village nommé Dunkeld. D'un autre côté, Guillaume, en homme sage et prudent, s'attachait à se faire des partisans : ainsi il admettait dans les fonctions publiques tout homme, sans distinction de parti, et quels qu'eussent été ses actes antérieurs. L'esprit turbulent des presbytériens était ce qui le gênait le plus ; mais, pour le calmer, il consentit à ce qu'il y eût en Ecosse une Église nationale, et que cette église fût presbytérienne ; en sorte que cette mesure permit à une foule de presbytériens qui s'étaient réfugiés à l'étranger, de revenir en Ecosse. De plus Guillaume, pour pacifier les hautes terres, distribua des sommes d'argent considérables parmi les chefs de clan, et obligea d'autres, qui restaient attachés à la cause jacobite, à se réfugier en France, où ils reçurent une généreuse hospitalité ; ils prirent du service dans les armées françaises et y rendirent de grands services à notre pays. Les feux de la guerre civile s'éteignirent alors peu à peu dans toute l'Ecosse.

(1692.) Cependant on reproche à la politique de Guillaume un acte d'une barbarie révoltante. Cet acte eut pour théâtre Glencoe, vallée sauvage et romantique du comté d'Argyle, formée par la rivière de Coe, qui se jette dans le Loch-Leven. Cette vallée est célèbre pour avoir donné naissance à Ossian. Elle est entourée de monts escarpés et pittoresques, et paraît comme encaissée au milieu des rocs et des précipices. Dans quelques endroits, les deux rangées de montagnes qui s'élèvent au-dessus de la vallée se rapprochent l'une de l'autre, et le voyageur se trouve comme enseveli entre deux murailles de rochers d'un aspect sombre et qui ont trois mille pieds de hauteur. Les sommets de ces rochers découpés de la manière la plus bizarre, la prodigieuse élévation des montagnes, le bruit des cascades qui tombent dans les précipices, produisent un effet extraordinaire. On remarque au nord le célèbre Dun-Fion ou la montagne de Fingal. Le ruisseau de Cona, dont il est souvent question dans les poésies d'Ossian, prend sa source dans un petit lac au milieu de la vallée. La stérilité la plus complète règne sur les cimes les plus élevées des rochers ; ces cimes se composent de mica pulvérisé et d'argile mêlée d'ardoise ; elles se dessinent tantôt en masses informes et escarpées, tantôt sous la forme d'aiguilles ou d'obélisques qui ont quelque chose du caractère et de la physionomie des Alpes. Les deux extrémités de la vallée se présentent sous le même aspect de grandeur et de stérilité. D'effrayants précipices et l'image du chaos semblent interdire l'entrée de ces lieux à toute créature humaine, et faire de cette effrayante solitude le séjour des esprits. Mais à mesure que l'on avance vers le centre, un changement magique s'opère aux regards du spectateur. Les défilés s'élargissent peu à peu, les rocs noirâtres se transforment en coteaux ondulés, couverts d'une riche végétation, et enfin on aperçoit le ruisseau de la Cona, dont les eaux pures semblent lutter de fraîcheur et de beauté avec le lac qui lui donne naissance. Pour l'admirateur d'Ossian, la vallée de Glencoe est une terre classique ; c'est la retraite sacrée où les héros de Morven tirèrent l'épée et bandèrent l'arc, et devinrent le sujet des chants sublimes de la muse celtique.

Les Mac-Donald habitaient cette vallée ; renommés parmi les autres clans, pour leur hardiesse et leur témérité, ils avaient pour alliés les Mac-Donald de Clanranald, de Glengarry, de Keppoch, d'Ardna-Murchan et d'autres. Leur chef se nommait Mac-Ian de Glencoe. C'était un homme d'un aspect imposant et vénérable, également renommé pour sa sagacité, et dont les montagnards aimaient à suivre les conseils. Mac-Ian de Glencoe avait servi dans l'armée de Dundee, et s'y était conduit avec beaucoup de valeur; mais à la mort de Dundee, il s'était retiré dans ses montagnes, où il bravait encore le gouvernement. Cependant, à l'instigation de ses amis, il résolut de déposer les armes. Le gouvernement avait proclamé une amnistie, exigeant que tous les clans des montagnes se soumissent avant le premier jour de janvier 1692. L'acte d'amnistie portait que, passé ce délai, les insoumis seraient détruits. Quelques jours avant le délai de grâce, Mac-Ian se rendit au fort Guillaume, et demanda à prêter serment dans les mains de l'officier qui commandait le fort ; mais celui-ci refusa de recevoir le serment, en disant qu'il n'était pas officier civil et qu'il n'avait pas qualité pour administrer le serment. Mac-Ian, vivement alarmé, se rendit précipitamment à Inverary ; les routes étaient mauvaises, et le vieux chef, malgré toute sa célérité, n'arriva qu'après l'époque fatale. Toutefois, le magistrat auquel il s'adressa, voyant que Mac-Ian avait obéi à l'esprit de la loi, n'hésita pas à recevoir son serment de fidélité. Mac-Ian revint alors dans ses montagnes, croyant pouvoir y résider sous la protection du gouvernement auquel il avait juré fidélité.

Toutefois le gouvernement, qui craignait encore les habitants des montagnes, et voulant imprimer une terreur salutaire à ces hommes déterminés, jugea convenable de mettre de côté la prestation du serment faite par les Mac-Donald de Glencoe, et de les détruire comme s'ils n'eussent point obéi à la proclamation. La manière dont ce massacre fut exécuté n'a point de parallèle pour la barbarie. On était au mois de janvier, les montagnards de Glencoe étaient retenus chez eux par le froid qui désolait les montagnes, lorsqu'un régiment commandé par le capitaine Campbell de Glenlyon vint prendre ses quartiers à Glencoe. Les soldats dirent aux habitants qu'ils arrivaient en amis, et pour soulager la garnison du fort Guillaume qui était encombré de soldats. Ils furent reçus sans défiance, car les montagnards n'avaient aucun soupçon sur les intentions du gouvernement à leur égard. Cependant la troupe se trouvait à Glencoe depuis quinze jours, échangeant avec les montagnards des politesses, lorsque le capitaine qui commandait, reçut des ordres formels de commencer l'œuvre de destruction. « Ces mécréants doivent être détruits jusqu'à la racine, disaient ces ordres; ayez soin qu'ils soient détruits sans exception aucune, de peur de vous exposer aux soupçons de ne point être un serviteur dévoué, ou un homme inhabile à exercer une commission au service du souverain. »

En vertu de ces ordres impitoyables, les malheureux montagnards furent surpris dans leur sommeil et massacrés. Le brave Mac-Ian tomba mort près de son lit, tandis qu'il s'habillait et qu'il donnait des ordres à sa femme pour préparer un repas auquel il avait convié les assassins. Le nombre des personnes assassinées s'élevait à trente-huit ; celui des hommes qui se sauvèrent, fut à peu près de cinquante. Les soldats anglais s'emparèrent de toutes les richesses de la tribu, consistant en douze cents bêtes à cornes et chevaux.

Cet acte barbare excita une horreur générale en Ecosse, en Angleterre, et dans les pays étrangers ; il fit un tort considérable à Guillaume, qui en avait signé l'ordre ; lord Stair, qui avait fait exécuter le massacre, fut privé de sa place et obligé de se retirer des affaires publiques. L'indignation le bannit pendant quelque temps de la société, et, pendant plus de neuf ans, il n'osa siéger au parlement.

Un autre événement, bien que la nécessité d'un rapprochement se fît vivement sentir de jour en jour, retarda l'union définitive des deux pays. Les Ecossais se distinguent par leurs entreprises hardies, malgré un caractère froid et prudent. L'amour de l'argent chez eux agit comme une forte passion. Or, vers cette époque, une foule d'Ecossais se jetèrent dans une entreprise hasardeuse qui devait les mener à leur ruine. Il est question ici de la fameuse colonie de Darien, dont Paterson, homme d'une imagination extraordinaire, était l'auteur. On sait comment échoua ce projet gigantesque, qui, aux yeux de son auteur, devait donner des richesses considérables à l'Ecosse. L'imprévoyance avait fait la ruine de cet établissement. D'un autre côté, l'avidité jalouse des marchands anglais avait vu dans les Ecossais des rivaux redoutables, et, sur leurs instances, le conseil avait envoyé des ordres aux gouverneurs des colonies anglaises de la Jamaïque, pour qu'ils ne fournissent ni munitions, ni provisions, soit par eux-mêmes, soit par des intermédiaires, aux Ecossais. La non-réussite de ce projet favori, le profond chagrin que causa la mort de ceux qui avaient succombé, le regret des pertes pécuniaires qui menaçaient l'Ecosse d'une banqueroute, ranimèrent pour un moment les haines violentes qui avaient existé autrefois dans le cœur des Ecossais contre les Anglais. Ainsi Guillaume, qui voulait réunir les deux pays, échoua dans son projet, car les préjugés de l'Angleterre, aussi bien que ceux de l'Ecosse, rendus plus invétérés par cette malheureuse querelle, étaient encore trop vivaces.

Cette union ne devait être réalisée que par la reine qui succéda à Guillaume III au trône. Cette souveraine avait perdu le dernier de ses enfants avant son avénement à la couronne, et il devenait nécessaire de régler la succession.

On sait que la législature anglaise adopta l'acte de succession qui assurait la couronne, dans le cas où la reine viendrait à mourir sans enfants, à la princesse Sophie, électrice douairière de Hanovre, et à ses descendants. Cet acte si important par ses conséquences fut rédigé dans le mois de juin 1700. Il devenait maintenant indispensable d'assurer la succession de la couronne d'Ecosse à la même ligne d'héritiers. Mais l'Ecosse avait été si froissée sous le dernier règne, le parti jacobite y était encore si puissant, qu'elle n'était pas disposée à céder aux vœux de l'Angleterre. Beaucoup d'Ecossais songeaient alors au prince de Galles que Louis XIV avait reconnu roi. Un autre parti, qui avait pris le nom de *parti patriote*, et parmi lequel se distinguait le célèbre Fletcher de Salton, aurait voulu, en cas que la reine mourût sans enfants, que le pouvoir entier de la couronne fût placé dans le parlement écossais, qui devait choisir alors le successeur de la reine, et le prendre dans une famille protestante ; ce choix devait être fait sous la réserve spéciale que l'élu du parlement mettrait l'honneur et l'indépendance de la nation écossaise à l'abri de l'influence anglaise ou étrangère. Dans ce but un acte, appelé *acte de sécurité*, fut adopté par le parlement écossais à une grande majorité ; mais le commissaire de la reine Anne refusa le consentement royal ; alors le parlement ne voulut accorder aucun subside, et il fut ajourné.

Une rupture allait éclater, lorsque la reine Anne, cédant aux conseils de son ministre Godolphin, résolut d'établir les deux pays sur le pied de l'égalité. L'Angleterre ne parut point d'abord disposée à accepter de pareilles conditions : elles lui semblaient onéreuses quand elle comparait la grandeur relative des deux pays. De son côté, l'Ecosse, qui était remuée par l'esprit de parti, en songeant aux injures passées, persistait dans l'acte de sécurité ; elle voulut conserver ses propres lois, et ne pas renoncer à ses droits comme royaume séparé. Toutefois l'idée de participer au commerce immense que faisaient les Anglais, souriait à une foule d'Ecossais. On nomma des commissaires pour les deux royaumes, afin de prendre des bases sur les articles qui seraient adoptés comme le fondement de ce traité.

Les commissaires anglais et écossais dressèrent alors le projet ; il fut arrêté que l'Écosse contribuerait proportionnellement à sa population, à l'étendue de son territoire, aux dépenses générales du royaume ; que l'Écosse étant dégagée de dettes, et devant, par la suite, supporter en partie celles que l'Angleterre avait contractées, une somme d'argent serait avancée à l'Écosse comme un équivalent de cette nouvelle charge ; toutefois, que la somme avancée serait graduellement restituée à l'Angleterre sur les revenus écossais ; de plus, que l'Écosse conserverait son église nationale presbytérienne, avec son système de lois civiles et municipales, et ses propres tribunaux pour l'administration de la justice ; que, dans le parlement des royaumes unis, l'Écosse jouirait seulement d'une représentation égale à un treizième du nombre total ; proposition qui fut d'abord accueillie avec indignation par les commissaires écossais, mais qui fut acceptée lorsque les commissaires anglais eurent fait de cette proposition la condition *sine quâ non* du traité. Aux termes du traité, la pairie écossaise devait conserver tous les priviléges de son rang ; mais seize pairs seulement, choisis parmi le corps entier par élection, avaient le droit de siéger dans la chambre des lords anglais.

Tel est, en substance, le fameux traité d'union qui allait servir à opérer la fusion des deux peuples. La mesure était bonne, et, en un sens, fort libérale. Il était beau, en effet, pour l'Angleterre de donner place à l'Église presbytérienne, et de la traiter sur le pied de l'égalité avec l'épiscopat. Mais une mesure politique, quelque bonne qu'elle soit, est toujours lente à être acceptée par les masses.

Son premier résultat fut d'augmenter les hostilités qui divisaient les deux peuples. Au jugement de la grande majorité de la nation anglaise, les Écossais étaient un peuple pauvre, sauvage et hautain, qu'il était non-seulement légal, mais louable de piller, soit par la force des armes, soit par la ruse. Il n'y avait que la partie éclairée de la nation qui, au souvenir des guerres sanglantes qui avaient si longtemps désolé la Grande-Bretagne, quand elle formait deux royaumes, regardait l'Union comme une ère de paix et de bonheur pour les deux pays. En Écosse, le mécontentement était presque universel. Les jacobites détestaient le traité, parce qu'il renversait les espérances qu'ils avaient conçues de rétablir les Stuarts sur le trône, en éludant l'acte qui fixait la couronne dans la maison de Hanovre ; les whigs ou les presbytériens, parce qu'ils croyaient l'Église presbytérienne exposée à de grands dangers, en raison de sa juxtaposition avec l'épiscopat ; la noblesse écossaise, parce qu'elle était dépouillée de ses priviléges législatifs, elle qui était habituée à gouverner suivant son bon plaisir ; les marchands et les commerçants écossais eux-mêmes, parce qu'ils perdaient l'occasion de faire, comme par le passé, des profits considérables au moyen de la contrebande avec l'Angleterre ; et que leur commerce, jusqu'alors à l'abri des taxes, se trouvait tout à coup entravé par des droits de douane et d'excise.

(1715-16.) La famille des Stuarts avait encore un grand nombre de partisans en Écosse ; et l'Union en grossit le nombre. Sur ces entrefaites, arriva la mort de la reine Anne, et le fils de Jacques Ier, qui prenait le titre de chevalier de Saint-George, s'étant abouché avec ses partisans, une insurrection, qui avait pour chef le comte de Mar, éclata dans les montagnes et la plupart des comtés d'Écosse (1715). L'étendard royal fut déployé à Castleton, dans le Braemar ; puis le prétendant fut proclamé roi d'Écosse sous le titre de Jacques VIII, et roi d'Angleterre, d'Irlande et de leurs dépendances, sous celui de Jacques III.

« Le vent était très-violent, dit Walter Scott, et il abattit le globe d'or qui surmontait la lance à laquelle était attaché l'étendard ; circonstance que les montagnards superstitieux regardèrent comme de mauvais augure. » Cependant la croix de feu (on désignait ainsi deux branches de bois formées en croix, dont un bout était brûlé, et l'autre était teint de sang) fut envoyée dans tous les districts, afin d'informer ceux qui ne feraient pas partie de l'insurrection qu'ils seraient punis par le fer et le feu. Le comte Mareschal, le marquis de Tallibardine, le marquis d'Huntley, le comte de Panmure, le comte de Southesk, Graham de Duntroon, de la famille du célèbre Claverhouse, le laird de Borlum, tous les principaux membres de la noblesse écossaise, se jetèrent dans cette entreprise hardie. Des forces imposantes, qui, sous le rapport du courage, pouvaient lutter avec les troupes les plus aguerries, mais auxquelles il manquait de l'argent, des armes, et surtout de la discipline, se réunirent à la voix de ces chefs. Dans le même temps, les catholiques des provinces septentrionales de l'Angleterre se soulevaient contre la dynastie hanovrienne.

Toutefois le gouvernement anglais avait pris ses mesures ; tout était près déjà pour anéantir l'insurrection. Des troupes régulières se mirent à la poursuite des insurgés du Northumberland, et les obligèrent à se renfermer dans la ville de Preston, qui ne tarda pas à capituler. Dans le même temps, trois mille hommes de troupes hollandaises abordaient dans les ports du Nord, et s'avançaient à marches forcées contre l'Écosse. Déjà les insurgés avaient essuyé des pertes considérables à la bataille de Sheroffmuir, lorsque leur arriva la nouvelle de la reddition de Preston. Les chefs jacobites réunis en conseil se décidèrent à capituler, et firent une offre de soumission au duc d'Argyle, qui commandait les troupes royales ; mais celui-ci la repoussa. Sur ces entrefaites, le prétendant arriva en Écosse, ce qui rendit l'espérance aux insurgés ; mais ce prince n'amenait aucun renfort. De plus, Louis XIV, son protecteur, venait de mourir ; et le duc d'Orléans, nommé régent de France pendant la minorité de Louis XV, s'étant rapproché de la cour d'Angleterre par un traité récent conclu avec George Ier, il n'y avait rien à espérer de l'appui de la France. Enfin, le prétendant n'était point un homme à donner de la confiance aux insurgés ; sa figure, d'une grande pâleur, respirait l'abattement ; sa parole était grave, et ses discours indiquaient l'incertitude. Son premier soin fut de lancer différentes proclamations, dans lesquelles il prenait le nom de Jacques VIII, roi d'Écosse, troisième de ce nom en Angleterre. Un de ces documents enjoignait à tous les hommes en état de porter les armes de joindre son étendard ; la sixième fixait le 23 janvier 1716 pour le jour de la cérémonie de son couronnement. Mais tout se borna à cette vaine parade. Le duc d'Argyle, qui commandait les troupes royales, ayant fait un mouvement du côté de Perth, le chevalier s'empressa de quitter cette ville, à la grande indignation des montagnards écossais, qui se demandaient : « Pourquoi le roi est-il venu ici ? Est-ce pour voir ses sujets massacrés comme des chiens, sans frapper un coup pour leur vie et leur honneur ? » L'armée jacobite prit la direction d'Aberdeen ; et arrivée au port de Montrose, Jacques quitta secrètement la maison dans laquelle il était logé ; puis, accompagné du comte de Mar, il se jeta à bord d'une barque, et fit voile pour la France, laissant à lord Gordon la tâche difficile de conduire à Aberdeen les débris de son armée.

Le gouvernement, comme à son ordinaire, dans des circonstances aussi critiques, eut recours aux moyens violents. Les prisons d'Angleterre et d'Ecosse se remplirent de rebelles, et bientôt leur sang coula sur l'échafaud. Comme les lois ordinaires n'étaient pas assez expéditives, on eut recours à la loi martiale. De plus, les biens des proscrits furent confisqués au profit de la couronne, et la gestion en fut confiée à des administrateurs pour être vendus au profit du trésor public. Mais il arrive souvent qu'une politique violente produit des effets contraires à ceux qu'on espère obtenir. Les projets de Charles XII et ceux du cardinal Alberoni sur l'Ecosse, l'exécution du malheureux Porteous dont nous avons parlé d'une manière détaillée dans notre histoire d'Angleterre, attestent que, malgré le bill d'union, des mécontentements profonds régnaient encore en Ecosse. Ce ne fut qu'après l'année 1745, époque où les Stuarts furent définitivement renversés, que la fusion devint réelle et véritable.

Le chevalier de Saint-George s'étant marié avec Clémentine Sobieski, avait eu de cette union deux fils. Charles-Edouard, l'aîné, était, depuis sa naissance, tantôt choyé par les cours européennes, tantôt repoussé par elles, selon que la politique de ces cours les rapprochait ou les éloignait de la cour d'Angleterre. En 1744, l'Angleterre ayant envoyé des troupes à Marie-Thérèse avec laquelle la France était en guerre, la France résolut de se faire du prince Edouard un instrument pour soulever l'Ecosse. Toutefois le gouvernement français n'était point disposé à faire de grands sacrifices; il retira sa promesse quand arriva le moment de l'exécuter. Charles-Edouard à de grands défauts joignait de grandes qualités; il avait de la jeunesse, et n'écoutant que l'impétuosité de son âge, il s'embarqua, lui et quelques amis, à bord de deux navires pour l'Ecosse. La superstition est un des traits principaux du caractère écossais. En arrivant près des côtes, un aigle fut aperçu planant sur le navire qui portait Charles-Edouard : « Voici, s'écria lord Tallibardine qui accompagnait le prince, le roi des oiseaux qui vient saluer l'arrivée de Votre Altesse Royale. » La nouvelle de l'arrivée du jeune prétendant se répandit en Ecosse avec la rapidité de l'étincelle électrique, et plusieurs chefs de clans de ses partisans s'empressèrent de se rendre à bord; mais à la vue de la maigre escorte qui accompagnait le prince, beaucoup de ces chieftains l'engagèrent à abandonner l'entreprise, car ils prévoyaient déjà que les suites en seraient fatales. Le prince, qui avait du courage, fit appel aux sentiments guerriers de ses auditeurs; il leur rappela aussi l'amour qu'ils avaient montré à sa famille. L'entraînement avec lequel il parlait avait excité un vif enthousiasme dans l'âme d'un jeune Ecossais qui se trouvait parmi les assistants, et le prince ayant aperçu le jeune homme : « Du moins, vous, dit-il, me donnerez votre assistance. — Oui, s'écria le jeune homme avec exaltation, je suis prêt à mourir pour votre cause, quand même aucun homme des hautes terres ne voudrait tirer l'épée pour elle. » L'enthousiasme du jeune Ecossais gagna tous les assistants; et aussitôt l'étendard des Stuarts fut de nouveau déployé.

Cette entreprise fut d'abord couronnée de succès importants; après s'être emparé d'Edimbourg, et avoir remporté une bataille sanglante sur les troupes royales à Preston, le prince entra en Angleterre et pénétra jusqu'au centre du royaume. Mais ces succès furent de courte durée, et la grande et décisive bataille de Culloden, dans laquelle le duc de Cumberland, frère du roi, commandait en personne l'armée royale, porta à la rébellion un coup mortel, car un nombre considérable de chieftains qui étaient l'âme de l'armée montagnarde y périrent. Le prince Charles dut songer à quitter l'Ecosse; traqué de toutes parts comme une bête fauve, obligé de se cacher de retraite en retraite, errant, fugitif, après avoir couru les plus grands dangers durant cinq mois, Charles parvint à s'embarquer à bord d'une frégate française envoyée à sa recherche, et il débarqua près de Morlaix en Bretagne, le 29 septembre 1746. Sa tête avait été mise à prix ; le gouvernement avait offert une somme considérable à celui qui la lui livrerait ; mais à l'honneur du peuple écossais, et bien que le secret fût confié à des centaines de personnes de tout âge et de tout sexe, il n'y eut personne, dans les rangs les plus élevés comme dans les classes les plus pauvres, qui voulût livrer le malheureux proscrit.

Walter Scott nous fait une peinture pleine d'intérêt des mœurs des Highlandais à cette époque. L'extrait suivant est tiré de son roman de Waverley ; la scène se passe dans le clan de Fergus Mac Ivor de Glennaquoich. Fergus, averti des projets du jeune prétendant, se prépare à soutenir sa cause, et cherche par ses cajoleries à faire adopter ses projets par le capitaine Waverley.

« Dans une bonne cause et sous un chef qu'elle aime, la race d'Ivor fournit rarement moins de cinq cents claymores : mais vous savez sans doute, capitaine Waverley, que le désarmement opéré il y a à peu près vingt ans empêche que le nombre de nos hommes prêts à combattre soit aussi considérable qu'autrefois. Je n'ai sous les armes qu'un nombre d'hommes suffisant pour défendre mes propriétés et celles de mes amis, quand le pays est troublé par des hommes comme votre hôte de la nuit dernière. Le gouvernement nous ayant ôté tous autres moyens de défense, ne doit point trouver étrange que nous nous protégions nous-mêmes. »

« Mais, avec ce nombre d'hommes, il vous serait facile de détruire ou de soumettre la troupe de Donald Bean Lean.

« Oui, sans doute ; et pour récompense je me trouverais obligé de remettre au général Blackney, à Stirling, le peu d'armes qui nous ont été laissées : ce serait agir sans discernement, je crois. Mais allons, capitaine, le son des cornemuses m'annonce que le dîner est servi ; que j'aie donc l'honneur de vous recevoir dans mon rustique manoir. »

La salle dans laquelle la fête avait été préparée occupait tout le premier étage de l'édifice originaire de Jean Nan Chaistel, et une immense table de chêne y était dressée dans toute sa longueur. L'aspect du dîner était simple et même grossier ; la compagnie était nombreuse, la salle tout à fait remplie. Au haut de la table était le chef lui-même, avec Edouard et deux ou trois visiteurs highlandais des clans du voisinage ; après ces personnages venaient immédiatement les aînés de la tribu, les wadsetters et les tacksmen : c'était ainsi qu'on appelait ceux qui possédaient quelques portions des domaines de leur chef à titre de mainmortables et de fermiers ; au-dessous d'eux on remarquait leurs fils, leurs neveux et leurs frères de lait ; venaient ensuite les officiers de la maison du chef, selon leur rang ; enfin la partie la plus basse de la table était occupée par les tenanciers qui cultivaient la terre. Outre ce grand nombre de convives, Edouard, en dirigeant ses regards vers une vaste porte à battants alors ouverte, pouvait apercevoir sur le gazon une multitude de Highlandais d'une classe inférieure, mais qui néanmoins étaient considérés comme invités au festin, et devaient avoir leur part de l'affabilité et de la bonne chère de celui qui traitait. A une distance plus éloignée et autour du cercle que formait le banquet, on distinguait un groupe mobile de femmes, de mendiants jeunes et vieux, de lévriers, de bassets, de chiens d'arrêt, et d'autres d'une espèce dégénérée ; tous prenaient une part plus ou moins directe à l'action principale de la fête.

Cette hospitalité, qui de prime abord paraissait sans bornes, n'était point cependant dépourvue d'économie domestique. Ce n'était pas sans quelque peine que l'on avait préparé les plats de poisson, de gibier, etc., qui se trouvaient placés au haut bout de la table, et sous les yeux mêmes de l'hôte étranger. Plus bas figuraient des pièces énormes de mouton et de bœuf, qui, si ce n'eût été l'absence du porc, abhorré dans les Highlands, auraient rappelé le festin grossier des amants de Pénélope ; mais le plat du milieu était un agneau d'un an, appelé *a hog in hur'st*, rôti en entier, placé sur ses jambes, et tenant entre les dents un bouquet de persil. On l'avait probablement servi dans cette attitude pour satisfaire l'orgueil du cuisinier, qui, dans le service de la table de son maître, se piquait plutôt d'abondance que d'élégance. Les flancs de ce pauvre animal furent attaqués avec fureur par les hommes du clan : les uns faisaient usage de leur dague, les autres de couteaux qui se trouvaient ordinairement dans le même fourreau que leur poignard ; enfin l'animal ne présenta bientôt plus qu'un objet mutilé et mis en pièces. Dans la partie la moins élevée de la table, les vivres semblaient être d'une espèce plus grossière encore, mais on les servait avec abondance. Du bouillon, des oignons, du fromage, et les restes du banquet, étaient la part des fils d'Ivor qui assistaient à la fête en plein air.

Les boissons étaient fournies dans la même proportion et d'après le rang des convives. D'excellent vin de Bordeaux et de Champagne était libéralement distribué à ceux qui entouraient le chef ; du whisky pur ou étendu d'eau et de la bière forte étaient servis aux convives placés plus bas. Cette inégalité de distribution ne semblait pas causer le moindre mécontentement, chacun comprenant que son goût devait se régler d'après le rang qu'il occupait à la table : aussi les tacksmen et leurs tenanciers répétaient-ils toujours que le vin était trop froid pour leur estomac, et ils demandaient sans cesse, comme s'ils avaient eu la faculté de choisir, la boisson qui leur était assignée par économie. Des joueurs de cornemuse, au nombre de trois, firent entendre, pendant tout le temps que dura le dîner, un chant de guerre épouvantable ; l'écho des voûtes de l'édifice et les sons de la langue celtique produisaient un bruit tellement confus, que Waverley craignit de perdre à jamais le sens de l'ouïe. Ce fut au point que Mac-Ivor s'excusa de la confusion occasionnée par une si nombreuse compagnie, et lui démontra la nécessité de sa situation qui lui imposait comme un devoir une hospitalité illimitée. « Ceux de mes parents que vous apercevez, dit-il, gens robustes mais paresseux, regardent mes possessions comme un dépôt à moi confié pour soutenir leur fainéantise ; il faut que je leur trouve du bœuf et de l'ale, tandis que les coquins ne font rien autre chose que de s'exercer à l'épée, parcourir les montagnes, chasser, pêcher, boire, et courtiser les filles du Strath. Mais que puis-je faire, capitaine Waverley ? Tout être dans la nature tient à sa famille, que ce soit un faucon ou un Highlandais. » Édouard lui fit la réponse attendue, en le complimentant sur le grand nombre de ses vassaux, sur leur courage, et sur l'attachement qu'ils portaient à leur chef.

« Oui, sans doute, répondit Fergus, et si j'étais disposé comme mon père à courir les risques de recevoir un coup sur la tête ou deux sur le cou, je crois que les drôles ne m'abandonneraient pas. Mais qui pourrait songer à de telles choses aujourd'hui que la maxime est : Préférez une vieille femme avec une bourse dans sa main à trois hommes avec leur sabre au côté ? » Se tournant alors vers la compagnie, il proposa un toast en l'honneur du capitaine Waverley, le digne ami de son honorable voisin et allié le baron de Bradwardine.

« Il est le bien-venu dans ces montagnes, dit un des anciens, s'il vient de la part de Cosme Comyne de Bradwardine. »

« Je ne partage pas cet avis, dit un vieillard qui sans doute n'approuvait pas ce toast ; car tant qu'il y aura une feuille verte dans la forêt, il se trouvera de la fraude dans le cœur d'un Comyne. »

« Il n'y a rien que d'honorable dans le caractère du baron de Bradwardine, fit observer un autre ancien, et l'hôte qui vient de sa part doit être le bien-venu, ses mains fussent-elles teintes de sang, pourvu que ce ne soit pas de celui de la race d'Ivor. »

Le vieillard dont la coupe restait toujours pleine ajouta : « Il y a eu assez de sang de la race d'Ivor répandu par la main de Bradwardine. »

« Ah! Ballenkeiroch, répondit le premier, vous pensez au coup de carabine donné aux mains de Tully-Veolan, et vous oubliez qu'à Preston il tira l'épée pour la bonne cause. »

« Et ce n'est pas sans raison, dit Ballenkeiroch : le coup de carabine me priva d'un fils, et le coup d'épée a fait fort peu pour la cause du roi Jacques. »

Le chieftain expliqua alors brièvement à Waverley, en français, que, dans une querelle qui avait eu lieu près de Tully-Veolan sept années auparavant, le baron avait tué le fils de ce vieillard. Le chieftain se hâta de détruire les préjugés de Ballenkeiroch, en lui annonçant que Waverley était Anglais, qu'il n'était attaché à la famille de Bradwardine ni par naissance, ni par parenté; après cette explication, le vieillard saisit et éleva la coupe à laquelle jusqu'alors il n'avait pas touché, et la but avec courtoisie en l'honneur de Waverley. Cette cérémonie achevée, le chieftain fit, par un signe, cesser les cornemuses, et dit à haute voix : « Mes amis, les chants sont-ils cachés de manière que Mac Murrough ne puisse les retrouver? »

Mac Murrough, le barde de la famille, homme âgé, comprit la signification de ces paroles, et se mit à chanter, tantôt lentement, tantôt avec rapidité, une longue suite de vers celtiques, que les auditeurs accueillirent avec tous les applaudissements de l'enthousiasme. Plus il chantait, plus son ardeur semblait s'accroître. En commençant, il tenait ses yeux dirigés vers la terre; mais il les jeta bientôt autour de lui, non plus pour implorer, mais pour commander l'attention. Les divers tons de sa voix et les gestes qui les accompagnaient étaient à la fois sauvages et passionnés. Édouard, qui l'écoutait avec le plus vif intérêt, crut remarquer qu'il citait beaucoup de noms propres, qu'il déplorait la mort des guerriers, qu'il apostrophait les absents, et qu'il exhortait, suppliait, excitait ceux qui étaient présents. Il crut même discerner son propre nom; et ce qui le confirma dans cette opinion, c'est que les yeux des assistants se tournèrent alors simultanément vers lui. Le poëte semblait communiquer son ardeur à tous ses auditeurs. Leurs figures sauvages et hâlées prirent une expression plus fière et plus animée, tous se penchèrent vers le barde; quelques-uns se levèrent et agitèrent leurs armes avec enthousiasme; quelques autres portèrent la main à leurs épées : quand les chants eurent cessé, il y eut un profond silence; après quoi, les sentiments du poëte et des auditeurs reprirent graduellement leur cours habituel.

Le chieftain, qui, pendant cette scène, avait semblé plutôt étudier les émotions excitées qu'il n'avait pris part au ton élevé de l'enthousiasme, remplit de vin de Bordeaux une petite coupe d'argent placée près de lui. « Donnez ceci, dit-il à un serviteur, à Mac Murrough nan Fonn, et quand il aura bu sa liqueur, dites-lui d'accepter la coupe pour l'amour de Vich-Jan-Vohr. » Le présent fut reçu par Mac Murrough avec une profonde gratitude; il but le vin, et, baisant la coupe, il l'enveloppa respectueusement dans le manteau dont les plis couvraient sa poitrine. Elevant la voix, il improvisa des chants qu'Édouard supposa être des actions de grâces et des louanges adressées à Fergus. Ces chants furent applaudis, mais ils ne produisirent pas l'effet des premiers. Il était facile de voir cependant que le clan approuvait entièrement la générosité de son chef. Quelques toasts gaëliques furent alors proposés et approuvés, et le chieftain en traduisit quelques-uns à son hôte, ainsi qu'il suit :

« A celui qui ne tourne le dos ni à un ami, ni à un ennemi! A celui qui n'abandonna jamais un camarade! A celui qui n'acheta ni ne vendit jamais la justice! Hospitalité à l'exilé et mort aux tyrans! Aux jeunes gens couverts de kilts! Highlandais, épaule contre épaule! » Enfin les autres toasts renfermaient des sentiments énergiques de la même nature.

Édouard désirait surtout connaître la signification de l'hymne qui avait semblé produire un effet si magique sur les passions des assistants ; il fit part de son désir à Fergus. « Comme j'ai remarqué, dit celui-ci, que trois fois vous avez laissé passer la bouteille, je me disposais à vous offrir de quitter le festin pour aller prendre le thé à la table de ma sœur : elle pourra vous expliquer toutes ces choses beaucoup mieux que moi. Quoique je ne puisse arrêter l'élan de mes vassaux au milieu de la fête, je ne suis point obligé moi-même de rester avec eux jusqu'à ce qu'il leur plaise d'y mettre fin ; et puis, ajouta-t-il en riant, je ne garde point un ours pour lui laisser dévorer l'intelligence de ceux qui peuvent en faire un heureux usage. »

Édouard accepta sur-le-champ cette proposition ; et le chieftain, adressant quelques mots à ceux qui l'entouraient, quitta la table, suivi de Waverley. Dès que la porte fut refermée sur eux, Édouard entendit le nom de Vich-Jan-Vohr, prononcé dans un toast au milieu de la joie la plus franche et la plus animée : ce mouvement spontané prouvait combien était grande la satisfaction du clan, et combien était profond aussi son dévouement pour la personne de son chef (*).

Telles étaient les mœurs écossaises, ou du moins les mœurs des habitants des hautes terres, à l'époque de l'insurrection de 1745. Toutefois l'union-bill avait déjà fait faire un pas immense dans la fusion des deux peuples, grâce aux sages mesures adoptées après l'échauffourée jacobite, si tristement finie, de 1716. Le gouvernement s'était attaché à percer des routes dans les montagnes ; des casernes avaient été construites dans les lieux où les clans se montraient les plus remuants ; les armes avaient été enlevées à ceux que l'on reconnaissait pour leur hostilité à la maison de Hanovre. Ce système de politique, auquel le gouvernement avait joint quelques concessions, n'avait pas tardé de produire les plus heureux fruits. A l'époque de la rébellion de 1745, la cause des Stuarts était désespérée ; et il est douteux que le prétendant, dans sa querelle avec l'Angleterre, alors que tout eût tourné au gré de ses souhaits, eût été accepté pour roi par l'Ecosse et qu'elle eût voulu se séparer de l'Angleterre. De grandes améliorations existaient en effet pour elle. Étrangère à l'industrie avant sa fusion avec l'Angleterre, elle se livrait maintenant avec succès au commerce, à l'agriculture ; ses manufactures de toiles blanches et de bises, de calicots, de mousselines, de gazes, de linon, de batistes, de rubans de fil, de dentelles, de draps, de serges ; ses filatures de coton et de laine ; ses raffineries de sucre, ses papeteries, ses verreries, étaient fameuses par l'excellence de leurs produits ; elle faisait aussi un commerce maritime considérable avec les États du nord de l'Europe, particulièrement avec la Russie ; elle avait des relations commerciales très-étendues avec le Portugal, l'Espagne, la Méditerranée, les États-Unis d'Amérique, le Canada, etc.

(*) Traduction de M. Albert Montémont.

FIN DE L'HISTOIRE D'ÉCOSSE.

IRLANDE.

C'est un spectacle bien digne de l'attention du philosophe et de l'homme d'état que celui qui nous est présenté par l'Irlande. Détresse déplorable, misère affreuse avec un sol d'une fertilité extraordinaire; moyens d'acquérir de prodigieuses richesses, et impuissance d'utiliser ces moyens, bien que l'Irlandais soit hardi, dur à la fatigue ; à côté de contrastes déjà si remarquables, voyez l'Angleterre du moyen âge léguant un lourd héritage à l'Angleterre des temps modernes ; celle-ci recourant, dans ses rapports avec l'Irlande, tantôt aux voies de la violence, tantôt aux voies conciliatrices, sans pouvoir atteindre son but, parce qu'une faute première, comme le premier anneau d'une grande chaîne, en a engendré une foule d'autres, et vous aurez les traits caractéristiques de l'histoire que nous allons tracer.

L'Irlandais a donné à son pays les noms les plus gracieux et les plus doux; il l'appelle la verte Erin, la belle Emeraude, l'Ile des bois, *the land of the song*, la terre de la chanson ;

 First flower of the earth,
 First gem of the sea ;

la première fleur de la terre, la première fleur des mers. La nature a prodigué à l'Irlande ses dons les plus rares et les plus précieux. Le sol en est d'une grande fertilité; les entrailles de la terre renferment en métaux des richesses considérables, et ses côtes toutes dentelées offrent une infinité de baies et de ports magnifiques. Sa position topographique est la plus heureuse du monde : elle est sur la route des vaisseaux qui partent des côtes occidentales de la France et des ports d'Angleterre pour se diriger vers l'Amérique, et présente aux vaisseaux d'Amérique le premier port européen. Nulle part vous ne trouverez des sites plus pittoresques ni plus beaux. Ses lacs, vastes comme des mers, sont peuplés d'îles verdoyantes et sans nombre. Ses montagnes colorées du pourpre des bruyères, et du jaune des genêts ; ses rochers aux pointes anguleuses et menaçantes, dont les anfractuosités laissant échapper le houx et le sapin qui se balancent hardiment au-dessus des abîmes ; ses hautes et larges cascades, ombragées par des voûtes de chèvrefeuille en fleur, mêlé aux grappes rouges du sorbier sauvage ; ses arbres gigantesques recouverts d'une triple écorce de lierre sont d'un effet magique. Ses filles fortes, belles et pudiques, les unes aux grands yeux bleus, à la tête blonde et bouclée, les autres aux sourcils, aux cheveux noirs, sont telles qu'en peignait Laurence, telles qu'en voudrait peindre Sheffer.

Cependant cette contrée si riche et si belle, cette terre si favorisée du ciel et si aimée de ses enfants, est devenue depuis plusieurs siècles le théâtre des souffrances les plus cruelles, des misères les plus affreuses qu'un peuple puisse endurer. L'Irlande, dans sa plus grande longueur du nord-est au sud-est, a 306 milles anglais ; sa plus grande largeur est de 207 milles, et sa surface, sans avoir égard aux inégalités du terrain, est d'environ 20 millions d'acres irlandaises. Le territoire est divisé en quatre provinces, Munster, Connaught, Leinster et Ulster, subdivisées elles-mêmes en trente-deux comtés : Munster avec six comtés, savoir : Waterford, Tipperary, Cork, Kerry, Limerick et Clare; Connaught avec cinq comtés, savoir : Galway, Mayo, Sligo, Leitrim et Roscommon ; Leinster avec

IRLANDE.

Le Lac de Killarney.

douze comtés, savoir : Longford, Westmeath, Kings County, Queen's County, Kilkenny, Carlow, Wexford, Wicklow, Kildare, Dublin, Meath et Louth; Ulster avec neuf comtés : les comtés de Cawen, Monaghan, Armagh, Down, Antrim, Derry, Donégal, Tyrone et Fermanagh. Parcourez chacun de ces comtés, le plus grand de tous qui est le comté de Cork, comme le plus petit qui est celui de Louth, partout vous entendrez retentir à vos oreilles ces mots terribles : *I am hungry!* J'ai faim! *The potatoes are very dear Your Honour.* Les pommes de terre sont bien chères, Votre Honneur !

« La misère nue, affamée, cette misère vagabonde et fainéante, cette misère qui mendie, couvre le pays tout entier; elle se montre partout, sous toutes les formes, à tous les instants du jour; c'est elle que vous voyez la première en abordant aux rivages de l'Irlande, et dès ce moment elle ne cesse plus d'être présente à vos regards : tantôt, sous l'aspect du pauvre costumé de ses haillons, elle vous suit partout, vous obsède sans relâche; vous entendez de loin ses gémissements et ses pleurs, et si sa voix ne vous émeut pas d'une pitié profonde, elle vous importune et vous fait peur. Cette misère semble inhérente au sol et comme un de ses produits; pareille à ces fléaux endémiques qui corrompent l'atmosphère, elle flétrit tout ce qui l'approche, et atteint le riche lui-même, qui ne peut, au milieu de ses joies, se séparer des misères du pauvre, et fait de vains efforts pour secouer cette vermine qu'il a créée et qui s'attache à lui (*). » *Ireland! Ireland! poor Ireland!* Irlande! Irlande! pauvre Irlande !

L'Irlandais, comme la plupart des peuples, se pique d'une haute antiquité; il cite parmi ses villes les plus florissantes, à une époque où l'Angleterre ne possédait encore que de misérables villes et de chétifs villages formés avec des huttes, Banchor surnommée la ville du savoir ; Lismore surnommée les litanies de l'Irlande ; Slune ou le jugement de l'Irlande, où vécut Probus, le disciple de saint Patrick ; Tara la ville royale, où s'assemblaient ses poëtes et ses musiciens.

Toutefois, rien de certain n'existe à l'égard de la grandeur prétendue de ces villes; tout également est conjecture à l'égard de l'origine des premiers habitants de l'Irlande. Selon quelques auteurs, il paraîtrait que les Phéniciens, ces célèbres navigateurs de l'antiquité, qui établirent des colonies en Espagne, et que l'on croit avoir fréquenté les ports de l'Angleterre pour y trafiquer, eurent quelque connaissance des côtes de l'Irlande. Telle est l'opinion du poëte Festus Avienus. Les *Hiberni* (les Irlandais), dit la tradition irlandaise, descendent des Heri, par Amergin et Ir, deux fils de Milésius. Ce Milésius, chef d'une race martiale et lettrée, originaire de la Scythie, avait conquis l'Espagne. Une prophétie ayant annoncé aux Milésiens que, dans leur course vagabonde et conquérante, leur race s'arrêterait à une île des mers de l'Occident, ils mirent à la voile, des côtes de la Galice, et le jeudi 1er mai de l'an du monde 2934, leur trente vaisseaux abordèrent à *Inbher Sceine*, aujourd'hui Bantry Bey dans le Munster. Plus de trois siècles avant l'ère chrétienne, Aristote, dans son *Traité du Monde*, donne aux îles Britanniques le nom d'Albion et d'Ierne. Strabon, Pomponius Mela et Solin, mais principalement Ptolémée, géographe qui vivait dans le second siècle, nous parlent également de l'Irlande. Mais ces écrivains ne nous apprennent rien des habitants de cette île, ils ne parlent que de l'état de barbarie dans lequel ils sont plongés. Quelques écrivains supposent que le pays est d'origine celtique, l'Irlande s'appelant anciennement Iri, Eri, Erin, Iere, Ierne, dénomination qu'on suppose signifier la situation occidentale de l'île relativement à l'Europe. D'autres regardent le terme original comme gothique. D'après les recherches des meil-

---

(*) *Irlande sociale, politique et religieuse.* Gustave de Beaumont.

leurs antiquaires, et particulièrement du savant et laborieux Pinkerton, une race d'origine celtique, distinguée sous le nom de Gael, qui vivait dans les parties méridionales de la Grande-Bretagne, dans des siècles bien antérieurs à la naissance du Christ, aurait été chassée des lieux qu'elle habitait par les *Cumri* ou *Cumraigs*, autre race celtique que l'on conjecture être venue également de la Germanie, et cette race aurait été s'établir en Irlande.

Nous ne nous prononcerons point entre toutes ces opinions, il nous serait difficile de dire quelle est la meilleure. Nous laisserons également les chroniqueurs irlandais énumérer avec complaisance les cent dix-huit monarques qui, suivant eux, se seraient succédé au trône d'Irlande, jusqu'au moment de l'introduction du christianisme dans le pays; bornons-nous à constater, d'après les récits qu'ils nous ont transmis de ces temps éloignés, que l'Irlande, comme de nos jours, présentait un état de perturbation constant. Tous s'accordent sur ce point que la plupart de ces souverains, depuis Hérémond, fils de Milésius, jusqu'à Loagaire, sous le règne duquel fut introduit le christianisme en Irlande, périrent de mort violente par les mains de leur successeur immédiat.

Il paraît que le druidisme fut la religion des Irlandais comme il fut la religion des Ecossais et des Anglais, et que le christianisme fut introduit en Irlande par saint Patrice, qui naquit vers le milieu du quatrième siècle. Patrice était d'une noble famille. Breton par sa mère, nièce selon quelques-uns de saint Martin de Tours, mais, par son père, citoyen d'une ville soumise à la domination romaine, il fut enlevé, alors qu'il avait seize ans, à ses parents par des barbares, et conduit en Irlande, où il se vit réduit à garder les troupeaux. Patrice puisa dans la croyance chrétienne la force de supporter son malheur avec fermeté, et après de grandes épreuves, il devint le serviteur de Jésus-Christ, et s'efforça d'établir la religion catholique en Irlande.

La mémoire de saint Patrice est avec raison en grande vénération parmi les Irlandais, mais une dévotion superstitieuse a fait débiter mille choses merveilleuses à son sujet. George III sous son règne institua un ordre de chevalerie qui porte le nom de saint Patrice et qui a pour objet la loyauté et l'émulation de la vertu. La vénération que porte l'Irlandais à saint Patrice, le merveilleux qu'il attache à ses actes, ont eu leurs causes dans d'immenses services rendus par ce saint à l'Irlande. Grâce aux efforts généreux du saint homme, l'Irlande vit en effet s'élever sur son territoire une foule de monastères, et se remplit d'écoles qui furent célèbres pour l'enseignement des belles-lettres. Bientôt le nombre de ces établissements devint si considérable, que l'Irlande reçut des étrangers le glorieux surnom de *l'île des saints et des savants*.

Les ténèbres se dissipent, et nous pouvons déjà apprécier l'état de la civilisation en Irlande à cette époque. Mais par ce que nous en disent les historiens, on ne saurait s'en faire une idée bien favorable. En effet, on voit alors six, quelquefois sept chefs nommés princes ou rois des provinces, exerçant le pouvoir souverain. Celui d'entre eux qui domine sur les autres prend le titre de roi d'Irlande, *Ardriagh*, monarque suprême. Sous chacun de ces princes, il y a plusieurs seigneurs ou tapargues nommés aussi *riaghs* ou rois, qui rendent hommage et payent tribut à celui dont ils relèvent comme vassaux. Ces seigneurs sont en si grand nombre que la principauté de Munster seule en a plus de dix-huit sur son territoire. Sous la juridiction de ces *riaghs* sont encore d'autres chefs feudataires nommés *tiarnas* et *confinnies* qui gouvernent les clans ou tribus inférieures, et qui obéissent ou désobéissent à leurs supérieurs suivant leur caprice ou la circonstance. Pour la succession à la monarchie, on fait attention à deux points principaux, le droit héréditaire et le choix du peuple. Le droit d'élection appartient au peuple; mais le peuple

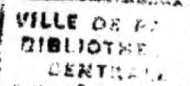

IRLANDE. — La Chaussée des Géants.

ne peut choisir que dans une famille désignée. On conçoit qu'une telle constitution devait être la source des plus grands troubles et des plus violents débats à chaque nouvelle élection, et que la force des armes devait souvent terminer la dispute. Mais vers le huitième siècle, un nouvel ordre de succession est établi, et l'on choisit alternativement dans deux familles royales, l'une de la race Hy-Nial, qui réside au nord du canton de Tyrone, et l'autre nommée Clan Colman, qui habitait au sud le pays de Meath, ce qui tendit davantage encore à augmenter le désordre.

Toutefois, pour maintenir un gouvernement régulier dans l'île entière, il y avait tous les trois ans une assemblée des chefs et de la haute noblesse, nommée le *Fes*, institution qui datait des temps les plus anciens; cette assemblée se tenait sur la montagne de Tarah, dans le pays de Meath. La justice n'avait point de somptueux palais comme aujourd'hui: la magistrature était héréditaire; les juges portaient le nom de *brehons*; ils tenaient leurs séances et jugeaient les causes en plein air; leurs arrêts étaient fort respectés du peuple; les lois étaient écrites. Mais le langage en est si obscur qu'elles sont devenues inintelligibles. La coutume dans un grand nombre de cas et notamment dans le partage des terres faisait loi. A la mort d'un propriétaire, tous ses biens étaient également partagés entre ses fils légitimes ou naturels. A défaut d'héritiers mâles en ligne directe, on choisissait parmi les plus proches collatéraux, mais toujours on excluait les femmes de la succession.

La condition des Irlandais n'était pas meilleure que la constitution civile et politique qui régissait le pays. Les meilleurs documents qui ont été donnés sur l'Irlande de ces temps reculés nous apprennent que la plupart des habitants vivaient dans des cabanes obscures construites peu solidement. Au centre du district habité par une tribu était la demeure du chef, qui était entourée d'une enceinte appelée *rath*. L'Irlandais d'alors, comme l'Irlandais de nos jours, aimait avec passion les vers et la musique. C'est à cause de l'habileté de l'Irlande dans la musique que Henri VIII choisit la harpe pour servir d'armoiries à ce royaume. On prétend que ce bel art leur fut communiqué par les Grecs. Les Irlandais professaient une vénération profonde pour les bardes et les musiciens; mais ceux-ci acquirent une si grande influence, que dans plusieurs circonstances les chefs furent obligés de recourir aux armes pour les faire rentrer dans le devoir et l'obéissance.

L'agriculture et l'industrie étaient dans l'enfance. La nourriture des Irlandais consistait principalement dans le lait et la chair des troupeaux. On y ajoutait souvent des herbes sauvages, comme le cresson et l'oseille. Le blé, au lieu d'être battu avec le fléau, était séparé de la paille et des enveloppes par le moyen du feu; on le pilait, on le faisait bouillir, on le réduisait en poudre avec des moulins à bras. Le pain était cuit sous la cendre en forme de gâteau, ou sur une plaque de fer appelée *griddle*. L'hydromel servait de boisson: aussi la conservation des abeilles était-elle spécialement ordonnée dans les lois du pays. Le costume des Irlandais se composait d'un manteau fort court, fait de peau dans l'origine, et ensuite de drap orné de bandes de différentes couleurs qui y étaient cousues, et d'un capuchon qui était quelquefois remplacé par un bonnet pointu. Une casaque appelée *fallin* et des chausses qui descendaient jusqu'aux pieds composaient le reste de l'habillement; tous les hommes appartenant aux classes pauvres avaient les jambes et les cuisses nues. Comme les moutons avaient la plupart une toison noire, les vêtements des Irlandais étaient en général d'une couleur sombre; cependant ils portaient souvent des chausses jaunes. La chemise, quand on en portait, était de la même couleur. Une pièce de cuir non cousue et assujettie au pied avec une courroie servait de soulier; on portait la barbe longue, au moins sur la lèvre supérieure ; une grande touffe de cheveux sur le front, nommée *glibb* ou *cooleen*, qui était arrangée en différentes formes, donnait au visage un air féroce.

De l'état des mœurs et de la forme de gouvernement que nous venons de décrire, il résulterait que la haute civilisation dont s'enorgueillit l'Irlandais quand il parle de cette époque reculée, est un fait imaginaire, et que son pays n'avait pas plus de titre à cette supériorité que n'en avait le reste de l'Europe. Il n'est point supposable également que l'Irlande fît de grands progrès dans la civilisation durant l'invasion danoise. Ces peuples guerriers, qui remontaient les rivières avec leurs flottes composées de vaisseaux légers, ravageaient avec le fer et le feu tous les pays où ils abordaient, en massacraient sans pitié les habitants, sans égard pour le sexe ou pour l'âge, et emportaient ensuite leur butin ; ils abordèrent en Irlande (vers 853), sous la conduite d'Amlare, de Sitrick et d'Ivar. « Mais la pauvreté naturelle du pays, dit un historien, l'état peu florissant de l'agriculture et du commerce, n'offraient rien à la cupidité de ces étrangers. » Il paraîtrait ainsi que les sanctuaires où les sciences s'étaient réfugiées, étant séquestrés de la société, ces établissements avaient peu d'influence sur la masse du peuple, et que le grand corps de la nation était plongé dans les ténèbres de la barbarie.

Ce fut en 1100 que s'effectua la conquête de l'Irlande par les Anglo-Normards. Les conséquences de cet événement auraient pu être des plus heureuses pour l'Irlande, mais par le fait d'une politique fausse dans son origine, il en résulta des souffrances les plus terribles et les plus longues pour ce malheureux peuple.

Les conquérants normands, après s'être emparés de l'Angleterre, avaient tourné leurs regards du côté de l'Irlande. La conquête de l'Irlande était un fait important, car, bien que l'Angleterre en fût séparée par un bras de mer, l'Irlande semblait lui appartenir et faire partie intégrante de son territoire, à cause de sa proximité. Cette conquête, à la suite des temps, devait être précieuse pour l'Irlande elle-même. Faible par elle-même, l'Irlande n'avait-elle pas tout à redouter d'un voisin aussi puissant ! Mais pour que de bons résultats pussent ressortir de cette conquête, il importait que les deux États se fondissent l'un dans l'autre de manière à faire cohésion, à ne former qu'un seul corps. La politique des conquérants devait donc avoir pour objet d'effacer les préjugés qui séparaient les deux pays, de faire jouir le peuple conquis des avantages du peuple victorieux, de montrer même une certaine partialité en faveur du premier, afin de lui faire oublier ce bien qui fut toujours cher aux yeux d'un peuple, et que nous nommons nationalité.

Mais la politique des conquérants anglais fut une politique d'avarice et de cupidité. Après s'être emparés de l'Angleterre, ils s'en étaient partagé les dépouilles, et au moment où ils convoitaient l'Irlande, leur âme était pleine encore de ces paroles remarquables prononcées par leur illustre chef à la bataille de Hastings. « Pensez bien à combattre, et mettez tout à mort ; car si nous les vainquons, nous serons tous riches. Ce que je gagnerai, vous le gagnerez ; si je conquiers, vous conquerrez ; si je prends la terre, elle sera à vous. Sachez pourtant que je ne suis pas venu ici seulement pour prendre MON DU, mais pour venger notre nation entière des félonies, des parjures et des trahisons des Anglais. Ils ont mis à mort les Danois, hommes et femmes, dans la nuit de Saint-Brice. Ils ont décimé les compagnons d'André, mon parent, et l'ont fait périr. Allons donc, avec l'aide de Dieu, les châtier de tous leurs méfaits (*). »

L'esprit de cupidité qui avait conduit les Normands en Angleterre, les con-

(*) Paroles de Guillaume le Conquérant avant la bataille de Hastings : M. Augustin Thierry, *Conquête d'Angleterre*. Il est difficile de lire cet ouvrage sans se sentir entraîné par un penchant invincible à s'en approprier quelques richesses. CL. PEL.

duisit aussi en Irlande. Mais, entraînés par leur passion, ils ne firent point de l'Irlande leur patrie adoptive, comme ils l'avaient fait pour l'Angleterre; ils la traitèrent en pays conquis, se posèrent féodalement sur toutes les parties dont ils étaient les maîtres, y bâtirent des forteresses, n'occupèrent le sol que pour y vivre du travail des indigènes. Ils ne voyaient dans l'Irlande qu'une colonie destinée à les enrichir. Ils y apportaient, il est vrai, des institutions libérales. L'Irlande eut un parlement composé de seigneurs et de bourgeois, établi sur le même principe que le parlement d'Angleterre; elle eut la liberté individuelle, la garantie de la propriété, le jugement par jury, comme elle-même. Mais en implantant ces libertés sur le sol irlandais, les conquérants les gardèrent pour eux, et n'en étendirent point le bénéfice aux populations irlandaises. Telles étaient leurs idées exclusives à l'égard de l'Irlande, que sous le règne d'Édouard III, alors que, par le fait d'une sympathie irrésistible, la fusion des deux populations commençait à s'opérer, le souverain de l'Angleterre, par un statut, dit de Kilkenny, interdit aux sujets anglais, sous les peines de haute trahison, de contracter aucune alliance par le mariage avec les Irlandais, de former avec ceux-ci aucune association.

Il était naturel qu'un pareil état de choses occasionnât des froissements considérables et des conflits perpétuels. L'Irlandais est un peuple brave et d'un caractère impressionnable. Quand il vit sa patrie opprimée et ruinée par d'odieuses spoliations, une sainte fureur s'alluma dans sa poitrine; la voix de ses bardes ranimait son espoir et le soutenait dans ses moments de découragement :

« Dieu vous protége, défenseurs du Gaël! Puissent vos ennemis ne jamais triompher! Puissiez-vous ne jamais quitter honteusement le champ de bataille!

« Généreux enfants! sous vos armes éclatantes, réveillez-vous aux cris des alarmes et de gloire. Combattez pour les vertes montagnes et pour les bords fleuris des fleuves de votre île!

« Pour venger et pour sauver l'Irlande, vous devez braver tous les périls de la guerre! Sortez de ce sommeil court, mais profond, qui vous retenait sur ces cimes ardues, au milieu des neiges et des orages!

« Que tardez-vous? arrachez aux mains spoliatrices de l'étranger la terre de vos aïeux! Oubliez-vous donc et ses champs émaillés de fleurs et ses palais et ses tours superbes?

« Ce n'est point par défaut de cœur et d'énergie que nous laissons les étrangers se gorger de nos dépouilles! Oh non! Plût à Dieu que, tous unis, nous fussions déterminés à rester debout ensemble ou à tomber ensemble!

« O amertume de mon cœur! Proscrits et dispersés, nos princes et nos chefs sont errants sur la terre natale, à travers de sombres vallées et des forêts sauvages, traqués comme des loups, et chassés comme des bandits;

« Tandis qu'une horde féroce et sans remords règne sur nos plaines riantes, et que ses armées vindicatives nous enveloppent et nous ravissent le repos durant nos longues nuits!

« Non, jusqu'à ce que vous les ayez écrasés dans le sang, nul rayon de joie ne pénétrera plus au fond de mon âme; bataillons empourprés, si brillants sous les armes, vos dangers font mes terreurs!

« Car leur sauvage haine ne sera assouvie que lorsqu'ils nous auront tous extirpés, branche et racine! Dieu vous guide et vous garde nuit et jour, et surtout à l'heure du combat!

« En avant, montagnards, en avant! le ciel est avec vous. Soyez fiers de verser votre sang pour votre patrie. Ils doivent espérer le laurier du vainqueur, ceux qui ont pour cri de veille : *La liberté ou la mort!* (*)

Ces violences d'un côté, ces résistances opiniâtres de l'autre, se continuent pendant plusieurs siècles. Les conquérants ont un pied en Irlande, ils sont maîtres des principales villes du royaume; mais la campagne et les montagnes restent aux Irlandais, l'Irlande n'est pas conquise. Tantôt, dans

(*) Nous avons pris cette ode dans l'ouvrage publié par M. Capo de Feuillide, sous le titre de *l'Irlande*.   CH. PEL.

ces luttes acharnées, les Anglais gagnent du terrain, tantôt ils sont repoussés et reperdent leur avantage. En 1406, plus de trois cents ans après l'invasion, les Irlandais guerroient encore aux portes de Dublin et ravagent impunément les faubourgs de cette cité. Cependant tout n'était point encore désespéré. Une bonne politique qui eût abandonné ce système de violences et de spoliations et aurait avantagé les Irlandais, aurait pu calmer leur irritation. La fusion se fût fait attendre longtemps sans doute, après des querelles aussi terribles et aussi sanglantes, mais elle se fût infailliblement opérée; les griefs de nationalité, auxquels se réduisaient jusqu'alors les griefs des Irlandais, se fussent effacés d'eux-mêmes par le fait d'une association libérale qui les aurait fait participer aux avantages de la constitution anglaise concurremment avec les Anglais.

Ce fut au milieu de ce conflit que la réformation supplanta le catholicisme en Angleterre. Fière de ses succès, la réformation lança des prédicateurs en Irlande, dans l'espoir que leur voix ferait impression sur l'âme des Irlandais, et qu'elle sortirait victorieuse de sa lutte avec l'ancien culte dans cette contrée, comme elle l'avait fait dans les royaumes d'Angleterre et d'Écosse. Mais, contrairement à cet espoir, l'Irlande fut sourde aux provocations qui lui furent faites pour changer de culte. L'Irlande était catholique, elle resta catholique; elle s'attacha au catholicisme avec d'autant plus de force que celui-ci était plus persécuté, et le catholicisme en retour lui communiqua son énergie et cette puissance de résistance qui forme un des traits principaux de son caractère. Dès lors, les griefs de l'Irlande ne se bornèrent plus à des griefs de nationalité, ils devinrent aussi des griefs de conscience. Pour opérer la fusion, il ne s'agissait plus d'opérer des modifications dans la loi civile, de rajuster les différences qui séparaient les deux peuples, au moyen de concessions il fallait aussi donner satisfaction au culte catholique, culte exigeant, parce que dans sa chute il était fort encore, qu'il avait pour lui, non-seulement les sympathies du peuple irlandais, mais encore celles des plus grands États de l'Europe.

L'Angleterre, déjà devenue protestante, ne pouvait consentir à ce que le catholicisme, qu'elle détestait alors avec une violence extrême, triomphât ainsi sur un territoire qu'elle regardait depuis longtemps comme lui appartenant; que ce culte méprisé par elle et repoussé de son sein comme un culte idolâtre, ourdît contre sa sûreté des complots pour reconquérir une puissance qu'elle se refusait à lui donner. De plus, l'Irlande catholique ne pouvait manquer d'être le point de mire des États catholiques, ces États devant naturellement se servir de cette contrée comme d'un instrument pour inquiéter l'Angleterre dans les démêlés si fréquents qu'elle avait avec eux.

Ces considérations furent pour les malheureux Irlandais la source de persécutions et de spoliations inouïes. Tous les souverains de la famille des Tudors se livrèrent à leur égard aux violences les plus atroces. Jacques Ier et Charles Ier, son successeur, pour enrichir des courtisans insatiables, s'attachent à les dépouiller de leurs terres. Sous le prétexte frivole que les titres de ces propriétés ne sont pas en règle, ces deux souverains s'emparent de provinces entières et en chassent les catholiques. Le redoutable Strafford est l'exécuteur des volontés de l'un d'eux; il parcourt le pays, précédé d'une armée imposante, sème partout la terreur, et frappe par des châtiments terribles ceux qui lui font résistance. Toutefois il serait injuste de supposer que les spoliations exercées par le gouvernement anglais fussent l'unique objet qu'il voulait atteindre. Ce ne fut point assurément dans une pareille intention que la reine Élisabeth, à laquelle on ne peut refuser de hautes vues politiques, persécuta les Irlandais. Les Stuarts eux-mêmes, en dépouillant l'Irlande comme ils le faisaient, ne cédaient qu'à l'esprit de prosélytisme, à l'enthousiasme des réformateurs qui redoutaient que l'Église catholique se rétablît en Angleterre, et espéraient l'anéantir par des actes de violence. La seule faute de l'Irlande aux yeux de l'Angleterre, et pour laquelle elle sévissait si sévèrement, c'était que l'Irlande était catholique.

Toute l'histoire d'Irlande est remplie de ces violences, et la diversité des moyens auxquels l'Angleterre a recours pour convertir l'Irlande au protestantisme, passe en quelque sorte l'imagination. Ce n'est pas assez pour elle de dépouiller les Irlandais catholiques de leurs propriétés, elle remplace les propriétaires irlandais par des colonies d'Anglais et d'Écossais protestants. La mort, la déportation, l'exil, n'ayant point produit l'effet qu'elle en attend, elle a recours ensuite à un expédient extraordinaire : sur quatre provinces dont se compose l'Irlande, elle en peuple trois exclusivement de protestants, et n'admet de catholiques que dans la quatrième. Cette province, dernier asile des catholiques, fut le Connaught, auquel on joignit le comté de Clare.

Toutes ces violences terribles n'ont qu'un but : c'est qu'il n'y ait plus de catholiques en Irlande. La pensée constante du législateur est d'étouffer le catholicisme. C'est pourquoi il exclut les Irlandais catholiques du parlement, des corporations, des fonctions électorales et des emplois publics; il les atteint dans la propriété, dans leur culte, dans l'éducation de leurs enfants ; à la crainte, aux voies d'intimidation, il joint aussi les espérances et les promesses. C'est ainsi qu'il offre au prêtre apostat une pension de 20 liv. ster., qu'il élève ensuite à 40 liv. st. C'est uniquement parce que les Irlandais sont catholiques qu'ils ne siègent pas au parlement; qu'ils cessent d'être catholiques, et l'exclusion cesse aussitôt.

Toutefois l'Angleterre a beau exterminer, dépouiller, déporter les catholiques, il y en a toujours. L'Irlandais catholique se cache dans les cavernes et les rochers ; puis, quand il croit le moment venu pour se venger de ses oppresseurs, il le saisit avec empressement, et exerce sur eux les plus terribles représailles. A l'époque de la commonwealth, alors que le puritanisme était victorieux en Angleterre, une insurrection éclata en Irlande. Elle fut fatale aux presbytériens et aux protestants d'Irlande; plus de douze mille d'entre eux furent impitoyablement massacrés. Mais aussitôt un cri d'extermination est poussé par l'Angleterre : « A bas le papisme ! mort à l'Irlande catholique ! » Une armée de cinquante mille Anglais, conduite par Cromwell, foule bientôt le sol irlandais ; ordre est donné par ce général d'attaquer, de tuer, de massacrer, d'anéantir tous les rebelles, leurs adhérents et leurs complices. Alors des populations entières sont passées au fil de l'épée, sans égard pour l'enfance, la vieillesse ou le sexe. L'Irlande catholique ne peut résister à d'aussi cruelles exécutions; elle cède, et le protestantisme anglais est définitivement maître du pays.

Cet antagonisme des deux cultes se traduit par les mêmes moyens sous le règne des deux derniers Stuarts, et nous conduit jusqu'à l'époque de la guerre de l'indépendance américaine. Dans l'intervalle qui sépare l'établissement de la commonwealth, de l'indépendance d'Amérique, l'idée que poursuit le gouvernement anglais est toujours la même. Il veut faire de l'Irlande un pays protestant. C'est dans ce but qu'il fait des avantages considérables au protestant irlandais au détriment des catholiques, qu'il lui donne le commerce et l'industrie, qu'il le rend maître du terrain, et le soutient avec ses trésors et ses troupes dans les querelles avec les catholiques, qu'il lui confie tous les emplois.

Toutefois ces avantages n'avaient été faits aux protestants irlandais qu'à la condition qu'ils consentiraient à rester dans un état d'infériorité relative vis-à-vis de l'Angleterre. Cette infériorité s'étendait principalement à l'industrie manufacturière; ainsi l'Irlande n'avait pas le droit de manufacturer certains articles, et l'Angleterre s'en appropriait exclusivement la fabrication. De plus, le parlement d'Irlande était dans un état de sujétion absolue. Dès qu'une question se posait entre l'Angleterre et l'Irlande, il fallait que le parlement irlandais obéît passivement aux ordres qui lui étaient adressés de Londres. Cet état de choses est nécessaire à constater, parce qu'il en résulta un rapprochement entre le parti catholique et le parti protestant en Irlande, et que les deux partis, bien que les motifs qui les poussaient à ce rapprochement fussent différents, se liguèrent contre l'Angleterre.

La guerre entre l'Angleterre et l'Amérique du Nord venait d'éclater. Le gouvernement anglais, effrayé de l'attitude menaçante de l'Irlande, fit des concessions aux catholiques. Ainsi, il leur donna le droit de posséder la terre, droit qu'ils avaient perdu depuis longtemps ; déclara que le terme des baux, qui n'était que de quelques années afin que les fermiers irlandais ne pussent s'enrichir, pouvait être étendu indéfiniment ; il leur permit aussi d'avoir des armes. Ces concessions étaient larges, elles parurent une occasion favorable au parti protestant pour se faire relever des restrictions commerciales qui lui étaient imposées par l'Angleterre. Alors il s'unit avec le parti catholique contre l'Angleterre, il fait cause commune avec lui, une association dite de volontaires s'organise, une force imposante est bientôt sur pied. Ces volontaires déclarèrent hautement le parlement irlandais indépendant, et proclamèrent ce principe, qu'aucun pouvoir sur la terre n'avait le droit de faire des lois obligatoires pour l'Irlande, si ce n'était le roi, les lords, les communes d'Irlande. Puis une adresse, qui déclarait les sujets d'Irlande un peuple libre, fut présentée à la législature irlandaise; et celle-ci déclara que l'Irlande était un État distinct. Par cette mesure, les protestants abolissaient les restrictions commerciales qui pesaient sur eux, et l'Irlande put devenir industrielle et manufacturière. Le parlement irlandais fit aussi des avantages aux catholiques. Ceux-ci purent disposer de leurs biens, les vendre, acheter, hériter comme les protestants eux-mêmes; les peines portées par la loi furent aussi beaucoup adoucies.

Cette époque mémorable pour l'Irlande est celle dont Daniel O'Connell demande sans cesse le retour. Mais il est certain que les démonstrations de l'Irlande à cette époque indiquaient de sa part le désir de reconquérir complétement son indépendance. L'Angleterre ne pouvait consentir à une pareille séparation. Non! car le parlement irlandais lui coûte des sommes extraordinaires, et la soumission de cette assemblée, dans la position nouvelle que s'est faite l'Irlande, nécessite pour elle des dépenses extraordinaires. Le désir que l'Irlande montre de se rendre indépendante devient surtout manifeste à l'époque de la révolution française. On y célèbre l'anniversaire de la prise de la Bastille :

A NOTRE SOEUR DES GAULES;
Elle est née le 14 juillet 1789.

Les Irlandais crient comme le font les Français : « Vive la nation ! » l'air de la Marseillaise retentit dans toutes les parties de l'Irlande :

Éveillez-vous, enfants de l'Hibernie,
Le jour de gloire est arrivé.

Une union nouvelle, dont le célèbre Wolf Tone était le chef, se forme; et, sur la promesse de secours que fait la France, une insurrection éclate.

Nous avons parlé de cet événement dans notre histoire d'Angleterre, et nous avons dit qu'après avoir étouffé l'insurrection, l'Angleterre, qui tenait sous sa main l'Irlande rebelle et vaincue, profita de l'abaissement de celle-ci pour décréter qu'à l'avenir l'Irlande serait gouvernée par les lois et les principes de la constitution anglaise.

Tels sont les principaux traits de l'histoire d'Irlande jusqu'en 1800, époque où l'union des deux royaumes fut consommée. Entre cette époque et l'époque actuelle une nouvelle situation est faite à l'Irlande catholique par l'Angleterre, son émancipation est proclamée par la législature anglaise; l'Irlande jouit des mêmes droits civils et

IRLANDE.

Cathédrale S.t Patrice, à Dublin.

politiques que l'Angleterre elle-même; mais efforts superflus! la fusion que l'Angleterre a pour objet d'atteindre ne s'opère point. Le mal est tellement invétéré par le fait du temps et d'une fausse politique que les deux pays, comme par le passé, restent séparés par des antipathies profondes; que l'un est toujours prêt à s'insurger, que l'attitude de l'autre est encore menaçante pour l'humanité, à l'égard des moyens à employer pour réprimer ces tendances à l'insurrection.

A l'époque où le bill qui consacre l'union des deux pays fut adopté, l'Angleterre s'était engagée à abolir les incapacités politiques qui pesaient encore sur les Irlandais. Mais, au mépris de cet engagement, les catholiques n'obtinrent point d'être relevés de ces incapacités; ce ne fut qu'en 1829 seulement qu'eut lieu l'émancipation des catholiques. L'Irlande était redevable de cette sage mesure aux efforts d'une association qui s'était formée sous le titre d'*association catholique*. Cette association avait pris pour drapeau l'émancipation parlementaire de l'Irlande, et l'un de ses principaux chefs était Daniel O'Connell. Voici quelles devinrent alors les bases de la constitution civile et politique de ce pays:

L'Irlandais eut la jouissance des mêmes droits fondamentaux que l'Anglais, savoir: le jugement par jury; le droit d'association et de réunion; l'*habeas corpus*, comme sauvegarde de la liberté individuelle; la liberté de la presse; la liberté d'enseignement; l'inamovibilité des juges; la responsabilité des fonctionnaires publics devant l'autorité judiciaire. Le seul droit important dévolu par la constitution aux sujets anglais, et qui n'appartient pas aux Irlandais, ou, tout au moins, qui ne leur fut accordé qu'occasionnellement, et avec de grandes restrictions, ce fut le droit d'avoir des armes. Personne, en Irlande, ne put se procurer ni conserver des armes en sa possession, sans l'autorisation des magistrats. L'autorité suprême, en Irlande, resta conférée à un lord-lieutenant, ou à un vice-roi, qui l'exerça avec l'assistance d'un conseil privé par délégation de la couronne britannique. Dans les deux pays, même division administrative, même subdivision en paroisses. Les principaux agents du pouvoir exécutif dans le comté irlandais sont, comme dans le comté anglais, les shérifs et les juges de paix. En dehors des comtés, il y a aussi, en Irlande, des villes, des communes, des agrégations d'habitants libres, en vertu de chartes et de priviléges anciens, désignées sous le nom de corporations municipales.

En vertu du traité d'union, l'Irlande se trouve représentée au parlement britannique par 28 pairs laïques et 4 pairs ecclésiastiques, en tout 32, sur un nombre total de 435 membres anglais, irlandais, écossais, qui composent la chambre des lords d'Angleterre. Dans la chambre des communes, l'Irlande compte 105 représentants sur un nombre total de 650 membres. En Irlande comme en Angleterre, tout habitant des villes payant un loyer de 10 livres sterl. (250 fr.) est électeur; mais, relativement à la représentation des comtés, le droit électoral des Irlandais est plus restreint que celui des Anglais. En Angleterre, tout franc-tenancier possédant un revenu foncier net de 40 schellings (50 fr.) est électeur dans le comté; en Irlande, il faut, pour exercer le même droit, jouir d'un revenu d'au moins 10 liv. st. (250 fr.). La justice civile et criminelle est organisée en Irlande absolument comme en Angleterre; les bases en sont les mêmes; la magistrature de paix est exercée *gratuitement* par les citoyens; la haute magistrature est dans les mains d'un petit nombre de juges choisis parmi les meilleurs légistes du royaume, et placés, par leur haut traitement et leur irrévocabilité, dans une position réellement indépendante de la couronne. L'Irlande a, comme l'Angleterre, quatre cours centrales de justice; quatre tribunaux supérieurs siégeant à Dublin; la cour du banc de la reine, qui est la première par le rang, par l'importance des fonctions; la cour des plaids communs, la cour de l'échiquier, la cour de chancellerie,

En général, les tribunaux anglais présentent aux justiciables plus de garanties de bonne justice, d'impartialité, d'équité, que les tribunaux irlandais; ce qui provient des querelles civiles et religieuses qui agitent continuellement l'Irlande (*).

Cet exposé, auquel on peut ajouter beaucoup d'autres faits respirant le même esprit, nous montre que la législature anglaise a été libérale envers l'Irlande autant qu'elle pouvait l'être en ce qui concerne les droits civils et politiques des Irlandais. Beaucoup d'hommes de talent, de profonds publicistes crurent que le bill d'émancipation rendrait la tranquillité à l'Irlande; mais l'émancipation, en donnant aux catholiques irlandais les droits civils et politiques dont ils avaient été privés, ne touchait point à d'autres griefs; nous allons établir ces griefs avec l'assistance du livre de M. Gustave de Beaumont, intitulé : *l'Irlande sociale, politique et religieuse*, le meilleur ouvrage qui ait été fait sur l'Irlande dans notre langue.

Ces griefs sont de deux sortes : les uns concernent l'état dans lequel se trouve placé le culte catholique vis-à-vis du culte protestant. On sait que la loi anglaise accorde la liberté de conscience aux sujets de la couronne d'Angleterre; mais, en se montrant si généreuse, la loi, par une contradiction bizarre, leur a imposé l'obligation de payer la dîme à l'Eglise anglicane, qui est l'Eglise de l'État, et que l'on nomme aussi le culte établi. Un pareil état de choses a dans tous les temps soulevé de vives réclamations de la part des dissidents anglais, mais il est intolérable en Irlande, où les neuf dixièmes de la population sont catholiques. C'est, en effet, une chose curieuse de voir un pays obligé de défrayer un culte qui, non-seulement n'est pas le sien, mais qu'il abhorre profondément. On suppose que cette cause de trouble pourrait être écartée en plaçant le clergé anglican sur le même pied que le clergé français, c'est-à-dire en lui enlevant la perception de la dîme, et en le faisant figurer au budget des dépenses, comme les autres fonctionnaires de l'Etat. Mais une pareille mesure est pleine de difficultés : d'abord, il faut que le souverain renonce au serment qu'il a fait au commencement de son règne, de maintenir le culte établi avec tous ses droits et privilèges; en second lieu, le clergé anglican est très-puissant, et nul doute qu'il ne se prévalût de sa puissance pour opposer une énergique résistance à toute mesure qui tendrait à le déposséder des dîmes et autres biens dont il jouit.

Les autres griefs de l'Irlande sont relatifs à l'état déplorable dans lequel se trouve placée la propriété. La loi qui constitue la propriété foncière est la même en Irlande qu'en Angleterre. En Angleterre, le sol est encore féodal, en Irlande, le sol est également féodal; en Irlande, le droit d'aînesse existe tout comme en Angleterre. Pourquoi donc y a-t-il une différence si grande dans l'aspect des deux pays ? Là des domaines éclatants de luxe; tout est grand, somptueux, magnifique. Ici tout est désolation, misère; la terre est chargée de petits fermiers qui logent dans de misérables huttes. Les causes de cette différence remontent très-haut, même à la conquête. D'abord, on voit les conquérants concentrer dans leurs mains la propriété du sol, et se l'approprier par l'injustice et la violence. Puis à l'époque de la réformation, et dans les temps qui suivirent, l'Angleterre rend contre l'Irlande des lois qui lui interdisent le commerce des manufactures ; de là une population tout entière pour laquelle la terre, au lieu d'être un luxe comme en Angleterre, devient une nécessité, l'unique source de richesses. Plus tard, quand ces lois restrictives furent rapportées, le pli était pris, l'Irlandais comprit qu'il ne pouvait dans l'industrie manufacturière lutter avec l'Angleterre, son aînée,

---

(*) Cette exposition de la constitution de l'Irlande est l'analyse d'un travail remarquable de M. Benjamin Vignerte, publié récemment dans la *Gazette des Tribunaux*.   Cl. Pel.

HISTOIRE D'IRLANDE.

dans ce genre d'industrie, sans de grands désavantages; et autant par une longue habitude que par la connaissance des difficultés qu'il avait à surmonter, il s'attacha à la culture de la terre.

Les résultats de l'exclusion des manufactures de l'Irlandais ont été désastreux. En effet, la culture du sol étant devenue la seule industrie de l'Irlandais, la terre s'est couverte dès l'origine d'une infinité de petits cultivateurs, entre lesquels cette terre est aujourd'hui divisée par parcelles de dix à vingt acres. Le nombre des fermiers est devenu de beaucoup supérieur au nombre des fermes, d'où il est résulté une concurrence qui a accru outre mesure le prix des fermages et produit une misère affreuse pour le fermier.

En Irlande, un grand nombre de titres de propriété sont entachés de vices, qui remontent au temps même où les catholiques d'Irlande ne pouvaient, d'après les lois, être ni propriétaires, ni fermiers à longs termes. Les protestants possèdent les neuf dixièmes du sol au moins : toutes les richesses mobilières sont dans leurs mains. Toutes ces causes devaient naturellement entretenir dans l'âme des catholiques des haines ardentes et vivaces. De son côté, le propriétaire du sol, pour sa sûreté personnelle, s'est abstenu de résider sur sa propriété. De là est venu que les rapports du propriétaire et du fermier, qui ont naturellement pour base la bienveillance de l'un et la déférence de l'autre, ont été rompus. L'*absentéisme* est une des principales causes de la perturbation qui existe dans la propriété en Irlande ; il est poussé si loin, que souvent il arrive qu'un propriétaire du sol ne connaît pas ses propres domaines ; il sait vaguement qu'il possède dans le comté de Cork ou de Donégal une terre qu'on dit avoir de cent à cent cinquante mille acres. Il abandonne le loyer de son domaine à quelque traitant, moyennant un prix une fois payé ou une somme annuelle dont le chiffre est fixé à forfait. Cet entrepreneur riche capitaliste, résidant soit à Londres, soit à Dublin, afferme, de son côté, à des traitants secondaires appelés *middleman*. Ce middleman subdivise son lot et l'afferme, au taux le plus élevé qu'il peut, par parcelles de cinq, de dix, de vingt acres, à de pauvres agriculteurs du pays; comme ils n'ont point de maison pour se loger, ils élèvent des cabanes avec de la paille et du bois mêlés ensemble. Ils cultivent mal, parce que les moyens pour cultiver leur manquent.

« Des publicistes graves et distingués, dit M. Gustave de Beaumont, ont donné à la difficulté une solution que je ne puis accepter. Ils voudraient qu'on déclarât purement et simplement propriétaires ceux qui ne sont aujourd'hui que fermiers.... Mais alors l'Irlande est jetée dans la plus affreuse perturbation, et le désordre atteindra sans distinction l'ancien propriétaire et le nouveau riche, le catholique et le protestant, l'industriel qui vient d'acheter une terre, comme celui qui tient la sienne d'un héritage, le marchand auquel une propriété a été donnée en hypothèque, aussi bien que le propriétaire lui-même. D'ailleurs on comprend bien comment avec un pareil système les pauvres cesseraient d'être indigents; mais on ne voit pas ce que deviendraient les riches, qui, sans doute, ne demeureraient pas spectateurs froids et impassibles de leur ruine, et qui, s'ils ne soufflaient le feu de la guerre civile dans le pays, se hâteraient sans doute de le quitter : de sorte que tous les propriétaires ayant disparu, il ne resterait plus en Irlande que de grossiers paysans devenus les maîtres. Singulier moyen d'avancer la civilisation de l'Irlande, de rendre la paix à un pays déchiré par six cents ans de discordes civiles, de ranimer le sentiment du droit chez un peuple qui l'a perdu ! »

Pour terminer cette histoire, nous mettrons sous les yeux de nos lecteurs le tableau d'un de ces meetings qui ont paru de nature à être réprimés par le pouvoir, et qui ont engendré le procès récemment intenté à Daniel O'Connell. C'est le meeting de Mullaghmast, dans le comté de Kildare. Mullaghmast est à trente-sept milles de Dublin, et dans le voisinage presque immédiat de plusieurs villes. Le lieu était donc parfaitement choisi pour avoir la certitude de posséder un auditoire immense. A Dublin, plusieurs jours à l'avance, tous les chevaux de poste étaient retenus. M. O'Connell, avec M. John O'Connell, M. Daniel O'Connell, M. Sheil et M. Barret, est parti, à midi, de Kilcallen avec son immense cortége. Il avait pris place sur le devant de la voiture, revêtu de la robe de velours écarlate qu'il portait comme lord maire de Dublin. La corporation municipale de Dublin suivait en grande tenue officielle; sur la plate-forme se trouvait un des sténographes du gouvernement, qui avait été envoyé pour prendre des notes. C'est la première fois que le gouvernement se faisait représenter à un meeting du rappel.

A deux heures a paru M. O'Connell; sa présence a excité le plus vif enthousiasme. Les membres de la corporation de Dublin, en robes écarlates, ont pris place à la droite de la plate-forme. Les aldermen portaient leurs chaînes et leurs chapeaux à trois cornes. Les paysans les regardaient avec une grande curiosité.

M. Gaulfied. « J'ai l'honneur de demander que l'illustre pair de l'Irlande prenne place au fauteuil. » (*Adopté avec acclamation.*)

M. O'Connell se lève et dit : « J'accepte avec empressement l'honneur que vous voulez bien me faire (*des fanfares se font entendre*). Veuillez, je vous prie, dire au musicien que je parle, et que je ne chante pas. Ainsi, je n'ai pas besoin d'accompagnement (*on rit*). J'avoue, messieurs, que cet honneur me flatte plus que tout autre. Cette réunion est belle, aussi belle peut-être que celle de Tara. Ici, comme à Tara, la population est immense, innombrable, énergique, résolue et pacifique, tout à la fois. A Tara, j'ai protesté de toutes mes forces contre l'union; à Mullaghmast, je répète ma protestation. Je déclare solennellement que ma ferme conviction, comme **légiste constitutionnel**, est que l'union est complétement nulle en principe.

« Le parlement irlandais avait reçu la mission de faire des lois et non d'improviser des législatures. Il devait agir en vertu de la constitution et non annihiler. Si le parlement anglais a détruit d'un seul coup sa puissance constitutionnelle, il n'a pas détruit la puissance immortelle de la liberté qui appartient au peuple par droit de naissance. L'union est nulle dans ses principes, et ce n'était pas un droit constitutionnel, sachez-le bien, que celui qui n'est appuyé que par le bâton de la police, la baïonnette du soldat et le sabre du cavalier. Aussi je viens annoncer à des centaines de mille de nos concitoyens qu'une telle loi ne saurait durer longtemps. L'Amérique nous a offert ses sympathies et son appui; nous avons refusé ses appuis en acceptant ses sympathies, et, je le déclare positivement au nom de l'Irlande, jamais nous n'achèterons l'appui de l'Amérique au prix de l'abandon du principe proclamant la liberté native de tous et de chacun. Je dénonce l'esclavage des nègres de l'Amérique, comme une injustice aux yeux des hommes, comme un péché contre le Dieu éternel! Une telle protestation a de la force quand elle est soutenue par tout un peuple (*on rit*). Votre assentiment à mes paroles auront du retentissement en Amérique (*applaudissements*). J'aime et j'accepte les sympathies des braves gens partout, mais je ne veux l'appui armé ni physique d'un peuple. Le parti républicain en France m'a offert son assistance. Je l'ai remercié de ses sympathies en refusant son appui. Je ne désire l'appui ni de l'Amérique, ni de la France. »

Après une sortie violente contre le roi des Français, qu'il est inutile de mettre ici, M. Daniel O'Connell continue en ces termes:

« Mes amis, je ne veux mettre en péril aucun de vous; je ne voudrais pas vous perdre; je vous protégerai, et j'obtiendrai pour vous la révocation de l'union. Il n'est pas un seul d'entre vous qui, injustement et illégalement

IRLANDE

attaqué, ne serait prêt à venir se ranger en bataille auprès de moi. Que tout homme qui approuve ce que je viens de dire, lève la main. (*L'assemblée entière lève le bras.*) Voilà, mes amis, votre plus sûre protection. Vous n'attaquerez personne, et personne ne vous attaquera. Ce serait le comble de l'absurdité, de songer à quelques agressions; nous voulons devoir la victoire au calme et à la paix, et il n'est pas en Europe ni en Amérique un seul homme qui ne convienne que la victoire est inévitable (*on applaudit*). Les journaux anglais eux-mêmes, qui avaient commencé par se moquer de nous et par nous traiter avec dédain, reconnaissent qu'il est impossible de résister à la demande de la révocation de l'union. »

Une voix. « Que n'avez-vous plus de puissance? »

M. O'Connell. « Ce vœu est superflu; j'ai assez de puissance... je sais comment je dois l'employer; je n'aurais pas cru nécessaire de convoquer une réunion aussi nombreuse que celle-ci, sans la rouerie de Peel, Wellington, Stanley, Graham et du reste de cette misérable administration qui fait rougir le pays. Jamais ministère ne fut plus indigne : Stanley est un whig renégat, sir J. Graham quelque chose de pis encore; sir Robert Peel, au drapeau bariolé de cinq cents couleurs, et par un bon teint (*on rit*), aujourd'hui orange, demain vert, le surlendemain ni l'une ni l'autre de ces couleurs; mais il faut prendre garde que ce drapeau ne soit jamais teint de sang! Quant au pauvre duc de Wellington, rien de plus absurde que d'avoir déifié cet homme en Angleterre. L'historien Alison a reconnu qu'il avait été surpris à Waterloo. Comment a-t-il pu se tirer d'affaire? Grâce à la puissance des troupes anglaises, bien décidées à mourir, mais à ne pas céder. N'est pas véritablement bon soldat quiconque ne marche pas à la bataille avec la ferme résolution de vaincre ou de ne pas revenir; voilà le principe qui fait le bon soldat : vaincre ou mourir, tel est le mot d'ordre du bon soldat. (*L'assemblée répète d'une voix forte :* Vaincre ou mourir!) Le duc, heureusement pour lui, avait des troupes déterminées à Waterloo; il avait des soldats irlandais. Il a dû sa gloire au sang versé par les Anglais, les Écossais et les Irlandais. Cet homme est le chef purement nominal de l'administration; on n'aurait pas pu lui confier le moindre département; ainsi il n'a rien à faire, rien qu'à inspecter les commissaires contre le rappel. Mais je dois des actions de grâces au gouvernement. Pourquoi? Parce qu'il a prêté à la reine un discours dans lequel on nous reproche notre désaffection. Mensonge! Les ministres mentent quand ils disent que nous n'aimons pas notre souveraine. Les Irlandais ont été dévoués à la maison de Brunswick, lorsqu'elle était leur ennemie. Ils ont été fidèles à George III, qui les trahissait; fidèles à George IV, qui poussait des cris de rage en accordant l'émancipation; fidèles au vieux *Billy* (Guillaume), à qui le ministère prêtait un discours intolérant et sanguinaire contre l'Irlande; fidèles à la reine, nous l'avons été et nous le sommes, quoi que puisse dire le ministère.

« Par suite de ce mensonge officiel, je vous ai assemblés, et je crois qu'aujourd'hui il ne peut plus être douteux pour personne que les *meetings* monstres sont le reflet véritable de l'opinion universelle en Irlande. (*Oui! oui!*) Le discours prêté par le ministère à la reine a été cause qu'à Longhrea, Clifden, Lismore, et maintenant à Mullaghmast, il s'est tenu des meetings plus nombreux peut-être que les précédents; c'est ici, dans un lieu qui fut autrefois le théâtre d'épouvantables massacres dus à la cruauté anglaise et à la trahison irlandaise, qu'il convenait de s'assembler pour protester avec force contre la trahison. Pas de trahison! je vous promets qu'il n'y aura pas de marché, pas de transaction. Rien que le rappel est un parlement irlandais! Pour arriver à ce résultat désiré, il faut que vous suiviez de point en point mes avis; je marcherai lentement mais sûrement, et j'ai avec moi les sept huitièmes de la population. »

Une voix. « Il vous faudra plus de puissance. »

M. O'Connell. « Je n'en veux pas davantage ; tout ce que je demande, c'est de me laisser user librement et prudemment, comme je l'entends, de la puissance dont je dispose. La théorie d'une nouvelle chambre des communes d'Irlande peut être mise en pratique en trois semaines ; déjà les tribunaux arbitraux ont une audience ; l'administration de la justice organisée par nous marche bien. Il me faut un peu de temps pour achever d'organiser le plan de la nouvelle chambre des communes, qui sera soumis un jour à la reine. La salle de la conciliation sera bientôt terminée ; mais vraiment elle vaudrait la peine que vous vous rendissiez de Mullaghmast à Dublin pour la visiter. » (*On rit.*)

M. O'Connell. « Vous avez raison, je le dis hautement à la face de celui qui doit un jour me juger (ôtant sa toque), jamais je ne vous tromperai ; je ne forme qu'un vœu : le bonheur et la liberté de l'Irlande. Aux Anglais, l'Angleterre ; aux Écossais, l'Écosse ; à nous Irlandais, l'Irlande ! (*Applaudissements.*) Nous voulons notre patrie, nous l'aurons. Nous continuerons d'obéir à la reine, attachés à l'Angleterre par le lien doré de la couronne ; mais nous aurons notre parlement et notre magistrature. (*Oui ! oui !*) Comment voulez-vous que je ne me sente pas rajeunir, mes amis, à la vue de tant d'hommes forts jurant d'aimer toujours et de défendre leur patrie ? et comment mon cœur ne battrait-il pas en voyant sur toutes ces gracieuses figures de femmes l'expression la plus sympathique et la plus encourageante ? Quel homme résisterait à l'influence de ces beaux yeux ? (*Applaudissements*). Honneur à la beauté comme à la vertu des femmes de Kildare ! (*Applaudissements.*) Honneur et grâce au Teetotalism qui contribuera si puissamment à nous faire avoir le rappel ! Peuple irlandais, digne d'un meilleur sort, toi qui, je l'espère, verras enfin luire le jour de la délivrance et du bonheur et renaître la félicité passée, serre tes rangs autour de moi ! Chers amis, ralliez-vous à moi, obéissez-moi, et l'Irlande sera libre ! » (*Tonnerre d'applaudissements.*)

L'assemblée, après avoir adopté une résolution dans laquelle elle proteste de son dévouement à la personne et au trône de sa très-gracieuse Majesté la reine Victoria, reine d'Irlande, et de sa détermination de maintenir toutes les prérogatives de la couronne garanties par la constitution, adopte la résolution suivante :

« Nous, membres du clergé, de la noblesse, francs-tenanciers, bourgeois et autres habitants de la province de Leinster, réunis en assemblée publique, déclarons à la face de notre patrie, devant l'Europe et l'Amérique, et à la vue du ciel, qu'aucune puissance sur la terre n'a le droit de faire des lois obligatoires pour ce royaume, si ce n'est la reine, les lords et les communes d'Irlande, et, sur les tombes des fidèles qui ont péri martyrs, nous nous engageons solennellement à employer tous les moyens constitutionnels pour affranchir notre terre natale de la tyrannie qui consiste à recevoir des lois d'autres que de ses habitants. »

A ce moment la toque nationale (*national cap*) est présentée à M. O'Connell, avec une adresse de la commission spéciale. La toque est de velours vert avec revers bleu et richement ornée de franges d'or ; la forme de cette toque est celle des anciens rois milésiens, avec une guirlande de trèfle sur bande blanche. Lorsque M. O'Connell pose la toque sur sa tête, les acclamations populaires retentissent au loin.

M. O'Connell. « J'accepte avec orgueil et plaisir la toque nationale et l'adresse que vous m'avez fait l'honneur de me présenter. Toute ma vie je conserverai cette toque, et à ma mort elle sera enterrée avec moi dans mon tombeau. » (*On applaudit.*)

FIN.

TABLE DES MATIÈRES.

Les lettres a, b, c, d, indiquent les volumes I, II, III, IV.

Abbaye de Croyland, fameuse abbaye. Le clergé normand en expulsa le clergé saxon, 300 a.

Abbaye de la Bataille. Abbaye que fait construire Guillaume Ier dit le Conquérant, après la bataille de Hastings, en commémoration de cette bataille, 232 a.

Administration de la justice. Les magistrats sous les Anglo-Saxons étaient le tithingman, aussi appelé le borsholler; l'hundredaire; l'alderman et le port grieve; le trithingman ou leth grieve, 158 a. — Le tithingman était le magistrat le moins élevé dans la hiérarchie judiciaire des Anglo-Saxons; le trithingman était le magistrat le plus élevé. Les hauts fonctionnaires étaient assistés dans leurs fonctions d'un magistrat nommé shire grieve, dont on a fait par corruption le mot sheriff. Le principal magistrat était le roi, que l'on nommait quing ou king. Les tribunaux ordinaires étaient le lithings et l'hundred. On y jugeait les affaires civiles et ecclésiastiques. Les jurés étaient connus des Anglo-Saxons sous le nom de red rocan. Les tribunaux les plus élevés étaient le shiregemot et le folkmot, 157 à 160 a. — *Période normande*. Le roi est le premier magistrat du pays. Les barons ont le droit de haute et basse justice, 242 et suiv. a. — Édouard Ier condamne les mauvais juges à des amendes considérables, et rend de grands services au pays par la sévérité qu'il exige dans l'administration de la justice, 435 a.

Agriculture. L'Angleterre commence à se déboiser sous les Romains. Le pâturage était l'occupation favorite des premiers Bretons. L'art est dans l'enfance jusqu'à l'époque de l'invasion. Les instruments sont mauvais. Après la conquête, l'agriculture prend un développement extraordinaire; des vergers sont plantés, les Bretons font du vin, 84-85 a. — Sous les Anglo-Saxons, est encouragée par les moines, 217 a. — L'agriculture fait de grands progrès sous les Normands, 488 a. — Thomas Becket, archevêque de Cantorbéry, se joint aux travailleurs pour recueillir les grains et faire les foins, 488 a. — Reste stationnaire sous les Plantagenets et les Tudors, 272 et suiv. b. — Progrès qu'elle fait sous les règnes de Guillaume et Marie, d'Anne, de George Ier et de George II. Arthur Young, Bakewell, Saint-Clair, 466 et suiv. c.

Agronomes anglais. Bakewell, Arthur, Young, Saint-Clair, 465 c.

Alfred, surnommé *le Grand*. Son enfance; ses voyages sur le continent. Il ranime le courage des Saxons abattus par les défaites que leur ont fait essuyer les Danois (871). Il fait construire un grand nombre de navires pour garder les côtes et empêcher les Danois de débarquer. Sa flotte sort victorieuse d'un engagement avec les bâtiments danois; essuie une grande défaite à Chippenham dans le Wessex; cherche une retraite dans une petite île de la Tamise. Les privations qu'il endure. Aventure qui lui arrive. Il voit en songe saint Cuthbert, qui l'engage à la persévérance; ranime les Saxons; surprend les Danois, les bat complétement; leur donne des domaines pour s'y établir, dans la Northumbrie; rend la prospérité à l'Angleterre; fait de sages lois; encourage l'industrie. Sur ces entrefaites, d'autres Danois se présentent sur les côtes: ils sont conduits par Hastings. Alfred les défait encore, et délivre entièrement l'Angleterre de leur présence. Mort de ce prince, 115 à 125 a.

Algernon Sidney, membre du parti whig, accusé d'avoir comploté contre la vie du roi Charles II. Son courage et sa dignité devant ses juges; sa défense; sa mort, 121 c.

Allégeance (*serment d'*) est exigé des

catholiques, qui le refusent parce qu'il implique la reconnaissance du roi comme chef suprême de l'Église, 297 b.

Alphége, prélat de Cantorbéry, défend vaillamment sa ville contre les Danois de Sweyn, est fait prisonnier, est mis à mort, 134 a.

Amérique du Nord. Se sépare de l'Angleterre; guerre, 17 et suiv. d; est secourue par la France, 112 d; fait la paix, 172 d.

Amortissement (*fonds d'*) pour la dette publique, est créé par Walpole (sir Robert), 389 c.

André (*Saint-*) devient ville métropolitaine, 70 a.

Angleterre. Son existence est bien tranchée de celle de l'Écosse et de l'Irlande jusque dans ces derniers temps, 3 a. — Importance de ses possessions; quelles sont celles qui lui appartiennent en Europe, en Asie, en Afrique, en Amérique, en Australie, dans la Zélande, 4 et suiv. a. — Division que les auteurs ont faite de l'histoire d'Angleterre; invasion et domination romaine, 50 av. J. C., 440 après J. C.; invasion et domination anglo-saxonne, en 448-1066; invasion et domination normande, en 1066-1154; famille des Plantagenets, en 1154-1485; famille des Tudors, en 1485-1603; famille des Stuarts, en 1603-1648; commonwealth, en 1649-1659; restauration, en 1660-1688; familles d'Orange et de Hanovre, en 1688-1843, 7 a. — L'Angleterre proprement dite, avec le pays de Galles, a une superficie évaluée à 7590 lieues carrées équivalant à 15,000,000 d'hectares, ou 37,084,000 acres anglaises. Sa circonférence est de 270 lieues; sa situation géographique est excellente. Les rivières navigables présentent un cours de 600 lieues; sa constitution géologique est à peu près la même que celle du continent de l'Europe. Toutefois elle est plus riche proportionnellement que les autres pays pour ses mines, qui sont de différentes espèces : mines de plomb, de fer, de zinc, de cuivre, de houilles; celles-ci sont considérables, notamment dans les comtés de Northumberland, de Durham, d'York, de Lancastre, de Cumberland, 16-18 a. — Climat doux et tempéré. C'est le pays qui possède les cultures les plus vastes : sur 15 millions d'hectares qui forment sa superficie, 12 millions et demi sont consacrés à la culture, aux pâturages; 750,000 hectares seulement sont occupés par les forêts, 18 et 19 a. — Distribution géographique des plantes; animaux, 19 à 22 a. — Origine des races primitives, leur situation, leur nombre, leurs mœurs, leur religion avant la conquête romaine (voir à ces mots : *Premiers Bretons*); reçoit des Romains leur *Corpus juris civilis*; ses villes sont divisées en quatre classes; la conquête lui procure de grands avantages sous le rapport de son organisation civile et religieuse, 66 à 68 a. — Son organisation fiscale fait un grand pas sous les Romains, 68 a. — Devient catholique, 70 a. — Le catholicisme adoucit ses mœurs sauvages; les esclaves ne sont plus aussi fréquemment fustigés, 72 a. — (*Période saxonne*, 449-1066). Reçoit son nom d'une tribu saxonne appelée Angles; est nommée *England*, ou terre des Angles; déchirement du pays pendant les premiers temps de la domination saxonne; division du pays en sept royaumes, Heptarchie; l'Heptarchie est dissoute; les sept royaumes réunis au royaume de Wessex par Egbert, 94 à 111 a. — Première invasion danoise, 83-113 a. — Progrès des Danois; l'Angleterre sauvée par Alfred le Grand, 114 à 125 a. — Divisions intestines après la mort d'Alfred; Athelstan rend la tranquillité à l'Angleterre par ses victoires, et augmente sa considération à l'extérieur, 125 à 129 a. — Alternative de paix et de troubles intérieurs sous les successeurs d'Athelstan, selon que ces princes sont en bons termes avec le clergé, 129 et suiv. a. — Nouvelles dévastations des Danois; elle se soumet à Canute, roi danois, 137 a. — État florissant de l'Angleterre sous le roi Canute; divisions intestines après la mort de ce souverain; Edward l'exilé, roi saxon, remonte sur le trône d'Angleterre après la mort d'Hardicanute, dernier roi danois, 1042, 141 et 142 a. — Les Normands commencent à y venir en foule sous le règne d'Édouard le Confesseur, 142 à 150 a. — Ses lois, ses mœurs, religion, industrie, sciences, pendant la période saxonne, 150 à 222 a. — L'Angleterre, d'abord déchirée par les guerres de la conquête, commence à avoir un gouvernement régulier sous les Normands, 245 a. — La race normande se fond avec la race saxonne par le fait du mariage de Mathilde, princesse saxonne, avec Henri Beauclerc, 267 a. — Paix dont jouit l'Angleterre sous Henri Ier, 276 a. — La guerre civile éclate sous Étienne de Blois, qui a usurpé la couronne au préjudice de Mathilde, fille de Henri Ier, 277 et suiv. a. — Avantages que l'Angleterre retire de la conquête, 291 a. — Les différences qui existaient entre le caractère des Normands et celui des Saxons dans les premiers temps de la conquête, disparaissent presque entièrement sous Étienne de Blois, 293 a. — Guerres de l'Angleterre avec la France sous Henri II; se termine par un mariage; 311 a. — Guerre entre l'Angleterre et la France; elle est entreprise par Henri II; résultats nuls, 312 a. — Guerre avec la France; Louis VII, roi de France, pousse les fils de Henri II à s'armer contre leur père; Louis VII est vaincu, 316 a.—Règne de Richard Cœur de Lion; voyage de ce prince en Palestine; troubles fomentés par Philippe-Auguste et le prince Jean en Angleterre, 322 et suiv. a. — Règne de Jean sans Terre; guerre avec la France; perd la Normandie, le Poitou, 327 a. — Grands préparatifs de Philippe-Auguste contre le roi Jean; résultats, 333 a.— L'Angleterre est envahie par des forces françaises; la guerre civile désole ce pays, 335 a. — Est évacuée par les Français sous le règne de Henri III; guerre avec la France; tourne au profit de la France, 338 a. — Traité de paix conclu entre Henri III et saint Louis; concessions réciproques (1259), 341 a. — Guerre civile; Simon de Montfort, comte de Leicester, lève l'étendard de la révolte, 343 a. — Guerre avec la France, résultant de la mauvaise foi du roi de France Philippe IV à l'égard d'Édouard Ier, 346 a.— Guerre avec la France; règne d'Édouard III (1337); la France est à deux doigts de sa perte, 361 et suiv. a. — Traité de Bretigny, concessions réciproques, 377 a.—Édouard III porte la guerre en Espagne; reprise des hostilités avec la France; cette puissance reprend possession de la presque totalité des domaines qu'elle avait perdus dans les guerres précédentes, 378 a.— L'Angleterre menacée par les flottes de Castille et de France; règne de Richard II, 379 a. — Le peuple anglais, qui gémit sous le poids des taxes, se révolte (règne de Richard II); les principaux chefs sont pendus, 381 a. — Troubles extérieurs excités par l'aristocratie, 386 et suiv. a.—Guerre entre la France et l'Angleterre; bataille d'Azincourt; Henri épouse une princesse française, et un traité lui assure la couronne de France après la mort de Charles VI, 393 a. — Guerre entre la France et l'Angleterre; bataille décisive de Verneuil; troubles qui règnent en Angleterre, 391 et suiv. a.—Jeanne d'Arc, dite la Pucelle, sauve la France; est brûlée vive et exécutée à Rouen; trêve de 22 mois, 399 a. — Reprise des hostilités; tourne à l'avantage de la France; guerre des Deux Roses, 402 et suiv. a. — Guerre avec la France (règne d'Édouard IV, 1472); elle est heureuse pour l'Angleterre; trêve de sept ans, 413 a. — Guerre avec la France au sujet du duché de Bretagne (règne de Henri VII); traité de paix, aux termes duquel le roi de France s'engage à payer des sommes considérables au roi d'Angleterre, 11 b.—Guerre entreprise contre la France, qui est en ce moment menacée par Maximilien, le roi d'Espagne et Jean de Médicis, 25 b; gagne la bataille des Éperons devant Thérouenne, 27 b; cette guerre est ruineuse pour l'Angleterre, 29 b; nouvelle rupture entre la France et l'Angleterre; Charles-Quint fait deux voyages successifs en Angleterre, 41 b. Insuccès de la guerre entreprise contre la France, 44 et suiv. b. Perturbation que produisent dans les esprits la réformation et les actes de Henri VIII, 58 et suiv. b. Soulèvement que ces changements religieux excitent dans quelques provinces; nombreuses exécutions, 65 et 66 b. Guerre entreprise par Henri VIII de concert avec la France contre Charles-Quint; ruineuse pour l'Angleterre; fait un traité de paix avec la France, 85 b. Troubles religieux en Angleterre après la mort de Henri VIII et pendant la minorité d'Édouard VI, 93 b. Somerset, le protecteur, envahit l'Écosse; bataille de Pinkey gagnée par les Anglais, 93 b. Tout le Nord, agité par des dissensions religieuses, se révolte contre l'autorité du protecteur, 101 et suiv. b. Guerre contre la France; tourne contre l'Angleterre, 102 b. Insuccès en Écosse, 102 b. La paix est conclue avec la France, 103 b. Troubles religieux durant le règne de Marie, 109 et suiv. b. Le pays montre un vif mécontentement pour le mariage de la reine Marie avec Philippe II d'Espagne, 114 b. La reine Marie déclare la guerre à la France, sous prétexte que cette puissance donne asile aux proscrits, 124 b. Paix conclue avec la France; règne d'Élisabeth, 131 b. Élisabeth soutient les huguenots de France, 137 b. Démêlés de l'Angleterre avec l'Espagne; l'invincible Armada est défaite, 190 et suiv. b. Paix avec l'Espagne, 196 b. Aperçu de l'état florissant du royaume après la mort d'Élisabeth, 204 b. Situation du pays à l'avénement de Jacques Ier, 277 b. Projet d'union entre l'Angleterre et l'Écosse conçu par Jacques Ier, avorté, 297 b. Mécontentement qui règne dans les provinces, au sujet de la mauvaise administration de Jacques Ier, 298 et 299 b. La mésintelligence éclate entre l'Angleterre et l'Espagne, 298 b. Reconnaît l'indépendance des provinces-unies de Hollande, 301 b. Guerre de trente ans; insuccès de cette guerre pour l'Angleterre; les pirates algériens lui prennent un grand nombre de navires, 325 et suiv. b. L'Angleterre (règne de Charles Ier) aide la France dans ses luttes avec les huguenots; insuccès de l'entreprise, 352 et suiv. b. Frédéric, prince palatin, beau-frère de Charles Ier, mal secondé par l'Angleterre, perd le Palatinat, 376 b. L'Angleterre engagée dans une guerre avec la Hollande, qui se refuse à payer le droit de pêche auquel elle avait consenti jusqu'à ce jour, 377 b. Mais elle ne poursuit point cette guerre avec vigueur, par suite des troubles intérieurs qui désolent l'Angleterre, 378 b. L'Espagne, menacée par la Hollande, demande des secours à l'Angleterre, que celle-ci ne peut lui accorder; état d'abaissement de l'Angleterre, 387 b. Situation des comtés de l'Angleterre au commencement de la guerre civile; règne de Charles Ier; forces respectives des deux partis, 421 b. Désolation de ce pays pendant les guerres civiles du règne de Charles Ier, 421 et suiv. b. État d'agitation qui règne en Angleterre immédiatement après l'établissement de la commonwealth, 2 et suiv. c. Puissance de l'Angleterre sous le protectorat; humilie la Hollande, 12 et suiv. c. État d'agitation qui règne dans ce pays après la restauration, 57 c. Engagée dans une guerre avec la Hollande dont le grand commerce excite sa jalousie; résultats de cette guerre, 64 c. S'établit médiatrice, de concert avec la Suède et la Hollande, entre la France et l'Espagne pour régler leurs différends. et les oblige à la paix; elle fait la paix avec la Hollande, 73 c. Traité avec la France, 74 c. Rompt de nouveau avec la Hollande et la France; résultats de cette guerre, 77 et suiv. c. Irritation que causent les mesures arbitraires de Charles II dans le pays, 82 et suiv. c. Paix de Nimègue; duplicité de Charles II; agitation de ce pays après la découverte du complot Rumbald, 118 c. Se soulève tout entière contre Jacques, et embrasse le parti de Guillaume, prince d'Orange, prince protestant, 160 à 164 c. Engagée dans une guerre avec la France, qui a en ce moment contre elle l'Allemagne, l'Espagne, la Hollande, la Savoie, l'Angleterre, 218 et suiv. c. Ses succès sur mer, 222 c. Paix de Ryswick, 245 c. Rupture de l'Angleterre avec la France, au sujet de la part que veut s'attribuer la France dans la succession de la monarchie espagnole, 249 c. Traité de la grande alliance; agit de concert contre la France avec l'Allemagne et les États-Généraux de Hollande, 267 c. Gagne la fameuse bataille de Blenheim sur les Français; règne de la reine Anne, 287 et suiv. c. S'empare de Gibraltar, 293 c. Gagne la bataille de Rumillies sur les Français, 300 c. Réunion de l'Écosse, 303 c. Conclut la paix avec la France; traité d'Utrecht, 327 c. Agitation qui règne dans le nord de l'Angleterre par le fait d'une levée de boucliers des catholiques et des partisans du prétendant en Écosse, 343 et suiv. c. Conclut un traité avec la France, l'Autriche, la Hollande, contre l'Espagne, 355 c. Agiotage que cause le bill de la compagnie des mers du Sud, et ruine qui s'ensuit, 361 c. Agitation qui règne dans le pays, au sujet de l'agiotage qu'occasionne le bill des mers du Sud, 361 c. Se jette dans une guerre contre l'Espagne, au sujet des prétentions de ce dernier pays pour empêcher les navires anglais de commercer avec les Indes occidentales, 381 c. — (Ministère Walpole.) Guerre avec la France; perd la bataille de Fontenoy; nouvelle insurrection jacobite en Écosse (règne de George II); reprise des hostilités avec la France; s'empare du Canada; insuccès de la flotte commandée par l'amiral Byng dans la Méditerranée, 420 c; guerre avec la France; paix de Fontainebleau, règne de George III, 5 d; guerre avec l'Amérique du Nord, 17 et suiv. d; fait la guerre contre la France qui a pris le parti des Américains, 112 d; fait la paix, 172; état de l'Angleterre après la guerre d'Amérique, 173 et suiv. d; s'engage dans une guerre avec la France (1793), 262 d; paix d'Amiens, 309; nouvelle rupture, 310 d; paix de 1814, 371 d.

Anne. Son avénement au trône, 273 c; son aversion pour les whigs, 275 et suiv. c. — Par le conseil de Marlborough elle fait la guerre à Louis XIV, 279 c. — Complot contre l'État, 286 et suiv. c. — Honneurs qu'elle confère à Marlborough, 295 c. — Réunion de l'Angleterre à l'Écosse, 302 c; retire sa faveur aux whigs; pour quelle cause, 308 et suiv. c. — Poursuit la presse, 325 c; conclut la paix avec la France. Traité d'Utrecht, 327 c. — Ses antipathies pour la famille de

Hanovre; elle veut assurer le trône au prétendant, 332 c. — Sa mort, 333 c.

Anselme, archevêque de Cantorbéry, engage Henri Beauclerc à épouser une princesse saxonne, 266 a. — Ses querelles avec Guillaume le Roux, 302 a.

Anson. Voyage que fait ce célèbre marin ; il attaque plusieurs galions espagnols, 393 c.

Antiparlement. On appela ainsi le parlement convoqué à Oxford par Charles Ier, dans l'espoir de jeter la division dans le parlement de Westminster, 432 b.

Architecture, était inconnue des anciens Bretons. Les maisons étaient des huttes. Toutefois ces mêmes hommes ont laissé plusieurs édifices gigantesques appelés Stonetenge et Tolmans. Les Romains leur donnent des notions étendues sur cet art, 86 et 87 a. — Architecture des Anglo-Saxons n'a rien de remarquable. L'architecture domestique se compose d'habitations construites de pièces de bois liées ensemble, avec une toiture de plomb et des figures emblématiques qui les surmontent. L'architecture monumentale laisse également beaucoup à désirer ; il n'en est resté aucun spécimen, 210 a. — Les Normands donnent une nouvelle architecture à l'Angleterre ; son caractère, 477 a. — Grands changements opérés dans l'architecture sous le règne des Tudors, 259 b. — Développements qu'elle prend sous Charles Ier, 544 et suiv.; Inigo Jones, 544 et suiv. — Architecture sous les règnes de Guillaume et Marie, d'Anne, de George Ier et de George II. — Wren, Gibbs, Thomas Arthur, fameux architectes, 449 c.

Argyle (marquis d'), l'un des principaux chefs des covenantaires écossais, est mis à mort par Charles II, malgré l'acte d'amnistie proclamé par ce prince en faveur de tous ceux qui ont pris les armes contre la cause royaliste, 57 et suiv. c.

Aristocratie. Se composait, sous les Anglo-Saxons, d'*earls* ou *comtes*, de *thanes*, ou nobles de différents degrés. On appelait etheling, et plus tard edling, l'héritier du roi au trône, et clitones les princes du sang royal, 155 et 156 a. — Henri III ayant déplu aux barons, ceux-ci, conseillés par Simon de Montfort, comte de Leicester, forment un conseil de 24 d'entre eux, auquel le roi est forcé d'obéir, 340 a. — Turbulente au dernier point pendant le règne de Henri III, 387 a. — Son caractère et son esprit pendant la régence de Henri VI, 387

et suiv. a. — Guerre des deux roses, 402 et suiv. — Perd un moment de son influence sous la commonwealth, mais la reconquiert avec les derniers Stuarts, 159 c. — Son influence sous le règne de la reine Anne, 325 c.

Armée. Le premier essai d'une armée permanente est dû à Henri II. Ce prince, décidé à faire la guerre au roi de France, et trouvant ses barons mal disposés, leur demande de verser dans le trésor une redevance, pour tenir lieu de services effectifs; proposition qui est acceptée, 312 a.

Armée permanente. Difficultés que rencontre Guillaume d'Orange pour l'établissement d'une armée permanente; discussions vives qui ont lieu à cet égard, 247 et suiv. c.

Art de la guerre. Les anciens Bretons, très-belliqueux, savaient manier avec beaucoup de dextérité la lance, l'épée, l'arc et les flèches. Leur cavalerie était bien montée. Faisaient usage de chariots de guerre ; suivaient un ordre méthodique dans les batailles; plaçaient ordinairement l'infanterie au centre ; choisissaient pour champ de bataille le penchant d'une montagne; plaçaient la cavalerie et les chariots sur les ailes; haranguaient leurs soldats, 82 à 84 a.— Les armes font la seule richesse des Saxons, et ils doivent tous leurs succès à leur caractère martial. La loi saxonne obligeait les Saxons à se présenter en armes au premier commandement du chef. Ils ne pouvaient ni vendre, ni aliéner, ni mettre en gage ces armes, qui se composaient d'une lance, d'une hache, d'un arc et de flèches, d'une massue, d'une épée longue et large, et d'un petit bouclier pour le fantassin, et d'un large bouclier pour les cavaliers. Ceux-ci avaient la cotte de mailles. Les armées anglo-saxonnes très-nombreuses. Le roi avait le commandement de l'armée. Chaque corps marchait à l'ennemi précédé d'un étendard. Il y avait à la suite de l'armée des chariots chargés d'armes et de provisions. Leurs troupes rangées en bataille avaient la forme de la lettre A ; bâtissent des forteresses quand le pays commence à être dévasté par les Danois, 147 à 148 a.

Athelstan est le premier roi qui ait pris le nom de roi des Anglais (925), 126 a. — Ce prince fait périr Edwin, l'aîné de ses frères, en l'abandonnant au gré des vagues dans une barque. Ses guerres avec les Northumbriens. Anlaff, prince northumbrien, entre dans sa tente, déguisé en joueur

TABLE

d'instrument, dans l'espoir de surprendre Athelstan; mais Athelstan, averti, par un soldat, du danger, parvient à déjouer le complot de son ennemi. — Les Northumbriens sont vaincus. Cette victoire donne un grand nom à Athelstan; les princes les plus fameux recherchent son alliance. L'historien William de Malmesbury a résumé ce règne en quelques mots : « *In time little, in deeds great.* » Mort de ce prince (940), 126 à 129 a.

Bacon (chancelier) est placé à la tête des finances par la reine Élisabeth, 131 b; soutient l'accusation contre le comte d'Essex, dont il a été le confident et l'ami, dans le procès de ce seigneur, 200 et suiv. b; fameux comme légiste, 215 b; obtient la confiance de Jacques, 287 b; — est élevé aux fonctions de lord chancelier ; son faste, son amour de la représentation, 314 b. — Ses querelles avec Coke; ses flatteries à l'égard de Buckingham : celui-ci lui fait obtenir le titre de baron de Vérulam, 316 b. — Ses concussions. Sa mise en accusation est décrétée par les communes. Sa défense devant les lords; sa faiblesse. Condamné à perdre ses places, se retire dans sa résidence de Gothumbury, 324 b. — Sa vie, son caractère, ses œuvres, par la Revue britannique, 532 b.

Bakewell, fameux éleveur anglais; les progrès qu'il fait dans l'éducation du bétail, 463 c.

Baliol, nommé roi d'Écosse par Édouard Ier, 347 a.

Bannockburn (bataille de), gagnée par Robert Bruce sur les Anglais.

Banque d'Angleterre. Sa fondation, 453 et suiv. c.

Beaux-Arts. L'avénement de Charles Ier au trône en est l'âge d'or, 544 b.

Becket (Thomas), chancelier d'Angleterre et favori de Henri II, 312 a. — Ses querelles avec son souverain; sa mort, 314. — Son portrait; demande à Henri II la restitution du château de Rochester, 444 et suiv.

Bède, savant historien, ce qu'il dit au sujet du royaume de Northumbrie, 102 a.

Bedford (duc de), nommé gardien ou protecteur du jeune Henri V, 393 a; agit de concert avec les Bourguignons pour déposséder Charles VII, roi de France, de la couronne; remporte de grands succès en France, 398 a.

Berkeley, juge attaché à la cause de Charles Ier, maintient la légalité du ships money, 379 b.

Bible de Cranmer ou la *Grande Bible*, ainsi nommée parce que c'est une traduction en anglais de la Bible par Cranmer; on la place au pilier des églises, où elle est retenue par une chaîne, 227 b.

Bill de la nation, en vertu duquel les communes veulent avoir le droit de nommer les officiers de l'armée; refus du roi de donner sa sanction au bill, 415 b.

Bill du test (d'épreuve), rendu par le parlement pour ramener à l'unité dans la foi religieuse les non-conformistes, 80 c; règne de Charles Ier.

Bill d'uniformité. Bill qui a pour objet de rendre obligatoire le culte épiscopal aux sujets anglais, 63 c; fait une obligation à tout le clergé de l'observance du livre des prières communes, 186 c.

Boadicée, épouse de Prasutagus, roi des Ziènes, est frappée de verges et ses filles indignement violées par les Romains; la harangue qu'elle fait aux Bretons pour les encourager à la résistance; sa vaillance, 47 à 49 a.

Boleyn (Anne de); son mariage avec Henri VIII; proclamée reine, 59 b; devient mère de la princesse Élisabeth, 59 b; s'aliène les catholiques en donnant sa protection aux réformés; perd l'amour de Henri VIII; est mise en accusation; sa mort, 64 b.

Bolingbroke soutient la cause du prétendant au préjudice de la famille de Hanovre, 333 et suiv. c (règne de la reine Anne); gagne la confiance de la reine Anne, 335 c; prend la fuite à l'avénement de George Ier, 340 c; revient en Angleterre; n'est point admis dans la chambre des lords; ses écrits; poursuit le ministre Walpole, 365 et suiv.; se retire en Touraine, 377 c.

Bourgs pourris, leur création, 172 c.

Bradshaw, lord président de la haute cour de justice qui jugea Charles Ier; sa conduite dans ce procès célèbre, 47 et suiv. b.

Brenneville (bataille de) (1119), 272 a.

Bretagne (Grande-), ainsi nommée, suivant la tradition, par Brutus, petit-fils d'Énée le Troyen, 22 a; Grande-Bretagne avant la conquête romaine: voir les mots *Premiers Bretons* et *Angleterre*.

Bretons (Premiers). La tradition rapporte que la souche principale des premiers Bretons fut une colonie troyenne conduite en Bretagne par Brutus, petit-fils d'Énée, lequel

Brutus aurait nommé l'île dans laquelle il venait d'aborder, *Britannia magna*, Grande-Bretagne. Cette époque de l'histoire d'Angleterre est très-obscure ; pour se faire une idée du degré d'incertitude qui règne à ce sujet, il n'est besoin que de dire qu'avant la conquête romaine, la Bretagne était un pays inconnu aux Romains et presqu'à tout le reste du monde, 22 et suiv. a ; après la conquête, une foule de savants, et notamment Ptolémée d'Alexandrie, prennent un vif intérêt à ce pays. Ce Ptolémée d'Alexandrie porte à dix-neuf le nombre des différents peuples que l'invasion romaine trouva dans la Bretagne. Les conquérants établissent de grandes divisions territoriales dans le pays ; désignation de ces divisions, 24, 28 a ; les philosophes et les anthropologistes ne reconnaissent dans la population anglaise que deux souches principales, qui sont la souche germanique et la souche celtique. La souche germanique comprend la presque totalité de la population ; la souche celtique occupe le pays de Galles ; la souche sémitique comprend les Juifs qui se trouvent dispersés dans les divers comtés d'Angleterre, 29 a.

— Les premiers Bretons vivaient pour ainsi dire à l'état sauvage ; beaucoup d'entre eux vivaient dans les cavernes ; beaucoup d'autres n'avaient pour habitation que des huttes ; ils avaient l'humeur guerrière ; ce qu'ils nommaient une ville se composait d'une certaine étendue de terrain entouré d'un retranchement composé de troncs d'arbres et d'un large fossé ; leur religion était le druidisme, qui devenait aussi pour eux l'instrument de la loi civile ; leurs mœurs présentent un mélange de demi-civilisation et de barbarie ; les femmes, pour lesquelles ils professent une vénération profonde, appartiennent en commun à plusieurs familles ; le père épouse sa fille, le frère épouse sa sœur ; leur douleur à la mort d'un membre de la famille ; ils les enterrent sous d'immenses terrassements appelés barrows, dans lesquels ils déposent aussi des armes de guerre, des ornements de toute espèce, 29, 32 a.

— Lorsque César se prépare à faire la conquête de leur île (54 av. J. C.), les Bretons lui envoient des députés, et lui promettent de livrer des otages et de se soumettre à l'empire du peuple romain. César, en abordant dans la Bretagne avec ses galères, aperçoit sur toutes les collines des troupes de Bretons sous les armes ; les Bretons descendant aussitôt des collines, se précipitent dans la mer pour repousser les Romains ; les Bretons vaincus, demandent la paix qui leur est accordée ; mais une tempête ayant dispersé les vaisseaux de l'armée romaine, ils reprennent confiance et recommencent les hostilités ; les Romains sont un moment ébranlés par le fait de l'étrange manière de combattre des Bretons, qui consiste à pénétrer dans les rangs ennemis au moyen de chars ; mais César les rassure, ils reprennent l'avantage ; les Bretons se soumettent et promettent des otages ; deux États seulement envoient des otages ; les autres négligent de remplir leur promesse, 34 à 39 a ; Jules César quitte la Grande-Bretagne ; les Bretons se soulèvent aussitôt ; seconde invasion ; Jules César débarque dans la Grande-Bretagne avec cinq légions ; les Bretons, commandés par Cassivellanus, opposent une vive résistance aux Romains ; ils sont vaincus, 39 à 44 a ; abandonnés pour ainsi dire à eux-mêmes pendant les premiers temps qui suivent la conquête romaine, les Bretons poursuivent entre eux leurs guerres intestines ; un prince breton, chassé de sa patrie, se rend à Rome et persuade à l'empereur Claude d'essayer de conquérir la Grande-Bretagne ; cette conquête est décidée ; les généraux Plantius et Ostorius arrivent successivement dans la Grande-Bretagne ; résistance que leur oppose Boadicée, reine des Bretons ; mais en dépit de leurs efforts, les Bretons sont vaincus ; ils perdent quatre-vingt mille des leurs dans une bataille, 44 à 50 a ; nouveaux soulèvements ; Agricola, général romain, vient dans la Grande-Bretagne ; Galgacus, chef breton distingué, harangue ses troupes ; mais ce chef est défait ; les Bretons sont encore dispersés ; la Bretagne est définitivement conquise, 50 à 59 a ; les Bretons, devenus Romains, perdent alors leur amour de l'indépendance ; telle est la nature du changement qui s'est opéré en eux à cet égard, que lorsque les empereurs romains abandonnent définitivement la Bretagne (420), le départ des légions romaines leur semble un événement funeste, et que, pressés par les Pictes et les Scots, ils s'adressent aux Saxons pour se défendre contre ces barbares, faute de pouvoir se défendre eux-mêmes ; les Saxons acceptent, 59 à 63 a ; leurs mœurs s'adoucissent par l'introduction du christianisme qui eut lieu sous l'invasion romaine ; les esclaves ne sont pas aussi fréquemment fustigés ; les sacrifices humains cessent, 72 et 73 a ; leur ignorance pendant les temps druidiques, mais, avec l'invasion romaine; commence une ère nouvelle; des écoles se fondent; battus par les Saxons qu'ils avaient appelés sur leur territoire pour en repousser les Pictes et les Scots, 93 à 96 a; ils se retirent dans le pays de Galles, 97 a; ils tentent de reprendre possession de leur pays sur les Saxons, qui se livrent à des guerres intestines, mais ils sont battus, 110 a.

Bruce (Robert) sauve l'indépendance écossaise du joug de l'Angleterre, 354 a.

Buckingham (comte de). George Villiers, après avoir remplacé Somerset, favori de Jacques Ier, est élevé au titre de comte de Buckingham, donne sa protection à Bacon, 314 b; trafic scandaleux qu'il fait des places, 316 b; accompagne en Espagne Charles, prince de Galles; sa conduite à la cour de Madrid; revient en Angleterre; est appelé le sauveur de la nation par les protestants, quand le mariage de Charles avec l'infante a été rompu, 328 et suiv. b; va chercher Henriette-Marie, fiancée de Charles Ier, en France; s'éprend des charmes d'Anne d'Autriche, 342 b; encourt la disgrâce des communes; propose au roi de se procurer des ressources en pillant les côtes d'Espagne; insuccès de cette entreprise, ce qui oblige à mettre en gage les joyaux de la couronne, 344 b; Buckingham est mis en accusation; charges portées contre lui, 349 b; la mise en accusation n'a pas de suite par le fait de la dissolution du parlement, 348 b; mort violente de Buckingham, 357 b.

Budget. Les communes sous Guillaume d'Orange adoptent un bill, aux termes duquel il est enjoint au gouvernement de présenter chaque année le budget des dépenses et des recettes, 206 c; son accroissement successif sous les règnes de Guillaume et Marie, d'Anne, de George Ier et de George II, 435 c.

Bute (lord), ministre de George III; son administration, 2 et suiv. d.

Byng, amiral anglais; échoue à l'attaque de Minorque; est mis en accusation et condamné à mort; son exécution, 421 et suivantes c.

Cabinet. Création du cabinet, 434 c.

Cabot (Sébastien), célèbre navigateur accueilli avec bonté par Édouard VI, forme à Londres une compagnie dans le but de faire des découvertes maritimes, 265 b.

Calédonie, *Calédoniens*. Voir les mots *Écosse*, *Écossais*.

Canaux. Henri Ier fait creuser un canal entre le Trent et le Witham (1121), 480 a.

Canning (George), défend le duc d'York accusé d'avoir trafiqué de certaines places, 337 d; ministère de cet homme d'État; grandes mesures qu'il adopte, 395 d.

Cantorbéry devient ville métropolitaine, 70 a.

Canute, roi danois, est reconnu roi de toute l'Angleterre (1017); on lui propose de faire périr les deux fils d'Ethelred, roi saxon, mais il repousse cette proposition; il épouse Fleur de Normandie, veuve d'Éthelred, l'ennemi mortel des Danois; il s'étudie à gagner l'amour des Anglais; sa cour devient une des plus polies de l'Europe; leçon sévère qu'il donne à ses courtisans, 136 à 139 a.

Caradoc, guerrier breton qui oppose une grande résistance aux Romains, 46 a.

Caroline de Brunswick, femme de George III; son procès avec son époux, 377 et suiv. d.

Carr (Robert), créé vicomte de Rochester, est le favori de Jacques; sa puissance; devient amoureux de lady Francis Howard, mariée à l'âge de 13 ans au comte d'Essex; Overbury, craignant l'influence qu'elle aurait sur l'esprit de Rochester, s'oppose à ce qu'il l'épouse. Overbury est arrêté et meurt empoisonné; le mariage se conclut ensuite; Rochester est élevé au titre de comte de Somerset, 308 b; sa disgrâce, sa mise en accusation, sa chute, 313 b.

Cassivellanius, guerrier breton qui opposa une vive résistance aux Romains, 41 a; il se rend aux Romains, 43 a; devient l'un des plus puissants princes bretons après la conquête; après sa mort, ses domaines sont partagés entre Cartismandica, reine des Brigantins, sa veuve, et ses deux fils, Caractanus et Togodumnus, 44 a.

Catesby, dévoué à la cause catholique, forme la résolution de détruire d'un seul coup le roi, les lords et les communes; conjuration des poudres, 289 et suiv. b; sa mort, 294 b.

Catherine d'Aragon, infante d'Espagne, est fiancée à Arthur, fils aîné de Henri VII, et ce prince étant venu à mourir, elle est fiancée au prince Henri, frère d'Arthur, Henri VII ne voulant pas donner la dot, 20 b; noblesse de la conduite de cette princesse quand elle est sommée de comparaître devant le cardinal Campegge et le cardinal Wolsey, chargés de prononcer sur son sort dans le procès de divorce qui lui est intenté par son volage époux, 53 b; sommée de

DES MATIÈRES.

comparaître devant la cour chargée de prononcer son divorce, elle s'y refuse, 59 b; persécutions exercées contre Catherine, 59 b.

Catherine Howard; séduit par ses charmes, Henri VIII l'épouse; attachée au culte catholique, elle a pour ennemis les protestants; découvertes qui annoncent sur sa vie, antérieurement à son mariage, des révélations compromettantes pour son honneur; elle est mise en jugement, condamnée à mort et exécutée, 73 et suiv. b.

Catherine Parr, veuve de lord Latimer, épouse de Henri VIII, n'échappe au sort de Catherine Howard et d'Anne de Boleyn que par son adresse, 87 b; épouse en troisièmes noces Thomas Seymour, frère du protecteur, qui ne la prend pour femme que dans l'espoir d'avoir accès auprès du jeune roi, et de se procurer une grosse dot; sa mort, 95 et suiv. b.

Catholiques, reçoivent le surnom de papistes; souffrances qu'ils endurent sous Henri VIII et sous Élisabeth; peines portées contre eux, 240 et suiv. b; ne sont pas ménagés par Jacques Ier, 286 b; conjuration des poudres, 288 et suiv. b; deviennent odieux à tous les partis après l'avortement de cette conspiration, 294 et suiv. b; persécutions dirigées contre eux, 295 et suiv. b; mesures violentes prises contre eux par le parlement sous le règne de Charles II, 69 et suiv. c; conspiration imaginaire qui leur est attribuée contre la vie du roi Charles II pour les perdre, voir *Titus Oates*, 90 c; inventent à leur tour un plan de conspiration contre les protestants, 102 c; protégés ouvertement par Jacques II, 131 et suiv. c; prennent les armes dans le nord de l'Angleterre, concurremment avec les partisans du prétendant en Écosse, et sont défaits, 343 c; continuent à être persécutés sous les règnes de Guillaume et Marie, d'Anne, de George Ier et de George II, 437 c.

Cavaliers, nom donné aux troupes royalistes dans les guerres civiles (règne de Charles Ier) (voir *Guerres civiles*); leur caractère et leur force, 168 c.

Caxton est le premier qui introduisit des presses en Angleterre, 476 a.

Cecil (sir Williams) est élevé aux fonctions de ministre d'État par la reine Élisabeth, 130 b; reçoit le titre de lord Burleigh; ses différends avec le comte d'Essex, 193 b; sa mort; regrets qu'en éprouve la reine, 195 b.

Cecil, fils de lord Burleigh, favorise la cause de Jacques d'Écosse; est créé par celui-ci vicomte Crunborne, et finalement comte de Salisbury; ses intrigues pour écarter ses rivaux et notamment Raleigh, 278 et suiv. b.

César (Jules), son récit des résultats de l'expédition conduite par lui dans la Grande-Bretagne, et des mœurs des races sauvages qu'il vient de conquérir, 34 à 39 a; il part de la Grande-Bretagne; les Bretons se soulèvent aussitôt, ce qui l'oblige à y revenir; récit qu'il fait de cette expédition, 39 à 44 a.

Chambers (Richard), marchand puritain, est condamné injustement par la chambre étoilée à une amende considérable; courageuse réponse qu'il fait; il meurt en prison, 362 c.

Chambre des lords; formation de cette chambre, 438 a; refuse de s'associer à la chambre des communes qui attaque différents privilèges que s'était arrogés le roi, 287 b; les communes ayant repoussé diverses demandes que leur a faites Jacques Ier pour avoir de l'argent, et ayant rendu un acte abolissant tous les impôts établis par le roi, mesures qu'elles regardent comme un empiétement fait à leur prérogative, la chambre des lords refuse de s'associer à leur résistance, 302 et suiv. b; refuse la conférence qui lui est demandée par la chambre des communes au sujet du droit que la couronne veut s'arroger d'établir des taxes à sa volonté, 302 b; constituée en cour de justice, déclare Bacon (le chancelier) incapable d'occuper des places, et le condamne à la prison et à une amende d'un million de francs, 324 b; les lords se réunissent aux communes pour demander une réponse à la pétition des droits, 355 b; leur querelle avec les communes au sujet de l'impôt, 390 b; jugent Stafford et le condamnent à mort, 398 et suiv. b; effrayés de la tournure que prennent les affaires, veulent se séparer des communes; mais la bonne harmonie se rétablit entre les deux chambres, grâce à l'intervention de Pym, 414 b; nouvelles querelles entre la chambre des lords et les communes; motivent une séparation; les communes déclarent qu'elles agiront sans le concours des lords 437 b; est abolie par les communes après la mort de Charles Ier, 2 c; est rétablie sous le nom de l'*autre chambre*, 31 et suiv. c; a dans son sein un fort parti pour les Stuarts après l'expulsion de Jacques II, 203 et suiv. c;

vote un bill qui a pour objet d'établir des parlements triennaux; Guillaume d'Orange refuse sa sanction, 224 c; adopte le bill destiné à régler la succession; aux termes de ce bill, la succession de la couronne est donnée à la reine Anne, et en cas de mort de cette princesse sans héritier, à Sophie, duchesse douairière de Hanovre, petite-fille de Jacques Ier, et à ses descendants, 267 c; création de pairs pour renforcer le parti de la cour dans la chambre des lords; règne de la reine Anne, 325 c; vote le *riot act* (règne de George Ier), 341 c; un bill est introduit dans la chambre pour que le nombre des pairs soit limité, et le bill est repoussé; règne de George Ier, 359 c.

Chambre étoilée, instituée par Henri VII; cour exceptionnelle, 205 b; manière sommaire dont cette cour procède à l'égard des accusés; condamne Olivier Saint-Jean pour avoir écrit un pamphlet, à cinq mille livres sterling d'amende et à rester en prison selon le bon plaisir du roi, 310 b; indignation que causent ses actes aux communes, règne de Charles Ier, 357 b; jugement inique qu'elle rend dans l'affaire du marchand Chamber, 364 b; condamne à la prison perpétuelle et à avoir le nez coupé, Prynne, auteur d'un libelle contre Henriette-Marie, épouse de Charles Ier, 367 b; elle condamne à des amendes exorbitantes ceux qui sont traduits à sa barre, lesquelles amendes sont appliquées à l'édification de la cathédrale de Saint-Paul, 369 b; condamne à l'amende et au pilori Bastwick et Barton, ainsi que John Lilburne, pour publication de libelles, 372 b.

Chancellor (Richard) débarque à Archangel, et reçoit du czar, Jean Bazelowitz, des priviléges considérables pour la compagnie qu'il représente, 265 b.

Charles Ier (prince de Galles) part pour l'Espagne avec Buckingham, à l'effet d'y conclure un mariage avec l'infante espagnole; son amour pour cette princesse, qui prend le titre de princesse de Galles; sa conduite à la cour de Madrid; rompt son mariage, 329 b; avénement de Charles au trône; joie que cet événement produit en Angleterre, 339 b; épouse Henriette-Marie, princesse française; demande 17,500,000 francs aux communes, qui ne lui accordent que 3 millions et demi; ses premiers différends avec les communes, 342 b; sa conduite équivoque avec les huguenots français; ce qui augmente sa déconsidération, 343 b; met en gage les joyaux de la couronne pour se faire des ressources, 344 b; ses querelles avec sa femme; enjoint à tous les prêtres français et à tous les Français qui ont accompagné la reine, de quitter l'Angleterre, 345 b; manière dont il s'y prend pour se défaire des membres les plus influents de l'opposition dans la chambre des communes, 346 b; message qu'il envoie aux communes; attitude menaçante de celles-ci; veut mettre lui-même en accusation le comte de Bristol, ambassadeur de Jacques Ier à la cour de Madrid; insuccès, 348 b; dissout son parlement, 349 b; moyens employés par le roi pour se créer des ressources, 350 b; irritation que produit à Londres la dissolution du parlement, 350 b; est à la veille de se brouiller avec la France au sujet des Français qui ont accompagné sa femme, 352 b; envoie des troupes pour prendre la Rochelle; insuccès de cette entreprise; se décide à convoquer un autre parlement, 354 b; affliction de Charles à la mort de Buckingham, son favori, 357 b; sa colère en apprenant que les communes sont occupées à voter une remontrance qui lui est destinée; il veut faire enfoncer les portes de la chambre des communes; dissout le parlement, 360 b; ordonne un grand nombre d'arrestations, 361 b; parvient à attacher à son parti Wentworth, l'un des chefs de l'opposition, et le fait marquis de Strafford, 363 b; sa politique pour détacher de la cause populaire les principaux chefs, 363 b; lève des emprunts forcés; frappe chaque chose d'un impôt, 365 b; fait un voyage en Écosse, accompagné de Laud; mécontente les Écossais, 368 b; sa réponse à Wentworth qui lui demande de prolonger l'existence du parlement irlandais, 375 b; veut s'emparer de toute la province de Connaught en vertu de droits périmés; il est secondé dans ses desseins par Wentworth, 375 b; veut soutenir ses neveux les princes Rupert et Maurice, pour les réintégrer dans la possession de leurs États, mais en est empêché par Wentworth, 378 b; conduit mollement la guerre avec la Hollande, qui se refuse à payer le droit de pêche, 377 b; crée l'impôt du ships money; opposition qu'il rencontre, 378 b; veut introduire des innovations religieuses dans l'église d'Écosse, et obliger les Écossais à les accepter par la force; mesures qui excitent une grande irritation dans les esprits et servent d'origine au covenant et aux covenantaires, 382 et suiv. b; lève une armée pour s'opposer aux covenantaires; est obligé par les succès de ceux-ci à des concessions, 385 b; nature de ces concessions; arrière-pensée du roi en les faisant, 386 b; pressé par les embarras extérieurs et intérieurs, se décide à convoquer un parlement, 388 b, et le trouvant rétif à ses volontés, le dissout presque aussitôt, 391 b; veut de nouveau réduire les Écossais, et battu par eux, il leur fait de grandes promesses; acculé dans ses derniers retranchements, il se décide à convoquer encore une fois son parlement, qui fut le long parlement, 394 b; il fait un appel à la confiance des communes; quelle est la réponse de celles-ci, 395 b; cherche vainement à sauver le marquis de Strafford, 398 et suiv. b; fait un voyage en Écosse, où il est reçu avec enthousiasme, et revient ensuite à Londres, 407 b; réponse à une remontrance qui lui est adressée par les communes, 408 b; il veut mettre en accusation cinq membres de la chambre des communes; vient lui-même dans la chambre des communes avec un cortège d'hommes armés pour arrêter les cinq membres; insuccès de cette tentative; Charles quitte Londres et il ne doit plus y rentrer en roi, 412 et suiv. b; il se prépare à renverser le parlement par la force; refuse de donner sa mention au bill de la milice, 414 et suivantes b; accueil qu'il fait à la députation qui lui est envoyée par les communes au sujet du bill de la milice, 416 b; cherche à s'emparer de Hull par surprise, 417 b; déclare son intention de faire la guerre au parlement, 419 b; essuie plusieurs échecs; est forcé d'abandonner le siége de Hull, 423 b; perd la bataille de Newbury, 430 b; convoque un parlement à Oxford, insuccès de cette tentative, 432 b; nomme des commissaires pour traiter d'un arrangement avec le parlement dans la ville d'Uxbridge; rupture des négociations, 439 b; perd la bataille de Nazeby, 440 et suiv. b; se réfugie à Oxford et se livre ensuite aux Écossais, 443 et suiv. b; est livré au parlement par les Écossais; tentative d'évasion; son procès; sa mort, 491 et suiv. b.

Charles II est appelé en Écosse par les covenantaires; est obligé de quitter ce pays, 9 et suiv. c; tentatives faites pour renverser Cromwell et rétablir Charles II sur le trône; avortement, 22 et suiv. b; est rétabli sur le trône par le général Monk, 44 et suiv. c; son caractère, 47 c; proclame un bill d'amnistie, 48 c; il fait faire le procès des régicides; insurrection des républicains contre lui, 56 et suiv.; ses prodigalités; se marie avec Catherine de Bragance; vit, malgré son état de mariage, publiquement avec ses maîtresses, 60 c; fait la guerre à la Hollande, 65 et suiv. c; conclut un traité de paix avec la France; veut rétablir le pouvoir absolu, 74 c; rompt de nouveau avec la France et la Hollande; paix de Nimègue; duplicité de Charles II; corruption de ses ministres et des hauts fonctionnaires; ses tendances absolutistes, 76 et suiv. c; complot formé contre sa personne par les whigs; arrestation des principaux coupables; leur condamnation, 110 et suiv. c; irritation que soulèvent contre lui ces condamnations; poursuit ses projets contre les libertés du pays avec une grande insistance; sa mort, 126 et suiv. c.

Charles Stuart, dit le Chevalier de Saint-George, vient en Écosse pour essayer de reconquérir son trône (règne de George Ier); il échoue, 346 et suiv. c.

Charles Édouard, surnommé le Jeune Prétendant (1745), veut reconquérir la couronne portée par ses aïeux; aborde en Écosse; échoue; bataille de Culloden; fuite du Jeune Prétendant, 395 et suiv. c.

Charte promulguée par Henri Ier après son avénement au trône, 264 a.

Charte (la grande); comment est-elle obtenue; quelles en sont les clauses, 334 a; est confirmée par Henri III. 336 a; devient la règle de conduite d'Édouard Ier contre les barons, 344 a; accordée le 29 juin 1215 par Jean sans Terre; quels en sont les principaux articles, 426 a.

Circonscription administrative du sol. Les Anglo-Saxons divisent le sol en *shires*, comtés, *townships* ou *hundreds*. Chaque shire est subdivisé en trithings ou leths, chaque trithing en centuries ou hundreds, chaque hundred en dizaines ou districts.

Clarence (duc de), frère d'Édouard VI, condamné à mort parce qu'il cause de l'ombrage au roi, demande à être noyé dans un tonneau de Malvoisie; sa demande lui est accordée, 414 a.

Clarendon, conseiller de Charles II; services qu'il rend à la cause royaliste, 60 c; tombe en disgrâce, 62 c, et se réfugie en France, 71 c.

Clergé. Le clergé catholique est pauvre dans les premiers temps de l'introduction du christianisme en Angleterre, 80 a. Ascendant que les membres du haut clergé prennent sur l'esprit de quelques princes, et notamment sur celui d'Edred et d'Edwy

(959) ; il a la haute main dans les affaires, 130 a. Grandes richesses qu'il acquiert sous le règne des rois anglo-saxons, 168 a ; ses biens sont regardés comme sacrés, 169 a. Querelles du clergé au sujet de la célébration de la pâque, 182 à 183 a. Insistance que mettent les moines de Saint-Augustin à s'emparer du corps de Cuthbert, archevêque de Cantorbéry, pour l'enterrer dans l'intérieur de leur couvent, ce prélat ayant voulu être inhumé dans sa cathédrale, 185 a. La querelle des iconoclastes a un grand retentissement en Angleterre, 186 a. Les moines trafiquent des reliques. Un grand nombre de moines sont passés au fil de l'épée par les Danois. Dévouement de l'abbé de Croyland, 186 et suiv. a. Ruiné par les Danois, il s'adresse à la couronne, qui lui accorde la perception de la dîme. Immunités considérables qui lui sont accordées. Hauteur du primat Othon, lequel déclare que les fils de Dieu doivent être exempts de toute taxe en Angleterre, 188 a. Saint Dunstan, 190 a. Ses miracles ; il se déclare contre les prêtres mariés. Grand nombre de monastères. Leurs richesses s'accroissent d'une manière considérable, 188 et suiv. a. Funérailles d'un prélat anglo-saxon, 196 a. Influence du clergé dans les affaires publiques sous Étienne de Blois, usurpateur du trône au préjudice de Mathilde, fille de Henri Beauclerc, 276 et suiv. a. Clergé normand ; ses mœurs dissolues, son caractère batailleur ; remplace le clergé saxon. Bataille que livre à cette occasion un abbé du nom de Toustain, 299 a. Querelles entre le primat Lanfran et Thomas, archevêque d'York, 300 a. Le pape Hildebrand demande à Guillaume le payement du denier de Saint-Pierre. Refus de Guillaume, 301 a. Souffrances du clergé anglo-saxon sous le règne de Guillaume le Roux, 304 a. Le clergé est renommé pour ses connaissances en tout genre, 305 a. Querelles constantes du clergé avec la couronne, 306 a. Contrarie sans cesse la puissance séculière. Thomas Becket, 312 a. Le clergé nomme un archevêque pour remplir le siége de Cantorbéry, sans consulter le roi Jean ; la contestation est déférée au pape ; décision du saint-père, 329 a. Influence du clergé ; menace Henri III de l'excommunication, 341 a. Voir aussi pag. 444 et suiv. Le clergé fait grand bruit de la mort de Becket. Henri II envoie une ambassade brillante à Rome, pour obtenir du pape l'absolution de la participation indirecte qu'il a eue dans cet attentat, 452 a. Profit que font les moines avec le commerce des reliques, 452 a. Puissance du clergé sous le règne du roi Jean, 455 a. Querelles entre les membres du clergé, au sujet de la nomination au siége de Cantorbéry, 456 a. Roger Grostet, évêque de Lincoln, résiste aux ordres que veut lui imposer le pape, 457 a. Distribution scandaleuse que font le clergé et la cour de Rome, des bénéfices. Ces désordres sont poussés si loin, que le parlement, sous le règne d'Édouard Ier, en demande la réparation au pape dans une liste de griefs qui lui est adressée à cet effet, 459 a. Les membres du clergé commettent de grands désordres, et réclament ensuite le bénéfice de la cléricature, qui leur procure généralement l'absolution, 461 a. La réformation se prépare. Wyckliff crée une nouvelle doctrine religieuse ; colère du clergé ; mort de Wyckliff, 463 a. Sous le règne d'Édouard Ier, l'Église catholique anglaise est déjà aux prises avec un schisme puissant. Des statuts sont rendus pour éteindre le schisme, 465 a. Les bûchers de Smithfield s'allument pour les hérétiques, 466 a. Conduite peu édifiante du clergé, 471 a. Réformation, 55 et suiv. b. Persécutions religieuses exercées contre les catholiques par les réformateurs ; bûchers de Smithfield, 61 b. Persécutions religieuses : elles sont dirigées contre les protestants et les catholiques indistinctement, 69 b. Railleries du clergé protestant à l'égard des catholiques, 119 b. Le clergé catholique ayant à combattre les schismatiques, s'engage imprudemment dans des discussions avec le pouvoir civil, ce qui est l'une des causes principales de sa chute, 221 et suiv. b. Son esprit turbulent sous la commonwealth, 1 à 48 c. Triomphe définitif des épiscopaux sous Charles Ier, 63 c ; poursuivent les catholiques à outrance : voir *Titus Oates*, 94 c ; poursuivent les covenantaires en Écosse, 100 et suiv. c. Le clergé établi excite les esprits contre les dissidents et les catholiques. Règne de la reine Anne. Affaire Sacheverell, 319 c.

Clive. Ses conquêtes dans l'Inde, 425 et suiv. c ; sa vie, 455 c.

Clubs. Leur fondation, 193 c.

Cobham (lord) se met à la tête des Lollards, 388 a.

Coke, fameux légiste du règne d'Elisabeth et de Jacques Ier, soutient l'accusation dirigée contre Raleigh, pour crime de haute trahison, 281 b. Sa disgrâce, 313 b; ses querelles avec Bacon, 316 b; devient dans les communes l'un des principaux chefs de l'opposition, 327 b.

Commerce extérieur, est nul chez les Bretons; se développe sous les Romains; les objets d'exportation sont: les bestiaux, l'or, l'argent, le plomb, la chaux, les chevaux; les objets d'importation se composent de freins d'ivoire, de chaînes en or, de coupes d'ambre, de verres de cristal pour les chefs; puis, du vin, des épiceries et des tissus, 90 et 91 a.

Prend un grand développement sous les rois anglo-saxons, 214 et 215 a; création des villes d'entrepôt sous les rois normands; richesses de plusieurs villes maritimes, et notamment de Londres, 481 a; l'Angleterre a des comptoirs dans différentes parties de l'Europe, et commerce avec l'Asie, l'Afrique, notamment le Maroc, 485 a.

Sous les Tudors, se fait principalement avec l'Espagne, le Portugal, la Bretagne, l'Irlande, la Normandie, la Frise, la Russie, avec la Guinée, le Brésil, 262 b; continue de se développer sous les Stuarts.

Commonwealth (établissement de la), 2 et suiv. c; sa durée, 48 c.

Communes (chambre des), sont établies sous le règne de Henri III, 342 a. Convoquées par Édouard Ier, qui leur demande des subsides pour soutenir la guerre contre la France, elles accordent les subsides demandés, 350 a. Édouard II ayant demandé des subsides aux communes, celles-ci profitent de cette circonstance pour demander des modifications dans la levée et l'assiette de l'impôt; le parlement est prorogé, 356 a; profitent des troubles intérieurs du règne de Henri IV pour augmenter leurs prérogatives, 387 a. Convocation et formation de cette assemblée dans son origine, 433 a. Prérogatives de cette assemblée, 439 a. Résistance de cette assemblée aux demandes de subsides que lui fait le cardinal Wolsey, 42 b; sa résistance envers Élisabeth, au sujet des affaires religieuses, 166 a. Son servilisme sous les premiers Tudors, 205 b. Elle confirme la juridiction de la chambre civile, 205 b. Ses démêlés avec Jacques Stuart, au sujet de la nomination d'un speaker, 287 b. Cajoleries que Jacques emploie à son égard pour en obtenir de l'argent; les communes résistent, déclarent que le roi n'a pas le droit d'établir des impôts sans leur concours, et abolissent tous les impôts établis par lui; se montrent fort irritées d'un livre publié par un nommé Cowell, dans lequel l'auteur, partisan du pouvoir absolu, affirme que le roi d'Angleterre a le pouvoir de faire des lois sans le consentement du parlement, et obtiennent qu'il sera puni, 303 b; accordent un revenu fixe au roi, qui promet en retour le redressement de leurs griefs, 303 b; sont convoquées par Jacques, qui, réduit à ses dernières ressources, leur demande de nouveaux subsides. Refus de celles-ci d'en accorder, si préalablement le roi n'a pas fait le redressement de leurs griefs; demandent à avoir une conférence avec les lords, au sujet du droit héréditaire que prétend s'arroger la couronne d'imposer les sujets du royaume à volonté; et sur le refus des lords d'accepter la conférence proposée, menacent de leur colère Negle, évêque de Lichfield et de Coventry, qui est l'auteur de ce refus. Sont dissoutes, 311 b. Convoquées à l'occasion de la guerre du Palatinat, dite guerre de 30 ans, qui vient d'être déclarée, accordent des subsides, mais à la condition que le roi usera de sévérité contre les papistes, 323 b; leur puissance; poursuivent les monopoliseurs de places, décrètent la mise en accusation du chancelier Bacon, 323 b; poursuivent les catholiques dans la personne de Floyde, 324 b. Protestation mémorable dans laquelle elles établissent leurs prérogatives et leurs priviléges. Grande colère de Jacques à cette occasion; elles sont dissoutes, 327 b. Sollicitées par Jacques qui vient de rompre avec la cour d'Espagne, au sujet d'un projet de mariage pour son fils avec une infante espagnole, d'accorder de nouveaux subsides, dans le cas possible d'une guerre prochaine, elles accordent 7 millions de francs, mais à la condition que l'argent ne sera délivré que sur un ordre du conseil de guerre, 336 b. Leur attitude à l'ouverture du règne de Charles; n'accordent au roi que 3 millions et demi sur 17 millions qui leur sont demandés, 342 b. Effrayées des tendances catholiques qu'elles soupçonnent au roi, elles lui adressent une pétition pour réclamer la mise en vigueur des lois pénales prononcées contre les catholiques, 342 b; exigent la comparution à leur barre de Montague, chapelain du roi et protégé par lui, pour répondre de différents écrits dans lesquels le docteur s'efforçait de combattre plusieurs des doctrines établies par les évêques en 1562; déclarent que les droits de tonnage et de pesage, votés dans le principe au commencement de chaque règne pour le règne entier, seront votés chaque année, 342 b. Leur mécontentement au sujet des dispositions hostiles que prend le roi à l'égard des huguenots français, 343 et suiv. b; prennent un ton menaçant à l'égard de Buckingham, favori de Charles Ier. Leur attitude et leur réponse à un message royal, dans lequel le roi, pour sauver la conduite de Buckingham d'une enquête, leur enjoint qu'il ne souffrira point que la conduite de ses serviteurs soit examinée par elles, 346 b; elles déclarent leur intention de mettre Buckingham en état d'arrestation, 347 b; sont dissoutes, 349 b. Convoquées de nouveau, sont plus intraitables que jamais; votent la célèbre pétition des droits, 353 b; désapprouvent les doctrines de l'archevêque Laud; traduisent à leur barre les officiers de la douane qui ont perçu l'impôt du tonnage et du pesage sans avoir été voté régulièrement, 359 b; proposent de voter une remontrance au roi, et, sur le refus de sir John Finch, speaker, de mettre la question aux voix, rédigent une protestation énergique, 359 et 360 b; sont dissoutes, 360 b. Convocation qui en est faite par Charles Ier; leur attitude; sont presque aussitôt dissoutes; leurs querelles avec les lords au sujet de l'impôt, 390 b, etc. Convoquées de nouveau par le fait des embarras qui assaillent Charles Ier, elles ordonnent l'élargissement de Prynne, Burton, Bastwith et autres condamnés injustement par la chambre étoilée; ordonnent l'arrestation de Laud, archevêque de Cantorbéry, ainsi que celle de Strafford, de Finch, lord chancelier, et autres, 395 et suiv. b. Votent les parlements triennaux; font des remontrances au roi au sujet de ses tendances au catholicisme, 397 b; elles votent 250,000 francs à Marie de Médicis, qui, poursuivie par le malheur, est venue chercher un asile en Angleterre; mais à cause de ses principes catholiques, elles lui ordonnent en même temps de quitter l'Angleterre, 405 b. Remontrances qu'elles font au roi, 408 b. Charles voulant mettre en état d'arrestation cinq de leurs membres, elles nomment un comité permanent pour veiller à la sûreté de ces membres, 412 b et suiv. Des querelles éclatent entre elles et les lords, qui sont effrayés de la rapidité avec laquelle les événements se succèdent, et déclarent aux lords qu'elles se passeront de leur concours, s'ils ne veulent point adopter leurs vues, 414 b; insistent pour nommer les officiers de l'armée. Bill de la milice, 414 b. Résolvent de mettre la défense du royaume dans les mains du parlement, 415 b; envoient une députation à Charles, pour lui présenter une déclaration au sujet du bill de la milice; échouent dans la négociation, 416 b; lèvent des troupes pour les opposer aux troupes royalistes, 419 b; agissent sans le concours des lords, et organisent la milice, 437 b; décrètent la mise en accusation de Laud; le condamnent à mort, 438 b. Nouvelles propositions d'arrangement à Charles Ier. Uxbridge est choisi pour traiter des conditions d'arrangement; rupture des négociations, 439 b; décision qu'elles prennent au sujet de Charles Ier, après qu'il a été livré par les Écossais; constituent une cour de justice, 464 et suiv. b. Leur conduite après la mort de Charles Ier; abolissent la chambre des pairs, 2 c; elles donnent la dénomination de l'*autre chambre* à la chambre des lords, après le rétablissement de cette chambre; pourquoi, 32 c. Turbulence des communes après la mort d'Olivier Cromwell; leurs dissensions avec le parti militaire, 35 et suiv. c; qualifient de crime les événements qui ont amené la république, après le rétablissement de Charles II sur le trône, 46 c; mesures violentes qu'elles décrètent contre les catholiques, 69 c; leur mécontentement des tendances que manifeste Charles II pour le rétablissement du pouvoir absolu, 78 et suiv. c; mettent en accusation Danby, chancelier de l'Échiquier, qui s'est rendu coupable de dilapidations, 96 c. Un parti puissant se forme dans leur sein contre la cour, 97 c; adoptent le bill d'*Habeas corpus*; résistance énergique qu'elles montrent aux projets d'absolutisme de Charles II, 105 c; votent le bill du test ou d'épreuve, 80 c. Leur résistance aux projets de Jacques II; embrassent la cause de Guillaume, prince d'Orange, prince protestant, 131 c; absorbent à la fin du règne de Charles Ier, et pendant les premiers temps de la commonwealth, la chambre des lords, 168 et suiv. c; établissent le principe de séparer les allocations destinées au roi de celles qui sont destinées au service public, et exigent que la présentation du budget leur sera soumise tous les ans, 206 c; votent un bill qui a pour objet d'établir des parlements triennaux. Guillaume d'Orange refuse sa sanction, 224 c. Votent une loi pour empêcher la fraude dans les élections, 236 c. Jalousie qu'elles éprouvent de la faveur que Guillaume accorde aux Hollandais, et notamment au duc de Portland, 235 c; répugnance qu'elles manifestent pour accorder à Guillaume d'Orange une armée permanente, 245 c; adoptent le bill qui règle la succession de la couronne. Aux termes de ce bill, la succession doit passer à la princesse Anne et à Sophie, duchesse douairière de Hanovre, petite-fille de Jacques Ier, et à ses descendants, dans le cas où la reine Anne mourrait sans héritiers, 267 c; obligent le ministère Walpole à déclarer la guerre à l'Espagne, 381 c; obligent le même ministère à déposer son portefeuille; veulent le mettre en accusation, 390 et suiv. c. Mécontentement avec lequel elles reçoivent le message royal par lequel George II leur demande une augmentation de la liste civile, 411 c; votent un bill de régence, devenu nécessaire par le fait de la mort de Frédéric, prince de Galles, fils de George II, 413 c; obligent Crowle, pour avoir parlé irrespectueusement d'elles, à recevoir une censure à genoux. Réponse plaisante de celui-ci, 413 c.

Compagnie des Indes orientales (formation de la); ses commencements, 269 b; elle obtient différentes chartes, 550 b; ses succès et ses revers sous les derniers Stuarts, 195 c; continue à grandir sous les règnes suivants, 453 c; son histoire dans l'Inde, 224 a.

Compagnie des mers du Sud; agiotage qu'elle soulève; règne de George Ier, 361 b.

Compagnie du Levant (formation de la), 550 b.

Compagnies marchandes; compagnie des marchands de Steel Yard; compagnie des marchands de l'Étape; leurs richesses, leurs priviléges, 483 a.

Compagnie russe (formation de la), 265 b.

Condition matérielle du peuple sous les Plantagenets et les Tudors; grandes souffrances; gages de divers ouvriers, 215 b; ne s'améliore point sous la république ni sous les Stuarts; salaire des ouvriers, 199 c.

Constitution civile et politique; est réunie à la constitution religieuse dans les temps qui précédèrent la conquête romaine; les druides sont à la fois ministres des autels et législateurs, 30 à 33 a; les Romains font participer quelques parties de l'Angleterre aux avantages de leur législation; introduction du *Corpus juris civilis*, 65 et 66 a; plusieurs villes deviennent municipales, c'est-à-dire qu'elles jouissent de certains priviléges, notamment de celui d'élire leurs magistrats; d'autres sont privilégiées du *jus Latii*, droit latin qui conférait des droits particuliers; les Romains accordent le droit de bourgeoisie à tout habitant de province qui a un rang et de l'opulence; le gouvernement de la Bretagne est confié à un haut fonctionnaire qui est appelé le vicaire de la Bretagne; son autorité s'étend sur les provinces au nombre de cinq, ayant chacune un gouverneur particulier qui relève du vicaire général; ces fonctionnaires règlent toutes les affaires civiles et administrent la justice; un intendant ou procureur impérial est chargé de la perception de la taxe; le pouvoir militaire est dans les mains de différents officiers qui prennent les noms de *comes Britanniarum, dux Britanniarum*; établissement de l'impôt, 80 et suiv. a.

— La prérogative royale sous les Anglo-Saxons était fort étendue; toutefois le roi ne pouvait faire des lois ou imposer des taxes sans le concours de son wittenagemot; le wittenagemot était une assemblée composée de nobles et de savants; c'était dans cette assemblée que résidait la souveraineté de l'État; il se tenait souvent en plein air, 163 a.

Période normande. — Modifications que subit la constitution civile et politique de l'Angleterre après la conquête, 239 a; le roi est le chef suprême de l'État; tous les vassaux immédiats de la couronne lui doivent hommage et foi; ils doivent en outre l'accompagner dans ses expéditions, 240 a; le roi est le principal magistrat du royaume; chaque baronnie a ses tribunaux particuliers dans lesquels les barons rendent en personne la justice à leurs tenanciers, 242 a; établissement du parlement, 243 a; établissement de la féodalité; substitution de la judicature centrale à la judicature locale, 431 et suiv. a; efforts que fait la couronne pour consolider sa prépondérance par une foule de lois, 285 et suiv. b; les guerres civiles abattent pour toujours l'aristocratie féodale, 478 b.

Constitution d'Odon publiée en 943; aux termes de cette constitution, le clergé s'arroge comme un droit ce qui n'était qu'une concession; le primat déclare que les fils de

Dieu doivent être exempts de toutes taxes en Angleterre, 148 et suiv. a.

Constitution religieuse, avant la conquête romaine, est dépendante de la constitution civile, les druides étant à la fois ministres des autels et législateurs, 30 à 33 a; druidisme renversé, introduction du christianisme (61), 70 a; la Bretagne catholique relève du pape comme tous les autres États catholiques, 78 a; l'Angleterre devient protestante; rompt avec Rome; le roi est déclaré par son parlement chef suprême de l'église d'Angleterre, 225 b; fondation de l'épiscopat; ses vicissitudes, 487 et suiv. b; son triomphe définitif sous Charles Ier, 63 c.

Constitutions de Clarendon; obligent le clergé à se soumettre aux lois du pays, 444 a.

Coroner, magistrat chargé de faire la première enquête sur les crimes commis dans le ressort de sa juridiction, 210 b.

Cour de haute commission, instituée par Élisabeth pour juger des affaires religieuses; comparée pour sa sévérité et sa manière de procéder à un tribunal de l'inquisition, 166 b; indignation qu'excitent ses actes dans les communes sous Charles Ier, 357 b.

Cour de la chancellerie; développement qu'elle prend sous le cardinal Wolsey.

Cour de Saint-Overy, établie par la reine Marie pour le jugement des hérétiques et des réformés, 122 b.

Covenant; ce que c'est, 381 b.

Covenantaires, ainsi appelés parce qu'ils avaient adopté le covenant, 381 b; intelligences qu'ils entretiennent avec les mécontents anglais; ils entrent en Angleterre, et obligent Charles Ier à leur faire des concessions, 380 b; nature de ces concessions, 381 b; se liguent avec le long parlement, 431 b; reçoivent Charles fugitif dans leur camp et le livrent au parlement, 449 b.

Cranmer obtient la confiance de Henri VIII; son caractère; engage le roi à embrasser la religion nouvelle, 57 b; est élevé au siége archiépiscopal de Cantorbéry; ses persécutions religieuses, 103 b; il suggère à Henri VIII l'idée de dépouiller le clergé de ses biens, 225 b; est chargé de traduire la Bible en anglais, 227 b; arrêté et jeté dans la tour par ordre de la reine Marie; son procès; sa mort, 112 b.

Criminalité, augmente sous les règnes de Guillaume et Marie, d'Anne, de George Ier et de George II, 467 et suiv. c.

Croke, l'un des juges appelés à prononcer dans le procès d'Hampden, à l'occasion de l'impôt du ships money; déclare cet impôt illégal, 380 b.

Cromwell (Olivier) paraît pour la première fois sur la scène politique, âgé de 30 ans, 358 b; devient l'un des premiers généraux du parlement, 433 b; attaque le comte de Manchester dans le sein du parlement et l'accuse de conduire la guerre avec mollesse, 435 b; son origine, sa famille, 5 et suiv. c; gagne la bataille de Dunbar et celle de Worcester sur les troupes écossaises, 8 et suiv. c; songe à se faire roi; dissout le long parlement; est nommé protecteur, 14 et suiv. c; s'applique à rallier les mécontents, 18 c; considération qu'il donne à l'Angleterre, 22 et suiv.; réclame, vis-à-vis de l'ambassadeur d'Espagne, la liberté du commerce des Indes orientales, 27 b; son éloge par Whiteloch, 28 b; ses funérailles, 34 c; les caveaux de Westminster, où ses restes ont été déposés, sont visités, et son cadavre est pendu à un gibet, 54 c.

Cromwell (Richard) succède à son père, Olivier Cromwell; est déposé, 34 et suiv. c.

Cromwell (Thomas), fils d'un forgeron de Putney, entre au service de Wolsey, prend un pied à la cour, et devient le confident du roi, auquel il recommande d'embrasser la religion nouvelle, 57 b; est mis à la tête des affaires ecclésiastiques; propose au roi d'abolir les monastères et de saisir tous les biens du clergé, 62 b; ordonne la destruction des images, des reliques et des châsses (1537); abolit l'usage des pèlerinages, b.

Danelagh, nom donné à la Northumbrie quand les Danois, en vertu d'une convention faite avec le grand Alfred qui les avait vaincus, vinrent s'y établir, 119 a.

Danois (les), peuple belliqueux, envahissent la Grande-Bretagne pour la première fois en 832; reparaissent l'année suivante; défont les Saxons en plusieurs rencontres; remportent une grande victoire sur Alfred, 117 a; battus à leur tour par ce prince, ils évacuent le Wessex et vont s'établir en vertu d'une convention dans la Northumbrie, qui prit alors le nom de *Danelagh* ou pays des Danois, 119 a; d'autres Danois abordent en Angleterre après la conclusion de ce traité;

DES MATIÈRES.

ils sont conduits par Hastings; leurs déprédations; ils sont défaits à Buttington ; gagnent la forteresse de Shrewsbury, et ensuite repartent pour leur pays, tandis que d'autres vont chercher un asile dans le Danelagh, 122 à 125 a; s'agitent encore après la mort d'Afred le Grand; réduits de nouveau à la soumission par Athelstan, 125 à 129; nouvelle invasion des Danois; leurs succès; l'Angleterre est gouvernée par des princes danois, 132 à 142; sont définitivement expulsés sous le règne d'Édouard le Confesseur, 143 a

Davis (John) fait différents voyages de découvertes dans les mers du Nord, et découvre les îles Falkland, 268 et 269 b.

Déclaration des droits; acte qui détermine les droits de la royauté et ceux de la nation; avénement de Guillaume d'Orange, 431 c.

Dette nationale; son accroissement sous le règne de la reine Anne, 279 et suiv. c; elle est due en partie aux guerres de l'Angleterre avec la France, 313 c; un fonds d'amortissement est créé pour éteindre la dette (voir *Walpole*); son accroissement sous Guillaume d'Orange, Anne, George Ier, George II, 435 c; son état sous le règne de George IV, 15 d.

Domsday book, expression qui veut dire livre du jugement dernier, aussi appelé le grand rôle, le rôle royal ou le rôle de Winchester; dans ce livre, qui est l'œuvre de Guillaume le Conquérant, sont enregistrées toutes les terres du royaume, leur étendue dans chaque district, etc., 249 a.

Drake, fameux boucanier du temps d'Élisabeth, obtient du gouvernement une commission pour piller les Indes orientales, l'Amérique espagnole, etc., 197 b; entre dans la rade de Cadix, brûle et coule trente vaisseaux de guerre, 190 b; l'un des chefs de la flotte qui détruisit l'invincible Armada, 193 b; exécute un voyage de circumnavigation, 268.

Droits de tonnage et de pesage. La perception arbitraire de cet impôt est une des principales mesures qui amenèrent la chute de Charles Stuart, 358 b.

Druides, réunissent la puissance législative à la puissance religieuse ; ils professent la métempsycose ; leurs cérémonies religieuses; ils prédisent l'avenir ; leur hiérarchie comprend trois ordres; ils n'ont pas de temples, 30 à 33 a; aperçu de leurs connaissances; en quoi elles consistent, 76 et 77 a.

Dudley et *Empsom*, instruments des exactions de Henri VII, sont livrés à la justice et sont décapités, 24 b.

Dunstan, abbé de Glastonbury ; ascendant qu'il prend sur l'esprit d'Edred et d'Edwy : il fait massacrer la femme de ce jeune prince, qui n'ose point l'arracher de ses mains; provoque les Northumbriens à la révolte, 130 a; aventures de saint Dunstan, 190 et suiv. a.

Échiquier, tribunal ou office particulier, appelé dans le principe *Escheatry*, et institué par Guillaume le Conquérant, pour la perception et l'administration des revenus de la couronne, 240 a; pourquoi ainsi nommé, 431 a.

Écoles; un grand nombre sont élevées par le clergé après l'invasion saxonne, 205; leur nombre augmente après la conquête normande, 472 a; Wolsey en fonde un grand nombre, notamment à Ipswich, 245 b.

Économistes anglais : Dudley, North, Smith, 463 c.

Écossais, nommés aussi Calédoniens, ou Pictes, au temps de la conquête romaine; ils profitent des difficultés que les armées romaines rencontrent sur le territoire breton pour y faire des excursions; les désastres qui accompagnent ces expéditions nécessitent la présence d'Adrien lui-même dans la Grande-Bretagne; ce prince, pour opposer un obstacle aux Calédoniens, construit sur l'isthme qui s'étend entre le Forth et la Clyde une grande muraille; de cette manière, l'Angleterre proprement dite se trouve séparée de l'Écosse. Cette barrière n'arrête point les Calédoniens; ils la franchissent dans un endroit appelé *Grattam's dyke*, fossé de Grattam, parce que ce fut un de leurs chefs nommé Grattam qui, le premier, suivant la tradition, franchit le fossé en cet endroit. Sévère veut s'opposer à ce torrent, qui menace d'envahir le territoire conquis avec tant de labeur, et il construit un nouveau rempart qui est appelé le *Mur de Sévère*, 59 à 61 a. Continuent leurs excursions; deviennent si formidables, que les Bretons, après le départ des Romains, appellent à leur secours les Saxons, autre ennemi non moins implacable, 61 à 63 a.

Écosse, autrefois appelée Calédonie; trop sauvage pour être conquise par les Romains. S'appelait alors *Pictland*, ou terre des Pictes. Les premiers temps de son histoire sont obscurs et incertains, 2 a. Bataille de l'Étendard perdue contre les Anglais, 280 et 281 a (1138). Est conquise par Édouard Ier, 349 et suiv. a. Reconquiert son indépendance par la valeur de Bruce sous Édouard II, 357 a. Henri VIII donne sa fille Marguerite en mariage à Jacques X, roi d'Écosse, 19 b. Bataille de Flodden perdue par les Écossais; cette bataille est fatale à l'Écosse, 28 et suiv. b. Déchirée par des dissensions intestines, dont le feu est entretenu par la cour d'Angleterre, 80 b. Bataille de Peokey perdue par les Écossais contre l'Angleterre, 93 b. (Règne d'Édouard VI). Des troubles désolent ce pays pendant le règne de Marie Stuart; ils sont provoqués par Élisabeth; projet d'union entre l'Écosse et l'Angleterre conçu par Jacques Ier; avorte, 297 b. Troubles en Écosse, à l'occasion des innovations religieuses que Charles Ier veut y introduire; création du covenant; les covenantaires se préparent à une vigoureuse résistance; intelligences secrètes qu'ils entretiennent avec les mécontents anglais; ils entrent en Angleterre, et obligent Charles II à faire des concessions, 380 et suiv. b. Se révolte après l'établissement de la Commonwealth; est envahie et soumise par Cromwell, 4 et suiv. c. Désappointement qu'elle éprouve au rétablissement de Charles II, 56 et suiv. Persécutions dirigées contre les covenantaires; règne de Charles II, 100 et suiv. c. Cruautés commises par le duc d'York dans ce pays, 105 c. Insurrection du parti des Stuarts conduite par Graham de Claver-House; est étouffée (règne de Guillaume d'Orange), 209 et suiv. c. Massacre de Glenco, 225. Affaire de la colonie de Darien; mécontentement général que soulève l'insuccès de cette affaire, 252 et suiv. c. Union de l'Angleterre et de l'Écosse sous le règne de la reine Anne; agitation que cette mesure provoque, 302 et suiv. c. Se soulève contre George Ier pour défendre la cause du prétendant, 347 et suiv. c. Affaire de Porteous; ministère Walpole; règne de George II, 377 c. Nouvelle insurrection jacobite; règne de George II, 395 c. Insuccès. Sa population; division de son territoire; ce qu'elle fut sous ses premiers rois; mœurs de ses habitants, 449 et suiv. d.

Edgard, surnommé le Pacifique. Successeur d'Edwy (959); son règne est prospère; l'Angleterre grandit en considération, en richesse; très-aimé des moines, parce qu'ils ont la haute main dans les affaires; ils en font un portrait exagéré, 131 a.

Edmond, successeur d'Athelstan, 129 a. Défait les Danois; est tué d'un coup de poignard dans une lutte contre un voleur qui était entré dans sa tente, 129 a.

Edmond, surnommé *Côté de fer*, succède à Ethelred (1016); a pour compétiteur Canute, roi danois. Ces deux princes conviennent de se partager l'Angleterre. Edmond meurt quelques mois après ce partage, 136 et 137 a.

Édouard et *Ethelred* (975) se disputent la succession d'Edgard le Pacifique; Édouard, protégé par saint Dunstan, est solidement établi sur le trône; il meurt assassiné, et reçoit le surnom d'Édouard le Martyr par les moines; Ethelred lui succède sous le nom d'Ethelred II; il n'ose point repousser les Danois qui abordent de nouveau en Angleterre sous la conduite de Sweyn, fils du roi de Danemark, et achète, à prix d'argent, leur départ; retour des Danois. Ethelred, après avoir eu des démêlés avec Richard II, duc de Normandie, se ravise, et lui demande Emma, sa jeune sœur, surnommée Fleur de Normandie à cause de sa beauté; horribles fiançailles; les Danois sont impitoyablement massacrés; cette odieuse barbarie attire sur l'Angleterre les plus grandes calamités; Sweyn et Turkill, chefs danois, abordent dans le pays, et y causent les plus grands ravages; Ethelred va chercher un refuge en Normandie; ayant appris la mort de Sweyn, il revient en Angleterre, y trouve Canute, roi danois; sa mort (1017), 131 à 137 a.

Édouard, surnommé *l'Exilé* ou *le Confesseur*, fils du roi Edmond Côte de Fer, est rappelé en Angleterre, après la mort d'Hardicanute; supprime le Dangelt, ou l'impôt danois, 141 à 142 a. Le surnom de Confesseur lui est donné, parce qu'ayant épousé une jeune et belle femme, il ne fut jamais un mari pour elle. Sympathies qu'il montre pour les Normands; introduit en Angleterre beaucoup d'habitudes normandes; soulèvement des Anglais; ils sont conduits par le comte de Godwin et ses fils; Édouard temporise, et parvient, à l'aide de ce moyen, à jeter la désunion parmi les troupes insurgées; il fait ensuite confisquer les biens de Godwin et de ses fils, 143 à 147 a. Il invite Guillaume le Bâtard, duc de Normandie, à venir à sa cour; Guillaume accepte, 149 a. Édouard fait la paix avec le comte de Godwin; il choisit Harold, fils de Godwin, pour son successeur, et cherche à détourner ce seigneur, qui veut aller en Normandie réclamer à Guillaume les otages remis par Godwin à Édouard, et que celui-ci avait envoyés en France ; sa mort eut lieu en janvier 1066, 149 à 154 a.

*Édouard I*er, fils de Henri III, n'étant encore que prince, se met à la tête des troupes royalistes ; défait les rebelles commandés par Montfort, comte de Leicester ; part pour la Palestine, 342-343 a. Esprit chevaleresque de ce prince ; il est proclamé vainqueur d'un tournoi dans la Guyenne ; 344 a ; observe la grande charte d'une manière scrupuleuse, 344 a ; se crée des ressources nouvelles ; soumet définitivement le pays de Galles, déjà annexé à la couronne d'Angleterre par Henri III ; à quelle occasion le fils aîné des souverains fut nommé prince de Galles (1284), 346 a. Édouard vient à Paris rendre hommage à Philippe II ; il devient médiateur entre la France et l'Espagne, 346 a ; organise la justice en Angleterre ; conçoit le projet de soumettre l'Écosse ; il adjuge la couronne à Baliol, 347 a. Déclare la guerre au roi de France, qui lui refuse la Guyenne au mépris de ses engagements ; succès en Écosse, 348 et suiv. a. Mort de ce prince, 354.

Édouard II. N'a pas les vertus de son père ; a pour favori Gaveston, dont la hauteur et les mœurs corrompues excitent l'animosité des barons ; révolte de ceux-ci contre le roi ; conditions qu'ils lui imposent, 355 et suiv. a. Colère du roi en apprenant la mort de Gaveston, son mignon, mis à mort par les barons, 357 a. Perd l'Écosse, qui reconquiert son indépendance par le fait de la vaillance de Robert Bruce, 358 a ; prend pour son favori, Hugues Spencer ; ses querelles avec Isabelle, sa femme ; révolte ; est assassiné par les ordres de Roger Mortimer, 360 et suiv. a.

Édouard III, successeur et fils d'Édouard II ; régence ; fait punir Mortimer par le parlement ; rétablit Baliol sur le trône d'Écosse ; ses droits à la couronne de France par Isabelle, sa mère ; il déclare la guerre à la France (1337), 361 et suiv. a. Querelles du roi avec le clergé ; bataille de Crécy ; exploits du Prince Noir, 371 a. Siége de Calais ; prise de cette ville, 371 a. Ses victoires en France ; traité de Bretigny (1360) ; concessions réciproques entre la France et l'Angleterre, 377 a. Porte la guerre en Espagne ; mort de ce prince, 379 a.

Édouard IV (1461), fils aîné de Richard, duc d'York, après la mort de son père, est proclamé roi ; guerre des Deux Roses ; ses succès ; ses vengeances, 406 et 407 a. Sa passion pour Élisabeth Woodville, veuve de John Grey, il l'épouse ; s'aliène par ce mariage le comte de Warwick, à qui il devait la couronne ; celui-ci se déclare contre lui, et soutient la famille de Lancastre ; fait égorger Édouard, fils de Henri VI, que le hasard de la guerre a fait tomber dans ses mains ; Henri VI éprouve le même sort, 413 a. Guerre avec la France ; est conclue par une trêve de sept ans ; conçoit de l'ombrage de son frère, le duc de Clarence, qu'il fait décapiter, 414 a. Sa mort, 414 a.

Édouard et Richard, fils d'Édouard IV, sont enfermés à la Tour par Richard, duc de Glocester, leur oncle, qui les fait étouffer, 414 et suiv. a.

Édouard VI. Succède à Henri VIII, son père (1547), à l'âge de dix ans ; noble réponse qu'il fait à Cranmer, qui lui présente à signer l'ordre d'exécution de Jeanne Bacher, condamnée à être brûlée pour cause d'hérésie, 103 b. Sa santé s'étant affaiblie, le comte de Warwick, duc de Northumberland, lui représente le bigotisme de la reine Marie, et l'invite à nommer, pour lui succéder, Jane Gray ; Édouard consent ; sa mort, 107 et 108 b.

Édouard Plantagenet, comte de Warwick, fils du duc de Clarence, est jeté dans la Tour par Henri VII ; condamné à mort et exécuté pour avoir censément conspiré avec Perkin Warbeck, le faux prétendant, contre la vie du roi Henri VII, 19 a.

Edred et Edwy succèdent à Edmond, l'un en 948, l'autre en 955 ; Edred défait les Danois, les refoule plus avant vers le nord, et donne au pays dont il les a chassés le nom de Northumberland, 129 a. Le clergé catholique exerce une grande influence sur l'esprit de ce prince, ainsi que sur celui de son successeur Edwy, 130 a.

Egbert, roi du Wessex, réunit tous les royaumes de l'Heptarchie en un seul, 109 a.

Élection. Le droit d'élire les magistrats municipaux est accordé par les Romains à certaines villes de la Grande-Bretagne, 66 a ; comment elles se faisaient dans les premiers temps de l'institution du parlement, 439 a ; fraude qui existe dans les élections sous le règne de Guillaume, prince d'Orange ; loi rendue pour les prévenir, 236 c ; débats qu'excite l'élection d'Aylesbury dans les deux chambres ; règne de la reine Anne, 285 c.

Élisabeth ; ses galanteries avec Thomas

Seymour n'étant que princesse, 99 b; est arrêtée par l'ordre de Marie, sa sœur et sa souveraine, qui la fait conduire à la Tour; causes qui ont provoqué cette arrestation, 117 b; est relâchée de la Tour, 119 b; joie que cause son avénement au trône, 131 b; elle nomme secrétaire d'État sir Williams Cecil, 130 b; envoie sir Ralph Sadler en ambassade à la cour d'Écosse, 132 b; fomente des discordes en Écosse; sa jalousie contre Marie Stuart, 133 b; sage administration à l'intérieur; fait enfermer dans la Tour Catherine Grey, sœur de Jane Grey, qui lui inspire de la défiance, et cette jeune femme meurt en prison, 135; donne assistance aux huguenots français; ne veut point nommer son successeur au trône malgré les supplications du parlement à cet effet, 137 b; ses amours avec Leicester, 137 b; sa dissimulation; entrevue qu'elle a avec lord Melville, envoyé de Marie Stuart, 139 b; elle contrarie les projets de mariage de Marie Stuart; reçoit à sa cour les mécontents d'Écosse, 140 b; elle promet au parlement de se marier; entretient l'anarchie en Écosse, 144 et suiv. b; fait juger Marie au sujet du meurtre de Darnley; son hypocrisie; fait enfermer Marie au château de Tutbury, 155 b; envoie de nouveaux secours aux huguenots français; reprend ses négociations de mariage avec l'archiduc Charles d'Autriche, 157 b; s'oppose au mariage de Marie Stuart avec le duc de Norfolk, et fait jeter le duc de Norfolk en prison, 159 b; ses vaisseaux attaquent les galions de Philippe II et s'en emparent; envoie une flotte aux huguenots de la Rochelle, 160 b; une insurrection éclate en Angleterre; sévérité d'Élisabeth; poursuit les catholiques avec beaucoup de rigueur, 164 b; elle fait de même pour les puritains, qu'elle déteste, 165 b; projet de mariage avec le duc d'Anjou, 167 b; sacrifie le duc de Norfolk au parti protestant, 170 b; défend à ses sujets toute manifestation en faveur des huguenots de France, à l'occasion de la Saint-Barthélemy, 172 b; conclut une alliance offensive et défensive avec le parti d'Orange, 174 b; paraît disposée à épouser le duc d'Anjou; fêtes à cette occasion; renonce tout à coup à ce projet de mariage, 175 b; une agitation profonde règne en Irlande à l'occasion des changements religieux; Élisabeth dépense des sommes considérables pour pacifier ce pays, 178 b; complot contre sa vie; les conjurés sont mis à mort; soupçonne Marie Stuart d'être l'auteur de ce complot; nomme une commission pour juger cette malheureuse princesse; fait enfermer la reine Marie dans la forteresse de Fotheringay, 180 b; hésitation de la reine à signer l'ordre d'exécution de la reine Marie; chagrin qu'elle affecte à la nouvelle de l'exécution, 189 b; en apprenant l'attitude menaçante de l'Espagne, fortifie les deux rives de la Tamise, et forme un grand camp au fort de Tutbury, 190 b.; ses amours avec le comte d'Essex, 193 b; persécutions contre les catholiques, 194 b; Essex ayant été envoyé en Irlande et étant revenu à Londres sans en avoir obtenu l'autorisation, elle lui fait une réprimande sévère; puis ce seigneur ayant voulu soulever le peuple de Londres, il est mis en jugement et exécuté, 197 et suiv. b; ses appréhensions de la mort à ses derniers moments; elle meurt en nommant Jacques pour successeur au trône, 204 b; est reçue au château de Kenilworth par Leicester, 269 et suiv. b; funérailles de cette souveraine, 278 b.

Emma, surnommée la Fleur de Normandie, envoie une lettre perfide à Alfred, fils qu'elle avait eu d'Ethelred, pour l'engager à venir en Angleterre et ceindre la couronne laissée vacante par la mort de Canute, roi danois, et le livre à Harold, fils de Canute, qui lui fait percer les yeux (139 à 140), et elle se concerte avec le comte Godwin pour se partager l'autorité du royaume pendant le règne d'Hardicanute, qui est un homme de plaisir, 141 a.

Épiscopat ou *culte établi*; son établissement, 488 b.

Épiscopaux; leur triomphe définitif sur les presbytériens, sous le règne de Charles Ier, 61 c.

Établissements anglais dans l'Amérique du Nord; leur fondation, 554 et suiv. b; une foule de presbytériens n'ayant pas la jouissance de leur culte quittent l'Angleterre sous le règne de Charles Ier, et se réfugient dans l'Amérique du Nord, 61 c; se peuplent sous les Stuarts d'un grand nombre de quakers et de presbytériens, 181 c; leur constitution, 457 c. Voir *Amérique du Nord*.

Établissement de la poste aux lettres 556 b.

Ethelbert, l'un des rois les plus considérés de l'Heptarchie saxonne; il devient le législateur de son peuple et accueille des missionnaires catholiques qui lui sont envoyés de Rome, 100 a; Ethelbert embrasse le christianisme, 181 a.

DES MATIÈRES.

Ethilfrid, roi de la Northumbrie, rend très-florissant ce royaume, 101 a.

Étienne (Fitz), patron de la *Blanche-Nef*, propose à Henri Ier, dit Beauclerc, de passer son fils de Harfleur en Angleterre; naufrage de la *Blanche-Nef*, 274 a.

Étienne de Blois, neveu de Henri Ier, dit Beauclerc, usurpe la couronne au mépris des droits de la princesse Mathilde, 278 a; Guillaume Corboil, archevêque de Cantorbéry, et Roger, évêque de Saxune, l'aident dans son entreprise; subterfuge dont il se sert pour séduire ces seigneurs, 278 a; les partisans de Mathilde se révoltent; politique d'Étienne; Étienne triomphe de ses ennemis, 279 a; guerre avec l'Écosse; bataille de l'Étendard; la victoire reste aux Anglais, 280 et 281 a; encourage les lettres et les savants; il s'aliène le parti prêtre qu'il sait mal disposé contre lui; la guerre civile éclate; il est fait prisonnier par les partisans de Mathilde, 279 à 288 a; il recouvre la liberté; le parti de Mathilde est vaincu, mais le jeune Henri Plantagenet, fils de Mathilde et de Geoffroy, arrive en Angleterre pour lui disputer la couronne, 289 a; ayant perdu son fils, Étienne de Blois consent à choisir pour héritier le jeune Henri Plantagenet; mort d'Étienne de Blois, 260 a.

Évreux (Robert d'), comte d'Essex, devient le favori et l'amant d'Élisabeth; ses exploits en Portugal, 192 et 193 b; épouse la veuve de sir Philippe Sidney, encourt la disgrâce de la reine, 193 b; ses succès en Espagne, 194 b; reçoit un soufflet de la reine Élisabeth, 195 b; envoyé en Irlande pour pacifier ce pays, 196 b.

Exchange (royal) ou *la bourse*, fondé sous Élisabeth par sir Thomas Gresham; son inauguration est faite au son des trompettes, 267 b.

Fairfax (sir Thomas) est mis à la tête de l'armée parlementaire, 437 b.

Femmes; exercent une grande influence sur la civilisation anglo-saxonne; elles sont l'objet d'un grand respect; quelques-unes prennent part à la direction des affaires publiques, 198 a; leur costume 221 a; leur éducation domestique, 257 b.

Finch (sir John), speaker de la chambre des communes et dévoué à la cour, refuse de mettre aux voies un projet de remontrance à Charles Ier; irritation que produit sa conduite dans les communes, 359 b;

élevé aux fonctions de lord chancelier; son discours aux communes, 388 et suiv. b; est sur le point d'être mis en accusation par les communes; se sauve en Hollande, 390 b.

Ficher, évêque de Rochester, est condamné à mort et exécuté pour cause de son attachement au culte romain, 60 et 61.

Flammock (Thomas), homme de loi, lève l'étendard de la révolte contre Henri VII, marche sur Londres, est défait et périt dans les supplices.

Fox (Charles) est attaché au ministère, 420 c; son ministère est renversé; son opposition à William-Pitt, fils du comte de Chatam, 201 d; s'oppose aux projets belliqueux de Pitt, 272 d.

France. Guerre des premiers rois normands avec la couronne de France, au sujet des provinces que ces rois possèdent en France, 245 à 290 a; Henri II apporte à la couronne d'Angleterre, à son avénement au trône, la Normandie, le Maine, l'Anjou, la Touraine, la Guyenne, le Poitou, la Saintonge, le Périgord, l'Angoumois, le Limousin et la Bretagne, 310 a; guerre de Henri II avec Louis VII, roi de France, 311 a; un mariage entre Marguerite de France, âgée de six mois, et le fils de Henri II, met fin à cette guerre, 311 a; nouvelle guerre entre la France et l'Angleterre; son auteur est Henri II; résultats nuls, 312 a; guerre avec l'Angleterre; Louis VII pousse les fils de Henri II à s'armer contre leur père; il est vaincu; la paix est rétablie, 316 a; querelles entre Richard Cœur de Lion et Philippe Auguste, 322 et suiv. a; guerre avec l'Angleterre; tourne au désavantage de la France, 325 a; Philippe-Auguste s'empare de la Normandie, du Poitou, 327 a; ses préparatifs contre Jean qui vient d'être excommunié par le pape; résultats, 333 a; guerre avec l'Angleterre; tourne au profit de la France, 338 a; traité de paix entre Henri III et saint Louis (1249); concessions réciproques, 341 a; guerre avec l'Angleterre; résultat de la mauvaise foi de Philippe IV à l'égard d'Édouard Ier, 346 a; guerre avec l'Angleterre (règne d'Édouard III) (1337); la France est à deux doigts de sa perte, 361 et suiv. a; bataille de Crécy; le roi Jean est fait prisonnier; traité de Bretigny; concessions réciproques, 377 a; reprise des hostilités; la France reconquiert la presque totalité des provinces qu'elle avait perdues dans les guerres précédentes, 378 a; la France unie à la Castille menace l'Angleterre, 379 a; guerre entre la France et l'Angleterre (Henri V); bataille d'Azincourt; un traité assure à Henri V, qui vient d'épouser Catherine, princesse française, la couronne de France, 391 a; guerre entre l'Angleterre et la France; les armées anglaise et bourguignonne agissent de concert contre Charles VII; bataille de Verneuil; Jeanne d'Arc sauve la France; elle est condamnée à être brûlée vive et est exécutée à Rouen (1431), 398 a; trêve de 22 mois; reprise des hostilités; tourne à l'avantage de la France, 399 et suiv. a; guerre entre la France et l'Angleterre (1472); est ruineuse pour ce dernier pays; trêve de sept ans, 413 a; guerre entre l'Angleterre et la France au sujet du duché de Bretagne; Henri VII prend parti pour la princesse Anne, fille du duc de Bretagne; paix conclue par un traité dans lequel le roi de France s'engage à payer des sommes considérables à Henri VII, 11 b; guerre entreprise contre la France par Henri VIII, qui agit de concert avec l'empereur Maximilien, le roi d'Espagne et Jean de Médicis, 25 b; perd la bataille des Éperons devant Therouenne, 27 b; paix avec l'Angleterre; Louis XII épouse Marie, sœur de Henri VIII, 32 b; nouvelle rupture de la France avec l'Angleterre; une armée anglaise aborde sur la côte de France; obligée de rentrer en Angleterre, 42 b; l'Angleterre, craignant l'ambition de Charles-Quint, après la fameuse bataille de Pavie, conclut différents traités avec elle, 45 b; Henri VIII, de concert avec Charles-Quint, fait la guerre à la France; cette guerre est ruineuse pour l'Angleterre; traité de paix entre la France et l'Angleterre, 85 b; guerre avec l'Angleterre, règne d'Édouard VI; tourne contre l'Angleterre, 96 b; la paix est conclue entre les deux pays, 103 b; Marie déclare la guerre à la France, parce que cette puissance donne asile aux proscrits de son royaume; cette guerre tourne contre l'Angleterre; la France gagne Calais, 134 b; paix conclue avec l'Angleterre; règne d'Élisabeth, 131 b; guerre civile; Élisabeth soutient les huguenots, 179 et suiv.; Charles Ier aide la France dans ses luttes avec les huguenots; insuccès de son entreprise, 352 et suiv. b; accepte forcément la médiation de l'Angleterre dans ses différends avec l'Espagne, 73 c; traite avec l'Angleterre, 74 c; rupture nouvelle entre la France et l'Angleterre, 77 c; paix de Nimègue; duplicité de Charles II, 87 c; donne asile à Jacques II et lui fournit assistance dans l'invasion qu'il fait en Irlande, 209 et suiv.; guerre entre l'Angleterre et la France; la France a contre elle l'Allemagne, l'Espagne, la Hollande, la Savoie, l'Angleterre, 218 et suiv. c; perd la bataille navale de la Hogue, 222 c; perd Namur, 234 c; paix de Ryswick, 245 c; la France veut s'assurer une large part dans la monarchie espagnole; rupture avec l'Angleterre à ce sujet; guerre de la succession, 249 et suiv.; perd la bataille de Blenheim; règne de la reine Anne, 287 c; la flotte anglaise commandée par Rooke s'empare de Gibraltar, 293 c; perd la bataille de Ramillies, 300 c; la paix est conclue; traité d'Utrecht; le trône d'Espagne reste en définitive dans les mains du petit-fils de Louis XIV; 329 c; conclut un traité avec l'Angleterre, l'Autriche, la Hollande, contre l'Espagne (règne de George Ier), 355 c; guerre entre la France et l'Angleterre; règne de George II; la France soutient le jeune prétendant; bataille de Fontenoy, 395 c; paix d'Aix-la-Chapelle, 411 c; reprises des hostilités; perd le Canada, 419 c; soutient les Américains, 112 d; la révolution éclate, 243 d; déclare la guerre à l'Angleterre, 262 d; paix d'Amiens et rupture, 309 et suiv. d; paix de 1814, 371 d.

Frobisher, célèbre marin du règne d'Élisabeth, visite la partie septentrionale de l'Amérique, 267 b.

Funérailles. Mœurs, coutumes à cet égard par les Normands, 308 a.

Galgacus, chef breton distingué; harangue qu'il fait à ses troupes pour les encourager à combattre les Romains; il est défait complétement, 57 à 59 a.

Gardiner, évêque de Winchester, porte un vif attachement au culte romain; à l'espoir de ramener Henri VIII à ce culte; il prépare le mariage de Henri VIII avec Catherine Howard, elle-même attachée à ce culte, 72 et suiv. b; est jeté en prison par ordre du protecteur (Somerset), 93 b; nommé chancelier par la reine Marie; son élévation cause une stupeur profonde dans le pays, 112 b; poursuit les prêtres mariés, 121 b.

Gascoigne (Robert) insulté par le prince de Galles (Henri V); lui ordonne de se rendre en prison, 387 a.

Gaveston, mignon d'Édouard II, ayant mécontenté les barons, ceux-ci le font prisonnier et lui font trancher la tête, 357 a.

Gentry; ce que c'est; sa création, 480 b.

Geoffroy, dit *Plantagenet*, à cause de l'habitude qu'avait ce prince de mettre une branche de genêt fleuri à son chapeau; épouse Mathilde, fille de Henri Ier, dit Beauclerc.

George Ier. Son avènement au trône, 339 c; soutenu par les whigs; son caractère taciturne déplaît à la nation; arrive du continent accompagné de plusieurs maîtresses laides et avides, 342 c; le nord de l'Angleterre où se sont réfugiés un grand nombre de catholiques, et les partisans du prétendant en Écosse se soulèvent contre lui, 343 c; est accusé de soutenir les États d'Allemagne au préjudice de l'Angleterre, 353 c; complot jacobite contre sa vie, 365 et suiv. c; sa mort, 369 c.

George II. Antipathie que montre à son égard George Ier, son père; est marié à Caroline Wilhelmine, femme très-intelligente dont il suit les conseils, 371 c; débats qui surgissent entre lui et le prince de Galles, 379 c; regrets qu'il témoigne à Walpole, alors que ce ministre a déposé son portefeuille, 389 c; insurrection jacobite en Écosse; le jeune prétendant; bataille de Culloden, 398 et suiv. c; les dernières armes sous son règne; l'Angleterre est en guerre avec la France; le théâtre de la guerre est dans les Indes orientales, au Canada, en Allemagne, dans la Méditerranée; sa mort, 430 c.

George III. Son avènement au trône; ses tendances absolutistes, 2 d; mort de ce prince; son caractère, 375 d.

George, prince de Galles, fils du précédent. Ses dépenses folles; épouse secrètement une dame catholique, 217 d; monte sur le trône sous le titre de George IV, 376 d; son procès avec Caroline de Brunswick, sa femme, 377 d.

Gibraltar. Cette forteresse est prise par les Anglais sous le règne de la reine Anne, et depuis cette époque elle est restée au pouvoir des Anglais, 295 c.

Glocester (duc de). Son ambition et ses intrigues pour déposséder du trône Richard II, son neveu; sa mort, 382 et suiv.

Glocester (duc de), nommé président au conseil de régence pendant la minorité de Henri VI; ses intrigues; son ambition, 393 et suiv. a; accusé de haute trahison; sa mort, 401 a.

Godolphin, célèbre ministre de la reine Anne; opère la fusion de l'Écosse et de l'Angleterre, 275 et suiv. c.

Grey (Jane), appelée au trône par le testament d'Édouard VI, testament qui a été obtenu par Warwick, duc de Northumberland; est proclamée reine, au préjudice de Marie, héritière naturelle du trône; le parti de Marie triomphe; elle est enfermée à la Tour; sa mort, 109 à 118 b.

Guerre des Deux Roses. Origine de cette guerre; personnages qui la composent; quels en sont les emblèmes; dure trente ans; coûte des flots de sang, 401 et suiv. a.

Guerres civiles du règne de Charles Ier. Bataille d'Edge-Will perdue par les royalistes; ceux-ci reprennent l'avantage et menacent Londres, 425 b; les troupes parlementaires défont les royalistes à Newbury, 429 b; les troupes parlementaires éprouvent à leur tour une grande défaite, 435 b; la bataille de Naseby est perdue par les troupes royalistes, 441 b.

Guido Fawkes. L'un des principaux conjurés dans la conspiration des poudres; règne de Jacques Ier, 289 et suiv. b. Son caractère; son énergie; sa mort, 294 b.

Guillaume Corboil, archevêque de Cantorbéry, se laisse séduire par Étienne de Blois, qui usurpe la couronne au préjudice de Mathilde, fille de Henri dit Beauclerc, 278 a.

Guillaume Ier, le Conquérant, duc de Normandie, surnommé le Bâtard, invité à se rendre à la cour d'Édouard le Confesseur, accepte l'invitation; obtient d'Harold, par surprise, que celui-ci l'aidera à la conquête de l'Angleterre, 149 et suiv. a. Débarque à Pevensey (28 septembre 1066), 224 a; sa harangue à ses troupes avant la bataille de Hastings; défait Harold dans cette fameuse bataille; fonde une abbaye, en commémoration de sa victoire, et l'appelle l'abbaye de la Bataille, 224 et suiv. a. Se fait couronner roi à l'abbaye de Westminster; sa politique à l'égard des vaincus; récompenses qu'il donne à son armée; repart pour la Normandie, 232 à 234 a. Retourne en Angleterre, et comprime une insurrection qui avait éclaté; rétablit l'impôt du Danegelt; construit un grand nombre de forteresses et de châteaux forts; établit la féodalité, 239 et suiv. a. Fait décapiter Waltheof, chef saxon, qui avait voulu soulever son pays, 247 a. Discordes qui s'élèvent dans sa famille; est blessé dans un combat singulier par son fils Robert Courtes Cuisses; lui pardonne, 248 a. Guillaume établit le cadastre de l'Angleterre, 249 a. Affliction profonde qu'il ressent de la mort de la princesse Mathilde, sa femme; ses derniers moments; sa mort (1087); ses funérailles, 253 a; son caractère, 254 a.

Guillaume II, dit *Rufus* ou *le Rouge*, à cause de ses cheveux rouges. Couronné roi le 27 septembre 1087; ses querelles avec son frère Robert, qui, aidé d'une foule de barons, veut le déposséder de la couronne d'Angleterre, 255 a. Convention faite entre les deux frères, 257 a. Au siége de Saint-Michel, il est sur le point d'être tué par un soldat, 258 a. Bâtit la forteresse de Carlisle, et attire Malcolm, roi d'Écosse, dans une embuscade où celui-ci est tué; il fait des promesses à Robert, qu'il n'exécute pas; nouveaux démêlés entre les deux frères; il passe en Normandie, mais il est bientôt rappelé en Angleterre par une invasion des habitants du pays de Galles, 259 a. Conspiration contre lui; punition des coupables; convention entre lui et Robert; celui-ci lui cède son duché de Normandie et part pour la Palestine; mort malheureuse de Guillaume le Roux; il est tué d'une flèche lancée au hasard par Tyrrel, 262 a.

Guillaume III, prince d'Orange, futur roi des Anglais, vient en Angleterre, et épouse Marie, fille aînée du duc d'York, 85 c; favorise les mécontents d'Angleterre, sous le règne de Jacques II; débarque en Angleterre à la tête d'une flotte, et renverse Jacques II du trône, 160 à 164 c. Habileté de ce prince; est couronné roi d'Angleterre conjointement avec sa femme, 201 et suiv. c. Les communes lui votent une liste civile, 206 c; se rend en Irlande, où Jacques II vient de faire une descente, et gagne la bataille de la Boyne; pacifie l'Irlande et l'Écosse, 208 et suiv. c. Ses différends avec le parlement, 209 et suiv. c. Son voyage en Hollande; décide les confédérés à faire la guerre à la France, 217 et suiv. c. Tentative de meurtre contre sa personne; en accuse Louis XIV, 221 c. Refuse sa sanction au bill des parlements triennaux, 221 c. Sa politique à l'égard de l'Écosse; massacre de Glenco, 225 a. Se livre tout entier au parti whig; sa douleur en perdant Marie, sa femme, 229 c. Rend un acte de grâce en faveur du duc de Leids, accusé publiquement et presque convaincu de s'être approprié des sommes considérables au détriment du service public, 233 c. Ses succès contre les Français; s'aliène un grand nombre d'Anglais par les faveurs qu'il accorde aux Hollandais, et notamment au duc de Portland, 235 c. Complot contre sa personne; arrestation des coupables, 241 et suiv. c. Signe la paix de Ryswick, 245 c. Mort de ce prince; son caractère, 242 c.

Guillaume IV. Son règne, 414 et suiv. d.

Guthrun, chef danois, surprend Alfred le Grand à Chippenham, et lui fait essuyer une défaite signalée, 117 a. Battu à son tour par le Grand Alfred, il reçoit pour lui et les siens des domaines dans la Northumbrie; il prend le nom d'Athelstan; est baptisé; Alfred est son parrain, 119 a.

Habeas corpus (Bill d'). Adopté par la chambre des communes sous le règne de Charles Ier, 98 c; origine de ce bill; son adoption définitive, 169 c. Suspension de ce bill sous Guillaume d'Orange par le fait d'une levée de boucliers du parti jacobite, 207 c.

Hampden (John). Courageux patriote, est mis en prison pour son refus de payer l'impôt dont le roi, aidé des conseils de Laud, veut frapper arbitrairement le pays, 359 et suiv. b. Refuse de payer l'impôt de ships-money; mémorable procès qui eut lieu à cette occasion, 378 b.

Hardicanute. Succède à Harold Pied de Lièvre (1040); mais, par ses cruautés, il se rend odieux aux Anglais; il meurt dans un festin, 140 à 141 a; dernier roi danois.

Harold, fils de Canute, écarte ses rivaux, et secondé par Emma, Fleur de Normandie, il s'empare du trône; il meurt après quelques années de règne (1040); ce prince était renommé pour sa passion pour la chasse, ce qui lui fit donner le surnom de Harold Pied de Lièvre, 139 à 140 a.

Harold, fils aîné du comte de Godwin, irrité de la partialité que le roi Édouard le Confesseur montre à l'égard des Normands, se met avec son père à la tête d'un soulèvement, 145 a. Cette entreprise échoue par le fait de la politique adroite d'Édouard, 146 a. Rentre dans les bonnes grâces d'Édouard; voyant le trône occupé par un prince sans enfants et âgé, il aspire à la couronne; il est choisi par Édouard pour succéder au trône; il part pour la Normandie, malgré les remontrances d'Édouard le Confesseur; réception que lui fait Guillaume; il fait le serment d'aider Guillaume à conquérir l'Angleterre, 146 et suiv. a. Remporte une victoire éclatante sur Tostig, son frère, venu en Angleterre avec une armée danoise, 229 a; est tué à la fameuse bataille de Hastings, 230 a.

Hastings. Ville dans les environs de laquelle Guillaume le Bâtard remporta la bataille fameuse qui le rendit maître de l'Angleterre. 230 a.

Hastings. Guerrier danois; il aborde en Angleterre (893); est défait par Alfred, qui s'empare de sa femme et de ses enfants, et les lui rend ensuite; touché de ce procédé généreux, il part pour la France, reçoit de Charles le Simple la ville et le territoire de Chartres, et devient le vassal de ce prince, 122 et suiv. a.

Hastings (Varren), gouverneur de la compagnie des Indes orientales, est mis en accusation; son procès, 224 et suiv. d.

Hawkins (*John*). Célèbre marin du règne d'Élisabeth; arme trois navires pour faire la traite des nègres; la reine lui donne des titres de noblesse; caractère de ses armoiries, 267 b.

Hengist, chef saxon; reçoit de Vortigern le royaume de Kent; il défait les Saxons qu'il était venu secourir, et déposant le titre d'heretogen, ou chef, il prend celui de roi, 95 b.

Henri Ier, fils de Guillaume le Conquérant. Son caractère faux et rusé, 263 a; il s'empare du trône au préjudice de son frère Robert, surnommé Beauclerc à cause de son amour pour les lettres; il donne une charte aux Anglais, 265 a. Il cherche à gagner la confiance de ses sujets; il épouse une jeune princesse saxonne appelée Maud ou Mathilde, 263 à 267 a. Répand le faux bruit que Robert a obtenu la couronne de Jérusalem, 267 a. Au retour de Robert, il amuse ce prince par de feintes promesses, l'attaque, le fait prisonnier, et l'enferme dans le donjon de Cardiff (pays de Galles), 270 a. Sa politique à l'égard de la France; il veut s'emparer du jeune Guillaume, fils de Robert, qui est protégé par le roi de France; il passe en Normandie; bataille des Andelys, 270 à 272 a; perd son fils dans la traversée d'Harfleur en Angleterre, 274 a; il veut assurer la couronne d'Angleterre à sa fille Mathilde, et fait reconnaître les droits de sa fille à la succession; il donne pour époux à sa fille Geoffroy, dit Plantagenet, à cause de l'habitude qu'avait ce prince de mettre une branche de genêt fleuri à son chapeau, 276 a; il apprend avec la joie la plus vive la mort de son neveu Guillaume, fils de Robert, 276 a; sa mort; son testament, 276 a.

Henri II Plantagenet, fils de Geoffroy et de Mathilde, monte sur le trône d'Angleterre (1154) après la mort d'Étienne de Blois; il apporte à la couronne d'Angleterre un grand nombre de provinces situées en France, 310 a; prince très-habile, quoique encore fort jeune; il fait la guerre à la France, et conclut la paix au moyen d'un mariage entre Marguerite de France, à peine âgée de six mois, et son fils aîné, 311 a; porte la guerre dans le pays de Galles; soumet cette contrée; nouvelle guerre de Henri II contre la France; résultats nuls, 312 a; invasion et conquête de l'Irlande (1168), 313 a; ses querelles avec Thomas Becket, archevêque de Cantorbéry; mort de ce dernier, 314 a; difficultés que lui suscite cet événement, 314 a; ses fils, à l'instigation de Henri VII, prennent les armes contre lui; le roi d'Écosse entre en Angleterre à la tête d'une armée; guerre avec la France; la paix est rétablie, 316 et suiv. a; portrait de ce prince, 318 a.

Henri III, fils de Jean sans Terre, couronné (18 octobre 1208), 335 a; confirme la grande charte; oblige les Français à évacuer l'Angleterre; faiblesse de ce prince; donne les hautes fonctions à des Poitevins; menacé de l'excommunication; ses querelles avec les barons; ses défaites en France; ses querelles avec le clergé, 339 a; les barons, conseillés par Simon de Montfort, forment un conseil de vingt-quatre d'entre eux, auquel le roi est obligé d'obéir; traité de paix avec la France, par lequel Henri III abandonne toutes ses prétentions sur la Normandie, la Touraine, etc. (1259), 341 a; est menacé de perdre sa couronne; son fils Édouard se met à la tête des troupes royalistes et défait les rebelles; mort de Henri III, 342 et suiv. a.

Henri IV (de Lancastre) s'empare de la couronne au préjudice de Richard II; couronné roi (1399), 385 a; difficultés qu'il rencontre dans l'aristocratie; une conjuration est ourdie contre lui dans le but de s'emparer de sa personne; elle échoue; fait la guerre à l'Écosse; nouvelle conjuration son insuccès; sa mort, 386 et suiv. a.

Henri V. Sa jeunesse, son caractère; il fait la guerre à la France et remporte la fameuse bataille d'Azincourt; épouse Catherine, princesse française, et un traité lui assure la couronne de France après la mort de son beau-père, 387 et suiv. a; sa mort, 393 a.

Henri VI. Monte sur le trône, âgé seulement de neuf mois; ses titres à la couronne de France par le fait du traité conclu entre cette puissance et l'Angleterre, à la suite de la bataille d'Azincourt; régence, 393 a; est couronné à Paris, 393 a; Richard, duc d'York, lui dispute la couronne; guerre des Deux Roses; l'emblème de son parti est une rose rouge, 402 et suiv. a; sa déchéance est proclamée, et Édouard IV, fils de Richard, comte de Warwick, est nommé roi à sa place, 406 a; est fait prisonnier par les troupes d'Édouard IV, et enfermé dans la Tour, 408 a; égorgé par les frères d'Édouard IV.

Henri VII. Henri, comte de Richmond, petit-fils par son père d'Owen Tudor et de Catherine de France, et par sa mère, de Jean Beaufort, comte de Somerset, quitte la France, où il vivait pour soutenir les intérêts de la Rose rouge, ou de la famille de Lancastre, contre Richard III, usurpateur du trône, 418 a; bataille de Bosworth, 419 a; sa prudence; fait enfermer à la Tour de Londres Édouard Plantagenet, comte de Warwick, fils du duc de Clarence, qui lui inspire des craintes, 1 b; prétend faire remonter sa royauté du jour qui a précédé la bataille de Bosworth; proclame une amnistie; promet à la noblesse d'épouser Élisabeth, princesse du sang des York; aversion qu'il a pour ce mariage; le retarde le plus qu'il peut, 3 b; défait lord Lovel, qui avait levé une armée pour faire valoir les droits des yorkistes; son avarice; alarmes qu'il conçoit en apprenant les progrès de Lambert Simnel, qui se prétend être Édouard Plantagenet, comte de Warwick; il fait promener dans les rues de Londres le véritable comte de Warwick, qu'il détenait prisonnier à la Tour; la duchesse douairière de Bourgogne se déclare contre lui, et fournit des secours au faux comte de Warwick; Henri VII fait des pèlerinages à Bury Saint-Edmond et autres lieux renommés pour leur sainteté, 6 b; s'empare de Simnel dans une bataille, et lui donne des fonctions viles dans ses cuisines, 6 b; se rend enfin aux désirs du pays, et fait couronner la reine à Westminster; la France et la Bretagne lui demandent en même temps son assistance; ses réponses ambiguës; se décide enfin à prendre parti pour la princesse Anne, fille du duc de Bretagne; sa politique machiavélique, 9 b; est soupçonné de recevoir de l'argent des deux mains; sa colère en apprenant le mariage du roi de France avec la duchesse de Bretagne; veut envahir la France, mais la paix est bientôt conclue, 11 b; ses alarmes, à l'occasion d'un nouveau prétendant, nommé Perkins Warbeck, 12 b et suiv. b; s'efforce de prouver que le véritable duc d'York a été étouffé dans la Tour, 13 b; ses inquiétudes; il fait décapiter lord Stanley, qui lui a sauvé la vie à la bataille de Bosworth, parce que ce seigneur est censé soutenir la cause du faux duc d'York; il détruit le parti de Warbeck; une révolte se déclare dans le Cornouailles; les révoltés marchent sur Londres; Henri défait les insurgés, et, pour servir d'exemple, il fait de nombreuses exécutions, 15 b; défait Warbeck; sa conduite envers le faux prétendant, 17 b; fait exécuter Perkins Warbeck et le jeune comte de Warwick pour une prétendue conspiration, 19 b; soins qu'il prend pour se justifier de l'exécution du comte de Warwick, dont la jeunesse inspire les plus vives sympathies à la nation; il laisse Londres, où règne une épidémie, se rend en France, et a une entrevue amicale avec Charles VIII; donne sa fille Marguerite en mariage au roi d'Écosse; fait payer la dot par son peuple; demande à Ferdinand d'Aragon sa fille Catherine; la donne en mariage à son fils Arthur; ce prince étant venu à mourir, le roi substitue le prince Henri, frère du défunt, au défunt lui-même, ne voulant pas rendre la dot, 20 b; veut se marier lui-même avec la reine douairière de Naples, mais renonce à ses projets de mariage en apprenant que cette princesse n'avait pas une grosse dot, 20 b; fait arrêter Edmond de la Pole, fils d'une sœur d'Édouard IV et de Richard III, ainsi que William de la Pole, sous le prétexte qu'ils conspirent; exécution de différents personnages; obtient de Philippe d'Aragon, qui a été jeté en Angleterre par une tempête, qu'il lui livrera Edmond de la Pole, comte de Suffolk; traité qu'il arrache de ce prince; sa mort; sa sordide avarice, 23 b.

Henri VIII. Est couronné roi, le 22 avril 1509; épouse Catherine d'Aragon, veuve de son frère Arthur; ses prodigalités; livre à la justice du pays Dudley et Empson, instruments des exactions de son père; ils sont décapités, 24 b; profite des embarras de la France menacée par l'empereur Maximilien, le roi d'Espagne et Jean de Médicis; fait trancher la tête à Edmond de la Pole, comte de Suffolk, que l'archiduc avait livré à Henri VII; gagne la fameuse bataille des Éperons devant Thérouenne, 27 b; ses succès dans le nord de la France, tandis qu'il est en France; ses armées remportent sur les Écossais la fameuse bataille de Flodden, 28 et suiv. b. Henri, abandonné de ses alliés, fait la paix avec la France, 30 b ; donne sa sœur Marie en mariage à Louis XII, 30 b; pardonne à sa sœur, qui, après la mort de Louis XII, épouse en secret le duc de Suffolk; confiance qu'il accorde au cardinal Wolsey, 31 b; se passionne pour François Ier, qui lui fait demander une entrevue; est le parrain d'un enfant de François Ier, et lui donne son nom, 34 b; reçoit la visite de Charles-Quint au moment de son départ pour la France; les deux souverains visitent ensemble le tombeau de Thomas Becket; entrevue du Drap d'Or; magnificence des deux souverains; la confiance et les marques d'estime réciproques succèdent à la défiance dans les deux souverains, 37 b; cédant aux conseils de Wolsey, il signe la sentence d'Édouard Strafford, duc de Buckingham, 38 b; se déclare le défenseur de la foi catholique, et écrit un livre contre Luther; le pape lui donne le titre de défenseur de la foi ; est choisi arbitre entre la France et l'Espagne; il rompt avec la France; il échoue, 42 b; demande de l'argent aux communes; résistance de cette assemblée; ordonne des réjouissances publiques après la fameuse bataille de Pavie, dans laquelle François Ier est fait prisonnier de Charles-Quint, 45 b; mais bientôt effrayé de l'ambition de Charles-Quint, il se rapproche de la France, et conclut différents traités d'amitié; il envoie à la cour de France un ambassadeur pour féliciter le roi de sa délivrance, 46 b; dégoût qu'il éprouve pour Catherine d'Aragon; son amour pour Anne de Boleyn, 47 b; se décide à épouser cette jeune dame, 48 b; demande des dispenses au pape pour pouvoir divorcer avec Catherine d'Aragon; négociations à ce sujet; déclare la guerre à Charles-Quint (1258), 49 b; lenteur du pape à se rendre au désir de Henri VIII; il envoie à Londres le cardinal Campegge; celui-ci refuse de prononcer la sentence avant de s'en être entendu avec le pape, 51 b; colère de Henri VIII; il disgracie Wolsey, son ministre, 53 b; Henri, ainsi contrarié dans sa passion, donne sa confiance à Cranmer et à Thomas Cromwell, qui l'engagent à se passer du pape, et à suivre l'exemple des princes allemands qui ont embrassé la religion nouvelle, 53-57 b; est reconnu par le clergé catholique chef suprême de l'Église d'Angleterre; mariage du roi avec Anne de Boleyn ; son divorce avec Catherine est confirmé par un acte du parlement, 58 b; se décide à rompre définitivement avec le pape; il prend en grande pompe son titre de chef suprême de l'Église d'Angleterre; persécutions religieuses, 61 b; s'éprend de Jeanne Seymour; ordonne que le procès d'Anne de Boleyn soit instruit, 62 et suiv. b; mort de cette princesse; indifférence du roi à son égard, 64 b; le lendemain de sa mort, il épouse Jeanne Seymour; supprime tous les couvents, et s'adjuge tout ce qui leur appartient, 64 b; devient théologien; sa sévérité à l'égard des insurgés de plusieurs provinces que ces changements religieux avaient excités à la révolte, 67 b; étrange procès qu'il intente à Thomas Becket; celui-ci, mort depuis longtemps, déclaré coupable de rébellion, de trahison; dépouille les châsses de toutes leurs richesses, 68 b; persécutions religieuses; Henri accepte l'appel que Lambert fait devant lui d'une sentence qui le condamne à être brûlé vif, et il confirme la sentence; 69 b; il perd Anne de Seymour; son mariage avec Anne de Clèves, princesse protestante; dégoût qu'il éprouve pour cette princesse; il la répudie; sa colère contre Cromwell, auteur principal de ce mariage, 72 et suiv. b; devient amoureux de Catherine Howard, et fait déclarer nul par le parlement son mariage avec Anne de Clèves; il épouse Catherine Howard, 73 b; apprend par des révélations que cette dame avait eu une vie irrégulière avant son mariage; obtient d'une cour vendue une sentence de mort, 75 b; ses intrigues en Écosse; conçoit l'espoir d'unir l'Écosse à la Grande-Bretagne; fait la guerre à la France; altère les monnaies pour se procurer de l'argent, 86 b; épouse Catherine Parr, qui n'échappe à la mort que par adresse, 86 b; derniers moments de Henri VIII; sa mort, 88 b.

Henriette-Marie, princesse française; épouse Charles Ier; arrivée de cette princesse en Angleterre; son portrait et son caractère; elle se fait de nombreux ennemis parmi les puritains, 341 b; querelles entre elle et son époux, au sujet des prêtres français qu'elle veut conserver, et des marques de sympathie qu'elle donne aux Français, 344 b.

Heptarchie saxonne, c'est-à-dire division de la Grande-Bretagne en sept royaumes; le royaume de Kent est le premier de l'Heptarchie, 95 ; l'Heptarchie est formée de sept royaumes, qui sont : 1° le royaume de Kent; 2° le royaume de Sussex ; 3° le royaume d'Essex ; 4° le royaume d'Est-Anglie ; 5° le royaume de Wessex; 6° le royaume de Northumbrie; 7° le royaume de Mercie, 99 et 98 a; mais bientôt des guerres intestines se déclarent entre les vainqueurs ; l'Heptarchie se dissout ; les royaumes de Sussex, d'Essex, d'Est-Anglie et de Kent sont absorbés par les royaumes de Wessex et de Mercie (676), 100 a ; la Northumbrie, dans le principe, l'un des plus puissants États de l'Heptarchie, s'affaiblit et se fond avec le royaume de Wessex (827), 102 à 103 a; le royaume de Mercie éprouve le même sort; il est annexé au royaume de Wessex; tous les royaumes de l'Heptarchie sont ainsi réunis en un seul, 823.

Hereward, seigneur anglo-saxon ; défend la cause de l'indépendance saxonne contre les Normands, 238 a ; il est vaincu, 239 a.

Herfort (Lord), duc de Somerset, chef de la famille des Seymours, et oncle d'Édouard VII, successeur de Henri VIII ; ses rivalités avec les Howarts, 88 b. Est nommé gouverneur du roi, protecteur et lieutenant du royaume pendant la minorité du roi, 89 b. Soutient le parti protestant; poursuit les projets de Henri VIII pour annexer l'Écosse à l'Angleterre ; gagne la bataille de Pinkey sur les Écossais, 93 b. Fait jeter en prison Bonner, évêque de Londres, et Gardiner, évêque de Manchester ; fait rapporter le statut des six articles, 94 b. Ses démêlés avec son frère, Thomas Seymour, qui est condamné à être décapité, 97 et suiv. b. Une insurrection formidable, occasionnée par les changements religieux et par une grande disette, éclate dans le nord de l'Angleterre ; est réprimée, 102 b. L'orage gronde sur la tête de Somerset ; le comte de Warwick, compétiteur de Somerset, et vainqueur des Écossais à Penkey, renverse Somerset et prend sa place, 103 b. Il est condamné à la perte de ses emplois, 103 b. Est condamné à mort, 105 b.

Hiérarchie sociale. Elle était établie sous les Anglo-Saxons; ils avaient des earls, ou comtes; des thanes, titre impliquant un droit de suzeraineté territoriale; des sokemen, hommes possédant librement du chef d'un seigneur, et libres de choisir un autre suzerain; des ceorls, c'est ainsi qu'on appelait les anciens Bretons subjugués; les théoves ou serfs; villani ou villains ; les frilazins, qui venaient avant les esclaves, 155 et 156 a. — *Période normande*. Les grands barons forment le premier ordre de l'État, 239 a ; après les grands barons viennent les barons inférieurs appelés vavassors; puis les ceorls anglo-saxons, que la conquête élève au rang de sokemen ; puis les freemen, puis les bordrvii et les cottarii, 239 et suiv. a; grands dignitaires de la couronne, 242 a.

Holbein, peintre fameux de Henri VIII.

Hollis, courageux citoyen (règne de Charles Ier), l'un des principaux promoteurs de la chute de Charles Ier, 361 b.

Hotham (John), gouverneur de Hull. Charles Ier voulant s'emparer de cette place par surprise, il prévient ses projets, et le parlement déclare qu'il a bien mérité du pays, 418 b.

Hugues Spencer, favori d'Édouard II. Ayant excité le mécontentement des barons, ceux-ci se présentent au parlement, et obtiennent de cette assemblée une sentence de bannissement contre le favori et son père, 360 a ; rappelé par Édouard II ; est pendu, ainsi que son père, par les révoltés, 360 a.

Impeachment. Mise en accusation, 169 b.

Impôt. Les Romains établissent l'impôt en Angleterre ; il est perçu en nature ou en argent ; il porte sur la propriété et sur les individus. Les droits d'importation et d'exportation sont introduits. Les taxes annuelles que la Bretagne fournit à Rome, suivant l'évaluation de Juste Lipse, s'élèvent à 50,000,000 de francs, 68 et 69 a; croît considérablement sous Guillaume le Conquérant, 241 a.

Industrie. La construction des chars de guerre et des canots bretons excite l'attention des Romains. Les Bretons savent tirer parti de l'étain, du plomb, du fer, du cuivre, 88 et 89 a. — Une foule de marchands étrangers, de Flamands et de juifs, viennent s'établir en Angleterre et y apporter leur industrie. Percement des premiers canaux, 480 et suiv. a. L'Angleterre fabrique des étoffes de laine, des soieries, des tapisseries, des horloges ; les pêcheries commencent à être exploitées sur une grande échelle. L'agriculture fait de grands progrès, 483 a ; se développe considérablement sous les Tudors, 26 b ; son développement sous les Stuarts, 195 et suiv. ; création d'un ministère ou bureau de commerce, 197 c.

Inigo Jones, célèbre architecte du temps de Charles Ier ; ses travaux, 544 et suiv.

Invasions romaines.—Première invasion, 54 avant J. C. ; résistance des premiers

DES MATIÈRES.

Bretons. Le sénat romain décrète vingt jours d'actions de grâces, en apprenant la conquête de la Grande-Bretagne par Jules César, 34 à 39 a. César quitte la Grande-Bretagne; les Bretons se soulèvent. — *Seconde invasion.* Récit qu'en fait César lui-même, 39 à 44 a. Politique romaine, consiste à profiter des désordres qui règnent entre les différentes tribus semées sur le territoire de la Bretagne, pour se défaire plus facilement de leurs ennemis, 43 a. La Grande-Bretagne est conquise. Les Romains négligent entièrement ce pays après la conquête, jusqu'au règne de Claude. Claude arrive dans la Bretagne et en conquiert la plus grande partie, 45 a. Toutefois le pouvoir des Romains demeure longtemps encore stationnaire dans cette contrée; il ne fait des progrès sensibles que sous les successeurs d'Ostorius, et principalement sous Néron, 45 à 49 a. Agricola dans la Grande-Bretagne; récit de ses huit campagnes; ses triomphes. La Grande-Bretagne est définitivement conquise. Ses succès causent de l'ombrage à Domitien; il est rappelé, 49 à 59 a. La Grande-Bretagne est ravagée par les Calédoniens ou Écossais. Adrien vient dans la Grande-Bretagne: il bâtit une muraille pour arrêter ces barbares; mais cette barrière est franchie, ce qui oblige Sévère à en bâtir une seconde, 59 à 61 a. L'autorité romaine se perpétue ainsi jusqu'en 337, époque de la mort de Constantin; mais dès ce moment elle commence à diminuer. D'un côté, les Pictes et les Scots continuent leurs incursions; d'un autre côté, des pirates francs et saxons promènent la désolation et les ravages sur les côtes du Sud. Après la mort de Constantin, Honorius tente de vains efforts pour conserver la souveraineté de la Bretagne; et vers l'an 420 de notre ère, les empereurs abandonnent définitivement la Bretagne, 62 et 63 a.

Irlande, a eu pendant plusieurs siècles une nationalité à part. Henri II en fait la conquête (1172). Depuis la conquête jusqu'à nos jours, en état d'insurrection permanente, 2 a. Invasion et conquête de l'Irlande par Henri II, 313 a. Souffrances qu'elle endure sous le protectorat ou la commonwealth, 5 c; s'insurge à la voix de Jacques II. Bataille de la Boyne; capitulation de Limerick, 209 et suiv. c; insurrection formidable pendant les guerres de l'Angleterre avec la France (1798); est réunie à l'Angleterre, 288 et suiv. d; aspect de son sol; son histoire sous les premiers rois, 518 et suiv. d.

Isabelle, épouse d'Édouard II, encourage les révoltés contre son mari; le fait assassiner, 361 a; condamnée à être reléguée dans une prison, par arrêt du parlement, 362 a.

Jacobites. On appelait ainsi les partisans des Stuarts.

Jacques Ier. Intrigues qu'il entretient avec Cecil, fils de lord Burleigh, du vivant d'Élisabeth, 202 b; sa pauvreté à l'époque de son avènement au trône d'Angleterre; son voyage d'Édimbourg à Londres; sa libéralité en matière de titres de noblesse, 277 et suiv. b. Complot du *Bye* et du *Main*, 279 et suiv. b. Commue la peine de mort prononcée contre les principaux conjurés en celle de la prison, 283 b. Haine qu'il nourrit contre les puritains. Recommandations qu'il fait à leur égard à son fils. Ses prétentions au savoir théologique, 284 b; établit l'épiscopat, 285 b; ses tendances à l'arbitraire; ses démêlés avec les communes, au sujet du speaker, 287 b; son inaptitude aux affaires; son amour pour la chasse; aventure, 288 b. Conjuration des poudres, 288 et suiv. b. Écrit plusieurs livres théologiques, dans lesquels il s'efforce de prouver la nécessité du serment d'allégeance, 297 b. Projet d'union entre l'Écosse et l'Angleterre avorté, 297 b. Jacques distribue des sommes considérables à ses favoris, ce qui le rend toujours besoigneux, 299 b; reconnaît les Provinces-Unies de Hollande, 301 b; répugnance qu'il éprouve à convoquer son parlement et à lui demander de l'argent; ce qu'il est pourtant obligé de faire après que son trésorier a été arrêté dans les rues par ses créanciers, 301 b. Cajoleries et menaces envers les communes pour en obtenir de l'argent; abandonne lâchement à leur colère le docteur Cowell, qui, dans un écrit, a pris sa défense contre les communes; obtient de celles-ci un revenu fixe, 304 b; fait enfermer à la Tour Arabella Stuart, dans laquelle il voit un concurrent au trône; mort de celle-ci, 305 b. Invite les Hollandais à persécuter Vortsius, célèbre hérésiarque, 305 b. Mort du prince de Galles, Henri Stuart, 306 b. Marie la princesse Élisabeth, sa fille, à Frédéric V, comte palatin; magnificence des fêtes qui eurent lieu à cette occasion, 307 b; élève le vicomte de Rochester au titre de comte de Somerset, à l'occasion du mariage de celui-ci avec lady Frances Howard. Nouvelles difficultés pécuniaires. Jacques vend la pairie à différentes personnes, pour se créer des ressources; convoque le parlement; demande aux communes des subsides, qui lui sont refusés; dissout le parlement; gouverne par l'arbitraire, 309 et suiv. b; disgracie Somerset et donne sa faveur à George Villiers. Ses frayeurs au sujet des révélations que peut faire Somerset, qui vient d'être mis en jugement; lui accorde une pension après sa condamnation, 313 b. Son voyage en Écosse; veut y établir l'épiscopat, 315 b. Indignité de Jacques au sujet du malheureux Raleigh; condamnation de ce dernier à mort, 321 b. Obtient des subsides pour soutenir les intérêts de son gendre en Allemagne, mais à la condition qu'il usera de plus de sévérité à l'égard des papistes, 322 et suiv. b. Colère de Jacques à l'occasion de la protestation rendue par les communes, protestation dans laquelle cette chambre établit ses prérogatives et ses priviléges, 327 b. Négocie un mariage avec la cour d'Espagne; envoie son fils à Madrid, avec Buckingham. Son manque de loyauté à l'égard de l'Espagne; sa conduite à l'égard du comte de Bristol, son ambassadeur à Madrid, 333 b; fait des préparatifs simulés de guerre contre l'Espagne, pour obtenir de l'argent des communes, 335 b. Rend ses bonnes grâces à Charles Ier, son fils, et à Buckingham, qui un instant les avait perdues. Négocie un mariage pour son fils avec la cour de France. Son portrait par l'historien Lingard; sa mort, 336 à 339 b.

Jacques II. Cruautés qu'il commet en Écosse contre les covenantaires, et les non-conformistes, 105 c. Son avénement au trône; protége ouvertement les catholiques, 129 et 136 c; veut interroger lui-même le duc de Monmouth, arrêté après avoir voulu soulever le pays; ratifie la sentence de mort, 137 et suiv. c. Opposition qui se forme contre lui : elle est encouragée par Guillaume, prince d'Orange. Naissance de François-Édouard. Doute qu'entretient la nation au sujet de cet enfant; elle suppose qu'il a été introduit dans le lit de la reine au moyen d'une bassinoire, 159 c. S'aliène toute la nation par ses mesures arbitraires; est même abandonné par la princesse Anne sa fille. Son départ pour la France, 160 à 164 c; entretient des intelligences en Écosse et en Irlande; se rend dans cette dernière contrée, 203 et suiv. c;

débarque en Irlande, et perd la bataille de la Boyne. Son parti est défait en Écosse, 209 et suiv. c. Sa mort, 268 c.

Jarretière (Ordre de la). Créé par Édouard III pour honorer la comtesse de Salisbury, 372 a.

Jean sans Terre. Caractère de ce prince; guerre avec la France; perd la Normandie, le Poitou, 326 et suiv. a; surprend Arthur, son neveu, qui s'était mis sous la protection du roi de France, et le poignarde de sa propre main; est sommé par Philippe-Auguste de comparaître devant un tribunal de douze pairs pour se justifier de l'assassinat d'Arthur; Jean refuse, 328 a; cède à Philippe-Auguste différentes provinces situées en France; ses querelles avec le clergé, au sujet du siége de Cantorbéry, 329 a; interdit et excommunié par le pape; résiste à la politique de Rome, 330 a; menacé par ses sujets et par Philippe-Auguste; remet l'Angleterre et l'Irlande au pape, moyennant une redevance annuelle, 321 a; il offense les barons, qui exigent de lui la *grande charte*, 334 a; la déchéance du roi Jean proclamée; sa mort, 335 a.

Jeffries. Nommé greffier de la ville de Londres (règne de Charles Ier); poursuit avec un acharnement extraordinaire les adversaires de la couronne, 101 c; préside au procès d'Algernon Sidney, et prononce lui-même la sentence; sa barbarie, 122 c; ses cruautés sous le règne de Jacques II, 147 et suiv. c; caractère de cet homme; son arrestation; sa mort, 175 et suiv.

Jenkins, capitaine d'un navire marchand; maltraité par des croiseurs espagnols dans les eaux des mers occidentales; est appelé à la barre de la chambre des communes; sa réponse, 380 c.

Juifs. Haine et préjugés qui existent contre eux sous les rois normands; bannis du royaume (1290), 344 a.

Junius, fameux publiciste resté inconnu; attaque l'administration de lord Worth, 67 d.

Jurisprudence. A leur arrivée dans la Grande-Bretagne, les Anglo-Saxons n'avaient pas encore de lois écrites; l'usage était leur seule loi; le plus ancien code de lois est attribué à Elthelbert, premier roi chrétien qui occupe le Kent, 165 a; le principe de cette loi est la réparation pécuniaire, 165 et suiv. a; l'héritage du père était partagé par égales portions, 168 a; institution du jury, remonte aux temps saxons, 172 a; les serments ou les appels solennels au ciel étaient le moyen le plus universel et le plus ancien employé dans les tribunaux de justice, 173 a; on se justifiait aussi d'une accusation au moyen des ordalies ou jugement du ciel, 174 a; l'étude de la jurisprudence devient très-commune en Angleterre après la conquête normande, 473 a.

Jury (le). L'origine de cette institution remonte aux Anglo-Saxons, 163 a; le jury est établi d'une manière régulière par Guillaume le Conquérant, 240 a; sa vénalité sous les Stuarts, 165 et suiv. c; lois votées pour déterminer la composition du jury et le mode de procédure, 435 c.

Kade (*John*), Irlandais. Profite de l'état de troubles dans lequel le pays est engagé pour se faire un parti; il se dit le fils de Mortimer; ses succès; sa mort, 402.

Lambert. Son procès; condamné pour hérésie; il fait appel au roi, qui confirme la sentence, 69 b.

Lancastre, fameux navigateur; son expédition dans les Indes orientales, 549 b.

Lanfranc, prélat normand, élevé à l'archiépiscopat par Guillaume le Conquérant, 297 a; son caractère; sa vie; querelles entre le primat et l'archevêque d'York, 300 a.

Latimer et *Ridley*, illustres réformateurs; leur mort, 237 b.

Laud, archevêque. Ses doctrines excitent la désapprobation des communes, 359 b; prière qu'il fait à l'occasion de la naissance de Charles II; excite contre lui la colère des puritains, 365 b; veut innover dans l'Église écossaise comme dans l'Église anglicane; irritation que ces changements produisent en Écosse, 368 b; embellissements qu'il fait à Saint-Paul, 369 b; il emploie le célèbre Inigo Jones à restaurer cette église, 369 b; toute-puissance de l'archevêque; il veut imposer sa liturgie, non-seulement dans le royaume, mais dans tous les établissements anglais; ses rigueurs envers la presse, 369 à 372 b; est mis en accusation, et condamné à mort; sa mort; 438 b.

Législation. Tend à l'absolutisme sous les Tudors, 205 et suiv. b; Henri VIII obtient une foule de lois du parlement pour établir le crime de haute trahison, 208 b; sous les derniers Tudors, elle est presque exclusivement religieuse, c'est-à-dire que des lois sont rendues pour et contre les protestants et les catholiques alternativement, 211 et suiv. b; plus monarchique que démocratique sous la commonwealth; même caractère sous les derniers Stuarts, 169 et suiv. c.

Légistes renommés. Du temps d'Élisabeth, sir Édouard Coke et lord Bacon, 213 b; Jeffries, Clarendon, Coke, Hale, sous les Stuarts, 174 et suiv. c.

Leicester (*Comte de*). Engage les barons à s'unir et à s'emparer de l'autorité; forme un conseil de vingt-quatre d'entre eux, auquel le roi Henri III est forcé d'obéir, 340 a; lève l'étendard de la révolte; sa puissance; est tué, 342 a.

Leicester, amant de la reine Élisabeth; son portrait, par Lamothe Fénelon, 168 b; peu de regrets qu'Élisabeth montre à sa mort, 193 b.

Leslie (*Comte Leven*), général des covenantaires, d'une grande expérience, 385 b.

Lilburne (*John*), puritain courageux, condamné au pilori et à être fouetté dans les rues de Londres; supporte son supplice d'une manière héroïque, 372 b.

Liste civile. Établie par les communes, 206 c (règne de Guillaume d'Orange); son accroissement sous George II, 371 c; George II informe le parlement que sa liste civile est insuffisante, 411 c.

Littérature. Les annales des anciens Bretons étaient composées en vers, et chantées au son de la harpe; les bardes suivaient les princes aux armées, et chantaient leurs exploits; ils formaient l'un des ordres les plus respectés dans les anciens États bretons; parfois ils écrivaient des pièces satiriques; ils chantaient aussi les plaisirs de l'amour, ses joies, ses craintes; les bardes sont dispersés par les Romains, mais ils reparaissent de nouveau après l'invasion, 79-80 a. Après le départ des Romains, l'Angleterre retombe dans les ténèbres de la barbarie; les plus grandes difficultés qui existaient pour la communication étaient les différences des caractères saxon et breton; les Anglo-Saxons aiment la poésie avec passion; poème anglo-saxon sur la bataille de Brunhambourg gagnée sur Athelstan, 119 à 204 a. Après la conquête normande, l'étude du latin absorbe l'attention des savants; des écoles se forment de toutes parts; on étudie aussi les langues orientales, 472 a. Invention du papier de coton (XIIe siècle), 473 a. Conquête de Constantinople par les Turcs au XVe siècle; jette une foule de savants en Angleterre, 476 a. Invention de l'imprimerie; elle est lente à s'introduire en Angleterre, 476 a. Wolsey protège les études

36.

classiques ; le grec et le latin triomphent de la scolastique, 244 et suiv. b; son caractère est éminemment théologique sous les premiers Stuarts, 529 b; caractère de la littérature sous les derniers Stuarts, 187 c; son caractère devient plus positif après le renversement des derniers Stuarts; œuvres les plus remarquables de cette époque, 439 c.

Livre des évêques et *Livre du roi*. Le premier ainsi nommé, parce qu'il avait été fait par une commission d'évêques et d'ecclésiastiques nommés par le roi, 234 et suiv. b; est suivi du Livre du roi; la différence entre le premier et le second, c'est que le Livre des évêques appartenait plus au catholicisme qu'au protestantisme, et que le second appartenait plus au protestantisme qu'au catholicisme, 204 b.

Llewelleyn, prince de Galles. Refuse de faire hommage à Édouard Ier; ses succès; est tué, 345 à 346 a.

Loi commune. Ce qu'on entend par la loi commune; son origine, 424 a.

Lois pénales. Étaient de deux sortes sous les Anglo-Saxons; il y avait les lois canoniques de l'Église et les lois de l'État; les premières consistaient en macérations, jeûnes, prières; les deuxièmes consistaient en amendes; l'application de la peine de mort était fort rare, 169 a; la loi autorisait le créancier à dépouiller de tout son débiteur, 170 a; la loi était fort douce dans quelques cas contre le meurtre, et elle était fort sévère contre l'adultère, 171 a.—Lois pénales sont rendues contre les lollards et les disciples de Wycliff, réformateur religieux, 465 a; les bûchers de Smithfield s'allument pour les hérétiques, 466 a; une foule de lois sont rendues contre les catholiques et les protestants alternativement, sous le règne des Tudors, 240 b; caractère des lois pénales rendues sous Élisabeth contre les catholiques, 241 b; rigueur de ces lois sous les Stuarts, 176 c.

Lois prohibitives rendues par Édouard III contre le commerce étranger, 484 a.

Lollards. Prédicateurs qui signalaient les abus du clergé (règne de Richard II), 380 a; persécutions qu'ils endurent, 452 et 453 a; leurs doctrines, 463 a.

Londres. Bâtie par Brutus, petit-fils d'Énée le Troyen, qui l'appela Trinovante, 22 a; est honorée du titre de municipium par les Romains, et ses habitants jouissent de tous les priviléges des citoyens de Rome, 65 a; Sweyn, chef danois, y entre en vainqueur (1013), 135 a; description de cette grande ville par Fitz-Stephen, *période normande*, 296 et 297 a; fléau qui désole cette ville sous Édouard III; Londres s'agrandit considérablement sous les rois normands, et acquiert d'immenses richesses, 481 a; s'agrandit encore sous les Tudors; la peste ravage cette ville dans les premiers jours du règne de Jacques Ier, 279 b; peste qui désole cette ville sous le règne de Charles II, 65 c; incendiée, rebâtie, 68 c.

Lully (Raymond), fameux alchimiste appelé en Angleterre par Édouard Ier, 474 a.

Luther. Détails sur sa vie; son caractère, 223 b; il répond au livre de Henri VIII, 224 b.

Manufactures. Existent déjà sous les rois saxons; les ateliers sont dans les monastères, 215 a; un grand nombre se fondent sous les Tudors; elles consistent principalement en manufactures de soieries, de laines, de toiles, de draps, etc., 274 et suiv. b; prennent un grand développement sous les derniers Stuarts, par suite de la révocation de l'édit de Nantes, 197 c; les manufactures, et principalement les manufactures de coton, prennent un développement considérable sous les règnes de Guillaume et Marie, d'Anne, de George Ier et de George II, 467 c.

Marguerite, fille de René d'Anjou, épouse de Henri VI. Son activité; talents qu'elle déploie dans la guerre des Deux Roses, 401 et suiv. a; négocie avec la France; ses revers, 408 a; sa réconciliation avec Warwick; repasse en Angleterre; tombe au pouvoir de l'ennemi, avec son fils, qui est égorgé; enfermée à la Tour, 412 a.

Marie, fille de Henri VIII et de Catherine d'Aragon, n'étant que princesse, refuse d'obtempérer aux ordres du gouvernement, qui lui enjoint d'expulser les prêtres catholiques chargés d'officier dans la chapelle, 105 b; parvient à renverser les projets de Warwick, duc de Northumberland, qui veut placer la couronne d'Angleterre sur la tête de lady Jane Grey, sa parente; changements religieux qu'elle opère, 108 et suiv. b; ses projets de vengeance contre les réformateurs; stupeur que cause à la nation la nouvelle de l'élévation de Gardiner aux fonctions de chancelier; nombreuses arrestations, 112 b; elle veut se marier avec un prince catholique, et elle épouse Philippe II d'Espagne, 114 b; soulèvement que cause ce mariage; dispersion des insurgés; 400 personnes sont mises à mort dans le cours d'un mois, 117 b; la princesse Élisabeth elle-même, soupçonnée d'avoir trempé dans ces soulèvements, est conduite à la Tour, 117 b; sanglantes exécutions, 117 b; mécontente les Anglais, qui se plaignent beaucoup des Espagnols; dans le désir extrême d'avoir un héritier, elle prend un commencement d'hydropisie pour des signes de grossesse; rixe entre les Espagnols et les Anglais; déclare la guerre à la France, sous prétexte que cette puissance donne asile aux proscrits de l'Angleterre; 127 b; perd Calais; chagrin qu'elle éprouve de cette perte, 127 b; sa mort, 129 b.

Marie Stuart, fille de Marie de Guise et de Jacques Stuart, mariée au dauphin de France; inspire une grande jalousie à Élisabeth, 132 à 134 b; épouse Darnley, 141 b; jure de venger la mort de Rizzio, assassiné par ordre de son époux; naissance de Jacques d'Écosse; a pour marraine Élisabeth, 142 b; mort violente de Darnley; Marie Stuart accusée de ce meurtre; épouse Bothwell, 144 b; est arrêtée par ses sujets et enfermée au château de Lochleven, 149 a; est obligée d'abandonner la couronne à son fils; parvient à s'échapper de sa prison; perd la bataille de Langside, et se livre à Élisabeth, 150 et suiv. b; obligée de comparaitre devant une commission nommée par Élisabeth pour se justifier du meurtre de son époux, 152 b; enfermée au château de Tutbury, 155 b; tentative pour la sauver; elle échoue, 161 b; soupçonnée d'avoir trempé dans un complot contre la vie d'Élisabeth, est mise en jugement; sa mort, 184 et suiv. b.

Marine militaire. S'empare de Gibraltar, 295 et suiv. c; une flotte anglaise, commandée par Anson, remporte de brillants avantages sur les Espagnols, 393 c; insuccès de la flotte commandée par l'amiral Byng contre Minorque; mise en accusation de cet officier, 421 c. Quelques historiens portent à 3,000, d'autres à 4,000 le nombre des vaisseaux de la Grande-Bretagne sous le règne des derniers rois saxons, 213 a; les vaisseaux d'Élisabeth s'emparent de deux galiotes espagnoles sans provocation aucune; une flotte anglaise va au secours des hugnenots de la Rochelle, 166 b; les vaisseaux d'Élisabeth, commandés par Drake, explorent les mers de l'Inde, les îles de la mer Pacifique et l'Amérique espagnole, 179 b; en 1587, la marine royale ne se compose que de trente-six vaisseaux; défait l'invincible Armada, 190 et suiv. b; Henri VIII est regardé comme le fondateur de la marine anglaise, 263 b; construit des havres dans différents lieux, 369 b; combats célèbres entre les flottes hollandaises et anglaises sous la commonwealth, 1 à 48 b; gagne plusieurs batailles navales sur les Hollandais (règne de Charles Ier), 50 et suiv. c; gagne la bataille de la Hogue, 222 c; la flotte anglaise, commandée par l'amiral Rooke; s'empare de Gibraltar, 296 c.

Marlborough, fameux général (règne de la reine Anne), 275 c; embrasse le parti des whigs, 277 c; gagne sur les Français la bataille de Blenheim, 287 c; honneurs que lui confère la reine Anne, 295 c; sa disgrâce, 295 c.

Mathilde, épouse de Guillaume le Conquérant; affliction profonde que cause à Guillaume la mort de cette princesse, 251 a.

Mathilde, princesse saxonne; épouse Henri surnommé Beauclerc; heureux résultats qui découlent de cette union; la race saxonne se fond avec la race normande, 266 et 267 a.

Mathilde, fille de Henri Ier, dit Beauclerc, choisie par ce prince comme devant lui succéder au trône; se voit frustrée de ses droits par Étienne de Blois; ses efforts pour reconquérir sa couronne, 278 a; la guerre civile éclate; Étienne de Blois est fait prisonnier, 278 et suiv. a; mais cette princesse fière et hautaine s'aliène les grands du royaume, et fait tourner contre elle, par une conduite aussi peu sensée, les hasards de la fortune; ruine sa cause, 278 à 288 et suiv. a.

Méthodistes. Voir *Sectes dissidentes*.

Milton. Ses œuvres politiques et poétiques; persécutions auxquelles il est en butte, 187 c.

Mines de cuivre, de houille. Commencent à fournir à l'exportation sous le règne d'Élisabeth, 275 b.

Mœurs. Grande simplicité parmi les classes inférieures sous les Normands, 307 a; les classes supérieures et les magistrats montrent une grande cupidité, 441 a. — *Sous les Tudors*. Fête au château de Kenilworth, 252 et suiv. b; vie domestique; somptuosité des gens riches, 256 b; costume, 257 b; les voitures commencent à être substituées aux litières, 258 b; licence des mœurs sous les derniers Stuarts, 192 c.

Monastères. Sous les Anglo-Saxons servent d'asile aux pauvres; c'est là que sont les ouvriers les plus habiles en tous genres, 197 a.

Monk, général de Cromwell, rétablit Charles II sur le trône, 39 et suiv. c; reçoit de Charles II, en récompense de ce service, le titre de duc d'Albemarle, 46 c.

Monmouth (Duc de), fils naturel de Charles II; se jette dans le parti de l'opposition; est appuyé par Shaftesbury, 98 c; accusé d'avoir trempé dans un complot formé par les whigs pour déposer Charles II, son père, il fait des révélations compromettantes pour ses coaccusés, et obtient sa grâce, 114 c; fait une descente en Angleterre pour renverser Jacques II du trône; est arrêté; sa condamnation et sa mort, 136 à 144 c.

Monnaies. Les échanges commencent à se faire en monnaies sous les Romains, 90 et suiv. a; sous les Saxons, la monnaie se divise en monnaie morte et en monnaie vivante, 217 a; monnaies normandes; création des pence, monnaie actuellement en circulation, 483 a.; altération des monnaies sous les Tudors, et notamment sous Henri VIII, 271 b.

Montague (Lord), frère du comte de Warwick; gagne la bataille d'Hexham sur les troupes royalistes; guerre des Deux Roses, 407 a.

Montrose, célèbre partisan écossais attaché à la cause des Stuarts; son invasion en Écosse; sa mort, 7 c.

Mortimer (Roger), amant d'Isabelle, femme d'Édouard II; seconde cette princesse dans ses projets de révolte contre son mari; fait assassiner son souverain, 361 a; il décide Édouard III à traiter avec l'Écosse, 361 a; condamné à être pendu par un arrêt du parlement.

Morus (Thomas), lord chancelier d'Angleterre sous Henri VIII; se démet de ses fonctions, dégoûté de la tournure que prennent les affaires, 57 b; devient l'objet des persécutions de Henri; sa mort, 60 et 61 b.

Musique. Est cultivée avec beaucoup d'empressement et de succès pendant la période normande, 479 a; fait de grands progrès sous Charles Ier, 544 et suiv. b; est très-encouragée par les Stuarts, 188 c; les principaux musiciens qui vécurent en Angleterre sous les règnes de Guillaume et Marie, d'Anne, de George Ier et de George II, sont Purcell et Frédéric Handel, 541 c.

Napoléon, à bord du *Bellérophon*, est conduit à Ste-Hélène, 368 d.

Navigation marchande. Commence à prendre des développements sous le grand Alfred et ses successeurs, 213 a; acquiert des développements sous les Normands; les navires sont beaucoup mieux construits que précédemment, 485 a; expédition de Lancastre dans les Indes orientales, 548 b; acte de navigation: est adopté sous la restauration pour encourager la navigation marchande, 195 b.

Nelson, gagne la bataille de Trafalgar, 323 d.

Newton. Sa vie; ses œuvres; son caractère, 443 c.

Norfolk (Duc de), chef de la maison des Howards; est condamné à mort par un acte d'*attainder;* il n'échappe à l'exécution de la sentence que par la mort subite de Henri VIII, 87 et 88 b; ses rivalités avec la famille des Seymour; soutient le parti catholique, 88 b.

Normands. Viennent en foule à la cour d'Édouard le Confesseur; attaquent des habitants paisibles à Douvres, 144 a; très favorisés par Édouard; leurs chefs deviennent gouverneurs des plus belles provinces, 146 a; venaient du Nord; leur caractère; l'Europe retentit du bruit de leurs exploits; ils sont guerriers et religieux; leurs mœurs sont moins âpres et moins grossières que celles des Saxons; abordent en Angleterre, 229 a; se preparent au combat, 230 a; noms des principaux compagnons d'armes de Guillaume le Conquérant qui vinrent avec lui en Angleterre, 233 a; grandes fêtes qu'ils font en Normandie pour célébrer leurs succès en Angleterre, 234 a; goût qu'avaient les Normands pour le plaisir; leur vanité; leur frivolité; leur costume, 293 a; différences qui existent entre eux et les Anglo-Saxons, 294 a.

Normands et Saxons. La fusion des deux races s'opère par le mariage de Henri Beauclerc avec Mathilde, princesse saxonne, 267 a; elle devient plus intime encore sous le règne d'Étienne de Blois, 293 a.

North (lord). Son ministère sous George III; conduit la guerre d'Amérique, 40 et suiv. d.

Officiers (Grands) de la couronne sous Guillaume le Conquérant. Étaient: 1° le grand sénéchal d'Angleterre; 2° le grand justicier; 3° le sénéchal du roi; 4° le connétable; 5° le maréchal; 6° le chambellan;

DES MATIÈRES.   567

7° le chancelier; 8° le trésorier, 242 a.

Ordalie ou *Jugement du ciel*. Les ordalies étaient de plusieurs sortes; en quoi elles consistaient, 174 et suiv. a.

Oxford (*Lord*), ministre de la reine Anne, fameux pour ses opinions torys, est mis en état d'accusation par les communes pour avoir créé douze pairs. Cette création ayant été regardée par les communes comme destinée à obtenir une majorité dans la chambre haute, Oxford déclare qu'il n'a fait qu'obéir aux ordres de la reine; mais cette excuse n'est point admise, parce qu'elle tend à détruire la responsabilité des ministres, 341 c. Son procès, 351 c.

Outlaws. Mot qui veut dire proscrits, et que l'on appliquait aux Anglo-Saxons qui, fuyant la domination des Normands, se réfugiaient dans les provinces du Nord, 249 a.

Pape (*le*) demande à Guillaume le Conquérant le serment de fidélité, ainsi que le payement régulier du denier de Saint-Pierre; réponse de Guillaume, 301 a. Innocent III lance l'interdit contre Jean sans Terre, 327 a; impose à Jean sans Terre un traité rigoureux, 331 a. Innocent IV envoie en Angleterre la bulle *Nonobstante*, et l'évêque de Lincoln la jette au feu, 457 a; reçoit le surnom d'évêque de Rome, 231 et suiv. b.

Parkins-William, conspire contre la vie de Guillaume, prince d'Orange, 240 c et suiv.

Parlement, du mot français parler; sa fondation par Guillaume le Conquérant; aussi appelé le *commune concilium* ou *magnum concilium regis*. Là se font les lois, 243 a. Refusé à Édouard Ier les subsides. Puissance de cette assemblée sous Édouard II, 356 a. Cette assemblée décrète le bannissement contre Hugues Spencer, favori d'Édouard II; condamne Mortimer à être pendu, 262 a. Composition du parlement dans son origine, 433 et suiv. a. La division du parlement en deux chambres date du règne d'Édouard III, 437 a (1343). Le parlement sous Édouard Ier dresse une liste des griefs du peuple anglais contre le clergé, et l'envoie au pape, 457 a. Cédant à l'impulsion de Thomas Cromwell, il adopte deux bills, dont l'un défend pour toujours les appels en cour de Rome, et l'autre déclare Catherine déchue de son titre de reine, 58 b. Le parlement insiste pour que la reine Élisabeth se nomme un successeur, 142 b; sa servilité sous les Tudors; abolit le payement des annates à la cour de Rome, 225 b; rend un grand nombre de lois pour donner de l'extension au commerce, 261 b. Le parlement rend une foule de lois pénales contre les catholiques, après l'avortement de la conjuration des poudres, 295 et suiv. b. Analogie que Charles Ier trouve entre un parlement et les chats, 375 b; est convoqué et presque aussitôt dissous, 388 et suiv. b; convoqué de nouveau par suite des embarras de Charles Ier : ce fut le LONG PARLEMENT, 394 b; ne recourt plus au roi dans ses actes; ordonne une levée de troupes pour s'opposer à celles du roi, 419 b. Le parlement envoie des commissaires au roi pour le sommer de congédier ses troupes; refus du roi, 422 b; voyant Londres menacé, veut traiter avec le roi; rupture des négociations, 426 b. Une conspiration ayant éclaté à Londres en faveur de Charles Ier, punit sévèrement les coupables, 425 b; se lie avec les covenantaires écossais qui entrent sur le territoire anglais, commandés par Leslie. Dissensions qui commencent à éclater dans le sein du parlement, 431 b. Pour désorganiser tout à fait cette assemblée, Charles Ier convoque un parlement à Oxford pendant les guerres civiles : on l'appelle l'antiparlement; mais cette tentative n'est point accompagnée de succès, 482 b. A la nouvelle de la fuite de Charles d'Oxford, fait proclamer au son de trompe que quiconque donnera asile au roi et ne le ferait pas connaître aux speakers des deux chambres, serait poursuivi comme traître, 448 b; est dissous par Cromwell, 16 et suiv. c. Convocation et caractère de cette assemblée sous le protectorat, 16 et suiv. c; reçoit le surnom de *parlement croupion*; pourquoi ainsi nommé, 36 et 37 c; s'établit en convention après la fuite de Jacques II, et nomme roi et reine d'Angleterre Guillaume, prince d'Orange, et Marie, son épouse, 203 c. Un bill établissant des parlements triennaux est voté par les deux chambres; Guillaume refuse sa sanction, 224 c; ratifie le traité d'Utrecht, qui laisse à Philippe, petit-fils de Louis XIV, le trône d'Espagne, et est surnommé le *parlement pacifique*, 331 c.

Paul (*Saint-*). Embellissement que l'archevêque Laud fait à cette cathédrale, 369 b.

Paupérisme, considérable sous les Tudors; provoque différents statuts pour en obtenir la suppression; inutilité de ces statuts,

216 b; augmente sous les règnes de Guillaume et Marie, d'Anne, de George Ier et de George II, 468 c.

Pays de Galles, sert de lieu de refuge aux Bretons après l'invasion saxonne, 93 et suiv. a. Les habitants du pays de Galles font une invasion en Angleterre, après la conquête de ce pays par les Normands; leurs ravages, 259 a; est soumis par Henri II, 311 a; se révolte sous Édouard Ier; est soumis définitivement. A quelle occasion l'héritier de la couronne reçut le nom de prince de Galles, 346 a.

Pêcheries. Nombre considérable de navires employés aux pêcheries de Terre-Neuve, 271 b.

Peinture. Les anciens Bretons en ont quelque idée par le tatouage de leur corps; fait de grands progrès dans la Grande-Bretagne pendant l'invasion romaine, 81 à 82 a.
— *Peinture anglo-saxonne*. Est remarquable pour les enluminures des livres de prières, 211 a. Les Normands remplissent les églises de tableaux, 479 a; fait de grands progrès sous les Tudors, 259 b. Un grand nombre de peintres célèbres visitent l'Angleterre sous le règne de Charles Ier, 544 b. Son état sous les règnes de Guillaume et Marie, Anne, George Ier et George II, 449 c. William Hogarth; ses œuvres, 451 c.

Pélage, l'hérésiarque, né en 354 dans le pays de Galles; ses doctrines, 78 a.

Pembroke (Comte de). Services qu'il rend à son pays, qui est occupé par des forces françaises; fait couronner le jeune Henri III, fils de Jean sans Terre, 335 et suiv. a.

Percy (Thomas), l'un des principaux conjurés dans la conspiration des poudres, 290 b; sa mort, 294 b.

Période saxonne, commence l'an 449 de J. C., se termine en 1066.

Persécutions religieuses. Les bûchers de Smithfield s'allument pour les hérétiques, 466 a; les bûchers de Smithfield s'allument pour les catholiques, 103 b. Leur caractère sous le règne de Marie, 105 et suiv. a. Élisabeth poursuit les catholiques avec beaucoup de sévérité, 164 b. Horribles persécutions contre les protestants sous le règne de Marie Tudor, 237 b; persécutions religieuses contre les catholiques sous le règne de Jacques Ier, après l'avortement de la conspiration des poudres, 295 b; continuent sous les derniers Stuarts. Adoption du bill d'uniformité par les communes, 187 et suiv. c.

Pétition des droits, est votée par les communes dans un but d'hostilité contre le roi, et pour le maintien de leurs privilèges; ce que c'est, 353 b.

Philippa de Hainaut, femme d'Édouard, sauve par ses prières six généreux citoyens de la fureur de son mari, après la prise de Calais, 371 a.

Pictes, peuple qui habitait l'Écosse. Voir les mots *Écosse*, *Écossais*.

Pictland, terre des Pictes. Voir *Écosse*.

Pitt (William), premier comte de Chatam. Soutient le parti de la princesse douairière de Galles; entre au ministère, 420 c; veut céder Gibraltar à l'Espagne, 424 c; entre au ministère; s'oppose à la guerre de l'Amérique, 25 et suiv. d; est créé comte de Chatam, 29 d; sa mort, 136 d.

Pitt (William), fils du précédent; son ministère, 200 d; jette son pays dans une guerre contre la France, 272 d.

Population de l'Angleterre. Sous les Tudors, évaluée à 6 millions d'âmes, 218 b.

Prérogatives royales. En quoi elles consistaient à l'époque de la conquête, 421 a; restrictions qui lui étaient imposées, 439 a; la couronne lutte sans cesse contre les communes pour asseoir sa prépondérance; un grand nombre de lois rendues par les Tudors ont pour objet de lui donner une assiette plus solide, 205 b; le règne de Henri VII est celui où la prérogative royale atteignit son apogée, 206 b.

Presse (la). Son caractère; poursuites auxquelles elle est en butte de la part de l'archevêque Laud, 354 et suiv. b; une guerre en règle commence contre la presse sous les Stuarts, 171 c; est poursuivie par la reine Anne, 325 c.

Prince de Galles. Pour quelle cause l'héritier de la couronne porte ce nom, 346 a.

Prince Noir (le), fils d'Édouard III; ses exploits; bataille de Crécy, 371 a; détruit et brûle un grand nombre de villes dans le midi de la France; gagne la bataille de Poitiers sur les Français, et fait prisonnier le roi Jean; met le siège devant Limoges; s'empare de cette ville; fait massacrer tous les habitants; sa mort, 378 a.

Priviléges de la chambre des communes. En quoi ils consistent, 428 c.

Prynne, jurisconsulte distingué; écrit un libelle contre Henriette-Marie; est condamné par la chambre étoilée, à la prison perpétuelle, à avoir le nez fendu et les oreilles coupées, 367 b; une foule d'habitants accourent au-devant de lui, lui donnent de l'argent, et lui font des offres de service, dans le trajet qu'il fait de Londres à la prison de Caernarvon, 373 b.

Raleigh (sir Walter), amant de la reine Élisabeth, 193 b; cherche à ruiner Essex dans l'esprit de la reine, 194 b; assiste à l'exécution d'Essex, 201 b; mis à l'écart par Jacques Ier, il se jette dans une conspiration; son procès; est condamné à mort, 279 et suiv. b; sa peine est commuée en celle de la prison, 283 b; il demande au roi d'entreprendre un voyage en Amérique, et lui fait entrevoir l'espoir de richesses considérables; insuccès de cette entreprise; est mis en jugement sur les sollicitations de la cour d'Espagne; iniquité de la sentence prononcée contre lui; est mis à mort, 318 et suiv. b.

Ralph Flambard. De valet de pied des ducs de Normandie devient évêque de Lincoln, 302 a.

Religion. Druidisme avant la conquête romaine, 30 à 33 a; les Romains renversent le druidisme (61 à 78), 69 a; l'introduction du christianisme n'a pas de date certaine; la date supposée de son introduction serait vers l'an 61; le pape Évariste envoie deux diacres en Bretagne, qui convertissent au christianisme une foule de princes bretons; la religion chrétienne est parfaitement établie en l'année 314, 70 a; l'Angleterre retombe dans l'idolâtrie après le départ des Romains; au christianisme succède la religion d'Odin; religion des Anglo-Saxons, 177 à 180 a; rétablissement du christianisme; Éthelbert reçoit le baptême, 180 à 182 a; une foule de rois abandonnent le sceptre pour se vouer à la vie monacale, 184 a; le catholicisme tout-puissant encore sous Henri VII, 219 b; est renversé sous Henri VIII par une religion qui n'est ni la religion romaine, ni la religion protestante, 231 b; l'Angleterre est encore presque entièrement catholique à l'avénement d'Édouard VI, 234 b; rites et doctrines de l'Église d'Angleterre au commencement du règne d'Édouard, 235 b; mais à la fin du règne d'Édouard VI, les doctrines et le culte protestant étaient complétement établis, 236 b; établissement de l'épiscopat; conférence théologique d'Hamptoncourt, 285 b; conjuration des poudres, 288 et suiv. b; persécutions dirigées contre les catholiques après l'avortement de cette conspiration, 295 et suiv. b; disputes entre les presbytériens et les épiscopaux après le rétablissement de Charles II sur le trône, 48 et suiv. c.

Responsabilité des ministres. Voir *lord Oxford.*

Revenu public. Sous les derniers Stuarts, 194 c; à combien il s'élevait sous Jacques II, 435 c (voir aussi *Budget*).

Revenus de la couronne. De quoi ils se composaient sous Guillaume le Conquérant; étaient considérables, 241 a (voir également *Liste civile*); s'accroissent considérablement sous les Tudors; Élisabeth se montre très-parcimonieuse, 214 b; augmentent encore sous les Stuarts, 485 b; en quoi ils consistaient sous les derniers Stuarts, 177 c.

Richard Ier, dit *Cœur de Lion*. Ce prince part avec Philippe-Auguste pour la terre sainte, pour tenir les serments de son père, Henri II, qui, dix années avant sa mort, avait résolu d'entreprendre une expédition dans cette contrée, 319 a; il vend la souveraineté d'Angleterre sur le royaume d'Écosse pour faire cette expédition; il exige du prince Jean et de Geoffroy, son frère naturel, de ne pas retourner de trois ans en Angleterre, 320 a; il devient éperdument épris de Bérengère, princesse de Navarre; jalousie que conçoit Philippe-Auguste de cette préférence; il s'empare de Jérusalem; à la nouvelle des troubles que le prince Jean et Philippe-Auguste excitaient dans ses États, quitte la Palestine; est arrêté par le duc d'Autriche, qui le livre à l'empereur Henri VI, 322 a; est mis en liberté (1194); arrive en Angleterre; est sacré roi; meurt au siége de Cluchy, près de Limoges, d'une flèche qui lui atteint l'œil, 326 a.

Richard II, fils du prince Noir; succède à Édouard III; le peuple de Londres se révolte; les principaux chefs sont pendus, 381 a; se livre aux plaisirs, et fait son favori de Robert de Vère, comte d'Oxford; réclame de son oncle, le duc de Glocester, d'être déclaré majeur, 382 a; ambition et intrigues de celui-ci; Richard part pour l'Irlande afin de soumettre cette contrée; Henri de Lancastre profite de cette absence, arrive en Angleterre, et s'empare du trône; Richard est déposé; sa mort, 384 et suiv. a.

Richard III, duc de Glocester. Après la mort d'Édouard IV, se fait déclarer protecteur; il veut s'emparer du trône au préjudice de ses neveux, Édouard et Richard, héritiers légitimes; il fait étouffer les deux jeunes princes, 414 et suiv. a; ceint la couronne; sa perfidie soulève l'indignation du pays; sa mort, 414 à 419 a.

Richard, duc d'York. Ses droits à la couronne; devient le compétiteur de Henri VI; l'emblème de son parti est une rose blanche, 401 a; soutenu par Richard de Warwick, surnommé le *Faiseur de rois*; ses succès; sa mort, 402 à 404 a.

Richard de Warwick, surnommé le *King maker*, Faiseur de rois, 401 a. Embrasse le parti de Richard, duc d'York, dans la guerre des Deux Roses, 403 a; rassemble une armée considérable; ses succès; à la mort du duc d'York, il aide Édouard, fils aîné du duc d'York, à monter sur le trône, 406 a; irrité du mariage d'Édouard IV avec lady Grey, il se réconcilie avec Marguerite, et l'engage à rétablir sur le trône le prince Édouard, fils de Henri VI; il meurt à la bataille de Barnet, 411 a.

Riot act. Loi sur les émeutes; est adoptée sous le règne de George Ier, 341 c.

Robert, aussi appelé Courtes Cuisses par les Normands, 247 a; ses querelles avec ses frères Guillaume Rufus et Henri; il déclare la guerre à son père, et le blesse au bras dans un combat singulier; se réconcilie avec lui, 248 a; après la mort de son père, il déclare la guerre à son frère, Guillaume Rufus, devenu roi d'Angleterre; convention faite entre les deux frères, 256 à 257 a; il assiège Henri, qui s'est réfugié dans la forteresse de Saint-Michel; sa générosité, 258 a; de nouveaux démêlés éclatent entre lui et son frère Guillaume; Robert cède son duché de Normandie pour 10,000 livres, et part pour la Palestine, 260 et 261 a; à la mort de Rufus, se hâte de revenir en Angleterre; trouve le trône occupé par Henri, 267 a; convention entre les deux frères; elle est rompue; Robert est enfermé dans le donjon de Cardiff, 270 a.

Robert de Vère, comte d'Oxford, favori de Richard II, 381 a; est abandonné par le roi à la colère du parlement, qui le prive de ses titres.

Rolle, marchand de la cité; refuse de payer l'impôt du tonnage et du pesage, parce qu'il n'a pas été voté par les communes; ses marchandises sont saisies; il se plaint dans la chambre des communes de cet acte arbitraire, 359 b.

Routes. Les Romains en construisent de magnifiques, 88 a.

Rupert, fils de Frédéric, prince palatin, et neveu de Charles Ier; services qu'il rend à la cause royaliste; ses cruautés, 425 b; menace Londres, 425 b.

Sacheverel, ecclésiastique appartenant à l'Église établie; est employé par les torys pour soulever le peuple contre les whigs et les dissidents; ses prédications; son procès; règne de la reine Anne, 317 c.

Savants. — *Période saxonne :* Dunstan, saint Neon, saint Grimbald, le moine Asser, Jean, moine de Saint-David, Gildas, Cœdmon, Théodore, archevêque de Cantorbéry, Wilfrid, Bède l'historien, Jean Scot, etc., 206 à 209 a. — *Période normande :* William de Malmesbury, Eadmer, Onacrius Vitalis, Mulhiet, Paris; historiens, Chaucer, etc., 474 a. — *Période des Tudors :* Sir Thomas More, Cranmer, Gardiner, Royer Asham, Lilly, Richard Pace, John Cheke, Bacon, Jeanne Gray, Catherine Killynew, Marie, comtesse d'Arundel, le doyen Chancer, John Skelton, Tyndal, 244 et suiv. — *Période des Stuarts:* Clarendon, Hobbes, Dryden, Milton, Cowey.— *Règnes de Guillaume et Marie, d'Anne, de George Ier et de George II* : Locke, Pope, Swift, Addison, Newton, Bolingbroke, Daniel de Foë, 439 et suiv. c.

Saxons. Appelés dans la Grande-Bretagne par les Bretons, qui ne peuvent se défendre eux-mêmes contre les Pictes et les Scots; acceptent avec empressement, 63 a; arrivent dans la Grande-Bretagne en l'an 449; on les appelle Saxons par allusion à leur courte épée nommée Seax ou Sax; ils adoraient Odin et les autres dieux de l'Edda; on les appelait rois de la mer, à cause de leur adresse à conduire leurs chules; reçus à bras ouverts par les Bretons, des démêlés surgissent; les Bretons sont battus; la plupart de leurs principaux chefs sont exterminés dans un banquet; une foule de chules s'élancent alors de la Baltique, et versent des flots de Saxons dans la Grande-Bretagne; formation de l'Heptarchie, ou division de la Grande Bretagne en sept royaumes, 93 à 96 a; ces royaumes s'absorbent les uns les autres, et finissent par n'en former qu'un seul, 109 a; les Saxons battus par les Danois; Alfred ranime leur courage; le *renfan*, ou leur bannière, est déployé; défont les Danois, 117 à 119 a; doivent de grands progrès dans les sciences, les belles-lettres et les arts, au christianisme, 209 et suiv. a; se soulèvent sous

Édouard le Confesseur, parce que ce prince montre de grandes sympathies pour les Normands, 145 et suiv. a; sont défaits à la bataille de Hastings, 224 et suiv. a; mauvais traitements qu'exercent à leur égard les Normands, 233 a; se fondent avec les Normands, 234 et suiv. a; différences qui existent entre eux et les Normands; supériorité de ceux-ci sous certains rapports, 297 a.

Sciences. Nulles avant l'invasion romaine; fleurissent sous les Romains, 79 à 80 a; disparaissent pendant les premiers temps de l'invasion saxonne; reçoivent de l'impulsion quand le christianisme est établi; en quoi elles consistent; l'étude de la géographie est nulle, 200 à 201 a; ont pour asile les monastères, et pour représentants le clergé sous les Normands, 305 a; la médecine et l'arithmétique sont très-étudiées, 472 a; les ouvrages historiques abondent; invention du papier de coton, 473 a; encouragées par les Stuarts, 188 c; grandissent considérablement sous les règnes de Guillaume et Marie, d'Anne, de George Ier et de George II, 438 et suiv. c.

Sculpture saxonne, fort grossière; les Normands donnent une sculpture élégante à l'Angleterre, 478 a; reste nulle sous les Tudors, 260 b; fait de grands progrès sous les derniers Stuarts, 190 et suiv. c.

Sectes dissidentes ou *dissenters.* Les puritains; leurs doctrines républicaines sont repoussées par Élisabeth, qui les persécute; les puritains anglais font cause commune avec les puritains écossais, 165 b; traqués dans leurs églises comme des bêtes fauves, 167 b; commencent à paraître sous Henri VII; leurs doctrines, 219 b; leur développement sous Élisabeth; les persécutions religieuses ne tendent qu'à renforcer une croyance, 242 b; les brownistes, les indépendants, les anabaptistes allemands, commencent à paraître, 244 b; haine que porte contre les puritains Jacques Ier; conférence d'Hamptoncourt, 285 b; presbytériens d'Écosse, leurs doctrines, 487 b; des niveleurs et des hommes de la cinquième monarchie, fanatiques, 19 c; s'agitent après le rétablissement de Charles II, 48 et suiv. c; persécutés par les épiscopaux, 100 et suiv. c; leur nombre s'accroît sans cesse sous les Stuarts; les quakers; Fox est le fondateur de cette secte, 181 c; vesleyens, méthodistes, 437 et suiv. c.

Selden. Discours de ce courageux citoyen dans les communes (règne de Charles Ier), 359 b; sa conduite dans les communes au moment où le speaker, sir John Finch, refuse de mettre aux voix la remontrance au roi discutée dans les communes, 359 et 360 b; est mis en prison par ordre du roi, 361 b.

Seymour (Thomas), frère de Somerset. Le protecteur désire ardemment le substituer à son frère; ses intrigues; épouse Catherine Parr, veuve du feu roi; ses galanteries avec Élisabeth, fille de Henri VIII; est condamné à être décapité, 96 à 97 b.

Shaftesbury (le comte de). D'abord conseiller du roi Charles II; voyant ses oscillations constantes, abandonne le parti de la cour, et se jette dans celui de l'opposition, 80 c; est mis en prison, et obtient son élargissement, 85 c.

Shakspeare. Sa vie; son caractère; ses œuvres; appréciation qui en est faite par la *Revue britannique*, 497 et suiv. b.

Ships Money. Impôt du ships money; l'une des causes principales de la chute de Charles Ier, 378 et suiv. b; procès mémorable que soulève l'impôt du ships money, 378 b.

Shore (Jeanne), maîtresse d'Édouard IV; après la mort de ce prince, est condamnée à parcourir la ville, pieds nus, et à faire publiquement amende honorable devant l'église Saint-Paul en chemise, un cierge à la main, 415 a.

Simnel (Lambert). Se prétend être Édouard Plantagenet, comte de Warwick; est proclamé roi à Dublin, sous le nom d'Édouard VI; est fait prisonnier par Henri VII, qui lui donne des fonctions viles pour l'avilir, 6 b.

Somerset (Comte de). Voir *Robert Carr.*

Speaker. Orateur pour servir d'intermédiaire à la chambre des communes et à la chambre des lords dans leurs rapports avec la couronne; le premier speaker fut Pierre de la More (1377), 438 a.

Stanhope (Lord), ministre de George Ier; ses querelles avec Walpole (sir Robert) 351 c; après avoir conclu un traité avec la France, l'Autriche et la Hollande, obtient du parlement que le pays déclarera la guerre à l'Espagne, 355 c; propose un bill qui a pour objet de limiter le nombre des pairs, 359 c; est accusé d'avoir reçu des sommes considérables de la compagnie des mers du Sud; sa mort, 362 c.

Statuaire. L'art était grossier avant l'invasion romaine; l'usage des statues s'introduit avec les Romains; des colléges et des corporations de sculpteurs sont établis; mais les Romains, à leur départ, emportent ce qui existe de plus précieux en ce genre, et les Danois, les Saxons, les Pictes et les Scots détruisent le reste, 80 à 81 a; ses progrès sous les Stuarts, 188 c.

Statut des six articles, dit *Statut de sang*. Rendu sous le règne de Henri VIII contre les personnes disposées à s'écarter des réformes religieuses introduites par le souverain, 71 b.

Strafford (Marquis de). D'abord attaché à la cause populaire, et l'un de ses plus courageux défenseurs (règne de Charles Ier); embrasse le parti du roi, 363 b; son élévation rapide; gouverne les provinces du Nord comme un roi absolu, 373 b; devient lord lieutenant d'Irlande; il rend son administration odieuse en Irlande par ses exactions, par ses rapines et ses mesures arbitraires, 375 b; est arrêté; mis en état d'accusation; condamné à mort par la chambre des lords; sa mort, 398 et suiv. b.

Strickland. Sa conduite, pleine de fermeté, vis-à-vis de la reine Élisabeth dans les communes, 166 a.

Stuart (Arabella), parente de Jacques Ier; est enfermée à la Tour; s'échappe; est reprise; meurt atteinte de folie, 305 b.

Sulfolk (duc de), accusé d'avoir assassiné le duc de Glocester, ministre de Henri VI, est décapité, 401 a.

Superstitions populaires des Anglo-Saxons; les devins et les sorciers sont en grand nombre; la magie jouit d'un grand crédit; grande confiance qu'ils ont dans les reliques, 192 et suiv. a; des Anglo-Normands: en quoi elles consistaient, 307 a.

Sweyn, fils du roi de Danemark, aborde en Angleterre à la tête d'une troupe de Danois (980); il dévaste l'Angleterre, et reçoit du lâche Éthelred une somme d'argent pour quitter le pays; instruit du meurtre de sa sœur qu'Éthelred a fait assassiner, il revient en Angleterre à la tête d'une flotte nombreuse; conquiert, ravage et détruit toutes les provinces du Sud; reçoit un nouveau tribut d'Éthelred pour quitter l'Angleterre; mais il se concerte avec un autre chef danois, nommé Turkill, qui vient à son tour ravager l'Angleterre, Sweyn, au mépris de ses engagements, reparaît lui-même en Angleterre; dévaste un grand nombre de comtés; entre à Londres en vainqueur; mort subite de ce prince à Gainsborough (1014), 132 à 135 a.

Swift, écrivain distingué, dévoué au parti de la cour; est poursuivi pour cause de libelle, 333; attaque avec une violence extraordinaire le ministère Walpole, 565 c; son caractère; sa vie, 439 c.

Taxes. Établies en grand nombre par Guillaume le Conquérant; leur diversité, 240 et 241 a. (*Voir* le mot *Impôt*.)

Têtes rondes. Nom donné aux troupes parlementaires dans les guerres civiles du règne de Charles Ier. (Voir *Guerres civiles*, etc.)

Théâtre. Sous les Tudors, les miracles et les mystères perdent leur popularité; caractère des nouvelles pièces, 255 b; des différents auteurs qui composent des pièces pour le théâtre, et de leurs pièces, sous les Stuarts, 494 et suiv. b; persécutions qu'il éprouve quand le presbytérianisme devient triomphant, 526 et suiv. b; son état durant les derniers Stuarts, 188 c; son caractère sous les règnes de Guillaume et Marie, d'Anne, de George Ier et de George II; les principaux faiseurs de pièces sont Farquar, Congrève, etc.

Thurkill, chef danois; aborde en Angleterre; ravage un grand nombre de provinces (1012) 135 a.

Titus Oates, agent soudoyé pour perdre les catholiques; invente une conspiration imaginaire; procès de Titus Oates, 90 et suiv. c.

Torture. Abolie en Angleterre en 1641, 483 b.

Torys. Formation de ce parti (règne de Charles II), 105 et suiv. c; désertent le parti de Jacques II, et embrassent celui du prince d'Orange, 160 à 164 c; restent attachés à la cause des Stuarts après l'expulsion de Jacques II, 203 et suiv. c; leurs querelles avec les whigs, 223 c; les torys accusent de dilapidations leurs adversaires; scandale qui existe à cet égard, 234 et suiv. c; leurs querelles avec les whigs sous le règne de la reine Anne, 279 et suiv. c; provoquent le clergé à s'unir à eux pour expulser les whigs du pouvoir, 317 c; affaire Sacheverell, 317 c; triomphe des torys sur les whigs, 323 c; pourquoi ainsi nommés, 435 c.

Traité de Inethuen, conclu entre l'Angleterre et le Portugal; avantage qu'il procure à l'Angleterre, 461 c.

Tribunaux, institués par Guillaume le Conquérant; *aula* ou *curia regis*, 242 a; juges d'Eyre ou juges de circuit; établissement de la cour des plaids communs, de la

DES MATIÈRES.

cour du banc du roi, ou kings-bench, 423 a. Salaire des juges, 430 a; cour de *nisi prius*, 432 a.

Tribunaux ecclésiastiques. Leur création date du règne de Guillaume le Conquérant, qui l'autorise. Tous les procès qui se rapportent aux affaires ecclésiastiques sont déférés à ces tribunaux, 301 a. Voir aussi page 424. Abus de ces tribunaux, 460 et 461 a.

Tyler, chef de révoltés, arrête Richard II; est tué par le lord-maire, 381 a.

Tyrrel (sir Jacques), assassin des enfants d'Édouard, 417 a.

Universités. Fondation de l'université de Cambridge, 205 a ; fondation de l'université d'Oxford, 206 a. Université d'Oxford, dotée de huit colléges dans l'espace de cent vingt ans ; Cambridge, de neuf colléges dans moins d'un siècle. État florissant de ces établissements, 474 a ; reçoivent de grands encouragements du cardinal Wolsey, 244 b.

Verulam est honorée du titre de municipium (cité libre) par les Romains, et les habitants jouissent des mêmes priviléges que les citoyens de Rome, 65 a.

Victoria Alexandrine Ire; joie que cause son avénement au trône; sa visite au roi des Français, 443 d.

Villiers (*George*), remplace Somerset dans l'affection du roi Jacques Ier. Voir *Buckingham* (comte de).

Walpole (*sir Robert*), homme d'État sous George Ier, résigne ses fonctions. Ses querelles avec lord Stanhope, 351 c; combat le bill qui a pour objet de limiter le nombre des pairs, 359 c; reprend ses fonctions de chancelier de l'Échiquier après la mort de Stanhope, 363 c. Difficultés qu'il a à surmonter en Écosse, en Irlande, 365 c ; est continué dans son ministère par George II, 371 c. Le caractère de sa politique est entièrement pacifique, 373 c. Ses plans financiers; irritation qu'ils excitent, 375 c; veut s'opposer à la guerre contre l'Espagne; discours mémorable qu'il fait, 385 c ; sa chute ; est créé comte d'Oxford par le roi, 389 c. Les communes veulent le mettre en accusation, mais elles abandonnent bientôt ce projet, 390 c.

Waltheof, chef anglo-saxon, veut arracher son pays de la domination anglo-normande ; il échoue dans son entreprise, et meurt dans les supplices, 246-247 a.

Warbeck (*Perkins*) se dit être le duc d'York, assassiné dans la Tour par Glocester. La duchesse de Bourgogne lui donne le surnom de Rose-Blanche d'Angleterre; sa ressemblance avec le duc d'York trompe une foule de personnes, 12 b. Débarque en Irlande ; de là passe en Écosse, où Jacques lui fait un bon accueil; entre en Angleterre, est défait, 14 et suiv. b; repart pour l'Irlande, et veut tenter une seconde fois la fortune des armes; est fait prisonnier. Promené dans les rues de Londres et jeté dans la Tour, 16 et 17 b; signe une déclaration dans laquelle il avoue qu'il en a imposé à tout le monde, 17 b; se concerte avec le véritable comte de Warwick pour se sauver de la Tour et s'emparer du trône; est condamné à mort et exécuté, 18 et 19 b.

Warenne (*Comte de*). Réponse de ce seigneur à Édouard Ier, qui lui dispute les titres à ses possessions, 345 a.

Warwick (*le comte de*), vainqueur des Écossais à Pinkey, renverse Somerset, le protecteur du pouvoir, et prend sa place, 103 b; se crée duc de Northumberland; se défait de son rival, le duc de Somerset, qui est condamné à mort, 105 b. Changements religieux, 106 b. Circonvient Édouard affaibli par la maladie, et obtient de lui qu'il choisira pour lui succéder Jane Grey, qui est dévouée au protestantisme, 109 b ; mais il ne peut empêcher que la reine Marie ne monte sur le trône ; il est condamné à mort et exécuté, 111 b.

Wellington (duc de). Ses succès en Portugal et en Espagne, 337 d; gagne la bataille de Waterloo, 362 et suiv. d.

Wentworth, d'abord défenseur courageux de la cause populaire, embrasse le parti du roi, qui le fait marquis de Strafford, 362 (voir *Strafford*, règne de Charles Ier).

Wesleyens (secte des). Voir *Sectes dissidentes*.

Whigs. Formation de ce parti (règne de Charles II), 102 et suiv. c. Quels sont les principaux membres qui figurent dans ce parti, 110 c; complotent le renversement du trône de Charles II, 110 et suiv. c. Découverte du complot ; arrestation des principaux d'entre eux ; leur condamnation, 113 et suiv. c. Favorisent les projets de Guillaume, prince d'Orange ; lui promettent leur concours, 160 à 164 c; leurs exigences à l'égard de Guillaume, prince d'Orange, 209 et suiv. c; leurs querelles avec les torys, 223 c. Les whigs sont accusés publiquement de corruption et de dilapidations par leurs adversaires les torys ; scandaleuses découvertes à cet égard, 231 et suiv. c.; leurs querelles sous le règne de la reine Anne, 279 et suiv. c. D'abord encouragés par la reine Anne, ils perdent plus tard sa faveur, 317 et suiv. c.; leurs espérances à l'avénement de George Ier, 340 et suiv. c. Pourquoi ainsi nommés, 435 c.

Wilfrid, évêque; ses querelles avec Théodore, archevêque de Cantorbéry, 181 et 184 a.

Wilkes. Ses querelles avec l'administration ; règne de George III, 312 et suiv. d.

William, évêque de Lincoln, est en butte à la colère de l'archevêque Laud, à l'élévation duquel il a servi, 371 b.

Willoughby (sir *Hugh*) fait un voyage de découverte dans la Laponie russe. Période des Tudors, 265 b.

Wolsey (le cardinal), fils d'un boucher d'Ipswich. Son élévation ; les services qu'il rend à Henri VII; devient évêque de Tournay, puis archevêque d'York, puis cardinal, puis légat *à latere*; son luxe; devient le ministre de Henri VIII. François Ier recherche son amitié, ainsi que Charles-Quint. Celui-ci, à la nouvelle d'une entrevue entre le roi de France et Henri VIII, se rend en Angleterre pour faire visite à Henri, et part n'ayant plus rien à redouter de l'entrevue du roi de France et de Henri 34 b. Est cause de la mort d'Édouard Strafford, duc de Buckingham, qui lui fait ombrage, 38 b ; est nommé par Henri VIII négociateur pour arranger les différends de la France et de l'Espagne; sa perfidie, 40 b. Exactions de Wolsey pour lever des fonds, 41 b; demande de l'argent aux communes; résistance qu'il rencontre, 42 b; veut être pape; perd l'espoir d'être élevé à la papauté, 42 b; est menacé de disgrâce; veut s'opposer au mariage du roi avec Anne de Boleyn, 48 b. Sa disgrâce; sa faiblesse; sa mort, 53 b.

Woltigern, roi breton, accueille les Saxons. Séduit par les charmes de Rowena, fille d'Hengist, chef saxon, il la demande en mariage, l'obtient, et fait présent à son beau-père du royaume de Kent, 94 a. Il est déposé, et remplacé par son fils Vortimer, 95 a.

Wycliff, réformateur religieux. Colère qu'excitent dans le clergé catholique ses doctrines ; sa mort, 463 a.

York, ville municipale, 66 a, devient ville métropolitaine, 70 a. Succès que remportent dans cette ville les Saxons sur les Normands, 240 et suiv. a; devient le centre des opérations des royalistes, 426 b; assiégée par les troupes parlementaires, 434 b.

ERRATA.

1er vol., page 158, *au lieu de :* le trithingman...; *lisez :* le tithingman...
   au lieu de : dix familles ou trithing...; *lisez :* dix familles ou tithing...
   au lieu de : tel trithing...; *lisez :* de tel tithing...
   au lieu de : son trithing...; *lisez :* son tithing...

TABLE INDICATIVE

POUR LE PLACEMENT DES GRAVURES DE L'ANGLETERRE.

L'auteur observe à l'égard du placement des gravures qu'il s'est appliqué à adapter ces gravures à l'esprit de chaque époque, au caractère du temps auquel se rapporte l'édifice ou la scène que représente la gravure, aux souvenirs qui s'y rattachent plutôt qu'au texte même. Cette méthode lui a paru la meilleure, en ce sens qu'elle saisit davantage l'intelligence du lecteur, qu'elle lui permet d'apprécier la matière, c'est-à-dire le caractere de chaque époque, tandis que l'image saisissant les yeux par elle-même, il peut, sans un grand effort d'esprit, avoir une idée aussi parfaite que possible du style d'architecture, de la nature des lieux, etc.

TOME Ier.

Planches.		Pages.
	Planisphère.	5
	Angleterre ancienne.	7
	Angleterre moderne.	9
1	Le lac de Dervent dans le Cumberland.	16
5	Monuments druidiques dans le comté de Cornouailles.	29
7	Barrows.	31
6	Plans et coupes de chambres souterraines.	33
1	Muraille de Sévère.	62
9	Armes et anciens canots.	82
10	Vases et ustensiles.	89
11	Vases.	91
24	Chef saxon.	94
32	Bijou d'Alfred, monnaies saxonnes.	116
14	Vases et monnaies du temps de Canute.	138
15	Harold.	152
13	Tombeau d'Édouard le Confesseur.	154
34	Résidence d'un noble saxon.	160
17	Saint Dunstan.	191
18	Consécration d'une église saxonne.	192
20	Église de Saint-Nicolas à Leicester.	195
21	Tour de l'église d'Earl Barton.	198
28	Lanterne, lettres ornées.	208
22	Tour du château de Lincoln.	209
23	Portes et fenêtres du palais de Westminster.	210
26	Meubles.	211
27	Vaisseaux anglo-saxons.	213
19	Repas saxon.	214
16	Monnaies saxonnes.	217
29	Cornes, lits et chariots.	219
30	Sceau et contre-sceau de Guillaume le Conquérant.	224
33	Sceau de Batle abbay.	230
31	La Tour blanche à la Tour de Londres.	234
32	Chapelle de la Tour blanche à la Tour de Londres.	236
38	Ruines d'un monastère à Cantorbéry.	248
34	Abbaye de Wultham.	252
43	Église de Saint-Pierre, Northampton.	254
44	Id. id.	256
45	Fonts baptismaux.	258
41	Église d'Iffley.	264
42	Ruines de l'église du château de Norfolk.	267
37	Château de Castleton, Derby.	279
47	Château Acre, prieuré.	284
46	Id. id.	286
38	Église Saint-Botolph, prieuré, Essex.	298
33	Cathédrale de Rochester.	301

Planches.		Pages.
39	Église à Lustingham.	303
40	Crypte de l'église Saint-Pierre.	306
48	Henri II, Richard Ier.	319
49	Statue de Jean sans Terre.	327
50	Cathédrale de Lincoln.	329
51	Église Walsoken, Norfolk.	330
52	Id. id.	334
53	Église de la Sainte-Croix, Hamshire.	338
54	Id. id.	340
55	Monument élevé à Wolton, par ordre d'Édouard Ier, en mémoire d'Éléonore.	345
57	Tour nord-ouest, Yarmouth.	347
58	Porte du sud.	349
59	Tour sur les remparts d'Yarmouth.	350
56	Donjon du château de Richmond.	352
81	Château de Carlisle.	354
60	Guerrier armé (d'après un manuscrit du XIIIe siècle).	358
69	Tournoi au XIVe siècle.	372
68	Id.	374
70	Vaisseaux du temps de Richard II.	379
61	Richard II.	381
67	Tour Middleton, Norfolk.	401
66	Château de Warwick.	407
86	Partie de la grande cour du château de Warwick.	409
71	Tombeau d'Édouard IV à Windsor.	414
92	Costumes au XVe siècle.	440
93	Vaisseaux au XVe siècle.	442
62	Cathédrale d'York.	444
63	Cathédrale de Salisbury.	446
76	Tour de l'église, Beecham well, Norfolk.	449
88	Porte à Cantorbéry.	454
77	Croix de Malmsbury.	456
78	Intérieur de la croix de Malmsbury.	460
79	Tombeau dans la cathédrale de Salisbury.	462
72	Église de Westminster.	464
75	Fonts baptismaux dans l'église de Walsingham.	468
82	Palais de l'évêque, Norwich.	470
65	Prieuré de Tinmouth, comté de Cumberland.	472
73	Intérieur de la chapelle du Collége royal, à Cambridge.	475
64	Monastère de Beverley (Yorkshire).	476
80	Chaire de l'église de Burlingham.	478
85	Collège Eton.	480
84	Château Raynard.	482
87	Maison du XVe siècle à Leicester.	484
89	Intérieur d'habitation vers 1478.	485

Planches.	Pages.	Planches.	Pages.
90 Ancien pont de Londres	486	131 Église Saint-Léonard Shoreditch, à Londres	447
91 Pont triangulaire à Crowland	487	132 Église Saint-James Clerkenwell, à Londres	449
		135 Écuries du roi, à Charing Cross	450

TOME II.

94 Abbaye de Westminster (Chapelle et tombeau de Henri VII)	2
74 Sanctuaire à Westminster	5
83 Château de Windsor	20
95 Henri VIII	26
97 Reste de la porte du collége Wolsey à Ipswich	33
98 Vaisseaux du temps de Henri VIII	35
99 Palais Wollaton (Nottinghamshire)	52
96 Procès de Lambert devant Henri VIII, à Westminster	69
100 Palais Somerset	102
101 Maison du temps d'Édouard VI	106
106 La Tour de Londres	119
102 Élisabeth	130
107 Château de Fotheringay	180
183 Le fort Tilbury	191
108 Château de Kenilworth	252
105 Costumes du XIVe siècle	256
111 Meubles du XVIe siècle	258
112 Id.	260
113 Id.	262
164 Phare d'Eddystone	264
114 Charles Ier d'après Van-Dyck	340
109 Chambre étoilée à Westminster	371
116 Plan d'Oxford fortifié par Charles Ier	444
117 Saint-Paul à Londres	488
121 Église Saint-Jean l'évangéliste	489
103 Shakspeare	496
104 Tombeau de Shakspeare dans l'église de Strafford sur l'Avon	522
110 Lieu public pour la lecture	528
124 Bibliothèque de l'université de Cambridge	540
123 Collége à Cambridge	542
118 Maison du temps de Jacques Ier	546
125 Hôpital de Greenwich	547
126 Greenwich Park	549
119 La douane au XVIIIe siècle	550
122 Palais de White-Hall, à Londres	551

TOME III.

120 Olivier Cromwell	2
127 Maison à Derby dans laquelle logea le prétendant	9
128 Pont de Westminster à Londres	65
140 Hôtel du lord-maire, Mansion-House	67
141 Hôtel de ville à Londres, Guild-Hall	69
148 Théâtre royal de covent Garden	70
149 Théâtre royal de Drury-Lane	71
147 Assises, Session House, Londres	112
143 Université de Londres	186
136 Hôtel Somerset, côté de la Tamise	187
137 Id., côté du Strand	189
148 Hospice des aliénés, à Londres	191
144 Galerie nationale, à Londres	192
133 Carlton-House	193
134 Saint-James Park	196
145 Chambre des lords	241
146 Chambre des communes	243
138 York Terrace (Regents Park, à Londres)	270
129 La reine Anne (1702-1714)	274
139 Cornwall terrace (Regents Park, à Londres)	276
115 Costumes du XVIIe siècle	278
130 Église Saint-Martin, à Londres	277

TOME IV.

152 Pilori, à Charing Cross	15
154 Hôtel de l'université, à Londres	153
153 Watchmen	158
151 Prison de Newgate	160
165 Pont de Southwark à Londres	180
156 La Bourse, à Londres (Royal exchange)	188
157 Cour de la Bourse, à Londres	190
160 Bourse de Newcastle	192
161 La douane à Londres	194
155 Comptoir de la Compagnie des Indes orientales, à Londres	220
162 Les docks de la Compagnie, à Londres	224
158 La Banque d'Angleterre	278
159 Grande salle de la banque d'Angleterre	280
142 Warwick-House, maison de son Altesse Royale la princesse Charlotte, à Londres	374
166 Nouveau pont de Londres	394
167 Pont de Coal-Brookedale	396
168 Pont suspendu à Conway	398
169 Pont Menay	400
170 Pont Sunderland	402
171 Aqueduc sur la rivière Irwell	406
172 Chemin de fer, viaduc à travers la vallée de Lankey	408
173 Chemin de fer, excavation dans le mont Olive	410
174 Le Tunnel sous la Tamise	412
175 Galerie du Tunnel sous la Tamise, à Londres	414
176 Entrée du Tunnel à Worsley	416

ÉCOSSE.

1 Abercairnay abbey	446
3 L'île de Staffa (îles Hébrides)	447
2 Le Lock Lomond	449
2 Édimbourg	451
3 Ruines de la chapelle Saint-Antoine, près d'Édimbourg	453
4 Abbotsford, habitation de sir Walter Scott	455
13 Château de Glamis	457
11 Passage des Trosachs	461
7 Château de Douglas sur la Clyde	464
8 Château de Culzan	466
7 Cathédrale de Dumblane	468
10 Façade du château de Stirling	470
5 Château de Monzie	474
6 Kirkcaddy	473
15 Crypte de la cathédrale de Glasgow	482
12 Intérieur de la chapelle de Roslyn	484
17 Chapelle ruinée d'Holyrood	490
20 Cathédrale de Glasgow	492
19 Maison de Knox, à Édimbourg	494
18 Ruines de l'abbaye de Melrose	496
16 Ruines du château de Creakerton	501
14 Château de Donne	503

IRLANDE.

4 Le lac de Killarney	519
1 La chaussée des Géants	520
2 Cathédrale de Saint-Patrice, à Dublin	527
3 Château de Dublin	529
4 La douane à Dublin	530

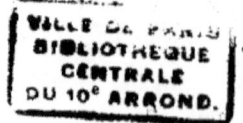

www.ingramcontent.com/pod-product-compliance
Lightning Source LLC
Chambersburg PA
CBHW050101230426
43664CB00010B/1404